DAS ÖFFENTLICHE RECHT DER GEGENWART

JAHRBUCH DES ÖFFENTLICHEN RECHTS DER GEGENWART

NEUE FOLGE / BAND 48

HERAUSGEGEBEN VON

PETER HÄBERLE

Mohr Siebeck

ISBN 3-16-147246-2
ISSN 0075-2517

Inhaltsverzeichnis

Abhandlungen

HORST DIPPEL: Das Paulskirchenparlament 1848/49: Verfassungskonvent oder Konstituierende Nationalversammlung? 1

CÉSAR LANDA: The 50th Anniversary of the Bonn Basic Law: Its Significance and Contribution to the Strengthening of the Democratic State 25

OTMAR JUNG: Abschluß und Bilanz der jüngsten plebiszitären Entwicklung in Deutschland auf Landesebene 39

ACHIM NOLTE: Das Kreuz mit dem Kreuz 87

TORU MORI: Die Meinungs- und Kunstfreiheit und der Strafschutz der Staatssymbole – eine rechtsvergleichende Analyse von Deutschland und den USA 117

ALOIS RIKLIN: James Harrington – Prophet der geschriebenen Verfassung 139

GEORGES VLACHOS: »La tentative de reconstruction de l'ordre politico-juridique« par Jürgen Habermas 149

LOTHAR MICHAEL: Methodenfragen der Abwägungslehre – Eine Problemskizze im Lichte von Rechtsphilosophie und Rechtsdogmatik 169

INGOLF PERNICE: Der europäische Verfassungsverbund auf dem Wege der Konsolidierung 205

WOLFRAM HERTEL: Die Normativität der Staatsverfassung und eine Europäische Verfassung – Elemente einer Europäischen Verfassungstheorie 233

Richterbilder

WOLFGANG HEYDE: Hans Kutscher – Ein Grandseigneur der Robe 253
Vgl. NF 46, 95: Steffen (Erwin Stein)[*]

---

[*] Diese und die folgende Zahlen verweisen auf einschlägige Beiträge in den früheren Bänden; z. B. bedeutet NF 8: Band 8 der Neuen Folge des Jahrbuchs; 6: Band 6 der ersten Folge des Jahrbuchs.

Berichte

Entwicklungen des Verfassungsrechts im Europäischen Raum

REINER J. SCHWEIZER: Die erneuerte schweizerische Bundesverfassung   263
Textanhang: Schweizer Bundesverfassung

PEDRO CRUZ VILLALÓN: Weitere zehn Jahre spanische Verfassung   311
Vgl. NF 37, 87: Cruz Villalón m. w. N.

PAOLO PAPANTI PELLETIER DE BERMINY: Das neue Verfassungssystem des
Souveränen Malteserordens   325
Textanhang Verfassung und Codex(-Auszüge) des Souveränen Ritter- und
Hospitalordens vom Hl. Johannes zu Jerusalem, genannt von Rhodos, genannt
von Malta (1961/1997)
Vgl. NF 41, 431: Wolf Dieter Barz

ROLAND STURM: Integration – Devolution – Unabhängigkeit? Schottland auf dem
Weg zu einer Erneuerung seines politischen Gemeinwesens   351

GÁBOR SPULLER: Der Einfluss des ungarischen Verfassungsgerichts auf das Gesetzgebungsverfahren des Parlaments der Republik Ungarn   367

PETER HÄBERLE: Allgemeine Probleme des Verfassungsrechts und der Verfassungsgerichtsbarkeit – auf der Grundlage des deutschen »Modells« und im Blick auf
die Ukraine   399
Vgl. NF 46, 123: Häberle m. w. N.

Entwicklungen des Verfassungsrechts im Außereuropäischen Raum

I. Amerika

JEREMY WEBBER: Die Legalität einer einseitigen Unabhängigkeitserklärung nach
kanadischem Recht   421
Vgl. NF 46, 527: Woehrling m. w. N.

II. Asien

YOUNG HUH: Zur neueren Entwicklung des Verfassungsrechts in der Republik
Korea   471
Vgl. NF 45, 535: Huh m. w. N.

NORIYUKI INOUE: Der allgemeine Gleichheitssatz der japanischen Verfassung im
Spiegel der Rechtsprechung und der Verfassungslehre   489

Kenji Hirota: Das Parlament in der japanischen Verfassung 511
Vgl. NF 44, 597: Ishimura m. w. N.

Syafrinaldi: Die Verfassung und die Meinungsfreiheit in Indonesien 551
Textanhänge: Die Verfassung der Republik Indonesien (1945); Indonesisches
Gesetz Nr. 9 über die Meinungsfreiheit in der Öffentlichkeit (1998)

Sachregister 561

Das Paulskirchenparlament 1848/49: Verfassungskonvent oder Konstituierende Nationalversammlung?

von

Dr. Horst Dippel

Professor für British and American Studies an der Universität Kassel

Der Titel klingt ungewöhnlich, doch impliziert er drei Fragestellungen von weitreichender verfassungsgeschichtlicher Bedeutung. In einem sehr weit gefaßten Sinne geht es um die Unterschiede zwischen dem amerikanischen und dem europäischen Konstitutionalismus, ein Problemfeld, das bislang kaum größere Beachtung gefunden hat.[1] Allgemein neigt man eher dazu, den modernen Konstitutionalismus als mehr oder weniger geschlossenes heuristisches Modell zu betrachten mit von Staat zu Staat, europäischen wie amerikanischen, eher unbedeutenden Abweichungen. Dabei wird nur zu leicht übersehen, daß von Anbeginn an wesentliche Inhalte des modernen Begriffs von Verfassung in Europa signifikant anders verstanden wurden als in Amerika.[2] Lediglich einige wenige von ihnen werden in der Folge beleuchtet werden können. Eine zweite Fragestellung wird darauf gerichtet sein, wie amerikanische Verfassungskonzepte in Europa aufgegriffen, umgeformt oder auch verworfen wurden. Der Gedanke des Verfassungskonvents ist in diesem Zusammenhang das naheliegende Beispiel. In unmittelbarem Zusammenhang mit ihm steht die dritte Frage, obwohl sie bislang als solche gar nicht wahrgenommen wurde, was nicht zuletzt angesichts des eher geringen Interesses, das zumal die verfassungsgeschichtliche Forschung bislang der Paulskirche entgegengebracht hat,[3] kaum verwunderlich erscheint. Hatte das

---

[1] Vgl. als eine der jüngsten Auseinandersetzungen mit dem Phänomen des europäischen Konstitutionalismus: *Anna Gianna Manca*, El constitucionalismo europeo y el caso prusiano: especificidad y concomitancias, in: José María Iñurritegui u. José María Portillo (Hrgg.), Constitución en España: orígenes y destinos, Madrid: Centro de estudios políticos y constitucionales, 1998, 309–322.

[2] Vgl. *Rett R. Ludwikowski* u. *William F. Fox, Jr.*, The Beginning of the Constitutional Era. A Bicentennial Comparative Analysis of the First Modern Constitutions, Washington, D.C.: The Catholic University of America Press, 1993, die ungeachtet ihres komparatistischen Ansatzes sich nicht zu diesen Problemen äußern. Das gleiche gilt für *Hans Vorländer*, Die Verfassung: Idee und Geschichte, München: C.H. Beck, 1999.

[3] Vgl. die praktisch ausschließlich historischen Arbeiten zur Paulskirche v. *Veit Valentin*, Die erste deutsche Nationalversammlung. Eine geschichtliche Studie über die Frankfurter Paulskirche, München-Berlin: Oldenbourg, 1919; *Ders.*, Geschichte der deutschen Revolution von 1848–49, 2 Bde., Berlin: Ullstein, 1930–31, bes. Bd. II; *Wilhelm Appens*, Die Nationalversammlung zu Frankfurt a.M. 1848/49, Jena:

Paulskirchenparlament von 1848/49 sich nicht selbst als »Konstituierende National-versammlung« bezeichnet? Welchen Sinn ergibt aber dann die Frage, ob es nicht eher ein Verfassungskonvent gewesen sei? In ihrer Beantwortung kann es nicht nur um die Deutung von Begriffen gehen, vielmehr wird nach dem Selbstverständnis der Pauls-kirche zu fragen sein und insbesondere nach der rechtlichen Basis ihrer Konstituie-rung und ihres Mandats. Worauf erstreckte sich ihre Legitimation, und war sie bereit, sich danach zu richten? Die Auseinandersetzungen im Vorfeld der Paulskirche, aber auch die Parlamentsdebatten der ersten Wochen, im wesentlichen also die Zeit von Anfang März bis Anfang Juli 1848, werden wesentliche Aufschlüsse zu diesen Fragen bringen und damit zugleich die Ergebnisse und das Schicksal der Paulskirche ver-ständlicher erscheinen lassen.

In seinem klassischen Werk *The Constitutional Convention* bezeichnete John Alexan-der Jameson vor mehr als 100 Jahren Verfassungskonvente als »one of the most impor-tant and most characteristic of the political institutions of the United States«.[4] Der Ver-fassungskonvent wurde und wird gewählt zu dem ausschließlichen Zweck, eine Ver-fassung zu entwerfen, zu verändern oder zu ergänzen. Er nimmt nie Regierungsfunk-

---

Eugen Diederichs, 1920; *Peter Rassow*, Deutschland und Europa 1848 und Das Werk der Paulskirche. Zwei akademische Festreden, gehalten am 2. und 16. Juni 1948 (Kölner Universitätsreden 5), Krefeld: Scherpe, o.J.; *Paul Wentzcke*, Ideale und Irrtümer des ersten deutschen Parlaments (1848–1849). Abgeord-nete und Beobachter, Kurzbiographien und Literaturnachweise v. Wolfgang Klötzer, Heidelberg: Carl Winter, 1959; *Frank Eyck*, The Frankfurt Parliament 1848–1849, London: Macmillan, 1968; *Werner Boldt*, Die Anfänge des deutschen Parteiwesens. Fraktionen, politische Vereine und Parteien in der Revolution 1848. Darstellung und Dokumentation, Paderborn: Ferdinand Schöningh, 1971; *Wolfram Siemann*, Die Frankfurter Nationalversammlung 1848/49 zwischen demokratischem Liberalismus und konservativer Reform. Die Bedeutung der Juristendominanz in den Verfassungsverhandlungen des Paulskirchenparla-ments, Frankfurt/M.: Lang, 1976; *Gunther Hildebrandt*, Parlamentsopposition auf Linkskurs. Die kleinbür-gerlich-demokratische Fraktion Donnersberg in der Frankfurter Nationalversammlung 1848/49, Berlin: Akademie-Verlag, 1975; Ders. (Hrg.), Opposition in der Paulskirche. Reden, Briefe und Berichte klein-bürgerlich-demokratischer Parlamentarier 1848/49, Berlin: Akademie-Verlag, 1981; Ders., Die Paulskir-che. Parlament in der Revolution 1848/49, Berlin: Verlag der Nation, 1986; Ders., Politik und Taktik der Gagern-Liberalen in der Frankfurter Nationalversammlung 1848/1849, Berlin: Akademie-Verlag, 1989; Die erste deutsche Nationalversammlung 1848/49. Handschriftliche Selbstzeugnisse ihrer Mitglieder, hrg. u. erl. v. *Wilfried Fiedler*, Königstein/Ts.: Athenäum, 1980; *Günter Mick*, Die Paulskirche. Streiten für Einigkeit und Recht und Freiheit, Frankfurt a.M.: Waldemar Kramer, 1988; Die Frankfurter Nationalver-sammlung 1848/49. Ein Handlexikon der Abgeordneten der deutschen verfassunggebenden Reichs-Versammlung, hrg. v. Rainer Koch, Kelkheim: H. Kunz, 1989; *Heinrich Best* u. *Wilhelm Weege*, Biographi-sches Handbuch der Abgeordneten der Frankfurter Nationalversammlung 1848/49, Düsseldorf: Droste, 1996; *Wilhelm Ribhegge*, Das Parlament als Nation. Die Frankfurter Nationalversammlung, in: Aus Politik und Zeitgeschichte. Beilage zur Wochenzeitung Das Parlament, B3–4/98 (16. Januar 1998), 11–27; *Wil-helm Bleek*, Die Paulskirche in der politischen Ideengeschichte Deutschlands, ebd., 28–39; *Wilhelm Ribheg-ge*, Das Parlament als Nation. Die Frankfurter Nationalversammlung 1848/49, Düsseldorf: Droste, 1998; *Ulrich Speck*, Das Parlament, in: 1848. Revolution in Deutschland, hrg. v. Christof Dipper u. Ulrich Speck, Frankfurt: Insel, 1998, 196–209; Gelehrte in der Revolution. Heidelberger Abgeordnete in der deutschen Nationalversammlung 1848/49: Georg Gottfried Gervinus – Robert von Mohl – Gustav Höf-ken – Karl Mittermaier – Karl Theodor Welcker – Karl Hagen – Christian Kapp, hrg. v. Frank Engehausen u. Armin Kohnle, Ubstadt-Weiher: Verlag Regionalkultur, 1998. Das verfassungsgeschichtliche Interesse an der Paulskirche hat sich dagegen bislang fast ausnahmslos auf die Reichsverfassung konzentriert, wobei herausragt: *Jörg-Detlef Kühne*, Die Reichsverfassung der Paulskirche. Vorbild und Verwirklichung im späte-ren deutschen Rechtsleben [1985], Neuwied: Luchterhand, ²1998.

[4] *John Alexander Jameson*, The Constitutional Convention; Its History, Powers, and Modes of Proceed-ing, Chicago: Callaghan, ³1873, 1.

tionen war, noch erläßt er Gesetze. »If«, so die Schlußfolgerung von Jameson, »if a Constitutional Convention step outside the circle of law, it does not continue to be a Constitutional Convention, but, so far, becomes that whose powers or methods it assumes, – a Revolutionary Convention.«[5] Jamesons revolutionäre Konvente beschränkten sich nicht auf den Entwurf einer Verfassungsordnung, sondern setzten sich über bestehende Institutionen hinweg und nahmen an ihrer Stelle legislative oder exekutive Funktionen oder beides, direkt oder indirekt, wahr. Hier handelte das souveräne Volk durch seine Repräsentanten, während in Verfassungskonventen der Wille des souveränen Volkes kanalisiert und Regeln unterworfen war, die es in der Konzipierung oder Revidierung der Verfassung nicht überschreiten konnte mit dem Ergebnis, daß die auf diese Weise entworfene Verfassung, wenn sie denn angenommen wurde, wiederum dem normalen Zugriff des souveränen Volkes entzogen war. Anders als diese Verfassungskonvente haben revolutionäre Konvente im amerikanischen Konstitutionalismus lediglich eine marginale Rolle gespielt und sind nur in jeweils wenigen Kolonien bzw. Staaten zu bestimmten Zeitpunkten, nämlich 1689, 1776 und 1861 kurzfristig in Erscheinung getreten, als im Verlauf von revolutionären Situationen neben den Konventen etwa bestehende legale Regierungen ihre Tätigkeit eingestellt hatten.

Die amerikanische Institution der Konvente war nachdrücklich von der puritanische Idee des göttlichen Bundes mit seiner Praxis der Kirchenkonvente beeinflußt, wenngleich auch William Blackstones Interpretation der englischen Verfassung eine gewisse Rolle spielte. Zweimal, 1660 und 1688/89, hatte England in seiner Geschichte Konvente oder Konventionsparlamente erlebt. Sie waren einberufen worden, um in einer Zeit den Fortgang der Verfassung sicherzustellen, als es keinen König gab, der ein Parlament hätte einberufen können. »[I]n such a case as the palpable vacancy of a throne, it follows *ex necessitate rei*, that the form of the royal writs must be laid aside, otherwise no parliament can ever meet again [...] So that, notwithstanding these two capital exceptions, which were justifiable only on the principle of necessity, (and each of which, by the way, induced a revolution in the government) the rule laid down is in general certain, that the king, only, can convoke a parliament.«[6]

Blackstones »revolutionäre« Konvente traten an die Stelle von rechtlich nicht existierenden Parlamenten und nahmen die Aufgaben legaler gesetzgebender Körperschaften wahr, um die verfassungsmäßige Ordnung wiederherzustellen. Dieser Gedanke wurde in Amerika 1776 aufgegriffen, wo nach dem Zusammenbruch der britischen Herrschaft »the representatives of the good people of Virginia, assembled in full and free convention«, um im Juni 1776 ihre Menschenrechtserklärung zu entwerfen und zu verkünden.[7] Sie waren damit dem einige Monate älteren Beispiel von New Hampshire gefolgt, das, entsprechend der Entschließung des Kontinentalkongresses

---

[5] Ebd., 11. Vgl. auch *Thomas M. Cooley*, A Treatise on the Constitutional Limitations which Rest Upon the Legislative Power of the States of the American Union, Boston: Little, Brown, and Company, [5]1883, 41–43, 79–81.

[6] *William Blackstone*, Commentaries on the Laws of England, 4 Bde., Oxford: Clarendon, 1765–69 (Ndr. Chicago-London: University of Chicago Press, 1979), I, 148.

[7] Präambel der Virginia Bill of Rights, in: The Federal and State Constitutions, Colonial Charters, and Other Organic Laws of the United States, hrg. v. Benjamin Perley Poore, 2 Bde., Washington: Government Printing Office, [2]1878, II, 1908.

vom November 1775, »to call a full and free representation of the people [to] establish such a form of government, as, in their judgment, will best produce the happiness of the people«,[8] einen Konvent für ein Jahr gewählt hatte, um die Regierungsgeschäfte auszuführen und eine Verfassung zu bilden.[9]

Derart revolutionäre Konvente machten bald Konventen Platz, deren Aufgaben auf Verfassungsangelegenheiten im eigentlichen Sinne beschränkt waren. Allein in den 1770er Jahren mochte diese genuin amerikanische Erfindung Anklänge an Blackstones Interpretation suggerieren. Tatsächlich überwogen jedoch auch jetzt die Anleihen an puritanische Vorstellungen, wie sie sich insbesondere in dem sich herausbildenden amerikanischen Verständnis von Verfassung ausdrückten. Es ist kein Zufall, daß es ausgerechnet in Massachusetts war, wo sich diese Gedanken zuerst mit denen des göttlichen Bundes verbanden und damit zum Ausdruck brachten, daß eine von der normalen Legislative getrennte Einrichtung unerläßlich sei, um eine dem raschen Zugriff des Volkes entrückte, den Bund festigende Verfassung zu bilden, so wie es die Einwohner von Concord, Massachusetts in ihrem Beschluß vom 22. Oktober 1776 dargelegt hatten: »That the Supreme Legislative, either in their Proper Capacity, or in Joint Committee, are by no means a Body proper to form and Establish a Constitution; for Reasons following. first Because we Conceive that a Constitution in its Proper Idea intends a System of Principles Established to Secure the Subject in the Possession and enjoyment of their Rights and Priviliges, against any Encroachments of the Governing Part–2d Because the Same Body that forms a Constitution have of Consequence a power to alter it. 3d–Because a Constitution alterable by the Supreme Legislative is no Security at all to the Subject against any Encroachment of the Governing part on any, or on all their Rights and priviliges. Resolve 3d. That it appears to this Town highly necesary and Expedient that a Convention, or Congress be immediately Chosen, to form and establish a Constitution, by the Inhabitents of the Respective Towns in this State [...] Resolve 4th. that when the Convention, or Congress have formed a Constitution they adjourn for a Short time, and Publish their Proposed Constitution for the Inspection and Remarks of the Inhabitents of this State.«[10]

Die strikte Trennung von gesetzgebenden und verfassungsgebenden Befugnissen entrückte die Verfassung dem einfachen Zugriff des souveränen Volkes und gab der Verfassung entsprechend der dem Puritanismus entlehnten Vorstellung den Rang eines feierlichen, unverletzlichen Bundes, der sie zum obersten Gesetz jenseits der gewöhnlichen Kontrolle des Volkes machte. Dank dieser Verfassungsvorstellung vermochte sich die Konventsidee in den Vereinigten Staaten schließlich durchzusetzen. Die Verfassung von Massachusetts von 1780 war die erste, die von einem Konvent, der ausdrücklich zu diesem Zweck gewählt worden war, entworfen und anschließend in einer Volksabstimmung angenommen worden war. Ein paar Jahre darauf trat in Philadelphia 1787 ein Konvent zusammen, »to take into consideration the situation of the United States, to devise such further provisions as shall appear to them necessary to render the constitution of the Foederal Government adequate to the exigencies of the

---

[8] 3. November 1775, in: Journals of the Continental Congress, 1774–1789, hrg. v. Worthington Chauncey Ford, III, Washington: Government Printing Office, 1905, 319.

[9] Vgl. *Jameson*, The Constitutional Convention, 118–125.

[10] The Popular Sources of Political Authority. Documents on the Massachusetts Constitution of 1780, hrg. v. Oscar u. Mary Handlin, Cambridge, Mass.: Belknap Press, 1966, 152–153.

Union«.[11] Bekanntlich »lief« der Konvent in Philadelphia »davon« (»ran away«) und überschritt seine Befugnisse,[12] indem er die Bundesverfassung entwarf, die anschließend von Staatskonventen ratifiziert wurde, die ausschließlich zu diesem Zweck gewählt worden waren. Dieser Bundeskonvent, der die Verfassung für die Nation beriet und entwarf und sie anschließend dem Volk zur Zustimmung vorlegte, während die ganze Zeit über die verfassungsmäßigen Institutionen amtierten, ohne daß der Konvent auf sie einwirkte oder diese die Beratungen des Konvents zu beeinflussen suchten, hatte einen prägenden Einfluß, wann immer es in der Folge in amerikanischen Territorien oder Staaten darum ging, eine Verfassung zu bilden oder zu verändern. Es bedurfte jedoch noch mehrerer Jahrzehnte, bis sich der amerikanische Verfassungskonvent in seiner zeitgültigen Form herausgebildet hatte, und als Richter Jameson die dritte Auflage seiner *Constitutional Convention* vorbereitete, verfügten die Verfassungen von zwei Dritteln aller amerikanischen Staaten über entsprechende Bestimmungen zur Durchführung von Verfassungskonventen.[13]

Das amerikanische Beispiel des Verfassungskonvents, der jenseits politischer Pressionen und losgelöst vom politischen Alltag in Ruhe und Würde eine Verfassung entwarf und sie dann dem Volk zur Annahme vorlegte, verfehlte seinen Eindruck in Europa nicht. Nicht von ungefähr wurde daher der Name während der Französischen Revolution bereitwillig aufgegriffen, so daß sich die 1792 gewählte Nationalversammlung demonstrativ *Convention* nannte. Doch was mit Konvent gemeint war, war nicht nur in Amerika noch keineswegs eindeutig geklärt, sondern sah sich darüber hinaus in Frankreich im Widerstreit mit dem entgegenstehenden Gedanken der konstituierenden Nationalversammlung.[14]

Die Verfassung des 3. September 1791 war weder das Werk eines Verfassungskonvents noch verstand sie sich diesem Gedanken grundsätzlich verpflichtet. Sie war von der Konstituierenden Nationalversammlung konzipiert, doch ihre Bestimmungen über die Revision der Verfassung machten deutlich, daß der Konventsgedanke nicht völlig unbekannt geblieben war. Wenn drei aufeinander folgende Legislativen sich einmütig für dieselbe Verfassungsänderung ausgesprochen hatten, sollte eine *Assemblée de révision* einberufen werden, um über die vorgeschlagene Änderung zu entscheiden.[15] Diese *Assemblée de révision* ist eine höchst interessante Körperschaft, erlaubte sie doch zumindest partiell den ersten Nachweis des Konventsgedankens im französi-

---

[11] Resolution der Annapolis Convention vom 14. September 1786, in: Documents of American History, hrg. v. Henry Steele Commager, 2 Bde., New York: Appleton-Century-Crofts, [7]1963, I, 133.

[12] Vgl. dazu *Paul J. Weber* u. *Barbara A. Perry*, Unfounded Fears: Myths and Realities of a Constitutional Convention, New York: Greenwood Press, 1989, bes. 13–30.

[13] Vgl. American Constitutions: Comprising the Constitution of Each State in the Union, and of the United States, With the Declaration of Independence and Articles of Confederation; Each Accompanied by a Historical Introduction and Notes, Together With a Classified Analysis of the Constitutions, hrg. v. Franklin B. Hough, 2 Bde., Albany, N.Y.: Weed, Parsons & Company, 1872, II, 844–845. Vgl. *James Bryce*, The American Commonwealth, 2 Bde., Naufl., London: Macmillan, 1913, I, 681–683, u. neuer *Wilbur Edel*, A Constitutional Convention: Threat or Challenge, New York: Praeger, 1981, 1–10; *Weber* u. *Perry*, Unfounded Fears, 81–104.

[14] Vgl. grundlegend *Egon Zweig*, Die Lehre vom Pouvoir Constituant. Ein Beitrag zum Staatsrecht der französischen Revolution, Tübingen: J.C.B. Mohr, 1909, 330–331.

[15] Titel VII der Verfassung von 1791 (Les Constitutions de la France depuis 1789, hrg. v. Jacques Godechot, Paris: Flammarion, 1979, 65–67).

schen Konstitutionalismus. Sie bestand aus den 745 Mitgliedern der Nationalversammlung zuzüglich von weiteren 249 Mitgliedern, die zu dem alleinigen Zweck gewählt worden waren, diese *Assemblée de révision* zu bilden, um die vorgeschlagenen
Veränderungen zu behandeln. So wie dieses geschehen sei, »les deux cent quarante-
neuf membres nommés en augmentation, se retireront sans pouvoir prendre part, en
aucun cas, aux actes législatifs«.[16]

Der amerikanische Verfassungskonvent war offensichtlich nicht unbemerkt in
Frankreich geblieben. Im Gegenteil hatte er eine ausführliche Debatte in der Nationalversammlung hervorgerufen, in der Jérôme Pétion de Villeneuve am 29. August
1791 in einer Grundsatzerklärung klar zwischen einer normalen Legislative und einem Konvent unterschied, dessen Aufgabe es sei, eine Verfassung zu entwerfen oder
zu verändern. Indem er dabei wie die Einwohner von Concord von der Definition
der Verfassung ausging – »C'est l'acte de partage des pouvoirs; c'est l'acte qui fixe les limites du pouvoir législatif, du pouvoir exécutif et des pouvoirs secondaires« – gelangte
Pétion zu einer vergleichbaren Schlußfolgerung: »Or, rien ne serait plus absurde, plus
monstreux et plus dangereux en principes, qu'un corps qui tiendrait son existence de
lui seul, qui n'en devrait compte qu'à lui seul, et qui seul serait chargé de corriger les
abus qui s'élèveraient dans son sein. Un pareil corps prendrait bientôt l'accroissement
le plus terrible et le plus formidable pour la liberté; il se mettrait au-dessus de la nation,
dont tous les corps doivent dépendre, et il la gouvernait en despote.« Nicht eine Legislative konnte mithin mit der Aufgabe, die Verfassung zu revidieren, betraut werden,
sondern allein ein Konvent, und zwar zu festgesetzten und regelmäßigen Zeitpunkten, wie er hinzufügte.[17]

Condorcet ist ein weiteres Beispiel für den Einfluß der Konventsidee in Frankreich.
Drei Wochen vor Pétions ausführlicher Stellungnahme in der Nationalversammlung
hielt Condorcet eine Rede über Nationalkonvente vor den *Amis de la Constitution*.
Ähnlich Pétion nach ihm unterschied er klar zwischen gesetzgebender und verfas-
sungsgebender Gewalt. »On craint la confusion de deux pouvoirs, quoique délégués à
des assemblées différentes: mais d'abord on doit mettre dans la forme des conventions,
dans le nombre de leurs membres, dans les incompatibilités de leurs fonctions publiques, des différences qui ne permettent pas de les confondre avec les législatures«.[18]
Nachdrücklich warnte er davor, gesetzgebenden Körperschaften die Befugnis einzu-
räumen, die Verfassung zu ändern, was nur dazu führen könne, »de la corrompre par
des changements souvent insensibles«.[19]

Es überrascht nicht, daß der Titel über die Nationalkonvente in dem girondisti-
schen Verfassungsprojekt vom Februar 1793 mit 16 Artikel recht ausführlich ausfiel.
Konvente sollten nicht nur für jede Verfassungsänderung einberufen werden, sie sollten auch jeweils in deutlicher geographischer Distanz zur Legislativen tagen, um die
nach Mitgliedern und Funktion vollständige Trennung zwischen beiden Versamm-

---

[16] Titel VII, Art. 8 der Verfassung von 1791 (ebd., 66).

[17] Archives parlementaires de 1787 à 1860, 1ʳᵉ sér., XXX (1888), 45, vgl. 44–54 bzgl. der ganzen Rede.

[18] *Jean Antoine Nicolas Caritat de Condorcet*, Discours sur les Conventions nationales, prononcé à l'assemblée des Amis de la Constitution, séante aux Jacobins, le 7 août 1791, in: Oeuvres de Condorcet, hrg. v. A.
Condorcet O'Connor u. F. Arago, 12 Bde., Paris: Firmin Didot, 1847–1849, X, 214.

[19] Ebd., 218–219.

lungen über jeden Zweifel erhaben zum Ausdruck zu bringen.[20] Bezeichnenderweise
wies der Abschnitt der jakobinischen Verfassung über die Nationalkonvente mit seinen insgesamt drei Artikeln stärkere Parallelen zur pennsylvanischen Verfassung von
1776 als zum Projekt der Gironde auf und enthielt keine ihrer zentralen Bestimmungen.[21] So wurde nicht ausdrücklich festgehalten, daß allein ein Konvent die Verfassung
verändern oder ergänzen könne, im Gegenteil konnte auch ein Konvent legislative
Funktionen ausüben: »La Convention nationale est formée de la même manière que
les législatures, et en réunit les pouvoirs.«[22]

Während sich die Konventsidee in ihrer heutigen Form in den Vereinigten Staaten
noch keineswegs voll durchgesetzt hatte, tat sich das revolutionäre Frankreich mit seinen andersartigen Vorstellungen von Verfassung schwer, die amerikanischen, aus dem
Gedanken des göttlichen Bundes geborenen Vorstellungen, die dem französischen
Denken so fremd waren, zu übernehmen. Hinzukam, daß die Auffassung, eine von
einem Konvent entworfene Verfassung müsse dem Volk zur Annahme vorgelegt werden, in Frankreich bislang keine Resonanz gefunden hatte. Nur wenige Revolutionäre hatten sie sich seit 1789 zu eigen gemacht,[23] und sowohl Condorcets Projekt als
auch die wesentlich nachdrücklicher von der pennsylvanischen Verfassung von 1776
als der von Massachusetts von 1780 beeinflußte jakobinische Verfassung schwiegen
sich in diesem Punkt aus. Der Gedanke einer Volksabstimmung über die neue Verfassung war daher weder verfassungsrechtlich begründet noch Ergebnis der Konventsidee. Er war vielmehr ausschließlich politisch motiviert[24] und die Folge einer von
Danton veranlaßten Resolution, die die *Convention* bereits in ihrer ersten Sitzung am
21. September 1792 angenommen hatte.[25]

Es kann nicht verwundern, daß angesichts dieser Situation die 1792 gewählte *Convention nationale* alles andere als ein Verfassungskonvent war, da sie verfassungsgebende
und gesetzgebende Befugnisse in sich vereinte, statt sie voneinander zu trennen. Im
Unterschied zur *Assemblée Nationale Constituante*, aber auch zu einigen anderen revolutionären Konventen regierte sie zudem direkt durch ihre Ausschüsse. Dennoch war
damit die amerikanische Konventsidee in Frankreich nicht endgültig zu Grabe getragen worden. Vielmehr lebte sie mit der Verfassung des Jahres III noch einmal auf.
Zwar konnte, diskreditiert durch die *Terreur,* nach dem Thermidor der Ausdruck *Convention* nicht verwandt werden. Um so bereitwilliger griff man daher auf die Bezeich-

---

[20] Plan de Constitution présentée à la Convention nationale les 15 et 16 février 1793, Titel IX,
Art. 250–265, in: Constitutions et documents politiques, hrg. v. Maurice Duverger, Paris: Presses universitaires de France, [13]1992, 68–69.

[21] Jakobinische Verfassung von 1793, Art. 115–117, in: Les Constitutions de la France, hrg. v. Godechot, 91.

[22] Jakobinische Verfassung von 1793, Art. 116 (ebd.).

[23] Vgl. als ein frühes Beispiel, »Aux Auteurs du Patriote François«, in: Le Patriote françois (n°. 5, 1. August 1789), 3.

[24] Vgl. *Serge Aberdam*, Soumettre la constitution au peuple, in: La Constitution du 24 juin 1793. L'utopie dans le droit public français?, Actes du colloque de Dijon, 16 et 17 septembre 1993, hrg. v. Jean Bart
u.a., Dijon: Editions de l'Université de Dijon, 1997, 139–154.

[25] »La Convention nationale déclare qu'il ne peut y avoir de constitution que celle qui est acceptée par le
peuple« (Faustin-Adolphe Hélie, Hrsg., Les Constitutions de la France. Ouvrage contenant outre les constitutions, les principales lois relatives au culte, à la magistrature, aux élections, à la liberté de la presse, de
réunion et d'association, à l'organisation des départements et des communes. Avec un commentaire [Paris:
A. Marescq ainé, 1880], 341).

nung *Assemblée de révision* der Verfassung von 1791 zurück, während man sie inhaltlich unter starker Anlehnung an das Condorcetsche Projekt von 1793 in einen tatsächlichen Verfassungskonvent umzuformen suchte. Die Bestimmungen über die Wahl und die strikte räumliche Trennung von der Legislativen waren eindeutig von diesem beeinflußt. In der Festsetzung ihrer Aufgaben gingen die Thermidorianer jedoch noch deutlich restriktiver vor: »L'Assemblée de révision n'exerce aucune fonction législative ni de gouvernement; elle se borne à la révision des seuls articles constitutionnels qui lui ont désignés par le Corps législatif.«[26] In keiner französischen Verfassung wurde das konstituierende Prinzip des Verfassungskonvents je in ähnlich rigoroser Weise zum Ausdruck gebracht wie in diesem Artikel von 1795. Doch seine Rigorosität hatte auch, und sei es nur indirekt, dokumentiert, daß für die amerikanische Konventsidee letztlich kein Platz im französischen Konstitutionalismus war. Der Konvent oder, wie es richtiger heißen muß, die *assemblée de révision* der Verfassung des Jahres III verfügte lediglich über untergeordnete, gleichsam editorische Funktionen und hatte, anders als noch bei Condorcet oder Pétion, weder einen eigenen Willen noch konnte sie eigenmächtig tagen und beraten, wohingegen amerikanische Verfassungskonvente im allgemeinen in ihren Vorgehensweisen mehr oder weniger frei und selbstbestimmt waren (eine »convention shall meet [...] for the purpose of revising, altering, or amending this constitution«, wenn die Legislative und das Volk »shall think it necessary to alter or amend this constitution«, wie die gängigen Formulierungen lauteten).[27] Der französische Konstitutionalismus bestand dagegen auf der Suprematie des souveränen Volkes, das sich mittels seiner Repräsentanten in der Nationalversammlung äußerte. Eine konstituierende Nationalversammlung mit verfassungsgebenden wie gesetzgebenden Vollmachten und dem Recht, eine Regierung einzusetzen, die ihren Willen notfalls auch bereits existierenden nationalen Institutionen aufzwingt, schien sich sehr viel mehr im Einklang mit derartigen Vorstellungen zu befinden. Ihre Legitimation bezog sie allein aus der Revolution, die damit auch ihre radikalste Form rechtfertigte, nämlich die *Convention*, die zusätzlich die Regierungsgewalt mittels Ausschüsse direkt ausübte, ohne eine weitere politische Autorität unabhängig von ihr und jenseits ihrer unmittelbaren Kontrolle anzuerkennen.

Trotz oder eher wegen der Bestimmungen von 1795 vermochte der Verfassungskonvent zu keiner dauerhaften Einrichtung im französischen Konstitutionalismus zu werden. Das nächste und zugleich letzte Mal taucht er, wiederum unter der Bezeichnung *Assemblée de révision*, in der Verfassung von 1848 auf. Doch von den 15 Artikeln der Verfassung des Jahres III war lediglich ein einziger übriggeblieben, der bewußt vage gehalten war und völlig offenließ, wie weit die Mitglieder der *Assemblée de révision* mit denen der Nationalversammlung identisch waren,[28] womit der zentral Gedanke

---

[26] Verfassung des Jahres III (1795), Art. 342, in: Les Constitutions de la France, hrg. v. Godechot, 138.

[27] Verfassung von Illinois von 1818, Art. VII, Sekt. 1 (The Federal and State Constitutions, hrg. v. Poore, I, 446) mit ihren durchaus gängigen Formulierungen. Zur neueren amerikanischen Diskussion über eingeschränkte (»limited«) oder uneingeschränkte (»unlimited«) Konvente, vgl. *Weber* u. *Perry*, Unfounded Fears, 95–100.

[28] Verfassung von 1848, Art. 111 (»de la révision de la Constitution«); vgl. auch Art. 29, wonach die Beschränkungen der Mitgliedschaft in der Nationalversammlung nicht für die *Assemblées de révision* galten, sowie die Art. 21 u. 22 (750 Mitglieder der Nationalversammlung – fünf mehr als 1791 – und 900 Mitglieder in den *Assemblées de révision* – 94 weniger als 1791; die Parallelen sind bezeichnend), in: Les Constitu-

ihrer strikten Trennung aufgegeben war. Die Gründe für den Fehlschlag der amerikanischen Konventsidee in Frankreich lagen in den zunehmenden Unterschieden im Verständnis von Verfassung in beiden Ländern, in denen das Verhältnis von Verfassung und Volkssouveränität zu konträren konstitutionellen Lösungen geführt und sich dabei im französischen Konstitutionalismus die Auffassung durchgesetzt hatte, daß eine Verfassung stets den sich wandelnden Grundanschauungen des souveränen Volkes Platz zu machen habe.[29]

Diese französischen Anschauungen des souveränen Volks schienen ihren sehr viel angemesseneren Ausdruck in der Nationalversammlung zu finden, und es ist daher gewiß kein Zufall, daß die erste revolutionäre Einrichtung, die von der Französischen Revolution 1789 geschaffen wurde, die Konstituierende Nationalversammlung war. Sie symbolisierte das Volk und seinen »pouvoir constituant«, und es lag gleichsam in der Logik ihrer Macht, daß das erste, am 14. Juli 1789 eingerichtete Verfassungskomitee nach nahezu zwei Monaten scheiterte, weil es vorgeschlagen hatte, die Macht der Nationalversammlung durch die Einrichtung einer zweiten Kammer und die Einführung eines absoluten königlichen Vetos zu beschneiden.[30]

Die Nationalversammlung war der Ort, an dem sich die versammelte Nation traf, die allein befugt war, der Nation eine Verfassung zu geben. Was Mirabeau am 23. Juni dem königlichen Emissär entgegenschleuderte, war nur die Bestätigung des von Sieyès verfaßten Beschlusses vom 17. Juni, mit dem sich die Generalstände revolutionär in die Nationalversammlung umgewandelt hatten. Bei dieser Gelegenheit hatte Sieyès zugleich bereits erste Elemente einer Theorie der Nationalversammlung geliefert: Sie bezog ihre Legitimation aus der allgemeinen Wahl durch das Volk. Sie allein war legitimiert, für die Nation zu sprechen, weil ihre Mitglieder als die Repräsentanten des Volkes öffentlich und rechtlich anerkannt waren. Niemand außerhalb der Nationalversammlung, was immer die Besonderheiten seiner Wahl oder seines Status auch sein mochten, hatte das Recht, für die Nation zu sprechen, für sich zu beanspruchen. Da die Nationalversammlung den Willen der Nation repräsentierte und interpretierte, gab es keinen Willen über ihr. Folglich konnte der Krone weder das Recht eines Eingriffs in ihre laufenden Beratungen noch die Entscheidungsbefugnis über das Abhalten von Sitzungen zustehen.[31]

Als drei Tage später der Ballhausschwur abgelegt wurde, der die Nationalversammlung in die Konstituierende Nationalversammlung verwandelte, wurden weitere Ele-

---

tions de la France, hrg. v. Godechot, 266, 267, 277. Bzgl. weiterer Aspekte, vgl. François Luchaire, Naissance d'une constitution: 1848, Paris: Fayard, 1998, 161–163.

[29] Vgl. *Robert Redslob*, Die Staatstheorien der französischen Nationalversammlung von 1789. Ihre Grundlagen in der Staatslehre der Aufklärungszeit und in den englischen und amerikanischen Verfassungsgedanken, Leipzig: von Veit, 1912, bes. 154–172; *Horst Dippel*, Angleterre, Etats-Unis, France: Constitutionalisme et souveraineté populaire, in: L'An I et l'apprentissage de la démocratie, Actes du colloque organisée à Saint-Ouen les 21, 22, 23, 24 juin 1993, hrg. v. Roger Bourderon, Saint-Denis: Editions PSD, 1995, 537–559.

[30] Vgl. *Roger Delagrange*, Le Premier comité de constitution de la Constituante (1789), ses vues et ses projets. Un moment d'éclat du Parti royaliste libéral en 1789, Paris: Arthur Rousseau, 1900, bes. 176–205; *Pierre-Yves Rudelle*, Le Premier comité de constitution ou l'échec du projet monarchien, in: 1791: La Première constitution française. Actes du colloque de Dijon, 26 et 27 septembre 1991, hrg. v. Jean Bart u.a., Paris: Economica, 1993, 87–105; *Pasquale Pasquino*, Sieyes et l'invention de la constitution en France, Paris: Odile Jacob, 1998, bes. 15–29.

[31] Réimpression de l'ancien Moniteur, I (1858), 82–83.

mente dem hinzugefügte, was unter dieser Körperschaft zu verstehen sei: Entwurf einer Verfassung für das Königreich, Wiederherstellung der öffentlichen Ordnung und Bewahrung der wahren Grundsätze der Monarchie.[32] Mithin verstand sich die Versammlung als mit der verfassungsgebenden wie gesetzgebenden Gewalt ausgestattet, wobei zugleich eine, in den Einzelheiten offengelassene Beziehung zur Exekutive unter dem König angedeutet wurde. Das Widersprüchliche an diesem Verständnis – eine Paradoxie, die ja dann von der *Convention* politisch aufgelöst wurde, die aber 1848/49 in Frankfurt noch sehr viel schärfer durchschlug, als dies in Paris 1789/91 schon der Fall gewesen war – lag in der Tatsache, daß alle diese Befugnisse als Ausfluß des »pouvoir constituant« und der Anspruch, allein legitimiert zu sein, den Willen der Nation zu interpretieren, als Ausdruck des Prinzips der Volkssouveränität verstanden wurde, daß aber zugleich, so der allgemeine Konsens, nicht das Volk, sondern letztlich der König die Verfassung anzunehmen hätte.[33] Im Unterschied zur Weimarer Nationalversammlung von 1919 sollte die Mehrzahl dieser Ideen um die französische Nationalversammlung von 1789 in Frankfurt 1848 wieder aufgegriffen werden, jedoch nicht ohne bedeutungsvolle Abweichungen.

Angesichts der Aufnahme und schließlichen Verwerfung der Konventsidee im Kontext des französischen Konstitutionalismus kann es nicht verwundern, daß der Gedanke des Verfassungskonvents in Deutschland höchst vage geblieben war, zumal, ungeachtet einer verbreiteten Beunruhigung über die französische Politik und der Furcht vor einer französischen Invasion im Zuge der neuerlichen Revolution,[34] der deutsche Konstitutionalismus seit den 1790er Jahren nachhaltig von seinem französischen Pendant beeinflußt war, zumindest in Fragen der Struktur und Form.[35] Schon das Wort Konvent wurde unverändert vorrangig mit der *Convention* von 1792 assoziiert und galt damit hier wie in Frankreich für die Mehrzahl der Zeitgenossen als diskreditiert. Wenn daher der Name Konstituierende Nationalversammlung, nicht zuletzt angesichts des französischen Beispiels von 1789, als die offensichtliche Wahl zur Bezeichnung der Paulskirche erscheint, bleibt dennoch danach zu fragen, was mit dieser Wortwahl gemeint war, durch was sich die Paulskirche legitimiert sah, welche Be-

---

[32] Ebd., 89.

[33] Vgl. *Zweig*, Die Lehre vom Pouvoir Constituant, 224–229; *Redslob*, Die Staatstheorien der französischen Nationalversammlung von 1789, 58–66; Karl Loewenstein, Volk und Parlament nach der Staatstheorie der französischen Nationalversammlung von 1789. Studien zur Dogmengeschichte der unmittelbaren Volksgesetzgebung, München: Drei Masken Verlag, 1922 (Ndr. Aalen: Scientia, 1990), 12–13.

[34] Vgl. *Friedrich Siegmund Jucho*, Geschichtliche Einleitung über die Entstehung der Vertretung des ganzen deutschen Volkes, in: Verhandlungen des Deutschen Parlaments. Officielle Ausgabe, 2 Lfgg., Frankfurt/M.: J.D. Sauerländer, 1848, I, vi; *Eyck*, The Frankfurt Parliament, 30–32; *Hans Fenske*, Die Verfassung des Deutschen Reiches vom 28. März 1849. Entstehung, Inhalt, Wirkung, in: Zeitschrift des Vereins für hessische Geschichte und Landeskunde, 90 (1984/85), bes. 258.

[35] Die am 29. Mai 1848 angenommene Geschäftsordnung der Paulskirche war deutlich von französischen Vorbildern beeinflußt, vgl. *Gilbert Ziebura*, Anfänge des deutschen Parlamentarismus. Geschäftsverfahren und Entscheidungsprozeß in der ersten deutschen Nationalversammlung 1848/49, in: Faktoren der politischen Entscheidung. Festgabe für Ernst Fraenkel zum 65. Geburtstag, Berlin: Walter de Gruyter, 1963, bes. 196–197; *Speck*, Das Parlament, 200. Im Gegensatz zu der verabschiedeten Geschäftsordnung war der von Robert von Mohl u.a. am Vorabend der Eröffnung der Paulskirche vorgelegte Entwurf einer Geschäfts-Ordnung für den verfassungsgebenden Reichstag, Frankfurt a.M.: August Osterrieth, 1848, weitgehend nach der englischen parlamentarischen Praxis ausgerichtet, vgl. ebd., 12–37.

fugnisse sie zu besitzen glaubte und welche Rolle sie in dem Prozeß der Verfassungsgebung zu spielen und gegebenenfalls mit wem zu teilen gedachte?

Am 29. Februar 1848 hatte die Bundesversammlung des Deutschen Bundes in
Frankfurt erstmals von der Revolution in Frankreich Notiz genommen und in den
folgenden Tagen zunehmend ihre Besorgnis über ihre möglichen Konsequenzen für
Deutschland zum Ausdruck gebracht. Man mußte zur Kenntnis nehmen, daß am 5.
März in Heidelberg die Forderung »der Wahl und der Errichtung einer angemessenen
Nationalvertretung« erhoben worden war,[36] was die Bundesversammlung nur ent-
schlossener machte, denn: »Allein hinter den gemäßigten Männern des Fortschritts
steht die Partei der Ultraradikalen und Republikaner, die nach einer allgemeinen
deutschen Republik strebt.« Um diese Gefahr abzuwenden und die sich verbreitende
Unruhe aufzufangen, beschloß die Bundesversammlung, sich für »die Revision der
Bundesverfassung [...] auf breiter nationaler Grundlage« einzusetzen.[37] Zwei Tage
darauf, am 10. März, folgte der Beschluß, daß, um diese Revision vorzubereiten, siebzehn »Männer des allgemeinen Vertrauens«, einer für jeden Bundesstaat oder Gruppe
von Staaten, bis zum Ende des Monats als beratendes Gremium nach Frankfurt ent-
sandt werden sollten.[38] Erst nachdem die Regierungen der deutschen Staaten und insbesondere Österreich und Preußen, aufgrund der Revolutionen in Wien und Berlin
mit einiger Verspätung, ihre Zustimmung gegeben hatten, konnte der Beschluß umgesetzt werden.[39]

Was nun folgte, ist eine der interessantesten Kuriositäten der Verfassungsgeschichte
und dabei zugleich Reflex des französischen Umgangs mit der Konventsidee in den
1790er Jahren.[40] Angesichts der revolutionären Unruhen in Deutschland und des allgemeinen Mißtrauens gegenüber den Repräsentanten der alten Ordnung beschloß
die inzwischen selbst aufgrund der Revolution teilweise neu besetzte Bundesversammlung, daß die in Kürze eintreffenden siebzehn Männer des allgemeinen Vertrauens, statt nur zu beraten, selbst die Verfassungsrevision zu Wege bringen sollten, wobei
ihnen der Revisionsausschuß der Bundesversammlung, falls gewünscht, zur Seite stehen würde.[41] Aus einem beratenden Gremium war somit unversehens nichts geringeres als ein Verfassungskonvent geworden, auch wenn dieser Begriff nicht benutzt wurde, einberufen und einzig mit der Aufgabe betraut, die Verfassung zu revidieren. Folglich setzten die Siebzehn einen Ausschuß ein, um einen Entwurf vorzubereiten.[42]
Noch nicht beantwortet war jedoch die Frage, wer der neuen Verfassung die Legiti-

---

[36] Erklärung der Heidelberger Versammlung vom 5. März 1848, in: Dokumente zur deutschen Verfassungsgeschichte, hrg. v. Ernst Rudolf Huber, 3 Bde., Stuttgart: Kohlhammer, ²1961–1966, I, 265.

[37] Protokolle der deutschen Bundesversammlung, Jahrgang 1848, 1.–70. Sitzung, Frankfurt o.J., 230–
231 (15. Sitzung, 8. März 1848). Zur Geschichte der Bundesversammlung vom 29. Februar bis zum 12.
Juli 1848, vgl. *Ludwig Bentfeldt*, Der Deutsche Bund als nationales Band, 1815–1866, Göttingen: Muster-
schmidt, 1985, 248–277.

[38] Protokolle der deutschen Bundesversammlung, 238 (17. Sitzung, 10. März 1848).

[39] Ebd., 278–279 (23. Sitzung, 25. März 1848).

[40] Bzgl. der Einzelheiten vgl. *Werner Boldt*, Konstitutionelle Monarchie oder parlamentarische Demokratie. Die Auseinandersetzung um die deutsche Nationalversammlung in der Revolution von 1848, in:
Historische Zeitschrift, 216 (1973), 553–622.

[41] Protokolle der deutschen Bundesversammlung, 312 (26. Sitzung, 30. März 1848).

[42] 2. Sitzung, 5. April 1848, in: Quellensammlung zum deutschen öffentlichen Recht seit 1848, hrg. v.
Paul Roth u. Heinrich Merck, 2 Bde., Erlangen: J.J. Palm u. Ernst Enke, 1850–1852, I, 215.

mation erteilen und damit die revolutionäre Unruhe beenden sollte. Daß die neue Verfassung nicht lediglich verordnet, oktroyiert werden konnte, stand ebenso außer Zweifel wie im Gegenzug die Notwendigkeit, eine Art Konsens zwischen den Regierungen auf der einen und dem Volk auf der anderen Seite herbeizuführen, zumal eine Volksabstimmung mangels der Kenntnis amerikanischer Praktiken stets mit dem Odium der jakobinischen Revolution behaftet war und daher ausschied. Es wurde daher vorgeschlagen, daß der »Entwurf einer neuen Bundesverfassung einer aus allen Bundesstaaten gewählten constituirenden Volksversammlung zur Annahme vorgelegt werde«. Diese Versammlung, gewählt auf der Basis der gleichen Repräsentation, jedoch ohne die Details des Wahlrechts festzulegen, hätte dann wohl so etwas wie ein ratifizierender Konvent sein können, doch der Revisionsausschuß hatte seine Einwände, denn: »[A]uch wird die Annahme der neuen Verfassung nicht von dieser constituirenden Versammlung allein abhängen können, vielmehr werden die Regierungen durch die Bundesversammlung oder durch andere Organe immer den zweiten contrahirenden Theil bilden.«[43]

Beide Gremien hatten sorgfältig darauf geachtet, den revolutionsgeladenen Begriff der »konstituierenden Nationalversammlung« zu vermeiden, auch wenn der Revisionsausschuß es offengelassen hatte, ob die vorgeschlagene Versammlung das Recht haben werde, Veränderungen an dem ihr vorzulegenden Text anzubringen, so daß angesichts fehlender Vertrautheit mit der amerikanischen Institution der Ratifizierungskonvente Bundesversammlung wie Ausschuß sich außerstande sahen, dem von ihnen befürworteten Gremium einen angemessenen Namen mit eindeutiger Aufgabenbeschreibung zu geben, was sie schließlich in gefährliche Nähe zu jenem Namen brachte, den sie doch gerade vermeiden wollten. In jedem Fall sollten die Befugnisse dies Gremiums dadurch begrenzt sein, daß die Zustimmung der deutschen Regierungen zur Bedingung der Annahme gemacht wurde. Damit war festgelegt, daß es sich ihrem Charakter nach um eine »vereinbarte Verfassung« handeln sollte und die Versammlung, wie immer ihr Name, keine originären, sondern lediglich abgeleitete Rechte besaß.[44] In Übereinstimmung mit ihrem Revisionsausschuß beschloß daher die Bundesversammlung, daß »Wahlen von Nationalvertretern« in der erklärten Absicht stattfinden sollten, »um zwischen den Regierungen und dem Volke das deutsche Verfassungswerk zu Stande zu bringen«.[45]

Während die Bundesversammlung vorsichtig agierte und ein Gremium bereit war zu akzeptieren, das als eine Art Verfassungskonvent bezeichnet werden könnte, in jedem Fall aber eine konstituierende Nationalversammlung zu vermeiden suchte, hatte in Frankfurt das Vorparlament getagt und seinen Fünfzigerausschuß ins Leben gerufen, um »die konstituierende Nationalversammlung« vorzubereiten. Bevor die Arbeit an diesen Ausschuß übergeben worden war, hatte es eine hitzige Debatte über den Vorstoß Alexander von Soirons gegeben, »daß die Beschlußfassung über die künftige

---

[43] Protokolle der deutschen Bundesversammlung, 313–316 (26. Sitzung, 30. März 1848).

[44] Vgl. *Eberhard Barth*, Unitarismus und Föderalismus in der Organisation der Deutschen Reichsverfassung vom 28. März 1849 mit besonderer Berücksichtigung von deren Grundlagen und Entstehungsgeschichte sowie die Grundlagen der Reichsverfassung vom 11. August 1919, Ms. Diss. iur. Göttingen 1922, bes. 11–15. Weniger präzise dagegen *Karl Binding*, Der Versuch der Reichsgründung durch die Paulskirche in den Jahren 1848 und 1849. Akademische Rede, Leipzig: Duncker & Humblot, 1892, 12–19.

[45] Protokolle der deutschen Bundesversammlung, 317 (26. Sitzung, 30. März 1848).

Verfassung Deutschlands einzig und allein der vom Volke zu wählenden Nationalversammlung zu überlassen sei«.[46] Eine Reihe von Angehörigen des Vorparlaments begrüßten den Antrag als unzweideutiges Bekenntnis zur Volkssouveränität, während andere glaubten, er würde die zukünftige Nationalversammlung zu sehr einschränken. Letztlich ging es um die Frage, ob diese im Besitz des »pouvoir constituant« war oder ob die Verfassung eine vereinbarte Verfassung sein und welche Rolle dann die konstituierende Nationalversammlung spielen sollte. Erst nachdem Soiron klar gemacht hatte, »daß die künftige constituirende Nationalversammlung auch wirklich eine constituirende Nationalversammlung sein soll. Denn wenn sie die Sache nicht vor allen Dingen in die Hand nimmt und darüber berathet und beschließt, ohne andere Personen darüber zu befragen, so ist sie keine constituirende Nationalversammlung«, ohne jedoch im geringsten ihre Freiheit zu beeinträchtigen, »nachdem sie mit ihrem Geschäfte fertig geworden ist, darüber Verträge mit den Fürsten abzuschließen oder nicht«, wurde der Antrag angenommen, ohne eine Entscheidung über die Kernfrage der Volkssouveränität treffen zu müssen.[47]

Schon am Vortag hatte das Vorparlament mit seinem Präsident Mittermaier die Bundesversammlung aufgefordert, die Wahlen für die konstituierende Nationalversammlung zu beschleunigen, was auch zugesagt wurde.[48] Auf Vorschlag der Siebzehn forderte die Bundesversammlung am 7. April auf der Grundlage eines nicht ganz so allgemeinen Männerwahlrechts, wie es die Liberalen nachher gerne behaupteten, zu Wahlen »zu der constituirenden deutschen Nationalversammlung« auf, die am 1. Mai zusammentreten sollte, ohne daß sie allerdings deren Aufgaben und Verantwortlichkeiten näher darlegte.[49] Der Aufruf des Fünfzigerausschusses vom Folgetag war im Vergleich dazu präziser: »[D]iese Versammlung muß die Freiheitsrechte des Volks aussprechen und feststellen, über die Verfassung beschließen und diejenigen Gewährleistungen auffinden, welche den Bestand der neuen Schöpfung sichern.«[50] Mochte die-

---

[46] Verhandlungen des Deutschen Parlaments, I, 132; die Beschlüsse des Vorparlaments vom 31. März und 1.-4. April, in: Quellensammlung, hrg. v. Roth u. Merck, I, 194. Vgl. *Ulrich Freyer*, Das Vorparlament zu Frankfurt a.M. im Jahre 1848, Diss. phil. Greifswald 1913, 126; *Nanette G. Katzenstein*, Das Vorparlament. Liberalismus und Demokratismus 1848, Diss. phil. Bern 1921, 81.

[47] Verhandlungen des Deutschen Parlaments, I, 140, vgl. die ganze Debatte, ebd., 132–140.

[48] Protokolle der deutschen Bundesversammlung, 327–329 (27. Sitzung, 2. April 1848). Vgl. auch *Katzenstein*, Das Vorparlament, 65–80.

[49] Zweite gemeinschaftliche Sitzung der siebzehn Vertrauensmänner und des Revisionsausschusses, 7. April 1848, in: Quellensammlung, hrg. v. Roth u. Merck, I, 234; Protokolle der deutschen Bundesversammlung, 353 (29. Sitzung, 7. April 1848). Aus organisatorischen Gründen bestanden Preußen und weitere Staaten auf der Verschiebung der Eröffnungssitzung auf den 18. Mai (ebd., 433–434). Am 14. April bestimmte die Bundesversammlung die Paulskirche als Tagungsort der Nationalversammlung (ebd., 401–402). Zum Wahlrecht, vgl. *Konrad Repgen*, Märzbewegung und Maiwahlen des Revolutionsjahres 1848 im Rheinland, Bonn: Ludwig Röhrscheid, 1955; *Theodore S. Hamerow*, The Elections to the Frankfurt Parliament, in: Journal of Modern History, 33 (1961), 15–32 (wieder abgedruckt als: Die Wahlen zum Frankfurter Parlament, in: Moderne deutsche Verfassungsgeschichte (1815–1914), hrg. v. Ernst-Wolfgang Böckenförde, Königstein/Ts.: Athenäum, ²1981, 252–273); *Eyck*, The Frankfurt Parliament, 57–101. Der Liberale Karl Mathy ist ein Beispiel für den Mythos um dieses Wahlrecht: »Dies ist doch wohl das demokratischste Wahlrecht, nur die französische Konstitution von 1793 beruht auf einer so freien Grundlage« (zit. n.: *Freyer*, Vorparlament, 74). Tatsächlich waren die Beschränkungen je nach Staat teilweise erheblich. Im Gegensatz zu Eyck übersehen Repgen und Hamerow jedoch, daß die rechtliche Grundlage der Wahlen der Beschluß der Bundesversammlung mit seinen Formulierungen und nicht das Vorparlament war.

[50] Verhandlungen des Deutschen Parlaments, II, 39.

se Formulierung auch Anklänge an den Ballhausschwur erkennen lassen, so blieb es doch bei einer politischen Erklärung ohne rechtlich bindenden Charakter, die die Regierungen in der Regel beschlossen, nicht weiter zur Kenntnis zu nehmen.

Angesichts des bewußte vage gehaltenen Beschlusses der Bundesversammlung und ihres Verzichtes, der zu wählenden Versammlung ein konkretes Mandat zu übertragen, wichen die Wahlgesetze der einzelnen Staaten erheblich voneinander ab. Sie waren damit Ausdruck der gravierenden Divergenzen unter den Regierungen über den Charakter und die Rolle der zukünftigen Versammlung. So veröffentlichte die sächsische Regierung am 10. April ihre Verordnung »die Wahl deutscher National-Vertreter für das zwischen den Regierungen und dem Volke zu Stande zu bringende deutsche Verfassungswerk betreffend«.[51] Die preußische Regierung rief am 11. April mit einer Verordnung zur indirekten Wahl zu »einer deutschen Nationalversammlung« auf, während das bayerische Gesetz vom 15. April ebenfalls eine indirekte Wahl vorsah, diesmal jedoch »zur Volksvertretung bei dem deutschen Bunde«.[52] Am selben Tag erfolgte die Anweisung der österreichischen Regierung an die »Länderchefs der zum deutschen Bunde gehörenden Provinzen der Monarchie [...] die Wahlen der Vertreter des Volkes zu der konstituirenden Nationalversammlung zu Frankfurt am Main unverzüglich ganz in Gemäßheit der Wünsche des am 31ten März zu Frankfurt versammelten Vorparlaments und des in Konformität gefaßten Bundesbeschlusses vom 7ten d. Mts., einzuleiten«,[53] ein Wortlaut, der keineswegs bedeutete, daß die österreichische Regierung, wie sie umgehend klarstellte, sich bedingungslos allen etwaigen Anordnungen, Gesetzen oder der Verfassung der Nationalversammlung zu unterwerfen gedachte. Der Name, und das hieß auch die Funktion der zu wählenden repräsentativen Körperschaft war offensichtlich alles andere als klar. Folglich gingen die Erwartungen zumal der Regierungen an die zukünftige Versammlung und ihre Aufgaben weit auseinander, nicht zuletzt in der Frage der »vereinbarten« Verfassung, und die Paulskirche konnte sich mithin auf dem gesicherten Boden des Rechts wähnen, solange sie ihr eigene Rolle innerhalb des Bereichs bestimmte, der von den Eckpolen Verfassungskonvent auf der einen und konstituierende Nationalversammlung auf der anderen Seite markiert war.

Wie sehr die Entwicklung in diesen Apriltagen noch im Fluß war, drückte indirekt auch das Verhalten der Bundesversammlung aus, als sie von den Siebzehn mit der Fra-

---

[51] Zit. n. *Karl Obermann*, Die Wahlen zur Frankfurter Nationalversammlung im Frühjahr 1848, Berlin: VEB Deutscher Verlag der Wissenschaften, 1987, 122. Das Wahlgesetz von Hessen-Kassel vom 10. April lautete ähnlich, ebd., 164. Allgemein bzgl. der Wahlen auch *Valentin*, Die erste deutsche Nationalversammlung, 4–6.

[52] Archiv für die neueste Gesetzgebung in den deutschen Bundes-Staaten. Eine vollständige Sammlung der in den deutschen Bundes-Staaten seit dem März 1848 bereits erschienenen und künftig erscheinenden Gesetze, hrg. v. A. Rauch, Jahrgang 1848 u. 1849, Bd. I, Erlangen: Palm, 1850, 369, 588; Quellensammlung, hrg. v. Roth u. Merck, I, 267, 278. Am 16. März hatte die preußische Regierung noch die Formulierung »Vertretung der deutschen Nation am Bundestage durch ein s.g. Deutsches Parlament« benutzt (Quellensammlung, hrg. v. Roth u. Merck, I, 143). Sehr ähnlich hieß es bei *Karl Biedermann*, Das deutsche Parlament. Ein Entwurf, der am 30. März in Frankfurt a.M. zusammentretenden Versammlung deutscher Männer gewidmet, Leipzig: Biedermann, 1848, 3: »Die Idee einer Vertretung der deutschen Völker beim Bundestage, eines deutschen Parlaments, und einer demgemäß vorzunehmenden Reform der Bundesverfassung, ist die Losung geworden, welche durch alle deutsche Länder widerhallt.«

[53] Quellensammlung, hrg. v. Roth u. Merck, I, 271.

ge konfrontiert wurde, was mit dem »Grundgesetz für die künftige Verfassung Deutschlands« geschehen solle, dessen Entwurf soeben fertiggestellt worden war. Da die Bundesversammlung dazu bislang keine Instruktionen der Regierungen enthalten hatte, sah sie sich nicht in der Lage, die Frage zu beantworten.[54]

Inmitten der Revolution war der Entwurf der Siebzehn genauso wenig revolutionär, wie es die Beratungen der Bundesversammlung waren. Er war das Werk eines gemäßigt liberalen Konvents im Auftrag einer Legislative. In dem Entwurf wurden die deutschen Fürsten anerkannt und ihre Throne garantiert, wenngleich ihre Macht so weit gemindert war, wie es die nationale Einheit unter einem erblichen Kaiser erforderte. Nicht die leiseste Andeutung in Richtung Volkssouveränität fand sich in ihm, und die Grundrechte der Bürger sollten durch das Reich gesichert werden, was bedeutet, daß sie politisch, nicht aber verfassungsrechtlich garantiert waren. Jede Veränderung oder Ergänzung der Verfassung bedurfte der Zustimmung des Kaisers.[55]

Die Mehrheit der Regierungen schien mit den Grundzügen des Entwurfs einverstanden.[56] Dennoch ist es bezeichnend für die Bedenken, die zumal die wichtigsten Regierungen mit der Bezeichnung »Konstituierende Nationalversammlung« hatten, wie auch für den von ihnen propagierten Gedanken der vereinbarten Verfassung, daß sie ihre Vorstellungen über weitergehende Veränderungen an das »deutsche Parlament« – wie die Bundesversammlung nunmehr die Nationalversammlung nannte[57] – zu richten gedachten. Das Abrücken von dem Gebrauch des Namens »Konstituierende Nationalversammlung«, der sich doch im Laufe des April schon weitgehend durchgesetzt zu haben schien, dürfte in unmittelbarem Zusammenhang mit den Äußerun-

---

[54] Protokolle der deutschen Bundesversammlung, 455 (40. Sitzung, 25. April 1848). Vgl. Quellensammlung, hrg. v. Roth u. Merck, I, 332. Der hannoveranische Bundestagsgesandte Friedrich Hermann von Wangenheim nannte als Gründe für dieses Versäumnis »[...], daß] keine einzige Deutsche Regierung endlich aber meines Wissens seit dem 30. März ihren Bundestags-Gesandten von ihren Ansichten über die Gestaltung der Deutschen Verfassungs-Verhältnisse unterrichtet hat. Nimmt man dazu einige Rücksicht darauf, wie die hiesigen Tagesereignisse seit dem 30. März die Stellung der Siebzehner dem Bundestage gegenüber verschoben haben, welche moralische Gewalt und öffentliche Autorität der Funfziger-Ausschuß inmittelst hier usurpiert hat, so kann es wohl kein Wunder nehmen, daß in der Bundesversammlung eine Ansicht über dasjenige Verfahren nicht feststeht, welches hinsichtlich des von den Siebzehnern vorgelegten Entwurfs bei der desfallsigen Verhandlung mit der constituirenden Versammlung zu beobachten sein wird« [Actenstücke zur neuesten Geschichte Deutschlands (mit besonderer Beziehung auf Hannover), Hannover: Helwingsche Hof-Buchhandlung, 1848, 159–160].

[55] Protokolle der deutschen Bundesversammlung, 485–493 (Beilage zur 42. Sitzung, 27. April 1848). Vgl. den Bericht v. Heinrich Albert Zachariä sowie den anonymen Kommentar in: Actenstücke zur neuesten Geschichte Deutschlands, 122–157. Vgl. auch *Rudolf Hübner*, Der Verfassungsentwurf der siebzehn Vertrauensmänner. Ein Beitrag zur Vorgeschichte des Frankfurter Verfassungswerkes, in: Festschrift für Eduard Rosenthal zum siebzigsten Geburtstag, hrg. v. d. juristischen Fakultät der Universität Jena, Jena: Gustav Fischer, 1923, 109–168; *Fenske*, Die Verfassung des Deutschen Reiches vom 28. März 1849, 266–269.

[56] In den Augen der hannoveranischen Regierung »hat allhier der Entwurf [...] für befriedigend im Allgemeinen nicht anerkannt werden können« (Actenstücke zur neuesten Geschichte Deutschlands, 161). Bayern stimmte nicht zu und schlug einen eigenen Entwurf vor, vgl. Quellensammlung, hrg. v. Roth u. Merck, I, 385–421.

[57] Protokolle der deutschen Bundesversammlung, 611–614 (54. Sitzung, 17. Mai 1848). Vgl. das Pro memoria an das Kollegium der siebzehn Vertrauensmänner über die Stellung des Bundestags zu der konstituirenden Nationalversammlung, in: Quellensammlung, hrg. v. Roth u. Merck, I, 285–289, mit seinen detaillierten Vorschlägen, wie sich die Regierungen mit der Nationalversammlung verständigen sollten, bevor diese an die Errichtung einer Zentralgewalt ginge. Vgl. auch ebd., 422–458.

gen des hessen-darmstädtischen Bundestagsgesandten von Lepel vom 4. Mai stehen. Lepel hatte den Finger auf die Bezeichnung *Konstituierende* Nationalversammlung gelegt und erklärt, »es ist zu erwarten, daß die Versammlung, selbst wenn sie in einer großen Mehrzahl aus Angehörigen der constitutionellen Monarchie besteht, das ihr nun einmal eingeräumte und fortwährend zu gefährlichen Consequenzen ausgebeutet werdende Prädikat ›constituirende‹ wird realisiren und folgeweise in eine förmliche Verhandlung und vertragsweise Vereinbarung mit den Regierungen nicht sich wird einlassen wollen«.[58]

Lepel hatte es, zumindest in geheimer Sitzung, gewagt, das Kernproblem der Legitimation der Paulskirche anzusprechen und das Unbehagen der Konservativen und aller jenen, die skeptisch gegenüber der Revolution und ihrem Verlauf blieben, mit einer konstituierenden Nationalversammlung zum Ausdruck zu bringen, die nur zu leicht Zuflucht zu revolutionärem Recht und zur Volkssouveränität nehmen könne. Er regte deshalb an, die Nationalversammlung nicht sich selbst zu überlassen und riet den Regierungen, nach Wegen zu suchen, um auf ihre Beratungen und Beschlüsse Einfluß nehmen zu können.[59]

Als das geheime Separatprotokoll wenige Tage später in Deutschland publik wurde, brach ein Sturm der Entrüstung los. 500 Frankfurter Bürger unterzeichneten eiligst eine Protestresolution, die sie dem Fünfzigerausschuß übergaben, während Tausende in anderen Städten in meist ähnlichen Formen ihrer Empörung Ausdruck verliehen.[60] Für Radikale wie etwa Heinrich Simon aus Breslau hatte Lepels Promemoria die wahren Ziele der Reaktion offenbart, nämlich daß »die constituirende Nationalversammlung keine wirklich constituirende sein, vielmehr nur im Wege des Vertrags mit den Regierungen eine Verfassung bilden, mithin eine bloß berathende Versammlung [...] sein solle«,[61] während seine gemäßigteren Kollegen weniger insistierten. Mit schon nahezu fahrlässiger Leichtgläubigkeit betonten sie den Gedanken der konstituierenden Nationalversammlung und gaben sich zuversichtlich, daß die Regierungen es nicht wagen würden, sich deren Beschlüssen entgegenzustellen.

Zumindest indirekt mochten sie sich in ihrer optimistischen Einstellung durch den hessen-darmstädtischen leitenden Minister Heinrich von Gagern bestätigt fühlen. In einem Schreiben an den Vorsitzenden des Fünfzigerausschusses, jenen Alexander von Soiron, der für die Resolution des Vorparlaments verantwortlich gewesen war, daß allein die Nationalversammlung über die zukünftige deutsche Verfassung zu entscheiden habe, drückte der frisch in die Nationalversammlung gewählte Gagern, der in wenigen Tagen seine neue Aufgabe als ihr erster Präsident übernehmen sollte, die scharfe Mißbilligung seines Gesandten aus. In der Tat hatte ihn dessen Promemoria in eine

---

[58] Protokolle der deutschen Bundesversammlung, 546^d (47. Sitzung, 4. Mai 1848).

[59] Vgl. das ganze Promemoria, ebd., 546^c-546^g.

[60] Verhandlungen des Deutschen Parlaments, II, 351, 368, 369, 370; *Manfred Köhler*, Die nationale Petitionsbewegung zu Beginn der Revolution 1848 in Hessen. Eingaben an das Vorparlament und an den Fünfzigerausschuß aus Hessen (März bis Mai 1848) (Quellen und Forschungen zur hessischen Geschichte, Bd. 56), Darmstadt-Marburg: Hessische Historische Kommission Darmstadt/Historische Kommission für Hessen, 1985, 258–261. Noch in den ersten vier Wochen der Paulskirche wurden mindestens 10 Protestresolutionen gegen Lepels Promemoria an sie gesandt, vgl. Stenographischer Bericht über die Verhandlungen der deutschen constituirenden Nationalversammlung zu Frankfurt am Main, hrg. v. Franz Wigard, 9 Bde., Frankfurt: Johann David Sauerländer, 1848–49, I, 15, 84, 92, 192, 193, 230, 244, 304, 320.

[61] Verhandlungen des Deutschen Parlaments, II, 352, auch 474.

unangenehme Situation gebracht, die den eigenen weiteren Aufstieg, für den er im Vorparlament den Boden bereitet hatte, gefährden konnte. Er reagierte daher mit ungewöhnlicher Schärfe: »Die darin ausgesprochenen Ansichten, sowohl über den Beruf und die Kompetenz der konstituirenden Nationalversammlung, als über die Stellung der Regierungen zu derselben, sind keineswegs die Ansichten der Hessischen Regierung, welche sie vielmehr mißbilligt, und von welcher eine offizielle Erklärung darüber ohne Zweifel sofort erfolgen wird.«[62]

Im rechtlichen Sinne war die Situation keineswegs so eindeutig, wie Gagern behauptete, denn tatsächlich war die Paulskirchenversammlung von der Bundesversammlung und den deutschen Staaten einberufen worden und, als sie am 18. Mai 1848 ihre Beratungen aufnahm, eher so etwas wie ein Verfassungskonvent mit abgeleiteten Rechten.[63] Wenn auch nicht begrifflich, so aber doch rechtlich kam daher Karl Wippermann der Situation näher, als er die Paulskirche als konstituierende Nationalversammlung bezeichnet und ihr die »rein constituirende Versammlung« gegenüberstellte als Versammlung, »welche mit förmlichem Ausschluß der Regierungen die Bundesverfassung feststellen soll«.[64] Rechtlich war die Paulskirche über die Verfassungsfrage in einer Situation zustande gekommen, als die überkommene Verfassungsordnung mit dem Deutschen Bund und der Bundesversammlung noch in vollem Umfang bestanden. Daher konnte Gagern, wollte er zum Parlamentspräsident gewählt werden, keinen Zweifel daran aufkommen lassen, daß er kein Repräsentant der alten Ordnung war. Genau in diesem Sinn hielt Gagern am 19. Mai seine Antrittsrede als Präsident der Versammlung: »Wir haben die größte Aufgabe zu erfüllen. Wir sollen schaffen eine Verfassung für Deutschland, für das gesammte Reich. Der Beruf und die Vollmacht zu dieser Schaffung, sie liegen in der Souveränität der Nation. [...] Deutschland will eins sein, ein Reich, regiert vom Willen des Volkes, unter der Mitwirkung aller seiner Gliederungen; diese Mitwirkung auch den [!] Staaten-Regierun-

---

[62] Das Protokoll der Debatte vom 12. Mai des Fünfzigerausschusses findet sich, ebd., 350–360, der stenographische Bericht, ebd., 465–503; Gagerns Brief ist abgedruckt in: Quellensammlung, hrg. v. Roth u. Merck, I, 520. Vgl. auch der Rede des nassauischen Ministers August Hergenhahn vom 12. Mai im Fünfzigerausschuß, in: Verhandlungen des Deutschen Parlaments, II, 364–365. Ferner die Eintragung Droysens in seinem Tagebuch, in: Aktenstücke und Aufzeichnungen zur Geschichte der Frankfurter Nationalversammlung aus dem Nachlaß von Johann Gustav Droysen, hrg. v. Rudolf Hübner (Deutsche Geschichtsquellen des 19. Jahrhunderts, Bd. 14), Stuttgart: Deutsche Verlags-Anstalt, 1924, 806–807.

[63] Vgl. auch Droysens kritische Bemerkungen vom 6. April 1848 in: *Walter Fenske*, Johann Gustav Droysen und das deutsche Nationalstaatsproblem. Ein Beitrag zur Geschichte der Frankfurter Nationalversammlung von 1848/49, Erlangen: Palm & Enke, 1930, 74–75. Am 28. April schrieb Droysen in sein Tagebuch, daß er unsicher sei, »ob man die Versammlung noch als eine konstituierende ansehe oder gemeint sei, wie namentlich in der österreichischen Erklärung vorliege, daß man ihre Beschlüsse allenfalls auch verwerfen könne« (Aktenstücke und Aufzeichnungen zur Geschichte der Frankfurter Nationalversammlung, 803). Hingegen scheint Heinrich Henkel weniger mit der Situation vertraut zu sein, wenn er schreibt: »Wir sind nicht hierher gekommen, um zu regieren oder Gesetze im engeren Sinne zu machen, sondern einzig und allein, um zu constituiren, um ein deutsches Grundgesetz zu schaffen« (*Heinrich Henkel*, Ansichten über die Aufgaben der deutschen Nationalversammlung, Frankfurt am Main: ohne Verlag, 1848, 4). Henkel war ein Anhänger der Volkssouveränität und sah keinen Grund für eine vereinbarte Verfassung, schlug jedoch vor, »daß wir das Verfassungswerk [...] der Bundesversammlung als Vertreterin der Regierungen vorlegen, mit dem Ersuchen, solches als einen zwischen der deutschen Nation und deren Regierungen zu Stande gekommenen Grundvertrag mit uns zu unterzeichnen« (ebd., 8).

[64] Verhandlungen des Deutschen Parlaments, II, 472 (12. Mai 1848).

gen zu erwirken, liegt mit in dem Beruf dieser Versammlung.«[65] Was immer Gagern und die Führer der gemäßigten Liberalen mit der »Souveränität der Nation« gemeint haben mochten – sicherlich etwas anderes als die Franzosen, als sie diesen Begriff 1791 in ihrer Verfassung verwandten –, hatte Gagern doch seine Aufgabe erfüllt und dem Gedanken der Volkssouveränität eine klare Absage erteilt,[66] während die gemäßigte liberale Reform und der Hinweis auf eine Art vereinbarter Verfassung eine Programmatik verhießen, die von der Mitte bis zur gemäßigten Rechten auf breite Zustimmung stieß.[67]

Der Übergang von einer Körperschaft, die nach Entstehung, Aufgabe und Selbstverständnis als eine Art Verfassungskonvent bezeichnet werden könnte, hin zu einer konstituierenden Nationalversammlung vollzog sich schrittweise zwischen Ende Mai und Anfang Juli. Legitimiert durch die Volkswahl, weigerte sich die Paulskirche rasch, ein reiner Ratifizierungskonvent zu sein, der lediglich über den Entwurf der siebzehn Vertrauensmänner zu befinden habe. Vielmehr wolle man als Verfassungskonvent seine eigene Verfassung entwerfen, zumal man sich angesichts der konstituierenden Nationalversammlung in Berlin und möglichen ähnlichen Bestrebungen an anderen Orten in seiner Legitimation, für Deutschland zu sprechen, bedroht sah.[68] Doch nach wie vor ungelöst war die Frage, ob die zukünftige Verfassung eine vereinbarte Verfassung

---

[65] Stenographischer Bericht, hrg. v. Wigard, I, 17 (2. Sitzung, 19. Mai 1848).

[66] Bzgl. der Vorbereitung der Wahl und von Gagerns Rede am 17. April, vgl. die Tagebucheintragung von Droysen, in: Aktenstücke und Aufzeichnungen zur Geschichte der Frankfurter Nationalversammlung, 809 (»Souveränität der Nation, nicht Volkssouveränität, nicht Souveränität der Teile«). Generell zu Droysen und Gagern auch *Wolfgang Hock*, Liberales Denken im Zeitalter der Paulskirche. Droysen und die Frankfurter Mitte, Münster: Aschendorff, 1957, bes. 81–86. Zu dem Problem der Volkssouveränität in der Paulskirche, vgl. auch den etwas erratischen und an mangelnder Begriffsschärfe leidenden, auf seiner Hamburger philosophischen Dissertation von 1923 fußenden Aufsatz von *Andrea Frahm*, Paulskirche und Volkssouveränität, in: Historische Zeitschrift, 130 (1924), 210–255.

[67] Bis zum Schluß bestanden die Regierungen auf ihrem Recht, an dem Entwurf einer Verfassung für Deutschland mitzuwirken, vgl. *Jörg-Detlef Kühne*, Eine Verfassung für Deutschland, in: 1848. Revolution in Deutschland, hrg. v. Dipper u. Speck, 356–357. Vgl. auch *Jörg-Detlef Kühne*, Die Revolution von 1848/49 als Umbruch für Recht und Juristen, in: Zeitschrift für Neuere Rechtsgeschichte, 18 (1996), bes. 255–256. Bezeichnenderweise begründete die preußische Regierung ihre Ablehnung der Verfassung zwar mit darauf Bezug nehmenden Erwägungen, indem sie feststellte: »Die in Frankfurt zusammengetretene National-Versammlung hat, als sie die von ihr berathene Reichsverfassung als abgeschlossen und weiterer Verhandlung unzugänglich verkündigte, sich selbst außer Stand gesetzt, ihr Mandat ferner zu erfüllen; ihre weiteren Beschlüsse entbehren daher schon deswegen jeder rechtlichen Gültigkeit und können nur als Uebergriffe betrachtet werden, denen keinerlei Folge zu geben ist.« Doch letztlich war ihre Ablehnung der behaupteten Machtüberschreitung nicht rechtlich, sondern ausschließlich politisch begründet: »Sie [d.h. die Regierungen von Preußen, Sachsen und Hannover] haben die von der National-Versammlung entworfene Reichs-Verfassung nicht anerkannt, weil sie über die wahren und heilsamen Anforderungen eines kräftigen Bundesstaates hinausgriff, und in ihrer aus den Kämpfen und Zugeständnissen der politischen Parteien hervorgegangenen Gestalt die wesentlichsten Bürgschaften entbehrte, auf welchen der rechtliche und geordnete Bestand jedes Staatswesens beruht« (Entwurf der Verfassung des deutschen Reichs und des Gesetzes über die Wahlen der Abgeordneten zum Volkshause nebst dem Schreiben vom 28. Mai 1849, mit welchem sie von Preußen, Sachsen und Hannover den deutschen Regierungen vorgelegt worden sind, Hannover: Helwing, 1849, 2. Das einleitende Schreiben ist von dem preußischen Ministerpräsidenten Graf von Brandenburg unterzeichnet). Zum Gedanken der Volkssouveränität in Deutschland im 19. Jahrhundert und speziell in der Paulskirche, vgl. jetzt *Dieter Wyduckel*, La soberanía en la historia de la dogmatica alemana, in: Fundamentos, 1 (1998), bes. 246–249.

[68] Vgl. Stenographischer Bericht, hrg. v. Wigard, I, 34–38, 49, 134.

sein solle, ein Problem, bei dem es im Kern um das Selbstverständnis der Paulskirche ging, deren Ursprung angesichts der Rechtslage keineswegs revolutionär war. Die Mehrheit der Paulskirche schreckte daher vor der Anerkennung von Volkssouveränität und der Revolution als Legitimationsgrundlage zurück. Hermann von Beckerath deutete für sie einen Weg an, wie man, ohne auf beide Prinzipien zurückgreifen zu müssen, seine Aufgabe verstehen und durchführen könne: »Wir sind aus dem Gesammtwillen des deutschen Volkes hervorgegangen. Die Regierungen haben die Wahlen angeordnet, das Volk hat gewählt, und durch dieses Zusammenwirken von Volk und Regierung hat sich der legale Gesammtwille des deutschen Volkes kund gegeben. Dieser Gesammtwille hat uns einen hohen Auftrag ertheilt [...] Und in dieser Erkenntniß liegt es, daß die deutsche Nationalversammlung sich die Endbeschlußnahme über die allgemeine deutsche Verfassung unter allen Umständen vorbehalten muß.«[69]

Es war die Absicht, den »pouvoir constituant du peuple« ohne Berufung auf die Volkssouveränität zur Geltung zu bringen. Trotz dieses Versuchs einer Quadratur des Kreises war die Ablehnung auf der äußersten Rechten grundsätzlich. Die Wahl habe die Nationalversammlung nicht mit dem ausschließlichen Mandat versehen, über die Verfassung zu entscheiden,[70] eine Position, die selbst Liberale wie Karl von Welcker zunächst nicht vollständig zurückwiesen: »Die Regierungen haben aber zum Voraus thatsächlich ihre Nachgiebigkeit erklärt, indem sie eine Nationalversammlung berufen haben, um einen Bundesstaat zu machen, wobei nicht mehr jede einzelne Regierung entscheidet, sondern wobei die Gesammtheit der Regierungen und ihre Mehrheit mitwirken müsse.«[71] Denn, so Welcker, die rechtliche Basis der Paulskirche sei eben nicht die Revolution: »Die Facta, wodurch diese Versammlung entstanden ist, haben auch nicht einen revolutionären Charakter. Zweierlei verschiedene Thatsachen sind es, die diese Versammlung in die Paulskirche gebracht haben; allein ich wiederhole: nichts davon war revolutionär.«[72]

Welckers Betonung des nicht-revolutionären Charakters der Einberufung, der Wahl und des Zusammentritts der Paulskirche war zweifellos zutreffend, markierte aber auch den grundlegenden Unterschied zur französischen Konstituierenden Nationalversammlung von 1789, die ihre Legitimation aus dem revolutionären Akt des 17. Juni 1789 bezog. Solange es die Mehrheit der Paulskirche aufgrund ihrer Zurückweisung von Volkssouveränität und revolutionärem Recht nicht vermochte, ihrem Handeln eine eigene Rechtsgrundlage zu geben, sich zumindest formal in den Besitz originären Rechts zu setzen, hatte sie trotz ihres Namens mehr mit einem Verfassungskonvent gemein, statt konstituierende Nationalversammlung, gar nach dem heimlichen Vorbild von 1789 zu sein.[73]

---

[69] Ebd., 134 (27. Mai 1848).

[70] Vgl. ebd., 136, 439.

[71] Ebd., 142 (27. Mai 1848).

[72] Ebd., 140 (27. Mai 1848), Vgl. ähnlich 109, 410. Kühne ist fraglos zuzustimmen, wenn er feststellt, daß die Mehrheit der Paulskirche »Recht und Revolution« als gegensätzlich begriff (*Kühne*, Die Revolution von 1848/49, 256). Doch seine Schlußfolgerungen gehen am Kern vorbei. Weil sie das »Recht« anstelle von »Revolution« als Legitimationsgrundlage propagierte, konnte sie kein Widerstandsrecht akzeptieren. Die von Kühne konstatierte »eigentümliche Verhaltenheit, ja Amodernität« (ebd.) war daher die logische Folge dieses Zurückschreckens vor der Revolution.

[73] Bemerkenswerterweise hatten bereits am 23. Mai zwei Abgeordnete in unverkennbarer Analogie zum Ballhausschwur den Antrag gestellt, »daß die constituirende Versammlung feierlich erkläre, so lange

Welckers Auffassung verlor jedoch in den anschließenden Wochen zusehends an Bedeutung, indem das Streben nach Errichtung einer Zentralgewalt ursächlich für einen grundlegenden Wandel der Selbsteinschätzung der Paulskirche wurde. Der Gedanke, eine Bundeszentralgewalt einzusetzen, beschäftigte schon lange vor dem Zusammentritt der Paulskirche die Gemüter,[74] und Heinrich Zachariä hatte deutlich gemacht, wie die Fragen von Verfassung, konstituierenden Nationalversammlung und Zentralgewalt miteinander verwoben waren: Sollte Deutschland fortfahren, ein Staatenbund zu sein, erfordere dies eine Verfassung auf dem Wege des Vertrags. Man habe es jedoch mit einer gewandelten Situation zu tun, weil »durch die gesetzliche Wahl und das Vertrauen des Volks« ein »Bundesstaat« geschaffen worden sei, der nicht von der Zustimmung seiner Mitgliedsstaaten abhänge und der eine gemeinsame Exekutive benötige.[75]

Die Frage der Zentralgewalt wurde an einen Ausschuß verwiesen, und dessen linke Minderheit erblickte, »vermöge des Grundsatzes der Volkssouveränetät, in der Nationalversammlung die erste und alleinige Quelle der Executivgewalt. Es verlangt eine Vollziehungsgewalt, von der Nationalversammlung allein ernannt und aus ihrem Schooße entspringend; ihre Aufgabe ist, die Beschlüsse der Nationalversammlung zu vollziehen. Dieses System nimmt keine Rücksicht auf die Rechte der deutschen Regierungen, keine auf ihr Organ, die Bundesversammlung.«[76] Die gemäßigte Mehrheit hingegen unterbreitete den Vorschlag eines provisorischen Bundesdirektoriums »und greift somit weder in die Befugnisse der einzelnen Regierungen, noch in die Rechte ein, welche der Nationalversammlung als einer constituirenden in Hinsicht auf das deutsche Verfassungswerk zustehen«.[77] Die extreme Rechte, beharrend auf dem Gedanken der vereinbarten Verfassung, stimmte zwar einer Zentralgewalt im Prinzip zu, betonte jedoch, daß diese von den regierenden Fürsten gebildet werden müsse.[78] Damit gingen die Meinungen weit auseinander von einem Vollziehungsrat über ein Direktorium von drei Männern oder nur einem, vielleicht einem »Reichsverweser«, der, ohne selbst verantwortlich zu sein, eine Regierung einsetze, die der Nationalversammlung gegenüber verantwortlich sei, bis zu einer von den regierenden Fürsten gebildeten Exekutive. Allein die radikale Linke plädierte für eine Republik, doch ob Volkssouveränität und Revolution die rechtliche Grundlage für die Einsetzung einer Exekutivgewalt bilden sollten oder die Nationalversammlung das alleinige Mandat für diesen Schritt besaß oder aber die Regierungen darin einbezogen werden müßten, blieb zutiefst umstritten.

---

sich nicht aufzulösen, bis das Werk der Verfassung Deutschlands vollendet ist« bzw.: »Die constituirende Nationalversammlung wolle sich bis zu dem Zeitpunkt für permanent erklären, wo sie die Grundrechte des deutschen Volkes und die Gesammtverfassung Deutschlands festgestellt habe und letztere wirklich in das Leben getreten sein wird« (Stenographischer Bericht, hrg. v. Wigard, I, 49). Beide Anträge fanden keine weitere Beratung.

[74] Der Fünfzigerausschuß beschäftigte sich spätestens seit dem 18. April mit der »Errichtung einer definitiven Bundesexecutivgewalt«, Verhandlungen des Deutschen Parlaments, II, 117. Vgl. Stenographischer Bericht, hrg. v. Wigard, I, 38, 50, 123, 194, 215, 237, u.ö.

[75] Stenographischer Bericht, hrg. v. Wigard, I, 148 (27. Mai 1848). Vgl. ähnlich ebd., 373, 405.

[76] Ebd., 356 (19. Juni 1848).

[77] Ebd., 357, vgl. auch 358.

[78] Vgl. ebd., 439 (21. Juni 1848).

Der Durchbruch erfolgte, als Gagern seinen Kompromißvorschlag einbrachte, der geschickt einige Gedanken der Linken aufgriff, sie jedoch ihrer radikalen Begründung entkleidete und für eine Exekutivgewalt mit verantwortlichen Ministern und das gleichzeitige Ende der Bundesversammlung eintrat. In der zentralen Frage, wer zur Einsetzung dieser Bundesgewalt legitimiert sei, wollte er die Mitwirkung der Regierungen nicht grundsätzlich ausschließen. Aber: »Ich thue einen kühnen Griff, und ich sage Ihnen: wir müssen die provisorische Centralgewalt selbst schaffen.«[79] Gagerns »kühner Griff«, der in der Literatur stets mißverstanden wurde,[80] war der Versuch, eine Art staatlichen Notstand zu unterstellen, der eine besondere Rechtssituation schaffe, in der unmittelbares, eigenmächtiges Handeln zur Einrichtung einer Exekutivgewalt geboten sei, da keine Zeit verbleibe, die Regierungen zu Rate zu ziehen, mit anderen Worten die Begründung einer Bundesgewalt nicht durch eine behauptete Volkssouveränität – was Gagern nach wie vor ablehnte –, sondern kraft reklamiertem Notstandsrechts.[81] Dieser geniale Trick verfehlte seine Wirkung nicht, die Linke stimmte zu, weil die Nationalversammlung von sich aus gehandelt hatte, und die Gemäßigten waren beruhigt, weil das Prinzip der Volkssouveränität erneut abgewiesen worden war. Lediglich 31 Mitglieder der Paulskirche – eine überproportionale Zahl von ihnen aus Bayern – beharrten auf der Zustimmung der Regierungen für die Einsetzung der Zentralgewalt, während 577 diesen Vorbehalt zurückwiesen.[82]Damit war der Weg für die Einrichtung einer Bundesgewalt frei.

Ohne auf revolutionäres Recht zu rekurrieren, war die Paulskirche damit endlich bereit, ihre Rolle als Konstituierende Nationalversammlung, wenn auch mit wesentlichen Einschränkungen anzunehmen. Doch selbst die Linke war in dieser Situation nicht willens, über das französische Beispiel von 1789 hinauszugehen und nach weiterer demokratischer Legitimation zu streben. Kaum ein anderer als Robert Blum war geeigneter, diese Auffassung über jeden Zweifel deutlich zu machen, ohne daß sich angesichts der weitgehenden Unkenntnis des amerikanischen Konstitutionalismus[83] Widerspruch regte: »Allerdings hat man heute Morgen gesagt, die Nationalversammlung sei gewissermaßen nur ein Geschwornengericht, das Volk aber ein Appellhof, welcher in letzter Instanz entscheidet. Ich gehöre zwar der Linken an, aber bekennen muß ich, wir haben uns vor diesen ultra-revolutionären Ansichten entsetzt. Nur einmal in der Geschichte ist es dagewesen, daß man das Volk direct entscheiden ließ über die Verfassung. Das war 1793, und diese Verfassung war wegen ihres ultra-revolutionären Charakters nicht lebensfähig.«[84]

Blum hatte deutlich gemacht, daß er nicht bereit war, die von der französischen Nationalversammlung von 1789 gezogene Linie zu überschreiten, und sich damit von ra-

---

[79] Ebd., 521 (24. Juni 1848).

[80] So z.B. *Valentin*, Geschichte der deutschen Revolution, II, 37; *Hildebrandt*, Politik und Taktik der Gagern-Liberalen, 58–66; *Ribhegge*, Das Parlament als Nation, 40–41.

[81] Stenographischer Bericht, hrg. v. Wigard, I, 521–522. Vgl. *Boldt*, Konstitutionelle Monarchie oder parlamentarische Demokratie, 604–606; *Manfred Botzenhart*, Deutscher Parlamentarismus in der Revolutionszeit 1848–1850, Düsseldorf: Droste, 1977, 173–176; *Fenske*, Die Verfassung des Deutschen Reiches vom 28. März 1849, 270.

[82] Stenographischer Bericht, hrg. v. Wigard, I, 576–581 (27. Juni 1848).

[83] Vgl. dazu *Horst Dippel*, Die amerikanische Verfassung in Deutschland im 19. Jahrhundert. Das Dilemma von Politik und Staatsrecht, Goldbach: Keip, 1994, bes. 32–46.

[84] Stenographischer Bericht, hrg. v. Wigard, I, 151 (27. Mai 1848).

dikaleren Ideen abgegrenzt, aber er hatte indirekt damit auch unterstrichen, daß im Kontext dieser europäischen Gedankenwelt für den amerikanischen Konstitutionalismus mit seinen Verfassungskonventen letztlich kein Platz war. Angesichts dieser scharfen Blumschen Abgrenzung nach links, verfehlte die Feststellung, daß, »wenn wir neben unserer gesetzgebenden Gewalt auch noch die Regierungsgewalt in die Hände nehmen, wir nichts mehr und nichts weniger sind, als der Convent«,[85] zwangsläufig ihre Wirkung. Die französische *Convention* war zu keiner Zeit ein Leitbild, dem die Paulskirche nachzustreben bereit gewesen wäre.[86]

Der Schlußakkord war erreicht, als die Nationalversammlung die provisorische Zentralgewalt einsetzte und den Habsburger Erzherzog Johann zum Reichsverweser wählte. Damit war jeder auch noch so vage Gedanke an die *Convention* endgültig gestorben, und die Paulskirche hatte sich von einer Art Verfassungskonvent, dessen alleinige Aufgabe es ist, eine Verfassung zu entwerfen, zu einer Konstituierenden Nationalversammlung gewandelt, die auch die gesetzgebende Gewalt für sich reklamiert. Doch stellte dies weder einen revolutionären Wandel dar, noch begründete die Paulskirche damit einen neuen Legitimationsanspruch. Es lag daher in der Natur der Sache, daß die Bundesversammlung beide Maßnahmen anerkannte und »ihre bisherige Thätigkeit als beendet« erklärte.[87]

Zusammenfassend wird man feststellen können, daß das Paulskirchenparlament zusammengerufen worden war, um so etwas wie einen Verfassungskonvent abzugeben – obwohl man über nahezu keine Kenntnisse des amerikanischen Modells verfügte –, der über die Verfassung beraten sollte, während die bestehenden Verfassungsorgane weiter ihrer Tätigkeit nachgingen. Aber innerhalb nur weniger Wochen wandelte sich die Paulskirche zu einer Konstituierenden Nationalversammlung und reagierte damit auf die revolutionäre Situation in Deutschland. Es war jedoch ein eigentümlicher Umschwung, der, nachdem er einmal erfolgt war, sich in mancher Hinsicht an das französische Beispiel von 1789/91 anlehnte – Einrichtung einer Regierung unter gleichzeitiger weitgehender Berücksichtigung bestehender politischer Institutionen, Erklärung der Rechte, Verfassung und Suche nach Zustimmung durch den (die) Monarchen – unter gleichzeitiger Zurückweisung radikalerer Vorbilder. Der grundlegende Unterschied zu 1789 und einer der entscheidenden Gründe für das schließliche Scheitern der Paulskirche war jedoch ihr Versuch, eine Konstituierende Nationalversammlung zu errichten und gleichzeitig ihr konstituierendes Prinzip, nämlich den »pouvoir constituant du peuple« und die Volkssouveränität zurückzuweisen. Dieser Versuch der Quadratur des Zirkels barg von Anbeginn an dem Keim des Scheiterns in sich.

Die Paulskirche ist damit auch ein Beleg für die beiden anderen eingangs aufgeworfenen Fragen. Sie unterstreicht erneut, daß die amerikanische Idee des Verfassungskonvents im europäischen Konstitutionalismus keine Wurzeln geschlagen hat und daher in der Situation von 1848 genauso wenig wie später eine wirkliche Alternative darstellen konnte. Das Interesse an den amerikanischen Verfassungen war nicht nur

---

[85] Ebd., 509 (Friedrich Wilhelm Albert Kosmann am 24. Juni 1848).

[86] Vgl. *Manfred Botzenhart*, Die Parlamentarismusmodelle der deutschen Parteien 1848/49, in: Gesellschaft, Parlament und Regierung. Zur Geschichte des Parlamentarismus in Deutschland, hrg. v. Gerhard A. Ritter, Düsseldorf: Droste, 1974, 127.

[87] Protokolle der deutschen Bundesversammlung, 757 (12. Juli 1848).

unterentwickelt geblieben, so daß der französische Einfluß, zumindest in den großen Linien, tonangebend bleiben konnte. Das europäische Verfassungsdenken hatte sich auch anders entwickelt. Doch gerade in diesem Punkt zögerte die Paulskirche, dem französischen Beispiel zu folgen, indem sie sich anders als die Nationalversammlung von 1919 zwischen etablierte Macht und revolutionäres Volk stellte, nur um dann zwischen beiden zerrieben zu werden. Sie wollte die moderne Verfassung, war aber nicht bereit, die Legitimationsfrage eindeutig und im Sinne des modernen Konstitutionalismus, weder des amerikanischen noch des näherliegenden französischen, zu beantworten. Damit werden Defizite im deutschen Verfassungsdiskurs der ersten Hälfte des 19. Jahrhunderts erkennbar, der anders als in Amerika oder Frankreich bislang der Sinnfrage von Verfassung ausgewichen war. Doch selbst in ihrem Fehlschlag bleibt die Paulskirche ein Beispiel für die Unterschiede zwischen dem amerikanischen Konstitutionalismus auf der einen und dem europäischen mit allen seinen Varianten auf der anderen Seite.

The 50th Anniversary of the Bonn Basic Law: Its Significance and Contribution to the Strengthening of the Democratic State[*]

by

Dr. César Landa[1]

Contents

1. The Significance of the Bonn Basic Law 26
   1.1 The Judicialization of Constitutional Values 28
   1.2 The Challenges of Constitutional Legitimacy 29
2. The Contribution of the Basic Law to the Development of Democratic States 31
   2.1 Jurisprudential Constitutionalism 32
   2.2 Democratic Neoconstitutionalism 34
3. Evaluation and Perspectives of the Bonn Basic Law 35

Juridical tradition demands that on certain anniversaries we commemorate special historical events. Events, like those of last year when the world celebrated the 50th Anniversary of the Declaration of Human Rights and when Spain celebrated the 20th Anniversary of its Constitution. Another such event will occur when, in a few months, the 10th Anniversary of the fall of the Berlin Wall is celebrated. However, on this occasion, we come together to honor the 50th Anniversary of the Bonn Basic Law passed on May 23, 1949. Nevertheless, the reasons for celebrating this anniversary go far beyond traditional considerations and two particular reasons stand out from among the others. The first is that the Basic Law has served as the guiding star for the establishment of well-developed democracy in Germany after the long dark night of the Third Reich. The second is that the German Constitution has also lit the way for the transition of closed societies into open societies in different cultural latitudes of the world. I would like to join in the celebration of the fiftieth anniversary of the German Constitution by sharing some of my ideas concerning these reasons.

---

[*] The present article is the text of a conference given in the Goethe Institute of Lima on May 25, 1999 in celebration of the 50th anniversary of the Bonn Constitutional Law.

[1] Post-Doctorate Degree in Law, Professor of Constitutional Law at the Pontifical Catholic University of Peru and the National University of San Marcos.

1. The Significance of the Bonn Basic Law.

The reconstruction and establishment of the State of Law during the first post-war years caused ample political and juridical debate in Germany. In general terms, this debate led to conflicts between the christian democrat and socialist communist parties concerning alternative political-constitutional models. This conflict was part of the ideological confrontation which took place during the cold war evidenced by the debate concerning the creation of the Federal Republic of Germany (FRG). Schneider speaks of the writing of the Bonn Basic law to this effect, "the impositions of the western occupational forces, experiences from the Weimar era and Hitler's regime, and the juridical-liberal conception of the State were not the only determining factors. More important was the desire for concise limitations on the political system of the soviet occupied zone in order to avoid the spread of popular fronts in the FRG from the beginning through constitutional means"[2].

In this sense, the post-war re-establishment of the State of Law has strong democratic and constitutional elements. These constitute the foundations of civil society and the function of the State in particular. Thus explaining why the implementation and development of the post-war model of the State is surrounded by a *jus naturalistic* aura[3] characterized as follows. On one hand the Constitution is the supreme inviolable juridical and political norm in those aspects concerning the limitation and rationalization of power and the strengthening of the growing free political process[4] and is also considered as the basic juridical ordinance of the State. On the other hand, it is not only founded on the legitimacy principle or the social principle but also on the democratic principle as a social democratic State of Law as conceived in the exemplary German Constitution – 1949 Bonn Basic Law[5].

The Constitution and the legal system would from that time on be the instruments used to protect the basic rights of the people and to limit and control the use of power. The reassessment of the person as an individual and his rights resulted in the subordination of the law to the principles and values of the new State of Law expressed in the Constitution. As Krüger so clearly stated in the post-war period, until this time, the basic rights were valid only within the framework of the law whereas from this point on the law would only be valid within the framework of the basic rights[6].

---

[2] Hans Peter Schneider, *Democracia y Constitución*, CEC, Madrid, 1991, pg. 24, the popular front was the post-war coalition governmental or parliamentary strategy of the leftist parties; likewise, Konrad Hesse, *Die Verfassungsentwicklung seit* 1945, in *Handbuch des Verfassungsrechts der Bundesrepublik Deutschland,* (editors: E. Benda, W. Maihofer, H. Vogel, K. Hesse, W. Heyde), Walter de Gruyter, Berlin-New York, 1994, pg. 40ff. Peter Häberle, *Die Europäischen Verfassungsrechtlichen Erfahrungen der Nachkriegszeit – das Beispiel Deutschland (1945/49–1996),* JöR 46, 1998, pg. 81ff. Dominique Rousseau, *La justice constitutionnelle en Europe,* Montchrestien, Paris, 1996, pg. 24ff.

[3] René Marcic, *Das Naturrecht als Grundnorm der Verfassung,* in René Marcic and Ilmar Tammelo, *Naturrecht und Gerechtigkeit. Eine Einführung und die Grundprobleme,* Verlag Peter Lang, Frankfurt, 1989, pages 219[-]243.

[4] Horst Ehmke, *Grenzen der Verfassungsänderung,* (1953), in the synopsis of the author *Beiträge zur Verfassungstheorie und Verfassungspolitik* (editor P. Häberle), Athenäum Verlag, Germany, 1981. Pg. 91ff.

[5] Konrad Hesse, *Grundzüge des Verfassungsrechts der Bundesrepublik Deutschland*, 20th edition, C.F. Müller, Heidelberg, 1995, pg. 58ff. and 83ff.

[6] Herbert Krüger, *Grundgesetz und Kartellgesetzgebung,* Vanden & Ruprecht in Göttingen, Göttingen, 1950, pg. 12.

The universalization of the basic rights in the national political order led to the application of natural law "*jus cogen*" norms for the re-establishment of a civilized life style. This universalization came about through the inclusion of human rights protection in the Bonn Basic Law, the post-war period, the approval of the regional and United Nations human rights treaties and the effective protection of said rights in the Nuremberg trials. Like Sisyphus, they had to begin again, their stone being the imprescriptible and inalienable natural rights of man[7].

However, the positivization of the natural rights of man made their respect obligatory because of their inclusion in the Constitutions[8]. This led to a dilemma concerning the degree of applicability of the economic and social rights included in the different juridical texts. The Constitution did not make the social rights constituent but rather only declarative. However, it did give them validity and recognition as incomplete or mediate applicable subjective public rights to the degree that the State and inclusively third parties, "der Drittwirkung der Grundrechte" fulfill their share of the social responsibility on which the social State is based in order to promote human dignity. This entailed proposing, not without disagreement, concrete limits to the union of positive and natural Law[9].

In general terms, the first decade of the post-war period was one of crisis concerning the re-establishment of the State of Law. This was evidenced by the political and juridical debate surrounding the basic problems of the social reconstruction of Europe. The post-war pluralistic democracy idea itself, which was the quarry of the political parties, was questioned. And, in the meantime, what Gerhard Leibholz called the dictatorship of the parliamentary majority was renewed in detriment to the political minorities[10]. This last threatened to make the division of power a mere formality of the parties and pressure groups[11].

Faced with the challenges of the newly born modern German democracy, they sought the reconciliation of the practical and ideal concept of democracy with that of the Constitution[12], the sovereignty of the people "*Herrschaft des Volkes*" in affairs of public interest[13], and to overcome the antithesis of legality and legitimacy in times of stability through social justice. That is to say by incorporating axiological elements to

---

[7] Peter Häberle, *El eterno combate por la justicia. La ciencia jurídica en el camino hacia Europa,* in *Pensamiento Constitucional,* Year V, N° 5, PUCP-MDC, Fondo Editorial, Lima, 1998, pg. 13–19. Felice Battaglia, *Teoría del Estado,* Publications of the Real Colegio de España in Bologna, Madrid, 1966, pg. 175ff. Enrique Perez Luño, *Derechos Humanos, Estado de Derecho y Constitución,* Tecnos, Madrid, 1991, pg. 65ff. and 125ff.

[8] Werner Kägi, *Die Verfassung als rechtliche Grundordnung des Staates. Untersuchungen über die Entwicklungstendenzen im modernen Verfassungsrecht,* Polygraphischer Verlag AG, Zurich, 1945, pg. 39ff. Wolfgang Schluchter, *Individuelle Freiheit und soziale Bindung. Vom Nutzen und Nachteil der Institutionen für den Menschen,* Universitätsverlag C. Winter, Heidelberg, 1994, pg. 1[-]26.

[9] Felix Ermacora, *Allgemeine Staatslehre,* I, Duncker & Humblot, Berlin, pg. 249ff. Pablo Lucas Verdú, *Curso de Derecho Político,* volume I, Tecnos, Madrid,1976, pg. 391ff.

[10] Gerhard Leibholz, *Problemas fundamentales de la democracia moderna,* Instituto de Estudios Políticos, Madrid, 1971, pg. 15 and ff.

[11] Max Imboden, *Gewaltentrennung als Grundproblem unserer Zeit,* in *Gedanke und Gestalt des Demokratischen Rechtsstaates* (Hrg. M. Imboden), Verlag Herder, Wien, 1965, pg. 46ff.

[12] Werner Kägi, *Die Verfassung als rechtliche Grundordnung des Staates …, op.cit., pg. 152ff.* Ernst von Hippel, *Vom Wesen der Demokratie,* Schwippert Verlag, Bonn, 1947, pg. 46ff, 59ff.

[13] Erich Kaufmann, *Grundtatsachen und Grundbegriffe der Demokratie,* Isar Verlag, Munich, 1950, pg. 5 to 28. Friedrich Glum, *Krise der Demokratie?,* Isar Verlag, Munich, 1951, pg. 22ff.

the Theory of Law and the Theory of the State[14]. But the re-establishment of the State of Law found one of its highest expressions in the role played by the Federal Constitutional Tribunal (FCT) of Karlsruhe.

1.1 The Judicialization of Constitutional Values

The new principles of post-war constitutionalism were symbolized by the incorporation of the constitutional values of liberty as expressed in the principles of human dignity, human rights, democracy, the division of power, the State of Law, decentralization and the social market economy. All of these comprise a formula for the limitation and control of the State[15]. This was due to the influence of the clearly neojusnaturalistic fundamental axiological contents of the modern political, social and economic life on the Constitution. On September 28, 1951[16], Höpker-Axchoff in his inauguration speech as the first president of the FCT said, "a Statesman can apply a political program, but not a judge. We can only promise to honor our oath, far beyond words and texts, that Law will be an artesian well and Justice will be a roaring river"[17].

The positivization of the basic rights and in particular that of the social and economic rights in the Bonn Basic Law as well as the in-depth development of these by the Constitutional Tribunal have characterized German constitutional jurisdiction development[18]. This is due to the extension and application of constitutional control to the political function[19]. This inferred a tangible understanding of Constitutional Law – *Verständnis des Verfassungsrechts* the basic rights, democratic order and the principle of the social State, as the predomination of the social and axiological effectiveness of the constitutional norm over and above the positivist juridical method.

Weinkauff – an ex-president of the FCT – pointed out that, "in general, natural law concepts have influenced the context of the Federal Constitutional Tribunal's resolutions"[20]. One expression of this jurisprudential thought was the doctrine of weighing

---

[14] Hans Nawiasky, *Staatslehre*, Verlagsanstalt Benziger & Co. AG., Zurich, 1956, pg. 118–121. Hans Nawiasky, *Allgemeine Rechtslehre, System der rechtlichen Grundbegriffe*, Verlagsanstalt Benzinger & Co. AG Einsiedeln-Köln, 1941, pg. 19ff.

[15] Ulrich Scheuner, *Die Kontrolle der Saatmacht im demokratischen Staat*, Niedersächsichen Landeszentrale für Politische Bildung, Hannover, 1977, pg. 75ff. Gerd Roellecke, *Der Nationalsozialismus als politisches Layout der Bundesrepublik Deutschland*, in *Der Staat, volume 28, 1989, pg. 505ff.*

[16] Richard Bäumlin, *Die rechtsstaatliche Demokratie*, Polygraphischer Verlag AG, Zurich, 1954, pg. 54ff. Konrad Hesse, *Grundzüge des Verfassungsrechts der Bundesrepublik Deutschland ...*, second part, Op. Cit., pg. 55–121. Peter Saladin, *Grundrechte im Wandel*, Verlag Stämpfli & Cie Ag, Bern, 1975, pg. 40 – ff. Friedrich Darmstaedter, *Naturrecht und Positives Recht*, in DRiZ, Heft 7, 30. Anual publication, 1952, pg. 109ff.

[17] Deutschland Bundesrepublik Bundesverfassungsgericht, *Das Bundesverfassungsgericht*, Verlag Müller, Karlsruhe, 1963, pg. 4; in this manner the FCT was born as an antithesis to positivism and nazi justice, see: Kurt Oppler, *Justiz und Politik*, in *Deutsche Rechts-Zeitschrift*, Heft 10, 2. Anual publication, October 1947, pg. 323[-]327.

[18] Konrad Hesse, *Stufen der Entwicklung der deutschen Verfassungsgerichtsbarkeit, JöR 46, 1998, pg. 1ff.* W. Hanel, *Die Bedeutung der Grundrechte in der Sozialen Rechsstaat*, 1957.

[19] Klaus Stern, *Verfassungsgerichtsbarkeit zwischen Recht und Politik*, Westdeutscher Verlag,1980, pg. 12ff. Karl Hinkel, *Verfassungsgerichtsbarkeit zwischen Recht und Politik*, Maximilian Verlag, 1984, pg. 18ff.

[20] Hermann Weinkauff, *Der Naturrechtsgedanke in der Rechtsprechung des Bundesgerichtshofes*, in *Naturrecht*

and integrating values. This can be observed in the famous cases *Lüth* and *Apotheke*, and later that of *numerus-clausus*, where the objective value of the basic rights was consecrated irradiating to Law in its entirety including private law[21], thus making them effective for third parties "*der Drittwirkung der Grundrechte*"[22].

1.2 The Challenges of Constitutional Legitimacy

The Constitutional Tribunal of Karlsruhe has played a fundamental role in the protection of the basic rights through its interpretation, delimitation, and jurisprudential development of human rights. It has rediscovered the axiological, institutional, functional and social content of the basic rights and the Constitution itself through individual dignity, liberty, equality and the effective protection of Law[23]. However, a basic problem has been the excess of citizen claims and the design of the jurisdictional limits involved in the division of power system[24]. Another has been the contemporary reality of the economic liberalization and progressive privatization of the public services, which as pointed out by Prof. Konrad Hesse has caused an impasse in the applicability of certain basic rights as well as that of the principle of the social State itself[25]. In virtue of this, Schulze-Fielitz debates the effectiveness of some sentences, concerning the: *Kruzifix (crucifixes), Sitzblockade ("sit-ins"), Soldaten sind Mörder* (soldiers are assassins), *Cannabis (*marijuana), *Amnestie (*amnesty), *Schwangerschaftabbruch (*abortion), and *militärisch Einsatz der Bundeswehr in Jugoslawien(*the military mission of the Federal Army in Yugoslavia), among others. There is a lot of controversy concerning the sentences because they pretend to confer the political and social system, which has not always merited the confidence of the institutions and the people, with "total judicial order"[26].

---

oder Rechtspositivismus?, Werner Maihofer (editor), *Naturrecht oder Rechtspositivismus*, Wissenschaftliche Buchgesellschaft, Darmstadt, 1981, pg. 576. Ernst-Joachim Lampe, *Grenzen des Rechtspositivismus. Eine rechtsanthropologische Untersuchung*, Duncker & Humblot, Berlin, pg. 42ff.

[21] Peter Häberle, *La libertad fundamental en el Estado constitucional*, PUCP-MDC, Fondo Editorial, Lima, 1997. Pg. 97ff. Peter Häberle, *Das Bundesverfassungsgericht im Leistungstaat*, in DÖV, 1972, pg. 729–740. Now included in *Kommentierte Verfassungsrechtsprechung*, Athenäum, 1979, pg. 57 and 90. Christian Stark, *Verfassungsgerichtsbarkeit und Fachgerichte*, in JZ, 21, 1996, pg.1033ff.

[22] Walter Leisner, *Grundrechte und Privatrecht*, C. Beck'sche Verlagsbuchhandlung, Munich, 1960, pg. 285ff. To learn about the effectiveness of the law for third parties in the European Court, see: Michael Jaensch, *Die unmittelbare Drittwirkung der Grundfreiheiten*, Nomos Recht, Baden-Baden, 1997, pg. 33ff.

[23] Ernst-Wolfgang Böckenförde, *Staat, Verfassung, Demokratie, Studien zur Verfassungstheorie und zum Verfassungsrecht*, Suhrkamp, Frankfurt, 1991, pg. 124ff. Ernst-Wolfgang Böckenförde, *Escritos sobre Derechos Fundamentales*, Nomos Verlagsgesellschaft, Baden-Baden, 1993, pg. 95–137. Ignacio Gutiérrez Gutiérrez, *Teoría y Realidad Constitucional en Alemania*, in the magazine *Teoría y Realidad Constitucional*, N° 1, first semester, UNED, Madrid, 1998, pg. 197–204.

[24] Hasso Hofmann, *Development and Crisis of Constitutionalism*, in Christian Starck (editor), *Studies in German constitutionalism, the German Contribution to the Fourth World Congress of the International Association of Constitutional Law*, Nomos Verlagsgesellschaft, Baden-Baden, 1995, pg. 36ff. Meinhard Schöder, *Strengthening of Constitutional Law*, in Christian Stark (editor), *New Challenges to the German Basic Law, The German Contribution to the Third World Congress of the International Association of Constitutional Law*, Nomos Verlagsgesellschaft, Baden-Baden, 1991, pg. 25–41.

[25] Konrad Hesse, *Stufen der Entwicklung der deutschen Verfassungsgerichtsbarkeit*, JöR 46, 1998, pg. 17. Jörn Kämmerer, *Verfassungsstaat auf Diät?*, JZ, 1, 1996, pg. 1042ff.

[26] Helmuth Schulze-Fielitz, *Das Bundesverfassungsgericht in der Krise des Zeitgeists*, AöR, 122, 1997, pg.

One of the biggest challenges presented itself with the incorporation of the ex–German Democratic Republic to the Federal Republic. This involved delimiting the powers of the Federal Constitutional Tribunal in charge of the protection and development of the basic rights of the Bonn Basic Law. Said delimitation also applied to the powers of the European Court responsible for protecting human rights and dealing with the violation of these rights within the framework of the European Human Rights Convention[27]. It was not only necessary to coordinate the judicial decisions of the Constitutional Tribunal with international resolutions, particularly those of the Strasbourg European Human Rights Court, although not always peacefully[28]. It was also necessary to outline the basis for European Constitutional Law as the qualitative synthesis of the humanistic evolution of the European juridical culture[29].

Although the axioms of the basic rights were to be protected by the organization and the development of Kelsenian constitutional justice, in the beginning it would be impossible to completely explain and interpret them from a positive juridical perspective. This is the reason for the great development of axiological jurisprudence hand in hand with jurisprudence and constitutional doctrine. But, once the democratic course of the German Constitutional Tribunal was set, the tendency was to develop constitutional doctrine as an open process without the leverage of natural law. Given its pre-political character of individualistic roots and scarce consensus, natural law could degenerate into an authentic tyranny of values "*Tyrannei der Werte*"[30]. Saladin would complement this thesis of Häberle's. Today natural Law should be better understood as being the Law of nature. It is a vital problem for the State, which must maintain the dignity of mankind and its future generations in accordance with the environment as well as making sure that the ends of the State are a result of intersubjective consensus[31].

In this sense, the development of the German Constitution would be identified with the development of constitutional jurisdiction. The relationship would be inverted, transforming the Federal Constitutional Tribunal into the practical and concrete measure of the validity of the Constitution and changing the power relationships of the legislative State to those of the constitutional and axiological jurisdictional order characteristic of the justice State[32].

4ff. Rolf Lamprecht, *Zur Demontage des Bundesverfassungsgerichts, Beweissicherung und Bestandsaufnahme,* Nomos Verlagsgesellschaft, Baden-Baden, 1996, pg. 207–225.

[27]   Christian Pestalozza, *Verfassungsprozeßrecht,* Beck'sche Verlagsbuchhandlung, Munich, 1991, pg. 665–666. Hasso Hofmann, *Development and Crisis of Constitutionalism, Op.Cit., pg. 30ff.*

[28]   Jochen Abr. Frowein, *Die europäische Grundrechtsschutz und die nationale Gerichtsbarkeit,* W. De Gruyter, Berlin – New York, 1983, pg. 24ff. Gerhard Leibholz, *Der Europäische Gerichtshof für Menschenrechte,* JöR, 1982, pg. 23ff.

[29]   Peter Häberle, *Der europäische Verfassungsstaatlichkeit,* in *Ethos des Interkulturellen* (editors A. Baruzzi and A. Takeichi), Ergon Verlag, Würzburg, 1998, pg. 230ff. Peter Häberle, *Europäische Rechtskultur,* Suhrkamp, Taschenbuch, Frankfurt, 1997, (includes 12 articles about his principal thesis concerning the cultural base for European juridical unity).

[30]   Peter Häberle, *Verfassungstheorie ohne Naturrecht,* in AöR, N° 99, 1974, pg. 451ff.

[31]   Peter Saladin, *Verfassungsreform und Verfassungsverständis,* in AöR, N° 104, 1979, pg. 387ff. A summary and critique of said debate can be seen in the following in which it is suggested that a constitutional theory without natural law is a theory of a Constitution without Constitution: Pablo Lucas Verdú, *Estimativa y política constitucionales,* University of Madrid, 1984, pg. 48ff.

[32]   René Marcic, *Vom Gesetzesstaat zum Richterstaat,* Springer Verlag, Wein, 1957, pg. 193ff. Kurt Eichenberger, *Der Staat der Gegenwart* (Edition of Verfassungsrat y Regierungsrat del Kantons Argau), Verlag

The constitutional jurisdiction development process has characterized the concept of Constitution, State of Law and German Democracy to the point that it has been affirmed that "The birth of the Federal Constitutional Tribunal gave rise to a new era in Constitutional Law"[33]. This is an era in which the possibilities and limitations of neopositivism and neojusnaturalism are perceived and applied to constitutional justice. In effect, following the Kelsenian thesis, in which the method defines knowledge and its function[34], constitutional justice has converted the Constitution into a jurisprudential epistle of rights and liberties through constitutional interpretation techniques[35].

2. The Contribution of the Basic Law to the Development of Democratic States

Without a doubt, the influence of the German Constitution on 20th century Public Law can be traced back to the impact on Public Law caused by the creation of the Republic of Weimar Constitution in 1919 in the period between the two World Wars. The best of the German political-constitutional thinkers were involved. Han Kelsen contributed with his pure theory of law or the creation of constitutional justice. Carl Schmitt, with his discerning theories about Public Law, destroyed the foundations of the liberal, bourgeois State of Law. Hermann Heller incorporated the political and juridical theory of the social State of Law in the attempt to close the gap between the State and Society. And, Rudolf Smend presented his theory concerning the integration of Constitutional Law as an instrument for uniting liberty with authority. With these predecessors, one can understand why Professor Häberle of the University of Bayreuth say that modern German jurists are midgets standing on the shoulders of the Weimar giants. Their work explores new horizons, but it is only possible because of the height of the Weimar giants[36].

This juridical-political framework characteristic of an age of brilliant scientific, artistic, juridical and cultural creation makes it possible to understand why the Bonn Basic Law with such a fountain of principles and ideas to re-elaborate or incorporate was able to overcome the conceptual and social limitations of the era. This historical

---

Helbing & Lichtenhahn, Base, 1980, pg. 11ff. Mauro Cappelletti, *Giudici Legislatori,* Giuffrè editore, Milan, 1984, pg. 13ff. (where some procedural and substantive limits for judicial creativity are proposed).

[33] Bernhard Schlink, *Die Entthronung der Staatsrechtswissenschaft durch die Verfassungsgerichtsbarkeit,* in *Der Staat,* volume 28, 1989, pg. 161ff. Helmut Simon, *Jurisdicción Constitucional,* in Benda, Maihofer, Vogel, Hesse, Heyde, *Manual de Derecho Constitucional,* IVAP – Marcial Pons, Madrid, 1994, pg. 823ff. Ulrich Haltern, *Verfassungsgerichtsbarkeit. Demokratie und Mißtrauen, op.cit., pg. 368ff.*

[34] Hans Kelsen, *Über Grenzen juristischer und soziologischer Methode,* (1911), in *Der Wiener Rechtstheoretischer Schule,* volume 1, Schriften von Hans Kelsen, Adolf Merkl, Alfred Verdross, Europa Verlag Wein, Austria, 1968, pg. 3ff. Werner Krawietz, *Das positive Rechts und seine Funktion. Kategoriale und methodologische Überlegungen zu einer funktionales Rechtstheorie,* Duncker & Humblot, Berlin, 1967, pg. 18ff. Werner Krawietz, *Recht als Regelsystem,* Steiner Verlag, Wiesbaden, 1984, pg. 18ff.

[35] Dominique Rousseau, *Droit du contentieux constitutionnel,* Montchrestien, Paris, 1990, pg. 305ff. Dominique Rousseau, *Les constitutionalistes, les politistes et le "renouveau" de l'idee de constitution,* in *Droit et Politique,* (Jacques Chevalier and others), CURAPP, Press Universitaires of France, 1993, pg. 40ff.

[36] Peter Häberle, *El Rol de los tribunales constitucionales ante los desafíos contemporáneos,* (interview by César Landa), in *Pensamiento Constitucional,* Year III, N° 3, PUCP-MDC, Fondo Editorial, Lima, 1996, pg. 288.

framework gives basis to the affirmation that once the achievements of German constitutional democracy were established, consummated and validated by the Bonn Basic
Law, it quickly became an obligatory point of reference for other countries. To a
greater or lesser degree, it was observed and consulted by other western European
democracies such as Greece, France, Italy, Portugal and Spain where jurisprudential
neoconstitutionalism was being developed. This is particularly true of those Eastern
European and Latin American countries that have recently left behind dictatorships to
begin democratic neoconstitutionalism processes.

2.1 Jurisprudential Neoconstitutionalism

The rediscovery of the Constitution in juridical–positive terms through the late development of constitutional jurisdiction produced a neoconstitutionalism or neopositivism phenomenon in France[37]. This phenomenon started to develop during the 1971–
1974 period in France. In order to protect the basic rights, the Constitutional Council
extended the concept of the Constitution to include the 1789 Declaration of the
Rights of Man and the Citizen and the dispositions of the *Front Populaire* Constitution
of 1946. Thus, they officially recognized an idea of Law that consecrated the principles
of a market economy and a moderate political democracy. They created an open arena
for the indefinite recognition of rights and liberties through jurisdictional labor[38].

However, this has not obstructed the understanding that the controlling role of the
constitutional judge must be based on the positive law dictated by the Nation's representatives in order to be compatible with democratic principle. The neopositivist
point of view has sustained that the control of the constitutionality of a law should be
ultimately conceived as being the analysis of a procedural irregularity[39], because if
Congress legislates a constitutional matter or theme unconstitutionally, it has violated
its constitutional power. Rousseau has pointed out that this is why it was intended that
constitutional control be reduced to the control of the constitutional powers and of
procedure. Thus, the constitution judge would not evaluate or consider the moral
content of the law since this is legislator's affair[40].

Without a doubt, the positivization of human rights and the new social and economic rights of man in the 1948 Italian constitution have made an impression like
none before on the constitutional State. It has made us question the formal methodo-

---

[37] Yves Poirmeur, *Themes et debats autour du constitutionnalisme,* in *Droit et politique ...,* op. cit. pg. 27 ff.
Louis Favoreu, *Propos d'un "neo-constitutionaliste",* in Jean-Louis Seurin (editor), *Introduction,* a *Le constitutionnalisme aujourd'hui,* Economica, Paris, 1984, pg. 26. Pablo Lucas Verdú, *La Constitución en la encrucijada.
Palingenesia iuris politici,* in *Pensamiento Constitucional,* Year IV, N° 4, PUCP-MDC, Fondo Editorial, Lima,
1997, pg. 101 ff.

[38] Dominique Rousseau, *Une résurrection: la notion de Constitution ...* op. cit. pg. 6 ff. Gustavo Zabrebels-
ky, *La doctrine du Droit Vivant,* in AIJC, Vol. II, 1986, pg. 55 ff.

[39] Georges Vedel, *Le Conseil constitutionnel, gardien du droit positif ou défenseur de la trascendance des droits de
l'homme,* in Pouvoirs, N° 45, Presses Universitaires of France, 1988, pg. 149 ff.

[40] Dominique Rousseau, *Droit du contentieux constitutionnel ...,* op. cit., pg. 376 ff. Bastien François, *Justice constitutionnelle et "démocratie constitutionnelle". Critique du discours constitutionnaliste européen,* in *Droit et Politique ...,* op. cit., pg. 53–64, where he urgently proposes a debate about the problems of the democratic
representativity of constitutional justice.

logical perspective of the ordinary Law courts which does not sufficiently take social reality into consideration. The establishment of the Constitutional Tribunal due to its new method of juridical interpretation in accordance with constitutional principles has led to the reformation of jurisprudential law[41].

In effect, in the new post-war constitutionalism, the constitutions do not specifically detail human rights but rather in many cases simply declare their existence. In consequence they do not enclose the recognition and protection of the basic rights exclusively in positive law like before but rather incorporate them unexclusively or in open laws such as the Lelio Basso clause of article 3 of the 1948 Italian Constitution concerning material equality[42]. Thus permitting the defense of human dignity and any type of violation of human rights at any time and in any place.

The transformation of the Constitution and the basic rights, as the key to the Italian legal code, has given rise to a "judicialization of the legal code". The social-economic and cultural rights placed limits on jurisprudence and the doctrine of Constitutional Law, basically due to the new political role of the judge[43]. The effect of the Italian Constitutional Tribunal's decisions on the public powers and the other constitutional powers and organizations became problematic. This was evidenced by the "*guerra delle due Corti*"[44] and the serious conflicts with the legislative[45]. However, it allowed the Italian Constitutional Court to gain a political arena in which to complement the legislative labor through the diversity of the sentences controlling the constitutionality of the law[46].

In Spain, the Constitutional Tribunal has also influenced the political direction of the post-Franco democratic State through its labor as the supreme interpreter of the Constitution. The political and juridical content of the constitution has contributed to jurisprudentially completing the political unity of the Spanish nation by constitutionally developing autonomies without prejudicing the Central Government. The

---

[41] Achille Battaglia, *I Giudice e la Politica,* Laterza, Bari, 1962, pg. 11ff. Mauro Cappelletti, *Giudice Legislatore?,* Giuffrè editore, Milan, 1984, pg. 19ff. Alessandro Pizzorusso, *Curso de Derecho Comparado,* Ariel, Barcelona, 1987, pg. 170ff.

[42] Fulco Lanchester, *La dottrina giuspubblicistica italiana alla Costituente,* in Vicenzo Atripaldi, *Costituente e Costituzione* 1946–48), ediziones Scientifiche Italieane, in *Diritto e Cultura,* year VII, January–December, N° 1–2, Rome, 1997, pg. 48ff. It brought together renowned jurists such as Mortati, Ambrosini, Calamandrei, Tosato and Orlando. This last is the father of Italian Public Law, see: Alberto Lucarelli, *Modelli liberali alla Costituente nel pensiero di Vittorio Emanuele Orlando: la conciliabilità tra Rechtsstaat e governo parlamentare,* in *Diritto e Cultura,* year VII, January–December, N° 1–2, Rome, 1997, pg. 505ff.

[43] Michael Dietrich, *Der italianische Verfassungsgerichtshof, Status und Funktionen,* Duncker & Humblot, Berlin, 1993, pg. 221–227.

Otto Kirchheimer, *Politische Justiz,* Europäische Verlagsanstalt, Germany, 1981, pg. 21–48.

[44] Gustavo Zagrebelsky, *La giustizia costituzionale,* I1 Mulino, Bologna, 1977, pg. 355ff. Nicola Assini, *L'oggeto del giudizio di costituzionalità e la "Guerra delle due Corti",* Giuffrè, Milan, 1973.

[45] Vezio Crisafulli, *La Corte Costituzionale tra Magistratura e Parlamento,* in *Scritti Giuridici in memoria di Piero Calamandrei,* Vol. 4, *Miscelania di Diritto Publico e Privato,* I, Cedam, Padova, 1958, pg. 274–295. Alessandro Pizzorusso, *La Corte Costituzionale tra giurisdizione e legislazione,* in I1 Foro Italiano, Year CV, N° 2, Rome, 1980, pg. 118ff. Gustavo Zagrebelsky, *La Corte Costituzionale e il legislatore,* in II Foro Italiano, Year CVI, N° 2, Rome, 1981, pg. 246ff.

[46] Nicola Occhiocupo, *La Corte Costituzionale come giudice di "opportunità" delle leggi,* in *La Corte Costituzionale tra norma giuridica e realtà sociale, Bilancio di vent'anni di attività,* editor N. Occhiocupo, II Mulino, Bologna, 1978, pg. 31ff. Nicola Matteucci, *Positivismo giuridico e costituzionalismo,* II Mulino, Bologna, 1996, pg. 106ff.

Constitutional Tribunal has also established lineaments for public and private institutional labor through the use of amparo recourses "*Verfassungsbeschwerde*" and the protection of the basic rights[47].

The development of Spanish constitutional jurisdiction has also given rise to the judicialization of important political affairs such as the Rumasa cases, the anti-terrorism law, the electoral amparo recourse "Verfassungsbeschwerde" of the 1989 elections, and the oaths of the Herri Batasuna members of parliament among others[48]. These are clear examples of a politicization of constitutional justice in agreement with the transitory parliamentary majority or inclusively in conjunction with the government representatives and the opposition. This caused a certain amount of Constitutional depletion by the dominant political agents without the Constitutional Tribunal being able to put a stop to it[49] despite the impetus of the rational argumentation theories[50].

2.2 Democratic Neoconstitutionalism

This process of German constitutionalism influence was not limited to the creative Mediterranean countries avid for novelties, a characteristic of the spirit of Mediterranean culture. It also extended to the second wave of democratic transitions which took place in Eastern Europe and were symbolized by the *annus mirabilis* of 1989 with the fall of the Berlin Wall and the peaceful integration of the ex-GDR to the Federal Republic[51]. The philosophy of pluralism and critical rationalism of the new German constitutional State was incorporated in the constitutional reforms or in the new Constitutions of Hungary, the Federal Republics of Czech and Slovakia, Poland, and Russia as well as the newly emerging nation-States of the ex-Soviet Union and Yugoslavia[52].

Moreover, the 1978 Spanish Constitution, in which German constitutional influence is clearly seen, has also served as a source of inspiration for the new constitutions of the majority of the Latin American States which in the eighties left behind the

---

[47] Manuel García Pelayo, *El status del Tribunal Constitucional,* REDC, Vol. 1, N° 1, CEC, Madrid, 1981, pg. 22ff. Francisco Fernández Segado, *La judicialización del Derecho Constitucional,* in Revista del Foro, Year LXXXI, N° 1. January-June, 1993, CAL, Lima, pg. 112ff.

[48] Francisco Tomás y Valiente, *Escritos sobre y desde el Tribunal Constitucional,* CEC, Madrid, 1993, pg. 95.

[49] Pedro de Vega, *Problemi e prospetive della giustizia costituzionale in Spagna,* in Giorgio Lombardi (editor), *Costituzione e giustizia costituzionale nel diritto comparato,* CISR, Maggiolo editore, Italy, 1985, pg. 127–137. Gregorio Peces-Barba, *La Constitución ayer y hoy,* in G. Cisneros Laborda, M. Fraga Irribarne, M. Herrero de Miñon. G. Peces-Barba, J.P. Pérez-Llorca, M. Roca i Junyent, J. Solé Tura, *20 años después. La Constitución cara al siglo XXI,* Taurus, Madrid, 1998. Pg. 93–125.

[50] Francisco Rubio Llorente, *Problemas de la interpretación constitucional,* in *Revista Jurídica de Castilla La Mancha (El Tribunal Constitucional y su jurisprudencia),* N° 3–4, 1998, pg. 40ff. Marina Gascón Abellán, *La justicia constitucional entre legislación y jurisdicción,* in REDC, Year 14, N° 41, CEC, May-August, 1994, pg. 63–87.

[51] Konrad Hesse, *Die Vereinigung Deutschland und die gesamtdeutsche Verfassung (1991),* in JöR, 44, 1996, pg. 1–16. *La Ley Fundamental y la unidad de Alemania. Una conversación con Konrad Hesse. Realizada por Pedro Cruz Villalón,* in Anuario de Derecho Constitucional y Parlamentario, Year 1991, N° 3, Asamblea Regional de Murcia – Universidad de Murcia, Murcia, 1991, pg. 7–28.

[52] Carlos Flores Juverías (director), *Las nuevas instituciones políticas de la Europa oriental,* CEC, coedición Ediciones Alfons el Magnànim y Generalitat Valenciana, Madrid and Valencia, 1997.

era of authoritarian military governments[53]. For example, art. 4 of the 1979 Peruvian Constitution, stated: "the basic rights recognized in this chapter do not exclude any others that the Constitution guarantees. Neither does it exclude others of a similar nature, nor those which derive from the dignity of man, the principle of the sovereignty of the people, the social and democratic State of law, and the republican form of government". In an inverse feedback process, it has also served as a point of reference for the creative innovations of some Eastern European constitutions as pointed out by Professor Häberle during his study of some of the before mentioned constitutional reforms.

But, this unending universal process of democratic and constitutional endorsement in the world has served as an integrating mechanism in the democratic transition of Mandela's South Africa. The process can also be observed in the oriental countries such as Korea where the historical reunion of the Korean people is awaited. A reunion that in the German case was one of highly successful constitutional surgery since the interpreters of the German Constitution facilitated a peaceful, orderly transition without major political costs[54].

For this reason, we can say that the German social democratic State of Law formula has become part of humanity's constitutional patrimony along with the different variations given it by each constitution reality. Nevertheless, the emerging democratic countries can not create the type of constitutional State overnight which the advanced constitutional states have developed as is the case of Germany over a period of 50 years. Therefore, although the perspective for achieving constitutional democratic States is in general optimistic, there are also some pendular contemporary political processes of *corsi e ricorsi*, such as the Peruvian one.

3. Evaluation and Perspectives of the Bonn Basic Law

One can not say that we have reached the end of the story of the constitutional democratic State in the advanced countries such as Germanys because the before mentioned constitutional development processes are closely tied to the political and social reality of their surroundings[55]. At the threshold of the third millennium, this inevitably means that the contemporary phenomena that seriously affect politics and society will intervene either directly or indirectly in the labor of the Constitutional guardians. The phenomena are subject to a political power that is causing a juridical inflation of law that retards rather than expedites social development. This inflation is a sign of the deterioration of the State of law and its juridical science that is unable to attune society or guarantee juridical security[56].

---

[53] Larry Diamond, Marc Plattner, Yun-han Chu, Hung-mao Tien (editors), in *Consolidating the Third Wave Democracies. Regional Challenges.* John Hopkins University Press, London, 1997. Manuel Alcántara and Ismael Crespo (editors), *Los límites de la consolidación democrática en América Latina,* ediciones Universidad Salamanca, Salamanca, 1995.

[54] Konrad Hesse, *Stufen der Entwicklung der deutschen Verfassungsgerichtsbarkeit,* JöR 46, 1998, pg. 17.

[55] Christoph Gusy, *Verfassungspolitik zwischen Verfassungsinterpretation und Rechtspolitik,* Decker & Müller, Heidelberg, 1983, pg. 15 ff.

[56] Jean-Pierre Henry, *Vers la fin de l'Etat de Droit?* in RDP, 93, Paris, 1977, pg. 1207 ff.

Thus, the open societies with advanced democratic States begin to notice the appearance of nationalist, fundamentalist, xenophobic movements. These together with the environmental problems, the excess of private power as well as that of the media[57], the hopes and risks of modern cyberspace navigation[58] and the disintegration of values made it evident that the juridical institutions are in the firing line of the economic corruption of the large enterprises and inclusively the mafia which are connected with the government through business like in Belgium, France, Italy and Spain[59]. If the constitutional tribunals become the enemies of the Constitution, that is to say if they become its lords and masters instead of its defenders, or if they limit themselves to the technical-juridical method and disdain the ideals of transparency and the participation of society, this would be extremely dangerous[60].

This panorama is hardly encouraging for the constitutional State, unless politics, economics and law are reformulated on the ethics of "*gesinnunngsethisch*" conviction and "*verantwortungsethisch*" responsibility[61]. This supposes that within the Constitutional Law ambit, the re-rationalization of the political system is used to overcome the contradiction between "to be" and "should be". Meanwhile, "the law is what its content wants it to be. The content belongs to the form just as the form belongs to the content. Form and content are separate concepts, but in reality they are not separate since they always appear together"[62]. The before mentioned separation must not be abstract and timeless, but rather concrete and current, and should come about through the creation or strengthening of the democratic-constitutional institutions[63].

If this is not done, the weakening of the constitutional State and the incredibility concerning the *res publica* or the disintegrating individualism could dangerously widen the breech between society and the State. Thus transforming the public arena in the homogeneous societies into nihilistic seedbeds and that of the heterogeneous societies into seedbeds of irrationality and the arbitrariness of the government[64]. Therefore, the

---

[57] Karl Popper, *Las lecciones de este siglo. Con dos charlas sobre la libertad y el estado democrático* (interviewed by Giancarlo Bosetti), Temas, Buenos Aires, 1998, pg. 81–97. Mona Rishmawi, *The media and judiciary*, in *CIJL Yearbook,* Center for the Independence of Judges and Lawyers, Geneva, December, 1995, pg. 75ff.

[58] José Luis Cebrián, *La red. Cómo cambiarán nuestras vidas los nuevos medios de comunicación,* Taurus – The Rome Club, pg. 184ff. This is the 1997 Rome Club report where they expound the need to regulate the Internet chaos.

[59] Peter Häberle, *Ethik im Verfassungsstaat,* in *Neue Züricher Zeitung,* July 5, 1995, pg. 15. In relation to this, the investigation process concerning huge (in the millions) bribes in the *affaire Elf* and the involvement of Roland Dumas, the President of the French Constitutional Council. This process caused his resignation. See: *Le RPR demande la démission de M. Dumas,* in Le Monde, Paris, April 30, 1998 edition, pg. 1, 6, 7 and 14.

[60] Pablo Lucas Verdú, *La Constitución abierta y sus enemigos,* Ediciones Beramar, Madrid, 1993, pg. 67ff. Pablo Lucas Verdú, *La Constitución en la encrucijada ...,* op. cit. pg. *108ff.*

[61] Max Weber, *Politik als Beruf,* Duncker & Humblot, Berlin, 1964, pg. 57ff. Johannes Messner, *Das Naturrecht. Handbuch der Gesellschaftsethik, Staatsethik und Wirtschaftsethik.* Duncker & Humblot, Berlin, 1984, pg. 841ff.

[62] Dietrich Schindler, *Verfassungsrecht und soziale Struktur,* Schulthess Polygraphischer Verlag AG, Zurich, 1970, pg. 33.

[63] Ralf Dahrendorf, *Law and Order,* Stevens & Sons, London, 1985, pg. 121ff.

[64] Jürgen Habermas, *Toward a rational society,* Heinemann Educational Books, London, 1980, pg. 31ff. and 81ff.

alternative is not between positivist juridical thought and its variations[65], or dogmatic *jus naturalism* but rather that of surmounting them. This should be done from the point of view of institutional thought concerning the constitutional labor and based on new theories to be developed without negating the historical importance of the before mentioned judicial currents[66].

In the developing countries with young and sometimes unstable constitutional democracies, burdensome phenomena occur. Some examples of these are, of one hand, the rebirth of religious and nationalistic fundamentalism, national and international wars under the guise of "humane intervention", the terrorism, the problems of sustained development, environmental protection, drug traffic, weapons traffic, the economy of the free market, corruption, poverty, economic or forced political migration, the power of the media, scientific investigation without humanistic ethics, and other similar problems[67]. As we turn our face towards the 21st century, this situation demands that we seriously think about the strengthening of the young constitutional democratic States through the defense of the basic rights and the strengthening of their protection agencies[68].

On its fiftieth anniversary, the Bonn Basic Law is well equipped to juridically incorporate the social transformations which are coming to pass through constitutional reform (to date there have been 46[69]) as long as it institutionally insures the achievements made by the German people over these last five decades. These achievements are: the cultivation of the basic rights, the *status* of the Federal Constitutional Tribunal as the protector not only of the basic rights but also that of the welfare State, the establishment of free and open democracy as well as the development of federalism, europeanization and the globalization of the German Federal State.

---

[65] Christophe Grzegorczyk, Françoise Michaut, Michel Trope, *Le positivisme juridique,* LGDJ, Paris, 1992, pg. 159ff.

[66] Peter Häberle, *Demokratische Verfassungstheorie im Lichte des Möglichkeitsdenkens,* in AöR 102 (1977), pg. 27–68. Gustavo Zagreblesky, *El derecho dúctil. Ley, derechos, justicia,* editorial Trotta, Madrid, 1995, pg. 21–45. Pedro de Vega, *El tránsito del positivismo jurídico al positivismo jurisprudencial en la doctrina constitucional,* in Teoría y Realidad Constitucional, N°1, first semester, UNED, Madrid, 1998, pg. 65–87. César Landa, *Tribunal constitucional y Estado democrático,* PUCP-MDC, Fondo Editorial, Lima, 1999.

[67] César Landa and Julio Faúndez, *Desafíos Constituciones Contemporáneos,* PUCP-MDC, Fondo Editorial, Lima, 1996, pg. 9ff.

[68] Dieter Grimm, *Die Zukunft der Verfassung,* Suhrkamp, Frankfurt, 1996, pg. 399ff.

[69] *Grundgesetz wird zu oft geändert, SZ-Gespräch mit Verfassungsrichter Dieter Grimm,* in http://www.sueddeutsche.de/aktuell/polit_b.htm.

Abschluß und Bilanz der jüngsten plebiszitären Entwicklung in Deutschland auf Landesebene[*]

von

Dr. Otmar Jung

Privatdozent für Politische Wissenschaft an der Freien Universität Berlin

Einleitung

Seit 1990 sind in einer wahren Verfassungsbewegung acht neue Landesverfassungen in Kraft getreten: in Schleswig-Holstein, den fünf ostdeutschen Bundesländern, in Niedersachsen und Berlin. Ferner wurden zwei alte Verfassungen revidiert, nämlich in Bremen und Hamburg. Innerhalb von sieben Jahren hat damit in mehr als der Hälfte aller Bundesländer eine tiefgreifende Änderung der rechtlichen Grundordnung stattgefunden, und durchweg ging eine Entscheidung für (mehr) direkte Demokratie einher.

Diese Periode der Landesverfassungspolitik ist nun zu Ende. Wurden 1994 drei Landesverfassungsreferenden abgehalten, erhielt 1995 nur noch die neue Verfassung von Berlin ihre plebiszitäre Sanktion, und in Hamburg fand 1996 die vorerst letzte einschlägige Verfassungsrevision statt. Grund genug, gerade die jüngste plebiszitäre Entwicklung in Deutschland auf Landesebene kritisch zu mustern. Konnten im letzten Bericht erst Tendenzen der Entwicklung ausgemacht werden, ist jetzt nach ihrem Abschluß der Versuch einer Bilanz möglich.

I. Der Fortgang der Verfassungsgebung

1. Niedersachsen

Aus der Phase der Exposition der verfassungspolitischen Wünsche von Koalition und Opposition, über die im letzten Beitrag berichtet wurde, ist nachzutragen, daß nach der CDU[1] schließlich auch die kleinere Oppositionspartei FDP einen eigenen, ausge-

---

[*] Im Anschluß an *O. Jung*: Jüngste plebiszitäre Entwicklungstendenzen in Deutschland auf Landesebene, in: JöR 41 (1993), S. 29–67. Der Bericht wurde im November 1998 abgeschlossen.

[1] Der am 28. 4. 1992 vorgestellte CDU-Entwurf wurde veröffentlicht als Ds 12/3210 v. 11. 5. 1992.

arbeiteten Verfassungsentwurf vorlegte[2]. Nach dessen origineller Konzeption waren
ein sogenanntes »Initiativrecht« und ein »Volksbegehren« vorgesehen, die in demselben Artikel geregelt und den gleichen Qualifizierungsanforderungen unterworfen
wurden: der Unterstützung von jeweils 5% der Stimmberechtigten (Art. 48 Abs. 2). In
der Tat begriffen die Autoren diese beiden Formen nicht als Stufen direkter Demokratie – was eine Klimax geboten hätte –, sondern definierten sie als Varianten desselben Instituts der Volksinitiative, unterschieden nur nach dem Grad der rechtstechni-
schen Konkretisierung. Wurde ein solcher Vorstoß unternommen – schweizerisch
formuliert – als »allgemeine Anregung«, hieß er »Initiativrecht«; legten die Initiatoren
einen »ausgearbeiteten Entwurf« vor, sprachen die Liberalen von »Volksbegehren«
(Art. 48 Abs. 1 Sätze 1 bis 4). In letzterer Variante sollte noch ein ausgedehntes Finanztabu für »finanzwirksame Gesetze« gelten (Art. 48 Abs. 1 Satz 5). Bemerkenswerterweise war das Verfahren einstufig konzipiert. Einen Volksentscheid hatte die FDP
nicht vorgesehen. »Die letzte Entscheidung in einer repräsentativen Demokratie« sollte – wie ihre Sprecher erklärten – »bei den gewählten Volksvertretern bleiben, die für
diese auch die Verantwortung tragen«[3].

Nun begann die Phase der Kompromißfindung. Angesichts der erforderlichen Zweidrittelmehrheit einerseits und der Mandatsverteilung im Landtag andererseits bedeutete dies praktisch, daß die rot-grüne Koalition zumindest der großen christlich-demo-
kratischen Oppositionspartei entgegenkommen mußte. Noch am leichtesten aufeinander zugehen konnte man bei jenen Problemen, wo beide Seiten nur quantitativ diffe-
rierten – also bei Unterstützungszahlen und dem Quorum für ein Volksbegehren. Betreffend die Anfangshürde für die Volksinitiative traf man sich so, ausgehend von 30000
bzw. 100000[4] Unterschriften, bei der Zahl 70000. Beim Volksbegehrens-Quorum
wurde die ursprünglich von 1,75% bis 20% reichende Spanne schrittweise verkleinert,
bis man sich schließlich auf 10% als Kompromiß einigte. Schwieriger gestaltete sich die
Verständigung über den Gang des Verfahrens, wo – vor allem bei der Verknüpfung der
drei Stufen Volksinitiative, Volksbegehren und Volksentscheid – echte Alternativent-
scheidungen getroffen werden mußten. Am schwierigsten aber war die Einigung über
die eigentlichen politischen Kernpunkte, von denen die Praktikabilität bzw. die Häu-
figkeit der Nutzung des ganzen direktdemokratischen Instrumentariums abhängen
würde: über das Ob und bejahendenfalls über die Art und Höhe der Quoren beim
Volksentscheid. Die Koalition wandte sich gegen (zu hohe) Quoren, weil die »Volksrechte dann letztlich nur zum Schein gewährt würden«; die CDU dagegen beschwor
ohne (bzw. bei zu niedrigen) Quoren die Gefahr einer »Entparlamentarisierung«[5]. Hier
brachte erst ein Spitzengespräch um die Jahreswende den Durchbruch. Beim Volksentscheid über einfachgesetzliche Vorlagen sollte ein 25%iges Zustimmungsquorum gelten, über Entwürfe verfassungsändernder Gesetze jedoch ein solches von 50%.

---

[2] Ds 12/3250 v. 4.6. 1992. Eine Synopse der nunmehr drei vorliegenden Entwürfe enthielt Ds 12/
3350 v. 18.6. 1992.

[3] Vgl. Entwurf der F.D.P.-Fraktion für eine neue Niedersächsische Verfassung, 1992, S. 1.

[4] Der FDP-Entwurf bleibt hier außer Betracht: Als Konsequenz seiner abweichenden, »Initiativrecht«
und Volksbegehren gleichordnenden Systematik hätte er schon für eine Volksinitiative die Unterstützung
von 5% der Stimmberechtigten, mithin etwa 285000 Unterschriften, verlangt, vgl. Ds 12/5840 v. 23.12.
1993, S. 28.

[5] Vgl. BE Abg. *Blanke* (CDU), LT 18.3. 1993, S. 7348; ferner Ds 12/5840 v. 23.12. 1993, S. 31.

All dies vollzog sich zum Teil mit erheblicher Dramatik. Nach der Sitzung des Sonderausschusses vom 20. November 1992 schienen die Verhandlungen so festgefahren, daß die Regierungsparteien schon (jedenfalls taktisch) mit dem Scheitern der ganzen Verfassungsreform drohten und der CDU dafür wegen ihrer angeblichen »Blockadepolitik« bereits die Schuld zuwiesen[6] Umgekehrt: Als SPD und CDU (sowie die FDP) am 4. Dezember 1992 im Sonderausschuß gegen den Widerstand der Grünen den endgültigen Kompromiß aushandelten, strapazierte dies den Zusammenhalt der Koalition beträchtlich. Als aber dann die CDU-Fraktion am 12. Januar 1993 den gefundenen Kompromissen zustimmte[7], war jedenfalls dieser Teil der Verfassungsreform unter Dach und Fach[8], wenngleich das Nachgeben vor allem die Koalition schmerzte. Wo die CDU schließlich doch »vernünftige Quoren« sah[9], befürchteten die SPD und vor allem ihr grüner Koalitionspartner, die Volksgesetzgebung könne dadurch »unter einem zentralen Geburtsfehler leiden«[10].

Zu den äußeren Umständen der Reformarbeit sei hervorgehoben, daß der Sonderausschuß des Landtags und vor allem der Gesetzgebungs- und Beratungsdienst des Parlaments sehr aufgeschlossen arbeiteten. Die Anhörung der Verbände und die Einbeziehung von Experten verliefen vorzüglich[11]; speziell der komparatistische Ansatz wurde ausgiebig genutzt. Hingegen zeigten die Bürger während der ganzen Zeit an der Verfassungsarbeit kaum Interesse[12], was vor allem die reformorientierten Parteien der Koalition beklagten[13]. Daß dies kein Desinteresse der Bürger an Verfassungsfragen schlechthin bedeutete, sollte die politische Klasse eine Bürgerinitiative gleich 1993/94 lehren[14].

Das schließlich erzielte verfassungspolitische Ergebnis läßt sich mit sechs Strichen charakterisieren:

— Erstens wurden Verzerrungen des Verfahrens, welche die rot-grüne Koalition aus Schleswig-Holstein übernehmen wollte, beseitigt bzw. vermieden. Die Volksinitiative war nicht mehr als obligatorische Vorstufe eines Volksbegehrens ausgestaltet[15], und auf dieses folgte keineswegs automatisch — nach dem Ideologem der Achberger »Aktion Volksentscheid« —, also ohne Möglichkeit der Interaktion von Begehren und Parlament, die Abstimmung der Bürger.

— Zweitens wurden Eskapaden gleicher Provenienz getilgt: Daß eine Landesregie-

---

[6] Vgl. Tsp. Nr. 14389 v. 23. 11. 1992. Viel Eindruck machte diese Drohung freilich nicht: Die Union war in einer strategisch komfortablen Situation, da sie für eine neue Verfassung gebraucht wurde, selbst aber auch gut weiter hätte mit der alten leben können, vgl. *Ch. Starck*: Die neue Niedersächsische Verfassung, in: NdsVBl. 1 (1994), S. 2–9 (3).

[7] Bei acht Nein-Stimmen und einer Enthaltung, vgl. Hannoversche Allgemeine Zeitung v. 13. 1. 1993.

[8] Mit Ds 12/4650 v. 26. 2. 1993 unterbreitete der Sonderausschuß einmütig seinen Gesetzentwurf.

[9] Vgl. Abg. *Möllring* (CDU), LT 18. 3. 1993, S. 7357.

[10] Vgl. Abg. *Rabe* (SPD), aaO., S. 7353; ferner Abg. *Dückert* (Grüne), LT 13. 5. 1993, S. 7513.

[11] Die Abg. *Dückert* (Grüne), aaO., S. 7513, sprach von der einschlägigen Anhörung als der »Sternstunde« des Sonderausschusses.

[12] Vgl. BE Abg. *Blanke* (CDU), LT 18. 3. 1993, S. 7345, 7350.

[13] Vgl. Abg. *Bruns* (SPD), LT 13. 5. 1993, S. 7498; Abg. *Dückert* (Grüne), aaO., S. 7510f.

[14] Vgl. *O. Jung*: Wenn der Souverän sich räuspert … Vorwirkungen direktdemokratischer Korrekturmöglichkeiten, dargestellt an Beispielen aus Nordrhein-Westfalen, Niedersachsen und Rheinland-Pfalz, in: JzStVWiss 8 (1995), S. 107–176 (122–136).

[15] Vgl. zu dieser Entkoppelung *J.-D. Kühne*: Gesetzgeberisches Neuland für Niedersachsen: Das Volksabstimmungsgesetz auf Grundlage des Art. 50 Abs. 2 NV, in: NdsVBl. 2 (1995), S. 25–31 (27, 29f.).

rung zu einem womöglich mehrheitsfähigen politischen Anliegen schweigen sollte, war einfach unrealistisch und nach allgemeinen demokratischen Spielregeln auch nicht zu verlangen. Entsprechendes galt von der Idee, das Finanztabu auf die erste Verfahrensstufe der Volksinitiative vorzuverlegen: Warum sollen die Bürger zu finanziellen Mißständen nicht einmal petitionieren dürfen?

– Drittens zeigen die niedersächsischen Regelungen bei allem Innovationswillen manchmal recht vertraute Züge: Ein 10%-Quorum beim Volksbegehren und die Möglichkeit einer parlamentarischen Konkurrenzvorlage beim Volksentscheid (Art. 48 Abs. 3 Satz 1, Art. 49 Abs. 1 Satz 2) – dies war immerhin seit über 46 Jahren geltendes bayerisches Verfassungsrecht (Art. 74 Abs. 1 und 4 BayVerf.).

– Daneben stehen freilich – viertens – die zweifelhaften Errungenschaften, vor allem die Quoren beim Volksentscheid[16], die man in Hannover in klarem Bewußtsein der quorenlosen Regelungswerke der alten Landesverfassungen mit Blick auf Schleswig-Holstein und Sachsen-Anhalt einführte (Art. 49 Abs. 2)[17].

– Positiv dagegen erscheint – fünftens – die Übernahme des Prinzips der Abstimmungskampfkostenerstattung aus den beiden Referenzverfassungen (Art. 50 Abs. 1), desgleichen, daß die niedersächsische Verfassung als erste umfassend zur Transparenz legislativen Tuns anzuhalten versucht: Wer einen Gesetzentwurf einbringt – und das ist eben auch der Volksgesetzgeber auf der Stufe des Volksbegehrens –, »muß die Kosten und Mindereinnahmen darlegen«, die für die Träger öffentlicher Verwaltung zu erwarten sind (Art. 68 Abs. 1)[18].

– Sechstens ist mit Bedauern festzustellen, daß sich die politisch Verantwortlichen nicht zu einem Referendum über die neue Verfassung durchringen konnten[19].

Jedenfalls zwischen den großen Parteien SPD und CDU bestand Einigkeit über den Rang der auf diesem Problemfeld gefundenen Lösung: Die Einführung von Volksinitiative, Volksbegehren und Volksentscheid erschien ihnen »das wesentlich Neue an dieser Verfassungsreform«[20] bzw. »der Kernpunkt« der neuen Verfassung[21]. Bemer-

---

[16] Wenig überzeugend urteilt dazu *U. Berlit*: Die neue Niedersächsische Verfassung. Zur Ablösung eines provisorischen Organisationsstatuts, in: NVwZ 13 (1994), S. 11–17 (16), der eindringlich gegen das Zustimmungsquorum beim Volksentscheid über einfachgesetzliche Entwürfe argumentiert, aber die entsprechende, geradezu prohibitiv gesteigerte Hürde bei verfassungsändernden Entwürfen als »noch gerechtfertigt« bezeichnet.

[17] Dabei genoß es die CDU natürlich, die Koalition mit dem Hinweis auf die Verfassung des nördlichen Nachbarlandes zu schlagen, »die uns sonst immer als die absolute Modellverfassung ... vorgehalten wurde«, so Abg. *Möllring* (CDU), LT 18. 3. 1993, S. 7357. Tatsächlich liegt *eine* niedersächsische Hürde niedriger als in den beiden Nachbarländern, da dort beim Volksentscheid über einen verfassungsändernden Entwurf außer dem 50%-Quorum die interne Qualifizierung einer Zweidrittelmehrheit der abgegebenen gültigen Stimmen verlangt wird (vgl. Art. 42 Abs. 2 Satz 5 Verf. SH, Art. 81 Abs. 5 Verf. SA).

[18] Vgl. *Starck*: Die neue Niedersächsische Verfassung, S. 5; *Kühne*: Gesetzgeberisches Neuland, S. 28; ferner *G. C. Burmeister*: Verwaltungsorganisation und finanzwirksame Gesetze im Blickfeld plebiszitärer Gesetzgebungsschranken der niedersächsischen Verfassung, in: Die Verwaltung 29 (1996), S. 181–210, passim.

[19] Vgl. Abg. *Dückert* (Grüne), LT 13. 5. 1993, S. 7510. Für die Gegenargumentation vgl. *E. Blanke*: Niedersächsische Verfassung 1993. Erste Neuregelung in den Alt-Bundesländern nach dem Beitritt der fünf östlichen Bundesländer, in: Vertrauen in den Rechtsstaat. Beiträge zur deutschen Einheit im Recht. FS für *Walter Remmers*, hrsg. v. *J. Goydke* u.a., 1995, S. 113–126 (121 f.).

[20] Vgl. Abg. *Rabe* (SPD), LT 18. 3. 1993, S. 7353; ferner Abg. *Bruns* (SPD), LT 13. 5. 1993, S. 7499.

[21] Vgl. Abg. *Möllring* (CDU), LT 18. 3. 1993, S. 7357; ferner Ds 12/5840 v. 23. 12. 1993, S. 28; ferner *Blanke*: Niedersächsische Verfassung 1993, S. 121.

kenswert ist auch, daß diese Verfassung am Ende praktisch einmütig verabschiedet wurde[22]. Am 19. Mai verkündet[23], trat sie am 1. Juni 1993 in Kraft[24].

2. Brandenburg

Zur Verfassungsgebung in Brandenburg ist noch von dem abschließenden Volksentscheid zu berichten. Dessen Vorgeschichte stellt sich weitgehend als ein Reflex der inneren Zerrissenheit der Brandenburger CDU-Opposition dar, die nicht nur in verschiedene verfassungspolitische Richtungen zerfiel, sondern auch noch taktisch erstaunlich schwankte. Hatte nicht der Verfassungsausschuß einstimmig – also auch mit allen CDU-Stimmen – den Verfassungsentwurf angenommen, und hatten nicht am 14. April 1992 im Plenum immerhin 40% der CDU-Abgeordneten zugestimmt? Gleichwohl erklärte der Berater der brandenburgischen CDU während der Verfassungsdiskussion, Prof. Scholz, öffentlich, der verabschiedete Entwurf sei trotz aller erreichter Verbesserungen noch »nicht abstimmungsreif«. Hatte sich nicht im Parlament eine beeindruckende Vierfünftelmehrheit für den Entwurf gefunden? Nun äußerte der CDU-Landesvorsitzende Fink demonstrativ »Verständnis« für jene Bürger, »die aus mangelnder Kenntnis des Verfassungsentwurfes der Abstimmung fernblieben«, eine dubiose Erklärung, wenngleich sie als Aufruf zum Boykott des Verfassungsvolksentscheids vielleicht mißdeutet war[25]. Geradezu als Lichtblick erschien da, daß die Brandenburger CDU von ihrer ursprünglichen Drohung einer Verfassungsklage abrückte und kurz vor der Abstimmung erklärte, sie werde das Ergebnis des Volksentscheids »akzeptieren«[26]. Dessen Ausfall bestätigte dann freilich alle Befürchtungen:

Gesamtergebnis der Volksabstimmung über die Verfassung des Landes Brandenburg vom 14. Juni 1992[27]

		in %
Stimmberechtigte	1929957	
Abgegebene Stimmen	925122	47,93
Ungültige Stimmen	5972	
Gültige Stimmen	919150	
Davon entfielen auf		
Ja	864329	94,04
Nein	54821	5,96
Ja in % der Stimmberechtigten		*44,79*

---

[22] Vgl. LT 13.5.1993, S.7518. Die einzige Gegenstimme des Abg. *Krapp* (CDU) war durch die Präambelproblematik motiviert.

[23] GVBl. S.107.

[24] Nach Art.78 Abs.1 Verf.

[25] Vgl. Tsp. Nr.14205 v. 19.5.1992; Nr.14212 v. 26.5.1992. Zu den Einzelheiten dieser Querelen siehe *G. Sampels*: Bürgerpartizipation in den neuen Länderverfassungen – Eine verfassungshistorische und verfassungsrechtliche Analyse –, 1998 (Universitätsreihe Recht Bd. 4), S.92–95.

[26] Vgl. Tsp. Nr.14227 v. 12.6.1992.

[27] Vgl. Bek. des Gesamtergebnisses der Volksabstimmung über die Verfassung am 14. Juni 1992 v. 17.6.1992, GVBl. I S.206. Der Landesabstimmungsleiter des Landes Brandenburg/Landesamt für Datenverarbeitung und Statistik Brandenburg (Hrsg.): Volksentscheid über die Verfassung für das Land Brandenburg am 14. Juni 1992, Endgültiges Ergebnis, o. J. (1992), S.1. – Prozentwert der letzten Zeile: eigene Berechnung.

Bei hoher Abstimmungsbeteiligung wäre die »überwältigende Mehrheit«[28] von 94%
nachgerade demokratisch suspekt gewesen. Hier aber erklärte sich das seltsame Ergebnis zwanglos aus der niedrigen Beteiligung. Nur knapp die Hälfte der Bürger hatte
sich zu den Urnen bemüht. Zur großen Enttäuschung vor allem der SPD, die sich eine
Abstimmungsbeteiligung von »etwa 70 Prozent« erhofft hatte[29], war es nicht gelungen, den relativ hohen Konsens aus der Volksvertretung in die Bevölkerung hinein
weiterzugeben. Insbesondere die (partei-)politischen Gegner traten kaum an, sondern
begnügten sich mit Abstinenz, und dieses Bild bot sich flächendeckend. Nur in zwei
(von 44) Verwaltungsbezirken erreichte die Ablehnung wenigstens zweistellige Werte[30]. Man kann in diesem Zusammenhang nicht umhin, ein verbreitetes staatsbürgerli-
ches Desinteresse festzustellen, für das sich freilich einleuchtende Erklärungen geben
lassen[31]. Dagegen sollen die oft schrillen Töne aus dem alten Bundesgebiet, wo ja die
brandenburgische Verfassung, insbesondere wegen ihrer plebiszitären Elemente,
höchst kontrovers diskutiert wurde, im Lande selbst nur ein geringes Echo gefunden
haben.

Erinnert man sich, daß den bisherigen deutschen Negativrekord für die Beteiligung
an einem Verfassungsreferendum Württemberg-Hohenzollern 1947 mit 66,29% aufgestellt hatte[32], wirkte die eklatant niedrige Beteiligung von 47,93%[33] an dem brandenburgischen Verfassungsvolksentscheid zweifellos delegitimierend. Anders stellt
sich das Brandenburger Ergebnis dar, wenn man nach der Legitimationsquote (Ja in %
der Stimmberechtigten) fragt: Hier lagen die Werte, freilich auch durch die Zeitumstände bedingt, bislang durchweg unter 50%. Gegenüber dem Tiefpunkt der rheinland-pfälzischen Verfassung von 1947, die nur 35,20% der Stimmberechtigten gebilligt hatten, erschien die brandenburgische Quote von 44,79% nicht so schlecht. Das
lag nach den Maßstäben der Verfassungsgebung 1946/47 etwa zwischen den Legiti-
mationswerten der Verfassungen von Bremen (45,07%) und Württemberg-Hohenzollern (43,58%).

---

[28] Vgl. *D. Franke/R. Kneifel-Haverkamp*: § 2. Entstehung und wesentliche Strukturmerkmale der Brandenburgischen Landesverfassung, in: Handbuch der Verfassung des Landes Brandenburg, hrsg. v. *H. Si-
mon/D. Franke/M. Sachs*, 1994, S. 57–69 (67, Rn. 16).

[29] Vgl. Tsp. Nr. 14227 v. 12.6. 1992.

[30] Kreis Eisenhüttenstadt/Land: Nein-Stimmen 13,26%; Kreis Lübben: Nein-Stimmen 11,51%, vgl.
Der Landesabstimmungsleiter des Landes Brandenburg/Landesamt für Datenverarbeitung und Statistik
Brandenburg (Hrsg.): Volksentscheid über die Verfassung für das Land Brandenburg, S. 1 f.

[31] Vgl. *D. Franke/R. Kneifel-Haverkamp*: Die brandenburgische Landesverfassung. Verfassunggebung in
einem neuen Bundesland als Teil der gesamtdeutschen Verfassungsdiskussion, in: JöR 42 (1994), S. 111–
148 (137 f.): »Vor dem Hintergrund der hohen Arbeitslosenzahlen im Lande, der Ablehnungskampagne
der CDU und des Versuchs der SPD, den Volksentscheid auch zum Vertrauensvotum für den von Stasivor-
würfen bedrängten Ministerpräsidenten werden zu lassen, wird man dieses Ergebnis dahin deuten können,
daß die schwierigen Lebensbedingungen und die unsicheren wirtschaftlichen Perspektiven sich einerseits
in einem verbreiteten staatsbürgerlichen Desinteresse niederschlugen, andererseits aber das ›Ja‹ zu[r] Verfassung mit der Hoffnung auf verbesserte Lebensbedingungen (Recht auf Arbeit, Recht auf Wohnung)
und einer noch festigungsbedürftigen positiven Identifikation mit dem eigenen politischen Profil des Landes verbunden war.«

[32] Vgl. *O. Jung*: Daten zu Volksentscheiden in Deutschland auf Landesebene (1946–1992), in: ZParl 24
(1993), S. 5–13 (6); dies auch zum Folgenden.

[33] Auch hierzu sprießen, wie schon aus westdeutschen Fällen bekannt ist, wieder Legenden. So imagi-
niert *M. Vette*: Volksgesetzgebung in Brandenburg, in: RuP 32 (1996), S. 218–221 (219), eine Abstimmungsbeteiligung von »54 Prozent«.

Ungeachtet des insgesamt enttäuschenden Ausfalls war die neue Verfassung laut Verfassungsvolksentscheidsgesetz damit angenommen[34]. Der politisch-psychologische Kontrast, daß für die Annahme der Verfassung die einfache Mehrheit der abgegebenen gültigen Stimmen ausreichen sollte, während für ihre künftige – plebiszitäre – Änderung die Verfassung selbst die Hürde einer Zweidrittelmehrheit der Aktivbürger und zusätzlich ein 50%iges Zustimmungsquorum aufrichtete (Art. 78 Abs. 3 Satz 1), ließ sich ins Dogmatische wenden: Gibt es eine Korrespondenz zwischen Verabschiedungs- und Änderungsquorum? Darf eine heutige Mehrheit an ihre eigene Entscheidung geringere Anforderungen stellen, als sie künftigen Mehrheiten für die Änderung dieser Entscheidung vorschreibt? Ist also die Identität der jeweiligen Mehrheitsregeln zu fordern?[35] Ungeachtet dessen, ob es eine solche Korrespondenz überhaupt gibt – die beiden Fälle sind gar nicht vergleichbar: Die referendielle Bestätigung einer mit qualifizierter Mehrheit getroffenen Entscheidung der Volksvertretung ist demokratietheoretisch ein Aliud zur Durchsetzung eines plebiszitären Projekts im Wege der Volksgesetzgebung gegen den Willen dieses Parlaments[36]. Es bleibt doch (nur) ein Problem der politischen Ehrlichkeit bzw. verfassungspolitischen Dignität[37].

Am 20. August jedenfalls wurde die Verfassung des Landes Brandenburg verkündet[38]. Sie trat am 21. August 1992 in Kraft[39].

3. Mecklenburg-Vorpommern

a) Die Verständigung über die Volksgesetzgebung

Die grundsätzliche Einigung in der Verfassungskommission – von der zuletzt berichtet worden war –, in die neue Landesverfassung plebiszitäre Elemente aufzunehmen, wurde Anfang September 1991 erreicht. Man vereinbarte eine dreistufige Mitwirkungsstruktur der Bürger – also Volksinitiative, Volksbegehren und Volksentscheid – und beauftragte die Sachverständigen, Vorschläge auszuarbeiten[40]. Ein gutes halbes Jahr später standen sich dann zwei alternative Modelle direkter Demokratie gegenüber. Der von der SPD benannte Sachverständige Prof. v. Mutius (Kiel) hatte die einschlägigen Regelungen der Verfassung des Landes Schleswig-Holstein, nur minimal

---

[34] Vgl. § 27 Abs. 1 Gesetz zur Regelung des Verfahrens beim Volksentscheid über die Verfassung des Landes Brandenburg (Verfassungsvolksentscheidsgesetz – VVG) v. 31. 3. 1992, GVBl. S. 110.

[35] Vgl. *R. Steinberg*: Organisation und Verfahren bei der Verfassungsgebung in den Neuen Bundesländern, in: ZParl 23 (1992), S. 497–516 (510f.).

[36] Vgl. *O. Jung*: Die Landesverfassungsreferenden des Jahres 1994. Daten und Probleme, in: LKV 5 (1995), S. 319–321 (320f.).

[37] So *H. v. Mangoldt*: Die Verfassungen der neuen Bundesländer. Einführung und synoptische Darstellung. Sachsen, Brandenburg, Sachsen-Anhalt, Mecklenburg-Vorpommern, Thüringen, 2. Aufl. 1997 (Tübinger Schriften zum Staats- und Verwaltungsrecht Bd. 15), S. 34 FN 114. Vgl. *St. Storr*: Verfassunggebung in den Ländern – Zur Verfassunggebung unter den Rahmenbedingungen des Grundgesetzes –, 1995 (Jenaer Schriften zum Recht Bd. 4), S. 270ff.

[38] GVBl. I S. 298 (Nr. 18 v. 20. 8. 1992).

[39] Nach Art. 117 Verf.

[40] Vgl. den Zwischenbericht der Verfassungskommission Ds 1/2000 v. 30. 4. 1992, S. 76. Mit dieser Grundsatzentscheidung entsprach das Gremium offenbar »der weit überwiegenden Forderung in der Bevölkerung nach Basisdemokratie und Mitbestimmung«, vgl. Abg. *Jelen* (CDU), LT 12. 5. 1993, S. 4464.

verändert, vorgelegt[41]. Dagegen hatte der von der CDU benannte Sachverständige Prof. Starck (Göttingen) einen Entwurf präsentiert, den man – etwas salopp – als die zweite Verteidigungslinie des Konrad-Adenauer-Hauses (nach der ersten: überhaupt keine plebiszitären Elemente aufzunehmen) charakterisieren könnte[42]. Bemerkenswert erscheint, daß mit diesen beiden Modellen, welche die weitere Diskussion bestimmten, verfassungspolitisch gewissermaßen ein neuer Anlauf unternommen wurde; die autochthonen Verfassungsvorstellungen, wie sie sich in den Entwürfen des Regionalausschusses niedergeschlagen hatten, wurden nun »vollständig in den Hintergrund gedrängt«[43].

Am 28. März 1992 kam es über diese beiden Modelle zu einem Grundsatzstreit in der Verfassungskommission. Kontrovers wurden hauptsächlich drei Punkte diskutiert:

- Sollte die Volksinitiative obligatorisch vorgeschaltet sein oder gegebenenfalls gleich mit einem Volksbegehren begonnen werden können? Wo die einen womöglich einen Umweg befürchteten, wollten die anderen dem Parlament die Chance geben, frühzeitig mit einem sensiblen Problem befaßt zu werden.
- Wie sollte die verfassungsgerichtliche Vorabkontrolle eines Volksbegehrens in Gang kommen? Die eine Seite wollte in klassischer Manier die Landesregierung über die Zulässigkeit eines Volksbegehrens entscheiden lassen, wogegen dann Beschwerde zum Landesverfassungsgericht eingelegt werden könnte. Die Gegenmeinung hielt die Regierung gewissermaßen für institutionell befangen und wollte ihr deshalb, ebenso wie dem Parlament als dem anderen geborenen Gegenspieler eines Volksgesetzgebungsverfahrens, nur das Recht geben, einen Antrag auf Überprüfung beim Landesverfassungsgericht zu stellen.
- Vor allem aber war die Höhe der Verfahrenshürden umstritten. Sollten nun 15000

---

[41] Ein Vergleich der Art. 57f. nach Prof. *v. Mutius* (Ds 1/2000 v. 30. 4. 1992, S. 50f.; abgedruckt auch in: JöR 42 (1994), S. 218–253 (245f.)) mit Art. 41f. Verf. SH zeigt, daß außer redaktionellen Variationen und der selbstverständlichen Anpassung der Anzahl der Unterstützungsunterschriften für eine Volksinitiative an die verschiedene Bevölkerungszahl der beiden Länder nur zwei sachliche Abweichungen bestanden: *v. Mutius* hatte die Ausschlußklausel für Volksinitiativen um einen ökologischen Vorbehalt erweitert und den Bruchteil des Parlaments, der beim Volksbegehren eine verfassungsgerichtliche Vorabkontrolle sollte beantragen können, von einem Viertel auf ein Fünftel gesenkt. Wegen des Rückgriffs *v. Mutius'* auf das »Dreitakt-Verfahren« der neuen schleswig-holsteinischen Verfassung sei betont: Die Volksinitiative als neue erste Stufe des Volksesetzgebungsverfahrens wurde verfassungspolitisch, ausweislich der Entstehungsgeschichte der Verfassungsrevision in Schleswig-Holstein, erstmals dort rezipiert – *vor* der demokratischen Revolution in der DDR. – Vgl. zu diesen – und anderen Details – die wohldokumentierten Analysen von *P. Häberle*: Die Verfassungsbewegung in den fünf neuen Bundesländern Deutschlands 1991 bis 1992, in: JöR 42 (1994), S. 149–200; *ders.*: Die Schlußphase der Verfassungsbewegung in den neuen Bundesländern (1992/93), in: JöR 43 (1995), S. 355–418.

[42] Nach Aufbau, Duktus und vor allem dem machtpolitischen Ansatz (Quoren!) glichen die Art. 57f. nach Prof. *Starck* (Ds 1/2000 v. 30. 4. 1992, S. 51; abgedruckt auch in: JöR 42 (1994), S. 218–253 (246f.)) weitgehend den Art. 38/1 und 38/2 des Entwurfs, den die CDU-Fraktion in Niedersachsen demnächst vorlegte (vgl. NdsLT Ds 12/3210 v. 11. 5. 1992), bzw. den Art. 80f. jenes Entwurfs, auf den sich die konservativ-liberale Regierungskoalition in Sachsen-Anhalt im letzten Sommer im Verfassungsausschuß eingelassen hatte (abgedruckt in: JöR 41 (1993), S. 245–260 (256f.)). In beiden Ländern war Prof. *Starck* als Sachverständiger tätig bzw. tätig gewesen.

[43] Vgl. *P. Paulus*: Direkte Demokratie im Entstehungsprozeß der ostdeutschen Landesverfassungen, in: *A. Klages/dies.*: Direkte Demokratie in Deutschland. Impulse aus der deutschen Einheit, 1996, S. 145–288 (210).

Stimmberechtigte (gleich 1,1%[44]) oder 35000 (gleich 2,5%) eine Volksinitiative unterstützen müssen? Wollte man bei einem Volksbegehren die Eintragung von 5% der Stimmberechtigten oder von 200000 (gleich 14,0%) verlangen? Am Verfahrensende schließlich war zwischen einem Zustimmungsquorum – bei einfachgesetzlichen Vorlagen – von 25% bzw. (hohen!) 33% zu entscheiden[45].

Andererseits gab es bei wichtigen Punkten auch Übereinstimmung. So mußte nach beiden Sachverständigen eine Volksinitiative sich im Rahmen der *Entscheidungs*zuständigkeit des Landtags halten – es reichte also nicht wie in Sachsen-Anhalt (Art. 80 Abs. 1 Satz 1 Verf.) aus, daß eine Angelegenheit das Land betreffe. Ferner stellten sie einmütig hohe Anforderungen an eine plebiszitäre Verfassungsänderung: Zweidrittelmehrheit der abgegebenen Stimmen und 50%iges Zustimmungsquorum.

Als die Verfassungskommission ihren Zwischenbericht erstattete, war jener Streit noch nicht beigelegt; es blieb nichts anderes übrig, als die Vorschläge v. Mutius' und Starcks nebeneinander zu präsentieren[46]. Die endgültige Lösung sollte »nach einer Meinungsbildung in der Öffentlichkeit gefunden werden«[47]. Vermutlich war es aber dann doch weniger deren Ergebnis[48] als vielmehr eine Auswirkung der realen politischen Kräfteverhältnisse im Lande – die CDU als mit Abstand stärkste Partei und eine konservativ-liberale Koalition an der Regierung, die allerdings nur ganz knapp vor den beiden linken Oppositionsparteien lag[49] –, daß die Verfassungskommission schließlich dem Sachverständigen Starck folgte. Der endgültige Entwurf, den das Gremium mit seinem Abschlußbericht Anfang Mai 1993 präsentierte[50], übernahm in Konzeption, Gliederung und Duktus den Vorschlag des Göttinger Staatsrechtslehrers. Auch bei dem ersten Kontroverspunkt hatte sich Starck durchgesetzt: Die Volksinitiative war dem klassischen Volksgesetzgebungsverfahren nur fakultativ vorgeschaltet.

Dagegen hatte bei den beiden anderen umstrittenen Themen v. Mutius mehr oder minder Erfolg gehabt. Die Verfassungskommission übernahm aus seinem Vorschlag das schleswig-holsteinische Modell des Weges zur verfassungsgerichtlichen Vorab-

---

[44] Eigene Berechnung. Zugrundegelegt wird hier und im folgenden die Zahl von 1 431 Tsd. Wahlberechtigten bei der Landtagswahl am 14. 10. 1990.

[45] Vgl. Ds 1/2000 v. 30. 4. 1992, S. 82; Ds 1/3100 v. 7. 5. 1993, S. 145f.

[46] Vgl. den Zwischenbericht der Verfassungskommission Ds 1/2000 v. 30. 4. 1992, S. 50f., 75; die Vorschläge sind auch abgedruckt in: JöR 42 (1994), S. 218–253 (245ff.). – Auf die plebiszitären Elemente gehen nur knapp ein *W. Erbguth / B. Wiegand*: Über Möglichkeiten und Grenzen von Landesverfassungen im Bundesstaat – Der Entwurf einer Verfassung für das Land Mecklenburg-Vorpommern –, in: DÖV 45 (1992), S. 770–779 (771, 774f.).

[47] Vgl. Ds 1/2000 v. 30. 4. 1992, S. 82.

[48] Ein westdeutscher Berater sprach nach einem knappen halben Jahr von nur »schwacher Resonanz«: *S. Hölscheidt*: Öffentliche Diskussion findet wenig Resonanz, in: Das Parlament Nr. 43 v. 16. 10. 1992. Einen Überblick nebst Daten über die öffentliche Diskussion der Verfassungsentwürfe in allen fünf neuen Bundesländern gibt *Paulus*: Direkte Demokratie im Entstehungsprozeß, S. 194ff.

[49] Daß das Wahlergebnis vom 14. 10. 1990 kein Patt brachte zwischen CDU (29 Mandate) und FDP (4) einerseits sowie SPD (20) und LL/PDS (12) andererseits, hing damit zusammen, daß ein weiterer (erfolgreicher) SPD-Kandidat vor dem Wahltag aus der Partei ausgetreten war und dem Landtag nun als fraktionsloser Abgeordneter angehörte. *Paulus* (Direkte Demokratie im Entstehungsprozeß, S. 165f., 181) unterstreicht demgegenüber, die parteipolitischen Auseinandersetzungen hätten in den Beratungen der Kommission kaum eine Rolle gespielt,.

[50] Ds 1/3100 v. 7. 5. 1993. Zum politischen Diskurs in der Kommission bis dahin vgl. *Paulus*: Direkte Demokratie im Entstehungsprozeß, S. 246f., sowie – analytisch schwächer – *Sampels*: Bürgerpartizipation in den neuen Länderverfassungen, S. 106f.

kontrolle (Art. 60 Abs. 2 Satz 2)[51] – eher eine Prinzipienfrage. Von eminenter praktischer Bedeutung dagegen war die Modifikation der Starckschen Hürden. v. Mutius
überzeugte mit seinem Argument, daß die Vergleichsgröße für eine Volksinitiative die
zur Erlangung eines Landtagsmandates – und damit zur Artikulation im Parlament –
nötige Stimmenanzahl sein müsse[52]. Die Einigung fiel hier relativ leicht: Die Sachverständigen entwickelten einen Kompromißvorschlag zur Volksinitiative[53], den die Verfassungskommission am 30. April einstimmig annahm[54]. Heftig gekämpft dagegen
wurde um die zweite Hürde von 200000 Eintragungen beim Volksbegehren. Daß die
Fraktion der LL/PDS diese als nicht akzeptabel kritisierte, mochte man noch hinnehmen. Aber als auch die Vertreterin des Regionalausschusses und der Vertreter der Bürgerbewegung diese Hürde für zu hoch erklärten und für ein 10%-Quorum nach dem
Vorbild der bayerischen Verfassung plädierten und als die Vertreterin der (knapp an
der 5%-Klausel des Wahlrechts gescheiterten) Grünen sowie die große Oppositions-
fraktion der SPD dieses Anliegen unterstützten, war die alte Hürde nicht mehr zu halten. Starck wollte noch bei 150000 (dem Zehnfachen der Unterstützung für eine
Volksinitiative) »abfangen«, doch fiel ihm der Vertreter der Landesregierung in gewisser Weise in den Rücken mit der Erklärung, daß er die Absenkung auf 140000[55] – den
von den Grünen vorgeschlagenen Wert – für »vertretbar« halte. Gegen eine Stimme
der Fraktion der LL/PDS, der diese Senkung der Hürde noch nicht genügte, und bei
Enthaltung des von ihr benannten Sachverständigen wurde dann in derselben Sitzung
so beschlossen[56]. Das Qualifizierungserfordernis beim Volksbegehren war damit zwar
noch immer doppelt so groß, wie v. Mutius es empfohlen hatte; aber man hatte sich
mit 10% auf einen klassischen Wert verständigt, während Starck zuvor auf die (prohibitiv überhöhten) 20%-Quoren in Nordrhein-Westfalen (Art. 68 Abs. 1 Satz 7 Verf.)
und im Saarland (Art. 99 Abs. 2 Satz 3 Verf.) hingewiesen hatte, um seinen eigenen
14%-Vorschlag als durchaus annehmbar darzustellen.

In der Schlußabstimmung der Kommission an eben diesem 30. April wurde der
ganze Verfassungsentwurf ohne Gegenstimme bei drei Enthaltungen angenommen[57].
Der Landtag nahm in seinen beiden Lesungen am 12. und 14. Mai keine sachliche
Änderung mehr vor; abschließend billigte das Parlament den Entwurf mit 53 Stimmen gegen neun Stimmen (der LL/PDS)[58]. Am 23. Mai 1993 wurde die neue Verfassung ausgefertigt und verkündet[59].

---

[51] Allerdings wurde der antragsberechtigte Parlamentsteil wieder auf ein Viertel – den originalen
schleswig-holsteinischen Wert – heraufgesetzt.
[52] Vgl. Ds 1/2000 v. 30. 4. 1992, S. 82; Ds 1/3100 v. 7. 5. 1993, S. 145.
[53] *v. Mutius* setzte sich mit der 15 000-Unterschriften-Hürde durch und erreichte die Erstreckung des
Finanztabus auf die erste Verfahrensstufe. Dagegen kann nicht von einer »Erweiterung auf Gegenstände
der politischen Willensbildung«, die als Erfolg *v. Mutius'* zu werten wäre, die Rede sein (so irrig *Paulus*: Direkte Demokratie im Entstehungsprozeß, S. 247); diese Lösung war vielmehr Gemeingut beider Vorschläge. – Die Einigung auf die Hürde 15000 gelang schon Anfang März, vgl. Tsp. Nr. 14486 v. 3. 3. 1993.
[54] Vgl. Ds 1/3100 v. 7. 5. 1993, S. 146.
[55] Bei 1 431 Tsd. Wahlberechtigten bei der Landtagswahl am 14. 10. 1990 entsprach dies 9,8%.
[56] Vgl. Ds 1/3100 v. 7. 5. 1993, S. 147f.
[57] Vgl. aaO., S. 3; BE Abg. *Prachtl* (CDU), LT 12. 5. 1993, S. 4441.
[58] LT 14. 5. 1993, S. 4576.
[59] GVBl. S. 372.

b) Die plebiszitäre Sanktion der Verfassung

Schon am 8. April 1992 hatte der Landtag einmütig einen Beschluß über das weitere Verfahren der Verfassungsgebung gefaßt[60]: Qualifizierte Mehrheit im Parlament und Verfassungsreferendum lautete der Sanktionsmodus, auf den man sich verständigt hatte. Der endgültige Text des Verfassungsentwurfs präzisierte dann, daß bei dem Volksentscheid über die Verfassung die *einfache* Mehrheit der Abstimmenden zur Bestätigung genüge (Art. 80 Abs. 1). Unmittelbar nach der zweiten Lesung des Verfassungsentwurfs beschloß der Landtag ein spezielles Verfahrensgesetz[61]. Danach trat die vom Landtag mit der Mehrheit von zwei Dritteln seiner Mitglieder verabschiedete Verfassung mit ihrer Verkündung (d. i. am 24. Mai 1993) als vorläufige Verfassung in Kraft (§ 1). Der Verfassungsvolksentscheid sollte zusammen mit der nächsten landesweiten Wahl stattfinden (§ 2). Ein Dreivierteljahr später wurde bestimmt, daß der Volksentscheid über die Landesverfassung zusammen mit den Kommunalwahlen 1994 stattfinden solle[62]. Daß an jenem Termin – dem 12. Juni – auch noch die Europawahl abgehalten wurde, erschien unter dem Gesichtspunkt einer möglichst guten Beteiligung an den Urnengängen nur günstig.

Endgültiges Ergebnis der Abstimmung über die Verfassung des Landes
Mecklenburg-Vorpommern am 12. Juni 1994[63]

		in %
Stimmberechtigte	1 379 244	
Abgegebene Stimmen	902 988	65,5
Ungültige Stimmen	21 097	2,3
Gültige Stimmen	881 891	97,7
Davon entfielen auf		
Ja	530 292	60,1
Nein	351 599	39,9
Ja in % der Stimmberechtigten		*38,45*

Die Rechnung mit dem »Mitzieh«-Effekt ging auf. An dem Verfassungsvolksentscheid beteiligten sich fast ebenso viele Bürger (65,5%) wie an der Kommunalwahl (65,7%) bzw. der Europawahl (65,8)[64]. Diese *Wahl*partizipation erscheint einerseits durchaus respektabel, wenn man bedenkt, daß drei andere neue Bundesländer im sel-

---

[60] Vgl. Ds 1/1662 v. 1. 4. 1992; LT 8. 4. 1992, S. 2381. Siehe zur Vorgeschichte *Sampels*: Bürgerpartizipation in den neuen Länderverfassungen, S. 103f.

[61] Gesetz über die Verabschiedung und das Inkrafttreten der Verfassung von Mecklenburg-Vorpommern v. 23. 5. 1993, GVBl. S. 371.

[62] § 2 Abs. 2 Gesetz zum Volksentscheid über die Verfassung des Landes Mecklenburg-Vorpommern vom 23. Mai 1993 v. 9. 2. 1994, GVBl. S. 207.

[63] Vgl. Bek. des Ministerpräsidenten v. 26. 7. 1994, GVBl. S. 773; siehe schon die Bek. des Landeswahlleiters v. 6. 7. 1994, ABl. MV 1994, S. 798. Ferner: Statistische Sonderhefte, hrsg. v. Statistischen Landesamt Mecklenburg-Vorpommern, 4. Jg. (1994), H. 8 »Wahlen 94. Volksentscheid über die Verfassung des Landes Mecklenburg-Vorpommern am 12. Juni 1994 – endgültiges amtliches Ergebnis –«, S. 1. – Prozentwert der letzten Zeile: eigene Berechnung.

[64] Vgl. Statistische Sonderhefte, hrsg. v. Statistischen Landesamt Mecklenburg-Vorpommern, 4. Jg. (1994), H. 14 »Wahlen 94. Kommunalwahl in Mecklenburg-Vorpommern am 12. Juni 1994: Kreistage der Landkreise sowie Stadtvertretungen/Bürgerschaften der kreisfreien Städte – endgültiges amtliches Ergebnis –«, S. 16f.

ben Jahr 1994 sogar bei Landtagswahlen bis zu zehn Prozentpunkte weniger Beteiligung registrieren mußten (Sachsen-Anhalt 54,8%, Brandenburg 56,3% und Sachsen 58,4%). Andererseits unterbot Mecklenburg-Vorpommern mit 65,5% Beteiligung an einem Verfassungs*referendum* den bisherigen (Brandenburg als Sonderfall einmal beiseite) deutschen Negativrekord (Württemberg-Hohenzollern 1947: 66,29%)[65].

Interessant ist die Quote der Stimm*berechtigten*, welche die Verfassung bestätigt haben. Daß das neue Grundgesetz des Landes nur von 38,45% der Bürger akzeptiert wurde, ist im abstimmungshistorischen Vergleich der zweitschlechteste Wert; nur die rheinland-pfälzische Verfassung fand 1947 mit 35,20% noch weniger Billigung. Zu betrachten bleibt schließlich die Konsensquote unter der Aktivbürgerschaft, ausgedrückt im Anteil der »Ja« an den abgegebenen gültigen Stimmen. Daran läßt sich ablesen, wie umstritten dieses Projekt der Landesverfassung war: Die Quote von nur 60,1% Ja-Stimmen ist abermals – wiederum nach Rheinland-Pfalz mit sensationellen 52,96% – das zweitschlechteste Ergebnis in Deutschland.

In diesem Zusammenhang fällt bei der kleinräumigen Aufgliederung auf, wo die neue Landesverfassung »durchfiel«. Ausgerechnet in den Wahlkreisen Rostock und Schwerin – in der bei weitem größten Stadt und der Landeshauptstadt – ergaben sich Nein-Mehrheiten (50,8% bzw. 52,7% gegen die Verfassung[66]). Bei jedenfalls für Schwerin nur wenig unterdurchschnittlicher Beteiligung am Volksentscheid[67] und einem jeweiligen Anteil der ungültigen Stimmen unter dem Durchschnitt[68] ist an der bewußten politischen Ablehnung des Landesverfassungsprojekts nichts zu deuteln. Ein gewisses Stadt-Land-Gefälle zeigt sich daran, daß in vier der sechs kreisfreien Städte die Ablehnungsquote höher lag als in irgendeinem Landkreis.

Das festgestellte Abstimmungsergebnis und die Tatsache der mehrheitlichen Billigung der Verfassung wurden im Gesetz- und Verordnungsblatt verkündet[69]. Die Verfassung trat mit Beendigung der ersten Wahlperiode des Landtages[70], also dem Zusammentritt des neuen, am 16. Oktober 1994 gewählten Landesparlaments[71], endgültig in Kraft[72]. Dies war der 15. November 1994.

c) Würdigung

Versucht man eine Bilanz der Verfassungsgebung in Mecklenburg-Vorpommern, ist dreierlei hervorzuheben:
– Erstens hat das Land trotz moderner Zutaten wie der (fakultativen) Volksinitiative

---

[65] Vgl. *Jung*: Daten zu Volksentscheiden, S. 6; dies auch zum Folgenden.

[66] Nach: Statistische Sonderhefte 4 (1994), H. 8, S. 2.

[67] Beteiligung beim Volksentscheid: Rostock 56,5%, Schwerin 64,2%, Landesdurchschnitt 65,5% (aaO.).

[68] Ungültige Stimmen: Rostock 1,6%, Schwerin 1,8%, Landesdurchschnitt 2,3% (aaO.).

[69] Endgültiges Ergebnis der Abstimmung über die Verfassung des Landes Mecklenburg-Vorpommern am 12. Juni 1994, Bek. des Ministerpräsidenten v. 26. 7. 1994, GVBl. S. 773; Bek. über das endgültige Inkrafttreten der Verfassung des Landes Mecklenburg-Vorpommern vom 23. Mai 1993 v. 23. 8. 1994, GVBl. S. 811.

[70] Art. 80 Abs. 2 Verf.

[71] Vgl. Art. 27 Abs. 1 Satz 2 Verf.

[72] Vgl. § 3 Satz 2 Gesetz über die Verabschiedung und das Inkrafttreten der Verfassung von Mecklenburg-Vorpommern v. 23. 5. 1993, GVBl. S. 371.

im Grunde eine klassische Verfahrenskonzeption der Volksgesetzgebung realisiert, durchaus entfernt von den Verzerrungen wie den Errungenschaften der Verfassung des nordwestlichen Nachbarlandes.

— Zweitens hat Mecklenburg-Vorpommern recht hohe Quoren aufgestellt; der Sachverständige Prof. Starck fand für seine Vorstellungen in dem gegenüber direkter Demokratie traditionell restriktiv eingestellten Land einen günstigen Boden.

— Drittens zählen die Volksrechte zumindest nicht zweifelsfrei zum änderungsfesten Kern der Verfassung. Dieser wird in Art. 56 Abs. 3 umschrieben — soweit es hier relevant ist — mit »den in Art. 2 niedergelegten Grundsätzen dieser Verfassung«, und dazu gehört gewiß das demokratische Prinzip. Aber ob von letzterem auch das in Art. 3 der Verfassung festgelegte gemischtdemokratische System als Konkretisierung erfaßt wird[73] oder ob nicht vielmehr nach den allgemeinen Regeln eine zurückhaltende Auslegung geboten ist[74], darüber läßt sich streiten.

Vergleicht man die neue Verfassung von Mecklenburg-Vorpommern mit ihrer Vorgängerin aus dem Jahre 1947[75], ist selbst bei den hohen Quoren ein gewisser Fortschritt erkennbar; die seinerzeit aufgerichteten Hürden waren eben noch höher. Beim Volksbegehren betrug das Quorum damals 20%, heute ungefähr die Hälfte[76]. Für Volksentscheide über einfachgesetzliche Vorlagen galt damals ein Zustimmungsquorum von 50%, heute nur von 1/3[77]. Sogar die jetzige Forderung nach einer Zweidrittelmehrheit der Abstimmenden und einem 50%igen Zustimmungsquorum beim Volksentscheid über verfassungsändernde Entwürfe erscheint besser als der geradezu unüberwindliche Verbau eines 66%igen Zustimmungsquorums, den man 1947 errichtet hatte[78].

4. Sachsen-Anhalt

Die politische Diskussion über den Verfassungsentwurf, den der Verfassungsausschuß im September 1991 verabschiedet hatte[79], entfaltete sich im weiteren Verlauf der Verfassungsgebung — soweit er hier interessiert — vor allem als »Hürdendebatte«. Insbesondere das Erfordernis der Unterstützung von 50000 Stimmberechtigten für eine Volksinitiative bzw. von 320 000 für ein Volksbegehren wurde kontrovers beurteilt. Um es mit den kleinen Parteien zu pointieren: Während Bündnis 90/Die Grünen diese Hürden als viel zu hoch ansahen und die Einräumung der Volksgesetzgebung unter solchen Umständen als »Verfassungslyrik« abtaten[80], warnte die FDP vor weiteren Konzessionen, damit die Volksrechte nicht »zu einer Aushöhlung der parlamentarischen Demokratie mißbraucht werden« könnten[81]. Die große Regierungspartei CDU da-

---

[73] So wohl *J. Pirsch* in: *B. Thiele/J. Pirsch/K. Wedemeyer.* Die Verfassung des Landes Mecklenburg-Vorpommern. Kommentierte Textausgabe, 1995, Art. 2 Rn. 2.

[74] So *B. Thiele* in: aaO., Art. 56 Rn. 5

[75] Abgedruckt in: Die Verfassungen und Landtags-Geschäftsordnungen der DDR-Länder bis 1952, hrsg. v. *W. E. Burhenne,* 1990, S. 32–49.

[76] Art. 59 Abs. 1 Verf. 1947, Art. 60 Abs. 1 Satz 3 Verf. 1993.

[77] Art. 59 Abs. 5 Verf. 1947, Art. 60 Abs. 4 Satz 1 Verf. 1993.

[78] Art. 60 Abs. 3 Verf. 1947, Art. 60 Abs. 4 Satz 2 Verf. 1993.

[79] Abgedruckt in: JöR 41 (1993), S. 245–260.

[80] So Abg. *Tschiche* (Bündnis 90/Die Grünen), LT 9. 4. 1992, S. 2626.

[81] So Abg. *Haase* (FDP), LT 9. 4. 1992, S. 2629; ebenso Abg. *Kley* (FDP), aaO., S. 2646.

gegen war über die vereinbarten Hürden, mit denen man sich bewußt zwischen den bayerischen und den baden-württembergischen Volksrechts-Markierungen angesiedelt hatte, zufrieden, indes die große Oppositionspartei SPD für eine Erleichterung der Volksgesetzgebung warb.

Der entscheidende Trumpf der Sozialdemokratie war, daß die vom Parlament initiierte öffentliche Diskussion über die Verfassung genau in ihre Richtung gegangen war. »Alle Zuschriften zu diesem Thema beklagen, daß die Quoren zu hoch sind«, berichtete der Abg. Höppner (SPD) im Plenum, um schlicht-raffiniert zu folgern: »Wir schließen uns dem vorbehaltlos an.«[82] Tatsächlich geschah nun, was Paulus in ihrer vergleichenden Studie nur für wenige Einzelfälle registrieren konnte[83]: Der Verfassungsausschuß griff diesen Änderungswunsch aus der Bevölkerung auf und trug ihm »wenigstens teilweise« Rechnung[84]. Eine Woche vor der zweiten Beratung des Verfassungsentwurfs im Plenum senkte er die Unterstützungsanforderungen auf 35 000 bzw. 250 000 Stimmberechtigte; in Prozent bräuchten statt 2,25 nur noch 1,58% der Stimmberechtigten bei der Volksinitiative zu unterschreiben bzw. statt 14,43 bloß 11,28% sich beim Volksbegehren einzutragen. Diesen geänderten Entwurf empfahl der Verfassungsausschuß einstimmig zur Annahme[85]. PDS[86] und Bündnis 90/Die Grünen[87] beantragten desungeachtet eine weitere energische Senkung der Hürden, letztere ausdrücklich in Richtung auf die brandenburgischen Werte[88], nämlich die Unterstützung von 20 000 Stimmberechtigten für eine Volksinitiative und von 80 000 für ein Volksbegehren.

Für den Fortgang der Debatte wurde eine andere Auseinandersetzung wichtig, die sich mit der ersten gewissermaßen politisch verwob: der Streit um die Art und Weise der Sanktion der Landesverfassung. Die SPD-Fraktion hatte dafür ein Referendum gefordert, während die CDU dies, wenn der Entwurf von einer qualifizierten Mehrheit der Abgeordneten angenommen würde, für überflüssig hielt[89]. Demnächst legten die kleinen Parteien PDS[90] und Bündnis 90/Die Grünen[91] bereits Regelungsentwürfe für einen solchen Verfassungsvolksentscheid vor. Doch dann kam der Rückschlag aus Brandenburg. Als »im Grunde genommen blamabel« charakterisierte ein Redner die Vorgänge im Nachbarland, daß weniger als die Hälfte der aufgerufenen Bürger sich überhaupt an dem Volksentscheid beteiligt hatten[92]. Nun glich zwar die sachsen-anhaltische CDU nicht ihrer zerstrittenen Brandenburger Schwester, aber letztlich trauten sich in Magdeburg die politisch Verantwortlichen nicht mehr zu, genügend Bür-

---

[82] Abg. *Höppner* (SPD), LT 9. 4. 1992, S. 2638.

[83] Vgl. *Paulus*: Direkte Demokratie im Entstehungsprozeß, S. 196.

[84] Vgl. BE Abg. *Höppner* (SPD), LT 25. 6. 1992, S. 3726.

[85] Ds 1/1579 v. 18. 6. 1992. Natürlich spielten für die Einstimmigkeit auch weitere Änderungen eine Rolle.

[86] Ds 1/1591 v. 24. 6. 1992: 10000 Unterschriften für eine Volksinitiative und 100000 für ein Volksbegehren; ferner sollten alle Zustimmungsquoren entfallen.

[87] Ds 1/1601 v. 24. 6. 1992.

[88] Vgl. Abg. *Tschiche* (Bündnis 90/Die Grünen), LT 25. 6. 1992, S. 3740.

[89] Vgl. Abg. *Kupfer* (CDU), LT 9. 4. 1992, S. 2650.

[90] Ds 1/1509 v. 26. 5. 1992.

[91] Ds 1/1534 v. 4. 6. 1992.

[92] Vgl. Abg. *Haase* (FDP), LT 25. 6. 1992, S. 3735.

ger (in einem psychologischen Sinne) für ein Referendum über das Grundgesetz des Landes zu mobilisieren. So kippte die Stimmung um, und drei Tage nach dem plebiszitären Desaster im Nachbarland beschloß der Verfassungsausschuß mit großer Mehrheit (acht zu zwei Stimmen bei einer Enthaltung) eine rein parlamentarische Lösung: Die Verfassung sollte mit Zweidrittelmehrheit im Landtag verabschiedet werden. Ein Gesetz schrieb dieses Verfahren umgehend fest[93].

Damit war, wie sich herausstellen sollte, das politische Tableau erstarrt. Zwar forderten Bündnis 90/Die Grünen weiterhin eine wesentliche Senkung der umstrittenen Hürden[94], und die CDU war um des Zieles der möglichst breiten Verabschiedung der Verfassung willen sogar bereit, in der für sie zentralen Frage der Quoren noch einmal Konzessionen zu machen; aber sie bestand auf einer Bedingung: Bündnis 90/Die Grünen müßten, wenn man ihnen an diesem Punkt der Hürden entgegenkomme, dafür dem Verfassungsentwurf insgesamt am Ende zustimmen[95]. Da die Partei der Bürgerrechtler diesen politischen Preis – in gewisser Weise fundamentalistisch – wegen des »vorenthaltenen« Verfassungsreferendums nicht zahlen wollte[96], blieb es beim Angebot der Christdemokraten. Die SPD bedauerte – von ihrem Politikansatz her verständlich –, daß hier die kleinste Oppositionspartei eine Chance, die Voraussetzungen der Volksgesetzgebung zu erleichtern, nicht wahrgenommen hatte[97].

Über dieser Hürdendiskussion wurden andere Probleme der Verfahrenskonzeption gar nicht mehr behandelt. Unerörtert blieben so unorthodoxe Bestimmungen wie jene, daß bei einfachgesetzlichen Entwürfen das 25%ige Zustimmungsquorum entfalle, wenn der Landtag eine Konkurrenzvorlage zum Volksentscheid mitvorlege (Art. 81 Abs. 4 Satz 1 Verf.)[98]; diese Klausel dürfte nicht nur nicht begründbar bzw. nicht zu rechtfertigen sein, sondern vor allem auch kontraproduktiv wirken[99].

Am 15. Juli wurde die Verfassung in der dritten Beratung verabschiedet. In der Gesamtabstimmung votierten von 106 Abgeordneten 80 (von CDU, SPD und FDP) mit Ja, 19 (von PDS, Bündnis 90/Die Grünen, DSU und zwei Sozialdemokraten) mit

---

[93] Gesetz über das Verfahren zur Verabschiedung und Verkündung der Landesverfassung v. 25. 6. 1992, GVBl. S. 564. Im Landtag angenommen mit 45 Ja- gegen 22 Nein-Stimmen bei 24 Enthaltungen (LT 25. 6. 1992, S. 3754).

[94] Vgl. Ds 1/1702 v. 14. 7. 1992. Die Marken lauteten nun Unterstützung von 20000 Unterschriften für die Volksinitiative bzw. von 5% der Stimmberechtigten für das Volksbegehren.

[95] Vgl. Abg. *Becker* (CDU), LT 15. 7. 1992, S. 3850; Abg. *Scheffler* (Bündnis 90/Die Grünen), aaO., S. 3856; Abg. *Fikentscher* (SPD), aaO., S. 3857. Ferner *Paulus*: Direkte Demokratie im Entstehungsprozeß, S. 255f.; *Sampels*: Bürgerpartizipation in den neuen Länderverfassungen, S. 142.

[96] Vgl. Abg. *Tschiche* (Bündnis 90/Die Grünen), LT 15. 7. 1992, S. 3850.

[97] Vgl. BE Abg. *Höppner* (SPD), LT 15. 7. 1992, S. 3846; Abg. *Fikentscher* (SPD), aaO., S. 3856.

[98] Umstritten ist inzwischen, ob das Zustimmungsquorum nur für die Konkurrenzvorlage entfällt – diese also »gegenüber dem eigentlichen (authentischen) Gesetzentwurf des Volksbegehrens privilegiert« wird (so *H. H. Mahnke*: Die Verfassung des Landes Sachsen-Anhalt, 1993, Art. 81 Rn. 11), oder ob für beide zur Abstimmung stehenden Entwürfe nun die gleiche Regel: Mehrheit der abgegebenen gültigen Stimmen, gilt (so *A. Reich*: Verfassung des Landes Sachsen-Anhalt. Kommentar, 1994, Art. 81 Rn. 11).

[99] Vgl. *Paulus*: Direkte Demokratie im Entstehungsprozeß, S. 254: Diese Klausel könne dazu führen, »daß der Landtag in der Regel keinen Alternativentwurf vorlegen wird, da die Chance des Scheiterns einer einzelnen Vorlage aufgrund des Zustimmungsquorums größer ist als die [der] Annahme des Landtagsentwurfs«. Damit ist aber auch die Chance der Flexibilisierung, welche die Konkurrenzvorlage in das ansonsten starre Verfahren der Volksgesetzgebung einbringt, vergeben.

Nein, und zwei enthielten sich[100]. Die Verfassung wurde unverzüglich ausgefertigt und verkündet[101]; sie trat am 18. Juli 1992 in Kraft[102].

Bei einer Bewertung der Verfassung von Sachsen-Anhalt wird man Häberles Urteil, sie bleibe »hinter den durch die Vorentwürfe genährten Erwartungen wohl am meisten zurück«[103], jedenfalls für das Normierungsfeld direkte Demokratie widersprechen müssen – wenn man jene Entwürfe mit den damaligen politischen Kräfteverhältnissen im Lande korreliert. Auszugehen ist immerhin von einem Verfassungsentwurf der konservativ-liberalen Regierungskoalition[104], der überhaupt keine plebiszitären Elemente vorsah, sondern das reine Repräsentationsprinzip verfassungsrechtlich verankern wollte. Umgekehrt kamen von Oppositionsseite zwar zwei insoweit gewiß »fortschrittliche« Entwürfe, aber deren Umsetzung war durch die Fraktionierung dieser Opposition in drei heterogene Parteien (SPD, PDS und Bündnis 90/Die Grünen) zusätzlich erschwert. Angesichts dieser Ausgangslage ist es als große politische Leistung vor allem der SPD und insbesondere ihres Matadors Höppner, des seinerzeitigen Vorsitzenden des Verfassungsausschusses und späteren Ministerpräsidenten, zu werten, daß sie aus ihrer Minderheitsposition heraus so viel Druck aufbauten, daß sie der Koalition erst die Aufnahme von Volksinitiative, Volksbegehren und Volksentscheid in die Verfassung überhaupt abringen konnte und im weiteren Verlauf sie gar noch zu einer Senkung der Hürden auf fast klassisches Niveau zu bewegen vermochte[105]. Enttäuschung rechtfertigt dieses Ergebnis bei realistischer Betrachtung der politischen Lage im Lande nicht.

5. Thüringen

a) Die Einigung über die Volksgesetzgebung

Der Verfassungsentwurf, den der Verfassungs- und Geschäftsordnungsausschuß nach anderthalb Jahren mit einem Zwischenbericht am 1. April 1993 vorlegte[106], glich – soweit es hier interessiert – strukturell jenem Entwurf, den die CDU-Fraktion des Landtags fast genau vor zwei Jahren vorgelegt und den die FDP-Fraktion insoweit aufgegriffen hatte. Charakteristisch hierfür waren die klassisch-zweistufige Verfahrenskonzeption und die hohen Zustimmungsquoren von 1/3 der Stimmberechtigten beim Volksentscheid über einfachgesetzliche Vorlagen[107] bzw. von 50% beim Volksentscheid über verfassungsändernde Projekte[108], welche die beiden bürgerlichen Parteien gegen das Verlangen der Linken nach Erleichterung verteidigt hatten – für einfachgesetzliche Entwürfe schlug die LL-PDS ein Zustimmungsquorum von 1/4 und die SPD von nur 1/5 vor, die Bürgerbewegungen wollten von einem solchen Quo-

---

[100] LT 15.7. 1992, S. 3872.

[101] Am 16.7. 1992; GVBl. S. 600 (Nr. 31 v. 17.7. 1992).

[102] Vgl. Art. 101 Abs. 1 Verf..

[103] *P. Häberle*: Die Verfassungsbewegung in den fünf neuen Bundesländern Deutschlands 1991 bis 1992, in: JöR 42 (1994), S. 149–200 (179).

[104] Abgedruckt in: JöR 41 (1993), S. 219–228.

[105] Vgl. *Paulus*: Direkte Demokratie im Entstehungsprozeß, S. 253–256.

[106] Vgl. Ds 1/2106 v. 1.4. 1993.

[107] Art. 82 Abs. 6 Satz 2 VerfE, entsprechend Art. 77 Abs. 3 Satz 3 CDU-E und Art. 61 Abs. 3 Satz 4 FDP-E.

[108] Art. 83 Abs. 2 Satz 2 VerfE, entsprechend Art. 80 Abs. 4 CDU-E.

rum ganz absehen. Umgekehrt sollte für das vorgesehene Verfassungsreferendum die einfache Mehrheit der abgegebenen Stimmen genügen[109], an welcher Stelle die Bürgerbewegungen wie die LL-PDS höhere Anforderungen zu stellen für richtig hielten.

Machtpolitisch war dieses Ergebnis nur folgerichtig. Immerhin war die CDU bei der Landtagswahl des Herbstes 1990 bis knapp an die absolute Mehrheit der Mandate herangekommen (44 von 89) und verfügte die konservativ-liberale Koalition über eine bequeme Mehrheit von 53 Sitzen gegen nur 36 der drei Oppositionsfraktionen. Im Verfassungs- und Geschäftsordnungsausschuß hatte sich dieses Kräfteverhältnis umgesetzt in sechs Sitze der Koalition gegen vier der Opposition.

Freilich hatten die Regierungsparteien um des angestrebten höheren Konsenses willen auch Konzessionen gemacht, und zwar zweierlei Art:
— Bei den Volksbegehrenshürden waren sie der Opposition ein Stück entgegengekommen: Statt des Ausgangswertes 20%[110] sollten nun 16%, zu sammeln in vier Monaten, ausreichen[111] — eine geringe Konzession, wenn man bedenkt, daß Bürgerbewegungen und LL-PDS an diesem Checkpoint des Verfahrens nur 5%[112] und die SPD gar nur 2,5%[113] hatten verlangen wollen.
— Ferner hatten die Koalitionsparteien sich bei der Verfahrensgestaltung zur Hinnahme der fakultativen Volksinitiative bereitgefunden[114], wenngleich unter harschen Bedingungen[115]. Das neue, »Bürgerantrag« geheißene Institut war systematisch in einem anderen Abschnitt (»Der Landtag«) untergebracht als die eigentliche Volksgesetzgebung (»Die Gesetzgebung«); zudem hatte man mit der Forderung nach einem Unterstützungsquorum von 8% der Stimmberechtigten[116] einen Wert mar-

---

[109] Art. 106 Abs. 3 Satz 2 VerfE, entsprechend Art. 105 Abs. 3 Satz 2 CDU-E; ebenso übrigens Art. 93 Abs. 3 Satz 1 SPD-E.

[110] Art. 77 Abs. 1 Satz 1 CDU-E; Art. 61 Abs. 1 Satz 1 FDP-E.

[111] Art. 82 Abs. 3 VerfE.

[112] Art. 51 Abs. 2 Satz 3 NF/GR/DJ-E (errechnet aus: 100000 Stimmberechtigte); Art. 86 Abs. 3 LL-PDS-E.

[113] Art. 56 Abs. 3 Satz 1 SPD-E (errechnet aus: 50000 Stimmberechtigte). Dieses absolute Minimalquorum übersieht *U. Rommelfanger*: Ausarbeitung und Werdegang der Thüringer Landesverfassung, in: *K. Schmitt* (Hrsg.): Die Verfassung des Freistaats Thüringen, 1995 (Jenaer Beiträge zur Politikwissenschaft Bd. 3), S. 55–68 (62).

[114] Daß *Paulus*: Direkte Demokratie im Entstehungsprozeß, S. 262, herausstellt, die Koalitionsparteien hätten sich gegenüber der Volksinitiative strikt verweigert, haftet am Etikett und übersieht die hohe analytische Ähnlichkeit des als Ersatz gewählten Instituts. Nicht ungefähr greift *J. Hopfe* (in: *J. Linck / S. Jutzi / J. Hopfe*: Die Verfassung des Freistaats Thüringen. Kommentar, 1994, Art. 68 Rn. 1, 8 mit Hinweis auf *G. Jürgens*: Direkte Demokratie in den Bundesländern. Gemeinsamkeiten – Unterschiede – Erfahrungen. Vorbildfunktion für den Bund? 1993 (Marburger Schriften zum Öffentlichen Recht Bd. 7), S. 242, 94) denn auch für die Kommentierung des »Bürgerantrags« nach Art. 68 ThürVerf. auf Erläuterungen zu den »Initiativen aus dem Volk« nach Art. 41 Verf. SH zurück. *Ch. Starck*: Die Verfassungen der neuen deutschen Länder. Eine vergleichende Untersuchung, 1994 (Heidelberger Forum Bd. 89), S. 27f., behandelt den thüringischen Bürgerantrag ebenfalls wie eine Volksinitiative.

[115] Vgl. zum Entscheidungsprozeß im einzelnen *Paulus*: Direkte Demokratie im Entstehungsprozeß, S. 257ff.; *Sampels*: Bürgerpartizipation in den neuen Länderverfassungen, S. 151–154. Die Studie von *S. Leunig*: Verfassungsverhandlungen in Thüringen 1991 bis 1993. Ein Entscheidungsprozeß im Schatten des Mehrheitsbeschlusses, 1996 (Verfassungspolitik. Heidelberger Studien zur Entstehung von Verfassungen nach 1945, Bd. 9), ist im hier interessierenden Zusammenhang wenig ergiebig, weil sie den parlamentarischen Entscheidungsprozeß anhand der Verankerung von vier ausgewählten Staatszielbestimmungen analysiert.

[116] Art. 68 Abs. 3 VerfE; ein regionales Quorum kam erschwerend hinzu.

kiert, der anderwärts (Schleswig-Holstein, Brandenburg) nicht einmal für ein Volksbegehren verlangt wurde. Die Oppositionsfraktionen, welche die Aufnahme dieses Instituts in die Verfassung verlangt hatten, waren dabei von einem Bruchteil an erforderlicher Unterstützung – 0,9%[117]bzw. 1%[118] der Stimmberechtigten – ausgegangen.

Diese verfassungspolitische Konfiguration änderte sich in der nachfolgenden öffentlichen Diskussion bzw. bei der weiteren parlamentarischen Beratung bis zur letzten Beschlußvorlage[119] und dem endgültigen Verfassungstext des Herbstes 1993 nicht mehr. Entgegenkommen gab es nur in dem für Kompromisse sich anbietenden Quantitätsbereich der verschiedenen Quoren, wo tatsächlich zwei Werte abermals gesenkt wurden: das Quorum für den Bürgerantrag von 8% auf 6% (Art. 68 Abs. 1 Verf.[120]) und das Quorum für das Volksbegehren von 16% auf 14% (Art. 82 Abs. 3 Verf.) – übrigens nach Paulus einer der Ausnahmefälle, wo Änderungsvorschläge aus der Bevölkerung in der Verfassung Niederschlag fanden[121]. Dann verlangte die Koalition den drei Oppositionsfraktionen bereits ihre Entscheidung ab, die sich denn auch prompt trennten. Während die SPD die Verfassung mitzutragen sich entschloß, lehnten Bündnis 90/Die Grünen und LL-PDS sie am Ende ab. Natürlich spielten dabei auch etliche andere Regelungen eine Rolle, aber die sogenannten plebiszitären Elemente besaßen einen hohen Stellenwert. Das deutlich zu hohe Quorum beim Volksbegehren war nach Ansicht der SPD-Fraktion »der wesentlichste Mangel« der künftigen Verfassung[122]. Eine signifikante Konzession an dieser Stelle hatten Bündnis 90/Die Grünen als Vorbedingung für eine eventuelle Zustimmung zur Verfassung insgesamt genannt[123], ohne daß sich die CDU dazu hätte bewegen lassen, diesen Preis zu zahlen[124].

In der Schlußabstimmung wurde der Verfassungsentwurf von mehr als zwei Dritteln der Mitglieder des Landtags angenommen[125]. Dies wurde ohne Auszählen festgestellt[126], doch folgten die Entscheidungen den Fraktionslinien: CDU, SPD und FDP stimmten für, LL-PDS und Bündnis 90/Die Grünen gegen die Verfassung[127].

---

[117] Art. 55 Abs. 1 Satz 3 SPD-E (errechnet aus: 18 000 Stimmberechtigte).

[118] Art. 51 Abs. 1 Satz 2 NF/GR/DJ-E; Art. 85 Abs. 1 Satz 2 LL-PDS-E (errechnet jeweils aus: 20 000 Stimmberechtigte).

[119] Vgl. Ds 1/2660 v. 20. 9. 1993.

[120] Dementsprechend wurde das regionale Quorum von 6% auf 5% ermäßigt.

[121] Vgl. *Paulus*: Direkte Demokratie im Entstehungsprozeß, S. 196, 260; ferner *Leunig*: Verfassungsverhandlungen in Thüringen, S. 96. Der Ausschuß entsprach damit einer »in vielen Zuschriften geäußerten Forderung« (so BE Abg. *Stauch* (CDU), LT 22. 10. 1993, S. 7156) bzw. reagierte auf das Ergebnis der Anhörung vom Mai 1993 (so der Abg. *Stauch* (CDU), LT 22. 10. 1993, S. 7170). In der Tat plädierten von 379 eingegangenen Zuschriften fast zwei Drittel (246 = 64,9%) für eine moderne Volksgesetzgebung, so Abg. *Möller* (Bündnis 90/Die Grünen), LT 25. 10. 1993, S. 7286.

[122] Vgl. Abg. *Lippmann* (SPD), LT 22. 10. 1993, S. 7167. Statt der beschlossenen 14% hielt die SPD 10% für angemessen.

[123] Vgl. Abg. *Möller* (Bündnis 90/Die Grünen), LT 21. 4. 1993, S. 5854.

[124] Vgl. Abg. *Stauch* (CDU), LT 22. 10. 1993, S. 7170.

[125] LT 25. 10. 1993, S. 7290.

[126] Die von *Leunig*: Verfassungsverhandlungen in Thüringen, S. 98, irrig angegebenen genauen Zahlen stammen nicht von der Schlußabstimmung über die Verfassung, sondern von einer drei Tage vorher vorgenommenen Abstimmung am Ende der dritten Beratung (LT 22. 10. 1994, S. 7215 und Anlage 25).

[127] Vgl. *Hopfe* in: *Linck/Jutzi/Hopfe*: Die Verfassung des Freistaats Thüringen, Einleitung B., Rn. 13.

Die am 25. Oktober beschlossene Verfassung wurde umgehend ausgefertigt und vier Tage später verkündet[128]; sie trat am 30. Oktober 1993 vorläufig in Kraft[129].

b) Die plebiszitäre Sanktion der Verfassung

Daß die künftige Verfassung durch eine Volksabstimmung sanktioniert werden sollte, darüber bestand zwischen den Fraktionen (mit Ausnahme der FDP) seit 1991 Einigkeit. Die CDU als politische Hauptkraft hatte dazu ein zweistufiges Modell entwickelt, demzufolge die Verfassung nach ihrer (übrigens nicht weiter qualifizierten) Annahme durch den Landtag vorläufig in Kraft treten sollte[130]. Zusammen mit der nächsten Landtagswahl sei dann ein Volksentscheid durchzuführen; stimme die (offenbar einfache) Mehrheit der Abstimmenden der Verfassung zu, sei sie endgültig in Kraft getreten[131]. Die SPD konnte dazu ihre Forderung durchsetzen, daß das Parlament seinen Beschluß mit einer Zweidrittelmehrheit fassen müsse[132]. Dagegen hatten die Vorstellungen der kleineren Oppositionsfraktionen, die auch für den Verfassungsvolksentscheid ein 50%iges Zustimmungsquorum[133] und womöglich zusätzlich eine Zweidrittelmehrheit der Aktivbürger[134] verlangen wollten, gegen den skeptischen Realismus der Großen keine Chance. Was die direktdemokratischen Hürden anging, wollten letztere den Volksentscheid im Rahmen der Verfassungsgebung gegenüber einer künftigen plebiszitären Verfassungsänderung privilegieren, die Bürgerbewegungen gerade umgekehrt ihn qualifizieren und die LL-PDS beide Fälle gleichbehandeln. Zu der von den Großen durchgesetzten Lösung stellte das Ausführungsgesetz demnächst

Endgültiges Ergebnis des Volksentscheids über die Verfassung des Freistaats Thüringen am 16. Oktober 1994[135]

		in %
Stimmberechtigte	1954186	
Abgegebene Stimmen	1459973	74,7
Ungültige Stimmen	53966	3,7
Gültige Stimmen	1406007	96,3
Davon entfielen auf		
Ja	986066	70,1
Nein	419941	29,9
Ja in % der Stimmberechtigten		*50,46*

---

[128] GVBl. S. 625 (Nr. 30 v. 29. 10. 1993).

[129] Nach Art. 105 Abs. 2 Verf.

[130] Art. 105 Abs. 1 und 2 CDU-E.

[131] Art. 105 Abs. 3 Sätze 1 und 2 CDU-E. Zu zwischenzeitlichem Schwanken der CDU vgl. *Paulus*: Direkte Demokratie im Entstehungsprozeß, S. 202.

[132] Art. 93 Abs. 1 SPD-E; vgl. bereits Art. 106 Abs. 1 Satz 1 VerfE, der dann nicht mehr geändert wurde.

[133] So Art. 82 Satz 2 NF/GR/DJ-E.

[134] So Art. 59 Satz 2 LL-PDS-E.

[135] Nach: Statistischer Bericht, hrsg. v. Thüringer Landesamt für Statistik, B VII 4 – einm./94 »Volksentscheid über die Verfassung des Freistaats Thüringen am 16. Oktober 1994. Endgültige Ergebnisse«, S. 3. Die Bek. des Ergebnisses des Volksentscheids über die Verfassung des Freistaats Thüringen v. 26. 10. 1994, GVBl. S. 1194, enthielt nur Prozentwerte, aber keine absoluten Stimmenzahlen. Prozentwert der letzten Zeile: eigene Berechnung.

als noch einmal klar, daß bei dem Verfassungsreferendum auch nicht etwa das fortan Minimum verlangte Zustimmungsquorum von 1/3 notwendig sei[136].

Was die Abstimmungsbeteiligung angeht, hatte sich die Koppelung mit der ersten Landtagswahl – die auch noch mit der Bundestagswahl zusammenfiel – bewährt. Praktisch alle Bürger, die wegen der Wahlen zum Bundes- bzw. Landesparlament an den Urnen erschienen (74,9%[137]bzw. 74, 81%[138]), stimmten auch über die neue Verfassung ab (74,7%). Allerdings war diese Beteiligung nicht so hoch, wie man wegen des »Zugpferdes« der Bundestagswahl vielleicht vermuten könnte. Abstimmungshistorisch lag die Beteiligung bei den Verfassungsreferenden in Bayern 1946 (75,72%) und Rheinland-Pfalz 1947 (77,68%) jeweils höher, obwohl damals »nur« Verfassungsvolksentscheid und Landtagswahl gekoppelt waren[139].

Die Konsensquote unter der thüringischen Aktivbürgerschaft lag mit 70,1% zwar um volle zehn Prozentpunkte höher als vor vier Monaten in Mecklenburg-Vorpommern, bedeutete im historischen Vergleich aber noch keine Bestmarke (Württemberg-Baden mit 86,76%, Hessen mit 76,78%, Bremen mit 72,44% und Bayern mit 70,61% lagen 1946/47 darüber).

Die eigentliche Sensation war die Legitimationsquote: Gute Abstimmungsbeteiligung und vergleichsweise hoher Konsens führten zu dem Erfolg, daß der Verfassung des Freistaats Thüringen die Mehrheit der Bürger zustimmte (50,46%); sie ist die einzige deutsche Landesverfassung, der dies bisher gelang[140]. Die Vorsicht der großen Parteien, welche die einfache Mehrheit der Abstimmenden genügen lassen wollten, war, rückblickend gesehen, überflüssig gewesen; dieses Votum der Thüringer Bevölkerung hätte auch jede andere vorgeschlagene Hürde (50%iges Zustimmungsquorum bzw. Zweidrittelmehrheit der Abstimmenden) überwunden.

Bei der kleinräumigen Aufgliederung ließ sich, kaum überraschend, wieder ein gewisses Stadt-Land-Gefälle beobachten, insofern bei der Zustimmungsquote die Landkreise insgesamt 10 Prozentpunkte vor den kreisfreien Städten lagen (72,3% gegen 62,3%[141]). Negative Mehrheiten dagegen gab es in keinem Landtagswahlkreis und auch in keiner kreisfreien Stadt bzw. in keinem Landkreis[142]. 44,5% Nein-Stimmen in der Stadt Suhl bildeten den negativen Rekord.

Das positive Ergebnis des Volksentscheids wurde im Gesetz- und Verordnungsblatt

---

[136] § 28 Abs. 1 Satz 3 i.V.m. § 25 Abs. 1 Satz 2 Thüringer Gesetz über das Verfahren bei Bürgerantrag, Volksbegehren und Volksentscheid (ThürBVVG) v. 19.7. 1994, GVBl. S. 918.

[137] Vgl. Stat. Jb. 1996 für die Bundesrepublik Deutschland, S. 92 (Wahl zum 13. Deutschen Bundestag am 16. Oktober 1994).

[138] Nach: Statistischer Bericht, hrsg. v. Thüringer Landesamt für Statistik, B VII 2 – einm./94 »Landtagswahl in Thüringen am 16. Oktober 1994. Endgültige Ergebnisse«, S. 6.

[139] Vgl. *Jung*: Daten zu Volksentscheiden, S. 6; dies auch zum Folgenden.

[140] Daß die alten Landesverfassungen der Jahre 1946/48 diese Quote nicht erreichten, lag an speziellen Umständen der Zeit, vgl. *Jung*: Die Landesverfassungsreferenden des Jahres 1994, S. 320; *ders.*: Daten zu Volksentscheiden, S. 6.

[141] Nach: Statistischer Bericht, hrsg. v. Thüringer Landesamt für Statistik, B VII 4 – einm./94 »Volksentscheid über die Verfassung des Freistaats Thüringen am 16. Oktober 1994. Endgültige Ergebnisse«, S. 8 f.

[142] AaO., S. 4–9.

bekanntgemacht; desgleichen, daß die Verfassung des Freistaats Thüringen damit endgültig in Kraft getreten war[143].

c) Würdigung

Bei einer Würdigung der Volksgesetzgebung nach Thüringer Art ist zunächst das klassische Verfahren hervorzuheben; es öffnet sich mit dem sogenannten Bürgerantrag für moderne Ansätze, aber gibt sich nicht modernistisch wie etwa in Schleswig-Holstein. Die einzelnen Hürden erscheinen sehr hoch[144]: 6% für eine Volksinitiative (»Bürgerantrag«) sind rundweg überzogen. Die Hürde beim Volksbegehren liegt, ausgedrückt als Mobilisierungskoeffizient[145] von 0,117 und gemessen an Brandenburg, Sachsen und Sachsen-Anhalt, hoch; sie ist aber niedriger als in Mecklenburg-Vorpommern (0,163), ganz zu schweigen von dem klassischen Wert in Bayern (0,714). Hier wirkt sich die relativ lange Eintragungsfrist[146] mildernd aus; dies sahen die ablehnenden Parteien bei ihrer Kritik wohl nicht ganz richtig[147]. Das Zustimmungsquorum von 1/3 beim Volksentscheid über einfachgesetzliche Vorlagen endlich ist ein nur noch in Baden-Württemberg, Mecklenburg-Vorpommern und Berlin aufgestelltes Hindernis.

Andererseits muß positiv vermerkt werden, daß die Regierungsparteien in Thüringen nicht einmal versucht haben, für den verfassungsändernden Volksentscheid eine Doppelhürde aufzustellen (wie es die Landesverfassung von Schleswig-Holstein und ihre geistigen Nachfolger getan hatten). Die Hälfte der Stimmberechtigten sollte zustimmen müssen; hier zusätzlich eine qualifizierte Mehrheit der Aktivbürger (nämlich eine Zweidrittelmehrheit der Abstimmenden) zu verlangen blieb der LL-PDS vorbehalten[148], die anscheinend gar nicht realisierte, daß sie an dieser Stelle – beim Verbau einer praktikablen Volksgesetzgebung – sogar die CDU übertraf.

Anzuerkennen ist ferner, daß – im Unterschied zu den einschlägigen Unsicherheiten anderwärts – die Volksrechte in Thüringen vom Entwurf der CDU an bis zum

---

[143] Bek. des Ergebnisses des Volksentscheids über die Verfassung des Freistaats Thüringen und über das endgültige Inkrafttreten der Verfassung des Freistaats Thüringen v. 26. 10. 1994, GVBl. S. 1194.

[144] Die Behauptung des vormaligen Ausschußreferenten, die Quoren für Bürgerantrag bzw. Volksbegehren entsprächen dem »bundesweiten Durchschnitt« (*Hopfe* in: *Linck/Jutzi/Hopfe*: Die Verfassung des Freistaats Thüringen, Einleitung B., Rn. 12), ist eine Legende.

[145] Der Mobilisierungskoeffizient besagt, welchen Prozentsatz der Stimmberechtigten die Betreiber eines plebiszitären Projekts durchschnittlich pro Tag zur Eintragung mobilisieren müssen, um am Ende der Eintragungsfrist die notwendige Unterstützung beisammen zu haben, vgl. *O. Jung*: Verfahrensprobleme der Volksgesetzgebung. Darstellung am Beispiel der Entwürfe eines Ausführungsgesetzes in Sachsen-Anhalt, in: ZG 8 (1993), S. 314–337 (325f.).

[146] Gerade umgekehrt spricht *Hopfe* (in: *Linck/Jutzi/Hopfe*: Die Verfassung des Freistaats Thüringen, Art. 82, Rn. 11) von »relativ kurzer Frist« – zu Unrecht. Die vier Monate sind zwar kürzer als die Halbjahresfristen, die in Schleswig-Holstein, Sachsen, Sachsen-Anhalt und Niedersachsen gelten; sie sind aber sehr viel länger als die oft nur 14 Tage betragenden Eintragungsfristen in den meisten alten Bundesländern, und in deren Kontext argumentiert *Hopfe* an dieser Stelle.

[147] Die Volksbegehrenshürde des ersten Entwurfs (16% in vier Monaten) zu überwinden erschien dem Abg. *Hahnemann* (LL-PDS) »nach allen Erfahrungen mit Plebisziten hoffnungslos« (LT 21. 4. 1993, S. 5847). Nach der Senkung auf 14% nannte er sie weiterhin – zusammen mit der Hürde vor dem Bürgerantrag – »kosmische Quoren« (LT 22. 10. 1993, S. 7164). Auch für den Abg. *Möller* (Bündnis 90/Die Grünen) blieben Bürgerantrag und Volksbegehren damit »immer noch fast unerreichbar« (LT 25. 10. 1993, S. 7286).

[148] Art. 86 Abs. 6 LL-PDS-E; vgl. Art. 80 Abs. 4 CDU-E.

endgültig verabschiedeten Text klar zum änderungsfesten Kern der Verfassung zählten[149].

Nimmt man die eigene thüringische Verfassungsgeschichte als Maßstab, ist der Befund bei den Hürden eindeutig negativ. Das 14%-Quorum für ein Volksbegehren heute ist dann vor dem Hintergrund zu sehen, daß die Verfassungen von 1921[150] und 1946[151]noch 10% ausreichen ließen. Beim Volksentscheid über einfachgesetzliche Vorlagen galt seit 1921 ein 50%iges Beteiligungsquorum[152], die Verfassung von 1946 sah für diesen Grundfall überhaupt kein Quorum vor[153]; von daher wirkt das heutige Zustimmungsquorum von 1/3 doch unerhört. Lediglich beim 50%igen Zustimmungsquorum für verfassungsändernde Volksgesetze hat die Verfassung von 1993 *keine* Erhöhung der Hürden und damit keine Erschwerung plebiszitärer Projekte vorgenommen[154]. »Weniger Demokratie wagen?« möchte man angesichts dieses in den neuen Bundesländern singulären Phänomens skeptisch fragen.

6. Berlin

a) Die Verständigung über die direkte Demokratie

Im Februar 1992 hatte die Enquete-Kommission mit ihrer Arbeit begonnen, nach gut zwei Jahren – weit später als erwartet – schloß sie sie ab; im Mai 1994 lag ihr Schlußbericht vor[155]. Was die hier interessierende Volksgesetzgebung angeht, war die Kommission zunächst dem aktuellen Trend zu einem dreistufigen Verfahren gefolgt, hatte also den herkömmlichen Stufen Volksbegehren und Volksentscheid noch eine Volksinitiative vorgeschaltet, die von mindestens 40 000 wahlberechtigten Einwohnern sollte ergriffen werden können[156]. Im übrigen sollte eine Senkung der Hürden die praktische Ausübung direkter Demokratie erleichtern: Für das Volksbegehren schlug die Kommission das klassische Eintragungsquorum von 10% der Stimmberechtigten vor, freilich beizubringen innerhalb von vier Monaten[157]; gegenüber den 14 Tagen, die von Weimar bis Bayern mit diesem Quorum verbunden waren bzw. sind, bedeutete das eine Reduzierung des Mobilisierungskoeffizienten auf ein Achtel. Beim Volksentscheid über einfachgesetzliche Vorlagen sollte das Quorum, die – alternative – Berliner Doppelhürde, etwas gesenkt werden: 50% Beteiligung oder *25%* Zustimmung[158]. Im Gegenzug empfahl die Kommission freilich, die Erschwernis für verfassungsändernde Projekte zu erhöhen, indem hier erstmals ebenfalls eine – kumulative – Doppelhürde aufgestellt wurde: das hergebrachte 50%ige Zustimmungsquorum

---

[149] Vgl. Art. 90 Abs. 4 i. V. m. Art. 4 CDU-E; Art. 83 Abs. 3 i. V. m. Art. 45 Verf.
[150] Abgedruckt bei *Schmitt* (Hrsg.): Die Verfassung des Freistaats Thüringen, S. 189–201; hier § 25 Abs. 1.
[151] Abgedruckt aaO., S. 202–216; hier Art. 38 Abs. 1.
[152] § 27 Abs. 2.
[153] Art. 38 Abs. 5.
[154] Vgl. § 27 Abs. 3 Verf. 1921, Art. 39 Abs. 3 Verf. 1946, Art. 83 Abs. 2 Satz 2 Verf. 1993.
[155] Ds 12/4376 v. 18. 5. 1994.
[156] Neuer Artikel – Volksinitiative –, Abs. 1, Ds 12/4376 v. 18. 5. 1994, S. 20.
[157] Neuer Artikel – Volksbegehren –, Abs. 4, aaO.
[158] Neuer Artikel – Volksentscheid –, Abs. 2, Ds 12/4376 v. 18. 5. 1994, S. 20.

und zusätzlich die interne Qualifikation einer Zweidrittelmehrheit der abgegebenen gültigen Stimmen[159].

Dieses Konzept direkter Demokratie war mit einer politischen Hypothek belastet. Da in der Enquete-Kommission kein ausreichend breiter Konsens für eine entsprechende Verfassungsänderung zu finden gewesen war, hatte die einfache Mehrheit des Gremiums schließlich Empfehlungen linksliberalen Gepräges durchgesetzt, bei denen man zweifeln mußte, ob sie je die erforderliche Zweidrittelmehrheit im Abgeordnetenhaus finden würden. Die Regierung der Großen Koalition jedenfalls favorisierte eine Zeitlang die Strategie, die Überarbeitung der Berliner Verfassung im Problem der Neugliederung des Raumes Berlin/Brandenburg aufgehen zu lassen: Zumindest auf eine »isolierte« Volksabstimmung über die Änderung der Verfassung von Berlin solle man verzichten und die Ergebnisse der Enquete-Kommission »unmittelbar« in die Arbeit an der künftigen Verfassung für das angestrebte gemeinsame Bundesland einbringen[160].

Es bedurfte erst eines Gruppenantrags – der sogenannten »Herbst-Initiative«, die u.a. die Vorschläge der Enquete-Kommission zur Erweiterung der direkten Demokratie vollständig aufnahm[161] –, ehe der Senat die Unvermeidlichkeit eines Abschlusses der Berliner Verfassungsrevision einsah und sich zu einer Stellungnahme zu dem seit sieben Monaten vorliegenden Schlußbericht der Kommission bequemte[162]. Die Richtung, die er dabei wies, entsprach dem Kräfteverhältnis einer Koalition, innerhalb deren der etwas größere Partner – die CDU – im Grunde überhaupt keinen einschlägigen Regelungsbedarf sah. Die Volksgesetzgebung solle nicht in dem von der Enquete-Kommission empfohlenen Maß erleichtert werden: Eine Volksinitiative müsse von mindestens 62 000 bis 75 000 Stimmberechtigten unterstützt werden[163]; eine kürzere Eintragungsfrist beim Volksbegehren von drei Monaten genüge; die Doppelhürde beim Volksentscheid über einfache Gesetze, vor allem das 25%ige Zustimmungsquorum, erscheine »als gerade ausreichend«; hingegen solle die Hürde für verfassungsändernde Projekte noch einmal hinaufgesetzt werden auf – ein utopischer Wert – die Zustimmung von 66% der Stimmberechtigten[164].

Binnen zwölf Wochen einigten sich dann die Rechtsexperten der Koalitionsfraktionen. Die CDU überwand sich nun doch, plebiszitäre Elemente als »eine wertvolle Ergänzung« der politischen Beteiligungsmöglichkeiten der Bürger grundsätzlich zu akzeptieren. Allerdings zog sie auch deutlich eine Grenze ihrer Konzessionsbereitschaft: Man dürfe »nicht so weit gehen, daß die Verfassung durch Volksentscheid geändert werden könne«[165]. Nach einem Spitzengespräch, in dem die letzten verbliebenen Streitpunkte ausgeräumt wurden, legten die Koalitionsfraktionen am 12. Mai

---

[159] Neuer Artikel – Volksentscheid –, Abs. 3, aaO.

[160] Vgl. Ds 12/2357 v. 12. 1. 1993, S. 2; 12/4522 v. 7. 6. 1994, S. 2.

[161] Ds 12/4874 v. 13. 9. 1994. K. *Herbst* (SPD) hatte als Vorsitzender des Ausschusses »Einheit Berlins« der Stadtverordnetenversammlung wesentlichen Anteil am Zustandekommen der Ost-Berliner Verfassung von 1990 gehabt; dem Abgeordnetenhaus gehörte er erst seit knapp zwei Jahren an (25. 9. 1992).

[162] Ds 12/5224 v. 23. 1. 1995; der Senat nahm diese Stellungnahme auf seiner Sitzung am 20. 12. 1994 zustimmend zur Kenntnis.

[163] Eigene Berechnung aus den Prozentangaben (2,5 bis 3%) der Stellungnahme, S. 11.

[164] So die an dieser Stelle etwas kryptische Stellungnahme in der Lesart des »Tagesspiegels« (Nr. 15 179 v. 12. 2. 1995).

[165] So Abg. *Werner* (CDU), 67. Sitzung des Rechtsausschusses (RA) v. 9. 3. 1995, Inhalts-Prot. S. 5.

1995 gemeinsam einen Antrag zur Ersetzung der »Herbst-Initiative« vor[166]; dieser wurde am 18. Mai im Rechtsausschuß angenommen

Im Ergebnis wurde die notwendige Unterstützung für eine Volksinitiative auf 90000 mehr als verdoppelt (gleichzeitig freilich allen volljährigen Einwohnern Berlins – ungeachtet ihrer Staatsangehörigkeit – die Partizipation eröffnet). Die Eintragungsfrist beim Volksbegehren wurde gar auf zwei Monate reduziert – eine Halbierung des von der Enquete-Kommission vorgeschlagenen Zeitraums – und für Volksentscheide über einfache Gesetze wieder die alte Berliner Doppelhürde 50%iger Beteiligung oder 33%iger Zustimmung festgelegt. Die Kompromißgrenze der CDU – immerhin stärkste Fraktion und Regierungspartei – hatte sich als unüberwindlich erwiesen; so formulierte Art. 62 Abs. 5 lakonisch: »Volksbegehren zur Verfassung ... sind unzulässig«[167].

b) Die plebiszitäre Sanktion der Verfassung

Für die Verabschiedung ihres endlich gelungenen Verfassungswerks verstand die regierende Große Koalition fast alle politischen Kräfte in einen breiten Reformkonsens einzubinden. Außer einigen Abgeordneten von CDU und FDP bzw. des Neuen Forums war es vor allem die gesamte Fraktion der PDS – immerhin drittstärkste politische Kraft im Abgeordnetenhaus der 12. Wahlperiode –, die gegen die überarbeitete Verfassung stimmte[168]. Indes erschien die Annahme der Verfassung bei dem seit 1990 als Abschluß des Revisionsprozesses vorgeschriebenen Volksentscheid durchaus gesichert. Vorsichtshalber wurde das Verfassungsreferendum aber doch gleichzeitig mit der Wahl des Abgeordnetenhauses der 13. Wahlperiode (und der Bezirksverordnetenversammlungen) durchgeführt.

Gesamtergebnis der Volksabstimmung über die revidierte Verfassung von Berlin vom 22. Oktober 1995[169]

		in %
Stimmberechtigte	2479735	
Abgegebene Stimmen	1700000	68,6
Ausgefallene Stimmen	36841	2,2
Ungültige Stimmen	77957	4,6
Gültige Stimmen	1585202	93,2
Davon entfielen auf		
Ja	1189754	75,1
Nein	395448	24,9
Ja in % der Stimmberechtigten		48,0

---

[166] Anlage 1 zum RA Beschluß-Prot. 12/70 v. 18. 5. 1995; am 18. 5. 1995 folgte dazu noch ein Änderungsantrag (Anlage 2, aaO.).

[167] Nur als »schwacher Trost« erscheint demgegenüber, daß Art. 100 Satz 2 der revidierten Verfassung jede Änderung der die Volksgesetzgebung normierenden Art. 62f. obligatorisch einem Referendum unterwirft.

[168] Abstimmungsergebnis: 184 Ja- gegen 32 Nein-Stimmen bei einer Enthaltung, AH 8. 6. 1995, S. 7410 D mit Korrekturen S. 7416 B und S. 7419 A.

[169] Nach: Wahlen im Oktober 95. Abgeordnetenhaus, Bezirksverordnetenversammlungen. Volksabstimmung über die Verfassung von Berlin. Endgültiges Ergebnis, hrsg. vom Statistischen Landesamt Berlin, o. J. (1995). Prozentwert der letzten Zeile: eigene Berechnung.

Die relativ vielen ausgefallenen bzw. ungültigen Stimmen sind wohl weniger darauf zurückzuführen, daß Bürger mit den Abstimmungsregeln nicht zurechtkamen, als vielmehr darauf, daß eine nicht unerhebliche Zahl von ihnen sich einer simplen Bejahung oder Verneinung des vorgelegten Werks verweigerte[170].

Aufmerksamkeit verdient noch der Umstand, daß die Nein-Quote bei dem Volksentscheid fast 25% betrug, obwohl auf die PDS, die im parlamentarischen Raum als einzige die Ablehnung geschlossen artikuliert hatte, bei der Abgeordnetenhauswahl nur 14% der abgegebenen gültigen Zweitstimmen entfielen. Offenkundig drückte sich hier eine verbreitete Mißbilligung aus, die über das Anhängerspektrum jener Partei weit hinausging.

Bei regionaler Betrachtung erwiesen sich die Ergebnisunterschiede zwischen dem West- und dem Ostteil der Stadt als unverändert groß. Hier lauteten 79,7% der gültigen Stimmen auf »Ja«, dort nur 67,1%. Das entsprechende Minimum unter den westlichen Bezirken (75,1% in Kreuzberg) lag immer noch über dem östlichen Maximum (72,3% in Weißensee), und mit dem Spitzenwert der Bejahung von 82,1% in Zehlendorf (gleichzeitig CDU-Zweitstimmenanteil von 52,6% gegen PDS 1,4%) kontrastierte die vergleichsweise kümmerliche Zustimmung von 63,6% in Mitte (Zweitstimmenanteil der CDU 20,1% gegen PDS 40,3%).

In Deutschland insgesamt gibt es vergleichsweise wenig Erfahrungen mit unmittelbarer Demokratie; in Berlin handelte es sich sogar um eine direktdemokratische Premiere. Vielleicht erklärt dies eine gewisses Ahnungslosigkeit mancher Kommentare, wenn z.B. das »Neue Deutschland« mäkelte, daß »nur etwa die Hälfte« aller Stimmberechtigten der revidierten Verfassung zugestimmt habe[171], obschon dies im Vergleich einfach »normal« ist[172]. Tatsächlich wurde die überarbeitete Verfassung von Berlin nicht von der Mehrheit der Stimm*berechtigten* gebilligt; Nichtteilnahme, ausgefallene, ungültige und Nein-Stimmen drückten die Legitimationsquote auf 48,0%. Die neue Verfassung teilte damit freilich das Schicksal aller anderen Landesverfassungen – mit der einzigen Ausnahme der Verfassung des Freistaats Thüringen von 1993, der im Vorjahr eine – freilich hauchdünne – Mehrheit der Bürger zugestimmt hatte.

Erklärungen der relativ hohen Ablehnungsquote, die über die parteipolitische Korrelation mit dem Wahlerfolg der PDS hinausgehen, fallen schwer. Gewiß gab es durchaus Sachgründe, um mit »Nein« zu stimmen. Pestalozza hatte die Revision nach fachlichen Kriterien öffentlich »zerrissen« (»Ich kenne keine mißlungenere deutsche Verfassung«[173]) – aber wer las denn die juristische Fachzeitschrift, in der das stand? Ein anderer Kritikansatz ging dahin, daß die revidierte Verfassung in puncto plebiszitäre Elemente noch hinter den 1950 geschaffenen und bis 1974 geltenden Stand zurückfiel

---

[170] Dies ist durchaus verständlich, stellt allerdings kein spezifisches Problem eines Volksentscheids dar. Auch beim parlamentarischen Problemlösungssystem kommt einmal – bei der Schlußabstimmung – der Punkt, wo nur noch die schlichte Ja/Nein-Alternative steht.

[171] ND Nr. 247 v. 23. 10. 1995.

[172] Zu den entsprechenden Legitimationen der anderen Landesverfassungen vgl. *Jung*: Daten zu Volksentscheiden, S. 7.

[173] *Ch. Pestalozza*: Die überarbeitete Verfassung von Berlin. Integrationsbeitrag und Fusionsmitgift, in: LKV 5 (1995), 344–353 (353).

(»Weniger Demokratie wagen?«[174]) – aber wem war schon die Berliner Landes(verfassungs)geschichte so präsent, zumal angesichts einer »Ja«-Propaganda der Revisions-
Parteien, die – wohl eher aufgrund eines Verlustes des historischen Sinnes als nur einfach zynisch – ausschließlich das Neue dieser Partizipationsmöglichkeiten (gegenüber
dem verfassungsrechtlichen Status quo ja zutreffend) herausstrich?

Am 23. November 1995 wurde die neue Verfassung von Berlin ausgefertigt und anschließend verkündet[175]. Sie trat am 29. November 1995 in Kraft[176].

c) Würdigung

Wie die neue Berliner Verfassung nach dem gemeindeutschen Standard direkter
Demokratie auf Landesebene einzuschätzen ist, wird im systematischen Teil näher
ausgeführt. Hier sei nur vorab festgehalten, daß diese revidierte Verfassung »einsame
Spitze« ist mit dem Ausschluß der verfassungsändernden Volksgesetzgebung. Einzig
das Saarland hatte bisher eine plebiszitäre Verfassungsänderung ausgeschlossen mit der
Formulierung, daß über ein Volksbegehren, das auf Änderung der Verfassung gerichtet sei, ein Volksentscheid nicht stattfinde (Art. 100 Abs. 4 Verf.). Doch immerhin ist
an der Saar ein solches imperfektes Verfahren möglich mit einigen Konsequenzen für
die beteiligten Verfassungsorgane, etwa daß die Landesregierung das zustandegekommene Volksbegehren unter Darlegung ihres Standpunktes unverzüglich dem Landtag
unterbreiten muß (Art. 99 Abs. 4 Verf.). Die Warn- und Ventilfunktion, die jedem
Volksbegehren eignet, ist also erhalten. Aber das Projekt einer plebiszitären Verfassungsänderung bereits auf der Stufe des Volksbegehrens auszuschließen ist nach gemeindeutschen Maßstäben der Verfassungspolitik unerhört.

Nach dem Maßstab der eigenen Verfassungsgeschichte erscheinen die meisten Änderungen der Verfassungsrevision von 1995 gegenüber dem System der Volksgesetzgebung von 1950 unbedenklich. Außer der schon erwähnten Rückführung des Ein-
tragungsquorums beim Volksbegehren auf ein klassisch-vernünftiges Maß wären da
zu nennen das Wiederholungsverbot während einer Wahlperiode, die indirekte Frist-
setzung für die Behandlung der plebiszitären Vorlage im Parlament, das ausdrücklich
auch einen Konkurrenzentwurf zum Volksentscheid stellen darf, und die Option mi-
nimaler Abweichungen bei der eventuellen Übernahme eines begehrten Gesetzes
durch die Volksvertretung. All dies sind geläufige, fast durchweg nützliche Verfahrens-
verbesserungen. Das eigentliche *skandalon* ist auch hier der Ausschluß der verfassungsändernden Volksgesetzgebung.

Der Verfassungsgeber von 1950 räumte dieses Recht dem Volke ein und hielt nach
Weimarer Vorbild ein 50%iges Zustimmungsquorum – also das Erfordernis der Billigung eines solchen Projekts durch die Mehrheit aller Stimmberechtigten – für eine
ausreichende Sicherung. Mit welcher Begründung ist das Abgeordnetenhaus 1995
von dieser Konzeption abgewichen? In Berlin selbst gab es dazu während der ersten
Jahrzehnte bis zur Amputation von 1974 keine Erfahrungen. Sind vielleicht in anderen Bundesländern der Bundesrepublik Deutschland bei der verfassungsändernden

---

[174] Vgl. *O. Jung*: Weniger Demokratie wagen? – Seltsames aus der Berliner Verfassungsrevision –, in: JR
1996, S. 1–10.
[175] GVBl. S. 779 (Nr. 69 v. 28. 11. 1995).
[176] Nach Art. 101 Abs. 1 Satz 1 Verf.

Volksgesetzgebung Unzuträglichkeiten bekannt geworden? Bayern beispielsweise, wo die Verfahrenshürden, wie gezeigt, relativ niedrig liegen, hat immerhin 1968 und 1973 dieses besondere Verfahren praktiziert[177]. Doch hätte, wenn man dabei gar Unliebsames beobachtete, die alte Berliner Kautele eines 50%igen Zustimmungsquorums nicht Schutz dagegen geboten? Hätte gegebenenfalls nicht eine Erhöhung dieses Schutzes auf den derzeitigen Maximalstand eines 50%igen Zustimmungsquorums *plus* einer Zweidrittelmehrheit der abgegebenen gültigen Stimmen ausgereicht? Oder gibt es, wenn schon die Empirie versagt, neue überzeugende Einsichten der Theorie, die es geraten erscheinen lassen, von der Konzeption von 1950 abzugehen?

Soweit die recht intransparenten Materialien dazu überhaupt Auskunft geben, wurden diese Fragen im Gesetzgebungsverfahren gar nicht gestellt. Der historische Horizont reichte nur bis zur Enquete-Kommission bzw. der Ost-Berliner Verfassung von 1990. Man ging gewissermaßen positivistisch von der geltenden Verfassungsrechtslage aus, um die geplante Erweiterung der direktdemokratischen Möglichkeiten zu preisen[178]. Von einem Bewußtsein der *Rück*gewinnung, der *unzureichenden* Rückgewinnung gar, kann keine Rede sein. Typisch ist, daß die Parlamentarier mit den »Weimarer Erfahrungen«[179] oder auch mit den Volksabstimmungen der Nationalsozialisten[180] sozusagen »unmittelbar« argumentierten, als ob man 1948 schriebe und da nicht bereits ein Verfassungsgeber seine Lehren und Schlüsse gezogen hätte. Fast schien es, als ob die Berliner Verfassungsdebatten von 1946–50, die immerhin 24 Jahre lang bestehende Rechtslage gemäß Art. 49 Verf. 1950 und erst recht die direktdemokratische Amputation von 1974 tabu wären[181].

Dies gilt sogar für die oppositionelle PDS, die mit Recht anprangerte, daß die Empfehlungen der Enquete-Kommission zur Volksgesetzgebung in den Koalitionsvorlagen »nur noch rudimentär enthalten« seien, und die per Änderungsantrag die verfassungsändernde Volksgesetzgebung zu »retten« suchte[182]. Auch ihr fiel nicht ein, die Rückgängigmachung der Amputation von 1974 und die Wiederherstellung der von 1950 an zweieinhalb Jahrzehnte lang geltenden Verfassungsrechtslage zu verlangen.

---

[177] Vgl. *Jürgens*: Direkte Demokratie in den Bundesländern, S. 174–179. Der Fall »Rundfunkfreiheit« von 1973 wird hierher gerechnet, obwohl das als verfassungsändernde Volksgesetzgebung begonnene Verfahren mit einem obligatorischen Verfassungsreferendum abgeschlossen wurde. Inzwischen hat sich 1995 ein dritter Fall (»Einführung des kommunalen Bürgerentscheids«, vgl. *O. Jung*: Der Volksentscheid über die Einführung des kommunalen Bürgerentscheids in Bayern am 1. Oktober 1995, in: JzStVWiss 9 (1996), S. 191–272) und 1998 ein vierter (»Abschaffung des Bayerischen Senats«) ereignet.

[178] So schon die Begründung der »Herbst-Initiative«, Ds 12/4874 v. 13.9. 1994, S.9; Abg. *Rösler* (CDU), AH 8.6. 1995, S.7403 B.

[179] Vgl. Abg. *Rösler* (CDU), AH 8.6. 1995, S.7404 A.

[180] So der Abg. *Wruck* (CDU), 67. Sitzung des RA v. 9.3. 1995, Inhalts-Prot. S.7. Zum Sachproblem vgl. *O. Jung*: Plebiszit und Diktatur: die Volksabstimmungen der Nationalsozialisten. Die Fälle »Austritt aus dem Völkerbund« (1933), »Staatsoberhaupt« (1934) und »Anschluß Österreichs« (1938), 1995 (Beiträge zur Rechtsgeschichte des 20. Jahrhunderts Bd. 13).

[181] Vgl. dazu näher *Jung*: Weniger Demokratie wagen? S. 9f.

[182] Vgl. Ds 12/5637–1 v. 7.6. 1995, S. 4 (Nr. 20f.), S. 5 (Nr. 7); der Antrag wurde, nachdem keine andere Fraktion inhaltlich auf ihn eingegangen war, mit großer Mehrheit abgelehnt (AH 8.6. 1995, S.7410 B).

II. Die Verfassungsrevisionen

1. Bremen

a) Erleichterung, Ausweitung und Einschränkung der direkten Demokratie

Nachdem die Landtagswahl vom 29. September 1991 das Ende der Alleinherrschaft der SPD gebracht hatte, beauftragte die Bürgerschaft Ende 1991 – bereits der dritte Anlauf[183] – einen Ausschuß mit der umfassenden Überprüfung der Landesverfassung von 1947. Bis zum Sommer 1994 gelang dabei erst einmal die gründliche Renovierung des Organisationsteils der Verfassung. Soweit es hier interessiert, gab schon der Einsetzungsbeschluß der Bürgerschaft die Perspektiven vor, in denen der Ausschuß anderthalb Jahre später seine Lösungen vorschlug. Sie sind unterschiedlich einzuschätzen.

Positiv erscheint vor allem die Erleichterung der Volksgesetzgebung. Aufgrund der Einsicht, daß die bisherigen Einflußmöglichkeiten wegen der hohen Hürden nahezu leergelaufen waren, empfahl das Gremium vor allem, das Quorum beim Volksbegehren auf ein Zehntel der Stimmberechtigten zu halbieren[184]; dagegen sollte bei plebiszitären Initiativen zur Verfassungsänderung das hohe Quorum von einem Fünftel beibehalten werden. Dazu fügten sich verschiedene Erweiterungen direktdemokratischer Einwirkungsmöglichkeiten, nämlich

– die Ermöglichung von Volksbegehren und Volksentscheid auch für die Stadtgemeinde Bremen[185],
– die Einführung der Bürgerantrag geheißenen Volksinitiative als erste Stufe eines direktdemokratischen Einwirkungsprozesses, zu unterstützen von 2% der Einwohner[186], und
– die Einführung der plebiszitären Parlamentsauflösung, freilich abschreckend bewehrt mit den gleichen Quoren wie eine Verfassungsänderung: 20% beim Volksbegehren und ein 50%iges Zustimmungsquorum beim Volksentscheid[187].

Negativ dagegen erscheint unter direktdemokratischen Gesichtspunkten die Neuregelung der Verfassungsänderung. Was der Ausschuß harmlos »Erleichterung der Verfassungsänderung« nannte und was sich sachlich durchaus in einen großen Strom deutschen Verfassungsdenkens einfügte (das Abstellen auf die Zweidrittelmehrheit der Abgeordneten), bedeutete doch nach spezifisch bremischer Verfassungstradition eine doppelte Gewichtsverschiebung: fort vom Staatsorgan Volk und über die Parlamentsminderheit hinweg jeweils hin zur (qualifizierten) Mehrheit der Bürgerschaft.

Der Verfassungsgeber von 1947 hatte ein sogenanntes bedingt-obligatorisches Verfassungsreferendum vorgeschrieben[188], d.h. im Regelfall sollte eine vom Parlament

---

[183] Vgl. *G. Pottschmidt*: Gedanken über eine Reform der Landesverfassung, in: *V. Kröning/G. Pottschmidt/U.K. Preuß/A. Rinken* (Hrsg.), Handbuch der Bremischen Verfassung, 1991, S. 594–606 (598ff.). Vorangegangen waren die Berichte Ds III/70 v. 26.5. 1971 und 8/1428 v. 30.5. 1975.

[184] Vgl. Ds 13/592 v. 21.6. 1993, S.6; die Grünen traten für 1/20 ein.

[185] Vgl. aaO., S.6; später Art. 148 Abs. 1 Satz 2 BremLV.

[186] Vgl. aaO., S.7; später Art. 87 Abs. 2 BremLV. Die Grünen hatten 1% für ausreichend gehalten.

[187] Vgl. aaO., S.5; später Art. 70 Abs. 1 Buchstabe d Satz 2, Art. 72 Abs. 2 Satz 2 sowie Art. 70 Abs. 1 Buchstabe c, Art. 76 Abs. 2 BremLV.

[188] Vgl. *Jürgens*: Direkte Demokratie in den Bundesländern, S.63.

beschlossene Verfassungsänderung durch Volksentscheid angenommen werden (Art. 125 Abs. 3 a. F.); dies wurde als Konsequenz aus der plebiszitären Sanktion der Landesverfassung insgesamt gesehen. Nur ausnahmsweise, wenn die Bürgerschaft – bei Anwesenheit der Mehrheit ihrer gesetzlichen Mitgliederzahl – eine Verfassungsänderung einstimmig beschließen würde, sollte ein Volksentscheid »nicht erforderlich« sein (Art. 125 Abs. 4 a. F.). Die Bremer Staatspraxis kehrte dieses Verhältnis um. Was als Erleichterung gedacht war für Fälle, »in denen es sich nicht um eine politische Streitfrage handelt«[189], wurde zum verfassungspraktischen Normalweg. Für alle sechs bis dahin durchgeführten Verfassungsänderungen nahmen die verantwortlichen Politiker jene Ausnahmeklausel in Anspruch[190]. Das Verdikt des Verfassungsvaters Spitta, daß es »unlogisch und politisch mindestens auffallend (wäre), wenn eine Verfassung, die durch Volksabstimmung Rechtskraft erlangt hat, ohne Befragung des Volkes durch einen Parlamentsbeschluß geändert werden könnte«[191], scherte nicht. Durch setzte sich vielmehr die während des Kalten Krieges die Bundesrepublik kennzeichnende allgemeine Volksrechts-Phobie.

Was hatte sich inzwischen geändert? Bei der Bürgerschaftswahl von 1991 hatte die rechtskonservative Deutsche Volksunion sechs Mandate erobert, und damit war der bisherige »kurze Weg« parlamentarischen Einvernehmens verschlossen. Eine Änderung der Verfassung wäre künftig nur noch in dem Normalverfahren eines Parlamentsbeschlusses mit nachfolgendem Verfassungsreferendum möglich, und diesen Weg wollten die etablierten Parteien – wider Geist und Buchstaben der Verfassung – nach wie vor möglichst nicht beschreiten. Die beabsichtigte Neuregelung der Verfassungsänderung war also doppelt pointiert:

– Erstens sollte der rechten Parlamentarierminderheit genau diese Sperrmacht, die ihr die Landesverfassung zuwies, entwunden werden.
– Zweitens aber sollte – wie die angegriffenen Rechtskonservativen richtig analysierten – auch das Recht des Volkes beschnitten werden[192]. Im Kern wollte man eine Befreiung des Parlaments aus einer als lästig empfundenen referendiellen Bindung. Nur so wird die Ersetzung des bisherigen bedingt-obligatorischen Verfassungsreferendums (Art. 125 Abs. 3 und 4, 70 Abs. 1 Buchstabe a a. F.) durch ein bloß fakultatives Verfassungsreferendum (Art. 70 Abs. 1 Buchstabe a) verständlich. Daß auf diese Weise aber die Rückkoppelung der Volksvertretung an das Volk gelockert wurde bzw. das Parlament sich ein Stück weiter verselbständigte, ist unter direktdemokratischen Gesichtspunkten zu bedauern.

Diese durchaus ambivalenten Lösungen wurden noch von einem zweiten Ausschuß beraten, aber dort nicht mehr substantiell verändert[193]. Sie wurden am 30. Juni 1994 mit 89 gegen sechs Stimmen (keine Enthaltung) von der Bürgerschaft beschlossen[194].

---

[189] Vgl. *Th. Spitta*: Kommentar zur Bremischen Verfassung von 1947, 1960, Art. 125 Erl. zu Abs. 4.
[190] Vgl. Ds 13/592 v. 21. 6. 1993, S. 4.
[191] Vgl. *Spitta*: Kommentar zur Bremischen Verfassung, Art. 125 Erl. zu Abs. 2 und 3.
[192] Vgl. Abg. *Altermann* (NK), Bürgerschaft 30. 6. 1994, S. 4010 A.
[193] Vgl. Ds 13/897 v. 3. 5. 1994.
[194] Bürgerschaft 30. 6. 1994, S. 4021 C. Gegen das Änderungsgesetz stimmten zwei Abgeordnete der NK, drei der DVU sowie der Abg. *Ruffler* von Bündnis 90/Die Grünen.

b) *Die plebiszitäre Sanktion der Verfassungsrevision*

Diese verfassungspolitische Kehrtwende konnte bei der gegebenen politischen Situation nur auf dem Normalwege eines Verfassungsreferendums sanktioniert werden. Mindestens einmal mußte also gemäß Art. 125 Abs. 3 a.F. noch an das Volk selbst appelliert werden, damit es – außer der Erleichterung und Ausweitung makabrerweise auch – einer Einschränkung der direkten Demokratie zustimme. Vorsichtshalber – nach außen hin aber lediglich aus Kostengründen – wurde das Verfassungsreferendum gemeinsam mit der Wahl zum 13. Deutschen Bundestag durchgeführt[195].

Gesamtergebnis des Volksentscheides über die Änderung der Landesverfassung der Freien Hansestadt Bremen vom 16. Oktober 1994[196]

		in %[197]
Stimmberechtigte	506815	
Abgegebene Stimmen	396769	78,29
Ungültige Stimmen	21012	*5,30*
Gültige Stimmen	375757	94,70
Davon entfielen auf		
Ja	285748	76,05
Nein	90009	23,95
Ja in % der Stimmberechtigten		*56,38*

Die Erfahrungen mit den obligatorischen Verfassungsreferenden in Bayern und Hessen besagen, daß die Beteiligung bei »isolierten« Volksentscheiden kaum die 40%-Marke erreicht. Kombiniert mit Landtagswahlen dagegen (Hessen 1991 »Bürgermeisterwahl« bzw. »Umweltschutz«), kann die Partizipation bis über 70% gehen[198]. In der bremischen Verfassungssituation, wo jede plebiszitäre Änderung des bestehenden Rechtszustandes die Erfüllung eines 50%igen Beteiligungsquorums voraussetzte (Art. 72 Abs. 1 a.F.), war dieser Unterschied entscheidend. Auf diesem Hintergrund nehmen sich die 78,29% Beteiligung an dem Volksentscheid über die Verfassungsrevision in Bremen – am Tage der Bundestagswahl – ausgezeichnet aus und zeugen von dem Geschick, mit dem in der Hansestadt Regie geführt wurde[199]. Die Abstimmungsbeteiligung blieb in der Tat kaum hinter der Wahlbeteiligung (78,5%) zurück.

Dagegen zeigte sich bei dem Verfassungsreferendum eine erheblich höhere Zahl von ungültigen Stimmen als bei der gleichzeitigen Wahl (5,30 gegen 1,6%). Offenbar konnte oder wollte eine nicht geringe Zahl von Aktivbürgern sich zu einer so komplexen Sachfrage wie dieser Verfassungsrevision nicht entscheiden. Immerhin handelte es sich dabei um 21 012 Abstimmende.

---

[195] Vgl. Verordnung über die gemeinsame Durchführung des Volksentscheides und einer Wahl zum Deutschen Bundestag v. 16.6. 1994, Brem. GBl. S. 165.

[196] Nach: Volksentscheid über die Änderung der Landesverfassung der Freien Hansestadt Bremen am 16. Oktober 1994 – Endgültige Ergebnisse –, hrsg. v. Statistischen Landesamt Bremen. Dort auch kleinräumige Aufgliederung. Gesamtergebnis auch in Bek. des Landeswahlleiters v. 26.10. 1994, Brem. ABl. S. 501.

[197] Kursive Zahlen: eigene Berechnung.

[198] Vgl. *Jung*: Daten zu Volksentscheiden, S. 8; die Kombination mit der Europawahl in Bayern 1984 »brachte« auch nur 46,17% Beteiligung beim Volksentscheid (»Umweltschutz«).

[199] Vgl. ZfDD [6] 1994, H. 25, S. 15f.

Kleinräumig aufgegliedert, fiel das Ergebnis relativ gleichmäßig aus. 74,76%, 74,71% und 78,66% lautete der Anteil der gültigen Ja-Stimmen in den drei Wahlkreisen Bremen-Ost, Bremen-West und Bremerhaven/Bremen-Nord. Auf Ortsteilebene oszillierte diese Quote zwischen 84,07% (Geestemünde Süd) und 69,30% (Fesenfeld).

Mit 76,05% Ja-Anteil an den abgegebenen gültigen Stimmen war das Projekt Verfassungsrevision in Bremen durchschnittlich umstritten. Die Vergleichswerte schwanken hier zwischen 93,95% (Bayern 1984 »Umweltschutz«) und 54,78% (Bayern 1970 »Wahlalter«).

Die unter mehreren Gesichtspunkten interessanteste Zahl ist die Quote der Stimm-*berechtigten*, welche die Verfassungsrevision bestätigt haben. Diese Legitimationsquote fiel mit 56,38% ansehnlich aus. Von sieben Änderungsreferenden in Hessen und Bayern haben nur zwei überhaupt die 50%-Zustimmungsquote erreicht. Die vier Wahlrechts-Volksentscheide in beiden Ländern mußten dagegen mit einer Legitimation zwischen 19,45% und 24,89% der Stimmberechtigten auskommen. Daß die Verfassungsrevision jetzt durch die gute absolute Mehrheit der Stimmberechtigten sanktioniert wurde, ist auch deshalb bemerkenswert, weil die Landesverfassung selbst 1947 bekanntlich nur von einer Minderheit, nämlich 45,1% der Stimmberechtigten, bestätigt worden war[200].

Das Gesetz zur Änderung der Landesverfassung der Freien Hansestadt Bremen wurde am 1. November 1994 ausgefertigt[201]. Es trat am 8. November 1994 in Kraft[202].

c) Weitere Reform

In der 14. Legislaturperiode beschloß die nunmehr gebildete Große Koalition, die Verfassungsreform weiterzuführen. Der alsbald eingesetzte nichtständige Ausschuß »Verfassungs- und Parlamentsreform« der Bürgerschaft wurde dabei u. a. beauftragt, das 50%ige Beteiligungsquorum beim Volksentscheid (Art. 72 Abs. 1) zu überprüfen[203]. In den Beratungen herrschte Konsens darüber, daß bei diesem hohen Quorum »Volksentscheide praktisch nur Chancen in Verbindung mit einer Wahl« haben. Diese »Einengung« hielt der Ausschuß nicht für »sachgerecht« und sprach sich deshalb für die Abschaffung des Beteiligungsquorums aus. Während die Vertreter der Fraktion Bündnis 90/Die Grünen nach bayerischem Vorbild nun beim Volksentscheid auf Quoren überhaupt verzichten wollten, sprachen sich die Vertreter der anderen drei Fraktionen für ein 25%iges Zustimmungsquorum aus[204]. Eine entsprechende Verfassungsänderung wurde bei Stimmenthaltung der Fraktion Bündnis 90/Die Grünen beschlossen[205] und trat am 28. Oktober 1997 in Kraft[206].

---

[200] Vgl. *O. Jung*: Grundgesetz und Volksentscheid. Gründe und Reichweite der Entscheidungen des Parlamentarischen Rats gegen Formen direkter Demokratie, 1994, S. 95.

[201] Brem. GBl. S. 289 (Nr. 44 v. 7. 11. 1994).

[202] Nach Art. 2 des Änderungsgesetzes.

[203] Vgl. Ds 14/142 v. 4. 12. 1995, A. 4.; beschlossen Bürgerschaft 24. 1. 1996, S. 632 AB.

[204] Vgl. Erster Bericht Ds 14/584 v. 14. 2. 1997, S. 4. Vgl. Abg. *Kühn* (Bündnis 90/Die Grünen), Bürgerschaft 14. 5. 1997, S. 2385 D-2386 A; Abg. *Isola* (SPD), aaO., S. 2389 C-2390 A.

[205] Vgl. Bürgerschaft 14. 5. 1997, S. 2390 D; Ds 14/703 v. 24. 6. 1997, S. 2; Bürgerschaft 17. 9. 1997, S. 2876 D-2877 A; Bürgerschaft 9. 10. 1997, S. 3064 D (z. T. auch Gegenstimmen).

[206] Gesetz zur Änderung der Landesverfassung der Freien Hansestadt Bremen v. 9. 10. 1997, Brem. GBl. S. 353 (Nr. 49 v. 27. 10. 1997).

Inzwischen ist – nach bayerischem bzw. hamburgischem Muster – ein Antrag auf Zulassung eines Volksbegehrens für »Mehr Demokratie in Bremen« gestellt worden; im Erfolgsfalle würde so das Verfahren der Volksgesetzgebung gewaltig erleichtert. Der Senat hat die Sache dem Staatsgerichtshof zur Entscheidung vorgelegt.

2. Hamburg

a) Die Einführung der Volksgesetzgebung

Die Verfassungsrevision in Hamburg vollzog sich in einem politischen Kontext von ungewöhnlicher Dynamik. Dies begann schon mit dem Ausfall der Bürgerschaftswahl vom 2. Juni 1991. Die bislang vorbildliche Wahlbeteiligung sackte um nicht weniger als 13,5 Prozentpunkte; mehr als ein Drittel der Wahlberechtigten ging gar nicht mehr zu den Urnen. Wer dahinter eine zunehmend kritische Distanz der Bevölkerung gegenüber dem etablierten politischen Betrieb vermutete, erhielt seine Bestätigung binnen eines Jahres beim sogenannten »Hamburger Diätenskandal«. Obwohl die großen Fraktionen von SPD und CDU das Vorhaben unterstützten, entfaltete die Kritik in der Öffentlichkeit und insbesondere in den Medien einen solchen Druck, daß die schon erfolgte Rechtsänderung wieder zurückgenommen werden mußte.

Um dem an diesen Vorgängen deutlich gewordenen Vertrauensverlust der Bürgerschaft zu begegnen, wurde eine Enquete-Kommission »Parlamentsreform« eingesetzt, die bereits im Herbst 1992 ihren Bericht vorlegte[207], der auf eine grundlegende Reform der Strukturen und Handlungsmöglichkeiten der Bürgerschaft zielte und gleichzeitig eine plebiszitäre Öffnung des repräsentativen Systems empfahl. Die Einführung der Volksgesetzgebung könne »das in Teilen der Bevölkerung bestehende Ohnmachtsgefühl über die fehlende Möglichkeit von Einflußnahme auf die politische Willensbildung« abmildern, das Interesse der Bürger am Gemeinwesen aktivieren und für die Bürgerschaft und den Senat als »Frühwarnsystem« dienen, »ihre Politik nicht von den Interessen und Bedürfnissen der Bevölkerung abzukoppeln«[208].

Als ein halbes Jahr später das Hamburgische Verfassungsgericht die Wahl zur Bürgerschaft vom 2. Juni 1991 für ungültig erklärte, war die Krise der überlieferten Institutionen und traditionellen Akteure des Stadtstaates offenkundig. Bei der folgenden Neuwahl des Landesparlaments am 19. September 1993 fand denn auch ein »Rundumangriff auf die Etablierten« statt. Die SPD verlor ihre absolute Mehrheit und mußte mit der neu in die Bürgerschaft eingezogenen Protestgruppierung der »STATT Partei« kooperieren, die CDU stürzte auf den wahlhistorischen Tiefpunkt von 25,1%, während die Grün-Alternative Liste (GAL) ihren Stimmenanteil (von 7,2 auf 13,5%) nahezu verdoppeln konnte.

Die inhaltlichen Vorschläge der Enquete-Kommission[209] hatten nichts Umstürzen-

---

[207] Ds 14/2600 v. 20.10.1992; auch selbständig erschienen als: Bürgerschaft der Freien und Hansestadt Hamburg: Bericht der Enquete-Kommission »Parlamentsreform«, hrsg. v. *W. Hoffmann-Riem*, 1993.

[208] Vgl. Ds 14/2600 v. 20.10.1992, S. 25. Zweieinhalb Jahre später übernahm der Senat diese Gedanken, als er seine Vorlage zur »Schaffung der Rechtsgrundlagen für eine Volksinitiative, ein Volksbegehren und einen Volksentscheid in Hamburg« einführte, vgl. Ds 15/2881 v. 21.2.1995, S. 1.

[209] Vgl. Ds 14/2600 v. 20.10.1992, S. 227 (Art. 49a).

des an sich. Empfohlen wurde ein dreistufiges Modell. Die Volksinitiative sollte der Unterstützung durch 20000 Wahlberechtigte bedürfen. Das sich gegebenenfalls binnen sechs Monaten anschließende Volksbegehren, für das ein Finanztabu galt, sollte zustandegekommen sein, wenn es die Zustimmung von 10% der Wahlberechtigten fände. Sollte die Bürgerschaft das begehrte Gesetz binnen vier Monaten nicht übernehmen, käme es zum Volksentscheid. Bei diesem sollten für einfachgesetzliche Vorlagen ein Zustimmungsquorum von 25% und für verfassungsändernde Projekte das Erfordernis einer Zweidrittelmehrheit der Abstimmenden sowie zusätzlich ein 50%iges Zustimmungsquorum gelten.

Daß für dieses Modell in wichtigen Punkten die neue Verfassung des Nachbarlandes Schleswig-Holstein Vorbild gewesen war, ist offenkundig. Für das nachgerade entscheidende Detail der Quoren und der internen Qualifikation beim Volksentscheid hat die Kommission selbst darauf hingewiesen[210]. Andererseits darf man nicht unkritisch gleichsetzen. 20000 Unterschriften für eine Volksinitiative bedeuten in einem Stadtstaat mit 1263,6 Tsd. Wahlberechtigten etwas anderes als in einem Flächenland mit 2085,9 Tsd. Wahlberechtigten[211]. 1,58% des Elektorats statt 0,96% beträgt schon rein quantitativ der Unterschied.

Zudem sind einige gravierende Abweichungen festzustellen. Für Hamburg war nur die Volks*gesetzgebung* im engeren Sinne vorgesehen, während Schleswig-Holstein auf allen drei Verfahrensstufen auch sogenannte »andere Vorlagen« kennt. Beim Volksbegehren schlug die Enquete-Kommission das klassische Quorum von 10% vor – doppelt so hoch wie der schleswig-holsteinische Wert[212]. Ferner sollte in Hamburg die Bürgerschaft auch nach dem Zustandekommen eines Volksbegehrens das Anliegen der Initiatoren noch aufgreifen können, während in Schleswig-Holstein in diesem Stadium unausweichlich der Volksentscheid folgt.

Schließlich fehlten einige charakteristische Züge des Schleswig-Holsteiner Modells: das Recht der Vertreter einer Volksinitiative auf Anhörung durch den Landtag, Vorschriften über die Publikation der Abstimmungsvorlage und der verfassungskräftige Anspruch der besagten Vertreter, wenn ein Volksbegehren zustandegekommen ist, auf Erstattung der notwendigen Kosten einer angemessenen Werbung für den Volksentscheid[213].

Dieses Modell der Enquete-Kommission wurde im weiteren Verlauf der Verfassungsrevision, wie nach der strukturellen Zusammensetzung des Gremiums auch kaum anders zu erwarten war, im wesentlichen beibehalten, obschon bemerkenswerte Änderungsversuche zu verzeichnen sind. So wurde einem Vorschlag des Senats, das Qualifizierungserfordernis für die Volksinitiative auf 40000 Unterschriften zu verdop-

---

[210] Vgl. aaO., S. 225.

[211] Zahlen zur leichteren Vergleichbarkeit der Wahlberechtigten zur Bundestagswahl 1990. Für die Bundestagswahl 1994 lauteten die Zahlen 1241,9 Tsd. in Hamburg bzw. 2113,3 Tsd. in Schleswig-Holstein, d.h. das Elektorat entwickelte sich gegenläufig (Zahlen nach Stat. Jb. 1996 für die Bundesrepublik Deutschland, S. 92).

[212] Da sich die Kommission nicht zu dem Zeitraum äußerte, innerhalb dessen jene 10%-Unterstützung nachzuweisen wäre, ist kein Vergleich über Mobilisierungskoeffizienten möglich.

[213] Die Kommission empfahl aber, eine Kostenerstattungsregelung in das Ausführungsgesetz aufzunehmen, vgl. Ds 14/2600 v. 20.10.1992, S. 226.

peln[214], nicht gefolgt[215], ebensowenig der grün-alternativen Forderung, den Kreis der möglichen Unterstützer auf alle volljährigen Einwohner auszudehnen[216] (endgültige Regelung in Art. 50 Abs. 1 Satz 3).

Desgleichen wurde das Volksbegehrens-Quorum von 10% verteidigt (Art. 50 Abs. 2 Satz 2), obwohl gerade in der SPD-Fraktion »starke Strömungen« dieses Quorum gern höher angesetzt hätten. Wiederholt wurde dabei mit dem Hinweis auf die höheren Quoren in den anderen Stadtstaaten operiert[217] – ein freilich unrichtiges bzw. wenig weitsichtiges Argument, das Hamburg, wenn es ihm denn gefolgt wäre, über kurz wieder in die Sonderrolle gebracht hätte[218]. Auch ohne dies machte die von der Regierungspartei noch vor der Neuwahl der Bürgerschaft aufgestellte »Rahmenbedingung« einer Eintragungsfrist von nur zwei Wochen[219] (gegenüber einem halben Jahr im nördlichen Nachbarland) deutlich, um wieviel restriktiver die Hamburger Konzeption war: Statt des Schleswig-Holsteiner Mobilisierungskoeffizienten von 0,028[220] peilte die Hansestadt nun den »bayerischen« Wert von 0,714 an[221]: Die Volksbegehrenshürde in Hamburg zu nehmen sollte mehr als 25mal so schwer sein wie in Schleswig-Holstein!

Beim Volksentscheid endlich galt es am Kurs der Enquete-Kommission festzuhalten vor allem gegen die Bestrebungen, die Hürden für einfachgesetzliche Vorlagen höherzulegen: In der SPD favorisierte man ein Beteiligungsquorum von 50%[222] bzw. eine Erhöhung des Zustimmungsquorums von 25 auf 33%[223]. Eine deutliche Mehrheit der SPD-Fraktion hatte dem Vernehmen nach letzteres beschlossen, soll damit aber am Widerstand der STATT Partei gescheitert sein[224]. Der grün-alternative Kontrapunkt zu diesem Problem lautete, das 50%ige Zustimmungsquorum für verfassungsändernde Projekte zu streichen[225] und es beim Erfordernis der qualifizierten Mehrheit der Abstimmenden bewenden zu lassen (endgültige Regelung in Art. 50 Abs. 3 Sätze 3 und 4).

Geändert gegenüber dem Kommissionskonzept wurde der zeitliche Aufbau des Volksgesetzgebungsprozesses. Beim Übergang von der Volksinitiative zum Volksbe-

---

[214] Vgl. Ds 15/2881 v. 21. 2. 1995, S. 3. Der Senat wollte mit dieser Erhöhung »ein ausgewogenes Verhältnis« zu den Anforderungen an die Unterstützung von Volksbegehren und Volksentscheid erreichen.

[215] Der Verfassungsausschuß beharrte sogar einstimmig auf dem Erfordernis der 20000 Unterschriften, vgl. Ds 15/3500 v. 12. 6. 1995, S. 16.

[216] Vgl. Ds 15/5436 v. 7. 5. 1996, Punkt 3.

[217] Vgl. Ds 14/4179 v. 28. 5. 1993, S. 4.

[218] Die Bremische Landesverfassung von 1947 sah zwar ein 20%-Quorum beim Volksbegehren vor, dieses wurde aber, wie der zuständige Ausschuß schon Mitte 1993 empfohlen hatte, bei der Verfassungsrevision von 1994 halbiert. Auch die Verfassung von Berlin hatte 1950 ein Volksbegehrens-Quorum von 20% festgelegt, freilich hatte man die Volksgesetzgebung dort 1974 insgesamt abgeschafft. Die inzwischen eingesetzte Enquete-Kommission schlug im Mai 1994 für die Wiedereinführung ein nur noch halb so hohes Quorum vor, wie es dann 1995 auch geschah.

[219] Vgl. Ds 14/4179 v. 28. 5. 1993, S. 7 (sub 2.4.).

[220] 5% der Stimmberechtigten binnen eines halben Jahres (d. h. sechs Monate, diese jeweils gerechnet zu 30 Tagen).

[221] 10% der Stimmberechtigten binnen 14 Tagen.

[222] Vgl. Ds 14/4179 v. 28. 5. 1993, S. 4.

[223] Vorkämpfer für beides war insbesondere der Abg. *Busse* (SPD), vgl. *ders.*, Bürgerschaft 22. 6. 1995, S. 2376 A; 8. 5. 1996, S. 3375 BC.

[224] Vgl. Abg. *Busse* (SPD), Bürgerschaft 8. 5. 1996, S. 3374 B.

[225] Vgl. Ds 15/5436 v. 7. 5. 1996, Punkt 4.

gehren bzw. von diesem zum Volksentscheid war das Timing nun deutlich straffer: In ersterem Falle wurde die Frist von sechs auf vier und in letzterem von vier auf drei Monate verkürzt (Art. 50 Abs. 2 Satz 1, Abs. 3 Satz 1). Ferner wurde die Möglichkeit einer parlamentarischen Konkurrenzvorlage zu einem volksbegehrten Gesetz vorgesehen (Art. 50 Abs. 3 Satz 2), was die Enquete-Kommission noch abgelehnt hatte[226].

Die bedeutendste Änderung aber erfuhr das Finanztabu. Hier hatte die Kommission – beim Volksbegehren – die klassische Trias vorgeschlagen: Haushaltsangelegenheiten, Dienst- und Versorgungsbezüge sowie Abgaben, und sie nur erweitert um den für einen Stadtstaat typischen Problembereich »Tarife der öffentlichen Unternehmen«. Schon bei ihrer Rezeption der Kommissionsempfehlung hatte die SPD zusätzlich die Bauleitpläne zu tabuisieren verlangt[227] – in scharfem Gegensatz zu diesem Gremium, das gerade Standort-, Projekt-und Bauplanungen als die Bereiche ansah, wo für die Bürger neue Einflußmöglichkeiten geschaffen werden sollten[228]. Der Senat griff diesen neuen Tabubereich auf, komplettierte ihn (»Bauleitpläne und vergleichbare Pläne«) und schlug als weitere, nur aus der Struktur Hamburgs als Einheitsgemeinde[229] verständliche Tabumaterie vor alle »Angelegenheiten, die in den (sc. anderen) Ländern der kommunalen Selbstverwaltung unterfallen«; das derart ausgedehnte Tabu sollte bereits auf der Stufe der Volksinitiative gelten[230]. Für den Ausschluß der Pläne wurden Rechtsgründe geltend gemacht: Bundesrechtlich sei hier ein besonderes Aufstellungsverfahren unter Beteiligung der örtlich betroffenen Bevölkerung vorgeschrieben. Beim Ausschluß der Selbstverwaltungsangelegenheiten der Gemeinden dagegen berief sich der Senat auf das Vorbild der Flächenstaaten, die Bürgerbegehren und Bürgerentscheid auf Gemeindeebene »lediglich vereinzelt« vorsähen[231] – daß die kommunale Direktdemokratie seit 1990 nachgerade einen Siegeszug durch die Bundesländer angetreten hatte, der binnen kurzem zur Flächendeckung führen sollte, hatte man in Hamburg im Februar 1995 offenbar noch nicht realisiert[232].

Um diese beiden Tabu-Erweiterungen ging der politische Kampf in der Folgezeit hauptsächlich. Im Ergebnis wurde der Tabubereich der Planungen durch die Einführung des Begriffs der »Einzelvorhaben« verdeutlicht. Hingegen verzichtete die Regierungspartei SPD angesichts des Widerstandes aller anderen Fraktionen im letzten Moment auf die Aufnahme der Selbstverwaltungsangelegenheiten in den Ausschlußkatalog; zu dieser Niederlage hatte der Senat wohl durch sein Unvermögen beigetragen, diesen Begriff für die hamburgischen Verhältnisse überzeugend zu konkretisieren[233].

---

[226] Vgl. Ds 14/2600 v. 20. 10. 1992, S. 226.

[227] Vgl. Ds 14/4179 v. 28. 5. 1993, S. 7.

[228] Vgl. Ds 14/2600 v. 20. 10. 1992, S. 220, 222.

[229] Vgl. Art. 4 Abs. 1 Verf.: »In der Freien und Hansestadt Hamburg werden staatliche und gemeindliche Tätigkeit nicht getrennt.«

[230] Vgl. Ds 15/2881 v. 21. 2. 1995, S. 2.

[231] Vgl. aaO., S. 3.

[232] Kommunale Direktdemokratie gab es zu jenem Zeitpunkt in elf Bundesländern, in drei weiteren stand ihre Einführung auf der politischen Tagesordnung. – Vgl. nunmehr *O. Jung*: Siegeszug direktdemokratischer Institutionen als Ergänzung des repräsentativen Systems? Erfahrungen der 90er Jahre, in: Demokratie vor neuen Herausforderungen, hrsg. v. *H. H. v. Arnim*, 1999 (1. Speyerer Demokratie-Forum) (Schriftenreihe der Hochschule Speyer Bd. 130), S. 103–137 (107).

[233] Vgl. die moderate Kritik des Zwischenberichts des Verfassungsausschusses (Ds 15/5353 v. 25. 4. 1996, S. 3); beißend dagegen die Opposition: »Ein Gesetz, und erst recht ein die Verfassung änderndes Ge-

Erwähnenswert sind noch einige Hamburgensien der neuen Regelung: So gilt für
ein durch Volksentscheid angenommenes Gesetz eine »zur Beruhigung« gedachte plebiszitäre Veränderungssperre auf zwei Jahre hinaus, d.h. in dieser Zeit kann ein solches
Gesetz nicht im Wege von Volksinitiative, Volksbegehren und Volksentscheid (wohl
aber parlamentarisch durch die Bürgerschaft) geändert werden (Art. 50 Abs. 4). Vor
allgemeinen Wahlen besteht eine dreimonatige Karenzfrist für Volksbegehren und
Volksentscheid (Art. 50 Abs. 5). Besondere Ruhensvorschriften gelten bzw. sind statthaft während eines einschlägigen Verfassungsprozesses bzw. für sitzungsfreie Zeiten
der Bürgerschaft (Art. 50 Abs. 6 Satz 2, Abs. 7 Satz 2).

Die Endfassung der Reformvorlage wurde als Fünftes Gesetz zur Änderung der
Verfassung am 8. Mai 1996 in erster Lesung beschlossen[234]. Zwar wurde nicht ausge-
zählt, aber nach den Fraktions- bzw. Gruppenerklärungen dürfte über die erforderliche verfassungsändernde Mehrheit (Art. 51 Abs. 2 Satz 2) hinaus so gut wie Einmütigkeit geherrscht haben[235]. Am 22. Mai 1996 wurde die Vorlage in zweiter Lesung »bei
wenigen Gegenstimmen« beschlossen[236]. Am 29. Mai 1996 fertigte der Senat das Gesetz aus und verkündete es[237]. Es trat am 5. Juni 1996 in Kraft[238].

b) *Würdigung*

Versucht man die Regeln der in Hamburg eingeführten Volksgesetzgebung einzuschätzen, lösen jedenfalls die Quoren beim Volksentscheid kein Erstaunen aus. Es sind
die gleichen Hürden, die – nach dem Vorbild Schleswig-Holsteins – Brandenburg
und Sachsen-Anhalt eingeführt haben, und sie sind nicht einmal die höchsten; Mecklenburg-Vorpommern, Thüringen und Berlin verlangen hier bekanntlich noch mehr.
Wohl aber fällt auf, daß in all den genannten, vergleichbaren Ländern die Hürden
beim Volksbegehren erheblich niedriger liegen, und zwar sowohl was das Quorum, als
auch was die Zeit für seine Erreichung angeht: 5% innerhalb eines halben Jahres in
Schleswig-Holstein, umgerechnet 4,12% in vier Monaten in Brandenburg. Selbst in
Sachsen-Anhalt, dessen Quorumshürde mit umgerechnet 11,28% der hamburgischen
am nächsten kommt, hat das konservative Ausführungsgesetz einen Monat zugestanden, was inzwischen durch eine »rot-grüne« Novelle auf sechs Monate ausgedehnt
wurde. Hier liegt also der eigentliche Punkt, der Verwunderung auslöst: Ein Quorum
von 10%, zu erreichen in nur zwei Wochen – eine solche nachgerade »bayerische« Anforderung hat kein anderer Verfassungsgeber der jüngsten Verfassungsgebungs- bzw.
-revisionsperiode gestellt. Insbesondere die anderen Stadtstaaten Bremen und Berlin
geben inzwischen drei bzw. zwei Monate Zeit, um das 10%-Quorum zu erfüllen[239].

---

setz, muß verständlich sein, die Abgeordneten müssen bei seiner Verabschiedung wissen, was sie beschließen. Bliebe der zur Streichung vorgeschlagene Satz, wüßten sie das nicht« (Ds 15/5436 v. 7. 5. 1996).

[234] Bürgerschaft 8. 5. 1996, S. 3377 B.

[235] Lediglich der fraktionslose Abg. *Wegner* – der Gründer der STATT Partei – hatte ein »Nein« ange-
kündigt, Bürgerschaft 8. 5. 1996, S. 3376 A. – Von »überraschender Einmütigkeit« bei der Einführung der
Volksgesetzgebung schrieb schon im Vorjahr *P. Unruh*: Zum Stand der Verfassungsreform in Hamburg, in:
DÖV 48 (1995), S. 265–275 (275).

[236] Bürgerschaft 22. 5. 1996, S. 3486 C.

[237] Hamb. GVBl. I S. 77 (Nr. 19 v. 4. 6. 1996).

[238] Nach Art. 2 des Gesetzes.

[239] Desgleichen Mecklenburg-Vorpommern zwei und Sachsen (umgerechnet 11,6%) sogar sechs Monate.

In dieser Kombination von hoher »bayerischer« Volksbegehrenshürde mit den ihrerseits hohen »schleswig-holsteinischen« Volksentscheids-Quoren liegt das Charakteristikum des Hamburger Regelwerks.

Was das Finanztabu angeht, hat jüngst Berlin eine ähnlich rigorose Regelung getroffen (aber immerhin an erster Stelle »Landeshaushalt« statt »Haushaltsangelegenheiten« formuliert, ferner die »Pläne« nicht aufgeführt, aber dafür »Personalentscheidungen« in den Katalog aufgenommen). Verglichen mit einer lapidaren Regelung, wie sie etwa Bayern – ansonsten von der Elbe aus durchaus beobachtet – vor fünfzig Jahren getroffen hat und womit der Freistaat seitdem ganz gut gefahren ist (Art. 73 BayVerf.: »Über den Staatshaushalt findet kein Volksentscheid statt.«), strahlen diese neuen Regelungen in Berlin und Hamburg ängstliches Mißtrauen aus. Übrigens leuchtet in diesem Zusammenhang nicht ein, warum man das Finanztabu bis auf die Stufe der Volksinitiative vorgezogen hat. Bei der Volksgesetzgebung im eigentlichen Sinne mag ein solcher Ausschlußkatalog ja noch angehen. Aber warum soll man beispielsweise gegen überzogene Regelungen bei Dienst- und Versorgungsbezügen oder gegen überhöhte Tarife der öffentlichen Unternehmen *nicht einmal* qualifiziert (d.h. mit Befassungspflicht der Bürgerschaft) *protestieren* dürfen?

Endlich muß es sich der heutige verfassungsrevidierende Gesetzgeber gefallen lassen, daß man die Verfassung von 1921[240] nebst Ausführungsgesetz als Maßstab nimmt, und da erheben sich doch nachdenklich stimmende Fragen: Warum verzichtete man damals beim Volksentscheid über einfachgesetzliche Vorlagen überhaupt auf ein Quorum[241]? Warum reichte beim Volksentscheid über verfassungsändernde Projekte das 50%ige Zustimmungsquorum aus (Art. 55 Abs. 2), während man 75 Jahre später zusätzlich die interne Qualifizierung der Zweidrittelmehrheit verlangt? Warum genügten seinerzeit beim Finanztabu die beiden Materien »Besoldungsordnungen« und »Abgabegesetze« (Art. 58 Abs. 3)[242], indessen die Nachfahren heute nicht weniger als sechs Tabusegmente aufstellen? Aufgrund welcher Erfahrungen oder aus welchen Gründen sonst wagte man also jetzt auch in Hamburg »weniger Demokratie« als ein dreiviertel Jahrhundert zuvor?

c) Der Kampf um »mehr Demokratie in Hamburg«

Ende Mai 1997 startete die aus dem rührigen »Forum Bürgerinnen- und Bürgerbewegung – Hamburg« hervorgegangene »Initiative: Mehr Demokratie in Hamburg! Trägerkreis« zwei Volksinitiativen. Die eine erstrebte den Erlaß eines »Gesetzes zur Ermöglichung von Volksentscheiden«[243]; einem bayerischen Vorbild (»Faire Volksentscheide«) nachempfunden[244], beabsichtigte sie die durchgreifende Verbesserung der

---

[240] Verfassung der Freien und Hansestadt Hamburg v. 7. 1. 1921, GVBl. S. 9.

[241] Vgl. § 13 Abs. 1 Satz 1 Gesetz über den Volksentscheid und das Volksbegehren im hamburgischen Staate v. 18. 2. 1921, GVBl. S. 101: »Die Mehrheit der gültigen Stimmen entscheidet.« – Das 50%ige Beteiligungsquorum nach Art. 54 der Verfassung freilich warf die gleiche Problematik auf wie der famose Art. 75 WRV: Genügte schon der ablehnende Beschluß des Parlaments gegenüber einem volksbegehrten Gesetz, oder mußte es sich um einen positiven Gesetzesbeschluß der Volksvertretung handeln?

[242] Vgl. allerdings die Spezialtabus für den Haushaltsplan bzw. Kreditbeschlüsse nach Art. 63f.

[243] Wortlaut in: Bürgerschaft Ds 15/7989 v. 28. 8. 1997, Anlage 1.

[244] Siehe zu diesem Vorbild *Jung:* Der Volksentscheid über die Einführung des kommunalen Bürgerentscheids in Bayern, S. 194, 196ff., 203f. m. w. Nachw.

Volksgesetzgebung im Bürgerbewegungs-Sinne. Die andere zielte auf den Erlaß eines »Gesetzes zur Einführung von Bürgerbegehren und Bürgerentscheid« auf bezirklicher Ebene[245]. Am 25. August 1997 wurden 30000 Unterschriften dem Senat überreicht. Damit waren diese Volksinitiativen zustandegekommen. Nachdem die Bürgerschaft nicht innerhalb von vier Monaten dem Anliegen der Volksinitiative entsprechende Gesetze verabschiedet hatte, führte der Senat zwei Volksbegehren durch. Die Eintragungsfrist lief vom 9. bis zum 23. März 1998[246]. Dieses Doppel-Volksbegehren endete mit einem wahren Triumph der Initiatoren. 222 328 bzw. 218 577 Bürger gleich 18,4 bzw. 18,1% der Stimmberechtigten trugen sich für die beiden Volksbegehren ein[247]; einen solchen massenhaften Zuspruch »von unten« – bei Abstinenz der beiden großen Parteien – hat es in den Bundesländern noch nie gegeben[248]. Damit waren die beiden

Gesamtergebnis des Volksentscheides über die Änderung der Verfassung der Freien und Hansestadt Hamburg vom 27. September 1998[249]

		in %[250]
Stimmberechtigte	1202147	
Abgegebene Stimmen	801879	66,70
Davon entfielen auf den		
Gesetzentwurf des *Volksbegehrens*		
Ungültige Stimmen	63313	7,90
Gültige Stimmen	738566	92,10
Von diesen lauteten auf		
Ja	546937	74,05
Nein	191629	25,95
Ja in % der Stimmberechtigten		*45,50*
Ferner entfielen auf den		
Gesetzentwurf der *Bürgerschaft*		
Ungültige Stimmen	91549	11,42
Gültige Stimmen	710330	88,58
Von diesen lauteten auf		
Ja	426 506	60,04
Nein	283 824	39,96
Ja in % der Stimmberechtigten		*35,48*

Volksbegehren zustandegekommen[251]. Als Termin des Volksentscheids wurde der 27. September – der Tag der Bundestagswahl – festgesetzt[252].

---

[245] Wortlaut in: Bürgerschaft Ds 15/7989 v. 28.8. 1997, Anlage 2.

[246] Vgl. Bek. des Landesabstimmungsleiters v. 26.1. 1998, Amtl. Anz. S.169.

[247] Nach: Regionalergebnisse der Volksbegehren 1998, hrsg. v. Statistischen Landesamt der Freien und Hansestadt Hamburg (Statistische Berichte B VII 4 S), S.2. Dort auch kleinräumige Aufgliederung.

[248] Vgl. *O. Jung*: Volksbegehren in Hamburg oder: die Bekehrung eines ungläubigen Thomas, in: ZfDD 10 (1998), H. 39, S.8.

[249] Nach: Freie und Hansestadt Hamburg. Staatliche Pressestelle: Wochendienst Nr. 40 v. 9.10. 1998.

[250] Kursive Zahlen: eigene Berechnung.

[251] Vgl. Bek. der Feststellung des Senats über das Zustandekommen der Volksbegehren v. 31.3. 1998, Amtl. Anz. S.913.

[252] Vgl. Bek. v. 2.9. 1998, Amtl. Anz. S.2385.

Fast im letzten Moment verständigte sich die rot-grüne Regierungskoalition auf den Text einer »gemäßigten« Konkurrenzvorlage[253], welche die Bürgerschaft dem Volk zur Entscheidung mitvorlegte[254]. Dabei gaben die Verantwortlichen dem plebiszitären Druck z.T. erheblich nach: So sollten die Hürden bei der Volksinitiative und beim Volksbegehren halbiert, der über Gebühr weite Ausschlußkatalog eingeschränkt und auf allen Verfahrensstufen die sogenannte »andere Vorlage« hereingenommen werden. Relativ hart blieb die Regierungskoalition bei den Volksentscheids-Quoren selbst, die zwar ermäßigt – bei einfachgesetzlichen Vorhaben von 25 auf 20% und bei verfassungsändernden Projekten von 50 auf 40% –, aber grundsätzlich beibehalten werden sollten.

Beim Volksentscheid am 27. September überwand keiner der beiden Entwürfe die hohe Doppelhürde der verfassungsändernden Volksgesetzgebung nach Art. 50 Abs. 3 Satz 4 der Verfassung. »Relativer Sieger« war der Gesetzentwurf des Volksbegehrens, für den 546 937 Bürger stimmten und der mit fast einer Dreiviertelmehrheit (74,05%) an Ja-Stimmen auch die Hürde der internen Qualifizierung von zwei Dritteln der Abstimmenden sicher nahm. Aber selbst dieser enorme Zuspruch reichte, vor allem wegen der – angesichts des zu erwartenden »Huckepack-Effekts« der Bundestagswahl – niedrigen Abstimmungsbeteiligung von 66,70%, nicht für das 50%ige Zustimmungsquorum. Das Änderungsprojekt demonstrierte so in seinem Scheitern die Unüberwindlichkeit dieser Hürde, die es von vornherein angeprangert hatte. Da war die Pointe nur ein schwacher Trost, daß die erreichten 45,50% Zustimmung [der Stimmberechtigten] jedenfalls das 40%-Quorum übersprungen hätten, auf das herunterzugehen sich die rot-grüne Koalition in ihrer Konkurrenzvorlage verständigt hatte. Ob die Regierungskoalition ihr vorher abgegebenes Versprechen realisieren kann und wird, die mit der Konkurrenzvorlage vorgeschlagenen Verbesserungen nun parlamentarisch umzusetzen, wird man sehen.

Die Einführung von Bürgerbegehren und Bürgerentscheid auf bezirklicher Ebene, für die keine Verfassungsänderung vonnöten war, gelang übrigens ohne Schwierigkeiten.

III. Die Formen und Verfahren direkter Demokratie – systematisch betrachtet

1. *Volksgesetzgebung, aber kaum Referenden*

Der Aufschwung der direkten Demokratie, der sich nach 1989 konstatieren läßt, ist ein Siegeszug der *Volksgesetzgebung*. Damit kontrastiert, daß bei referendiellen Formen fast durchweg Fehlanzeige zu erstatten ist. Nur Sachsen hat in dieser Zeit noch ein reguläres fakultatives Verfassungsreferendum vorgesehen[255]. Dies erscheint verwunder-

---

[253] Vgl. Tsp. Nr. 16 436 v. 24. 8. 1998.

[254] Vgl. Bürgerschaft Ds 16/1284 v. 26. 8. 1998.

[255] *C. Meissner*: Gesetzgebung, in: *Ch. Degenhart/ders.* (Hrsg.): Handbuch der Verfassung des Freistaates Sachsen, 1997, S. 365–398 (Rn. 40f.). Außer Ansatz bleiben hier die Spezialfälle, für die Brandenburg (Länderfusion oder Verfassungsneugebung) bzw. Berlin (Abschaffung der Volksrechte) eine Referendumspflicht statuiert haben. – Irrig insoweit *Sampels*: Bürgerpartizipation in den Länderverfassungen, S. 20.

lich, da das Referendum in der deutschen Staatsrechtslehre vergleichsweise Ansehen genießt. Es sei nur daran erinnert, daß bei der einschlägigen Anhörung der Gemeinsamen Verfassungskommission am 17. Juni 1992 – die Bundesebene betreffend – sechs Sachverständige das obligatorische Verfassungsreferendum entweder befürworteten oder es doch als erwägenswert bezeichneten[256], während es nur einer ablehnte[257]. Ferner zeigen sowohl die deutsche Staatspraxis[258] als auch die ausländischen Erfahrungen eine klare Dominanz reaktiver (d.h. referendieller) gegenüber innovativen (d.h. im Wege der Volksgesetzgebung erzwungenen) Volksabstimmungen[259].

Die Vorbehalte gegen »von oben« initiierte Referenden gründen darin, daß man hier – mit Recht – die Gefahr einer »Flucht aus der Verantwortung« sieht. Damit ist aber der referendielle Formenkreis noch keineswegs abgeschritten. Erwägens- und m.E. sogar empfehlenswert erscheint nach wie vor das fakultative (Gesetzes-)Referendum mit der »von unten« kommenden Referendumsinitiative. Daß dieses Verfahren oft einfach übersehen wird, hängt gewiß auch damit zusammen, daß es normativ nur selten vorkommt (früher in der Weimarer Reichsverfassung, heute lediglich in der Verfassung von Rheinland-Pfalz) und obendrein bloß eine geringe bzw. rudimentäre Praxis existiert[260], so daß vielfach anscheinend die rechte Vorstellung fehlt, wie dieses Instrument wirken könnte. Um so sorgfältiger sollte der – verfahrensmäßig freilich nur im Ansatz durchgeführte – jüngste Fall in Rheinland-Pfalz studiert werden, wo die CDU-Opposition 1994 bereits durch die Drohung mit einem solchen Referendum die sozialliberale Koalition daran hindern konnte, ein schon beschlossenes, sachlich mißratenes Landes-Transplantationsgesetz einfach »durchzuziehen«[261]. Über die Verfahrensgestaltung im einzelnen, vor allem ob die Initiative durch ein privilegiertes Volksbegehren weiterhin an den gleichzeitigen Antrag einer parlamentarischen Minderheit gekoppelt bleiben sollte, müßte noch geforscht werden.

2. Die Verfahrenserweiterung auf drei Stufen

Über die Herkunft dieses »Kieler Modells« wurde im letzten Bericht bereits informiert. In der Bilanz, die inzwischen aufgestellt werden kann, ergibt sich, daß dieses Modell den neuen Regelwerken durchweg zugrundeliegt (in den fünf neuen Ländern, Niedersachsen und Hamburg). Auch in Berlin hat man das dreistufige Verfahren rezipiert, obwohl es eine eigene »klassische« Tradition gab. Bei der Verfassungsrevision in Bremen wurde diese Erweiterung durch die Aufnahme eines sogenannten Bürgerantrags mitvollzogen.

---

[256] Vgl. Gemeinsame Verfassungskommission: Stenographischer Bericht [über die] 3. Öffentliche Anhörung »Bürgerbeteiligung und Plebiszite«, 1992, S. 15, 38, 40, 45, 51; ferner *U.K. Preuß*: Plebiszite als Formen der Bürgerbeteiligung, in: ZRP 26 (1993), S. 131–138 (137).

[257] Vgl. Gemeinsame Verfassungskommission: Stenographischer Bericht [über die] 3. Öffentliche Anhörung, S. 53.

[258] In den letzten acht Jahren wurde in Deutschland auf Landesebene siebenmal das Verfahren der Volksgesetzgebung bis zum Volksentscheid geführt; im gleichen Zeitraum fanden aber zehn (Verfassungs-)Referenden sowie zwei Territorialplebiszite statt.

[259] Vgl. *J.-D. Kühne*: Plebiszitäre Demokratie, in: LdR 5/535, S. 3, 6.

[260] Zur Weimarer und älteren rheinland-pfälzischen Praxis vgl. *Jung*: Wenn der Souverän sich räuspert …, S. 147 m. w. Nachw.

[261] Vgl. aaO., S. 136–157.

Im Ergebnis stehen so zwei Systeme der Volksgesetzgebung in Deutschland auf Landesebene nebeneinander, mit einem deutlichen quantitativen Übergewicht (zehn von 16, nämlich Schleswig-Holstein, die fünf neuen Länder, Niedersachsen und die Stadtstaaten) für das wie auch immer modifizierte »Kieler Modell«.

Diese Abstriche innerhalb der Mehrheitsgruppe gilt es freilich zu beachten. Zunächst muß man unterscheiden zwischen der Ausgestaltung als obligatorisches dreistufiges Verfahren und jenen Verfassungen, wo auch ein »Direkteinstieg« beim Volksbegehren möglich ist. Der ersteren, strengen »Schule« folgten nach Schleswig-Holstein nur Sachsen, Brandenburg und Hamburg; in den anderen entsprechenden Ländern ist die Volksinitiative fakultativ.

Alsdann sind die jeweiligen Hürden für die Volksinitiative einzuschätzen. Üblicherweise wird die Unterstützung durch etwa 1% der Stimmberechtigten verlangt[262]. Thüringen dagegen fordert für das Zustandekommen eines sogenannten Bürgerantrags die Unterstützung von gleich 6% des Elektorats. Wieder anders ist die Situation in Brandenburg und den beiden Stadtstaaten Berlin und Bremen, die auf Einwohner, volljährige Einwohner bzw. Einwohner über 16 Jahre abstellen. Damit wird die Marke auf umgerechnet 1,0% (Brandenburg)[263], auf 2% (Bremen)[264] bzw. auf umgerechnet 3,2% (Berlin)[265] gelegt, in Berlin also auf einen vergleichsweise überhöhten Wert.

Ferner haben zwar fast alle Länder – außer Sachsen und Hamburg – die Volksinitiative weit gefaßt; sie ist also über »bestimmte Gegenstände der politischen Willensbildung« zulässig, innerhalb deren ein Gesetzentwurf nur einen (wichtigen) Sonderfall darstellt. Doch auf der zweiten oder gar dritten Stufe des Verfahrens erlaubt (außer Schleswig-Holstein) lediglich noch Brandenburg solche »anderen Vorlagen«[266]. In den übrigen Ländern ist vom Volksbegehren an nur Volks*gesetzgebung* im strikten Sinne möglich.

Ähnliches gilt von dem Spezialproblem innerhalb des »Kieler Modells«, wann, ge-

---

[262] Genau: zwischen 0,9% (Schleswig-Holstein) und 1,6% (Sachsen-Anhalt). Um überhaupt vergleichen zu können, wurde das durchweg in absoluten Zahlen angegebene Unterstützungserfordernis auf die Zahl der Wahlberechtigten an einem einheitlichen Stichtag bezogen: dem Tag der Bundestagswahl 1994.

[263] 20000 von 1 980,3 Tsd. Einwohnern über 18 Jahre (am 31. 12. 1994, nach Stat. Jb. 1996 für die Bundesrepublik Deutschland, S. 62, und eigene Berechnung).

[264] Art. 87 Abs. 2 Satz 1 BremLV.

[265] 90000 von 2 836,0 Tsd. Einwohnern über 18 Jahre (am 31. 12. 1994, nach Stat. Jb. 1996 für die Bundesrepublik Deutschland, S. 62, und eigene Berechnung).

[266] *J. Fuchs*: Das Verfahren der Landesgesetzgebung und plebiszitäre Elemente in Landesverfassungen, in: Landesverfassungsrecht im Umbruch. Probleme und Aufgaben einer modernen Landesverfassungsgebung, hrsg. v. *J. Fuchs*, 1994, S. 27–70 (41), nimmt dies irrig auch für Sachsen-Anhalt an, vgl. aber Art. 81 Abs. 1 Satz 2 Verf. – Bemerkenswerterweise ist die Partizipationsform der »anderen Vorlage« ausnehmend beliebt. Sie wurde in zwei der drei bisher vorgekommenen Fälle von Volksbegehren in Schleswig-Holstein sowie in drei der vier bisherigen brandenburgischen Volksbegehrens-Fälle gewählt (zu Einzelheiten vgl. *O. Jung*: Die Praxis direkter Demokratie unter den neuen Landesverfassungen, in: ZG 13 (1998), S. 295–328 (299ff., 305, 308)). Ersichtlich wurde die »andere Vorlage« dabei in einem ähnlichen Sinne benutzt, wie das schweizerische Verfassungsrecht für das Initiativbegehren die Form der »allgemeinen Anregung« (neben der Form des »ausgearbeiteten Entwurfs«) bereithält. Die Initiatoren haben jeweils eine auf den sachlichen Kern konzentrierte und dem Publikum besser vermittelbare Fassung ihres Anliegens gewählt und dieser gegenüber einer rechtstechnisch ausgearbeiteten, aber damit für Nichtjuristen meist schwer verständlichen Vorlage den Vorzug gegeben. Die rechtsstaatlich unerläßliche Umsetzung einer eventuellen positiven Entscheidung wird dabei offenkundig der Regierungs- bzw. Parlamentsbürokratie überlassen.

nauer: wie lange noch der »Umstieg« von der plebiszitären Problemlösung in das re-
präsentativdemokratische Verfahren zulässig sein soll. Schleswig-Holstein hatte sich
hier für eine frühe Weggabelung entschieden. Ein Einlenken des Parlaments ist nur auf
der ersten Stufe der qualifizierten Petition (Volksinitiative) vorgesehen. Ist dagegen
einmal die zweite Stufe erreicht, fehlt es an einer Verflechtung mit der parlamentarischen Willensbildung: Auf einen im Volksbegehren erfolgreichen Entwurf folgt unausweichlich der Volksentscheid. Zugespitzt formuliert: »Der Landtag hat seine
Chance ›verpaßt‹, wenn er nicht bereits den Entwurf der Initiative ohne Wenn und
Aber ›schluckt‹.«[267] Im letzten Bericht wurde diese Regelung als verfehlt bezeichnet
und die dahinterstehende Ideologie – der »Aktion Volksentscheid« in Achberg – herausgearbeitet. Nun zeigt die Bilanz erfreulicherweise, daß nur noch Sachsen dieses rigorose Detail des »Kieler Modells« übernommen hat.

3. Der Umbau der Hürden

Hier ist eine doppelte Tendenz erkennbar. Einerseits werden die Hürden beim Volks-
begehren gesenkt. Unter den alten Verfassungen haben Bremen und Berlin das bisherige – in der Nachkriegszeit prohibitiv hoch angesetzte – Eintragungsquorum von 20%
halbiert. Die neuen Verfassungen haben insoweit von vornherein niedrigere Werte
gefordert: 10% (Niedersachsen, Mecklenburg-Vorpommern[268], Hamburg), noch
deutlich weniger (Schleswig-Holstein 5%, Brandenburg 4,13%) oder doch einiges
mehr (Sachsen 12,6%, Sachsen-Anhalt 11,6%, Thüringen 14%).

Das ganze Ausmaß der hier eingetretenen Erleichterung wird freilich erst sichtbar,
wenn man die Höhe der jeweiligen Eintragungshürde mit der Zeit in Beziehung setzt,
die für ihre Überwindung zur Verfügung steht und wo, verglichen mit den knappen
14 Tagen des klassischen Modells, nun ganz andere Zeiträume – von mehreren Monaten bis zu einem halben Jahr – zugestanden werden. Man kann dies zu Vergleichs-
zwecken formalisieren als Mobilisierungskoeffizienten, das Maß des auf den Betrei-
bern eines plebiszitären Projekts in diesem Verfahrensstadium lastenden Qualifizie-
rungsdrucks. Die entsprechenden Werte sind von den klassischen 0,714 (WRV,
Bayern) auf bis zu 0,028 (Schleswig-Holstein) gesunken. Nordrhein-Westfalen und
Hessen (jeweils 20% der Stimmberechtigten in 14 Tagen gleich 1,428) liegen hier vergleichsweise wie erratische Blöcke in der verfassungspolitischen Landschaft[269].

Andererseits sind die Voraussetzungen der direkten Demokratie beim Volks*entscheid*
nur zu oft heraufgesetzt worden, jedenfalls was die Quorenproblematik angeht. Bei der
einfachen Gesetzgebung kannten die alten Verfassungen im allgemeinen keine Quoren. Es entschied die Mehrheit der abgegebenen gültigen Stimmen: so in Bayern (vgl.
Art. 2 Abs. 2 Satz 2)[270], Hessen (Art. 124 Abs. 3 Satz 2), Rheinland-Pfalz (Art. 109 Abs. 4
Satz 2) und Nordrhein-Westfalen (Art. 68 Abs. 4 Satz 2); ein Beteiligungsquorum, wie

---

[267] *Jung*: Jüngste plebiszitäre Entwicklungstendenzen, S. 39.

[268] Wenn man über die jahrzehntelange Traditionsunterbrechung hinwegsieht, hat auch Mecklenburg-
Vorpommern das Volksbegehrensquorum gegenüber der Landesverfassung von 1947 halbiert.

[269] Das Saarland, das seit 1979 den gleichen Wert verlangt, ist von seiner Landesverfassungsgeschichte
her ein besonderer Fall, vgl. *Jung*: Grundgesetz und Volksentscheid, S. 96–102.

[270] Nur dieses alte Bundesland registriert *Starck*: Die Verfassungen der neuen deutschen Länder, S. 28
FN 141. Damit wird ihm unversehens zur Singularität, was durchaus die Regel war.

es Bremen forderte (50%, vgl. Art. 72 Abs. 1 a. F.), war die Ausnahme. Hier haben die neuen Verfahrensordnungen, die fast durchweg[271] Zustimmungsquoren von 25% (Schleswig-Holstein, Brandenburg, Sachsen-Anhalt, Niedersachsen, Hamburg und neuerdings Bremen) bzw. 33% (Mecklenburg-Vorpommern, Thüringen, Berlin[272]) festlegen, künftiger plebiszitärer Praxis größere Stolpersteine in den Weg gerollt[273].

Die andernorts hinreichend verfassungsgeschichtlich und systematisch entfaltete Quorenproblematik[274] soll hier nicht noch einmal ausgebreitet werden. So sei nur knapp festgehalten, daß Quoren theoretisch Prämien auf kommunikative Abstinenz bedeuten und praktisch eine Fehlsteuerung bewirken: Sie laden zur Sabotage des Verfahrens durch Boykott geradezu ein.

Bei der verfassungsändernden Volksgesetzgebung ist keine einheitliche Linie der alten Verfassungen auszumachen. Bayern und Hessen[275] lassen auch in diesem Falle die einfache Mehrheit derer genügen, die an die Urnen kommen und sich für Ja oder Nein entscheiden. Rheinland-Pfalz (Art. 129 Abs. 1), Bremen (Art. 72 Abs. 2) und Nordrhein-Westfalen (Art. 69 Abs. 2 Satz 2) hingegen bauten an dieser Stelle ein 50%iges Zustimmungsquorum ein. Für ihre neuen Verfassungen haben Sachsen, Niedersachsen und Thüringen das letztere Erfordernis übernommen. Die anderen neuen Regelungen dagegen haben diese schon schwierige Hürde noch übertrumpft, indem sie die sogenannte interne Qualifizierung und das Zustimmungsquorum kombinierten: Einer verfassungsändernden Vorlage müssen beim Volksentscheid also zwei Drittel der Abstimmenden, zumindest aber die Hälfte der Stimmberechtigten, zustimmen (so Art. 45 Abs. 2 Satz 5 Schleswig-Holstein, Art. 78 Abs. 3 Satz 1 Brandenburg, Art. 81 Abs. 5 Sachsen-Anhalt, Art. 60 Abs. 4 Satz 2 Mecklenburg-Vorpommern, Art. 50 Abs. 3 Satz 4 Hamburg). Derartige, nach der Oppositionslogik der Volksgesetzgebung notwendig gegen die wichtigsten Repräsentativorgane – das Parlament (bzw. seine Mehrheit) und die Regierung – gerichtete plebiszitäre Mehrheiten zu mobilisieren dürfte illusorisch sein[276].

In der Zusammenschau dieser beiden Tendenzen sieht man, wie sehr sich das »Design« der direkten Demokratie gewandelt hat. Die alten Verfahrensordnungen setzten die Hürden für das Volksbegehren hoch an. War diese Hürde aber erst einmal genommen, stand dem Erfolg bei der einfachen und in einigen Fällen sogar bei der verfassungsändernden Gesetzgebung kaum mehr etwas im Wege. Das plebiszitäre Projekt

---

[271] Kein Quorum verlangt Sachsen, vgl. Art. 72 Abs. 4 Satz 2 Verf.

[272] Das alternative 50%ige Beteiligungsquorum kann als bloß theoretische Hürde außer Betracht bleiben – solange es Quoren gibt, werden die Gegner eines plebiszitären Projekts immer zum Fernbleiben von der Abstimmung aufrufen. Das 33%ige Zustimmungsquorum ist der eigentliche »Härtetest«.

[273] 33% verlangt auch Baden-Württemberg seit 1974. Das 50%ige Zustimmungsquorum freilich, welches das Saarland 1979 – für einfache Gesetze! – aufstellte, ist nur als verfassungspolitischer »Ausreißer« zu qualifizieren.

[274] Vgl. *O. Jung*: Das Quorenproblem beim Volksentscheid. Legitimität und Effizienz beim Abschluß des Verfahrens der Volksgesetzgebung, in: ZPol 9 (1999), S. 863–898.

[275] Vgl. *O. Jung*: Volksbegehren auf Verfassungsänderung in Hessen und Nordrhein-Westfalen? in: KritV 76 (1993), S. 14–33.

[276] Vgl. das Desaster in Hamburg beim Volksentscheid 1998. Schon die Überwindung der Hürde des 50%igen Zustimmungsquorums nannte *Jürgens* (Direkte Demokratie in den Bundesländern, S. 256) »völlig illusorisch«; ähnlich *Ch. Degenhart*: Direkte Demokratie in den Ländern – Impulse für das Grundgesetz? in: Der Staat 31 (1992), S. 77–97 (97).

setzte sich förmlich – durch Sieg in der Abstimmung – oder weitgehend inhaltlich – über eine parlamentarische Konkurrenzvorlage mit erheblichen Konzessionen an die Initiatoren – durch. Nach den neuen Verfahrensordnungen sind die Hürden für das Volksbegehren erheblich gesenkt und können dadurch natürlich viel leichter überwunden werden, aber danach ist der Fortgang offen. Bei gebotener Skepsis steht zu befürchten, daß wegen der bekannten Quoreneffekte – Boykottstrategien! – der Erfolg eines plebiszitären Projekts im Volksentscheid potentiell (bei der einfachen Gesetzgebung) bzw. definitiv (bei verfassungsändernden Vorlagen) unmöglich geworden ist. Ob dieser Umbau der Hürden sinnvoll war? Auch insoweit bestehen jedenfalls nun zwei Systeme der Volksgesetzgebung in Deutschland auf Landesebene nebeneinander.

4. Die materiellen Voraussetzungen

Die bisherigen Ordnungen der direkten Demokratie schenkten den materiellen Voraussetzungen einer entsprechenden Praxis, insbesondere der Volksgesetzgebung, so gut wie keine Beachtung. Finanzfragen wurden lediglich in der administrativen Perspektive angeschnitten, wie die Verwaltungskosten der jeweiligen Verfahrensabschnitte unter den betroffenen Gebietskörperschaften zu verteilen seien. Daß den Antragstellern ihre Kosten, die sie für das Betreiben des Verfahrens aufbringen mußten, endgültig zur Last fielen, verstand sich gewissermaßen von selbst. Eine Ressource wie Information geriet, wenn überhaupt, dann nur in der obrigkeitsstaatlichen Verfremdung zum Thema, daß etwa die bayerische Verfassung es für sinnvoll hielt, das Volk über ein plebiszitäres Projekt durch eine sogenannte »Weisung« der *Staatsregierung* zu unterrichten, »die bündig und sachlich sowohl die Begründung der Antragsteller wie die Auffassung der Staatsregierung über den Gegenstand darlegen« sollte (Art. 74 Abs. 7). Institutionelle Befangenheit der Regierung als der geborenen Gegnerin eines jeden unvermeidlicherweise oppositionellen Projekts der Volksgesetzgebung wurde gar nicht problematisiert.

Hier haben sich unzweifelhaft die Dinge zum Besseren gewendet. Als Pendant zur politisch festetablierten Wahlkampfkostenerstattung ist der Grundsatz der Kostenerstattung beim Volksgesetzgebungsverfahren[277] inzwischen in immerhin fünf der neuen Systeme anerkannt, freilich nur dreimal verfassungsrechtlich verankert (in Schleswig-Holstein, Sachsen und Niedersachsen)[278]. Der Anspruch geht entweder – der bis 1994 geltenden entsprechenden Formel des § 18 des Parteiengesetzes zur Wahlkampfkostenpauschale nachgebildet – auf Erstattung der notwendigen Kosten »eines angemessenen Abstimmungskampfes« (Sachsen) oder – etwas kräftiger – einer angemessenen »Werbung« für das Volksbegehren (Sachsen-Anhalt) bzw. den Volksentscheid (Schleswig-Holstein) oder aber – zurückhaltender – einer angemessenen »Information der Öffentlichkeit über die Ziele des Volksbegehrens« (Niedersachsen) bzw. des »Gesetzentwurfs« (Hamburg).

---

[277] Vgl. dazu grundsätzlich *St. Przygode*: Die deutsche Rechtsprechung zur unmittelbaren Demokratie. Ein Beitrag zur Praxis der Sachentscheide in Deutschland, 1995 (Fundamenta Juridica Bd. 28), S. 451–468.

[278] Art. 81 Abs. 6 der Verfassung von Sachsen-Anhalt sagt nur, daß das Ausführungsgesetz eine entsprechende Kostenerstattung vorsehen könne. In Hamburg ist die Kostenerstattung bloß einfachgesetzlich bestimmt.

Die Sätze[279] allerdings klaffen weit auseinander. Auch wenn man nicht von staatlicher »Vollfinanzierung« träumt und die Größenordnung der staatlichen Teilfinanzierung der Parteien vernünftigerweise ebensowenig als Maßstab dienen kann, sind 0,50 DM pro Eintragung beim Volksbegehren (Sachsen-Anhalt) bzw. pro Ja-Stimme beim Volksentscheid (Schleswig-Holstein) doch ein bescheidener Betrag, den noch zu unterschreiten nicht angebracht erscheint (so aber Hamburg mit 0,20 DM pro Ja-Stimme). 0,10 DM pro Eintragung plus zwei Pfennige pro Ja-Stimme jedenfalls wie in Sachsen sind unangemessen.

Bei der anderen zu betrachtenden Ressource – Information – hatte Schleswig-Holstein 1990 ein negatives Beispiel gegeben mit dem Verbot an die Landesregierung, bei der Veröffentlichung der Abstimmungsvorlage eine Stellungnahme mitabzugeben[280]. Diese geradezu ruppige Vorschrift hat keine andere Landesverfassung übernommen. Vielmehr hat Niedersachsen einen Kontrapunkt gesetzt mit der einfachgesetzlichen Erlaubnis einer solchen Stellungnahme (§ 25 Satz 2 NVAbstG) und Mecklenburg-Vorpommern hat sogar die bayerische Formel aufgegriffen in der Bestimmung, daß sowohl die Landesregierung als auch der Landtag mit der Bekanntmachung »in bündiger und sachlicher Form ihre Auffassung zu dem Gesetzentwurf darlegen« könnten (§ 19 Abs. 1 Satz 2 VaG M-V).

Während diese Kontroverse etwas »alt« anmutet, sei eine zukunftsweisende Vorschrift aus Sachsen-Anhalt hervorgehoben, die das Diskursprinzip[281] fortführt: Dem Volksbegehren muß ja ein ausgearbeiteter und »mit Gründen versehener« Gesetzentwurf zugrundeliegen (Art. 81 Abs. 1 Satz 2 Verf.). Der Gesetzgeber ging nun davon aus, daß auch eine eventuelle Konkurrenzvorlage des Landtags begründet würde und gab für diesen Fall den Vertrauenspersonen des Volksbegehrens »das Recht, der Begründung des konkurrierenden Gesetzentwurfes eine Stellungnahme anzufügen« (§ 20 Abs. 4 Satz 2 VAbstG 1995).

IV. Zur zeitgeschichtlichen Einordnung

Wurde im letzten Bericht der Wiederaufbau der Demokratie in Deutschland nach dem Zweiten Weltkrieg, was die Ergänzung des repräsentativen Systems durch Elemente direkter Demokratie angeht, als ein steckengebliebenes Projekt gekennzeichnet, so läßt sich nun sechs Jahre später feststellen, daß dieser Aufbau wieder in Gang gekommen ist und sogar seinen Abschluß gefunden hat. Hamburg hat sozusagen den

---

[279] In Niedersachsen gibt es mehr als vier Jahre nach dem Inkrafttreten des Volksabstimmungsgesetzes die angekündigte Verordnung über die zu erstattenden Kostenbeträge immer noch nicht. Sie wird auch – dem Vernehmen nach – gegebenenfalls erst ad hoc ergehen.

[280] Art. 42 Abs. 3 Satz 1 Verf.; vgl. *Jung*: Jüngste plebiszitäre Entwicklungstendenzen, S. 38; als Konkretisierung des Grundsatzes der Abstimmungsfreiheit interpretiert dies – wohlwollend – *P. Hübner* in: *A. v. Mutius/H. Wuttke/P. Hübner*: Kommentar zur Landesverfassung Schleswig-Holstein, 1995 (Kommentiertes Landesrecht Bd. 1), Art. 42 Rn. 7.

[281] Vgl. *O. Jung*: Welche Regeln empfehlen sich bei der Einführung von Volksbegehren und Volksentscheid (Volksgesetzgebung) auf Bundesebene? in: Direkte Demokratie in Deutschland. Handreichungen zur Verfassungsdiskussion in Bund und Ländern, hrsg. v. der Evangelischen Akademie Hofgeismar/Stiftung Mitarbeit, 1991 (Brennpunkt-Dokumentation Nr. 12), S. 19–59 (S. 34ff.).

»Schlußstein« gesetzt. Seitdem gilt direkte Demokratie im bezeichneten ergänzenden Sinne in Deutschland auf Landesebene flächendeckend.

Die lange gültige Einteilung der deutschen Landesverfassungen in eine vorgrundgesetzliche Mehrheitsgruppe, deren Mitglieder alle die Volksgesetzgebung bzw. verschiedene Formen von Referenden enthielten, und die Minderheit jener Verfassungen, die erst nach dem Grundgesetz in Kraft getreten waren und unter dem Eindruck des rigiden Repräsentativsystems der Bundesverfassung von Elementen direkter Demokratie absahen[282] – dazu kamen als scheinbare Ausnahmen Nordrhein-Westfalen und (West-)Berlin, ferner das Saarland und als Sonderfall Baden-Württemberg –, hat damit ihre aktuelle Bedeutung verloren und ist nur noch rechts- und zeitgeschichtlich von Belang.

Daß diese Wiederaufnahme und Vollendung der plebiszitären Demokratisierung auf Landesebene im Gefolge der Herstellung der Einheit Deutschlands geschah, ist in sich folgerichtig: Wie der Beginn des Kalten Krieges Ängste ausgelöst hatte, die zu der strategischen Entscheidung einer Art plebiszitärer Quarantäne für die junge Bundesrepublik in der Übergangszeit führten[283], so setzten das Ende der Teilung der Welt, Europas und Deutschlands sowie das Verschwinden des ideologischen Antagonismus und der politischen Feindbilder jene Energien frei, die mutig, aber auch gelassen neue Lösungen zuwegebrachten. Diese historische Veränderung in Deutschland brachte den eigentlichen Schub für die hier betrachteten plebiszitären Entwicklungen. Das schon im letzten Bericht betonte Zeichen, das Schleswig-Holstein aus spezifisch regionalen Gründen setzte, soll deswegen nicht gemindert werden. Aber seine Bedeutung liegt nicht darin, daß es eine materiell-politische Strömung hervorgerufen hätte, die jener aus der deutschen Wiedervereinigung – unmittelbar oder mittelbar allein sieben neue Verfassungen (die fünf ostdeutschen Länder, Niedersachsen und Berlin)! – vergleichbar wäre. Vielmehr wollten es die Gunst der Stunde und die Fortune der politischen Akteure im Norden, daß sie gerade dann die geeignet erscheinende Form bereitgestellt hatten, als der allgemeine Ruf nach einer solchen erscholl.

Flächendeckend direkte Demokratie heißt nicht, daß Schleswig-Holstein, Niedersachsen und Hamburg einfach aufgeschlossen hätten zu einem Stand, den die anderen westdeutschen Landesverfassungen, sei es durch die »Gnade« der frühen Verabschiedung, sei es durch Sonderfaktoren, schon vorher erreicht hatten. Ebensowenig knüpften die fünf neuen Länder einfach an die (im Prinzip weimargeprägten) Systeme der Volksgesetzgebung an, die ihre früheren Verfassungen von 1946/47 enthalten hatten. Vielmehr brachte die Verfassungsgebung bzw. -revision in zweifacher Hinsicht Neues, was man nicht unbedingt mit Fortschritt gleichzusetzen braucht.

Da ist erstens die Erweiterung des Volksgesetzgebungsverfahrens auf drei Stufen. Der offenkundige politische Erfolg dieses »Kieler Modells« erübrigt freilich nicht die wissenschaftliche Kritik. Es wird noch weiterer praktischer Erfahrung bedürfen, um beurteilen zu können, ob mit dieser Verfahrensinnovation die verschiedenen Funktionen der Volksgesetzgebung besser bzw. leichter erfüllt werden. Die bisherige Staatspraxis[284] deutet allerdings in eine positive Richtung.

---

[282] Vgl. *Jung*: Grundgesetz und Volksentscheid, S. 331–337.

[283] Vgl. *O. Jung*: Kein Volksentscheid im Kalten Krieg! Zum Konzept einer plebiszitären Quarantäne für die junge Bundesrepublik 1948/49, in: APuZG B 45/92, S. 16–30.

Keinen Zweifel braucht man – zweitens – bei der Senkung der Hürden für die Volksgesetzgebung zu hegen. Die in der Nachkriegszeit praktizierte Verdoppelung der – auch schon hohen – Weimarer Hürden beim Volksbegehren, mit der man die vorderhand proklamierte Möglichkeit direkter Demokratie auf der Verfahrensebene hintertrieb, hat sich nun wirklich als überzogen erwiesen. Ein einziges erfolgreiches Volksbegehren in Nordrhein-Westfalen im Laufe von 48 Jahren – dies ist, auch wenn man Vorwirkungen gebührend in Rechnung stellt[285], als direktdemokratische Ergänzung und Korrektur des repräsentativdemokratischen Systems offenkundig zu wenig. Nordrhein-Westfalen sollte hier – wie auch Hessen – dem bremischen, Berliner und – wohl auch bald – rheinland-pfälzischen[286] Beispiel folgen und diese überzogenen Anforderungen herabsetzen. Zur direkten Demokratie, wenn sie ernstlich gewollt wird bzw. die tatsächliche Bereitschaft zu ihr besteht, gehört auch ein praktikables, um nicht zu sagen: anwenderfreundliches Regelwerk.

---

[284] Vgl. *Jung*: Die Praxis direkter Demokratie unter den neuen Landesverfassungen, S. 325–328.

[285] Vgl. den Fall bei *Jung*: Wenn der Souverän sich räuspert …, S. 110–121.

[286] Vgl. den Bericht der Enquete-Kommission »Verfassungsreform« Ds 12/5555 v. 16. 9. 1994, S. 17–26; *Ch. Gusy/A. Müller*: Die verfassungsrechtliche Entwicklung in Rheinland-Pfalz von 1986–1996, in: JöR 45 (1997), S. 509–533. – Ebenso zuletzt der Bericht der Enquete-Kommission »Parlamentsreform« Ds 13/3500 v. 31. 8. 1998, S. 9, 19.

Das Kreuz mit dem Kreuz

Hintergründe und Kritik am Urteil des Bundesverwaltungsgerichts vom
21. April 1999

von

Achim Nolte

Assistent an der Juristischen Fakultät der Universität Basel[1]

Wie nur wenige andere gerichtliche Entscheidungen hat der sog. »Kruzifix-Beschluss« des
Bundesverfassungsgerichts aus dem Jahr 1995 zunächst politische Entrüstungsstürme und dann
eine Flut von Beiträgen in den juristischen Fachzeitschriften ausgelöst. Nachdem nun vier Jahre später das Bundesverwaltungsgericht neue Akzente gesetzt hat, ist es an der Zeit, diese zum
Teil sehr engagierte und bisweilen emotional geführte Diskussion um die Kreuze in Klassenzimmern aus der Distanz noch einmal Revue passieren zu lassen. Da die juristischen Argumente weitgehend ausgetauscht sind, wird im ersten Teil des Beitrags analytisch danach gefragt, was
die Gemüter in dieser Frage so erhitzte und was von dieser Diskussion bleiben wird.

Der zweite Teil setzt sich kritisch mit der Ansicht des Bundesverwaltungsgerichts auseinander, die Neuregelung zur Anbringung von Kreuzen könne verfassungskonform ausgelegt werden. Es wird nachgewiesen, dass es sich beim Nichtidentifikationsverbot um ein Staatsprinzip
handelt, gegen das die bayerische Neuregelung zum Kreuz verstößt.

I. Der Kruzifix-Beschluss des Bundesverfassungsgerichts[2] und das Urteil des Bundesverwaltungsgerichts

1. Die Vorgeschichte

Im Juni 1993 erließ das Bayerische Staatsministerium für Unterricht und Kultus,
gestützt auf das Bayerische Gesetz über das Erziehungs- und Unterrichtswesen (Bay-
EUG), eine Rechtsverordnung für Volksschulen, die bestimmte, dass in jedem Klassenzimmer in Bayern ein Kreuz anzubringen sei. Ein Elternpaar, das mehrere Kinder
im grundschulpflichtigen Alter hatte und sich der anthroposophischen Lehre verpflichtet fühlte, verwahrte sich dagegen, dass ihre Kinder »unter dem Kreuz« zu lernen

---

[1] Mein Dank gilt Herrn Prof. Dr. Felix Hafner, der diesen Beitrag anregte und durch lange Diskussionen wesentlich förderte.

[2] BVerfGE 93, S. 1–37 = NJW 1995, 2477ff.

hätten. Weil mehrere Versuche gescheitert waren, mit der Schulbehörde eine außergerichtliche Lösung zu erreichen, sahen sich die Eltern gezwungen, die Gerichte zu bemühen. Nachdem die zuständigen Verwaltungsgerichte vorläufigen Rechtsschutz abgelehnt hatten, gab ihnen schließlich das Bundesverfassungsgericht im Mai 1995 Recht. Jener Passus der Rechtsverordnung, der das Anbringen eines Kreuzes in jedem Klassenzimmer staatlich anordnete, wurde vom Bundesverfassungsgericht als mit der Religionsfreiheit aus Art. 4 Abs. 1 GG unvereinbar und für nichtig erklärt.

Der Bayerische Landtag reagierte bereits am 13. 12. 1995 mit großer Eile, indem er den Art. 7 des Bayerischen Gesetzes über das Erziehungs- und Unterrichtswesen änderte. Es wurde ein neuer Abs. 3 eingefügt, der zum einen die staatliche Anordnung von Kreuzen in Klassenzimmern in Form eines formellen Gesetzes bekräftigt und zum anderen andersgläubigen Eltern ein Widerspruchsrecht einräumt[3].

Mittlerweile trat ein weiterer Vater den Weg durch die Instanzen an, der seine Tochter nicht länger in einem mit Kreuz ausgestatteten Klassenzimmer unterrichtet wissen wollte. Die angerufenen Verwaltungsgerichte prüften nunmehr auf der Grundlage des neuen Art. 7 Abs. 3 BayEUG, ob dem klagenden Vater als Konfessionslosem ein Widerspruchsrecht zustünde. Sowohl das Verwaltungsgericht München, als auch der Bayerische Verwaltungsgerichtshof wiesen die Klage ab, weil die Forderung nach Entfernung des Kreuzes »polemisch und trivial« begründet sei, der Art. 7 Abs. 3 BayEUG aber ernsthafte und einsehbare Gründe verlange. Außerdem reiche es nicht aus, sich darauf zu berufen, nichts zu glauben[4].

Bereits vor dieser Entscheidung hatte der Bayerische Verfassungsgerichtshof im Zuge eingereichter Popularklagen[5] – eine bayerische Besonderheit – entschieden, dass weder der Neutralitätsgrundsatz noch Grundrechte noch die Bindungswirkung der Entscheidung des Bundesverfassungsgerichts der gesetzlichen Anordnung von Kreuzen entgegenstünden und der neue Art. 7 Abs. 3 BayEUG demnach verfassungsgemäß sei[6].

Der 6. Senat des Bundesverwaltungsgerichts schließlich ist in seiner aktuellen Entscheidung im Ergebnis der Auffassung des Bayerischen Verfassungsgerichtshofs zur Verfassungsmäßigkeit der Widerspruchsregelung gefolgt, da die gesetzliche Neuregelung des Art. 7 Abs. 3 BayEUG verfassungskonform ausgelegt werden könne. Das Berliner Bundesverwaltungsgericht hat anerkannt, dass dem Gesetzgeber hinsichtlich der geeigneten Maßnahmen zur Konfliktlösung ein Prognose- und Gestaltungsspielraum

---

[3] Der eingefügte Absatz 3 des Art. 7 BayEUG lautet: »Angesichts der geschichtlichen und kulturellen Prägung Bayerns wird in jedem Klassenraum ein Kreuz angebracht. Damit kommt der Wille zum Ausdruck, die obersten Bildungsziele der Verfassung auf der Grundlage christlicher und abendländischer Werte unter Wahrung der Gewissensfreiheit zu verwirklichen. Wird der Anbringung des Kreuzes aus ernsthaften und einsehbaren Gründen des Glaubens oder der Weltanschauung durch die Erziehungsberechtigten widersprochen, versucht der Schulleiter eine gütliche Einigung. Gelingt eine Einigung nicht, hat er nach Unterrichtung des Schulamtes für den Einzelfall eine Regelung zu treffen, welche die Glaubensfreiheit des Widersprechenden achtet und die religiösen und weltanschaulichen Überzeugungen aller in der Klasse Betroffenen zu einem gerechten Ausgleich bringt; dabei ist auch der Wille der Mehrheit soweit möglich zu berücksichtigen.«

[4] BVerwG, Urt. v. 21. 4. 1999 – 6C 18/98 = NJW 1999, 3067.

[5] Az Vf. 6-VII-96, 17-VII-96 und 1-VII-97.

[6] Ausführlich zur Entscheidung des BayVerfGH vom 1. 8. 1997 vgl.: *G. Czermak*, Das bayerische Kruzifix-Gesetz und die Entscheidung des BayVerfGH vom 1. 8. 1997, DÖV, 1998, 107ff.

zustehe. Allerdings hat sich das Gericht deutlich von der Auffassung des Bayerischen Verwaltungsgerichtshof distanziert, wonach nicht als Begründung angeführt werden könne, nichts zu glauben. Das Bundesverwaltungsgericht betont vielmehr, dass Art. 4 Abs. 1 GG auch die Freiheit schütze, nichts zu glauben. Die Anforderungen an die Begründung des Widerspruchs dürften deshalb nicht überzogen werden. Die Forderung nach »einsehbaren« Gründen für einen Widerspruch dürften nur so verstanden werden, dass sich Schulleiter und Gerichte in den Standpunkt der Widersprechenden hineinzuversetzen hätten, um von daher einen Zusammenhang mit dem Widerspruch gegen das Kreuz zu erkennen. Daher seien auch trivial erscheinende Begründungen anzuerkennen und müssten polemische Äußerungen ihres polemischen Äußeren entkleidet und auf ihren Sinngehalt zurückgeführt werden. Werde – wie im entschiedenen Fall – deutlich, dass die Eltern Atheisten seien oder aus antireligiösen Auffassungen heraus religiöse Einflüsse auf ihr Kind nicht wünschten, müsse dies für eine Kreuzabnahme reichen. Deshalb verpflichtete das Bundesverwaltungsgericht im vorliegenden Einzelfall den Schulleiter, das Kreuz aus dem Klassenzimmer der Tochter des Klägers zu entfernen[7].

2. Die Argumentation des Bundesverfassungsgerichts aus dem Jahr 1995 und die Gegenpositionen des Minderheitenvotums bzw. der Literatur

a). Die Bedeutung des Kreuzes

In der nach dem Kruzifix-Beschluss 1995 aufgekommenen Diskussion[8] wurde im wesentlichen um zwei Fragekomplexe gerungen. Zum einen gingen die Ansichten

---

[7] BVerwG, Urt. v. 21. 4. 1999 – 6 C 18/98 = NJW 1999, 3067.

[8] Weitgehend vollständige Bibliographie bis Mai 1999: *H. Amberg,* Die Entwicklung des Schulrechts in Bayern von 1995 bis 1997, RdJB 1998, 115–122; *H. Amberg,* Die Entwicklung des Schulrechts in Bayern seit 1985, RdJB 1995, 85–89; *H. U. Anke, T. Severitt,* Glaubensfreiheit unter dem Schulkreuz – Zur »Kruzifix-Entscheidung« des Bundesverfassungsgerichts, VR 1996, 37–43; *P. Badura,* Das Kreuz im Schulzimmer, BayVBl. 1996, 33ff. und BayVBl. 1996, 71ff.; *E. Benda,* »Das Kruzifix- Urteil ist zu apodiktisch«, ZRP 1995, 427ff.; *E. Benda,* Wirklich Götterdämmerung in Karlsruhe?, NJW 1995, 2470; *J. Berkemann,* Aus der Rechtsprechung des Bundesverfassungsgerichts, JR 1995, 446–455; *G. C. Biletzki,* Das Kreuz im Klassenzimmer, NJW 1996, 2633f.; *M. Brenner,* Der Kruzifix-Beschluss des Bundesverfassungsgerichts, ThürVBl. 1996, S. 145ff.; *W. Brugger, St. Huster (Hrsg.),* Der Streit um das Kreuz in der Schule, Baden-Baden 1998; *W. Brugger,* Der praktische Fall – Öffentliches Recht – Das störende Kreuz in der Schule, JuS 1996, 233–240; *A. v. Campenhausen,* Zur Kruzifix-Entscheidung des Bundesverfassungsgerichts, AöR 121 (1996), 448ff.; *F. Czermak,* Familienrechtliche Aspekte im Streit um die Anbringung von Kruzifixen in Klassenräumen, SächsVBl 1998, 307–308; *G. Czermak,* Das bayerische Kruzifix-Gesetz und die Entscheidung des BayVerfGH vom 1. 8. 1997, DÖV, 1998, 107ff.; *G. Czermak,* Crux bavarica, Der BayVerfGH, das BVerfG, das Kreuz im Klassenzimmer und die religiös-weltanschauliche Neutralität, KJ 1997, 490–495; *G. Czermak,* Der Kruzifix-Beschluss zwischen Neutralität und Glaubensförderung sowie als Spielball der Emotionen, ZRP 1996, 201ff.; *G. Czermak,* Der Kruzifix-Beschluss des BVerfG, NJW 1995, 3348ff.; *G. Czermak,* »Gott« im Grundgesetz, NJW 1999, 1300–1303; *St. Detterbeck,* Gelten die Entscheidungen des Bundesverfassungsgerichts auch in Bayern?, NJW 1996, 426–432; *W. Eberl,* Anbringung von Kreuzen oder Kruzifixen in Schulräumen, Wer mich ist, der ist wider mich – Oder – Die Mehrheit bittet um Toleranz, BayVBl 1996, 107–110; *H. Fleischer,* Von Krippen, Kreuzen und Schulgebeten – Negative Religionsfreiheit und staatliche Neutralität im Spiegel der amerikanischen Rechtsprechung, JZ 1995, 1001–1005; *W. Flume,* Das »Kruzifix-Urteil« und seine Berichtigung, NJW 1995, 2904f.; *M.-E. Geis,* Geheime Offenbarung oder Offenbarungseid?, Recht d. Jugend 43 (1995), 373ff.; *H. Goerlich,* Krieg dem Kreuz in der Schule?, NVwZ 1995, 1184ff.; *W. Gut,* Kreuz und Kruzifix in öffentlichen Räumen, Zürich

bereits über den Bedeutungsgehalt des Kreuzes weit auseinander. Zum anderen wurde die sprichwörtliche »Gretchenfrage« diskutiert, ob und in wie weit sich der Staat seinerseits bei der Vermittlung von Glaubenswerten engagieren dürfe.

1997; *U. Häußler,* Rechtsprechung Öffentliches Recht, Verfassungsrecht/Schulrecht, JA 1998, 751–754; *M. Heckel,* Das Kreuz im öffentlichen Raum, DVBl. 1996, 453ff.; *D. Heckmann,* Eingriff durch Symbole?, JZ 1996, 880ff.; *O. Höffe,* Das Grundgesetz nur auslegen – Wieviel Politik ist dem Bundesverfassungsgericht erlaubt?, JZ 1996, 83f.; *A. Hollerbach,* »Der Staat ist kein Neutrum«, in: Das Kreuz im Widerspruch, Questiones disputatae 162, Freiburg 1996, S. 28ff.; *F. Hufen,* Anbringen von Kruzifixen in staatlichen Pflichtschulen als Verstoß gegen Art. 4 I GG, JuS 1996, 258–261; *J. Isensee,* Bildersturm durch Grundrechtsinterpretation, in: Das Kreuz im Widerspruch, Questiones disputatae 162, Freiburg 1996, S. 9ff.; *M. Jestaedt,* Das Kreuz unter dem Grundgesetz, Journal f. Rechtspolitik 3, 1995, 237ff.; *E. Jüngel,* Der »Kruzifix-Beschluss« des Bundesverfassungsgerichts, hrsg. durch die Karl Rahner Akademie, Köln 1997; Erklärung der *Justizministerinnen/ – senatorinnen* und *Justizminister/ – senatoren* der Länder Berlin, Brandenburg, Bremen, Hessen, Mecklenburg-Vorpommern, Niedersachsen, Saarland, Sachsen-Anhalt und Schleswig-Holstein zur Kruzifix-Entscheidung des BVerfG, Recht u Politik 1995, 217; *K.-H. Kästner,* Das Grundrecht auf Religions- und Weltanschauungsfreiheit in der neueren höchstrichterlichen Rechtsprechung, AöR 123, 408–443 (1998); *K.-H. Kästner,* Lernen unter dem Kreuz?, in : ZevKR 41 (1996), 241ff.; *K.-H. Kästner, H.-U. Anke,* Der praktische Fall – Öffentliches Recht – »Kreuzzug« in der Lutherschule, JuS 1996, 719–725; *H. Kalb, R. Potz, B. Schinkele (Hrsg.),* Das Kreuz in Klassenzimmer und Gerichtssaal, Freistadt 1996; *K.-O. Knops,* Erste Stimme im Konzert – Bundesverfassungsgericht und die Bindungskraft seiner Entscheidungen, KritV 1999, 38–58; *H. Kremser,* Der verfassungsrechtliche Fall zum Ersten Juristischen Staatsexamen, Der Streit um das Kruzifix, NdsVBl 1996, 219–220; *R. Lamprecht,* Zur Demontage des Bundesverfassungsgerichts, 1996, 39ff.; *P. Lerche,* Verfassungsrechtliche Anmerkungen zur »Kreuz-Entscheidung«, in: Kirche und Gesellschaft, hrsg. v. d. kath. Sozialwiss. Zentralstelle Mönchengladbach, Köln 1995, 16ff.; *Chr. Link,* Stat crux? Die »Kruzifix«-Entscheidung des BVerfG, NJW 1995, 3353ff.; *J. Müller-Volbehr,* Positive und negative Glaubensfreiheit. Zum Kruzifix-Beschluss des BVerfG, JZ 1995, 996ff.; *O. Massing,* Anmerkungen zu einigen Voraussetzungen und (nichtintendierten) Folgen der Kruzifix-Entscheidung des Bundesverfassungsgerichts, in: Politische Vierteljahresschrift 1995, 718ff.; *St. Muckel,* Überkreuz mit dem Kreuz, KuR 1996, 65ff. (110, S. 21ff.); *J. Neumann,* Rechts- oder Glaubensstaat?, ZRP 1995, 381ff.; *B. Petermann,* Rechts- oder Glaubensstaat? Echo zu *J. Neumann,* Rechts- oder Glaubensstaat?, ZRP 1995, 381ff., ZPR 1996, 71f.; *H.-M. Pawlowski,* Zur Problematik höchstrichterlicher Entscheidungen, in: *R. Stober (Hrsg.),* Recht und Recht, Festschrift für Gerd Roellecke zum 70. Geburtstag, Stuttgart, 1997, S. 191–220; *B. Petermann,* Rechts- oder Glaubensstaat?, ZRP 1996, 71–72; *D. Pirson,* Urteilsanmerkung, BayVBl. 1995, 755ff.; *K. Redeker,* »Der moderne Fluch der Versuchung zur Totalität«, NJW 1995, 3369f.; *L. Renck,* Der Bayerische Verfassungsgerichtshof und das Schulkreuzgesetz, NJW 1999, 994ff.; *L. Renck,* Bemerkungen zum Schulkreuzgesetz, BayVBl. 1996, 492f.; *L. Renck,* Zum rechtlichen Gehalt der Kruzifix-Debatte, ZRP 1996, 16ff.; *L. Renck,* Positive und negative Bekenntnisfreiheit und Glaubens- oder Rechtsstaat, ZRP 1996, 205–206; *L. Renck,* Aktuelle Probleme der christlichen Gemeinschaftsschule – dargestellt am Beispiel der bayerischen Schulrechts –, KJ 1994, 488–500; *L. Renck,* Über positive und negative Bekenntnisfreiheit, NVwZ 1994, 544–547; *J. Rozek,* Anmerkungen zum Beschluss des BVerfG vom 16. 5. 1995, BayVBl. 1996, 22ff.; *M. Sachs,* Rechtsprechungsübersicht, Abweichung vom Kruzifix-Beschluss, JuS 1999, 78–79; *J.M. Schmittmann,* Zulässigkeit von Kruzifixen in Klassenzimmern, VR 1998, 34; *J.M. Schmittmann,* Zur Verfassungsmäßigkeit des SchulO BY § 13 Abs. 1 S. 3 betreffend die Anbringung von Kreuzen in den Klassenzimmern öffentlicher Volksschulen, VR 1995, 429–430; *St. Schumacher, J. Menzel,* Der praktische Fall – Lehrer mit Kreuz? – Das Kreuz mit den Lehrern, VR 1997, 314–318; *W. Seitz,* Wider den bösen Stoiber und die anderen rechten Verfassungsverächter, NJW 1996, 2485–2489; *St. Seltenreich,* Urteilsanmerkung, VBlBW 1995, 470ff.; *H. Simon,* Freie Kirche im demokratischen Staat, in: ZevKR 42 (1997), 155ff.; *Chr. Starck,* Zum Verhältnis von positiver und negativer Religionsfreiheit in der Schule, KuR 710, 1–6 (3f.); *K. Stern,* Die Fehler der Richter, in: Die politische Meinung, 40. Jg. (1995), 312, 5ff.; *B. Streithofen,* Das Kruzifixurteil, Frankfurt a.M. 1995; *G. Strikker,* Das Kruzifiz-Urteil in der wissenschaftlichen Diskussion, NJW 1996, 440f.; *U. Vultejus,* Das Kreuz mit dem Kreuz, Vorgänge 1995, Nr. 3, 10–14; *M. Winkler,* Glaubensfreiheit, JA 1995, 927–930; *R. Zuck,* Kreuz-Züge, NJW 1995, 2903f.

aa) Bundesverfassungsgericht

Das Bundesverfassungsgericht sieht im Kreuz das Symbol einer bestimmten religiösen Überzeugung. Es sei nicht nur Ausdruck der vom Christentum geprägten abendländischen Kultur, sondern stehe als schlechthin »spezifisches Glaubenssymbol« für die »im Opfertod Christi vollzogene Erlösung des Menschen von der Erbschuld« und damit für »den Sieg Christi über Satan und Tod«. Das Kreuz versinnbildliche Herrschaft, Leiden und Triumph. Deshalb müsse die Ausstattung eines Raumes mit dem Kreuz heute als gesteigertes Bekenntnis zum christlichen Glauben verstanden werden. Für den Nichtchristen oder Atheisten werde das Kreuz gerade wegen der Bedeutung, die ihm das Christentum beigelegt hätte und die es in der Geschichte gehabt habe, zum sinnbildlichen Ausdruck bestimmter Glaubensüberzeugungen und zum Symbol ihrer missionarischen Ausbreitung.

Wollte man das Kreuz lediglich als bloßen Ausduck abendländischer Tradition oder als kultisches Zeichen ohne spezifischen Glaubensbezug ansehen, käme dies einer Profanisierung des Kreuzes gleich, die dem Selbstverständnis des Christentums nicht gerecht würde[9].

bb) Gegenstimmen

Bereits die drei Vertreter des Minderheitenvotums[10], aber auch die Mehrzahl der Kritiker[11] halten dem entgegen, dass man nicht nur die (kreuzes-) theologische Auffassung von Bedeutung und Sinngehalt des Kreuzes zugrunde legen dürfe. Entscheidend sei, welche Wirkung der Anblick beim jeweiligen Schüler habe. Beim nichtchristlichen Schüler wecke das Kreuz nicht die im Urteil angesprochenen theologischen Vorstellungen. Aus seiner Sicht könne das Kreuz im Klassenzimmer nicht die Bedeutung eines Symbols christlicher Glaubensinhalte haben, sondern nur die eines Sinnbildes für die Zielsetzung der christlichen Gemeinschaftsschule. Das Kreuz stehe als Symbol für die Vermittlung der Werte der christlich geprägten Kultur. Daneben sei es noch das Symbol einer von ihm nicht geteilten, abgelehnten und vielleicht auch bekämpften religiösen Überzeugung.

Im übrigen stehe das Kreuz gerade für das Toleranzgebot, das wiederum eine vereinseitigende Indoktrination mit seiner theologischen Botschaft verbiete. Indem das Bundesverfassungsgericht sich nur kreuzestheologisch der Bedeutung des Kreuzes nähere, vollziehe es auch den entscheidenen Bruch mit seiner bisherigen Rechtsprechung. Noch in der Gemeinschaftsschulentscheidung[12] habe es das Christentum als einen prägenden Kultur- und Bildungsfaktor anerkannt[13] und die Verfassungsmäßigkeit des auf diesen Kulturwerten begründeten Unterrichts festgestellt.

In der Gegenwart des Kreuzes werde die Menschenwürde als oberster Gemeinschaftswert anerkannt. Wer bemüht sei, jenem Grundkonsens symbolhaften Ausdruck

---

[9] BVerfGE 93, 1 (20)= NJW 1995, 2479.
[10] BVerfGE 93, 1 (32) = NJW 1995, 2482.
[11] Anstelle vieler: *M. Heckel*, Das Kreuz im öffentlichen Raum, DVBl. 1996, 465; *Chr. Link*, Stat crux? Die »Kruzifix«-Entscheidung des BVerfG, NJW 1995, 3355.
[12] BVerfGE 41, 29 = NJW 1976, 947.
[13] *Chr. Link*, Stat crux? Die »Kruzifix«-Entscheidung des BVerfG, NJW 1995, 3355.

zu verleihen, der könne getrost bei der christlichen Tradition eine Anleihe machen. Denn was, so fragt etwa *D. Pirson,* wäre als Symbol der Menschenwürde besser geeignet, als die Darstellung des Gekreuzigten, dessen Würde sich erhaben über Marter und Tod erweise?[14] Dennoch bleibe dem Nichtchristen die theologische Bedeutung Jesu Tod in der äußeren Form des Kreuzes oder Kruzifixes verschlossen. Das Kreuz beginne »theologisch« erst zu sprechen, wenn der gläubige Christ die mit Jesu Tod verbundenen Glaubensaussagen in dieses Zeichen hineinlese, hineininterpretiere[15]. Ähnlicher Ansicht ist der Bayerische Ministerpräsident. Das Kreuz habe im allgemeinen Unterricht nur einen unspezifischen Symbolwert, während es sich beim Schulgebet und im Religionsunterricht in ein spezifisches Glaubenssymbol verwandele[16].

Wenn in öffentlichen Räumen Kreuze aufgehängt würden, sei dies, so *W. Gut,* nicht »Glaubensverkündigung«, sondern eine typische Form von Volksfrömmigkeit. Ein solcher Vorgang sei die gemüthafte Bekundung der Verbundenheit mit der in Kirche und zu Hause erfahrenen und geübten Religion[17], und damit »Strategie der Krisenbewältigung«[18].

Sehr heftig wird die Tatsache kritisiert, dass ein staatliches Gericht überhaupt über den theologischen Bedeutungsgehalt des Kreuzes befunden habe. Dem Staat sei dies verfassungsrechtlich infolge seiner theologischen Inkompetenz verwehrt[19].

cc) Analyse

In der Tat ist es ein grundsätzliches Problem, inwieweit staatliche Gerichte in theologischen oder innerkirchlichen Belangen eigene Überlegungen anzustellen befugt sind[20]. Sicherlich trifft *E. Jüngels* Beobachtung zu, dass das Bundesverfassungsgericht nicht den Kreuzgehalt festzulegen beabsichtigte, sondern lediglich nach für das Christentum authentischen Quellen suchte, wenn es in Bezug auf die Kreuzesbedeutung ein katholisches und ein evangelisches Theologielexikon herbeizog[21]. Allerdings bleibt ein Unbehagen. Denn auch die Auswahl von Zitaten ist bereits ein eigener Einfluss auf die Meinungsbildung. Indem das Bundesverfassungsgericht lediglich theologische Lexika zitierte, beschrieb es eben nur die kreuzestheologische Bedeutung des Kreuzes.

Nahezu alle Kritiker der Entscheidung sprechen sich gegen diese einseitige Bedeutungsbelegung aus. *M. Heckel* bescheinigt den beiden großen Kirchen, nicht aus-

---

[14] *D. Pirson,* Urteilsanmerkung, BayVBl. 1995, 756.

[15] *W. Gut,* Kreuz und Kruzifix in öffentlichen Räumen, Zürich 1997, S. 14.

[16] BVerfGE 93, 1 (21) = NJW 1995, 2479.

[17] *W. Gut,* Kreuz und Kruzifix in öffentlichen Räumen, Zürich 1997, S. 13.

[18] *P. Hugger,* Elemente einer Ethnologie der Katastrophe in der Schweiz, Zeitschrift für Volkskunde 86 (1990/I), S. 27–31.

[19] *P. Badura,* Das Kreuz im Schulzimmer, BayVBl. 1996, 34; polemisierend: *W. Gut,* Kreuz und Kruzifix in öffentlichen Räumen, Zürich 1997, 68; *M. Heckel,* Das Kreuz im öffentlichen Raum, DVBl. 1996, 465; *Chr. Link,* Stat crux? Die »Kruzifix«-Entscheidung des BVerfG, NJW 1995, 3355; *St. Muckel,* Überkreuz mit dem Kreuz, KuR 1996, 75 ff. (110, S. 31 ff.), Fn. 88.

[20] Diese Probelmatik ergibt sich nicht zuletzt auch in Fällen des staatlichen Rechtsschutzes in Kirchensachen. Vgl. dazu *K.-H. Kästner,* Staatliche Justizhoheit und religiöse Freiheit, Tübingen 1991.

[21] *E. Jüngel,* Der »Kruzifix-Beschluss« des Bundesverfassungsgerichtes, hrsg. durch die Karl Rahner Akademie, Köln 1997, S. 10.

schließlich auf die wertbezogene Kreuzesdeutung abgestellt zu haben, sondern diese immer neben der theologisch, heilsvermittelnden Bedeutung vertreten zu haben[22]. Ähnlich differenzierend äußert sich auch die Mehrzahl der Autoren[23], wenn sie im Hinblick auf die abendländische Geistesgeschichte und ihre Kulturtradition darauf hinweisen, dass seit jeher das Kreuz eine *nicht allein* auf seine spezifisch theologische Aussage zu reduzierende Symbolfunktion gehabt habe: als Zeichen einer sich christlich legitimierenden Herrschaft (Konstantin), als Zeichen einer von christlichen Werten geprägten politischen Gemeinschaft (Staatssymbolik), als Zeichen der Nächstenliebe (Rotes Kreuz), als Zeichen der auch zwischenmenschlichen Versöhnung, als Friedens- und Segenszeichen. Es mag sein, dass sich die Kirchen nicht an der Profanisierung des Kreuzes beteiligt haben, in Bezug auf die Besprechungen in der Literatur fällt aber auf, dass eine ganze Reihe von Autoren im gleichen Atemzug, mit dem sie die Bedeutungsvielfalt des Kreuzes beschrieben haben, den Schulkreuzen ausschließlich die profane, wertbezogene Bedeutung zuschreiben[24], was aber hinsichtlich der hier ja in Frage stehenden Schulkreuze im Ergebnis doch einer Profanisierung der Schulkreuze gleichkommt. Die Vertreter dieser Ansicht hätten es gerne gesehen, wenn sich auch das Bundesverfassungsgericht in seinen Ausführungen zum Bedeutungsgehalt des Kreuzes auf die weltlichen Aspekte und Maßstabskriterien beschränkt hätte und die Bestimmung der spezifisch religiösen Inhalte und Maßstäbe den betroffenen Grundrechtsträgern, Individuen wie Religionsgemeinschaften, überlassen hätte[25]. Eine solche Beschränkung hätte dann gar nicht erst die Debatte über eine mögliche Verletzung des Grundrechts der Religionsfreiheit ausgelöst. Ein lediglich weltlich gedeutetes Symbol hat dann auch nichts mit Glaubensfreiheit zu tun. Sicherlich ist Vorsicht geboten, wenn staatliche Gerichte religiöse Belange beschreiben (müssen). Es kann aber auch nicht angehen, die Gerichte aufzufordern, die Augen angesichts religiöser Bezüge zu schliessen. Wer die Augen zumacht, kann mögliche Grundrechtsverletzungen nicht sehen. Das Spannungsverhältnis zwischen der ausschließlichen theologischen Kompetenz der Religionsgemeinschaften und der staatlichen Justizgewährungspflicht darf nicht von vornherein zugunsten der theologischen Kompetenz der Religionsgemeinschaften aufgelöst werden. Ebensowenig wie die negative über die positive Religionsfreiheit dominiert[26], darf die staatliche Justizgewährung mit dem Hinweis auf die religiöse Inkompetenz des Staates ausgeschlossen werden.

---

[22] *M. Heckel*, Das Kreuz im öffentlichen Raum, DVBl. 1996, 470.

[23] Anstelle vieler: *Chr. Link*, Stat crux? Die »Kruzifix«-Entscheidung des BVerfG, NJW 1995, 3355; *Maier*, Kreuze sichtbar machen, FAZ v. 20.9. 1995, S.39; *D. Pirson*, Urteilsanmerkung, BayVBl. 1995, 756.

[24] *W. Gut*, Kreuz und Kruzifix in öffentlichen Räumen, Zürich 1997, 16f.; *Chr. Link*, Stat crux? Die »Kruzifix«-Entscheidung des BVerfG, NJW 1995, 3355; *H. Lübbe*, Das Christentum, die Kirchen und die europäische Einigung, in: Essener Gespräche zum Thema »Staat und Kirche« (31) 1997, Münster i. W., S.107ff.; *H. Kalb, R. Potz, B. Schinkele (Hrsg.)*, Das Kreuz in Klassenzimmer und Gerichtssaal, Freistadt 1996, S.33f.

[25] *M. Heckel*, Das Kreuz im öffentlichen Raum, DVBl. 1996, 465.

[26] *A. Hollerbach*, »Der Staat ist kein Neutrum«, in: Das Kreuz im Widerspruch, Questiones disputatae 162, Freiburg 1996, S.28; *J. Isensee*, Bildersturm durch Grundrechtsinterpretation, in: Das Kreuz im Widerspruch, Questiones disputatae 162, Freiburg 1996, S.25f.; *St. Muckel*, Überkreuz mit dem Kreuz, KuR 1996, 71 (110, S.27).

Das Bundesverfassungsgericht musste das Kreuz auch von seinem theologischen Bedeutungsgehalt her beschreiben, um dem Beschwerdeführer nicht schon von Anfang an seinen Rechtsschutz zu verwehren. Zurecht wurde zunächst einmal angenommen, dass das Schulkreuz den Schutzbereich des Grundrechts auf Religionsfreiheit eröffnet.

Auf Seiten der Kritiker bleibt ein Widerspruch. Einerseits wird moniert, dass das Bundesverfassungsgericht das Kreuz in erster Line kreuzestheologisch gedeutet habe; folgerichtig wird den säkularen Staatsorganen grundsätzlich die Kompetenz zur religiösen Bestimmung und Bewertung abgesprochen. Andererseits wird von den Kritikern ausgeführt, dass es kein besseres Symbol für die Menschenwürde gäbe, als die Darstellung des Gekreuzigten, dessen Würde sich erhaben über Marter und Tod erwiesen habe[27]. Wie aber soll der säkulare Staat dies erkennen, wenn ihm kurz zuvor die Kompetenz zur theologischen Deutung abgesprochen wurde?

Wenn auch mit dem Hinweis auf diesen Widerspruch nicht so sehr eine logische Argumentationsschwäche deutlich gemacht werden soll, so soll er doch aufzeigen, wie sehr auch die Kritiker des Kruzifix-Beschlusses die Ebenen vermischen und die Theologie für ihre Belange einzusetzen versuchen.

Den Kritikern ist darin zuzustimmen, dass dem Kreuz sicherlich noch andere als die kreuzestheologische, nämlich volkstümlichere Bedeutungsvarianten innewohnen. Das Kreuz steht auch als Symbol für abendländische Kulturwerte. Indem das Bundesverfassungsgericht nur kreuzestheologische Zitate zur Bedeutungsbeschreibung liefert, steht es in der Gefahr, nur die halbe Wirklichkeit beschrieben zu haben. Dennoch übersieht das Bundesverfassungsgericht keineswegs die profane Bedeutungsvariante. Wie oben bereits angedeutet, stellt es lediglich fest, dass das Kreuz Symbol einer bestimmten religiösen Überzeugung und *nicht etwa nur*[28] Ausdruck der vom Christentum mitgeprägten abendländischen Kutur[29] sei. Das Gericht sieht also sehr wohl die profane Bedeutung des Kreuzes.

Fraglich ist im konkreten Fall, ob das Gericht vor dem Hintergrund einer möglichen Grundrechtsverletzung durch Schulkreuze überhaupt auf die profane Bedeutung deutend eingehen musste. Denn wie die h.M. hinsichtlich der profanen Bedeutung des Kreuzes richtigerweise feststellt, wird die Glaubensfreiheit durch das Kreuz als Symbol für die Kulturwerte christlicher Gesellschaft noch nicht berührt. Wenn nun die weltliche Deutung des Kreuzes die Glaubensfreiheit gar nicht tangiert, so konnte sie vom Bundesverfassungsgericht auch unberücksichtigt bleiben.

Weil das Bundesverfassungsgericht erkannt hat, dass das Kreuz nicht seines spezifischen Bezuges auf die Glaubensinhalte des Christentums entkleidet und auf ein allgemeines Zeichen abendländischer Kulturtradition reduziert werden kann[30], zitiert es im Sinne eines effektiven Rechtsschutzes Kreuzestheologie. Dennoch wird es in der Literatur umfangreich über die profane Kreuzbedeutung belehrt[31]. So spricht etwa *W.*

---

[27] *D. Pirson*, Urteilsanmerkung, BayVBl. 1995, 756.

[28] Heraushebung durch den Verfasser.

[29] BVerfGE 93, 1 (20) = NJW 1995, 2479 und nochmals bestätigend: BVerfGE 93, 1 (24) = NJW 1995, 2480.

[30] BVerfGE 93, 1 (24) = NJW 1995, 2480.

[31] Oft unter Bezugnahme auf die BVerfGE zur christlichen Gemeinschaftsschule, BVerfGE 41, 65: *P. Badura,* Das Kreuz im Schulzimmer, BayVBl. 1996, 34; *W. Gut,* Kreuz und Kruzifix in öffentlichen Räu-

Gut, wie oben bereits angedeutet, von gemüthafter Bekundung der Verbundenheit mit der in Kirche und zu Hause erfahrenen und geübten Religion[32] und von einer »Strategie der Krisenbewältigung«[33].

Es drängt sich der Eindruck auf, dass hier Gericht und Literatur hinsichtlich der Kreuzesbedeutung aneinander vorbeireden.

Immer wieder wurde die spezifisch bayerische Situation angeführt, die das Gericht nicht hinreichend berücksichtigt habe[34]. In der Tat treten an dieser Stelle unterschiedliche konfessionelle Prägungen zutage, die wechselseitiges Kopfschütteln über das Kreuzesverständnis der jeweils anderen Konfession auslösen. Aus dem auf das Kerygma christlichen Glaubens reduzierte Kreuzesverständnis der Senatsmehrheit spricht eine eher protestantische Grundhaltung, die durch die dialektische Theologie *K. Barths* und den Kirchenkampf jeden Geschmack abgestandenen Kulturprotestantismuses abgelegt hat[35]. Wenn dagegen im Zusammenhang mit dem Kreuz von »gemüthafter Bekundung der Verbundenheit mit der Kirche« und »Strategie der Krisenbewältigung«[36] die Rede ist, dann steht dahinter die bereits Jahrtausende währende Erfahrung mit Volksfömmigkeit und das Wissen um die Notwendigkeit der kultischen Pflege der Religion durch die römisch-katholische Amtskirche[37].

Die Kontroverse um das Kreuzverständnis geht unter anderem aber auch auf die durch die großen Konfessionen durchaus unterschiedlich bedienten religiösen Ursehnsüchte zurück. Während Protestanten die unmittelbare Heilsbedeutung des Kreuzes besonders hervorheben, spielt daneben bei vielen Katholiken die Erfahrung von Heimat in der Weltkirche eine wesentliche Rolle.

Diese Beobachtung am Rande wird durch die bereits angesproche Argumentation des bayerischen Ministerpräsidenten und der Vertreter der »Kreuzwandlungstheorie« bestätigt. Wenn diese konstatieren, dass das Kreuz im allgemeinen Unterricht nur einen unspezifischen Symbolwert habe, während es sich beim Schulgebet und im Religionsunterricht in ein spezifisches Glaubenssymbol verwandele[38], dann geschieht dies zunächst, um das Kreuz weiterhin staatlicherseits aufhängen zu können[39]. Die unmittelbare Heilsbedeutung tritt zugunsten des pädagogischen Ziels zurück, dass die Kinder die Schulumgebung ähnlich religiös gestaltet erleben sollen wie das Elternhaus oder ihre sonstige katholische Umgebung. Die Kinder sollen sich auch in der Schule religiös zuhause, also heimisch fühlen. *Kardinal Wetter* spricht sogar im Hinblick auf Nichtchristen davon, dass ihnen das Kreuz zum Zeichen für Heimat und Geborgenheit geworden sei[40].

---

men, Zürich 1997, S. 16; *Chr. Link,* Stat crux? Die »Kruzifix«-Entscheidung des BVerfG, NJW 1995, 3355.

[32] *W. Gut,* Kreuz und Kruzifix in öffentlichen Räumen, Zürich 1997, S. 13.

[33] *P. Hugger,* Elemente einer Ethnologie der Katastrophe in der Schweiz, Zeitschrift für Volkskunde 86 (1990/I), S. 27–31.

[34] So schon die abweichende Meinung BVerfGE 93, 1 = NJW 1995, 2482.

[35] In anderem Zusammenhang auch: *M. Heckel,* Das Kreuz im öffentlichen Raum, DVBl. 1996, 455.

[36] *W. Gut,* Kreuz und Kruzifix in öffentlichen Räumen, Zürich 1997, S. 13.

[37] *W. Gut,* Kreuz und Kruzifix in öffentlichen Räumen, Zürich 1997, S. 18.

[38] Zitiert in BVerfGE 93, 1 (21) = NJW 1995, 2479.

[39] Diese Einschätzung teilt auch *H. Simon,* Freie Kirche im demokratischen Staat, in: ZevKR 42 (1997), 155.

[40] *F. Kardinal Wetter,* Das Kreuz bleibt, gestern – heute – morgen, Ansprache auf dem Münchener Ode-

Sicherlich werden die Vertreter der »Kreuzwandlungstheorie« einwenden, dass es gar nicht um eine Beheimatung der Schüler gehe, schon gar nicht um eine religiöse Beheimatung durch den Staat. Schließlich würde ein solches Eingeständnis die staatliche Anordnung zur Kreuzanbringung weiter untergraben, da der Staat seinen »starken Arm« für katechetische Zwecke zur Verfügung stellen würde. Es sei doch ausführlich dargelegt worden, dass das Schulkreuz nur als Symbol für die legitime Vermittlung christlicher Kulturwerte aufgehängt werde. Warum aber will der bayerische Staat nur in Volksschulen die Anbringung von Kreuzen staatlich anordnen, wo doch auch an Realschulen und Gymnasien im Sinne der legitimen christlichen Kulturwerte unterrichtet und erzogen wird? Der für verfassungswidrig erklärte § 13 Bayerische Volksschulordnung ordnete, wie die Bezeichnung der Verordnung schon sagt, die Kreuzanbringung lediglich für Volksschulen an. Auch der neue, nach dem Kruzifix-Beschluss vom bayerischen Landtag neu gefasste Art. 7 Abs. 3 BayEUG[41] gilt nur für Grund- und Hauptschulen sowie für Volksschulen für Behinderte. Weshalb diese Beschränkung auf die ersten Schuljahre? Sie ist nur damit zu erklären, dass die Kinder in diesem Alter noch in besonderer Weise einer gewohnten und einer durch gleiche Symbole ausgestatteten Umgebung bedürfen. Man möchte ihnen das Gefühl von Heimat vermitteln. In Bayern scheint sich das in Elternhaus und anderswo allgegenwärtige Kreuz für den pädagogisch-katechetischen Zweck der Beheimatung besonders anzubieten.

Ein solches Denken wird vor dem Hintergrund der beschriebenen unterschiedlichen Gewichtung der theologischen Ursehnsüchte in den Konfessionen verständlich, stößt aber bei Protestanten auf Unverständnis. Für Protestanten ist nur schwer nachvollziehbar, dass die unmittelbare Heilsbedeutung des Kreuzes negiert werden kann[42], um den pädagogisch-katechetischen Zweck der Beheimatung zu erreichen.

Nachdem die unterschiedlichen Ansichten über die Bedeutung des Kreuzes und deren sozioreligiöse Herkunft erörtert wurden, soll nun der Meinungsstand in Bezug auf Kreuzesbedeutung und allgemeine Schulpflicht kurz zusammengefasst werden.

b) Die Bedeutung des Kreuzes vor dem Hintergrund der allgemeinen Schulpflicht

aa) Der Zwang »unter dem Kreuz« zu lernen

Das Bundesverfassungsgericht erklärt die staatliche Anbringung von Kreuzen vor allem deshalb für verfassungswidrig, weil sich die Schüler bei der Konfrontation mit dem Kreuz aufgrund der allgemeinen Schulpflicht in einer durch den Staat geschaffenen Zwangssituation befänden. Anders als beim Wegkreuz sei es den Schülern in der Schule nicht möglich, dem Kreuz auszuweichen. Die Schüler würden somit gezwungen »unter dem Kreuz« zu lernen[43].

---

onsplatz am 23. September 1995, zit. in: *B. Streithofen,* Das Kruzifixurteil, Frankfurt a.M., Berlin 1995, S. 93.

[41] Bayerisches Gesetz über das Erziehungs- und Unterrichtswesen.

[42] Zwar streiten die Vertreter der »Kreuzwandlungstheorie« nicht grundsätzlich die Heilsbedeutung des Kreuzes ab. In Bezug auf die Kreuze in Klassenzimmern versuchen sie allerdings eine »partielle Negierung« der heilstheologischen Bedeutungskomponente.

[43] BVerfGE 93, 1(16) = NJW 1995, 2478.

So wie das Kreuz *auch*[44] Symbol für abendländische Werte sei, sei es es *auch* Symbol für die Mission. Der missionarische Charakter des Kreuzes folge aus seinem »appellativen Charakter«. Das Kreuz weise die von ihm symbolisierten Glaubensinhalte als vorbildhaft und befolgungswürdig aus. Das geschehe überdies gegenüber Personen, die aufgrund ihrer Jugend in ihren Anschauungen noch nicht gefestigt seien[45].

Diese Ansicht des Bundesverfassungsgerichts wird auch von einem Teil der Literatur aufgegriffen, unterstrichen und weitergeführt. Es sei zutreffend, dass sich gerade im Hinblick auf die allgemeine Schulpflicht die Schule nicht missionarisch verstehen dürfe, weshalb christliche Glaubensinhalte auch nicht absolut gesetzt werden könnten. Weil sich der Staat nicht christlich oder konfessionell festlegen dürfe, müsse er für andere Religionen und weltanschauliche Werte offen bleiben[46]. Niemand brauche sich in der öffentlichen Schule als Außenseiter zu fühlen, nur weil der Staat bzw. die konfessionelle Mehrheit zu ihrer Selbstvergewisserung fremde religiöse Symbole verwende[47]. Ob sich jemand als Außenseiter fühle oder nicht, könne dabei nicht die Mehrheit für ihn enscheiden, sondern nur er selbst[48].

bb) Entgegnungen

Gegen das »Zwangsargument« »unter dem Kreuz« lernen zu müssen, wird eingewendet, dass »Unausweichlichkeit« vor dem Kreuz keine Besonderheit des Schulzimmers sei. Der Verkehrsteilnehmer, der auf ein Wegkreuz, der Hauseigentümer, der auf ein Gipfelkreuz blicke, könne der Möglichkeit des Anblicks auch nur ausweichen, wenn er einen (unter Umständen aufwendigen) Umweg nähme, sein Haus verkaufte und nach Hamburg oder Brandenburg auswandere[49].

Bereits die abweichende Meinung stellt fest, dass das bloße Hängen des Kreuzes noch nicht missionarisch wirke, da die Schüler angesichts des Kreuzes nicht zu besonderen Verhaltensweisen oder religiösen Übungen verpflichtet würden. Anders als beim Schulgebet[50] seien sie nicht gezwungen, ihre abweichende Glaubensüberzeugung kundzutun. Deshalb bestehe auch keine Diskriminierungsgefahr[51].

Der »appellative Charakter« des staatlich aufgehängten Kreuzes wird unter Hinweis auf die Bundesverfassungsgerichtsentscheidung zu den christlichen Gemeinschaftsschulen verneint.

Das Bundesverfassungsgericht hatte 1975 über den christlichen Charakter bayerischer, baden-württembergischer und nordrhein-westfälischer Gemeinschaftsschulen

---

[44] Hervorhebung durch den Verfasser.

[45] BVerfGE 93, 1 (20) = NJW 1995, 2479.

[46] *Chr. Link*, Stat crux? Die »Kruzifix«-Entscheidung des BVerfG, NJW 1995, 3354, der daraus allerdings lediglich den Schluss zieht, dass sich der christliche Chakter der Gemeinschaftsschule auf die Anerkennung des Christentums als prägenden Kultur-und Bildungsfaktor beschränken müsse.

[47] *D. Kraus*, Schweizerisches Staatskirchenrecht, Tübingen 1993, 352, in Bezug auf die Lausanner Bundesgerichtsentscheidung zum Kruzifix in der öffentlichen Schule BGE *116* (1990) Ia 252 (deutsche Übersetzung in ZBl. 92 (1991) 70ff.).

[48] *G. Czermak*, Der Kruzifix-Beschluss des BVerfG, NJW 1995, 3352.

[49] *J. Isensee*, Bildersturm durch Grundrechtsinterpretation, in: Das Kreuz im Widerspruch, Questiones disputatae 162, Freiburg 1996, S. 16.

[50] Vgl. dazu BVerfGE 52, 223.

[51] BVerfGE 93, 1 (33) = NJW 1995, 2482.

zu befinden und hielt ihn im Rahmen einer verfassungskonformen Auslegung solange für verfassungsgemäß, wie er sich auf die zum abendländischen Kulturgut gewordenen christlichen Grundsätze beschränke. Die Erziehung in der staatliche Schule dürfe diesen Bereich aber nicht missionierend überschreiten. Solange sich der Unterricht nur auf den zum abendländischen Kulturgut gewordenen Werten gründe, sei die Schwelle zur Mission noch nicht überschritten[52].

Gehe man nun von diesen Beschlüssen aus, sei es alles andere als zwingend, dem Kruzifix einen unvereinbaren »appellativen Charakter« zuzuschreiben. Das Christliche sei in diesen Schulen als Teil der abendländischen Tradition zu verstehen. Die Grundsätze der christlichen Bekenntnisse umfaßten diejenigen Werte und Normen, die auch weitgehend Gemeingut des abendländischen Kulturkreises geworden seien[53]. Das staatlich angebrachte Kreuz stehe lediglich als Symbol für die auf den christlichen Grundsätzen basierende Erziehung. Deshalb komme dem Schulkreuz auch kein appellativer Charakter in Bezug auf eine bestimmte Religion zu[54].

Die missionarische Deutung des Kreuzes ist auch in christlichen Kreisen auf Kritik gestoßen. Die Assoziation des Kreuzes mit missionarischer Aggressivität sei für den *heutigen*[55] nichtchristlichen Betrachter keineswegs naheliegend oder gar zwingend. Der Aussagegehalt der Darstellung des Gekreuzigten weise offensichtlich in eine ganz andere Richtung[56].

Die Konfrontation von Nichtchristen mit Kreuzen führe auf alle Fälle solange nicht zu einem verfassungsrechtlich unzumutbaren Glaubens- und Gewissenskonflikt, als das Ziel einer autonomen Persönlichkeitsbildung im weltanschaulich-religiösen Bereich gewahrt würde. Dem elterlichen Erziehungswillen bleibe dann genügend Raum, das Kind mit den von ihnen für richtig gehaltenen Glaubensüberzeugungen auf den richtigen Weg zu führen[57].

cc) Analyse

Der Einwand, die »Unausweichlichkeit« vor dem Kreuz sei keine Besonderheit des Schulzimmers, greift zu kurz. Es wird übersehen, dass dem angesprochenen Verkehrsteilnehmer oder Hauseigentümer wenigstens die theoretische Möglichkeit eines Umweges oder eines Umzuges bleibt. Auch wenn er diese wirklichkeitsfremden Alternativen in der Praxis kaum wahrnehmen wird, so bleibt es doch wenigstens *seine eigene und persönliche* Entscheidung, den Kreuzanblick ertragen zu wollen, um schneller nach Hause zu kommen oder in Bayern wohnen bleiben zu können. Eben diese Freiheit haben die Schülerinnen und Schüler aufgrund der allgemeinen Schulpflicht nicht. Im übrigen ist dieses Argument von *J. Isensee* geradezu gefährlich. Wer so argumentiert, wird nichts mehr gegen staatlich angebrachte kommerzielle Werbung im Klassenzim-

---

[52] BVerfGE 41, 29 (B.-W.); BVerfGE 41, 65 (Bay.), BVerfGE 41, 88 (NRW).

[53] *M. Heckel*, Das Kreuz im öffentlichen Raum, DVBl. 1996, 467; *A. Hollerbach,* »Der Staat ist kein Neutrum«, in: Das Kreuz im Widerspruch, Questiones disputatae 162, Freiburg 1996, S. 31; *Chr. Link*, Stat crux? Die »Kruzifix«-Entscheidung des BVerfG, NJW 1995, 3355.

[54] *D. Pirson*, Urteilsanmerkung, BayVBl. 1995, 756.

[55] Hervorhebung durch den Verfasser.

[56] *D. Pirson*, Urteilsanmerkung, BayVBl. 1995, 757.

[57] *Chr. Link*, Stat crux? Die »Kruzifix«-Entscheidung des BVerfG, NJW 1995, 3354.

mer einwenden können. Schließlich sind die Schüler ja auch sonst den ganzen Tag vom Konsum umworben. Warum dann nicht auch während der Schulzeit? Oder weshalb dann noch Asbestsanierungen in den Schulhäusern durchführen, wo die Schüler doch auch in ihrer Freizeit an vielbefahrenen Kreuzungen Asbeststaub inhalieren?

Sicher schadet es der juristischen Diskussion nicht, wenn lebensnah argumentiert wird. Andererseits macht dieses Argument auch deutlich, dass die gesamte Kruzifix-Debatte von Polemik nicht verschont geblieben ist. Auch das ist eine festzuhaltende Beobachtung: Die sonst so oft als nüchtern und »objektiv« gelobte juristische Fachdiskussion ist weder frei von eigener soziokultureller und religiöser Prägung, noch ist sie davor gefeit, ins politisch Manipulative abzurutschen.

Es wird deutlich, wie sehr das »Vorverständnis vom Kreuz« die Meinung leitet[58]. Wer sich, wie das Bundesverfassungsgericht, im Kreuzverständnis eher an die unmittelbare theologische Heilswirkung hält, kommt logisch folgerichtig zur Annahme einer gewissen Zwangssituation für diejenigen Schüler, die dem Christentum ablehnend gegenüberstehen[59]. Wer hingegen auf die Einflüsse des Christentums auf die abendländische Kultur abstellt und ganz ausdrücklich das Kreuz als Symbol für christlich fundierte Erziehung sieht, der lehnt ebenso folgerichtig ein erzwungenes Lernen »unter dem Kreuz« ab.

Unabhängig vom »Vorverständnis des Kreuzes« erkennt das Bundesverfassungsgericht an, dass mit der Anbringung des Kreuzes in Klassenzimmern in der Tat kein Zwang zur Identifikation oder zu bestimmten Ehrbezeugungen und Verhaltensweisen einhergehe. Ebensowenig würde der Sachunterricht in den profanen Fächern vom Kreuz geprägt[60]. Auf die Art und Weise der Stoffvermittlung wird es etwa im Mathematikunterricht ohne Einfluß bleiben, ob der Unterricht nun mit oder ohne Kreuz vor Augen erteilt wird.

Das Bundesverfassungsgericht weist aber auch richtigerweise darauf hin, dass sich die Einwirkungsmöglichkeiten des Kreuzes nicht darin erschöpfen. Die schulische Erziehung diene nicht nur dem Erlernen der grundlegenden Kulturtechniken und der Entwicklung kognitiver Fähigkeiten. Sie solle auch die emotionalen und affektiven Anlagen der Schüler zur Entfaltung bringen. Das Schulgeschehen sei darauf angelegt, ihre Persönlichkeitsentwicklung umfassend zu fördern und insbesondere auch das Sozialverhalten zu beeinflussen. Gerade in diesem Zusammenhang gewinne das Kreuz im Klassenzimmer seine Bedeutung. Es stehe nunmehr nicht mehr nur als Symbol für das »Kulturgut Nächstenliebe« und damit als bloßes Symbol für »Konfliktbewältigungsstrategien«, sondern weise diesen Glaubensinhalt als vorbildlich und befolgungswürdig aus[61].

---

[58] Ausführlicher zum »Juristischen Vorverständnis«: vgl. *K. Larenz*, Methodenlehre der Rechtswissenschaft, Berlin Heidelberg 1991, S. 208 ff.

[59] Bereits *E. Jüngel* hat in seinem Beitrag »Der »Kruzifix-Beschluss« des Bundesverfassungsgerichtes«, hrsg. durch die Karl Rahner Akademie, Köln 1997, S. 9 in Fn. 11 richtig darauf hingewiesen, dass das Bundesverfassungsgericht die Symbolwirkung missionarischer Ausbreitung bestimmter Glaubensüberzeugungen *nur gegenüber »den Nichchristen oder Atheisten«* annahm. *M. Heckel*, Das Kreuz im öffentlichen Raum, DVBl. 1996, 464, Fn. 52, behauptet hingegen durchgehend, dass dem Kreuz vom Bundesverfassungsgericht ein »missionarischer Zwangscharakter beigemessen« worden sei.

[60] BVerfGE 93, 1 (20) = NJW 1995, 2479.

[61] BVerfGE 93, 1 (20) = NJW 1995, 2479.

Der »appellative Charakter« wohne dem Kreuz nach Ansicht der Senatsmehrheit also nicht bereits inne, sondern entstehe erst im Zusammenspiel mit der allgemeinen Schulpflicht und dem staatlichen Anspruch nach christlichen Grundsätzen in der Schule zu erziehen. Jeder Aspekt für sich alleine betrachtet (selbst das vom Bundesverfassungsgericht zitierte »Kreuzvorverständnis«, die allgemeine Schulplicht oder das staatliche Ansinnen einer auf christlichen Kulturwerten begründeten Erziehung) vermag es noch nicht, dem Kreuz einen missionarischen oder appellativen Charakter zu verleihen. Erst das Zusammentreffen aller dieser Aspekte, was in der Schule zweifelsohne der Fall ist, führt zum missionarischen Charakter des staatlich ausgehängten Schulkreuzes.

3. Kerngehalt der individuellen Glaubensfreiheit und Einbeziehung von Symbolen in den Schutzbereich des Art. 4 GG

a) Bundesverfassungs- und Bundesverwaltungsgericht

Das Bundesverfassungsgericht stellt einen bedeutenden Aspekt des Kerngehaltes der Glaubensfreiheit (Art. 4 Abs. 1 GG) heraus, wenn es zunächst ausführt, dass es Sache des Einzelnen sei, sich für oder gegen eine Religion zu entscheiden. Der Staat dürfe einen Glauben weder vorschreiben noch verbieten. Glaubensfreiheit umfasse auch die Entscheidung, ob an kultischen Handlungen teilgenommen werden solle oder nicht. Art. 4 Abs. 1 GG umfasse auch die Freiheit selber zu entscheiden, welche Symbole der einzelne anerkennen wolle, und welche nicht. Grundsätzlich gäbe es keinen Anspruch auf »kreuzfreie Räume« (Verschonung von Symbolen anderer), allerdings sei auf die Möglichkeit der individuellen Entziehung abzustellen. Bei der allgemeinen Schulpflicht sei der Einzelne allerdings, wie oben bereits ausgeführt, dem Kreuz unausweichlich ausgesetzt[62].

Derselben Auffassung ist das Bundesverwaltungsgericht, wenn es in seinem aktuellen Urteil vom 21. April 1999 herausstellt, dass Art. 4 Abs. 1 GG auch die Freiheit schütze, nichts zu glauben. Deshalb müsse für die Widerspruchsbegründung ausreichen, wenn die Eltern Atheisten seien oder aus antireligiösen Auffassungen heraus es nicht wünschten, dass ihr Kind in der Erziehung religiöser Einflüsse ausgesetzt werde[63].

b) Kritik

Diese Beschreibung des Kerngehaltes von Art. 4 Abs. 1 GG unter Einbeziehung der Symbole in den Schutzbereich der Glaubensfreiheit ist ebenfalls in der Literatur auf Kritik gestoßen. Das Bundesverfassungsgericht mache es sich zu einfach, wenn es behaupte, das Kreuz sei kultische Handlung, der man fernbleiben können müsse. Das Kreuz allein sei noch keine Kulthandlung. Da der nichtkultische Gebrauch des Kreuzes jedermann geläufig sei, empfinde auch niemand das Klassenzimmer allein schon des-

---

[62] BVerfGE 93, 1 (16) = NJW 1995, 2478; *M. Heckel*, Das Kreuz im öffentlichen Raum, DVBl. 1996, 474.

[63] BVerwG, Urt. v. 21. 4. 1999 – 6 C 18/98 = NJW 1999, 3063.

halb als kultischen Raum, nur weil dort ein Kruzifix angebracht sei. Durch keinerlei Umstände werde der Eindruck gefördert, dass das Kreuz im Klassenzimmer gottesdienstliche Verehrung erheische oder der »rituellen Vergegenwärtigung« christlicher Gottesaussagen diene[64]. Nach Auffassung des Bundesverfassungsgerichts biete die Religionsfreiheit des Art. 4 Abs. 1 GG auch einen Schutz vor identitätsverfremdender Einwirkung. Auch die für ihn existenzprägende religiöse Orientierung müsse seiner Selbstbestimmung überlassen bleiben. Eine solche Sichtweise wird als zu weitreichend abgelehnt. Während *J. Isensee* sogar der Meinung ist, das Bundesverfassungsgericht habe mit dem Kruzifix-Beschluss ein völlig neuartiges Grundrecht, nämlich das der Freiheit, von einem missliebigen Anblick verschont zu bleiben, kreiert[65], schränkt *D. Pirson*[66] den Schutzbereich des Art. 4 Abs. 1 GG gegenüber der Mehrheitsmeinung des Senates ein. Seiner Meinung nach sei der »Tatbestand« des Art. 4 Abs. 1 GG nicht schon dann einschlägig, wenn die bloße Wahrnehmung fremder Religiosität unvermeidlich werde, sondern erst dann, wenn dem Wahrnehmenden eine bejahende Wahrnehmung abverlangt werde, wenn also von dem Handeln, zu dem er gezwungen werde, eine fremdbestimmende Wirkung ausgehen könne. Das bloße Wahrnehmen könne eine solche Wirkung nicht auslösen. Auch der Umstand, dass ein Kreuz auf hoheitliche Veranlassung hin angebracht worden sei, wirke als solcher nicht freiheitsmindernd.

c) Analyse

Auch in diesem Zusammenhang ist die Beobachtung zu machen, dass die Frage, ob auch die Konfrontation mit religiösen Symbolen vom Schutzbereich des Art. 4 Abs. 1 GG erfaßt sei, wieder sehr durch das »Vorverständnis des Kreuzes« mitbeantwortet wird. Derjenige, der im Schulkreuz auch christliche Heilshoffnung auszumachen vermag, wird tendenziell eher zur Ansicht gelangen, dass solche Symbole vom Schutzbereich der Religionsfreiheit erfasst sein müssten, da sie, zumal wenn sie staatlich angebracht werden, nicht mehr nur »religionsneutrale«, gewissermassen von allen akzeptierbare, Wertsymbole darstellen. Der Staat würde dann Glaubensinhalte transportieren helfen, wovor Nichtchristen zunächst einmal grundrechtlich zu schützen sind. Wer das Kreuz im Klassenraum von vornherein nicht für ein religiöses Symbol hält, wird auch nicht einsehen, weshalb solche Symbole in den Schutzbereich des Art. 4 Abs. 1 GG aufgenommen werden sollten.

Die Vertreter der »Kreuzwandlungstheorie«[67] nehmen in diesem Zusammenhang gewissermaßen eine »vermittelnde« Position ein. Während ein und dasselbe Kreuz in den profanen Unterrichtsstunden nur Symbol anerkannter abendländischer Werte sei, verwandele es sich im Religionsunterricht oder beim Schulgebet zum auch theologischen Heilssymbol. Durch diese Ansicht wird einerseits von Anfang an eine Eröffnung des Schutzbereiches von Art. 4 Abs. 1 GG in den profanen Fächern ausgeschlos-

---

[64] *D. Pirson*, Urteilsanmerkung, BayVBl. 1995, 756; vgl. auch *M. Heckel*, Das Kreuz im öffentlichen Raum, DVBl. 1996, 474f.

[65] *J. Isensee,* Bildersturm durch Grundrechtsinterpretation, in: Das Kreuz im Widerspruch, Questiones disputatae 162, Freiburg 1996, S. 16.

[66] *D. Pirson*, Urteilsanmerkung, BayVBl. 1995, 757.

[67] Zitiert in BVerfGE 93, 1 (21) = NJW 1995, 2479.

sen, anderseits wird auch nicht die heilstheologische Bedeutung des Kreuzes gänzlich verneint. Was ist von einer solchen Sichtweise zu halten?

Zweifelsohne wäre ein solcher Umgang mit religiösen Symbolen und dem Schutzbereich des Art. 4 Abs. 1 GG eine pragmatische und einfache Lösung des Problems, da man sich nicht um den Ausgleich von positiver und negativer Glaubensfreiheit bemühen müsste[68]. So einfach es (sich) die Vertreter der »Kreuzwandlungstheorie« machen wollen, so sehr stehen sie sich aber auch selbst im Wege. Denn eigentümlicherweise argumentieren dieselben Vertreter im Zusammenhang mit den islamischen Kopftüchern genau umgekehrt. Das Kopftuch wird in der islamischen Tradition ebenfalls sowohl als Ausdruck einer verweltlichten religiösen Tradition (als ganz normales Kleidungsstück) und zugleich auch als Ausdruck eines konkreten Bekenntnisses zu einer bestimmten Religion, nämlich dem Islam, verstanden[69]. Wenn nun eine islamische Grundschullehrerin in Bayern, wo seit 1986 islamischer Unterricht als »echter« Religionsunterricht im Rechtssinne erteilt wird[70], sowohl in den profanen, als auch im islamischen Unterricht ihr Kopftuch tragen würde, könnte man dies bei analoger Anwendung der »Kreuzwandlungstheorie« ohne weiteres akzeptieren. Selbst wenn sie in den profanen Fächern mit Kopftuch auch christliche Schüler unterrichtete, wäre deren negative Glaubensfreiheit schon deshalb erst gar nicht betroffen, weil das Kopftuch im nichtislamischen Unterricht lediglich Kleidungsstück ist. Erst im islamischen Unterricht, wenn keine andersgläubigen Schüler mehr dabei sind, »verwandelt« sich das Kopftuch zum »bekennenden« Ausdruck einer Religionszugehörigkeit. Die Vertreter der »Kreuzwandlungstheorie« lehnen eine solche Analogie in Bezug auf das Kopftuch allerdings ab. Die Situationen seien zu verschieden. So mache es einen Unterschied, ob nur ein »stilles« Kreuz an der Wand hänge, oder ob eine Autoritätsperson in religiöser Tracht unterrichte und somit viel stärker auf die Kinder prägend einwirken könne. Spätestens an dieser Stelle widersprechen sich die Vertreter der »Kreuzwandlungstheorie«. Denn weshalb nehmen sie nun für den profanen Unterricht eine Beeinflussungsmöglichkeit an, wo doch nach der eigenen Theorie nur ein Kleidungsstück auszumachen ist? Weil die Autoritätsperson selber das Kopftuch trägt? Das jedenfalls kann kein Grund sein, hat doch eine Lehrerin im Gegensatz zum »stummen« Kreuz den großen Vorteil, dass man über den Bedeutungsgehalt des Kopftuchs sprechen und sich sogar persönlich bestätigen lassen kann, dass das Kopftuch nur ungewohntes Kleidungsstück sei. So erfreulich es wäre, mit der »Kreuzwandlungstheorie« eine für alle religiösen Symbole in der Schule allumfassende Lösung gefunden zu haben, so verdrießlich ist es, dass sie von den eigenen Vertretern disqualifiziert wird.

---

[68] Ein solcher Ausgleich ist ja nur dann erforderlich, wenn zwei miteinander konkurrierende Grundrechte im Zuge einer praktische Konkordanz austariert werden müssen. Wenn nun der Schutzbereich des Art. 4 Abs. 1 GG durch religiöse Symbole gar nicht erst eröffnet wird, gibt es auch nichts auszugleichen.

[69] *A. Th. Khoury* in: *A. Th. Khoury, L. Hagemann, P. Heine*, Islam-Lexikon, Freiburg 1991, Bd. 3, Art. »Schleier«; vgl. auch zur Bedeutung des Schleiers: *E. G. Mahrenholz*, Darf die Schulverwaltung einer Schülerin das Tragen eines Schleiers in der Schule verbieten?, RdJB 1998, S. 289ff.

[70] In Bayern wird seit 1986 in allen unteren fünf Klassen islamischer Unterricht, nicht als Zusatzunterweisung für Ausländer, sondern neben dem evangelischen und katholischen Religionsunterricht und dem Ethikunterricht erteilt. Wer am Islamunterricht nicht teilnimmt, muss den Ethikunterricht besuchen. Der Unterricht steht unter deutscher Schulaufsicht i. S. des Art. 7 Abs. 1 GG und ist damit auch im Rechtssinne »echter« Religionsunterricht. Hierzu und zur Situation in anderen Bundesländern vgl. *A. v. Campenhausen,* Staatskirchenrecht, München 1996, S. 93f.

Es ist nicht zu übersehen, dass das Kreuz *auch* eine säkulare Bedeutung hat. Wenn nun das Bundesverfassungsgericht dafür kritisiert wird, dass es das Kreuz theologisch gedeutet hat, kann es andererseits auch nicht dem Gesetzgeber möglich sein, den Symbolwert des Kreuzes etwa durch Legaldefinitionen[71] auf die profane Bedeutung zu beschränken[72]. Somit kann festgehalten werden, dass bei Konfrontationen mit religiösen Symbolen der Schutzbereich des Art. 4 Abs. 1 GG in jedem Fall *eröffnet* ist. Ob in den Schutzbereich auch *eingegriffen* wurde, ist ebenfalls umstritten. *D. Heckmann* weist darauf hin, dass auch die Frage nach dem Eingriff aufgrund der »assoziativ-emotionalen Wirkung« von Symbolen wiederum nur vor dem Hintergrund des Vorverständnisses beantwortet werden kann[73]. Je nachdem welchem der oben beschriebenen Vorverständnisse man nun folgt, ist ein Eingriff zu verneinen oder zu bejahen. Nur bei der Annahme eines Eingriffs ist eine eventuelle Rechtfertigung des Eingriffs zu klären. Eine Rechtfertigung könnte sich aus Art. 7 Abs. 1 GG oder der positiven Religionsfreiheit der Kreuzbefürworter ergeben. Zur Frage der Rechtfertigung hat das Bundesverfassungsgericht umfangreiche Ausführungen gemacht, die genügend Ansatzpunkte für Kritik in der Literatur boten[74]. Dabei ist bemerkenswert, dass der oft geforderte Ausgleich zwischen positiver und negativer Glaubensfreiheit im Verlaufe einer dogmatischen Grundrechtsprüfung erst auf der Ebene der Rechtfertigung vorgenommen werden kann. So müssen sich die Vertreter der »Kreuzwandlungstheorie« mit einem solchen Ausgleich gar nicht beschäftigen, da sie bereits die Eröffnung des Schutzbereiches von Art. 4 Abs. 1 GG verneinen.

Im aktuellen Urteil des Berliner Bundesverwaltungsgerichts halten die Richter eine Abnahme des Kreuzes für erforderlich, wenn deutlich werde, dass die Eltern Atheisten seien oder aus antireligiösen Auffassungen heraus religiöse Einflüsse auf ihr Kind nicht wünschten[75]. Damit ist jeglicher Form einer »Kreuzwandlungstheorie« eine endgültige Absage erteilt worden. Aus dieser Formulierung ist zu schließen, dass sich das Bundesverwaltungsgericht nicht darauf einlässt, im Kreuz »nur« ein Symbol für abendländische Kulturtradition zu sehen. Zu ausdrücklich spricht es von »religiösen Einflüssen« durch das Kreuz.

Gleichzeitig bescheinigt das Bundesverwaltungsgericht der bayerischen Staatsregierung, dass die vom Parlament beschlossene gesetzliche Anordnung von Schulkreuzen verfassungskonform sei, wenn die Anforderungen an den Widerspruch nicht zu hoch angesetzt würden. Es scheint also zunächst ein weises Urteil gesprochen worden zu

---

[71] Gerade dies wurde bei der Neufassung des Art. 7 BayEUG versucht. Der eingefügte Absatz 3 lautet: »Angesichts der geschichtlichen und kulturellen Prägung Bayerns wird in jedem Klassenraum ein Kreuz angebracht. Damit kommt der Wille zum Ausdruck, die obersten Bildungsziele der Verfassung auf der Grundlage christlicher und abendländischer Werte unter Wahrung der Gewissensfreiheit zu verwirklichen...«.

[72] Dies hat auch *D. Heckmann* in seinem Freiburger Habilitationsvortrag »Eingriff durch Symbole?«, JZ 1996, 880ff. herausgestellt; vgl. in diesem Sinne auch *G. Czermak*, Das bayerische Kruzifix-Gesetz und die Entscheidung des BayVerfGH vom 1. 8. 1997, DÖV, 1998, 110. *Czermak* spricht davon, dass eine etwa mögliche säkulare Bedeutung des Kreuzes im Klassenzimmer niemals für rechtliche Zwecke von seiner religiösen Bedeutung abgelöst werden könne.

[73] *D. Heckmann*, Eingriff durch Symbole?, JZ 1996, 889.

[74] Vgl. zur Problematik der Rechtfertigung BVerfGE 93, 1 = NJW 1995, 2479; statt vieler *M. Heckel*, Das Kreuz im öffentlichen Raum, DVBl. 1996, 478ff.

[75] BVerwG, Urt. v. 21. 4. 1999 – 6 C 18/98 = NJW 1999, 3063.

sein. Einerseits wurde auch die unfreiwillige Konfrontation mit religiösen Symbolen in den Schutzbereich des Art. 4 Abs. 1 GG einbezogen und mit nicht übertriebenen Anforderungen an einen Widerspruch erneut der hohen Grundrechtskultur in der Bundesrepublik ein Dienst erwiesen. Andererseits wurde den regionalen religiösen Empfindungen dahingehend Rechnung getragen, dass auch ein Landesparlament die Anbringung von Religionssymbolen staatlich anordnen darf. Insofern war der Spruch aus Berlin, anders als der aus Karlsruhe, auch ein Beitrag zum Rechtsfrieden. Trotzdem hat das Bundesverwaltungsgericht in einem Punkte wiederum Öl ins Feuer gegossen. Wenn es, um Art. 4 Abs. 1 GG in seinem Kernbestand nicht zu gefährden, die Anforderungen an einen Widerspruch herunterschraubt, ist die schon in der Vergangenheit immer wieder geäußerte Befürchtung eines »Diktates der Minderheit über die Mehrheit« nicht unbegründet. Das Berliner Urteil ist zwar auf Ausgleich bedacht, den es prozessual wohl auch erreicht hat, da weder der Kläger noch der Freistaat Bayern mehr Eingriffe in ihre Rechte geltend machen können: Der Vater hat ein »kreuzfreies« Klassenzimmer erstritten, und dem Land wurde die Verfassungsmäßigkeit seiner Neuregelung zu den Schulkreuzen bestätigt. Der gefundene Kompromiss wird aber wie angedeutet eine neue Runde in der Diskussion darüber eröffnen, ob nun das Grundrecht der negativen Religionsfreiheit gegenüber der positiven Religionsfreiheit zum »Obergrundrecht« geworden sei.

Es scheint, dass das Urteil aus Berlin der im Kreis verlaufenden Diskussion um die Schulkreuze nur neuen Schwung verleihen wird. Dabei hatte bereits 1995 das Bundesverfassungsgericht einen möglichen Ausweg angedeutet, als es den eigenen Beschluss selbst dahingehend präzisierte, dass nur über die *staatliche Anbringung* von Kruzifixen in Klassenzimmern entschieden worden sei[76]. Danach hält das Bundesverfassungsgericht also nicht das grundsätzliche Vorhandensein, sondern nur die *staatliche Anordnung* für verfassungswidrig. Würden also Kreuze von Schülern, Eltern, Lehrern nach einer schulinternen Abstimmung aufgehängt, läge eine gänzlich andere Situation vor. Berechtigterweise wurde der ungewöhnliche Vorgang der Selbstkonkretisierung kritisiert, zumal Ansatzpunkte für eine solche Präzisierung im Beschlusstext zwar vorhanden, aber rar sind.

Das Bundesverfassungsgericht hat sich auf dünnes Eis begeben, als es seine Ansicht von der Verfassungswidrigkeit ausschließlich mit einer Verletzung von Art. 4 Abs. 1 GG begründete. Wie sehr die alleinige Argumentation über Art. 4 Abs. 1 GG auf tönernen Füßen steht, macht der polemische Vorhalt *J. Isensees* deutlich, das Bundesverfassungsgericht habe das neuartige Grundrecht auf Freiheit, von einem missliebigen Anblick verschont zu werden, kreiert[77].

Das Bundesverfassungsgericht hätte die Einwände hinsichtlich der Argumentation auf Art. 4 GG voraussehen können und hätte, da der eigentliche Hauptkritikpunkt ja die »staatliche Anbringung« gewesen sein sollte, neben einer Verletzung von Grundrechten auch die Verletzung von Staatsprinzipen mit Verfassungsrang ansprechen

---

[76] Die Präzisierung erfolgte durch den Vorsitzenden des Ersten Senats Dr. Henschel; vgl.: NJW 1995, S. 2483.

[77] *J. Isensee,* Bildersturm durch Grundrechtsinterpretation, in: Das Kreuz im Widerspruch, Questiones disputatae 162, Freiburg 1996, S. 16.

müssen[78]. Würde etwa die Neutralität ein solches Staatsprinzip darstellen und könnte man durch die staatliche Anbringung von Kreuzen einen Verstoß gegen dieses Prinzip feststellen, könnte im Zweifel dahinstehen, ob die staatliche Anbringung auch gegen das Grundrecht aus Art. 4 Abs. 1 GG verstößt. Die Legitimation, die Verletzung eines Staatsprinzips innerhalb einer Verfassungsbeschwerde überprüfen zu können, hat sich das Gericht in seiner Entscheidung zum Bremer Inkompatibilitätsgesetz für Pfarrer mit Abgeordnetenmandat selbst erteilt: Nachdem die Verfassungsbeschwerde zulässig sei, sei es bei der materiell-rechtlichen Prüfung nicht mehr darauf beschränkt zu untersuchen, ob eine der gerügten Grundrechtsverletzungen vorläge[79]. Und so hat das Gericht in der Vergangenheit an den gerügten hoheitlichen Akt einen *umfassenden Prüfungsmaßstab* angelegt und ihn unter jedem in Betracht kommenden verfassungsrechtlichen Gesichtspunkt auf seine Verfassungsmäßigkeit hin überprüft[80]. Die Tatsache, dass das Gericht die staatliche Neutralität leider nur beiläufig erwähnt und sie auch nicht ausführlicher rechtlich qualifiziert hat, stellt eindeutig eine Schwäche der Entscheidung dar. Umso bedauerlicher ist es, dass auch das aktuelle Urteil des Bundesverwaltungsgerichts zur eigentlichen Frage der staatlichen Neutralität schweigt.

II. Staatliche Neutralität in religiösen Belangen

Der Freistaat Bayern könnte nach wie vor, entgegen der Auffassung des Bundesverwaltungsgerichts, durch die Anordnung der Kreuzanbringung gegen die Neutralitätsverpflichtung des Staates verstoßen haben. Ein solcher Verstoß könnte die Verfassungswidrigkeit des neu formulierten Art. 7 Abs. 3 BayEUG[81] zur Folge haben.

Ein Gesetz (jeder hoheitliche Akt) ist verfassungswidrig, wenn es gegen höherrangiges Recht verstößt. Der neue Art. 7 Abs. 3 BayEUG ist als formelles Parlamentsgesetz verabschiedet worden. Neben einem Verstoß gegen Grundrechte führen auch Verstöße gegen Staatsprinzipien mit Verfassungsrang zur Verfassungswidrigkeit[82]. Demnach müsste es sich beim Grundsatz der Neutralität zum einen um ein Staatsprinzip mit Verfassungsrang handeln, zum anderen müsste die Anordnung zum Kreuzaufhängen einen Verstoß gegen dieses Prinzip darstellen.

---

[78] Vgl. auch *L. Renck*, Positive und negative Bekenntnisfreiheit und Glaubens- oder Rechtsstaat, ZRP 1996, S. 205 ff.; *L. Renck*, Über positive und negative Bekenntnisfreiheit, NVwZ 1994, S. 544 ff., der ebenfalls davon ausgeht, dass nicht die Konkurrenz von Grundrechten, sondern die Reichweite der staatlichen Bekenntnisneutralität das eigentliche Problem darstellt.

[79] BVerfGE 42, 312 (325 f.).

[80] BVerfGE 45, 63 (74): »Die Verfassungsbeschwerde ist nicht nur ein Rechtsbehelf zur Sicherung und Durchsetzung grundrechtlich garantierter individueller Rechtspositionen, sondern in gleicher Weise ein ›spezielles Rechtsschutzmittel des objektiven Verfassungsrechts‹«; ähnlich BVerfGE 45, 63 (74); BVerfGE 79, 365 (367); zu dieser ›doppelfunktionalen‹ Bedeutung der Verfassungsbeschwerde vgl. auch: *K. Schlaich*, Das Bundesverfassungsgericht, München 1994, Rdnr. 263 m. w. N., der unter anderem mit *Zweigert* davon spricht, die Verfassungsberschwerde habe neben dem »kasuistischen Kassationseffekt« auch einen »generellen Edukationseffekt«.

[81] Bayerisches Gesetz über das Erziehungs- und Unterrichtswesen.

[82] *B. Pieroth, B. Schlink*, Grundrechte, Staatsrechte II, Heidelberg 1998, S. 296.

1. Definition der Neutralität

C. Schmitt[83] unterscheidet »negative« und »positive« Neutralität. Während die »negative« Neutralität im Sinne der Nichtintervention, der Uninteressiertheit von der politischen Entscheidung wegführe, führe die »positive« Neutralität zur Entscheidung hin. Eine solche Hinführung geschehe durch den Staat als »außenstehenden Dritten«, der von außen her nötigenfalls die Entscheidung und damit Einheit bewirke. »Positive« Neutralität beruhe im Sinne der Objektivität und Sachlichkeit auf der Grundlage einer anerkannten Norm. In Bezug auf den Umgang des Staates mit den Religions- und Weltanschauungsgemeinschaften ist der Staat verpflichtet, sich jedes Urteiles oder jeder Parteinahme für oder gegen eine Anschauung zu enthalten. Diese staatliche Enthaltsamkeit resultiert nach der h.M. im deutschen Staatskirchenrecht nicht aus einem »negativen Neutralitätsverständnis« im Sinne *C. Schmitts.* Der deutsche Staat muss sich gerade nicht indifferent und laizistisch unduldsam gegenüber den Religions- und Weltanschauungen verhalten. Er ist nicht gezwungen, weltanschauliche Tatsachen zu ignorieren. Im Gegenteil ist ihm dies durch die grundgesetzliche Ordnung sogar untersagt. Vielmehr ist er dazu aufgerufen, seine Neutralität in der Offenheit gegenüber den in seinen Grenzen vertretenen Religionen und Weltanschauungen zu bewähren und seine Unabhängigkeit zu behaupten. Die Rechtsordnung ist »neutral«, wenn sie nach *C. Schmitts* im Sinne einer »positiven Neutralität« den Staatsbürgern die Möglichkeit erhält, ihren religiös-weltanschaulichen Überzeugungen auch im öffentlichen Leben soweit wie möglich Geltung zu verleihen. Infolgedessen wird das religiöse Faktum vom Staat nicht ignoriert, sondern die Rechtsordnung knüpft in manchen Bereichen sogar an dieses an[84]. Vor diesem Hintergrund konnte *E.-W. Böckenförde* sein vielzitiertes Wort prägen, dass der freiheitliche demokratische Verfassungsstaat von geistigen Voraussetzungen lebe, die er selbst weder zu schaffen noch zu garantieren vermöge[85].

Neutralität ist also nicht im Sinne staatlicher »Wertlosigkeit«, sondern im Sinne von »Nichtidentifikation mit bestimmten religiös-weltanschaulichen Ansichten« zu verstehen[86]. Der Einzelne fühlt sich im Staat, der sich nicht mit einer Anschauung identifiziert, unberührbar und geborgen. Aus der »Nichtidentifikation« gewinnt der Staat die Legitimation, seinen Bürgern mit dem Anspruch auf unbedingte Loyalität gegenüberzutreten[87]. Wird im folgenden der Begriff der »Neutralität« verwendet, so geschieht dies immer im Sinne von »Nichtidentifikation«.

Bevor die staatliche Nichtidentifikationsverpflichtung hergeleitet und deren rechtliche Qualifikation geklärt werden kann, ist zunächst grundsätzlich der Frage nachzugehen, was Staatsprinzipien ausmacht, wie sie »entstehen« und welche Funktion sie haben.

---

[83] *C. Schmitt*, Der Hüter der Verfassung, 2. Aufl., Berlin 1969, S.111ff.

[84] Vgl. *A. v. Campenhausen*, Staatskirchenrecht, München 1996, S.422.

[85] *E.-W. Böckenförde*, in: Säkularisation und Utopie. FS für E. Forsthoff zum 65. Geb. 1965, S.75ff; ebenfalls in: *ders.*, Staat, Gesellschaft, Freiheit, 1976, S.42 (60).

[86] *H. Krüger*, Allgemeine Staatslehre, 2. Auflage, Stuttgart 1966, S.178ff.

[87] *E.-W. Böckenförde*, Das Grundrecht der Gewissensfreiheit, Leitsatz 11, VVDStRL 28 (1970) S.84, ausführlicher S.55f.; *H. Krüger*, Allgemeine Staatslehre, 2. Auflage, Stuttgart 1966, S.184.

2. Wesen, »Entstehung« und Funktion von Staatsprinzipien

Nach der Überzeugung des Bundesverfassungsgerichts ist das Recht »nicht mit der Gesamtheit der geschriebenen Gesetze identisch. Gegenüber den positiven Satzungen der Staatsgewalt kann (…) ein Mehr an Recht bestehen, das seine Quelle in der (…) Rechtsordnung als einem Sinnganzen besitzt und dem geschriebenen Gesetz gegenüber als Korrektiv zu wirken vermag; es zu finden und in Entscheidungen zu verwirklichen, ist die Aufgabe der Rechtsprechung.« Weil sich die richterliche Tätigkeit nicht nur im Erkennen und Aussprechen des gesetzgeberischen Willens erschöpfe, komme es der Rechtsprechung insbesondere zu, »Wertvorstellungen, die der (…) Rechtsordnung immanent, aber in den Texten der geschriebenen Gesetze nicht oder nur unvollkommen zum Ausdruck gelangt sind, in einem Akt des bewertenden Erkennens, dem auch willenhafte Elemente nicht fehlen, ans Licht zu bringen und in Entscheidungen zu realisieren«[88].

Abgesehen von der Terminologie besteht auch in der Literatur Einigkeit darüber, dass neben den geschriebenen positivierten Normen (Rechtssätze, Regeln) geschriebene oder ungeschriebene (allgemeine) Rechtsgrundsätze oder (allgemeine) Prinzipien[89] existieren[90]. Umstritten ist allerdings, welche Funktion diese Rechtsgrundsätze oder Prinzipien haben sollen.

Während ein Teil der Lehre in den (allgemeinen) Rechtsgrundsätzen respektive Prinzipien nur »richtungsweisende Maßstäbe rechtlicher Normierung«, also orientierende Interpretationshilfen für die konkret-positiven Normen sehen, tendiert ein anderer Teil im Schrifttum dazu, sie als unabhängig wirkende Wertungen zu betrachten, die am Fallproblem zu entdecken seien[91]. Es ist weithin anerkannt, dass es innerhalb der Prinzipien eine Rangordnung gibt, in der das »Prinzip mit Verfassungsrang«, das hier gleichbedeutend auch als Staatsprinzip bezeichnet wird, die oberste Stellung einnimmt[92]. Auch besteht grundsätzliches Einvernehmen darüber, wie ein solches Staatsprinzip »geboren« wird. Nach *Esser* brechen Rechtsprinzipien, die noch nicht positiviert sind, »an einem exemplarischen Fall durch die Bewusstseinsschwelle ins juristische Denken ein«[93]. Eines Tages werden sie von der Lehre oder von einem Gericht formuliert und finden dann wegen der ihnen innewohnenden Überzeugungskraft mehr oder weniger schnell allgemeine Anerkennung im Rechtsbewusstsein der Zeit. Oft trägt die Formulierung des Prinzips nur noch der Einsicht Rechnung, dass es, ob-

---

[88] BVerfGE 34, 269 (287); dazu kritisch *F. Müller*, in: Festschrift der Juristischen Fakultät zur 600-Jahr Feier der Ruprecht-Karl-Universität Heidelberg, 1986, S. 65 (73 ff.).

[89] Rechtsgrundsätze und Prinzipien werden hier gleichbedeutend gebraucht.

[90] Vertiefend und m.w.N.: *F. Bydlinski*, Juristische Methodenlehre und Rechtsbegriff, Wien 1991, S. 132 ff.; *K. Larenz*, Methodenlehre der Rechtswissenschaft, Berlin Heidelberg 1991, S. 474 ff.; *P. Raisch*, Juristische Methoden, Heidelberg 1995, S. 168 ff.; *Th. Schilling*, Rang und Geltung von Normen in gestuften Rechtsordnungen, Berlin 1994, § 4 II 2.; *D. Schmalz*, Methodenlehre, Baden-Baden, 1992, S. 115 ff.; *R. Zippelius*, Juristische Methodenlehre, München 1990, S. 51.

[91] Als prominenteste Vertreter seien hier nur *K. Larenz*, Richtiges Recht, München 1979, S. 23 ff.; *K. Larenz*, Methodenlehre der Rechtswissenschaft, Berlin Heidelberg 1991, S. 421 einerseits und *J. Esser*, Grundsatz und Norm in der richterlichen Fortbildung des Privatrechts, Tübingen 1990, S. 5, 52 ff., 164, 259 ff andererseits genannt.

[92] Für viele: *K. Larenz*, Methodenlehre der Rechtswissenschaft, Berlin Heidelberg 1991, S. 421.

[93] *J. Esser*, Grundsatz und Norm in der richterlichen Fortbildung des Privatrechts, Tübingen 1990, S. 53.

wohl unerkannt, schon der bisherigen Rechtsprechung zu Grunde gelegen hat[94]. Ein etwas anderer Ansatz[95] geht von der Beobachtung aus, dass es Fälle gibt, für deren Entscheidung die Rechtsnormen keine oder nicht genügende Maßstäbe liefern. Angesichts solcher »hard cases«[96], müsse der Richter zur Entscheidung Prinzipien und Zielrichtungen entwickeln, die die Masse der Rechtsnormen der für ihn geltenden Rechtsordnung zuließen.

Gestritten wird indessen darüber, ob das herausgebildete »Etwas« rechtlich auch zurecht als Prinzip beurteilt wird. Allem Anschein nach geht *Esser* davon aus, dass der geschichtliche Erkenntnisprozess Garant dafür sei, dass sich nur solches in der Erkenntnis der Rechtswissenschaft als Prinzip durchsetze, was auch eine solche herausgehobene Bezeichnung verdiene[97]. Hingegen bemüht sich *Larenz* um Kritierien, mittels derer die Feststellung eines Prinzips kritisch überprüft werden könnten.

Die »Funktion« der Staatsprinzipien erschließt sich besonders deutlich, wenn man sich ihnen über Art. 79 Abs. 3 GG annähert.

Allem Anschein nach hat der Verfassungsgeber selbst einige Prinzipien für besonders bewahrenswert und wichtig erachtet und hat sie deshalb in Art. 79 Abs. 3 GG als Staatsprinzipien mit Ewigkeitscharakter ausgestattet. Die Tatsache, dass auch andere Grundrechte als Art. 1 Abs. 1 GG von Art. 79 Abs. 3 GG erfasst sein können, wenn sich normative Wirkungen zugleich aus Art. 1 Abs. 1 GG ergeben und ebenso Konkretisierungen der genannten Staatsprinzipien mit ihrem dem jeweiligen Prinzip als solchen zuzurechnenden Gehalt von der Ewigkeitsgarantie umfasst sind[98], zeigt, dass Art. 79 Abs. 3 GG Staatsprinzipien zumindest nicht enummerativ auflistet. Die Väter und Mütter des Grundgesetzes statteten die Staatsprinzipien mit Ewigkeitsgarantie aus, weil sie selbst zur Garantie für den Bestand der gewollten freiheitlich demokratischen Grundordnung werden sollten. Somit ist es ihre Aufgabe, diese Ordnung auch unabhängig von Grundrechten gegen beeinträchtigende staatliche Normsetzung zu sichern. So wie die Grundrechte in erster Linie Abwehrrechte des Bürgers gegenüber dem Staat sind, so gewährleisten Staatsprinzipien den Bestand der verfassungsmäßigen Ordnung. Ein Verstoß gegen ein Staatsprinzip führt ebenso zur Verfassungswidrigkeit einer staatlichen Maßnahme, wie die Verletzung eines Grundrechtes. Wären Staatsprinzipien nicht mit dieser Macht ausgestattet, staatliche Akte verfassungswidrig werden zu lassen, würde der vom Verfassungsgeber ja gerade bezweckte »Garantieeffekt« leerlaufen. Staatsprinzipien sind demnach »Werte an sich«, die dem Verfassungsgeber oder der Verfassungsrechtsprechung so wichtig geworden sind, dass er sie bis in alle Ewigkeit als Garanten für die freiheitlich demokratische Grundordnung sehen will. Angesichts dieser »durchschlagenden Wirkung« von Staatsprinzipien ist, was ihre rechtliche Anerkennung im ungeschriebenen Fall anbetrifft, Zurückhaltung geboten.

---

[94] *K. Larenz*, Methodenlehre der Rechtswissenschaft, Berlin Heidelberg 1991, S. 421.

[95] *R. Alexy*, Zum Begriff des Rechtsprinzips, in: *W. Krawietz u. a. (Hrsg.)*, Argumentation und Hermeneutik in der Jurisprudenz, Beiheft zur Rechtstheorie, Berlin 1979, S. 59ff.

[96] *R. Dworkin*, Bürgerrechte ernst genommen, Frankfurt a. M. 1984, S. 144ff., auf den sich *R. Alexy* bezieht.

[97] Diese Einschätzung teilt auch *F. Bydlinski*, Juristische Methodenlehre und Rechtsbegriff, Wien 1991, S. 133.

[98] *H. D. Jarass, B. Pieroth*, Grundgesetz für die Bundesrepublik Deutschland, München 1997, Art. 79 Rdnr. 9, 9a.

Jedenfalls kann nicht ohne jegliche kritische Überprüfung, nur weil sie sich in Recht-sprechung und Literatur als Prinzipien herausgebildet haben, darauf geschlossen wer-den, dass es sich auch tatsächlich um Staatsprinzipien handelt. *Larenz* hat darauf hinge-wiesen, dass die Feststellung von Prinzipien nicht allein der Ettikettierung durch Rechtsprechung und Literatur überlassen bleiben dürfe, sondern Kritierien zu ent-wickeln seien, anhand derer die Feststellung von Rechtsprinzipien kritisch überprüft werden könne[99]. Dies muss umso mehr gelten, wenn es um die Feststellung von bis-lang im Verfassungstext unerwähnten Staatsprinzipien geht, da sich Staatsprinzipien gegenüber den »übrigen« nicht in den »Verfassungsrang erhobenen« Prinzipien durch ihre unabhängige Stellung gegenüber den Grundrechten auszeichnen.

Mit *Esser*[100] soll einmal angenommen werden, dass die Rechtsprinzipien gewisser-maßen plötzlich geboren werden, dass sie auf einmal durch die Bewusstseinsschwelle ins juristische Denken »einbrechen«. Das setzt voraus, dass sie schon vor ihrer Geburt quasi von jeher da waren. Erst am exemplarischen Fall erblicken sie das Licht der juri-stischen Gedankenwelt. Die oben zitierte Definition des Bundesverfassungsgerichts was »Recht« sei, stützt diese Annahme. Wenn gegenüber den positiven Satzungen der Staatsgewalt ein »Mehr« an Recht besteht, dann kann das nur heißen, dass dem positi-vierten Recht eine noch nicht entdeckte Rechtssphäre vorgelagert ist, die die Recht-sprechung und Literatur nur Stück für Stück »erkennen« können. Es geht also auch bei der Feststellung von ungeschriebenen Staatsprinzipien um »Erkenntnis«. Weil Staats-prinzipien gegenüber anderen Prinzipien garantierte Strukturprinzipien mit Verfas-sungsrang sind, könnte die *conditio sine qua non* das notwendige Kritierium zur Feststel-lung der Staatsprinzipqualität sein. Danach ist ein Rechtsprinzip dann zum Staatsprin-zip geworden, wenn es nicht mehr hinweggedacht werden kann, ohne dass nicht auch die neu erkannte Qualität der verfassungsmäßigen Ordnung in der erkannten Weise garantiert bleiben könnte.

3. Herleitung der staatlichen Nichtidentifikationsverpflichtung und rechtliche Qualifizierung durch Rechtsprechung und Literatur

Die »Nichtidentifikation« des Staates ist weder im Grundgesetz noch in den Län-derverfassungen ausdrücklich genannt, gefordert oder definiert. In den fünfziger und Anfang der sechziger Jahre hatte der Begriff der Neutralität noch eine die normative Rechtslage mehr begleitende, *beschreibende* oder allenfalls auch programmatisch-inte-grierende *Funktion*[101]. Das Bundesverfassungsgericht sprach etwa im KPD-Verbotsur-

---

[99] So *F. Bydlinski*, Juristische Methodenlehre und Rechtsbegriff, Wien 1991, S. 133 unter Berufung auf *K. Larenz*, Richtiges Recht, München 1979, S. 32 ff.

[100] *J. Esser*, Grundsatz und Norm in der richterlichen Fortbildung des Privatrechts, Tübingen 1990, S. 53.

[101] So noch *K. Hesse*, im Ev. Staatslexikon, Art. Kirche und Staat, Methodenlehre der Rechtswissen-schaft, Sp. 920 f., hrsg. v. *H. Kunst, S. Grundmann*, Stuttgart-Berlin 1966; *P. Mikat*, Kirche und Staat in nachkonziliarer Sicht, in: Kirche und Staat, Festschrift für Kunst, Berlin 1967, S. 121, auch in Staat und Kirchen in der Bundesrepublik Deutschland, hrsg. von *H. Quaritsch, H. Weber*, 1967, S. 439; *H. Ridder*, Kirche. Staat. Rundfunk. Grundsatzfragen ihrer Rechtsbeziehungen in der Bundesrepublik Deutschland, Frankfurt a.M. 1958; *K. Schlaich*, Neutralität als verfassungsrechtliches Prinzip, Tübingen 1972, S. 11 ff. m.w.N.

teil[102] davon, die Weimarer Verfassung habe ihre politische Indifferenz beibehalten, während das Grundgesetz das Prinzip der Neutralität gegenüber Grundwerten der Staatsordnung nicht mehr rein verwirkliche und statt dessen ein Bekenntnis zur streitbaren Demokratie abgelegt habe.

Eine überraschende Aufwertung erfuhr die weltanschaulich-religiöse Neutralität im Jahr 1965 durch die staatskirchenrechtlichen Entscheidungen des Bundesverfassungsgerichts[103]: Sie wurde nun zum *Rechtsbegriff*, aus dem *selbständig* Forderungen gezogen werden konnten. Während die »Neutralität« zunächst nur beschreibende Hilfsfunktion hatte, verselbständigte sich der Begriff in der Rechtsprechung des Bundesverfassungsgerichts und wurde schließlich im »Lumpensammlerfall«[104] zum *Rechtssatzbegriff* erhoben[105].

Diese Vorgaben des Verfassungsgerichts wurden schnell auch in der Literatur aufgenommen. Es wurde von der »normativen Funktion der Neutralität«[106], vom »Gebot der Neutralität«, der »Verpflichtung des Staates zur Neutralität« und von einer »Verfassungsentscheidung zur weltanschaulich-religiösen Neutralität des Staates«[107] gesprochen. *K. Hesse*[108] schließlich erhebt die weltanschauliche Neutralität in den *höchsten verfassungsrechtlichen Rang*, wenn er schreibt: »Als *Grundelement objektiver*[109] demokratischer und rechtsstaatlicher *Ordnung* begründet die Glaubens-, Bekenntnis-, und Kultusfreiheit die religiöse und weltanschauliche Neutralität des Staates als Voraussetzung eines freien politischen Prozesses und als Grundlage heutiger Rechtsstaatlichkeit«. Damit geht *K. Hesse* keinenfalls über die Ausführungen des Bundesverfassungsgerichtes hinaus. Wenn das Gericht etwa in seinem Urteil vom 14. Dezember 1965[110] ausführt, dass das Grundgesetz durch die Art. 4 Abs. 1, Art. 3 Abs. 3, Art. 33 Abs. 3 GG sowie durch Art. 136 Abs. 1 und 4 und Art. 137 Abs. 1 WRV in Verbindung mit Art. 140 GG dem Staat als Heimstatt aller Staatsbürger *ohne Ansehen der Person*[111] weltanschaulich-religiöse Neutralität auferlege, etabliert es neben dem *individuellen Grundrechtsschutz der Person* ein davon unabhängiges Staatsprinzip.

A. Hollerbach, der sich hinsichtlich der Beurteilung der Rechtsprechung des Bundesverfassungsgerichts zurückhaltend äußert[112], spricht in Bezug auf die weltanschauliche, religiöse und konfessionelle Neutralität des Staates von einem »*objektiven Konstitu-*

---

[102] BVerfGE 5, 138f.

[103] BVerfGE 18, 385 (386); BVerfGE 19, 1ff., 129ff., 206 (216), 226ff., 242ff., 248ff., 253ff., 268ff., 282ff., 288ff.

[104] BVerfGE 24, 236 (246f.).

[105] *K. Schlaich*, Neutralität als verfassungsrechtliches Prinzip, Tübingen 1972, S. 12f.; *E. Stein*, Zur staatskirchenrechtlichen Rechtsprechung des Bundesverfassungsgerichts, Juristenjahrbuch 8. Bd., 1967/68, S. 126.

[106] *F. Müller*, Christliche Gemeinschaftsschule und weltanschauliche Neutralität des Staates, DÖV 1969, S. 443.

[107] Umfangreiche Nachweise bei *K. Schlaich*, Neutralität als verfassungsrechtliches Prinzip, Tübingen 1972, S. 13 (Fn. 43, 44, 45).

[108] *K. Hesse*, Grundzüge des Verfassungsrechts der Bundesrepublik Deutschland, Heidelberg 1995, Rdnr. 382, 159ff., 204).

[109] Hervorhebung durch *K. Hesse*.

[110] BVerfGE 19, 206 (216).

[111] Hervorhebung durch den Verfasser.

[112] *A. Hollerbach*, Das Staatskirchenrecht in der Rechtsprechung des Bundesverfassungsgerichts, AöR 92. Bd., 1967, S. 115.

tionsprinzip«[113]. An anderer Stelle[114] vertritt er die Ansicht, dass die Grundlagen der staatskirchenpolitischen Ordnung den Rechtsstaat des Grundgesetzes so sehr prägten, dass sie zumindest in ihrem Kern den Unantastbarkeiten des Art. 79 Abs. 3 GG zuzurechnen seien, über die auch der Verfassungsgesetzgeber nicht legaliter verfügen könne. Indem *A. Hollerbach* das Neutralitätsprinzip als »objektives Konstitutionsprinzip« beschreibt, gehört es für ihn zu den Grundlagen der staatskirchenpolitischen Ordnung. Damit prägt es in gleicher Weise wie die übrigen in Art. 20 GG niedergelegten Grundsätze wie das Demokratieprinzip, das Bundesstaatsprinzip, das Rechtsstaatsprinzip und das Sozialstaatsprinzip den Rechtsstaat des Grundgesetzes. Ebenfalls unter den Schutz der »Ewigkeitsgarantie« des Art. 79 Abs. 3 GG gestellt, steht es als gleichwertiges Staatsprinzip mit Verfassungsrang neben den anderen.

Gegen diese sich entwickelnde h.M. versuchten v.a. *U. Scheuner*[115] und *M. Heckel*[116] herauszustellen, dass die neutrale Haltung des Staates Folge und Funktion der Glaubensfreiheit, nicht aber ein von ihr unabhängiges Formprinzip des Grundgesetzes sei. Auch *K. Schlaich*[117] ist der Ansicht, dass sich richtige Ergebnisse nicht aus dem Neutralitätsprinzip, sondern direkt aus Art. 4 Abs. 1 GG ergäben.

Diese Einwände sind durchaus berechtigt, weisen sie doch im Kern alle darauf hin, dass mit einer bloßen Erhebung eines Begriffs zum Staatsprinzip noch nicht mehr Rechtsklar- und Rechtssicherheit gewonnen ist. *F. v. Zezschwitz*[118] fasst die Kritik treffend zusammen, wenn er davon spricht, dass es nicht der Begriff sei, der für die Vielfalt der rechtlichen Beziehungen im religiösen und weltanschaulichen Bereich maßgebend sei, sondern die – durchaus unterschiedlichen – Kollisionsentscheidungen der Verfassung.

Dagegen spricht aber, dass die Aufwertung der Neutralität (immer im Sinne der Nichtidentifikation verstanden) zum Staatsprinzip keineswegs Selbstzweck war, etwa um Schlagwörtern eine Rechtsbedeutung zuzulegen[119]. Sie erfolgte insbesondere aus der Einsicht, dass die Gesamtschau der Art. 3 Abs. 1 GG, Art. 3 Abs. 3, 33 Abs. 3 GG, Art. 4 Abs. 1, 2 GG, 140 GG i.V.m. Art. 136 Abs. 1, 4 WRV mit dem Verbot der Staatskirche aus Art. 140 GG i.V.m. Art. 137 Abs. 1 WRV im Ergebnis mehr ergibt, als bloß die Summe der einzelnen Schutzbereiche. Auch die Tatsache, dass sich der Rechtssatz von der Neutralität im Verlaufe der Entwicklung nie vollständig von Art. 4

---

[113] *A. Hollerbach,* Die Kirchen unter dem Grundgesetz, VVStRL 26 (1968) S. 62.

[114] *A. Hollerbach,* Verträge zwischen Staat und Kirche in der Bundesrepublik Deutschland, Frankfurt a.M. 1965, S. 124.

[115] *U. Scheuner,* Religionsfreiheit, in DÖV 1967, S. 588; *ders.,* Diskussionsbeitrag, in Essener Gespräche zum Thema Staat und Kirche, Bd. 3, 1969, S. 170.

[116] *M. Heckel*, Staat Kirche Kunst. Rechtsfragen kirchlicher Kulturdenkmäler, Tübinger Rechtswissenschaftliche Abhandlungen, Bd. 22, Tübungen 1968, S. 209. Ebenfalls gegen eine Verselbständigung der Neutralität zum Staatsprinzip: *E.-L. Solte,* Theologie an der Universität. Staats- und kirchenrechtliche Probleme der theologischen Fakultäten, Jus Ecclesiasticum, Bd. 13, München 1971, S. 68f.; *K. Larenz,* Methodenlehre der Rechtswissenschaft, Berlin 1969, S. 466: versteht die »Neutralität« als »offenes Prinzip«. Solche »offenen Prinzipien« hätten nicht Normcharakter, sondern lediglich die Funktion von sinnerhellenden Faktoren, Leitgedanken oder Rechtsfertigungsgründen.; *Th. Maunz,* Die religiöse Neutralität des Staates, Archiv für katholisches Kirchenrecht 139. Bd., 1970, S. 441; *K. Schlaich*, Neutralität als verfassungsrechtliches Prinzip, Tübingen 1972, S. 13.

[117] *K. Schlaich*, Neutralität als verfassungsrechtliches Prinzip, Tübingen 1972, S. 13.

[118] *F. v. Zezschwitz*, Glaubensfreiheit und schulische Erziehung, in: JZ 1966, S. 11.

[119] Diese Tendenz sieht *K. Schlaich*, Neutralität als verfassungsrechtliches Prinzip, Tübingen 1972, S. 13.

GG ablöste, kann nicht die grundsätzliche Selbständigkeit des Rechtssatzes neben Art. 4 GG in Frage stellen. Vielmehr resultiert die dogmatische Nähe des Prinzips der Nichtidentifikation zum Art. 4 GG daraus, dass das Grundgesetz selbst die Nichtidentifikation nicht anspricht. Insofern bedarf dieses ungeschriebene Rechtsprinzip eines deutlichen Anknüpfungspunktes in der Verfassung selbst. Das juristisch korrekte Vorgehen, ungeschriebene Rechtssätze in konkreter Rückbindung an die Verfassung zu formulieren, kann jedenfalls nicht die Ansicht von der Unselbständigkeit des Prinzips der Nichtidentifikation stützen.

Die Ansicht von der selbständigen Rechtsqualität des Nichtidentifikationsgebotes setzte sich als h.M. durch. So spricht das Bundesverfassungsgericht auch in jüngster Zeit das *Gebot* oder den *Grundsatz* staatlicher Neutralität, zwar im Zusammenhang mit Art. 4 GG, aber davon dogmatisch unabhängig an[120]. Auch in der Literatur wird nach wie vor von einer »eigenen Staatspflicht zur Neutralität«[121] oder von der »objektiv-rechtlichen Pflicht der staatlichen Organe zur Neutralität«[122] gesprochen. Ebenso davon, dass *neben* den Anforderungen aus Art. 4 GG die »Grundsätze der Parität und der weltanschaulichen Neutralität« zu beachten seien[123].

Der Ansicht eines selbständigen Staatsprinzips »Neutralität« im Sinne der »Nichtidentifikation« ist zuzustimmen. *F. v. Zezschwitz* hat richtigerweise darauf hingewiesen, dass die rechtlichen Beziehungen im religiösen und weltanschaulichen Bereich vielfältig sind[124]. Gerade weil das deutsche Staatskirchenrecht nicht dem »negativen« Neutralitätsverständnis im Sinne von *C. Schmitt* folgt, braucht es umfangreiche Korrektive für den Fall, dass sich der Staat in Bezug auf weltanschauliche Werte engagiert.

Gerade aber weil die rechtlichen Beziehungen im religiösen und weltanschaulichen Bereich vielfältig sind, braucht es klare Grenzen dafür, wie weit der Staat als »Heimstatt aller Bürger« in diesem Beziehungsgeflecht gehen darf. Diese klare Grenze verläuft dort, wo der Staat beginnt, die Frage nach der religiösen Wahrheit selbst zu stellen oder gar zu beantworten versucht. Er darf sich nicht mit einer Konfession, Religion oder Weltanschauung und den sie tragenden Institutionen identifizieren. In dem Maße, in dem dem Staat durch das Neutralitätsverständnis des Grundgesetzes die Hände in religiösen Angelegenheiten gerade nicht gebunden sind, in dem Maße schaut ihm das Neutralitätsprinzip aber auch »auf die Finger«.

Die grundgesetzliche Neutralität verfügt über eine Doppelstruktur. Sie ermöglicht es dem Staat, sich religiös zu engagieren, was angesichts laizistischer Staaten bei weitem keine Selbstverständlichkeit ist[125], gleichzeitig beschränkt sie dieses Engagement aber auch.

---

[120] Etwa im Zusammenhang mit der Verwendung eines umstrittenen Schulbuchs: BVerfG Beschluss vom 9. 2. 1989, NVwZ 1990, S. 55 (re. Sp.); auch *Chr. Link*, Stat crux? Die »Kruzifix«-Entscheidung des BVerfG, NJW 1995, 3353 spricht von einer Herleitung des Grundsatzes der Neutralität durch das Bundesverfassungsgericht.

[121] *H. W. Alberts*, Weltanschauliche Neutralität auf gesetzlicher Grundlage, ZRP 1993, S. 432 (433f.).

[122] *M. Morlok*, in *H. Dreier (Hrsg.)*, Grundgesetz-Kommentar, Bd. 1, Tübingen 1996, Art. 4 Rdnr. 121f.

[123] *H. W. Alberts*, Weltanschauliche Neutralität auf gesetzlicher Grundlage, ZRP 1993, S. 432 (433f.).

[124] Vgl. oben: *F. v. Zezschwitz*, Glaubensfreiheit und schulische Erziehung, in: JZ 1966, S. 11.

[125] Z.B. durch Berücksichtigung von religiösen und seelsorgerlichen Notwendigkeiten bei der staatlichen Bauplanung oder die staatliche finanzielle Unterstützung sozialer Aufgaben der Religionsgemeinschaften. Beispiele, die in laizistischen Staaten nicht ohne weiteres denkar sind.

Das Staatsprinzip »Nichtidentifikation« muss daher mit Verfassungsrang ausgestattet sein, um unabhängig vom grundrechtlichen Schutz der Individuen der Garant dafür zu sein, dass der Staat in religiösen Angelegenheiten nicht nach der religiösen Wahrheit greift.

Rechtsprechung und Literatur erkannten, wie dargelegt, im ursprünglich nur rechtsethischen Leitprinzip der »Neutralität« mit der Zeit das Staatsprinzip der »Nichtidentifikation«. Es wurde ihnen als Strukturprinzip immer wichtiger. Das durch eine Gesamtschau erkannte Staatsprinzip der »Nichtidentifikation« wirkt an sich, ohne dass Grundrechte einschlägig würden, integrativ[126] und ist angesichts einer weitgehenden Pluralisierung in den Überzeugungen der Bürger eine funktionale Voraussetzung dafür geworden, dass der Staat zur besagten »Heimstatt« aller Bürger wurde[127]. Diese neue und neben den Grundrechten wirkende Eigenschaft des Prinzips »Nichtidentifikation« bedeutet also eine neue Qualität für die verfassungsmäßige Grundordnung. Die »Nichtidentifikation« ist zu einem Wert an sich geworden, der nach seiner Entdeckung durch Verfassungsrechtsprechung und Literatur nicht mehr hinweggedacht werden kann, ohne dass nicht auch diese Qualität der verfassungsmäßigen Ordnung in der neu erkannten Weise garantiert bleiben könnte. Damit handelt es sich zurecht bei der »Nichtidentifikationsverpflichtung« des Staates um ein Staatsprinzip mit Verfassungsrang.

4. *Das staatlich angebrachte Kreuz als Verstoß gegen das Staatsprinzip der Nichtidentifikation*

Die Verfassungswidrigkeit des staatlich angeordneten Anbringens von Kreuzen begründet das Bundesverfassungsgericht in erster Linie mit der Verletzung der Glaubensfreiheit. Das Gebot der staatlichen Neutralität wird eher am Rande eingeführt. Das Gericht beruft sich zwar auf frühere Verfassungsgerichtsentscheide, in denen das Gebot als Staatsprinzip hergeleitet wurde und spricht sogar von einer ständigen Rechtsprechung[128]. Allerdings zieht es daraus nicht die Konsequenz, das staatliche Kreuzaufhängen an diesem Staatsprinzip selbst zu messen. Zwar führt es richtigerweise aus, dass der Staat mit Religions- und Weltanschauungsgemeinschaften zusammenarbeiten und sie fördern könne, dass dies aber nicht zu einer Identifikation mit einer bestimmten Religionsgemeinschaft führen dürfe[129]. Die Einführung staatskirchlicher Rechtsformen sei ebenso untersagt wie die Priviligierung bestimmter Bekenntnisse oder die Ausgrenzung Andersgläubiger. Im Anschluss daran stellt der Senat dann aber äußerst unvermittelt fest, dass staatliches Kreuzaufhängen gegen Art. 6 Abs. 2 Satz 1

---

[126] Vgl. auch *F. Hafner*, Die Beteiligung der Kirchen an der politischen Gestaltung des pluralistischen Gemeinwesens, Basel 1985, S. 151 ff., der davon spricht, dass die Nichtidentifikation des Staates in religiösen und weltanschaulichen Fragen »für das Funktionieren eines freiheitlich-demokratischen Gesellschaftssystems geradezu lebensnotwendig« sei.

[127] *M. Morlok*, in *H. Dreier (Hrsg.)*, Grundgesetz-Kommentar, Bd. 1, Tübingen 1996, Art. 4 Rdnr. 121 f.

[128] BVerfGE 93, 1 = NJW 1995, 2478; Berufung auf BVerfGE 19, 206 (216); BVerfGE 24, 236 (246); BVerfGE 33, 23 (28); vgl. auch obige Ausführungen unter II. 3.

[129] BVerfGE 93, 1 (17) = NJW 1995, 2478 unter Berufung auf BVerfGE 30, 415 (422) = NJW 1971, 931.

GG und Art. 4 Abs. 1 GG verstoße. In der Argumentation der Senatsmehrheit dient die Erwähnung der staatlichen Neutralität also lediglich zur Untermauerung der Ansicht, dass die Schulkreuze Grundrechte verletzten.

Wie oben erläutert, zieht das Staatsprinzip der »Nichtidentifikation« dem religiösen Engagement des Staates eine Grenze. Fraglich ist, ob das staatlich angeordnete Aufhängen von Kreuzes diese Grenze überschreitet. Dazu müsste die staatliche Anordnung von Kreuzen eine Identifikation mit einer bestimmten Religionsgemeinschaft darstellen. Dies könnte schon deshalb fraglich sein, weil teilweise bestritten wird, dass dem Schulkreuz die Bedeutung eines spezifisch christlichen Glaubenssymbols zukomme. Würde man mit der »Kreuzwandlungstheorie« die Kreuze in den profanen Fächern als ausschließlichen Hinweis auf die der Erziehung zugrundeliegenden abendländischen Grundwerte verstehen, überschritte der Staat die Grenze nicht, er würde sich vielmehr im Rahmen des ihm möglichen werteorientierten Engagements bewegen. Je nachdem, welchem der oben ausführlich diskutierten Vorverständnisse man hinsichtlich der Kreuzesbedeutung den Vorzug gibt, wird man auch in diesem Zusammenhang zu unterschiedlichen Ergebnissen kommen: eine Grenzüberschreitung annehmen oder ablehnen.

Eine solche Herangehensweise greift aber zu kurz und könnte dahinstehen, wenn das Kreuz in den profanen Fächern *auch* als Glaubenssymbol zu verstehen ist. Sobald das Schulkreuz neben seinem Kulturgehalt nämlich *auch* auf den christlichen Glauben hinweist, handelt es sich *auch* um einen staatlichen Hinweis auf eine bestimmte Religion. Dann identifiziert sich der Staat mit dieser Religion und überschreitet die ihm durch das »Nichtidentifikationsprinzip« gesetzte Grenze. Wer legt nun aber fest, dass das Schulkreuz *auch* religiöse Bedeutungselemente enthält? Die sonst in solchen Fällen gerne bemühte Hilfskonstuktion des »objektiven Dritten« hilft in diesem Zusammenhang gerade nicht weiter, haben doch die vorangehenden Überlegungen gezeigt, dass das individuelle Vorverständnis hinsichtlich der Kreuzbedeutung von den eigenen religiösen Prägungen abhängt, die man nicht einfach abzulegen vermag. Es gibt keinen »objektiven Dritten«, der frei wäre von solchen grundsätzlichen Prägungen. Jede Bemühung um Objektivität endet doch wieder in der Subjektivität. Dies gilt es zunächst anzuerkennen. Dennoch ist es nicht unmöglich, sich bei aller Subjektivität um ein Maximum an Objektivität zu bemühen. Wer sich um Objektivität bemüht, muss feststellen, dass ein in jahrtausendlanger Menschheitsgeschichte verwurzeltes Glaubenssymbol wie das Kreuz nicht per Gesetz zu einem ausschließlichen und allgemeinen Kultursymbol »umdefiniert« werden kann, wie es nun in Art. 7 Abs. 3 BayEUG versucht wurde. Das Kreuz sei, so fasst *D. Heckmann*[130] diese Einsicht zusammen, mehr als eine Chiffre, deren Inhalt man beliebig austauschen könne. Durch die Legaldefinition kann zwar *zusätzlich* auf die Bedeutung des christlichen Glaubens für die abendländische Tradition und Kultur hingewiesen werden. Aber selbst ein Gesetzgeber vermag es nicht, dem Kreuz seine spezifisch christliche Botschaft zu nehmen. Ein »bisschen Kreuz« mit ausschließlicher Kulturbedeutung ist ebenso abwegig, wie ein »bisschen schwanger«.

---

[130] *D. Heckmann*, Eingriff durch Symbole?, JZ 1996, 883; In diesem Sinne auch *G. Czermak*, Das bayerische Kruzifix-Gesetz und die Entscheidung des BayVerfGH vom 1. 8. 1997, DÖV, 1998, 110.

Nun wird immer wieder eingewandt, dass der Staat nicht indifferent gegenüber sittlichen Werten überhaupt sei, da ein solcher Staat »in Chaos und Barbarei ausbrechen müsste[131]«. Könnte es dem Staat, zumal er sich ja in der Präambel des Grundgesetzes und in der Verfassung des Freistaates Bayern explizit auf den christlichen Gott beruft, nun nicht auch gestattet sein, sich differenzierend für das Christentum mit dessen spezifischen Werten auszusprechen?

Gegen christliche Werte an sich, losgelöst von den theologischen Grundannahmen von Erlösungstod und Auferstehung, ist, das hat die Verfassungsgerichtsrechtsprechung in Bezug auf den christlichen Charakter der Gemeinschaftsschulen herausgestellt, nichts einzuwenden. Deshalb darf auf dieser Wertegrundlage auch Unterricht erteilt werden. Der Punkt aber an dem sich alles zuspitzt, ist die Frage, ob das Kreuz nur für abendländische Werte stehen kann oder ob nicht auch die theologischen Grundwahrheiten immer mitausgedrückt werden.

Wie gerade ausgeführt, muss jeder Versuch, das Kreuz auf die Werte allein zu reduzieren, fehlschlagen.

Wenn nun der Staat ein Symbol in Klassenzimmern öffentlicher Schulen anbringt, das immer *auch*[132] als Glaubenssymbol einer bestimmten Religion verstanden werden muss, überschreitet er die ihm durch das Staatsprinzip »Nichtidentifikation« gesetzte Grenze, da er diesem in seinen Räumen einen exklusiven Platz einräumt. Der Staat hängt nicht irgendein Symbol auf, sondern er entscheidet sich bewusst für das Kreuz, verleiht ihm durch die Exklusivität hoheitliches Gewicht und weist das durch das Kreuz symbolisierte Christentum, in welcher Intensität auch immer, gegenüber anderen Religionen als vorbildlich aus. Ordnet der Staat an, Kreuze aufzuhängen, identifiziert er sich, ob er will oder nicht, mit dem Christentum.

Wenn nun auch das Bundesverwaltungsgericht durch das Kreuz einen »religiösen Einfluss« auf die Kinder konstatiert[133], bestätigt es damit die Ansicht, dass der Staat, wenn er das Kreuz in Klassenzimmern aufhängt, immer *auch* ein Glaubenssymbol anbringt und damit die Grenze der Nichtidentifikation überschreitet. Es deutet sich im Urteil des Bundesverwaltungsgerichts ein Widerspruch an, stellt es doch gleichzeitig die Verfassungsmäßigkeit der staatlich verordneten Kreuze fest. Der Widerspruch tritt nur deshalb nicht offen zutage, weil das Gericht über die Herabsetzung der Widerspruchsanforderungen zur Verfassungsmäßigkeit der staatlich aufgehängten Kreuze gelangt. Eine befriedigende Lösung ist das aber nicht.

Der vom Bayerischen Landtag neu gefaßte Art. 7 Abs. 3 BayEUG verstößt nach wie vor zumindest gegen das Staatsprinzip der »Nichtidentifikation« und ist schon von daher verfassungswidrig. Daran ändert auch die umfangreiche Ausgleichsregelung nichts, da diese höchstens einen Ausgleich zwischen eventuell verletzten Grundrechten ermöglicht, nicht aber den Verstoß gegen ein Staatsprinzip zu heilen vermag.

Insofern ist zu hoffen, dass das Bundesverfassungsgericht trotz der prozessrechtlich weisen Entscheidung aus Berlin irgendwann einmal Gelegenheit erhält, sich vorran-

---

[131] *A. Arndt*, Aufgaben und Grenzen der Staatsgewalt im Bereich der Schulbildung, in: Schule und Staat, Studien und Berichte der Katholischen Akademie in Bayern, Heft 9, S. 51–90, München 1959.

[132] Wie oben unter I. 2. a. bb. ausgeführt, geht davon sogar auch die Senatsminderheit aus, wenn sie anerkennt, dass das Kreuz für den Nichtchristen auch das Symbol einer von ihm nicht geteilten, abgelehnten und vielleicht auch bekämpften religiösen Überzeugung sei. BVerfGE 93, 1 (32 f.) = NJW 1995, 2482.

[133] Vgl. oben unter I. 3. c.

gig mit dem Identifikationsverbot auseinanderzusetzen, um dann auch wirklich, nicht nur floskelhaft[134], an seiner ständigen Rechtsprechung zur staatlichen Nichtidentifikationsverpflichtung als Staatsprinzip anknüpfen zu können.

---

[134] BVerfGE 93,.1 (17) = NJW 1995, 2478 (rechte Spalte).

Die Meinungs- und Kunstfreiheit und der Strafschutz der Staatssymbole – eine rechtsvergleichende Analyse von Deutschland und den USA[*]

von

Toru Mori

Außerordentlicher Professor der Universität Tsukuba, Japan

Einleitung

Der Staat ist eine Gemeinschaft, und der moderne Verfassungsstaat ist eine auf bestimmten Werten beruhende Gemeinschaft. Er lebt insoweit, als seine Mitglieder, das Volk, sich in ihn integrieren. Deshalb wünscht er die Integration des Volkes zu fördern. Die Staatssymbole, z.B. Flagge und Hymne, sind die angemessenen Mittel dafür, weil sie die Werte des Staates versinnbildlichen und an die Empfindungen der Bürger stark appellieren. Aber wenn der Staat darüber hinaus den Bürgern die Verunglimpfung seiner Symbole strafrechtlich verbietet, entsteht eine verfassungsrechtliche Aporie, weil ein solches Verbot mit der Freiheit der politischen Kommunikation unvereinbar scheint. Die Staatssymbole sind gerade deshalb auch sinnvolle Kommunikationsmittel zwischen Bürgern, weil sie die Integrationskraft enthalten. Der Verlust eines solchen Mittels dürfte der Freiheit der Meinungsäußerung, auf der die Legitimität des Verfassungsstaates beruht, stark schaden.

Im Jahr 1990 und 1989 haben das deutsche Bundesverfassungsgericht und der amerikanische Supreme Court vor diesem Problem gestanden. Obwohl beide Gerichte die Angeklagten nicht verurteilten, gibt es interessante Unterschiede zwischen ihren Erklärungen dafür. Darin spiegelt sich der Charakter des Freiheits- und Staatsdenkens in beiden Ländern wider[1].

---

[*] Dieser Beitrag stammt aus meinem Referat beim gemeinsamen Seminar über Verfassungsgerichtsbarkeit von Prof. Dr. Günter Frankenberg, Prof. Dr. Winfried Hassemer und Prof. Dr. Kurt Shell an der Universität Frankfurt am Main. Ich danke Dr. Rainer Nickel und Dr. Peter Niesen für ihre Verbesserung des deutschen Textes. Für Fehler bin ich allein verantwortlich.

[1] Es gibt einen Aufsatz über den Vergleich zwischen den beiden Entscheidungen auf Englisch. *Peter E. Quint,* The Comparative Law of Flag Desecration: The United States and the Federal Republic of Germany, 15 Hastings Int' l & Comp. L. Rev. 613 (1992).

I. Die Beschlüsse des Bundesverfassungsgerichts

Bei dem Bundesverfassungsgericht ging es um die Karikaturen der Bundesflagge und Bundeshymne. Was die Bundesflagge angeht[2], war der Gegenstand der Anklage wegen Verunglimpfung des Staatssymbols (§ 90a Abs. 1 Nr. 2 StGB) eine Photocollage auf der Umschlagrückseite eines antimilitaristischen Taschenbuchs »Laßt mich bloß in Frieden«. Die Collage ist aus zwei Photographien zusammengesetzt. Die untere Hälfte ist eine Aufnahme eines Gelöbniszeremoniells der Bundeswehr, bei dem Soldaten eine Bundesflagge ausgebreitet halten. Der Himmel bildet den Hintergrund des Photos der oberen Hälfte. Da steht ein männlicher Torso, der uriniert. Der gelbe Urinstrahl wird in das untere Bild auf die dort ausgebreitete Fahne gelenkt. Unter der Fahne ist eine gelbe Urinpfütze auf dem Erdboden dargestellt.

Bei dem Beschluß geht es auch um eine andere Collage. Eine Zeitschrift meldete die Beschlagnahme des Buches »Laßt mich bloß in Frieden« und benutzte darin die beiden Fotos der oben erwähnten Collage. Sie sind hier jedoch nur an der linken Ecke aneinander stoßend abgedruckt. Den Fotos ist ein satirischer Text zugeordnet (z.B. »Nehmen Sie Schere und Kleister zur Hand und basteln Sie aus den alltäglichen Fotos unten eine ganz gemeine Verunglimpfung.« »Denken Sie zuerst nach, was die Bilder ausdrücken könnten!«).

Obwohl das Oberlandesgericht Frankfurt am Main die Angeklagten in beiden Fällen verurteilte, stellte das BVerfG die Verletzung ihrer Kunstfreiheit fest und verwies die Sache zurück.

Die Kunstfreiheit ist im Gegensatz zur Freiheit der Meinungsäußerung (Art. 5 Abs. 1,2 GG) ohne gesetzlichen Vorbehalt gewährleistet. Also ist es bedeutend für die Interpretation des Grundgesetzes, ob die Gegenstände der Verfassungsbeschwerden als Kunst im Sinne des Art. 5 Abs. 3 Satz 1 GG eingeordnet werden. Das BVerfG behauptet ohne weiteres, daß die Collagen in den Schutzbereich der Kunstfreiheit gehören. Sie brächten »im Wege freier schöpferischer Gestaltung« die Auffassung der Schöpfer zur Geltung. Also genügten sie den Maßstäben, die dasselbe Gericht in der Mephisto-Entscheidung[3] als Merkmale der Kunst im Sinne von Art. 5 Abs. 3 Satz 1 GG aufgestellt habe. »Die Anstößigkeit der Darstellung nimmt (ihnen) nicht die Eigenschaft als Kunstwerk«, weil eine staatliche Stil- und Niveaukontrolle über Kunst »auf eine verfassungsrechtlich unstatthafte Inhaltskontrolle«[4] hinauslaufe.

Obwohl die Kunstfreiheit vorbehaltlos gewährleistet ist, »kann sie mit Verfassungsbestimmungen aller Art kollidieren«. In allen solchen Fällen müsse »ein verhältnismäßiger Ausgleich der gegenläufigen, gleichermaßen verfassungsrechtlich geschützten Interessen mit dem Ziele ihrer Optimierung gefunden werden«. Die kollidierenden verfassungsrechtlichen Güter müßten konkret herausgearbeitet werden. Der strafrechtliche Schutz der Bundesflagge als staatliches Symbols sei nicht nur wegen Art. 22 GG in der Verfassung begründet. Der Artikel setze vielmehr das Recht des Staates voraus, »sich zu seiner Selbstdarstellung solcher Symbole zu bedienen«. »Zweck dieser Sinnbilder ist es, an das Staatsgefühl der Bürger zu appellieren«. »Als freiheitlicher Staat

---

[2] BVerfGE 81, 278.
[3] BVerfGE 30, 173 [188f.].
[4] BVerfGE 75, 369 [377].

ist die Bundesrepublik . . . auf die Identifikation ihrer Bürger mit den in der Flagge versinnbildlichten Grundwerten angewiesen«. »Dient die Flagge durch die von ihr verkörperten Staatsleitziele als wichtiges Integrationsmittel, so kann ihre Verunglimpfung die für den inneren Frieden notwendige Autorität des Staates beeinträchtigen«. »Daraus folgt zugleich, daß staatliche Symbole nur insoweit verfassungsrechtlichen Schutz genießen, als sie versinnbildlichen, was die Bundesrepublik Deutschland grundlegend prägt«.

Weil der Symbolschutz den Staat gegen Kritik nicht immunisieren darf, bedarf es »im Einzelfall einer Abwägung der widerstreitenden Verfassungsrechtsgüter«. Was die Prüfungsintensität betrifft, betont das BVerfG die Gemeinsamkeit der Kunst- und Meinungsfreiheit als Kommunikationsgrundrechte. Vorher hatte es erläutert; wenn ein Fachgericht der Meinungsäußerung eine für den Angeklagten ungünstige Deutung, »die sich aus ihrem Wortlaut nicht oder nicht mit hinreichender Klarheit ergibt«, gebe, um die Ehre Dritter wirksam zu schützen, könne die Meinungsfreiheit verletzt werden. Die auf einer solchen Auslegung des Textes beruhende Bestrafung sei mit Art. 5 Abs. 1 GG nicht vereinbar. Dies sei ein Eingriff von hoher Intensität, denn »ein solches Vorgehen staatlicher Gewalt würde, nicht zuletzt wegen seiner einschüchternden Wirkung, freie Rede, freie Information und freie Meinungsbildung empfindlich berühren und damit die Meinungsfreiheit in ihrer Substanz treffen«[5]. Das BVerfG benutzte diese Erklärung auch für die Kunstfreiheit. Im Bereich der »Kommunikationsgrundrechte« habe »die fallübergreifende Wirkung der Verfassungsrechtsprechung« »wegen der Öffentlichkeitsbezogenheit der geschützten Handlungen erhebliche Bedeutung«. Es müsse dort daher »eine besonders wirksame verfassungsrechtliche Kontrolle« geben. Also prüft das BVerfG zuerst, ob die Auslegungen der Collagen durch die Fachgerichte »werkgerecht« sind. Es zeigt die Methode der für Karikatur treffenden Interpretation, »die Entfernung des in Wort und Bild gewählten satirischen Gewandes«. Dadurch werden der »Aussagekern und seine Einkleidung« getrennt ermittelt und gesondert überprüft. »Denn die Maßstäbe für die Beurteilung der Einkleidung sind anders und weniger streng als die für die Bewertung des Aussagekerns, weil der Einkleidung die Verfremdung wesenseigen ist«.

Dann stellt das BVerfG fest, daß das Urteil des Oberlandesgerichts, das die Collage des Buches »Laßt mich bloß in Frieden« als Verunglimpfung der Bundesflagge wertet, ihren Aussagekern fehldeute. Das OLG meint, daß sich der Angriff der Collage »gegen die Flagge und die von ihr symbolisierte Staatlichkeit selbst« richte. Aber nach der Meinung des BVerfG richtet er sich »gegen das staatliche Zeremoniell der Vereidigung oder des Gelöbnisses von Soldaten«. Der Staat sei nur mittelbar angegriffen. Auch in bezug auf die Einkleidung müsse das Oberlandesgericht die Abwägung in Rücksicht darauf nochmals überdenken, daß »dem Mittel der satirischen Verfremdung ein größerer Freiraum zukommt als ihrem eigentlichen Inhalt«.

Das BVerfG stimmt der Auslegung des anderen Urteils des Oberlandesgerichts zu. Es erkenne den antimilitaristischen, auch die staatlichen Verfolgungsmaßnahmen angreifenden Aussagekern der Darstellung. Aber das Urteil bezeichne »das von § 90a Abs. 1 StGB geschützte Rechtsgut ausdrücklich als der Kunstfreiheit übergeordnet«. Damit könne es keinen richtigen Ausgleich erreichen.

---

[5] BVerfGE 43, 130 [136ff.].

Am gleichen Tag faßte das BVerfG einen anderen Beschluß über eine satirische Nachdichtung der deutschen Bundeshymne[6]. Auch hier wertet es ohne weiteres das Werk als Kunst im Sinne von Art. 5 Abs. 3 Satz 1 GG. Es wirft dem Bayerischen Obersten Landesgericht vor, daß es seiner Entscheidung an der bei der Interpretation der Satiren notwendigen Unterscheidung zwischen dem Aussagekern des Liedes und der Einkleidung fehle. Es ist nach der Meinung des BVerfG die Absicht des Künstlers. »Widersprüche zwischen Anspruch und Wirklichkeit aufzuzeigen« und anzuprangern. »Diesen denkbaren Aussagekern der Satire . . . vernachlässigt das Landesgericht vollständig. Es kommt daher auch zwangsläufig zu der Beurteilung, das Lied wolle die Hymne der Bundesrepublik Deutschland und diesen Staat selbst verunglimpfen, ohne zu erwägen, ob durch die drastische Darstellung der Lebenswirklichkeit nicht im Gegenteil den durch Hymne und Verfassungsordnung vertretenen Idealen höhere Geltung verschafft werden sollte«. Obwohl das BVerfG ganz einfach behauptet, daß auch der strafrechtliche Schutz der Hymne in der Verfassung begründet sei, scheitert jedenfalls die auf der falschen Auslegung des Kunstwerks beruhende Abwägung der Verfassungsrechtsgüter. Überdies sagt es »hinsichtlich der Frage, welches Lied die ›Hymne der Bundesrepublik Deutschland‹ ist«, daß der Bestimmtheitsgrundsatz des Art. 103 Abs. 2 GG insoweit erfüllt sei, »als es um die dritte Strophe des Deutschlandliedes« gehe.

II. Theoretische Untersuchungen

Es scheint mir, daß die Hauptpunkte der Beschlüsse die folgenden drei sind. 1. Alle Gegenstände der Anklage sind der Kunst im Sinne des Art. 5 Abs. 3 Satz 1 GG zugeordnet, und die Beschränkung der Kommunikationsfreiheit muß der intensiveren Kontrolle durch das BVerfG unterworfen sein. Es muß überprüfen, ob die Auslegungen der Kunstwerke durch die Fachgerichte »werkgerecht« sind. 2. Die Kunstfreiheit kann durch jedes Verfassungsrechtsgut beschränkt werden, und der strafrechtliche Schutz der Staatssymbole ist in der Verfassung begründet, auch wenn er im Grundgesetz nicht ausdrücklich festgeschrieben ist. 3. Bei der Interpretation der Karikatur muß der Aussagekern von der Einkleidung getrennt werden, und die beiden müssen gesondert mit dem Interesse des Schutzes der Staatssymbole abgewogen werden. Ich untersuche im folgenden die wissenschaftlichen Diskussionen über jeden einzelnen Punkt.

1. Die hohe Prüfungsintensität und »werkgerechte« Auslegung der Kunstwerke

Einige Kommentare machen sich darüber Sorgen, daß die großzügige Anerkennung der Kunst beim BVerfG zum Mißbrauch des Begriffs als Deckmantel für Verunglimpfung dienen könnte[7]. Aber dieses Problem scheint den meisten Wissenschaftlern nicht so bedeutend. Der Unterschied zwischen der Kunst und der einfachen Mei-

---

[6] BVerfGE 81, 298.
[7] *Manfred Kiesel,* Die Liquidierung des Ehrenschutzes durch das BVerfG, in: NVwZ 1992, S. 1129, 1136f.; *Herbert Tröndle,* Das Bundesverfassungsgericht und sein Umgang mit dem »einfachen Recht«, in: Festschrift für Walter Odersky (1996), S. 259, 279f.

nungsäußerung, trotz des Ausdrucks des Grundgesetzes, ist weniger sinnvoll geworden. Auf der einen Seite betont das BVerfG bei der Frage der nötigen Prüfungsintensität die Gemeinsamkeit der beiden Freiheiten als »Kommunikationsfreiheit«. Auf der andern Seite erkennt es ein nicht in den Artikeln des Grundgesetzes bestehendes Rechtsgut als Grund der Beschränkung der Kunstfreiheit an (siehe 2.). (Aber meiner Meinung nach verliert das Problem dieser Zuordnung die Bedeutung nicht. Siehe 3.)

Das BVerfG benutzt seinen vormaligen Beschluß[8] als Präzedenzfall für die Notwendigkeit seiner intensiveren Prüfung der Beschränkung der Kommunikationsrechte. Aber dieser Fall bezog sich nicht auf die Kunstfreiheit, sondern auf die Meinungsfreiheit, und dort wurde dem Urteil des Landesgerichts die absichtliche Feststellung eines für die Rede ungünstigen »versteckten« Inhalts vorgeworfen. Das BVerfG sagte kritisch, daß das LG »die verfassungsrechtliche Gewährleistung der Meinungsfreiheit selbst aber gänzlich außer acht« lasse[9]. Man kann verstehen, daß ein solches Urteil auf die allgemeinen freien Reden in der Öffentlichkeit negativ wirken kann. Die Tatsachen und Entscheidungen der Fachgerichte sind also ziemlich verschieden zwischen diesem und dem Bundesflagge-Fall. Im letzteren geht es um Kunstwerke, die eigentlich mannigfaltige Auslegungen erlauben. Es ist bedeutsam, daß trotzdem das BVerfG die Notwendigkeit der Beseitigung der fallübergreifenden »einschüchternden Wirkung« bis zum letzteren Fall verbreitet hat. *Joachim Würkner* behauptet, daß im Bundesflagge-Beschluß der Erste Senat »wegweisende Festlegungen für seine zukünftige Überprüfungspraxis im Bereich der Kommunikationsgrundrechte im allgemeinen« vorgenommen habe[10].

Trotzdem scheint es mit, daß die gerichtlichen Feststellungen eigentlich mit den Absichten von Schöpfern übereinstimmen müssen, wenn der Zweck der Interpretation der Werke die Beseitigung der einschüchternden Wirkung ist. Denn nur dann können sich Künstler ohne Sorgen darum betätigen, ob die übertreibende oder verfremdende Kunst entgegen ihrer Absicht interpretiert werden könnte. Andererseits ist trotzdem dieser Anspruch an die Gerichte ganz unrealistisch, weil dann die angeklagten Künstler in den Prozessen nahezu immer den Vorwand finden könnten, daß sie keinen rechtswidrigen Inhalt auszudrücken vorhätten. Aber was heißt dann das »werkgerechte« Verständnis der Kunstwerke? Gibt es nur eine objektiv richtige Auslegung jedes Werkes? Natürlich nicht. Vorher, in einem Beschluß über das Verhältnis zwischen Kunstfreiheit und Ehrenschutz, hatte das BVerfG selbst »mehrere Interpretationsmöglichkeiten« des Kunstwerks bereits anerkannt und warf ohne seine eigene Integration dem Landgericht vor, von ihnen sich »allein für die strafrechtlich relevante zu entscheiden«.[11] In Wirklichkeit funktioniert seine Suche nach der werkgerechten Auslegung in den Bundesflagge- und Bundeshymne-Beschlüssen ebenso wie die Ansicht in diesem Beschluß.

---

[8] BVerfGE 43, 130.

[9] BVerfGE 43, 130 [139].

[10] *Joachim Würkner,* Das Bundesverfassungsgericht und die Freiheit der Kunst (1994), S. 63. Vgl. BVerfGE 82, 43; BVerfGE 83, 130. Der Richter des BVerfG *Dieter Grimm* hat die Notwendigkeit hervorgehoben, die einschüchternde Wirkung zu beseitigen, um die Demokratie lebhaft zu halten. *Dieter Grimm*, Die Meinungsfreiheit in der Rechtsprechung des Bundesverfassungsgerichts, in: NJW 1995, S. 1697, 1703f.

[11] BVerfGE 67, 213 [229f.]. Vgl. *Bodo Pieroth/Bernhard Schlink,* Grundrechte (12. Aufl., 1996), Rn. 677.

Manfred Kiesel kritisiert das BVerfG; »Die Auslegung und Beurteilung des Inhalts einer Äußerung ist . . . eine Tatsachenwürdigung, die nur dem Tatrichter zusteht«[12]. Dieser Hinweis würde stimmen, wenn es sich ernsthaft darum bemühte, die wahre Bedeutung der Kunstwerke zu erkennen. Zumindest müßte es die Interpretation des Fachgerichts respektieren, wenn sie nicht vollständig unzutreffend wäre, denn die Struktur des Prozesses im BVerfG ist zur Feststellung der Tatsachen eindeutig weniger geeignet als bei den Fachgerichten. Aber was es wirklich anstrebt, scheint keine solche richtige Antwort, sondern die objektive Möglichkeit der *strafrechtlich irrelevanten* Interpretation. Dadurch kann die Gefahr der einschüchternden Wirkung auf ein unvermeidbares Minimum reduziert werden, und daher kann die Kunstfreiheit als Kommunikationsgrundrecht »einen besonders wirksamen« Schutz genießen. Das heißt, die nötige Abwägung zwischen Kunstfreiheit und mit ihr kollidierenden Rechtsgütern findet hier *in der Form der Interpretation der Werke* für die erstere günstig statt. Es scheint mir aber, daß die Wichtigkeit der Beseitigung der einschüchternden Wirkung für die freie Öffentlichkeit und die daraus folgende Notwendigkeit der Suche nach der strafrechtlich irrelevanten Auslegungsmöglichkeit nicht im Allgemeinen erkannt werden, was zur Kritik am BVerfG führt. Wie die konkrete Interpretationsmethode der Karikatur funktioniert, erläutere ich unten (3.).

2. *Symbolschutz als Verfassungsgut*

Warum kann man behaupten, daß der Schutz der Staatssymbole in der Verfassung begründet ist, auch wenn es keinen ausdrücklichen Artikel im Grundgesetz gibt? *Christoph Gusy* weist kritisch hin; »Welche Werte ›verfassungsrechtlich geschützt‹ sind, bestimmt nicht mehr das GG, sondern das BVerfG«. Dann »wird die Aussage, wonach Art. 5 Abs. 3 GG nur von ›verfassungsrechtlich geschützten Gütern‹ eingeschränkt werden darf, sinnlos«[13]. Aber wenn die Erklärung des BVerfG überzeugend genug ist, dann kann es sich dem Vorwurf entziehen. Sie geht davon aus, daß die Bundesrepublik auf die Identifikation ihrer Bürger mit den Grundwerten angewiesen ist. Die Bundesflagge und Bundeshymne, die für die freiheitliche demokratische Grundordnung stehen, dienen als wichtige Integrationsmittel. Also kann ihre Verunglimpfung die Autorität des Staates beeinträchtigen.

Um die Eigenart dieser Begründung zu erkennen, sollen wir auf die wissenschaftliche Diskussion um § 90a Abs. 1 Nr. 2 StGB einen Blick werfen. *Thomas Würtenberger* verteidigt die verfassungsrechtliche Begründung seines Rechtsguts. Er behauptet; »Das Bedürfnis nach einem wirksamen strafrechtlichen Schutz dieser Rechtsgutsphäre ergibt sich aus der Einsicht, daß Angriffe auf das Ansehen von Staat und Verfassung in der Demokratie gleichbedeutend sind mit Angriffen auf deren Existenz«. »(D)er Schutz von Staatssymbolen dient mittelbar dem Schutz des Ansehens des Staates«, denn sie »soll(en) jenes Wertgefühl und Wertbewußtsein hervorrufen und stärken, das

---

[12] *Kiesel* (Anm. 7), S. 1132.
[13] *Christoph Gusy,* Anmerkung, in: JZ 1990, S. 640f. Vgl. auch *Würkner* (Anm. 10), S. 105 ff.; *Ulrich Karpen/Katrin Hofer,* Die Kunstfreiheit des Art. 5 III 1 GG in der Rechtsprechung seit 1985, in: JZ 1992, S. 951 (Teil 1), 1060 (Teil 2), 1065 f.

als Staatsgefühl der Bürger zu bezeichnen ist«, das für die freiheitliche Demokratie unentbehrlich ist. »Diese fundamentale Bedeutung der Staatssymbole für die Existenz des Gemeinwesens und die Integration der Bürger in die Staatsgemeinschaft ist bei der Bestimmung des von der Verfassung legitimierten Wertgehalts der durch § 90a Abs. 1 Nr. 2 geschützten Rechtsgutsphären zu beachten«.[14]

Würtenberger unterscheidet nicht zwischen dem Ansehen des Staates und der Verfassung als Rechtsgütern des Symbolschutzes. Vielmehr betont er »die ›Parallelität‹ zwischen der Ehre des Einzelnen und dem Ansehen des Staates« als einer »Kollektivperson«[15]. Deshalb geht es bei ihm nicht um den Unterschied zwischen dem normativen Anspruch der Grundwerte und der Wirklichkeit des Staates. Alle beschimpfenden Angriffe gegen Staatssymbole sollten als Beschädigungen des Ansehens von Staat und Verfassung verstanden werden, die zur Zerstörung der Ordnung führen könnten. Aber dies scheint mir eine zu schwache Begründung. Von der »Überschätzung der aktuellen Bedeutung staatlicher Symbole«[16] abgesehen, ist es ganz fragwürdig, ob »der Staat, der die Kunstfreiheit garantiert, wenn die Kunst sich gegen ihn wendet, ebenso schutzbedürftig wie ein Dritter« ist[17]. Daß der Staat von der Identifikation der Bürger lebt, bedeutet den wesentlichen Unterschied zwischen Staat und Individuum. Obwohl der Einzelne selbst der zu schützende Wert ist, dient der Verfassungsstaat dem Wert des friedlichen und freiheitlichen Zusammenlebens und ist insofern gerechtfertigt. Die zwar notwendige Integration der Bürger in die Staatsgemeinschaft muß aber gleichzeitig der Funktion des Staates entsprechen, zu der die Erhaltung der freien Öffentlichkeit gehört. Die Zwangsintegration mit der Hilfe der Bestrafung fördert mitnichten das Ansehen des freiheitlichen demokratischen Staates.

Würtenberger warnt davor, »zu vergessen, daß der Staat von Weimar infolge dauernder Angriffe auf seinen Bestand, wie sie nicht zuletzt auch in der damaligen Symbolverachtung zum Ausdruck kamen, dem Untergang geweiht war«[18]. Aber weil es damals auch den Strafschutz der Staatsform und Staatssymbole gab, kann der Untergang vielmehr die Sinnlosigkeit dieser Artikel andeuten. Der Mangel der Integration hatte seinen Grund wahrscheinlich in den politisch-sozialen Konflikten. Auch heißt es in der Literatur, in Wirklichkeit habe gerade die einseitige Anwendungspraxis solcher Vorschriften dazu beigetragen, die Autorität der Republik zu untergraben[19]. Überdies richteten sich die meisten radikalen Angriffe in der Weimarer Zeit gegen die Grundsätze der Verfassung selbst. Es ist nicht sicher, ob die heutige Verachtung der Symbole einen hiermit gemeinsamen Charakter hat[20].

---

[14] *Thomas Würtenberger,* Kunst, Kunstfreiheit und Staatsverunglimpfung, in: JR 1979, S. 309, 311. Vgl. auch *ders.,* Satire und Karikatur in der Rechtsprechung, in NJW 1983, S. 1144, 1146f.

[15] Ebd. (JR 1979), S. 312f. Vgl. *Josef Isensee,* Grundrecht auf Ehre, in: Festschrift für Martin Kriele (1997), S. 5, 25f.

[16] *Bernd-Rüdeger Sonnen,* in: AK-StGB (Bd. 3, 1986), § 90a Rn. 67.

[17] *Klaus Volk,* Der Strafschutz für Staatssymbole und die Freiheit der Kunst, in: JR 1984, S. 441, 443f. Vgl. *Otto Backes,* Rechtsgefährdungsdelikte und Grundgesetz (1970), S. 182f.

[18] *Würtemberger* (Anm. 14, JR 1979), S. 313.

[19] *Gottfried Krutzki,* »Verunglimpfung des Staates und seiner Symbole«. Eine Dokumentation zu § 90a StGB, in: KJ 1980, S. 294, 301; *Sonnen* (Anm. 16), § 90a Rn. 27. Vgl. *Christoph Gusy,* Weimar – die wehrlose Republik? (1991), S. 170f.

[20] *Ernst Gottfried Mahrenholz,* Freiheit der Kunst, in: Handbuch des Verfassungsrechts (2. Aufl., 1994), S. 1289, 1326f.

Klaus Volk schlägt daher eine verfassungskonforme Auslegung des Paragraphen vor. Er denkt, sein Rechtsgut sei die Abwehr von »Gefährdungen des demokratischen Rechtsstaates«, die selbst legitim sei. Aber weil der Artikel »im ›Vorfeld‹ existentieller Bedrohung von Staat und Verfassung« angewandt werde, liege es nahe, »den Anforderungen des Verfassungsrechts dadurch nachzukommen, daß man . . . den Nachweis konkreter Gefahr verlangt«. Seiner Meinung nach sei der Nachweis gelungen, wenn ein Angriff »gezielte Breitenwirkung« entfalte, oder wenn er dem Ziel diene, die Verfassungsgrundsätze zu beseitigen. *Volk* fügt hinzu, daß im toleranten Staat der Fall »im Zweifel . . . für die Kunst zu entscheiden« sei[21]. Aber die Frage drängt sich auf, ob es in Wirklichkeit denkbar ist, daß die Kunstwerke die Existenz von Staat und Verfassung konkret gefährden. *Ernst Gottfried Mahrenholz* behauptet, in der Bundesrepublik bestehe keine solche Gefahr, also könnten »auch Karikaturen den durch das Grundgesetz verfaßten Staat nicht beeinträchtigen«[22].

Auch die Ansicht des BVerfG ist der verfassungskonformen Auslegung zuzuordnen. Aber seine Aufmerksamkeit ist nicht auf die Eindringlichkeit der Gefahr gerichtet. Obwohl es *Würtenberger* zitiert, liegt der Schwerpunkt seiner Logik darin, daß die Bundesflagge und Bundeshymne die Grundwerte der Verfassung und die davon geprägte Bundesrepublik versinnbildlichen und gerade deshalb schutzbedürftige Integrationsmittel sind. Daraus folgt, daß die oberflächliche Verunglimpfung, die sich nicht gegen diesen symbolisierten Inhalt richtet, kein Verfassungsrechtsgut im § 90a Abs. 1 Nr. 2 StGB berührt. Der Charakter der Auslegung des BVerfG besteht also in der Beschränkung des Inhalts der geschützten Symbolisierten.

Die Bundesflagge steht natürlich für die verfassungsmäßige Grundordnung. Trotzdem kann sie je nach Umständen noch andere Referenten haben. Eine solche Flexibilität ist eine wichtige Eigenschaft des Sinns der Symbole. Beispielsweise kann man die Bundesflagge beim Gelöbniszeremoniell der Bundeswehr als Symbol der Staatsgewalt oder des militärischen Elements des Staates verstehen. Die Collage, in der diese Bundesflagge in den Schmutz gezogen wird, verunglimpft sie gerade als Symbol der Staatsgewalt. Oder man kann die Bundeshymne einschätzen als Symbol der Richtigkeit nicht nur der Ideale der Bundesrepublik, sondern auch der deutschen Wirklichkeit. Dann schadet die Nachdichtung dem Symbol in diesem Sinn, auch wenn sie, wie das BVerfG sagte, die Widersprüche zwischen Anspruch und Wirklichkeit ausdrückt. Aber das BVerfG schätzt den Schutz der nicht den Grundwerten der Verfassung zugeordneten Inhalte der Symbole nicht als Verfassungsgut ein, das die Kunstfreiheit beschränken kann. Auf diese Weise vermeidet es, um die freie kritische Öffentlichkeit, die Basis der Legitimation der Bundesrepublik, zu erhalten, den Schluß, daß alle Arten verunglimpfender Angriffe gegen Symbole bestraft werden. Es legt nämlich den § 90a Abs. 1 Nr. 2 StGB verfassungskonform aus, bevor es zur Abwägung der Rechts-

---

[21] *Volk* (Anm. 17), S. 444 f.

[22] *Mahrenholz* (Anm. 20), S. 1319 f., 1327. Vgl. *Sonnen* (Anm. 16), § 90a Rn. 34, 71. *Karl-Heinz Ladeur* richtet seine Aufmerksamkeit darauf, daß die Urheber der »Kunstwerke« nur die Wirkung »auf eine(n) kleinen Kreis von Gruppenzugehörigen« anstreben. Insofern sind sie von den verunglimpfenden Meinungsäußerungen auf den »in Presse, Rundfunk, Parteien, Parlament etc. institutionalisierten Foren der Öffentlichkeit« wesentlich unterschieden. *Karl-Heinz Ladeur,* Meinungsfreiheit, Ehrenschutz und die Veränderung der Öffentlichkeit in der Massendemokratie, in: AfP 1993, S. 531, 533 ff.

güter im Einzelfall kommt. Eine solche Auslegung dürfte erlauben, die Symbole als Mittel der Kritik gegen die alltägliche Politik zu benutzen.

Nicht zutreffend ist also *Horst Sendlers* Kritik an den Entscheidungen, daß es ihnen an der Verallgemeinerungsfähigkeit fehle[23]. Nach der Erklärung des BVerfG kann man die schutzbedürftige Bedeutung der Symbole von anderen unterscheiden. Der »Anspruch«, der Satiren machen darf, ist nicht beliebig zu bestimmen. Die Ausländerfeindlichkeit gehört eindeutig nicht dazu.

Aber das ist nicht das Ende des Problems. Es bleibt die Frage offen, ob der Strafschutz der Staatssymbole, auch wenn der Anwendungsbereich so beschränkt ist, verfassungsrechtlich legitim ist. Obwohl es leicht zu verstehen ist, daß die Existenz von Staat und Verfassung zu den obersten Werten gehört, setzt das BVerfG keine Gefahr ihres Bestands voraus, um § 90a anzuwenden. Wenn ein Angriff gegen Symbole auf die Grundordnung selbst abzielt, kann die Kunstfreiheit ihn nicht retten. Das BVerfG sagt nicht, daß unter Umständen der Anspruch der Kunstfreiheit dem Schutzbedarf der Staatssymbole als Repräsentation der Grundwerte der Bundesrepublik überlegen sein kann.

Im Gegensatz dazu gibt es Meinungen, die die Verfassungswidrigkeit oder zumindestens die rechtspolitische Unangemessenheit des § 90a Abs. 1 StGB erläutern. Nach *Bernd-Rüdiger Sonnens* Meinung solle die Bundesrepublik »als organisierte Entscheidungs- und Wirkungseinheit verstanden« und je nach ihren Leistungen rational legitimiert werden. »Geht man von diesem modernen Staatsverständnis aus«, »ist (es) umgekehrt sogar eher Ausdruck demokratischen Selbstbewußtseins«, die Beschimpfung des Staates und der Staatssymbole hinzunehmen[24]. Auch *Rainer Lippold* erklärt, weil in der Bundesrepublik, im Gegensatz zum »NS- und SED-Regime«, die Verbundenheit der Bürger mit ihrem Staat von einer aufgeklärten Art sei, erwiesen Staatsgesinnung und Verfassungstreue sich nicht im Verhalten gegenüber Staatssymbolen[25].

Das BVerfG geht auf diese Kritik nicht ein. Es dürfte denken, daß bestimmte für die freiheitliche Demokratie notwendige Werte und ihre Symbole von kritischer Diskussion befreit werden sollten. Vielleicht liegt dies daran, daß die emotionale Verbindung zwischen den Grundsätzen des Staates und den Bürgern notwendig erscheint. Aber »(w)er in der Kritik mehr die Chance erblickt, . . . die Demokratie vor Erstarrung zu bewahren, wird wahrscheinlich anders urteilen als derjenige, der in der Kritik eher die Gefahr . . . der Aufkündigung der für die staatliche Existenz unerläßlichen Loyalität der Bürger sieht«[26]. Wie ich unten erwähne, ist dieser Punkt das Hauptthema der amerikanische Debatten über »flag burning«.

---

[23] *Horst Sendler,* Kann man Liberalität übertreiben?, in: ZRP 1994, S. 343, 350. Vgl. Tröndle (Anm. 7), S. 280–82.

[24] Sonnen (Anm. 16), § 90a Rn. 26. Vgl. *Krutzki* (Anm. 19), S. 299f.

[25] *Rainer Lippold,* Die Staatssymbole – ihre rechtliche Begründung und ihr strafrechtlicher Schutz, in: KritV 1992, S. 38, 49f.

[26] *Wolfgang Heinz,* Kunst und Strafrecht – Aktuelle Fragen politischer Kunst, in: Hans-Otto Mühleisen (Hrsg.), Grenzen politischer Kunst (1982), S. 44, 59.

3. Trennung von Aussagekern und Einkleidung

In bezug auf die Methode der Auslegung der Kunstwerke, die für die Abwägung der fallbezogenen Rechtsgüter in der Beschlüsse des BVerfG ausschlaggebend ist, besteht der Verdacht, daß es ein angemessenerer Weg des Verständnisses für Kunst ist, »Karikatur und Satire immer in ihrer *Gesamtheit* zu würdigen«[27]. Es scheint mir, daß es schwer ist, diesen Vorschlag selbst anzufechten. Wir betrachten allgemein die Kunstwerke nicht analytisch, sondern als Ganzes synthetisch und eher intuitiv.

Deshalb müssen wir fragen, warum sich das BVerfG trotzdem für seine Methode entschied. Aus den Beschlüssen, in denen das BVerfG die Würdigung der Satiren durch die Fachgerichte zurückwies, können wir erfahren, daß ihre wichtige Funktion darin besteht, den hinter der Einkleidung versteckten und auf den ersten Blick nicht ablesbaren Aussagekern zu suchen. Nach der zutreffenden Meinung von *Mahrenholz* beuge diese Auslegung der Kunst »der strafrechtlichen Beurteilung des ›Wortsinns‹ . . . einer Satire« vor. Der Richter müsse »den Kontext der Zeichnung« in Betracht ziehen und den Sachverhalt, den der Künstler verdeutlichen wolle und die künstliche Aussage begrenze, erkennen[28]. Also ermöglicht die Trennung von Aussagekern und Einkleidung die Würdigung des Inhalts, ohne die äußerliche Verfremdung in Betracht zu ziehen. Dies dient der möglichen Feststellung des strafrechtlich irrelevanten Inhalts und dadurch der Erweiterung des Schutzes der Kunstwerke. Und dort spielt die Beschränkung des kollidierenden Verfassungsguts (2.) auf folgende Weise zusammen.

Im Bundesflagge-Beschluß ist der Aussagekern der Karikatur »werkgerecht« gegen die Feststellung des Oberlandesgerichtes als »vorrangig antimilitaristisch« interpretiert. Ein solcher Angriff widerspricht keinem oben erklärten Schutzbedarf der Staatssymbole. Auch im Bundeshymne-Beschluß ist der Aussagekern der Nachdichtung, entfernt von dem oberflächlichen Wortsinn, als Schilderung der Widersprüche zwischen Anspruch und Wirklichkeit in Deutschland interpretiert. Aber niemand kann bestätigen, daß die Tatbestandswürdigung des BVerfG richtig, und die des Fachgerichts falsch ist. In Wirklichkeit meint das BVerfG, daß es eine nicht gegen die verfassungskonform ausgelegte Strafvorschrift verstoßende Interpretation des Kunstwerks gebe, und daß insofern das Werk geschützt werden müsse[29].

Friedhelm Hufen vermutet, daß das BVerfG »den letztlich ›wohlmeinenden‹ Künstler im Auge hat, der in lediglich ungehöriger Form dem Staat und der Verfassung nutzen will«[30]. Ob das so ist, läßt sich aber nicht mit Sicherheit beschließen. Sicher ist, daß mit seiner Interpretationsmethode die wohlmeinende Interpretation möglich wird. Und wenn es eine solche Möglichkeit gibt, sollen die Gerichte um des weiten Spielraums der Kunst willen die strafrechtlich irrelevante Alternative betrachten.

---

[27] *Erich Steffen,* Politische Karikatur und politische Satire im Spannungsfeld von Kunstfreiheitsgarantie und Persönlichkeitsschutz, in: Festschrift für Helmut Simon (1987), S. 359, 372f. Vgl. *Friedrich Kübler,* Meinungsäußerung durch Kunst, in: Festschrift für Ernst Gottfried Mahrenholz (1994), S. 303, 309f. *Kiesel* kritisiert die Unterscheidung zwischen Aussagekern und Einkleidung als »lebensfern«. *Kiesel* (Anm. 7), S. 1136.

[28] *Mahrenholz* (Anm. 20), S. 1315f.

[29] Vgl. *Quint* (Anm. 1), S. 636.

[30] *Friedhelm Hufen,* Übersicht, JuS 1991, S. 687, 690.

Die Trennung von Aussagekern und Einklang wirkt auch auf die Beurteilung der letzteren. Das BVerfG weist darauf hin, daß die Einkleidung weiter geschützt werden müsse, weil der Einkleidung die Verfremdung wesenseigen sei. Diese Erklärung scheint auf den ersten Blick überzeugend, ist aber nicht ohne Probleme. Das BVerfG erklärte einmal in einem Beschluß, in dem es die Verfassungskonformität des § 90a Abs. 1 StGB bezüglich Art. 5 Abs. 1,2 GG anerkannte; wenn die Meinungsäußerung »nur wegen ihrer Form mit der Strafvorschrift kollidier(e)«, funktioniere die Meinungsfreiheit als Schranke gegen die Anwendung des Strafgesetzes schwächer als in anderen Fällen, weil »die besondere Bedeutung dieses Grundrechts für den freiheitlichen demokratischen Staat vor allem in dem Schutz, den es der Substanz von Gedankenäußerungen gewähr(e)«, liege. »Strafvorschriften . . . führen deshalb solange nicht zu unzulässigen Beschränkung der freien Rede, als der gedankliche Gehalt durch den Gebrauch einer anderen, nicht kränkenden Ausdrucksform verbreitet werden kann«[31]. Dies zeigt, daß es möglich ist, eine zu den Beschlüssen in Sachen Bundessymbole ganz umgekehrte Logik zu entfalten. Diese Logik scheint mir als allgemeine Theorie der Kommunikationsrechte ziemlich überzeugend. Überdies entsteht das Unbehagen über die Karikatur meistens gerade aus der verachtenden Form oder Einkleidung.

Der Grund für seine neuere Stellungnahme liegt dann wahrscheinlich, wie *Lothar Zechlin* sagt, darin, daß man die Übertreibung und Verzerrung selbst nicht als Beeinträchtigung der Verfassungsgüter einschätzen darf, wenn man im Wesen der Satire jedenfalls »etwas sachspezifisch Geschütztes« anerkennt[32]. Das bedeutet vielleicht, daß gerade hier der spezifische Sinn des Schutzes der Kunstfreiheit im Art. 5 Abs. 3 Satz 1 GG herauszufinden ist. Insofern ein Kommunikationsmittel als Kunst im Sinn des Grundgesetzes gewertet wird, kann die Form des Ausdruckes speziell geschützt werden.

Zusammenfassend läßt sich sagen, daß die fallbezogene Abwägung des BVerfG in der Form seiner eigenen Auslegung der Kunstwerke stattfindet. Wenn es die Möglichkeit der mit keinen anderen Verfassungsgütern kollidierenden Interpretation gibt, muß der Anspruch der Kunstfreiheit überlegen sein. Die Trennung von Aussagekern und Einkleidung dient der Entdeckung eines solchen strafrechtlich irrelevanten Verständnisses der Satiren. Insofern durfte das BVerfG eher die Kunstfreiheit respektieren.

Ein Problem dieser Abwägungsmethode liegt im Mangel der Vorausberechnungsfähigkeit der Auslegung der Kunstwerke. Der Aussagekern solle erst nach Entkleidung des satirischen Gewandes festgestellt werden. Aber diese »Entkleidung« ist eine Metapher, und in Wirklichkeit kann der Aussagekern nur durch die Einsicht des Interpretierenden in den »versteckten« Inhalt erkannt werden. Auf die Frage, was versteckt ist, kann es unterschiedlichste Antworten geben. Das BVerfG verkündete im berühmten Strauß/Hachfeld-Beschluß, daß der Aussagekern der Karikatur, in der Franz Josef Strauß als sich sexuell betätigendes Schwein dargestellt ist, ein offenkundiger Angriff auf die personale Würde des Karikierten sei[33]. Trotzdem ist in der Literatur eine ande-

---

[31] BVerfGE 47, 198 [233].

[32] *Lothar Zechlin,* Kunstfreiheit, Strafrecht und Satire, in: NJW 1984, S. 1091, 1093. Vgl. *Heinz* (Anm. 26), S. 61–63.

[33] BVerfGE 75, 369 [379f.].

re Interpretation behauptet worden, die nicht gegen seine Ehre verstoßt.[34] Es ist noch schwerer, mit Sicherheit vorherzusagen, ob bei Gerichten irgendein strafrechtlich irrelevanter Aussagekern von Satiren mit Symbolen, die eigentlich emotional appellieren, abgelesen wird.

Die Auslegungsmethode des BVerfG dürfte meistens um der Kunst willen funktionieren, indem sie die Verfremdung als bloße »Einkleidung« einschätzt. Aber andererseits bleiben noch der Ermessensraum der Tatbestandswürdigung der Gerichte und deshalb etwas einschüchternde Wirkung auf die Kunstfreiheit.

In diesem Kapitel habe ich die verfassungskonforme Auslegung des BVerfG erklärt und insbesondere in 2. und 3. auf einige Probleme darin hingewiesen. Jetzt wenden wir unseren Blick auf die USA, um zu sehen, wie dort dieselbe Probleme bearbeitet werden.

III. Die Entscheidung des amerikanischen Supreme Court über »flag burning«

In der Entscheidung Texas v. Johnson geht es um die Verfassungsmäßigkeit des Gesetzes, das die Entweihung der Nationalflagge der U.S.A. bestraft[35]. Dem Urteil des Supreme Court folgte eine heftige Reaktion in der Öffentlichkeit und im Kongreß. Das ist auch wissenschaftlich sehr interessant, weil dort die Meinung des Gerichts und die abweichenden Meinungen einander gegenüberstehen und darin das wesentliche Problem über die (Grenze der) Meinungsfreiheit auftritt. (In der amerikanischen Verfassung gibt es keinen Artikel für den besonderen Schutz der Kunst.)

Während der Republican National Convention im Jahr 1984, auf der Ronald Reagan wieder zum Präsidentschaftskandidaten ernannt wurde, demonstrierten Johnson und andere Leute gegen Reagans Politik. Johnson war im Besitz einer amerikanischen Flagge, die von einem anderen Demonstranten gestohlen worden war, und er verbrannte diese vor der Dallas City Hall, also in der Öffentlichkeit. Während sie brannte, sangen die Demonstranten, »America, the red, white and blue, we spit on you.« Niemand wurde körperlich verletzt, aber manche Augenzeugen sagten aus, daß ihr Gefühl durch die Flaggenverbrennung sehr tief verletzt worden sei. Nachdem die Demonstranten auseinandergegangen waren, sammelte ein Zuschauer die Asche der Flagge und begrub sie in seinem Garten. (Diese Episode sieht aus, als ob sie keine Beziehung zum Fall hätte. Aber im letzten Teil der Opinion of the Court spielt sie eine eindrucksvolle Rolle.)

Von den Demonstranten wurde Johnson allein angeklagt, wegen der Entweihung des verehrungswürdigen Objekts, die das Strafgesetz von Texas übertrat. Zuerst wurde

---

[34] *Mahrenholz* (Anm. 20), S. 1314 f.; *Georgios Gounalakis*, Freiräume und Grenzen politischer Karikatur und Satire, in: NJW 1995, S. 809, 813.

[35] Texas v. Johnson, 491 U.S. 397 (1989). Ein Jahr nach der Entscheidung erklärte der Supreme Court das Bundesstrafgesetz gegen die Entweihung der Nationalflagge, das danach mit der überwiegenden Mehrheit des Kongresses erlassen wurde, nochmal für verfassungswidrig. Dagegen schrieb *Stevens* auch eine abweichende Meinung. Obwohl der Kongreß sich darum bemühte, der Tragweite des *Johnson*-Falles auszuweichen, konnten die Richter des Supreme Court einen substantiellen Unterschied zwischen den beiden Gesetzen nicht erkennen. U.S. v. Eichman, 496 U.S. 310 (1990).

er für schuldig erklärt, aber der Texas Court of Criminal Appeals erklärte, daß die Bestrafung von Johnson verfassungswidrig sei. Der Bundesstaat Texas legte beim Supreme Court of the United States Berufung ein.

Auch die von Justice *Brennan* geschriebene Meinung des Supreme Court hielt die Bestrafung für verfassungswidrig.

Zuerst untersucht sie, (1)ob Johnsons Verbrennung der Flagge eine expressive Handlung darstellt. Falls man die Frage bejaht, genießt Johnson Grundrechtsschutz über den ersten Zusatzartikel der Verfassung, aber wenn die Frage nicht bejaht wird, dann hat die Redefreiheit mit diesem Fall nichts zu tun. Wenn bejaht, dann entscheidet der Court, (2)ob sich die Regelung des Bundesstaates auf die Unterdrückung der freien Meinungsäußerung bezieht. Wenn sie sich darauf nicht bezieht, dann wird das Gesetz mit einem weniger strikten Standard kontrolliert, d. h. die Verfassungsmäßigkeit wird leichter anerkannt. Wenn sie sich darauf bezieht, dann muß ein anspruchsvollerer Standard angewandt werden. (3)Aber es gibt eine andere Möglichkeit, d.h. die Tatsache des Falls hat in Wirklichkeit nichts mit dem angeblichen Interesse des Staates zu tun.

(1) In bezug auf das kommunikative Element der Tat Johnsons müsse man danach fragen, ob eine Absicht, einen bestimmten Inhalt mitzuteilen, präsent sei, und ob es wahrscheinlich sei, daß die Zuschauer den Inhalt verstehen könnten. Vorher hatte der Supreme Court die kommunikative Natur der Handlung mit der Flagge ohne weiteres festgestellt (z.B. im berühmten Beschluß über die Freiheit der Verweigerung der Ehrenbezeigung nach der Nationalflagge in der Schule[36]. Symbolismus sei ein primitiver aber effektiver Weg der Kommunikation einer Idee. Texas selbst erkennt an, daß Johnsons Handlung expressiv war. Die politische Natur seiner Tat sei absichtlich und klar.

Dann muß der Court die Interessen des Staates überprüfen. Erstens die Vorbeugung gegen die Störung des Friedens. Zweitens die Erhaltung der Flagge als Symbol der Nation und der nationalen Einheit.

Zum ersten Aspekt. Es habe weder eine wirkliche Störung des Friedens noch die Gefahr dazu gegeben. Zwar hat die Verbrennung der Flagge die Gefühle einiger Zuschauer tief verletzt. Aber die grundsätzliche Funktion der Redefreiheit sei die Verursachung der Debatte. Wenn eine Rede die Zuschauer ärgere und daher eine Debatte stattfinde, werde der Zweck der Freiheit erfüllt. In diesem Fall, der keine Gefahr der »imminent lawless action« enthalte, komme das Interesse der Vorbeugung gegen die Störung des Friedens nicht in Frage. (= (3))

Das zweite Interesse beziehe sich auf das expressive Element der Tat, weil es nur in Frage komme, wenn die Behandlung der Flagge irgendeinen unangenehmen expressiven Inhalt kommuniziere. Rechtfertigt das Interesse an der Erhaltung der Flagge als Symbol der Nation und der nationalen Einheit dann das Verbot der Flaggenverbrennung? (= (2)) Beim Überlegen müsse man außerdem darauf achtgeben, daß diese Regulation als »content based restriction« gewertet werden solle, weil der Verstoß gegen das Strafrecht auf dem kommunikativen Einfluß der Tat beruhe und der Einfluß auf Zuschauer sich direkt auf den Inhalt des expressiven Elements beziehe. Also müsse man die Verfassungsmäßigkeit des Gesetzes mit dem striktesten Standard überprüfen.

---

[36] West Virginia Board of Education v. Barnette, 319 U.S. 624 (1943).

Texas behauptet den besonderen Rang der Nationalflagge; »a symbol of nation-hood and national unity«. Aber es sei ein grundsätzliches Prinzip des First Amend-ment, daß die Regierung keine Darstellung einer Idee nur deshalb verbieten dürfte, weil die Gesellschaft sie beleidigend oder unpopulär finde. Niemand könne befehlen, was die Orthodoxie in der Politik sein solle. Die Flagge könne keine Ausnahme bil-den. Dieses Prinzip gelte unabhängig von der Methode der Kommunikation. Es sei dem Staat nicht erlaubt, einerseits die Verbrennung der Flagge zu verbieten, wenn sie den Wert der Flagge als Symbol der nationalen Einheit gefährde, aber anderseits sie zuzulassen, wenn er ihn befördere. Die Regierung dürfe keine bestimmte Interpreta-tion des Symbols oder keinen Referenten des Symbols feststellen. Auch wenn ein Be-griff heilig aussehe, solle er »in the marketplace of ideas« getestet werden.

Der Staat könne den Wert der Flagge als Symbol der nationalen Einheit mit Emp-fehlungen zu erhalten versuchen. Aber er dürfe ihn nicht mit der Strafe garantieren.

Man könne sagen, daß die spezielle Stelle der nationalen Flagge in der amerikani-schen Gemeinschaft von diesem Urteil gesteigert, nicht geschwächt werde, weil es wieder die Prinzipien der Freiheit, die die Flagge reflektiere, feststelle. Die Methode der Erhaltung der Flagge als Symbol solle keine Strafe, sondern Bemühung, andere Leute zu überzeugen (z.B. wie ein Augenzeuge die Asche der Flagge achtungsvoll be-grub), sein.

Chief Justice *Rehnquists* dissennting opinion fängt ungewöhnlich an. Er betont die spezielle Stellung der nationalen Flagge mit vielen historischen Episoden. Es scheint mir interessant, daß sich alle Episoden auf Kriege beziehen (der Unabhängigkeits-krieg, The War of 1812, der Bürgerkrieg, die zwei Weltkriege, the Korean War und der Vietnam Krieg). *Rehnquist* zieht daraus den Schluß, daß kein anderes Symbol so allgemein respektiert worden sei wie die Flagge. Sie stelle keine bestimmte politische Philosophie dar. Dann folgt der Kernsatz seiner Meinung. »The flag is not simply another ›idea‹ or ›point of view‹ competing for recognition in the marketplace of ide-as.« Fast alle Amerikaner respektierten sie mit einer fast mystischen Achtung unabhän-gig von ihren politischen Meinungen. Der Staat könne dieses nationale Gefühl vor beleidigenden Handlungen schützen.

Überdies bilde die Verbrennung der Flagge keinen essentiellen Teil der Darstellung der Idee. Johnson könnte mit einer anderen Methode seine Meinung darstellen. Flag burning kommuniziere keine bestimmte Meinung, sondern ärgere nur andere Leute. Johnson sei angeklagt worden nicht wegen seiner Idee, sondern wegen einer be-stimmten Benutzung des besonderen Symbols. Die demokratische Gesellschaft sei be-rechtigt, die der Mehrheit des Volks sehr unangenehm erscheinende Handlung zu verbieten.

Justice *Stevens'* dissenting opinion ist kurz, aber ebenfalls interessant. Er behauptet, daß die Flagge nicht nur die nationale Einheit, sondern auch bestimmte Ideen, näm-lich Freiheit, Gleichheit, Toleranz, symbolisiere. Aber er stimmt *Brennans* Meinung nicht zu, daß das Urteil den Wert der Flagge vielmehr steigere. Er denkt, daß die Ent-weihung der Flagge den Wert schwäche und daß das staatliche Interesse an der Erhal-tung des Wertes der Flagge deshalb legitim sei. Wenn Freiheit und Gleichheit wertvoll seien, solle auch die Flagge, die sie symbolisiere, vor Entweihung geschützt werden.

IV. Analyse der amerikanischen Entscheidung und Vergleich der beiden Gerichte

1. Symbol als primitives Mittel der Meinungsäußerung

Obwohl diese Entscheidung heftigen Widerspruch in der Öffentlichkeit und im Kongreß hervorgerufen hat, schätzen die meisten wissenschaftlichen Kommentare sie eher als »easy case« ein. »The majority opinion is a relatively straightforward application of traditional first amendment jurisprudence«.[37] »*Johnson* itself was premised upon sound principles of constitutional theory«.[38] Und die Einfachheit entsteht daraus, daß die Entscheidung die Behauptung von der Besonderheit der Nationalflagge von seiten der Regierung ignoriert. Der Supreme Court wendet den allgemeinen Grundsatz der Meinungsfreiheit, d.h. das Verbot der auf dem Inhalt beruhenden Beschränkung, umstandslos auf den Fall der Flaggenverbrennung an. *Frank Michelman* stellt den Schwerpunkt des Urteils auf folgende Weise dar; »in *Johnson*, the Supreme Court denied that Government can have a constitutionally legitimate interest in trying to ensure, through punitive restrictions on the expressive use of any symbol, that the symbol be used only to convey the governmentally preferred view of its ›referents‹«.[39] Dies bedeutet, daß der Supreme Court, im Gegensatz zum deutschen BVerfG, das Recht des Staates, sich zu seiner Selbstdarstellung solcher Symbole zu bedienen, nicht anerkennt, mindestens als Begründung des Verbots der Meinungsäußerung. Deshalb braucht er keine kollidierenden Interessen fallbezogen abzuwägen[40].

Aber the opinion of the Court leugnet die spezielle Bedeutung der Nationalflagge für die amerikanische Gemeinschaft nicht. Er benutzt sie, um Johnsons Flaggenverbrennung den Rang einer verfassungsrechtlich geschützten Meinungsäußerung zu

---

[37] The Supreme Court-Leading Cases, 103 Harv. L. Rev. 249, 253 (1989).

[38] *Geoffrey R. Stone,* Flag Burning and the Constitution, 75 Iowa L. Rev. 111, 124 (1989). Auch Murray Dry behauptet, daß Texas v. Johnson an die Entwicklung der Präzedenzfälle fest angeknüpft sei. Vgl. *Murray Dry,* Flag Burning and the Constitution, 1990 Sup. Ct. Rev. 69. Vgl. auch *Akhil Reed Amar,* The Case of the Missing Amendments, 106 Harv. L. Rev. 124, 125 (1992), *Sheldon H. Nahmod,* The Sacred Flag and the First Amendment, 66 Indiana L.J. 511, 522–524 (1991); *Quint* (Anm. 1), S. 616f. Die Anwendung des Gedankens eines »free marketplace of ideas« auf die Entweihung der Flagge wurde schon in den 70er Jahren probiert. Vgl. *John Hart Ely,* Flag Desecration (1975), jetzt in: *ders.,* On Constitutional Ground (1996), S. 173, 181ff.

[39] *Frank Michelman,* Saving Old Glory: On Constitutional Iconography, 42 Stan. L. Rev. 1337, 1347 (1990).

[40] Wenn das vom Bundesstaat Texas behauptete erste Interesse realistisch wäre, also wenn die Gefahr der Störung des Friedens unmittelbar und gegenwärtig wäre, dann sollte die Abwägung stattfinden. Dieses Interesse selbst ist nicht ungültig. Aber das andere und wesentlichere Interesse, die Erhaltung der Flagge als Symbol der Nation und der nationalen Einheit, ist im Zusammenhang mit der Beschänkung der Redefreiheit prinzipiell ungültig.

In bezug auf den Anspruch der »imminent lawless action« ist es bemerkenswert, daß der Supreme Court Johnsons Flaggenverbrennung nicht als »fighting words« wertet, deren Inhalt persönliche starke Beleidigungen für bestimmte Adressaten sind und deshalb nicht verfassungsrechtlich geschützt werden. Es ist irrational, wenn solche Reden deshalb zuzulassen sind, weil die angegriffenen Adressaten zu schwach sind, um mit den Sprechern zu streiten. Aber Johnson appellierte nicht an bestimmte Gegner. Dann darf seine Meinungsäußerung nicht deshalb verboten werden, weil sie normalen Leuten beleidigend scheint. Es bedarf einer größeren Gefahr für den Frieden. In der Öffentlichkeit hat grundsätzlich die Kommunikationsfreiheit Vorrang. Vgl. *Stone* (Anm. 38), S. 115.

verleihen. *Rehnquist* behauptet, daß die Entweihung der Flagge leichter verboten werden kann, weil, wie das BVerfG einmal in bezug auf die Meinungsfreiheit des Art. 5 Abs. 1 meinte, sie keinen essentiellen Teil der Kommunikation bildet. *Brennan* mißbilligt nicht deshalb *Rehnquists* Meinung, weil die Form gleich wie oder stärker als der Inhalt geschützt werden muß. Er stellt vielmehr fest, daß der symbolische Ausdruck mit der Flagge selbst, die voll von expressivem Inhalt ist, ein effektiver Weg der Kommunikation ist.

Dies bedeutet, daß der Supreme Court die Verbrennung der Flagge nicht, wie das BVerfG, analytisch beobachtet. Er erkennt ihre Eigenschaft vielmehr im »primitiven« Symbolismus, der emotionale Reaktionen hervorruft[41]. Obwohl das BVerfG kein besonderes symbolisches Element in Zusammenhang mit der Würdigung der Verunglimpfungstaten beachtet, deutet die Entscheidung des Supreme Court an, daß die Satire mit der Flagge oder Hymne, die allgemein als Symbol von Staat und Verfassung eingeschätzt ist, gerade deshalb voll von expressivem Inhalt und schutzbedürftig sein dürfte. In Wirklichkeit benutzt die Meinung des Court in einer Fußnote *Rehnquists* Hervorhebung der Besonderheit der Flagge ironisch umgekehrt, um den Schutzbedarf der Flaggenverbrennung zu betonen[42]. Aber eine solche Deutung würde es notwendig machen, die Freiheit der Symbole verachtenden Kunst mit dem staatlichen Interesse an Symbolschutz frontal zusammenstoßen zu lassen, weil die erstere die Störung des Gefühls der Bürger beabsichtigt, das der Staat sichern möchte. Wenn das BVerfG die intuitionswidrige Trennung von Aussagekern und Einkleidung annimmt, um die strafrechtlich irrelevante Auslegung des Kunstwerks zu finden, kann der Supreme Court darauf verzichten, indem er das Interesse des Staates am Symbolwert selbst verleugnet. Damit kann er sich auch der Frage entziehen, ob die Beurteilung über die Einkleidung weniger streng ist. In den USA, deren Verfassung keinen besonderen Artikel für Kunstfreiheit hat, kann man sie schwerlich bejahen.

2. *Versuche der abweichenden Meinungen – Ausnahme für die Nationalflagge?*

Der Supreme Court versteht, daß der Staat keine einseitige, nur die nationale Einheit steigernde Benutzung der Flagge befehlen darf. Aber warum darf der Staat nicht die Besonderheit der Nationalflagge in Betracht ziehen, wenn sie um der Redefreiheit willen anerkannt wird? Ist die Flagge nicht um so schutzbedürftiger, als sie an das Staatsgefühl der Bürger direkt appelliert? *Rehnquists* abweichende Meinung leitet aus dem historischen und »mystischen« Respekt vor der Flagge eine Ausnahme für sie ab. Ein solcher Respekt solle selbst mit der Beschränkung der Meinungsfreiheit geschützt werden. Aber wenn er als Beispiele immer den Zusammenhang zwischen der starken Aufregung bei Kriegen und das spezielle Gefühl für die Flagge benutzt, wird der ideologische Charakter seiner Erzählung klar. Er stellt dar, daß mit der Flaggenverbrennung in den USA als Widerstand gegen den Vietnam-Krieg die Stimmung der Solda-

---

[41] Calvin R. Massey sagt, daß im Fall der Flagge »both form and content, and medium and message« undifferenziert verbunden sind. *Calvin R. Massey,* Pure Symbols and the First Amendment, 17 Hastings Const. L.Q. 369, 374 (1990).

[42] *Johnson,* 491 U.S. 416, n. 11.

ten in Vietnam schwer geschädigt wurde. Wie kann denn diese Episode seine These bestätigen? Man kann bezweifeln, ob es in Wirklichkeit den universellen Respekt vor der Flagge gibt, oder ob *Rehnquist* die Loyalität der Bürger für die Regierung, die insbesondere bei Kriegen beansprucht wird, mit der Hilfe der Flagge zu stärken wünscht. Hinter seiner Meinung steckt die große Gefahr, die Kritik an der Politik mit dem »Mythos« zu unterdrücken. Wie *Kent Greenwalt* sagt, »If we attach a kind of nonrational reverence to the flag, we are subject to manipulation by those who control the flag.«[43]

Greenawalt behauptet auch, daß die Diskussion um die (gewaltsame) Verfolgung der nationalen Interessen zuzulassen sei. Die Zwangsverehrung der Flagge, die den Wert der nationalen Einheit versinnbildlicht, verhindere die kritische Stellungnahme[44]. Deshalb scheint es auch mir, daß der Symbolismus der Nation und der nationalen Einheit nicht für die Rechtfertigung der Beschränkung der Meinungsäußerung verwendet werden darf, obwohl, oder gerade weil, das Symbol die große Macht des Appells an die Bürger hat.

Stevens' abweichende Meinung erkennt die Ausnahme mit einer sinnvolleren Begründung an. Er behauptet, daß die amerikanische Nationalflagge nicht nur die nationale Einheit, sondern auch die amerikanischen Grundideen versinnbildliche, und daß das Symbol der Freiheit und Gleichheit vor Entweihung geschützt werden müsse, wenn sie wertvoll seien. Also versteht er als das mit Meinungsfreiheit kollidierenden Rechtsgut den Wert der Flagge als Symbol der Grundwerte. Obwohl er keine Absicht hat, die Autorität des freiheitlichen Staates zu schützen[45], ist das mit der Redefreiheit kollidierende Rechtsgut nahezu dasselbe wie das des BVerfG. Ihrer Meinung nach schadet die Entweihung oder Verunglimpfung der Symbole der Grundwerte der Attraktivität der Grundwerte. Im Gegensatz dazu denkt the oppinion of the Court, daß gerade die Entscheidung die Grundwerte bestätige, indem sie auch die Freiheit der Entweihung des Symbols der Freiheit toleriere. Hierin bestehen die wesentlichen Differenzen.

Aber auch wenn man *Stevens'* Grundthese zustimmen würde, bliebe es nicht sicher, ob die Verbrennung der Nationalflagge bestrafbar wäre. Seine Meinung schließt sich an den Kommunitarismus an, der die Ansprüche der Selbstbestimmung der Gemeinschaft als wertvoll für Mitbürger würdigt. Aber auch in der Literatur, die Ansprüche des Kommunitarismus berücksichtigt, wird die Entscheidung des Supreme Court gebilligt. *Michelman* sagt, »flag burning is not a repudiation of the nation's ideals or of aspiration towards political community. Rather, the flag burner charges the nation with betraying its ideals. . . In so doing the flag burner may be said to affirm an ideal vision of a possible nation whose identity is under contention, the possible nation that is also potentially *hers*, the one with which *she* identifies.«[46] Diese Logik ist dem Bundeshymne-Beschluß des BVerfG ähnlich. Nach dieser Auslegung greifen die Angeklag-

---

[43] *Kent Greenawalt,* Fighting Words (1995), S. 43.

[44] Ebd., S. 44.

[45] *Quint* hebt diesen Unterschied als tiefen Gegensatz zwischen dem allen Richtern des Supreme Court gemeinsam amerikanischen Verfassungsdenken und dem deutschen hervor. Vgl. *Quint* (Anm. 1). Ich glaube aber, daß in bezug auf das Problem der Integrationskraft der Staatssymbole der andere Streitpunkt wichtiger ist.

[46] *Michelman* (Anm. 39), S. 1362.

ten zwar oberflächlich die Symbole an, aber nicht die Grundwerte, die sie symbolisie-
ren und deretwegen sie schutzbedürftig sind. Vielmehr tragen sie dazu bei, innerhalb
der Gemeinschaft zu überdenken und wieder festzustellen, was ihre Identität oder das
»common good« ist[47].

Bei der Auslegung der Verbrennung durch Johnsons, als Appell an die Gemeinschaft geht es darum, daß sich sein Angriff nicht gegen bestimmte Menschen oder
Minderheitengruppen richtet. Die symbolische Absage ihrer »equal citizenship«
könnte dem Ideal und der Identität der Gemeinschaft freier und gleicher Mitbürger
schaden. Im Gegensatz dazu appelliert Johnsons symbolic speech an das öffentliche
Publikum, zu dem er selbst gehören kann[48]. US-Amerikaner, insbesondere nach dem
Kalten Krieg, stellen sich nicht vor, daß der Angriff gegen Symbole die ganze Ablehnung der Verfassung bedeuten mag. Aber ich glaube, daß auch die meisten heutigen
Verunglimpfungen der deutschen Bundessymbole keine solche fundamentale Verweigerung der Grundwerte bedeuten. Dann soll der Appell an die Öffentlichkeit als Anspruch der besseren Interpretation und Verwirklichung der Grundwerte verstanden
werden. Jedenfalls beruht der Unterschied der Schlüsse zwischen Stevens und dem
BVerfG auf den verschiedenen Interpretationen der Gegenstände.

3. *Der Grund der Sorgen um die Bestrafung in Brennans opinion*

Andererseits weist *Murray Dry* darauf hin; »Justice Brennan's suggestion that when
we see a flag burning, we salute it, or give it a decent burial, properly understood, means that liberal constitutionalism need not stand for mindless relativism«[49]. Der Supreme Court erkennt an, daß der Symbolismus einen emotionalen Beitrag zur Erhaltung
der spezifischen Stelle der Flagge leisten darf, wenn er von Bürgern ausgedrückt wird.
Also wünscht er nicht, daß die öffentliche Diskussion rational und aufgeklärt stattfindet. Vielmehr stellt er das Vertrauen auf die Bewahrung der Grundwerte in der freien
Öffentlichkeit ohne Bestrafung dar.

Es scheint mir, daß dort auch sein Verständnis des Charakters des Symbols wirkt.
Obwohl the opinion of the court denkt, daß die Grundwerte zwar ein Referent der
Nationalflagge sind, beabsichtigt sie nicht, ihre verfassungsrechtlich wertvolle Bedeu-
tung darauf zu beschränken. Vielmehr nimmt sie die Vielfältigkeit der möglichen
Symbolisierten als Tatsache hin und läßt den Wettbewerb zwischen ihnen frei laufen.
Die konkrete Bedeutung der Symbole wird erst bei ihrer Verwendung im bestimmten
Kontext klargemacht. Was er verbietet, ist der staatliche zwanghafte Gebrauch des
Symbols zu einem bestimmten Ziel. Gerade weil die Symbole je nach den Umständen
verschiedene Bedeutungen und Appelle intuitiv darstellen können, steigt die Notwendigkeit, für »the marketplace of ideas« ihrem staatlichen einseitigen Gebrauch vor-
zubeugen. Im Gegensatz zu der beschränkten Interpretation der Symbolisierten bei

---

[47] Vgl. The Supreme Court – Leading Cases (Anm. 37), S. 257f.

[48] Ebd., 256f.; *Michelman* (Anm. 39), S. 1362f.; *Greenawalt* (Anm. 43), S. 143f. Kritsch über den Unterschied zwischen der Flaggenverbrennung und »hate speech«, *Paul F. Campos,* Advocacy and Scholarship, 81
Calif. L. Rev. 817, 832f. (1993). (Aber dieser Aufsatz kritisiert, wie die Critical Leagal Studies, die Legitimation aller Arten »doctorinal constitutional law«.)

[49] *Dry* (Anm. 38), S. 102.

dem BVerfG und *Stevens* wertet *Brennan* das Risiko des staatlichen Mißbrauchs der Symbole noch höher. Deshalb überläßt *Brennan* der zwanglosen Diskussion die Behandlung der Symbole.

Ich glaube, daß diese Ansicht des Supreme Court den Charakter der Staatssymbole gut erfaßt. Um die Bestrafung wegen der Verunglimpfung der Symbole mit der Kommunikationsfreiheit in Einklang zu bringen, legte das BVerfG beide, das Gesetz und die Kunstwerke, verfassungskonform aus. Aber es kann nicht die Tatsache verleugnen, daß die Symbole eigentlich einen vielfältigen und analytisch schwer erkennbaren Reichtum an sinnvollen Bedeutungen enthalten. In Wirklichkeit versinnbildlichen sie nicht allein Grundwerte. Man kann die Inhalte der Symbole intellektuell nicht vollständig erklären bzw. begrenzen. Also könnte das Risiko der staatlichen Manipulation ihrer Bedeutung immer dabei sein, wie die *Stevenssche* oberflächliche Interpretation der Flaggenverbrennung zeigt. Der Reichtum an Bedeutungen macht die Symbole einerseits zu effektiven Kommunikationsmitteln, aber andererseits kann die staatliche Regulierung ihrer Bedeutung deshalb eine zu große Wirkung auf die Öffentlichkeit haben[50]. Der Supreme Court nimmt diese Sorgen ernst und setzt auf die Interpretation der Symbole durch die Auseinandersetzung in der Öffentlichkeit. Dadurch kann er sich dem Problem der verfassungskonformen Auslegungsmethode entziehen. Im Gegensatz dazu ist die »werkgerechte« Interpretation der Kunstwerke für das BVerfG entscheidend, die dennoch, wie ich oben erwähnte, den Mangel der Vorausberechnungsmöglichkeit hervorruft.

Der Unterschied zwischen Deutschland und den USA spiegelt auch die verschiedenen historischen Erfahrungen[51]. Aber im algemeinen wundere ich mich darüber, ob dennoch die Staatssymbole als Symbole der Freiheit und Demokratie strafrechtlich zu schützen sind. Der Angriff gegen die Grundordung des Grundgesetzes selbst und der gegen ihre Symbole sind nicht gleich. Die letztere gibt der Öffentlichkeit eine Chance, den Sinn und Wert der Freiheit und Demokratie zu überdenken. Zum Schluß denke ich im allgemeinen über das angemessene Verhältnis zwischen Staat und Symbolen in der Öffentlichkeit nach.

V. Symbolismus und Integration der Bürger im freien Staat

Rudolf Smend erklärte 1928, »Die gesteigerte Integrationskraft eines symbolisierten Sachgehalts beruht allerdings nicht nur darin, daß er als irrationale und individuelle

---

[50] Vgl. *Steven G. Gey,* This Is not a Flag: The Aesthetics of Desecration, 1990 Wiscons L. Rev. 1549, 1589–91.

[51] Das strafrechtliche Verbot der öffentlichen Verwendung von Kennzeichen verfassungswidriger Parteien (§ 86a StGB) kann in Deutschland gerechtfertigt werden, weil diese Symbole die Grundwerte der Bundesrepublik selbst angreifen. Da braucht man keine ausführliche Interpretation, um die Absicht der Täter zu identifizieren, deshalb ist die Gefahr der Manipulierung bei der staatlichen Feststellung ihrer Bedeutungen klein. Obwohl auch ich nach dem Nationalsozialismus diese Vorschrift vernünftig finde, könnte selbst sie vielleicht der Überprüfung des Supreme Court nicht standhalten. Vgl. Village of Skokie v. National Socialist Party of America, 373 N.E. 2d 21 (1978); Collin v. Smith, 578 F.2d 1197 (1978) (Die beiden, die zwar keine Entscheidungen des Supreme Court sind, deuten aber die allgemeine Tendenz der amerikanischen Gerichte an, auf die Meinungsfreiheit größten Wert zu legen). Der Unterschied des historischen Erlebnisses kann zu unterschiedlichen rechtlichen Folgen führen.

Fülle mit besonderer Intensität erlebt wird, sondern auch darin, daß er in dieser Gestalt zugleich elastischer ist, als in der der extensiven, rationalen, gesetzlichen Formulierung«. Obwohl die letztere »die Spannung zwischen Einzelnem und Gemeinschaft zum Bewußtsein« bringt, kann jeder einen symbolisierten Wertgehalt »so erleben, ›wie ich ihn verstehe‹, ohne Spannung und Widerspruch . . . und zugleich erlebt er ihn als totale Fülle«. Dadurch »kann die Wertfülle des Staats als Ganzes mit intensiver und bewußter Integrationswirkung erlebt werden«. »So hat man mit Grund gesagt, daß die Rationalisierung des politischen Denkens, die die Erfassung des politischen Gestalts als Glaubensgehalt ausschließt, damit zugleich jede politische verbindliche Gestalt in Frage stellt.«[52] *Smends* These prägt stark auch die deutsche Staatsrechtslehre nach dem zweiten Weltkrieg[53].

Hinter der *Smendschen* These liegt die Voraussetzung. »In gesunden Verhältnissen vollzieht sie (die Integration) sich unbewußt«[54]. Der Staat habe das legitime Interesse an der Erhaltung solchen Unterbewußtseins. Aber ob der symbolische Appell an das Staatsgefühl der Bürger den Strafschutz verdient, ist zweifelhaft. *Peter Häberle* betont zwar, »Die Verfassungsstaat bedarf rationaler und emotionaler Konsensquellen«. »Flaggen und Nationalhymnen sind . . . Beispiele der auch im Verfassungsstaat notwendigen Selbstdarstellung«. Aber *Häberle*, ein bewußt demokratischer Theoretiker, vergißt nicht, hinzufügen, daß der Symbolgehalt »vorgeschlagen, aber nicht erzwungen werden« kann. Er erkennt an, daß der Mißbrauch der Symbole »den *Typus* Verfassungsstaat im ganzen in Gefahr bring(en)« könne[55].

In den freiheitlichen Demokratien ist es unvermeidlich, an der »Gesundheit«, die *Smend* vorzog, rütteln zu lassen. Freie Demokratie muß der gesellschaftliche Aufklärungsprozeß darum gewährleisten, wozu der Staat existieren. Die Selbstverständlichkeit seiner Existenz, die seine Symbole manchmal andeuten, kann und soll überprüft werden. Warum können wir uns überdies nicht vorstellen, daß die stärkere Integration vielmehr aus der freien Diskussion in der Öffentlichkeit folgen dürfte? Die Freiheit, alles zu bezweifeln, kann zur stärksten Überzeugung über die Legitimation der verfassungsmäßigen Grundordnung führen[56]. Meiner Meinung nach ist die Gefahr des staatlichen Mißbrauchs des »Unterbewußtseinsschutzes« mehr zu befürchten. Er könnte bewußte Meinungsäußerung zu stark unterdrücken, weil der Inhalt des Unterbewußtseins natürlich unklar ist. Natürlich weiß das BVerfG um dieses Risiko und reduziert es auf ein Minimum. Das BVerfG läßt jene Kommunikationen mit Symbolen, die ihre wahren Inhalte und Ansprüche bewußt zeigen wollen, frei laufen. Aber es wagt nicht, wie der Supreme Court, das mit Kommunikationsgrundrechten kollidie-

---

[52] *Rudolf Smend,* Verfassung und Verfassungsrecht (1928), jetzt in: *ders.,* Staatsrechtliche Abhandlungen (3. Aufl., 1994), S. 119, 163–165.

[53] Z.B. *Eckart Klein,* in: BK-GG, Art. 22 (1982), S. 36ff.; *Herbert Krüger,* Von der Staatspflege überhaupt, in: Helmut Quaritsch (Hg.), Die Selbstdarstellung des Staates (1977), S. 21; *Günter Hoog,* Deutsches Flaggenrecht (1982), S. 7ff.

[54] *Rudolf Smend,* Integration (1966), jetzt in: *ders.,* Staatrechtliche Abhandlungen (3. Aufl., 1994), S. 482, 485.

[55] *Peter Häberle,* Feiertagsgarantien als kulturelle Identitätselemente des Verfassungsstaates (1987), S. 27–38 *ders.,* Verfassungslehre als Kulturwissenschaft, 2. Aufl. 1998, S. 966ff.

[56] Vgl. *Nahmod* (Anm. 38), S. 541f.; *Jürgen Habermas,* Faktizität und Geltung (1992), S. 636 (»Die Staatsbürgernation findet ihre Identität . . . in der Praxis von Bürgern, die ihre demokratischen Teilnahme- und Kommunikationsrechte aktiv ausüben«).

rende staatliche Rechtsgut des Symbolschutzes zu verleugnen. Es scheint mir, daß hier der Unterschied der Vorstellungen darüber zwischen beiden Ländern dargestellt ist, welche Rolle der Staat in der Öffentlichkeit spielen soll, um die Integration der Gesellschaft zu erhalten.

James Harrington – Prophet der geschriebenen Verfassung

von

Dr. Alois Riklin

Professor für Politikwissenschaft an der Universität St. Gallen

»The Commonwealth of Oceana« von James Harrington erschien 1656 in London.[1] Es war die Zeit des Interregnums. 1649 war Charles I hingerichtet, die Monarchie abgeschafft und das Oberhaus aufgelöst worden. Im Erscheinungsjahr der *Oceana* stand Oliver Cromwell im Zenith seiner Macht. Unterstützt von einer Oligarchie Auserwählter, herrschte er wie ein ungekrönter König. Obwohl Harrington sein Buch Cromwell widmete, war es eine unverhohlene Kritik an dessen autokratischem Regime. Er wollte zeigen, wie eine echte Republik beschaffen sein müsste. Mit der Restauration von 1660 verflogen die hochfliegenden Träume. Harrington wurde in den Tower geworfen und mundtot gemacht. Dennoch haben seine Ideen nicht bloss ein Strohfeuer entfacht. Zusammen mit ähnlich gesinnten Vorgängern und Nachfolgern beeinflusste er in Grossbritannien die politische Kultur der Whigs. Von der britischen Insel sprang der Funke zuerst auf Nordamerika, dann auf Frankreich über und löste beidseits des Atlantiks einen republikanischen Flächenbrand aus. Harrington war seiner Zeit voraus. Ein Blick auf sein Republikmodell wird zeigen, dass seine Handschrift bis in die Verfassungen der Gegenwart erkennbar, aber verkannt ist.

Die Verkennung von James Harrington, namentlich auch im deutschen Sprachraum, offenbart sich beispielhaft in der merkwürdigen Tatsache, dass er den Herausgebern des 25bändigen *Meyers Enzyklopädischen Lexikons* (1982) und des 24bändigen *Brockhaus* (1997) nicht einmal ein Schlagwort wert schien. Aber auch in der politik- und rechtswissenschaftlichen Literatur wird Harrington sträflich vernachlässigt.

Beachtenswert sind nicht zuletzt Harringtons Beiträge zur Verfassungstheorie. Sein Republikmodell einer gewaltenteiligen, von einer »natürlichen« Aristokratie geführten Männerdemokratie aller Eigentümer enthält eine ganze Reihe von Innovationen. Harrington stellte dem alleinigen Gesetzgeber einen sachkundigen Verfassungsrat zur Seite, der in einem öffentlichen, durch zwei Volksdiskussionen unterstützten Prozess

---

[1] Bester Zugriff auf das politische Gesamtwerk: *The Political Works of James Harrington*, Ed. with an Introduction by John G.A. Pocock, Cambridge/GB 1977. Erste vollständige deutsche Übersetzung: James Harrington, *Oceana 1656*, hrsg. v. Hermann Klenner, übersetzt von Klaus Udo Szudra, Leipzig 1991. Versuch einer Würdigung des politischen Denkers: Alois Riklin, *Die Republik von James Harrington 1656*, Bern/Wien 1999

die verfassungs- und ideengeschichtlichen Materialien von der Antike bis in die Gegenwart aufzuarbeiten und in ein verbessertes Republikmodell einzubringen hatte. Der auf dieser Fiktion basierende Verfassungsentwurf Harringtons garantiert individuelle Freiheitsrechte wie die Religions-, Gewissens-, Berufs-, Gewerbe- und Auswanderungsfreiheit, errichtet Schranken gegen den ungebändigten Missbrauch der Eigentumsfreiheit und postuliert eine Balance zwischen Grundrechten und Grundpflichten. Während die Republiken der Antike, des Spätmittelalters und der Renaissance die Landbevölkerung diskriminiert hatten, entwarf Harrington ein Wahlsystem, das aufgrund eines gleichmässigen Repräsentationsschlüssels die politische Gleichberechtigung von Stadt und Land gewährleisten sollte. Mit der Ausweitung des aktiven und passiven Wahlrechts auf alle Eigentümer war er seiner Zeit um mehr als zwei Jahrhunderte voraus. Die sorgfältige Regelung der Kandidatenaufstellung stellt die oligarchisch-plutokratischen Praktiken in den heutigen Demokratien in den Schatten. Originell ist die Erfindung eines aus zwei gewählten Kammern bestehenden Parlaments mit rascher Rotation (3 Jahre), dreijähriger Unterbrechung der Wiederwählbarkeit, jährlicher Drittelserneuerung und Funktionsteilung zwischen Beratung und Entscheidung. Die Idee einer weiträumigen, rein repräsentativen Republik stammt nicht erst von den amerikanischen Verfassungsvätern, wie immer wieder behauptet wird, sondern von Harrington. Neu ist die Einführung einer 49köpfigen, arbeitsteiligen Kollegialregierung. Durch die Personalunion von Regierungs- und Parlamentsmandat hat Harrington ein wichtiges Element des parlamentarischen Regierungssystems vorweggenommen. Das Forum einer allabendlich in wöchentlich wechselnder Zusammensetzung tagenden Akademie, in der jeder Bürger mündlich oder schriftlich seine Anliegen und Vorschläge in die Diskussion einbringen kann, ist eine Institution, die in der heutigen Zeit mehr oder weniger gut von den Medien wahrgenommen wird.

Ein absolutes Novum ist schliesslich die Form der geschriebenen und kommentierten Verfassung im Rahmen eines Buches. Die Kronzeugen Harringtons – Platon, Aristoteles, Livius, Machiavelli – verstanden unter einem »government of laws, not men« die Bindung von Regierenden und Regierten an geschriebene und ungeschriebene Gesetze. Sie verloren keinen Gedanken daran, die ganze staatliche Grundordnung in einer einzigen Urkunde zu kodifizieren. Diese Idee lag im 17. Jahrhundert in der Luft. Die Sternstunde der geschriebenen Verfassung ergab sich aus der günstigen Konjunktion verschiedener Strömungen: der zunehmenden Verschriftlichung des Rechts seit dem Spätmittelalter, der Theorie des Gesellschaftsvertrages, dem Bedürfnis der europäischen Auswanderer nach einer Grundordnung für ihre neugegründeten Gemeinwesen in Nordamerika und dem Ringen der englischen Republikaner um die politische Neuordnung nach der Abschaffung der Monarchie. Zwar gab es Vorläufer geschriebener Verfassungen vor der *Oceana*: den *Mayflower*-Vertrag (1620), die *Fundamental Orders of Connecticut* (1639), das *Agreement of the People* (1648), das *Instrument of Government* (1653). Aber niemand hat vor Harrington als Buchautor eine geschriebene Verfassung entworfen. Und niemand hat vor ihm zum geschriebenen Verfassungsentwurf gleich auch noch den Kommentar mitgeliefert, dies in der erklärten Absicht, den Geist erkennbar zu machen, aus dem die Gesetze entstanden sind. Im Unterschied zur Rechtstechnik des *Instrument of Government* oder zum massgeblich von John Locke formulierten Verfassungsentwurf für *Carolina* (1669) ist Harrington sehr viel ausführlicher. Das hängt damit zusammen, dass er nicht wie Aristoteles zwischen Verfassung und Gesetzen unterschied. Die Konkretheit der dreissig Verfassungsgesetze (*orders*) entsprang nicht zuletzt auch dem Motiv, den richterlichen Ermessensspielraum und das Bedürfnis nach verfassungsergänzenden Gesetzen in möglichst engen Grenzen zu halten. Die aus heutiger Sicht unübliche Form der dreissig Ordnungen lässt sich indessen zwanglos in einen vollständigen, modernen Verfassungstext umformulieren, mit einem Teil über Grundlagen und Aufgaben der Republik, einem Teil über Grundrechte und Grundpflichten, einem Teil über die Gliederung der Republik, einem Teil über die nationalen Behörden und einem Revisionsteil.

Als Einzelperson hat Harrington den markantesten Beitrag zu den Ursprüngen der geschriebenen Verfassung geleistet, die sich von England über Nordamerika nach Frankreich, dann auf dem europäischen Kontinent und schliesslich weltweit ausgebreitet hat. – paradoxerweise unter Aussparung des Ursprungslandes. Harrington ist in der Tat der Prophet der geschriebenen Verfassung, und »The Commonwealth of Oceana« ist allein schon aus diesem einen Grunde ein Meilenstein in der Ideen- und Verfassungsgeschichte.

Der folgende Entwurf ist ein Versuch, das Republikmodell Harringtons in einen modernen Verfassungstext zu giessen. Der Verfasser dankt Markus Eugster und Marcel Müller für Vorentwürfe.

Textanhang

Die Verfassung der Republik von James Harrington

Versuch der Umformulierung des Republikmodells
von James Harrington in einen modernen Verfassungstext

Präambel

Inspiriert von der Bibel und der von Gott gestifteten Republik Israels,

aufbauend auf der Klugheit der grössten politischen Denker aller Zeiten sowie der gesammelten Erfahrungen antiker und zeitgenössischer Republiken,

beraten durch den von der Armee gewählten Verfassungsrat,

unter gebührender Berücksichtigung der Ergebnisse der zweimaligen Volksdiskussionen,

in der Absicht, in England die historisch erste vollkommene, gleiche und immerwährende Republik zu gründen,

in der Überzeugung, mit diesem Modell dem ganzen Erdkreis als Vorbild zu dienen und das Tor zum neuen, republikanischen Zeitalter aufzustossen,

hat Oliver Cromwell als alleiniger Gesetzgeber die folgende Verfassung in Kraft gesetzt:

Erster Teil
Grundlagen und Aufgaben der Republik

1. Kapitel
Grundlagen

Art. 1
Gesetzesherrschaft

Alle Behörden, Amtsträger, Bürger und Untertanen sind an die Gesetze gebunden.

Art. 2
Agrargesetz

(1) Das Agrargesetz sichert die breite Streuung des Landeigentums.

(2) Als Obergrenze des künftigen Landeigentums wird ein bestimmter Ertragswert festgesetzt. Erträge, welche diese Obergrenze übersteigen, fallen an die Republik.

(3) Hinterlässt ein Erblasser, dessen Landeigentum die zulässige Obergrenze überschreitet, mehr als einen Nachkommen, ist eine Erbteilung vorzunehmen und zwar so, dass nach Möglichkeit kein Erbteil die Obergrenze übersteigt.

(4) Der Kauf und Zukauf von Landeigentum über der Obergrenze ist verboten.

Art. 3
Wahlgesetz

(1) Alle Amtsträger werden direkt oder indirekt von den Eigentümern gewählt.

(2) Das Wahlgesetz sichert durch kurze Amtszeiten die rasche Rotation in allen Ämtern.

(3) In Kollegialorganen mit dreijähriger Amtsdauer wird jedes Jahr ein Drittel der Amtsträger gewählt.

(4) Nach Ablauf der Amtszeit ist der bisherige Amtsträger für die Dauer, die der Amtszeit des innegehabten Amtes entspricht, weder in das gleiche noch in irgendein anderes Amt wählbar.

(5) Das Wahlverfahren ist für alle Ämter zweistufig:
- zuerst werden die Nominatoren ausgelost, welche die Kandidaten vorschlagen;
- dann wählen die Wahlberechtigten aus den vorgeschlagenen Kandidaten in einem geheimen, freien und gleichen Verfahren.

Art. 4
Zweikammerparlament

(1) Die oberste Gewalt der Republik ist dem Parlament anvertraut.

(2) Das Parlament besteht aus der kleinen Kammer des Senats und der grossen Kammer der Volksvertretung.

(3) Der Senat berät alle Anträge zuhanden der Volkskammer.

(4) Die Volkskammer entscheidet ohne Beratung über die Anträge des Senats.

2. Kapitel
Aufgaben

Art. 5
Grundrechte und -pflichten

Die Republik gewährleistet die Rechte und Pflichten der Bürger und Untertanen.

Art. 6
Sicherheitspolitik

Die Republik sorgt für die innere und äussere Sicherheit. Sie unterhält zu diesem Zweck eigene Streitkräfte.

Art. 7
Aussenpolitik

(1) Die Republik wahrt die Unabhängigkeit des Landes.

(2) Sie pflegt die Beziehungen mit anderen Staaten und unterhält in den wichtigsten Hauptstädten ständige Gesandtschaften.

(3) Sie fördert die territoriale Expansion des Landes durch Angliederung neuer Provinzen.

Art. 8
Bildungpolitik

(1) Die Republik gewährleistet den allgemeinen Schulunterricht.

(2) Sie fördert die Berufsbildung.

(3) Sie unterhält die Universitäten von Oxford und Cambridge.

(4) Sie unterstützt Bildungsreisen ins Ausland.

Art. 9
Religionspolitik

(1) Die Republik gewährleistet die Religionsfreiheit.

(2) Sie wacht über die christliche Nationalreligion und erlässt nach Konsultation der Universitäten Richtlinien.

(3) Sie sorgt für die bestmögliche Universitätsbildung des theologischen Nachwuchses.

(4) Sie trifft Massnahmen zur Wahrung des religiösen Friedens innerhalb der verschiedenen Glaubensgemeinschaften und zwischen ihnen.

Art. 10
Wirtschaftspolitik

(1) Die Republik fördert die verschiedenen Wirtschaftszweige.

(2) Sie bekämpft Missbräuche, namentlich Ausbeutung.

Zweiter Teil
Grundrechte und Grundpflichten

1. Kapitel
Grundrechte

Art. 11
Religions- und Kultusfreiheit

(1) Die Religions- und Kultusfreiheit ist gewährleistet.

(2) Davon ausgenommen sind der römische Katholizismus, das Judentum und götzendienerische Glaubensformen.

Art. 12
Gewissensfreiheit

Die Gewissensfreiheit ist gewährleistet.

Art. 13
Eigentumsgarantie
(1) Das Eigentum ist für Männer und Frauen gewährleistet.

(2) Für das Landeigentum gilt eine Obergrenze.

(3) Vorbehalten bleibt die Festlegung einer Obergrenze für andere Eigentumsarten.

Art. 14
Berufs- und Gewerbefreiheit
Die Freiheit der Berufswahl und der Erwerbstätigkeit ist gewährleistet.

Art. 15
Auswanderungsfreiheit
Das Recht zur Auswanderung ist gewährleistet.

Art. 16
Rechtsschutz
Kläger und Beklagte haben das Recht auf einen Rechtsbeistand nach eigener Wahl.

Art. 17
Elternrechte
(1) Eltern mit einem einzigen Sohn bestimmen frei über dessen Erziehung und Schulbildung.

(2) Nach Ablauf der Schulpflicht bestimmen die Eltern frei über die Weiterbildung ihrer Söhne.

Art. 18
Wahlrecht
(1) Jeder Eigentümer männlichen Geschlechts hat das Recht zu wählen und gewählt zu werden.

(2) Vom aktiven und passiven Wahlrecht ausgeschlossen sind:

a) Ärzte,

b) Juristen mit Ausnahme der Wählbarkeit zum Richter,

c) Theologen mit Ausnahme der Wählbarkeit zum Gemeindepfarrer,

d) Wehrdienstverweigerer.

Art. 19
Petitionsrecht
Jeder Eigentümer hat das Petitionsrecht. Es kann in mündlicher oder schriftlicher Form geltend gemacht werden.

2. Kapitel
Grundpflichten

Art. 20
Schulpflicht
(1) Die Eltern sind verpflichtet, ihre Söhne vom 9. bis zum 15. Altersjahr in eine öffentliche Schule zu schicken.

(2) Ausgenommen von der öffentlichen Schulpflicht sind Einzelsöhne.

(3) Für Minderbemittelte ist der Schulunterricht unentgeltlich.

Art. 21
Steuerpflicht
Alle Eigentümer sind steuerpflichtig. Die Höhe der Steuern ist nach Einkommen, Zivilstand und Kinderzahl abgestuft.

Art. 22
Wehrpflicht
(1) Männliche Eigentümer und deren Söhne sind wehrpflichtig.

(2)Ausgenommen von der Wehrpflicht sind:

a) Einzelsöhne,

b) Die Hälfte der Söhne jeder Familie,

c) Studenten sowie

d) Juristen, Theologen und Ärzte.

(3) Wehrpflichtige, die zum Aktivdienst ausgelost worden sind, können sich ohne Nachteil durch einen Freiwilligen ersetzen lassen.

(4) Wehrdienstverweigerer zahlen eine Sondersteuer.

Art. 23
Versammlungspflicht
Alle Eigentümer männlichen Geschlechts sind verpflichtet, an den militärischen und politischen Versammlungen teilzunehmen.

Art. 24
Eidpflicht
Bürger, Wähler und Amtsträger sind verpflichtet, einen Eid auf die Verfassung zu leisten.

Dritter Teil
Gliederung der Republik

1. Kapitel
Gliederung des Volkes

Art. 25
Freie und Unfreie
(1) Freie Bürger sind ausschliesslich die selbständigen Eigentümer männlichen Geschlechts und deren Söhne.

(2) Lohnabhängige, Arme und Frauen sind von den politischen Rechten ausgeschlossen und nicht wehrpflichtig.

Art. 26
Junge und Ältere
(1) Die freien Bürger im Alter von 18 bis 30 Jahren erfüllen ihre Wehrpflicht in den mobilen

Streitkräften. Ihr Wahlrecht ist auf den militärischen Bereich beschränkt.

(2) Die freien Bürger über 30 Jahre leisten ihre Wehrpflicht in den stationären Streitkräften. Sie besitzen politische Rechte im militärischen und zivilen Bereich.

Art. 27
Reiche und Mittelstand

(1) Die freien Bürger der oberen Vermögensklasse werden der Kavallerie zugeteilt.

(2) Die freien Bürger der unteren Vermögensklasse werden der Infanterie zugeteilt.

(3) Militärische und zivile Ämter sind teils ohne Unterschied beiden Vermögensklassen zugänglich, teils der oberen oder unteren Vermögensklasse vorbehalten.

2. Kapitel
Territoriale Gliederung

Art. 28
Hauptstadt

Hauptstadt der Republik ist London.

Art. 29
Stufenbau

(1) Das nationale Territorium wird in 10.000 Gemeinden, 1000 Hundertschaften und 50 Stämme gegliedert. 10 Gemeinden bilden eine Hundertschaft, 20 Hundertschaften einen Stamm.

(2) Gemeinden, Hundertschaften und Stämme sind Selbstverwaltungskörper ohne Gesetzgebungskompetenz. Sie vollziehen die nationalen Gesetze.

(3) Bei der Unterteilung der Städte, insbesondere der Hauptstadt London, ist auf deren Besonderheiten Rücksicht zu nehmen. Für die Verwaltung der Städte sind die Zünfte beizuziehen.

Art. 30
Gemeinden

(1) Am ersten Montag im Januar versammeln sich die über dreissigjährigen freien Bürger bewaffnet in ihrer Gemeinde zur Wahl der Gemeindeabgeordneten und der Gemeindebeamten.

(2) Ein Fünftel der Wahlberechtigten wird für ein Jahr als Gemeindeabgeordnete gewählt. Sie vertreten die Gemeinden in den Hundertschaften und Stämmen.

(3) Die erstgewählten fünf Gemeindeabgeordneten übernehmen zugleich, mit Vorrang der Abgeordneten der oberen Vermögensklasse, die Ämter der zwei Gemeindevorsteher, des Wachtmeisters und der zwei Kirchenvorsteher.

(4) Die Gemeindepfarrer werden nach einem Probejahr von der Gemeindeversammlung mit Zweidrittelmehrheit auf unbestimmte Zeit gewählt.

Art. 31
Hundertschaften

(1) Am ersten Montag im Februar versammeln sich die Gemeindeabgeordneten bewaffnet im Rahmen ihrer Hundertschaft zur Wahl der Amtsträger der Hundertschaft.

(2) Als Amtsträger jeder Hundertschaft werden für ein Jahr gewählt:

a) aus der oberen Vermögensklasse: ein Friedensrichter, ein Geschworener, ein Hauptmann und ein Fähnrich;

b) aus der unteren Vermögensklasse: ein Geschworener, ein Hauptwachtmeister und ein Leichenbeschauer.

Art. 32
Stämme

(1) Die Einteilung der Stämme erfolgt nach einem annähernd gleichen Bevölkerungsschlüssel.

(2) Am ersten Montag im März versammeln sich die Gemeindeabgeordneten bewaffnet im Rahmen ihres Stammes zur Wahl der Amtsträger des Stammes.

(3) Am ersten Wahltag werden für ein Jahr gewählt: ein Obersheriff, ein Aktenbewahrer, ein Generalleutnant und zwei Zensoren.

(4) Am zweiten Wahltag werden für drei Jahre die Mitglieder des nationalen Zweikammerparlaments gewählt und zwar:

a) aus der oberen Vermögensklasse: zwei Senatoren und drei Abgeordnete für die Volkskammer;

b) aus der unteren Vermögensklasse: vier Abgeordnete für die Volkskammer.

(5) Die Geschworenen jedes Stammes bilden das erstinstanzliche Gericht. Es tagt vierteljährlich.

(6) Die Stämme können der nationalen Regierung Vorschläge unterbreiten.

Art. 33
Nation

Die oberste gesetzgebende, ausführende und rechtsprechende Gewalt ist den nationalen Behörden anvertraut.

3. Kapitel
Reichsgliederung

Art. 34
Ungleicher Staatenbund

England bildet mit den Provinzen Schottland und Irland einen ungleichen Staatenbund. Die

Oberhoheit liegt bei England. Die Provinzen sind im Rahmen der nationalen Gesetzgebung autonom.

Art. 35
Provinzen

(1) Die Provinzen verfügen über eigene, selbstgewählte Organe, eigene Gerichte, eigene Finanzen und eigene Streitkräfte.

(2) Oberstes Organ ist der zwölfköpfige Provinzrat unter dem Vorsitz des Befehlshabers der Provinztruppen (Stratege). Der Provinzrat ist befugt, im Rahmen der nationalen Gesetze eigene Provinzgesetze zu erlassen. Er kann der nationalen Regierung Vorschläge unterbreiten.

(3) Die territoriale Gliederung der Provinzen wird, unter Anpassung an die Grössenverhältnisse, jener in England nachgebildet.

(4) Die Provinzen sind im nationalen Parlament nach einem angemessenen Schlüssel durch eigene, selbstgewählte und voll berechtigte Senatoren und Volkskammerabgeordnete vertreten. Die Stammeswahlkreise werden durch ein Provinzgesetz festgelegt.

(5) Die Provinzen stellen ihre Streitkräfte dem Staatenbund als Hilfstruppen zur Verfügung.

(6) England unterhält in den Provinzen Besatzungstruppen.

Vierter Teil
Nationale Behörden

1. Kapitel
Allgemeine Bestimmungen

Art. 36
Amtssitz

Der Amtssitz aller nationalen Behörden befindet sich in Westminster in London.

Art. 37
Wählbarkeit

Wählbar in Senat und Volkskammer sind nur Verheiratete.

Art. 38
Unvereinbarkeiten

(1) Mitglieder des Senats und der Volkskammer dürfen nicht gleichzeitig ein Amt auf den tieferen Ebenen der Stämme, Hundertschaften oder Gemeinden innehaben. Ins Parlament gewählte Amtsträger kooptieren ihren Nachfolger selbst.

(2) Die gleichzeitige Mitgliedschaft in Senat und Volkskammer ist nicht zulässig.

(3) Gesandte dürfen nicht aus den Mitgliedern des Senats oder der Volkskammer gewählt werden.

Art. 39
Amtsdauer

(1) Die Amtsdauer der Mitglieder des Senats und der Volkskammer beträgt drei Jahre.

(2) Jedes Jahr wird ein Drittel der Mitglieder des Senats und der Volkskammer gewählt.

Art. 40
Sommerfrische

Senat und Volkskammer begeben sich im Sommer während drei Monaten aufs Land, wo sie sich nach Erledigung der Geschäfte in der freien Natur erholen und weiterbilden.

Art. 41
Weiterbildung

Zur Weiterbildung der Volkskammer und zum eigenen Training in der Redekunst halten Senatsmitglieder regelmässig Vorträge vor der Volkskammer.

2. Kapitel
Senat

Art. 42
Stellung

Der Senat bildet die erste Kammer des Parlaments. Er vertritt die natürliche Aristokratie.

Art. 43
Zusammensetzung

Der Senat besteht aus 360 Senatoren, davon 300 aus England sowie je 30 aus den Provinzen Schottland und Irland. Die Tribune der Volkskammer und die Richter nehmen ohne Stimmrecht an den Senatssitzungen teil.

Art. 44
Wahl

(1) Die Gemeindeabgeordneten jedes Stammes wählen jedes Jahr zwei Senatoren aus den Gemeindeabgeordneten der oberen Vermögensklasse.

(2) In den Provinzen Schottland und Irland werden jedes Jahr insgesamt je zehn Senatoren gewählt.

Art. 45
Leitung

Erster Vorsitzender des Senats ist der Stratege, zweiter Vorsitzender der Oberste Sprecher.

Art. 46
Zuständigkeiten

(1) Der Senat wählt
– die Mitglieder der Regierung aus den eigenen Reihen, darunter auch die beiden Senatsvorsitzenden,

- die Gesandten (mit einer Amtsdauer von acht Jahren),
- die Richter der nationalen Gerichte,
- ausserordentliche Amtsträger nach Bedarf sowie
- im Krisenfall aus den eigenen Reihen die Mitglieder des Notstandsregimes.

(2) Der Senat berät Anträge zuhanden der Volkskammer, insbesondere in bezug auf:
- Gesetze,
- Krieg und Frieden,
- Truppenaushebung sowie
- Geldbewilligung.

(3) Der Senat erlässt im Rahmen der geltenden Gesetze Dekrete.

3. Kapitel
Volkskammer

Art. 47
Stellung

Die Volkskammer bildet die zweite Kammer des Parlaments. Sie vertritt das Volk.

Art. 48
Zusammensetzung

Die Volkskammer besteht aus 1410 Abgeordneten, davon 1050 aus England sowie je 180 aus den Provinzen Schottland und Irland.

Art. 49
Wahl

(1) Die Gemeindeabgeordneten jedes Stammes wählen jedes Jahr sieben Repräsentanten in die Volkskammer, davon drei aus der oberen Vermögensklasse und vier aus der unteren.

(2) In den Provinzen Schottland und Irland werden jedes Jahr insgesamt je zehn Repräsentanten aus der oberen Vermögensklasse und je zwanzig aus der unteren gewählt.

Art. 50
Leitung

Die Leitung der Volkskammer obliegt den Tribunen.

Art. 51
Zuständigkeiten

(1) Die Volkskammer wählt
- vier Tribune, davon zwei aus der oberen und zwei aus der unteren Vermögensklasse (Amtsdauer: ein Jahr);
- vier höhere Offiziere, davon zwei aus der Kavallerie und zwei aus der Infanterie (Amtsdauer: drei Jahre).

(2) Die Volkskammer beschliesst ohne Beratung über die Senatsanträge.

(3) Die Volkskammer entscheidet als höchstes Gericht und oberste Berufungsinstanz für England und die Provinzen.

Art. 52
Verfahren für Senatsanträge

(1) Das Verfahren für die Abstimmung über die Anträge des Senats ist zweistufig.

(2) In einer ersten Abstimmung wird über Eintreten, Nichteintreten oder Rückweisung entschieden.

(3) Wird auf die Vorlage eingetreten, folgen die Abstimmungen über Annahme oder Ablehnung der Einzelbestimmungen; Rückweisung an den Senat ist nicht zugelassen.

(4) Die Volkskammer ist nicht befugt, Senatsanträge abzuändern.

Art. 53
Verbot von Gruppenbildung und Beeinflussung

Zwischen der Bekanntmachung eines Senatsantrags und der Beschlussfassung in der Volkskammer ist eine Frist von sechs Wochen einzuhalten. Während dieser Zeit sind Gruppenbildungen, Geheimtreffen und sonstige Beeinflussungsversuche verboten. Die Zensoren des Senats und die Tribune der Volkskammer sorgen für die Einhaltung des Verbots.

4. Kapitel:
Regierung

Art. 54
Stellung

(1) Die Regierung ist die oberste leitende und vollziehende Behörde der Republik.

(2) Die Regierungsmitglieder behalten Sitz und Stimme im Senat.

Art. 55
Zusammensetzung und Gliederung

(1) Die Regierung wird von insgesamt 49 Senatoren gebildet. Sie ist in Einzelämter, fünf Ausschüsse und die Akademie gegliedert.

(2) Die Einzelämter sind:
- der Stratege,
- der Oberste Sprecher,
- zwei Zensoren
- drei Siegelbewahrer und
- drei Schatzmeister

(3) Die Ausschüsse sind:
- die Signoria, bestehend aus dem Strategen, den drei Siegelbewahrern und den drei Schatzmeistern;
- der Staatsrat (15 Mitglieder);

– der Kriegsrat, bestehend aus neun Mitgliedern des Staatsrates; die Tribune der Volkskammer haben im Kriegsrat Sitz und Stimme;
– der Religionsrat (12 Mitglieder);
– der Wirtschaftsrat (12 Mitglieder).

(4) Die Akademie besteht aus den je drei Vorsitzenden des Staats-, Kriegs-, Religions- und Wirtschaftsrates.

Art. 56
Wahl

Die Regierung wird vom Senat aus dem Kreis der Senatoren gewählt.

Art. 57
Amtsdauer

(1) Die Amtsdauer der Regierungsmitglieder beträgt drei Jahre mit Ausnahme der einjährigen Ämter des Strategen, des Obersten Sprechers und der beiden Zensoren.

(2) Rückt der Stratege als kommandierender General mit dem ersten Aufgebot aus, wird ein Nachfolger gewählt. Rückt der Nachfolger als kommandierender General mit dem zweiten Aufgebot aus, wird ein neuer Stratege gewählt usf.

(3) Die zwölf Vorsitzenden des Staats-, Kriegs-, Religions- und Wirtschaftsrates werden jede Woche im Turnus ausgewechselt.

Art. 58
Leitung

(1) Die Leitung der Regierung obliegt der Signoria, dem Obersten Sprecher und den beiden Zensoren.

(2) Die Mitglieder der Signoria können in allen vier Regierungsausschüssen stimmberechtigt Einsitz nehmen und darin gemeinsam oder einzeln Anträge stellen.

(3) Jeder der zehn Inhaber von Einzelämtern besitzt das Vorschlagsrecht im Senat.

Art. 59
Zuständigkeiten

(1) Die Regierung ergreift Initiativen und stellt Anträge an den Senat.

(2) Die Regierung führt die Beschlüsse der Volkskammer aus.

(3) Die Regierungsarbeit ist nach dem Ressortprinzip auf die Ausschüsse verteilt.

(4) Der Staatsrat ist für die Aussenpolitik und die Provinzen zuständig. Ferner überprüft er vor der Weiterleitung alle an den Senat zu richtenden Anträge der Regierung.

(5) Die Akademie ist ein öffentliches Diskussionsforum. Sie tagt jeden Abend. Jedermann kann schriftlich oder mündlich Anliegen vorbringen oder Vorschläge unterbreiten.

(6) Der Stratege ist der erste Senatspräsident und kommandierender Armeegeneral.

(7) Der Oberste Sprecher ist der zweite Senatspräsident. Er sorgt für die Einhaltung der Hausordnung.

(8) Der erste Zensor ist Kanzler der Universität Oxford, der zweite Kanzler der Universität Cambridge. Beide wachen über die Einhaltung der Wahlordnung im Senat und sind ständige Vorsteher im Religionsrat.

(9) Die drei Siegelbewahrer sind neben ihrer Leitungsfunktion im Senat Richter im Kanzleigericht.

(10) Die drei Schatzmeister sind neben ihrer Leitungsfunktion im Senat Richter im Schatzkammergericht.

5. Kapitel
Nationale Gerichte

Art. 60
Verschiedene nationale Gerichte

(1) Unter dem Vorbehalt der Befugnisse der Volkskammer als oberstes Gericht wird die rechtsprechende Gewalt auf der nationalen Ebene vom ordentlichen nationalen Gericht sowie von zwei Sondergerichten ausgeübt.

(2) Die zwei Sondergerichte sind das Kanzleigericht und das Schatzkammergericht.

Art. 61
Wahl der Richter

Die Richter werden vom Senat aus dem Kreis der Barrister gewählt.

Art. 62
Richter als Beisitzer im Senat

Die Richter nehmen als Beisitzer ohne Stimmrecht an den Senatssitzungen teil.

Art. 63
Kriegsrat

Der Kriegsrat verfügt über die endgültige Strafgewalt im Fall von Verfassungsverstössen.

6. Kapitel
Notstandsregime

Art. 64
Stellung

Für ausserordentliche Krisenlagen, die rasches Handeln oder Geheimhaltung erfordern, ist ein

mit Sondervollmachten ausgestattetes Notstandsregime vorgesehen.

Art. 65
Zusammensetzung

Das Notstandsregime besteht aus dem Kriegsrat
und neun zusätzlichen Mitgliedern.

Art. 66
Wahl

Der Senat wählt die neun zusätzlichen Mitglieder des Notstandsregimes aus dem Kreis der Senatoren.

Art. 67
Amtsdauer

Die Amtsdauer des Notstandsregimes beträgt
drei Monate.

Art. 68
Zuständigkeiten

(1) Das Notstandsregime übernimmt die gesamte Führung der Republik.

(2) Es ist insbesondere befugt,
– Truppen auszuheben,
– die dazu benötigten Finanzmittel zu sprechen
  und
– über Krieg und Frieden zu beschliessen.

(3) Es kann Gesetze erlassen. Diese sind höchstens für die Dauer eines Jahres in Kraft. Sie können vom Parlament jederzeit aufgehoben werden.

Fünfter Teil
Verfassungsrevision

Art. 69
Unabänderlichkeit

Die republikanische Staatsform und die Grundlagen der Verfassung sind nicht revidierbar.

Art. 70
Verfassungsänderungen und –ergänzungen

Unter dem Vorbehalt von Art. 69 erfolgen Verfassungsänderungen und Verfassungsergänzungen
auf dem Wege der Gesetzgebung.

«La tentative de reconstruction de l'ordre politico-juridique» par Jürgen Habermas

par

Dr. Georges Vlachos

Professor an der Universität Perpignan

Jürgen Habermas, après avoir proposé dans sa «Théorie de l'agir communicationnel» un retour aux principes des Lumières sous l'égide de la «raison communicationnelle» fondée sur une idée des sujets libres et égaux, dans la mesure où ils participent à des discussions sur la base d'arguments rationnels, dans son dernier livre «Faktizitat und Geltung», 1992 (trad. française: Droit et Démocratie, Gallimard 1997)[1] tente d'appliquer cette théorie à l'État et au Droit des sociétés occidentales modernes.

En cherchant à reconstruire les conditions de l'intégration sociale dans les sociétés modernes désenchantées, plurielles, complexes, Habermas part de l'idée que le problème central qui surgit est celui de la tension explosive entre la factualité des normes juridiques, qui est fonction du degré de leur application effective, et la légitimité du droit c'est-à-dire son acceptation par les sociétaires juridiques. L'obéissance factuelle varie en fonction de la croyance des sociétaires juridiques à la légitimité.

Dans les sociétés traditionnelles ces deux dimensions de l'ordre juridique (factualité-validité) fusionnaient par le jeu des récits mythiques, des actes rituels et de la force du sacré.

En revanche, dans les sociétés modernes, la validité et la factualité, et donc la force d'obligation des convictions rationnellement motivées et la contrainte imposée par des sanctions externes se sont séparées, car les convictions fondées sur les forces traditionnelles unifiantes, se décomposent selon des critères de validité différenciés.

Au cours des trois siècles passés, les modes de légitimation (validité), ont varié en fonction de l'évolution des sociétés.

Ainsi, le modèle du contrat social comme moyen de légitimation des rapports socio-politiques pouvait s'appuyer sur le fait apparent, que la société des XVIIème et XVIIIème siècles fondée sur l'échange d'équivalents, assurait aux individus un moyen

---

[1] Il s'agit d'un livre difficile dont le plan ne facilite pas la lecture, qui devient davantage malaisée en raison de l'empoi d'un vocabulaire inutilement idiomatique et abstrait. John Rawls d'ailleurs, avoue qu'il n'aurait «guère pu comprendre cette œuvre volumineuse et complexe» sans l'aide de certaines personnes. (J. Habermas – J. Rawls: Débat sur la Justice politique, Cerf, 1997 p. 56)

de leur participation à la vie économique, une autonomie et une égalité «naturelles». Garantissant spontanément la liberté et l'égalité, ce système n'avait besoin que d'une simple consécration par le droit formel. Mais dans toutes les théories contractualistes (Hobbes, Locke, Kant, Rousseau etc …) cette intention de construire les institutions politico-juridiques au nom du droit rationnel devait permettre de concevoir la société comme une structure intentionnelle fondée sur l'association volontaire de membres initialement libres et égaux dans l' état de nature».

Cette idée était crédible du fait que la société marchande à petite échelle de l'époque apparaissait comme une base naturelle sur laquelle les parties se rencontraient en tant que propriétaires de marchandises qu'ils échangaient dans des conditions de liberté et d'égalité.

Les rapports de concurrence économiques de l'époque pouvaient fonder les théories contractualistes de Hobbes, Locke, Rousseau, Kant etc … Bref, il existait une correspondance structurelle entre l'État de droit libéral, et la société du capitalisme concurrentiel.

Mais avec Adam Smith et Ricardo on voit se développer une économie politique qui comprend la société civile comme une sphère dominée par des lois anonymes du marché, (la main invisible). A la suite, Hegel qualifie cette société civile de « système des besoins» dans lequel les individus sont privés de toute liberté réelle. Marx, plus tard, ne voit dans l'anatomie de la société bourgeoise que des structures au moyen desquelles le processus de mise en valeur du capital s'effectue à l'insu des individus aliénés à eux-mêmes pour produire des formes de plus en plus drastiques d'inégalité sociale.

Ainsi, à partir d'un ensemble de conditions qui devaient permettre aux individus de s'associer volontairement et consciemment sur un pied de liberté et d'égalité pour soumettre le processus social à un contrôle commun, la société civile se transforme en un système de domination qui s'exerce de façon anonyme par les forces aveugles du marché.

En conséquence, l'anatomie de la société bourgeoise, appréhendée par les biais des concepts de l'économie politique, produit un effet démystificateur, et c'est le modèle réaliste d'une socialisation non intentionnelle, anonyme et s'imposant à l'insu des acteurs à travers le marché, qui prend la relève du modèle idéaliste d'une association intentionnellement réalisée, par le « contrat social».

Le droit perd le rôle clef qu'il détenait auparavant. L'ossature qui assure la cohésion de l'ordre social est constituée non par le droit, mais par des rapports de production sanctionnés certes par le droit (droit de propriété, droit des obligations), inscrit dans la superstructure juridico-politique d'une société dans laquelle la domination d'une classe sociale sur les autres s'exerce sous la forme d'un pouvoir privé disposant les moyens de production. Mais l'alternance de conjoncture favorable, de crise et de dépression est typique dans le régime capitaliste, et par conséquent un consensus relatif aux valeurs éthiques, politiques, économiques et sociales n'existe plus.

L'universalisme rationaliste des Lumières et l'héritage moral du christianisme ont perdu leur sens et leur efficacité.

Dès lors, le besoin d'une nouvelle légitimation de l'ordre juridico-politique devient indispensable pour le maintien de la cohésion et de la stabilité d'une société complexe, menacée par des tensions explosives. Habermas tente de surmonter les effets pervers de la modernité dont la raison s'est révélée impuissante à sauvegarder les systèmes juridiques et politiques hérités du passé,en proposant une éthique du consensus discursif et argumentatif entre sujets libres et égaux en droit. La Raison de l'Aufklärung doit être remplacée par la «raison communicationnelle»

C'est la communication rationnelle, le débat qui doivent permettre, en démocratie, aux règles légitimes d'émerger. C'est la «procédure démocratique qui, dans les conditions du pluralisme social et idéologique, confère à la législation une force génératrice de légitimité».

La théorie de Jürgen Habermas est en fait un acte de foi dans la capacité de la raison à contrôler les contradictions du réel. Au terme d'un long passage en revue de toutes les analyses modernes de la légitimité du pouvoir, de Max Weber aux juristes américains contemporains, en refusant de rejeter les concepts politico-philosophiques développés au XVIIIème siècle, il entend démontrer comment la vieille promesse d'une autoorganisation juridique «de citoyens libres et égaux peut se concevoir d'une façon nouvelle» (p. 21) en fonction d'une nouvelle rationalité fondée sur la communication (p. 40).

Il existe certains points parallèles entre «Faktizität …» et la «Théorie de la Justice» de J. Rawls. Ainsi, par exemple, lorsque Habermas prend comme point de départ de sa théorie la question des droits que les personnes libres et égales doivent s'accorder réciproquement, cette affirmation est parallèle à ce qui se passe dans la «Théorie de la Justice» lorsque les citoyens discutent et acceptent les mérites de la position originelle et des principes dont on peut supposer qu'ils y seraient choisis. Habermas, enfin, tente un «dépassement» de la théorie marxiste, en remplaçant les rapports de production par le concept vague de rapport de communication.

La théorie de Habermas s'articule autour de deux axes: la fonction du droit en tant que medium de communication et de régulation sociale, et la co-originarité de l'autonomie privée et de l'autonomie publique ou en d'autres termes des droits subjectifs et de la souveraineté populaire qui fondent la légitimité du droit.

§ 1: Le Droit medium de communication et de régulation sociale

Les juristes normativistes à la suite de Kelsen, envisagent le droit comme un système clos, autopoïétique, narcissiquement fermé sur lui-même, à mesure que ses composantes sont reliées de telle façon que les actes juridiques s'engendrent réciproquement et que les procédures et la doctrine mettent à leur tour ces relations en relation. Le système juridique décrit ainsi ses propres composantes à l'aide de catégories juridiques. Ces autothématisations lui permettent de constituer et de reproduire les actes juridiques par ses propres moyens. Cycle de communication récursivement fermé, le système juridique se délimite alors de façon autoréférentielle vis-à-vis de ses environnements avec lesquels il se trouve dissocié, il n'a plus avec eux de relations d'échange directs et il ne peut exercer sur eux d'effet régulateur.

Selon la théorie positiviste Kelsienne, c'est l'ordre juridique lui-même qui crée un lieu logique pour le sujet de droit en tant que porteur de ses droits. Ainsi les droits donnent droit, les obligations obligent, les normes norment …

Or, cette vision du droit, son indifférence à l'égard des autres systèmes fonctionnels de la société ne correspond pas aux interdépendances empiriquement observables.

Qualifiée à juste titre de «exercise in logic, not in life» (H. Laski), elle a été démystifiée par l'observation de sociologues. Contre la théorie normativiste du droit Habermas démontre le caractère ouvert du système normatif qui se trouve en communication constante avec son environnement social. En effet, il y a des interférences entre le droit et les faits économiques et sociaux.

Tout acte juridique est en même temps un évènement de la communication sociale générale. Ainsi, par exemple, lors de la conclusion d'un contrat de vente, de location-gérance etc... l'acte juridique (le contrat) interfère avec une transaction économique et avec des processus affectant le monde vécu des intéressés. Un seul et même évènement communicationnel est raccordé à deux discours sociaux différents, au discours juridique spécialisé et à la communication générale diffuse.

Ainsi, à travers l'interférence entre le droit et les autres systèmes sociaux s'établit une communication pouvant engager l'ensemble de la société. Tandis qu'en théorie, le discours normativiste-Kelsénien est prisonnier de son autoproduction, enfermé dans son univers imaginaire qui lui est propre, en fait il utilise la communication sociale générale afin de pouvoir influencer les constructions sociales générales du monde réel et par ce moyen également les autres univers de discours.[2]

En effet, dans une société complexe, décomposée en sous-systèmes qui ne sont pas capables de communiquer entre eux qu'au moyen d'un langage, d'un «code» qui leur est propre, le besoin se fait sentir d'établir la communication entre tous ces systèmes au moyen d'un médium de communication général, d'un dénominateur général commun aux différents discours sociaux. A cet effet, il existe certes le langage ordinaire qui n'est pas lié à un seul code; il est par nature polyglotte et circule à travers tous les domaines sociaux et présente une structure autoréférentielle permettant de traduire tous les codes.

La spécification fonctionnelle du «monde vécu» (communication sociale générale, au moyen du langage circulant à travers tous les sytèmes sociaux et permettant de traduire tous les codes)[3], s'effectue de telle façon que ses composantes: culture, société et structures de la personnalité, se différencient, certes, dans les limites d'un langage multifonctionnel, mais restent liées par ce médium. Sous de telles prémisses, le droit conserve une fonction charnière entre systèmes et «monde vécu» , fonction incompatible avec la conception positiviste selon laquelle le système juridique présenterait un isolement autopoïetique. Si le langage ordinaire peut traduire les codes de tous les systèmes, il lui est en revanche impossible de mobiliser les messages à l'intention de tous les destinataires, d'une façon qui agisse efficacement sur leur comportement. Certains systèmes spéciaux comme l'argent et le pouvoir administratif sont sourds aux messages formulés en termes de langage ordinaire.

Pour opérer la traduction dans les codes spéciaux, le langage ordinaire dépend du droit, qui communique avec ces médias de régulation que sont l'argent et le pouvoir administratif. Le droit fonctionne en quelque sorte comme transformateur entre les systèmes sociaux particuliers et le «monde vécu», ce qui empêche le tissu de la communication à l'échelle de la société, fondement de l'intégration sociale, de se déchirer.

---

[2] G. Teubner: Autopoïetic Law, Berlin, W. de Gruyter; Diriger la société par le Droit, Arch. Phil. Dr.t. 31/1986; L'ordre social par le «bruit» législatif, ibid. t. 32.

[3] G. Teubner: Le droit, un système autopoïétique, P.U.F. 1993 p. 138.

Ce n'est que dans le langage du droit que les messages normatifs peuvent circuler à l'échelle de la société.

§2: La co-originarité de l'autonomie privée et publique et la légitimité du droit.

Les droits de l'homme et le principe de la souveraineté populaire constituent les seules idées à la lumière desquelles le droit moderne peut être justifié (p. 115). Or, selon Habermas, il y a entre eux un lien problématique qu'il convient d'élucider.

Le concept des droits subjectifs, des libertés subjectives privées, ou droits de l'homme, joue un rôle central dans les systèmes juridiques modernes. Dans la tradition libérale-idéaliste du droit, le droit subjectif est supposé légitime «per se» car c'est lui, procédant de l'inviolabilité de la personne, qui garantit au libre exercice de la volonté individuelle un domaine où régner de manière indépendante. Ce qu'exprimait l'idée de droit subjectif c'était une réalité selon laquelle le droit privé est celui des sujets juridiques indépendants agissant en fonction de leurs propres intérêts. C'est une interprétation fonctionnaliste du droit privé servant de cadre à l'économie capitaliste.

Savigny partait de l'idée selon laquelle le droit privé en tant que système de droits négatifs destinés à protéger la liberté individuelle et la propriété privée, se légitimait à partir de justifications rationnelles et donc de lui-même.

Or, en réalité les droits subjectifs ne se réfèrent pas forcément à des individus atomistiques et aliénés qui s'érigent les uns contre les autres. En tant qu'éléments de l'ordre juridique, ils présupposent plutôt la collaboration de sujets qui se reconnaissent dans leurs droits et obligations qu'ils s'attribuent réciproquement. «Un droit après tout n'est ni un fusil ni un «one-man show». C'est une relation et une pratique sociale, une expression de connexité, une forme de coopération sociale, où les sujets se reconnaissent comme sociétaires libres et égaux. Cette reconnaissance réciproque est constitutive d'un ordre juridique d'où découlent des droits subjectifs que l'on peut revendiquer. En ce sens les droits subjectifs sont co-originaires avec le droit objectif. Ainsi, la théorie discursive du droit en mettant en évidence la structure intersubjective des normes, parvient à expliquer la congruence, qui apparaît mystérieuse et paradoxale dans la doctrine juridique traditionnelle, du droit subjectif et du droit objectif (p. 104).

Le modèle jusnaturaliste-contractualiste de Hobbes partait de la notion des droits subjectifs, qui devaient être protégés par la conclusion du contrat social constitutif du pouvoir politique. Hobbes n'explique pas comment des individus isolés, égoïstes, à l'état de nature, abandonnent leur liberté d'action pour entrer en société, situation qu'ils ignorent et se soumettent à un régime absolutiste.

En effet, un passage motivé de la situation de conflit permanent propre à l'état de nature et incluant un renoncement partiel à la liberté ne serait concevable par des individus à l'état de nature qu'à la condition qu'ils puissent comprendre ce que signifie une relation sociale reposant sur le principe de la réciprocité et qu'ils puissent aussi se distancier de leur liberté naturelle en adoptant la perspective sociale propre à la première personne du pluriel (Nous). Certes, Hobbes introduit dans son système une règle morale comme loi naturelle: Quod tibi fieri non vis, alteri non feceris (Ce que tu veux qu'on ne te fasse pas, ne le fais pas aux autres). Mais cette manière d'imprégner l'état de nature par la morale, est contradictoire avec son système fondé sur l'intérêt égoïste des individus à leur «self-preservation». Ainsi selon la conception classique, les droits subjectifs de l'homme s'imposent à l'intuition morale comme quelque chose de donné et d'ancré dans un état de nature fictif.

Par la suite, une tension se produit entre la tradition «libérale» qui conçoit les droits de l'homme innés, s'imposant à l'intuition morale comme quelque chose de donné et ancré dans un état de nature fictif et limitant la souveraineté du législateur, et la tradition «républicaine» pour laquelle ces droits ne peuvent limiter le peuple souverain qu'en tant qu'éléments hérités de sa propre tradition et appropriés en conscience.

Contre ces conceptions, Rousseau et Kant ont pensé dans le concept d'autonomie, d'autorégulation, la réunion de la raison pratique (faculté subjective orientée vers l'action et soumise à une loi universelle) et de la souveraineté du peuple de telle manière que l'idée des droits de l'homme et le principe de la souveraineté populaire s'entrecroisent réciproquement. Pourtant, selon Habermas, aucun de ces deux théoriciens ne réussit à entrecroiser de manière parfaitement symétrique les deux conceptions: Kant propose plutôt une version libérale de l'autonomie politique et Rousseau une version républicaine (p. 116).

«Kant obtient le «principe universel du droit» à partir de l'application du principe moral aux «relations externes» et commence sa doctrine du droit avec ce droit dont dispose tout homme «en vertu de son humanité», à savoir le droit à des libertés subjectives, pourvues de prérogatives contraignantes. Ce droit originel règle le «tien et le mien interne»; de son application au «tien et au mien externe» résultent les droits privés subjectifs. Ce système des droits auquel tout homme peut prétendre de manière «inaliénable», et «qu'il ne peut jamais abandonner quand bien même il le voudrait», se légitime, avant qu'il ne soit différencié par des lois publiques, à partir de principes moraux, et donc indépendamment de l'autonomie politique du citoyen, qui ne se constitue quant à elle qu'avec l'apparition du contrat social. Il apparaît donc que les principes du droit privé reçoivent, dès l'état de nature, la validité de droits moraux, et que, par conséquent, les «droits naturels» protégeant l'autonomie privée de l'homme précèdent la volonté du législateur souverain.

Dans cette perspective, la souveraineté de la «volonté unie et concordante» des citoyens est limitée par des droits de l'homme moralement fondés. Il est vrai que Kant n'a pas interprété la dépendance de la souveraineté populaire par rapport aux droits de l'homme comme une limitation, puisqu'il partait de l'idée selon laquelle personne, dans l'exercice de son autonomie civile, ne *pourrait* être en accord avec des lois qui iraient à l'encontre de son autonomie privée garantie par le droit naturel. Mais il faudrait alors que l'autonomie politique s'explique à partir d'une cohérence *interne* de la souveraineté populaire avec les droits de l'homme. C'est précisément là ce qu'est censée produire la construction du contrat social. Cela étant, le cheminement qui fait *progresser* la fondation en raison de la morale vers le droit empêche que, dans la construction de la doctrine kantienne du droit, le contrat social occupe la place centrale qu'il occupe de fait chez Rousseau». (p. 117). Mais c'est seulement l'incompréhension de la théorie de Kant qui permet de lui reprocher de ne pas avoir expliqué «l'autonomie politique des citoyens à partir d'une cohérence interne de la souveraineté populaire avec les droits subjectifs de l'homme»! Nous y reviendrons (v.*infra*, § 3, III).

Revenons à l'exposé de Habermas. Sa critique maintenant porte sur Rousseau:

«Rousseau, partant de la constitution de l'autonomie civile, produit *a fortiori* une co-hérence interne entre la souveraineté populaire et les droits de l'homme. Puisque la volonté souveraine du peuple ne peut s'exprimer que dans la langue des lois univer-selles et abstraites, ce droit à d'égales libertés subjectives que Kant *posait en préalable* en tant que droit moralement fondé pour tout homme à prendre part à la formation de la volonté politique, est dès le départ *inscrit* en elle. C'est pourquoi chez Rousseau l'exer-cice de l'autonomie politique n'est plus sous réserve de droits innés; le contenu nor-matif des droits de l'homme entre au contraire dans le mode d'accomplissement de la souveraineté populaire elle-même.

La volonté unie des citoyens est liée à travers le médium des lois universelles et abs-traites à une procédure de législation démocratique qui exclut *per se* tous les intérêts non universalisables et n'admet que les règles garantissant des libertés subjectives égales pour tous. Selon cette idée, l'exercice conforme à la procédure de la souveraineté po-pulaire garantit du même coup la substance des droits originels de l'homme tels qu'ils sont posés par Kant. (p. 117). Rousseau, cependant, n'a pas poussé de manière consé-quente cette idée convaincante à son terme; il est en effet plus tributaire que ne l'est Kant de la tradition républicaine et fonde les libertés civiques sur les valeurs éthiques d'une communauté avec son *ethos* du bien commun, ancrant ainsi ces libertés dans des valeurs particulières et limitées.

Bref, Kant fonde les droits subjectifs de l'homme a priori sur les principes moraux d'autonomie et de liberté, tandis que selon Rousseau c'est la «volonté générale» expri-mée par des lois qui garantit les droits de l'homme empêchant le législateur d'empiéter sur les domaines de liberté subjectifs et intangibles.

Mais Rousseau et Kant ne sont parvenus, selon Habermas, à établir l'origine com-mune des droits de l'homme et de la souveraineté populaire!

Ces deux éléments doivent cependant être médiatisés de façon qu'une autonomie n'entrave pas l'autre. L'argument qui sous-tend cette thèse consiste en ce que les sujets de droit ne peuvent être autonomes que dans la mesure où ils peuvent se considérer, dans l'exercice de leurs droits civiques, comme auteurs des droits auxquels ils sont te-nus d'obéir en tant que sujets. L'interrelation recherchée entre les droits de l'homme et la souveraineté populaire consiste alors à institutionnaliser la pratique de la communi-cation où les lois et règlementations seraient approuvées par les citoyens en tant que parties prenantes à des discussions rationnelles.

«C'est donc en fin de compte sur un arrangement communicationnel que repose la légitimité du droit: en tant que participants à des discussions rationnelles, les sociétaires juridiques doivent, en effet, pouvoir examiner si une norme contestée trouve ou peut trouver l'adhésion de toutes les personnes qui seraient d'une façon ou d'une autre concernées. Par conséquent, la cohérence interne recherchée entre la souveraineté populaire et les droits de l'homme consiste en ceci que le système des droits précise les conditions sous lesquelles les formes de communication nécessaires à une instauration du droit politiquement autonome peuvent donner lieu de leur côté à une institution-nalisation de droit. Le système des droits ne peut être ramené ni à une lecture morale des droits de l'homme ni à une lecture éthique de la souveraineté populaire puisque l'autonomie privée des citoyens ne doit ni dominer leur autonomie politique ni être dominée par elle. Les intuitions normatives que nous rattachons aux droits de l'homme et à la souveraineté populaire ne sont *pleinement* prises en compte dans le système des droits que lorsque nous considérons que le droit à d'égales libertés subjectives d'action ne doit être ni simplement imposé, en tant que droit moral, comme une limite extérieure au législateur souverain, ni instrumentalisé, en tant que réquisit fonctionnel, à des fins qui sont les siennes. La co-originarité de l'autonomie privée et de l'autonomie publique ne se manifeste que dès l'instant où nous déchiffrons au moyen de la théorie de la discussion cette figure de pensée qu'est l'autolégislation et en vertu de laquelle les destinataires sont en même temps les instigateurs de leurs droits. La substance des droits de l'homme réside donc dans les conditions formelles qui président à l'institutionnalisation de droit de ce type de discussions qui concourent à la formation de l'opinion et de la volonté, et dans lesquelles la souveraineté du peuple prend une forme juridique» (p. 120)

Contre la thèse de Kant qui justifie les droits subjectifs inaliénables de l'homme par des principes moraux et contre la théorie de Rousseau qui donne la primauté à la volonté générale, la souveraineté populaire qui seule légitime et garantit les droits de l'homme, Habermas oppose la co-originarité de l'autonomie privée et de l'autonomie publique, des droits de l'homme et de la souveraineté populaire.

Il ne saurait y avoir de droit sans libertés d'action subjectives garantissant l'autonomie privée des individus; de même il ne saurait y avoir de droit légitime sans une législation démocratique mise en œuvre par les citoyens autorisés à participer à ce processus en tant que sujets libres et égaux.

Ceci traduit l'intuition que d'une part, les citoyens d'un État ne peuvent faire un usage approprié de leur autonomie publique que s'ils sont suffisamment indépendants grâce à une autonomie privée également garantie, mais que, d'autre part, ils ne peuvent parvenir à une réglementation de leur autonomie privée susceptible de recueillir un consensus que s'ils font un usage approprié de leur autonomie politique en tant que citoyens. Nous croyons que Habermas crée là un cercle vicieux qui ne peut être résolu que par l'établissement de la Constitution et non par une «discussion» abstraite.

Finalement, les conditions de légitimité du droit moderne, la figure moderne de l'autonomie ou de l'autolégislation est explicitée par le principe «D» de la discussion qui traduit sous des conditions post–métaphysiques (c'est-à-dire où ne vaut que ce qui est argumentativement attesté) l'universalité, et la co-originarité de l'autonomie civile et de l'autonomie morale sur le fondement du principe de la discussion ou de la communication:

«Sont valides strictement les normes d'action sur lesquelles toutes les personnes susceptibles d'être concernées d'une façon ou d'une autre pourraient se mettre d'accord en tant que participants à des discussions rationnelles».

Ce principe pose la règle, selon laquelle, seules peuvent prétendre à une validité légitime les lois juridiques qui sont à même, dans un processus d'institution du droit par la discussion ayant lui–même été établi dans une perspective juridique, de trouver l'adhésion de tous les sociétaires juridiques. La légitimité des normes juridiques doit donc résister au test d'universalisation et à celui du caractère démocratique, discursif de la procédure de leur adoption. Toutefois, on doit distinguer nettement le principe démocratique du principe moral d'universalité des normes: le principe démocratique se réfère à l'établissement d'une procédure d'institution, d'édiction légitime du droit, procédure fondée sur la discussion qui doit aboutir à l'adhésion de tous les sociétaires juridiques. Il élucide le sens de la pratique d'autodétermination mise en œuvre par les citoyens qui se reconnaissent mutuellement comme membres libres et égaux d'une association politique qu'ils ont librement approuvée.

En revanche, le principe moral se situe à un autre niveau, car il fonctionne comme règle d'argumentation visant à trancher rationnellement les questions morales qui font partie de tout système juridique démocratique et libéral.

Alors que le principe moral opère au niveau de la constitution interne de l'argumentation discursive, le principe démocratique se situe au niveau d'institutionnalisation externe de la participation équitable aux discussions permettant à former la «volonté générale».

De cette façon, la société est intégrée en dernière instance par le moyen de «l'activité communicationnelle». Ce principe de la discussion soumet la validité des normes à l'assentiment de tous ceux qui participent à des discussions rationnelles. Les citoyens n'accèdent à l'autonomie en tant que sujets de droits que lorsqu'ils sont auteurs des droits auxquels ils se soumettent.

Le principe démocratique qui en résulte et le principe d'universalité permettent de mettre à l'épreuve la légitimité des normes juridiques. Le code du droit et le mécanisme destiné à produire le droit légitime (le principe démocratique) se constituent co-originairement[4].

Il résulte de cette reconstruction du système juridique une liste de droits fondamentaux: droit à des libertés subjectives égales (libertés classiques des Déclarations des Droits); droits fondamentaux de conditions de vie qui soient assurés au niveau social, technique et écologique (protection de la santé, sécurité matérielle etc ...; droit à la protection juridique individuelle (sûreté, liberté personnelle: vis-à-vis des autres personnes privées, droit aux recours juridictionnels ...); droit à la participation politique (éligibilité et election politiques).

Du droit rationnel moderne (de Hobbes à Kant), Habermas prétend se démarquer donc par deux traits essentiels. D'une part, en ancrant son système des droits dans une pragmatique de la communication traduisant les concepts fondamentaux de la «raison pratique» de Kant dans le langage de la «rationalité communicationnelle». De ce point de vue-là, les droits fondamentaux sont radicalement détranscendantalisés, puisqu'ils sont ramenés à l'expression de ce que la pratique communicationnelle quotidienne présuppose inévitablement de la part des acteurs eux-mêmes (l'analyse de ces présuppositions est le cœur de la *Théorie de l'agir communicationnel*, à laquelle s'adosse explicitement «Droit et Démocratie»). D'autre part, et pour des raisons analogues, la théorie discursive du droit abandonne la hiérarchisation de la raison pratique en morale et en droit: les deux s'originent au contraire dans le même principe, «D» – qui explicite le sens de l'impartialité discursive.

En revanche, la théorie habermassienne maintient la volonté d'expliciter – comme le font les théories classiques du contrat social – les conditions d'une formation rationnelle de la volonté. Elle le fait dans les termes intersubjectivistes et pragmatiques d'une théorie de la communication. Il n'y est donc pas question des conditions empiriques d'*acceptation* d'une norme, mais des conditions rationnelles de son *acceptabilité*, ce qui renvoie inévitablement à une procédure coopérative, seule source de toute légitimité. La légitimité est ainsi liée à la seule médiation procédurale.

---

[4] J. Habermas: *Droit et Démocratie*, op. cit. p. 139.

«La légitimité de la légalité vient du fait que les procédures juridiques s'entrecroisent avec une argumentation morale qui obéit à sa propre rationalité de procédure». «C'est donc dans la rationalité de la procédure législative elle-même qu'il faut chercher les conditions de légitimité de la loi démocratique» (J. Habermas: Recht und Moral, Suhrkamp Verlag, Frankfurt am Main, 1992, trad. française, Seuil 1997, p. 30 et 38).

«Les présuppositions communicationnelles et les conditions procédurales qui président à la formation démocratique de l'opinion et de la volonté sont, par conséquent, les seules sources de légitimité» (Dr. et Démocr. p. 480).

§3: Critique

Habermas utilise les problématiques kantienne et rousseauiste pour tenter de structurer sa théorie communicationnelle qui «soumet la validité des normes à l'assentiment de tous ceux qui, en tant qu'intéressés, participent à des discussions rationnelles» (p. 127). Le principe du discours est combiné avec le principe kantien d'Universalité et il est introduit simultanément avec le principe démocratique, équivalent à l'idée du contrat social telle qu'elle a été exprimée par Rousseau et Kant.

Ces deux principes sont complémentaires et non ordonnés hiérarchiquement: le principe démocratique n'est pas subordonné au système des droits subjectifs (ou naturels). En revanche, ces deux éléments sont co-originaires.

Quel que soit l'intérêt intellectuel de sa théorie, elle présente un caractère hautement abstrait et procédural, ne tenant pas compte des réalités économiques et sociales du «monde vécu», ce qui rend cette entreprise problématique pour ne pas dire irréaliste.

I. Remarques terminologiques.

Le vocabulaire de «Faktizität» est complexe, fourmillant d'expressions abstraites et curieuses, ce qui rend la lecture difficile.

— Par exemple le terme «*espace public*» est défini comme «un réseau permettant de communiquer des opinions» (p. 387). Il s'agit de l'espace public des échanges politiques, constitué par les citoyens, dont la fonction «est de percevoir et de formuler les problèmes affectant la société dans son ensemble» (p. 392). C'est un réseau permettant de communiquer des opinions et composé de différents niveaux allant des cafés, des rues, des réunions aux mass media etc. périphérie qui donne desimpulsions au centre politique.

— Quant à la «*société civile*» elle est constituée «par un tissu associatif qui institutionnalise dans le cadre d'espaces publics organisés, les discussions qui se proposent de résoudre les problèmes surgis concernant les *sujets d'intérêt général*» (p. 394).

Mais il ressort de ces définitions mêmes que l'«espace public» et la «société civile» se confondent, quitte à introduire des éléments de distinction subtils et irréels. En effet, il y a identité entre «problèmes affectant l'ensemble de la société» et «sujets d'intérêt général». Ailleurs la «société civile» est définie comme «partie du monde vécu et composée de l'ensemble des relations interpersonnelles légitimement ordonnées ... Elle comprend des collectivités, des associations et des organisations spécialisées ... (p. 381).

— Quant au «monde vécu» il est défini comme «un tissu composé d'actions communicationnelles» (p. 381). Ailleurs (*Théorie de l'agir communicationnel*, t. II, p. 140,156, Fayard 1987), le «monde vécu» est un système de communication générale, comprenant la culture, le langage, la société (relations interpersonnelles légitimement réglées), comportements, appartenances sociales» ou encore «le lieu transcendental (sic!) où se rencontrent locuteur et auditeur, où ils peuvent prétendre à la validité de leurs énoncés» (idem p. 139).

Dans le «Discours Philosophique de la Modernité» (Gallimard 1988, p. 354), Habermas admet qu'«il est impossible de reconstruire la totalité du monde vécu, puisqu'il ne peut être fixé, pas plus qu'il n'est possible de reconstruire l'ensemble des ressources qu'il pourvoit, puisqu'en majeure partie elles restent ignorées !... Il faut donc considérer l'activité communicationnelle comme medium, grâce auquel le monde vécu se reproduit dans son ensemble ... les participants à l'interaction cessent dès lors d'apparaître en promoteurs qui pour dominer une situaion recourent à des actions imputables à des sujets; ils sont les produits des traditions dans lesquelles ils se trouvent, des groupes auxquels ils appartiennent et des processus de socialisation dans lesquels ils sont formés».

C'est donc dans un processus circulaire que s'entrecroisent les abstractions «monde vécu» et «activité communicationnelle».

Toutes ces «définitions» utilisant un vocabulaire inutilement abstrait revêtant une apparence technique sont constitutives d'un univers imaginaire qui ignore les individus réels, «situés» , impliqués dans des rapports sociaux de production déterminés au sein des sociétés divisées en classes antagonistes où les relations humaines ne sont pas médiatisées par la «rationalité communicationnelle» mais par la raison et la dictature de l'argent et du profit.

– Dernière remarque concernant la terminologie: Habermas, qui n'est pas juriste, confond les notions de «validité» et de «légitimité» puisque pour lui «la validité juridique d'une norme signifie que sont garanties à la fois la légalité du comportement et la légitimité de la règle» (Droit et Démocr. p. 45).

Or, une norme est valide lorsqu'elle a été édictée conformément à une norme supérieure, elle-même édictée conformément à la Grundnorm (H. Kelsen: *General Theory of Law and State*, Russel & Russel 1961, p. 29–32). Mais Habermas fonde la validité des normes sur un élément extrajuridique, à savoir la «discussion», ce qui contredit l'autonomie de l'ordre juridique.

II. La théorie de la communication en tant que fondement du droit et de la démocratie

Le principal défaut de la théorie de la «communication » réside dans le fait qu'elle pose des postulats normatifs sans références empiriques.

«La raison communicationnelle fixe les critères de rationalité en fonction des procédures argumentatives qui visent à honorer ... les prétentions à la vérité» (Habermas: *Le discours philosophique de la modernité*, Gallimard, p. 372).

«Une norme n'est juste que dans la mesure où tous souhaitent que chacun y obéisse dans des situations comparables» (Dr. Démocr. p. 181). «Le principe d'universalisation oblige les participants de la discussion à examiner les normes litigieuses sur la base des cas dont on peut prévoir qu'ils seront typiques, afin d'établir si elles pourraient trouver l'assentiment réflechi de toutes les personnes concernées» (p. 183). «Seules peuvent prétendre à la légitimité les règlementations que toutes les personnes concernées pourraient approuver en participant à des discussions rationnelles» (p. 488). Ce principe d'«universalisation» n'est autre que l'«impératif catégorique» de Kant, irréalisable, surtout dans le domaine politique où on ne nous demande pas directement notre avis sur les lois et règlements qu'on nous impose, et où seuls règnent les rapports de force et non des discussions rationnelles.

Dans ces conditions on ne peut pas admettre la pertinence de la théorie de la «communication» qui explique la légitimité du droit par des procédures et par des conditions communicationnelles permettant de «supposer que les processus d'édiction et d'application du droit entraîneront des résultats rationnels» et que «du point de vue de leur contenu les normes adoptées par le législateur se révèleront être rationnelles par le fait que leurs destinataires sont traités comme membres libres et égaux d'une communauté de sujets de droit.» (p. 441–42).

La tentative de Habermas de fonder l'État de droit et la démocratie sur son principe de «discussion rationnelle», «argumentée sur la place publique» se heurte contre le mur implacable de la factualité.

Selon sa théorie de la «communication» ou de la «discussion», «le principe de la souveraineté populaire énonce que tout pouvoir politique se déduit du pouvoir des citoyens fondé sur la communication. L'exercice du pouvoir politique obéit aux lois que les citoyens se donnent eux-mêmes au moyen d'une formation de l'opinion et de la volonté structurée par la discussion et se légitime en fonction de ces lois … Cette pratique doit sa force de légitimation à une procédure démocratique qui a pour fonction de garantir un traitement rationnel des questions politiques. (p. 189).

De cette façon, la légitimité de l'ordre juridique est fondée sur l'acceptabilité rationnelle des résultats obtenus en conformité avec la procédure. La souveraineté populaire devient la souveraineté de la procédure! «L'idée d'un accord passé entre les membres de la société caractérise le type procédural de légitimité propre à l'époque moderne»[5]. Mais ce discours oublie que l'injustice des résultats d'une procédure démocratique légitime corrompt sa légitimité (J. Rawls: op. cit. p. 133). Les lois promulguées par la majorité sont considérées comme légitimes même si elles sont injustes selon les principes réalistes de la *Théorie de la Justice*» de J. Rawls . D'autre part, de l'aveu de Habermas lui-même, «La raison fondée sur la communication n'offre aucune orientation pour résoudre des tâches pratiques.» (p. 18–19). A l'instar de l'impératif catégorique de Kant, ce qui importe ce n'est pas le contenu empirique des lois, mais la pure forme de la légalité.

Il subsiste donc un doute sérieux au sujet de cette conception procédurale de la légitimité. Compte tenu de l'imperfection de toutes les procédures politiques, il ne peut y avoir de procédure politique démocratique garantissant un traitement rationnel et juste des questions politiques. D'ailleurs, Habermas, en érigeant au niveau de principe fondamental la légitimité de la procédure, contredit sa conviction antérieure selon laquelle «une procédure ne peut à elle seule fournir une légitimation» (*Raison et légitimité*, Payot 1978, p. 137–140).

---

[5] *Après Marx*, Fayard 1985, p. 281.

Avec sa nouvelle théorie de légitimité procédurale, il évite de se demander s'il y a des obligations éthiques dont les participants à la discussion se doivent mutuellement la reconnaissance.

En outre, la théorie «communicationnelle» suppose la démocratie directe, impossible à mettre en Œuvre dans les sociétés modernes, ce que l'auteur reconnaît en sapant le fondement même de sa théorie: «Le principe de la souveraineté populaire ... requiert que la compétence législative soit transférée à la totalité des citoyens, qui, seuls peuvent générer à partir d'eux-mêmes le pouvoir fondé sur la communication ...» Or, «tous les citoyens ne peuvent se rassembler au niveau d'interactions simples et directes dans un débat face-à-face ... La solution est alors offerte par le principe parlementaire ... et le principe de la majorité». (p. 190).

Mais dans ce cas, une démocratie constitutionnelle représentative ne pourrait jamais, en pratique, rapprocher suffisamment ses procédures et ses débats politiques de l'idéal « communicationnel» hautement abstrait de Habermas. En effet, les formes d'argumentation qui peuvent être utilisées ne sont pas définies avec précision. Et pourtant elles déterminent dans une large mesure le résultat. Comme le remarque à propos J. Rawls, (idem p. 136): «Devons-nous penser comme il (Habermas) semble le suggérer, que les intérêts de chaque personne doivent être également considérés dans la discussion idéale? Quels sont les intérêts pertinents?» Étant donné la pluralité des intérêts et des valeurs contradictoires dans les sociétés modernes complexes, la réalisation d'un accord entre les participants à des « discussions rationnelles» devient problématique. Habermas répond que «le législateur politique n'est autorisé à utiliser ses droits législatifs que pour justifier des programmes légaux compatibles avec le système des droits, pour autant qu'ils ne l'interprètent et ne le développent pas directement et qu'ils ne jurent pas avec l'ensemble des lois en vigueur. De ce point de vue, toutes les décisions doivent subir un test de cohérence ... par un tribunal qui contrôle la constitutionnalité des lois adoptées» (p. 186). D'autre part, l'appareil étatique comportant aussi un appareil administratif, il s'agit de «lier l'emploi de ce pouvoir au droit démocratiquement édicté, de telle façon que le pouvoir administratif ne se régénère qu'à partir du pouvoir qui est fondé sur la communication et engendré par les citoyens agissant d'un commun accord» (p. 192). Comment? Par la soumission de l'Administration à la légalité et par son contrôle juridictionnel. Rien de nouveau ni d'original. On trouve ce refrain dans tous les manuels de Droit Administratif. Habermas ne répond pas concrètement aux questions ci-dessus posées par J. Rawls et ne tient pas sa promesse «de fonder, du point de vue de la théorie de la discussion (nous soulignons), les principes d'une organisation de la force publique dans l'esprit de l'État de droit» (p. 188). Cette «théorie de la discussion» reste toujours abstraite, procédurale, reflétant un système utopique de démocratie. Elle fait abstraction de l'appartenance sociale des citoyens, de leur instruction, de leur richesse. En effet, les citoyens les plus instruits, ou les plus riches assureront un rôle prépondérant dans la «discussion» habermassienne.

Habermas est obligé d'évoquer à la fin de son ouvrage, mais de façon succincte, l'État-Providence, en reconnaissant que le principe de la liberté fondée en droit génère des inégalités de fait, d'où la mise en Œuvre par l'État-Providence des droits sociaux servant à réaliser l'égalité des chances et l'égalité de droit (p. 443). Mais l'auteur, immédiatement, met en question cet interventionnisme sur le fondement de sa théorie de la communication. En effet, selon lui «les règlementations mises en œuvre par l'État-

Providence pour assurer une égalité factuelle des situations de vie … réduisent les marges d'action des bénéficiaires (Comme si le chômeur a une marge d'action!) … condamnés à manifester une obéissance passive» et finalement l'intervention étatique visant à établir l'égalité des chances aboutit à une mise sous tutelle des assistés, à un «acte d'assistance qu'on subit» (p. 444). Donc «le droit social, le droit de l'État-Providence se caractérise par une ambivalence entre garantie de la liberté et privation de la liberté» (p. 444). La solution? La théorie de la «discussion», baguette magique: Il faut «que les destinataires du droit édicté soient en même temps capables de se comprendre comme les auteurs de l'édiction du droit» (p. 444).

Ainsi, la théorie habermassienne de la «communication» qui prétend assurer l'acceptation universelle des normes sur la base d'argumentations rationnelles, universalisables, propose une situation idéale de la discussion, abstraction faite des situations tirées du «monde vécu» et se réduit à une quête théorique, imaginaire, sans portée sociale. En effet, la théorie de la «discussion», on l'a déjà souligné, implique la démocratie directe, impossible à mettre en œuvre. Mais même si c'était le cas, et si un lieu commun se révélait comme acceptable par tous, il ne s'ensuivrait aucunement que des réponses précises, opérationnelles, pourraient être données aux problèmes à résoudre, qui sont très techniques et complexes dans les sociétés modernes.

D'autre part, cette théorie de la «communication» attribue à la volonté de l'individu moyen une indépendance, une intelligence, omniscience et une rationalité qui sont parfaitement irréalistes.

La formulation des desiderata des citoyens devrait être fondée sur l'aptitude à observer et interpréter correctement les faits et à passer au filtre de l'esprit critique les informations.

Or les citoyens sont influencés par les mass-media, la propagande politicienne, et ne possèdent pas l'instruction et la culture nécessaires pour légiférer.

En fait, la participation populaire à la politique, même à travers le suffrage universel, est extrêmement superficielle. Empêtrés dans les problèmes immédiats de leur vie quotidienne, et surtout dans celui de la lutte pour l'existence matérielle, les gens ordinaires limitent généralement leur activité politique à des actes d'acquiescement d'une acceptation tacite de la routine et du bulletin de vote. Ainsi la participation politique des citoyens est irréelle, formelle, épisodique[6]. Et il ne faut jamais oublier que dans toutes les sociétés les pensées de la classe dominante sont les pensées dominantes. La classe qui est la puissance matérielle dominante dans la société est aussi, la puissance dominante spirituelle (Marx-Engels: *L'idéologie allemande*, I. Feurbach). C'est ainsi que sont règlées les questions politiques. Pour le reste, l'immense majorité de la population est composée d'individus interconnectés abstraitement par le cycle de la production et de la consommation qui détermine leur existence sociale. La société moderne est un réseau de rapports de production et de pouvoir.

C'est ce type de «communication» réifiée qui règle la vie sociale et non les discussions imaginaires fondées sur des prétendues argumentations rationnelles. De ce point de vue, la théorie de Habermas, en évacuant la domination, les conflits, les stratégies, les manipulations et donc le politique comme espace défini par ces tensions ne consti-

---

[6] Cf. K.Marx: *La question juive* ; N. Birnbaum: *La crise de la société industrielle*, Anthropos, Paris 1972, p. 86 et ss.

tue qu'une fiction de participation des citoyens à des «discussions rationnelles». On doit citer à ce propos un passage célèbre de «*L'idéologie Allemande*»: «A l'encontre de la philosophie allemande qui descend du ciel sur la terre, c'est de la terre au ciel que l'on monte ici».

Une véritable théorie socio-politique doit se fonder sur l'activité réelle des hommes, sur les rapports de production de leur existence matérielle et non sur une re-présentation utopique, car les hommes ne sont pas libres de choisir telle ou telle forme sociale et politique. Cette dernière dépend de l'état de développement des forces pro-ductives et des rapports de production. Enfin, il faut souligner que la théorie de la «communication» est totalement inapplicable pour une raison supplémentaire: la psy-chologie des foules». En effet la théorie de Habermas suppose que les citoyens se ras-semblent pour légiférer ou s'accorder mutuellement des droits etc ... Mais dès qu'ils se réunissent reliés par ce but commun, il y a «foule», dont le comportement a été décrit magistralement par G. Le Bon (*Psychologie des foules*, P.U.F. 1971) et accepté par Sig-mund Freud (*Psychologie des foules et analyse du moi*, 1921): «Par le fait seul qu'il fait par-tie d'une foule, l'homme descend plusieurs degrés sur l'échelle de la civilisation ... en foule c'est un instinctif ...» (p. 14).

«La foule est impulsive, mobile, irritable. Elle est conduite presque exclusivement par l'inconscient» (Freud, op. cit. p. 133).

«La foule est extraordinairement suggestible et crédule, elle est dépourvue d'esprit critique ... Les sentiments de la foule sont toujours très simples et très exagérés» (Freud, p. 133).

On est loin de la «discussion rationnelle» entre «individus libres et égaux». Depuis Lukacs, la théorie sociale a démontré la réification des rapports sociaux, la «fin de l'in-dividu» et son intégration dans des systèmes autoréférentiels.

N. Luhmann (Soziale Systeme, Francfort, 1984) a démontré que les stuctures de l'intersubjectivité se sont désintégrées, que les individus se sont détachés de leur monde vécu, et que les systèmes personnels et les systèmes sociaux forment des envi-ronnements les uns pour les autres. L'état de barbarie que Marx avait prédit en cas d'échec de la praxis révolutionnaire, s'est déjà réalisé dans les systèmes capitalistes qui soumettent le monde vécu à leurs impératifs bien connus de l'exploitation et du profit. Finalement, la théorie de l'«activité communicationnelle» avec ses présuppositions quant aux conditions idéales de la discussion, requiert une fonction qui la dépasse et qui soit appréhendée par une raison platonicienne saisissant des essences métaphysi-ques (cf. Rawls, op. cit. p. 59). L'«agir communicationnet» utopique ne peut semplacer la «praxis» émancipatrice.

III. La co-originarité de l'autonomie privée et le l'autonomie publique

C'est la thèse centrale de Habermas. Il s'agit en d'autres termes du problème de l'interre-lation entre les droits de l'homme et la souveraineté populaire (se traduisant dans les droits d'expression et de participation politiques). L'autonomie privée et l'autonomie publique se présupposent réciproquement, car il ne saurait y avoir de droit sans libertés subjectives et sans une législation démocratique. Mais selon Habermas, Rousseau et Kant n'ont pas réussi à déduire ces deux types de droits de la même source (la volonté populaire). La cohérence interne entre la souveraineté populaire et les droits de l'homme peut en revanche être établie par sa théorie de la «communication» selon laquelle les citoyens participant à des discussions rationnelles doivent pouvoir examiner si une norme contestée peut trouver l'adhésion de toutes les personnes concernées (p. 120). Il s'agit d'un artifice abstrait de la conciliation de l'autonomie privée avec l'autonomie publique, et inutile parce que Rousseau et Kant ont effectivement réussi à déduire l'autonomie privée et l'autonomie publique de la même source sans aucune ambigüité. C'est l'assemblée du peuple qui établit la Constitution (contrat social) et vote les lois.

Dans les deux cas, il y a nécessairement discussion, débat, et aucune théorie spéciale de la «discussion» n'est nécessaire pour fonder la co-originarité de l'autonomie privée et de l'autonomie publique. Mais malgré l'évidence, Habermas prétend que le libéralisme est confronté à un dilemne: les droits de l'homme ne peuvent être imposés comme droit moraux de l'extérieur au législateur qui, d'autre part, ne doit pouvoir prendre aucune décision qui porte atteinte aux droits de l'homme (p. 485). Cette affirmation est contestable aussi bien juridiquement, que du point de vue des théories de Rousseau et de Kant. Habermas se contredit lorsqu'il écrit que «le concept de droit moderne contient déjà l'idée démocratique développée par Rousseau et Kant, selon laquelle l'exigence de légitimité de l'ordre juridique construit à partir de droits subjectifs ne peut être honorée que par la force d'intégration sociale de la volonté concordante et unie de tous» (p. 46). Du point de vue juridique, les Constitutions avec leurs déclarations des droits, qui imposent des limitations aux compétences du législateur en faveur des droits de l'homme, n'expriment nullement une contrainte extérieure qui s'exercerait sur le peuple souverain, car c'est lui qui est l'auteur des Constitutions et des déclarations des droits. Seule la Constitution réalise la co-originarité de l'autonomie privée et de l'autonomie publique et non une quelconque «activité communicationnelle», ce que Habermas admet en écrivant que «ce n'est que par l'interprétation dans une optique constituante qu'on prend tout simplement conscience de ces droits» (p. 146).

Concernant la prétendue lecture libérale des droits de l'homme par Kant, Habermas se trompe car selon Kant s'il existe un droit naturel comme pouvoirs innés à l'individu, il ne devient véritable droit effectif qu'une fois validé par le législateur, le peuple souverain.

C'est le droit positif, expression de la volonté populaire qui confère aux droits de l'homme leur validité, leur existence. Les «droits naturels» se subsument sous le droit politique qui les fonde et les réalise.

Ainsi est supprimé le dualisme droit naturel-droit positif (Kant: *Doctrine du Droit*, Vrin, §9). L'unification de l'ordre juridique et donc la co-originarité de l'autonomie privée et de l'autonomie publique se réalise par la Constitution œuvre du peuple souverain.

Il est donc inexact de prétendre que le système politico-juridique Kantien repose uniquement sur le «Principe universel du Droit», formule subsidiaire de l'«Impératif catégorique», garantissant des libertés égales pour tous, et que par conséquent l'autodétermination collective (autonomie publique) est subordonnée à un principe moral (ou droit naturel). D'ailleurs Habermas affirme que «les droits défensifs (droits de l'homme) sont la conséquence d'une association de sociétaires juridiques, qui, en se différenciant, se transforme en communauté de droit organisée sous forme étatique» (p. 488). Et aussi que «dans le contrat social s'entrecroisent le droit moralement fondé des hommes à des libertés subjectives égales et le principe de la souveraineté populaire» (p. 109). C'est en effet l'idée d'autolégislation par les citoyens – la source de la «co-originarité» habermasienne – qui domine le système de Kant. Le «contrat social» est la source unique des droits de l'homme et de la souveraineté populaire, réalisant la co-originarité de l'autonomie privée et de l'autonomie publique.

Habermas reconnaît que chez Kant «les droits de l'homme, fondés dans l'autonomie morale des individus, n'acquièrent un aspect positif qu'à travers l'autonomie politique du citoyen. Il semble que le principe du droit constitue un moyen terme (sic) entre le principe moral et le principe démocratique» (p. 109).

Pourtant «le rapport qu'entretiennent ces deux principes n'est pas d'une absolue clarté»! (p. 109), parce que selon Habermas «le principe du droit ne constitue pas un chaînon intermédiaire entre le principe moral et le principe démocratique, mais n'est que le revers (sic) du principe démocratique» (p. 109).

Ainsi, «chez Kant comme chez Rousseau, il existe entre les droits de l'homme fondés moralement et le principe de la souveraineté populaire une relation de concurrence inavouée» (p. 110).

Citons Kant: «L'acte par lequel un peuple se constitue lui-même en État, est le contrat originaire d'après lequel tous abandonnent dans le peuple leur liberté extérieure pour la retrouver comme membres d'une république …, et l'on ne peut pas dire que l'homme dans l'État ait sacrifié une partie de sa liberté extérieure innée, mais il a entièrement abandonné la liberté sauvage et sans loi, pour retrouver sa liberté en général dans une dépendance légale, c'est-à-dire dans un état juridique, donc entière, car cette dépendance procède de sa propre volonté législatrice»[7]. Kant est clair sur ce point: le principe du droit constitue bel et bien un chaînon intermédiaire entre le principe moral et le principe démocratique.

– En ce qui concerne Rousseau, «partant de la constitution de l'autonomie civile, (il) produit a fortiori une cohérence interne entre la souveraineté populaire et les droits de l'homme.

Puisque la volonté souveraine du peuple ne peut s'exprimer que dans la langue des lois universelles et abstraites, ce droit à d'égales libertés subjectives que Kant posait en préalable en tant que moralement fondé pour tout homme à prendre part à la formation de la volonté politique est dès le départ inscrit en elle. C'est pourquoi chez Rousseau l'exercice de l'autonomie politique n'est plus sous réserve des droits innés; le contenu normatif des droits de l'homme entre au contraire dans le mode d'accomplissement de la souveraineté populaire elle-même. La volonté unie des citoyens est liée à travers le medium des lois abstraites à une procédure de législation démocratique … qui n'admet que les règles garantissant les libertés subjectives égales pour tous. Selon cette idée l'exercice conforme à la procédure de la souveraineté populaire garantit du même coup la substance des droits originels de l'homme tels qu'ils sont posés par Kant» (p. 117). Il ressort de cette longue citation, que le «problème» de la co-originarité des droits de l'homme et de la souveraineté populaire, a été résolu également par Rousseau sans aucune ambiguïté.

Cependant Habermas prétend que Rousseau, tributaire de la tradition républicaine, donne de l'idée d'autolégislation une interprétation plus éthique que morale:

---

[7] Rechtslehre, trad. fr. Doctrine du Droit, Vrin 1971, § 47).

«Rousseau pense la constitution de la souveraineté populaire par le contrat social comme un acte de socialisation, à travers lequel les individus isolés et agissant en vue de la réussite de leur projet se *transforment* en citoyens dédiés au bien commun et donc en éléments d'une communauté éthique. En tant que membres d'un corps collectif, ceux-ci se fondent dans le macro-sujet (*Großsubjekt*) d'une pratique législatrice qui a rompu avec les intérêts particuliers des personnes privées qui sont, quant à elles, simplement soumises aux lois. Rousseau pousse au plus haut la demande éthique qui pèse sur le citoyen en vertu même de la conception républicaine de la communauté. Il compte sur des vertus politiques qui seraient ancrées dans l'*ethos* d'une communauté susceptible de former un ensemble, une communauté plus ou moins homogène, intégrée par le biais de traditions culturelles communes. Sans cela, une seule autre possibilité s'offrirait, la contrainte étatique» (p. 118).

Or, selon Rousseau ce ne sont pas des «individus isolés» qui se transforment en citoyens». Ce n'est pas le contrat qui est à l'origine des premières relations sociales. Ce serait plutôt l'inverse, car il a fallu que les hommes sortent de leur isolement primitif pour que les sociétés politiques et les lois deviennent nécessaires. C'est le développement de la socialisation qui a rendu nécessaires les établissements politiques (*Political Writings*, éd.Vaughan, I. 244). Le contrat social est un artifice, une hypothèse régulatrice de la raison qui pose le principe que la loi n'est légitime qu'à condition d'exprimer la volonté générale.

Relativement à la possibilité de la «contrainte étatique» mentionnée ci-dessus, Habermas prétend que «si la pratique d'autolégislation doit vivre de la sorte, de la substance éthique d'un peuple déjà parvenu à un accord (*vorverständigt*) sur ses orientations axiologiques, Rousseau se trouve dans l'impossibilité d'expliquer comment une médiation non répressive peut être introduite entre l'orientation supposée des citoyens vers le bien commun et les centres d'intérêts socialement différenciés qu'entretiennent les personnes privées, et donc entre la volonté générale normativement construite et l'arbitraire des individus. Il faudrait pour cela un véritable point de vue moral à partir duquel pourrait être examiné ce qui, au-delà de ce qui est bien *pour nous*, est dans l'intérêt équitable de chacun. Il est en fin de compte inévitable, lorsque la souveraineté populaire est conçue dans une perspective éthique, que s'égare le sens universaliste du principe juridique» (p. 118).

Le raisonnement prête à la confusion. Entre autres comment peut-il s'égarer «le sens universaliste du principe juridique lorsque la souveraineté populaire est conçue dans une perspective éthique»?

Finalement, selon Habermas, «la cohérence interne recherchée entre la souveraineté du peuple et les droits de l'homme demeure inaccessible tant à Kant qu'à Rousseau ... Aucune des deux conceptions ne perçoit la force de légitimation résidant dans les discussions qui concourent à la formation de l'opinion et de la volonté, et dans lesquelles les forces d'obligation illocutoires qui sont à l'œuvre dans l'usage du langage orienté vers l'intercompréhension, peuvent être mises à profit pour réunir volonté et raison et pour parvenir à des convictions sur lesquelles tous les individus peuvent s'accorder sans contrainte» (p. 119).

Mais il est difficile de croire que ces deux philosophes majeurs n'aient pas compris et résolu le problème de la co-originarité de l'autonomie privée et de l'autonomie publique. Pourtant, Habermas persiste malgré l'évidence, et selon lui le prétendu problème doit être résolu de la façon suivante:

«Il faut une reconstruction à deux niveaux, partant de la socialisation horizontale des citoyens» (comment?) «qui se reconnaissent réciproquement comme des sujets ayant des droits égaux, puis progressent au moyen de l'État de droit» (comment?) «vers un contrôle de la force étatique présupposée. On voit alors que les droits défensifs des individus au sens libéral, ne sont nullement originaires par rapport à l'appareil d'État ... mais naissent d'une transformation des libertés subjectives que l'on s'est d'abord accordées réciproquement. Ce n'est qu'en un deuxième temps que les droits subjectifs liés au code juridique, acquièrent le sens négatif consistant à délimiter un domaine privé soustrait aux interventions administratives arbitraires. Les droits défensifs sont la conséquence d'une association de sociétaires juridiques qui en se différenciant, se transforme en communauté de droit organisé sous forme étatique.» (p. 488).

Par cette construction à deux niveaux, Habermas espère avoir concilié la démocratie avec les droits de l'homme de façon qu'aucun de ces deux éléments ne soit subordonné l'un à l'autre.

La co-originarité du système des droits et du principe démocratique résulte de l'interpénétration du «code juridique» et du principe quasi-transcendental du discours communicationnel.

Mais lorsque Habermas dit que dans sa conception les droits libéraux (droits de l'homme) ne sont pas originaires mais émergent plutôt d'une transformation des libertés réciproquement accordées, le contexte montre qu'il se réfère à des droits de protection inscrits dans une Constitution, Bill of Rights, Grundgesetz, héritiers du contrat social rousseauiste et kantien.

D'une part, il ne discute pas les droits individuels que les personnes se concèdent initialement les unes aux autres dans la première étape de sa construction.

Ces droits sont donc originaires comme les droits libéraux, dans le sens où c'est là le point de départ de sa théorie à deux niveaux et ainsi il ne met pas en doute que ces droits peuvent être rapportés à l'ordre des droits moraux. Ainsi, le Droit se réduit en définitive à l'exercice des droits subjectifs! Ce réductionnisme est juridiquement inacceptable.

Dernier mohican d'une défense «rationaliste» de la modernité, Habermas tente de sauver la «raison» de l'Aufklärung... en lui substituant la «raison communicationnelle», abstraite, utopique qui ne tient pas compte des structures économiques des sociétés modernes et par conséquent elle ne peut anticiper ni les instruments conceptuels permettant de diagnostiquer la crise du monde moderne, ni la manière dont la crise peut être surmontée.

Quel sens y-a-t – il d'insister à tel point sur le consensus dans un monde divisé en classes, déchiré comme le nôtre, par des antagonismes d'intérêts? La légitimité de la lutte contre les inégalités économiques, contre l'exclusion, ls pauvreté, n'a pas de place dans la théorie habermasienne où règnent la «raison» et le consensus.

Habermas en abandonnant la théorie critique de ses maîtres de l'école de Francfort et en définissant l'«agir communicationnel» comme un instrument d'intégration sociale, déconnecté volontairement de la critique de l'ordre politico-économique établi, justifie en fin de compte, l'Etat et le système capitalistes, en occultant les injustices immanentes à l'infrastructure économique, sur laquelle reposent les systèmes politiques occidentaux.

Methodenfragen der Abwägungslehre

Eine Problemskizze im Lichte von Rechtsphilosophie und Rechtsdogmatik

von

Dr. Lothar Michael

Wissenschaftlicher Assistent an der Universität Bayreuth

I. Einleitung

Die Abwägung rechtlicher Gesichtspunkte gehört zu den zentralen Problemen des öffentlichen Rechts.[1] Die Struktur und die Kontrolle der Abwägung sind bis heute methodisch umstritten. Abwägung wird dann notwendig, wenn Normen durch »Je-desto-Strukturen« geprägt werden. Rechtsfolgen und Entscheidungen lassen sich dann nicht im Subsumtionsschluß einer »Wenn-dann-Struktur« ermitteln. »Je-desto-Strukturen« im Gegensatz zu »Wenn-dann-« bzw. »Entweder-oder-Stukturen« sind nicht nur im öffentlichen Recht, sondern in allen Rechtsgebieten zu unterscheiden. Dasselbe Phänomen wird in den verschiedenen Teildisziplinen der Jurisprudenz unter zahlreichen Bezeichnungen behandelt: Zu nennen sind vor allem *W. Wilburgs*[2] nach wie vor umstrittene[3] zivilrechtliche Lehre zu den sogenannten »beweglichen Systemen« sowie die auf *J. Esser*[4], *R. Dworkin*[5] und *R. Alexy*[6] zurückgehende Unterscheidung zwi-

---

[1] Hierzu *B. Schlink*, Abwägung im Verfassungsrecht, 1976; *H. Hubmann*, Wertung und Abwägung im Recht, 1977; *K.-H. Ladeur*, »Abwägung« – Ein neues Paradigma des Verwaltungsrechts, 1984; *W. Enderlein*, Abwägung in Recht und Moral, 1993; *E. Gassner*, Methoden und Maßstäbe für die planerische Abwägung, 1993; *J. Dreier*, Die normative Steuerung der planerischen Abwägung, 1995; W. Erbguth (Hrsg.), Abwägung im Recht, Symposium f. W. Hoppe, 1996; *W. Leisner,* Der Abwägungsstaat, 1997; vgl. jetzt auch *Th. Würtenberger*, Rechtliche Optimierungsgebote ..., VVDStRL 58 (1999), S. 139 (141f.).

[2] *W. Wilburg*, Die Elemente des Schadensrechts, 1941; *ders.*, Entwicklung eines beweglichen Systems im bürgerlichen Recht, 1951und *ders.*, Zusammenspiel der Kräfte im Aufbau des Schuldrechts, AcP 163, S. 346ff.

[3] Vgl. statt aller *H.-M. Pawlowski*, Methodenlehre, 2. Aufl. 1991, 3. Aufl. 1999, Rz. 230ff. und hierzu *L. Michael*, Der allgemeine Gleichheitssatz als Methodennorm komparativer Systeme. Methodenrechtliche Analyse und Fortentwicklung der Theorie der »beweglichen Systeme« (Wilburg), 1997, S. 61ff.

[4] *J. Esser*, Grundsatz und Norm, 4. Auflage 1990.

[5] *R. Dworkin*, Taking Rights Seriously, 1977; deutsch: Bürgerrechte ernstgenommen, 1984, S. 58.

[6] Grundlegend *R. Alexy*, Zum Begriff des Rechtsprinzips, in: Krawietz u.a. (Hrsg.): Argumentation und Hermeneutik in der Jurisprudenz, Beiheft 1 z. Rechtstheorie (1979), S. 59ff. sowie *ders.,* Rechtsre-

schen Regeln und Prinzipien. Dieselben Strukturen werden in der strafrechtlichen Theorie und Praxis bei den Strafzumessungslehren[7], im Streit um die verfassungsrechtlichen Abwägungslehren[8] sowie in den verwaltungsrechtlichen Ermessens- und Ermessensfehlerlehren[9] behandelt. Eine allgemeine Abwägungslehre sollte die dogmatischen Erkenntnisse dieser Lehren miteinander vergleichen und verknüpfen.

Im folgenden soll zunächst eine begriffliche Grundlegung und die Darstellung der wesentlichen Positionen der *Rechtsphilosophie* und *Rechtstheorie* zu den Phänomenen der »Je-desto-Strukturen« und der Abwägung erfolgen.[10] In einer *rechtstheoretischen* Bestandsaufnahme soll gezeigt werden, daß es in allen Rechtsgebieten »Je-desto-« und »Wenn-dann-Strukturen« gibt.[11] Sodann sollen die jeweils vertretenen *methodischen* Grundpositionen (z. T. »Schulenstreitigkeiten«) der verschiedenen Rechtsgebiete gegenübergestellt und miteinander verglichen werden.[12] Da in unserer Rechtsordnung ein Trend hin zu komparativen Strukturen zu erkennen ist, soll schließlich die *rechtspolitische* Frage, ob dies wünschenswert ist oder nicht, erörtert werden.[13]

II. Rechtsprinzipien und Abwägung im Spiegel der Rechtsphilosophie und Rechtstheorie

1. Beschreibung des Phänomens von »Je-desto-Strukturen« und begriffliche Grundlegung

»Je-desto-Strukturen« sollen hier in Abgrenzung zu den »konditionalen Strukturen« unter dem Oberbegriff »komparative Systeme«[14] (von lat. comparare = vergleichen, steigern, ausgleichen) behandelt werden. Komparative Systeme bedingen Abwägungsprozesse.

a) Es gibt sowohl Normen, deren Rechtsfolgen rein *konditional* an Tatbestandsmerkmale geknüpft sind (wenn / dann), als auch *komparative* Normen, deren Tatbestandsmerkmale graduell erfüllbar sind und deren Erfüllungsgrad sich graduell in der Rechtsfolge auswirkt (je / desto), sei es quantitativ (je mehr / desto mehr) oder in der

---

geln und Rechtsprinzipien, Beiheft 25 (1985) zu ARSP, S. 13ff.; vgl. hierzu *M. Morlok*, Was ist und zu welchem Ende studiert man Verfassungstheorie?, 1988, S. 121ff.

[7] Zum Charakter einer selbständigen Disziplin vgl. bereits *C. Roxin*, Kriminalpolitik und Strafrechtssystem, 1970, S. 10 und ausführlich *L. Michael*, aaO. (Fn. 3), S. 147ff.

[8] Vgl. einerseits *P. Häberle*, Die Wesensgehaltgarantie des Art. 19 II GG (1962), 3. Aufl. 1983, S. 331; andererseits *B. Schlink*, aaO. (Fn. 1), S. 127 und öfter; *K. Hesse*, Grundzüge des Verfassungsrechts der Bundesrepublik Deutschland, 20. Aufl. 1995 (Neudruck 1999), Rz. 72; zusammenfassend *K. Stern*, Das Staatsrecht der Bundesrepublik Deutschland, Bd. III/2, 1994, S. 650, 812f., 814ff.; vgl. auch *L. Michael*, aaO. (Fn. 3), S. 133ff.

[9] Vgl. statt aller *R. Alexy*, Ermessensfehler, JZ 1986, S. 701ff.; *L. Michael*, aaO. (Fn. 3), S. 160ff.

[10] Hierzu sogleich unter II.

[11] Unter III.

[12] Hierzu IV.

[13] Hierzu V.

[14] Siehe dazu *L. Michael*, aaO. (Fn. 3), S. 117 m. w. N. et passim in Anlehnung an *G. Otte*, Komparative Sätze im Recht. Zur Logik eines beweglichen Systems in: Jahrbuch für Soziologie und Rechtstheorie, Band 2 (1972), S. 301ff.; von »komparativen Relationen« spricht jetzt auch *E. Kramer*, Juristische Methodenlehre, 1998, S. 72, Fn. 179.

Rechtsfolgen-Wahrscheinlichkeit (je mehr / desto eher). Selbstverständlich lassen sich auch die komparativen Verknüpfungen zwischen Tatbestandsmerkmalen und Rechts-folgen in konditionale Sprachmuster fassen (wenn mehr / dann mehr bzw. eher). Auch lassen sich umgekehrt »Wenn-dann-Verknüpfungen« als Spezialfall einer über-wiegenden Rechtsfolgenwahrscheinlichkeit (nämlich der 100%igen) darstellen. Wenn hier dennoch begrifflich zwischen komparativen Sätzen – gleich in welcher Formulierung – und rein konditionalen Verknüpfungen unterschieden wird, so sind mit letzteren starre, zwingende, mit ersteren graduelle Verknüpfungen gemeint. Ab-zugrenzen sind komparative Elemente von »*metrischen*« Verknüpfungen zwischen Tat-bestandsmerkmalen mit einer variablen Rechtsfolge. »Metrische« Normen sind sol-che Normen, deren Rechtsfolge sich auf einen graduell erfüllbaren Einzelfallumstand bezieht und dabei in identischer Weise nach diesem bemessen wird. So hängt die Hö-he der bereicherungsrechtlichen Rückabwicklung einer Zuvielleistung nicht von de-ren »Grad«, sondern schlicht von der »Höhe« des Betrags ab. Hier geht es nicht um ei-ne graduelle Wertung, sondern um die rechtlich unproblematische Einsetzung eines meßbaren Betrags in den Tatbestand einer Norm. Auch dieser Spezialfall soll hier au-ßer Betracht bleiben, da bei ihm die spezifischen methodischen Probleme der *Wertung* gerade nicht auftreten.[15]

b) *Komparative Elemente* sind graduell erfüllbare rechtliche Gesichtspunkte, die eine graduelle Berücksichtigung bei einer rechtlichen Beurteilung finden. Sie sind also rechtlich relevante Voraussetzungen, die sich nicht nur durch ihre graduelle Erfüllbar-barkeit, sondern vor allem dadurch auszeichnen, daß die fragliche Rechtsfolge gradu-ell von ihrer jeweiligen graduellen Erfüllung abhängt. Diese graduelle Verknüpfung kann sich auf das Ausmaß oder auf die Wahrscheinlichkeit der Rechtsfolge beziehen. Im Gegensatz zu konditionalen Tatbestandsmerkmalen muß die Erfüllung eines ein-zelnen komparativen Elements weder notwendige noch hinreichende Bedingung ei-ner Rechtsfolge sein.

c) *Komparative Systeme* sind die graduelle Verknüpfung mindestens zweier verschie-dener komparativer Elemente. Die Elemente ergeben zusammen dadurch ein System, daß sich ihre jeweilige graduelle Erfüllung bei der rechtlichen Gesamtbeurteilung ge-genseitig graduell ergänzen oder aufheben kann. Die komparativen Elemente müssen dabei, anders als starre Tatbestandsmerkmale, nicht zwingend alternativ noch gar ku-mulativ erfüllt sein.

Die komparativen Elemente können hierbei nebeneinander »in einer Richtung« wirken. Dann kann sich ihre jeweilige graduelle Erfüllung gegenseitig ergänzen: Die besonders gewichtige Erfüllung eines Elementes kann im Einzelfall eine entsprechend schwache Erfüllung eines anderen komparativen Elementes ersetzen. Die Rechtsfolge des komparativen Systems hängt dann von der *summarischen Gesamtbetrachtung und -be-wertung der Einzelfallumstände,* d.h. aller komparativen Elemente ab.

Die komparativen Elemente können aber auch gegeneinander »in unterschiedliche Richtung« weisen. Ihre graduelle Erfüllung führt dann zur teilweisen oder gänzlichen gegenseitigen Kompensation. Die Rechtsfolge des komparativen Systems bestimmt

---

[15] Das gilt auch für die Bemessung des nach der Höhe des entstandenen Vermögensschadens zu leisten-den Schadensersatzes. Hingegen nicht metrisch, sondern komparativ-wertend erfolgt die Bemessung der Nichtvermögensschäden. Vgl. hierzu *L. Michael*, aaO. (Fn. 3), S. 120f.

sich hier nach der *Abwägung der Einzelfallumstände*. Besteht ein komparatives System aus mehr als zwei komparativen Elementen, so können diese teils ergänzend und teils einander aufwiegend zu berücksichtigen sein. Die Gesamtwürdigung der Einzelfallumstände enthält dann summierende und abwägende Vorgänge.

Ob die komparativen Elemente einander ergänzen oder gegeneinander abzuwägen sind, ist für jedes komparative System zu bestimmen. Für manche komparativen Systeme läßt sich dies abstrakt bestimmen; die »Richtung« ihrer Elemente steht dann fest. Es ist aber auch möglich, daß ein und derselbe Gesichtspunkt als komparatives Element mal für und mal gegen die Rechtsfolge spricht. Dies ist dann der Fall, wenn es eine graduelle Über- bzw. Untererfüllung nicht nur hinsichtlich eines »Normalwertes«, sondern auch hinsichtlich eines »neutralen Nullwertes« geben kann.[16]

d) *Komparative Normen* sind Normen, die mindestens ein komparatives Element als Voraussetzung ihrer Rechtsfolge enthalten. Es kann sein, daß eine komparative Norm selbst ein komparatives System darstellt, wenn sie nämlich mindestens zwei komparative Elemente enthalten.[17] Es kann auch sein, daß mehrere komparative Normen zusammen ein komparatives System bilden.[18] Dabei müssen die komparativen Normen wenigstens Teil eines komparativen Systems sein. Darüber hinaus ist es denkbar, daß die komparativen Elemente mit notwendigen, nicht austauschbaren Bedingungen *kombiniert* sind. Dabei kann es sich etwa um Tatbestandsmerkmale handeln, die schon begrifflich der Graduierung nicht zugänglich sind. Oder aber der Mindestgrad *einer* Voraussetzung soll durch *kein* anderes Element ersetzbar sein. Freilich ist dann das komparative System in bezug auf solche Elemente starr; d.h. es ist nur teilweise komparativ ausgeprägt. Derartige Mischformen aus traditioneller Tatbestandsbildung und komparativen Systemen werden allerdings keineswegs bloß seltene Ausnahmen sein.[19]

e) Die »*beweglichen Systeme*« (Wilburg) stellen einen Idealfall der komparativen Systeme dar, bei dem *alle* Elemente ranggleich und ohne Einschränkung gegenseitig ersetzbar sind.[20] Komparative Systeme hingegen können auch Kombinationen von solchen rechtlichen Gesichtspunkten sein, die unterschiedliches Gewicht haben, so daß ein besonders gewichtiges Element erst durch mehrere andere − nur zusammengenommen gleichwertige − Elemente ausgeglichen werden kann.

---

[16] So können sich etwa bei der Strafzumessung die »Beweggründe und Ziele des Täters« (§ 46 Abs. 2 Satz 2 StGB) sowohl mildernd als auch verschärfend auswirken.

[17] So z.B. § 46 Abs. 2 StGB.

[18] Zu denken wäre etwa an die Grundrechte unseres Grundgesetzes (vgl. jetzt *M. Borowski*, Grundrechte als Prinzipien, 1998), wodurch auch das Konkurrenzenproblem in einem neuen Licht erschiene. Zur Auslegungsproblematik beim Zusammentreffen mehrerer Grundrechte vergleiche bereits *W. Berg*, Konkurrenzen schrankendivergierender Freiheitsrechte im Grundrechtsabschnitt des Grundgesetzes, 1968, S. 100.

[19] Selbst bei § 46 Abs. 2 StGB, der als Prototyp »beweglicher Systeme« bezeichnet wurde, läßt sich (genau genommen) ein solches Mischelement nachweisen: Die schuldangemessene Strafe bildet nämlich einen Höchstwert, der auch durch das extreme Zusammentreffen anderer Strafzwecke nicht kompensiert, d.h. nicht überschritten werden darf. Vergleiche etwa BGHSt 20, 264 (267).

[20] *C.-W. Canaris*, Systemdenken und Systembegriff in der Jurisprudenz, 1969, S. 75.

2. *Positionen aus der Rechtsphilosophie und Rechtstheorie*

a) Schon *Aristoteles* sucht die Gerechtigkeit in rationaler Abwägung zu ergründen. Für ihn bedeutet »das Gerechte Gleichheit. (…) Nachdem aber das Gleiche ein Mittleres ist, muß das Gerechte wohl ein Mittleres sein.«[21] Um das Mittlere zu ermitteln, müssen konfligierende Elemente in ein Verhältnis der »Angemessenheit«[22] gebracht werden. »Das Gerechte ist also etwas Proportionales… Proportion ist nämlich Gleichheit der Verhältnisse.«[23] Das Mittlere versucht Aristoteles sogar geometrisch darzustellen. Er unterscheidet zwischen geometrischer (d.h. wertender) und arithmetischer (z.B. hinsichtlich der zählbaren Bemessung vertraglicher Beziehungen) Proportionalität.[24] Damit ist die o. g. Unterscheidung zwischen komparativen und metrischen Verknüpfungen bereits angesprochen. Weiter unterscheidet Aristoteles ein rationales und ein irrationales Element der Seele und unterwirft die »abwägende Reflexion« der Rationalität.[25] Das positive Gesetzesrecht muß der Gerechtigkeit willen gegebenenfalls berichtigt werden.[26] Damit wird nicht nur der Konflikt zwischen positivem Recht und Gerechtigkeit, sondern auch zwischen konditionaler Subsumtion und komparativer Abwägung deutlich.

b) Die Grenzen der konditionalen gesetzlichen Steuerung und Subsumtion hat vor allem *Gadamer* mit seinen Überlegungen zur *Hermeneutik* aufgezeigt. Die Prozesse der Konkretisierung des Gesetzes[27] sind produktiver, schöpferischer Natur[28] und hängen vom Vorverständnis[29] des Interpreten ab. Diese Erkenntnisse mildern die Unterschiede zwischen Subsumtion und Abwägung ab, da sie deutlich machen, daß beide von Wertungen abhängen.

c) Bereits die auf eine Schrift von *C. Hempel* und *P. Oppenheim* aus dem Jahr 1936[30] zurückgehende Lehre vom *Typus* nähert sich der Erfassung von »Je-desto-Strukturen«. Die Autoren gelten als »Entdecker des Komparativs für die wissenschaftliche Methodenlehre«[31]. *G. Radbruch*[32] hat die Bedeutung dieser Theorie für die juristische Methodenlehre herausgearbeitet. Hempel und Oppenheim beklagen, daß meist vom »rein klassifikatorischen Charakter aller wissenschaftlichen Begriffe«[33] ausgegangen

---

[21] *Aristoteles*, Nikomachische Ethik, (übers. v. F. Dirlmeier), 1969, V 6. / 1131a.

[22] Ebd.

[23] Ebd.

[24] Ebd. 1131b.

[25] Ebd., VI 1. / 1139a.

[26] Vgl. zur Naturrechtslehre *Aristoteles'* und zu seiner Absage an den Gesetzespositivismus H.-G. *Gadamer*, Wahrheit und Methode, 4. Aufl. 1975, S. 301 ff.

[27] Vgl. *K. Engisch*, Die Idee der Konkretisierung, 1953.

[28] *H.-G. Gadamer*, aaO. (Fn. 26), S. 312.

[29] *H.-G. Gadamer*, aaO. (Fn. 26), S. 314; *J. Esser*, Vorverständnis und Methodenwahl in der Rechtsfindung, 2. Aufl. 1972.

[30] *C. Hempel / P. Oppenheim*, Der Typusbegriff im Lichte der neueren Logik, 1936.

[31] *G. Radbruch*, Klassenbegriffe und Ordnungsbegriffe im Rechtsdenken, Internationale Zeitschrift für die Theorie des Rechts, 12 (1938), S. 46 = ders., Gesamtausgabe (hrsgg. von A. Kaufmann), Band 3 Rechtsphilosophie III (bearb. von W. Hassemer), 1990, S. 60. Zustimmend *B. Schilcher*, Gesetzgebung und bewegliches System, in: F. Bydlinski (Hrsg.), Das bewegliche System im geltenden und künftigen Recht, 1986, S. 287 (318) m.w.N.

[32] *G. Radbruch*, aaO. (Fn. 31), S. 47.

[33] *C. Hempel / P. Oppenheim*, aaO. (Fn. 30), S. 2.

werde. Diese Kritik an der wissenschaftlichen Begriffsbildung sowie der Hempel-Oppenheim'sche Typusbegriff lassen sich am besten erklären, wenn man zwischen der »klassifikatorischen Begriffsbildung« einerseits und der »komparativen Begriffsbildung« andererseits unterscheidet: *Klassifikatorische Begriffe* bezeichnen Eigenschaften, die nur entweder vorliegen oder aber nicht vorliegen können. *Komparative Begriffe* sind hingegen »Relationsbegriffe, die Vergleichsfeststellungen im Sinne eines ›mehr oder weniger‹ ermöglichen«[34]. Mit ihnen lassen sich verschiedene Elemente nicht nur als »andersartig« voneinander unterscheiden (»klassifizieren«), sondern durch graduellen Vergleich in eine sinnvolle Ordnung bringen. Dies ist eine graduelle Ordnung, die das Verhältnis verschiedener Elemente zueinander beschreibt. Hempel und Oppenheim gehen davon aus, daß die klassifikatorische Begriffsbildung schnell an Grenzen stößt[35], nämlich sobald es um die Erfassung von »graduellen Variationen einer Eigenschaft«[36] geht. Die heutige juristische Typuslehre beruft sich allerdings m.E. zu Unrecht[37] auf diesen Ansatz, wenn sie ihre diversen Methoden als »komparative Begriffsbildung« charakterisiert[38].

d) Die Lehre von den *Rechtsprinzipien* nimmt das Phänomen der »Je-desto-Strukturen« in den Blick. Die ursprüngliche Intention von *J. Esser*[39] in Deutschland und *R. Dworkin*[40] in Amerika war die Überwindung des Gesetzespositivismus. Im Vordergrund soll hier jedoch die Frage stehen, wie Rechtsprinzipien methodisch zu handhaben sind. *Was* das Wesen des Rechtsprinzips (im Gegensatz zur Regel) ist, läßt sich am besten daran erklären, *wie* mit Rechtsprinzipien einerseits und Regeln andererseits umgegangen wird. *R. Alexy*[41] hat herausgearbeitet, warum zwischen Rechtsprinzipien und Regeln ein klar abgrenzbarer, wesentlicher, grundsätzlicher und qualitativer Unterschied (starke Trennungsthese)[42] besteht. Dabei kommen vor allem drei Unterscheidungskriterien zwischen Regel und Prinzip in Betracht:

(1) *Dworkin*[43] hat in der Kollisionsfähigkeit, d.h. in der Durchbrechung des »Alles-oder-nichts-Grundsatzes« das typische Unterscheidungsmerkmal des Rechtsprinzips gesehen. Regeln enthalten *eine* klare Rechtsfolge, die nur eintreten (»alles«) oder nicht eintreten (»nichts«) kann. In einem System von Regeln (und Ausnahmen[44]) kann man immer zwingend feststellen, ob eine Rechtsfolge eintritt oder nicht. Hingegen lassen Prinzipien einen solchen zwingenden Schluß auf den Eintritt oder Nichteintritt einer Rechtsfolge nicht zu. *Alexy* hält dieses Unterscheidungskriterium

---

[34] *L. Kuhlen*, Typuskonzeptionen in der Rechtstheorie, 1977, S. 35.

[35] *C. Hempel / P. Oppenheim*, aaO. (Fn. 30), S. 6f.

[36] Ebenda, S. 35.

[37] So die berechtigte Kritik von *L. Kuhlen*, aaO. (Fn. 34), S. 161, der den Anspruch und das Selbstverständnis der heutigen Typuslehre als »Fehlrezeption« nachgewiesen hat; hierzu ausführlich *L. Michael*, aaO. (Fn. 3), S. 109–114.

[38] Hiergegen im Anschluß an *Kuhlen* auch *B. Schilcher*, aaO. (Fn. 31), S. 318ff. und *F. Bydlinski*, Juristische Methodenlehre und Rechtsbegriff, 2. Auflage 1991, S. 545.

[39] *J. Esser*, Grundsatz und Norm, 4. Auflage 1990, S. 4 und öfter.

[40] *R. Dworkin*, aaO. (Fn. 5), S. 46ff., 54ff., 130ff.

[41] *R. Alexy*, Rechtsregeln und Rechtsprinzipien, Beiheft 25 (1985) zu ARSP (Archiv für Rechts- und Sozialphilosophie), S. 13 (14f.).

[42] So auch *J. Esser*, aaO. (Fn. 4), S. 95 und *R. Dworkin*, aaO. (Fn. 5), S. 58f. sowie mit anderer Begründung *R. Alexy*, aaO. (Fn. 41), S. 15.

[43] *R. Dworkin*, aaO. (Fn. 5), S. 58.

[44] Vergleiche *K. Larenz*, Methodenlehre der Rechtswissenschaft, 6. Auflage 1991, S. 385.

für unbrauchbar, da auch die Ausnahmen von Regeln nie abschließend aufzählbar seien.[45] Mit Alexys Einwand ist jedenfalls nachgewiesen, daß es kein geschlossenes Regel*system* gibt. Dennoch ist die Eindeutigkeit, mit der Regeln ihre Rechtsfolgen bestimmen, wenn schon kein exaktes Abgrenzungskriterium, so doch eine ihrer wesentlichen Eigenschaften. Sie ist ihre Stärke, soweit sich Regeln und Ausnahmen tatsächlich systematisch ergänzen. Sie ist ihre Schwäche, sobald man an die Grenzen des »Systematischen« stößt.

Tatsächlich hat *Alexy* ein Unterscheidungskriterium vorgeschlagen, das den Vorzug hat, nicht an den letztlich uneinlösbaren Rechtssicherheitsanspruch der Regeln anzuknüpfen. Dieses Kriterium fragt nämlich nicht nach dem Aussagewert der einzelnen Regeln bzw. der einzelnen Rechtsprinzipien, sondern nach deren Verhältnis zueinander. Der eindeutige Festlegungsgehalt einer Regel führt dazu, daß *zwei kollidierende Regeln* in einem *Widerspruchsverhältnis* zueinander stehen. Eine der Regeln muß mit ihrer Rechtsfolge zurücktreten, weil die andere Regel eine Ausnahme darstellt oder sogar ihre Anwendung aufgrund eines Vorrangverhältnisses ausschließt. Von zwei einander widersprechenden Regeln muß stets eine ganz zurückweichen, indem sie entweder im Einzelfall unanwendbar oder generell nichtig ist und damit gar nicht existiert. Über derartige Regelkonflikte entscheiden abstrakte Vorrangverhältnisse. Demgegenüber ist der *Konflikt zweier widerstreitender*[46] *Rechtsprinzipien* nicht durch ein abstraktes Vorrangverhältnis[47] zu lösen, sondern stellt sich als ein *Spannungsverhältnis* dar, das durch Abwägung zu lösen ist. Alexy bezeichnet dieses Unterscheidungsmerkmal als »Kollisionstheorem«[48].

(2) Zweites Kriterium ist die graduelle Wertigkeit der Rechtsprinzipien (»dimension of weight«): Bei der Kollision zweier Prinzipien muß ebenso wie bei der Kollision zweier widersprechender Regeln entschieden werden, welche Norm den Ausschlag gibt. Während zwischen zwei Regeln ein abstraktes Vorrangverhältnis existiert, ist bei der Abwägung zweier Rechtsprinzipien deren Wertigkeit zu *gewichten,* und zwar sowohl abstrakt als auch konkret.

(3) Drittens sind Rechtsprinzipien als Optimierungsgebote zu qualifizieren. In Anlehnung an *Moore, v. Wright* und *Scheler* hat *Alexy*[49] die Kategorien des *»idealen bzw. realen Sollens«* in die Diskussion eingeführt. Hierzu führt er aus: »Ein ideales Sollen ist jedes Sollen, das nicht voraussetzt, daß das, was gesollt ist, in vollem Umfang tatsächlich und rechtlich möglich ist, das dafür aber möglichst weitgehende oder approximative Erfüllung verlangt. Demgegenüber kann der Gebotscharakter von Vorschriften, die entweder nur erfüllt oder nicht erfüllt werden können, als ›reales Sollen‹ gekennzeichnet werden.«[50] Es ist kritisiert worden, daß mit dem »idealen Sollen« letztlich Unmögliches gefordert wird.[51] Alexy charakterisiert das »ideale Sollen« von Rechts-

---

[45] R. *Alexy*, aaO. (Fn. 41), S. 16.

[46] Am besten sollte man das Wort »widersprechen« nur bei Regelkonflikten, »widerstreiten« hingegen bei Prinzipienkonflikten verwenden.

[47] Vergleiche BVerfGE 51, 324 (346).

[48] R. *Alexy*, aaO. (Fn. 41), S. 17.

[49] Ebenda m. w. N.

[50] Ebenda S. 81.

[51] G. *Otte*, Zur Anwendung komparativer Sätze im Recht, in: Bydlinski aaO. (Fn. 31), S. 271 (279).

prinzipien damit, daß diese »*Optimierungsgebote* enthalten«[52]. Das bedeutet, daß ihre Geltung durch den Rahmen der Verhältnismäßigkeit[53], d.h. auch den Rahmen des Möglichen beschränkt wird. So verstanden ist Alexys Ansatz sehr wohl sinnvoll, wenngleich der Begriff des »idealen Sollens« leicht mißverstanden werden kann, worauf Alexy selbst hingewiesen hat.[54] Vor allem der Hinweis auf das Verhältnismäßigkeitsprinzip führt weiter, weil dadurch eine rechtliche Kategorie eingeführt ist, die den Geltungsspielraum von Prinzipien zu lenken vermag.

Alexy setzt voraus, daß Regeln, d.h. Gebote des »realen Sollens« nur erfüllbar bzw. nicht erfüllbar, nicht hingegen über- bzw. untererfüllbar seien.[55] *G. Otte* weist auch dies zurück: »Übererfüllbarkeit als solche ist … kein Kriterium für das Vorliegen eines Rechtsprinzips.«[56] Die graduelle Über- bzw. Untererfüll*barkeit* ist für sich tatsächlich noch kein *hinreichendes* Unterscheidungskriterium. Denn auch viele Regeln, d.h. klassifikatorische Normen mit einer starren Rechtsfolgenanordnung *könnten* gegebenenfalls über- oder untererfüllt werden.[57] Insofern ist Alexys Charakterisierung des »realen Sollens«, die darauf abstellt, daß Regeln »erfüllt oder nicht erfüllt werden *können*«[58], zu präzisieren. Entscheidend für die Rechtsprinzipien ist nämlich vielmehr, daß für sie nicht lediglich ein Schwellenwert rechtlicher Relevanz gilt, sondern der Grad ihrer Erfüllung »schwellenlos« in der Abwägung *berücksichtigt werden muß*.

Regeln und Rechtsprinzipien stehen in unserer Rechtsordnung nicht berührungslos nebeneinander. Vielmehr gehört es zu den wesentlichen Funktionen der Rechtsprinzipien, bei der Konkretisierung (von Regeln) einzugreifen. So kommt es zu einer komplexen Verflechtung von Regeln und Rechtsprinzipien. Auch ist es möglich, daß eine Norm regelhaften Charakter hat und gleichzeitig prinzipienhafte Bedeutung entfaltet, besser: daß ein geschriebener Rechtssatz sowohl eine Regel als auch ein Rechtsprinzip enthält.[59] Es gibt Normen, die neben ihrer unmittelbaren Regelbedeutung eine Ausstrahlungswirkung haben. Das sind Regeln, deren »Rechtsgedanke« außerhalb ihres tatbestandlichen Anwendungsbereichs rechtliche Argumente liefert und prinzipienhafte Geltung erlangt. Das Zitieren von Rechtsgedanken (»arg ex«) ist im Zivilrecht eine häufige, der Analogie verwandte Argumentationsfigur. Die starke Trennungsthese ist deshalb als methodische Unterscheidung zu begreifen: Die Bezeichnung einer Rechtsnorm als Regel oder als Rechtsprinzip schließt sich nicht aus. Die *Handhabung* einer Rechtsnorm als Regel einerseits und als Rechtsprinzip andererseits ist methodisch einer starken, harten Trennung zugänglich. Nicht hingegen lassen sich (insbesondere geschriebene) Rechtsnormen in starker, harter Weise in Regeln und Rechtsprinzipien trennen. Es gibt reine Regeln und reine Prinzipien, aber auch deren mehr oder weniger starke Ausprägung in ein und derselben Rechtsnorm.

---

[52] *R. Alexy*, Zum Begriff des Rechtsprinzips, in: Krawietz u.a. (Hrsg.), Argumentation und Hermeneutik in der Jurisprudenz, Beiheft 1 (zur Zeitschrift für) Rechtstheorie (1979), S. 59 (80).

[53] Vergleiche ebenda m.w.N.

[54] *R. Alexy*, aaO. (Fn. 52), S. 81.

[55] Vergleiche oben das Zitat vor Fn. 50.

[56] *G. Otte*, aaO. (Fn. 51), S. 279.

[57] Ebenda S. 278.

[58] *R. Alexy*, aaO. (Fn. 52), S. 81 (Hervorhebung nicht im Original).

[59] Vergleiche hierzu *L. Michael*, aaO. (Fn. 3), S. 188.

III. Bestandsaufnahme: Vergleich der Normstrukturen in den verschiedenen Teildisziplinen unserer Rechtsordnung

1. Zivilrecht

Besonders das klassische Zivilrecht ist reich an rein konditionalen Normen. Sie können hier als Regelfall der Normstruktur bezeichnet werden. Exemplarisch sei hier das BGB herausgegriffen. So formuliert etwa § 119 I BGB die notwendigen und hinreichenden Tatbestandselemente für die Anfechtung einer Willenserklärung wegen Inhaltsirrtums in einer Wenn-dann-Struktur (»Wer…«, kann die Erklärung anfechten, *wenn…*«). § 120 BGB, der auf den zweiten Halbsatz (»wenn…«) des § 119 I verweist, nennt dessen Tatbestand ausdrücklich die »*Voraussetzung*« seiner Rechtsfolge. Der zwingende Charakter der Tatbestandsmerkmale wird in manchen, insbesondere sachenrechtlichen Normen noch durch die Formulierung »…*nur…, wenn…*« unterstrichen (z.B. §§ 873 II, 1001 S. 1 BGB, vgl. auch § 2 I AGBG: »nur dann…, wenn…«).

Aber das BGB kennt in § 254 I auch den Prototyp einer komparativen Norm. Danach »hängt die Verpflichtung« zum Schadensersatz »insbesondere davon ab, *inwieweit* der Schaden *vorwiegend* von dem einen oder dem anderen Teile verursacht worden ist.« Hier handelt es sich um ein graduell erfüllbares Tatbestandsmerkmal (vorwiegende Verursachung), das graduell (insoweit) in der Rechtsfolge zu berücksichtigen ist.

Bei der Suche nach komparativen Elementen reicht es freilich nicht, nach graduell erfüllbaren Tatbestandsmerkmalen Ausschau zu halten.[60] Es kommt vielmehr auf die graduelle Verknüpfung mit der Rechtsfolge an. So ist z.B. die Mitgliederzahl eines Vereins graduell steigerbar. Nach § 56 BGB soll die Eintragung aber »nur erfolgen, *wenn* die Zahl *mindestens* sieben beträgt.« Die Erreichung von lediglich annähernd sieben Mitgliedern macht die Eintragung noch nicht wahrscheinlich. Sie bleibt solange ausgeschlossen, bis der Schwellenwert erreicht ist. Auch die Überschreitung des Schwellenwertes hat auf die Rechtsfolge der Eintragungsfähigkeit keinen weiteren Einfluß.[61]

Es gibt im Zivilrecht aber auch Normen, die eine Wertungsproblematik aufwerfen, ohne die komparativ maßgeblichen Wertungskriterien zu benennen. So gibt es im BGB zahlreiche sogenannte »Auslegungsregeln«, die eine Rechtsfolge nur »*im Zweifel*« anordnen (v.a. im Erbrecht, aber auch z.B. in § 154 BGB).[62] Hier obliegt es dem Normanwender, ungeschriebene Kriterien bzw. Gegengründe zu berücksichtigen. Dabei wird es sich nicht selten um komparative Elemente handeln.

---

[60] Insofern sind *R. Alexys* Kriterien zur Unterscheidung zwischen Regeln und Prinzipien in *R. Alexy*, aaO. (Fn. 52), S. 81 zu modifizieren. Kritisch *G. Otte*, aaO. (Fn. 51). Vermittelnd *L. Michael*, aaO. (Fn. 3), S. 101 f.

[61] Vgl. auch *G. Otte*, aaO. (Fn. 51) zum Beispiel der für die Leistungserfüllung irrelevanten Übererfüllung einer Gattungsschuld.

[62] Vgl. *R. Bork* in: Staudinger, 13. Bearb., 1996, zu § 154 BGB Rz. 6 zur Unterscheidung zwischen Vermutung und Auslegungsregel.

2. Strafrecht

Auch im Strafrecht sind konditionale Strukturen der Regelfall. Die Merkmale von Straftatbeständen sind als konditionale Voraussetzungen formuliert (»Wer…, wird…bestraft« bedeutet »Wenn jemand…, dann…«). Auch zahlreiche Qualifikationen sind an starre Bedingungen geknüpft (z.B. § 250 StGB: »Auf Freiheitsstrafe nicht unter fünf Jahren ist zu erkennen, *wenn*…«).

Aber auch im StGB finden sich komparative Normen. So formuliert der Gesetzgeber in § 46 II 1 StGB für die Strafzumessung ein Abwägungsgebot (»Bei der Zumessung *wägt* das Gericht die *Umstände*, die für und gegen den Täter sprechen, *gegeneinander ab*.«) und benennt in § 46 II 2 StGB Umstände, die »namentlich« dabei komparativ zu berücksichtigen sind. Darüber hinaus gibt es im StGB zahlreiche »besonders schwere« und »minder schwere Fälle« (z.B. §§ 212 II oder 249 II StGB), deren Voraussetzungen tatbestandlich im Gesetz nicht näher umschrieben sind.

Besondere Aufmerksamkeit verdient die Formulierung von sogenannten »Regelbeispielen«, z.B. für die Fälle besonders schweren Diebstahls durch § 243 I 2 StGB. Sie stellt eine Alternative zu den »Insbesondere«-Tatbeständen dar. Regelbeispiele enthalten im Gegensatz zu »Insbesondere«-Tatbeständen[63] zwar keine verbindliche Rechtsfolgenanweisung, da ihr Vorliegen keine hinreichende Voraussetzung darstellt,[64] sondern außerdem eine Wertung im Einzelfall erfordert.[65] Regelbeispielsaufzählungen sind keine selbständigen Normen. Umgekehrt sagen Regelbeispiele aber mehr über die Kriterien und Gesichtspunkte, mit denen die Generalklausel zu konkretisieren ist, während »Insbesondere«-Tatbestände[66] nur einzelne Fallkonstellationen – unabhängig vom Wertungsprogramm der Generalklausel – regeln.

Aber nicht nur bei der Strafzumessung, sondern auch bei den Voraussetzungen der Strafbarkeit, so bei den Voraussetzungen des rechtfertigenden Notstandes nach § 34 StGB, ist ausdrücklich eine »*Abwägung* der widerstreitenden Interessen, namentlich der betroffenen *Rechtsgüter* und des *Grades* der ihnen drohenden Gefahren« gefordert.[67]

3. Öffentliches Recht (Verfassungs-, Verwaltungs- und Europarecht)

Im öffentlichen Recht fällt die Bestandsaufnahme hingegen anders aus:

a) Das Verfassungsrecht ist eine Materie, in der komparative Elemente und deren Abwägung eine besonders große Rolle spielen. Das gilt vor allem für die Grundrechte. Aber bei diesem Phänomen handelt es sich weniger um einen Normbefund, als vielmehr um eine dogmatische Entwicklung, die zwar vom Bundesverfassungsgericht getragen wird, aber gleichwohl höchst umstritten geblieben ist.[68] Aus der Formulierung des Art. 2 I GG, der die Persönlichkeitsentfaltung des Menschen nur schützt, »so-

---

[63] Hierzu am Beispiel des § 138 II BGB *L. Michael*, aaO. (Fn. 3), S. 86 ff.
[64] Vgl. statt aller *C. Roxin*, Strafrecht AT, Bd. 1, 2. Aufl. 1994, § 9 IV, Rz. 15.
[65] Ausführlich hierzu *L. Michael*, aaO. (Fn. 3), S. 152 ff.
[66] Siehe aber unter III. 3.
[67] Siehe auch unter IV. 2 b und V. 2.
[68] Vgl. hierzu oben Fn. 8 und unter IV. 3.

weit« nicht die sogenannte Schrankentrias entgegensteht, ergibt sich zwar ein abstraktes Konkurrenzverhältnis. Dessen komparative Struktur und die Methode, dieses abwägend aufzulösen, sind jedoch in dieser Formulierung noch nicht zwingend vorgezeichnet. Eine Abwägungsstruktur legt wohl eher noch die Formulierung der Sozialbindung in Art. 14 II 2 GG nahe. Ausdrücklich hingegen ist die Enteignungsentschädigung »unter *gerechter Abwägung der Interessen* der Allgemeinheit und der Beteiligten zu bestimmen« (Art. 14 III 3 GG).

Außerhalb des Grundrechtskataloges gibt es zahlreiche Belange, die von Verfassungs wegen »*zu berücksichtigen*« (Art. 23 III 2 und V 1–2; Art. 29 I 2; Art. 106 III Nr. 1; Art. 107 II 1 GG) bzw. »*zu wahren*«[69] (Art. 89 III; Art. 106 III Nr. 2 GG) sind oder denen »*Rechnung zu tragen*« (Art. 109 II GG) ist. Diese Formulierungen eröffnen zumindest die Möglichkeit, diese Belange als komparative Elemente zu interpretieren. Auch »nicht zu berücksichtigende« Belange werden verschiedentlich ausdrücklich erwähnt (Art. 106 IV 1 (2. Hs.); Art. 106 a 2 GG).

Schließlich ist noch auf die Formulierung des Art. 107 II GG hinzuweisen, wonach beim (derzeit in die Kritik geratenen) Länderfinanzausgleich »sicherzustellen (ist), daß die unterschiedliche Finanzkraft der Länder *angemessen ausgeglichen* wird.« Dazu ist methodenrechtlich anzumerken, daß hier eine ausgleichende Ungleichbehandlung gefordert wird, und daß dieses Differenzierungsgebot[70] ausdrücklich durch einen Angemessenheitsmaßstab gebunden und relativiert wird. Dies ist ein textlicher Hinweis darauf, daß (Un-)Gleichbehandlung und Verhältnismäßigkeit in einem tieferen Zusammenhang zueinander stehen, was das BVerfG[71] in der »neuen Formel« für Art. 3 I GG wiederentdeckt hat und damit eine wissenschaftliche Diskussion auslöste.[72]

b) § 1 VI BauGB hingegen gehört zu den Musterbeispielen komparativer Normen: »Bei der Aufstellung der Bauleitpläne sind die öffentlichen und privaten Belange *gegeneinander und untereinander gerecht abzuwägen*.« In § 1 V 2 BauGB sind zahlreiche dabei »insbesondere« zu berücksichtigende Belange aufgezählt. Hierbei handelt es sich nicht um einen rein konditionalen »Insbesondere«-Tatbestand[73] wie etwa § 138 II BGB, sondern um ein Normprogramm rein komparativen Charakters. Man spricht im Planungsrecht deshalb zutreffend von einer Zweck- und Finalprogrammierung[74] im Ge-

---

[69] *Th. Maunz,* in: Maunz-Dürig, zu Art. 89 GG Rz. 67f. verwendet »wahren« und »berücksichtigen« synonym. *D. Birk,* in: AK zu Art. 106 Rz. 32 weist auf die auffällige Unbestimmtheit der dort verwendeten Begriffe hin und stellt sie in das politische Ermessen.

[70] Zu den Differenzierungsmaßstäben bei Art. 3 I GG vgl. *L. Michael,* aaO. (Fn. 3), S. 228ff.

[71] E 55, 72 (88) (kein Ls. und unter zweifelhafter Berufung auf die eigene Rechtsprechung) – inzw. st. Rspr. (etwa E 95, 267 (316)). Vgl. *K. Hesse,* Der allgemeine Gleichheitssatz in der neueren Rechtsprechung des Bundesverfassungsgerichts zur Rechtsetzungsgleichheit, in: FS für P. Lerche 1993, S. 121 (124) m.w.N. in Fn. 12.

[72] Vgl. *S. Huster,* Rechte und Ziele, 1993 und *ders.,* Gleichheit und Verhältnismäßigkeit, JZ 1994, 541ff.; kritisch *W. Heun,* in: H. Dreier, Kommentar zum GG, Bd. I, 1996, zu Art. 3 Rz. 27; vgl. jetzt auch *M. Borowski,* Grundrechte als Prinzipien, 1998, S. 375ff.; modifizierend *L. Michael,* aaO. (Fn. 3), S. 262ff.; *ders.,* Die drei Argumentationsstrukturen des Grundsatzes der Verhältnismäßigkeit – Zur Dogmatik des Über- und Untermaßverbotes und der Gleichheitssätze, JuS 2000 (i. E.).

[73] S. o. III 2. Es ist also zwischen »Insbesondere«-Abwägungsprogramm, »Insbesondere«-Konditionalprogramm und Regelbeispielaufzählung zu unterscheiden; ausführlich *L. Michael,* aaO. (Fn. 3), S. 82ff., 85ff., 152ff.

[74] *R. Wahl,* Rechtsfragen der Landesplanung und Landesentwicklung, Band I: Das Planungssystem der Landesplanung, Grundlagen und Grundlinien, 1978, S. 88f.; *W. Hoppe,* Planung, HdBStR III, 2. Aufl.

gensatz zum Konditionalprogramm herkömmlicher Rechtssätze. Auch hier handelt es sich um die strukturelle Unterscheidung des »Je-desto-« vom »Wenn-dann-Modell«. Dabei ist methodisch zwischen dem allgemeinen Abwägungsgebot und speziellen Privilegierungsgeboten zu unterscheiden, wobei der Begriff des Optimierungsgebotes nicht einheitlich, sondern teils für beide Phänomene, teils einschränkend verwendet wird.[75]

c) Im Bereich des Europarechts wären als komparative Strukturen die Zielkataloge der Art. 2 und 11 (ex B und J.1) EUV zu nennen. Art. 105 EGV nennt die Preisstabilität ein »*vorrangige(s) Ziel*«. Dies ist ein Beispiel für eine Gewichtung komparativer Elemente. Art. 2 EGV stellt die wichtigsten Aufgaben heraus, die die Gemeinschaft »fördern« soll. Art. 5 S. 3 (ex 3b S. 3) EGV benennt im Rahmen des Subsidiaritätsprinzips das »erforderliche Maß« als Element der Verhältnismäßigkeit.[76] Die Verhältnismäßigkeit wiederum ist komparativer Struktur. Das BVerfG will die Subsidiarität ausdrücklich als »grundrechtliches Übermaßverbot«[77] verstanden wissen.

Zielvorgaben enthalten auch Richtlinien, die ja von ihrer Struktur her ausfüllungsfähige Spielräume enthalten, die von den Mitgliedstaaten bei der Umsetzung auszufüllen sind. Dies ist auch ein Beispiel dafür, daß komparative Strukturen zu konditionalen umgeformt werden können und dann aber »hinter« jenen als Prinzipien fortwirken. Fakultative Ausnahmeregelungen in der Richtlinie selbst können Direktiven für die Umsetzung enthalten.[78] Dann sind konditionale Strukturen schon in der Richtlinie vorgezeichnet. Auch die unmittelbare Anwendbarkeit von Richtlinien setzt subsumtionsfähige Strukturen voraus. Bei der richtlinienkonformen Auslegung[79] wird das Problem der Rechtskonkretisierung greifbar. Sie greift dann, wenn die Umsetzung selbst Auslegungsspielräume eröffnet, wenn m. a. W. »Wenn-dann-Strukturen« an ihre Grenzen stoßen. Davon zu unterscheiden ist die Frage, ob die Umsetzung einer Richtlinie gegen deren Prinzipien verstößt, ohne daß dies durch Auslegung bereinigt werden könnte. Problematisch an der (auch horizontal wirkenden) richtlinienkonformen Auslegung ist freilich, daß die Ausgestaltung der gemeinschaftsrechtlichen Vorgaben ja gerade in die Kompetenz der Mitgliedstaaten gelegt ist. In die Prinzipien der Richtlinie dürfen deshalb nicht Details hineingelesen werden, die diese gerade nicht selbst regelt. Auch darf die richtlinienkonforme Auslegung vor Ablauf der Umsetzungsfrist nicht deren gesetzlicher Umsetzung vorgreifen.[80]

1996, § 71, Rz. 9; *K. Korinek*, Das bewegliche System im Verfassungs- und Verwaltungsrecht, in: Bydlinski aaO. (Fn. 31), S. 243 (245).

[75] Vgl. hierzu ausführlich *L. Michael*, aaO. (Fn. 3), S. 182–186 m.w.N.; zur begrifflichen Unterscheidung vgl. jetzt auch *E. Riedel*, Rechtliche Optimierungsgebote ..., VVDStRL 58 (1999), S. 180 (183ff.).

[76] *W. Kahl*, Möglichkeiten und Grenzen des Subsidiaritätsprinzips nach Art. 3 b EGV, AöR 118 (1993), S. 414ff.; *P. Häberle*, Das Prinzip der Subsidiarität aus Sicht der vergleichenden Verfassungslehre, AöR 119 (1994), S. 169ff.; *S. Storr,* Zur Bonität des Grundrechtsschutzes in der EU, Der Staat 1997, S. 547 (566) m.w.N.

[77] BVerfGE 89, 155 (212); zur Maastricht-Entscheidung und den dogmatischen Parallelen des Gemeinschaftsrechts zur deutschen Verfassungsrechtsdogmatik vgl. jetzt auch *L. Michael*, Die Wiedervereinigung und die europäische Integration als Argumentationstopoi in der Rechtsprechung des Bundesverfassungsgerichts. Zur Bedeutung der Art. 23 S. 2 a.F. und 23 Abs. 1 S. 1 n. F. GG, AöR 124 (1999), S. 583ff.

[78] Hierzu *B. Schmidt am Busch*, Die besonderen Probleme bei der Umsetzung von EG-Richtlinien mit Regel-Ausnahme-Charakter, DÖV 1999, S. 581ff.

[79] Vgl. hierzu *W. Brechmann*, Die richtlinienkonforme Auslegung, 1994.

[80] *S. Leible / O. Sosnitza*, Richtlinienkonforme Auslegung vor Ablauf der Umsetzungsfrist und verglei-

IV. Die methodischen Grundpositionen in den verschiedenen Teildisziplinen im Vergleich

1. Zivilrecht

Im Zivilrecht sind komparative Strukturen Gegenstand heftiger Kontroversen:

a) *Wilburgs* Idee der sogenannten »beweglichen Systeme« entspringt nicht dem Bedürfnis, die Struktur einer einzelnen Norm zu beschreiben. Während die obige Bestandsaufnahme den Sinn hatte, komparative Strukturen in Gesetzestexten aufzuspüren, ging es Wilburg zunächst darum, auch solche beweglichen Elemente zu entdecken, die hinter einer Anzahl von Normen de lege lata stehen bzw. de lege ferenda stehen sollten. Dies gelang ihm am Beispiel des Schadensrechts. Wilburg zeigte, daß etwa die Gefährdung, der Grad bzw. die Intensität der Verursachung, der Rechtswidrigkeit und des Verschuldens Elemente sind, aus denen sich die einzelnen Tatbestände des Schadensrechts herleiten lassen. Tatbestände des vermuteten Verschuldens bzw. der Gefährdungshaftung bestätigen z.B. *Wilburgs* Beobachtung, daß die Haftung umso weniger an das Verschulden anknüpft, je größer die Gefährlichkeit eines Verhaltens ist. Diese Beobachtung ist auch dann richtig, wenn das Schadensrecht letztlich aus einem Ensemble konditionaler Tatbestände besteht, das nur vereinzelt (§ 254 BGB) durch eine komparative Norm ergänzt wird.

b) Sprengkraft entfaltet *Wilburgs* Ansatz, sobald er als Theorie in verschiedenen Funktionen eingesetzt werden soll:

aa) Die soeben angedeutete *Erkenntnisfunktion* ist von wissenschaftlichem und didaktischem Wert. Methodenrechtliche Probleme gibt es hier nicht, da es schlicht kein »Erkenntnisverbot« gibt.

bb) Brisanter ist die *Rechtsfortbildungsfunktion* der Theorie *Wilburgs*. Dabei ist zwischen zwei Konsequenzen zu unterscheiden, die sich de lege ferenda aus der Idee der »beweglichen Systeme« ziehen lassen. Die rechtspolitische Überzeugung, daß ein Rechtsbereich von »Je-desto-Strukturen« geprägt sein sollte, kann nämlich auf zwei Wegen umgesetzt werden: Entweder man ergänzt bestehende Tatbestände durch weitere rein konditionale Normen oder man ersetzt bzw. ergänzt bestehende Tatbestände durch komparative Normen. In ersterem Fall bleibt die »Je-desto-Struktur« hinter den geschriebenen Normen verborgen und ist allenfalls in der Gesamtschau der Normen noch erkennbar. Die »Je-desto-Struktur« prägt dann also nur den Rechtsfortbildungsprozeß. Im zweiten Fall hingegen findet die »Je-desto-Struktur« Eingang in die positivrechtliche Formulierung gesetzlicher Tatbestände. Hier lenkt sie also auch die Rechtsanwendung, indem der Richter gezwungen wird, Einzelfallumstände beweglich in die Rechtsfolge einfließen zu lassen.

cc) Diese zweite Möglichkeit führt zu einer weiteren Funktion der Wilburg'schen Theorie, der *Rechtsanwendungsfunktion* de lege lata. Sie greift genau dann, wenn der Gesetzgeber – wie in der Bestandsaufnahme gezeigt[81] – »Je-desto-Strukturen« in die Formulierung einer Norm aufgenommen hat und vom Richter z.B. in § 254 BGB die

---

chende Werbung, NJW 1998, S. 2507 ff.; *U. Ehricke*, Die richtlinienkonforme Auslegung nationalen Rechts vor Ende der Umsetzungsfrist einer Richtlinie, EuZW 1999, S. 553 ff.

[81] S.o. III. 1.

Bewertung der Mitverursachungsgrade und deren Abwägung gegeneinander fordert.

c) *Methodenrechtliche Grenzen* sind der Theorie der sogenannten »beweglichen Systeme« jedoch sowohl bei der Rechtsfortbildungsfunktion als auch bei der Rechtsanwendungsfunktion zu setzen.

aa) Bei der Rechtsfortbildung geht es um die methodenrechtliche Frage, wo überhaupt Lücken bzw. Spielräume bestehen und wer sie ausfüllen darf, insbesondere, ob hierzu auch die Rechtsprechung und die Verwaltung berufen sein können.[82] Diese Fragen hängen aber nicht speziell mit *Wilburgs* Theorie zusammen,[83] sondern stellen sich bei jeder Rechtsfortbildung und sollen deshalb an dieser Stelle nicht vertieft werden. Festzuhalten bleibt hier lediglich, daß Bedenken gegen die Rechtsfortbildungsfunktion von *Wilburgs* Theorie in der Regel allgemeine Vorbehalte gegen Rechtsfortbildung widerspiegeln und deshalb auch nur allgemeiner beantwortet werden können.

Das Problem der *Offenheit* unserer Rechtsordnung darf nicht mit dem Phänomen der Beweglichkeit verwechselt werden.[84] Wer Vorbehalte gegen die Offenheitsidee äußert,[85] sollte bedenken, daß die Normierung beweglicher Tatbestände insbesondere auch die Alternative zu einer völlig unbestimmten Generalklausel oder zur Normlücke darstellen kann. Wenn der Gesetzgeber die Gesichtspunkte rechtlicher Wertungen vorgibt, müssen diese Gesichtspunkte nicht mehr in einem offenen Prozeß gewonnen werden.[86] So können »bewegliche Systeme« helfen, die nie ganz zu überwindende Offenheit unseres Rechts punktuell abzumildern. Bildlich gesprochen führt »Beweglichkeit« nicht zur Offenheit,[87] sondern häufig von ihr weg.

bb) Bei der Rechtsanwendungsfunktion der Theorie stellen sich drei methodenrechtliche Grundsatzfragen: Es muß erstens geklärt werden, ob eine Norm »beweglich« anzuwenden ist, zweitens wie dies erfolgt und drittens welche Kriterien dabei komparativ zu berücksichtigen sind.

Die Frage nach dem »*ob*« ist stark umstritten. Denn es gibt in der Literatur immer wieder Bestrebungen, auch solche Normen »beweglich« zu handhaben, die nicht explizit »beweglich« formuliert sind. Wenn der Gesetzgeber – wie bei § 254 BGB – die graduelle Berücksichtigung quantifizierbarer Umstände ausdrücklich gebietet, ist die komparative Struktur der Rechtsanwendung unbestritten. Sogar wird diese Norm mit ihrer Chance zur beweglichen Berücksichtigung der Einzelfallumstände eher extensiv gehandhabt.[88] Wenn der Gesetzgeber aber – wie z.B. bei § 138 BGB – eine Generalklausel mit einem »Insbesondere«-Tatbestand verknüpft, dann ist deren »bewegliche« Handhabung keineswegs vorgegeben. Selbst wenn ein »Insbesondere«-Tatbestand Wertungsmöglichkeiten offenläßt, heißt das noch nicht, daß seine kumulativ formulierten Tatbestandsmerkmale »beweglich« zu handhaben sind. Das aber fordert *R. Bender*[89] mit seinem sogenannten »Sandhaufentheorem« für § 138 II BGB.

---

[82] *H.-M. Pawlowski*, aaO. (Fn. 3), Rz. 230.

[83] Anders jedoch *H.-M. Pawlowski*, ebenda; hiergegen *L. Michael*, aaO. (Fn. 3), S. 61 ff.

[84] Vgl. *C.-W. Canaris*, Systemdenken und Systembegriff in der Jurisprudenz, 1969, S. 74 ff.

[85] *H.-M. Pawlowski*, aaO. (Fn. 3), Rz. 230, vgl. auch *K. Hesse*, aaO. (Fn. 8), Rz. 36 ff.

[86] *L. Michael*, aaO. (Fn. 3), S. 63.

[87] So jedoch *H.-M. Pawlowski*, aaO. (Fn. 3), Rz. 230.

[88] Vgl. *D. Medicus,* in: Staudinger zu § 252 BGB, Rz. 2–4 m.w.N.

[89] *R. Bender*, Ein Beitrag zur Regelungstechnik in der Gesetzgebungslehre, in: Gedächtnisschrift für

Eine andere Frage ist es, ob eine Generalklausel wie § 138 I BGB »beweglich« konkretisiert werden darf.[90] Die Rechtsprechung des BGH geht dieser Möglichkeit aus dem Wege, indem sie in Fällen des Zweifels an der Einführung eines Elements, statt die materiellen Voraussetzungen graduell herunterzuschrauben, mit Vermutungen und also mit Wahrscheinlichkeiten[91] operiert. Das mag zwar in der Regel zum selben Ergebnis führen, täuscht aber darüber hinweg, daß ein Ausweichen auf das Gebiet der Beweisanforderungen die Klarheit und Redlichkeit der Methodik keineswegs fördert, sondern gefährdet.[92] Scheinbegründungen[93] verschleiern die Methodenlehre, zumal wenn sich die Rechtsprechung auf die »Nebenrechtsordnung«[94] des Beweisrechts zurückzieht und Verminderungen der Beweisanforderungen nicht selten »verdeckt vornimmt«[95]. Generalklauseln sind sowohl für komparative als auch für konditionale Strukturen der Konkretisierung offen.

Der Frage des »*wie*« der Handhabung »beweglicher« Strukturen ist im Zivilrecht – im Gegensatz zum öffentlichen Recht – erstaunlich wenig Aufmerksamkeit gewidmet worden. Das liegt nicht zuletzt daran, daß die zivilistische Methodenlehre und Rechtsprechung vielfach »Beweglichkeit« noch immer[96] als Fremdkörper betrachtet. Gleichwohl bemüht sich die Praxis zu entsprechenden, nämlich der Einzelfallgerechtigkeit genügenden Ergebnissen zu kommen. Wenn sie dabei jedoch auf die freie Beweiswürdigung ausweicht, wundert es nicht, daß die Methodik unterbelichtet bleibt und weitgehend in die Hand des Tatrichters gelegt ist.

Soweit eine komparative Norm Gesichtspunkte der Abwägung positiviert, ist deren Berücksichtigung vorgegeben. Anders ist dies bei den Generalklauseln: Hier stellt sich die Frage, *welche* komparativen Elemente, d.h. welche Kriterien und Gesichtspunkte inhaltlich eine Generalklausel ausfüllen sollen. Zum Wesen der Generalklausel gehört es, daß diese Elemente nicht vom *Gesetzgeber* tatbestandlich genannt werden. Das *BVerfG* will den ordentlichen Gerichten dennoch nicht alle Freiheit lassen. Es fordert[97] vielmehr für die Generalklauseln der §§ 138 und 242 BGB »eine Konkretisierung am Maßstab von Wertvorstellungen, die in erster Linie von den Grundentscheidungen der Verfassung bestimmt werden«. Das ändert aber nichts daran, daß diese komparativen Elemente im einzelnen von den ordentlichen Gerichten und der Wis-

---

Rödig, 1978, S. 34 ff.; OLG Stuttgart, NJW 1979, S. 2409 (2412). Dagegen BGHZ 80, 153 (159 f.), *D. Medicus*, Allgemeiner Teil des BGB, 6. Aufl. 1994, Rz. 711 sowie ausführlich *L. Michael*, aaO. (Fn. 3), S. 76–92.

[90] So *Th. Mayer-Maly*, in: Münchener Kommentar zum BGB, 3. Aufl. 1993, zu § 138 BGB, Rz. 23.

[91] Zur Wahrscheinlichkeit als Alternative zum Kausalitätserfordernis vgl. *G. T. Wiese*, Wahrscheinlichkeitshaftung – Anmerkungen zu einem alternativen Haftungskonzept, ZRP 1998, S. 27 ff.

[92] Vgl. *Th. Mayer-Maly*, Renaissance der laesio enormis?, in: Festschrift für K. Larenz zum 80. Geburtstag, 1983, S. 395 (404) und *L. Michael*, aaO. (Fn. 3), S. 89 ff.

[93] *W. Wilburg*, Zusammenspiel der Kräfte im Aufbau des Schuldrechts, AcP 163, S. 346 (379).

[94] *M. Reinhardt*, Die Umkehr der Beweislast aus verfassungsrechtlicher Sicht, NJW 1994, S. 93.

[95] *H.-J. Musielak*, Freie Beweiswürdigung – Rezension der gleichnamigen Schrift von G. Walter, in: NJW 1980, S. 1443.

[96] Auf ein »Vordringen« der Theorie deuten neuerdings *D. Eckardt*, Persönliche Organ- und Gehilfenhaftung für Verkehrspflichtverletzung im Unternehmen, in: Das deutsche Zivilrecht 100 Jahre nach Verkündung des BGB, Jahrbuch Junger Zivilrechtswissenschaftler, 1996, S. 76 ff. und *M. Immenhauser*, Der Schweizer Entwurf eines Allgemeinen Schadensersatzrechts – Vorbild für eine gesamteuropäische Kodifikation?, Jahrbuch Junger Zivilrechtswissenschaftler, 1997, S. 37 ff., 61 ff.

[97] E 89, 214 (229) – Bürgschaftsentscheidung.

senschaft herausgearbeitet werden müssen und das BVerfG dabei erst eingreift, wenn deren Auffassung über die Bedeutung des Verfassungsrechts »grundsätzlich unrichtig«[98] ist. Das BVerfG trägt also nur dafür Sorge, *daß* die Rechtserkenntnis das Verfassungsrecht komparativ einbezieht. Es übt hingegen Zurückhaltung, »wenn es selbst bei der Beurteilung widerstreitender Grundrechtspositionen die Akzente anders gesetzt und daher anders entschieden hätte«[99].

2. Strafrecht

Der Blick auf die Strafrechtsdogmatik soll hier auf zwei Aspekte konzentriert werden:[100]

a) Dem Bereich der Strafzumessung wurde in Wissenschaft und Lehre lange[101] vergleichsweise wenig Aufmerksamkeit geschenkt. Während etwa die Abgrenzung zwischen den im Grundtatbestand unter gleiche Strafandrohung gestellten Delikten des Diebstahls, der Unterschlagung und des Betrugs Generationen von Juristen bis in die Einzelheiten beschäftigt, bleibt die nicht minder schwierige Wertung zwischen Geld- und Freiheitsstrafe sowie deren Bemessung geradezu unterbelichtet.[102] Das steht in einem krassen Mißverhältnis zu der praktischen Bedeutung, die sich gerade im so sensiblen Bereich des Strafrechts auch an den Konsequenzen, den Rechtsfolgen, bemißt.

Aus dem Blickwinkel der Rechtstheorie ist dies aus folgendem Grund bemerkenswert: Legt es nicht die Vermutung nahe, daß das mangelnde Interesse an der Normstruktur der Strafzumessung liegt? Die Abgrenzung zwischen einzelnen Tatbeständen des Besonderen Teils des StGB stellt sich als Subsumtionsproblem dar. In diesem Bereich ist die Methodik weit entwickelt und stellt eine Herausforderung zu immer scharfsinnigeren Differenzierungen dar, die bisweilen an das Lösen von Denksportaufgaben erinnert. Demgegenüber ist der gesetzliche Wertungsauftrag bei der Strafzumessung viel schwerer zu rationalisieren und zu kontrollieren. Hier bleiben die Tatrichter vielfach ihrem nicht weiter hinterfragten Rechtsgefühl überlassen und werden nur zurückhaltend durch die Revisionsinstanzen korrigiert.[103] Stimmen aus der Praxis selbst beklagen die Irrationalität der Strafzumessung.[104]

---

[98] E 89, 214 (230) (st. Rechtsprechung m. w. N.)

[99] Ebenda.

[100] Ausführlicher *L. Michael*, aaO. (Fn. 3), S. 147–160.

[101] *C. Roxin*, Strafzumessung im Lichte der Strafzwecke, in: Dreher u. a., Pönometrie, 1977, S. 95: »eine noch in den Anfängen steckende Wissenschaft«. *W. Frisch*, Gegenwärtiger Stand und Zukunftsperspektive der Strafzumessungsdogmatik, ZStW 99 (1987), S. 349 erklärt dieses Stadium zwar für überwunden, beklagt aber ebenda (2. Teil der Abhandlung), S. 751 (793) gleichwohl eine noch immer bestehende beunruhigende Rechtsunsicherheit hinsichtlich der Strafhöhe, also im Ergebnis. Vermittelnd *H.-J. Bruns*, Neues Strafzumessungsrecht?, 1988.

[102] *A. v. Hirsch/N. Jareborg*, Strafmaß und Strafgerechtigkeit, 1991, S. 1 betonen gerade dieses Mißverhältnis zwischen dem »bemerkenswerten Entwicklungsstand« des deutschen materiellen Strafrechts und dem damit nicht vergleichbar hohen Grad der Differenziertheit in der Strafzumessungslehre.

[103] Kritisch *B. Schünemann*, Revision im Strafprozeß, JA 1982, S. 123 (124f.); vgl. im einzelnen *G. Schäfer*, Praxis der Strafzumessung, 2. Aufl. 1995.

[104] So etwa *W. Grasnick*, Rationalität oder Irrationalität der Strafzumessung, in: Dreher u. a., Pönometrie, 1977, S. 1 ff., der Rationalität in diesem Bereich freilich für möglich hält und einfordert.

b) Mit dem Abwägungsgebot des § 34 StGB hat der Gesetzgeber ein richterrechtlich und gewohnheitsrechtlich längst anerkanntes Rechtsinstitut, nämlich den »übergesetzlichen Notstand« und mit ihm die strafrechtliche Güterabwägungslehre, positiviert.[105] Dies ist ein Beispiel für die Rechtsfortbildungsfunktion komparativer Systeme.

3. Öffentliches Recht

a) Verfassungsauslegung führt in Wissenschaft und Praxis zu Problemen methodischen Ursprungs:[106] Das liegt bereits an der Allgemeinheit vieler Verfassungsnormen. Die Allgemeinheit der Verfassungsnormen führt zu vielen Konflikten mit anderen, speziellen oder aber ebenfalls allgemeinen Rechtssätzen. Diese Konflikte[107] müssen widerspruchsfrei gelöst werden.

Ein weiteres Problem tritt hinzu: Viele Verfassungsnormen sind im »Programmsatz-Stil«[108] formuliert, d.h. in hohem Maße unbestimmt. Aber ihre Bedeutung geht über die bloßer Programmsätze hinaus. Art. 1 III und 20 III GG fordern die unmittelbare Geltung verfassungsrechtlicher Normen und die Bindung aller Gewalten an sie. Außerdem setzt die Bindung der Rechtsprechung an Normen (Art. 92f. GG) deren Justitiabilität[109] voraus. Dieses Dilemma zwischen Formulierung und Anspruch der Verfassungsprinzipien, versucht die *Abwägungslehre* zu lösen.

Die Abwägungslehre faßt zahlreiche (nicht alle!) Verfassungsnormen als kollidierende Prinzipien auf, die in Beziehung zueinander interpretiert werden müssen. Die Bezeichnung der Grundrechte als »Wertordnung«[110] deutet nicht nur deren objektiv-rechtlichen Gehalte, sondern auch ihre Relativität an; dies ist freilich in hohem Maße konkretisierungsfähig und -bedürftig. Die Lösung der Spannungsverhältnisse erfolgt, da die Kollision mit anderen Prinzipien immer wieder eine andere sein kann, nicht abstrakt, sondern im Einzelfall.[111] Die Grundrechte werden als »Richtlinien und Im-

---

[105] Vgl. *Th. Lenckner,* in: Schöncke/Schröder, StGB-Kommentar, 25. Aufl. 1997, zu § 34 Rz. 2. Hierzu noch unter V. 2.

[106] Zur Verfassungsinterpretation vgl. *K. Hesse,* aaO. (Fn. 8), Rz. 49ff.; *H.-J. Koch,* Über juristisch-dogmatisches Argumentieren im Staatsrecht, in: ders. (Hrsg.) Die juristische Methode im Staatsrecht, 1977, S. 13ff.; *K. Stern,* Das Staatsrecht der Bundesrepublik Deutschland, Bd. I, § 4 III, 1977, S. 102ff. m.w.N.

[107] Zum »Kollisionstheorem« von Prinzipien, insbesondere am Beispiel des Verfassungsrechts vgl. grundlegend *R. Alexy,* aaO. (Fn. 52), S. 82ff. und *ders.,* aaO. (Fn. 41), S. 17.

[108] *K. Stern,* aaO. (Fn. 106), S. 104 nennt diesen Stil »blankettartig«.

[109] *K. Stern,* aaO., S. 105f. zitiert in diesem Zusammenhang mit kritischem Blick Hughes' These »The Constitution is what the Supreme Court says it is.«

[110] BVerfGE 7, 198 (205) – Lüth; seither st. Rspr. Kritisch *H. Goerlich,* Wertordnung und Grundgesetz, 1973; *J. Isensee,* Das Grundrecht als Abwehrrecht und als staatliche Schutzpflicht, HdBStR V, 1992, § 111 Rn. 84.

[111] Vgl. etwa E 80, 188, 220: »Was aus den Grenzen und Bindungen dieser Regelungsmacht im einzelnen folgt, muß nach dem jeweiligen Gegenstand bestimmt werden.« Oder E 81, 310 (337): »Welche Folgerungen aus dem *Grundsatz* bundesfreundlichen Verhaltens konkret zu ziehen sind, kann *nur im Einzelfall* beurteilt werden.« (Hervorhebung nicht im Original). *H. Schulze-Fielitz,* in: H. Dreier, Kommentar zum GG, Bd. I, 1996, zu Art. 5 Rz. 127 weist darauf hin, daß auch bei der Güterabwägung im Rahmen der Wechselwirkungstheorie zu Art. 5 GG »der Schwerpunkt der Rechtsprechung... auf der Einzelfallprüfung« liegt.

pulse«[112] gedeutet. Diese Formulierung hat historisch einen Vorläufer[113] in Art. 70 der Verfassung der Freien Hansestadt Danzig (1920/22): »Richtschnur und Schranken«, wobei diese ältere Formulierung noch auf eine konditionale Regel-Ausnahme-Struktur[114] hindeutet, während das BVerfG den Schritt zu einer komparativen Struktur wagt.

Die Vorteile dieses Verfassungsverständnisses lassen sich wie folgt skizzieren: Die Kollisionen werden weich gelöst, so daß jedes Prinzip eine größtmögliche, wenn auch relativierte Wirksamkeit erhält. Dies ist mit den Ideen der »praktischen Konkordanz«[115] und des »schonendsten Ausgleichs«[116] umschrieben worden und findet vor allem im Verhältnismäßigkeitsgrundsatz[117] Niederschlag. Die dabei entstehenden Interpretations-[118] und Abwägungsspielräume haben darüber hinaus den Vorteil, Raum für Einzelfallgerechtigkeit zu bieten. So wurde der Verhältnismäßigkeitsgrundsatz anschaulich als »lex situationis« bezeichnet.[119] Die »Abwägungsdirektiven«[120] bzw. »Abwägungsrichtlinien«[121] haben nach der Rechtsprechung des BVerfG eine komparative[122] Je-desto-Struktur: »*Je mehr* dabei der... Eingriff elementare Handlungsfreiheit berührt, *umso* sorgfältiger müssen die zu seiner Rechtfertigung vorgebrachten Gründe gegen den grundsätzlichen Freiheitsanspruch *abgewogen* werden.«[123] Dies gilt auch für Art. 3 I GG als zweiter Dimension[124] der Verhältnismäßigkeit: »Der Gleichheitssatz ist *umso strikter, je mehr* eine Regelung den Einzelnen als Person betrifft... und *umso offener* für die gesetzgeberische Gestaltung, *je mehr* allgemeine, für rechtliche Gestaltungen zugängliche Lebensverhältnisse geregelt werden.«[125]

Dabei wird freilich auch ein Problem und Nachteil der Abwägungslehre deutlich: Der Argumentationsspielraum[126] und die gewonnene Einzelfallgerechtigkeit kann zu

---

[112] BVerfGE 7, 198 (205) – Lüth.

[113] Hierzu *P. Häberle*, Die Zukunft der Landesverfassung der Freien Hansestadt Bremen im Kontext Deutschlands und Europas – zugleich ein Beitrag zu einer föderalen Verfassungstheorie der Stadtstaaten, JZ 1998, S. 57 (65).

[114] Wenn *K. Stern*, aaO. (Fn. 8), § 84 IV 4, S. 795 von einem »materiellen Regel-Ausnahme-Verhältnis« zwischen Schutzbereich und Schranke spricht, ist über die Struktur der Schranke damit nichts gesagt. Hierzu *K. Stern*, aaO., S. 818: »Abwägung heißt, verhältnismäßig (proportional) gewichten; im letzten Grunde bedeutet es nichts anderes als die Anwendung des Verhältnismäßigkeitsgrundsatzes.« Ein »Wenn-dann-Schema« folgt hieraus nicht; anders: *J. Dietlein*, Das Untermaßverbot, ZG 1995, S. 131 (139).

[115] *K. Hesse*, aaO. (Fn. 8), Rz. 72. Kritisch *L. Hirschberg*, Der Grundsatz der Verhältnismäßigeit, 1981, S. 252; vermittelnd *L. Michael*, aaO. (Fn. 3), S. 137 ff.

[116] *P. Lerche*, Übermaß und Verfassungsrecht, 1961, S. 153.

[117] *L. Hirschberg*, aaO., S. 83 f. hält die Verhältnismäßigkeit und die Güterabwägungslehre für austauschbar; zustimmend *K. Stern*, aaO. (Fn. 8), § 84 IV 6 h, S. 833. Vgl. jetzt auch *L. Michael*, aaO. (Fn. 72).

[118] Das BVerfG stellt in E 95, 28 (38) lapidar fest, »auch für den gesetzesanwendenden Richter« bleibe »in der Regel (sic!) ein Interpretationsspielraum«.

[119] *K. Stern*, aaO., § 84 IV 8 e, S. 680 m.w.N.; s. auch *S. Storr*, aaO. (Fn. 76), S. 569.

[120] *H. Dreier,* in: ders., Kommentar zum GG, Bd. I, 1996, zu Art. 2 I Rz. 46.

[121] *P. Badura*, Staatsrecht, 2. Aufl. 1996, C Rz. 28, S. 106 für den Grundsatz der Verhältnismäßigkeit.

[122] *R. Alexy*, Theorie der Grundrechte, 1985, S. 316 bezeichnet die entsprechende Formulierung des BVerfG in E 20, 150 (159) – Sammlungsgesetz, als »Abwägungspostulat«.

[123] E 17, 306 (314) – Mitfahrzentrale; E 30, 292, 316; E 90, 145, 173; weitere Nachweise bei *H. Dreier*, aaO. (Fn. 120).

[124] *L. Michael*, aaO. (Fn. 3), S. 262 ff. und *ders.,* aaO. (Fn. 72).

[125] Zuletzt BVerfGE 96, 1 (6) m.w.N.

[126] Vgl. Fn. 118.

Rechtsunsicherheiten führen und birgt die Gefahr der Willkür. Dieses Problem läßt sich auch neutral formulieren, nämlich als Phänomen der Gewaltenverteilung: Die Abwägungslehre überträgt ein Stück normativer Verantwortung auf den Normanwender und -interpreten. Der Verfassunggeber nimmt alle Gewalten in die Verantwortung, bei der Verfassungsinterpretation Gerechtigkeit walten zu lassen. Der Gesetzgeber überträgt bei der Formulierung komparativer Normen auch auf einfachrechtlicher Ebene Wertungsverantwortung auf die Exekutive und die Rechtsprechung. Mit der Methode der Abwägung ist die Frage verknüpft, welche staatliche Instanz letztverbindlich die dabei entstehenden Wertungsfragen zu entscheiden hat.

Im Bereich des Verfassungsrechts gibt die Abwägungslehre dem BVerfG die Möglichkeit, Wertentscheidungen letztverbindlich an sich zu ziehen. Wegen der Allgemeinheit der Verfassungsprinzipien birgt dies die Gefahr, daß das BVerfG seine Wertungen in allen Rechtsbereichen an Stelle der primär zuständigen Hoheitsträger setzt. Diesem Vorwurf ist die Abwägungslehre immer wieder ausgesetzt.[127] Sie sollte dem jedoch entgegentreten: Die Methode der Abwägung wirft zwar die Frage der Wertungszuständigkeit auf. Diese ist aber nicht automatisch zugunsten des BVerfG zu beantworten. Zwar wäre eine Bündelung der Wertungszuständigkeit in einer zentralen Instanz geeignet, Wertungsspielräume richterrechtlich zu verringern. Aber die Pluralität der Verfassungsinterpreten[128] ist dem Abwägungsmodell immanent. Die Abwägungslehre sollte als Chance begriffen werden, Entscheidungsverantwortung auch »nach unten« zu verlagern. Das GG bindet nicht umsonst alle Hoheitsträger »unmittelbar«. Es setzt voraus, daß alle Hoheitsgewalt verantwortungsbewußt im Lichte des GG ausgeübt wird – und dies nicht allein unter dem Druck der Kontrolle durch das BVerfG. Das BVerfG hat zwar die Aufgabe, zu kontrollieren, *daß* diese Art der Verantwortung ernst genommen wird. Die Beschränkung der Kontrolldichte,[129] das Einräumen von Interpretations-,[130] Einschätzungs-,[131] Beurteilungs-,[132] Gestaltungs-[133] und Ermessensspielräumen[134] soll verhindern, daß das BVerfG den primären Entscheidungsträgern ihre Verantwortung *abnimmt*. Jedes Gegenmodell zur Abwägung muß den Gehalt der Verfassungsnormen auf Kernbereiche reduzieren. Dabei kann man sich auf den Gedanken stützen, das Grundgesetz normiere nur einen verfassungsrechtlichen Mindeststandard. Dieser sei im Zweifel eng zu verstehen und abstrakt (d.h. über den Einzelfall hinaus) definierbar. Der Vorteil solcher Tendenzen besteht darin, daß es zu umso weniger Kollisionen kommt, je enger der Anwendungsbereich der Verfassungsnormen gesteckt wird. Im engeren Rahmen dieses Kernbereichs lassen

---

[127] Vgl. Sondervotum *Mahrenholz/Böckenförde* BVerfGE 69, 1, 57 (63).

[128] *P. Häberle*, Die offene Gesellschaft der Verfassungsinterpreten, JZ 1975, S. 297ff., auch in: *ders.*, Die Verfassung als öffentlicher Prozeß, 3. Aufl. 1998, S. 155ff. sowie *ders.*, Die Verfassung des Pluralismus, 1980, S. 79ff.

[129] Vgl. die kritischen Bemerkungen des Sondervotums *Katzenstein* in BVerfGE 74, 9, 28ff.

[130] Vgl. Fn. 118.

[131] Vgl. BVerfGE 62, 1 (50) und E 77, 84 (106) je m.w.N.

[132] Ebenda.

[133] BVerfGE 80, 188 (220). Vgl. auch *H.-D. Horn*, Experimentelle Gesetzgebung unter dem Grundgesetz, 1989, S. 95ff., der im Zusammenhang mit den Prognosespielräumen auch die Kategorien »Anpassungs- und Erfahrungsspielraum« (S. 125ff.) erörtert.

[134] Vgl. BVerfGE 62, 1 (50) m.w.N.

sich ein höherer Schutz und mehr Rechtssicherheit erreichen.[135] Aber auch der Nachteil dieses Ansatzes ist evident: Er führt zu einer Beschränkung der Tragweite vieler Prinzipien. Er verkennt die Bedeutung der Verfassung über den Bereich der verfassungsgerichtlichen Kontrolldichte hinaus. Auch sein Vorteil darf nicht überschätzt werden, da sogar im Bereich des Mindeststandards Kollisionen auftreten, wenn nämlich – wie etwa bei der Abtreibungsproblematik – Verfassungsgüter in ihrem Kernbereich aufeinanderprallen. Deshalb lassen sich allenfalls Tendenzen feststellen und vertreten, die Abwägung entweder »nur als letzten Ausweg«[136], oder als Normalfall und »Dauerzustand«[137] hinzunehmen. Umgekehrt läßt sich auch die Idee des Kernbereichs entweder als extreme Schranke innerhalb des Abwägungsmodells oder aber als methodisch erstrebenswertes Grundmodell begreifen. Auch die Kritiker der Verhältnismäßigkeit i.e.S., die vor einem »Abwägungsenthusiasmus«[138] warnen, kommen über eine erweiterte Erforderlichkeitsprüfung[139] letztlich wieder zu Abwägungsfragen zurück.

Die Rechtsprechung des BVerfG verwendet das Abwägungsmodell wie ein Grundmodell,[140] arbeitet aber immer wieder Kernbereiche heraus, sei es als Grenze der Abwägbarkeit bzw. Gestaltungsfreiheit[141], als Grenze der Beschränkungen der Kontrolldichte[142] oder als Grenze des Normbereichs[143]. Tatsächlich verbirgt sich hinter dem Grundsatz der Verhältnismäßigkeit mehr als nur eine Abwägungs- und Argumentationsstruktur. Der Begriff »Verhältnismäßigkeit« steht für verschiedene Abwägungsprozesse. Es lassen sich drei Argumentationsmodelle (mit Varianten) unterscheiden: das Übermaßverbot als Schranke gegenüber Eingriffen in Freiheiten, das Untermaßverbot als Regulativ grundrechtlicher Schutzpflichten und die Schranke der Gleichheitssätze.[144]

b) An dieser Stelle soll auch ein Blick auf die verwaltungsrechtliche *Ermessenslehre* geworfen werden.[145] Ermessensnormen stehen im Gegensatz zu starren Tatbestandsmerkmalen, deren Voraussetzungen und Rechtsfolgen zwingend miteinander verknüpft sind. Der Subsumtionsschluß läßt kein Ermessen zu. Jede Entscheidungsalternative ist hier ausgeschlossen. Die Verneinung einer Rechtsfolge trotz Vorliegens der hinreichenden Voraussetzungen oder die Bejahung einer Rechtsfolge trotz Fehlens einer notwendigen Voraussetzung wäre schlicht Willkür, es sei denn, man verläßt mit

---

[135] Vgl. *F. Ossenbühl*, Abwägung im Verfassungsrecht, in: W. Erbguth u.a. (Hrsg.), Abwägung im Recht, Symp. f. W. Hoppe, 1996, S. 25 (33ff.).

[136] *B. Pieroth / B. Schlink*, Grundrechte Staatsrecht II, 15. Aufl. 1999, Rz. 594.

[137] Vgl. *L. Michael*, aaO. (Fn. 3), S. 144 m.w.N.

[138] *B. Schlink*, Abwägung im Verfassungsrecht, 1976, S. 127; kritisch *L. Michael*, aaO. (Fn. 3), S. 141ff.

[139] Kritisch hierzu auch *K. Stern*, aaO. (Fn. 8), § 84 III 9 b, S. 812.

[140] Von einem »Spannungsverhältnis« und der »Abwägung der einander widerstreitenden Interessen« spricht das BVerfG in E 51, 324 (345); vgl. auch E 17, 108 (117); 27, 211 (219); 35, 202 (225f.); 44, 353 (373).

[141] BVerfGE 69, 1 (32).

[142] Vgl. BVerfGE 80, 188, (220).

[143] Sondervotum *Mahrenholz / Böckenförde* BVerfGE 69, 1, 57 (60) spricht von »unmittelbar normativem Gehalt«.

[144] Ausführlich hierzu *L. Michael*, Die drei Argumentationsstrukturen des Grundsatzes der Verhältnismäßigkeit – Zur Dogmatik des Über- und Untermaßverbotes und der Gleichheitssätze, JuS 2000 (i. E.).

[145] Den Zusammenhang zwischen Ermessens- und Abwägungslehre stellt auch *H.-J. Koch*, Die normtheoretische Basis der Abwägung, in: W. Erbguth, aaO. (Fn. 135), S. 23f. her.

entsprechendem Begründungsaufwand das Subsumtionsmodell ausdrücklich (teleologische Reduktion bzw. Analogie).[146] Die komparative Verknüpfung zwischen Voraussetzungen und Rechtsfolgen hingegen läßt strukturell einen Entscheidungsspielraum entstehen. Die Entscheidungsalternativen werden hier jedoch nicht willkürlich behandelt. Sie sind vielmehr an den komparativen Elementen auszurichten und damit an rechtlich vorgegebenen Direktiven, derentwegen wir von »rechtlich gebundenem Ermessen« sprechen können.

Das läßt sich zusammenfassend auf folgende Formel bringen: Innerhalb des Subsumtionsmodells verbietet sich Ermessen. Komparative Systeme hingegen bedürfen einer methodenrechtlichen Handhabung, die im Verwaltungsrecht mit Ermessensbindung und -kontrolle beschrieben wird. Es sei noch darauf hingewiesen, daß die überkommene Unterscheidung zwischen unbestimmtem Rechtsbegriff (auf Tatbestandsseite) und Ermessen (auf Rechtsfolgenseite) an dieser strukturellen Unterscheidung vorbeigeht und deshalb auch in der Praxis letztlich mehr Unklarheit als Klarheit geschaffen hat: Die Behauptung, daß unbestimmte Rechtsbegriffe unbeschränkt überprüfbar seien, hat zu den zahlreichen und unübersichtlichen Ausnahmen der sogenannten »Beurteilungsspielräume« geführt. Umgekehrt mußten zahlreiche[147] Tatbestände mit einer ins Ermessen gestellten Rechtsfolge in der Praxis »auf Null reduziert« werden. Deshalb wäre es sogar einfacher, von vornherein Ermessensnormen i.S.d. §§ 40 VwVfG und 114 VwGO strukturell zu definieren: als komparative Normen. Zudem wäre dann die kaum vor Art. 20 III und 19 IV GG zu rechtfertigende, aber gängige[148] analoge Anwendung des § 40 VwVfG bei den Beurteilungsspielräumen überflüssig.

c) Im Europarecht gilt der Grundsatz der Verhältnismäßigkeit als »übergreifende Leitregel allen Gemeinschaftshandelns«[149]. Dies hat auch die Rechtsprechung des EuGH bestätigt.[150] Bemerkenswerterweise haben der EuGH[151] und der EGMR[152] schon Jahre vor der »neuen Formel« des BVerfG den allgemeinen Gleichheitssatz mit dem Grundsatz der Verhältnismäßigkeit zusammengedacht.

Während dem BVerfG bisweilen ein Zuviel an Abwägung und Kontrolle vorgeworfen wird, wird an der Rechtsprechung des EuGH oft ein Abwägungsdefizit be-

---

[146] Hierbei handelt es sich jedoch methodisch um die (ungeschriebene) Ergänzung bzw. Ersetzung von Tatbestandsmerkmalen. Die Anwendung des reduzierten bzw. analogen Tatbestandes kann gegebenenfalls wieder rein konditional erfolgen. Siehe hierzu *L. Michael*, aaO. (Fn. 3), S. 128–133.

[147] Kritisch hierzu *K.-E. Hain / V. Schlette / Th. Schmitz*, Ermessen und Ermessensreduktion, AöR 122 (1997), S. 32 (57ff.).

[148] Hiergegen bereits *H. Ehmke*, »Ermessen« und »unbestimmter Rechtsbegriff« im Verwaltungsrecht, 1960 in: Recht und Staat 230/231, S. 32; vgl. hierzu *P. Häberle*, Öffentliches Interesse als juristisches Problem, 1970, S. 495 und 595ff.; ausführlich *L. Michael*, aaO. (Fn. 3), S. 160–178. M.E. ließe sich die Konstruktion von Ausnahmen im Rahmen des Art. 19 IV GG bei *E. Schmidt-Aßmann*, Das allgemeine Verwaltungsrecht als Ordnungsidee, 1998, S. 190f., die konsequent auf »eine entsprechende Ermächtigung« (ebd. S. 191) abstellt, in diesem Sinne fortschreiben.

[149] *I. Pernice*, Grundrechtsgehalte im Europäischen Gemeinschaftsrecht, 1979, S. 206f.

[150] Vgl. nur Slg. 1980, S. 1978 (1997).

[151] Slg. 1962, S. 653 – Schrottumlage: »...ohne, daß dieser Unterschied der Behandlung durch Vorliegen objektiver Unterschiede von einigem Gewicht gerechtfertigt wäre.«

[152] EuGRZ 1975, S. 301; Zum gemeineuropäisch werdenden Grundsatz der Verhältnismäßigkeit im Rahmen der EMRK vgl. *J.A. Frowein*, in: ders./Peukert, EMRK-Kommentar, 2. Aufl. 1996, Vorb. zu Art. 8–11, Rz. 17.

mängelt, sobald dieser bloße Evidenzkontrolle ausübt.[153] Hier stellt sich die Frage, ob nicht mit zweierlei Maß gemessen wird: Wird das Schutzniveau des BVerfG nicht bisweilen überschätzt und dem EuGH manchmal richterliche Zurückhaltung zu Unrecht als Rückständigkeit vorgeworfen? Wie auch die nationale Verfassungsrechtsdogmatik von der Rechtsprechung des EuGH befruchtet werden kann, beweist die geradezu umgekehrte Diskussion in Österreich darum, wie das Verfassungsrecht den europäischen Schutzstandard erreichen kann.[154] Das vom BVerfG einseitig ausgerufene »Kooperationsverhältnis«[155] zum EuGH birgt die Chance zu einer gegenseitigen Bereicherung.[156] Der EGMR sollte hierbei mit eingebunden werden.[157]

4. Erkenntnisse aus dem Methodikvergleich

Die Gegenüberstellung komparativer Strukturen und ihrer dogmatischen Behandlung in den verschiedenen Rechtsgebieten hat einerseits parallele Phänomene und Überlegungen, andererseits spezifische Besonderheiten offengelegt. Das Erkennen sowohl der Gemeinsamkeiten als auch der Unterschiede kann die in den Einzelrechtsgebieten geführten Diskussionen bereichern. Hierzu einige Anmerkungen:

a) Zunächst ist auf die strukturelle Gemeinsamkeit der verschiedenen dogmatischen Theorien hinzuweisen.[158] Sie liegen in der »Je-desto-Struktur«, d.h. in der graduellen Berücksichtigung rechtserheblicher Belange. Deshalb sollte die Rechtstheorie einen Oberbegriff[159] für dieses bisher noch so vielfältig bezeichnete Phänomen verwenden. Hierzu eignet sich am besten der Begriff des Komparativs in den Erscheinungsformen der komparativen Elemente, Systeme bzw. Normen[160]. Der Begriff des Rechtsprinzips[161] entspricht strukturell dem des komparativen Elements, bezeichnet aber gebräuchlicherweise nur grundlegende Belange,[162] nicht jedoch die Elemente spezialge-

---

[153] Vgl. auch *L. Michael*, Die Wiedervereinigung und die europäische Integration als Argumentationstopoi in der Rechtsprechung des Bundesverfassungsgerichts, AöR 124 (1999), S. 583ff.; *S. Storr*, aaO. (Fn. 76), S. 567; *Chr. Heitsch*, Prüfungspflichten des BVerfG unter dem Staatsziel der europäischen Integration, EuGRZ 1997, S. 461 (467).

[154] Vgl. *Chr. Pollak*, Verhältnismäßigkeit und Grundrechtsschutz in der Judikatur des Europäischen Gerichtshofs und des Österreichischen Verfassungsgerichtshofs, 1991, S. 148ff. und die Überlegungen von *L. Michael*, Buchanzeige hierzu, AöR 124 (1999), i. E.

[155] BVerfGE 89, 155 (175). Vgl. hierzu *R. Streinz*, in: J. Ipsen u.a. (Hrsg.), Verfassungsrecht im Wandel – FS Heymanns-Verlag, 1995, S. 663ff.; *M. Heintzen*, Die »Herrschaft« über die Gemeinschaftsvertäge, AöR 119 (1994), S. 564 (583ff.); kritisch zu dem Begriff *P. Badura*, Staatsrecht, 2. Aufl. 1996, Rz. D 154.

[156] Vgl. auch *L. Michael*, aaO. (Fn. 77).

[157] Zum Verhältnis des EGMR zu den nationalen Verfassungsgerichten vgl. EGMR, EuGRZ 1997, S. 405 – Probstmeier; zum Verhältnis des EGMR, zum EuGH vgl. EGMR EuGRZ 1999, S. 200 – Matthews.

[158] Hierzu *L. Michael*, aaO. (Fn. 3), S. 50–114; zustimmend *C.-W. Canaris*, Das Rangverhältnis der klassischen Auslegungskriterien, demonstriert an Standardproblemen aus dem Zivilrecht, in: FS f. D. Medicus, 1999, S. 25 (59).

[159] S.o. Fn. 14.

[160] Zu diesen drei Kategorien vgl. *L. Michael*, aaO. (Fn. 3), S. 117–122.

[161] Grundlegend *R. Alexy*, aaO. (Fn. 6)

[162] *E. Schmidt-Aßmann*, Verwaltungslegitimation als Rechtsbegriff, AöR 116 (1991), S. 329 (334) unterscheidet Prinzipien von »klar fixierten« Dogmen einerseits und vorgelagerten Ideen andererseits.

setzlicher komparativer Normen. Die sogenannten »beweglichen Systeme« bezeichnen nur den (seltenen) Fall totaler Austauschbarkeit und Gleichwertigkeit verschiedener Elemente.[163]

b) Bei den unterschiedlichen Stellungnahmen zum Problem der Spielräume der Abwägung fällt ein Dilemma auf: Es werden nebeneinander zwei gegenläufige Tendenzen kritisiert. Einerseits wird die Gefahr beschworen, daß sich die letztentscheidenden Instanzen, insbesondere das BVerfG, durch ihre Abwägungsmodelle vorbehalten, die Würdigung der Einzelfallumstände, die doch Sache der Tatsacheninstanzen sei, an sich zu ziehen. Dieser Gefahr läßt sich dadurch begegnen, daß komparative Systeme stets mit einer differenzierten, abgestuften Kontrolldichte zu handhaben sind. Reduzieren jedoch die Revisionsinstanzen sowie das BVerfG die Kontrolldichte, wird andererseits beklagt, die Einheitlichkeit der Handhabung sei gefährdet und die Ermessensspielräume führten zu unkontrollierbaren Entscheidungen. Dieses Dilemma ist komparativen Strukturen immanent. Daraus jedoch den Schluß zu ziehen, »Wenn-dann-Strukturen« seien »Je-desto-Strukturen« rechtspolitisch vorzuziehen, wäre voreilig.[164]

c) Die *Probleme* komparativer Systeme, insbesondere im Hinblick auf die Rechtssicherheit, zeigen sich in allen Rechtsbereichen gleichermaßen. Umso mehr fällt auf, daß die Reaktionen darauf so unterschiedlich sind. Am schärfsten hat sich *Pawlowski* gegen die sogenannten »beweglichen Systeme« gewendet, ihnen die »Erkennbarkeit des Rechts«[165] abgesprochen und die »Möglichkeit zur Rechtfertigung von Willkür«[166] vorgeworfen. Solche Formulierungen in einem Lehrbuch zur Methodenlehre erwecken den Eindruck, daß die Zivilistik und die von ihr dominierte Methodenlehre »ihren« *Wilburg* (noch) nicht akzeptiert. Demgegenüber ist bemerkenswert, wie die Vereinigung der deutschen Staatsrechtslehrer darauf reagierte, als *Hill*[167] 1988 auf ihrer Tagung die Lehre *Wilburgs* zur Bewältigung von Problemen der Leistungsgesetzgebung vorschlug. Damals wurde in der Diskussion (zu Recht) gefragt, »ob dies eigentlich im Ergebnis etwas anderes ist als die Technik der Gesetzesauslegung und -konkretisierung, wie wir sie bislang gewohnt sind.«[168]

Die Selbstverständlichkeit, mit der komparative Strukturen im öffentlichen Recht behandelt werden, bedeutet nicht, daß hier Wissenschaft und Praxis unkritisch mit der Rechtssicherheit umgingen. Im Gegenteil ringt etwa die Ermessenslehre um die Benennung und Handhabung der Kriterien der Ermessensausübung, während etwa der BGH immer wieder unpräzise von der »Berücksichtigung aller Umstände des Einzelfalls«[169] spricht. Das Bemühen um die Rationalisierung komparativer Strukturen ist ein Dienst an der Rechtssicherheit. M.E. kritisiert die Zivilrechtsdogmatik und Methodenlehre zuviel das »ob« und vernachlässigt dabei das »wie« der Anwendung kom-

---

[163] *L. Michael*, aaO. (Fn. 3), S. 55 u. 116f.

[164] Hierzu unter V. 4.

[165] *H.-M. Pawlowski*, aaO. (Fn. 3), Rz. 230.

[166] *H.-M. Pawlowski*, aaO., Rz. 233. Hiergegen *L. Michael*, aaO. (Fn. 3), S. 64ff.

[167] *H. Hill*, Gesetzesgestaltung und Gesetzesanwendung im Leistungsrecht, VVDStRL Heft 47 (1989), S. 172 (181ff.).

[168] *R. Breuer*, Diskussionsbeitrag in VVDStRL Heft 47 (1989), S. 245.

[169] Hierzu vgl. *K. Larenz/C.-W. Canaris*, Schuldrecht II/2, 13. Aufl. 1994, § 80 II 5 b und III 1 b sowie etwa BGHZ 24, 72 (80) oder 62, 331 (334).

parativer Systeme. Diesen methodenrechtlichen Vorsprung verdankt das öffentliche Recht als relativ junge Disziplin vielleicht seiner »Unbefangenheit« im Vergleich zur auf dem römischen Recht basierenden Tradition der Zivilistik.

d) ·Bemerkenswerterweise wurden die *Vorteile* der komparativen Einzelfallabwägung vor einer rein konditional geprägten Kasuistik gerade im Hinblick auf das Strafrecht formuliert, obwohl doch in diesem Bereich ein besonders hohes Bedürfnis nach Rechtssicherheit besteht: So wurden »bewegliche Systeme« als geeignete Alternative zur »willkürlichen (sic!) Rigidität quantitativer Normen nach der Art der altfränkischen Sühnegeldkataloge«[170] bezeichnet. In der Strafrechtsdogmatik wurde die Regelbeispielstechnik des § 243 StGB gerade deshalb als Fortschritt angesehen, da sie »die unbefriedigenden Ergebnisse der früheren Tatbestandskasuistik zu vermeiden«[171] vermag. Das zeigt, daß auch die konditionalen Strukturen traditioneller Tatbestandsbildung wegen ihrer Starrheit Nachteile mit sich bringen, die bis zum Willkürvorwurf reichen können. Willkür ist zugleich der schärfste Vorwurf, der gegen die sogenannten »beweglichen Systeme« erhoben wurde.[172] Aus verfassungsrechtlicher Perspektive legitimieren sich komparative Systeme wegen[173] und nicht trotz[174] Art. 3 I GG. Umgekehrt ist die Kasuistik mit ihren aus Praktikabilitätsgründen erforderlichen Typisierungen[175] z.B. des Steuerrechts[176] nicht Ausfluß des Gleichheitssatzes, sondern vor Art. 3 I GG zu rechtfertigen.[177] Der Gleichheitssatz erlaubt, ja spricht für einzelfallbezogene Differenzierungen, sofern diese gleichmäßig erfolgen. Demgegenüber verlangt Art. 3 I GG im Hinblick auf typisierende Gleichbehandlungen, daß diese möglichst differenziert erfolgen.

e) Eine Forderung, die alle Rechtsgebiete betrifft, ist auch, Art. 3 I GG als Methodennorm[178] zu begreifen.[179] Der Gleichheitssatz ist neben dem Verhältnismäßigkeitsprinzip die zentrale Abwägungsdirektive, die zur Rationalität, Gleichmäßigkeit und letztlich zur Rechtssicherheit einen entscheidenden Beitrag leistet. Mit der Betonung des verfassungsrechtlichen Methodenrechts soll nicht eine verschärfte Kontrolldichte des BVerfG gegenüber den ordentlichen Gerichten verbunden sein. Das BVerfG würde sonst zur Superrevisionsinstanz.[180] Vielmehr sollen sich alle Hoheitsträger ihrer ei-

---

[170] *G. Otte,* aaO. (Fn. 14), S. 317.

[171] *A. Eser,* in: Schöncke/Schröder, StGB-Kommentar, 25. Aufl. 1997, zu § 243 Rz. 1.

[172] S.o. Fn. 166.

[173] *L. Michael,* aaO. (Fn. 3), S. 67f. und passim. Vgl. auch *H. Hill,* aaO. (Fn. 167), S. 172ff., S. 184 und *R. Westerhoff,* Die Elemente des beweglichen Systems, 1991, S. 67f.

[174] So aber *H.-M. Pawlowski,* aaO. (Fn. 3), Rz. 231. Auch *C.-W. Canaris,* aaO. (Fn. 84), S. 83 entnimmt dem Gleichheitssatz eine »generalisierende Tendenz des Gerechtigkeitsgebots«.

[175] Vgl. statt aller *W. Heun,* aaO. (Fn. 73), Rz. 31.

[176] Ebenda Rz. 67 m.w.N. Aus der Rspr. zuletzt BVerfGE 96, 1.

[177] Vgl. z.B. BVerfGE 69, 1 (52). M.E. ist es unglücklich, daß das BVerfG z. T. die Übersichtlichkeit und Verständlichkeit einer Regelung als Forderung des Gleichheitssatzes und nicht als Rechtfertigung für die Typisierung bezeichnet (E 96, 1), dann aber (richtig) von »vertretbarer Typisierung« spricht (E 96, 1 (8)).

[178] *L. Michael,* aaO. (Fn. 3), S. 18f., 39ff., 223ff. und passim.

[179] *P. Kirchhof,* Der allgemeine Gleichheitssatz, HdBStR V, 1992, § 124 Rz. 1ff. stellt Art. 3 Abs. 1 GG in den allgemeinen Kontext von Vergleichungen.

[180] Zur Bindung der Rechtsprechung an Art. 3 I GG und zur Rolle des BVerfG dabei vgl. *W. Heun,* aaO. (Fn. 72), Rz. 53.

genen Verantwortung gegenüber dem Verfassungsrecht bewußter werden.[181] In diesem Sinne ist jedes Gericht als Verfassungsgericht zu verstehen.[182]

V. Rechtspolitische Tendenzen: Chancen und Gefahren komparativer Systeme

Komparative Systeme gewinnen in der modernen Jurisprudenz an Bedeutung. Der Gesetzgeber tendiert dazu, Normen als Zielvorgaben, Tatbestandsmerkmale als komparative Elemente zu formulieren. Diese Entwicklung läßt sich in allen Rechtsgebieten nachweisen:

1. Zivilrecht

Der deutsche Gesetzgeber bevorzugt in jüngerer Zeit immer häufiger Tatbestandsbildungen mit Wertungsspielraum. Wenn etwa in § 10 AGBG Fälle aufgezählt werden, in denen Allgemeine Geschäftsbedingungen »*insbesondere*« unwirksam sind, so steht dies im ausdrücklichen Gegensatz zu den Tatbeständen des § 11 AGBG, die ohne Wertungsmöglichkeit zwingend zur Unwirksamkeit einer Klausel führen. Auf der anderen Seite gibt der Gesetzgeber dem Richter in § 10 AGBG tatbestandliche Anhaltspunkte, die über das Normprogramm der Generalklausel des § 9 AGBG hinausgehen. Dabei enthält diese Generalklausel selbst bereits eine Zweifelsregel mit zwei Alternativen (§ 9 II Nrn. 1 u. 2 AGBG). Gäbe es zwischen § 9 und § 11 AGBG keine solche Klausel mit Wertungsmöglichkeit, hätte die Rechtsprechung wohl selbst entsprechende Fallgruppen herausgebildet. Der Gesetzgeber scheint hier bemüht zu sein, richterrechtliche Tatbestandsbildungen wenigstens in Teilbereichen entbehrlich zu machen.

Als zweites Beispiel sei hier die verschiedene Behandlung des Mitverschuldens erwähnt: Die Errungenschaft der komparativen Berücksichtigung des Mitverschuldens in § 254 BGB wird vor allem im Vergleich zu den rigiden Ausschlußtatbeständen sichtbar, die an anderen Stellen des BGBs normiert sind (§§ 122 II, 179 III 2, 307 I 2 und 839 III) und die zu einer »Alles-oder-nichts-Lösung« führen. Reformbestrebungen des Gesetzgebers gehen von der Überlegenheit der komparativen Lösung aus. Bezeichnenderweise schlägt die Schuldrechtsreformkommission einerseits die Aufhebung des rigiden § 307 BGB und gleichzeitig die Normierung der culpa in contrahendo (für die der flexible § 254 BGB gilt) vor.[183] Auch die Rechtsprechung tendiert seit langem dazu, jene rigiden Ausschlußtatbestände restriktiv zu handhaben, die komparative Lösung des § 254 BGB hingegen extensiv.[184] Die bisweilen ausufernde Handhabung der bislang ungeschriebenen culpa in contrahendo hat nicht zuletzt ihren Grund in der daraus folgenden Anwendbarkeit des § 254 BGB.

---

[181] Zu grundgesetzlichen Gewährleistungen, die die Landesverfassungsgerichte »zu beachten« haben, was das BVerfG aber gleichwohl »nicht kontrolliert« jetzt BVerfGE 96, 231 (244).

[182] *P. Häberle,* Diskussionsbeitrag in: Erbguth, aaO. (Fn. 135), S. 43 (44).

[183] Abgedruckt in Münch-Komm zum BGB, 3. Aufl. 1994, Einl. zu Band 2, vor § 241 Rz. 103. Vgl. auch *D. Medicus,* Vorschläge zur Überarbeitung des Schuldrechts, NJW 1992, S. 2384 (2386f.).

[184] S. o. Fn. 88; dabei verfährt die Rechtsprechung innerhalb der Anwendung des § 254 bei der c. i. c. nach *V. Emmerich,* in: Münch-Komm Bd. 2, 3. Aufl. 1994, vor § 275 Rz. 196 restriktiv; s. auch Fn. 185.

2. Strafrecht

Angesichts des dogmatischen Streits um Abwägungen, der methodischen Vorbehalte gegen sogenannte »bewegliche Systeme« in der Wissenschaft und trotz der Tendenzen des Gesetzgebers zu komparativen Normen soll hier nicht der Eindruck erweckt werden, komparative Strukturen seien eine Entdeckung des modernen Gesetzgebers, der sich Lehre und Praxis nur gezwungenermaßen beugten.

Der rechtfertigende Notstand zeigt vielmehr exemplarisch, daß auch Lehre und Praxis[185] komparative Strukturen entwickelt haben, die dann der Gesetzgeber nachträglich aufgegriffen und textlich fixiert hat (§ 34 StGB). Dabei hat sich durch die Gesetzgebung gegenüber dem gewohnheitsrechtlichen übergesetzlichen Notstand[186] bemerkenswerterweise inhaltlich keine Änderung ergeben.[187] Im Gegenteil wird über die Anwendbarkeit des § 34 StGB hinaus nach wie vor auf das allgemeine Prinzip des Interessenvorrangs zurückgegriffen, da ein striktes »Entweder–Oder« zwischen dem Eingreifen eines gesetzlich positivierten Rechtfertigungsgrundes und der Pflichtwidrigkeit »der Funktion der Rechtsordnung, durch Erwartungssicherung und Verhaltenssteuerung menschliches Verhalten zu regeln, nicht gerecht«[188] werde. Das zeigt, wie nah Chancen und Grenzen der Gesetzgebung bei komparativen Strukturen beieinanderliegen.

In der Literatur wurde auch die Regelbeispielstechnik des § 243 StGB überwiegend als methodischer Gewinn gelobt.[189] Zwar mag die anfängliche Euphorie einer Ernüchterung angesichts der neu entstandenen Probleme gewichen sein.[190] Die Hauptkritik richtet sich dabei aber nicht gegen die Wertungsspielräume des § 243 I StGB, sondern gegen die rigide Ausnahmeregelung des § 243 II StGB.[191] Außerdem wird die Rechtsprechung[192] zurecht darin kritisiert, durch eine Gesamtbetrachtung das Ringen des Gesetzgebers um beispielhafte Typisierung und Konkretisierung der unbenannten Strafänderungsgründe zu unterlaufen.[193] Bezeichnenderweise hat der Gesetzgeber jetzt eines der Regelbeispiele, nämlich den Wohnungseinbruch (§ 243 I Nr. 1 a.F.) aus der komparativen Wertung herausgenommen und in das Konditionalprogramm des § 244 I Nr. 3 StGB n. F. aufgenommen.

---

[185] Grundlegend RGSt 61, 242 (254); hierzu vgl. *Th. Lenckner*, Der Grundsatz der Güterabwägung als allgemeines Rechtfertigungsprinzip, GA 1985, S. 295ff. Ein Musterbeispiel eines vom BGH entwickelten komparativen Systems bietet auch BGHZ 121, 161 (165f.) für die Bestimmung der Kriterien eines Beamten im haftungsrechtlichen Sinne.

[186] Hierzu *Th. Lenckner*, Der rechtfertigende Notstand, 1965, S. 50ff.

[187] *Th. Lenckner*, in: Schöncke/Schröder, StGB-Kommentar, 25. Aufl. 1997, zu § 34 Rz. 2 m.w.N. auf die Rechtsprechung.

[188] *H. Otto*, Grundkurs Strafrecht, Allgemeine Strafrechtslehre, 5. Aufl. 1996, § 8 Rz. 201, S. 136.

[189] *A. Eser*, aaO. (Fn. 171), zu § 243 Rz. 1; anders jedoch *R.-P. Calliess*, Der Rechtscharakter der Regelbeispiele im Strafrecht, NJW 1998, S. 929ff.

[190] *A. Eser*, ebenda Rz. 3.

[191] *W. Küper*, Die Geringwertigkeitsklausel des § 243 II StGB als gesetzestechnisches Problem, NJW 1994, S. 349f.

[192] Vgl. BGHSt 29, 322.

[193] *H. Otto*, Grundkurs Strafrecht, Die einzelnen Delikte, 5. Aufl. 1998, § 41, Rz. 3, S. 163.

3. Öffentliches Recht

Auch im öffentlichen Recht nutzt der moderne Gesetzgeber komparative Strukturen. Dabei ist seine Bestrebung zu beobachten, soweit wie möglich die relevanten Wertungskriterien vorzugeben. Auch in bereits bewährten komparativen Normen wird der Kriterienkatalog gelegentlich ergänzt. So ist auch in der Neubekanntmachung des BauGB vom 27. August 1997 einerseits § 1 VI BauGB unangetastet geblieben und andererseits § 1 V 2 BauGB einmal mehr um einen weiteren Belang (Nr. 10) ergänzt und damit verfeinert worden.

Auch die textliche Fixierung der *Gesetzeszwecke* im Umweltrecht in den jeweiligen §§ 1 des AtG, BImSchG, KrW-/AbfG, UVPG, FlurbG, PflSchG, TierSchG, BundeswaldG bzw. der *Ziele und Grundsätze* des Naturschutzes in den jeweiligen §§ 1 und 2 BNatSchG bzw. ROG zeigt, wie häufig der Gesetzgeber inzwischen komparative Elemente in Normen gießt. Erwähnt sei auch der neue Art. 20 a GG.

Ein neuer, geradezu schulmäßiger Beispielsfall für komparative Systeme ist auch die Idee des sogenannten »integrierten Umweltschutzes«, die neue Probleme komplexer Abwägungen aufwirft. Statt die Umweltmedien Luft, Wasser und Boden einzeln zu betrachten, soll die Umwelt danach als ungeteiltes Ganzes und die einzelnen Belastungsfaktoren je komparativ aufgefaßt werden. Hier entwickeln sich Entscheidungsstrukturen »von der konditional zur final programmierten Genehmigung«[194]. Die Rechtsfindung wird dabei zunehmend komplexer. Dies zu beklagen hieße aber, die Augen vor der Komplexität der rechtlich zu lösenden tatsächlichen Probleme zu verschließen. Die Komplexität zwischenmenschlicher, gesellschaftlicher, physikalischer etc. Probleme läßt sich nicht wegdiskutieren. Im Umweltbereich wird sie zunehmend offenbar. Das Recht muß sich mit seiner Methodik dieser Komplexität stellen, statt ihr auszuweichen. Probleme, die sich tatsächlich nicht monokausal erklären lassen, lassen sich auch rechtlich nicht allein mit Konditionalprogrammen befriedigend lösen.

Dennoch bleiben auch Zweifel: Die kritischen Gedanken, die in der Literatur gegen den »Abwägungsstaat«[195] als solchen formuliert wurden, sind ebensowenig zu überhören wie die Kritik im[196] und am BVerfG wegen dessen Abwägungsentscheidungen.

4. Stellungnahme

Abschließend soll auf die Frage eingegangen werden, ob komparative Systeme tatsächlich das Steuerungsmodell der Zukunft sein können und sollen, um die klassische, rein konditionale Tatbestandsbildung ganz oder teilweise zu ersetzen. Die Antwort auf diese Frage muß mehrere Dimensionen berücksichtigen und soll deshalb differenzierend ausfallen. Berührt sind das Verständnis der Gewaltenverteilung, der Stand der Methodenlehre sowie die Aspekte der Rechtssicherheit und Einzelfallgerechtigkeit.

---

[194] *U. Volkmann*, Umweltrechtliches Integrationsprinzip und Vorhabengenehmigung, VerwArch 89 (1998), S. 363 (387).

[195] Vgl. *W. Leisner*, »Abwägung überall« – Gefahr für den Rechtsstaat, NJW 1997, 636 (638f.) und *ders.*, Der Abwägungsstaat, 1997. Kritisch *E. Gassner*, Zur Abwägung als Maßstabsproblem, NJW 1998, 119f.

[196] Vgl. Sondervotum *Mahrenholz/Böckenförde* BVerfGE 69, 1, 57ff.

a) Die Frage, welche Hoheitsträger welche Art von Wertentscheidungen treffen sollten, ist eine Frage der *Gewaltenverteilung.*

Nach traditionellem Verständnis[197] ist es primär der Gesetzgeber, der die abstrakten Wertentscheidungen trifft, die im Einzelfall von der Verwaltung vollzogen werden und deren Einhaltung durch die Rechtsprechung kontrolliert wird.[198] Diese Vorstellung beruht zum einen auf dem Demokratieprinzip: Die wesentlichen Wertentscheidungen darüber, welche Belange überhaupt von rechtlicher Bedeutung sind, sollen dem demokratisch legitimierten Gesetzgeber vorbehalten bleiben. Sie ist zum anderen eng mit der Gewaltenteilung und der Methodenlehre verknüpft: Normvollzug ist danach in erster Linie Auslegung und Subsumtion.

Dieses klassische Modell wird freilich bereits im Grundgesetz »nirgends rein verwirklicht«[199], sondern an zahlreichen Stellen durchbrochen, etwa durch die Verordnungsermächtigung der Exekutive (Art. 80 I GG). Inzwischen sind jedoch Entwicklungen zu beobachten, die nicht mehr nur punktuell vom Ausgangsmodell abweichen, sondern das Wesen der Funktionsverteilung in Frage stellen. Durch die Verlagerung von Landeskompetenzen auf den Bund, von Bundes- und Landeskompetenzen nach Europa und durch die zunehmende Macht und Komplexität der Verwaltung[200] wird vor allem ein Funktionswandel der Parlamente bewirkt. Parlamente werden im Gegenzug verstärkt im Einzelfall tätig, sei es über die Petitionsausschüsse, oder jüngst in Form von Legalplanung[201]. Insgesamt wird schon seit längerem ein »Nachlassen parlamentarischer Gestaltungskraft«[202] konstatiert.

Deshalb muß der Demokratiegedanke neues Gewicht erhalten. Auf der einen Seite müssen Demokratiedefizite Europas abgebaut werden. Auf der anderen Seite müssen sich die Landtage und der Bundestag auf den kategorischen Imperativ zurückbesinnen, daß gute Maximen nur solche sind, die allgemein gelten. Art. 19 I 1 GG verbietet nicht zuletzt deshalb Einzelfallgesetze.

Aus diesen Gründen sollen die wesentlichen Wertentscheidungen möglichst allgemein und durch den demokratisch legitimierten Gesetzgeber getroffen werden. Das sagt aber noch nichts darüber, ob dies in rein konditionalen oder in komparativen Normen geschehen soll. Komparative Normen erfordern zwar im Einzelfall eine Wertentscheidung der Verwaltung bzw. Rechtsprechung. Das führt dazu, daß diese Gewalten ein höheres Maß an Verantwortung übernehmen. Ermessensermächtigung und Abwägungsauftrag korrespondieren mit einer Verantwortungsübertragung. So-

---

[197] Vgl. *W. Brohm*, Alternative Steuerungsmöglichkeiten als »bessere« Gesetzgebung? in: H. Hill (Hrsg.), Zustand und Perspektiven der Gesetzgebung, 1989, S. 217.

[198] *K. Hesse*, aaO. (Fn. 8), Rz. 486 spricht von »Grundfunktionen« der Gewalten und von »Grundtypen« ihrer Aufgaben.

[199] So bereits BVerfGE 3, 225 (247) (st. Rspr.), zuletzt E 95, 1 (15).

[200] *H.H. Klein*, HdBStR II, § 40 Rz. 43 spricht deshalb vom »schmalen Grad zwischen Effizienz und Verzettelung.«

[201] Vgl. hierzu BVerfGE 95, 1 sowie *W. Blümel*, Fachplanung durch Bundesgesetz (Legalplanung), DVBl. 1997, S. 204; zum Ausnahmecharakter dieser Rechtsprechung vgl. *L. Michael*, Die Wiedervereinigung und die europäische Integration als Argumentationstopoi in der Rechtsprechung des Bundesverfassungsgerichts, AöR 124 (1999), S. 583 ff.

[202] Vgl. bereits *E. Schmidt-Aßmann*, Das allgemeine Verwaltungsrecht als Ordnungsidee und System, 1982, S. 15.

weit sich die übertragene Wertungsverantwortung jedoch auf den Einzelfall bezieht, ist aus Gründen der Gewaltenteilung dagegen nichts einzuwenden.

b) Die Frage, ob der Gesetzgeber wie gefordert die wesentlichen Wertentscheidungen selbst trifft, wenn er einerseits rein konditionale, andererseits komparative Normen schafft, muß mit Hilfe der *Methodenlehre* beantwortet werden.

Komparative Normen bestimmen zunächst nur, *daß* ein Belang in die Abwägung einzustellen ist. Der Gesetzgeber verleiht ihm *Relevanz*, erst die Verwaltung bzw. Rechtsprechung werden dem Belang im konkreten Einzelfall sein relatives *Gewicht* zuweisen. Abwägung setzt strukturell voraus, daß sich das abstrakte Gewicht jedes komparativen Elements relativ zu anderen komparativen Elementen verhält. Dem Normanwender wird eine Gewichtung und Wertung anvertraut. Deshalb stellt sich die Frage, ob der Gesetzgeber hierbei seiner Aufgabe, Wertentscheidungen selbst zu treffen, noch gerecht wird. Diese Frage sollte nicht vorschnell verneint werden:

Erstens sollte man die gesetzgeberische Wertung nicht unterschätzen, die einem Gesichtspunkt ausdrücklich rechtliche Relevanz verleiht. Der Normanwender ist zwar ermächtigt, den Gesichtspunkt im Ergebnis hinter anderen zurücktreten zu lassen. Dabei ist zu fordern, dies mit dem graduellen Übergewicht anderer Belange in jedem Einzelfall zu begründen und damit offenzulegen, daß der verdrängte Belang berücksichtigt und welches Gewicht ihm beigemessen wurde. Dies ist auch bei beschränkter Kontrolldichte als Aspekt des Ermessensausfalls bzw. der Ermessensfehleinschätzung überprüfbar. Deshalb trifft der Gesetzgeber auch bei komparativen Normen Wertentscheidungen, die in der Rechtspraxis zu beachten sind. Gerade indem der Gesetzgeber einen Belang neben andere Prinzipien stellt, trifft er eine Wertentscheidung von allgemeiner Bedeutung.

Zweitens sollte man die Wertung, die sich in rein konditionalen Tatbeständen niederschlägt, nicht überschätzen. Der starre Tatbestand wirft vielmehr nur ein Schlaglicht auf eine bestimmte tatbestandlich fixierte Fallgruppe und zieht eine zwingende Konsequenz aus einer dahinterstehenden Wertung. Nicht selten bringt der Gesetzgeber mit einer Tatbestandskasuistik die Praxis in die Verlegenheit, teleologische Reduktionen und Analogien zu bilden und letztlich auf die Wertungen, die »hinter« dem Gesetz stehen, zurückzugreifen. Demgegenüber ist eine Tatbestandsbildung, die von vornherein einen Wertungsspielraum für den Einzelfall bietet, sogar methodisch ehrlicher und zu begrüßen. Die Neufassung des § 243 StGB als Regelbeispielkatalog im Vergleich zu der starren Kasuistik der Vorgängerregelung mag ein gutes Beispiel sein.

Drittens gibt es auch die Möglichkeit, das abstrakte Gewicht komparativer Elemente abzustufen. Zwar gehört es strukturell notwendig zu komparativen bzw. beweglichen Systemen, daß zwischen ihren Elementen kein *abstraktes Vorrangverhältnis* besteht, da es sonst nicht mehr zu einer Abwägung im konkreten Fall kommen könnte. Das Spannungsverhältnis zwischen komparativen Elementen ist also dadurch geprägt, daß es der *konkreten Gewichtung* der Belange bedarf.[203] Deshalb wird die »Gleichrangigkeit« der beweglichen Elemente häufig als deren Strukturmerkmal bezeichnet,[204]

---

[203] Vgl. *R. Alexy*, aaO. (Fn. 41), S. 17 zum »Kollisionstheorem«.
[204] *C.-W. Canaris*, aaO. (Fn. 84), S. 75.

wenngleich dies (nur) grundsätzlich[205] gelte und nicht strikt durchzuhalten[206] sei. Tatsächlich ist es denkbar, auch komparativen Elementen unterschiedliches Gewicht beizumessen, ohne ihre »bewegliche« Struktur zu zerstören.[207] Denn es sollte zwischen der zur Abwägung notwendigen »Gleich*rangig*keit« und der gleichwohl möglichen abstrakten »Ungleich*gewichtig*keit«, die die konkrete Gewichtung allenfalls tendenziell prägt, unterschieden werden.[208] So haben die Werte mit Verfassungsrang, etwa Art. 20 a GG[209], ein besonderes Gewicht, ohne damit sämtliche konkurrierenden Belange abstrakt auszuschließen. Innerhalb des Verfassungsrechts[210] verleihen Art. 79 III GG, der auch »unantastbare Grundelemente des Gleichheitssatzes«[211] umfaßt, und der zwar zeitlich begrenzte, aber dennoch wegen seiner Wertentscheidung nicht zu vergessende Art. 143 I 2 GG einzelnen Prinzipien eine herausgehobene Stellung. Das bedeutet für eine Abwägung, daß die Überwindung der dort genannten Prinzipien einen besonders hohen Grad der Betroffenheit anderer Belange und damit erheblichen Begründungsaufwand voraussetzt.

Das bedeutet für die rechtspolitischen Erwägungen, daß der Gesetzgeber auch komparativen Elementen unterschiedliches Gewicht beimessen kann. Er sollte dies auch zum Ausdruck bringen. Damit entfällt aber der Vorwurf, daß die Methode der Abwägung dem Gesetzgeber die tunliche Wertung erspart und ganz auf den Normanwender überträgt.

c) Ein rechtspolitischer Gesichtspunkt ist auch die *Rechtssicherheit*, die Vorhersehbarkeit von Entscheidungen. Stimmt es aber, daß jede Abwägung im Einzelfall unvorhersehbar und das Subsumtionsmodell aus Gründen der Rechtssicherheit überlegen ist?

Auf den ersten Blick bietet ein reines Konditionalprogramm das größtmögliche Maß an Rechtssicherheit, da der Subsumtionsschluß zwingend ist. Die »Wenn-dann«-Struktur macht aber nur in dem Maße Rechtsfolgen vorhersehbar, als die »Wenn«-Voraussetzungen, die Tatbestandsmerkmale, sicher zu bestimmen sind. Gerade dies ist aber nicht der Regelfall des juristischen Alltags. Die Auslegung von Tatbestandsmerkmalen beruht auf Argumentationsstrukturen, die selbst nicht selten komparativ geprägt sind. Hier werden häufig Argumente miteinander abgewogen. Der Kanon der Auslegungsmethoden ist selbst ein »flexibles Argumentationsgerüst«[212] und

---

[205] Ebenda.

[206] Ebenda S. 77 Fn. 19 unter Hinweis auf *W. Wilburg*, Zum Zusammenspiel der Kräfte im Aufbau des Schuldrechts, AcP 163, S. 346 Fn. 2; *ders.*, Entwicklung eines beweglichen Systems im bürgerlichen Recht, Rektoratsrede Graz 1951, S. 15.

[207] Vgl. bereits *B. Schilcher*, aaO. (Fn. 31), S. 287 ff., S. 312 f.

[208] *L. Michael*, aaO. (Fn. 3), S. 54. Vgl. auch *H.-J. Koch*, Die normtheoretische Basis der Abwägung, in: Erbguth, aaO. (Fn. 135), S. 11, der die Grundrechte für »abstrakt gleichrangig« hält und gleichzeitig von »partiellen Vorrangrelationen« spricht. Allerdings verwendet *E. Schmidt-Aßmann*, Die Berücksichtigung situationsbestimmter Abwägungselemente bei der Bauleitplanung, 1981, S. 21 den Begriff der »Gleichgewichtigkeit« für den bloßen Ausschluß des abstrakten Vorrangs, anerkennt aber dafür den Wandel der »objektiven Gewichtigkeit« der Belange, aaO., S. 54. *S. Storr*, aaO. (Fn. 76), S. 562 meint sogar, für eine Abwägung müsse »feststehen, welche Wertigkeit die einzelnen Rechtsgüter im Verhältnis zu anderen haben«.

[209] Gegenüber Überinterpretationen bloßer Kompetenzvorschriften (etwa Art. 73 Nr. 1 GG) zu Recht skeptisch Sondervotum *Mahrenholz/Böckenförde* BVerfGE 69, 1, 57 (60 ff.).

[210] Die Frage ist auch hier streitig, vgl. *K. Stern*, aaO. (Fn. 8), § 84 IV 6 b, S. 828 m. w. N.

[211] BVerfGE 95, 48 (62).

[212] *W. Brugger*, Konkretisierung des Rechts und Auslegung der Gesetze, AöR 119 (1994), S. 1 (31).

läßt sich als komparatives System darstellen.[213] Die Anwendung des Subsumtionsmodells folgt methodisch also keineswegs so rein konditionalen Strukturen, wie dies auf den ersten Blick erscheint. Wäre der Weg zum Subsumtionsschluß nicht so kompliziert und von Wertungen geprägt, müßte es weder Methodenlehre noch Dogmatik geben.

Darüber hinaus stößt auch der Subsumtionsschluß selbst in der klassischen Methodenlehre dort an Grenzen, wo das Bedürfnis nach Einzelfallwertung so stark ist, daß es eine teleologische Reduktion oder Analogie rechtfertigt. Daß der Subsumtionsschluß zwingend ist, hat den Nachteil der Starrheit, der Unflexibilität. Die Praxis bricht deshalb nicht selten aus dem Subsumtionsmodell aus. Schließlich sei noch einmal daran erinnert, daß die Rechtsprechung im Zivilrecht zugunsten der Einzelfallgerechtigkeit nicht selten auf Beweisanforderungen ausweicht und damit verschleiert Tatbestandsmerkmale komparativ anwendet oder pauschal die »Berücksichtigung aller Umstände des Einzelfalls« fordert.

Demgegenüber erscheint die offengelegte Formulierung komparativer Normen und die seit Jahrzehnten immer weiter rationalisierte Ermessenskontrolle im Verwaltungsrecht auch vom Gesichtspunkt der Rechtssicherheit her vorzugswürdig.[214] Vor allem ist hier gewährleistet, daß die relevanten Kriterien als komparative Elemente abstrakt feststehen. Nur soweit es dem Gesetzgeber gelingt, tatsächlich praxisgerecht abstrakt die Tatbestandsmerkmale abschließend zu formulieren, die einen Subsumtionsschluß zulassen, bietet das Subsumtionsmodell ein Höchstmaß an Rechtssicherheit. Komparativen Systemen kommt damit das methodenrechtliche Verdienst zu, die Schwächen und Grenzen des Subsumtionsmodells[215] auffangen zu können.

d) Deshalb ist zu fordern, daß der Gesetzgeber die Vorteile beider Modelle, d.h. der Konditionalprogramme sowie der komparativen Normen *nebeneinander* nutzt. Komparative Systeme und rein konditionale Normen sind nur begrenzt gegenseitig austauschbar. Die Grenzziehung sollte in vier Schritten erfolgen:

1) Zunächst muß geklärt werden, ob das rechtserhebliche Kriterium überhaupt *graduell* erfüllbar ist. Nur dann ist es als komparatives Element geeignet. Handelt es sich hingegen um ein Kriterium, daß nur *entweder* erfüllt *oder* nicht erfüllt sein kann, ist es nur als rein konditionales Tatbestandsmerkmal denkbar.

2) Sodann ist daran zu denken, welches *Maß an Rechtssicherheit* ein Sachbereich erfordert. So mag es Gebiete wie etwa das Sachenrecht geben, in denen Rechtssicherheit von besonders großer Bedeutung ist und in denen die vom Gesetz vorgegebene Starrheit nicht als Nachteil empfunden wird. Dann wird es auch seltener zu Durchbrechungen des Subsumtionsmodells kommen. Zu denken ist hier auch an das Strafrecht, in dessen Bereich ein Analogieverbot (allerdings nur zulasten des Täters) verhindert, daß bestehende Normsicherheit in der Praxis zugunsten der Einzelfallge-

---

[213] Vgl. *G. Otte*, aaO. (Fn. 51), S. 274f.; *F. Bydlinski*, aaO. (Fn. 38), S. 555 und 564f. und *L. Michael*, aaO. (Fn. 3), S. 205–209 m.w.N.; zustimmend *C.-W. Canaris*, aaO. (Fn. 158), S. 59.

[214] *E. Kramer*, Funktion, rechtliche Problematik und Zukunftsperspektiven der Innominatverträge, in: ders. (Hrsg.), Neue Vertragsformen der Wirtschaft, 1992, S. 29 (44) spricht im Hinblick auf die §§ 9ff. AGBG von »Orientierungssicherheit«. Vgl. auch BVerfGE 95, 46 (58): »Rechtssicherheit und Rechtseindeutigkeit«. Für *S. Storr*, aaO. (Fn. 76), ist nicht die Abwägung, sondern das Abwägungsdefizit des EuGH ein Faktor der Rechtsunsicherheit.

[215] Statt aller *K. Larenz*, Methodenlehre der Rechtswissenschaft, 6. Aufl. 1991, S. 479.

rechtigkeit geopfert wird. Allerdings sollte man diesen Aspekt nicht überbewerten, da Rechtssicherheit überall wünschenswert und auf beiden Wegen anzustreben ist. M.E. ist auch weniger das Bedürfnis nach Rechtssicherheit, als vielmehr der numerus clausus des Sachenrechts und die ihm innewohnende »Entweder-oder-Struktur« Grund dafür, daß der Gesetzgeber hier ein konditional ausdifferenziertes Regelsystem schaffen konnte. Auch zeigt gerade das Strafrecht, daß ein besonders hohes Bedürfnis nach Rechtssicherheit komparative Normen nicht ausschließt.

3) Vor allem ist maßgeblich, wie stark das *Bedürfnis nach Einzelfallgerechtigkeit* in einem Rechtsbereich ist. Etwa die Gesichtspunkte des Mitverschuldens legen eine graduelle Berücksichtigung nahe, weshalb die komparative Norm des § 254 BGB den unflexiblen »Alles-oder-nichts-Regelungen« überlegen ist. Auch im Strafrecht ist es das besonders große Bedürfnis nach Rechtssicherheit *und* Einzelfallgerechtigkeit, das z.B. zu der komparativen Norm des § 34 StGB geführt hat. Straflosigkeit wegen überwiegenden Gegeninteresses läßt sich nur schwer in Konditionaltatbeständen formulieren. Auch die Planungsbelange im Verwaltungsrecht lassen sich kaum anders als komparativ regeln, da hier die Gewichtung situationsbezogen ist.[216]

4) Schließlich sind die *Komplexität* und die abstrakte *Vorhersehbarkeit* der sich ständig wandelnden Wirklichkeit für den Gesetzgeber entscheidend dafür, ob und wie er einen Sachbereich regelt. Der rasante Fortschritt an Erkenntnissen läßt den Gesetzgeber der modernen Welt ohnehin oft hinterhereilen. Die Komplexität und Dynamik des zu regelnden Sachbereichs macht es dem Gesetzgeber nicht selten unmöglich, starre Tatbestände zu formulieren, ohne unbillige Härten des Einzelfalls in Kauf zu nehmen. Erst wenn der Gesetzgeber die Vielfalt der zu regelnden Sachverhalte erkennt, ist es ihm möglich, abstrakte Tatbestände zu formulieren. Am ehesten wird es ihm möglich sein, die Kriterien zu benennen, die Grundwertungen zu formulieren, die bei der Behandlung der nur diffus vorhersehbaren Probleme maßgeblich sein sollten. Diese Kriterien lassen sich in komparativen Normen zusammenfassen. Nur wenn der Gesetzgeber selbst diese Kriterien nicht zu nennen vermag, ist es rechtspolitisch akzeptabel, wenn er deren Herausarbeitung der Praxis überläßt. Im Rahmen des Gesetzesvorbehaltes bedarf es zu einer solchen Rechtsoffenheit aber wenigstens der Ermächtigung durch eine Generalklausel. Die Schaffung einer komparativen Norm schließt es nicht aus, später von der Praxis herausgebildete Fallgruppen in starre Tatbestände zu fassen. Insofern könnten komparative Systeme auch Strukturelemente einer experimentellen Gesetzgebung[217] sein.

e) M.E. ist der vielgescholtene moderne Gesetzgeber auf einem richtigen Weg, wenn er konditionale und komparative Strukturen nebeneinander nutzt wie z.B. in §§ 9 ff. AGBG:[218] Der Gesetzgeber sollte die Fälle, denen er abstrakt gerecht werden kann, auch in Zukunft *soweit wie möglich* in Tatbestände fassen, deren Rechtsfolge rein konditional zwingend vorgegeben ist[219]. Kann er das nicht, so bleibt ihm zum einen

---

[216] *E. Schmidt-Aßmann* spricht deshalb in seiner gleichnamigen Schrift (1981) von der »Berücksichtigung situationsbestimmter Abwägungselemente bei der Bauleitplanung«.

[217] Hierzu *P. Häberle*, Zeit und Verfassung (1974), in: *ders.*, Die Verfassung als öffentlicher Prozeß, 3. Aufl. 1998, S. 59, 85 ff.; *H.-D. Horn*, aaO. (Fn. 133).

[218] Vgl. *E. Kramer*, aaO. (Fn. 214), S. 29, 44, der diese Kombination als Beispiel vorbildlicher Gesetzgebung nennt.

[219] Zurecht mahnt *J. Isensee*, Diskusionsbeitrag in: VVDStRL 58 (1999), S. 232 den »Vorrang der Ab-

die Möglichkeit, eine neue Generalklausel zu schaffen bzw. auf die Handhabung der klassischen Generalklauseln (§§ 138 und 242 BGB)[220] zu vertrauen. Zum anderen hat er die Chance, die dann auftretenden Wertungsprobleme der Rechtsprechung zu steuern, indem er die Wertungsgesichtspunkte als komparative Elemente in den Gesetzestext aufnimmt. So betrachtet zieht sich der Gesetzgeber mit komparativen Normen gerade nicht aus seiner Verantwortung zurück, sondern nimmt der Rechtsprechung die Suche nach den Entscheidungsdirektiven ab. Die Konkretisierung klassischer Generalklauseln durch die Rechtsprechung führt demgegenüber in letzter Konsequenz zu Anrufungen des BVerfG, das sich z.B. angesichts der Bürgschaftsfälle[221] gezwungen sah, verfassungsrechtliche Direktiven zu ihrer Konkretisierung vorzuschreiben. Vielleicht wagt sich das BVerfG gerade deshalb so weit vor, weil sich der Gesetzgeber z.B. bislang scheute, Verbraucherschutz gegen eine starke Bankenlobby durchzusetzen. Vor diesem Hintergrund bleiben Tendenzen in Richtung »Ersatzgesetzgebung« durch das BVerfG zwar problematisch, Kritik sollte sich in erster Linie an die Adresse des Gesetzgebers richten, soweit dieser seiner primären Aufgabe, die einfachrechtlichen Konsequenzen aus dem Verfassungsrecht abstrakt zu ziehen, nicht gerecht wird.

f) Schließlich sei noch die Frage aufgeworfen, ob komparative Systeme zur Begrenzung der vielbeklagten *Normenflut*[222] beitragen können. Könnte der Gesetzgeber ganze Kataloge kasuistisch differenzierender Tatbestände durch die Formulierung weniger dahinter stehender Prinzipien ersetzen und dadurch Gesetze übersichtlicher und kürzer fassen? M.E. ist hier Skepsis angebracht. Denn auch in einer Tatbestandskasuistik kann Rechtssicherheit und in ihrer Ausdifferenzierung Einzelfallgerechtigkeit verbürgt sein. Umgekehrt soll die Theorie der komparativen Systeme gerade nicht auf die Fundamentalprinzipien unserer Rechtsordnung beschränkt sein, sondern soll den Gesetzgeber ermutigen, auch in Einzelgesetzen spezifische Abwägungsbelange möglichst umfassend zu formulieren, was aber gerade nicht zu einer Verkürzung der Gesetzestexte führt. Dem Gesetzgeber wird gleichermaßen Unterlassung (etwa im Arbeitsrecht) und Übereifer (etwa im Verwaltungsrecht) vorgeworfen. Beide Defizite haben jedoch keine methodischen, sondern politische Ursachen und können auch nur politisch bekämpft werden. Deregulierung sollte den Gesetzgeber nicht entpflichten. Phänomene der »Re-Regulierung«[223] sind bereits zu beobachten. Es sei darauf hingewiesen, daß auch Instrumente informalen[224] Handelns dazu genutzt werden,

---

grenzung vor der Abwägung« *im Grundsatz* an. Hier sollen die *Grenzen* und *Ausnahmen* dieses Grundsatzes benannt werden.

[220] Zum Verhältnis dieser allgemeinen Generalklauseln zueinander und zu der spezielleren in § 9 AGBG vgl. *C.-W. Canaris*, Voraussetzungen und Inhalt des Anspruchs auf Freigabe von Globalsicherheiten gemäß § 242 BGB, ZIP 1997, S. 813 (815 f.).

[221] BVerfGE 89, 214.

[222] Vgl. *H.-D. Horn*, aaO. (Fn. 133), S. 16 ff. m.w.N.

[223] *W. Hoffmann-Riem,* Ermöglichung von Flexibilität und Innovationsoffenheit im Verwaltungsrecht, in: ders. / E. Schmidt-Aßmann (Hrsg.), Innovation und Flexibilität des Verwaltungshandelns, 1994, S. 9 (55). *U. Di Fabio* auf den 7. Kölner Abfalltagen: »Gar nicht so billige Alternativbürokratien deregulieren das, was bisher gar nicht geregelt war.« (zit. nach *O. Klöck*, Deregulierung im Abfallrecht – eine Erfolgsstory?, UPR 1999, S. 139 (140)).

[224] Hierzu *E. Bohne*, Der informale Rechtsstaat, 1981; *H. Schulze-Fielitz*, Der informale Verfassungsstaat, 1984; *ders.*, Informales oder illegales Verwaltungshandeln, in: A. Benz / W. Seibel (Hrsg.), Zwischen

strukturell bedingte Rechtsunsicherheiten abzubauen.[225] Rechtlich unverbindliche, normvollziehende Absprachen bieten die Chance, dort präzisere Maßstäbe zu formulieren, wo der Gesetz- und Verordnungsgeber nur unbestimmte, sehr abstrakte Normen und Zielvorstellungen vorgibt.[226]

VI. Ausblick, Rückblick und Schluß:

Komparative Systeme stellen somit ein Steuerungselement der modernen Gesetzgebung dar, das geeignet ist, sowohl der Gewaltenverteilung als auch der Rechtssicherheit und der Einzelfallgerechtigkeit zu dienen. Dies setzt aber voraus, daß Wissenschaft und Praxis weiter um die *Methoden der Abwägung* ringen, wobei die Teildisziplinen viel voneinander lernen könnten. Abwägung muß so rational, d.h. so nachprüfbar und so vorhersehbar wie möglich werden.[227] Dabei behalten aber auch rein konditionale Strukturen Bedeutung. Es ist weder denkbar, komparative noch konditionale Strukturen aus der heutigen Rechtswirklichkeit ganz zu verdrängen.

Die Konkurrenz zwischen dem Subsumtionsmodell und den Abwägungslehren erscheint allenfalls aus der Sicht unseres Jahrhunderts als Entwicklung von einer überkommenen zu einer fortschrittlichen Struktur. Das Thema gibt aber gleichwohl Anlaß sowohl zum Ausblick als auch zu einem Rückblick: Die Nikomachische Ethik von Aristoteles wurde bereits als Klassiker der Abwägungslehren herangezogen. Wir sollten uns auch darauf besinnen, daß die *Waage*[228] in der Hand der Justitia ein Symbol für Gerechtigkeit sowie der Beweis dafür ist, daß das *Abwägen* zu den Urformen rechtlicher Methoden gehört.[229] Nicht primär ein (Gesetz-)Buch, nicht also Rechtsinhalte, sondern vielmehr das Instrument der Waage, also die Methode der Vergleichung und Abwägung ist seit jeher mit der Idee des Rechts verbunden. In diesem Licht erscheint die Idee der Subsumtion modern, die der Abwägung klassisch (oder »postmodern«?).

Daß bis heute in allen Teildisziplinen des Rechts um die Theorie, die Methodik und die Rechtspolitik von »Wenn-dann-« und »Je-desto-Strukturen« gerungen wird, zeigt, daß ein Konsens über diese Grundsatzfrage noch aussteht. Hier wurde vorgeschlagen, einen vermittelnden Weg zu suchen, der die Chancen beider Strukturen nutzt und manche Nachteile kompensiert. Die Öffentlich-Rechtler sind den »Je-desto-Strukturen« bei der Abwägung und beim Ermessen vielleicht unbefangener begegnet, haben komparative Elemente vielleicht weniger als Sonderfälle oder gar Fremdkörper begriffen, als die vom Zivilrecht geprägten Methodenlehren. Daß komparative Strukturen in allen Bereichen des Rechts vorkommen, hat die Bestandsauf-

---

Kooperation und Korruption, 1992, S. 233 ff.; *H.-G. Henneke*, Informelles Verwaltungshandeln im Wirtschaftsverwaltungs- und Umweltrecht, NuR 6 (1991), S. 267 m. umfangreichen Nachweisen in Fn. 1 sowie *H. Dreier*, Informales Verwaltungshandeln, in: Staatswissenschaften und Staatspraxis, 1993, S. 647 ff.

[225] *H. Dreier*, aaO. (Fn. 223), S. 657.

[226] *H. Schulze-Fielitz*, Kooperatives Recht im Spannungsfeld von Rechtsstaatsprinzip und Verfahrensökonomie, DVBl. 1994, S. 657 (660) nennt »die Diskrepanz zwischen dem Abstraktionsgrad jener gesetzlichen Vorgaben, d.h. ihrer geringen Regelungsdichte, und dem Detaillierungsgrad der zu lösenden praktischen Einzelfragen« sogar »den Hauptgrund für Absprachen«. Vgl. auch *H. Dreier*, aaO. (Fn. 223), S. 656.

[227] Vgl. auch *W. Leisner*, »Abwägung überall« – Gefahr für den Rechtsstaat, NJW 1997, 636 (639).

[228] Vgl. zu diesem Bild *P. Häberle*, Diskussionsbeitrag, aaO. (Fn. 182), S. 43 (44).

[229] *L. Michael*, aaO. (Fn. 3), S. 126.

nahme gezeigt. Daß sie nicht mehr völlig wegzudenken sind, dürfte konsensfähig sein. Es ist an der Zeit, aus den Erfahrungen mit »Je-desto-Strukturen« vor allem im öffentlichen Recht allgemeine rechtstheoretische, methodische und rechtspolitische Konsequenzen zu ziehen. Stichworte wie »Grundsatz der Verhältnismäßigkeit«, »Gleichbehandlungsgebot«, »Ermessensfehler« oder »Kontrolldichte« können fruchtbar in allen Rechtsbereichen diskutiert werden.

Der Europäische Verfassungsverbund auf dem Wege der Konsolidierung

Verfassungsrechtliche Ausgangslage und Vorschläge für die institutionelle Reform der Europäischen Union vor der Osterweiterung

von

Dr. Ingolf Pernice

Professor für Öffentliches Recht, Völker- und Europarecht an der Humboldt-Universität zu Berlin, geschäftsführender Direktor des Walter Hallstein-Instituts für Europäisches Verfassungsrecht der Humboldt Universität zu Berlin[*]

Inhalt

I.	Einleitung	206
II.	Vertragsschluß als Verfassungsgebung	208
	1. Vom völkerrechtlichen Vertrag zum contrat social	208
	2. Der pouvoir constituant für die Europäische Union	210
	3. Entwicklung des Europäischen Verfassungsverbundes	214
	4. Die Finalität: Wozu und welches Europa?	217
III.	Vorschläge zur Reform der Europäischen Union	219
	1. Revision des Vertragsänderungsverfahrens	219
	2. Kompetenzordnung und Struktur der EU	221
	3. Finanzverfassung	222
	4. Grundrechte	223
	5. Institutionen	224
	a) Europäisches Parlament	224
	b) Ministerrat	225
	c) Europäische Kommission	226

[*] Dieser Beitrag beruht auf einem Thesenpapier, das der Verfasser im Auftrag der Europäischen Kommission als Grundlage für eine Seminarreihe zur Reflektion über die institutionelle Reform der EU vor der Erweiterung erstellt hat. Auszüge des Papiers sind in FAZ Nr. 154 v. 7.7. 1999, S.7 unter dem Titel »Vertragsrevision oder Verfassungsgebung? Wie die Europäische Union handlungsfähig werden und die Zustimmung der Bürger erreichen kann«, veröffentlicht. Der Verfasser dankt dem wiss. Mitarbeiter Marc-Oliver Pahl für wertvolle Kritik und Anregungen bei der Abfassung dieser Vorschläge, dem wiss. Ass. Dr. Franz Mayer am Walter Hallstein-Institut für Europäisches Verfassungsrecht der Humboldt-Universität zu Berlin für Korrekturen und Ergänzungen dieser Version.

d) Europäischer Gerichtshof 228
e) Ausschuß für nachhaltige Entwicklung 229
f) Der Ausschuß der Regionen 229
IV. Ausblick 230
V. Thesen 231

I. Einleitung

Das Grundgesetz ist gerade 50 Jahre alt, die Rufe nach einer neuen Verfassung für das wiedervereinte Deutschland sind verhallt[1] und es gab viele gute Gründe, die gelungene Verfassungsgebung des Jahres 1949 würdig zu feiern[2]. Ist es ein Zufall, daß ausgerechnet zu diesem Zeitpunkt eine neue Verfassungsdebatte eröffnet wird, mit einer neuen Dimension – Europa? Die einen meinen, das sich vereinigende Europa müsse nun durch eine »echte« Verfassung für den Bürger verständlicher, transparenter und demokratisch legitimiert werden[3]. Andere zweifeln, ob Europa eine Verfassung brauche oder, da es kein europäisches Volk gebe, sich überhaupt eine Verfassung geben könne[4]: Die »Staatswerdung Europas«[5] wird zu einer der zentralen Verfassungsfragen, und schon als politisches Ziel ist sie zweifelhaft. Der Europäische Rat hat auf dem Kölner Gipfel vom 3. und 4. Juni 1999 die Ausarbeitung einer Europäischen Grundrechtscharta bis Ende 2000 beschlossen[6]. Sie könnte in den Augen der Bundesregierung ein

---

[1] Vgl. *P. Häberle*, Verfassungspolitik für die Freiheit und Einheit Deutschlands, JZ 1990, 358ff.; *E. G. Mahrenholz*, Die Verfassung und das Volk, 1992, S. 41, einerseits, *J. Isensee*, Staatseinheit und Verfassungskontinuität, VVDStRL 49 (1990), S. 39 (48ff., 56f.); *C. Tomuschat*, Deutschlands aktuelle Verfassungslage. Wege zur deutschen Einheit, ebd., S. 70ff., mwN. zur Diskussion, ebd., Fn. 2; *H.H. Klein,* Kontinuität des Grundgesetzes und seine Änderung im Zuge der Wiedervereinigung, in: J. Isensee/P. Kirchhof (Hrsg.), Handbuch des Staatsrechts, Bd. VIII (1995), § 198 Rn. 21f., andererseits.

[2] Vgl. U. Battis / P. Kunig / I. Pernice / A. Randelzhofer (Hrsg.), Das Grundgesetz im Prozeß europäischer und globaler Verfassungsentwicklung. Zum 50-jährigen Bestehen des Grundgesetzes, 1999, i.E.

[3] So etwa *J. Schwarze*, Ist das Grundgesetz ein Hindernis auf dem Weg nach Europa?, JZ 1999, 637 (643): »Wir brauchen, wenn man es auf eine Formel bringen will, eine föderale Verfassung…«; s. auch *J. Gerkrath*, L'émergence d'un droit constitutionnel pour l'Europe, 1997, S. 399. Mit dieser Zielrichtung auch der Verfassungsentwurf des Europäischen Parlaments vom 10.2. 1994, dazu: *R. Bieber*, Steigerungsform der europäischen Union: Eine Europäische Verfassung, in: FS Carl Heymanns Verlag, 1995, S. 291ff., und *M. Schröder*, Grundsatzfragen einer europäischen Verfassungsgebung, ebd., S. 509ff., sowie eher krit.: *H. Lecheler*, Braucht die »Europäische Union« eine Verfassung? Bemerkungen zum Verfassungsentwurf des Europäischen Parlaments vom 9. September 1993, in: GS Grabitz, 1995, S. 392ff., 405ff. Zu früheren Ansätzen des Europäischen Parlaments vgl. J. Schwarze/R. Bieber (Hrsg.) Eine Verfassung für Europa. Von der Europäischen Gemeinschaft zur Europäischen Union, 1984; *I. Pernice*, Verfassungsentwurf für eine Europäische Union, EuR 1984, 126ff.

[4] *D. Grimm*, Braucht Europa eine Verfassung?, 1994, S. 36ff.; *ders.*, Vertrag oder Verfassung, StWStP 1995, 509 (513ff., 516); zu den Zweifeln an der Demokratiefähigkeit der EU deswegen (statt vieler): *E.-W. Böckenförde*, Welchen Weg geht Europa?, 1997, S. 39ff.; gegen die Abhängigkeit der Demokratie von staatlichen Strukturen indessen: *R. Bieber*, Demokratie und Entscheidungsfähigkeit in der künftigen Europäischen Union, in: Bertelsmann Stiftung Forschungsgruppe Europa (Hrsg.), Systemwandel in Europa, Demokratie, Subsidiarität, Differenzierung, 1998, S. 11ff. Zum Streit: *R. Steinberg*, Grundgesetz und Europäische Verfassung, ZRP 1999, 365.

[5] Vgl. *G. F. Schuppert*, Zur Staatswerdung Europas, Überlegungen zu Bedingungsfaktoren und Perspektiven der europäischen Verfassungsentwicklung, StWStP 1994, 35ff.

[6] Schlußfolgerungen des Vorsitzes, Europäischer Rat in Köln, 3. und 4. Juni 1999, Ziff. 44 mit Anhang

erster Schritt auf dem Wege zu einer Europäischen Verfassung sein. Die Opposition freundet sich mit dem Gedanken jedenfalls eines europäischen Verfassungsvertrags an[7]. In Köln wurden unter deutscher Präsidentschaft nunmehr die Weichen für eine erneute Revision der Europäischen Verträge gestellt, kaum daß der Vertrag von Amsterdam in Kraft getreten ist[8].

Die Perspektive des Beitritts zahlreicher Staaten Mittel- und Osteuropas, aber auch etwa Zyperns zwingt in der Tat zu wichtigen Reformen, vor allem des institutionellen Rechts. Die Kandidatenländer wollen einer funktionsfähigen Union beitreten, nicht einem Schiff ohne Steuer und Kurs. So ist zunächst geplant, über verfassungsrechtlich und politisch hochsensible Fragen zu entscheiden, wie die der erweiterten Mehrheitsentscheidung, der Stimmenverteilung im Rat sowie der Zusammensetzung der Kommission. Sie konnten in Amsterdam nicht gelöst werden und blieben als »left-overs« auf dem Tisch[9]. Viele andere dringliche Themen, von der klareren Kompetenzabgrenzung über den Plan einer Grundrechtscharta, eine stärkere demokratische Legitimation und Kontrolle, die klarere Abgrenzung der Kompetenzen und effektive Entscheidungsstrukturen in der Außen- und Sicherheitspolitik bis hin zur Flankierung der Währungsunion durch EG-Kompetenzen auf dem Gebiet der Wirtschaftspolitik, müssen in Angriff genommen werden, bevor die Europäische Union auf 25 oder 30 Mitgliedstaaten anwächst und jede grundlegende Reform damit noch unwahrscheinlicher wird, als schon jetzt. Die schwache Beteiligung an der Europa-Wahl 1999 zeigt, daß Europa als politische Aktionsebene noch immer nicht ins Bewußtsein der Akteure wie der Bürger gerückt ist. Dies alles gibt Anlaß zum Nachdenken und Handeln unter dem Stichwort: Europäische Verfassung.

Die nachfolgenden Überlegungen sollen der öffentlichen Diskussion zur »Verfassung« des künftigen Europas Impulse geben, sowohl was das Verfahren des »Verfassens

---

IV, www.europarl.eu.int/dg7/summits/de/kol1.htm; s. dazu auch den Bericht der Expertengruppe »Grundrechte« unter Vorsitz von S. Simitis, Europäische Kommission (Hrsg.), Die Grundrechte in der Europäischen Union verbürgen, 1999, sowie *G. Hirsch*, Eine Grundrechtscharta für Europa? Die Grundrechtsfrage in der Perspektive der EU-Erweiterung, FCE 5/99 (http://www.rewi.hu-berlin.de/WHI/deutsch/fce/fce599/hirsch.htm).

[7] So Ziff. 3 der Vorschläge von *Schäuble/Lamers*, Europa braucht einen Verfassungsvertrag, www.cdu.de/politik/eurowahl/lamers.htm; seine Grundlinien sollen »im Auftrag des europäischen Parlaments und des Europäischen Rates von einer Gruppe herausragender Persönlichkeiten, zu denen auch Vertreter der 1. Gruppe der Beitrittsländer gehören müßten, erarbeitet werden«; zum umgekehrten Gedanken einer Vertragsverfassung schon *A. Weber*, Die Grundrechte im Integrationsprozeß der Gemeinschaft in vergleichender Perspektive, JZ 1989, 965 (966); *T. Läufer*, Zum Stand der Verfassungsdiskussion in der Europäischen Union, in: GS Grabitz, 1995, S. 355 ff., *ders.*, Zur künftigen Verfassung der Europäischen Union – Notwendigkeit einer offenen Debatte, Integration 17 (1994), S. 204 (208): neuerdings auch: *T. Fischer / N. Schley*, Europa föderal organisieren, Essentialia einer Strukturreform der Europäischen Union zur Jahrtausendwende. Strategien für Europa, 1998, S. 11 ff.

[8] Schlußfolgerungen (Fn. 6), Ziff. 52 ff.

[9] Vgl. Ziff. 53 der Schlußfolgerungen von Köln (oben, Fn. 6). Bezeichnend für den Mißerfolg des Amsterdamer Vertrags insofern das Protokoll zum Amsterdamer Vertrag »über die Organe im Hinblick auf die Erweiterung der Europäischen Union«; zu den Defiziten des Amsterdamer Vertrags s. etwa: *J.J. Hesse / M. Schaad*, Leapfrogging, side-stepping or paradise lost? Amsterdam and the European Union, StWStP 1998, 121 (138): »there was a near complete failure to prepare the Union's institutional arrangements for enlargement«. S. auch *I. Pernice*, Multilevel Constitutionalism and the Treaty of Amsterdam: European Constitution-Making Revisited?, CMLRev. 36 (1999), S. 703 mwN. zur Reaktion auf den Amsterdamer Vertrag ebd., Fn. 2.

durch Vertrag« betrifft, als auch hinsichtlich der Inhalte. Ausgangspunkt ist eine neue Betrachtungsweise dafür, was der Integrationsprozeß verfassungsrechtlich bedeutet, und zur Stellung des Unionsbürgers als Legitimationssubjekt der europäischen öffentlichen Gewalt (dazu II.). Auf dieser Basis werden konkrete Vorschläge zu den aktuellen Fragen der Fortentwicklung des EU-Vertrags für die kommende Regierungskonferenz entwickelt (dazu III.). Ein Ausblick auf die zeitlichen und inhaltlichen Perspektiven des Prozesses der Verfassung der Europäischen Union schließt den Beitrag ab (dazu IV.).

II. Vertragsschluß als Verfassungsgebung

1. Vom völkerrechtlichen Vertrag zum contrat social

Die Europäische Union wird vom Bundesverfassungsgericht und, ihm folgend, von einer Vielzahl von Autoren und Politikern als Staatenverbund qualifiziert[10]. Das macht einerseits zutreffend deutlich, daß es sich nicht um einen Staat handelt, vernachlässigt andererseits aber das Fundament, auf dem sie sich gründet: den Willen der Bürger der Mitgliedstaaten: Sie ist keineswegs (nur) ein »representative System whose citizens are states«[11]. Sie ist auch und vor allem eine Union der Bürger[12]. Die »Unionsgrundordnung«[13] beruht zwar – formal gesehen – auf völkerrechtlichen Verträgen zwischen den Mitgliedstaaten. In der Sache aber beruht sie auf einem vertraglich strukturierten »Gesamtakt« verfassungsmäßig vorbehaltener Integrationsgewalt der Bürger der Mitgliedstaaten[14]. Im modernen, demokratischen Verfassungsstaat bringen die für den

---

[10] Grundlegend BVerfGE 89, 155 (181, 190) – *Maastricht*, entsprechend schon vorher: *P. Kirchhof*, Diskussionsbeitrag, EuR Beiheft 1 1991, 47; *ders.*, Der deutsche Staat im Prozeß der europäischen Integration, in: J. Isensee / P. Kirchhof (Hrsg.), Handbuch des Staatsrechts, Bd. VII (1992), § 183, Rn. 38, 66, 69. S. auch *P. Kirchhof*, Das Maastricht-Urteil des Bundesverfassungsgerichts, in: P. Hommelhoff / P. Kirchhof (Hrsg.), Der Staatenverbund der Europäischen Union, 1994, S. 11 (12 f.); *B. Kahl*, Europäische Union: Bundesstaat – Staatenbund – Staatenverbund?, Der Staat 33 (1994), S. 241; *U. Di Fabio*, Das Recht offener Staaten, 1998, S. 140 f. Kritisch *Schneider*, Die Europäische Union als Staatenverbund oder als multinationale »Civitas Europea«?, in: Randelzhofer/Scholz/Wilke (Hrsg.), GS Grabitz, 1995, S. 677; unkritisch *M. Kaufmann*, Europäische Integration und Demokratieprinzip, 1997, S. 214 ff.

[11] So *G. Andréani*, Europe's uncertain identity (CER essay), 1999, S. 20; s. auch ebd., S. 18: »society of states« und S. 19: »union of states«. Entsprechend kann er auch nur von einer »indirect democracy«, in der das Parlament nur eine »role of ratification, transparency and control« im Blick auf das Verhandlungsverfahren in der Rechtsetzung von Rat und Kommission, eine »necessarily opaque negotiating procedure« (ebd., S. 22).

[12] Vgl. etwa die Kritik bei *U. Everling*, Das Maastricht-Urteil des Bundesverfassungsgerichts und seine Bedeutung für die Entwicklung der Europäischen Union, Integration 17 (1994), S. 165 (167 f.).

[13] So der Begriff von *D. Tsatsos*, Die Europäische Unionsgrundordnung, EuGRZ 1995, 287. Entsprechend Ziff. 5.c) im *de Vigo- und Tsatsos*-Bericht zur Entschließung des Europäischen Parlaments zum Vertrag von Amsterdam, EuGRZ 1998, 69 (74).

[14] Zum Gedanken des »Gesamtakts« vgl. *H. P. Ipsen*, Europäisches Gemeinschaftsrecht, 1972, S. 58 ff.: »Gesamtakt staatlicher Integrationsgewalt«, das Gesetz nach Art. 24 I GG ist damit »*nicht Rechtsanwendung, sondern Rechtserzeugungsakt*«, wobei freilich nicht beachtet wird, daß das Gesetz hier nur die demokratisch legitimierte Form der Willensäußerung des Volkes ist. Wie hier: *A. v. Bogdandy*, Supranationaler Föderalismus als Wirklichkeit und Idee einer neuen Herrschaftsform. Zur Gestalt der Europäischen Union nach Amsterdam, 1999, S. 42 f.: »Dieses Verfahren führt zu einem Gesamtakt gem. Art. N EUV n.F., in dem die Unionsbürger über die einschlägigen Verfahren sämtlicher mitgliedstaatlicher Verfassungen ihre Zustimmung erklären«.

Vertragsschluß zuständigen Organe den Willen des »Volkes« zum Ausdruck, nichts anderes. Wenn Staaten einen Vertrag schließen und gemäß ihren verfassungsrechtlichen Bestimmungen durch das Parlament oder durch Referendum ratifizieren, sind es letztlich die Völker, d.h. die durch die Regierungen oder Parlamente vertretenen Bürger, die sich vertragen und die betreffenden Rechte und Pflichten begründen: für sich als Gesamtheit (Staat) oder auch individuell. Letzteres trifft zu, wenn der Vertrag eine supranationale Hoheitsgewalt konstituiert, so wie im Fall der EG.

Der in den sukzessiven Vertragswerken liegende Vorgang der Konstituierung der EG bzw. der Entwicklung der EU kann damit als Ausdruck eines Schritt für Schritt sich konsolidierenden europäischen *contrat social*[15] verstanden werden. In ihm wird ein Rechtsverhältnis nicht nur zwischen Staaten begründet, sondern auch unmittelbar zwischen dem vertraglich neukonstituierten Gemeinwesen und den Bürgern der Mitgliedstaaten[16], und damit ein neuer politischer Status dieser Bürger als Unionsbürger[17]. Zugleich als Gesellschafts- oder »Bürgervertrag« konstituiert, legitimiert, organisiert und begrenzt dieses Vertragswerk damit eine neue, originäre, supranationale auf diese Bürger und ihre Staaten bezogene öffentliche Gewalt für die Wahrnehmung bestimmter Aufgaben[18] und erhält damit verfassungsrechtlichen Charakter. Basis dieser Integrationsverfassung sind die in den Vertragszielen und -grundsätzen verankerten »gemeinsamen Werte der Union«[19], die die gemeinsamen kulturellen Traditionen widerspiegeln, aber auch das sich Schritt für Schritt im Dialog der mitgliedstaatlichen Rechtsordnungen untereinander und mit dem europäischen Recht entwickelnde »gemeineuropäische Verfassungsrecht«[20]

---

[15] Zur Verwendung der Formel des *contrat social* s. auch *J.H.H. Weiler*, »...We will do. And Hearken«. Reflections on a Common Constitutional Law for the European Union, in: R. Bieber /P. Widmer, Der Europäische Verfassungsraum, 1995, S. 413 (439); *I. Pernice*, The framework revisited: Constitutional, federal and subsidiarity issues, Columbia Journal of European Law 2 (1996), S. 403 (419). S. auch *E.J. Mestmäcker*, Risse im europäischen Contrat Social, in: Hanns Martin Schleyer-Preis 1996 und 1997, Veröffentlichungen der Hanns Martin Schleyer-Stiftung, Bd. 48, S. 53 (54); *P. Häberle*, Stellungnahme zum Projekt der Zukunftswerkstätte »Transnationale europäische Verfassung«, in: Die Union, Vierteljahreszeitschrift für Integrationsfragen, hrsgg. von der Europäischen Kommission Vertretung Österreich, 4/98, S. 125. Weiterführend: *I. Pernice* (Fn. 9), S. 710.

[16] Entsprechend zur »unmittelbaren Rechtsbeziehung zwischen dem Unionsbürger und seinem Parlament« auch *C. Tomuschat*, Staatsbürgerschaft – Unionsbürgerschaft – Weltbürgerschaft, in: J. Drexl/K.F. Kreuzer/D.H. Scheuing/U. Sieber (Hrsg.), Europäische Demokratie, 1999, S. 73 (83).

[17] Vgl. auch *I. Pernice*, in: Dreier (Hrsg.), Grundgesetz Kommentar, Bd. 2 (1998), Art. 23 Rn. 20ff.

[18] Nicht ausreichend daher *W. Hertel*, Supranationalität als Verfassungsprinzip. Normativität und Legitimation als Elemente des Europäischen Verfassungsrechts, 1999, S. 216ff., der eine *»gleichzeitige* und *aufeinanderbezogene* Legitimation durch die Staaten *und* die Individuen« fordert.

[19] Der Begriff der »gemeinsamen Werte der Union« ist positiviert in dem durch den Amsterdamer Vertrag eingefügten Art. 16 EGV. Vgl. auch *P. Häberle*, Europäische Rechtskultur, suhrkamp 1997, S. 31: »Europa als Wertegemeinschaft ist wesentlich durch Europa als Rechts- und Kulturgemeinschaft«, mwN. Zum Recht als »Kulturfaktor s. auch *K. Bahlmann*, EuR 1988, 339 (347), mit dem Zitat von Ortega y Gasset (1929): »Machten wir heute eine Bilanz unseres geistigen Besitzes..., so würde sich herausstellen, daß das meiste davon nicht unserem jeweiligen Vaterland, sondern dem gemeinsamen europäischen Fundus entstammt. In uns allen überwiegt der Europäer bei weitem den Deutschen, Spanier, Franzosen...; vier Fünftel unserer inneren Habe sind europäisches Gemeingut«.

[20] Grundlegend: *P. Häberle*, Gemeineuropäisches Verfassungsrecht, EuGRZ 1991, 261ff.; vgl. auch *ders.*, Theorieelemente eines allgemeinen juristischen Rezeptionsmodells, JZ 1992, 1033 (1042f.), mit dem Ausblick auf ein »Gemeineuropäisches Verfassungsbuch«. Mit einem stärker auf die Europäische

2. Der pouvoir constituant für die Europäische Union

Verfassung in diesem Sinne setzt, entgegen einer verbreiteten Ansicht[21], weder die Existenz eines Staates voraus[22], noch die eines Volkes als *pouvoir constituant*[23]. Es gibt nur soviel Staat, wie die Verfassung konstituiert[24]. Der Staat ist weder der Verfassung vorgegeben, noch unentrinnbar, noch allein-[25] oder letztverantwortlich, noch allzuständig[26] etwa im Sinne einer Kompetenz-Kompetenz, die ihn grundsätzlich von der EG unterscheiden könnte[27]. Er ist in seiner substantiellen Einheit allenfalls Mythos[28], tatsächlich aber durch Recht geschaffene Institution, welche die ihr durch Recht übertragenen Aufgaben durch eine heterogene Vielfalt von Aufgabenträgern gemäß den durch Recht festgelegten Verfahren in den Grenzen des Rechts erfüllt. Zutreffend wird die Europäische Union als Schöpfung des Rechts charakterisiert[29], schon *Walter Hallstein* bezeichnete die EWG als »Rechtsgemeinschaft«[30], und das Bundesverfassungsgericht

---

Union bezogenen Akzent, seiner Entwicklung zum »unionseuropäischen Verfassungsgemeinrecht«: *M. Heintzen*, Gemeineuropäisches Verfassungsrecht in der Europäischen Union, EuR 1997, 1 (4ff.).

[21] S. etwa *J. Isensee,* Staat und Verfassung, in: J. Isensee/P. Kirchhof (Hrsg.), Handbuch des Staatsrechts, Bd. I (1995), § 13 Rn. 1; *D. Grimm*, (Fn. 4), S. 510, 513f..; *P. Kirchhof*, Der deutsche Staat im Prozeß der europäischen Integration, in: J. Isensee/P. Kirchhof (Hrsg.), Handbuch des Staatsrechts, Bd. VII (1992), § 183 Rn. 30ff., und *ders.*, Die Identität der Verfassung in ihren unabänderlichen Inhalten, ebd., Bd. I § 19 Rn. 18: »Staat als Voraussetzung und Gegenstand der Verfassungsgebung«; grundlegend dazu *C. Schmitt*, Verfassungslehre, 1928, S. 3: »Das Wort »Verfassung« muß auf die Verfassung des Staates, d.h. der politischen Einheit eines Volkes beschränkt werden, wenn eine Verständigung möglich sein soll«. Weitere Nachw. und Krit. bei *W. Hertel* (Fn. 18), S. 46ff., 59ff.

[22] Zum Abgehen von dieser »gängigen Lehre« rät *P. Häberle*, Verfassungslehre als Kulturwissenschaft, 2. Aufl. 1998, S. 1096ff.

[23] *C. Grewe*, Demokratie ohne Volk oder Demokratie der Völker? – Zur Demokratiefähigkeit der Europäischen Union, in: J. Drexl/K.F. Kreuzer/D.H. Scheuing/U. Sieber (Hrsg.), Europäische Demokratie, 1999, S. 59 (63, 66): »pluraler constituant«.

[24] Vgl. etwa *P. Häberle* (Fn. 22), S. 620, unter Berufung auf *R. Smend* und *A. Arndt*.

[25] Vgl. aber *E.-W. Böckenförde*, Welchen Weg geht Europa?, 1997, S. 24: »Zur Staatlichkeit gehört die Gesamtzuständigkeit und -verantwortung für das Gemeinwohl der zu einer politischen Einheit verbundenen Menschen«.

[26] Krit. auch *H.P. Ipsen*, Die Bundesrepublik Deutschland in den Europäischen Gemeinschaften, in: J. Isensee/P. Kirchhof (Hrsg.), Handbuch des Staatsrechts, Bd. VII (1992), § 181 Rn. 55: »ihre Allzuständigkeit und ihr Monopol über das Öffentliche ist beendet«. Ähnlich jetzt *Schäuble/Lamers* (Fn. 7), Ziff. 3.1.

[27] So die herkömmliche, wohl herrschende Auffassung, vgl. etwa BVerfGE 75, 223 (242) – *Kloppenburg*, 89, 155 (181, 192, 195ff., 197) – *Maastricht*; *U. Di Fabio*, Der neue Art. 23 des Grundgesetzes, Der Staat 32 (1993), S. 191 (201f.); *C.W. Beyer*, Die Ermächtigung der Europäischen Union und ihrer Gemeinschaften, Der Staat 35 (1996), S. 189 (208); *R. Steinberg* (Fn. 4), S. 373; anders *I. Pernice* (Fn. 17), Rn. 21, mwN.; krit. auch zur unspezifischen Verwendung des Begriffs: *P. Lerche*, »Kompetenz-Kompetenz« und das Maastricht-Urteil des Bundesverfassungsgerichts, in: FS Heymanns-Verlag, 1995, S. 409 (415ff.).

[28] So *H. Schulze-Fielitz*, Der Leviathan auf dem Weg zum nützlichen Haustier?, in: R. Voigt (Hrsg.), Abschied vom Staat – Rückkehr zum Staat?, 1993, S. 95 (118). Die Wurzeln könnten zu finden sein bei *G.W.F. Hegel*, Grundlinien der Philosophie des Rechts, Werke 7 (ed. E. Moldenhauer/K.M. Michel), S. 398ff. (§§ 257): »Der Staat ist die Wirklichkeit der sittlichen Idee«, oder »das an und für sich Vernünftige«; »diese substantielle Einheit ist absoluter unbewegter Selbstzweck..., objektiver Geist«, (ebd., § 258), ferner: »Die Persönlichkeit des Staates ist nur als eine *Person, der Monarch*, wirklich« (ebd., § 279).

[29] So *J. Isensee*, Integrationsziel Europastaat?, in: FS Everling, 1995, S. 567 (580), in Abgrenzung vom Staat: »Ein Staat, nicht diszipliniert durch das Recht, wäre bloß Machtorganisation. Dadurch, daß er eine Verfassung annimmt, unterwirft er sich der Herrschaft des Rechts. Die Union aber ist schon von Anfang an dem Recht unterworfen. Sie ist ein Produkt des Vertragsrechts und nur lebensfähig durch Verträge«.

[30] *W. Hallstein*, Die Europäische Gemeinschaft, 2. Auflage 1974, S. 49; EuGHE 1986, 1339 (1365f.) –

sieht in der EU nicht nur den Staatenverbund, sondern einen – im Gegensatz zu den Bindungen der Völkerrechtsgemeinschaft – »engeren Rechtsverbund einer zwischenstaatlichen Gemeinschaft«[31]. Verfassung ist nicht »Dezision« über die Form und Grundstruktur eines schon vorgegebenen Staates, im Unterschied zum »Verfassungsgesetz«[32]. Als Ausdruck des Gesellschaftsvertrags im klassischen Sinne konstituiert erst die Verfassung den Staat, sie definiert gleichzeitig die als *pouvoir constituant* beteiligten Schöpfer der auf sie selbst bezogenen Hoheitsgewalt als Volk[33] in dem betreffenden Herrschaftsbereich und legt die Institutionen, Kompetenzen, Ziele, Verfahren und Grenzen für die Ausübung dieser öffentlichen Gewalt mitsamt dem (grund-)rechtlichen Status der Bürger fest. Durch die Verfassung macht sich der Mensch zum (politischen) Bürger. Die Verfassung muß die damit konstituierte Herrschaftsgewalt indessen keineswegs als eine ausschließliche begründen, sondern sie kann, wie das Grundgesetz, ausdrücklich Raum lassen für die Existenz und Ausübung einer originären öffentlichen Gewalt eigenstaatlicher Untergliederungen, wie der Länder im Bundesstaat[34], aber auch für die Schaffung überstaatlicher Träger originärer Hoheitsgewalt, etwa der Europäischen Union. Bezeichnenderweise ist es nach dem Wortlaut der Präambel des Grundgesetzes gerade nicht der Staat[35], sondern das »Deutsche Volk«, welches »als

---

Les Verts: »daß die Europäische Wirtschaftsgemeinschaft eine Rechtsgemeinschaft der Art ist, daß weder die Mitgliedstaaten noch die Gemeinschaftsorgane der Kontrolle darüber entzogen sind, ob ihre Handlungen im Einklang mit der Verfassungsurkunde der Gemeinschaft, dem Vertrag, stehen«; entsprechend EuGHE 1991 I 6079 (6102) – *EWR-Gutachten I*; vgl. auch *M. Zuleeg*, Die Europäische Gemeinschaft als Rechtsgemeinschaft, NJW 1994, 545ff.; *A. v. Bogdandy*, (Fn. 14), S. 53: Rechtsgemeinschaft als Element der Legitimation; *J. Isensee*, Vorrang des Europarechts und deutsche Verfassungsvorbehalte – offener Dissens, in: FS Stern, 1997, S. 1239 (1244).

[31] BVerfGE 89, 155 (183) – *Maastricht*.

[32] So *Carl Schmitt*, Verfassungslehre, 1928, S. 11ff., 20f.; zur Unbrauchbarkeit dieses Ansatzes für die EG/EU wegen des notwendigen Staatsbezugs des Verfassungsbegriffs vgl. *W. Hertel* (Fn. 18), S. 77ff.: »Ohne Homogenität kein Volk, ohne Volk kein Staat und ohne Staat keine normative Verfassung« (ebd., S. 79).

[33] In dieser Richtung vgl. *P. Häberle* (Fn. 22), S. 292, mit dem Bild »eines konkret verfaßten und sich individuell verfassenden Volkes«. Bemerkenswert auch das Sondervotum des Richters *B. M. Zupancic* zur Entscheidung des Verfassungsgerichts der Republik Slowenien v. 20. 1. 1995 (U-I-266/95) über einen Referendumsantrag, nach dem rund 171.000 Bürgern, die als Ausländer am 23. 12. 1990 ihren Wohnsitz in Slowenien hatten und auf dieser Grundlage nach Art. 40 des Gesetzes über die Staatsangehörigkeit der Republik Slowenien Staatsangehörige geworden sind, die Staatsangehörigkeit wieder entzogen werden sollte, EuGRZ 1999, 584 (585), mit Anmerkung *M. Orehar/F. Hoffmeister*. »Nach Art. 3 der Verfassung ist Slowenien der Staat aller seiner Staatsbürgerinnen und Staatsbürger, was bedeutet, daß das personale Substrat des slowenischen Staates die Staatsangehörigkeit und nicht die ethnische Abstammung ist. Abgesehen von der Andersartigkeit einer Person hinsichtlich ihrer Rasse…, ist diese Person Träger der Staatlichkeit in dem Staat, der sich selbst als der Staat seiner Staatsbürgerinnen und Staatsbürger und nicht als Staat ethnischer Slowenen proklamiert«.

[34] Zur Eigenstaatlichkeit der Länder vgl. BVerfGE 1, 14 (34); 36, 342 (362f.); 64, 301 (317). S. auch *O. Kimminich*, Der Bundesstaat, in: J. Isensee/P. Kirchhof (Hrsg.), Handbuch des Staatsrechts, Bd. I (1995), § 26 Rn. 15ff.

[35] So aber die Diktion in BVerfGE 89, 155 (183) – *Maastricht*: »Diese Offenheit für Bindungen in der Völkerrechtsgemeinschaft und in dem engeren Rechtsverbund einer zwischenstaatlichen Gemeinschaft ist in einem demokratischen *Staat* angelegt, *der* – wie es die Präambel des Grundgesetzes voraussetzt und die Art. 23 und 24 GG ausdrücklich regeln – als gleichberechtigtes Glied in zwischenstaatlichen Einrichtungen und insbesondere bei der Entwicklung der Europäischen Union mitwirken will« (Hervorhebung nur hier). Entsprechend *P. Kirchhof*, Der deutsche Staat im Prozeß der europäischen Integration, in: J. Isensee/P. Kirchhof (Hrsg.), Handbuch des Staatsrechts, Bd. VII (1992), § 183 Rn. 23: »Deutschland soll *als Staat* an der Einigung Europas mitwirken«.

gleichberechtigtes Glied in einem vereinten Europa dem Frieden der Welt zu dienen« entschlossen ist. Das Verfahren, konkrete Bedingungen, den Weg dahin über die Europäische Union und gewisse Modalitäten des Zusammenspiels der drei Ebenen öffentlicher Gewalt legt Art. 23 GG im einzelnen fest, ohne daß dabei in Frage gestellt wird, daß es das Volk ist, welches sich in das vereinte Europa eingliedern will. Entsprechend geht es nach den Präambeln von EU-Vertrag und EG-Vertrag um einen »Prozeß der Schaffung« bzw. die »Verwirklichung einer immer engeren Union der Völker Europas«[36]. Struktur(-sicherungs-)klauseln in Art. 28 I bzw. 23 I 1 GG wie in Art. 6 I und 7 EUV sichern hier auf der Basis von Grundsätzen gemeineuropäischen Verfassungsrechts[37] ein Mindestmaß an Verfassungshomogenität auf der gemeinsamen verfassungsstaatlichen Wertebasis wechselseitig ab[38]. Damit findet auch die staatliche Verfassungsautonomie auf der supranationalen Verfassungsebene Vorgaben und Grenzen[39].

Die Frage nach dem europäischen *pouvoir constituant*[40] verliert auf dieser Grundlage jegliche Brisanz: Es sind die Bürger oder Völker der Mitgliedstaaten als Träger der Volkssouveränität[41], die gemäß ihren verfassungsrechtlichen Verfahren durch ihre zuständigen Organe in den sukzessiven vertraglichen Abmachungen gleichzeitig dreierlei bewirken:

– Sie konstituieren die Europäische Union mit ihren Zielsetzungen, Werten, Institutionen, Verfahren und Kompetenzen;
– sie erklären damit sich selbst zum *pouvoir constituant* und definieren ihren Status als Unionsbürger und Legitimationssubjekt der europäischen öffentlichen Gewalt[42];

---

[36] Vgl. auch Art. 1 II EUV.

[37] Zum Konzept s. die Nachw. oben, Fn. 20; von einer Rezeption gemeineuropäischen Verfassungsrechts in Art. 6 I EGV spricht *C. Grewe* (Fn. 23), S. 69.

[38] Zum Grundgedanken schon vor dem Amsterdamer Vertrag: *I. Pernice*, Bestandssicherung der Verfassungen: Verfassungsrechtliche Mechanismen zur Wahrung der Verfassungsordnung, in: R. Bieber/P. Widmer (Hrsg.), Der europäische Verfassungsraum, 1995, S. 225 (261ff., 264): »Im normativen Verbund stabilisieren sich nationale und Unionsverfassung wechselseitig«; *ders.*, Constitutional Law Implications for a State Participating in a Progress of Regional Integration. German Constitution and »Multilevel Constitutionalism«, in: E. Riedel (Hrsg.), German Reports on Public Law. Presented to the XV. International Congress on Comparative Law, Bristol, 26 July to 1 August 1998, S. 40 (49f.); für die Rechtslage nach Amsterdam ausf.: *ders.* (Fn. 9), S. 729; zur Bedeutung von Art. 6 I und 7 EUV s. auch *A.v. Bogdandy*, (Fn. 14), S. 14ff.: »Die Union als Garant liberal-demokratischer Verfaßtheit«; zum Vergleich mit Art. 28 I GG eher vorsichtig: *M. Heintzen*, Gemeineuropäisches Verfassungsrecht in der Europäischen Union, EuR 1997, 1 (5ff., 8), für den Verfassungshomogenität zunächst nur »horizontale Verfassungshomogenität« ist (ebd., S. 6).

[39] Vgl. schon *T. Öhlinger*, Europäische Integration und Bundesverfassung (1968), in: ders., Verfassungsfragen einer Mitgliedschaft zur Europäischen Union, 1999, S. 1, der von einem Phänomen spricht, dessen »erklärtes Ziel die *Einschränkung der staatlichen Verfassungshoheit* ist«. S. auch *I. Pernice*, Bestandssicherung (Fn. 38), S. 263.

[40] Gegen »das ›Sprachbild‹ einer verfassungsgebenden Gewalt des zustimmenden Staatsvolkes« insbes. *P. Kirchof*, Der deutsche Staat im Prozeß der europäischen Integration, in: J. Isensee/P. Kirchhof (Hrsg.), Handbuch des Staatsrechts, Bd. VII (1992), § 183 Rn. 37: »Es vermag aber vor allem seine eigenen Prämissen nicht zu begründen, nämlich die Gemeinsamkeit eines zusammengehörigen europäischen Staatsvolkes: eine Mindesthomogenität in den staatsrechtlichen Grundauffassungen, eine für jedermann zugängliche Rechtssprache, wirtschaftliche und kulturelle Ähnlichkeiten...«.

[41] Vgl. auch *G. Ress*, Das Europäische Parlament als Gesetzgeber. Der Blickpunkt der Europäischen Menschenrechtskonvention, ZeuS 1999, 219 (223f.)

[42] Daß hierfür ein »Unionsvolk« nicht erforderlich sei, betont auch *P.M. Huber*, Demokratie ohne Volk oder Demokratie der Völker? – Zur Demokratiefähigkeit der Europäischen Union, in: J. Drexl/K.F.

– sie konstituieren eine europäische Öffentlichkeit[43] für den politischen Diskurs um das europäische Gemeinwohl auf der Basis der konsentierten Ziele und Werte.

Das Bundesverfassungsgericht[44] und auch der EuGH[45] haben den Verfassungscharakter der Verträge anerkannt[46]. Wer dies in Frage stellt, weil Verfassung nur auf einen Staat bezogen sein könne[47], und das Vorliegen einer »Verfassung im Vollsinn« negiert, weil eine »Rückführung nur auf den Willen der Mitgliedstaaten statt auf den des Unionsvolkes« möglich sei[48], bleibt einem dogmatischen Konzept verhaftet[49], das sich den modernen Entwicklungen offener Staatlichkeit *a priori* verschließt. Staat ist, überspitzt, ein Zweckverband der Bürger, nicht anders als die EG[50], und diese ist nicht weniger Sache der Bürger als jener. Die dogmatische Entgegensetzung des – personifizierten – Staates zu den Bürgern gipfelt in dem Satz: »Während Nationen sich selbst eine Verfassung geben, wird der Europäischen Union eine Verfassung *von Dritten* gegeben«[51]. Wenn doch alle Mitgliedstaaten funktionierende Demokratien sind, ist zu fragen, wer denn diese »Dritten« sein sollen – außer den Völkern der Mitgliedstaaten selbst. Nach der hier vertretenen, mehr instrumentalen Sicht[52] sind Staat und Europäi-

---

Kreutzer/D.H. Scheuing/U. Sieber (Hrsg.), Europäische Demokratie, 1999, S. 27 (39), aufgrund seiner »individualrechtlichen Ausrichtung des demokratischen Prinzips«. Ihm fehlt es freilich an der hinreichenden Möglichkeit der Unionsbürger, auf den Willensbildungsprozeß in der Union Einfluß zu nehmen und diesen zu legitimieren, und die »staatsbürgerliche Mündigkeit« des Unionsbürgers reiche daher nicht aus (ebd., S. 39ff., 51f.). S. auch BVerfGE 89, 155 (184f.) – *Maastricht*, zur Entwicklungsfähigkeit der Unionsbürgerschaft: Durch sie werde »zwischen den Staatsangehörigen der Mitgliedstaaten ein auf Dauer angelegtes rechtliches Band geknüpft, das zwar nicht eine der gemeinsamen Zugehörigkeit zu einem Staat vergleichbare Dichte besitzt, dem bestehenden Maß existentieller Gemeinsamkeit jedoch einen rechtlich verbindlichen Ausdruck verleiht«.

[43] Vgl. *P. Häberle*, Gibt es eine europäische Öffentlichkeit, in: FS Y. Hangartner, 1998, S. 1007 (1012); nach ihm »setzen eine Reihe von Artikeln des EGV nach Maastricht (etwa Art. 138a, jetzt 191 zu den politischen Parteien) Öffentlichkeit voraus bzw. sie schaffen sie mit« – auch abgedr. in ThürVBl. 1998, 121ff.; zur schrittweisen Entwicklung der europäischen Öffentlichkeit s. auch *S. Kadelbach*, Staatsbürgerschaft – Unionsbürgerschaft – Weltbürgerschaft, in: J. Drexl/K.F. Kreuzer/D.H. Scheuing/U. Sieber (Hrsg.), Europäische Demokratie, 1999, S. 89 (106f.); gegen die These der Unmöglichkeit einer europäischen Öffentlichkeit s. die treffenden Argumente bei *C. Grewe* (Fn. 23), S. 59 (64f.).

[44] BVerfGE 22, 293 (296): »Der EWG-Vertrag stellt gewissermaßen die Verfassung dieser Gemeinschaft dar«.

[45] Nach EuGHE 1991 I 6079 – *EWR-Gutachten I*: »...stellt der EWG-Vertrag, obwohl er in der Form einer völkerrechtlichen Übereinkunft geschlossen wurde, nichtsdestoweniger die Verfassungsurkunde einer Rechtsgemeinschaft dar«. Ähnl. schon EuGHE 1986, 1339 (1365f.) – *Les Verts*:; s. auch *Manfred Zuleeg*, Die Verfassung der Europäischen Gemeinschaft in der Rechtsprechung des Europäischen Gerichtshofs, BB 1994, 581ff., mwN.

[46] Vgl. auch *G.C. Rodriguez Iglesias*, Zur »Verfassung« der Europäischen Gemeinschaft, EuGRZ 1996, 125ff.; s. auch *T. Läufer*, Verfassungsdiskussion (Fn. 7), S. 355ff., mwN. in Fn. 2, 11 und 15.

[47] So etwa *D. Grimm*, Braucht Europa eine Verfassung?, 1994, S. 51.

[48] Ebd., S. 32.

[49] Zu dieser deutlich auf den Staat als vorgegebene Größe konzentrierte Richtung in der Staatsrechtslehre vgl. krit. *H. Schulze-Fielitz*, Grundsatzkontroversen in der deutschen Staatsrechtslehre nach 50 Jahren Grundgesetz, Die Verwaltung 32 (1999), S. 241 (250ff., 253ff.).

[50] Zum Begriff des Zweckverbands für die EG vgl. *H.P. Ipsen*, Europäisches Gemeinschaftsrecht, 1972, S. 197ff., der freilich dabei den Unterschied zu »aller Staatlichkeit als umfassender geistig-sozialer Wirklichkeit, potentiell unbeschränkter Kompetenzfülle, von Gebiets- und Personalhoheit« hervorhebt.

[51] *D. Grimm* (Fn. 47), S. 31.

[52] Vgl. schon *I. Pernice*, Deutschland in der Europäischen Union, in: J. Isensee / P. Kirchhof (Hrsg.), Handbuch des Staatsrechts, Bd. VIII (1995), § 191 Rn. 21ff., 23 a.E.

sche Union nur Formen der politischen Selbstorganisation der Gesellschaft im Sinne
H. Hellers[53]. Entscheidend ist, daß nicht ein vorgegebenes Volk, eine schon vorhandene »Nation« sich selbst eine Verfassung gibt, sondern daß die Verfassung dasjenige (jedenfalls fiktiv vertragliche[54]) Instrument darstellt, in dem sich Menschen in einem abgegrenzten Territorium als Volk, Nation oder Bürger in einer bestimmten politischen Organisation selbst definieren.

3. *Entwicklung des Europäischen Verfassungsverbundes*

Die im wörtlichen Sinne »vertragliche« Konstituierung der EG/EU im Wege einer »Übertragung von Hoheitsrechten« zunächst nach Art. 24 I GG, jetzt nach Art. 23 I GG – nicht als Delegation, sondern verstanden als Akt der originären Schöpfung und des Anvertrauens[55] – ist zugleich eine materielle Änderung der innerstaatlichen Verfassung[56]. Mit dem Verweis auf das Verfahren des Art. 79 II GG zieht Art. 23 I 3 GG daraus die Konsequenz. Folgerichtig wurde in Österreich der Beitritt zur EU als »Gesamtänderung der Bundesverfassung« betrachtet, für die nach Art. 44 III der österr. Bundesverfassung eine Volksabstimmung zwingend vorgesehen ist[57]. Ergebnis der sukzessiven Vertragswerke zur Europäischen Union ist eine »geschachtelt« konstituierte europäische Gesamtordnung, die ein einheitliches, föderal strukturiertes System bildet, in dem die nationalen Verfassungen und das europäische Primärrecht Teilele-

---

[53] *H. Heller*, Allgemeine Staatslehre, 1934, S. 228ff.: »Der Staat als organisierte Entscheidungs- und Wirkeinheit«, und: »Die staatliche Organisation ist deshalb der von den Beteiigten ständig erneuerte *status*, in welchem sich Organisierende und Organisierte zueinander befinden«.

[54] Dies jedenfalls nach den klassischen Vertragstheorien, die heute verbreitet für die Legitimation der Geltung von Recht und Verfassung herangezogen werden, vgl. etwa *P. Häberle* (Fn. 22), S. 596f., 621, mwN.; *ders.*, Das Grundgesetz und die Herausforderungen der Zukunft (1990), in: *ders.*, Verfassung als öffentlicher Prozeß, 3. Aufl., 1998, S. 746 (768f.): »Verfassung als Vertrag!, als ›immer neues sich-Vertragen und sich-Ertragen aller Bürger und Gruppen‹ Verfassungsgebung als Paktieren«; vgl. auch die Nachweise bei *I. Pernice*, Gemeinschaftsverfassung und Grundrechtsschutz – Grundlagen, Bestand und Perspektiven, NJW 1990, 2409 (2410f.).

[55] In diesem Sinne schon BVerfGE 37, 271 (279f.), wonach die Wendung »Übertragung von Hoheitsrechten« nicht wörtlich genommen werden kann; vgl. auch *W. v. Simson*, Diskussionsbeitrag, VVDStRL 31 (1973), S. 129: »grenzüberschreitende Kompetenz, die neu geschaffen wird«; *J. Schwarze* (Fn. 3), S. 638: »Einbringung zur gemeinsamen Ausübung«; näher zur Auslegung in diesem Sinne: *I. Pernice* (Fn. 17), Rn. 82ff., mwN.; aA. jetzt *T. Flint*, Die Übertragung von Hoheitsrechten. Zur Auslegung der Art. 23 Abs. 1 Satz 2 und Art. 24 Abs. 1 GG, 1998, passim, insbes. S. 141: »Übertragung von Hoheitsrechten bedeutet Übertragung von Hoheitsrechten, d.h. Abtretung von Bestandteilen der Staatsgewalt... ›Übertragen‹ steht für Rechtsübertragung im klassisch privatrechtlichen Sinne« und ebd. S. 151ff.: »Ausdeutung als Abtretung von Hoheitsrechten«.

[56] So schon BVerfGE 58, 1/28 – *Eurocontrol*.

[57] *P. Pernthaler*, »Europäische Integration und nationales Verfassungsrecht in Österreich«, in Battis/Tsatsos/Stephanou (Hrsg.), Europäische Integration und nationales Verfassungsrecht, 1995, S. 437 (444); s. auch *I. Seidl-Hohenveldern*, Constitutional Problems Involved in Austria's Accession to the EU, CMLRev. 32 (1995), S. 727 (729); eingehend *T. Öhlinger*, Der Beitritt zu den Europäischen Gemeinschaften als Gesamtänderung der Bundesverfassung (1988), in: *ders.*, Verfassungsfragen einer Mitgliedschaft zur Europäischen Union, 1999, S. 31ff., insbes. zur Frage der Gesamtänderung durch Staatsvertrag: ebd., S. 53ff., 74f., im Blick auf die »Nebeneffekte« der Übertragung von Rechtsetzungsbefugnissen auf die Gemeinschaften.

mente eines *Europäischen Verfassungsverbundes*[58] bilden. Weder die nationalen Verfassungen, noch die europäische Verfassung sind ausschließlich, regeln die Gesamtheit legitimer Ausübung von Hoheitsgewalt gegenüber dem Unionsbürger: Sie sind von den Bürgern in ihren gestuften Identitäten als Staats- und Unionsbürger[59] getragene Komplementärverfassungen[60] in einem Mehrebenensystem gestuft organisierter öffentlicher Gewalt. Damit ist die Europäische Union die konstitutionelle Antwort auf die wachsenden Defizite staatlicher Steuerungsmöglichkeiten hinsichtlich der klassischen und neuer öffentlicher Aufgabenfelder in der »postnationalen Konstellation«[61]: Frieden, d.h. äußere und innere Sicherheit, Schutz der Menschenrechte, wirtschaftlicher und sozialer Wohlstand, Schutz der Umwelt etc. Hierfür haben die Bürger der Mitgliedstaaten mit der EU Institutionen und Verfahren zur gemeinsamen bzw. koordinierten Ausübung ihrer »Souveränität« geschaffen.

Mit Begriff der Unionsbürgerschaft in Art. 17 EGV artikulieren und bekräftigen die Bürger der Mitgliedstaaten dabei ihren gemeinsamen, auf auf die Union bezogenen politischen Status[62], der auf die mitgliedstaatlichen Staatsbürgerschaft aufbaut und diese ergänzt (Art. 17 I 3 EGV), genau so wie die EU als politisches System auf die Mitgliedstaaten aufbaut, und diese ergänzt. Der begriffliche Fortschritt in Art. 17 I EGV von der »Staatsangehörigkeit eines Mitgliedstaates« zur Unionsbürgerschaft, die die »nationale Staatsbürgerschaft« ergänzt, symbolisiert den Paradigmenwechsel vom »Untertan« zum selbstbestimmten Bürger[63], der sich zusammen mit den Mitbürgern auf nationaler und europäischer Ebene Staat bzw. Union für seine Zwecke schafft. Das zwischen den Unionsbürgern geknüpfte besondere Band bewirkt, daß sie in den Au-

---

[58] Zum Begriff *I. Pernice*, Bestandsicherung der Verfassungen: Verfassungsrechtliche Mechanismen zur Wahrung der Verfassungsordnung, in: R. Bieber/P. Widmer (Hrsg.), Der europäische Verfassungsraum, 1995, S. 225 (261 ff.), und *ders.*, Die Dritte Gewalt im europäischen Verfassungsverbund, EuR 1996, 27 ff.; s. auch *P. Häberle*, Gemeineuropäisches Verfassungsrecht, in: R. Bieber/P. Widmer (Hrsg.), Der europäische Verfassungsraum, 1995, S. 361 (396); *D. H. Scheuing*, EuR-Beiheft 1/1997, 7 (53 f.); *ders.*, Zur Europäisierung des deutschen Verfassungsrechts, in: K. F. Kreuzer/D. H. Scheuing/U. Sieber (Hrsg.), Die Europäisierung der mitgliedstaatlichen Rechtsordnungen in der Europäischen Union, 1997, S. 87 ff. (105); *R. Bieber*, Die Europäisierung des Verfassungsrechts, ebd., S. 71 ff. (93 ff.); *M. Heintzen*, Gemeineuropäisches Verfassungsrecht in der Europäischen Union, EuR 1997, 1 (15 f.); *A. v. Bogdandy* (Fn. 14), S. 13 ff.; *R. Steinberg*, Landesverfassungsgerichtsbarkeit und Bundesrecht, in: H. Eichel/K. P. Möller (Hrsg.), 50 Jahre Verfassung des Landes Hessen, 1997, S. 356 ff. (360), in bezug auf den Bundesstaat; zu Europa: *ders.* (Fn. 4), S. 373. Von »Doppelverfassung« sprechen: *P. Pernthaler*, Die neue Doppelverfassung Österreichs, in: FS Winkler, 1997, S. 773 ff., und *T. Öhlinger*, Die Verfassung im Schmelztiegel der europäischen Integration: Österreichs neue Doppelverfassung, in: ders., Verfassungsfragen einer Mitgliedschaft zur Europäischen Union, 1999, S. 165 ff. (215 f.). Ähnlich zur »doppelten Verfaßtheit der Bürger Europas« zu sprechen – so *T. Läufer*, Zur künftigen Verfassung (Fn. 7), Integration 27 (1994), S. 204 (208), sowie *W. Schröder*, Demokratie, Transparenz und die Regierungskonferenz – Überlegungen zur Legitimität der Europäischen Union, KritV 81 (1998), S. 423 (439) – wobei freilich nicht die Bürger, sondern die Staaten bzw. die EU »verfaßt« sind.

[59] In diesem Sinne schon *E. Denninger*, Menschenrechte und Staatsaufgaben – ein »europäisches« Thema, JZ 1996, 585 (586), mwN. Zur Möglichkeit solcher »doppelten Loyalitäten« vgl. auch *C. Tomuschat* (Fn. 16), S. 86.

[60] Zum Begriff: *T. Läufer*, Zur künftigen Verfassung (Fn. 7), S. 362, 364.

[61] Vgl. *J. Habermas*, Die postnationale Konstellation, 1998, S. 105 ff.

[62] Unter Betonung der Entwicklungsoffenheit dieses Status: *C. Tomuschat* (Fn. 16), S. 74 f.

[63] In diesem Sinne *P. Häberle*, »Staatsbürgerschaft« als Thema einer europäischen Verfassungslehre, in: FS Heckel, 1999, S. 725 (733, 735 ff.), mit dem Votum, den Begriff »Statsangehörigkeit« zu verabschieden, und der Feststellung, daß »Staatsbürgerschaft ein menschenrechtliches ›Statusrecht‹ ist«.

gen des Europäischen Gerichtshofs für Menschenrechte im jeweils anderen Mitgliedstaat nicht mehr als Ausländer iSd. Art. 16 EMRK gelten[64], so wie die Mitgliedstaaten
der Union einander nicht mehr Ausland sind[65].

Art. 17 II EGV faßt diesem unmittelbaren Rechtsstatus mit knappen Worten zusammen: »Die Unionsbürger haben die in diesem Vertrag vorgesehenen Rechte und
Pflichten«. Kein völkerrechtlicher Vertrag enthält eine solche Formulierung. Mitgliedstaatliche Verfassungen und europäisches Primärrecht sind im supranationalen
Verfassungskontext eingebunden, sie stehen nicht isoliert neben- oder übereinander,
sondern sind aufeinander bezogen und eng miteinander verbunden[66]. Sie bilden eine
rechtliche Einheit[67], ein vielfältig – institutionell, personell, funktionell- und mate-
riellrechtlich – verflochtenes System politischer Steuerung und Entscheidung auf
mehreren Ebenen. In diesem Verfassungsverbund sind die Bürger zugleich Staats- und
Unionsbürger, aktiv im politischen Prozeß und passiv als Betroffene. Für sie setzt sich
das relevante Recht zusammen aus staatlichen und europäischen Elementen, so wie
die Verwaltungen und Gerichte der Mitgliedstaaten funktionell zugleich staatliche
und europäische Behörden sind[68]. Die »maßgebende, für alle staatlichen Organe verbindliche Deutung der objektiven Grundlinien und des Inhalts der Verfassung« so
Konrad Hesse zur Aufgabe des Bundesverfassungsgerichts, »läßt sich nicht ohne Berücksichtigung der europäischen Dimension des Verfassungsrechts wahrnehmen«, die
europäische Dimension »ist zur Bedingung verfassungsmäßiger Rechtsfindung geworden«[69]. Sogar die Parlamente tragen eine doppelte Verantwortung, eine (reduzierte[70]) staatliche in der klassischen Funktion der Gesetzgebung, eine europäische bei der
Mitwirkung an der Rechtsetzung der EG[71] und natürlich bei der Umsetzung europäischer Richtlinien. So ist die Wahrnehmung öffentlicher Aufgaben verschiedenen
Ebenen anvertraut, die geteilte Souveränität[72] letztlich aber doch in einem einheitlichen, föderalen System aufgehoben.

---

[64] EGMR, Urt. v. 27.4. 1995 -*Piermont c. France*, Série A.314; dazu die Anmerkung von *J.-F. Flauss*,
Observations. Liberté d'expression politique des étrangers et protection des droits fondamentaux dans les
territoires d'Outre-mer, RTDH 1996, 364; s. auch *V. Constantinesco*, Je t'aime, moi non plus! La société
européenne en quête d'affection?, in: Mélanges en l'honneur de F. Borella, 1999, S. 143 (154).

[65] S. *P. Häberle*, Gibt es eine europäische Öffentlichkeit?, in: FS Y. Hangartner, 1998, S. 1007 (1008).

[66] Vgl. schon BVerfGE 52, 187 (200) – *Absatzfonds*: »Mitgliedstaatliche Rechtsordnung und Gemeinschaftsrechtsordnung stehen nicht unvermittelt und isoliert nebeneinander; sie sind in vielfältiger Weise
aufeinander bezogen, miteinander verschränkt und wechselseitigen Einwirkungen... geöffnet«; ähnl.
BVerfGE 73, 339 (367) – *Solange II*: »funktionelle Verschränkung« und ebd., S. 384: »normative Verklam-
merung«.

[67] In diesem Sinne auch das Votum von *W. Hertel* (Fn. 18), S. 218; *Steinberg* (Fn. 4), S. 373.

[68] S. auch *S. Cassese*, Der Einfluß des gemeinschaftsrechtlichen Verwaltungsrechts auf die nationalen
Verwaltungsgerichte, Der Staat 33 (1994), S. 25 (26); *E. Schmidt-Aßmann*, Das allgemeine Verwaltungsrecht als Ordnungsidee, 1998, S. 311; *A.v. Bogdandy* (Fn. 14), S. 11f.

[69] *K. Hesse*, Stufen der Entwicklung der deutschen Verfassungsgerichtsbarkeit, JöR 46 (1998), S. 1
(22f.).

[70] Vgl. ebd., S. 18.

[71] Vgl. Art. 23 III GG; s. auch das Protokoll Nr. 9 zum Unionsvertrag von Amsterdam, »über die Rolle
der einzelstaatlichen Parlamente in der Europäischen Union«. S. auch das Gesetz über die Zusammenarbeit von Bundesregierung und Deutschem Bundestag in Angelegenheiten der Europäischen Union v.
12.3. 1993, BGBl. 1993 I, S. 31; aufschlußreich auch Art. 23e der österr. Bundesverfassung.

[72] Vgl. die Nachw. bei *I. Pernice* (Fn. 17), Rn. 21. Vgl. auch auch *S. Kadelbach*, Staatsbürgerschaft –
Unionsbürgerschaft – Weltbürgerschaft, in: J. Drexl/K.F. Kreuzer/D.H. Scheuing/U. Sieber (Hrsg.), Eu-

Europa braucht demnach keine (neue) Verfassung, es gibt bereits eine. Der Ruf nach einer Verfassung ist eher irreführend, denn er impliziert, daß es der Union an einer Verfassung und damit an Legitimität fehle[73]. Die Forderung einer Verfassung, in der »Zuständigkeiten klarer abgegrenzt werden – zwischen EU, Mitgliedstaaten, Bundesländern und Regionen«[74], schießt jedenfalls über das Ziel hinaus, soweit er einen Eingriff in die innere Struktur der Mitgliedstaaten impliziert, und opfert die Vielfalt politischer Kulturen und einen Teil der Identität der Mitgliedstaaten auf dem Altar vermeintlicher Klarheit und Rechtssicherheit[75]. Indessen hat die Union, wie oben erläutert, bereits eine demokratisch legitimierte Grundordnung, in der nationale und supranationale Verfassungselemente als Teil- oder Komplementärverfassungen miteinander verbunden sind und die es fortzuentwickeln gilt. Von einer Vertragsänderung zur anderen geht es um Verfassungsgebung als Prozeß der schrittweisen Konstituierung effektiver, demokratisch legitimierter und kontrollierter Hoheitsbefugnisse auf europäischer Ebene.

4. Die Finalität: Wozu und welches Europa?

Die Europäische Union und der Fortschritt der Integration sind kein Selbstzweck – ebensowenig wie dies für einen Staat gesagt werden kann. Deshalb wird die Frage nach der »Finalität der europäischen Einigung« als eine der dringenden Fragen zur Integration bezeichnet: »Warum eigentlich Europa, zu welchem Endzweck[76]? Die Debatte führt indessen weg von den konkreten Problemen ins theoretische Abseits. Gerade wegen der unterschiedlichen Visionen ist ein pragmatisch-instrumentaler Ansatz angebracht, ohne Mythos, ohne Utopie: Die Bestimmung und Änderung der Staatszwecke wie auch der Unionsziele und -aufgaben ist Gegenstand des politischen Prozesses, nicht wissenschaftlicher Erkenntnis. Die Entwicklung der Union kann daher, dem instrumentalen Ansatz, aber auch dem Subsidiaritätsgedanken entsprechend, nur die Antwort auf drängende Problemstellungen der Zeit sein, nicht die Realisierung einer vorgegebenen Vision. Ihr Zweck muß jeweils im nationalen wie im europäischen *contrat social* durch die Verfassung bzw. die Unionsverträge und nach den darin jeweils vorgesehenen Verfahren festgelegt werden, jeder Integrationsschritt muß die Antwort auf eine konkrete Herausforderung, als Notwendigkeit empfunden sein; politische Utopien geben hierfür keine Legitimation.

---

ropäische Demokratie, 1999, S. 89 (99f.), mit dem Hinweis auf die Entsprechung der geteilten Souveränität zum Nebeneinander von Staatsbürgerschaft und Unionsbürgerschaft.

[73] Vgl. etwa *D. Grimm*, Braucht Europa eine Verfassung, 1994, S. 15: »Die legitimitätsspendende Kraft, die die Verfassung im nationalen Rahmen entfaltet, soll auch der Europäischen Union zufließen«. Die Verbindung von Verfassungsfrage für die EU mit der Frage nach demokratischer Legitimität findet sich auch bei *T. Öhlinger* (Fn. 58), S. 223. Vgl. im übrigen die Nachw. oben, Fn. 3.

[74] So die Forderung von *J. Schwarze* (Fn. 3), S. 643.

[75] Krit. gegenüber dem Nutzen der Vorschläge zur Stärkung der Legitimation durch eine Verfassung auch *W. Hertel* (Fn. 18), S. 184 ff., 210 f.

[76] So etwa *E.-W. Böckenförde* (Fn. 25), S. 47 ff., mit der »Vision… den Schwerpunkt für die weitere Integration… auf das Feld von Bildung und Kultur zu verlagern«. Aufschlußreich auch: *T. Oppermann*, Der europäische Traum zur Jahrhundertwende, JZ 1999, 317 (318 ff.).

Dabei besteht ein Ergänzungsverhältnis zwischen der staatlichen und der europäischen Ebene nach dem Maßstab des Subsidiaritätsprinzips[77]: Den europäischen Institutionen kommen diejenigen Aufgaben zu, welche auf staatlicher Ebene nicht oder nicht ausreichend wirksam erfüllt werden können und deswegen von den Bürgern der Mitgliedstaaten, dh. von der Gesamtheit der Unionsbürger, als gemeinsame Aufgabe betrachtet werden. Der Ziel- und Aufgabenkatalog in EU-Vertrag und EG-Vertrag spiegelt den gegenwärtigen Konsens wider. Neue Problemlagen werden neue Zuordnungen verlangen. Zur Zeit aber ist das Ziel der dauerhaften Sicherung des Friedens und der ökonomischen wie ökologischen Lebensgrundlagen ebensowenig bestritten, wie der Rahmen eines föderalen Systems ohne die Qualität eines Staates oder auch Bundesstaates im herkömmlichen Sinne. Die Vision der frühen Föderalisten[78] bedarf also einer Korrektur. In welcher Richtung die Entwicklung gehen könnte, umschreibt der Begriff des »supranationalen Föderalismus«, der jetzt in Abhebung von bundesstaatlichen Modellen vorgeschlagen wurde[79]. Entscheidend ist die Relativierung des Staates in seiner Allmacht, die Offenheit zur Eingliederung in über- oder internationale Systeme, mit der schon das Grundgesetz mit der Präambel, Art. 24 I und Art. 23 I GG, wie *K. Hesse* treffend sagt, »über sich selbst hinaus« wächst[80].

Strukturell gibt es dabei zu einem »Europa der Bürger« keine Alternative. Das Ziel der zukünftigen Reformen muß die Schaffung eines die kulturelle und politische Vielfalt der Mitgliedstaaten wahrenden, demokratisch legitimierten und effizienten Handlungsinstrumentariums der Unionsbürger zur Wahrnehmung der auf der mitgliedstaatlichen Ebene nicht hinreichend erfüllbaren öffentlichen Aufgaben sein. Ein solches Ziel verlangt Strukturen, die eine bewußtere und positive Annahme der Union und ihrer Entscheidungen durch die Unionsbürger als von ihnen selbst gewollte und legitimierte, auf sie selbst bezogene Einrichtung möglich machen und fördern. Es geht also um ein »Europa«, das die Unionsbürger als ihr »eigenes«, als Instrument zur Verwirklichung ihrer eigenen Interessen verstehen, und dem nicht mit dem Gefühl der Fremdbestimmung oder gar Fremdherrschaft durch »Brüssel« begegnet wird. Es geht nicht um einen europäischen »Superstaat« oder auch nur Bundesstaat. Im Unionsvertrag von Maastricht ist wohl der Beginn gesehen worden, »einen ›europäischen Verfassungsstaat‹ zu konstituieren«[81]. Europäische Staatlichkeit, jedenfalls die Neuauflage des Nationalstaats klassischer Prägung in größerer Dimension, kann heute

---

[77] Dazu aus der inzwischen unübersehbaren Literatur: *P. Häberle*, Das Prinzip der Subsidiarität aus der Sicht der vergleichenden Verfassungslehre, AöR 119 (1994), S. 170 ff.; *C. Calliess*, Subsidiaritäts- und Solidaritätsprinzip in der Europäischen Union. Vorgaben für die Anwendung von Art. 5 (ex-Art. 3b) EGV nach dem Vertrag von Amsterdam, 2. Aufl. 1999.

[78] Beispielhaft schon *W. Churchill* in seiner Zürcher Rede von 1946: »Wir müssen eine Art Vereinigter Staaten von Europa errichten«; s. auch *W. Hallstein*, Der unvollendete Bundesstaat, 1969; zusammenfassend: *T. Oppermann*, Europarecht, 2. Aufl. 1999, Rn. 12f.

[79] So *A. v. Bogdandy* (Fn. 14), insbes. S. 10, 61 ff. Der tragende Unterschied dürfte in dem liegen, was *G. Andréani*, (Fn. 11), S. 18, als Merkmal des Bundesstaates treffend umschreibt: »the existence of a federal state is recognised by its ability to define its powers at the expense of some of its federated members, without their unanimous consent«. Dies wäre keine Option für die EU, vgl. unten III.1. a.E.

[80] *K. Hesse*, Grundzüge des Verfassungsrechts der Bundesrepublik Deutschland, 20. Aufl. 1995, S. 50; ihm folgend *J. Schwarze* (Fn. 3), S. 638.

[81] So *P. Häberle*, Verfassungsrechtliche Fragen im Prozeß der europäischen Einigung, EuGRZ 1992, 429 (431).

indessen nicht das Ziel sein, sondern gerade dessen Überwindung als neue, tragfähige Grundlage für die Sicherung des Friedens in Europa und in der Welt[82].

III. Vorschläge zur Reform der Europäischen Union

Zumal im Blick auf die Erweiterung der Union stehen Demokratisierung, Transparenz und Bürgernähe auf der Tagesordnung. Entscheidend sind aber vor allem politische Aufrichtigkeit und Verantwortlichkeit. Wo die Union/EG zuständig ist, muß sie effektiv handeln können, wo sie handelt, müssen ihre Organe politisch legitimiert und gegenüber den Bürgern bzw. ihren Vertretungen verantwortlich sein. Bürgernähe und funktionelle Gewaltenteilung fordern, daß der Vollzug grundsätzlich auf staatlicher oder regionaler Ebene erfolgt, die Vollzugserfahrung aber auch in den Prozeß der Rechtsetzung einfließen kann. Staatliche Behörden und Gerichte stehen im Dienste der Bürger in ihrer doppelten oder gar dreifachen Identität als Unions-, Staats- und Landesbürger und sind den auf der jeweiligen Ebene festgelegten Normen und öffentlichen Interessen loyal verpflichtet. Europäische Institutionen müssen ihrerseits funktionsgerecht besetzt und handlungsfähig sein, ihr Handeln muß politisch bestimmten Personen verantwortet und zurechenbar sein, die den Unionsbürgern gegenüber rechenschaftspflichtig (accountable) sind. Jede Verschleierung von Zuständigkeit führt zu Ineffizienz oder Machtmißbrauch. Folgerungen hieraus sind zunächst für das Vertragsänderungsverfahren, dann aber auch für die Kompetenzordnung, Institutionen einschließlich der Entscheidungsverfahren und nicht zuletzt für die Finanzverfassung der Union zu ziehen.

1. Revision des Vertragsänderungsverfahrens

Solange die Verträge und die Vertragsänderungen das Resultat von Geheimsitzungen der Diplomatie bleiben, wird es den Bürgern schwerfallen, sie tatsächlich als ihre Verfassung, als Verfassung eines Europas der Bürger, zu verstehen und anzunehmen[83]. Wenn jede Vertragsänderung zugleich auch eine zumindest materielle Änderung der nationalen Verfassung impliziert[84], kann auf eine aktivere Mitgestaltungsmöglichkeit der Bürger bzw. ihrer Parlamente nicht verzichtet werden. Weil die völkerrechtliche Methode der diplomatischen Verhandlung und inter-gouvernementalen Vereinba-

---

[82] In dieser Richtung treffend: *Schäuble/Lamers* (Fn. 7), Ziff. 3.1: »Die europäische Zukunft ist keine bloße Verlängerung der nationalen Vergangenheit«.

[83] Vgl. auch Ziff. 18 ff. der Entschließung des Europäischen Parlaments zum Vertrag von Amsterdam (deVigo- und Tsatsos-Bericht), EuGRZ 1998, 69 (72), sowie den Bericht, Ziff. 5.a), mit der Forderung, daß »endlich dem Europäischen Parlament seine natürliche Funktion als Mitverfassungsgeber rechtsverbindlich zugestanden wird« (ebd., S. 74).

[84] In diesem Sinne zur Wirkung der Übertragung von Hoheitsrechten nach Art. 24 I GG schon BVerfGE 58, 1 (28) – *Eurocontrol*. Ausdrückliche Änderungen des Grundgesetzes wurden erstmals mit der Ratifikation des Unionsvertrags von Maastricht verbunden, wo neben dem neuen Integrationshebel Art. 23 GG u.a. Änderungen hinsichtlich des Kommunalwahlrechts für Unionsbürger aus anderen Mitgliedstaaten (Art. 28 I 3 GG) und der Europäischen Zentralbank (Art. 88 S. 2 GG) eingeführt wurden (38. ÄndG v. 21. 12. 1992, BGBl. I, 2086).

rung den Anforderungen an Transparenz und Publizität, demokratischer Mitwirkung und Öffentlichkeitskontrolle offenbar nicht genügt, wurde schon der Amsterdamer Vertrag in einem offeneren Verfahren verhandelt, als der EU-Vertrag das vorsieht: Die Einschaltung der Reflexionsgruppe, die öffentliche Diskussion der Ergebnisse, Veröffentlichung und Diskussion der Vertragsentwürfe, Beteiligung von Beobachtern des Europäischen Parlaments in der Regierungskonferenz etc. waren Ansätze in der richtigen Richtung.

Mehr als bisher muß jede neue Änderung der Verträge das Ergebnis eines europaweiten politischen Diskurses und der organisierten Willensbildung aller Unionsbürger sein. Das Verfahren des Vertragsschlusses stößt als solches nicht auf Bedenken, es entspricht vielmehr der Grundidee eines *contrat social*, den die Regierungen als Beauftragte ihrer Bürger für diese verhandeln. Wichtig ist, daß dieser Vertrag auch als Vertrag zwischen den Bürgern der Mitgliedstaaten bewußter wird. Dazu gehört das Bewußtsein der Bürger, daß sie hiermit gleichzeitig die Europäische Union und sich selbst in ihrer (neuen zusätzlichen) Identität als Unionsbürger konstituieren und entwickeln. Die mitgliedstaatlichen Ratifikationsakte sind Kontrolle und Bestätigung, Ausdruck des demokratisch gebildeten Willens der Bürger eines jeden Mitgliedstaats, das gemeinsame »Ja« zu dem Vertrag mit den Bürgern der anderen Mitgliedstaaten. Die Unionsbürger müssen Gelegenheit gehabt haben, darüber unter- und miteinander zu sprechen. Europäisches Parlament und nationale Parlamente sollten am Anfang und am Schluß des Verfahrens stehen, soweit ihre Zustimmung am Schluß nicht durch ein Referendum ersetzt wird.

Statt eines Entwurfs von Regierungen oder einer Reflexionsgruppe sollte Grundlage der Verhandlungen zur Vertragsänderung ein vom Europäischen Parlament in Konsultation mit den Parlamenten der Mitgliedstaaten und der Europäischen Kommission erarbeiter Vorschlag sein. Durch die Diskussion der Reformen in den Parlamenten wird eine europäische Debatte unter Einbeziehung der Akteure der Zivilgesellschaft eröffnet, zugleich wird frühzeitig sichtbar, was innerstaatlich realisierbar ist und was nicht. Diese erste »inter-parlamentarische Phase« des Revisionsverfahrens kann ohne vorherige Vertragsänderung eingeführt werden[85]. Der so abgestimmte Vorschlag sollte dann in der zweiten, der »inter-gouvernementalen Phase«, von einer Regierungskonferenz, an der Vertreter der Europäischen Kommission und des Europäischen Parlaments als Beobachter mitwirken, beraten und einstimmig beschlossen werden. Der Ratifikation durch die Mitgliedstaaten entsprechend ihren verfassungsrechtlichen Vorschriften sollte die Zustimmung durch das Europäische Parlament als der zuständigen Vertretung der Unionsbürger vorausgehen.

Im Sinne einer möglichst weitgehenden Legitimation der Europäischen Union durch die Bürger erscheint bei wichtigen Vertragsänderungen die Einführung von Elementen unmittelbarer Demokratie, d.h. insbesondere ein europäisches Referendum[86] wünschenswert. Dies würde die Identität der Unionsbürger als Subjekt und

---

[85] Vgl. *D. Tsatsos*, Das Prinzip der europäischen Verfassungsverantwortung, Vortrag im Rahmen des Forum Constitutionis Europae (FCE 1/99), der sich dabei auf erste Erfahrungen einer solchen Abstimmung bei der Vorbereitung der Entschließung zum Vertrag von Amsterdam (deVigo- und Tsatsos-Bericht, EuGRZ 1998, 69ff.) stützt; s. den Bericht von *M.-O. Pahl* in: http://www.rewi.hu-berlin.de/WHI/fce/fce199/remarcsmop.htm .

[86] S. dazu auch *V. Constantinesco* (Fn. 64), S. 156ff.

Betroffene der durch den Vertrag geschaffenen Hoheitsgewalt unterstreichen und den europaweiten Diskurs beleben. Nationale Referenden erscheinen zumindest wegen ihres erzieherischen Effekts sinnvoll, da Politiker gezwungen werden, die Bedeutung der Änderungen selbst zu verstehen und mit dem Bürger über ihren Nutzen Übereinstimmung zu finden. Ob sie erwünscht sind, müssen die Bürger jedes Mitgliedstaats für sich feststellen.

Die europäische Integration überschreitet »Grenzen«, sie ist fragil und muß in jedem Schritt auch wegen der dadurch bewirkten materiellen Änderung der mitgliedstaatlichen Verfassungen von einem breiten Konsens in der Bevölkerung in jedem Mitgliedstaat getragen sein. Deshalb darf, auch nach Einführung eines europäischen Referendums im Vertragsrevisionsverfahren[87] am Grundsatz der positiven Zustimmung in allen Mitgliedstaaten zu allen Vertragsänderungen nicht gerüttelt werden.

2. Kompetenzordnung und Struktur der EU

Die am Ziel einer positiven Integration orientierte Kompetenzstruktur der Union ist wegen ihrer Offenheit und Dynamik Grundlage für den Erfolg der EU. Kompetenzkataloge etwa nach deutschem Muster sind keine Garantie für die Begrenzung von Zentralisierungstendenzen[88]. Regelungen zur Begrenzung der Gemeinschaftskompetenzen in einzelnen Politikfeldern, wie zB. die Beschränkung auf die Koordinierung und Disziplinierung der Wirtschafts- und Finanzpolitik der Mitgliedstaaten, oder auf Förderkompetenzen und der ausdrückliche Ausschluß von Harmonisierungen in der Kulturpolitik, sind im Zusammenspiel mit allgemeinen Grundsätzen wie dem Subsidiaritätsprinzip und dem Prinzip der Achtung der Identität der Mitgliedstaaten wirksame Mittel für die Wahrung mitgliedstaatlicher Eigenverantwortung. Dabei ist die jeweils richtige »föderale Balance« in der Union nicht Gegenstand statischer rechtlicher Festsetzung sondern sie kann letztlich nur das Ergebnis des politischen Prozesses sein.

Entscheidend und erforderlich aber ist eine systematische Differenzierung zwischen exklusiven bzw. konkurrierenden Kompetenzen zu supranationaler Rechtsetzung in einigen Bereichen und den Koordinierungs- und Förderkompetenzen hinsichtlich der Politik der Mitgliedstaaten in anderen Bereichen. Inwieweit die Anerkennung einer grundsätzlich autonomen Politik der Mitgliedstaaten in bestimmten Feldern, wie etwa dem der Kultur oder der inneren Sicherheit durch klare Negativabgrenzungen praktisch sinnvoll und möglich ist, ist zweifelhaft[89]. Man sollte davon absehen, weil kein Politikfeld *a priori* von europäischen Interessen unberührt bleibt. Die maßgeblichen Kompetenzkategorien für die Union zu unterscheiden und ihnen die jeweiligen Sachbereiche systematisch zuzuordnen, dürfte indessen Transparenz und Rechtssicherheit im Kompetenzsystem erhöhen, ohne der EU damit bundesstaatlichen Charakter zu verleihen.

---

[87] Anders *V. Constantinesco* (Fn. 64), S. 157 f.

[88] Mit dem Vorschlag eines – allerdings übermäßig detaillierten – Modells »dualer Zuständigkeitsordnung« s. aber jetzt: *T. Fischer/N. Schley* (Fn. 7), S. 20 ff., 32 ff.

[89] Gewisse Widersprüchlichkeiten sind schon bei den Klauseln zum Ausschluß von EG-Zuständigkeiten bei der Wahrung der öffentlichen Ordnung und dem Schutz der inneren Sicherheit, Art. 64 I und 68 II EGV, bzw. Art. 33 und 35 V EUV, vgl. dazu *I. Pernice* (Fn. 9), S. 745.

Daß auch innerhalb der EG einzelne Politikbereiche lediglich einer (inter-gouvernementalen) Koordinierung bzw. Förderkompetenz der Gemeinschaft unterliegen,
zeigt ebenso wie die schrittweise Verlagerung der Gegenstände der dritten Säule auf die
erste Säule und die Effektivierung der Instrumente in der dritten und zweiten Säule
durch den Amsterdamer Vertrag, daß die Dreisäulenstruktur der EU außer einer Verwirrung der Bürger oder der Erhaltung von Souveränitätsillusionen wenig bewirkt hat.
Sie mag als Übergangsstadium politisch notwendig gewesen sein, doch ist die Schaffung
einer einheitlichen, kohärenten Struktur der Europäischen Union insgesamt[90] mit ein-
heitlicher Rechtspersönlichkeit[91] und nach Politikbereichen differenzierten Kompetenzen ebenso dringend anzumahnen, wie die Revision der Kompetenzstruktur der
EG im genannten Sinne. Ziele und Koordinierung der Außenpolitik können ebenso in
einem Kapitel des EG-Vertrags geregelt werden, wie die Wirtschaftspolitik, Kernbereiche der äußeren Sicherheit mögen in gleicher Weise der Zuständigkeit der Mitgliedstaaten vorbehalten werden, wie nach dem Amsterdamer Vertrag noch die Aufrechterhaltung der öffentlichen Ordnung und der Schutz der inneren Sicherheit im Zusammenhang mit dem »Aufbau eines Raumes der Freiheit der Sicherheit und des Rechts«
nach den neuen Art. 61 ff. des EG-Vertrags. Die Notwendigkeit und rechtliche Qualität
der Dreisäulenstruktur ist keinem Unionsbürger zu vermitteln.

3. Finanzverfassung

Zur verantwortlichen Politik gehört auch die Verantwortung für die Kosten der getroffenen Entscheidungen. Die volle finanzielle Eigenverantwortung der Europäischen Union ist auf Dauer unverzichtbar. Der Unionsbürger muß auch als Steuerzah-
ler die Politik der Union mittragen, er muß wissen, mit welchen Steuern und Abgaben er wessen Politik mitfinanziert. Dazu muß ein Finanzsystem geschaffen werden,
bei dem Einnahmen und Ausgaben auf der europäischen Ebene von den Institutionen
der EU gegenüber dem Bürger verantwortet werden. Die primäre Zuständigkeit für
die Beschaffung und Verwendung der Finanzmittel kann wegen der unmittelbaren
demokratischen Verantwortung gegenüber den Unionsbürgern nur beim Europäischen Parlament liegen. Neben den Zöllen sollten bestimmte Steuerarten (zB. Mine-
ralöl- oder Energiesteuer, Körperschaftssteuer etc.) der Gesetzgebung der EU vorbehalten sein, die sich daraus finanziert. Aufkommen muß sie dann aber auch für die Kosten der Politik, die sie initiiert. Für die Entscheidung über die Modalitäten der Abgaben der EU sollte eine qualifizierte Mehrheit im Parlament bei besonders qualifizierten Mehrheiten im Rat vorgesehen sein. Nur diese finanzielle »accountability« europäischer Politik macht dem Unionsbürger sichtbar, daß die Europäische Union ihn
nicht nur etwas kostet, sondern er auch Einfluß auf diese Kosten hat.

Die steuerliche Selbstverantwortung setzt die Mitentscheidung des Parlaments in
allen relevanten Politikbereichen sowie eine Neuordnung des Haushaltsrechts voraus.

---

[90] Ebenso *R. Bieber/C. Amarelle*, Simplification of European Law, Columbia Journal of European Law 5
(1998/99), S. 15 (26): »One of the major aims of simplification should be the merging of the various treaties, thus joining the European Union and the European Communities into one single instrument«.

[91] Vgl. dazu *A.v. Bogdandy* (Fn. 14), S. 40, der diese für inzwischen kaum bestreitbar gegeben hält,
mwN.

Das Europäische Parlament muß die volle Verantwortung für die Ausgaben der EG in allen Bereichen europäischer Politik tragen und dafür gegenüber dem Unionsbürger geradestehen. Diese finanzielle Eigenverantwortung wird die Union daran hindern, Politik zu machen, die über die vom Bürger akzeptierten Finanzrahmen hinausgeht oder die auf Kosten anderer, etwa der Mitgliedstaaten oder der Regionen/Länder, umzusetzen wäre. Diese werden ihrerseits aber auch nicht mehr eine Politik nur deswegen zu verhindern suchen, weil sie ihr Budget zu sehr belastet. Schließlich werden Regierungen der Mitgliedstaaten den Weg über die EU nicht mehr frei nutzen können, um Maßnahmen oder Ausgaben, die innerstaatlich nicht politisch durchsetzbar sind, auf dem Umweg über die EU herbeizuführen.

4. Grundrechte

Eine europäische Grundrechtscharta als Bestandteil der Verträge bleibt schon wegen ihrer Signalwirkung die Option für die Zukunft[92]. Ihre Realisierung heute für die unmittelbare Zukunft zu fordern, erscheint jedoch unrealistisch. Indessen ist zu berücksichtigen, daß das geltende Primärrecht zahlreiche Ansätze und Formen grundrechtlicher Garantien enthält, die einen gemeinsamen Wertekonsens der Unionsbürger widerspiegeln[93]. Zentral ist das Verbot jeglicher Diskriminierung aus Gründen der Staatsangehörigkeit: Hier wird Gleichheit verbürgendes neues gemeinsames Recht zum Kern des *contrat social européen*. Mit ihr verbinden sich die Freiheiten des (Markt-) Bürgers in der EG, deren Verwirklichung die Ausübung innerstaatlich verbürgter Freiheiten räumlich und sachlich erweitert[94]. Aber auch die Anerkennung des Prinzips offenen Wettbewerbs, sozialer Grundrechte, Gleichheit der Geschlechter, des Umweltziels, der Preisstabilität, des Ziels der Beschäftigung oder etwa die Anerkennung der Bedeutung der Daseinsvorsorge »innerhalb der gemeinsamen Werte der Union« in Art. 16 EGV dokumentieren, daß die EU sich als Wertegemeinschaft schon konstituiert hat.

Dies gilt im Europäischen Verfassungsverbund zumal auch für den Schutz der Grundrechte gegenüber der Gemeinschaftsgewalt. So gewährt der EuGH auf der Basis der mitgliedstaatlichen Verfassungsüberlieferungen durch seine Grundrechts-Rechtsprechung ein hinreichendes Schutzniveau[95]. Diese Rechtsprechung wird angesichts ihrer Fundierung in den allgemeinen Rechtsgrundsätzen und der EMRK für den Bürger nicht immer als ausreichend transparent angesehen. Insofern erscheint es richtig, fortlaufend in virulent gewordenen Konfliktbereichen neue grundrechtliche

---

[92] Vgl. oben Fn. 6. S. auch schon die Forderung nach einem Grundrechtskatalog in Ziff. 12 der Entschließung des Europäischen Parlaments zum Vertrag von Amsterdam, EuGRZ 1998, 69 (71).

[93] Ausführlich: *I. Pernice* (Fn. 9), S. 735 ff.; zur Bedeutung der Europäischen Union »als Wertordnung« s. auch die Entschließung des Europäischen Parlaments zum Vertrag von Amsterdam, EuGRZ 1998, 69 (70), unter F.c).

[94] Vgl. *I. Pernice*, Grundrechtsgehalte im Europäischen Gemeinschaftsrecht. Ein Beitrag zum gemeinschaftsimmanenten Grundrechtsschutz durch den Europäischen Gerichtshof, 1979, insbes. S. 20 ff., 65 ff.

[95] In diesem Sinne BVerfGE 73, 339 (378 ff., 387 f.) – *Solange II*. Vgl. auch *H.-W. Rengeling*, Grundrechtsschutz in der Europäischen Gemeinschaft, 1993; angesichts der neueren Rechtsprechung zur Bananenmarktordnung krit. aber *P. Selmer*, Die Gewährleistung der unabdingbaren Grundrechtsstandards durch den EuGH. Zum Kooperationsverhältnis zwischen BVerfG und EuGH am Beispiel des Rechtsschutzes gegen die Bananenmarkt-Verordnung, 1998, S. 96 ff.

Formulierungen in den Vertrag aufzunehmen, wie das im Amsterdamer Vertrag beispielsweise mit den Regelungen über die Maßnahmen zur Bekämpfung von Diskri-
minierungen und den Datenschutz (Art. 13, 286 EGV nF) ansatzweise geschehen ist.
In der Zukunft wird vor allem im Blick auf EUROPOL und die Integration des
»Schengen-Acquis« in das Recht der EU/EG neben der Beseitigung der Rechts-
schutzdefizite[96] an die Aufnahme flankierender Grundrechtsgewährleistungen zum
grenzüberschreitenden Polizeirecht in den Vertrag gedacht werden müssen. Soweit eine Grundrechtscharta der EU, wenn überhaupt, vorerst nur als politische Erklärung
realisiert werden kann, erscheint demgemäß eine schrittweise Positivierung und Ergänzung der schon existierenden Grundrechtsgehalte des Rechts der EG der angemessene Weg zur Erreichung des Ziels. Inhalt und Grenzen jedes Grundrechts werden
dann nicht Gegenstand einer abstrakten ideologisch-politischen Debatte sein, sondern sich sachgerecht am Handlungsauftrag der EG und dem demgegenüber zu fin-
denden Wertekonsens der Unionsbürger orientieren.

5. Institutionen

Eine Reform der Institutionen der Europäischen Union muß sich an drei Zielen aus-
richten: Zum einen ist zu gewährleisten, daß die Institutionen die ihnen übertragenen
Aufgaben, auch nach einer Erweiterung um mehrere neue Mitgliedstaaten, effizient
bewältigen können. Zum zweiten muß eine bessere Transparenz der Verfahren für die
Öffentlichkeit erreicht werden. Bei allem gilt es zum dritten schließlich, die demokratische Legitimation der Entscheidungsverfahren zu erhöhen.

a) Europäisches Parlament

Die Legitimation der europäischen Politik kann nur sehr begrenzt über die nationalen Parlamente und Regierungen vermittelt werden[97]. Zunehmend kommt die europäische demokratische Legitimation durch das Europäische Parlament in den Blickpunkt, das als Vertretung der Völker der Mitgliedstaaten konzipiert ist, aber letztlich,
wie es Art. 191 EGVnF für die europäischen politischen Parteien ausdrückt, das Organ ist, in dem sich der politische Wille der Unionsbürger artikuliert. Es bezeichnet
sich selbst als »legitimierter Repräsentant der europäischen Bürger«[98], und der Straß-
burger Gerichtshof für Menschenrechte bescheinigt ihm die Funktion als demokratisch legitimierter Gesetzgeber (*legislature*), von dessen Wahl auch die britischen Bürger von Gibraltar nicht ohne Verstoß gegen Art. 3 des 1. Zusatzprotokolls zur EMRK

---

[96] Vgl. hinsichtlich EUROPOL vgl. etwa *S. Gleß*, Kontrolle über Europol und seine Bediensteten,
EuR 1998, 748 (761 ff.); *B. Hirsch*, Immunität für Europol – eine Polizei über dem Gesetz? ZRP 1998,
10 ff.

[97] Vgl. *G. Ress* (Fn. 41), S. 224, der treffend auf das gänzliche Versagen dieser Konstruktion demokratischer Legitimation für den Fall hinweist, daß im Rat für Deutschland einer der Vertreter der Regierungen
der Länder abstimmt, wie es Art. 23 VI 1 GG vorsieht. Dasselbe Problem stellt sich für diejenigen Mitgliedstaaten, die im Rat überstimmt werden.

[98] So Punkt C. der Entschließung des Europäischen Parlaments zum Vertrag von Amsterdam, EuGRZ
1998, 69 (70); ebenso Ziff. I.1.c) und I.5.b) des *De Vigo-* und *Tsatsos*-Berichts über den Vertrag von Amsterdam, ebd., S. 72 (73 f.).

ausgeschlossen werden können[99]. Zum Europäischen Parlament als Träger der demokratischen Legitimation europäischer Politik gibt es keine Alternative. Ihm obliegt die »parlamentarisch-demokratische« Kontrolle in der Europäischen Union. Es muß zum Mitgesetzgeber in allen Politikbereichen werden: Wünschenswert erscheint eine gleichberechtigte Mitentscheidung des Europäischen Parlaments als »Bürgerkammer« zusammen mit dem als »Staatenkammer« fungierenden Rat in Form des Mitentscheidungsverfahrens. Um die Budgethoheit des Parlamentes zu stärken, ist die Ausdehnung des Mitentscheidungsrechtes des Parlamentes auf alle Bereiche, insbesonder der finanzwirksamen Politikfelder Agrar- und Strukturpolitik besonders dringend.

Aus der demokratischen Funktion des Parlaments im Zweikammer-Konzept folgt die Notwendigkeit einer Neu-Verteilung der maximal 700 EP-Sitze gemäß dem Verhältnis der Bevölkerungszahlen der Mitgliedstaaten. Zum Schutz der kleineren Mitgliedstaaten sollte diesen in Abweichung von der strikten Proportionalität kompensatorisch eine Mindestzahl von Mandaten garantiert werden. Derartige »Kompensationsmandate« wären von der Quote der größten Mitgliedstaaten abzuziehen. Für die Staatenkammer Rat wird folgerichtig eine weitgehende Gleichstellung aller Staaten gefordert. Um die Rolle der Europaabgeordneten als Vertreter aller Unionsbürger zu stärken, ist ein weitestgehend einheitliches Wahlrecht zum Europäischen Parlament mit der Vergabe eines Teils der Mandate über europaweite Listen und ein einheitliches Abgeordnetenstatut überfällig[100].

Um die demokratische Legitimation durch die Unionsbürger auch anderen EU-Institutionen zukommen zu lassen, sie aber auch diesem gegenüber verantwortlich zu machen, muß die Mitwirkung des EP bei der Besetzung der anderen Institutionen verstärkt werden: Das Europäische Parlament sollte unter anderem in Zukunft den Kommissionspräsidenten wählen und an der Wahl der Richter am EuGH zumindest beteiligt werden (s.u.).

b) *Ministerrat*

Der Rat bleibt das zentrale europäische Entscheidungsorgan, in ihm erfolgt die Feinabstimmung der politischen Interessen der Mitgliedstaaten und ihrer Bürger, über ihn erhält jede Entscheidung mittelbar, d.h. über nationale Parlamente und die von ihnen kontrollierte Regierungen vermittelte demokratische Legitimation, ihm obliegt die »föderal-demokratische« Kontrolle europäischer Politik. Zur Erhaltung der Entscheidungsfähigkeit des Rates auch nach der Erweiterung ist der Übergang zu (qualifizierten) Mehrheitsentscheidungen in allen Politikfeldern, mit Ausnahme der Vertragsänderung, unvermeidlich. Falls es erforderlich scheint, sollte für einige sensible Bereiche (zB. Steuerharmonisierung) mit besonders qualifizierten (ggf. auch »doppelten«) Mehrheiten gearbeitet werden, notfalls könnte auch ein Aufschub der Abstimmung im Rat bis zum Zeitpunkt nach einer Befassung des Europäischen Rats in Betracht gezogen werden.

---

[99] EGMR, Urt. v. 18.2. 1999 – *Matthews. /. Vereinigtes Königreich*, EuGRZ 1999, 200; vgl. dazu im einzelnen *G. Ress* (Fn. 41), S. 226ff.

[100] Besonders instruktiv hierzu der Bericht von *G. Anastassopoulos*, über die Ausarbeitung eines Entwurfs für ein Wahlverfahren, das auf gemeinsamen Grundsätzen für die Wahl der Mitglieder des Europäischen Parlaments beruht, (A4–212/98), v. 2.6. 1998.

Auf Grund des Charakters des Rates als Mitgliedstaatenkammer und der notwendigen Anpassung des relativen Einflusses der Bürger der großen Mitgliedstaaten in der in allen Bereichen mitentscheidenden Bürgerkammer Europäisches Parlament wäre im übrigen grundsätzlich keine Veränderung der Stimmengewichtung nötig.

In allen Bereichen, in denen der Rat als Gesetzgeber handelt, müssen in Zukunft alle wesentlichen Erörterungen des Rates öffentlich stattfinden und die Entscheidungen des Rates veröffentlicht werden. Der Vorschlag, die Funktionen des Rats als »Legislativrat« und »Exekutivrat« grundsätzlich zu unterscheiden[101], ist nicht nur wegen der Effizienzsteigerung, sondern auch für die Öffentlichkeit und Transparenz der Rechtsetzungsverfahren bedenkenswert.

Das bisherige System des nur halbjährlichen Ratsvorsitzes führt zu einer Diskontinuität des Arbeit des Rates. Umgekehrt gibt der Wechsel der Präsidentschaft der Entwicklung der Gemeinschaft regelmäßig neue Impulse, die unverzichtbar sind. Der Vorsitz im Rat bringt zudem Europa dem betreffenden Land näher. Bei mehr als zwanzig, zum überwiegenden Teil kleineren Mitgliedstaaten droht das Modell indessen an seine Grenzen zu stoßen, wenn jeder Staat den Vorsitz nur noch alle zehn Jahre und seltener übernehmen kann. Bei der Vielzahl und Komplexität der Koordinierungsaufgaben könnte eine Präsidentschaft die Leistungsfähigkeit einer Regierung auch leicht überschreiten, zumal Erfahrungen, die während eines Vorsitzes gesammelt werden, der Regierung desselben Mitgliedstaats für den folgenden Vorsitz kaum mehr nützlich sein können. Trotz der Effizienzverluste, die jeder Wechsel des Vorsitzes bewirkt, ist von einer Verlängerung des Mandats etwa auf ein Jahr abzusehen. Vielmehr sollte der Vorsitz geteilt, d.h. je einem großen und einem kleineren Mitgliedstaat gemeinsam übertragen werden, die untereinander die Arbeit des Vorsitzes sachgerecht aufteilen.

c) Europäische Kommission

Trotz der im Umfeld des Kommissionrücktritts vom 16. März 1999[102] bekanntgewordenen Fehlentwicklungen[103] fällt der Kommission auch in Zukunft im europäischen Integrationsprozess eine zentrale Rolle zu. Ihr muß eine verstärkte politische Verantwortlichkeit entsprechen. Gegenwärtig wird die tatsächliche Macht der Europäischen Kommission vielfach unterschätzt. Sie beruht auf hohem Sachverstand sowie den Lern- und Anreizeffekten des Zusammenwirkens der vielfältigen Kulturen ihrer Beamten, auf der Kontinuität ihrer Bürokratie, auf dem Initiativmonopol der Kommission und ihrer politischen Verflechtung mit den Mitgliedstaaten. Der praktische Einfluß des in der Sache jeweils zuständigen Kommissars im Ministerrat – als prädesti-

---

[101] So etwa *E. Brok*, Das Erreichte festigen, ein Zukunftsprogramm verwirklichen, in: FAZ Nr. 124 v. 1.6. 1999, S. 14.

[102] Vgl. dazu *W. Hummer/W. Obwexer*, »Der geschlossene Rücktritt der Europäischen Kommission. Von der Nichtentlastung der Haushaltsführung zur Neuernennung der Kommission«, Integration 22 (1999), S. 77 ff.

[103] Vgl. Ausschuß unabhängiger Sachverständiger, Erster Bericht über Anschuldigungen betreffend Betrug, Mißmanagement und Nepotismus in der Europäischen Kommission« v. 15.3. 1999, abgedr. in: Bulletin Quotidien Europe-Dokumente Nr. 2128 v. 19.3. 1999, S. 1 ff., www.europarl.eu.int/experts/de/.

nierter und institutioneller Vertreter des Gemeinschaftsinteresses und als Mediator – ist erheblich. Auch im Europäischen Rat spielt die Kommission, vertreten durch ihren Präsidenten und einen weiteren Kommissar (Art. 4 II EUV) in ihrer Initiativ- und Vermittlerfunktion eine wichtige politische Rolle. Das Handeln der Kommission ist für den Bürger jedoch kaum transparent, ihre positive Leistung oft nicht erkennbar, ihre politische Verantwortlichkeit kaum realisierbar. Ziel einer Reform muß es sein, den Charakter der Kommission als von mitgliedstaatlicher Einflußnahme unabhängiges, ausschließlich dem europäischen Gemeinwohl verpflichtetes Organ zu stärken und ihre politische Verantwortlichkeit zu erhöhen. Die Kommission sollte als Repräsentantin des Gemeinschaftsinteresses im legislativen Bereich weiterhin das Initiativmonopol innehaben[104]. Hiermit nimmt sie ihre zentrale politische Funktion wahr. Die unter ihrer Beteiligung, teils sogar auf ihre Initiative hin vom Europäischen Rat festgelegten Leitlinien (Art. 4 I EUV), geben ihrer Politik eine grobe politische Orientierung, ohne sie rechtlich zu binden und damit ihrer Verantwortlichkeit gegenüber dem Europäischen Parlament zu entheben.

Die notwendige politische Legitimation der Kommission sollte auf der unmittelbaren Wahl ihres Präsidenten durch das Europäische Parlament beruhen, bei anschließender Bestätigung der Wahl durch den Ministerrat. Die Parteien sollten zu den Europawahlen bereits mit »ihrem« Kandidaten und »ihrem« politischen Programm für die Kommissions-Präsidentschaft antreten. Der Kommissionspräsident sollte sich dann nach dem Kriterium der fachlichen Qualifikation und unter Berücksichtigung der im Europäischen Parlament vertretenen politischen Gruppierungen sein Kommissarskollegium zusammenstellen. Die Anhörung der einzelnen Mitglieder dieses Kollegiums durch die Ausschüsse des Parlaments und die abschließende Investitur des gesamten Kollegiums durch das Plenum hat sich als besonders fruchtbar erwiesen, um Legitimation und Vertrauensbasis im Parlament für die Politik der Kommission zu stärken.

Die Zahl der Kommissionsmitglieder sollte im Vertrag ebensowenig festgeschrieben werden wie ein strenger Nationalitätenproporz. Vielmehr erscheint es wünschenswert, die Organisation der Kommission ganz in die Obhut ihres Präsidenten zu geben: Dieser sollte die Zahl der Geschäftsbereiche und damit der Kommissare nach sachlichen Erwägungen und unter dem Gesichtspunkt der Erhaltung der Entscheidungsfähigkeit der Kommission als Kollegium festlegen. Eine »nationale Quote« ist angesichts der Verpflichtung der Kommission auf das Gemeinschaftsinteresse nicht erforderlich[105], jedoch sollten die Führungs-Positionen in der Kommission unter dem Gesichtspunkt der regionalen Ausgewogenheit vergeben werden. Wie bisher sollte eine Abwahl der Kommission nur als ganzes möglich sein, doch muß es im Falle untragbarer Verwerfungen dem Präsidenten möglich sein, einem einzelnen Mitglied den Rücktritt nahezulegen.

Der Kommission sollte auch für die Gemeinsame Außen- und Sicherheitspolitik

---

[104] Anders *G. Ress* (Fn. 41), der für ein Initiativrecht des Parlaments votiert. Das Parlament selbst fordert dies indessen in seiner Entschließung zum Vertrag von Amsterdam (EuGRZ 1998, 69ff.) nicht, und auch im *De Vigo- und Tsatsos*-Bericht über den Vertrag von Amsterdam, ebd., S. 72ff. ist davon nicht die Rede.

[105] Anders etwa *E. Brok* (Fn. 101), S. 14: »Daß einige Länder auf ein eigenes Kommissionsmitglied verzichten, ist nicht vorstellbar«, der statt dessen eine Aufteilung in Senior- und Juniorkommissare vorschlägt. Hier sollte man besser gleich an Alternativlösungen denken, etwa bei der Besetzung der Posten von Generaldirektoren oder der Leitung von Agenturen der EG (Umweltagentur, Markenamt etc.).

die maßgebende Rolle in der Artikulierung des europäischen gemeinsamen Interesses sowie die Vertretung der EU zukommen. Der durch den Vertrag von Maastricht geschaffene, in Amsterdam noch weitergeführte Ansatz (Vertretung der EU durch den Ratsvorsitz, Generalsekretär des Rates als Hoher Vertreter für die GASP und Gründung einer gesonderten Strategie- und Frühwarneinheit) ist ein Systembruch und führt zu einer ineffizienten Verdoppelung der Strukturen mit entsprechenden Reibungsverlusten. Erforderlich ist die Überführung der politischen Leitung einschließlich der Strategie- und Analyseeinheit vom Ratssekretariat auf die Kommission. Damit wären die Kohärenz und Kontinuität des außenpolitischen Auftretens institutionell abgesichert. Der Einfluß der Mitgliedstaaten auf die Politik erfolgt durch die Leitlinienfunktion des Europäischen Rates. Er könnte durch die Beteiligung von Vertretern ihrer Regierungen in der Stategie- und Analyseeinheit sowie durch die Abstimmung konkreter Maßnahmen in Fachausschüssen zusätzlich abgesichert werden; in besonderen Fällen kommt sogar die Verweisung einer Sachfrage zur Entscheidung durch den Rat in Betracht. Nur über eine solche gemeinsame Ausübung dieser Kompetenzen wird es den Mitgliedstaaten gelingen, den berechtigten Erwartungen der Unionsbürger an eine effektive europäische Außenpolitik zu genügen und dabei letztlich auch einen Teil ihrer eigenen außenpolitischen Handlungsfähigkeit bzw. Souveränität zu bewahren.

d) Europäischer Gerichtshof

Der Europäische Gerichtshof hat sich bewährt und im wesentlichen seine für die Integration zentrale Funktion erfolgreich wahrgenommen. Notwendige Änderungen betreffen weniger ihn selbst als den Gegenstand seiner Jurisdiktion. Einschränkungen der gerichtlichen Kontrolle und des Rechtsschutzes gerade im Bereich Inneres und Justiz sind politisch erklärlich, aber auf Dauer nicht hinnehmbar. Das Problem könnte durch die Schaffung einer einheitlichen Struktur der Union[106] beseitigt werden, wenn dann alle Rechtshandlungen unterschiedslos der vollen Zuständigkeit des EuGH unterworfen sind. Auch nach dem Amsterdamer Vertrag (Art. 35 EUV) ist die Jurisdiktion des EuGH in der dritten Säule, der Polizeilichen und Justitiellen Zusammenarbeit in Strafsachen, sowie in Art. 61 ff. EGV für den Bereich der Asyl-, Visa- und Einwanderungspolitik eingeschränkt. Im Sinne des Rechtsstaatsprinzips ist hier eine Ausdehnung des Rechtsschutzes einschließlich der Vorlagepflichten mitgliedstaatlicher Gerichte unerläßlich.

Die demokratische Legitimation der europäischen Richter würde erhöht, wenn sie entsprechend dem Prinzip der zweigleisigen Legitimation in der Union von einem Ausschuß gewählt würden, der sich aus Vertretern – etwa den Justizministern – der Mitgliedstaaten und einer gleichen Zahl von hierfür gewählten Vertretern des Europäischen Parlaments zusammensetzt, sinnvollerweise nach einer vorherigen öffentlichen Anhörung[107]. Denkbar wäre auch eine Wahl durch einen Ausschuß des Parlaments allein, dann aber aus einer mit Vorschlägen aus allen Mitgliedstaaten vom Rat aufgestell-

---

[106] Vgl. oben, III.2.

[107] Mit einem entspr. Votum für die Reform des Wahlverfahrens der Richter des Bundesverfassungsgerichts vgl. *P. Häberle*, Verfassung als öffentlicher Prozeß, 3. Aufl. 1998, S. 814 ff.

ten Kandidatenliste. Für die Hälfte aller Richter sollten zehn Jahre einschlägige Berufs-erfahrung im Amt eines/des obersten Gerichts in seinem Mitgliedstaat Voraussetzung der Wahl sein. Die angemessene Integration aller Rechtskulturen der Mitgliedstaaten im Richterrecht des Gerichtshofes setzt voraus, daß aus jedem Mitgliedstaat zumindest je ein Richter dem EuGH und dem Gericht erster Instanz angehört. Nur so kann der Vorwurf des »fremden« Richters ausgeschlossen werden. Die Zahl der Richter sollte, falls erforderlich, je nach dem Geschäftsanfall auch über die Zahl der Mitgliedstaaten hinaus angehoben werden können. Zur Verstärkung der Unabhängigkeit der Richter und der Effizienz des Gerichtshofs sollte die Mandatsdauer auf 10 Jahre erhöht, die Möglichkeit der Wiederernennung dagegen abgeschafft werden.

e) Ausschuß für nachhaltige Entwicklung

Die Tätigkeit des ursprünglich als beratendes Organ konstituierten Wirtschafts-und Sozialausschusses (Art. 257 ff. EGV) gerät heute leicht aus dem politischen Blick-feld. Gemessen am Wandel der materiellen Zielperspektive europäischer Politik seit den fünfziger Jahren ist er in seinem begrenzten Auftrag auch überholt, ebenso wie in seiner Zusammensetzung. Globale Umweltherausforderungen, die Anpassung der Vertragsziele und Grundsätze an das mit dem Rio-Prozeß weltweit vereinbarte Kon-zept des »*sustainable development*« und die Notwendigkeit der Integration der Ziele der Umweltpolitik in alle anderen Politiken (Art. 6 EGV nF.) zwingen zu Konsequenzen auch hinsichtlich der institutionellen Regelungen im Vertrag. Die Rolle der Institu-tion könnte durch seine Umformung in einen Ausschuß für nachhaltige Entwicklung wiederbelebt und für die Verwirklichung einer zentralen (neuen) Zielsetzung des Ver-trags operationalisiert werden: Er könnte eine unabhängige, durch die pluralistische Zusammensetzung legitimierte Wächterrolle für den angemessenen Ausgleich von Wirtschafts-, Sozial- und Umweltinteressen in jedem Kommissionsvorschlag ausfül-len, Anwalt und Prüfinstanz der Verwirklichung umweltgerechter Entwicklung in der EU sein, dessen veröffentlichte Stellungnahmen politisch weder vom Parlament noch vom Rat ignoriert werden und dessen Existenz in der neuen Aufgabe selbst die Kom-mission zur angemessenen Berücksichtigung der Ziele des Umweltschutzes in allen ihren Vorschlägen zwingen dürften.

f) Der Ausschuß der Regionen

Im politischen Kraftfeld der Union hat der durch den Vertrag von Amsterdam mit den Art. 263 ff. EGV geschaffene Ausschuß der Regionen bislang eine Orchideenexi-stenz mit Alibifunktion. Seine besonderen Aufgaben sind nicht definiert, seine Stel-lungnahmen sind ohne politisches Gewicht[108]. Zur Rechtfertigung seiner Existenz kommt es darauf an, seine spezifischen Aufgaben zu definieren. Das Ziel kann nicht das Mitregieren der mehr oder weniger autonomen staatlichen Untergliederungen

---

[108] Vgl. zur Bedeutung und Arbeit des Ausschusses näher: *R. Theissen*, Der Ausschuß der Regionen (Art. 198 a – c EG-Vertrag). Einstieg der Europäischen Union in einen kooperativen Regionalismus?, 1996, insbes. S. 286ff.; s. auch J.J. Hesse (Hrsg.), Regionen in Europa. Regions in Europe. Régions en Eu-rope. Die Institutionalisierung des Regionalausschusses, Bd. 1, 1995/96.

der Mitgliedstaaten, d.h. etwa der Länder, bei der europäischen Willensbildung sein. Derartige Untergliederungen gibt es nicht in allen Mitgliedstaaten in vergleichbarer Form. Daher führte ein unmittelbarer Einfluß etwa der Länder auf die europäische Politik zu Ungleichgewichten zwischen den Mitgliedstaaten. Der politische Einfluß der Untergliederungen auf die Politik der EU kann, auch soweit die ihnen zustehenden Kompetenzbereiche berührt werden, deswegen ausschließlich über die Minister im Rat kanalisiert werden.

Indessen sind die regionalen und lokalen Gebietskörperschaften der Ort des Vollzugs, auch des Gemeinschaftsrechts. Hier muß sich erweisen, ob eine Gemeinschaftsregelung »greift«, von der Behörde als Vorgabe ernstgenommen, beim Bürger angenommen wird. Ohne die regionale und lokale Vollzugskompetenz bleibt europäische Gesetzgebung ein Torso. Nicht die etwaigen politischen Eigeninteressen der regionalen und lokalen Ebene also, sondern das europäische Interesse am loyalen und effektiven Vollzug stehen in Frage. Die Vertreter der regionalen und lokalen Ebene kennen die Mentalität der Menschen und Behörden vor Ort, kennen die gewachsenen sozialen Ordnungen und lokalen Rechtskulturen, auf die die europäische Norm wirken soll, sie haben die Erfahrung der Implementation, die für effiziente Rechtsetzung auf europäischer Ebene unverzichtbar ist. Wo der nationale Vollzugsbeamte wie der Richter vor Ort bei Anwendung des EG-Rechts sich als europäische Behörde verstehen und loyal handeln soll, muß er mit seinen Nöten und Anregungen im Willensbildungsprozeß der Normbildung gehört werden. Dies könnte die zentrale Aufgabe für den Ausschuß der Regionen sein: Er ist »Sprachrohr des Vollzugs«, unabhängige Kontrollstelle angemessener Berücksichtigung legitimer Verwaltungsinteressen und ihrer Vielfalt, seine Mitwirkung in einem System effektiver Rechtsetzung ist unverzichtbar.

IV. Ausblick

Die Europäische »Verfassung« ist ein gestuftes System, in dem nationale und europäische Verfassungsordnungen miteinander verbunden sind: ein Verfassungsverbund. Sie kann realistischerweise nicht auf einen Akt der Verfassungsgebung reduziert werden, sie ist ein Prozeß, der von den Bürgern der Mitgliedstaaten als Unionsbürgern ausgehend die nationale und die europäische Ebene des – föderalen – Gesamtsystems zugleich involviert. Das Bewußtsein hierfür muß freilich erst wachsen. Der erste und wichtigste Schritt auf dem Wege der Demokratisierung der Europäischen Union ist die Demokratisierung des für die Revision der Verträge gewählten Verfahrens, die nach dem vorliegenden Vorschlag bis auf das Referendum weitgehend auf der Grundlage des Art. 48 EUV erfolgen kann. Die schwierigen Entscheidungen über die für den Beitritt neuer Mitgliedstaaten unerläßliche institutionelle Reform würden so auf einer breiteren Basis diskutiert, Gegenstand eines europäischen Diskurses, wie er auch für die Annahme einer Grundrechtscharta Voraussetzung wäre. Entscheidend ist dann weniger, welche Gestalt letztlich die Verfassung der europäischen Ebene erhält, sondern daß sie vom Willen der Unionsbürger getragen ist und die Bürger letztlich die auf europäischer Ebene getroffenen Entscheidungen als legitim, als »ihre« Entscheidungen annehmen.

V. Thesen

1. Die EU ist kein Staat und soll kein Staat werden. Dennoch hat die EU eine Verfassung, die es weiter zu entwickeln gilt: Die Europäischen Verträge und die nationalen Verfassungen ergänzen einander im Europäischen Verfassungsverbund.

2. Die EU ist ein Instrument der Bürger für die effiziente Erfüllung von Aufgaben, welche die Mitgliedstaaten allein nicht mehr hinreichend bewältigen können; maßgebend für die Zuordnung der Aufgaben ist das Subsidiaritätsprinzip.

3. Die EU beruht auf einem *contrat social* zwischen den Unionsbürgern in Form von Verträgen, die für sich diesen Status zugleich mit den Institututionen und Verfahren supranationaler Hoheitsgewalt aufgrund gemeinsamer Werte und Interessen konstituieren. Es muß sich als Europa der Bürger weiterentwickeln, dessen Institutionen handlungsfähig und dem Bürger gegenüber verantwortlich sind.

4. Jede Vertragsänderung ist Verfassungsänderung, ein Prozeß der Konstituierung bzw. Verlagerung von Zuständigkeiten im Verfassungsverbund. Das bisher rein intergouvernementale Verfahren der Vertragsänderung muß durch eine interparlamentarisches Komponente und sollte durch ein europäisches Referendum ergänzt werden.

5. Die Kompetenzen der EU/EG bedürfen einer systematischeren Kategorisierung und Zuordnung. Nur im politischen Prozeß, indessen, nicht durch rechtliche Normierung ist die »föderale Balance« zu sichern. Die drei Säulen der EU sind ein diplomatisches Konstrukt ohne sachliche Rechtfertigung und dem Bürger nicht zu vermitteln. Sie sind in eine einheitliche Struktur zu überführen.

6. Eigenverantwortliche Aufgabenwahrnemung setzt auch finanzielle Verantwortlichkeit voraus. Die EU bedarf der Steuerhoheit und damit eigener Abgaben, aus denen sie sich mit ihren Politiken finanziert und deren Verwendung sie gegenüber dem Unionsbürger zu verantworten hat.

7. Grundrechte der Unionsbürger sind wichtiger Bestandteil eines Europas der Bürger und Gegenstand ihres *contrat social*. Sie sind z. T. implizit, z. T. schon explizit im Primärrecht angesprochen und werden vom EuGH geschützt, aber sollten, ggf. auf der Basis einer europäischen Grundrechtscharta, Schritt für Schritt im Vertrag konkretisiert werden.

8. Das Europäische Parlament sollte zu einer Bürgerkammer mit Mitentscheidungsrechten in allen Gesetzgebungs-Bereichen und einer verstärkten Mitwirkung bei der Besetzung der anderen Unions-Organe ausgebaut werden.

9. Der Rat sollte in eine durchgehend mit (je nach Politikbereich gestuft qualifizierter) Mehrheit entscheidende Staatenkammer zur Artikulation der Interessen der Mitgliedstaaten und ihrer Bürger umgewandelt werden.

10. Die Europäische Kommission sollte auch in Zukunft institutionelle Vertreterin des Gemeinschaftsinteresses bleiben, sie bedarf aber stärkerer demokratischer Legitimation durch das Europäische Parlament, dem gegenüber sie politisch verantwortlich ist. Ihr muß auch die außenpolitische Vertretung der Union zukommen.

11. Gerade in den durch EUROPOL und SCHENGEN angereicherten Restbereichen der dritten Säule ist umfassender Rechtsschutz durch den EuGH unerläßlich. Die Legitimation des EuGH ist durch eine zumindest unter Mitwirkung des

Europäischen Parlaments stattfindende Wahl der Richter auf 10 Jahre ohne Wiederwahlmöglichkeit zu stärken.

12. Der Wirtschafts- und Sozialausschuß ist in einen Ausschuß für nachhaltige Entwicklung umzuwandeln.

13. Der Ausschuß der Regionen bildet ein wichtiges Bindeglied zwischen den regionalen bzw. lokalen Gebietskörperschaften und der EU, zwischen europäischer Rechtsetzung und Vollzugsebene. Seine Rolle und Aufgabenstellung als »Sprachrohr des Vollzugs« muß genauer definiert werden.

Die Normativität der Staatsverfassung und einer Europäischen Verfassung

Ein Beitrag zur Entwicklung einer Europäischen Verfassungstheorie

von

Dr. iur. Wolfram Hertel, LL.M. (NYU)

I. Einführung

Europa ist kein Staat und soll es auch nicht werden[1]; Europa braucht deshalb auch keine Staatsverfassung. Diese Erkenntnis ist trivial. Dennoch ist die Forderung nach einer Verfassung für Europa so alt, wie die Europäische Idee selbst[2]. Vor allem das Europäische Parlament[3] versuchte mehrfach, durch ausgearbeitete Verfassungsentwürfe einen Prozeß europäischer Verfassunggebung in Gang zu setzen. In zunehmendem Maße werden diese Initiativen nunmehr seitens der deutschen Europapolitik aufgegriffen; vor allem während der deutschen Ratspräsidentschaft im Frühjahr 1999 fand die Forderung nach Verabschiedung einer Europäischen Verfassung nachhaltige Unterstützung und es scheint unter deutschen Europapolitikern Einigkeit über die Notwendigkeit einer Europäischen Verfassung zu bestehen[4]. Auch in der in der deutschen Staats-

---

[1] Zum heutigen Selbstverständnis der europäischen Integration vgl. statt aller: *T. Oppermann*: Der Europäische Traum zur Jahrtausendwende, JZ 1999, S. 317.

[2] Übersicht über Verfassungsinitiativen für Europa bei *R. Foerster*: Europa – Geschichte einer politischen Idee, 1967; *J. Schwarze / R. Bieber*: Eine Verfassung für Europa, 1984; *W. Hertel*: Supranationalität als Verfassungsprinzip, 1999, S. 21 ff., S. 220 ff.

[3] Vgl. den Verfassungsentwurf des Europäischen Parlaments vom 14. 2. 1984 »Spinelli-Entwurf« (Abl. C 1984/77, S. 33); die Entschließungen des Plenums des Europäischen Parlaments vom 12. 4. 1989 (Abl. C 1989/120, S. 51), 11. 7. 1990 (Abl. C 1990/231, S. 91), 22. 11. 1990 (Abl. C 1990/324, S. 219) und 12. 12. 1990 (Abl. C 1991/19, S. 65); den Verfassungsentwurf des Institutionellen Ausschuß vom 10. 2. 1994 »Herman-Entwurf« (Abl. C 1994/61, S. 155 = BR-DR 182/94); ähnlich der vom Parlament in Auftrag gegebene Versuch einer Gesamtkodifikation des Primärrechts durch das Robert-Schuman-Zentrum des Europäischen Hochschulinstitut (A Unified and Simplified Model of the European Communities Treaties and the Treaty on European Union in Just One Treaty, Legal Affairs Series W-9, 10–1996).

[4] Der Bundesminister des Auswärtigen *J. Fischer* stellte die Forderung nach Erarbeitung einer Europäischen Verfassung in den Mittelpunkt seiner Rede vor dem Europäischen Parlament am 12. 1. 1999 (www.auswaertiges-amt.de/6_archiv/2/r/R99112a.html); ähnlich der CDU-Vorsitzende *W. Schäuble*

und Europarechtslehre entwickelt sich die Beschäftigung mit »Europäischem Verfassungsrecht« zu einem Modethema[5]; die Debatte findet selbst außerhalb der wissenschaftlichen Auseinandersetzung Beachtung[6].

Freilich sind die dogmatischen Grundlagen, Voraussetzungen und Begrifflichkeiten einer solchen europäischen Verfassung nach wie vor weitgehend ungeklärt[7]: Schon in der Terminologie wird die Uneinheitlichkeit der verfassungstheoretischen Erklärungsversuche deutlich. In bezug auf das europäische Primärrecht ist einerseits bereits oft von »Verfassung«[8], andererseits aber auch nur von »Quasi-Verfassung«[9], »Verfassung sui generis«[10], »Verfassungsverbund«[11], »Teilverfassung«[12] oder »Verfassungsentwicklung«[13] die Rede. Hier offenbaren sich die Schwierigkeiten mit der Einordnung einer

---

und der außenpolitische Sprecher der CDU/CSU-Bundestagsfraktion *K. Lamers* neuerdings in der fortentwickelten Fassung ihres europapolitischen Thesenpapiers (Überlegungen zur europäischen Politik II, Bonn 3.5. 1999). Der Ministerpräsident von Nordrhein-Westfalen *W. Clement* fordert eine Verfassung vor allem zur Begrenzung der Kompetenzen der Gemeinschaftsebene (Weniger Europa wäre mehr Europa, Der Tagesspiegel vom 20.8. 1999, S.7).

[5] Dies führte etwa anläßlich der Tagung der Vereinigung der Deutschen Staatsrechtslehrer im Oktober 1998 zur Gründung eines Arbeitskreises »Europäisches Verfassungsrecht«, in welchem sich unter dem Vorsitz von *E. Klein* und *I. Pernice* ca. 30 Staatsrechtslehrer zusammengeschlossen haben.

[6] Vgl. *C. Wernicke*: Europa leidet weniger an seiner Korruption als an seiner Konstitution, DIE ZEIT vom 18.3. 1999, S.1; *D. Grimm*: Ohne Volk keine Verfassung, DIE ZEIT vom 18.3. 1999, S. 4f.; ders.: »Es besteht Aushöhlungsgefahr«, SZ vom 4.6. 1999, S.10; *I. Pernice*: Vertragsrevision oder europäische Verfassungsgebung?, FAZ vom 7.7. 1999, S.7.

[7] So schon *W. von Simson*: Wachstumsprobleme einer Europäischen Verfassung, FS Kutscher 1981, S. 481 (481).

[8] Schon *H.P. Ipsen* bezeichnet das vertragliche Primärrecht in seinen grundlegenden Rechtssätzen als die materielle Verfassung der Gemeinschaften (Die Bundesrepublik Deutschland in den Europäischen Gemeinschaften, HStR Band VII, 1992, S.767 [771]); ähnlich sieht *W. von Simson* den Verfassungscharakter in der vertraglichen Festlegung des Handelns und Denkens der Mitgliedstaaten (Vom Umgang mit der Mehrdeutigkeit in Verfassungstexten, FS Everling 1995, S. 1409 [1410]); nach *P. Pescatore* stellen die Verträge die Grundordnung und damit die Verfassung Europas dar (Die Gemeinschaftsverträge als Verfassungsrecht, FS Kutscher 1981, S. 319 [322]); *K. Stern* meint, daß die Verträge den Rang von Grundnormen und damit Verfassungsnormen einer eigenständigen Rechtsordnung hätten (Das Staatsrecht der Bundesrepublik Deutschland, Band 1, 1984, § 15 III 2, S. 541); ähnlich *G. Haverkate* (Verfassungslehre – Verfassung als Gegenseitigkeitsordnung, 1992, S. 16); auch *A. von Bogdandy* stellt dar, daß das Gemeinschaftsrecht Verfassungsprinzipien und grundlegende Verfassungsfunktionen entwickelt habe, die es erlaubten den Begriff der Verfassung hierauf zu beziehen (Die Verfassung der europäischen Integrationsgemeinschaft als supranationale Union, 1993, S. 97 [101 f.]).

[9] So *P. Badura*: Der Bundesstaat Deutschland im Prozeß der europäischen Integration, 1993, S. 24.

[10] So *M.F. Commichau*: Nationales Verfassungsrecht und europäische Gemeinschaftsverfassung, 1995, S. 127.

[11] Dieser Begriff, mit welchem die Einbeziehung auch der mitgliedstaatlichen Verfassungen verdeutlicht werden soll, wurde von *I. Pernice* geprägt: Die dritte Gewalt im europäischen Verfassungsverbund, EuR 1996, S. 26 ff.

[12] Nach *P. Häberle* hat Europa Teilverfassungen unterschiedlicher Dichte in unterschiedlichen Zonen (Europäische Verfassungslehre – ein Projekt, in ders.: Europäische Verfassungslehre in Einzelstudien, 1999, S. 11 ff.) Er spricht auch immer wieder von grundlegenden Elementen einer ›schon gewordenen oder doch werdenden ›Verfassung Europas‹‹, auch wenn es keine »Verfassungsurkunde« der Europäischen Union gebe (Europaprogramme neuerer Verfassungen und Verfassungsentwürfe – der Ausbau von nationalem »Europaverfassungsrecht«, FS Everling 1995, S. 355 [378]; ähnlich in: Verfassungslehre als Kulturwissenschaft, 2. Aufl. 1998, S. 1083 ff.).

[13] *J. Schwarze* und *R. Bieber* (Verfassungsentwicklung in der Europäischen Gemeinschaft, 1984) stellen heraus, daß eine direkte Übertragung des für den Nationalstaat entwickelten Verfassungsbegriffs nicht in

»Europäischen Verfassung« in Kategorien, welche sich am Vorbild des Nationalstaats herausgebildet haben: Etwas, was nur »quasi« oder »gewissermaßen« eine Verfassung darstellt, ist nämlich gerade keine Verfassung im »echten Sinne«; auch bei einer Bezeichnung als »sui generis« handelt es sich nicht um eine Definition, sondern um den Verzicht auf eine solche[14]. Ähnlich beinhaltet der Hinweis auf eine »Teilverfassung« bzw. eine »Verfassungsentwicklung« gleichzeitig die Feststellung, daß diese Verfassung noch defizitär oder unvollkommen sei.

Offen ist also, ob die europäische Rechtsordnung tatsächlich als ein rechtliches Verfassungsmodell qualifiziert werden kann. Zudem scheint die Forderung »Europa braucht eine Verfassung« in einem Widerspruch zur Feststellung zu stehen, daß Europa bereits über eine »Verfassung« bzw. »Quasi-Verfassung« verfüge[15]. Zur Klärung dieser Frage soll daher zunächst untersucht werden, welches Verfassungskonzept den verschiedenen Positionen, so wie sie in Europapolitik und Rechtswissenschaft vertreten werden, zugrundeliegt. Aus normativer Perspektive steht dabei die Analyse von Geltungsgrund, Anwendungsumfang und Durchsetzungskraft der supranationalen Herrschaftsordnung im Vordergrund. Hingegen kann auf andere, etwa auf empirische[16] oder deskriptive Verfassungsverständnisse[17] nicht zurückgegriffen werden[18]. Erst nach dem Versuch, diese Voraussetzungen und Begrifflichkeiten zu ordnen, kann herausgearbeitet werden, ob es möglich ist, auch eine nichtstaatliche Einheit wie Europa als modernes normatives – jedoch gerade nicht auf den Staat bezogenes – Verfassungsmodell zu beschreiben.

Betracht komme. Daher halten sie den »nicht vorbelasteten Begriff der Verfassungsentwicklung« für geeignet, um »anschaulich das besondere Attribut dieser auf eine künftige Entwicklung angelegten Verfassung« herauszustellen (aaO., S. 35). *R. Bieber* weist zudem auf die Notwendigkeit einer Differenzierung zwischen den verschiedenen Verträgen hin: Die europäische Verfassung mache nicht der eher intergouvernemental angelegte EUV aus, sondern das »klasssische« Gemeinschaftsrecht (Die Europäische Gemeinschaft, 1996, S. 74).

[14] So *J. Isensee*: Integrationsziel Europastaat?, FS Everling 1995, S. 567 (582).

[15] Nach Ansicht von *D. Grimm* schließen sich die Thesen sogar gegenseitig aus; entweder habe Europa schon eine Verfassung oder die Verträge erfüllten gerade nicht die Anforderungen, die an eine Verfassung zu stellen sind (Braucht Europa eine Verfassung?, 1994, S. 11).

[16] Allgemeine empirische Aussagen (»System der obersten, unverbrüchlichen Rechtsnormen«; »Gesetz der Gesetze«; »Norm der Normen«) können angesichts ihrer Unschärfe nicht Grundlage einer rechtswissenschaftlichen Untersuchung sein; ebenso *K. Stern*: Das Staatsrecht der Bundesrepublik Deutschland, Band 1, 1984, §3 II 3, S. 75.

[17] Ein Verständnis von »Verfassung« als Zustand war noch im Mittelalter und bis in die deutsche Naturrechtslehre des 18. Jahrhundert vorherrschend; zur Entwicklung des Verfassungsbegriffs vgl. statt aller *H. Mohnhaupt*: Verfassung I, in ders. / *D. Grimm*: Verfassung – Zur Geschichte des Begriffs von der Antike bis zur Gegenwart, 1995, S. 1 (14ff.; 62ff.).

[18] Im Sinne eines zustandsbeschreibenden Verfassungsverständnisses hat Europa unzweifelhaft eine Verfassung, so wie jede Organisation, jeder Verein, jede Räuberbande (so *H. Ehmke*: Grenzen der Verfassungsänderung, 1953, Neuausgabe 1981, S. 90) und jedes Ding (so *Carl Schmitt*: Verfassungslehre, 1928, S. 3).

II. Die Kontroverse um eine Europäische Verfassung und die ihr zugrundeliegenden Verfassungskonzepte

1. Die politische Forderung nach Verabschiedung einer Europäischen Verfassung und ihr deskriptives Verfassungskonzept

Die politische Forderung nach einer europäischen Verfassung wird häufig mit der Notwendigkeit einer umfassenden Reform des Primärrechts begründet: Vertreten wird, daß sich substantielle Verbesserungen nur im Wege einer europäischen Verfassunggebung und nicht mit der als unbefriedigend empfundenen Technik der fortwährenden Vertragsrevision[19] erreichen lassen[20]. Ähnlich, wie der Staatsverfassungsbegriff in der Verfassungsgeschichte oft als »Idealbegriff«[21] gebraucht wurde, um inhaltliche Forderungen des liberalen Bürgertums zu unterstreichen, wird heute auch die Idee einer »Verfassung für Europa« als »Kampfmittel« instrumentalisiert: Nur mit einer Verfassung könnten die Verfahren vereinfacht, die Kompetenzen der Institutionen geklärt, Transparenz und Vermittelbarkeit des Europarechts verbessert und damit das Legitimationsdefizit gemildert werden; nur mit einer Verfassung könne Europa insgesamt einer Rückpolitisierung zugeführt werden.

Gewiß, der rechtstechnische Zustand der Verträge ist verbesserungswürdig[22]. Fraglich ist aber doch, warum es anstelle einer substantiellen Reform der Verträge gerade einer *Verfassung* bedarf, um zu einer grundlegenden Primärrechtsreform zu kommen[23]. Schließlich kann ein Prozeß der europäischen Verfassunggebung nicht auf eine begriffliche Umbenennung der Verträge in »Verfassung« reduziert werden[24]. Jedoch bleibt die europapolitische Verfassungsinitiative in dieser entscheidenden Frage nach der spezifischen Legitimation gerade einer *Verfassung* für Europa, bemerkenswert nebulös. Der Grund hierfür dürfte darin liegen, daß der Rückgriff auf das Idealbild einer Verfassung oft nur als Metapher für eine »echte« Vertragsreform dient. Deutlich wird

---

[19] Hierzu *I. Pernice*: Vertragsrevision oder europäische Verfassunggebung?, FAZ vom 7.7. 1999, S.7; zur Kritik an der Entstehung des Amsterdamer Vertrags, vgl. *J.H.H. Weiler*: Amsterdam, Amsterdam, ELJ 3 (1997), S.309ff.; *H. Schneider*: Von Amsterdam in die Zukunft: Mit Trippelschritten vorwärts – oder in die Sackgasse?, Integration 1997, S.197 (201); *J. Delors* spricht von einem »Fiasko« (zit. nach International Herald Tribune vom 23.6. 1997, S.2).

[20] Vgl. die Übersicht über die Argumente für eine Europäische Verfassung bei *M. Hilf*: Eine Verfassung für die Europäische Union, Integration 1994, S.68 (69); *K. Koch*: Das Ende des Selbstbetrugs – Europa braucht eine Verfassung, 1997; *C. Wernicke*: Europa leidet weniger an Korruption als an seiner Konstitution, DIE ZEIT 18.3. 1999, S.1.

[21] So die Darstellung von *Carl Schmitt*: Verfassungslehre, 1928, S.13.

[22] Gegen die Forderung nach mehr Übersichtlichkeit des Primärrechts nunmehr aber *A. v. Bogdandy*: Die Union sei auch nach dem Amsterdamer Vertrag noch immer nicht komplex genug, es sei ein Mangel an zieladäquater Differenziertheit zu verzeichnen (Supranationaler Föderalismus als Wirklichkeit und Idee einer neuen Herrschaftsform, 1999, S.47f.).

[23] Ähnlich die Fragestellung bei *D. Grimm*: Braucht Europa eine Verfassung?, 1994, S.11ff.

[24] Noch bis zum Inkrafttreten des EUV wurde häufig das Ziel einer Europäischen Union mit dem Schritt zur europäischen Staatswerdung und einer europäischen Verfassunggebung gleichgesetzt: vgl. *W. Weidenfeld / W. Wessels*: Wege zur Europäischen Union – Vom Vertrag zur Verfassung, 1986; *J. Schwarze / R. Bieber*: Eine Verfassung für Europa – Von der Europäischen Gemeinschaft zur Europäischen Union, 1984.

dies etwa, soweit die Forderung nach einer Verfassung mit der mangelnden schriftlichen Verankerung[25] der europäischen »Verfassungszustände« begründet wird, »Verfassung« also als Synonym für »Ordnung« und »Übersichtlichkeit«[26] gebraucht wird. Gemeint ist mit der Verfassungsinitiative also häufig, das Primärrecht in einem Dokument neu zu ordnen, welches sich inhaltlich und redaktionell am *Vorbild der Staatsverfassung* orientieren soll. Ziel ist eine Verbesserung der *»Vertragsqualität«*, nicht primär eine solche der *Normqualität*.

Eine solchermaßen verstandene Forderung nach Verfassunggebung für Europa bleibt aber einem emprisch-deskriptiven Ansatz verhaftet. Hier läßt sich die aktuelle Verfassungsdebatte in verblüffender Weise mit einer Auseinandersetzung vergleichen, wie sie um die Verfassung des alten Reichs im 17. und 18. Jahrhundert stattfand, als sich immer wieder Kritik an den »Verfassungszuständen« entzündete: *Pufendorf* beschrieb die Kompliziertheit der »Reichsverfassung« im Jahr 1667 als »monstrum simi̱le«[27]; ähnlich diagnostizierte *Hegel* im Jahr 1802 über »die Verfassung Deutschlands«: »Was nicht mehr begriffen werden kann, ist nicht mehr«[28]. Auch heute mag der Zustand des europäischen Primärrechts beklagenswert sein – für den Geltungsgrund und die normative Kraft der Verträge hat dies aber keine unmittelbare Relevanz. Genauso wie auch eine komplizierte Verfassung dennoch eine Verfassung bleibt, folgt aus der bloßen »Einfachheit« und »Übersichtlichkeit« eines Ordnungssystems noch kein Verfassungscharakter. Ohne Erarbeitung eines europäischen Verfassungskonzepts kann daher nicht begreiflich gemacht werden, warum es in Europa gerade einer *Verfassung* bedarf und eine Revision der Verträge zur Weiterentwicklung des europäischen Verfassungssystems nicht genügen soll.

2. Die These von der Verfassungsqualität der Verträge – ein argumentativer Zirkelschluß

Soweit die Verträge in der rechtswissenschaftlichen Literatur und Rechtsprechung als »Verfassung« bezeichnet werden, wird dies meist mit deren inhaltlicher Sonderstellung begründet: Schon in der amtlichen Begründung des deutschen Beitrittsgesetzes zum EWGV aus dem Jahr 1957 heißt es, daß der EWGV nicht nur wie ein Wirtschafts- und Handelsabkommen die Rechte und Pflichten der beteiligten Staaten untereinander regele, sondern »vielmehr ein europäisches Gebilde verfassungsrechtlicher Gat-

---

[25] Beispielhaft die Begründung der Forderung nach einem Verfassungsvertrag bei *W. Schäuble / K. Lamers*: »In verständlicher Sprache verfaßt und begründet, würde er ... der jetzt diffusen Debatte Struktur geben und ihr Richtung weisen« (aaO., S. 15 Nr. 3.1).

[26] Bezeichnend *J. Fischer* am 12. 1. 1999 vor dem Europäischen Parlament (aaO. Anm. 4): »Die Vorstellung von der gemeinsamen europäischen Zukunft, von der ›Finalität‹ Europas, ist heute diffus. Hier könnte eine Diskussion um die Verfasstheit Europas Klarheit und Orientierung schaffen«.

[27] *Severini de Monzambano Veronensis (S. Pufendorf)*: De Statu Imperii Germanici (1667), Kapitel 6 § 9, zitiert nach *Carl Schmitt*: Verfassungslehre, 1928, S. 47.

[28] *G. W. F. Hegel*: Die Verfassung Deutschlands (1800–1802), neu editiert 1986, Band 1: Frühe Schriften, S. 461; zu Hegels Verfassungsverständnis vgl. *A. von Bogdandy*: Hegels Theorie des Gesetzes, 1989, S. 150.

tung« ins Leben rufe[29]. Vor dem Europäischen Gerichtshof wird diese These erstmals[30] 1964 im Schlußantrag des Generalanwalts zum »Costa/ENEL«-Verfahren ausgesprochen[31]. Auf den gleichen Gedanken stützt der EuGH in den Entscheidungen »Bosch«[32], »Van Gend & Loos«[33], »Costa/ENEL«[34] und »Simmenthal-II«[35] sein Konzept des Gemeinschaftsrechts als eine eigene, autonom geltende und unabhängig von den mitgliedstaatlichen Rechtsordnungen mit Vorrang ausgestattete Rechtsordnung. Freilich vermeidet es der Gerichtshof noch, den Begriff »Verfassung« unmittelbar zu verwenden und greift zur Begründung auf das Selbstverständnis der vertraglichen Ordnung zurück. Zur ersten ausdrücklichen Erwähnung des Verfassungsgedankens durch den EuGH kommt es erst 1986, im Urteil »Les Verts«[36], wo er den Vertrag als »Verfassungsurkunde der Gemeinschaft«[37] qualifiziert. Im Jahr 1991 – im »1. EWR-Gutachten«[38] – bezeichnete der Gerichtshof den EWG-Vertrag schließlich als »Verfassungsurkunde einer Rechtsgemeinschaft«, um die Besonderheit der erzielten Integration zu veranschaulichen: Die wesentlichen Merkmale der so verfaßten Rechtsordnung der Gemeinschaft seien ihr Vorrang vor dem Recht der Mitgliedstaaten und die unmittelbare Wirkung zahlreicher für ihre Staatsangehörigen und für sie selbst geltenden Bestimmungen[39].

Auffällig ist, daß der EuGH vor allem dann von »Verfassung« spricht, wenn er berufen ist, seine Position zur zentralen Frage des Gemeinschaftsrechts, nämlich zum Anspruch auf normative Letztbegründung, zu verteidigen[40]. Nach der These des EuGH folgt die Direktwirkung und der Vorrang des Gemeinschaftsrechts unmittelbar aus den »verfassungsrechtsähnlichen ›Gründungsakten‹ der Gemeinschaft«[41]; dies mache einen nationalen Rechtsanwendungsbefehl überflüssig. Die Mitgliedstaaten hätten

---

[29] Verhandlungen des Deutschen Bundestages, 2. Wahlperiode, DR 3440, Anl. C, S. 108; ungenau zitiert bei *C. F. Ophüls*: Zur ideengeschichtlichen Herkunft der Gemeinschaftsverfassung, FS Hallstein 1966, S. 387 (387f.).

[30] Bereits im Schlußantrag zur Rs. 8/55 stellt der Generalanwalt die inhaltliche Besonderheit der Gemeinschaftsverträge heraus, spricht dabei aber noch nicht von »Verfassung«, sondern nur von »Charta der Gemeinschaft« (Sgl. 1955/56, 266/267).

[31] Sgl. 1964, 1289, die Begründung des Verfassungscharakters ist dabei unglücklich ins Deutsche übersetzt; im französischen Original (Rec. 1964, 1178) heißt es: »Le traité de Rome a, certes, en partie le caractère d'une véritable constitution, celle de la Communauté ... mais il a pour le reste, surtout le caractère de ce qu'on appelle une ›loi cadre‹, procédé parfaitement légitime lorsqu'il s'agit de faire face à une situation évolutive ...«.

[32] Rs 13/61, Sgl. 1962, 97.

[33] Rs. 26/62, Sgl. 1963, 1 (25).

[34] Rs. 6/64, Sgl. 1964, 1251 (1269).

[35] Rs. 106/77, Sgl. 1978, 629 (644).

[36] Rs. 294/83, Sgl. 1986, 1339.

[37] Rs. 294/83, Sgl. 1986, 1339 (1365).

[38] Gutachten 1/91, Slg. 1991, 6079.

[39] Gutachten 1/91, Slg. 1991, 6079 (6102).

[40] *M. Zuleeg* meint daher, der Europäische Gerichtshof sei immer dann Verfassungsgericht, wenn er über das Organisationsstatut der Gemeinschaft entscheide, denn welche Organe auftreten und welche Befugnisse ihnen zugewiesen sind, müsse sich in einer Rechtsgemeinschaft aus der Verfassung ergeben (Die Verfassung der Europäischen Gemeinschaft in der Rechtsprechung des Europäischen Gerichtshofs, BB 1994, S. 581 [581]); zu den verschiedenen Kollisionslösungen schon *H. P. Ipsen*: Europäisches Gemeinschaftsrecht, 1972, S. 267 ff., zur Rechtsprechung des Gerichtshofs insbesondere S. 293 ff.

[41] So *T. Oppermann*: Europarecht, 2. Aufl. 1999, Rn 616.

die Gemeinschaft zwar ins Leben gerufen, sie träten mit Vollzug dieses »verfassunggebenden Aktes« jedoch in den Hintergrund. Dieser Gedanke des EuGH trifft in der europarechtlichen Literatur auf vielfache Zustimmung[42].

Festgestellt werden kann zunächst, daß der Gerichtshof die grundsätzliche Möglichkeit einer normativen europäischen Verfassung auch jenseits vom Staat bejaht. Jedoch erarbeitet der Gerichtshof weder die Grundlagen seiner These von der Verfassungsqualität der Verträge, noch die Aufgaben und Grenzen dieser Verfassung. Auch
wird nicht klar, ob sich die europäische verfassunggebende Gewalt tatsächlich nur auf
die *Mitgliedstaaten* beschränken soll, oder ob und in welchem Maße auch die europäischen *Völker* an dem Akt der Verfassunggebung beteiligt sein sollen. Durch dieses konzeptionelle Defizit bleibt die Argumentation des Gerichtshofs zirkelschlüssig: Einerseits wird der Verfassungscharakter der Verträge damit begründet, daß es einen Vorrang des Gemeinschaftsrechts vor dem mitgliedstaatlichen Recht gäbe; der Vorrang
des Gemeinschaftsrechts wird aber wiederum gerade auf den Verfassungscharakter der
Verträge gestützt. Die These des EuGH entwickelt also die normative Verfassung Europas nicht, sondern setzt eine solche Konzeption schon voraus.

Es bedarf keines großen Begründungsaufwands, um eine solche bloße »Behauptung« des Gerichtshofs, daß dem Primärrecht materieller Verfassungscharakter zukä-
me, abzulehnen. So stellt das BVerfG in seinem Maastricht-Urteil vom 12. 10. 1993[43]
den völkerrechtlichen Charakter der Verträge klar heraus und weist damit die Möglichkeit eines normativen Verfassungscharakters der Verträge zurück[44]. Bei der Frage,
ob im Vertragsschluß tatsächlich ein Akt der Verfassunggebung liegt, oder eben nur
ein »herkömmlicher« völkerrechtlicher Vertragsschluß, handelt es sich daher um zwei
sich ausschließende Grundpositionen. Im Anschluß an das Maastricht-Urteil des
BVerfG fand in der deutschen Staatsrechtslehre ein regelrechter »Glaubenskrieg«[45]
zwischen den beiden Verfassungskonzepten statt. Da beide Ansätze von einer jeweils
unterschiedlichen Rolle des Staats in der modernen integrierten Weltgesellschaft ausgehen und die Funktionsfähigkeit der Demokratie im überstaatlichen Rahmen un-
einheitlich bewerten, konnte die Kontroverse in der Rechtswissenschaft nur wenig
zur Lösung des Konflikts beitragen; weder die Befürworter der Verfassungsthese des
EuGH noch die im Anschluß an das BVerfG eher integrationsskeptischeren Stimmen
ließen sich von der wissenschaftlichen Argumentation der jeweiligen Gegenseite we-

---

[42] Stellvertretend für die uferlose Literatur (vgl. auch die Nachweise in Anm. 8 ff.) die Wertung von *B.
Beutler*: »Dem EuGH … verdankt die Gemeinschaft in den Verwerfungen zwischen bundesstaatlichen und
staatenbündischen Ansprüchen ihren rechtsimmanent entwickelten Geltungsgrund: das Konzept der
›neuen rechtlichen Ordnung‹. Voraussetzungen und Folgen dieses Konzepts sind bekannt und anerkannt,
in einzelnen Konsequenzen zum Teil noch umstritten. Das sollte das Konzept als solches nicht in Frage
stellen: das einer quer zu staatlichen Monopolansprüchen für alle Gemeinschaftsbürger gleich geltenden
Rechtsordnung – einer Verfassung.« (Offene Staatlichkeit und europäische Integration, FS Böckenförde
1995, S. 109).

[43] 2 BvR 2134, 2159/92, BVerfGE 89, 155.

[44] Nach Ansicht des BVerfG gelten die Verträge in Deutschland gerade nicht aus einer »verfassungsrechtlichen Autonomie« heraus, sondern nur kraft des deutschen Rechtsanwendungsbefehls. »Herren der
Verträge« seien damit auch weiterhin die Mitgliedstaaten (BVerfGE 89, 155 [184 und 190]).

[45] Ähnlich die These von *M. Heintzen*: Die »Herrschaft« über die Europäischen Gemeinschaftsverträge
– Bundesverfassungsgericht und Europäischer Gerichtshof auf Konfliktkurs?, AöR 119 (1994), S. 564
(581).

sentlich beeinflussen. Der Konflikt konnte daher allenfalls pragmatisch, im Wege der »Erfindung« eines »Kooperationsverhältnisses«[46] zwischen EuGH und BVerfG gemildert werden.

3. Das Grundproblem einer Europäischen Verfassung: die Prägung der normativen Verfassung an den verschiedenen Staatsverfassungsmodellen

Alle dargestellten Ansätze können sich von einer Gleichsetzung der Europäischen Verfassung mit dem Modell der Staatsverfassung nicht lösen: Die noch weitgehend deskriptiven Verfassungskonzepten verhaftete europapolitische Forderung nach einer Europäischen Verfassunggebung verlangt, die europäischen Verfassungszustände künftig möglichst nach dem Vorbild einer typischen Staatsverfassung auszugestalten. Der EuGH nimmt ebenfalls eine Analogie zum Staatsverfassungsbegriff vor, wenn er der europäischen »Verfassungsurkunde«, ähnlich wie einer Staatsverfassung, Höchstrangigkeit und Ausschließlichkeit zuspricht. Auch der Position des BVerfG im Maastricht-Urteil liegt eine Fragestellung zugrunde, die an Staatlichkeitsmodellen und der Entwicklung der Nationalstaaten gewonnen wurde[47]: Die begriffliche Neuschöpfung vom »Staatenverbund« impliziert geradezu eine Einordnung Europas in das anhand der deutschen Verfassungsgeschichte des 19. Jahrhunderts gewonnene Schema »Staatenbund-Bundesstaat«[48]. Das Gegenkonzept hierzu, nämlich zu versuchen, die Anforderungen an die Ausgestaltung der supranationalen Ordnung unmittelbar aus derem eigenen Selbstverständnis heraus zu entwickeln[49], klingt im Maastricht-Urteil hingegen nur kurz an[50].

Hier werden jeweils Elemente des Staatsverfassungsbegriffs auf Europa übertragen, ohne daß problematisiert würde, ob diese Funktionen nicht vielmehr dem *Staats*element der *Staats*verfassung entstammen. Obwohl doch Einigkeit darüber besteht, daß sich das supranationale Ordnungsmodell Europas gerade nicht zu einem Staat entwickeln soll, wird dieses unter Maßstäben beurteilt, die am Nationalstaat gewonnen wur-

---

[46] So die mittlerweile klassische Formulierung in BVerfGE 89, 155 (175, 178); hierzu *W. Graf Vitzthum*: Gemeinschaftsgericht und Verfassungsgericht – rechtsvergleichende Aspekte, JZ 1998, S. 161.

[47] So die Kritik am Maastricht-Urteil des BVerfG bei *J. H. H. Weiler*: Der Staat »über alles«, JöR NF 44 (1996), S. 91; *B.-O. Bryde*: Die bundesrepublikanische Volksdemokratie als Irrweg der Demokratietheorie, Staatswissenschaft und Staatspraxis 5 (1994), S. 305.

[48] Bezeichnend etwa die frühere Feststellung *J. Isensees*, daß es zwischen Bundesstaat und Staatenbund kein tertium gäbe (Integrationsziel Europastaat?, FS Everling 1995, S. 567 [582]); nunmehr bezeichnet er die Union hingegen als eine »rechtliche Supernova« und stellt dar, daß sich die europäischen Beziehungen von denen zwischen Völkerrecht und staatlichem Recht unterscheiden (Vorrang des Europarechts und deutsche Verfassungsvorbehalte, FS Stern 1997, S. 1239 [1240 und 1263]).

[49] Ähnlich *P. Häberle*: »Verfassungsbegriff und Verfassungsverständnis sind jetzt spezifisch europäisch bzw. europarechtlich zu denken« (Europäische Verfassungslehre – ein Projekt, in ders.: Europäische Verfassungslehre in Einzelstudien, 1999, S. 11 ff); zur Entwicklung eines »abstrakten Verfassungsbegriffs«, welcher als Oberbegriff Staatsverfassung und nichtstaatliche Verfassung einschließt, vgl. *W. Hertel*: Supranationalität als Verfassungsprinzip, 1999, S. 75 ff.

[50] In diese Richtung geht der Hinweis in BVerfGE 89, 155 (187), daß in Europa der Erlaß der Rechtsnormen in größerem Umfang bei einem exekutiv besetzten Organ liegen dürfe, als dies im staatlichen Bereich verfassungsrechtlich hinnehmbar wäre.

den[51]. Unter einem solchen Ansatz wird die Untersuchung »Braucht Europa eine Verfassung?« letztlich gleichbedeutend mit der Frage »Soll Europa ein Staat werden?«[52]. Verfassungswerdung erscheint mithin als ein Prozeß, den europäischen Verträgen genau diejenigen Elemente hinzuzufügen, die Europa noch fehlen, um ein Staat zu sein[53]. In dieser staatsverhafteten Reduktion liegt zumindest eine der Ursachen, warum oft der Ausbau der europäischen Integration als Verfassungsordnung nur auf Kosten der Eigenständigkeit der Staatsverfassung denkbar erscheint (»Entstaatlichung«), nicht aber als die Entwicklung eines Substrats über welches die Mitgliedstaaten im überstaatlichen Rahmen erst ihre Handlungsfähigkeit erreichen und sich Gestaltungsmöglichkeiten erschließen.

Unser modernes normatives Verfassungsverständnis scheint also geprägt zu sein durch das Modell der Staatsverfassung, so wie es sich seit dem Ende des 18. Jahrhunderts entwickelt hat. Ein zusätzliches Problem stellen dabei die ganz *unterschiedlichen Verfassungstraditionen* in den verschiedenen europäischen Verfassungsstaaten dar: So überrascht es nicht, daß gerade die deutsche Rechtswissenschaft – geprägt durch die jahrhundertelange Auseinandersetzung um föderale Modelle – den europäischen Verfassungsrahmen maßgeblich aus einer begriffskonzeptionellen Perspektive (»Staatenverbund«[54]) beurteilt. Andere europäische Völker, die in ungebrochenen staatlichen Entwicklungen leben, und denen Erfahrungen mit gliedstaatlichen Ordnungen weitgehend fremd sind, legen den Akzent der Auseinandersetzung um die europäische Integration weit weniger auf theoretische Konzepte, sondern auf die im europäischen Rahmen erzielten Ergebnisse[55]. Doch messen auch sie das europäische Verfassungsgefüge an den jeweils eigenen Verfassungskonzepten: Für die *britische* Verfassungstradition besteht die Hauptschwierigkeiten darin, den Vorrang des europäischen Rechts und die Idee eines Europäischen Parlaments mit der eigenen Verfassungserfahrung in Einklang zu bringen[56]. Die *französische* Staatswissenschaft wiederum kann auf eine reiche historische

---

[51] Auch in der Auseinandersetzung um das Demokratie- und Legitimationsdefizit in Europa dürfen die Erfahrungen mit dem jeweils eigenen Nationalstaat nicht unreflektiert auf das supranationale Modell Europas übertragen werden; deutlich wird dies etwa in der Forderung von *D. Grimm*, in Europa müsse sich erst eine der Situation in den Nationalstaaten vergleichbare Öffentlichkeit herausbilden und es müßten einheitliche Kommunikationsmöglichkeiten entwickelt werden (Braucht Europa eine Verfassung?, 1994, S. 36ff.; ders.: Ohne Volk keine Verfassung, DIE ZEIT vom 18. 3. 1999, S. 4–5); hiergegen *W. Hertel*: Supranationalität als Verfassungsprinzip, 1999, S. 207ff.

[52] Dieser Ansatz übersieht schon, daß sich die Staatlichkeit eines Gemeinwesens nicht formal danach bestimmen läßt, ob die jeweilige Einheit eine eigene Verfassung besitzt; so BVerfGE 34, 9 (19); ähnlich *W. Graf Vitzthum*: Die Bedeutung gliedstaatlichen Verfassungsrechts in der Gegenwart, VVDStRL 46 (1988), S. 7 (23) m. w. N.

[53] Deutlich im Ansatz und im Ergebnis der Untersuchung von *D. Grimm*: Braucht Europa eine Verfassung?, 1994, S. 49: »Soweit die Forderung ›Vom Vertrag zur Verfassung‹ jedoch darauf zielt, den Verträgen diejenigen Elemente hinzuzufügen, welche sie bislang noch von einer Verfassung im vollen Sinn des Begriffs trennen, würde dies gerade auf die Verstaatlichung der Europäischen Union hinauslaufen«.

[54] Begriffsprägend *P. Kirchhof*: Der deutsche Staat im Prozeß der europäischen Integration, HStR VII, 1992, § 183, S. 855 (881); hieran anschließend BVerfGE 89, 155 (184).

[55] So *J. J. Hesse*: Europäische Impulse gegen föderale Routine, Interview in Der Tagesspiegel vom 21. 8. 1999, S. 6.

[56] In Großbritannien entzündete sich eine der deutschen Maastricht-Diskussion vergleichbare Verfassungsdebatte im Anschluß an das Factortame-Urteil des EuGH vom 19. 6. 1990, Rs. C-213/89, Sgl. 1990 I-2433. Dort ordnete der EuGH die Verpflichtung zur Gewährung einstweiligen Rechtsschutzes an, obwohl nach britischem Verfassungsrecht einstweilige Anordnungen gegen Akte der Krone nicht erlassen

Erfahrung mit gesellschaftlichen Ordnungsmodellen zurückgreifen und mißt der institutionellen Struktur für die Entwicklung einer Verfassungsordnung besondere Bedeutung zu. So untersucht etwa der französische Verfassungsrechtler *Vlad Constantinesco* das
Thema einer europäischen Verfassung anhand einer Definition *Charles de Gaulles* (»Une
constitution, c'est un esprit, des institutions, une pratique«[57]) und meint, daß weder der
Geist der Verträge der einer Verfassung sei, noch daß sich die Institutionen mit staatlichen Institutionen vergleichen lassen; außerdem begründe die Praxis, jedenfalls in ihrem politisch-institutionellen Teil, keine autonome Verfassungsstruktur[58].

Mit solchen, den Erfahrungen mit der jeweils eigenen Verfassungsstaatlichkeit verhafteten Ansätzen läßt sich der Debatte um eine Europäische Verfassung nicht gerecht
werden. Vielmehr müssen die unterschiedlichen Verfassungserfahrungen in den europäischen Gesamtrahmen eingebracht werden[59] und hieraus ein normatives Verfassungsmodell für Europa entwickelt werden, welches sich zwar vom Konzept der jeweiligen Staatsverfassung löst[60], aber dennoch über eine rein deskriptive Analyse der
europäischen »Verfassungszustände« hinausgeht. Anstatt Analogien zur jeweiligen
Staatsverfassung herauszuarbeiten, müssen also gerade die *Unterschiede* der Europäischen Verfassung zur Staatsverfassung die Grundlage der Auseinandersetzung um eine
europäische Verfassung bilden.

III. Die im Vergleich zur Staatsverfassung unterschiedliche Begründung der Normativität einer supranationalen Verfassung

1. Der Ursprung der Normativität der Staatsverfassung als Problem einer Europäischen Verfassung

Erst in der zweiten Hälfte des 18. Jahrhunderts entwickelte sich »Verfassung« von einer
weitgehend deskriptiven Bezeichnung zu einem präskriptiven Konzept[61]. Seit diesem
Bedeutungswandel wird mit »Verfassung« das Gemeinwesen nicht mehr nur beschrie-

---

werden durften (»The King can do no wrong«). Trotz der Entscheidung des Gerichtshofs sehen Teile der
Literatur die »Sovereignty of Parliament« weiterhin als – zumindest formal – erhalten an; schließlich könne
das »Parliament« den »European Communities Act« jederzeit außer Kraft setzen, womit auch der Anwen-
dungsvorrang entfiele; so *A. G. Toth*: Comment to Case C-213/89 (Factortame), CMLR 1990, S. 573
(584); *A. F. Tatham*: The sovereignty of Parliament after Factortame, EuR 1993, S. 188 (194); vgl. auch
Lord Bridge of Harwich: Attempts toward a European Constitution in the light of the British legal system, in
J. Schwarze / R. Bieber: Eine Verfassung für Europa, 1984, S. 115.

[57] Rede *Charles de Gaulles* am 31. 1. 1964, zitiert bei *V. Constantinesco*: Die Verträge der Europäischen
Gemeinschaften im Hinblick auf eine Europäische Verfassung, in: Bundeszentrale für politische Bildung:
Westeuropa und die USA, 1988, S. 117 (119).

[58] *V. Constantinesco*: aaO., S. 117 (119–123).

[59] Maßstabsetzend die verfassungs- und kulturvergleichenden Arbeiten *P. Häberles*, vgl.: Europäische
Verfassungslehre in Einzelstudien, 1999; Verfassungslehre als Kulturwissenschaft, 2. Aufl. 1998, insbes.
S. 1066ff.; Europäische Rechtskultur, 1997; Gemeineuropäisches Verfassungsrecht, EuGRZ 1991,
S. 261.

[60] Zu Ansätzen in der Völkerrechtslehre, eine normative »Verfassung ohne Staat« zu entwickeln, *W.
Hertel*: Supranationalität als Verfassungsprinzip, 1999, S. 61ff.

[61] Zu den Anfängen des Konstitutionalismus im 18. Jahrhundert vgl. *D. Grimm*: Verfassung II, in ders. /
H. Mohnhaupt: Verfassung – Zur Geschichte des Begriffs von der Antike bis zur Gegenwart, 1995, S. 100ff.

ben, sondern die Verfassung selbst erschließt die Frage nach dem Grund der jeweiligen Ausgestaltung des Gemeinwesens. Anknüpfend an die Idee von der verfassunggebenden Gewalt[62] gilt nunmehr nicht mehr irgendeine Ordnung, sondern nur noch eine solche, die bestimmte inhaltliche oder formale Qualitäten aufweist, als »Verfassung«[63].

Die Idee vom Gesellschaftsvertrag, so wie sie maßgeblich von *T. Hobbes* und *J. Locke* entworfen wurde[64], war freilich zunächst eine bloße politische Theorie. Sie stellte zwar den Anspruch, Geltungsmaßstab der Herrschaftsordnung zu sein, ihr kam als bloßer »Idee« aber noch keine unmittelbare rechtliche Geltung zu. Gleiches gilt für die Lehre von der verfassunggebenden Gewalt des Volkes, die als politische Forderung alleine noch nicht rechtlich faßbar ist[65]. Die Lehre von der verfassunggebenden Gewalt, bzw. die zugrundeliegenden Vertragstheorien, gehören also nicht zur Verfassung; sie bedürfen zur tatsächlichen Geltung erst ihrer politischen Umsetzung und einer rechtlichen Ausformung. Wie aber mußte diese Umsetzung ausgestaltet sein, damit sich die politischen Theorien in Rechtssätze verwandelten? Wie wird eine politische Forderung zur Norm?

Ihre historische Umsetzung erhielten die Vertragstheorien in einem Prozeß der *Verfassunggebung*, wie er zunächst in den USA[66] von 1776 bis 1791 und in Frankreich ab 1789 stattfand[67]. Bemerkenswert ist dabei nicht nur die zeitliche Parallele beider Verfassungsentwicklungen, sondern auch deren *inhaltliche Kongruenz*: Schon die Verfassung Virginias vom 12./29. 6. 1776 bestand aus zwei Elementen, nämlich der »Virginia Bill of Rights« und der »Constitution or Form of Government«. Diesem Vorbild folgte die Bundesverfassung der USA vom 17. 9. 1787 durch die Einbeziehung der Bill of Rights im Jahr 1789/1791[68]. Auch in der ersten umfassenden Verfassung der

---

[62] Zur Geschichte des Begriffs G. *Roellecke*: Verfassungsgebende Gewalt als Ideologie, JZ 1992, S. 929 (931 ff.).

[63] Besonders deutlich Art. 16 der »Déclaration des droits de l'homme et du Citoyen« vom 26. 8. 1789: »Toute société dans laquelle la garantie des droits n'est pas assurée, ni la séparation des pouvoirs déterminée, n'a point de constitution«.

[64] *T. Hobbes*: Leviathan, Kapitel 16 ff.; *J. Locke*: Über die Regierung (The second Treatise of Government), Kapitel VIII: Die Entstehung politischer Gesellschaften, § 95, Kapitel XI: Das Ausmaß der gesetzesgebenden Gewalt, §§ 134–142.

[65] So G. *Roellecke*: Verfassungsgebende Gewalt als Ideologie, JZ 1992, S. 929 (934); ähnlich P. *Kirchhof*: Die Identität der Verfassung in ihren unabänderlichen Inhalten, HStR I, 1987, S. 775 (783); *J. Isensee*: Das Volk als Grund der Verfassung, 1995, S. 78/80; bezogen auf die europäische Verfassungsdebatte M. *Heintzen*: Die »Herrschaft« über die Gemeinschaftsverträge, AöR 119 (1994), S. 564 (581); ders.: Gemeineuropäische Verfassung, 1996, S. 19 (27); anders *W. Böckenförde*: Die verfassunggebende Gewalt des Volkes – Ein Grenzbegriff des Verfassungsrechts, 1991, S. 90 (94).

[66] Die Kontroverse zwischen dem englischen König und den nordamerikanischen Kolonien bis 1776 begann als verfassungsrechtliche Auseinandersetzung über die Rechte und Pflichten des Mutterlands gegenüber den Kolonien. Auch wenn später zusätzlich naturrechtliche Einflüsse hinzutraten, blieb dieser Verfassungsdisput für den gesamten Unabhängigkeitsprozeß prägend. Dieser normative Ansatz war selbst für *T. Jeffersons* »Declaration of Independence« prägend. Diese enthält deshalb eine präzise Auflistung der Verfassungsbrüche des englischen Königs; hierzu *J. P. Reid*: Constitutional History of the American Revolution, 1995.

[67] Hierzu *P. Häberle:* 1789 als Teil der Geschichte, Gegenwart und Zukunft des Verfassungsstaates, JöR NF 37 (1988), S. 35 (41 ff.).

[68] Das Fehlen eines Grundrechtskatalogs war schon während der verfassunggebenden Versammlung und im Ratifikationsprozeß gerügt worden; am 25. 9. 1789 beschloß der erste Kongreß 12 Amendments, die »Bill of Rights«; 10 dieser Amendments wurden bis 1791 ratifiziert; vgl. R. *Clinton*: A Brief History of the Adoption of the United States Constitution, IowaLRev, 75 (1990), S. 891 (912 f.).

Französischen Republik vom 3. 9. 1791 wurden Regeln über die Staatsorganisation mit einem Katalog von Menschenrechten verbunden.

Daß in den USA und in Frankreich gleichermaßen jeweils Herrschaftsordnung und Katalog von Freiheitsrechten in einem Verfassungsgefüge aufeinander bezogen wurden, ist nicht etwa ein »historischer Zufall«, sondern der entscheidende Prozeß, durch welchen die Verfassung ihre normative Kraft erst gewinnen konnte: Durch die Verbindung von »instrument of government« und »bill of rights« bzw. von Individualrechten und Gewaltenteilung wird die freiheitliche Ordnung nicht nur durch einzelne Freiheitsrechte gekennzeichnet, sondern durch den gesamten Aufbau der Herrschaftsordnung als Ausdruck des Freiheitsgedankens[69]. Erst indem die – politische – Vertragstheorie auf ein Organisationssubstrat projiziert wird, kann »Gelten-sollen« zur »Geltung« werden, können sich politische Forderungen zu Normen wandeln.

Das rechtlich fixierte Ordnungsgeflecht entsteht durch die gegenseitige Zuordnung der beiden Normkategorien: Die Herrschaftsordnung erhält durch die Zielbestimmung »Freiheit« nunmehr eine bestimmte Ausrichtung; sie dient nicht mehr willkürlich irgendeiner – etwa einer gottgegebenen – Ordnung, sondern den Anforderungen der Freiheitsrechte. Gleichzeitig werden die »Freiheitswerte« durch die rechtliche Umsetzung im Staatssystem erst zu »Freiheitsrechten« transformiert: Diese stehen nicht einfach nur als politische Forderung oder als Grundwerte im Raum; durch den Bezug auf das »instrument of government« erhalten sie einen fest umrissenen Anwendungsbereich. Ein geordnetes und gesichertes Gefüge aus den beiden Grundelementen kann aber nur durch das Instrument des *Rechts* erzielt werden. Erst durch den über die moderne normative Verfassung aufgestellten und rechtlich gesicherten Rahmen lassen sich Abwehrrechte, Ansprüche und Pflichten nicht mehr nur durch Rückgriff auf eine politische Theorie politisch einfordern, sondern können direkt, als Ansprüche gewährleistet werden. Durch das Selbstverständnis der Verfassung als oberster rechtlicher Maßstab für das gesamte Verfassungssystem durchdringt das Recht die gesamte Herrschaftsordnung[70].

Liegt also die *Genese der Normativität* der modernen Staatsverfassung in der Emanzipation der Verfassung von den Vertragstheorien, ist fraglich, wie sich diese Erkenntnis für die Forderung nach einer europäischen, nichtstaatlichen Verfassung verwerten läßt. Kann dem europäischen Primärrecht überhaupt Normativität im eben beschriebenen Sinn zukommen? Kann sich auch im supranationalen Modell ein mit der rechtlichen Dichte der modernen Staatsverfassung vergleichbares normatives Geflecht entwickeln?

2. Grundelemente eines supranationalen normativen Verfassungsverständnisses

a) Supranationalität als eigenständiges Herrschaftsmodell

Daß sich heute in Europa zwischen den Mitgliedstaaten und der Gemeinschaftsebene eine neuartige föderale Struktur[71] entwickelt hat, ist aufgrund der Einbindung

---

[69] Ähnlich *K. Stern*: Das Staatsrecht der Bundesrepublik Deutschland, Band 1, 1984, § 3 I, S. 65.

[70] In dieser Konsequenz erstmals im Urteil »Marbury v. Madison« des Supreme Courts der USA (5 U.S. 137 [1803]).

[71] Vgl. nunmehr *P. Badura*: Die föderative Verfassung der Europäischen Union, FS Heckel 1999, S. 695;

der Mitgliedstaaten in die gemeinsame europäische Ordnung offensichtlich. Angesichts des zur Jahrtausendwende erreichten Integrationsniveaus wirkt es geradezu hilflos, den Geltungsgrund des Gemeinschaftsrechts im wesentlichen in dem souveränen Zustimmungsakt der Mitgliedstaaten zur 1957 erfolgten Gemeinschaftsgründung zu sehen[72] oder das Gemeinschaftsrecht als ein unserer Rechtsordnung fremdes Element zu qualifizieren, welches sich am »Brückenhäuschen« der deutschen Verfassung erst einer Kontrolle unterziehen lassen müsse[73]. Das Europarecht ist längst immanenter Bestandteil der deutschen Verfassungs- und Rechtswirklichkeit geworden; Europarecht und mitgliedstaatliche Verfassungsordnungen können daher nicht mehr über ihre gegenseitige Abgrenzung erfaßt werden, sondern nur noch über ihr Miteinander[74]. Die Eigenständigkeit und Identität der Mitgliedstaaten erschließt sich heute erst *durch* ihre Einbindung in das gesamteuropäische Rechtssystem. Freilich, dieses neuartige europäische Modell bereitet uns noch immer Schwierigkeiten: Genauso wie sich auch die Idee eines »Bundesstaats« erst nach einer jahrhundertelangen Entwicklung als »selbstverständlich« bekanntes Ordnungsmodell etablieren konnte[75], können wir heute das europäische System mangels verfestigter Erfahrungswerte nur umschreiben[76] und uns von den unergiebigen Finalitätsdebatten noch immer nicht lösen.

b) Der Mischcharakter der supranationalen Ordnung

Im modernen Verfassungsstaat liegt der *staatlichen* Herrschaftsordnung die Identität von Herrschaftsbegründern und Herrschaftsunterworfenen als bestimmendes Merkmal zugrunde; das Volk im Sinn des Gesellschaftsvertrags ist zugleich Subjekt und Objekt der staatlichen Ordnung. Eine ähnliche Übereinstimmung zwischen den Ver-

---

A. v. Bogdandy: Supranationaler Föderalismus als Wirklichkeit und Idee einer neuen Herrschaftsform, 1999; *W. Hertel*: Formen des Föderalismus – das Beispiel der USA und Europa, in: W. Graf Vitzthum (Hrsg.): Föderalismus für Europa, 2000.

[72] So aber die Tendenz in BVerfGE 89, 155 (190); kritisch hiergegen *T. Oppermann*: Der Europäische Traum zur Jahrtausendwende, JZ 1999, S. 317 (321).

[73] Dieses Bild geht auf *P. Kirchhof* zurück, vgl.: Der deutsche Staat im Prozeß der europäischen Integration, HdStR VII, § 183, Rn 65; ders.: Die Gewaltenbalance zwischen staatlichen und europäischen Organen, JZ 1998, S. 965 (965f.); hiergegen *W. Graf Vitzthum*: Gemeinschaftsgericht und Verfassungsgericht – rechtsvergleichende Aspekte; JZ 1998, S. 161 (161ff.).

[74] Schon *P. Pescatore*: Das Zusammenwirken der Gemeinschaftsrechtsordnung mit den nationalen Rechtsordnungen, EuR 1970, S. 307; vgl. auch *W.-D. Grussmann*: Grundnorm und Supranationalität, in: *von Danwitz* et. al.: Auf dem Wege zu einer europäischen Staatlichkeit, 1993, S. 47 (63); *I. Pernice*: Einheit und Kooperation, GS Grabitz 1995, S. 523 (528/529); *A. Schmitt Glaeser*: Grundgesetz und Europarecht als Elemente Europäischen Verfassungsrechts, 1996, 184ff.

[75] Noch im Jahr 1837 hatte *A. de Tocqueville* Schwierigkeiten bei der Beschreibung des amerikanischen Föderalismus: »... une forme de société dans laquelle plusieurs peuples se fondent réellement en un seul quant à certains intérêts communs, et restent séparés et seulement confédérés pour tous les autres. Ici le pouvoir central agit sans intermédiaire sur les gouvernés, les administre et les juge lui-même, comme le font les gouvernements nationaux, mais il n'agit ainsi que dans un cercle restreint. ... Ainsi on a trouvé une forme de gouvernement qui n'était précisément ni nationale ni fédérale, mais on s'est arrêté là, et le mot nouveau qui doit exprimer la chose nouvelle n'existe point encore.« (De la Démocratie en Amérique, 1837, Tome II, Chapitre VIII).

[76] Als Vergleich bietet sich das Bild einer Ehe an: Zwar auf Dauer und Untrennbarkeit angelegt, doch würde der Fall eines Scheiterns pragmatisch gelöst; denkbar ist auch ein Vergleich mit der Konzeption der Dreifaltigkeit im westkirchlichen Verständnis: Nicht eins – aber doch unteilbar.

tragsbegründern und den Vertragsobjekten gilt im »klassischen« Völkerrecht: Die
Staaten sind Schöpfer und zugleich Adressaten der »Verfassung der Völkergemeinschaft«[77]. Im *supranationalen* Konzept der europäischen Integration sind hingegen ver-
tragschließende Subjekte und herrschaftsunterworfene Objekte gerade nicht identisch: Dort gibt es kein europäisches Volk[78], welches sich zu einer europäischen Staats-
gesellschaft zusammengeschlossen haben könnte. Während die supranationale Ordnung durch einen Willensakt der europäischen *Staaten* geschaffen worden ist, beschränkt sich die *Ausübung* von Herrschaft jedoch nicht auf die Mitgliedstaaten: Sie
haben bestimmte Herrschaftsbereiche vollständig und endgültig – und zwar auch im
Bereich der Umsetzung und der Durchsetzung gegenüber den Bürgern – an die europäische Ebene übergeben[79]. Die Bürger sind somit als Staatsbürger und als Angehörige der Gemeinschaft Rechtsordnungen verschiedener Abstufungen unterworfen[80];
ihnen erwachsen Pflichten und Rechte auch im supranationalen Rahmen und sogar
gegenüber anderen Mitgliedstaaten. Hieraus ergibt sich eine inhaltlich-räumliche Erweiterung von Abwehr- und Partizipationsrechten[81].

Entscheidend für den Unterschied zwischen Staat und Völkerrecht einerseits und
dem supranationalen Herrschaftsmodell andererseits ist also der *Mischcharakter* der Supranationalität: Das supranationale Gefüge beruht nicht auf einer einheitlichen, ho-
mogenen Struktur, sondern setzt sich aus *zwei verschiedenen* Rechtsmassen zusammen,
die unterschiedlichen Prinzipien unterstellt sind[82]: Soweit sich die Gemeinschaftsrechtsordnung an die Staaten richtet, ist sie dem klassischen Völkerrecht strukturver-
wandt; der an die Einzelpersonen gerichtete Teil der Gemeinschaftsrechtsordnung
enthält hingegen Elemente, die dem staatlichen Modell zumindest ähnlich sind. Dies
setzt sich in der Ausgestaltung der europäischen Ordnung fort: Zumindest prinzipiell
besitzt die erste Rechtskategorie weder unmittelbare Wirkung in den Mitgliedstaaten,
noch kommt ihr gegenüber dem staatlichen Recht Vorrang zu; es bestehen grundsätzlich auch keine Rechtsschutzmöglichkeiten für die Bürger. Hingegen ist der andere
Teil der Rechtsmasse unmittelbar und mit Vorrang auch gegenüber dem Einzelnen
anwendbar, und es bestehen umfassende Rechtsschutzmöglichkeiten für die Bürger[83].
Auch wenn diese beiden Grundprinzipien mittlerweile vielfältigen Verschränkungen
unterworfen sind, ist das zentrale Abgrenzungsmerkmal des supranationalen Gefüges

---

[77] So *A. Verdross / B. Simma*: Universelles Völkerrecht, 3. Aufl. 1984, §74 S. 59f.

[78] Grundlegend *W. von Simson*: Was heißt in einer europäischen Verfassung »Das Volk«?, EuR 1991,
S. 1.

[79] So *H. P. Ipsen*: Europäisches Gemeinschaftsrecht, 1972, S. 71; *T. Oppermann*: Europarecht, 2. Aufl.
1999, Rn 468; *I. Pernice*: Deutschland in der Europäischen Union, HdStR Band VIII, S. 225 (245); ähnlich
schon *P. Badura*: Bewahrung und Veränderung demokratischer und rechtsstaatlicher Verfassungsstruktur in
den internationalen Gemeinschaften, VVdStRL 23 (1966), S. 34 (57).

[80] Schon *W. Hallstein*: Der unvollendete Bundesstaat, 1969, S. 35/36.

[81] So *A. von Bogdandy*: Supranationale Union als neuer Herrschaftstypus, Integration 1993, S. 210 (220/
221); ähnlich *J. Isensee*: Vorrang des Europarechts und deutsche Verfassungsvorbehalte, FS Stern 1997,
S. 1239 (1252).

[82] *L.-J. Constantinesco* nennt dies die »summa divisio« des Gemeinschaftsrechts (Das Recht der Europäischen Gemeinschaften, Band 1, 1977, S. 550); *D. Th. Tsatsos* gelangt über einen kulturbezogenen Ansatz
zu einem ähnlichen Ergebnis: Er leitet den Dualismus aus der Vielfalt der staatlich organisierten Kulturein-
heiten her, welche neben den Menschen Subjekt des Integrationsprozesses seien (Die europäische
Unionsgrundordnung, EuGRZ 1995, S. 287 [293]).

[83] Von zentraler Bedeutung insoweit das Vorabentscheidungsverfahren, Art. 234 (ex 177) EGV.

gegenüber Staat und klassischer Internationaler Organisation erhalten geblieben: Das supranationale Ordnungsmodell baut auf einem *doppelten Integrationsprozeß* auf; Wesensmerkmal ist eine *parallele und gleichzeitige* Integration der Mitgliedstaaten und ihrer Bürger.

c) Die gegenseitige Zuordnung und Verschränkung der unterschiedlichen Strukturprinzipien

Die *Integration der Mitgliedstaaten* und die ihr zugrundeliegenden Legitimationsverfahren sind durch eine prinzipielle *Offenheit* gekennzeichnet[84]: Die Mitgliedstaaten bestimmen weitgehend selbst das Ziel, das Ausmaß und den Inhalt der Integrationsvorgänge. Dabei ist die Ebene der mitgliedstaatlichen Integration durch einen funktionalistischen Integrationsprozeß charakterisiert. Legitimationsquelle ist daher vor allem der zugrundeliegende politische Wille der Repräsentanten der Mitgliedstaaten, ein bestimmtes politisches Ziel zu erreichen[85]. Durch die gemeinsame Formung des politischen Willens, die gemeinsame Bestimmung des politischen Ziels und letztlich die gemeinsame und erfolgreiche Verwirklichung dieses Ziels findet die Ebene der mitgliedstaatlichen Integration ihre Rechtfertigung. Ähnlich wie im Idealbild der staatlichen Demokratie liegt die Legitimationsquelle in einer Einheit aus politischem Willen, Ziel und Erfolg – nur eben in bezug auf die Staaten als Träger dieses Legitimationsprozesses. Ohne einen sich manifestierenden politischen Willen der Mitgliedstaaten fehlt es daher an der Legitimationsgrundlage. Dies ist der Grund, warum die zugrundeliegenden Aufgaben und Ziele immer wieder neu gefunden werden müssen[86].

Rechtliche Maßstäbe lassen sich für die gemeinsame Formulierung des politischen Willens zunächst nur schwer finden[87]; die Verträge beschreiben daher insoweit keinen »Istzustand«, sondern ein politisches Programm[88]. Seine rechtliche Ausformung findet das Offenheitsprinzip in der grundsätzlich final gestalteten Struktur der Verträge. So sind in den Verträgen, im Gegensatz zu den nach Sachbereichen abgegrenzten Kompetenzkatalogen etwa der US-Verfassung[89] oder des Grundgesetzes[90], die Handlungszuweisungen nicht nach Sachbereichen, sondern nach *Zielen* beschrieben und durch Generalklauseln ergänzt[91]. Zudem hat der Gerichtshof erkannt, daß die mitgliedstaatliche Integration durch offene, dem politischen Willen der Mitgliedstaaten zugängliche Verfahren, gesteuert werden muß. Um sicherzustellen, daß die Gemeinschafts-

---

[84] Grundlegend *H. P. Ipsen*: Europäisches Gemeinschaftsrecht, 1972, S. 66 ff. und 982 ff.

[85] Schon *W. von Simson*: Der politische Wille als Gegenstand der europäischen Gemeinschaftsverträge, FS Riese 1964, S. 83.

[86] Zu den Implikationen dieses sogenannten »Radfahrerprinzips« u. a. *C. Tomuschat*: Das Endziel der europäischen Integration – Maastricht ad infinitum?, DVBl. 1996, S. 1073 (1077).

[87] Im Amsterdamer Vertrag wurde etwa der Versuch unternommen, durch Einfügung eines Art. 189 Abs. 2 EGV die künftige Höchstzahl der Parlamentarier auf 700 festzuschreiben. Hierin kann freilich nur eine Empfehlung für künftige Vertragsänderungen liegen.

[88] Dies kommt vor allem in der Präambel des EGV zum Ausdruck: »immer engeren Zusammenschluß«; »stetige Besserung«; »beständige Wirtschaftsausweitung«; »zur fortschreitenden Beseitigung«.

[89] Art. I § 8 US-Verfassung.

[90] Art. 70 ff. GG.

[91] Art. 308 (ex 235); in bezug auf den Gemeinsamen Markt Art. 94 (ex 100), 95 (ex 100a) EGV.

kompetenzen umfassend ausgeschöpft werden können, greift er auf die »Implied-Powers-Lehre«[92] und den teleologischen Auslegungsgrundsatz des »effet utile«[93] zurück.

Im Gegensatz hierzu steht die *Integration der Bürger.* Hier muß das Minus der Beteiligung der herrschaftsunterworfenen Bürger bei der Aufstellung der Ziele durch hinreichende Kontroll- und Einflußmöglichkeiten ausgeglichen werden, um zu verhindern,
daß sich das Primärrecht zu »Verträgen zu Lasten Dritter« entwickelt. Es besteht ein
Bedürfnis nach weitgehender *rechtlicher Sicherung* und *Kontrolle* der mitgliedstaatlichen
Integrationsvorgänge, denn unbegrenzte Offenheit und finale Steuerung auf der Integrationsebene der Mitgliedstaaten verträgt sich nicht mit dem Erfordernis des Ausbaus
rechtlicher Sicherungs- und Einflußmechanismen. Es bedarf also einer gegenseitigen
Rücksichtnahme und Beschränkung. Der EuGH hat die Ambivalenz der dem Supra-
nationalitätsprinzip zugrundeliegenden Integrationsstruktur erkannt und im Interesse
der bürgerbezogenen Integration die Offenheit der mitgliedstaatsbezogenen Integration durch verschiedene rechtliche Sicherungsverfahren begrenzt: Er entschied, daß
im Interesse europäischer Demokratie und zur Sicherung der Mitwirkungsrechte des
Parlaments die Gemeinschaftskompetenzen intern – also im Verhältnis zu anderen
Gemeinschaftsorganen – eng und nach gerichtlich voll überprüfbaren Gesichtspunkten auszulegen seien. In den Isoglukoseentscheidungen[94] erklärte der EuGH eine Verordnung für nichtig, die der Rat aus Dringlichkeitsgründen verabschiedet hatte, ohne
die noch ausstehende Stellungnahme des Parlaments abzuwarten; später begründete
der EuGH ein in den Verträgen nicht ausdrücklich enthaltenes Klagerecht des Parlaments direkt aus dem vertraglich verankerten institutionellen Gleichgewicht[95]. Im
Urteil zur Titandioxidabfallrichtlinie[96] forderte der EuGH, daß die Wahl der Rechtsgrundlage eines Rechtsakts auf objektive, gerichtlich nachprüfbare Umstände ge-
gründet werden müsse. Im Urteil zur Pflanzenschutzrichtlinie vom 18. 6. 1996[97] hat
er die Mitwirkungsrechte des Parlaments am Zustandekommen einer Richtlinie auf
die spätere Durchführungsrichtlinie ausgedehnt. Mit der gleichen Zielrichtung – das
Interesse umfassender rechtlicher Sicherung der Bürger – entwickelte der Gerichtshof
eine eigene Rechtsprechung zu den Grundrechten[98]. Auch hier folgt der Gerichtshof
dem ambivalenten Strukturprinzip des supranationalen Modells und schränkt die Gestaltungsmöglichkeiten der Mitgliedstaaten im Interesse einer Sicherung der Rechte
der Bürger ein.

Das tragende Prinzip der Supranationalität ist also die gegenseitige Verschränkung
der staatenbezogenen und der bürgerbezogenen Rechtsmassen. Erst durch die *Zuordnung* der beiden sich teilweise widersprechenden Strukturprinzipien können daher
auch Maßstäbe und Grenzen für die staatenbezogene Integrationsebene und den poli-

---

[92] St. Rspr. seit Rs. 8/55, Sgl. 1955/56, 311; durch die großzügige Anwendung des Art. 308 (ex 235)
EGV hat die »Implied-Powers-Lehre« seit 1972 an Bedeutung verloren (vgl. *T. Oppermann:* Europarecht,
2. Aufl. 1999, Rn 527).

[93] St. Rspr. seit Rs. 20/59, Sgl. 1960, 708.

[94] Rs. 138/79 »Roquette Frères«, Sgl. 1980, 3333; Rs. 139/79 »Maizena«, Sgl. 1980, 3393.

[95] Rs. C-70/88 »Parlament/Rat (Tschernobyl)«, Sgl. 1990, I-2041.

[96] Rs. C-300/89, Sgl. 1991, I-2867.

[97] Rs. C-303/94, Sgl. 1991, I-2943 »Parlament/Rat« = EuZW 1996, S. 590.

[98] Grundlegend Rs. 29/69 »Stauder«, Sgl. 1969, 419; Rs. 11/70 »Internationale Handelsgesellschaft«,
Sgl. 1970, 1125; Rs. 4/73 »Nold«, Sgl. 1974, 491; Rs. 36/75 »Rutili«, Sgl. 1975, 1219; Rs. 44/79 »Hauer«
Sgl. 1979, 3727.

tischen Handlungsspielraum der Mitgliedstaaten gezogen, bzw. die Freiheits- und Partizipationsrechte der Bürger im europaweiten Rahmen geltend gemacht werden. Entwickelt sich im Staat die Normativität der Verfassung dort, wo Grundrechte und »Instrument of government« miteinander verbunden werden und zu einem einheitlichen Ganzen verschmelzen, so entsteht die Normativität des supranationalen Verfassungsmodells Europas, indem die *beiden Integrationsvorgänge* Staatenintegration und Bürgerintegration *aufeinander bezogen werden* und hierdurch jeweils rechtlichen Anforderungen und Beschränkungen unterworfen werden. Diese gegenseitige Verschränkung ist der normative Kern der spezifisch supranationalen Herrschaftsform; aus diesem Wesenskern heraus kann sich Europäisches Verfassungsrecht entwickeln.

In der supranationalen Verfassung ist die mitgliedstaatliche Integration also nicht mehr »wertfrei« bzw. auf den »kleinsten gemeinsamen Nenner«[99] der mitgliedstaatlichen Interessen beschränkbar, sondern sie dient dem Europa der Bürger. Gleichfalls werden die bürgerbezogenen Komponenten der europäischen Integration – nämlich die europaweite Verwirklichung von Freiheit, Demokratie und Recht – als Grundlagen der zwischenstaatlichen Zusammenarbeit anerkannt. Ist es im Staat die Erhaltung der Balance zwischen den Rechten der verschiedenen Einzelnen, so ist es im supranationalen Verfassungssystem die Erhaltung der Balance zwischen dem *offenen System der Staatenintegration* und dem *geschlossenen System der Integration der Einzelnen.* Hieraus erfährt die supranationale Verfassung ihre normative Kraft.

d) Ein gleichzeitiger Ausbau von Staaten- und Bürgerintegration als Zukunftsaufgabe

Ziel der Weiterentwicklung des supranationalen Verfassungsmodells muß es sein, die Balance aus mitgliedstaatlicher und bürgerbezogener Integration zu erhalten. Verfehlt wäre es hingegen, einseitig eine der beiden Legitimationsebenen auszubauen. Eine einseitige Verstärkung der Bürgerebene – etwa durch eine vollständige Ablösung der finalen Elemente – würde die Funktionsweise der mitgliedstaatlichen Integration gefährden und damit das zugrundeliegende supranationale Integrationsmodell aufgeben. Genauso hätte ein einseitiger Ausbau der mitgliedstaatlichen Integrationsebene – durch Vernachlässigung der zur Integration der Bürger notwendigen rechtlichen Einbindung des politischen Willens der Mitgliedstaaten – ein evidentes Integrationsdefizit auf der Ebene der Bürger zur Folge und führte unmittelbar hin zum Modell einer klassischen Internationalen Organisation.

Ziel fast aller Verfassungsinitiativen ist es, rechtliche Sicherungsmechanismen im Interesse einer Verstärkung des Einflusses der Bürger zu schaffen: Gefordert wird häufig ein *nach Sachbereichen abgegrenzter Kompetenzkatalog*[100] und ein *Grundrechtskatalog*[101].

---

[99] Etwa der Vorschlag der »European Constitutional Group« (FAZ vom 28. 8. 1993, S. 11; NZZ vom 4./5. 6. 1994, S. 29), die EU zu einer Art »Nachtwächterunion« umzugestalten, die sich auf die Gewährleistung von wirtschaftlichen Rahmenbedingungen beschränken soll.

[100] Dies ist der maßgebliche Ansatzpunkt der Verfassungsinitiative von *W. Schäuble* und *K. Lamers:* Im Interesse einer Verbesserung des europäischen Wettbewerbsföderalismus bedürfe Europa einer klaren Zuständigkeitsregelung einschließlich einer klaren Finanzverfassung (Überlegungen zur europäischen Politik II, Bonn 3. 5. 1999); ähnlich auch die politische Forderung von *W. Clement,* über eine Europäische Verfassung die Kompetenzen in Europa neu zu verteilen (Der Tagesspiegel vom 20. 8. 1999 S. 7); zu weiteren

Welchen Beitrag eine Verwirklichung dieser Forderungen für eine Weiterentwicklung der supranationalen Verfassung Europas leisten kann, hängt primär davon ab, auf welcher der beiden Integrationsebenen die jeweiligen Initiativen anzusiedeln sind. Die Forderung nach einem *Kompetenzkatalog* betrifft die Ebene der mitgliedstaatlichen Integration, denn es geht um die Abgrenzungen der Kompetenzen der europäischen Ebene gegenüber derjenigen der Mitgliedstaaten. Ob ein nach Sachbereichen abgegrenzter Kompetenzkatalog den Anforderungen an das supranationale Verfassungsmodell gerecht wird, ist daher zweifelhaft. Die Fixierung einer bestimmten *Kompetenzordnung* wirkt per se konservierend, sie lähmt die für die Integration der Staaten notwendige Dynamik. Deutlich wird dies im Verhältnis zwischen bundes- und gliedstaatlichen Kompetenzen in den USA[102] und in der Bundesrepublik Deutschland, die beide durch Sachbereichskataloge abgegrenzt sind. Sowohl Art. 1 § 8 US-Verfassung, insbesondere die darin enthaltene »commerce-clause«[103] und Art. 72, 74 GG[104] trugen erheblich zur Unitarisierung der jeweiligen Kompetenzordnung bei. Zudem zeigt der aktuelle Versuch, einer »devolution« für Schottland und Wales[105], wie schwer es ist, Kompetenzabgrenzungen über eine möglichst präzise Liste zu ordnen. Auf europäischer Ebene wäre eine nach Sachbereichen abgegrenzte Kompetenzabgrenzung wohl ebenfalls nur über eine ausdifferenzierte Beschreibung und Einzelfallkasuistik möglich. Die für die Integration der Staatenebene notwendige Offenheit und Formbarkeit des Integrationsprozesses würde erstickt[106].

Anders ist die Forderung nach einem *Grundrechtskatalog* zu beurteilen: Dieser ist auf der Ebene der bürgerbezogenen Integration anzusiedeln, denn Ziel ist der Schutz der Unionsbürger vor willkürlicher Inanspruchnahme und Ausübung von Herrschaftsgewalt auf Gemeinschafts- bzw. Unionsebene. Hier bedarf es eines weniger offenen, statischen Ansatzes. Der Gerichtshof hat daher zu Recht Grundrechte unmittelbar aus

---

Forderungen nach einem Kompetenzkatalog vgl. *W. Hertel*: Supranationalität als Verfassungsprinzip, 1999, S. 196 ff.

[101] Jetzt wieder Außenminister *J. Fischer* in der Rede vor dem Europäischen Parlament vom 12. 1. 1999; zu den Vorarbeiten des Europäischen Parlaments vgl. die Entschließung zur Erklärung der Grundrechte und Grundfreiheiten vom 12. 4. 1989 (Abl. C 1989/120, S. 51) und *K. De Gucht*: Bericht im Namen des Institutionellen Ausschusses über die Erklärung der Grundrechte und Grundfreiheiten, EuGRZ 1989, S. 207; ähnlich der Verfassungsentwurf des Institutionellen Ausschusses des Parlaments vom 10. 2. 1994 (BT-DR 182/94).

[102] Hierzu *J. Annaheim*: Die Gliedstaaten im amerikanischen Bundesstaat, 1992; *M. Stoevesandt*: Aktivismus und Zurückhaltung im United States Supreme Court, 1999, S. 280 ff.

[103] Zur extensiven Auslegung der commerce clause vgl: Russel v. United States, 471 U.S. 858 (1985); Katzenbach v. McClung, and Heart of Atlanta Motel, Inc. v. United States, 379 U.S. 241, 85 S.Ct. 348 (1964); Wickard v. Filburn, 317 U.S. 111 (1942); einschränkend jetzt United States v. Lopez, 115 S.Ct. 1624 (1995); hierzu *D. Currie*: Neuere Entwicklungen im amerikanischen Verfassungsrecht, JöR NF 46 (1998), S. 511.

[104] Die durch Änderungsgesetz am 27. 10. 1994 erfolgte Verschärfung der Voraussetzungen für die Inanspruchnahme von Gesetzgebungskompetenzen des Bundes in Art. 71 Abs. 2 GG versucht dieser Tendenz zwar gegenzusteuern, doch lassen sich unitarisierende Kompetenzverlagerungen so gut wie nicht rückgängig machen; vgl. *K. Heckel*: Der Föderalismus als Prinzip überstaatlicher Gemeinschaftsbildung, 1998, S. 163.

[105] Hierzu *R. Grote*: Regionalautonomie für Schottland und Wales, ZaöRV 1998, S. 109 (124 ff.).

[106] Ebenso *A. Bleckmann*: Politische Aspekte der europäischen Integration unter dem Vorzeichen des Binnenmarkts 1992, ZRP 1990, S. 265 (268); *J.A. Frowein*: Die Verfassung der Europäischen Union aus deutscher Sicht, in *Mouton / Stein*: Eine neue Verfassung für die Europäische Union?, 1997, S. 37 (43).

dem Gemeinschaftsrecht heraus entwickelt; er war hierzu angesichts des ambivalenten Verhältnisses zwischen mitgliedstaatlicher Integration und Bürgerintegration sogar gezwungen. Für die künftige Weiterentwicklung der supranationalen Verfassung Europas dürfte es der richtige Weg sein, dieses zentrale Element der supranationalen Verfassung zu kodifizieren. Eine schriftliche Verankerung könnte dazu beitragen, dem Bedürfnis der Bürger nach rechtlichen Sicherungsmechanismen im europäischen Rahmen Rechnung zu tragen und das normative Geflecht Europas zu vervollkommnen, dabei jedoch die mitgliedstaatliche Integration möglichst wenig zu beeinträchtigen.

IV. Ausblick: Braucht Europa eine Verfassung?

Eine normative Europäische Verfassung ist längst schon vorhanden. Ähnlich wie die Normativität der Staatsverfassung entsteht die Normativität der Europäischen Verfassung durch die gegenseitige Zuordnung zweier unabhängiger Rechtsmassen. Ist es im Staat aber die Aufeinanderbeziehung von »instrument of government« und »Bill of Rights«, so ist es im supranationalen Verfassungsmodell die gegenseitige Zuordnung des Integrationsprozesses der Mitgliedstaaten mit demjenigen der Bürger. Es ist dieser fundamentale Unterschied, welcher zur Erarbeitung einer Europäischen Verfassungstheorie berücksichtigt werden muß. Verfehlt ist es hingegen, Elemente und Funktionen der Staatsverfassung unreflektiert auf Europa zu übertragen, um unter Zuhilfenahme des Verfassungsbegriffs den Geltungsanspruch des Europarechts zu begründen.

Ob es einmal zur Verwirklichung der noch weitgehend deskriptiven Konzepten verhafteten Forderung nach Erarbeitung und Verabschiedung eines Europäischen Verfassungsdokuments kommen wird, ist für die verfassungsrechtliche Weiterentwicklung des supranationalen Herrschaftsmodells daher unerheblich. Sicherlich wäre es wünschenswert, wenn man die supranationale Verfassung schriftlich und übersichtlich niederlegen könnte. Europa kann und muß sich aber auch ohne eine als »Verfassung« bezeichnete Urkunde auf seinem Weg einer spezifisch supranationalen Normativität und Legitimation weiterentwickeln.

Hans Kutscher

Ein Grandseigneur der Robe

von

Dr. Wolfgang Heyde

Ministerialdirektor a.D. in Bonn

Der Untertitel könnte auch lauten »Verfassungs- und europäischer Richter – ein Vorbild«. Persönlichkeit und Wirken des Bundesverfassungsrichters und späteren Präsidenten des Gerichtshofs der Europäischen Gemeinschaften Hans Kutscher hat der Freund Wilhelm G. Grewe in der Ende 1981 erschienen Festschrift[1] zum 70. Geburtstag eingehend gewürdigt. Dem wäre nicht viel hinzuzufügen. Wenn ich gleichwohl der Bitte von Peter Häberle folge, als früherer »Schüler« ein Richterbild zu schreiben, dann tue ich dies gern. Gilt es doch, der mittleren und jüngeren Generation einen Menschen in Erinnerung zu rufen, der an dem hohen Ansehen der Rechtsprechung des Bundesverfassungsgerichts in den ersten beiden Jahrzehnten und an der Rechtsprechung des EuGH großen Anteil hatte, der ein überzeugter Europäer war und Deutschland in Luxemburg in vorbildlicher Weise repräsentiert hat. Die Legitimation zu diesem Beitrag nehme ich als ehemaliger wissenschaftlicher Mitarbeiter des zu Würdigenden, zumal ich in den Jahrzehnten meiner beruflichen Tätigkeit im Bundesministerium der Justiz der Verfassungsgerichtsbarkeit stets und seit 1990 auch den Fragen der europäischen Integration eng verbunden war und heute im Ruhestand noch bin. Dabei kann ich naturgemäß manches aufnehmen, was schon Grewe und andere in Würdigungen und Nachrufen[2] geschrieben haben, hier und da um weitere Akzente und persönliche Erfahrungen ergänzt sowie stärker auf die Zielrichtung dieses Beitrags ausgerichtet.

---

[1] *Wilhelm G. Grewe* in: Grewe/Rupp/Schneider (Hrsg.): Europäische Gerichtsbarkeit und nationale Verfassungsgerichtsbarkeit. Festschrift zum 70.Geburtstag von Hans Kutscher, 1981, S.9-16.

[2] *H. S.*, Hans Kutscher 65 Jahre, DÖV 1976, S.852f. *C.-D. Ehlermann*, Hans Kutscher (Nachruf), EuR 1993, S.227f. *Hans Schneider*, Hans Kutscher (Nachruf), AöR 119 (1994), S.158ff.

I.

Am 14. Dezember 1911 in Hamburg geboren, besuchte Kutscher dort und – nach der Übersiedlung der Eltern – in Berlin die Schule. Ostern 1931 legte er das Abitur ab und studierte sodann von 1931 bis 1935 Rechts- und Staatswissenschaften an den Universitäten Graz, Freiburg i.Br. und Berlin. Aus der Freiburger Zeit stammt eine lebenslange Freundschaft mit Hans Schneider (später Staatsrechtslehrer an der Universität Heidelberg) und Wilhelm G. Grewe (später Völkerrechtswissenschaftler, Abteilungsleiter im Auswärtigen Amt und hochrangiger Botschafter). Seine Lehrer waren u.a. Martin Wolff, Rudolf Smend, Hans Peters und Erik Wolf. In Berlin bestand er 1935 glanzvoll das Referendarexamen, um nach der Referendarausbildung im März 1939 mit gleichem Erfolg das Assessorexamen abzulegen.

Von 1935 bis zum Herbst 1938 war Kutscher Assistent bei Ernst Forsthoff an den Seminaren für öffentliches Recht zunächst in Hamburg und dann in Königsberg/Pr. In dieser Zeit promovierte er 1937 an der Universität Königsberg mit einer 1938 im Verlag Kohlhammer als erster und wohl einziger Band der »Königsberger rechtswissenschaftlichen Forschungen« veröffentlichten Dissertation über »Die Enteignung«. Grewe und Schneider[3] haben schon darauf hingewiesen, daß er in ihr das Element der Zweckentfremdung als Kriterium der Abgrenzung von Enteignung und Eigentumsbindung herausgearbeitet hat, das zu einem festen Bestandteil der verwaltungsrechtlichen Lehre geworden ist.

Der Berufsausbildung folgte von 1939 bis Mai 1945 eine Stellung im Kartellreferat des Reichswirtschaftsministeriums, die er allerdings kaum wahrnehmen konnte. Denn im Frühjahr 1940 wurde er zum Wehrdienst eingezogen mit späterer Kriegsgefangenschaft bis zum Frühjahr 1946.

Der berufliche Weg führte nun von 1946 bis 1951 in das württembergisch-badische Verkehrs- und später Innenministerium in Stuttgart. Von dort ließ er sich im Juni 1951 für ein halbes Jahr zum Auswärtigen Amt abordnen, um in der von Prof. Grewe geleiteten Delegation für die Verhandlungen zur Ablösung des Besatzungsstatuts mitzuwirken. Eine Frucht dieser Tätigkeit war 1952 eine erläuterte Ausgabe des Bonner Vertrags mit Zusatzvereinbarungen, zu der Grewe eine Einführung schrieb.

Im Dezember 1951 trat er in die Verwaltung des Bundesrates ein, wo er bis September 1955 als Ministerialrat Sekretär des Rechtsausschusses und Geschäftsführer des Vermittlungsausschusses von Bundestag und Bundesrat war, eine Funktion, die auch heute noch in Personalunion ausgeübt wird. Die Bewährung in diesen Aufgaben und das hier erworbene Ansehen bewirkten, daß der Bundesrat ihn im Sommer 1955 zum Richter des Bundesverfassungsgerichts wählte, allerdings zunächst nur für den Rest der Amtszeit eines verstorbenen Richters und zwar in den ersten Senat. Diese Phase (sie begann am 12. 10. 1955) endete am 31. 8. 1956. Anschließend erfolgte seine Wiederwahl, nun aber in den zweiten Senat, ab 1. 9. 1956 für sieben Jahre, an die sich ab 1. 9. 1963 eine erneute Wiederwahl durch den Bundesrat für weitere acht Jahre anschloß. Es war dies der einzige Fall eines unmittelbaren Senatswechsels am Bundesverfassungsgericht. Im zweiten Senat traf Kutscher auf große Richterpersönlichkeiten

---

[3] (Fn. 2) S. 158.

der ersten Stunde des Gerichts: Ernst Friesenhahn (bis 1963), Julius Federer (bis 1967), Gerhard Leibholz (bis 1969), Hans Rupp und Willi Geiger.

Noch vor Ablauf dieser zweiten Amtszeit wurde er mit Wirkung vom 7. Oktober 1970 auf Vorschlag der Bundesregierung zum Richter am Gerichtshof der Europäischen Gemeinschaften in Luxemburg berufen. Er folgte dort dem deutschen Richter Walter Strauß (der vor seiner Berufung an den EuGH bis Anfang 1963 beamteter Staatssekrätär im Bundesministerium der Justiz gewesen war). An die erste sechsjährige Amtszeit schloß sich ab Oktober 1976 eine Wieder-Berufung an. Gleich zu Beginn dieser zweiten Amtszeit wählten ihn die Mitglieder des Gerichts zu ihrem Präsidenten; vgl. Art. 167 Abs. 5 (jetzt Art. 323) EGV und erneuerten diese Berufung nach drei Jahren. Kutscher entschloß sich dann aber, kurz vor seinem 69. Geburtstag in den Ruhestand zu treten. Am 30. Oktober 1980 verabschiedete ihn das Gericht. Ulrich Everling trat als deutscher Richter seine Nachfolge an. Hans Kutscher waren 13 Jahre Ruhestand geschenkt. Am 24. August 1993 verstarb er nach kurzer Krankheit.

II.

Das geistige und wissenschaftliche Profil eines Juristen, dessen Lebenswerk sich überwiegend in der richterlichen Praxis entfaltet hat, läßt sich – Grewe hat schon darauf hingewiesen[4] – nicht mit der gleichen Präzision nachzeichnen, wie das eines Wissenschaftlers, der sich in seinen Publikationen darstellt. Das Wirken des Richters verbirgt sich hinter den Schranken des Beratungsgeheimnisses, jedenfalls solange es keine Sondervoten gibt. Sie sind beim BVerfG erst durch die vierte Novelle zum Bundesverfassungsgerichtsgesetz vom 21. 12. 1970[5] zugelassen worden. Der zweite Senat gab allerdings schon damals bisweilen (ohne ausdrückliche gesetzliche Grundlage) das Beratungsergebnis bekannt. Dies ließ aber im allgemeinen keinen Rückschluß auf die hinter dem Stimmenverhältnis stehenden Personen zu. Hinzu kommt, daß es dem Amtsverständnis des Richters Kutscher nachdrücklich entsprach, »der guten Übung treu zu bleiben«, daß ein Richter die Entscheidungen seines Gerichts nicht kritisch würdigt. Er hat dies in seinem Speyerer Vortrag über »Staat und Wirtschaft in der Rechtsprechung des Bundesverfassungsgerichts«[6], dem wohl einzigen Bericht von ihm zur Rechtsprechung des BVerfG, ausdrücklich betont. Dabei hat er – eine Wortprägung von Thomas Mann aufgreifend – nicht verschwiegen, wie »heikel-anziehend« derartige Rechtsprechungsberichte seien. Daher stellte er hier auch ganz bewußt weniger die Fragen des materiellen Verfassungsrechts in den Vordergrund als den Umfang der Prüfungs- und Verwerfungskompetenz des Gerichts gegenüber gesetzlichen Regelungen. Das richtige Verhältnis von Richter und Verfassung, konkreter: von Richter und Gesetzgeber, war ihm ein wichtiges Anliegen. Es handelt sich um eine mit der Funktion des BVerfG, aber auch seiner Funktionsfähigkeit verknüpfte Fragestellung, die einen engen Bezug zu den Kompetenzen des Gerichts hat. Ihr und allgemein

---

[4] (Fn. 1) S. 14.

[5] BGBl. I S. 1765.

[6] In: Staat und Wirtschaft im nationalen und übernationalen Recht (Bd. 22 der Schriftenreihe der Hochschule Speyer), 1964, S. 224–224.

Strukturfragen galt sein besonderes Interesse. Es war deshalb kein Zufall, daß er einige Jahre später für seinen Beitrag in der Festschrift für den Vorsitzenden des ersten Senats und Präsidenten des BVerfG als Thema wählte: »Die Kompetenzen des Bundesverfassungsgerichts 1949 bis 1969. Änderungen und Änderungsvorschläge«.[7] Es ist für den an der Verfassungsgerichtsbarkeit Interessierten eine auch heute noch sehr lesenswerte Ausarbeitung. In ihr beklagt Kutscher übrigens schon damals die »ständige Überlastung« des Gerichts auf Grund der sehr hohen Zahl von Verfassungsbeschwerden und bedauert, daß sich der Gesetzgeber zur Einführung des reinen Annahme-(Certiorari-)Verfahrens nach amerikanischem Vorbild nicht habe entschließen können.[8] Unabhängig von der Frage der Überlastung des Gerichts sah er das Problem der Überforderung der Verfassungsgerichtsbarkeit. In Speyer sagte er in der Diskussion nach seinem Vortrag[9]: »Der Überschätzung oder Überforderung der Verfassungsgerichtsbarkeit kann eine Unterschätzung der eigenen Initiativmöglichkeiten oder gar der eigenen staatsbürgerlichen Initiativpflichten zugrunde liegen. Man mutet gelegentlich der Verfassungsgerichtsbarkeit zu viel zu, weil man den demokratischen Prozeß der politischen Willensbildung zuwenig in Betracht zieht und ihm und sich selbst zuwenig zumutet.« Dem kann man nur zustimmen. – Wer den Vortrag liest, dem fällt im übrigen die vorbildlich klare und einprägsame Sprache auf. Kutscher besaß die Gabe, das, was er zum Ausdruck bringen wollte, auch »überzubringen«, also in gleicher Weise juristisch klar wie sprachlich eingängig zu formulieren.

Das Amtsverständnis Kutschers macht es nicht leicht, seinen jeweils konkreten Anteil an bestimmten Entscheidungen zu verifizieren. Die Spannbreite seines verfassungsrichterlichen Wirkens ergibt sich aber jedenfalls aus den in den Bänden 6 bis 28 der Amtlichen Sammlung (BVerfGE) abgedruckten Entscheidungen des zweiten Senats. Ich hebe einige hervor.

Im Beschluß vom 3.September 1957 – E 7, 99 – hat sich der Senat mit der Anwendung des Grundsatzes der gleichen Wettbewerbschancen der Parteien im Bereich der Wahlpropaganda durch den Rundfunk befaßt und einer politischen Partei den Weg der Verfassungsbeschwerde zugestanden, wenn sie behauptet, durch eine Verwaltungsmaßnahme in ihrem Recht auf gleichberechtigte Benutzung einer Anstalt des öffentlichen Rechts verletzt zu sein. Rechtsstaatliche Anforderungen an gesetzliche Ermächtigungen der Exekutive zur Vornahme belastender Verwaltungsakte behandelt die Entscheidung vom 12.November 1958 – E 8, 274 (Preisgesetz) –. Das Urteil vom 27.April 1959 – E 9, 268 – zum Bremischen Personalvertretungsgesetz hebt die selbständige politische Entscheidungsgewalt der Regierung und deren eigene Verantwortung gegenüber Volk und Parlament hervor; der Exekutive dürfe ein Kernbereich von Funktionen nicht genommen werden. Der Beschluß vom 15.März 1960 – E 11, 6 (Dampfkessel) – befaßt sich mit Grundfragen der Art. 30 und 83ff. GG. Dies gilt in ähnlicher Weise für das Fernsehurteil vom 28.Februar 1961 – E 12, 205 –, das auch auf die Bedeutung der Pflicht zu bundesfreundlichem Verhalten und die Anforderungen

---

[7] Rittersbach/Geiger (Hrsg.): Festschrift für Gebhard Müller. Zum 70.Geburtstag des Präsidenten des Bundesverfassungsgerichts. 1970. S. 161–184.

[8] AaO., S. 163f. Vgl. zu dieser Fragestellung aus jüngerer Zeit den sehr eingehend begründeten Vorschlag der vom Bundesminister der Justiz eingesetzten Kommission »Entlastung des Bundesverfassungsgerichts«. Bericht der Kommission, Bonn, Januar 1998.

[9] (Fußn.6) S.245.

des Art. 5 Abs. 1 GG an die Organisation der Rundfunkanstalten eingeht. Erwähnt seien ferner die Beschlüsse vom 30. Oktober 1962 – E 15, 25 – und vom 30. April 1963 – E 16, 27 – zur Staatenimmunität sowie vor allem das (1.) Urteil über die staatliche Parteienfinanzierung vom 19. Juli 1966 – E 20, 56 –. Das Urteil vom 6. Juni 1967 – E 22,49 – zur Strafgewalt der Finanzbehörden definiert den materiellen Begriff der rechtsprechenden Gewalt in Art. 92 GG. Mit Beschluß vom 7. März 1967 – E 23, 191 – entschied das Gericht, daß dieselbe Tat im Sinne von Art. 103 Abs. 3 GG auch vorliegt, wenn die wiederholte Nichtbefolgung einer Einberufung zum Zivildienst auf die ein für allemal getroffene und fortwirkende Gewissensentscheidung des Täters zurückgeht. Der Beschluß vom 26. Februar 1969 – E 25,269 – bestätigte die Verfassungsmäßigkeit des wichtigen Gesetzes über die Berechnung strafrechtlicher Verjährungsfristen vom 13. April 1965[10] (sogen. Berechnungsgesetz), dessen § 1 das Ruhen der Verfolgungsverjährung für bestimmte NS-Verbrechen anordnete. Es gab dazu damals unter den wissenschaftlichen Mitarbeitern eine lebhafte Diskussion. Um die Tragweite des Art. 9 Abs. 3 GG im Personalvertretungsrecht ging es in den von Kutscher als Berichterstatter vorbereiteten Beschlüssen vom 30. November 1965 – E 19, 303 – und vom 26. Mai 1970 – E 28, 295 –.

In den Jahren 1967 und 1968 bis zum Frühsommer 1969 war ich wissenschaftlicher Mitarbeiter bei Hans Kutscher. Jeder Richter hatte damals nur einen Mitarbeiter; heute sind es mindestens drei. Hier lernte ich Kutscher als eine Vorgesetzten kennen, der bald zum Vorbild wurde. Er verkörperte für seinen Mitarbeiter das Ideal eines hohen Richters. Die Zuarbeit des Mitarbeiters mündete jeweils in ein unmittelbares Gespräch und gemeinsames Suchen nach der richtigen Lösung und ein gemeinsames Bemühen um das rechte Verständnis der Verfassung. Jeder größere Abschnitt eines von mir vorbereiteten Votums wurde während der Etappe des Entstehens des Votums im einzelnen mit großer juristischer Präzision durchgesprochen, immer auch unter dem Aspekt der Klarheit in Diktion und Argumentation sowie ggfls. der Tragweite bestimmter Weichenstellungen. Liebenswürdigkeit, Gelassenheit und Ausgeglichenheit im Umgang zeichneten ihn aus. Allerdings konnte er sich auch unverblümt über Stärken und Schwächen anderer äußern. So war für ihn der Göttinger Staatsrechtslehrer Köttgen der einzige, der substantiell etwas von der Organisation der öffentlichen Verwaltung, insbesondere vom verfassungsrechtlichen Verhältnis zwischen Bundes- und Landesverwaltung verstand.[11]

Neben den bereits genannten Entscheidungen sind mir aus den 2½ Jahren der Zusammenarbeit einige Verfahren besonders in Erinnerung. Das gilt zunächst für den Vorlagebeschluß des Finanzgerichts Neustadt aus dem Jahre 1963 zu u. a. Art. 1 des Vertragsgesetzes zu den Römischen Verträgen i. V. m. Art. 189 EWGV. Der Senat entschied durch Beschluß vom 5. Juli 1967 – E 22, 134 –, daß die Vorlage unzulässig war. Die im Dezernat Kutscher hierzu vorbereitete und vom Senat übernommene Be-

---

[10] Der bei Erlaß dieses Gesetzes amtierende Bundesjustizminister *Bucher* war im Frühjahr 1965 zurückgetreten, weil er die vom Bundestag beschlossene Verlängerung der Verjährungsfristen für NS-Verbrechen für unvereinbar mit den Prinzipien des Rechtsstaats hielt.

[11] Siehe u. a. *Arnold Köttgen,* Das Bundesverfassungsgericht und die Organisation der öffentlichen Verwaltung, AöR 90 (1965), S. 205–235, sowie die beiden Berichte: Der Einfluß des Bundes auf die deutsche Verwaltung und die Organisation der bundeseigenen Verwaltung, JöR n. F. 3 (1954), S. 67–147, und JöR n. F. 11 (1962), S. 173–311.

gründung war allerdings so kompliziert, daß dieser sie – wie Kutscher vor der Beratung prognostizierte – kaum hinterfragte.[12] Maßgeblich mitgewirkt hat Kutscher ferner und gerade noch vor seinem Ausscheiden an einer weiteren Entscheidung des zweiten Senats mit EG-Bezug, nämlich dem Beschluß vom 13. Oktober 1970 – E 29, 198 – zur Zulässigkeit von Verweisungen in innerstaatlichen Normen auf EG-Recht. Berichterstatter war er auch im konkreten Normenkontrollverfahren zum Mitbestimmungsergänzungsgesetz, der sogen. Lex Rheinstahl. Das Urteil vom 7. Mai 1969 – E 25, 371 – formuliert lehrsatzmäßig: »Der Begriff des Maßnahmegesetzes ist verfassungsrechtlich irrelevant.« »Einzelfallgesetze sind als solche nach dem Grundgesetz nicht schlechthin unzulässig.« Sehr viel Mühe hat mir damals die Vorbereitung des Votums in dem abstrakten Normenkontrollverfahren zum Eisenbahnkreuzungsgesetz bereitet. Es ging u. a. um Probleme der Planfeststellung in sehr komplexen Zusammenhängen sowie der Abgrenzung von Bundes- und Landeskompetenzen. Die einzelnen Teile meines Entwurfs waren Gegenstand laufender intensiver Erörterung. Grewe[13] hat schon darauf hingewiesen, daß Kutscher seine Energien keineswegs auf die großen Fälle beschränkte, die die Öffentlichkeit bewegten und die politisch brisant waren. Mit gleicher Energie habe er sich auch um die Lösung von Fällen bemühen können, die, ohne spektakulär zu sein, tatsächlich und rechtlich so verwickelt waren, daß sie eigentlich der Schrecken jedes Berichterstatters hätten sein müssen. Ein Beispiel sei die Entscheidung in diesem Verfahren vom 15. Juli 1969 – E 26, 338[14] – (die allerdings durchaus auch grundsätzliche verfassungsrechtliche Fragen betraf) sowie der Beschluß vom 18. März 1970 – E 28, 119 – über den sogen. Tronc bei Spielbanken. Häufig hat Kutscher Voten auch allein, ohne Zuarbeit durch den wissenschaftlichen Mitarbeiter, dem er sie dann aber zum Gegenlesen gab, vorbereitet.

Die wissenschaftlichen Mitarbeiter nehmen an den Senatsberatungen nicht teil. Hier gilt das Beratungsgeheimnis, das Kutscher auch gegenüber dem Mitarbeiter grundsätzlich wahrte. Die Begründung der Entscheidungen schrieb er – auch wenn das Votum von einem Mitarbeiter vorbereitet war – immer selbst, im Lichte des nur ihm selbst vertrauten Gangs der Beratung im Senat. Die Sitzungen der Vorprüfungsausschüsse nach § 93a BVerfGG (damaliger Fassung) fanden jedoch zusammen mit den Mitarbeitern statt. In »unserem« Dreier-Ausschuß trugen diese jeweils eine Zusammenfassung ihrer vorher verteilten Kurzvoten vor; ihm gehörten damals neben Kutscher die Richter Geiger und Leibholz an, ein fachlich und atmosphärisch sehr angenehmer Kreis.

---

[12] Wenig später beschloß der erste Senat – E 22,293 –, daß Verordnungen des Rates und der Kommission mit der Verfassungsbeschwerde nicht unmittelbar angegriffen werden können.

[13] (Fußn. 1) S. 15.

[14] Das Gericht hat in dieser Entscheidung festgestellt, daß unter »Bundesregierung« i. S. von Art. 84 Abs. 2 und 85 Abs. 2 Satz 1 GG die Bundesregierung als Kollegium zu verstehen ist. Durch ein mit Zustimmung des Bundesrats ergangenes Gesetz könne aber auch ein Bundesminister zum Erlaß allgemeiner Verwaltungsvorschriften für den Vollzug von Bundesgesetzen durch die Länder (Art. 84, 85 GG) ermächtigt werden. In ausdrücklicher Abweichung davon hat der Senat kürzlich durch Beschluß vom 2. März 1999 – 2 BvF 1/94 – entschieden, allgemeine Verwaltungsvorschriften für den Vollzug der Bundesgesetze durch die Länder im Auftrag des Bundes könnten gemäß Art. 85 Abs. 2 Satz 1 GG ausschließlich von der Bundesregierung als Kollegium mit Zustimmung des Bundesrates erlassen werden.

III.

Am 26. Oktober 1970 trat Kutscher sein neues Amt als Richter am EuGH an. 15 Jahren Bundesverfassungsgericht folgten 10 Jahre Gerichtshof der Europäischen Gemeinschaften, davon sechs Jahre als dessen Präsident. Für ihn damals nicht nur eine ehrenvolle Berufung, sondern schlicht auch »die letzte Gelegenheit, noch mal etwas anderes zu tun«. Er brachte dafür nicht nur die fremdsprachlichen Voraussetzungen mit, sondern auch den erforderlichen breiten juristischen Horizont, der stets das Völkerrecht einbezogen hatte und über den nationalen Tellerrand hinausgegangen war[15].

Hans Kutschers Beitrag zur Rechtsprechung des Luxemburger Gerichtshofs ist trotz der Anonymität der Urteile und der strikten Zurückhaltung, die er sich auch hier in seiner Tätigkeit als Richter auferlegte, kaum zu übersehen. Grewe[16] hat die Mitwirkung Kutschers an folgenden Entscheidungen erwähnt: Urteil vom 18.Februar 1971 im Falle Sirena (Wettbewerbsregeln, gewerblicher Rechtsschutz und freier Warenverkehr); vom 12.Dezember 1973 im Fall der International Fruit Company (Verhältnis der GATT-Regeln zum europäischen Gemeinschaftsrecht); vom 14.Juli 1978 (Biologische Meeresschätze, EWG-Außenbeziehungen, Völkerrechtliche Verträge im Verhältnis zum EWG-Recht); vom 16.Dezember 1975 im Zuckerfall (europäisches Zuckerkartell); vom 14.Juli 1976 im Falle Dona (»Profis« im Fußballsport und Freizügigkeit). Wie Ehlermann berichtet[17], hat der Richterkollege Kutschers, Pierre Pescatore, in seiner Abschiedsrede Ende Oktober 1980 auf die wertvollen Erfahrungen und Überzeugungen hingewiesen, die Kutscher aus seiner Tätigkeit beim Bundesrat und am Bundesverfassungsgericht mitgebracht, und auf den besonderen Beitrag, den er zur Grundrechtsrechtsprechung des Gerichts geleistet habe. Kutscher hat diese Rechtsprechung im Juni 1980 selbst nachgezeichnet[18] (natürlich ohne dabei auf seinen eigenen Anteil einzugehen), in einem Vortrag vor der Deutschen Sektion der IJK, deren Arbeit er als Mitglied viele Jahre begleitet und unterstützt hat.

Als Kutscher in den EuGH kam, hatte sich dieser ein knappes Jahr zuvor erstmals *grundsätzlich* – im Urteil vom 12. November 1969 (Rechtssache Stauder) – zum Schutz der Grundrechte im Gemeinschaftsrecht geäußert. Auf der Grundlage der dort enthaltenen Ausführungen hat die weitere Rechtsprechung den Schutz der Grundrechte fortentwickelt und vertieft. Der Fall Internationale Handelsgesellschaft – Urteil vom 17. Dezember 1970 –, die Rechtssache Nold – Urteil vom 14. Mai 1974 – und das Urteil vom 13. Dezember 1979 in der Rechtssache Hauer sind hier zu nennen. In der Sache Hauer hat der Gerichtshof die Europäische Menschenrechtskonvention herangezogen und sich weiterhin auf eine feierliche Erklärung der politischen Organe der Gemeinschaft vom 5. April 1977 gestützt, in der diese gemeinsam ihre Ansicht bestätigt haben, daß die Grundrechte Bestandteil der gemeinschaftlichen Rechtsord-

---

[15] Siehe z.B. seinen frühen Aufsatz Der französische Verfassungsentwurf vom 19. 4. 46 und die französische Verfassung vom 13.10.46, AöR 74 (1948), S. 51–77.

[16] (Fn. 1), S. 14.

[17] (Fn. 2), S. 228.

[18] Der Schutz von Grundrechten im Recht der Europäischen Gemeinschaften; in: Deutsche Sektion der Internationalen Juristenkommission (Hrsg.), Der Grundrechtsschutz im Europäischen Gemeinschaftsrecht, 1982, S. 35–55.

nung sind. Zweifellos hat Kutscher diese Rechtsprechung mit seiner großen Überzeugungskraft maßgeblich mitgeprägt, ein nicht zu unterschätzender Beitrag des Gerichtshofs zur europäischen Integration. In dem erwähnten Vortrag von 1980 vertrat
er die Auffassung, daß ein auf die spezifischen Bedürfnisse der Europäischen Gemeinschaft zugeschnittener Grundrechtskatalog eine hohe Ausstrahlungskraft entfalten
würde. Hinsichtlich der Verwirklichung eines solchen Vorhabens war er allerdings
skeptisch. »Auf jeden Fall werden ... bis zu einem Beitritt der Gemeinschaft zur Menschenrechtskonvention oder bis zum Erlaß eines neuen Grundrechtekatalogs noch
sehr viele Jahre, wenn nicht Jahrzehnte ins Land gehen. Bis dahin wird die Gemeinschaft wie bisher, was den Schutz der Grundrechte angeht, mit dem Richterrecht leben müssen, das der Gerichtshof der Gemeinschaft entwickelt hat und sicherlich fort-
bilden wird. Ich meine, daß auch auf diese Weise die Grundrechte der Bürger der Gemeinschaft gesichert sind und daß diese prätorische Lösung des Problems vielleicht
nicht die schlechteste Lösung ist.«[19]

Kutscher war ein überzeugter Europäer mit der Gabe, diese Überzeugung in Wort
und Schrift eindringlich weiterzugeben, andere für Europa zu gewinnen. Er tat dies,
indem er mit der ihm eigenen Autorität die überragende Rolle des Rechts für die europäische Integration und die vom Gerichtshof in diesem Zusammenhang zu leisten-
de Funktion herausstellte. Sein Vortrag »Thesen zu den Methoden der Auslegung des
Gemeinschaftsrechts, aus der Sicht eines Richters«[20] von 1976 belegt das eindrucks-
voll. Ein höheres Maß an Identifikation eines Richters mit der Arbeit seines Gerichts
ist kaum vorstellbar. Er hebt hier u.a. den Grundsatz der Sicherung der Funktionsfähigkeit der Gemeinschaft hervor (S. 44f.) und sagt an anderer Stelle (S. 41f.): »Der
Grundsatz der fortschreitenden Integration der Mitgliedstaaten zur Verwirklichung
der Vertragsziele enthält nicht nur eine politische Forderung, ist vielmehr ein Rechtsprinzip der Gemeinschaft, das der Gerichtshof bei der Auslegung des Gemeinschaftsrechts zu beachten hat, wenn er der ihm zugewiesenen Aufgabe gerecht werden will,
das Recht bei der Auslegung und Anwendung der Gemeinschaftsverträge zu wahren.
Wie anders als durch eine auf die Vertragsziele ausgerichtete, also dynamische und teleologische Interpretation des Gemeinschaftsrechts sollte der Gerichtshof diese ihm
übertragene Funktion wahrnehmen?« »Nur diese Auslegungsmethoden« heißt es am
Schluß (S. 49) »entsprechen den Besonderheiten der Gemeinschaft und ihrer Rechtsordnung und werden von ihnen gefordert«. Hier, ebenso wie beim Grundrechtsschutz, sah sich Kutscher im Einklang mit seinem Richterkollegen Pierre Pescatore;
beide waren einander sehr verbunden. In dem dynamischen Element erscheint ein
Rollenverständnis des Gemeinschaftsrichters, das sich durchaus von dem unterscheidet, was 12 Jahre vorher der Verfassungsrichter ausführte, daß nämlich die Tätigkeit
des Richters weitgehend darin bestehe zu harmonisieren.[21]

---

[19] AaO., S 54f. – Ein wichtiger Anstoß, diesen durch Art. 6 EUV bereits verstärkten Stand der Grundrechtsgeltung sichtbarer zu machen, ist der – auf Initiative der deutschen Präsidentschaft, hier der Bundes-
ministerin der Justiz, ergangene – Beschluß des Europäischen Rates von Köln vom 3./4. Juni 1999 zur Erarbeitung einer Charta der Grundrechte in der Europäischen Union.

[20] In: Gerichtshof der Europäischen Gemeinschaften, Begegnung von Justiz und Hochschule 27.– 28.
September 1976, Luxemburg 1976.

[21] Siehe Fn. 9.

In der feierlichen Sitzung des Gerichtshofs zu seiner Verabschiedung am 30.Oktober 1980 zog Kutscher Bilanz[22]. Es sei unbestreitbar, daß die dynamische und auf die Verwirklichung der Vertragsziele gerichtete Auslegung der Verträge durch den Gerichtshof nicht wenig zur wirtschaftlichen und sozialen Integration der Mitgliedstaaten und ihrer Völker beigetragen habe, ohne daß der Gerichtshof jedoch die jeder richterlichen Tätigkeit gezogenen Grenzen überschritten hätte. Vor 10 Jahren habe er das Richteramt in der Überzeugung angetreten, die Gemeinschaft sei auf dem Weg über die Wirtschafts- und Währungsunion zur Europäischen Union. In dieser Richtung sei es indes in den letzten Jahren still geworden, fügte er skeptisch hinzu. Deshalb werde dem Gerichtshof in den kommenden Jahren vor allem die Aufgabe zufallen, den acquis communitaire zu wahren.[23] Diese Feststellung ist ihm sicher nicht leichtgefallen. Um so mehr wird er 12 Jahre später den neuen Anstoß im Vertrag von Maastricht begrüßt haben.

Kutschers Wirken für die europäische Integration ist in England und Irland durch die Ernennung zum Honorary Bencher am Middle Temple in London und an den King's Inns in Dublin gewürdigt worden. Der Bundespräsident hat ihm das Großkreuz des Verdienstordens der Bundesrepublik Deutschland verliehen.(Eine höhere Auszeichnung erhalten nur amtierende Staatsoberhäupter und Regierungschefs.)

Luxemburg war für das Ehepaar Kutscher zehn Jahre zu einem sehr bewußt wahrgenommenen zweiten Lebensmittelpunkt geworden. Nun kehrte er mit seiner Frau Irmgard zurück nach Bad Herrenalb-Neusatz in das schöne 1967 erbaute Haus, wo das Arbeitszimmer einen weiten Blick in den nördlichen Schwarzwald bietet.

IV.

Ein paar ergänzende Hinweise mögen das Bild des Richters und Menschen Kutscher abrunden. Viele Jahre hat er eine akademische Lehrtätigkeit ausgeübt; von 1961 bis 1965 als Lehrbeauftragter an der Universität (Technische Hochschule) Karlsruhe für Staatsrecht, Verwaltungsrecht, insbesondere Wirtschaftsverwaltungsrecht, und seit 1965 als Honorarprofessor an der Universität Heidelberg mit Vorlesungen und Kolloquien über Staatsrecht, insbesondere Verfassungsgerichtsbarkeit (auch rechtsvergleichend). Er war Mitglied der Deutschen Gesellschaft für Völkerrecht und seinerzeit auch Mitglied der Studienkommission dieser Gesellschaft über die Immunität ausländischer Staaten. Schließlich hatte ihn die Evangelische Landeskirche in Baden ab November 1966 zum Richter (seit März 1969 als stellvertretender Vorsitzender) des Verwaltungsgerichts dieser Landeskirche berufen. Die Festschrift zu Kutschers 70. Geburtstag enthält ein bis Anfang 1981 reichendes vollständiges Schriftenverzeichnis. Darüberhinaus sind der spätere Vortrag zur Grundrechtsrechtsprechung (Fn. 18) und die beiden Arbeiten zum Europäischen Gerichtshof (Fn. 23) zu nennen.

---

[22] EuR 1981,S. 1–8 (insbes. S.3, 7f.).

[23] Vgl. hierzu auch *Hans Kutscher*, Der Gerichtshof in Luxemburg – Das unbekannte Organ der Europäischen Gemeinschaften –, Wertpapiermitteilungen 1984, Sonderbeilage Nr. 2, S. 1–12 (insbes. S. 12), sowie Über den Gerichtshof der Europäischen Gemeinschaft, EuR 1981, S. 392–413, W. Hallstein zum 80. Geburtstag gewidmet.

Ich habe – wie viele andere – das Ehepaar Kutscher als geistig und kulturell vielseitig interessierte Menschen und ungewöhnlich belesen erlebt. Hans Kutscher hatte besonderes Interesse an politisch-historischer Literatur und einschlägigen Biographien. Noch gut erinnere ich mich an Gespräche nach dem Erscheinen des zweiten Bandes der außerordentlich lesenswerten Lebenserinnerungen von Arnold Brecht[24], der in der Weimarer Zeit fünfeinhalb Jahre die Abteilung für Verfassung, Verwaltung und Beamtentum im Reichsinnenministerium geleitet hatte, bis er – seiner konsequenten republikanischen und demokratischen Haltung wegen von einem deutschnationalen Innenminister entlassen – in den Dienst Preußens trat, wo er als Ministerialdirektor (der Funktion nach Staatssekretär) im Preußischen Staatsministerium Preußen im Reichsrat, in der Länderkonferenz und vor dem Staatsgerichtshof vertrat. Brecht verkörperte das Inbild eines fachlich hochqualifizierten, pflichtbewußten und zu seinen Überzeugungen stehenden politischen Beamten. Kutscher schätzte ihn und seine Lebenserinnerungen sehr; sie vermitteln auf hohem literarischen Niveau ein eindringliches Bild der Entwicklung in Weimar und der Eroberung der Macht durch die Nationalsozialisten.

Ich möchte mit zwei Zitaten schließen. Werner von Simson[25] schrieb über Kutscher, »der alle Eigenschaften in das Amt des Präsidenten des Gerichtshofs einbrachte, die man sich nur wünschen konnte«.: »Seine Erscheinung war, ohne es sein zu wollen, ganz wortlos überzeugend. Er begegnete allen mit gleicher herzlicher und zugleich distanzierter Freundlichkeit. Wer immer mit ihm zu tun hatte, wurde als Mitstreiter bei der Erledigung der gerade anstehenden Aufgabe behandelt, wie denn sein ganzes Wesen auf die Bewältigung von Problemen gerichtet schien. ... seine Kollegen ... mögen ihm oft gefolgt sein, eben weil er nie Gefolgschaft verlangte, sondern sich statt dessen auf die gemeinsame Vernunft zu verlassen schien. Bei den Verwaltungsaufgaben delegierte er, schien es mir, zu wenig. Er machte alles selbst, und mancher Mitarbeiter mag sich einen freieren Einsatz seines eigenen Könnens gewünscht haben. Aber er machte es eben sehr gut.«

Claus-Dieter Ehlermann[26], einer meiner Vorgänger als wissenschaftlicher Mitarbeiter Kutschers im Bundesverfassungsgericht und ihm später in seinen hohen Brüsseler Funktionen beruflich näher stehend als ich, faßt zusammen, was man nicht besser sagen kann: »In seiner Person verbunden waren in einzigartiger Weise Liebenswürdigkeit und Standfestigkeit, Wärme und Überzeugungskraft, Gelassenheit und Entschlossenheit, Zurückhaltung und Humor. Hans Kutscher war ein Mann des Maßes; eine Autorität, die integrierte; ein Kollege, Freund und Mentor, ›auf dessen aufrechte Gesinnung, Beständigkeit und mitmenschliche Großzügigkeit stets Verlaß war‹ (Grewe). Seine Frau Irmgard, die ihn seit 1946 begleitet hat, hat daran einen wesentlichen Anteil. Hans Kutscher wird für alle, die das Glück hatten, mit ihm zu arbeiten oder mit ihm befreundet zu sein, ein Vorbild bleiben.«

Ich habe dies dankbar ebenso erfahren.

---

[24] *Arnold Brecht*, Mit der Kraft des Geistes. Lebenserinnerungen. Zweite Hälfte 1927–1967. Stuttgart 1967. Band 1: Aus nächster Nähe. Lebenserinnerungen eines beteiligten Beobachters 1884–1927. Stuttgart 1966. – Von den Nationalsozialisten verfolgt emigrierte Brecht 1933 in die USA, wo er 33 Jahre als Professor für politische Wissenschaften wirkte.

[25] Aus der Anfangszeit des Gerichtshofes der Europäischen Gemeinschaften, in: E. Klein (Hrsg.) Festschrift für Ernst Benda, 1995, S. 353ff., 359.

[26] Nachruf (Fn. 2), S. 228.

Berichte

Entwicklungen des Verfassungsrechts im Europäischen Raum

Die erneuerte schweizerische Bundesverfassung vom 18. April 1999

von

Dr. Rainer J. Schweizer

Ordinarius für Öffentliches Recht einschliesslich Europarecht und Völkerrecht an der
Universität St. Gallen

I. Zur Entstehung

Niemand hätte wohl 1965, als mit zwei Vorstössen in den beiden Kammern der Schweizerischen Bundesversammlung das Verfahren einer Totalrevision der Bundesverfassung von 1874 (BV) eingeleitet wurde, gedacht, dass die Verfassungsrevision erst nach 34 Jahren zu einem erfolgreichen Abschluss kommen würde. Dennoch, mit einem zwar nicht begeisterten, aber unbestrittenen Ja zur neuen Bundesverfassung (nBV) haben nun Volk und Stände am 18. April 1999 dem Land ein gesamthaft erneuertes Grundgesetz gegeben[1].

1. Die Entstehung der erneuerten BV geschah in drei Etappen, deren erste von 1965–1977, die zweite von 1977–1987 und die letzte bis 1999 dauerte. Mit der Annahme der parlamentarischen Vorstösse beauftragte 1966 das Parlament den Bundesrat (die Bundesregierung), eine Totalrevision der BV vorzubereiten und damit eine umfassende Überprüfung der Staatsgrundlagen und eine grosszügige Anpassung des Verfassungsrechts an die veränderten Verhältnisse und die Bedürfnisse der Zukunft einzuleiten. Angestrebt wurde recht eigentlich eine Staatsreform durch Verfassungs-

---

[1] Materialien zur neuen BV: Vorentwurf des Bundesrates, vom 26. Juni 1995 (abgedruckt JöR 47 [1999], S. 349–372); Botschaft über eine neue Bundesverfassung, vom 20. Nov. 1996, BBl 1997 I S. 1ff. (Entwurf abgedruckt JöR 47 [1999], S. 372–398); Zusatzbericht und Anträge der Staatspolitischen Kommissionen der Eidg. Räte zur Verfassungsreform, vom 6. März 1997, BBl 1997 III S. 245ff.; Stellungnahme des Bundesrates zum Zusatzbericht, vom 9. Juni 1997, BBl 1997 III S. 1484ff.; Anträge der Verfassungskommission Nationalrat, vom 21. Nov. 1997, BBl 1998 S. 364ff.; Anträge der Verfassungskommission Ständerat, vom 27. Nov. 1997, BBl 1998 S. 439ff.; Amtliches Bulletin der Bundesversammlung, Nationalrat/Ständerat, 1998, Reform der Bundesverfassung, Separatdruck, Bern 1998; Bundesbeschluss über eine neue Bundesverfassung, vom 18. Dez. 1998, BBl 1999 S. 162ff. (Referendumsvorlage) (abgedruckt in diesem Jahrbuch, S. 19); Parlamentarische Initiative, Geschäftsverkehrsgesetz, Anpassungen an die neue BV, Bericht der Staatspolitischen Kommissionen des Nationalrats vom 7. Mai 1999, BBl 1999 S. 4809ff.

gebung[2]. Eine 1967 eingesetzte Arbeitsgruppe unter Vorsitz von alt Bundesrat *T. Wahlen* zeigte in ihrem Schlussbericht von 1973 die Voraussetzungen einer Totalrevision sowie die Strukturelemente einer künftigen Bundesverfassung auf. Aufgrund der Empfehlungen dieser Arbeitsgruppe ernannte der Bundesrat 1974 eine Expertenkommission unter der Leitung von Bundesrat und Justizminister *K. Furgler*. Dieser legte 1977 einen Verfassungsentwurf vor, der eine offene, zielorientierte Verfassung darbot, die auch gewisse neue Volksrechte und Behördenstrukturen enthielt[3]. Der Verfassungsentwurf von 1977 fand zwar im In- und Ausland grosses Interesse, wurde aber in der anschliessenden Vernehmlassung mehrheitlich abgelehnt, obwohl diese Konsultation den Bedarf nach einer formellen und inhaltlichen Bereinigung der bestehenden Bundesverfassung bestätigte. 1985 legte der Bundesrat der Bundesversammlung einen Bericht über die Totalrevision der BV vor, welcher eine Bilanz der bisherigen Bemühungen zog und Vorschläge für das weitere Vorgehen enthielt.[4] Zwischen den gegensätzlichen Optionen einer grundlegenden materiellen Reform entsprechend dem Entwurf von 1977 sowie dem Entscheid auf Abbruch des Vorhabens entschied sich die Bundesversammlung am 3. Juni 1987 für eine begrenzte, aber doch einigermassen erfolgversprechende mittlere Lösung: Sie beschloss, dem Bundesrat den Auftrag zur Ausarbeitung eines Entwurfs einer neuen Bundesverfassung zu erteilen, wobei dieser Entwurf *»das geltende geschriebene und ungeschriebene Verfassungsrecht nachführen, es verständlich darstellen, systematisch ordnen sowie Dichte und Sprache vereinheitlichen«* sollte[5]. Dieser Entscheid ist sicher auch durch die seit den 60er-Jahren eingetretenen Veränderungen des eidgenössischen und kantonalen Verfassungsrechts beeinflusst worden. Viele schweizerische Kantone haben seit den 60er-Jahren einer nach dem anderen recht erfolgreich eine Totalrevisionen der Kantonsverfassung durchgeführt, und dieser Prozess dauert noch heute an (z.B. mit Revisionen in St. Gallen, Zürich, Waadt und Basel-Stadt). *P. Häberle* hat diesen innerschweizerischen Verfassungsdiskurs mehrfach erhellend beschrieben[6]. Gleichzeitig wurde in diesen Jahren einer stürmischen demographischen, wirtschaftlichen und technischen Entwicklung die Bundesverfassung in wichtigen Teilschritten modernisiert, etwa mit der Ordnung des Umweltschutzes (Art. 24[septies] BV, vgl. Art. 74 nBV), konjunkturpolitischen Verpflichtungen (Art. 31[quinquies] BV, Art. 100 nBV), einer Steuerharmonisierung zwischen Bund und Kantonen (Art. 42[quinquies] BV, Art. 129 nBV), einem Grundsatzartikel zur Ener-

---

[2] Eine »Gesamtschau unserer staatlichen Strukturfragen«, die in einer »Gesamtrevision« enden müsse, forderte *M. Imboden* (Die Totalrevision der Bundesverfassung, ZSR 87 [1968], I S. 145, abgedruckt in: Staat und Recht, Ausgewählte Schriften und Vorträge, Basel/Stuttgart 1971, S. 334). Vgl. auch *P. Saladin*, Die Kunst der Verfassungserneuerung, in: Der Staat als Aufgabe, Gedenkschrift M. Imboden, Basel/Stuttgart 1972, S. 269ff., jetzt in: *ders.*, Die Kunst der Verfassungserneuerung, Schriften zur Verfassungsreform 1968–1996, Basel/Frankfurt a.M. 1998, S. 15ff.

[3] Zu dieser ersten Phase der Verfassungsrevision vgl. *L. Wildhaber*, Das Projekt einer Totalrevision der schweizerischen Bundesverfassung, JöR 26 (1977), S. 239–277; Botschaft des Bundesrates vom 20. Nov. 1996, BBl 1997 I S. 26ff.

[4] Bericht über die Totalrevision der Bundesverfassung, vom 6. Nov. 1985, BBl 1985 I S. 1ff.; diesem Bericht war auch eine Modellstudie des Justizdepartementes beigefügt.

[5] Bundesbeschluss über die Totalrevision der Bundesverfassung vom 3. Juni 1987, BBl 1987 I S. 963.

[6] Vgl. bes. *P. Häberle*, Neuere Verfassungen und Verfassungsvorhaben in der Schweiz, insb. auf kantonaler Ebene, JöR 34 (1985) S. 303–324; *ders.*, Die Kunst der kantonalen Verfassungsgebung – das Beispiel einer Totalrevision in St. Gallen (1996), JöR 47 (1999), S. 149–170.

giepolitik (Art. 24^{octies} BV, Art. 89 nBV), einer grundsätzlichen Ordnung der elektronischen Medien (Art. 55bis, Art. 93 nBV) oder gar, dann in den 90er-Jahren, mit Bestimmungen zur Fortpflanzungsmedizin und Gentechnologie (Art. 24^{novies} BV, Art. 119/120 nBV) oder mit Grundsätzen für eine zeitgemässe ökologische Landwirtschaftspolitik (Art. 31^{octies} BV, Art. 104 nBV). So konnte man keineswegs mehr von einer veralteten, lückenhaften Verfassung sprechen[7].

Der Auftrag des Parlaments von 1987, der die dritte und letzte Etappe einleitete, bedeutete gegenüber dem ursprünglichen Vorhaben einer Totalrevision als Staatsreform einen »Kurswechsel«[8]. Das neue Konzept, das hauptsächlich *K. Eichenberger* angeregt hatte[9], wollte eine »realitätsgebundene Verfassungsrevision«, nicht zuletzt, weil man sich bewusst geworden war, dass über eine Totalrevision der Bundesverfassung weder gesellschaftliche noch politische Krisenlagen angemessen bewältigt, geschweige einschneidende institutionelle Reformen erreicht werden konnten[10]. Mit dem Konzept einer vorwiegend redaktionellen Bearbeitung der geschriebenen Verfassung und einer materiell-rechtlichen »Nachführung« durch Aufnahme vor allem von ungeschriebenem Verfassungsrecht konnte, wie etwa *G. Müller* darlegte, 1. eine Begrenzung des Revisionsstoffes, 2. die Behebung von Mängeln, 3. die Schaffung von Transparenz bezüglich des geltenden Verfassungsrechts und 4. eine Verbesserung der Verfassungsfunktionen erreicht werden[11]. Man wollte m.a.W. einen »potentiell konsensfähigen Entwurf« entwickeln. Damit haben sich die Bundesbehörden aber in der Verfassungsrevision implizit klare Grenzen gesetzt: weder die Wirtschaftsverfassung noch das Steuersystem und der Finanzausgleich sollten verändert werden, die bundesstaatliche Kompetenzverteilung sollte wohl geklärt und bereinigt, aber nicht entscheidend verschoben werden, und schliesslich sollten mit der Verfassungsrevision keine Vorentscheidungen in der Frage des Verhältnisses der Schweiz zur Europäischen Union gefällt werden. Mit der Beschränkung auf die »Nachführung«, die »mise à jour«, wollte man aber keineswegs wichtigen Reformen ausweichen: gleichzeitig mit der Verfassungsrevision wurden erste grössere verfassungsrechtliche Reformvorhaben angepackt. Zusammen mit dem Verfassungsentwurf legte der Bundesrat Ende 1996 dem Parlament ein »Paket« von Vorschlägen zur Reform der Volksrechte sowie eines zur Modernisierung und Entlastung der Bundesgerichtsbarkeit vor[12]. Vorarbeiten laufen

[7] *R.J. Schweizer*, Zum Entwurf der neuen Bundesverfassung, ZBl 98 (1997), S. 482ff.

[8] *B. Ehrenzeller*, Konzept und Gründe der Verfassungsreform, AJP 1999, S. 648.

[9] In einem Artikel in der NZZ vom 12. Mai 1986; vgl. *ders.*, Richtpunkte einer Verfassungsrevision, ZSR 87 (1968), I, S. 69ff., auch in: Der Staat der Gegenwart, Ausgewählte Schriften, Basel/Frankfurt a.M. 1980, S. 181ff.

[10] Vgl. allgemein *J.F. Aubert*, La constitution, sans contenu, sans usage, ZSR 110 (1991), II, S. 9ff., bes. 136ff.; *K. Eichenberger*, Sinn und Bedeutung einer Verfassung, ZSR 110 (1991), II, S. 143ff., bes. 242ff.

[11] *G. Müller* zur Bedeutung der Nachführung im Rahmen der Reform der Bundesverfassung, ZSR 110 (1991) I, S. 24ff.; vgl. sodann *H. Koller*, Die Nachführung der Bundesverfassung, AJP 1995, S. 980ff.; *ders.*, Die Reform der Bundesverfassung als Weg in die Zukunft, ZBl 1996, S. 2ff.; *B. Ehrenzeller*, Konzeption der Verfassungsreform, AJP 1995, S. 971ff.; *Y. Hangartner*, Der Entwurf einer nachgeführten Bundesverfassung, AJP 1997, S. 139ff.; sowie vor allem Botschaft des Bundesrates vom 20. Nov. 1996, BBl 1997 I, S. 69ff., und bes. 115ff.

[12] Vgl. zur Reform der Volksrechte Botschaft vom 20. Nov. 1996, BBl 1997 I S. 436ff. und 635ff. sowie zur Reform der Justiz S. 487ff. und 640ff.; *J.-F. Aubert*, Considérations sur la réforme des droits populaires fédéraux, ZSR 113 (1994), I S. 295ff.; *ders.*, Réforme des droits populaires fédéraux, AJP 1995, S. 990;

zudem für eine Reform der Staatsleitung (insb. für neue, europataugliche Strukturen der Bundesregierung mit dem Einbau einer zweiten Stufe von Ministern unter den sieben Bundesräten)[13] sowie für eine weitere Föderalismusreform mit einer Aufgabenentflechtung, einer Aufhebung der aufgabengebundenen Subventionen und einem neuen System des Finanzausgleichs i.e. Sinne[14].

2. Was hat nun der Auftrag, das geltende geschriebene und ungeschriebene Verfassungsrecht nachzuführen, bedeutet? Die Verfassungsrevision führte zu einer Neuordnung und einer Neuaufnahme von Verfassungsstoff, der bisher als ungeschrieben oder unklar oder strittig angesehen wurde[15]. Aufgenommen wurden neben bisher anerkanntem ungeschriebenen Verfassungsrecht, wie z.B. dem vom Bundesgericht anerkannten ungeschriebenen Grundrechten und Verfassungsgrundsätzen[16] insbesondere auch Normen des völkerrechtlichen Menschenrechtsschutzes[17], allgemeine Grundsätze des Bundesverwaltungs- und -verfahrenrechts sowie mancherlei Kompetenzinterpretationen und Praktiken der Bundesbehörden[18]. Die Aufgabe der »Nachführung« erwies sich allerdings als nicht unproblematisch. So ist es nicht zuletzt eine Frage der Wahrnehmung und der Perspektive, wie neu aufzunehmende Verfassungsfragen gewichtet und ausformuliert werden[19]. Die Nachführung löste auch, was unvermeidbar war, ungeahnte Rechtswirkungen aus: Die neue Redaktion führte wohl zu Klärungen und neuen Einsichten (etwa bei der Sozialverfassung) und zu neuen Perspektiven (etwa in Art. 2 bei den Staatszielen); sie bot aber gegenüber der teilweise rudimentären Bundesverfassung mit den Textergänzungen auch die Gefahr der einseitigen Festschreibung und des Abschliessens von Entwicklungen[20]. Der Auftrag der Nach-

---

W. Kälin, Justizreform, AJP 1995, S. 1004; *Y. Hangartner,* Ausbau der Verfassungsgerichtsbarkeit, AJP 1995, S. 1013 ff. Geglückt ist nur eine Justicreform, BBl. 1999 S. 8633 ff.

[13] Eidg. Justiz- und Polizeidepartement, Staatsleitungsreform, Vernehmlassungsvorlage vom 11. Nov. 1998.

[14] Der neue Finanzausgleich zwischen Bund und Kantonen, Schlussbericht der vom Eidg. Finanzdepartement (EFD) und der Konferenz der Kantonsregierungen (KdK) getragenen Projektorganisation, Bern/Solothurn, 1999.

[15] Dazu u.a. *H. Koller,* Die Nachführung der Bundesverfassung, AJP 1995, S. 980 ff.

[16] *J. Gross,* Nachführung der Bundesverfassung, Verfassungsreform und Verfassungsrechtsprechung des Bundesgerichts zu den ungeschriebenen Grundrechten, FS Y. Hangartner, St. Gallen/Lachen 1998, S. 551 ff.

[17] Vgl. z.B. Art. 13 Abs. 1 nBV und Art. 8 EMRK oder Art. 31 nBV und Art. 5 EMRK. Man kann von einer »Konstitutionalisierung« internationaler Verpflichtungen sprechen, vgl. *G. Biaggini,* Das Verhältnis der Schweiz zur internationalen Gemeinschaft, AJP 1999, S. 727.

[18] *H. Koller,* Die Aufnahme staatsgestaltender Grundsätze in die neue Bundesverfassung, in: Solothurner Festgabe zum Schweiz. Juristentag 1998, Solothurn 1998, S. 15 ff.

[19] So hat z.B. der Vorentwurf von 1995 die Kantone nicht als eigenständige Gliedstaaten, sondern beinahe als dezentralisierte Verwaltungseinheiten des Bundes gezeichnet (vgl. Art. 32 ff. Entwurf 1995). Daraufhin hat die Konferenz der Kantonsregierungen in einer gemeinsamen Vernehmlassung einen Gegenvorschlag vorgelegt, der eine partnerschaftliche Beziehung von Bund und Kantonen propagierte und dann auch weitgehend die Zustimmung des Bundesrates fand (vgl. Botschaft, BBl 1997 I S. 205 ff.; *Konferenz der Kantonsregierungen,* Verfassungsreform als Föderalismusreform, der Verfassungsentwurf 1995 aus der Sicht der Kantone, Zürich 1997; *R.J. Schweizer,* Die neue Bundesverfassung: Die revidierte bundesstaatliche Verfassungsordnung, AJP 1999, S. 667/68).

[20] Vgl. *J.P. Müller,* Überlegungen zum »Verfassungsentwurf« des Bundesrates vom Juni 1995, in: Die Reform der Bundesverfassung aus der Sicht der Vereinigung Rechtsstaat, Festschrift zum 50jährigen Bestehen der Vereinigung für Rechtsstaat und Individualrechte, Zürich 1996, S. 17 ff.; *A. Auer,* La Belle et la Bête: les deux constitutions de la Suisse, in: Etudes en l'honneur de J.-F. Aubert, Basel/Frankfurt a.M.

führung wurde jedenfalls weit verstanden: Aus der Praxis der Bundesbehörden und aus der Lehre wurde soviel aufgenommen, als noch konsensfähig erschien. Die Nach-führung führte letztlich zur »Bereinigung«, »Abrundung« sowie »Aktualisierung« des Verfassungsrechts[21]. Trotz einem grosszügigen Verständnis des Auftrages hat sich der Bundesrat in seiner Vorlage vom 20. November 1996 an das Parlament sehr bemüht, grundsätzlich keine wesentlichen Abweichungen vom geltenden Verfassungsrecht vorzuschlagen[22]. Allerdings zeigte sich schon bei den neuen Bestimmungen über das Verhältnis von Bund und Kantonen[23] ein Wandel, indem hier neu von einer Kodifika-tion der »gelebten Verfassungswirklichkeit« gesprochen wurde[24]. Die Bundesver-sammlung selbst erachtete sich als durch den (einfachen) Bundesbeschluss von 1987 nicht gebunden, sondern ging gegenteils davon aus, dass ihr gewisse Reformschritte zustanden, ja dass diese von ihr sogar erwartet wurden[25]. Im Verlaufe der intensiven parlamentarischen Beratungen wurden nicht nur einzelne Streitfragen verbindlich entschieden[26] (ausser die Frage erschien politisch als zu heikel[27]), sondern es wurden auch eine Anzahl von Neuerungen und punktuellen Reformen im Verfassungsrecht beschlossen, bezeichnenderweise vor allem bei den Bestimmungen über die Bundes-versammlung und den Bundesrat[28]. Herausgekommen ist schliesslich eine Verfassung, die vielerlei neue Einsichten und Entfaltungsmöglichkeiten vermittelt, aber auch ei-nige Überraschungen enthält.

II. Charakteristika der neuen Bundesverfassung

1. Die Gesamtrevision der Bundesverfassung wollte eine Verfassungserneuerung, kei-nesfalls einen Verfassungsbruch. Die »Nach-Führung« wollte *verfassungsrechtliche Kon-tinuität*[29], so in vielen Einzelheiten der bundesstaatlichen Kompetenzverteilung oder in der verfassungsrechtlichen Garantie einer freiheitlichen Wirtschaftsordnung mit dem ordnungspolitischen Grundsatzentscheid für eine marktorientierte Privatwirt-

---

1996, S. 3 ff.; *Ph. Mastronardi*, Verfassungsreform 96: Ein Instrument der Staatsreform? Ein Werkstattbe-richt zur Frage nach dem Sinn demokratischer Reform in der Schweiz, ZBl 98 (1997), S. 501; *R. Ger-mann*, Die Schweiz im Umbau: Besichtigung der Baustellen, in: Civitas, 1999, S. 26 ff.

[21] *R. Rhinow*, Zur Aktualisierung der Bundesverfassung, oder: Nachführung ist mehr als Nachführung, in: Herausgeforderte Verfassung, hrsg. von B. Sitter-Liver, Freiburg 1999, S. 563 ff.; *B. Ehrenzeller*, Kon-zept und Gründe der Verfassungsreform, AJP 1999, S. 652.

[22] Botschaft, BBl 1997 I S. 115 ff.

[23] Art. 34 ff. Entwurf 1996; Botschaft, BBl 1997 I S. 205 ff.

[24] Dazu *Th. Pfisterer*, Der gelebte Föderalismus in der neuen Bundesverfassung, in: *Konferenz der Kan-tonsregierungen*, Verfassungsreform als Föderalismusreform, aaO., S. 63.

[25] *R.J. Schweizer*, Zum Entwurf der nachgeführten Bundesverfassung, ZBl 98 (1997), S. 487.

[26] Z.B. Die Zulassung der Teilungültigkeit von Initiativen (Art. 139 Abs. 3 nBV) oder die ausdrückliche Erwähnung einer Bundeskompetenz im Bereiche der Finanzdienstleistungen (Art. 98 Abs. 2 nBV).

[27] Wie z.B. die Frage der Aufhebung des sog. Bistumsartikels (Art. 72 Abs. 3 nBV), vgl. Botschaft, BBl 1997 I S. 288.

[28] *R. Rhinow*, aaO., S. 569 ff.; *A. Lombardi*, Volksrechte und Bundesbehörden in der neuen Bundesver-fassung, AJP 1999, S. 710 ff.; *D. Biedermann*, Was bringt die neue Bundesverfassung?, AJP 1999, S. 743 ff.

[29] *K. Eichenberger*, Systemwahrende Kontinuität in Verfassungsänderungen, in: FS E. Gruner, Bern 1975, S. 195 ff., auch in: Der Staat der Gegenwart, Ausgewählte Schriften, Basel/Frankfurt a.M. 1980, S. 200 ff.

schaft (Art. 94ff. nBV)[30]. Zum Teil wurde sogar ein bewusster Traditionsanschluss gesucht, etwa in Art. 1 nBV mit der herkömmlichen Reihenfolge bei der Aufzählung der Kantone[31] oder in Art. 3, welcher an gleicher Stelle wie bisher den Grundsatz der bundesstaatlichen Kompetenzverteilung festlegt[32]. Allerdings beschränken sich diese textlichen Anknüpfungen auf wenige Passagen. Grundsätzlich wurde der gesamte bisherige Verfassungstext, auch dort wo er völlig unbestritten war, mindestens redaktionell überarbeitet[33]. Die redaktionelle Überarbeitung des vorhandenen Verfassungstextes geschah zum Teil aus blossen ästhetischen Überlegungen (was die zukünftige Auslegung nicht vereinfacht). Zum Teil wurde sogar eine bewusste Abkehr vorgenommen, etwa schon in Art. 1, der neu »das Schweizervolk« neben den Kantonen als Schöpfer und Träger der Eidgenossenschaft bezeichnet[34] oder mit der Beseitigung von Bestimmungen über die konfessionelle Neutralität des Staates und den Religionsfrieden, die aus der Säkularisierung und dem Kulturkampf des 19. Jahrhunderts stammten[35]. Insgesamt nimmt die Verfassung aber die traditionellen Werte und Institutionen und die geschichtlich gewachsenen Strukturen des Staates auf und vermittelt sie weiter entsprechend den vom historischen Verfassungsgeber getroffenen Grundentscheidungen[36].

2. Die Verfassungsreform *öffnete und erweiterte den Geltungs- und Wirkungsbereich* der Bundesverfassung. Dies wird zum einen schon durch die Überarbeitung und Gestaltung des bisherigen Textes bewirkt. Im Rahmen der Revisionsarbeiten wurden vielerlei veraltete Bestimmungen gestrichen[37]. Der Verfassungsgeber hat auch Regeln, die er als obsolet erachtete, weggelassen[38]. Im weiteren haben Bundesrat und Parlament trotz Gültigkeit auf manche nicht mehr als verfassungswürdig angesehene Be-

---

[30] *K. Vallender*, Grundzüge der »neuen« Wirtschaftsverfassung, AJP 1999, S. 677ff., bes. 682.

[31] Veränderungen in der Gewichtung der Kantone und auch nur schon eine Aufwertung der Halbkantone vermeidet die nBV (vgl. Art. 142 Abs. 4 und Art. 150 nBV).

[32] Dazu *P. Saladin*, Kommentar Bundesverfassung, Art. 3 Rz. 42ff. m.w.H.; kritisch zur unveränderten Übernahme *Y. Hangartner*, Art. 3 der Bundesverfassung, in: FS M. Lendi, Zürich 1998, S. 155ff., bes. 167ff.

[33] Anders war man bei der Totalrevisionen von 1872/1874 vorgegangen, wo man die unbestrittenen Teile der ersten Bundesverfassung von 1848 (die sich ihrerseits stark an die Entwürfe von 1832 und 33 und zum Teil noch auf den Bundesvertrag von 1815 bezog) wörtlich übernahm; *W. Rappard*, Die Bundesverfassung der schweizerischen Eidgenossenschaft 1848–1948, Zürich 1948, S. 321; *J.-F. Aubert*, Kommentar Bundesverfassung, Geschichtliche Einführung, Rz. 147ff.

[34] Während Art. 1 BV bisher sagte, dass »die durch gegenwärtigen Bund vereinigten Völkerschaften der 23 souveränen Kantone … in ihrer Gesamtheit die schweizerische Eidgenossenschaft« bilden. Kritisch zum Traditionsbruch in der Präambel und den Einleitungsartikeln *Th. Fleiner*, Die schweizerische Verfassung im Kontext eines gemeinsamen europäischen Verfassungsrechts, in: Herausgeforderte Verfassung, hrsg. von B. Sitter-Liver, Freiburg 1999, S. 413ff.

[35] So etwa Art. 49 Abs. 4 und 5, 50 Abs. 2 und 3, 53 Abs. 2 und 54 Abs. 2 BV bisher; vgl. *U.J. Cavelti*, Die Religionsfreiheit im Entwurf der Bundesverfassung, AJP 1995, S. 1578ff.; Botschaft, BBl 1997 I S. 155ff., 287ff.

[36] So der Bundesrat in seiner Botschaft, BBl 1997 I S. 120.

[37] Z.B. Art. 17 BV, der die Kantone verpflichtete, den Truppen anderer Kantone und des Bundes freien Durchgang zu gestatten, oder Art. 34 Abs. 2 BV, der die Regelung von Auswanderungsagenturen durch den Bundesgesetzgeber vorsah.

[38] Z.B. auch das Verbot der Annahme von Orden aus dem Ausland nach Art. 12 BV, oder (was schon diskutabler ist) auf das Recht von 5 Kantonen, eine Sitzung der Bundesversammlung zu verlangen (Art. 86 Abs. 2 BV). Zu den Aufhebungen und Streichungen vgl. *D. Biedermann*, Was bringt die neue Bundesverfassung?, AJP 1999, S. 746/47.

stimmungen verzichtet[39]. Schliesslich hat man, um eine einigermassen gleichmässige Dichte der Normen zu erreichen, bei vielen übernommenen Verfassungsbestimmungen auf Details verzichtet (ausser bei Verfassungsartikeln aus der jüngsten Zeit, die politisch umstritten waren). Ob überhaupt eine gleichmässige Dichte der Regelungen in einer Verfassung gefunden werden kann und ob diese allfällige Gleichmässigkeit unter dem Druck neuer Verfassungsinitiativen und Partialrevisionen lange aufrechterhalten werden kann, ist allerdings fraglich[40].

Neben dieser textlichen Bereinigung und Öffnung ist aber für den Charakter der neuen BV vor allem die breite Aufnahme von ungeschriebenem oder gar von strittigem Verfassungsrecht bedeutsam. Diese Aktualisierung und Ergänzung der Bundesverfassung wird namentlich im erstmals niedergelegten umfassenden Grundrechtskatalog (Art. 7–36 nBV), in den Grundsätzen des Bundesstaates (Art. 42–53 nBV), bei den Zielen und Instrumenten der Aussenpolitik (vgl. Art. 2, 54–56, 166 und 184 nBV), im Kultur- und im Sprachenartikel (Art. 69 und 70 nBV), im Artikel über die Grundsätze der Besteuerung (Art. 127 nBV) und dann nicht zuletzt in den Organisationsbestimmungen und Kompetenzen des Bundesparlaments (Art. 148–173 nBV) sichtbar. Schliesslich enthält die Verfassung, wie erwähnt, eine Anzahl punktueller politischer Neuerungen, z.B. betreffend die Integration von Behinderten (Art. 8 Abs. 4 nBV), bezüglich eines erleichterten Verfahrens bei Gebietsänderung zwischen Kantonen (Art. 53 Abs. 3 nBV)[41], in der Jugendförderung und Erwachsenenbildung (Art. 67 nBV), einer Abschaffung des Bedürfnisvorbehalts für die Eröffnung von Gaststätten (Art. 103 und 196 Ziff. 7 nBV) oder mit dem Verbot des Klonens (Art. 119 Abs. 2 lit. a nBV)[42].

Mit all diesen Textveränderungen, Ergänzungen und Neuerungen wurde das Verfassungsrecht geöffnet. Die neue Bundesverfassung enthält weniger von politischen Kompromissen diktierte Details, sondern sie tendiert ins Grundsätzliche und Wegleitende. Sie will zudem die verfassungsrechtliche Steuerung auch in bisher kaum erfassten Bereichen ausweiten (etwa in der Aussenpolitik), und sie unternimmt vereinzelt sogar Schritte in die Zukunft, etwa mit der Verpflichtung auf eine nachhaltige Entwicklung (Art. 2 Abs. 2 und Art. 73 nBV).

3. Bundesrat und Parlament hatten sich zum Ziel gesetzt, nicht nur im Grundsätzlichen eine gewisse Vollständigkeit und Einheitlichkeit zu erreichen, sondern auch einen einfachen und verständlichen Verfassungstext vorzulegen. Der überzeugende Normierungsstil und die gute Lesbarkeit, welche man der neuen Verfassung sicher bescheinigen darf, sind nicht nur zur Überzeugung der Stimmbürgerschaft in der Referendumsdemokratie unentbehrlich, sondern vor allem auch notwendig, um zukünftig das Verfassungsverständnis der Menschen zu fördern und jeder interessierten Person eine Anschauung und Orientierung über die Verfassungsordnung zu geben.

---

[39] Z.B. auf die Regelung über die Steuerbefreiung der Nationalbank nach Art. 39 Abs. 5 BV, oder auf die Bestimmungen über die Entschädigungen der Ratsmitglieder und Bundesratsmitglieder nach Art. 79, 83 und 99 BV.

[40] Vgl. *A. Ruch*, Reform der Bundesverfassung, in: *Konferenz der Kantonsregierungen*, Verfassungsreform als Föderalismusreform, aaO., S. 99/100.

[41] Botschaft, BBl 1997 I S. 220ff., bes. Anm. 76.

[42] Weiteres bei *D. Biedermann*, aaO., AJP 1999, S. 745ff.

Bei der Form der neuen BV ist m.E. aber das Auffälligste und Wichtigste die neue *Systematik* der Verfassung. Die Systematik betrifft nicht nur die Gesamtordnung mit wesentlichen politisch-materiellrechtlichen Grundentscheidungen, etwa indem Allgemeine Bestimmungen, Grundrechte und Sozialziele (Art. 1–41 nBV) neu vor den Bestimmungen über das Verhältnis von Bund und Kantonen und deren Aufgaben stehen, sondern systematisch ist auch die Gliederung der einzelnen Abschnitte, etwa einzelner Politikbereiche wie der Wirtschaftsordnung von Art. 94–107 nBV[43]. Auch diese Errungenschaft wird möglicherweise unter dem Druck kommender Teilrevisionen oder Integrationsschritte abgeschwächt, aber insgesamt macht der neue Aufbau der Verfassung die Strukturprinzipien des Staates und die Leitgedanken wichtiger Verfassungsbereiche doch bleibend kenntlich[44].

III. Wichtige neue Elemente

1. Seit 1848 definierte die Bundesverfassung als »Zwecke« der Eidgenossenschaft die »Behauptung der Unabhängigkeit des Vaterlandes gegen aussen, Handhabung von Ruhe und Ordnung im Innern, Schutz der Freiheit und der Rechte der Eidgenossen und Beförderung ihrer gemeinsamen Wohlfahrt«[45]. Die neue Bundesverfassung nimmt diese *Staatsziele in Art. 2* auf, erweitert sie aber massgeblich in den Abs. 2–4[46]. Die zusätzlichen Vorgaben sind die Wahrung der innenpolitischen Kohärenz des vielsprachigen Landes (Abs. 2), die Förderung sozialer Chancengleichheit (Abs. 3), der Einsatz für eine nachhaltige Entwicklung und die Erhaltung der natürlichen Lebensgrundlagen (Abs. 2 und Abs. 4) sowie das Mitwirken an einer friedlichen und gerechten internationalen Ordnung (Abs. 4 i.f.). Diese innen- und aussenpolitischen, sozialen und ökologischen Leitthemen tönen schon in der neuen Präambel an[47]. In wichtigen Politikbereichen wie der Sicherheits-, Aussen-, Kultur- und Umweltpolitik stellt der vielfältige, wenn auch vielleicht nicht ganz kohärente Zweckartikel dauernde Verpflichtungen auf, die, auch wenn sie untereinander gegensätzlich sind, in Konkordanz gebracht werden müssen[48].

2. Eine zentrale Errungenschaft der neuen BV ist der *umfassende Grundrechtskatalog* von Art. 7–36. Die Bundesverfassung des 19. Jahrhunderts ging vom Verständnis aus, dass die Kantone die Hüter individueller Freiheiten seien und verankerte nur be-

---

[43] Der stark segmentierte Aufbau der nBV hat allerdings auch zur Folge, dass bestimmte Themen an mehreren Stellen angesprochen werden, so z.B. die Volksrechte in Art. 34, 39, 40 Abs. 2, 136–142, 148–150 und 193–195.

[44] Botschaft, BBl 1997 I S. 120.

[45] Vgl. *J.-F. Aubert*, in: Kommentar Bundesverfassung, Art. 2 Rz. 11ff.; *V. Monnier*, Les origines de l'article 2 de la Constitution fédérale de 1848, ZSR 117 (1998), II S. 415ff.

[46] Dazu Botschaft, BBl 1997 I S. 126ff.

[47] Zur Präambel *M. Frenkel*, Präambel und Zeitgeist. Unzeitgemässe Betrachtungen zur Totalrevision der Bundesverfassung, in: Solothurner Festgabe zum Schweiz. Juristentag 1998, Solothurn 1998, S. 45ff.; *B. Ehrenzeller*, »Im Bestreben, den Bund zu erneuern« – einige Gedanken über »Gott« und »Welt« in der Präambel des »Bundesbeschlusses über eine neue Bundesverfassung«, in: FS Y. Hangartner, St. Gallen/Lachen 1998, S. 981ff.;

[48] *J.-F. Aubert*, in: Kommentar Bundesverfassung, Art. 2 Rz. 28ff.

stimmte für den Gesamtstaat politisch oder wirtschaftlich wichtige Freiheitsrechte[49]. Im 20. Jahrhundert gab es gewisse punktuelle Ergänzungen[50] sowie eine Absicherung durch die Anerkennung sogenannt ungeschriebener Grundrechte durch das Bundesgericht[51]. Nun wurde ein systematischer, mehr oder weniger umfassender Katalog niedergeschrieben[52]. Auffällig ist vor allem eine starke Ausdifferenzierung der Grundrechte, namentlich im Bereich der bisher ungeschriebenen persönlichen Freiheit (vgl. Art. 10 und 13 nBV) und der bisher nur teilkodifizierten Meinungs-, Medien- und Informationsfreiheit (vgl. Art. 16, 17, 20 und 21 nBV)[53]. Auch wenn bei den Grundrechten eine jahrzehntelange höchstrichterliche Rechtsprechung sowie Doktrin und völkerrechtliche Verpflichtungen klare Vorgaben setzten, so wurden doch noch punktuell einige strittige Fragen entschieden oder Neuerungen eingebaut: Der Katalog wird mit der »überdachenden« Gewährleistung der Menschenwürde eingeleitet[54], Art. 8 Abs. 3 modernisiert das allgemeine Diskriminierungsverbot[55], Art. 8 Abs. 4 verlangt die Integration von Behinderten, Art. 11 den Schutz der Kinder und Jugendlichen[56], Art. 17 Abs. 3 gewährleistet den Schutz des Redaktionsgeheimnisses[57], und (politisch umstritten) normiert Art. 28 Abs. 3 nBV Streik und Aussperrung[58]. Dass in Art. 35 nBV die programmatische Ebene des Grundrechtsschutzes und eine differenzierende Drittwirkung anerkannt wurden, wird nicht überraschen[59]. Auffallend ist m. E. aber, dass für die einzelnen Grundrechte – anders als bisher oder in der EMRK – auf besondere Schrankenregeln verzichtet wurde und nur eine allgemeine Schrankenordnung nach Art. 36 nBV (in Verbindung mit Art. 5 Abs. 1 und 2 nBV) gilt[60]. Das kann mindestens zu Unsicherheiten führen[61]. Was nun verfassungsrechtlich akzeptierte, im öffentlichen Interesse liegende, gesetzmässige Beschränkungen von einzelnen

---

[49] Wie die Handels- und Gewerbefreiheit von Art. 31 Abs. 1, die Niederlassungsfreiheit von Art. 45, die Religionsfreiheit von Art. 49 und 50, die Pressefreiheit von Art. 55 oder die Vereinsfreiheit von Art. 56 BV bisher.

[50] Wie die Eigentumsgarantie in Art. 22ter BV bisher.

[51] Dazu *M. Rossinelli*, Les libertés non écrites, Diss. Lausanne 1987; *U. Häfelin / W. Haller*, Schweizerisches Bundesstaatsrecht, 4. Aufl., Zürich 1998, S. 367ff. Rz. 1071ff.

[52] Es kommen weiterhin auch Grundrechtselemente ausserhalb dieser Bestimmungen vor, vgl. Art. 119 Abs. 2 zum Grundrechtsschutz in der Fortpflanzungsmedizin und Gentechnologie (dazu *R. J. Schweizer*, Kommentar Bundesverfassung, Art. 24[novies] Rz. 42ff., 52, 92, 100). Der Grundrechtskatalog kann nicht geschlossen sein, *J. Gross*, Verfassungsreform und Verfassungsrechtsprechung, aaO., S. 556ff.

[53] *H. Koller*, Der Einleitungstitel und die Grundrechte in der neuen Bundesverfassung, AJP 1999, S. 663; *D. Biedermann*, aaO., AJP 1999, S. 744.

[54] Die bisher explizit nur in Art. 24[novies] Abs. 2 BV (Art. 119 Abs. 2 nBV) angesprochen wurde.

[55] Dazu *J. P. Müller*, Die Grundrechte in der Schweiz. Im Rahmen der Bundesverfassung von 1999, der UNO-Pakte und der EMRK, Bern 1999, S. 410ff.

[56] Und regelt in Abs. 2 die Grundrechtsmündigkeit.

[57] Vgl. *U. Zimmerli*, Zur Medienverfassung in der neuen Bundesverfassung, Medialex 1999, S. 18f., 21f.

[58] Dazu *K. Vallender*, Grundzüge der »neuen« Wirtschaftsverfassung, AJP 1999, S. 679f.; *J. P. Müller*, Grundrechte in der Schweiz, Bern 1999, S. 352ff.

[59] *H. Koller*, Einleitungstitel und Grundrechte, aaO., AJP 1999, S. 662ff.

[60] Zur Bedeutung spezifischer Grundrechtsbegrenzungsbestimmungen und zu den Problemen schrankenloser Grundrechtsgewährleistung etwa *K. Stern / M. Sachs,* Das Staatsrecht der Bundesrepublik Deutschland, Bd. III/2 Allgemeine Lehre der Grundrechte, München 1994, S. 502ff.

[61] Zu recht kritisch zu Art. 36 nBV und namentlich der pauschalen Kerngehaltsgarantie *A. Kley*, Der Grundrechtskatalog der nachgeführten Bundesverfassung – ausgewählte Neuerungen, ZBJV 1999, S. 340ff. Art. 36 ist auch nicht auf Art. 8 und 9 und kaum auf die Verfahrensgarantie von Art. 29–32 nBV zugeschnitten (vgl. Botschaft, BBl 1997 I 194).

Grundrechten sind, muss vorwiegend aus den ordnungspolitischen Bestimmungen ermittelt werden, etwa für die Sprachenfreiheit (Art. 18) aus den Sprachenartikeln (Art. 4 und 70), für die Glaubens- und Gewissensfreiheit (Art. 15) aus der Grundsatzbestimmung über das Verhältnis von Kirche und Staat (Art. 72), für die Medienfreiheit (Art. 17) aus dem Radio- und Fernsehartikel (Art. 93) oder für die Wirtschaftsfreiheit (Art. 27) aus der Wirtschaftsverfassung von Art. 94ff., wo zusätzlich nach Art. 94 Abs. 4 nBV für dem freien Wettbewerb widersprechende, »grundsatzwidrige« Beschränkungen ein Verfassungsvorbehalt gilt[62].

3. Das schweizerische Bundesverfassungsrecht hat schon bisher vielfältige Elemente einer *Sozialstaatsverfassung* gehabt[63]. Neben dem Bund mit seiner Verantwortung für Mieterschutz, Arbeitnehmerschutz und Sozialversicherungen obliegen auch den Kantonen wesentliche soziale Aufgaben, namentlich im Bildungswesen, Gesundheitswesen und in der öffentlichen Fürsorge (Sozialhilfe). Nun aber wird die Sozialverfassung der Schweiz viel deutlicher. Im Zentrum steht dabei der Art. 41 nBV über die *Sozialziele von Bund und Kantonen*[64]. Abs. 1 und 2 setzen Zielnormen für soziale Sicherheit, Gesundheit, Familie, Arbeit, Wohnen, Bildung und Jugendförderung[65]. Sie haben programmatischen Charakter, sprechen nicht etwa von »Rechten« wie der UN-Pakt I vom 16. Dezember 1966 über wirtschaftliche, soziale und kulturelle Rechte[66], sie begründen keine Gesetzgebungskompetenzen, und sie werden zudem noch relativiert. Vorbehalten werden 1. das sozialpolitische Subsidiaritätsprinzip von Art. 6 und Art. 41 Abs. 1 Einleitungssatz[67], 2. die Grenzen öffentlicher Mittel nach Art. 41 Abs. 3, sowie 3. der Grundsatz, dass nach Art. 41 Abs. 4 aus den Sozialzielen keine justiziablen Ansprüche abgeleitet werden können. Man muss sich allerdings fragen, ob diese Einschränkungen nicht die soziale Solidarität und die sozialpolitischen Interessenausgleiche zu sehr begrenzen[68]. Dennoch stellt Art. 41 nBV erweiterte Pflichten für die Kompetenzausübung und für die Grundrechtsrechtsprechung von Bund und Kantonen auf.

Die neuen Sozialziele werden ergänzt durch einige wenige soziale Grundrechte und Sozialrechte (vgl. Art. 8 Abs. 4, 11 Abs. 1, 12, 19, 29 Abs. 3, 62 Abs. 2 und 124 nBV). Dazu kommen die bisherigen sozialpolitischen Zuständigkeitsnormen des Bundes besonders nach den Art. 108–118 nBV, sozialpolitische Elemente in weiteren Kompetenzbestimmungen[69] sowie Staatszielbestimmungen (Art. 2 Abs. 2 und 3 nBV) und Diskriminierungsverbote. Mit allen diesen Bestimmungen, vor allem aber mit

---

[62] Vgl. *K. Vallender*, Grundzüge der »neuen« Wirtschaftsverfassung, AJP 1999, S. 680ff.; *J. P. Müller*, Grundrechte, aaO., S. 635/6, 656ff.

[63] Etwa in Art. 2, dann in Art. 31bis Abs. 1 BV betreffend die »Mehrung der Wohlfahrt des Volkes« und »der wirtschaftlichen Sicherung der Bürger« sowie in zahlreichen Kompetenzbestimmungen; vgl. etwa *P. Uebersax,* Stand und Entwicklung der Sozialverfassung der Schweiz, AJP 1998, S. 3ff.

[64] Was sicher mehr bringt als ein pauschaler Sozialstaatsbegriff wie in Art. 20 Abs. 1 GG.

[65] Vgl. Botschaft BBl 1997 I S. 197ff.; *L. Mader*, Die Sozial- und Umweltverfassung, AJP 1999, S. 699ff.

[66] Die allerdings nicht justiziabel sind, vgl. Art. 2 Abs. 1 des Sozialpaktes (dazu etwa *B. Simma,* Soziale Grundrechte und Völkerrecht, in: FS Lerche, München 1993, S. 83ff., bes. 93f.).

[67] Vgl. *P. Richli*, Zwecke und Aufgaben der Eidgenossenschaft im Lichte des Subsidiaritätsprinzips, ZSR 117 (1998), II S. 139ff., bes. 217ff.

[68] *M. Bigler-Eggenberger*, Nachgeführte Verfassung: Sozialziele und Sozialrechte, in: FS Y. Hangartner, St. Gallen/Lachen 1998, S. 512ff.

[69] Vgl. Art. 54 Abs. 2, 59 Abs. 5, 61 Abs. 5, 66, 67, 92 Abs. 2 1. Satz, 97, 100 Abs. 1, 103, 105, 106 Abs. 2 a.E., 124 und 130 Abs. 2 nBV; *L. Mader*, aaO., S. 701/702.

den neuen Sozialzielen enthält die Verfassung ein substantielles staatspolitisches Grundsatzbekenntnis, wonach die Sozialstaatlichkeit eine grundlegende Dimension schweizerischer Staatsordnung ist[70].

4. Die Bundesverfassung von 1874 war »introvertiert«, sie betonte (aufgrund der Erfahrungen des deutsch-französischen Krieges) die Sicherheits- und Unabhängigkeitspolitik[71], und sie nahm leider auch das in den letzten Jahrzehnten stark gewachsene internationale Engagement des Landes nicht auf. Mit der neuen BV werden nun in grundsätzlicher Weise viele einzelne Vorgaben und innerstaatliche Kompetenzen für die Aussenbeziehungen der Schweiz festgelegt. Im Zweckartikel (Art. 2 Abs. 1 und Abs. 4) und vor allem in Art. 54 nBV werden die *Ziele der schweizerischen Aussenpolitik*, die bisher bestenfalls als gewohnheitsrechtliche »Maximen« verstanden wurden, verfassungsrechtlich ausgelegt[72]. Diese Ziele kennzeichnen die Aussenpolitk eines demokratischen, immer noch auf Unabhängigkeit und Neutralität setzenden, aber stark solidarischen Kleinstaates[73]. Die enge internationale wirtschaftliche Verflechtung des Landes und seine starke Anlehnung an die Europäische Union kommen allerdings in diesen Zielbestimmungen nicht zum Ausdruck[73a]. Ein weiteres Element der »Verfassung der Aussenbeziehungen« ist der Versuch, das Verhältnis von Völkerrecht und Landesrecht zu präzisieren. Im Vordergrund steht da der neue Art. 5 Abs. 4, wonach Bund und Kantone »das Völkerrecht« »beachten«[74]. Zusammen mit Art. 191 nBV, der in modifizierter Form die Schranken der Normenkontrolle von Art. 113 Abs. 3 BV bisher aufnimmt, kann hier von einem Bekenntnis zu völkerrechtsfreundlichem Staatshandeln und zum grundsätzlichen Vorrang des Völkerrechts ausgegangen werden[75]. Wieweit ausnahmsweise aus politischen Gründen auf Verfassungs- und Gesetzesebene eine Abweichung tolerierbar ist, ist strittig[76]. Eine (begrenzte) absolute Schranke der Verfassungsrevision ergibt sich aber explizit jetzt aus zwingendem Völkerrecht (vgl. Art. 139 Abs. 3, 193 Abs. 3 und 194 Abs. 2 nBV[77]). Bei der innerstaatlichen Verteilung der aussenpolitischen Kompetenzen sind zwei Veränderungen markant: Einmal hat sich die Bundesversammlung ein Recht auf (stärkere) Beteiligung an der Gestaltung der Aussenpolitik verankert (Art. 166 Abs. 1 nBV)[78]. In diesem Rah-

---

[70] Botschaft, BBl 1997 I S. 204.

[71] So schon *F. Fleiner*, Zum Jubiläum der Bundesverfassung von 1874, in: *ders.*, Ausgewählte Schriften und Reden, 1932, S. 232ff.

[72] Zu den Zielen und Mitteln der schweizerischen Aussenpolitik nach bisheriger Verfassung vgl. etwa *W. Kälin*, Verfassungsgrundsätze der schweizerischen Aussenpolitik, ZSR 1986 II S. 249ff., bes. 329ff.; *W. Kälin/A. Riklin*, Ziele, Mittel und Strategien der schweizerischen Aussenpolitik, in: Neues Handbuch der schweizerischen Aussenpolitik, hrsg. von A. Riklin/A. Haug/R. Probst, Bern 1992, S. 173ff.

[73] Das Mittel der Neutralitätspolitik wurde um der Konsensfähigkeit der nBV willen wiederum explizit aufgenommen (Art. 173 Abs. 1 lit. a und Art. 185 Abs. 1 nBV).

[73a] Art. 101 nBV genügt nicht.

[74] Dazu Botschaft, BBl 1997 I S. 134ff.

[75] *G. Biaggini*, Das Verhältnis der Schweiz zur internationalen Gemeinschaft, AJP 1999, S. 726ff.

[76] Näheres dazu z.B. bei *Y. Hangartner*, Das Verhältnis von Völkerrecht und Landesrecht, Auslegeordnung eines Kernproblems von Verfassungspraxis und Verfassungsreform, SJZ 1998, S. 201ff.

[77] Botschaft, BBl 1997 I S. 446/7 m.w.H.; neben dem ius cogens könnten auch weitere elementare Kernprinzipien der Völkerrechtsordnung Schranken der Verfassungsordnung sein; vgl. *D. Thürer*, in: Kommentar Bundesverfassung, Bundesverfassung und Völkerrecht, Rz. 13ff.

[78] Entsprechendes forderte schon die Doktrin, vgl. *B. Ehrenzeller*, Legislative Gewalt und Aussenpolitik, Basel 1993, bes. S. 537ff.

men hat sie namentlich ihre Zuständigkeit zur Vertragsschlusskompetenz ausgeweitet, indem zukünftig der Bundesrat nicht mehr nach den Bedürfnissen der Praxis und Gewohnheitsrecht selbständig, ohne parlamentarische Genehmigung, völkerrechtliche Verträge abschliessen darf[79], sondern dazu eine Ermächtigung in einem Gesetz oder einem völkerrechtlichen Vertrag benötigt (Art. 166 Abs. 2 in Verbindung mit Art. 184 nBV). Vorbehalten bleiben aber die sicherheitspolitischen Kompetenzen des Bundesrates, die ihm nach Art. 184 Abs. 3 und Art. 185 Abs. 3 nBV auch ein verfassungsunmittelbares Vorgehen gestatten[80]. Im weitern wird die Rolle der Kantone in der Aussenpolitik gestärkt, indem in Art. 54 Abs. 3 und 55 nBV mindestens eine Informations-, Beizugs- und Berücksichtigungspflicht des Bundes gegenüber den Kantonen statuiert wird[81] und indem zudem die Kantone selbständig, ohne Vermittlung oder Genehmigung seitens des Bundes, in ihren Zuständigkeitsbereichen mit dem benachbarten Ausland Verträge schliessen können (Art. 56 nBV)[82]. Alle diese Ziele, Leitplanken und Kompetenzen machen doch einigermassen die internationale Interdependenz des Landes in einer immer interdependenteren Welt deutlich[83].

5. Die neue BV enthält (wie angedeutet) eine *ausgebaute Bundesstaatsverfassung*. Wie in der bisherigen BV sprechen auch in der neuen viele Teile ab Art. 1 die Beziehungen zwischen Bund und Kantonen an. Während die bisherige BV aber neben Art. 3 an allgemeinen Bestimmungen nur noch die Bundesgarantien für die Kantone[84] sowie Regelungen für die grenzüberschreitenden Verträge der Kantone[85] enthielt, wird nun das Verhältnis von Bund und Gliedstaaten in viel weitergehender Weise in den Art. 42–53 allgemein normiert[86]. Bedeutsame Neuerungen in diesem 3. Titel sind:

Die Verfassung bestätigt den Staatscharakter der Kantone, namentlich bezüglich ihrer *Selbständigkeit* in der Aufgabenbestimmung und -erfüllung (vgl. Art. 3, 43 und 47 nBV). Diese kann letztlich nur Bestand haben, wenn sie weiterhin mit einer Organisations-, Verfahrens-, Personal- und Finanzautonomie verknüpft ist[87]. Selbstverständlich steht diese Eigenständigkeit unter dem Vorbehalt der Aufgaben und Zuständigkeiten des Bundes. Problematisch ist hier allerdings der neue Art. 42 Abs. 2, – der an den umstrittenen Art. 72 Abs. 2 Nr. 3 Grundgesetz erinnert[88] –, weil er das bundes-

---

[79] Vgl. Verwaltungspraxis der Bundesbehörden (VPB) 51 (1987), Nr. 58 S. 369 ff.

[80] *G. Biaggini*, aaO., S. 726; *R.J. Schweizer*, Staats- und völkerrechtliche Aspekte des schweizerischen Engagements in der auswärtigen Sicherheitspolitik, in: FS M. Lendi, Zürich 1998, S. 490 ff.

[81] Die Anlehnung an Art. 23 Abs. 4–7 und 32 Abs. 2 GG sowie an Art. 23d österr. B-VG ist evident, doch müsste die Bestimmung im Fall eines Beitritts der Schweiz zur EU ausgebaut werden.

[82] Damit macht die nBV einen Schritt zur Differenzierung der »auswärtigen Beziehungen« (im Sinne von *P. Pernthaler*, Der differenzierte Bundesstaat, Wien 1992, S. 41 ff.). Der Unterschied zu Art. 32 Abs. 3 GG und Art. 16 B-VG ist augenfällig.

[83] Um den Titel eines Referates von *G. Malinverni* über »L'indépendance de la Suisse dans un monde interdépendant«, ZSR 117 (1998), II S. 1 ff. aufzunehmen.

[84] Vgl. besonders Art. 5, Art. 6 und Art. 16 BV bisher.

[85] Vgl. Art. 7–11 BV bisher.

[86] Dazu Botschaft, BBl 1997 I S. 205 ff.; *Konferenz der Kantonsregierungen*, Verfassungsreform als Föderalismusreform, Zürich 1997.

[87] Vgl. *P. Saladin*, Kommentar BV, Art. 3 Rz. 16, 56 ff.; *K. Eichenberger*, Landesbericht Schweiz, in: Föderalismus und Regionalismus in Europa, hrsg. von F. Ossenbühl, 1990, S. 27 ff.

[88] Dazu *J. Isensee*, Idee und Gestalt des Föderalismus im Grundgesetz, in: Handbuch des Staatsrechts, Bd. IV, Heidelberg 1990, S. 658 Rn 251.

staatliche Subsidiaritätsprinzip ungenügend konkretisiert und kaum das alleinige Kriterium für die Aufgabenzuweisung zwischen Bund und Kantonen sein kann[89].

Mindestens so wichtig wie die Eigenständigkeit ist das *Zusammenwirken* der Kantone untereinander und mit dem Bund. Aufgrund der von Art. 44 nBV bestätigten verfassungsrechtlichen Gleichordnung von Bund und Kantonen[90] arbeiten diese nicht in hierarchischer Unterordnung unter dem Bund mit demselben oder unter sich zusammen, sondern Bund und Kantone sind, wo sie Aufgaben gemeinsam erfüllen, gleichgeordnete Partner[91]. Diese Partnerschaft verlangt Zusammenarbeit und gegenseitige Unterstützung in der Aufgabenerfüllung (Art. 44 Abs. 1 nBV), Bundestreue (Art. 44 Abs. 2 1. Satz nBV), Kooperation durch Amts- und Rechtshilfe (Art. 44 Abs 2 2. Satz nBV) und schliesslich eine nichtstreitige Konfliktbeilegung (Art. 44 Abs. 3 nBV). Für das partnerschaftliche Zusammenwirken sind vor allem interkantonale Vereinbarungen wichtig (Art. 48 nBV), wobei jetzt geklärt ist, dass an diesen auch der Bund im Rahmen seiner Zuständigkeiten (z.B. für die Errichtung von Gemeinschaftseinrichtungen) mitwirken kann (Abs. 2) und dass die interkantonalen Vereinbarungen nicht zuletzt auch im regionalen Rahmen ausgebaut werden können (Abs. 1)[92/93].

Zu den Hauptaufgaben der Kantone im Bundesstaat gehört, neben der Mitwirkung an der Willensbildung im Bunde[94], vor allem die (wie es neu heisst) »*Umsetzung des Bundesrechts*«[95]. In diesem breiten, weit verstandenen Zuständigkeits- und Verantwortungsbereich der Kantone enthält Art. 46 nBV neu zwei besondere Garantien: Nach Abs. 2 muss den Kantonen eine »möglichst grosse Gestaltungsfreiheit« für die Umsetzung des Bundesrechts belassen werden, und nach Abs. 3 muss der Bund die finanziellen und personellen Lasten der Umsetzungsaufgabe beachten und gewährleisten, dass den Kantonen »ausreichende Finanzierungsquellen« belassen werden und ihnen ein »angemessener Finanzausgleich« (i.e. Sinne) zukommt[96].

---

[89] *R.J. Schweizer*, Die revidierte Bundesstaatsverfassung, aaO., AJP 1999, S. 672/73.

[90] *Y. Hangartner*, Art. 3 der Bundesverfassung, in: FS M. Lendi, Zürich 1998, S. 165.

[91] Vgl. auch Art. 186 Abs. 1 nBV; z.B. *Th. Pfisterer*, Neue Partnerschaft zwischen Bund und Kantonen, ZBl 1995, S. 263; *ders.*, Von der Kompetenzverteilung zur besseren Erfüllung der Bundesaufgaben (das Verhältnis Bund-Kantone im Wandel), in: FS Y. Hangartner, St. Gallen/Lachen 1998, S. 723 ff.

[92] Die Rolle des Bundes beschränkt sich bei den interkantonalen und auch bei den internationalen Verträgen der Kantone neu auf eine blosse Aufsicht (siehe Art. 48 Abs. 3 2. Satz, Art. 56 Abs. 2 2. Satz, Art. 172 Abs. 3 und Art. 186 Abs. 3 und 4 nBV).

[93] Zur Bedeutung der interkantonalen Vereinbarung für Regionen und Agglomerationen; *B. Knapp*, Die Aktualität des Föderalismus und die Notwendigkeit seiner Modernisierung, in: *Konferenz der Kantonsregierungen,* Verfassungsreform als Föderalismusreform, aaO., S. 86 ff.

[94] Dazu vgl. die pauschale Bestimmung von Art. 45, sodann Art. 55, Art. 141 Abs. 1, Art. 142 Abs. 2–4, Art. 160 Abs. 1 sowie Art. 195 nBV.

[95] Was mehr ist als blosser Vollzug, sondern eben politische Gestaltung, materielle und formelle Rechtsetzung, Einsatz von Finanz- und anderen Förderungsmitteln, administrative Ausführung sowie gerichtliche Durchsetzung (*A. Ruch*, Reform der Bundesverfassung, aaO., S. 100/101; Botschaft BBl 1997 I S. 211 ff.).

[96] Art. 46 Abs. 3 nBV würde es nicht erlauben, dass die Kantone, ähnlich den deutschen und den österreichischen Bundesländern, ihre Hauptmittel praktisch nur über ein Verbundsystem des Bundes beziehen (vgl. Art. 106 GG und das auf Art. 13 B-VG gestützte österr. Finanz-Verfassungsgesetz). Es steht den Kantonen eine eigene Steuererfindungs- und Steuererhebungskompetenz zu, welche nach Art. 48 Abs. 3 auf ein »ausreichendes« substantielles Substrat greifen können muss (*R.J. Schweizer*, Die revidierte Bundesstaatsverfassung, aaO., AJP 1999, S. 670/71 m.w.H.).

6. In der betont föderalistischen, vielsprachigen Schweiz sind Änderungen der »*Kulturverfassung*« immer heikel gewesen[97]. Was aber durch Partialrevisionen der BV kaum gelang, konnte jetzt in der Gesamtrevision entwickelt werden. Obwohl 1986 und 1994 Versuche, die Kulturförderung durch den Bund in der BV zu verankern, gescheitert sind[98], enthält die nBV jetzt einen »Kulturartikel« (Art. 69) und weitere Bestandteile der Kulturverfassung. Für die »Willensnation« Schweiz ist die Wahrung und Förderung der »kulturellen Vielfalt des Landes« ein primäres Staatsziel (vgl. Art. 2 Abs. 2 und Art. 69 Abs. 3), namentlich im Hinblick auf den »inneren Zusammenhalt des Landes« (Art. 2 Abs. 2) und die »Verständigung und den Austausch zwischen den Sprachgemeinschaften« (Art. 70 Ab s. 3). Die neue BV misst der Sprachenordnung besondere Bedeutung bei: Sie gewährleistet die bisher ungeschriebene Sprachenfreiheit (im Sinne des freien Gebrauchs der Muttersprache, Art. 18 nBV) und enthält Regelungen über die Landessprachen (Art. 4 nBV) und die amtlichen Sprachenordnungen von Bund und Kantonen (Art. 70 nBV). Bedeutsam ist hier namentlich, dass um des Sprachfriedens willen in den mehrsprachigen Kantonen neu explizit das Territorialitätsprinzip verankert wurde (Art. 70 Abs. 2)[99]. Die Sprachgebiete sollen möglichst unverändert und homogen bleiben, und zudem sollen die bedrängten sprachlichen Minderheiten der Rätoromanen und Italienischsprachigen Unterstützung finden.

Grundlage des kulturellen Lebens ist zweifelsohne die Bildung, zu der die neue BV den Grundrechtsschutz bestätigt (Art. 19/20), ein Sozialziel vorgibt (Art. 41 Abs. 1 Bst.f) und die (begrenzten) Bundeskompetenzen auflistet (Art. 62–67 nBV). Das künstlerische Schaffen wird durch die neu selbständig gewährleistete Kunstfreiheit abgesichert (Art. 21) sowie durch kantonale und eidgenössische Kunstförderung unterstützt (Art. 69 Abs. 1 und 2, Art. 71 nBV). Der Begriff der »kulturellen Bestrebung« reicht selbstverständlich weit über das künstlerische Schaffen hinaus. Entsprechend ist auch das kulturelle Erbe in seiner ganzen Breite zu bewahren, wozu sich die Bundesverfassung schon seit 1962 bekennt (vgl. Art. 78 Abs. 1 und 2 nBV). Die ausgebaute »Kulturverfassung« enthält somit einen klaren Auftrag zur Wahrung und Förderung der spezifisch schweizerischen Vielfachkulturalität[100].

7. Die neue BV macht im weitern einen markanten Schritt in der Fortentwicklung des »*ökologischen Verfassungsstaates*«[101]. Aus dem bisherigen Verfassungsrecht werden einmal breite umweltpolitische Verantwortungen von Bund und Kantonen für Umweltschutz, Raumplanung, Wasser, Wald, Naturschutz, Fischerei und Jagd, Tierschutz, extrahumane Gentechnik sowie für den Schutz des Alpengebiets vor den Auswirkungen des Transit-Strassenverkehrs übernommen (vgl. Art. 73–80, 120 und 84

---

[97] Zum Begriff des »Kulturverfassungsrechts« bes. *P. Häberle*, Kulturverfassung im Bundesstaat, Wien 1980.

[98] Botschaft vom 6. Nov. 1991 über einen Kulturförderungsartikel, BBl 1992 I S. 533ff.; Botschaft zur nBV, BBl 1997 I S. 285ff. m.w.H.

[99] Zur Sprachenordnung vgl. *U. Häfelin/W. Haller*, Schweizerisches Bundesstaatsrecht, aaO., S. 426ff. Rz. 1255ff. m.w.H.

[100] Denn Förderung von kulturellen Aktivitäten und Erhaltung von Kulturgütern sind weiterhin typische Aufgaben des einzelnen Staates (vgl. *P. Saladin,* Wozu noch Staaten? Bern/München/Wien 1995, S. 135ff., 234ff.), auch wenn etwa im Kulturgüterschutz eine internationale Kooperation unerlässlich ist (*M.Ph. Wyss*, Kultur als eine Dimension der Völkerrechtsordnung – vom Kulturgüterschutz zur internationalen kulturellen Kooperation, Diss. Zürich 1992).

[101] Zu diesem Begriff *R. Steinberg*, Der ökologische Verfassungsstaat, Frankfurt a.M. 1998, bes. S. 396ff.

nBV). Sodann kennt das geltende schweizerische Verfassungsrecht weitere umweltpolitisch relevante Zuständigkeitsnormen, etwa bezüglich einer wirtschaftlichen und umweltverträglichen Energieversorgung und eines sparsamen und rationellen Energieverbrauchs (Art. 89 Abs. 1 nBV) oder bezüglich einer nachhaltigen ökologischen Landwirtschaftspolitik (Art. 104 Abs. 1 nBV)[102]. Die neue BV stärkt nun aber vor allem die programmatische Ebene: Art. 2 Abs. 2 fordert generell eine nachhaltige ökologische, soziale und wirtschaftliche Entwicklung[103] und Art. 73 betont spezifisch die ökologische Dimension des Nachhaltigkeitsgebotes. Zudem verlangt Art. 2 Abs. 4 (wie erwähnt) eine dauerhafte Erhaltung der natürlichen Lebensgrundlagen[104], wobei die Erhaltung nach Art. 54 Abs. 2 namentlich auch durch internationale Kooperation anzustreben ist. Im übrigen stellte schon das bisherige Verfassungsrecht die Forderung auf, dass die Raumplanung die »zweckmässige und haushälterische Nutzung des Bodens« sicherstellen muss (jetzt Art. 75 Abs. 1 nBV) und dass die Wasservorkommen »haushälterisch« zu nutzen seien (Art. 76 Abs. 1). Sicherlich müssen diese Verfassungsziele noch mehr als bisher instrumentalisiert und prozedural umgesetzt werden, etwa mit einer ökologischen Steuerreform, doch hat das Parlament mit der verfassungsrechtlichen Bestätigung dieser Ziele den Umsetzungsprozess entscheidend gefördert.

8. Als letztes sei noch darauf hingewiesen, dass in der neuen BV in Art. 148–173 die *Verfassungsgrundlagen der Bundesversammlung* erheblich ausgebaut wurden[105]. Dies erfolgte zum einen durch »Heraufstufung« von Organisations- und Verfahrensrecht des Parlaments[106]. Als Beispiel sei hier auf Art. 153 verwiesen, der jetzt die parlamentarischen Kommissionen auf Verfassungsstufe verankert; dabei wird dem Gesetzgeber auch zugestanden, dass er nicht rechtsetzende Befugnisse (z.B. in der Verwaltungsaufsicht) an Kommissionen delegieren kann; sodann muss der Gesetzgeber die Auskunfts-, Einsichts- und Untersuchungsbefugnisse der Kommissionen regeln[107]. Zum andern hat die Bundesversammlung in der Schlussphase der Verfassungsarbeit in entscheidender Weise *die parlamentarischen Handlungsinstrumente erweitert*. So wurde, vor allem im Sinne einer Klärung, ein neues System der Erlassformen in Art. 163 nBV festgelegt: Unterschieden wird nun zwischen dem referendumspflichtigen Bundesgesetz und übrigen, nicht rechtsetzenden referendumspflichtigen Bundesbeschlüssen (z.B. für Werke überregionaler Bedeutung) sowie unterhalb der Referendumsstufe zwischen der rechtsetzenden Verordnung des Parlaments und dem sog. einfachen Bundesbeschluss (für Verwaltungsakte des Parlaments). Dazu kommt noch das Dringlichkeitsrecht nach Art. 165[108]. Von Bedeutung ist jetzt namentlich, dass in der Verfassung in Art. 164 ein materieller Gesetzesbegriff eingeführt und verankert wird[109], der

---

[102] Weitere Hinweise bei *L. Mader*, Die Sozial- und Umweltverfassung, AJP 1999, S. 704.

[103] Vgl. Art. 2 1. Erwägungsgrund EUV. *L. Mader*, aaO., S. 703ff.

[104] Entsprechend Art. 21a GG.

[105] Die Neuerungen im Kapitel über Bundesrat und Bundesverwaltung (Art. 174–187 nBV) sind spärlicher. Hingewiesen sei vor allem auf die verfassungsrechtliche Umschreibung der »Regierungspolitik« in Art. 180, die aus dem Bundesorganisationsrecht erwachsen ist.

[106] Vgl. *D. Biedermann*, Was bringt die neue Bundesverfassung?, AJP 1999, S. 746ff.; *A. Lombardi*, Volksrechte und Bundesbehörden in der neuen Bundesverfassung, AJP 1999, S. 712ff.

[107] Vgl. Art. 47ff. und 55ff. Geschäftsverkehrsgesetz (des Bundes) vom 23. März 1962 (SR 171.11).

[108] Näheres bei *A. Lombardi*, Volksrechte und Bundesbehörden, aaO., S. 717/18; *T. Sägesser*, Neuordnung der Erlassformen der Bundesversammlung, AJP 1998, S. 677ff.

[109] Was die Lehre schon seit längerem forderte, vgl. *G. Müller*, Inhalt und Formen der Rechtsetzung als

nicht nur die gesetzlichen Delegationsmöglichkeiten neu bestimmt[110], sondern über das fakultative Gesetzesreferendum auch die direktdemokratischen Mitwirkungsrechte stärkt[111]. Neben der Gesetzgebung wurde (wie oben erwähnt) die Rolle der Bundesversammlung in den auswärtigen Beziehungen gefestigt. Sodann wurde die Regierungs- und Verwaltungsaufsicht (»Oberaufsicht« genannt) u.a. dadurch gestärkt, dass besonderen Delegationen von Aufsichtskommissionen keine Geheimhaltungspflichten mehr entgegengehalten werden können (Art. 169 Abs. 2)[112]. Wirklich neu ist die verfassungsrechtliche Pflicht zur Evaluation, zur Überprüfung der Wirksamkeit von Erlassen und Massnahmen[113]. Eine Neuerung ist schliesslich das Instrument des »Auftrages« der Bundesversammlung an den Bundesrat. Damit will man der Regierung namentlich verbindliche Vorgaben im Bereich des New Public Managements bzw. der wirkungsorientierten Verwaltungsführung geben können[114]. In diesem Kontext ist es nur folgerichtig, dass jetzt auch generell festgehalten wird, dass das Parlament »bei den wichtigen Planungen der Staatstätigkeit« »mitwirkt« (Art. 173 Abs. 1 lit. g nBV). Die weitgehend aufgrund von Vorschlägen ihrer staatspolitischen Kommissionen[115] von den Räten verankerten neuen Instrumente müssen gesetzlich noch verfeinert werden, dürften aber auch einen Beitrag zur Entfaltung der Ziele und Vorgaben der neuen BV leisten.

IV. Zur Bedeutung der Verfassungsreform

1. Die Bedeutung auch der erneuerten BV erschliesst sich nicht zuletzt über die *Auslegung*, etwa der Bundes- und Gewaltenzuständigkeiten oder der Freiheitsgarantien[116]. Es ist offensichtlich, dass die Klärungen und Bereinigungen, die gemäss dem Auftrag der Bundesversammlung von 1987, das Verfassungsrecht verständlich darzustellen sowie dessen Dichte und Sprache zu vereinheitlichen, vorgenommen wurden, die sprachlich-grammatikalische Auslegung erleichtert. Allerdings sind deren Möglichkeiten durch die vielfältigen Vereinfachungen und Kürzungen auch reduziert worden.

Problem der demokratischen Kompetenzordnung, Basel/Stuttgart 1979, S. 107ff.; *K. Eichenberger*, Gesetzgebung im Rechtsstaat, VVDStRL, H. 40, 1982, S. 25ff.

[110] Vgl. *G. Müller*, Möglichkeiten und Grenzen der Verteilung der Rechtsetzungsbefugnisse im demokratischen Rechtsstaat, ZBl 1998, S. 1ff.

[111] Die Probleme der Anpassung der bestehenden Bundesgesetzgebung wären noch zu vertiefen.

[112] Was auf Gesetzesstufe Art. 47[quinquies] Geschäftsverkehrsgesetz seit kurzem sicherstellt.

[113] Vgl. zur »Nachkontrolle« der Gesetzgebung und zur Effektivitätsforschung schon *P. Noll*, Gesetzgebungslehre, Reinbek, 1973, S. 146ff.; sodann: Die Wirkungen staatlichen Handelns besser ermitteln: Probleme, Möglichkeiten, Vorschläge, Schlussbericht der Arbeitsgruppe »Gesetzesevaluation« an das Eidg. Justiz- und Polizeidepartement, Bern 1991; *W. Bussmann/U. Klöti/P. Knoepfel* (Hrsg.), Einführung in die Politikevalutation, 1997.

[114] Vgl. *U. Bolz/U. Klöti*, Parlamentarisches Steuern neu erfinden?, ZBl 1996, S. 169ff.; *Ph. Mastronardi*, New Public Management im Kontext unserer Staatsordnung, in: Ph. Mastronardi/K. Schedler, New Public Management in Staat und Recht, ein Diskurs, 1998, S. 83ff.

[115] Vgl. den in Anm. 1 genannten Bericht vom 6. März 1997, BBl 1997 III S. 245ff.

[116] Zur Verfassungsauslegung in der Schweiz *U. Häfelin/W. Haller*, Schweizerisches Bundesstaatsrecht, aaO., S. 23ff. Rz. 58ff.; sowie allgemein *E.A. Kramer*, Juristische Methodenlehre, Bern 1998 S. 39ff. m.w.H.

Eine spannende Herausforderung stellt neu die systematische Auslegung dar[117]. Wegen der starken Segmentierung in der Neugestaltung ist diese Auslegung anspruchsvoll, doch ist sie durch die sehr viel klareren Grundstrukturen des Verfassungstextes und die meist deutlichere Unterscheidung zwischen Zielen, Kompetenzen und Grundrechten sowie durch die jedenfalls vorläufig noch einheitliche Terminologie ertragreich. Da das schweizerische Verfassungsrecht in weiten Teilen in spezifischen politischen Konstellationen getroffene »Weichenstellungen« enthält[118], kommt der Ermittlung des Willens des historischen politischen Verfassungsgebers immer eine besondere Bedeutung zu. Das besondere ist nun, dass durch die Nachführung eine zweite historische Entscheidung erfolgte, namentlich weil diese Nachführung wie gesagt auch die unbestrittenen Verfassungsartikel vorwiegend in redaktioneller Absicht modifiziert hat[119]. Die Erneuerung des Textes der Bundesverfassung 1999 birgt m.E. das Risiko, dass man tendenziell eher geltungszeitlich die Verfassung auslegt, obwohl die Nachführung gerade die Rückanknüpfung und mindestens eine objektiv-historische Auslegung vermitteln wollte. Schliesslich ist zu erwarten, dass durch die Stärkung der programmatischen Elemente und die vielfältige Öffnung der Texte die teleologische Auslegung besonders wichtig wird, gerade weil Verfassungsrechtsfindung vor allem zur Konkretisierung von Verfassungsnormen führen muss[120]. Insgesamt erhöht die neue BV die Möglichkeiten vertretbarer Verfassungsauslegung und -konkretisierung. Die Aufgabe ist aber eher anspruchsvoller geworden und muss entsprechend sorgfältig wahrgenommen werden.

2. Im Zuge des langjährigen Unternehmens einer Totalrevision der Bundesverfassung hat man sich immer wieder grundsätzlich überlegt, was die »*sinnstiftenden Verfassungsfunktionen*«[121] sind[122]. Die Frage ist nüchtern zu beantworten: Zweifelsohne stärkt die neue BV die Ordnungsfunktion des Verfassungsrechts, etwa in den Bund-Kantonbeziehungen oder in den Aussenbeziehungen des Landes. Vor allem gewonnen hat die Orientierungsfunktion für die politischen Akteure, die rechtsfindenden Instanzen wie auch für die Orientierung suchenden Bewohnerinnen und Bewohner des Landes. Wieweit die Organisationsfunktion gewann, muss sich erst noch weisen[123]. Dass die

---

[117] Die bisher durch die eher ungeordnete historische Aneinanderreihung unterschiedlicher Texte recht eingeschränkt war (*J.-F. Aubert*, Bundesstaatsrecht der Schweiz, Basel/Frankfurt a.M., Bd. I, 1991, ad 175bis).

[118] Die Bundesverfassung von 1874 wurde bis 1998 über 140mal teilrevidiert.

[119] Man nehme als Beispiel den berühmten Programmauftrag für Radio und Fernsehen (Rundfunk) von Art. 55bis Abs. 2 BV bisher, der in Art. 93 nBV dahingehend modifiziert wurde, dass Radio und Fernsehen auch »zur Bildung« und nicht nur zur kulturellen Entfaltung, freien Meinungsbildung und Unterhaltung beitragen sollen. Zudem müssen sie die »Besonderheiten« des Landes berücksichtigen, während die aBV von den »Eigenheiten« des Landes sprach.

[120] Zur Verfassungsinterpretation als Konkretisierung etwa *K. Hesse*, Grundzüge des Verfassungsrechts der Bundesrepublik Deutschland, 20. Aufl., Heidelberg 1995, § 2.III.

[121] Um den Terminus von *K. Eichenberger* aufzunehmen (Sinn und Bedeutung einer Verfassung, ZSR 110 [1991] II, S. 178 ff.). Im folgenden sollen die von ihm untersuchten Verfassungsfuktionen angesprochen werden.

[122] Vgl. Schlussbericht der Arbeitsgruppe *Wahlen*, Bern 1973, S. 14 ff. (der betreffende Abschnitt stammt von *H. Huber*); Bericht der Expertenkommission *Furgler*, Bern 1977, S. 14 ff. (verfasst von *L. Wildhaber*); Botschaft, BBl 1997 I bes. S. 115 ff. sowie *U. Häfelin*, Verfassungsgebung, ZSR 93 (1974) II, S. 81 ff.; *K. Eichenberger*, Kommentar Bundesverfassung, Verfassungsrechtliche Einleitung (1995) Rz. 79 ff.

[123] Die verfassungsrechtliche Bestätigung der politischen Parteien in Art. 137 und der Fraktionen der

Machtkontrollfunktion der neuen BV, namentlich gegenüber den intermediären Kräften wie den Medien und gegenüber der global wirkenden Wirtschaft gewonnen hätte, wird niemand behaupten[124]. Immerhin bestehen berechtigte Hoffnungen, dass die Integrationsfunktion durch die Bestätigung und punktuelle Erneuerung der Verfassungsgemeinschaft gestärkt wurde.

3. Man kann bei der neuen BV verschiedenes hervorheben, etwa den konsequenten Ausbau der Rechtsstaatlichkeit (vgl. Art. 5, 7ff.), die neuen Ansätze im bundesstaatlichen Zusammenwirken oder die erweiterte internationale Ausrichtung. Entscheidend scheint mir aber, dass die BV am Ende des 20. Jahrhunderts die nationale Identität bekräftigt und erneuert hat, die *Identität* eines in Jahrhunderten gewachsenen Staatswesens mit mehreren Sprachen und Kulturen, einer lebendigen halbdirekten Demokratie, einem betonten Föderalismus und mit unbestrittenen liberalen und sozialen Verpflichtungen. Die Verfassungsvorstellungen dieses Landes gehen weiterhin dahin, dass die hiesige Konsensdemokratie eine »ausgemessene Verfassung« erheischt, die im Einzelnen nicht nur Gewissheit, sondern auch Perspektiven gewährt[125]. Allerdings: Belebung und Ausbau der Verfassung von 1999 werden die Herausforderungen der Schweiz durch die immer engere europäische Integration seitens der Europäischen Union eher nicht erleichtern, weil die politischen Institutionen wie die bundesstaatliche Kompetenzverteilung bei einer Eingliederung der Schweiz als Mitgliedstaat in die Union weitgehend überlagert und erheblich verändert werden müssen[126]. Dennoch bildet die neue BV ein *gefestigtes Gerüst* für die kommenden Aufgaben und Mühen der Politik[127]. Sicherlich wird das Gesicht der BV sich bald partiell ändern, sind doch schon über 25 Verfassungsinitiativen hängig. Dennoch schafft die erneuerte Bundesverfassung auf längere Dauer eine *Stabilisierung* und eine *Fortentwicklung* der staatlichen Gemeinschaft, nicht zuletzt, weil sie gegenüber der bisherigen BV einen stärkeren Wirklichkeitsbezug aufweist und weil sie viele ermutigende neue Impulse setzt.

Bundesversammlung in Art. 154 nBV ist z. B. wohl nicht so bedeutsam, eher schon die verfassungsrechtliche Einbindung der Bundesverwaltung in Art. 178 oder die Festlegung der Regierungsobliegenheiten in Art. 180 nBV.

[124] Zu entsprechenden Forderungen vgl. *Ph. Mastronardi,* Verfassungsreform 96: Ein Instrument der Staatsreform?, aaO., ZBl 1997, S. 501 ff.; *ders.,* Der Zweck der Eidgenossenschaft als Demokratie, ZSR 117 (1998) II, S. 321 ff.

[125] Man sehe sich nur die Bestimmungen über die Bundessteuern an (Art. 128–132 und Art. 196 Ziff. 13–16 nBV). Zur Konsensdemokratie in der Schweiz namentlich *W. Linder,* Schweizerische Demokratie: Institutionen – Prozesse – Perspektiven, Bern/Wien 1999.

[126] Vgl. *R. J. Schweizer,* Auswirkungen einer Mitgliedschaft der Europäischen Union auf das schweizerische Verfassungsrecht, in: *Th. Cottier/A. R. Kopse* (Hrsg.), Der Beitritt der Schweiz zur Europäischen Union, Zürich 1998, S. 515 ff.

[127] Zu diesem Verfassungsverständnis *J.-F. Aubert,* La constitution son contenu, son usage, aaO., ZSR 110 (1991) I S. 134 ff.

Textanhang

Bundesverfassung der Schweizerischen Eidgenossenschaft

vom 18. April 1999

Die Bundesversammlung der Schweizerischen Eidgenossenschaft, nach Einsicht in die Botschaft des Bundesrates vom 20. November 1996[1], *beschliesst*
I. Bundesverfassung der schweizerischen Eidgenossenschaft:

Präambel

Im Namen Gottes des Allmächtigen!

Das Schweizervolk und die Kantone,

in der Verantwortung gegenüber der Schöpfung,

im Bestreben, den Bund zu erneuern, um Freiheit und Demokratie, Unabhängigkeit und Frieden in Solidarität und Offenheit gegenüber der Welt zu stärken,

im Willen, in gegenseitiger Rücksichtnahme und Achtung ihre Vielfalt in der Einheit zu leben,

im Bewusstsein der gemeinsamen Errungenschaften und der Verantwortung gegenüber den künftigen Generationen,

gewiss, dass frei nur ist, wer seine Freiheit gebraucht, und dass die Stärke des Volkes sich misst am Wohl der Schwachen,

geben sich folgende Verfassung:

1. Titel

Allgemeine Bestimmungen

Art. 1
Schweizerische Eidgenossenschaft

Das Schweizervolk und die Kantone Zürich, Bern, Luzern, Uri, Schwyz, Obwalden und Nidwalden, Glarus, Zug, Freiburg, Solothurn, Basel-Stadt und Basel-Landschaft, Schaffhausen, Appenzell Ausserrhoden und Appenzell Innerrhoden, St. Gallen, Graubünden, Aargau, Thurgau, Tessin, Waadt, Wallis, Neuenburg, Genf und Jura bilden die Schweizerische Eidgenossenschaft.

Art. 2
Zweck

[1] Die Schweizerische Eidgenossenschaft schützt die Freiheit und die Rechte des Volkes und wahrt die Unabhängigkeit und die Sicherheit des Landes.

[2] Sie fördert die gemeinsame Wohlfahrt, die nachhaltige Entwicklung, den inneren Zusammenhalt und die kulturelle Vielfalt des Landes.

---

[1] BBl **1997** I 1

[3] Sie sorgt für eine möglichst grosse Chancengleichheit unter den Bürgerinnen und Bürgern.

[4] Sie setzt sich ein für die dauerhafte Erhaltung der natürlichen Lebensgrundlagen und für eine friedliche und gerechte internationale Ordnung.

Art. 3
Kantone

Die Kantone sind souverän, soweit ihre Souveränität nicht durch die Bundesverfassung beschränkt ist; sie üben alle Rechte aus, die nicht dem Bund übertragen sind.

Art. 4
Landessprachen

Die Landessprachen sind Deutsch, Französisch, Italienisch und Rätoromanisch.

Art. 5
Grundsätze rechtsstaatlichen Handelns

[1] Grundlage und Schranke staatlichen Handelns ist das Recht.

[2] Staatliches Handeln muss im öffentlichen Interesse liegen und verhältnismässig sein.

[3] Staatliche Organe und Private handeln nach Treu und Glauben.

[4] Bund und Kantone beachten das Völkerrecht.

Art. 6
Individuelle und gesellschaftliche Verantwortung

Jede Person nimmt Verantwortung für sich selber wahr und trägt nach ihren Kräften zur Bewältigung der Aufgaben in Staat und Gesellschaft bei.

2. Titel

Grundrechte, Bürgerrechte und Sozialziele

1. Kapitel: Grundrechte

Art. 7
Menschenwürde

Die Würde des Menschen ist zu achten und zu schützen.

Art. 8
Rechtsgleichheit

[1] Alle Menschen sind vor dem Gesetz gleich.

² Niemand darf diskriminiert werden, namentlich nicht wegen der Herkunft, der Rasse, des Geschlechts, des Alters, der Sprache, der sozialen Stellung, der Lebensform, der religiösen, weltanschaulichen oder politischen Überzeugung oder wegen einer körperlichen, geistigen oder psychischen Behinderung.

³ Mann und Frau sind gleichberechtigt. Das Gesetz sorgt für ihre rechtliche und tatsächliche Gleichstellung, vor allem in Familie, Ausbildung und Arbeit. Mann und Frau haben Anspruch auf gleichen Lohn für gleichwertige Arbeit.

⁴ Das Gesetz sieht Massnahmen zur Beseitigung von Benachteiligungen der Behinderten vor.

Art. 9
Schutz vor Willkür und Wahrung von Treu und Glauben

Jede Person hat Anspruch darauf, von den staatlichen Organen ohne Willkür und nach Treu und Glauben behandelt zu werden.

Art. 10
Recht auf Leben und auf persönliche Freiheit

¹ Jeder Mensch hat das Recht auf Leben. Die Todesstrafe ist verboten.

² Jeder Mensch hat das Recht auf persönliche Freiheit, insbesondere auf körperliche und geistige Unversehrtheit und auf Bewegungsfreiheit.

³ Folter und jede andere Art grausamer, unmenschlicher oder erniedrigender Behandlung oder Bestrafung sind verboten.

Art. 11
Schutz der Kinder und Jugendlichen

¹ Kinder und Jugendliche haben Anspruch auf besonderen Schutz ihrer Unversehrtheit und auf Förderung ihrer Entwicklung.

² Sie üben ihre Rechte im Rahmen ihrer Urteilsfähigkeit aus.

Art. 12
Recht auf Hilfe in Notlagen

Wer in Not gerät und nicht in der Lage ist, für sich zu sorgen, hat Anspruch auf Hilfe und Betreuung und auf die Mittel, die für ein menschenwürdiges Dasein unerlässlich sind.

Art. 13
Schutz der Privatsphäre

¹ Jede Person hat Anspruch auf Achtung ihres Privat- und Familienlebens, ihrer Wohnung sowie ihres Brief-, Post- und Fernmeldeverkehrs.

² Jede Person hat Anspruch auf Schutz vor Missbrauch ihrer persönlichen Daten.

Art. 14
Recht auf Ehe und Familie

Das Recht auf Ehe und Familie ist gewährleistet.

Art. 15
Glaubens- und Gewissensfreiheit

¹ Die Glaubens- und Gewissensfreiheit ist gewährleistet.

² Jede Person hat das Recht, ihre Religion und ihre weltanschauliche Überzeugung frei zu wählen und allein oder in Gemeinschaft mit anderen zu bekennen.

³ Jede Person hat das Recht, einer Religionsgemeinschaft beizutreten oder anzugehören und religiösem Unterricht zu folgen.

⁴ Niemand darf gezwungen werden, einer Religionsgemeinschaft beizutreten oder anzugehören, eine religiöse Handlung vorzunehmen oder religiösem Unterricht zu folgen.

Art. 16
Meinungs- und Informationsfreiheit

¹ Die Meinungs- und Informationsfreiheit ist gewährleistet.

² Jede Person hat das Recht, ihre Meinung frei zu bilden und sie ungehindert zu äussern und zu verbreiten.

³ Jede Person hat das Recht, Informationen frei zu empfangen, aus allgemein zugänglichen Quellen zu beschaffen und zu verbreiten.

Art. 17
Medienfreiheit

¹ Die Freiheit von Presse, Radio und Fernsehen sowie anderer Formen der öffentlichen fernmeldetechnischen Verbreitung von Darbietungen und Informationen ist gewährleistet.

² Zensur ist verboten.

³ Das Redaktionsgeheimnis ist gewährleistet.

Art. 18
Sprachenfreiheit

Die Sprachenfreiheit ist gewährleistet.

Art. 19
Anspruch auf Grundschulunterricht

Der Anspruch auf ausreichenden und unentgeltlichen Grundschulunterricht ist gewährleistet.

Art. 20
Wissenschaftsfreiheit

Die Freiheit der wissenschaftlichen Lehre und Forschung ist gewährleistet.

Art. 21
Kunstfreiheit

Die Freiheit der Kunst ist gewährleistet.

Art. 22
Versammlungsfreiheit

[1] Die Versammlungsfreiheit ist gewährleistet.

[2] Jede Person hat das Recht, Versammlungen zu organisieren, an Versammlungen teilzunehmen oder Versammlungen fernzubleiben.

Art. 23
Vereinigungsfreiheit

[1] Die Vereinigungsfreiheit ist gewährleistet.

[2] Jede Person hat das Recht, Vereinigungen zu bilden, Vereinigungen beizutreten oder anzugehören und sich an den Tätigkeiten von Vereinigungen zu beteiligen.

[3] Niemand darf gezwungen werden, einer Vereinigung beizutreten oder anzugehören.

Art. 24
Niederlassungsfreiheit

[1] Schweizerinnen und Schweizer haben das Recht, sich an jedem Ort des Landes niederzulassen.

[2] Sie haben das Recht, die Schweiz zu verlassen oder in die Schweiz einzureisen.

Art. 25
Schutz vor Ausweisung, Auslieferung und Ausschaffung

[1] Schweizerinnen und Schweizer dürfen nicht aus der Schweiz ausgewiesen werden; sie dürfen nur mit ihrem Einverständnis an eine ausländische Behörde ausgeliefert werden.

[2] Flüchtlinge dürfen nicht in einen Staat ausgeschafft oder ausgeliefert werden, in dem sie verfolgt werden.

[3] Niemand darf in einen Staat ausgeschafft werden, in dem ihm Folter oder eine andere Art grausamer und unmenschlicher Behandlung oder Bestrafung droht.

Art. 26
Eigentumsgarantie

[1] Das Eigentum ist gewährleistet.

[2] Enteignungen und Eigentumsbeschränkungen, die einer Enteignung gleichkommen, werden voll entschädigt.

Art. 27
Wirtschaftsfreiheit

[1] Die Wirtschaftsfreiheit ist gewährleistet.

[2] Sie umfasst insbesondere die freie Wahl des Berufes sowie den freien Zugang zu einer privatwirtschaftlichen Erwerbstätigkeit und deren freie Ausübung.

Art. 28
Koalitionsfreiheit

[1] Die Arbeitnehmerinnen und Arbeitnehmer, die Arbeitgeberinnen und Arbeitgeber sowie ihre Organisationen haben das Recht, sich zum Schutz ihrer Interessen zusammenzuschliessen, Vereinigungen zu bilden und solchen beizutreten oder fernzubleiben.

[2] Streitigkeiten sind nach Möglichkeit durch Verhandlung oder Vermittlung beizulegen.

[3] Streik und Aussperrung sind zulässig, wenn sie Arbeitsbeziehungen betreffen und wenn keine Verpflichtungen entgegenstehen, den Arbeitsfrieden zu wahren oder Schlichtungsverhandlungen zu führen.

[4] Das Gesetz kann bestimmten Kategorien von Personen den Streik verbieten.

Art. 29
Allgemeine Verfahrensgarantien

[1] Jede Person hat in Verfahren vor Gerichts- und Verwaltungsinstanzen Anspruch auf gleiche und gerechte Behandlung sowie auf Beurteilung innert angemessener Frist.

[2] Die Parteien haben Anspruch auf rechtliches Gehör.

[3] Jede Person, die nicht über die erforderlichen Mittel verfügt, hat Anspruch auf unentgeltliche Rechtspflege, wenn ihr Rechtsbegehren nicht aussichtslos erscheint. Soweit es zur Wahrung ihrer Rechte notwendig ist, hat sie ausserdem Anspruch auf unentgeltlichen Rechtsbeistand.

Art. 30
Gerichtliche Verfahren

[1] Jede Person, deren Sache in einem gerichtlichen Verfahren beurteilt werden muss, hat Anspruch auf ein durch Gesetz geschaffenes, zuständiges, unabhängiges und unparteiisches Gericht. Ausnahmegerichte sind untersagt.

[2] Jede Person, gegen die eine Zivilklage erhoben wird, hat Anspruch darauf, dass die Sache vom Gericht des Wohnsitzes beurteilt wird. Das Gesetz kann einen anderen Gerichtsstand vorsehen.

[3] Gerichtsverhandlung und Urteilsverkündung sind öffentlich. Das Gesetz kann Ausnahmen vorsehen.

Art. 31
Freiheitsentzug

[1] Die Freiheit darf einer Person nur in den vom Gesetz selbst vorgesehenen Fällen und nur auf die im Gesetz vorgeschriebene Weise entzogen werden.

[2] Jede Person, der die Freiheit entzogen wird, hat Anspruch darauf, unverzüglich und in einer ihr verständlichen Sprache über die Gründe des Freiheitsentzugs und über ihre Rechte unterrichtet zu werden. Sie muss die Möglichkeit haben, ihre

Rechte geltend zu machen. Sie hat insbesondere das Recht, ihre nächsten Angehörigen benachrichtigen zu lassen.

[3] Jede Person, die in Untersuchungshaft genommen wird, hat Anspruch darauf, unverzüglich einer Richterin oder einem Richter vorgeführt zu werden; die Richterin oder der Richter entscheidet, ob die Person weiterhin in Haft gehalten oder freigelassen wird. Jede Person in Untersuchungshaft hat Anspruch auf ein Urteil innert angemessener Frist.

[4] Jede Person, der die Freiheit nicht von einem Gericht entzogen wird, hat das Recht, jederzeit ein Gericht anzurufen. Diese entscheidet so rasch wie möglich über die Rechtmässigkeit des Freiheitsentzugs.

Art. 32
Strafverfahren

[1] Jede Person gilt bis zur rechtskräftigen Verurteilung als unschuldig.

[2] Jede angeklagte Person hat Anspruch darauf, möglichst rasch und umfassend über die gegen sie erhobenen Beschuldigungen unterrichtet zu werden. Sie muss die Möglichkeit haben, die ihr zustehenden Verteidigungsrechte geltend zu machen.

[3] Jede verurteilte Person hat das Recht, das Urteil von einem höheren Gericht überprüfen zu lassen. Ausgenommen sind die Fälle, in denen das Bundesgericht als einzige Instanz urteilt.

Art. 33
Petitionsrecht

[1] Jede Person hat das Recht, Petitionen an Behörden zu richten; es dürfen ihr daraus keine Nachteile erwachsen.

[2] Die Behörden haben von Petitionen Kenntnis zu nehmen.

Art. 34
Politische Rechte

[1] Die politischen Rechte sind gewährleistet.

[2] Die Garantie der politischen Rechte schützt die freie Willensbildung und die unverfälschte Stimmabgabe.

Art. 35
Verwirklichung der Grundrechte

[1] Die Grundrechte müssen in der ganzen Rechtsordnung zur Geltung kommen.

[2] Wer staatliche Aufgaben wahrnimmt, ist an die Grundrechte gebunden und verpflichtet, zu ihrer Verwirklichung beizutragen.

[3] Die Behörden sorgen dafür, dass die Grundrechte, soweit sie sich dazu eignen, auch unter Privaten wirksam werden.

Art. 36
Einschränkungen von Grundrechten

[1] Einschränkungen von Grundrechten bedürfen einer gestzlichen Grundlage. Schwerwiegende Einschränkungen müssen im Gesetz selbst vorgesehen sein. Ausgenommen sind Fälle ernster, unmittelbarer und nicht anders abwendbarer Gefahr.

[2] Einschränkungen von Grundrechten müssen durch ein öffentliches Interesse oder durch den Schutz von Grundrechten Dritter gerechtfertigt sein.

[3] Einschränkungen von Grundrechten müssen verhältnismässig sein.

[4] Der Kerngehalt der Grundrechte ist unantastbar.

2. Kapitel: Bürgerrecht und politische Rechte

Art. 37
Bürgerrechte

[1] Schweizerbürgerin oder Schweizerbürger ist, wer das Bürgerrecht einer Gemeinde und das Bürgerrecht des Kantons besitzt.

[2] Niemand darf wegen seiner Bürgerrechte bevorzugt oder benachteiligt werden. Ausgenommen sind Vorschriften über die politischen Rechte in Bürgergemeinden und Korporationen sowie über die Beteiligung an deren Vermögen, es sei denn, die kantonale Gesetzgebung sehe etwas anderes vor.

Art. 38
Erwerb und Verlust der Bürgerrechte

[1] Der Bund regelt Erwerb und Verlust der Bürgerrechte durch Abstammung, Heirat oder Adoption. Er regelt zudem den Verlust des Schweizer Bürgerrechts aus anderen Gründen sowie die Wiedereinbürgerung.

[2] Er erlässt Mindestvorschriften über die Einbürgerung von Ausländerinnen und Ausländern durch die Kantone und erteilt die Einbürgerungsbewilligung.

[3] Er erleichtert die Einbürgerung staatenloser Kinder.

Art. 39
Ausübung der politischen Rechte

[1] Der Bund regelt die Ausübung der politischen Rechte in eidgenössischen, die Kantone regeln sie in kantonalen und kommunalen Angelegenheiten.

[2] Die politischen Rechte werden am Wohnsitz ausgeübt. Bund und Kantone können Ausnahmen vorsehen.

[3] Niemand darf die politischen Rechte in mehr als einem Kanton ausüben.

[4] Die Kantone können vorsehen, dass Neuzu-

gezogene das Stimmrecht in kantonalen und kommunalen Angelegenheiten erst nach einer Wartefrist von höchstens drei Monaten nach der Niederlassung ausüben dürfen.

Art. 40
Auslandschweizerinnen und Auslandschweizer

¹ Der Bund fördert die Beziehungen der Auslandschweizerinnen und Auslandschweizer untereinander und zur Schweiz. Er kann Organisationen unterstützen, die dieses Ziel verfolgen.

² Er erlässt Vorschriften über die Rechte und Pflichten der Auslandschweizerinnen und Auslandschweizer, namentlich in Bezug auf die Ausübung der politischen Rechte im Bund, die Erfüllung der Pflicht, Militär- oder Ersatzdienst zu leisten, die Unterstützung sowie die Sozialversicherungen.

3. Kapitel: Sozialziele

Art. 41

¹ Bund und Kantone setzen sich in Ergänzung zu persönlicher Verantwortung und privater Initiative dafür ein, dass:

  a. jede Person an der sozialen Sicherheit teilhat;

  b. jede Person die für ihre Gesundheit notwendige Pflege erhält;

  c. Familien als Gemeinschaften von Erwachsenen und Kindern geschützt und gefördert werden;

  d. Erwerbsfähige ihren Lebensunterhalt durch Arbeit zu angemessenen Bedingungen bestreiten können;

  e. Wohnungssuchende für sich und ihre Familie eine angemessene Wohnung zu tragbaren Bedingungen finden können;

  f. Kinder und Jugendliche sowie Personen im erwerbsfähigen Alter sich nach ihren Fähigkeiten bilden, aus- und weiterbilden können;

  g. Kinder und Jugendliche in ihrer Entwicklung zu selbstständigen und sozial verantwortlichen Personen gefördert und in ihrer sozialen, kulturellen und politischen Integration unterstützt werden.

² Bund und Kantone setzen sich dafür ein, dass jede Person gegen die wirtschaftlichen Folgen von Alter, Invalidität, Krankheit, Unfall, Arbeitslosigkeit, Mutterschaft, Verwaisung und Verwitwung gesichert ist.

³ Sie streben die Sozialziele im Rahmen ihrer verfassungsmässigen Zuständigkeiten und ihrer verfügbaren Mittel an.

⁴ Aus den Sozialzielen können keine unmittelbaren Ansprüche auf staatliche Leistungen abgeleitet werden.

3. Titel
Bund, Kantone und Gemeinden

1. Kapitel: Verhältnis von Bund und Kantonen

1. Abschnitt: Aufgaben von Bund und Kantonen

Art. 42
Aufgaben des Bundes

¹ Der Bund erfüllt die Aufgaben, die ihm die Bundesverfassung zuweist.

² Er übernimmt die Aufgaben, die einer einheitlichen Regelung bedürfen.

Art. 43
Aufgaben der Kantone

Die Kantone bestimmen, welche Aufgaben sie im Rahmen ihrer Zuständigkeiten erfüllen.

2. Abschnitt: Zusammenwirken von Bund und Kantonen

Art. 44
Grundsätze

¹ Bund und Kantone unterstützen einander in der Erfüllung ihrer Aufgaben und arbeiten zusammen.

² Sie schulden einander Rücksicht und Beistand. Sie leisten einander Amts- und Rechtshilfe.

³ Streitigkeiten zwischen Kantonen oder zwischen Kantonen und dem Bund werden nach Möglichkeit durch Verhandlung und Vermittlung beigelegt.

Art. 45
Mitwirkung an der Willensbildung des Bundes

¹ Die Kantone wirken nach Massgabe der Bundesverfassung an der Willensbildung des Bundes mit, insbesondere an der Rechtsetzung.

² Der Bund informiert die Kantone rechtzeitig und umfassend über seine Vorhaben; er holt ihre Stellungnahmen ein, wenn ihre Interessen betroffen sind.

Art. 46
Umsetzung des Bundesrechts

¹ Die Kantone setzen das Bundesrecht nach Massgabe von Verfassung und Gesetz um.

² Der Bund belässt den Kantonen möglichst grosse Gestaltungsfreiheit und trägt den kantonalen Besonderheiten Rechnung.

³ Der Bund trägt der finanziellen Belastung Rechnung, die mit der Umsetzung des Bundesrechts verbunden ist, indem er den Kantonen aus-

reichende Finanzierungsquellen belässt und für einen angemessenen Finanzausgleich sorgt.

Art. 47
Eigenständigkeit der Kantone

Der Bund wahrt die Eigenständigkeit der Kantone.

Art. 48
Verträge zwischen Kantonen

[1] Die Kantone können miteinander Verträge schliessen sowie gemeinsame Organisationen und Einrichtungen schaffen. Sie können namentlich Aufgaben von regionalem Interesse gemeinsam wahrnehmen.

[2] Der Bund kann sich im Rahmen seiner Zuständigkeiten beteiligen.

[3] Verträge zwischen Kantonen dürfen dem Recht und den Interessen des Bundes sowie den Rechten anderer Kantone nicht zuwiderlaufen. Sie sind dem Bund zur Kenntnis zu bringen.

Art. 49
Vorrang und Einhaltung des Bundesrechts

[1] Bundesrecht geht entgegenstehendem kantonalem Recht vor.

[2] Der Bund wacht über die Einhaltung des Bundesrechts durch die Kantone.

3. Abschnitt: Gemeinden

Art. 50

[1] Die Gemeindeautonomie ist nach Massgabe des kantonalen Rechts gewährleistet.

[2] Der Bund beachtet bei seinem Handeln die möglichen Auswirkungen auf die Gemeinden.

[3] Er nimmt dabei Rücksicht auf die besondere Situation der Städte und der Agglomerationen sowie der Berggebiete.

4. Abschnitt: Bundesgarantien

Art. 51
Kantonsverfassungen

[1] Jeder Kanton gibt sich eine demokratische Verfassung. Diese bedarf der Zustimmung des Volkes und muss revidiert werden können, wenn die Mehrheit der Stimmberechtigten es verlangt.

[2] Die Kantonsverfassungen bedürfen der Gewährleistung des Bundes. Der Bund gewährleistet sie, wenn sie dem Bundesrecht nicht widersprechen.

Art. 52
Verfassungsmässige Ordnung

[1] Der Bund schützt die verfassungsmässige Ordnung der Kantone.

[2] Er greift ein, wenn die Ordnung in einem Kanton gestört oder bedroht ist und der betroffene Kanton sie nicht selber oder mit Hilfe anderer Kantone schützen kann.

Art. 53
Bestand und Gebiet der Kantone

[1] Der Bund schützt Bestand und Gebiet der Kantone.

[2] Änderungen im Bestand der Kantone bedürfen der Zustimmung der betroffenen Bevölkerung, der betroffenen Kantone sowie von Volk und Ständen.

[3] Gebietsveränderungen zwischen den Kantonen bedürfen der Zustimmung der betroffenen Bevölkerung und der betroffenen Kantone sowie der Genehmigung durch die Bundesversammlung in der Form eines Bundesbeschlusses.

[4] Grenzbereinigungen können Kantone unter sich durch Vertrag vornehmen.

2. Kapitel: Zuständigkeiten

1. Abschnitt: Beziehungen zum Ausland

Art. 54
Auswärtige Angelegenheiten

[1] Die auswärtigen Angelegenheiten sind Sache des Bundes.

[2] Der Bund setzt sich ein für die Wahrung der Unabhängigkeit der Schweiz und für ihre Wohlfahrt; er trägt namentlich bei zur Linderung von Not und Armut in der Welt, zur Achtung der Menschenrechte und zur Förderung der Demokratie, zu einem friedlichen Zusammenleben der Völker sowie zur Erhaltung der natürlichen Lebensgrundlagen.

[3] Er nimmt Rücksicht auf die Zuständigkeiten der Kantone und wahrt ihre Interessen.

Art. 55
Mitwirkung der Kantone an aussenpolitischen Entscheiden

[1] Die Kantone wirken an der Vorbereitung aussenpolitischer Entscheide mit, die ihre Zuständigkeiten oder ihre wesentlichen Interessen betreffen.

[2] Der Bund informiert die Kantone rechtzeitig und umfassend und holt ihre Stellungnahmen ein.

[3] Den Stellungnahmen der Kantone kommt besonderes Gewicht zu, wenn sie in ihren Zuständigkeiten betroffen sind. In diesen Fällen wirken die Kantone in geeigneter Weise an internationalen Verhandlungen mit.

Art. 56
Beziehungen der Kantone mit dem Ausland

[1] Die Kantone können in ihren Zuständigkeitsbereichen mit dem Ausland Verträge schliessen.

² Diese Verträge dürfen dem Recht und den Interessen des Bundes sowie den Rechten anderer Kantone nicht zuwiderlaufen. Die Kantone haben den Bund vor Abschluss der Verträge zu informieren.

³ Mit untergeordneten ausländischen Behörden können die Kantone direkt verkehren; in den übrigen Fällen erfolgt der Verkehr der Kantone mit dem Ausland durch Vermittlung des Bundes.

2. Abschnitt: Sicherheit, Landesverteidigung, Zivilschutz

Art. 57
Sicherheit

¹ Bund und Kantone sorgen im Rahmen ihrer Zuständigkeiten für die Sicherheit des Landes und den Schutz der Bevölkerung.

² Sie koordinieren ihre Anstrengungen im Bereich der inneren Sicherheit.

Art. 58
Armee

¹ Die Schweiz hat eine Armee. Diese ist grundsätzlich nach dem Milizprinzip organisiert.

² Die Armee dient der Kriegsverhinderung und trägt bei zur Erhaltung des Friedens; sie verteidigt das Land und seine Bevölkerung. Sie unterstützt die zivilen Behörden bei der Abwehr schwerwiegender Bedrohungen der inneren Sicherheit und bei der Bewältigung anderer ausserordentlicher Lagen. Das Gesetz kann weitere Aufgaben vorsehen.

³ Der Einsatz der Armee ist Sache des Bundes. Die Kantone können ihre Formationen zur Aufrechterhaltung der öffentlichen Ordnung auf ihrem Gebiet einsetzen, wenn die Mittel der zivilen Behörden zur Abwehr schwerwiegender Bedrohungen der inneren Sicherheit nicht mehr ausreichen.

Art. 59
Militär- und Ersatzdienst

¹ Jeder Schweizer ist verpflichtet, Militärdienst zu leisten. Das Gesetz sieht einen zivilen Ersatzdienst vor.

² Für Schweizerinnen ist der Militärdienst freiwillig.

³ Schweizer, die weder Militär- noch Ersatzdienst leisten, schulden eine Abgabe. Diese wird vom Bund erhoben und von den Kantonen veranlagt und eingezogen.

⁴ Der Bund erlässt Vorschriften über den angemessenen Ersatz des Erwerbsausfalls.

⁵ Personen, die Militär- oder Ersatzdienst leisten und dabei gesundheitlichen Schaden erleiden oder ihr Leben verlieren, haben für sich oder ihre Angehörigen Anspruch auf angemessene Unterstützung des Bundes.

Art. 60
Organisation, Ausbildung und Ausrüstung der Armee

¹ Die Militärgesetzgebung sowie Organisation, Ausbildung und Ausrüstung der Armee sind Sache des Bundes.

² Die Kantone sind im Rahmen des Bundesrechts zuständig für die Bildung kantonaler Formationen, für die Ernennung und Beförderung der Offiziere dieser Formationen sowie für die Beschaffung von Teilen der Bekleidung und Ausrüstung.

³ Der Bund kann militärische Einrichtungen der Kantone gegen angemessene Entschädigung übernehmen.

Art. 61
Zivilschutz

¹ Die Gesetzgebung über den zivilen Schutz von Personen und Gütern vor den Auswirkungen bewaffneter Konflikte ist Sache des Bundes.

² Der Bund erlässt Vorschriften über den Einsatz des Zivilschutzes bei Katastrophen und in Notlagen.

³ Er kann den Schutzdienst für Männer obligatorisch erklären. Für Frauen ist dieser freiwillig.

⁴ Der Bund erlässt Vorschriften über den angemessenen Ersatz des Erwerbsausfalls.

⁵ Personen, die Schutzdienst leisten und dabei gesundheitlichen Schaden erleiden oder ihr Leben verlieren, haben für sich oder ihre Angehörigen Anspruch auf angemessene Unterstützung des Bundes.

3. Abschnitt: Bildung, Forschung und Kultur

Art. 62
Schulwesen

¹ Für das Schulwesen sind die Kantone zuständig.

² Sie sorgen für einen ausreichenden Grundschulunterricht, der allen Kindern offen steht. Der Grundschulunterricht ist obligatorisch und untersteht staatlicher Leitung oder Aufsicht. An öffentlichen Schulen ist er unentgeltlich. Das Schuljahr beginnt zwischen Mitte August und Mitte September.

Art. 63
Berufsbildung und Hochschulen

¹ Der Bund erlässt Vorschriften über die Berufsbildung.

² Er betreibt technische Hochschulen; er kann weitere Hochschulen und andere höhere Bil-

dungsanstalten errichten, betreiben oder unterstützen. Er kann die Unterstützung davon abhängig machen, dass die Koordination sichergestellt ist.

Art. 64
Forschung

[1] Der Bund fördert die wissenschaftliche Forschung.

[2] Er kann die Förderung insbesondere davon abhängig machen, dass die Koordination sichergestellt ist.

[3] Er kann Forschungsstätten errichten, übernehmen oder betreiben.

Art. 65
Statistik

[1] Der Bund erhebt die notwendigen statistischen Daten über den Zustand und die Entwicklung von Bevölkerung, Wirtschaft, Gesellschaft, Raum und Umwelt in der Schweiz.

[2] Er kann Vorschriften über die Harmonisierung und Führung amtlicher Register erlassen, um den Erhebungsaufwand möglichst gering zu halten.

Art. 66
Ausbildungsbeihilfen

[1] Der Bund kann den Kantonen Beiträge an ihre Aufwendungen für Stipendien und andere Ausbildungsbeihilfen gewähren.

[2] Er kann zudem in Ergänzung zu den kantonalen Massnahmen und unter Wahrung der kantonalen Schulhoheit eigene Massnahmen zur Förderung der Ausbildung ergreifen.

Art. 67
Jugend und Erwachsenenbildung

[1] Bund und Kantone tragen bei der Erfüllung ihrer Aufgaben den besonderen Förderungs- und Schutzbedürfnissen von Kindern und Jugendlichen Rechnung.

[2] Der Bund kann in Ergänzung zu kantonalen Massnahmen die ausserschulische Arbeit mit Kindern und Jugendlichen sowie die Erwachsenenbildung unterstützen.

Art. 68
Sport

[1] Der Bund fördert den Sport, insbesondere die Ausbildung.

[2] Er betreibt eine Sportschule.

[3] Er kann Vorschriften über den Jugendsport erlassen und den Sportunterricht an Schulen obligatorisch erklären.

Art. 69
Kultur

[1] Für den Bereich der Kultur sind die Kantone zuständig.

[2] Der Bund kann kulturelle Bestrebungen von gesamtschweizerischem Interesse unterstützen sowie Kunst und Musik, insbesondere im Bereich der Ausbildung, fördern.

[3] Er nimmt bei der Erfüllung seiner Aufgaben Rücksicht auf die kulturelle und die sprachliche Vielfalt des Landes.

Art. 70
Sprachen

[1] Die Amtssprachen des Bundes sind Deutsch, Französisch und Italienisch. Im Verkehr mit Personen rätoromanischer Sprache ist auch das Rätoromanische Amtssprache des Bundes.

[2] Die Kantone bestimmen ihre Amtssprachen. Um das Einvernehmen zwischen den Sprachgemeinschaften zu wahren, achten sie auf die herkömmliche sprachliche Zusammensetzung der Gebiete und nehmen Rücksicht auf die angestammten sprachlichen Minderheiten.

[3] Bund und Kantone fördern die Verständigung und den Austausch zwischen den Sprachgemeinschaften.

[4] Der Bund unterstützt die mehrsprachigen Kantone bei der Erfüllung ihrer besonderen Aufgaben.

[5] Der Bund unterstützt Massnahmen der Kantone Graubünden und Tessin zur Erhaltung und Förderung der rätoromanischen und der italienischen Sprache.

Art. 71
Film

[1] Der Bund kann die Schweizer Filmproduktion und die Filmkultur fördern.

[2] Er kann Vorschriften zur Förderung der Vielfalt und der Qualität des Filmangebots erlassen.

Art. 72
Kirche und Staat

[1] Für die Regelung des Verhältnisses zwischen Kirche und Staat sind die Kantone zuständig.

[2] Bund und Kantone können im Rahmen ihrer Zuständigkeit Massnahmen treffen zur Wahrung des öffentlichen Friedens zwischen den Angehörigen der verschiedenen Religionsgemeinschaften.

[3] Bistümer dürfen nur mit Genehmigung des Bundes errichtet werden.

4. Abschnitt: Umwelt und Raumplanung

Art. 73
Nachhaltigkeit

Bund und Kantone streben ein auf Dauer ausgewogenes Verhältnis zwischen der Natur und ihrer Erneuerungsfähigkeit einerseits und ihrer Beanspruchung durch den Menschen anderseits an.

Art. 74
Umweltschutz

¹ Der Bund erlässt Vorschriften über den Schutz des Menschen und seiner natürlichen Umwelt vor schädlichen oder lästigen Einwirkungen.

² Er sorgt dafür, dass solche Einwirkungen vermieden werden. Die Kosten der Vermeidung und Beseitigung tragen die Verursacher.

³ Für den Vollzug der Vorschriften sind die Kantone zuständig, soweit das Gesetz ihn nicht dem Bund vorbehält.

Art. 75
Raumplanung

¹ Der Bund legt Grundsätze der Raumplanung fest. Diese obliegt den Kantonen und dient der zweckmässigen und haushälterischen Nutzung des Bodens und der geordneten Besiedlung des Landes.

² Der Bund fördert und koordiniert die Bestrebungen der Kantone und arbeitet mit den Kantonen zusammen.

³ Bund und Kantone berücksichtigen bei der Erfüllung ihrer Aufgaben die Erfordernisse der Raumplanung.

Art. 76
Wasser

¹ Der Bund sorgt im Rahmen seiner Zuständigkeiten für die haushälterische Nutzung und den Schutz der Wasservorkommen sowie für die Abwehr schädigender Einwirkungen des Wassers.

² Er legt Grundsätze fest über die Erhaltung und die Erschliessung der Wasservorkommen, über die Nutzung der Gewässer zur Energieerzeugung und für Kühlzwecke sowie über andere Eingriffe in den Wasserkreislauf.

³ Er erlässt Vorschriften über den Gewässerschutz, die Sicherung angemessener Restwassermengen, den Wasserbau, die Sicherheit der Stauanlagen und die Beeinflussung der Niederschläge.

⁴ Über die Wasservorkommen verfügen die Kantone. Sie können für die Wassernutzung in den Schranken der Bundesgesetzgebung Abgaben erheben. Der Bund hat das Recht, die Gewässer für seine Verkehrsbetriebe zu nutzen; er entrichtet dafür eine Abgabe und eine Entschädigung.

⁵ Über Rechte an internationalen Wasservorkommen und damit verbundene Abgaben entscheidet der Bund unter Beizug der betroffenen Kantone. Können sich Kantone über Rechte an interkantonalen Wasservorkommen nicht einigen, so entscheidet der Bund.

⁶ Der Bund berücksichtigt bei der Erfüllung seiner Aufgaben die Anliegen der Kantone, aus denen das Wasser stammt.

Art. 77
Wald

¹ Der Bund sorgt dafür, dass der Wald seine Schutz-, Nutz- und Wohlfahrtsfunktionen erfüllen kann.

² Er legt Grundsätze über den Schutz des Waldes fest.

³ Er fördert Massnahmen zur Erhaltung des Waldes.

Art. 78
Natur- und Heimatschutz

¹ Für den Natur- und Heimatschutz sind die Kantone zuständig.

² Der Bund nimmt bei der Erfüllung seiner Aufgaben Rücksicht auf die Anliegen des Natur- und Heimatschutzes. Er schont Landschaften, Ortsbilder, geschichtliche Stätten sowie Natur- und Kulturdenkmäler; er erhält sie ungeschmälert, wenn das öffentliche Interesse es gebietet.

³ Er kann Bestrebungen des Natur- und Heimatschutzes unterstützen und Objekte von gesamtschweizerischer Bedeutung vertraglich oder durch Enteignung erwerben oder sichern.

⁴ Er erlässt Vorschriften zum Schutz der Tier- und Pflanzenwelt und zur Erhaltung ihrer Lebensräume in der natürlichen Vielfalt. Er schützt bedrohte Arten vor Ausrottung.

⁵ Moore und Moorlandschaften von besonderer Schönheit und gesamtschweizerischer Bedeutung sind geschützt. Es dürfen darin weder Anlagen gebaut noch Bodenveränderungen vorgenommen werden. Ausgenommen sind Einrichtungen, die dem Schutz oder der bisherigen landwirtschaftlichen Nutzung der Moore und Moorlandschaften dienen.

Art. 79
Fischerei und Jagd

Der Bund legt Grundsätze fest über die Ausübung der Fischerei und der Jagd, insbesondere zur Erhaltung der Artenvielfalt der Fische, der wild lebenden Säugetiere und der Vögel.

Art. 80
Tierschutz

[1] Der Bund erlässt Vorschriften über den Schutz der Tiere.

[2] Er regelt insbesondere:

  a. die Tierhaltung und die Tierpflege;

  b. die Tierversuche und die Eingriffe am lebenden Tier;

  c. die Verwendung von Tieren;

  d. die Einfuhr von Tieren und tierischen Erzeugnissen;

  e. den Tierhandel und die Tiertransporte;

  f. das Töten von Tieren.

[3] Für den Vollzug der Vorschriften sind die Kantone zuständig, soweit das Gesetz ihn nicht dem Bund vorbehält.

5. Abschnitt: Öffentliche Werke und Verkehr

Art. 81
Öffentliche Werke

Der Bund kann im Interesse des ganzen oder eines grossen Teils des Landes öffentliche Werke errichten und betreiben oder ihre Errichtung unterstützen.

Art. 82
Strassenverkehr

[1] Der Bund erlässt Vorschriften über den Strassenverkehr.

[2] Er übt die Oberaufsicht über die Strassen von gesamtschweizerischer Bedeutung aus; er kann bestimmen, welche Durchgangsstrassen für den Verkehr offen bleiben müssen.

[3] Die Benützung öffentlicher Strassen ist gebührenfrei. Die Bundesversammlung kann Ausnahmen bewilligen.

Art. 83
Nationalstrassen

[1] Der Bund stellt die Errichtung eines Netzes von Nationalstrassen und deren Benützbarkeit sicher.

[2] Die Kantone bauen und unterhalten die Nationalstrassen nach den Vorschriften und unter der Oberaufsicht des Bundes.

[3] Bund und Kantone tragen die Kosten der Nationalstrassen gemeinsam. Der Kostenanteil der einzelnen Kantone richtet sich nach ihrer Belastung durch die Nationalstrassen, nach ihrem Interesse an diesen Strassen und nach ihrer Finanzkraft.

Art. 84
Alpenquerender Transitverkehr[*]

[1] Der Bund schützt das Alpengebiet vor den negativen Auswirkungen des Transitverkehrs. Er begrenzt die Belastungen durch den Transitverkehr auf ein Mass, das für Menschen, Tiere und Pflanzen sowie ihre Lebensräume nicht schädlich ist.

[2] Der alpenquerende Gütertransitverkehr von Grenze zu Grenze erfolgt auf der Schiene. Der Bundesrat trifft die notwendigen Massnahmen. Ausnahmen sind nur zulässig, wenn sie unumgänglich sind. Sie müssen durch ein Gesetz näher bestimmt werden.

[3] Die Transitstrassen-Kapazität im Alpengebiet darf nicht erhöht werden. Von dieser Beschränkung ausgenommen sind Umfahrungsstrassen, die Ortschaften vom Durchgangsverkehr entlasten.

Art. 85
Schwerverkehrsabgabe[*]

[1] Der Bund kann auf den Schwerverkehr eine leistungs- oder verbrauchsabhängige Abgabe erheben, soweit der Schwerverkehr der Allgemeinheit Kosten verursacht, die nicht durch andere Leistungen oder Abgaben gedeckt sind.

[2] Der Reinertrag der Abgabe wird zur Deckung von Kosten verwendet, die im Zusammenhang mit dem Strassenverkehr stehen.

[3] Die Kantone werden am Reinertrag beteiligt. Bei der Bemessung der Anteile sind die besonderen Auswirkungen der Abgabe in Berg- und Randgebieten zu berücksichtigen.

Art. 86
Verbrauchssteuer auf Treibstoffen und übrige Verkehrsabgaben

[1] Der Bund kann auf Treibstoffen eine Verbrauchssteuer erheben.

[2] Er erhebt eine Abgabe für die Benützung der Nationalstrassen durch Motorfahrzeuge und Anhänger, die nicht der Schwerverkehrsabgabe unterstehen.

[3] Er verwendet die Hälfte des Reinertrags der Verbrauchssteuer auf Treibstoffen sowie den Reinertrag der Nationalstrassenabgabe für folgende Aufgaben und Aufwendungen im Zusammenhang mit dem Strassenverkehr:

  a. die Errichtung, den Unterhalt und den Betrieb von Nationalstrassen;

  b. Massnahmen zur Förderung des kombinierten Verkehrs und des Transports begleiteter Motorfahrzeuge sowie zur Trennung des Verkehrs;

  c. Beiträge an die Errichtung von Hauptstrassen;

  d. Beiträge an Schutzbauten gegen Naturge-

---

[*] Mit Übergangsbestimmung (Art. 196 Ziff. 1)

walten und an Massnahmen des Umwelt- und Landschaftsschutzes, die der Strassenverkehr nötig macht;

e. allgemeine Beiträge an die kantonalen Kosten für Strassen, die dem Motorfahrzeugverkehr geöffnet sind, und an den Finanzausgleich im Strassenwesen;

f. Beiträge an Kantone ohne Nationalstrassen und an Kantone mit Alpenstrassen, die dem internationalen Verkehr dienen.

[4] Reichen diese Mittel nicht aus, so erhebt der Bund einen Zuschlag zur Verbrauchssteuer.

Art. 87
Eisenbahnen und weitere Verkehrsträger[*]

Die Gesetzgebung über den Eisenbahnverkehr, die Seilbahnen, die Schifffahrt sowie über die Luft- und Raumfahrt ist Sache des Bundes.

Art. 88
Fuss- und Wanderwege

[1] Der Bund legt Grundsätze über Fuss- und Wanderwegnetze fest.

[2] Er kann Massnahmen der Kantone zur Anlage und Erhaltung solcher Netze unterstützen und koordinieren.

[3] Er nimmt bei der Erfüllung seiner Aufgaben Rücksicht auf Fuss- und Wanderwegnetze und ersetzt Wege, die er aufheben muss.

6. Abschnitt: Energie und Kommunikation

Art. 89
Energiepolitik

[1] Bund und Kantone setzen sich im Rahmen ihrer Zuständigkeiten ein für eine ausreichende, breit gefächerte, sichere, wirtschaftliche und umweltverträgliche Energieversorgung sowie für einen sparsamen und rationellen Energieverbrauch.

[2] Der Bund legt Grundsätze fest über die Nutzung einheimischer und erneuerbarer Energien und über den sparsamen und rationellen Energieverbrauch.

[3] Der Bund erlässt Vorschriften über den Energieverbrauch von Anlagen, Fahrzeugen und Geräten. Er fördert die Entwicklung von Energietechniken, insbesondere in den Bereichen des Energiesparens und der erneuerbaren Energien.

[4] Für Massnahmen, die den Verbrauch von Energie in Gebäuden betreffen, sind vor allem die Kantone zuständig.

[5] Der Bund trägt in seiner Energiepolitik den Anstrengungen der Kantone und Gemeinden so-

wie der Wirtschaft Rechnung; er berücksichtigt die Verhältnisse in den einzelnen Landesgegenden und die wirtschaftliche Tragbarkeit.

Art. 90
Kernenergie[*]

Die Gesetzgebung auf dem Gebiet der Kernenergie ist Sache des Bundes.

Art. 91
Transport von Energie

[1] Der Bund erlässt Vorschriften über den Transport und die Lieferung elektrischer Energie.

[2] Die Gesetzgebung über Rohrleitungsanlagen zur Beförderung flüssiger oder gasförmiger Brenn- oder Treibstoffe ist Sache des Bundes.

Art. 92
Post- und Fernmeldewesen

[1] Das Post- und Fernmeldewesen ist Sache des Bundes.

[2] Der Bund sorgt für eine ausreichende und preiswerte Grundversorgung mit Post- und Fernmeldediensten in allen Landesgegenden. Die Tarife werden nach einheitlichen Grundsätzen festgelegt.

Art. 93
Radio und Fernsehen

[1] Die Gesetzgebung über Radio und Fernsehen sowie über andere Formen der öffentlichen fernmeldetechnischen Verbreitung von Darbietungen und Informationen ist Sache des Bundes.

[2] Radio und Fernsehen tragen zur Bildung und kulturellen Entfaltung, zur freien Meinungsbildung und zur Unterhaltung bei. Sie berücksichtigen die Besonderheiten des Landes und die Bedürfnisse der Kantone. Sie stellen die Ereignisse sachgerecht dar und bringen die Vielfalt der Ansichten angemessen zum Ausdruck.

[3] Die Unabhängigkeit von Radio und Fernsehen sowie die Autonomie in der Programmgestaltung sind gewährleistet.

[4] Auf die Stellung und die Aufgabe anderer Medien, vor allem der Presse, ist Rücksicht zu nehmen.

[5] Programmbeschwerden können einer unabhängigen Beschwerdeinstanz vorgelegt werden.

7. Abschnitt: Wirtschaft

Art. 94
Grundsätze der Wirtschaftsordnung

[1] Bund und Kantone halten sich an den Grundsatz der Wirtschaftsfreiheit.

---

[*] Mit Übergangsbestimmung (Art. 196 Ziff. 3)

[*] Mit Übergangsbestimmung (Art. 196 Ziff. 4)

[2] Sie wahren die Interessen der schweizerischen Gesamtwirtschaft und tragen mit der privaten Wirtschaft zur Wohlfahrt und zur wirtschaftlichen Sicherheit der Bevölkerung bei.

[3] Sie sorgen im Rahmen ihrer Zuständigkeiten für günstige Rahmenbedingungen für die private Wirtschaft.

[4] Abweichungen vom Grundsatz der Wirtschaftsfreiheit, insbesondere auch Massnahmen, die sich gegen den Wettbewerb richten, sind nur zulässig, wenn sie in der Bundesverfassung vorgesehen oder durch kantonale Regalrechte begründet sind.

Art. 95
Privatwirtschaftliche Erwerbstätigkeit[*]

[1] Der Bund kann Vorschriften erlassen über die Ausübung der privatwirtschaftlichen Erwerbstätigkeit.

[2] Er sorgt für einen einheitlichen schweizerischen Wirtschaftsraum. Er gewährleistet, dass Personen mit einer wissenschaftlichen Ausbildung oder mit einem eidgenössischen, kantonalen oder kantonal anerkannten Ausbildungsabschluss ihren Beruf in der ganzen Schweiz ausüben können.

Art. 96
Wettbewerbspolitik

[1] Der Bund erlässt Vorschriften gegen volkswirtschaftlich oder sozial schädliche Auswirkungen von Kartellen und anderen Wettbewerbsbeschränkungen.

[2] Er trifft Massnahmen
a. zur Verhinderung von Missbräuchen in der Preisbildung durch marktmächtige Unternehmen und Organisationen des privaten und des öffentlichen Rechts;
b. gegen den unlauteren Wettbewerb.

Art. 97
Schutz der Konsumentinnen und Konsumenten

[1] Der Bund trifft Massnahmen zum Schutz der Konsumentinnen und Konsumenten.

[2] Er erlässt Vorschriften über die Rechtsmittel, welche die Konsumentenorganisationen ergreifen können. Diesen Organisationen stehen im Bereich der Bundesgesetzgebung über den unlauteren Wettbewerb die gleichen Rechte zu wie den Berufs- und Wirtschaftsverbänden.

[3] Die Kantone sehen für Streitigkeiten bis zu einem bestimmten Streitwert ein Schlichtungsverfahren oder ein einfaches und rasches Gerichtsverfahren vor. Der Bundesrat legt die Streitwertgrenze fest.

------

[*] Mit Übergangsbestimmung (Art. 196 Ziff. 5)

Art. 98
Banken und Versicherungen

[1] Der Bund erlässt Vorschriften über das Banken- und Börsenwesen; er trägt dabei der besonderen Aufgabe und Stellung der Kantonalbanken Rechnung.

[2] Er kann Vorschriften erlassen über Finanzdienstleistungen in anderen Bereichen.

[3] Er erlässt Vorschriften über das Privatversicherungswesen.

Art. 99
Geld- und Währungspolitik

[1] Das Geld- und Währungswesen ist Sache des Bundes; diesem allein steht das Recht zur Ausgabe von Münzen und Banknoten zu.

[2] Die Schweizerische Nationalbank führt als unabhängige Zentralbank eine Geld- und Währungspolitik, die dem Gesamtinteresse des Landes dient; sie wird unter Mitwirkung und Aufsicht des Bundes verwaltet.

[3] Die Schweizerische Nationalbank bildet aus ihren Erträgen ausreichende Währungsreserven; ein Teil dieser Reserven wird in Gold gehalten.

[4] Der Reingewinn der Schweizerischen Nationalbank geht zu mindestens zwei Dritteln an die Kantone.

Art. 100
Konjunkturpolitik

[1] Der Bund trifft Massnahmen für eine ausgeglichene konjunkturelle Entwicklung, insbesondere zur Verhütung und Bekämpfung von Arbeitslosigkeit und Teuerung.

[2] Er berücksichtigt die wirtschaftliche Entwicklung der einzelnen Landesgegenden. Er arbeitet mit den Kantonen und der Wirtschaft zusammen.

[3] Im Geld- und Kreditwesen, in der Aussenwirtschaft und im Bereich der öffentlichen Finanzen kann er nötigenfalls vom Grundsatz der Wirtschaftsfreiheit abweichen.

[4] Bund, Kantone und Gemeinden berücksichtigen in ihrer Einnahmen- und Ausgabenpolitik die Konjunkturlage.

[5] Der Bund kann zur Stabilisierung der Konjunktur vorübergehend auf bundesrechtliche Abgaben Zuschläge erheben oder Rabatte gewähren. Die abgeschöpften Mittel sind stillzulegen; nach der Freigabe werden direkte Abgaben individuell zurückerstattet, indirekte zur Gewährung von Rabatten oder zur Arbeitsbeschaffung verwendet.

[6] Der Bund kann die Unternehmen zur Bildung von Arbeitsbeschaffungsreserven verpflichten; er gewährt dafür Steuererleichterungen und kann dazu auch die Kantone verpflichten. Nach der Freigabe der Reserven entscheiden die Unter-

nehmen frei über deren Einsatz im Rahmen der gesetzlichen Verwendungszwecke.

Art. 101
Aussenwirtschaftspolitik

¹ Der Bund wahrt die Interessen der schweizerischen Wirtschaft im Ausland.

² In besonderen Fällen kann er Massnahmen treffen zum Schutz der inländischen Wirtschaft. Er kann nötigenfalls vom Grundsatz der Wirtschaftsfreiheit abweichen.

Art. 102
Landesversorgung*

¹ Der Bund stellt die Versorgung des Landes mit lebenswichtigen Gütern und Dienstleistungen sicher für den Fall machtpolitischer oder kriegerischer Bedrohungen sowie in schweren Mangellagen, denen die Wirtschaft nicht selbst zu begegnen vermag. Er trifft vorsorgliche Massnahmen.

² Er kann nötigenfalls vom Grundsatz der Wirtschaftsfreiheit abweichen.

Art. 103
Strukturpolitik**

Der Bund kann wirtschaftlich bedrohte Landesgegenden unterstützen sowie Wirtschaftszweige und Berufe fördern, wenn zumutbare Selbsthilfemassnahmen zur Sicherung ihrer Existenz nicht ausreichen. Er kann nötigenfalls vom Grundsatz der Wirtschaftsfreiheit abweichen.

Art. 104
Landwirtschaft

¹ Der Bund sorgt dafür, dass die Landwirtschaft durch eine nachhaltige und auf den Markt ausgerichtete Produktion einen wesentlichen Beitrag leistet zur:

  a. sicheren Versorgung der Bevölkerung;
  b. Erhaltung der natürlichen Lebensgrundlagen und zur Pflege der Kulturlandschaft;
  c. dezentralen Besiedlung des Landes.

² Ergänzend zur zumutbaren Selbsthilfe der Landwirtschaft und nötigenfalls abweichend vom Grundsatz der Wirtschaftsfreiheit fördert der Bund die bodenbewirtschaftenden bäuerlichen Betriebe.

³ Er richtet die Massnahmen so aus, dass die Landwirtschaft ihre multifunktionalen Aufgaben erfüllt. Er hat insbesondere folgende Befugnisse und Aufgaben:

  a. Er ergänzt das bäuerliche Einkommen durch Direktzahlungen zur Erzielung eines angemesse-

nen Entgelts für die erbrachten Leistungen, unter der Voraussetzung eines ökologischen Leistungsnachweises.

  b. Er fördert mit wirtschaftlich lohnenden Anreizen Produktionsformen, die besonders naturnah, umwelt- und tierfreundlich sind.

  c. Er erlässt Vorschriften zur Deklaration von Herkunft, Qualität, Produktionsmethode und Verarbeitungsverfahren für Lebensmittel.

  d. Er schützt die Umwelt vor Beeinträchtigungen durch überhöhten Einsatz von Düngstoffen, Chemikalien und anderen Hilfsstoffen.

  e. Er kann die landwirtschaftliche Forschung, Beratung und Ausbildung fördern sowie Investitionshilfen leisten.

  f. Er kann Vorschriften zur Festigung des bäuerlichen Grundbesitzes erlassen.

⁴ Er setzt dafür zweckgebundene Mittel aus dem Bereich der Landwirtschaft und allgemeine Bundesmittel ein.

Art. 105
Alkohol

Die Gesetzgebung über Herstellung, Einfuhr, Reinigung und Verkauf gebrannter Wasser ist Sache des Bundes. Der Bund trägt insbesondere den schädlichen Wirkungen des Alkoholkonsums Rechnung.

Art. 106
Glücksspiele*

¹ Die Gesetzgebung über Glücksspiele und Lotterien ist Sache des Bundes.

² Für die Errichtung und den Betrieb von Spielbanken ist eine Konzession des Bundes erforderlich. Er berücksichtigt bei der Konzessionserteilung die regionalen Gegebenheiten und die Gefahren des Glücksspiels.

³ Der Bund erhebt eine ertragsabhängige Spielbankenabgabe; diese darf 80 Prozent der Bruttospielerträge aus dem Betrieb der Spielbanken nicht übersteigen. Sie wird zur Deckung des Bundesbeitrags an die Alters-, Hinterlassenen- und Invalidenversicherung verwendet.

⁴ Für die Zulassung von Geschicklichkeitsspielautomaten mit Gewinnmöglichkeit sind die Kantone zuständig.

Art. 107
Waffen und Kriegsmaterial

¹ Der Bund erlässt Vorschriften gegen den Missbrauch von Waffen, Waffenzubehör und Munition.

² Er erlässt Vorschriften über die Herstellung,

---

  * Mit Übergangsbestimmung (Art. 196 Ziff. 6)
 ** Mit Übergangsbestimmung (Art. 196 Ziff. 7)

---

  * Mit Übergangsbestimmung (Art. 196 Ziff. 8)

die Beschaffung und den Vertrieb sowie über die Ein-, Aus- und Durchfuhr von Kriegsmaterial.

8. Abschnitt: Wohnen, Arbeit, soziale Sicherheit und Gesundheit

Art. 108
Wohnbau- und Wohneigentumsförderung

¹ Der Bund fördert den Wohnungsbau, den Erwerb von Wohnungs- und Hauseigentum, das dem Eigenbedarf Privater dient, sowie die Tätigkeit von Trägern und Organisationen des gemeinnützigen Wohnungsbaus.

² Er fördert insbesondere die Beschaffung und Erschliessung von Land für den Wohnungsbau, die Rationalisierung und die Verbilligung des Wohnungsbaus sowie die Verbilligung der Wohnkosten.

³ Er kann Vorschriften erlassen über die Erschliessung von Land für den Wohnungsbau und die Baurationalisierung.

⁴ Er berücksichtigt dabei namentlich die Interessen von Familien, Betagten, Bedürftigen und Behinderten.

Art. 109
Mietwesen

¹ Der Bund erlässt Vorschriften gegen Missbräuche im Mietwesen, namentlich gegen missbräuchliche Mietzinse, sowie über die Anfechtbarkeit missbräuchlicher Kündigungen und die befristete Erstreckung von Mietverhältnissen.

² Er kann Vorschriften über die Allgemeinverbindlicherklärung von Rahmenmietverträgen erlassen. Solche dürfen nur allgemeinverbindlich erklärt werden, wenn sie begründeten Minderheitsinteressen sowie regionalen Verschiedenheiten angemessen Rechnung tragen und die Rechtsgleichheit nicht beeinträchtigen.

Art. 110
Arbeit*

¹ Der Bund kann Vorschriften erlassen über:

a. den Schutz der Arbeitnehmerinnen und Arbeitnehmer;

b. das Verhältnis zwischen Arbeitgeber- und Arbeitnehmerseite, insbesondere über die gemeinsame Regelung betrieblicher und beruflicher Angelegenheiten;

c. die Arbeitsvermittlung;

d. die Allgemeinverbindlicherklärung von Gesamtarbeitsverträgen.

² Gesamtarbeitsverträge dürfen nur allgemeinverbindlich erklärt werden, wenn sie begründeten

---

* Mit Übergangsbestimmung (Art. 196 Ziff. 9)

Minderheitsinteressen und regionalen Verschiedenheiten angemessen Rechnung tragen und die Rechtsgleichheit sowie die Koalitionsfreiheit nicht beeinträchtigen.

³ Der 1. August ist Bundesfeiertag. Er ist arbeitsrechtlich den Sonntagen gleichgestellt und bezahlt.

Art. 111
Alters-, Hinterlassenen- und Invalidenvorsorge

¹ Der Bund trifft Massnahmen für eine ausreichende Alters-, Hinterlassenen- und Invalidenvorsorge. Diese beruht auf drei Säulen, nämlich der eidgenössischen Alters-, Hinterlassenen- und Invalidenversicherung, der beruflichen Vorsorge und der Selbstvorsorge.

² Der Bund sorgt dafür, dass die eidgenössische Alters-, Hinterlassenen- und Invalidenversicherung sowie die berufliche Vorsorge ihren Zweck dauernd erfüllen können.

³ Er kann die Kantone verpflichten, Einrichtungen der eidgenössischen Alters-, Hinterlassenen- und Invalidenversicherung sowie der beruflichen Vorsorge von der Steuerpflicht zu befreien und den Versicherten und ihren Arbeitgeberinnen und Arbeitgebern auf Beiträgen und anwartschaftlichen Ansprüchen Steuererleichterungen zu gewähren.

⁴ Er fördert in Zusammenarbeit mit den Kantonen die Selbstvorsorge namentlich durch Massnahmen der Steuer- und Eigentumspolitik.

Art. 112
Alters-, Hinterlassenen- und Invalidenversicherung*

¹ Der Bund erlässt Vorschriften über die Alters-, Hinterlassenen- und Invalidenversicherung.

² Er beachtet dabei folgende Grundsätze:

a. Die Versicherung ist obligatorisch.

b. Die Renten haben den Existenzbedarf angemessen zu decken.

c. Die Höchstrente beträgt maximal das Doppelte der Mindestrente.

d. Die Renten werden mindestens der Preisentwicklung angepasst.

³ Die Versicherung wird finanziert:

a. durch Beiträge der Versicherten, wobei die Arbeitgeberinnen und Arbeitgeber für ihre Arbeitnehmerinnen und Arbeitnehmer die Hälfte der Beiträge bezahlen;

b. durch Leistungen des Bundes und, wenn das Gesetz es vorsieht, der Kantone.

⁴ Die Leistungen des Bundes und der Kantone

---

* Mit Übergangsbestimmung (Art. 196 Ziff. 10)

betragen zusammen höchstens die Hälfte der Ausgaben.

⁵ Die Leistungen des Bundes werden in erster Linie aus dem Reinertrag der Tabaksteuer, der Steuer auf gebrannten Wassern und der Abgabe aus dem Betrieb von Spielbanken gedeckt.

⁶ Der Bund fördert die Eingliederung Invalider und unterstützt Bestrebungen zugunsten Betagter, Hinterlassener und Invalider. Für diesen Zweck kann er Mittel aus der Alters-, Hinterlassenen- und Invalidenversicherung verwenden.

Art. 113
Berufliche Vorsorge*

¹ Der Bund erlässt Vorschriften über die berufliche Vorsorge.

² Er beachtet dabei folgende Grundsätze:

a. Die berufliche Vorsorge ermöglicht zusammen mit der Alters-, Hinterlassenen- und Invalidenversicherung die Fortsetzung der gewohnten Lebenshaltung in angemessener Weise.

b. Die berufliche Vorsorge ist für Arbeitnehmerinnen und Arbeitnehmer obligatorisch; das Gesetz kann Ausnahmen vorsehen.

c. Die Arbeitgeberinnen und Arbeitgeber versichern ihre Arbeitnehmerinnen und Arbeitnehmer bei einer Vorsorgeeinrichtung; soweit erforderlich, ermöglicht ihnen der Bund, die Arbeitnehmerinnen und Arbeitnehmer in einer eidgenössischen Vorsorgeeinrichtung zu versichern.

d. Selbstständigerwerbende können sich freiwillig bei einer Vorsorgeeinrichtung versichern.

e. Für bestimmte Gruppen von Selbstständigerwerbenden kann der Bund die berufliche Vorsorge allgemein oder für einzelne Risiken obligatorisch erklären.

³ Die berufliche Vorsorge wird durch die Beiträge der Versicherten finanziert, wobei die Arbeitgeberinnen und Arbeitgeber mindestens die Hälfte der Beiträge ihrer Arbeitnehmerinnen und Arbeitnehmer bezahlen.

⁴ Vorsorgeeinrichtungen müssen den bundesrechtlichen Mindestanforderungen genügen; der Bund kann für die Lösung besonderer Aufgaben gesamtschweizerische Massnahmen vorsehen.

Art. 114
Arbeitslosenversicherung

¹ Der Bund erlässt Vorschriften über die Arbeitslosenversicherung.

² Er beachtet dabei folgende Grundsätze:

a. Die Versicherung gewährt angemessenen Erwerbsersatz und unterstützt Massnahmen zur Verhütung und Bekämpfung der Arbeitslosigkeit.

---

* Mit Übergangsbestimmung (Art. 196 Ziff. 11)

b. Der Beitritt ist für Arbeitnehmerinnen und Arbeitnehmer obligatorisch; das Gesetz kann Ausnahmen vorsehen.

c. Selbstständigerwerbende können sich freiwillig versichern.

³ Die Versicherung wird durch die Beiträge der Versicherten finanziert, wobei die Arbeitgeberinnen und Arbeitgeber für ihre Arbeitnehmerinnen und Arbeitnehmer die Hälfte der Beiträge bezahlen.

⁴ Bund und Kantone erbringen bei ausserordentlichen Verhältnissen finanzielle Leistungen.

⁵ Der Bund kann Vorschriften über die Arbeitslosenfürsorge erlassen.

Art. 115
Unterstützung Bedürftiger

Bedürftige werden von ihrem Wohnkanton unterstützt. Der Bund regelt die Ausnahmen und Zuständigkeiten.

Art. 116
Familienzulagen und Mutterschaftsversicherung

¹ Der Bund berücksichtigt bei der Erfüllung seiner Aufgaben die Bedürfnisse der Familie. Er kann Massnahmen zum Schutz der Familie unterstützen.

² Er kann Vorschriften über die Familienzulagen erlassen und eine eidgenössische Familienausgleichskasse führen.

³ Er richtet eine Mutterschaftsversicherung ein. Er kann auch Personen zu Beiträgen verpflichten, die nicht in den Genuss der Versicherungsleistungen gelangen können.

⁴ Der Bund kann den Beitritt zu einer Familienausgleichskasse und die Mutterschaftsversicherung allgemein oder für einzelne Bevölkerungsgruppen obligatorisch erklären und seine Leistungen von angemessenen Leistungen der Kantone abhängig machen.

Art. 117
Kranken- und Unfallversicherung

¹ Der Bund erlässt Vorschriften über die Kranken- und die Unfallversicherung.

² Er kann die Kranken- und die Unfallversicherung allgemein oder für einzelne Bevölkerungsgruppen obligatorisch erklären.

Art. 118
Schutz der Gesundheit

¹ Der Bund trifft im Rahmen seiner Zuständigkeiten Massnahmen zum Schutz der Gesundheit.

² Er erlässt Vorschriften über:

a. den Umgang mit Lebensmitteln sowie mit

Heilmitteln, Betäubungsmitteln, Organismen, Chemikalien und Gegenständen, welche die Gesundheit gefährden können;

b. die Bekämpfung übertragbarer, stark verbreiteter oder bösartiger Krankheiten von Menschen und Tieren;

c. den Schutz vor ionisierenden Strahlen.

Art. 119
Fortpflanzungsmedizin und Gentechnologie im Humanbereich

[1] Der Mensch ist vor Missbräuchen der Fortpflanzungsmedizin und der Gentechnologie geschützt.

[2] Der Bund erlässt Vorschriften über den Umgang mit menschlichem Keim- und Erbgut. Er sorgt dabei für den Schutz der Menschenwürde, der Persönlichkeit und der Familie und beachtet insbesondere folgende Grundsätze:

a. Alle Arten des Klonens und Eingriffe in das Erbgut menschlicher Keimzellen und Embryonen sind unzulässig.

b. Nichtmenschliches Keim- und Erbgut darf nicht in menschliches Keimgut eingebracht oder mit ihm verschmolzen werden.

c. Die Verfahren der medizinisch unterstützten Fortpflanzung dürfen nur angewendet werden, wenn die Unfruchtbarkeit oder die Gefahr der Übertragung einer schweren Krankheit nicht anders behoben werden kann, nicht aber um beim Kind bestimmte Eigenschaften herbeizuführen oder um Forschung zu betreiben; die Befruchtung menschlicher Eizellen ausserhalb des Körpers der Frau ist nur unter den vom Gesetz festgelegten Bedingungen erlaubt; es dürfen nur so viele menschliche Eizellen ausserhalb des Körpers der Frau zu Embryonen entwickelt werden, als ihr sofort eingepflanzt werden können.

d. Die Embryonenspende und alle Arten von Leihmutterschaft sind unzulässig.

e. Mit menschlichem Keimgut und mit Erzeugnissen aus Embryonen darf kein Handel getrieben werden.

f. Das Erbgut einer Person darf nur untersucht, registriert oder offenbart werden, wenn die betroffene Person zustimmt oder das Gesetz es vorschreibt.

g. Jede Person hat Zugang zu den Daten über ihre Abstammung.

Art. 120
Gentechnologie im Ausserhumanbereich

[1] Der Mensch und seine Umwelt sind vor Missbräuchen der Gentechnologie geschützt.

[2] Der Bund erlässt Vorschriften über den Umgang mit Keim- und Erbgut von Tieren, Pflanzen und anderen Organismen. Er trägt dabei der Würde der Kreatur sowie der Sicherheit von Mensch, Tier und Umwelt Rechnung und schützt die genetische Vielfalt der Tier- und Pflanzenarten.

9. Abschnitt: Aufenthalt und Niederlassung von Ausländerinnen und Ausländern

Art. 121

[1] Die Gesetzgebung über die Ein- und Ausreise, den Aufenthalt und die Niederlassung von Ausländerinnen und Ausländern sowie über die Gewährung von Asyl ist Sache des Bundes.

[2] Ausländerinnen und Ausländer können aus der Schweiz ausgewiesen werden, wenn sie die Sicherheit des Landes gefährden.

10. Abschnitt: Zivilrecht, Strafrecht, Messwesen

Art. 122
Zivilrecht

[1] Die Gesetzgebung auf dem Gebiet des Zivilrechts ist Sache des Bundes.

[2] Für die Organisation der Gerichte, das gerichtliche Verfahren und die Rechtsprechung in Zivilsachen sind die Kantone zuständig.

[3] Rechtskräftige Zivilurteile sind in der ganzen Schweiz vollstreckbar.

Art. 123
Strafrecht

[1] Die Gesetzgebung auf dem Gebiet des Strafrechts ist Sache des Bundes.

[2] Der Bund kann den Kantonen Beiträge gewähren:

a. für die Errichtung von Anstalten;

b. für Verbesserungen im Straf- und Massnahmenvollzug;

c. an Einrichtungen, die erzieherische Massnahmen an Kindern, Jugendlichen und jungen Erwachsenen vollziehen.

[3] Für die Organisation der Gerichte, das gerichtliche Verfahren und die Rechtsprechung in Strafsachen sind die Kantone zuständig.

Art. 124
Opferhilfe

Bund und Kantone sorgen dafür, dass Personen, die durch eine Straftat in ihrer körperlichen, psychischen oder sexuellen Unversehrtheit beeinträchtigt worden sind, Hilfe erhalten und angemessen entschädigt werden, wenn sie durch die Straftat in wirtschaftliche Schwierigkeiten geraten.

Art. 125
Messwesen

Die Gesetzgebung über das Messwesen ist Sache des Bundes.

3. Kapitel: Finanzordnung

Art. 126
Haushaltsführung[*]

[1] Der Bund hält seine Ausgaben und Einnahmen auf Dauer im Gleichgewicht.

[2] Er trägt einen allfälligen Fehlbetrag seiner Bilanz ab; dabei nimmt er Rücksicht auf die Wirtschaftslage.

Art. 127
Grundsätze der Besteuerung

[1] Die Ausgestaltung der Steuern, namentlich der Kreis der Steuerpflichtigen, der Gegenstand der Steuer und deren Bemessung, ist in den Grundzügen im Gesetz selbst zu regeln.

[2] Soweit es die Art der Steuer zulässt, sind dabei insbesondere die Grundsätze der Allgemeinheit und der Gleichmässigkeit der Besteuerung sowie der Grundsatz der Besteuerung nach der wirtschaftlichen Leistungsfähigkeit zu beachten.

[2] Die interkorntonale Doppelbesteuerung ist untersagt. Der Bund trifft die erforderlichen Massnahmen.

Art. 128
Direkte Steuern[**]

[1] Der Bund kann eine direkte Steuer erheben:

a. von höchstens 11,5 Prozent auf dem Einkommen der natürlichen Personen;

b. von höchsten 9,8 Prozent auf dem Reinertrag der juristischen Personen;

c. von höchsten 0,825 Promille auf dem Kapital und auf den Reserven der juristischen Personen.

[2] Der Bund nimmt bei der Festsetzung der Tarife auf die Belastung durch die direkten Steuern der Kantone und Gemeinden Rücksicht.

[3] Bei der Steuer auf dem Einkommen der natürlichen Personen werden die Folgen der kalten Progression periodisch ausgeglichen.

[4] Die Steuer wird von den Kantonen veranlagt und eingezogen. Vom Rohertrag der Steuer fallen drei Zehntel den Kantonen zu; davon wird mindestens ein Sechstel für den Finanzausgleich unter den Kantonen verwendet.

Art. 129
Steuerharmonisierung

[1] Der Bund legt Grundsätze fest über die Harmonisierung der direkten Steuern von Bund, Kantonen und Gemeinden; er berücksichtigt die Harmonisierungsbestrebungen der Kantone.

[2] Die Harmonisierung erstreckt sich auf Steuerpflicht, Gegenstand und zeitliche Bemessung der Steuern, Verfahrensrecht und Steuerstrafrecht. Von der Harmonisierung ausgenommen bleiben insbesondere die Steuertarife, die Steuersätze und die Steuerfreibeträge.

[3] Der Bund kann Vorschriften gegen ungerechtfertigte steuerliche Vergünstigungen erlassen.

Art. 130
Mehrwertsteuer[*]

[1] Der Bund kann auf Lieferungen von Gegenständen und auf Dienstleistungen einschliesslich Eigenverbrauch sowie auf Einfuhren eine Mehrwertsteuer mit einem Höchssatz von 6,5 Prozent erheben.

[2] 5 Prozent des Steuerertrags werden für Massnahmen zur Entlastung unterer Einkommensschichten verwendet.

[3] Ist wegen der Entwicklung des Altersaufbaus die Finanzierung der Alters-, Hinterlassenen- und Invalidenversicherung nicht mehr gewährleistet, so kann der Satz der Mehrwertsteuer in der Form eines Bundesgesetzes um höchstens 1 Prozentpunkt angehoben werden[3].

Art. 131
Besondere Verbrauchssteuern[**]

[1] Der Bund kann besondere Verbrauchssteuern erheben auf:

a. Tabak und Tabakwaren;

b. gebrannten Wassern;

c. Bier;

d. Automobilen und ihren Bestandteilen;

e. Erdöl, anderen Mineralölen, Erdgas und den aus ihrer Verarbeitung gewonnenen Produkten sowie auf Treibstoffen.

---

[*] Mit Übergangsbestimmung (Art. 196 Ziff. 14)

[3] Von dieser Kompetenz hat der Gesetzgeber Gebrauch gemacht; vgl. den Bundesbeschluss vom 20. März 1998 über die Anhebung der Mehrwertsteuersätze für die AHV/IV (AS **1998** 1803). Danach betragen die Mehrwertsteuersätze mit Wirkung ab 1. Januar 1999 7,5% (Normalsatz), 2,3% (ermässigter Satz) und 3,5% (Sondersatz für Beherbergungsleistungen).

[**] Mit Übergangsbestimmung (Art. 196 Ziff. 15)

---

[*] Mit Übergangsbestimmung (Art. 196 Ziff. 12)

[**] Mit Übergangsbestimmung (Art. 196 Ziff. 13).

² Er kann auf Verbrauchssteuer auf Treibstoffen einen Zuschlag erheben.

³ Die Kantone erhalten 10 Prozent des Reinertrags aus der Besteuerung der gebrannten Wasser. Diese Mittel sind zur Bekämpfung der Ursachen und Wirkungen von Suchtproblemen zu verwenden.

Art. 132
Stempelsteuer und Verrechnungssteuer*

¹ Der Bund kann auf Wertpapieren, auf Quittungen von Versicherungsprämien und auf anderen Urkunden des Handelsverkehrs eine Stempelsteuer erheben; ausgenommen von der Stempelsteuer sind Urkunden des Grundstück- und Grundpfandverkehrs.

² Der Bund kann auf dem Ertrag von beweglichem Kapitalvermögen, auf Lotteriegewinnen und auf Versicherungsleistungen eine Verrechnungssteuer erheben.

Art. 133
Zölle

Die Gesetzgebung über Zölle und andere Abgaben auf dem grenzüberschreitenden Warenverkehr ist Sache des Bundes.

Art. 134
Ausschluss kantonaler und kommunaler Besteuerung

Was die Bundesgesetzgebung als Gegenstand der Mehrwertsteuer, der besonderen Verbrauchssteuern, der Stempelsteuer und der Verrechnungssteuer bezeichnet oder für steuerfrei erklärt, dürfen die Kantone und Gemeinden nicht mit gleichartigen Steuern belasten.

Art. 135
Finanzausgleich

¹ Der Bund fördert den Finanzausgleich unter den Kantonen.

² Er berücksichtigt bei der Gewährung von Bundesbeiträgen die Finanzkraft der Kantone und die Berggebiete.

4. Titel
Volk und Stände
1. Kapitel: Allgemeine Bestimmungen

Art. 136
Politische Rechte

¹ Die politischen Rechte in Bundessachen stehen allen Schweizerinnen und Schweizern zu, die

das 18. Altersjahr zurückgelegt haben und die nicht wegen Geisteskrankheit oder Geistesschwäche entmündigt sind. Alle haben die gleichen politischen Rechte und Pflichten.

² Sie können an den Nationalratswahlen und an den Abstimmungen des Bundes teilnehmen sowie Volksinitiativen und Referenden in Bundesangelegenheiten ergreifen und unterzeichnen.

Art. 137
Politische Parteien

Die politischen Parteien wirken an der Meinungs- und Willensbildung des Volkes mit.

2. Kapitel: Initiative und Referendum

Art. 138
Volksinitiative auf Totalrevision der Bundesverfassung

¹ 100000 Stimmberechtigte können eine Totalrevision der Bundesverfassung vorschlagen.

² Dieses Begehren ist dem Volk zur Abstimmung zu unterbreiten.

Art. 139
Volksinitiative auf Teilrevision der Bundesverfassung

¹ 100000 Stimmberechtigte können eine Teilrevision der Bundesverfassung verlangen.

² Die Volksinitiative auf Teilrevision der Bundesverfassung kann die Form der allgemeinen Anregung oder des ausgearbeiteten Entwurfs haben.

³ Verletzt die Initiative die Einheit der Form, die Einheit der Materie oder zwingende Bestimmungen des Völkerrechts, so erklärt die Bundesversammlung sie für ganz oder teilweise ungültig.

⁴ Ist die Bundesversammlung mit einer Initiative in der Form der allgemeinen Anregung einverstanden, so arbeitet sie die Teilrevision im Sinn der Initiative aus und unterbreitet sie Volks und Ständen zur Abstimmung. Lehnt sie die Initiative ab, so unterbreitet sie diese dem Volk zur Abstimmung; das Volk entscheidet, ob der Initiative Folge zu geben ist. Stimmt es zu, so arbeitet die Bundesversammlung eine entsprechende Vorlage aus.

⁵ Eine Initiative in der Form des ausgearbeiteten Entwurfs wird Volk und Ständen zur Abstimmung unterbreitet. Die Bundesversammlung empfiehlt die Initiative zur Annahme oder zur Ablehnung. Empfiehlt sie die Ablehnung, so kann sie ihr einen Gegenentwurf gegenüberstellen.

⁶ Volk und Stände stimmen gleichzeitig über die Initiative und den Gegenentwurf ab. Die

---

* Mit Übergangsbestimmung (Art. 196 Ziff. 16)

Stimmberechtigten können beiden Vorlagen zustimmen. Sie können angeben, welcher Vorlage sie den Vorrang geben, falls beide angenommen werden; erzielt dabei die eine Vorlage mehr Volks- und die andere mehr Standesstimmen, so tritt keine der Vorlagen in Kraft.

Art. 140
Obligatorisches Referendum

[1] Volk und Ständen werden zur Abstimmung unterbreitet:

a. die Änderungen der Bundesverfassung;

b. der Beitritt zu Organisationen für kollektive Sicherheit oder zu supranationalen Gemeinschaften;

c. die dringlich erklärten Bundesgesetze, die keine Verfassungsgrundlage haben und deren Geltungsdauer ein Jahr übersteigt; diese Bundesgesetze müssen innerhalb eines Jahres nach Annahme durch die Bundesversammlung zur Abstimmung unterbreitet werden.

[2] Dem Volk werden zur Abstimmung unterbreitet:

a. die Volksinitiativen auf Totalrevision der Bundesverfassung;

b. die Volksinitiativen auf Teilrevision der Bundesverfassung in der Form der allgemeinen Anregung, die von der Bundesversammlung abgelehnt worden sind;

c. die Frage, ob eine Totalrevision der Bundesverfassung durchzuführen ist, bei Uneinigkeit der beiden Räte.

Art. 141
Fakultatives Referendum

[1] Auf Verlangen von 50000 Stimmberechtigten oder acht Kantonen werden dem Volk zur Abstimmung unterbreitet:

a. Bundesgesetze;

b. dringlich erklärte Bundesgesetze, deren Geltungsdauer ein Jahr übersteigt;

c. Bundesbeschlüsse, soweit Verfassung oder Gesetz dies vorsehen;

d. völkerrechtliche Verträge, die:

1. unbefristet und unkündbar sind;

2. den Beitritt zu einer internationalen Organisation vorsehen;

3. eine multilaterale Rechtsvereinheitlichung herbeiführen.

[2] Die Bundesversammlung kann weitere völkerrechtliche Verträge dem fakultativen Referendum unterstellen.

Art. 142
Erforderliche Mehrheiten

[1] Die Vorlagen, die dem Volk zur Abstimmung unterbreitet werden, sind angenommen, wenn die Mehrheit der Stimmenden sich dafür ausspricht.

[2] Die Vorlagen, die Volk und Ständen zur Abstimmung unterbreitet werden, sind angenommen, wenn die Mehrheit der Stimmenden und die Mehrheit der Stände sich dafür aussprechen.

[3] Das Ergebnis der Volksabstimmung im Kanton gilt als dessen Standesstimme.

[4] Die Kantone Obwalden, Nidwalden, Basel-Stadt, Basel-Landschaft, Appenzell Ausserrhoden und Appenzell Innerrhoden haben je eine halbe Standesstimme.

5. Titel
Bundesbehörden

1. Kapitel: Allgemeine Bestimmungen
Art. 143
Wählbarkeit

In den Nationalrat, in den Bundesrat und in das Bundesgericht sind alle Stimmberechtigten wählbar.

Art. 144
Unvereinbarkeiten

[1] Die Mitglieder des Nationalrates, des Ständerates, des Bundesrates sowie die Richterinnen und Richter des Bundesgerichts können nicht gleichzeitig einer anderen dieser Behörden angehören.

[2] Die Mitglieder des Bundesrates und die vollamtlichen Richterinnen und Richter des Bundesgerichts dürfen kein anderes Amt des Bundes oder eines Kantons bekleiden und keine andere Erwerbstätigkeit ausüben.

[3] Das Gesetz kann weitere Unvereinbarkeiten vorsehen.

Art. 145
Amtsdauer

Die Mitglieder des Nationalrates und des Bundesrates sowie die Bundeskanzlerin oder der Bundeskanzler werden auf die Dauer von vier Jahren gewählt. Für die Richterinnen und Richter des Bundesgerichts beträgt die Amtsdauer sechs Jahre.

Art. 146
Staatshaftung

Der Bund haftet für Schäden, die seine Organe in Ausübung amtlicher Tätigkeiten widerrechtlich verursachen.

Art. 147
Vernehmlassungsverfahren

Die Kantone, die politischen Parteien und die interessierten Kreise werden bei der Vorbereitung wichtiger Erlasse und anderer Vorhaben von grosser Tragweite sowie bei wichtigen völkerrechtlichen Verträgen zur Stellungnahme eingeladen.

2. Kapitel: Bundesversammlung

1. Abschnitt: Organisation

Art. 148
Stellung

[1] Die Bundesversammlung übt unter Vorbehalt der Rechte von Volk und Ständen die oberste Gewalt im Bund aus.

[2] Die Bundesversammlung besteht aus zwei Kammern, dem Nationalrat und dem Ständerat; beide Kammern sind einander gleichgestellt.

Art. 149
Zusammensetzung und Wahl des Nationalrates

[1] Der Nationalrat besteht aus 200 Abgeordneten des Volkes.

[2] Die Abgeordneten werden vom Volk in direkter Wahl nach dem Grundsatz des Proporzes bestimmt. Alle vier Jahre findet eine Gesamterneuerung statt.

[3] Jeder Kanton bildet einen Wahlkreis.

[4] Die Sitze werden nach der Bevölkerungszahl auf die Kantone verteilt. Jeder Kanton hat mindestens einen Sitz.

Art. 150
Zusammensetzung und Wahl des Ständerates

[1] Der Ständerat besteht aus 46 Abgeordneten der Kantone.

[2] Die Kantone Obwalden, Nidwalden, Basel-Stadt, Basel-Landschaft, Appenzell Ausserrhoden und Appenzell Innerrhoden wählen je eine Abgeordnete oder einen Abgeordneten; die übrigen Kantone wählen je zwei Abgeordnete.

[3] Die Wahl in den Ständerat wird vom Kanton geregelt.

Art. 151
Sessionen

[1] Die Räte versammeln sich regelmässig zu Sessionen. Das Gesetz regelt die Einberufung.

[2] Ein Viertel der Mitglieder eines Rates oder der Bundesrat können die Einberufung der Räte zu einer ausserordentlichen Session verlangen.

Art. 152
Vorsitz

Jeder Rat wählt aus seiner Mitte für die Dauer eines Jahres eine Präsidentin oder einen Präsidenten sowie die erste Vizepräsidentin oder den ersten Vizepräsidenten und die zweite Vizepräsidentin oder den zweiten Vizepräsidenten. Die Wiederwahl für das folgende Jahr ist ausgeschlossen.

Art. 153
Parlamentarische Kommissionen

[1] Jeder Rat setzt aus seiner Mitte Kommissionen ein.

[2] Das Gesetz kann gemeinsame Kommissionen vorsehen.

[3] Das Gesetz kann einzelne Befugnisse, die nicht rechtsetzender Natur sind, an Kommissionen übertragen.

[4] Zur Erfüllung ihrer Aufgaben stehen den Kommissionen Auskunftsrechte, Einsichtsrechte und Untersuchungsbefugnisse zu. Deren Umfang wird durch das Gesetz geregelt.

Art. 154
Fraktionen

Die Mitglieder der Bundesversammlung können Fraktionen bilden.

Art. 155
Parlamentsdienste

Die Bundesversammlung verfügt über Parlamentsdienste. Sie kann Dienststellen der Bundesverwaltung beiziehen. Das Gesetz regelt die Einzelheiten.

2. Abschnitt: Verfahren

Art. 156
Getrennte Verhandlung

[1] Nationalrat und Ständerat verhandeln getrennt.

[2] Für Beschlüsse der Bundesversammlung ist die Übereinstimmung beider Räte erforderlich.

Art. 157
Gemeinsame Verhandlung

[1] Nationalrat und Ständerat verhandeln gemeinsam als Vereinigte Bundesversammlung unter dem Vorsitz der Nationalratspräsidentin oder des Nationalratspräsidenten, um:

a. Wahlen vorzunehmen;

b. Zuständigkeitskonflikte zwischen den obersten Bundesbehörden zu entscheiden;

c. Begnadigungen auszusprechen.

[2] Die Vereinigte Bundesversammlung versammelt sich ausserdem bei besonderen Anlässen und zur Entgegennahme von Erklärungen des Bundesrates.

Art. 158
Öffentlichkeit der Sitzungen

Die Sitzungen der Räte sind öffentlich. Das Gesetz kann Ausnahmen vorsehen.

Art. 159
Verhandlungsfähigkeit und erforderliches Mehr

[1] Die Räte können gültig verhandeln, wenn die Mehrheit ihrer Mitglieder anwesend ist.

[2] In beiden Räten und in der Vereinigten Bundesversammlung entscheidet die Mehrheit der Stimmenden.

[3] Der Zustimmung der Mehrheit der Mitglieder jedes der beiden Räte bedürfen jedoch:

    a. die Dringlicherklärung von Bundesgesetzen;

    b. Subventionsbestimmungen sowie Verpflichtungskredite und Zahlungsrahmen, die neue einmalige Ausgaben von mehr als 20 Millionen Franken oder neue wiederkehrende Ausgaben von mehr als 2 Millionen Franken nach sich ziehen.

[4] Die Bundesversammlung kann diese Beträge mit einer Verordnung der Teuerung anpassen.

Art. 160
Initiativrecht und Antragsrecht

[1] Jedem Ratsmitglied, jeder Fraktion, jeder parlamentarischen Kommission und jedem Kanton steht das Recht zu, der Bundesversammlung Initiativen zu unterbreiten.

[2] Die Ratsmitglieder und der Bundesrat haben das Recht, zu einem in Beratung stehenden Geschäft Anträge zu stellen.

Art. 161
Instruktionsverbot

[1] Die Mitglieder der Bundesversammlung stimmen ohne Weisungen.

[2] Sie legen ihre Interessenbindungen offen.

Art. 162
Immunität

[1] Die Mitglieder der Bundesversammlung und des Bundesrates sowie die Bundeskanzlerin oder der Bundeskanzler können für ihre Äusserungen in den Räten und in deren Organen rechtlich nicht zur Verantwortung gezogen werden.

[2] Das Gesetz kann weitere Arten der Immunität vorsehen und diese auf weitere Personen ausdehnen.

3. Abschnitt: Zuständigkeiten

Art. 163
Form der Erlasse der Bundesversammlung

[1] Die Bundesversammlung erlässt rechtsetzende Bestimmungen in der Form des Bundesgesetzes oder der Verordnung.

[2] Die übrigen Erlassen ergehen in der Form des Bundesbeschlusses; ein Bundesbeschluss, der dem Referendum nicht untersteht, wird als einfacher Bundesbeschluss bezeichnet.

Art. 164
Gesetzgebung

[1] Alle wichtigen rechtsetzenden Bestimmungen sind in der Form des Bundesgesetzes zu erlassen. Dazu gehören insbesondere die grundlegenden Bestimmungen über:

    a. die Ausübung der politischen Rechte;

    b. die Einschränkungen verfassungsmässiger Rechte;

    c. die Rechte und Pflichten von Personen;

    d. den Kreis der Abgabepflichtigen sowie den Gegenstand und die Bemessung von Abgaben;

    e. die Aufgaben und die Leistungen des Bundes;

    f. die Verpflichtungen der Kantone bei der Umsetzung und beim Vollzug des Bundesrechts;

    g. die Organisation und das Verfahren der Bundesbehörden.

[2] Rechtsetzungsbefugnisse können durch Bundesgesetz übertragen werden, soweit dies nicht durch die Bundesverfassung ausgeschlossen wird.

Art. 165
Gesetzgebung bei Dringlichkeit

[1] Ein Bundesgesetz, dessen Inkrafttreten keinen Aufschub duldet, kann von der Mehrheit der Mitglieder jedes Rates dringlich erklärt und sofort in Kraft gesetzt werden. Es ist zu befristen.

[2] Wird zu einem dringlich erklärten Bundesgesetz die Volksabstimmung verlangt, so tritt dieses ein Jahr nach Annahme durch die Bundesversammlung ausser Kraft, wenn es nicht innerhalb dieser Frist vom Volk angenommen wird.

[3] Ein dringlich erklärtes Bundesgesetz, das keine Verfassungsgrundlage hat, tritt ein Jahr nach Annahme durch die Bundesversammlung ausser Kraft, wenn es nicht innerhalb dieser Frist von Volk und Ständen angenommen wird. Es ist zu befristen.

[4] Ein dringlich erklärtes Bundesgesetz, das in der Abstimmung nicht angenommen wird, kann nicht erneuert werden.

Art. 166
Beziehungen zum Ausland und völkerrechtliche Verträge

[1] Die Bundesversammlung beteiligt sich an der Gestaltung der Aussenpolitik und beaufsichtigt die Pflege der Beziehungen zum Ausland.

[2] Sie genehmigt die völkerrechtlichen Verträge; ausgenommen sind die Verträge, für deren Abschluss auf Grund von Gesetz oder völkerrechtlichem Vertrag der Bundesrat zuständig ist.

Art. 167
Finanzen

Die Bundesversammlung beschliesst die Ausgaben des Bundes, setzt den Voranschlag fest und nimmt die Staatsrechnung ab.

Art. 168
Wahlen

[1] Die Bundesversammlung wählt die Mitglieder des Bundesrates, die Bundeskanzlerin oder den Bundeskanzler, die Richterinnen und Richter des Bundesgerichts sowie den General.

[2] Das Gesetz kann die Bundesversammlung ermächtigen, weitere Wahlen vorzunehmen oder zu bestätigen.

Art. 169
Oberaufsicht

[1] Die Bundesversammlung übt die Oberaufsicht aus über den Bundesrat und die Bundesverwaltung, die eidgenössischen Gerichte und die anderen Träger von Aufgaben des Bundes.

[2] Den vom Gesetz vorgesehenen Delegationen von Aufsichtskommissionen können keine Geheimhaltungspflichten entgegengehalten werden.

Art. 170
Überprüfung der Wirksamkeit

Die Bundesversammlung sorgt dafür, dass die Massnahmen des Bundes auf ihre Wirksamkeit überprüft werden.

Art. 171
Aufträge an den Bundesrat

Die Bundesversammlung kann dem Bundesrat Aufträge erteilen. Das Gesetz regelt die Einzelheiten, insbesondere die Instrumente, mit welchen die Bundesversammlung auf den Zuständigkeitsbereich des Bundesrates einwirken kann.

Art. 172
Beziehungen zwischen Bund und Kantonen

[1] Die Bundesversammlung sorgt für die Pflege der Beziehungen zwischen Bund und Kantonen.

[2] Sie gewährleistet die Kantonsverfassungen.

[3] Sie genehmigt die Verträge der Kantone unter sich und mit dem Ausland, wenn der Bundesrat oder ein Kanton Einsprache erhebt.

Art. 173
Weitere Aufgaben und Befugnisse

[1] Die Bundesversammlung hat zudem folgende Aufgaben und Befugnisse:

a. Sie trifft Massnahmen zur Wahrung der äusseren Sicherheit, der Unabhängigkeit und der Neutralität der Schweiz.

b. Sie trifft Massnahmen zur Wahrung der inneren Sicherheit.

c. Wenn ausserordentliche Umstände es erfordern, kann sie zur Erfüllung der Aufgaben nach den Buchstaben a und b Verordnungen oder einfache Bundesbeschlüsse erlassen.

d. Sie ordnet den Aktivdienst an und bietet dafür die Armee oder Teile davon auf.

e. Sie trifft Massnahmen zur Durchsetzung des Bundesrechts.

f. Sie befindet über die Gültigkeit zu Stande gekommener Volksinitiativen.

g. Sie wirkt bei den wichtigen Planungen der Staatstätigkeit mit.

h. Sie entscheidet über Einzelakte, soweit ein Bundesgesetz dies ausdrücklich vorsieht.

i. Sie entscheidet Zuständigkeitskonflikte zwischen den obersten Bundesbehörden.

k. Sie spricht Begnadigungen aus und entscheidet über Amnestie.

[2] Die Bundesversammlung behandelt ausserdem Geschäfte, die in die Zuständigkeit des Bundes fallen und keiner anderen Behörde zugewiesen sind.

[3] Das Gesetz kann der Bundesversammlung weitere Aufgaben und Befugnisse übertragen.

3. Kapitel: Bundesrat und Bundesverwaltung

1. Abschnitt: Organisation und Verfahren

Art. 174
Bundesrat

Der Bundesrat ist die oberste leitende und vollziehende Behörde des Bundes.

Art. 175
Zusammensetzung und Wahl

[1] Der Bundesrat besteht aus sieben Mitgliedern.

[2] Die Mitglieder des Bundesrates werden von der Bundesversammlung nach jeder Gesamterneuerung des Nationalrates gewählt.

[3] Aus einem Kanton darf nicht mehr als ein Mitglied gewählt werden.

Art. 176
Vorsitz

[1] Die Bundespräsidentin oder der Bundespräsident führt den Vorsitz im Bundesrat.

[2] Die Bundespräsidentin oder der Bundespräsident und die Vizepräsidentin oder der Vizepräsident des Bundesrates werden von der Bundesversammlung aus den Mitgliedern des Bundesrates auf die Dauer eines Jahres gewählt.

³ Die Wiederwahl für das folgende Jahr ist ausgeschlossen. Die Bundespräsidentin oder der Bundespräsident kann nicht zur Vizepräsidentin oder zum Vizepräsidenten des folgenden Jahres gewählt werden.

Art. 177
Kollegial- und Departementalprinzip

¹ Der Bundesrat entscheidet als Kollegium.

² Für die Vorbereitung und den Vollzug werden die Geschäfte des Bundesrates nach Departementen auf die einzelnen Mitglieder verteilt.

³ Den Departementen oder den ihnen unterstellten Verwaltungseinheiten werden Geschäfte zur selbstständigen Erledigung übertragen; dabei muss der Rechtsschutz sichergestellt sein.

Art. 178
Bundesverwaltung

¹ Der Bundesrat leitet die Bundesverwaltung. Er sorgt für ihre zweckmässige Organisation und eine zielgerichtete Erfüllung der Aufgaben.

² Die Bundesverwaltung wird in Departemente gegliedert; jedem Departement steht ein Mitglied des Bundesrates vor.

³ Verwaltungsaufgaben können durch Gesetz Organisationen und Personen des öffentlichen oder des privaten Rechts übertragen werden, die ausserhalb der Bundesverwaltung stehen.

Art. 179
Bundeskanzlei

Die Bundeskanzlei ist die allgemeine Stabsstelle des Bundesrates. Sie wird von einer Bundeskanzlerin oder einem Bundeskanzler geleitet.

2. Abschnitt: Zuständigkeiten

Art. 180
Regierungspolitik

¹ Der Bundesrat bestimmt die Ziele und die Mittel seiner Regierungspolitik. Er plant und koordiniert die staatlichen Tätigkeiten.

² Er informiert die Öffentlichkeit rechtzeitig und umfassend über seine Tätigkeit, soweit nicht überwiegende öffentliche oder private Interessen entgegenstehen.

Art. 181
Initiativrecht

Der Bundesrat unterbreitet der Bundesversammlung Entwürfe zu ihren Erlassen.

Art. 182
Rechtsetzung und Vollzug

¹ Der Bundesrat erlässt rechtsetzende Bestimmungen in der Form der Verordnung, soweit er durch Verfassung oder Gesetz dazu ermächtigt ist.

² Er sorgt für den Vollzug der Gesetzgebung, der Beschlüsse der Bundesversammlung und der Urteile richterlicher Behörden des Bundes.

Art. 183
Finanzen

¹ Der Bundesrat erarbeitet den Finanzplan, entwirf den Voranschlag und erstellt die Staatsrechnung.

² Er sorgt für eine ordnungsgemässe Haushaltführung.

Art. 184
Beziehungen zum Ausland

¹ Der Bundesrat besorgt die auswärtigen Angelegenheiten unter Wahrung der Mitwirkungsrechte der Bundesversammlung; er vertritt die Schweiz nach aussen.

² Er unterzeichnet die Verträge und ratifiziert sie. Er unterbreitet sie der Bundesversammlung zur Genehmigung.

³ Wenn die Wahrung der Interessen des Landes es erfordert, kann der Bundesrat Verordnungen und Verfügungen erlassen. Verordnungen sind zu befristen.

Art. 185
Äussere und innere Sicherheit

¹ Der Bundesrat trifft Massnahmen zur Wahrung der äusseren Sicherheit, der Unabhängigkeit und der Neutralität der Schweiz.

² Er trifft Massnahmen zur Wahrung der inneren Sicherheit.

³ Er kann, unmittelbar gestützt auf diesen Artikel, Verordnungen und Verfügungen erlassen, um eingetretenen oder unmittelbar drohenden schweren Störungen der öffentlichen Ordnung oder der inneren oder äusseren Sicherheit zu begegnen. Solche Verordnungen sind zu befristen.

⁴ In dringlichen Fällen kann er Truppen aufbieten. Bietet er mehr als 4000 Angehörige der Armee für den Aktivdienst auf oder dauert dieser Einsatz voraussichtlich länger als drei Wochen, so ist unverzüglich die Bundesversammlung einzuberufen.

Art. 186
Beziehungen zwischen Bund und Kantonen

¹ Der Bundesrat pflegt die Beziehungen des Bundes zu den Kantonen und arbeitet mit ihnen zusammen.

² Er genehmigt die Erlasse der Kantone, wo es die Durchführung des Bundesrechts verlangt.

³ Er kann gegen Verträge der Kantone unter sich oder mit dem Ausland Einsprache erheben.

[4] Er sorgt für die Einhaltung des Bundesrechts sowie der Kantonsverfassungen und der Verträge der Kantone und trifft die erforderlichen Massnahmen.

Art. 187
Weitere Aufgaben und Befugnisse

[1] Der Bundesrat hat zudem folgende Aufgaben und Befugnisse:

a. Er beaufsichtigt die Bundesverwaltung und die anderen Träger von Aufgaben des Bundes.

b. Er erstattet der Bundesversammlung regelmässig Bericht über seine Geschäftsführung sowie über den Zustand der Schweiz.

c. Er nimmt die Wahlen vor, die nicht einer anderen Behörde zustehen.

d. Er behandelt Beschwerden, soweit das Gesetz es vorsieht.

[2] Das Gesetz kann dem Bundesrat weitere Aufgaben und Befugnisse übertragen.

4. Kapitel: Bundesgericht

Art. 188
Stellung

[1] Das Bundesgericht ist die oberste rechtsprechende Behörde des Bundes.

[2] Das Gesetz bestimmt die Organisation und das Verfahren.

[3] Das Bundesgericht bestellt seine Verwaltung.

[4] Bei der Wahl der Richterinnen und Richter des Bundesgerichts nimmt die Bundesversammlung auf eine Vertretung der Amtssprache Rücksicht.

Art. 189
Verfassungsgerichtsbarkeit

[1] Das Bundesgericht beurteilt:

a. Beschwerden wegen Verletzung verfassungsmässiger Rechte;

b. Beschwerden wegen Verletzung der Gemeindeautonomie und anderer Garantien der Kantone zu Gunsten öffentlichrechtlicher Körperschaften;

c. Beschwerden wegen Verletzung von Staatsverträgen oder von Verträgen der Kantone;

d. öffentlichrechtliche Streitigkeiten zwischen Bund und Kantonen oder zwischen Kantonen.

[2] Das Gesetz kann bestimmte Fälle anderer Bundesbehörden zur Entscheidung zuweisen.

Art. 190
Zivil-, Straf- und Verwaltungsgerichtsbarkeit

[1] Das Gesetz bestimmt die Zuständigkeit des Bundesgerichts in Zivil-, Straf- und Verwaltungssachen sowie in anderen Bereichen des Rechts.

[2] Die Kantone können dem Bundesgericht mit Zustimmung der Bundesversammlung Streitigkeiten aus dem kantonalen Verwaltungsrecht zur Beurteilung zuweisen.

Art. 191
Massgebendes Recht

Bundesgesetze und Völkerrecht sind für das Bundesgericht und die anderen rechtsanwendenden Behörden massgebend.

6. Titel
Revision der Bundesverfassung und Übergangsbestimmungen

1. Kapitel: Revision

Art. 192
Grundsatz

[1] Die Bundesverfassung kann jederzeit ganz oder teilweise revidiert werden.

[2] Wo die Bundesverfassung und die auf ihr beruhende Gesetzgebung nichts anderes bestimmen, erfolgt die Revision auf dem Weg der Gesetzgebung.

Art. 193
Totalrevision

[1] Eine Totalrevision der Bundesverfassung kann vom Volk oder von einem der beiden Räte vorgeschlagen oder von der Bundesversammlung beschlossen werden.

[2] Geht die Initiative vom Volk aus oder sind sich die beiden Räte uneinig, so entscheidet das Volk über die Durchführung der Totalrevision.

[3] Stimmt das Volk der Totalrevision zu, so werden die beiden Räte neu gewählt.

[4] Die zwingenden Bestimmungen des Völkerrechts dürfen nicht verletzt werden.

Art. 194
Teilrevision

[1] Eine Teilrevision der Bundesverfassung kann vom Volk verlangt oder von der Bundesversammlung beschlossen werden.

[2] Die Teilrevision muss die Einheit der Materie wahren und darf die zwingenden Bestimmungen des Völkerrechts nicht verletzen.

[3] Die Volksinitiative auf Teilrevision muss zudem die Einheit der Form wahren.

Art. 195
Inkrafttreten

Die ganz oder teilweise revidierte Bundesverfassung tritt in Kraft, wenn sie von Volk und Ständen angenommen ist.

2. Kapitel: Übergangsbestimmungen

Art. 196

1. Übergangsbestimmung zu Art. 84 (Alpenquerender Transitverkehr)

Die Verlagerung des Gütertransitverkehrs auf die Schiene muss zehn Jahre nach der Annahme der Volksinitiative zum Schutz des Alpengebietes vor dem Transitverkehr abgeschlossen sein.

2. Übergangsbestimmung zu Art. 85 (Pauschale Schwerverkehrsabgabe)

¹ Der Bund erhebt für die Benützung der dem allgemeinen Verkehr geöffneten Strassen auf in- und ausländischen Motorfahrzeugen und Anhängern mit einem Gesamtgewicht von je über 3,5 t eine jährliche Abgabe.

² Diese Abgabe beträgt:

a. für Lastwagen und Sattelmotorfahrzeuge von
- über 3,5 bis 12 t   Fr. 650
- über 12 bis 18 t   Fr. 2000
- über 18 bis 26 t   Fr. 3000
- über 26 t   Fr. 4000

b. für Anhänger von
- über 3,5 bis 8 t   Fr. 650
- über 8 bis 10 t   Fr. 1500
- von über 10 t   Fr. 2000

c. über Gesellschaftswagen   Fr. 650

³ Die Abgabesätze können in der Form eines Bundesgesetzes angepasst werden, sofern die Strassenverkehrskosten dies rechtfertigen.

⁴ Ausserdem kann der Bundesrat die Tarifkategorie ab 12 t nach Absatz 2 auf dem Verordnungsweg an allfällige Änderungen der Gewichtskategorien im Strassenverkehrsgesetz anpassen.

⁵ Der Bundesrat bestimmt für Fahrzeuge, die nicht das ganze Jahr in der Schweiz im Verkehr stehen, entsprechend abgestufte Abgabesätze; er berücksichtigt den Erhebungsaufwand.

⁶ Der Bundesrat regelt den Vollzug. Er kann für besondere Fahrzeugkategorien die Ansätze im Sinne von Absatz 2 festlegen, bestimmte Fahrzeuge von der Abgabe befreien und Sonderregelungen treffen, insbesondere für Fahrten im Grenzbereich. Dadurch dürfen im Ausland immatrikulierte Fahrzeuge nicht besser gestellt werden als schweizerische. Der Bundesrat kann für Übertretungen Bussen vorsehen. Die Kantone ziehen die Abgabe für die im Inland immatrikulierten Fahrzeuge ein.

⁷ Auf dem Weg der Gesetzgebung kann ganz oder teilweise auf diese Abgabe verzichtet werden.

⁸ Diese Bestimmung gilt bis zum Inkrafttreten des Schwerverkehrsabgabegesetzes vom 19. Dezember 1997.

3. Übergangsbestimmung zu Art. 87 (Eisenbahnen und weitere Verkehrsträger)

¹ Die Eisenbahngrossprojekte umfassen die Neue Eisenbahn-Alpentransversale (NEAT), BAHN 2000, den Anschluss der Ost- und Westschweiz an das europäische Eisenbahn-Hochleistungsnetz sowie die Verbesserung des Lärmschutzes entlang der Eisenbahnstrecken durch aktive und passive Massnahmen.

² Der Bundesrat kann zur Finanzierung der Eisenbahngrossprojekte:

a. den vollen Ertrag der pauschalen Schwerverkehrsabgabe nach Artikel 196 Ziffer 2 bis zur Inkraftsetzung der leistungs- oder verbrauchsabhängigen Schwerverkehrsabgabe nach Artikel 85 verwenden und dafür die Abgabesätze bis um höchsten 100 Prozent erhöhen;

b. höchsten zwei Drittel des Ertrags der leistungs- oder verbrauchsabhängigen Schwerverkehrsabgabe nach Artikel 85 verwenden;

c. Mineralölsteuermittel nach Artikel 86 Absatz 3 Buchstabe b verwenden, um 25 Prozent der Gesamtaufwendungen für die Basislinien der NEAT zu decken;

d. Mittel auf dem Kapitalmarkt aufnehmen, höchstens aber 25 Prozent der Gesamtaufwendungen für die NEAT, BAHN 2000 und den Anschluss der Ost- und Westschweiz an das europäische Eisenbahn-Hochleistungsnetz;

e. sämtliche in Artikel 196 Ziffer 14 sowie nach Artikel 130 festgesetzten Sätze der Mehrwertsteuer (inkl. Zuschlag) um 0,1 Prozentpunkt anheben;

f. eine ergänzende Finanzierung durch Private oder durch internationale Organisationen vorsehen.

³ Die Finanzierung der Eisenbahngrossprojekte gemäss Absatz 1 erfolgt über einen rechtlich unselbstständigen Fonds mit eigener Rechnung. Die Mittel aus den in Absatz 2 erwähnten Abgaben und Steuern werden über die Finanzrechnung des Bundes verbucht und im gleichen Jahr in den Fonds eingelegt. Der Bund kann dem Fonds Vorschüsse gewähren. Die Bundesversammlung erlässt das Fondsreglement in der Form einer Verordnung.

⁴ Die vier Eisenbahngrossprojekte gemäss Absatz 1 werden in der Form von Bundesgesetzen beschlossen. Für jedes Grossprojekt als Ganzes sind Bedarf und Ausführungsreife nachzuweisen. Beim NEAT-Projekt bilden die einzelnen Bauphasen Bestandteil des Bundesgesetzes. Die Bundesversammlung bewilligt die erforderlichen Mittel mit Verpflichtungskrediten. Der Bundesrat genehmigt die Bauetappen und bestimmt den Zeitplan.

⁵ Diese Bestimmung gilt bis zum Abschluss der Bauarbeiten und der Finanzierung (Rückzahlung der Bevorschussung) der in Absatz 1 erwähnten Eisenbahngrossprojekte.

4. Übergangsbestimmung zu Art. 90 (Kernenergie)

Bis zum 23. September 2000 werden keine

Rahmen-, Bau-, Inbetriebnahme- oder Betriebs-
bewilligungen für neue Einrichtungen zur Erze-
ugung von Kernenergie erteilt.

*5. Übergangsbestimmung zu Art. 95 (Privatwirt-
schaftliche Erwerbstätigkeit)*

Bis zum Erlass einer Bundesgesetzgebung sind
die Kantone zur gegenseitigen Anerkennung von
Ausbildungsabschlüssen verpflichtet.

*6. Übergangsbestimmung zu Art. 102 (Landesver-
sorgung)*

¹ Der Bund stellt die Versorgung des Landes mit
Brotgetreide und Backmehl sicher.

² Diese Übergangsbestimmung bleibt längstens
bis zum 31. Dezember 2003 in Kraft.

*7. Übergangsbestimmung zu Art. 103 (Strukturpo-
litik)*

Die Kantone können während längstens 10 Jahren ab Inkrafttreten der Verfassung bestehende Regelungen beibehalten, welche zur Sicherung der
Existenz bedeutender Teile eines bestimmten
Zweigs des Gastgewerbes die Eröffnung von Betrieben vom Bedürfnis abhängig machen.

*8. Übergangsbestimmung zu Art. 106 (Glücksspie-
le)*

¹ Artikel 106 tritt mit dem Inkrafttreten eines
neuen Bundesgesetzes über Glücksspiele und
Spielbanken in Kraft.

² Bis zu diesem Zeitpunkt gelten die nachfolgenden Bestimmungen:

a. Die Errichtung und der Betrieb von Spielbanken sind verboten.

b. Die Kantonsregierungen können unter den
vom öffentlichen Wohl geforderten Beschränkungen den Betrieb der bis zum Frühjahr 1925 in den
Kursälen üblich gewesenen Unterhaltungsspiele
gestatten, sofern ein solcher Betrieb nach dem Ermessen der Bewilligungsbehörde zur Erhaltung
oder zur Förderung des Fremdenverkehrs als notwendig erscheint und durch eine Kursaalunter-
nehmung geschieht, welche diesem Zweck dient.
Die Kantone können auch Spiele dieser Art verbieten.

d. Über die vom öffentlichen Wohl geforderten
Beschränkungen wird der Bundesrat eine Verordnung erlassen. Der Einsatz darf 5 Franken nicht
übersteigen.

d. Jede kantonale Bewilligung unterliegt der
bundesrätlichen Genehmigung.

e. Ein Viertel der Roheinnahmen aus dem
Spielbetrieb ist dem Bund abzuliefern, der diesen
Anteil ohne Anrechnung auf seine eigenen Leistungen den Opfern von Elementarschäden sowie
gemeinnützigen Fürsorgeeinrichtungen zuwenden soll.

f. Der Bund kann auch in Beziehung auf die
Lotterien geeignete Massnahmen treffen.

*9. Übergangsbestimmung zu Art. 110 Abs. 3 (Bun-
desfeiertag)*

¹ Bis zum Inkrafttreten der geänderten Bundesgesetzgebung regelt der Bundesrat die Einzelheiten.

² Der Bundesfeiertag wird der Zahl der Feiertage nach Artikel 18 Absatz 2 des Arbeitsgesetzes
nicht angerechnet.

*10. Übergangsbestimmung zu Art. 112 (Alters-,
Hinterlassenen- und Invalidenversicherung)*

Solange die eidgenössische Alters-, Hinterlasse-
nen- und Invalidenversicherung den Existenzbedarf nicht deckt, richtet der Bund den Kantonen
Beiträge an die Finanzierung von Ergänzungslei-
stungen aus.

*11. Übergangsbestimmung zu Art. 113 (Berufliche
Vorsorge)*

Versicherte, die zur Eintrittsgeneration gehören
und deswegen nicht über die volle Beitragszeit verfügen, sollen je nach Höhe ihres Einkommens innert 10 bis 20 Jahren nach Inkrafttreten des Gesetzes den gesetzlich vorgeschriebenen Mindest-
schutz erhalten.

*12. Übergangsbestimmung zu Art. 126 (Haushalt-
führung)*

¹ Die Ausgabenüberschüsse in der Finanzrechnung des Bundes sind durch Einsparungen zu verringern, bis der Rechnungsausgleich im Wesentlichen erreicht ist.

² Der Ausgabenüberschuss darf im Rechnungsjahr 1999 5 Milliarden Franken und im Rechnungsjahr 2000 2,5 Milliarden Franken nicht überschreiten; im Rechnungsjahr 2001 muss er
auf höchstens 2 Prozent der Einnahmen abgebaut
sein.

³ Wenn es die Wirtschaftslage erfordert, kann
die Mehrheit der Mitglieder beider Räte die Fristen nach Absatz 2 durch eine Verordnung um insgesamt höchstens zwei Jahre erstrecken.

⁴ Bundesversammlung und Bundesrat berücksichtigen die Vorgaben nach Absatz 2 bei der Erstellung des Voranschlags und des mehrjährigen Fi-
nanzplans sowie bei der Behandlung aller Vorlagen
mit finanziellen Auswirkungen.

⁵ Der Bundesrat nutzt beim Vollzug des Voranschlags die sich bietenden Sparmöglichkeiten. Dazu kann er bereits bewilligte Verpflichtungs- und
Zahlungskredite sperren. Gesetzliche Ansprüche
und im Einzelfall rechtskräftig zugesicherte Leistungen bleiben vorbehalten.

⁶ Werden die Vorgaben nach Absatz 2 verfehlt,
so legt der Bundesrat fest, welcher Betrag zusätzlich eingespart werden muss. Zu diesem Zweck:

a. beschliesst er zusätzliche Einsparungen in seiner Zuständigkeit;

b. beantragt er der Bundesversammlung die für

zusätzliche Einsparungen notwendigen Änderungen von Gesetzen.

⁷ Der Bundesrat bemisst den Gesamtbetrag der zusätzlichen Einsparungen so, dass die Vorgaben mit höchstens zweijähriger Verspätung erreicht werden können. Die Einsparungen sollen sowohl bei den Leistungen an Dritte als auch im bundeseigenen Bereich vorgenommen werden.

⁸ Die eidgenössischen Räte beschliessen über die Anträge des Bundesrates in derselben Session und setzen ihren Erlass nach Artikel 165 der Verfassung in Kraft; sie sind an den Betrag der Sparvorhaben des Bundesrates nach Absatz 6 gebunden.

⁹ Übersteigt der Ausgabenüberschuss in einem späteren Rechnungsjahr erneut 2 Prozent der Einnahmen, so ist er im jeweils folgenden Rechnungsjahr auf diesen Zielwert abzubauen. Wenn die Wirtschaftslage es erfordert, kann die Bundesversammlung die Frist durch eine Verordnung um höchsten zwei Jahre erstrecken. Im Übrigen richtet sich das Vorgehen nach den Absätzen 4–8.

¹⁰ Diese Bestimmung gilt so lange, bis sie durch verfassungsrechtliche Massnahmen zur Defizit- und Verschuldensbegrenzung abgelöst wird.

13. Übergangsbestimmung zu Art. 128 (Dauer der Steuererhebung)

Die Befugnis zur Erhebung der direkten Bundessteuer ist bis Ende 2006 befristet.

14. Übergangsbestimmung zu Art. 130 (Mehrwertsteuer)

¹ Bis zum Inkrafttreten eines Mehrwertsteuergesetzes werden die Ausführungsbestimmungen durch den Bundesrat erlassen. Für die Ausführungsbestimmungen gelten die folgenden Grundsätze:

a. Der Steuer unterliegen:

1. die Lieferungen von Gegenständen und die Dienstleitungen, die ein Unternehmen im Inland gegen Entgelt ausführt (einschliesslich Eigenverbrauch);

2. die Einfuhr von Gegenständen.

b. Von der Steuer sind, ohne Anspruch auf Vorsteuerabzug, ausgenommen:

1. die von der Schweizerischen Post im Rahmen der reservierten Dienste erbrachten Leistungen mit Ausnahme der Personenbeförderung;

2. die Leistungen im Bereich des Gesundheitswesens;

3. die Leistungen im Bereich der Sozialfürsorge und der sozialen Sicherheit;

4. die Leistungen im Bereich der Erziehung, des Unterrichts sowie der Kinder- und Jugendbetreuung;

5. die kulturellen Leistungen;

6. die Versicherungsumsätze;

7. die Umsätze im Bereich des Geld- und Kapitalverkehrs mit Ausnahme der Vermögensverwaltung und des Inkassogeschäfts;

8. die Übertragung, die Vermietung auf Dauer sowie die Verpachtung von Grundstücken;

9. Wetten, Lotterien und sonstige Glücksspiele;

10. die Leistungen, die Einrichtungen ohne Gewinnstreben ihren Mitgliedern gegen einen statutarisch festgesetzten Beitrag erbringen;

11. die Lieferungen von als solchen verwendeten inländischen amtlichen Wertzeichen.

Zur Wahrung der Wettbewerbsneutralität oder zur Vereinfachung der Steuererhebung kann die freiwillige Versteuerung von in diesem Buchstaben genannten Umsätzen mit Anspruch auf Vorsteuerabzug zugelassen werden.

c. Von der Steuer sind, mit Anspruch auf Vorsteuerabzug, befreit:

1. die Ausfuhr von Gegenständen und die ins Ausland erbrachten Dienstleistungen;

2. die mit der Ausfuhr oder Durchfuhr von Gegenständen zusammenhängenden Dienstleistungen.

d. Von der Steuerpflicht für die Umsätze im Inland sind ausgenommen:

1. Unternehmen mit einem jährlichen steuerbaren Gesamtumsatz von nicht mehr als 75000 Franken;

2. Unternehmen mit einem jährlichen steuerbaren Gesamtumsatz von nicht mehr als 250000 Franken, sofern der Steuerbetrag, nach Abzug der Vorsteuer, regelmässig 4000 Franken pro Jahr nicht übersteigt;

3. Landwirte, Forstwirte und Gärtner, die ausschliesslich Erzeugnisse aus dem eigenen Betrieb liefern, sowie Viehhändler;

4. Kunstmaler und Bildhauer für die von ihnen persönlich hergestellten Kunstwerke.

Zur Wahrung der Wettbewerbsneutralität oder zur Vereinfachung der Steuererhebung kann die freiwillige Unterstellung unter die Steuerpflicht mit Anspruch auf Vorsteuerabzug zugelassen werden.

e. Die Steuer beträgt

1. 2,0 Prozent auf den Lieferungen und der Einfuhr folgender Gegenstände, die der Bundesrat näher umschreiben kann:

– Wasser in Leitungen,

– Ess- und Trinkwaren, ausgenommen alkoholische Getränke,

– Vieh, Geflügel, Fische,

– Getreide,

– Sämereien, Setzknollen und -zwiebeln, lebende Pflanzen, Stecklinge, Pfropfreiser sowie Schnittblumen und Zweige, auch zu Sträussen, Kränzen und dergleichen gebunden,

– Futtermittel, Silagesäuren, Streumittel, Düngemittel und Pflanzenschutzstoffe,

– Medikamente,

– Zeitungen, Zeitschriften, Bücher und andere Druckerzeugnisse in dem vom Bundesrat zu bestimmenden Ausmass;

2. 2,0 Prozent auf den Leistungen der Radio- und Fernsehanstalten mit Ausnahme derjenigen mit gewerblichem Charakter;

3. 6,5 Prozent auf den Lieferungen und der Einfuhr anderer Gegenstände sowie auf allen übrigen der Steuer unterstellten Leistungen.

f. Die Steuer wird vom Entgelt berechnet; beim Fehlen eines Entgelts sowie bei der Einfuhr ist der Wert des Gegenstandes oder die Dienstleistung massgebend.

g. Die Steuer schuldet:

1. der Steuerpflichtige, der einen steuerbaren Umsatz bewirkt;

2. der Empfänger von Dienstleistungen, die aus dem Ausland bezogen werden, sofern deren Gesamtbetrag jährlich 10000 Franken übersteigt;

3. der Zollzahlungs- oder Zollmeldepflichtige, der einen Gegenstand einführt.

h. Der Steuerpflichtige schuldet die Steuer auf seinem steuerbaren Umsatz; verwendet er die ihm gelieferten Gegenstände und die ihm erbrachten Dienstleistungen für steuerbare Umsätze im In- oder Ausland, so kann er in seiner Steuerabrechnung von der von ihm geschuldeten Steuer als Vorsteher abziehen:

1. die von anderen Steuerpflichtigen auf ihn überwälzte und

2. die auf der Einfuhr von Gegenständen oder auf dem Bezug von Dienstleistungen aus dem Ausland entrichtete Steuer;

3. 2,0 Prozent des Preises der Urprodukte, die er von nicht steuerpflichtigen Unternehmen nach Buchstabe d Ziffer 3 bezogen hat.

Für Ausgaben, die keinen geschäftlichen Charakter haben, besteht kein Vorsteuerabzugsrecht.

i. Über die Steuer und die Vorsteuer wird in der Regel vierteljährlich abgerechnet.

k. Für die Umsatzbesteuerung von Münz- und Feingold sowie von Gegenständen, die bereits einer fiskalischen Sonderbelastung unterliegen, können abweichende Bestimmungen erlassen werden.

l. Vereinfachungen können angeordnet werden, wenn sich daraus weder auf die Steuereinnahmen noch auf die Wettbewerbsverhältnisse in wesentlichem Ausmass Auswirkungen ergeben und sofern dadurch die Steuerabrechnung für andere Steuerpflichtige nicht übermässig erschwert wird.

m. Steuerhinterziehung und Steuergefährdung werden analog dem übrigen Steuerstrafrecht des Bundes bestraft.

n. Die in Artikel 7 des Bundesgesetzes über das Verwaltungsstrafrecht für die Strafbarkeit der Geschäftsbetriebe vorgesehene Sonderordnung kann auch auf Fälle angewendet werden, in denen eine Busse von mehr als 5000 Franken in Betracht kommt.

[2] Während der ersten fünf Jahre nach Einführung der Mehrwertsteuer werden pro Jahr 5 Prozent des Ertrages dieser Steuer für die Prämienverbilligung in der Krankenversicherung zu Gunsten unterer Einkommensschichten verwendet. Die Bundesversammlung beschliesst, wie dieser zweckgebundene Anteil der Mehrwertsteuer nach Ablauf dieser Frist weiterzuverwenden ist.

[3] Für bestimmte im Inland erbrachte Tourismusleistungen kann der Bund im Gesetz einen tieferen Satz der Mehrwertsteuer festlegen, sofern diese Dienstleistungen in erheblichem Ausmass durch Ausländer konsumiert werden und die Wettbewerbsfähigkeit es erfordert[4].

[4] Die Befugnisse zur Erhebung der Mehrwertsteuer ist bis Ende 2006 befristet.

15. Übergangsbestimmung zu Art. 131 (Biersteuer)

Die Biersteuer wird bis zum Erlass eines Bundesgesetzes nach dem bisherigen Recht erhoben.

16. Übergangsbestimmung zu Art. 132 (Kantonsanteil an der Verrechnungssteuer)

Bis zur Neuordnung des Finanzausgleichs unter den Kantonen beträgt der Kantonsanteil am Ertrag der Verrechnungssteuer 12 Prozent. Liegt der Satz der Verrechnungssteuer über 30 Prozent, so beträgt der Kantonsanteil 10 Prozent.

II

[1] Die Bundesverfassung der Schweizerischen Eidgenossenschaft vom 29. Mai 1874 wird aufgehoben.

[2] Die folgenden Bestimmungen der Bundesverfassung, die in Gesetzesrecht zu überführen sind, gelten weiter bis zum Inkrafttreten der entsprechenden gesetzlichen Bestimmungen:

a. *Art. 32^quater Abs. 6*[5]

Das Hausieren mit geistigen Getränken sowie ihr Verkauf im Umherziehen sind untersagt.

b. *Art. 36^quinquies Abs. 1 erster Satz, 2 zweiter – letzter Satz und 4 zweiter Satz*[6]

[1] Der Bund erhebt für die Benützung der Nationalstrassen erster und zweiter Klasse auf in- und

---

[4] Von dieser Kompetenz hat der Gesetzgeber Gebrauch gemacht; vgl. den Bundesbeschluss vom 22. März 1996 über einen Sondersatz der Mehrwertsteuer für Beherbergungsleistungen (AS **1996** 2379). Danach beträgt der Sondersatz für Beherbergungsleistungen ab 1. Oktober 1996 3% und gilt bis zum 31. Dezember 2001.

[5] Art. 96

[6] Art. 70 Abs. 2

ausländischen Motorfahrzeugen und Anhängern bis zu einem Gesamtgewicht von je 3,5 Tonnen eine jährliche Abgabe von 40 Franken. ...

[2] ... Der Bundesrat kann bestimmte Fahrzeuge von der Abgabe befreien und Sonderregelungen treffen, insbesondere für Fahrten im Grenzbereich. Dadurch dürfen im Ausland immatrikulierte Fahrzeuge nicht besser gestellt werden als schweizerische. Der Bundesrat kann für Übertretungen Bussen vorsehen. Die Kantone ziehen die Abgabe für die im Inland immatrikulierten Fahrzeuge ein und überwachen die Einhaltung der Vorschriften bei allen Fahrzeugen.

[4] ... Das Gesetz kann die Abgabe auf weitere Fahrzeugkategorien, die nicht der Schwerverkehrsabgabe unterstehen, ausdehnen.

c. *Art. 121bis Abs. 1, 2 und Abs. 3 erster und zweiter Satz*[7]

[1] Beschliesst die Bundesversammlung einen Gegenentwurf, so werden den Stimmberechtigten auf dem gleichen Stimmzettel drei Fragen vorgelegt. Jeder Stimmberechtigte kann uneingeschränkt erklären:

1. ob er das Volksbegehren dem geltenden Recht vorziehe;

2. ob er den Gegenentwurf dem geltenden Recht vorziehe;

3. welche der beiden Vorlagen in Kraft treten soll, falls Volk und Stände beide Vorlagen dem geltenden Recht vorziehen sollten.

[2] Das absolute Mehr wird für jede Frage getrennt ermittelt. Unbeantwortete Fragen fallen ausser Betracht.

[3] Werden sowohl das Volksbegehren als auch der Gegenentwurf angenommen, so entscheidet das Ergebnis der dritten Frage. In Kraft tritt die Vorlage, die bei dieser Frage mehr Volks- und mehr Standesstimmen erzielt.

III
Änderungen der Bundesverfassung vom 29. Mai 1874 werden von der Bundesversammlung formal an die neue Bundesverfassung angepasst. Der entsprechende Beschluss untersteht nicht dem Referendum[8].

---

[7] Art. 129 Abs. 6
[8] Es wurden folgende Änderungen gegenüber dem Bundesbeschluss vom 18. 12. 1998 vorgenommen:
1) **Transplantationsmedizin**
   Art. 119a Transplantationsmedizin
[1] Der Bund erlässt Vorschriften auf dem Gebiet der Transplantation von Organen, Geweben und Zellen. Er sorgt dabei für den Schutz der Men-

IV
[1] Dieser Beschluss wird Volk und Ständen zur Abstimmung unterbreitet.

[2] Die Bundesversammlung bestimmt das Inkrafttreten[8].

---

schenwürde, der Persönlichkeit und der Gesundheit.

[2] Er legt insbesondere Kriterien für eine gerechte Zuteilung von Organen fest.

[3] Die Spende von menschlichen Organen, Geweben und Zellen ist unentgeltlch. Der Handel mit menschlichen Organen ist verboten.

2) Voraussetzungen für die Wählbarkeit in den Bundesrat
Art. 175 Abs. 3 und 4
[3] Sie werden aus allen Schweizerbürgerinnen und Schweizerbürgern, welche als Mitglieder des Nationalrates wählbar sind, auf die Dauer von vier Jahren gewählt.

[4] Dabei ist darauf Rücksicht zu nehmen, dass die Landesgegenden und Sprachregionen angemessen vertreten sind.

[8] Die neuen Bundesverfassung tritt am 1. 1. 2000 in Kraft.

[Anm. des Hrsg. P. H.: Fußnoten und Sternfußnoten entstammen der offiziellen Ausgabe, ergänzt um Verweise auf Übergangsbestimmungen.]

Weitere zehn Jahre spanische Verfassung[*]

von

Prof. Dr. Pedro Cruz Villalón

Präsident des Spanischen Verfassungsgerichts (Madrid)

Konrad Hesse zum 80. Geburtstag

Am 29. Dezember 1998 konnte die Verfassung Spaniens ihren 20. Jahrestag begehen. Dieses Ereignis gab Anlaß zu zahlreichen Feiern und Veröffentlichungen, denn schließlich hatte bisher nur die Verfassung der *Restauration* (1876–1922) ein so hohes Alter erreicht. Was die Spanier gefeiert haben, war –wohlverstanden–weniger die zeitliche Dauer der Verfassung, als ihre Qualität, also die *Wirkungsintensität* der Verfassungsnorm. Denn wenn man ihre Entschlossenheit am Ausgangspunkt, den starken Impuls der ersten Jahre und die Beständigkeit ihrer »Reisegeschwindigkeit« betrachtet, so erscheint die Verfassung von 1978 als in der Geschichte Spaniens einmalig. Die in dieser Hinsicht vor nunmehr zehn Jahren gezogenen Schlußfolgerungen können heute nur bestätigt werden[1]. Gewiß sind die politischen Umstände 1998 nicht dieselben wie die von 1988. Insbesondere sind die verschiedenen Regierungen seit 1993 auf die Unterstützung der regionalen Parteien nationalistischer Prägung angewiesen; und im Jahre 1996 mußte die Linke die Regierungsgewalt in einer politisch gespannten Atmosphäre an die Rechte abtreten. Aber dies alles würde es nicht rechtfertigen, etwa von einer verfassungsmäßig anomalen Situation oder Ähnlichem zu sprechen.

Konnte man vor zehn Jahren zusammenfassend sagen, daß sich das erste Jahrzehnt Verfassungsgeltung dadurch auszeichnete, daß die Verfassung normativ ausgestaltet wurde und die Institutionen ihre Tätigkeit aufnahmen, so läßt sich heute feststellen, daß das zweite Jahrzehnt die Normalität zur Aufgabe hatte; das heißt, das Ziel war die Regelmäßigkeit des Verfassungslebens, die Wiederholung der Prozeduren: Repetition als höchste Tugend.

Angesichts dieser neuen Sachlage ist es heute auch nicht mehr angebracht, einem ähnlichen Darstellungsschema zu folgen, wie ich es zum zehnten Jahrestag der Verfassung verwendet habe. Sinnvoller scheint es, von einer spezifischeren und konkreteren Fragestellung auszugehen, die man etwa wie folgt ausdrücken könnte: *Wie sieht unsere Verfassung nach zwanzig Jahren aus? Welchen Eindruck erweckt sie an ihrem zwanzigsten Jah-*

---

[*] Übersetzt aus dem Spanischen von Pablo López Pietsch, LL.M., Universidad Autónoma – Madrid.
[1] Vgl. *Pedro Cruz Villalón*, »Zehn Jahre spanische Verfassung«, JöR 37 n.F. (1988), S. 87ff.

restag? Zur Beantwortung dieser Fragen könnte man daran denken, die Verfassung einer technischen Überprüfung zu unterziehen und jedes einzelne ihrer Bestandteile, i.e. die verschiedenen Normen, aus denen sie besteht, zu untersuchen. Nur würde diese Aufgabe über den hier gesetzten Rahmen hinausgehen. Dagegen erscheint es mir sehr wohl möglich, einige Pathologien näher zu beleuchten, an denen einzelne Verfassungsnormen kranken, oder zumindest auf einige singuläre Umstände einzugehen, die ihre normative Kraft beeinträchtigen. Mit diesem begrenzten Ziel kann man in der Tat versuchen, ein Porträt der Verfassung *aetatis suae 20* anzufertigen.

Zu dem Zeitpunkt, in dem eine Verfassung in Kraft tritt, sind formal gesehen alle Normen insofern »gleichrangig«, als sie im Hinblick auf ihren Normativitätsanspruch die gleichen Erfolgsaussichten haben. Allerdings bedingt natürlich der jeweilige Norminhalt materiell ihre Erfolgschancen; die einer Staatszielnorm innewohnenden Probleme sind in keiner Weise mit denen vergleichbar, die etwa eine rein organisatorische Vorschrift aufwirft. Dennoch können wir feststellen, daß sich anfangs alle Normen darin gleichen, daß sie noch keine eigene Geschichte haben.

Zwanzig Jahre später hingegen verfügt jede Verfassungsnorm über ihre eigene Vergangenheit, jede Norm offenbart die ihr eigene normative Kraft bzw. Schwäche. Mithin ist die *normative Kraft der Verfassung* also auch die ihrer einzelnen Normen. Ein Vergleich zwischen dem Tenor der einzelnen Verfassungsnormen und dem realen Zustand des von ihnen geregelten Sachverhaltes ermöglicht es, verschiedene Geltungsmodi zu unterscheiden. Auf diese Weise lassen sich Typologien erarbeiten und Pathologien feststellen und insoweit kann eine Untersuchung der ersten zwei Jahrzehnte der spanischen Verfassung in bescheidenem Maße zur Theorie der Verfassungsnormen beitragen.

Einige Hinweise noch zu der Vorgehensweise: Die im folgenden erarbeitete Typologie geht zwar von verfassungsrechtlichen Kategorien aus, sie ist aber dennoch eher auf dem Gebiet der Verfassungslehre[2] als auf dem der Verfassungsrechtsdogmatik anzusiedeln. Auch werden nur solche Phänomene untersucht, die durch den Faktor Zeit bedingt sind; andere, zeitlich neutrale Erscheinungen sind nicht berücksichtigt worden. Schließlich erhebt diese Typologie keinen Anspruch auf eine Begründung neuer Kategorien. Es geht lediglich darum, verschiedene Symptome zu beschreiben, und selbst in dieser Hinsicht will die Typologie keineswegs erschöpfend sein.

Solange das Leben währt, ist es ebenso verfehlt, von einem Zustand absoluter Gesundheit wie von einem Stadium absoluter Krankheit zu sprechen. Dies vorausgesetzt, hat aber nun eine Reihe von Verfassungsnormen mit der Zeit eine charakteristische spezifische Pathologie ausgebildet, die sich zum Gegenstand einer Untersuchung machen läßt. Die Reihenfolge der Darstellung dieser Probleme ist unwichtig; allerdings habe ich generell versucht, von den leichteren zu den gravierenderen Symptomen überzugehen, ohne daß man aus dieser Reihenfolge weitere Folgerungen ziehen sollte.

---

[2] Vgl. *Peter Häberle*, »Verfassungslehre als Kulturwissenschaft«, Berlin, 2. Aufl. 1998.

1. Asymptomatische Normen

Es wäre ungerecht und überdies auch verfehlt, nicht mit einer Kategorie von Normen zu beginnen, die man als *asymptomatisch* bezeichnen könnte. Gemeint ist damit die überwiegende Mehrheit an Verfassungsnormen, die zur Zeit keine nennenswerten Symptome oder Pathologien aufweisen. *By default* fallen darunter alle im folgenden nicht kommentierten Normen. Ohne damit eine Theorie der verfassungsmäßigen Normalität aufstellen zu wollen, kann man meines Erachtens eine bestimmte Verfassungsvorschrift dann als asymptomatisch bezeichnen, wenn sie die Erwartungen, die der Verfassungsgeber in sie gesetzt hat, in hinreichendem Maße erfüllt. Das setzt schon als Ausgangspunkt der Untersuchung voraus, daß die normative Kraft der verschiedenen Verfassungsnormen je nach ihrem Inhalt qualitativen Variationen unterliegt. Es ist eine elementare Feststellung, daß eine Verfassungsvorschrift sehr verschieden wirken kann, je nachdem ob sie eine Grundrechtsbestimmung, ein Verfassungsprinzip, eine Staatszielbestimmung oder eine Organisationsnorm enthält.

Unter diesem Gesichtspunkt ist es durchaus legitim, wenn Art. 1 SpV vorsieht, daß sich »*Spanien als sozialer und demokratischer Rechtsstaat konstituiert*«; und nicht minder legitim kann Art. 10 SpV erklären, daß »*die Würde des Menschen, die ihm eigenen unverletzlichen Rechte, die freie Entfaltung der Persönlichkeit, sowie die Achtung vor dem Gesetz und den Rechten anderer, Grundlage der politischen Ordnung und des sozialen Friedens sind.*« Geht man hiervon aus, so findet die überwältigende Mehrheit der Verfassungsnormen durchaus eine sinngemäße Anwendung. Das Ausmaß, in dem sie auf eine ergänzende Interpretation, insbesondere seitens des Verfassungsgerichts angewiesen sind, ist von Fall zu Fall verschieden. Aber die Tatsache, daß eine bestimmte Verfassungsnorm eine intensive Interpretationstätigkeit verursacht, ist allein noch kein Anzeichen von Schwäche. Im Gegenteil: Die Tatsache, daß man in Spanien immer schnell bereit ist, einen bestimmten Sachverhalt als »verfassungswidrig« anzuprangern, läßt nicht etwa auf eine nicht genügend respektierte Verfassung schließen, sondern ist eher Ausdruck des Reaktionsvermögens unserer Gesellschaft, sobald ein bestimmter Verfassungsinhalt als verletzt angesehen wird.

Andererseits leuchtet ebenso ein, daß die *desuetudo* der bestmögliche Zustand gewisser Verfassungsnormen ist, nämlich derjenigen, die im Hinblick auf Ausnahmesituationen verabschiedet worden sind. Das betrifft z.B. den Umstand, daß keiner der verschiedenen Ausnahmezustände auch nur ein einziges Mal ausgerufen oder daß unser *Pendant* zum deutschen *Bundeszwang* nicht eingesetzt worden ist. Darauf habe ich bereits in meinen Ausführungen zur spanischen Verfassung vor zehn Jahren hingewiesen, und das damals Gesagte kann heute bestätigt werden.

2. Modifizierte Normen

Die nächste Kategorie trägt im Prinzip keine pathologischen Züge. Es handelt sich um jene Fälle, in denen eine bestimmte Norm nicht mehr gleichlautend mit der von 1978 ist, weil sie gemäß den Verfassungsreformbestimmungen aus Titel X der Verfassung geändert worden ist.

In zwanzig Jahren haben wir die Verfassung ausschließlich in einem – in unserem Zusammenhang – nebensächlichen Aspekt modifiziert, konkret in der Ausdehnung des Wahlrechts bei Bezirkswahlen auf Ausländer, und zwar durch Anerkennung ihres passiven Wahlrechts. Die Hinzufügung der Wörter »*und passives*« zum Art. 13.2 SpV, im August 1992, ist bisher die einzige Veränderung des Verfassungstextes gewesen[3].

Im allgemeinen läßt sich feststellen, daß der Gedanke einer Verfassungsreform bei uns auf äußerst geringe Symphatien stößt, selbst wenn es nur um punktuelle Änderungen geht. Dafür gibt es gewichtige historische Gründe. Sicherlich kann dieser grundsätzliche Widerstand gegen Verfassungsreformen zuweilen negative Folgen haben. Aber auf jeden Fall ist es ein positiv zu wertender Befund, daß der Grundrechtsteil der Verfassung, abgesehen von der bereits erwähnten minimalen Änderung, keiner Reform *bedurft hat*. Zu dieser Beständigkeit des Verfassungstextes hat sicherlich ebenfalls die beträchtliche Flexibilität der Regelung der territorialen Kompetenzverteilung beigetragen.

3. »Ewige« Übergangsnormen

Als »*ewige« Übergangsnormen* bezeichne ich jene Verfassungsvorschriften, die ursprünglich nur für eine Übergangszeit gedacht waren, auf die aber nach so vielen Jahren immer noch zurückgegriffen werden kann. Im Falle unserer Verfassung haben diese Normen -die, soweit sie auch formal diesen Charakter besitzen, zu den sogenannten Übergangsbestimmungen gehören- alle schon ihre Funktion erfüllt, allerdings mit zwei Ausnahmen, die ansonsten nichts weiter gemeinsam haben: Es handelt sich dabei zum einen um die Eingliederung von *Navarra* in die *Autonome Gemeinschaft des Baskenlandes* (4. Übergangsbestimmung)[4] und zum anderen um die Konstituierung der nordafrikanischen Enklave-Städte *Ceuta* und *Melilla* als Autonome Gemeinschaften (5. Übergangsbestimmung)[5]. In beiden Fällen ist das Autonomiestatut über andere Verfassungsvorschriften erreicht worden[6].

---

[3] »Nur Spanier sind der in Art. 23 anerkannten Rechte teilhaftig, mit Ausnahme dessen, was auf der Grundlage von Gegenseitigkeitskriterien für das aktive und passive Wahlrecht bei Gemeindewahlen vertrags- oder gesetzmässig niedergelegt werden könnte«. Vgl. »Declaración« des Verfassungsgerichts vom 1.7. 1992.

[4] 4. Übergangsbestimmung SpV: »Im Falle von Navarra und zum Zwecke seiner Eingliederung in den Allgemeinen Rat des Baskenlandes oder die diesen ersetzende baskische Autonomieordnung obliegt die Initiative … dem zuständigen Foralorgan … Für die Gültigkeit dieser Initiative ist ausserdem die Ratifizierung der Entscheidung … durch ein dazu ausdrücklich hierzu einberufenes Referendum … erforderlich.

[5] 5. Übergangsbestimmung SpV: »Die Städte Ceuta und Melilla können sich als Autonome Gemeinschaften konstituieren, wenn die entsprechenden Gemeindevertretungen dies mit absoluter Mehrheit ihrer Mitglieder beschliessen und es von den Cortes Generales gemäss den Bestimmungen von Art. 144 mittels Organsgesetz genehmigt wird.

[6] Spanien gliedert sich heute territorial in Gebietskörperschaften, die bis auf die im Text erwähnten Ausnahmen alle die Form der *Autonomen Gemeinschaft* annehmen. Anstelle von den deutschen *Bundes-* und *Landes*kompetenzen spricht die spanische Verfassung von *staatlichen* gegenüber *gemeinschaftlichen* Kompetenzen und im allgemeinen vom *Staat* gegenüber den *autonomen Gemeinschaften*. Die eine bestimmte autonome Gemeinschaft konstituierende Norm wird *Autonomiestatut* genannt. – Vgl. dazu im einzelnen Pedro Cruz, »Die Neugliederung des spanischen Staates durch die Autonomen Gemeinschaften«, JöR 34 n.F. (1985), S. 195f.

Ceuta und *Melilla* sind gemäß einer anderen Verfassungsbestimmung, Art. 144 b) SpV[7], nicht als Autonome Gemeinschaften, sondern als Autonome Städte konstituiert und jeweils mit einem eigenen Autonomiestatut[8] ausgestattet worden. Besagtes Statut sieht eine gewisse Normgebungskompetenz vor, scheint aber – im Unterschied zum restlichen spanischen Gebiet, wo die Gesetzgebungskompetenz zwischen Staat und Autonomer Gemeinschaft aufgeteilt wird[9] – das Erlassen von Normen mit Gesetzesrang auszuschließen.

Navarra hat sehr früh beschlossen, sich als eine besondere Art von autonomer Gebietskörperschaft zu konstituieren, nämlich als *Forale Gemeinschaft*, gemäß der 1. Zusatzbestimmung, in Verbindung mit den diesbezüglichen Normen in Kap. 3 des VIII. Titels der Verfassung, und somit hat es sich nicht in die *Autonome Gemeinschaft des Baskenlandes* eingegliedert.

Die Tatsache, daß die Konstituierung als Autonomien auf dem Wege anderer Verfassungsvorschriften erfolgt ist, bedeutet aber keine endgültige Ausschaltung der entsprechenden Übergangsbestimmungen, soweit der darin ermöglichte Weg noch Fürsprecher findet. Eine andere Frage ist, ob es politisch ratsam ist, beide Möglichkeiten auf unbestimmte Zeit hin offen zu lassen.

4. »Ausgeschöpfte« Normen

Als *ausgeschöpft* bezeichne ich jene Verfassungsnormen, die zwar nicht formal, aber doch ihrem Inhalt nach Übergangsbestimmungen sind, so daß sie nach ihrer Anwendung auf ein als einmalig gedachtes Verfahren als »tote« Normen erscheinen, die nur noch an die Vergangenheit erinnern. Ich denke dabei an die Normen in Kap. 3 des VIII. Titels der spanischen Verfassung, nach denen der sogenannte autonomische Prozeß durchgeführt wurde, also der territoriale Dezentralisierungsprozeß der Jahre 1979–1982 (in seiner ersten Phase) und der Jahre 1992–1994 (in seiner zweiten Phase, eine Erweiterung kraft Art. 148.2 SpV)[10]. Insbesondere die Artikel 143 und 151 SpV, die die beiden Grundverfahren zur Erlangung politischer Autonomie in der Form von Autonomen Gemeinschaften regelten, sind heute gegenstandslos. Sie sind zu stummen Zeugen unserer jüngsten Verfassungsgeschichte geworden.

---

[7] Art. 144 SpV: »Die Cortes Generales können aus Gründen des nationalen Interesses mittels Organgesetz … b) ein Autonomiestatut für die Gebiete genehmigen oder gegebenenfalls beschliessen, welche in keine Provinz eingegliedert ist«. Es herrscht Einstimmigkeit, daß diese Bestimmung vor allem für *Gibraltar* vorgesehen ist.

[8] Erlassen durch Organgesetze 1/1995 und 2/1995, beide vom 13. März.

[9] Auf diesen Umstand ist oftmals in der wissenschaftlichen Kritik hingewiesen worden, die an der Rechtsprechung des Verfassungsgerichts zur Klausel über den supletorischen Charakter staatlichen Rechts geübt worden ist. Vgl. SSTC 118/1996 und 61/1997; J.L. Requejo, »El Estado autonómico: ¿Un modelo transitorio?« und J. Leguina, »El principio de competencia y la supletoriedad del Derecho estatal«, in »Cuadernos de Derecho Público«, 1 (1997), S. 157 ff. und 2 (1997), S. 9 ff.

[10] Vgl. »Die Neugliederung«, *loc.cit.* Während der Jahre 1992–1994 ist eine Erweiterung des Kompetenzenbestandes der Autonomen Gemeinschaften erfolgt, denen während der ersten Dezentralisierungsphase (1979–1983) ein quantitativ geringeres Maß an Autonomie zugestanden worden war. Vgl. Organgesetze 4 u. 5/1996, 3/1997, 1, 5 u. 11/1998, 1, 2, 3 u. 4/1999.

5. Bedingt wirksame Normen

Als *bedingt wirksam* bezeichne ich jene Normen, deren Anspruch, die sozialen Lebensverhältnisse der Spanier zu gestalten, von vornherein eher bescheiden ist und deren
Wirkungsgrad im allgemeinen auch nicht als besonders hoch eingestuft wird. Es handelt sich dabei um die Artikel 39 bis 52 aus Kap. 3 des I. Titels der Verfassung, also um
die *Richtlinien für die Wirtschafts- und Sozialpolitik.* Diese Bescheidenheit findet bereits
in Art. 53.3 SpV Ausdruck[11], einer Vorschrift, auf die sich auch das Verfassungsgericht
berufen hat, als es in einer seiner ersten Entscheidungen die Eigenschaft der Verfassung als rechtliche Norm hervorhob und hinzufügte, von besagter Normativität könne »*im Hinblick auf die Artikel 39 bis 52 allerdings nur bedingt die Rede sein*«[12]. Die oben erwähnten Normen gehören zweifellos zu den am wenigsten bekannten der Verfassung.
Sicherlich war die vom Verfassungsgeber beabsichtigte Präzisierung des Wirksam-
keitsgrads angebracht. Trotz ihrer nur bedingten Wirksamkeit sollte man aber die verfassungsrechtliche Relevanz dieser Normen nicht unterschätzen, denn in ihnen findet
ein bedeutender Teil der staatlichen Handlungen seine Legitimationsgrundlage.

6. Bedrohte Normen

Das Problem ist, daß manche der soeben erwähnten Normen aufgrund veränderter
Umstände selbst in ihrem abgeschwächten Inhalt bedroht sind. Dies ist etwa bei der
Krise des Systems der öffentlichen Sozialversicherung der Fall, die insbesondere die
Vorschrift in Art. 50 SpV tangiert, gemäß der »*die öffentlichen Gewalten den Bürgern im
Pensionsalter ein hinreichendes Auskommen mittels angemessener und periodisch aktualisierter
Renten gewährleisten.*« Heutzutage warnen staatliche Instanzen eher davor, daß die
Renten aus öffentlichen Kassen in Zukunft nicht mehr »angemessen« sein könnten.
Interessanterweise hat aber das Verfassungsgericht auf den Begriff der *institutionellen
Garantie* zurückgegriffen, um das öffentliche Rentensystem, unabhängig von seiner
konkreten Ausformung, als verfassungskräftig gewährleistetes Institut darzustellen[13].

7. Überbeanspruchte Normen

Mit dieser Bezeichnung möchte ich nicht etwa suggerieren, daß eine übermäßige
Wirksamkeit einer bestimmten Verfassungsnorm pathologisch sein könnte. Will je-

---

[11] Art. 53.3 SpV: »Die Anerkennung und Achtung, sowie der Schutz der in Kapitel III anerkannten
Prinzipien liegen der positiven Gesetzgebung, der Rechtspraxis und dem Verhalten der öffentlichen Gewalten zugrunde. Sie können vor der ordentlichen Gerichtsbarkeit nur nach Massgabe der diesbezüglichen Gesetze geltend gemacht werden«.

[12] STC 80/1982, FJ 1: »… Pero sí es cierto que tal valor necesita ser modulado en lo concerniente a los
arts. 39 a 52 en los términos del art. 53.3 de la C.E …«. Das bedeutet allerdings nicht, daß ausnahmsweise
einige der in diesem Kapitel enthaltenen Normen nicht ebenfalls volle Wirksamkeit gegenüber den staatlichen Gewalten entfalten würden, wie etwa die Gleichheit der Kinder vor dem Gesetz, »*unabhängig von ihrer
Abstammung*«, (Art. 39.2 SpV) und überhaupt der Art. 39 SpV.

[13] STC 37/1994, FJ 3.

doch eine heutige Verfassung erfolgreich sein, so ist ihre Fähigkeit, innerhalb der Rechtsordnung die Balance zwischen dem Bereich der sog. »Verfassungsmäßigkeit« und dem der »Gesetzmäßigkeit« zu halten, eine der wesentlichen Grundlagen dafür. Ein Wachstum des Verfassungsmäßigkeitbereichs auf Kosten des Gesetzmäßigkeitsbereichs, wie nicht anders möglich, hat letzten Endes negative Konsequenzen für das ganze System und allem voran für den fundamentalen Charakter der Verfassungsmäßigkeit. Der Umstand, daß sich bei uns diese strukturelle Unterscheidung auch organisatorisch in der Existenz einer doppelten Spitze der Judikative manifestiert, macht solche Erwägungen umso notwendiger.

So hat man etwa bei der Bestimmung des Schutzbereichs der Rechtsweggarantie[14], die im Wege der Verfassungsbeschwerde beim Verfassungsgericht eingeklagt werden kann, dieses Grundrecht insofern *überbeansprucht*, als man eine Mehrzahl von gerichtlichen Garantien darunter vereint und damit seine festen Konturen verwischt hat. Dies ist zwar nicht der einzige Fall einer überbeanspruchten Verfassungsnorm, aber angesichts seiner Auswirkungen auf die gesamte Rechtspflege sicherlich der wichtigste.

8. Übertroffene Normen

Als *übertroffen* bezeichne ich jene Verfassungsnormen, deren Inhalt vom Gesetzgeber gegenüber dem Standard von 1978 sozusagen »verbessert« worden ist. Eine solche Verbesserung ist in unserem Zusammenhang dann von besonderem Interesse, wenn sie einer Dynamik der Unumkehrbarkeit, des Nicht-mehr-Zurückkönnens unterliegt, sofern es sich also um historische Fortschritte handelt, die eine Rückkehr zum vorherigen Zustand heutzutage als undenkbar erscheinen lassen.

Dafür gibt es zwei besonders klare Beispiele. Das erste ist die Abschaffung der Todesstrafe durch Art. 15 SpV, vorbehaltlich »*anderweitiger Regelung für Kriegszeiten durch die militärische Strafgesetzgebung*«. Demgegenüber bestimmt das Organgesetz 11/1995 in seinem ersten Artikel: »*Die Todesstrafe für Kriegszeiten wird abgeschafft*«. Es ist klar ersichtlich, daß diese Vorschrift materiell gesehen den Vorbehalt von Art. 15 SpV aufgehoben und damit der Abschaffung der Todesstrafe in unserem Staat einen absoluten Charakter verliehen hat. Meines Erachtens ist diese bedingungslose Abolition eine historische Errungenschaft, deren Tragweite nicht unterschätzt werden sollte.

Das andere Beispiel betrifft Art. 26 SpV, der die Ehrengerichte »*im Bereich der zivilen Verwaltung und der Berufskörperschaften*« untersagt, das heißt, erneut mit impliziter Ausnahme der Militärverwaltung. Auch dieser Vorbehalt ist durch das Gesetz 9/1988, über die territoriale Organisation und Struktur der Militärgerichtsbarkeit, insofern als es die Ehrengerichte abgeschafft hat, aufgehoben worden[15].

Ebenfalls ließe sich hier die Straflosigkeitserklärung eines bedingten Schwangerschaftsabbruchs in gewissen Fällen anführen, nur möchte ich nicht näher darauf eingehen, da kein Konsens darüber besteht, ob die Verfassung diese Straffreiheit nur erlaubt

---

[14] Art. 24.1 SpV: »Jede Person hat bei der Ausübung ihrer legitimen Rechte und Interessen Anspruch auf wirksamen Schutz durch Richter und Gerichte. In keinem Fall darf es zu Verteidigungslosigkeit kommen«. Vgl. *I. Borrajo* u. a., »El derecho a la tutela judicial y el recurso de amparo«, Madrid, 1995.

[15] Vgl. in diesem Zusammenhang, STC 151/1997

oder sogar fordert[16]. Auf jeden Fall ist aber auch in diesem Bereich eine Rückkehr zum Ausgangspunkt schwer vorstellbar.

Andererseits kann das Gesetz in vielen Fällen natürlich auch über das verfassungsgemäß Gebotene hinausgehen, ohne daß dies eine Änderung des Verfassungsinhaltes bedeuten würde, da die Verfassung nur Minimalnormcharakter besitzt. Ein Beispiel dafür könnte die Weise sein, in der das Verfassungsgericht bei der inhaltlichen Ausgestaltung der Gemeindeautonomie durch den Gesetzgeber zwischen dem von der Verfassung geforderten minimalen Inhalt und dem zusätzlichen, nur gesetzmäßigen unterschieden hat[17].

9. Hinter der Wirklichkeit zurückgebliebene Normen

Als *hinter der Wirklichkeit zurückgeblieben* können wir jene Verfassungsnormen bezeichnen, die gerade als unmittelbare Konsequenz ihrer Anwendung nicht mehr den materiellen Zustand widerspiegeln, den unsere Verfassung mittlerweile erreicht hat. Dafür gibt es zwei gute Beispiele, die die territoriale Struktur der Staatsgewalt betreffen, einmal aufs Inland und einmal aufs Ausland bezogen.

Was die innere Gebietsstruktur betrifft, so ist klar, daß Art. 2 SpV, soweit er sich darauf beschränkt, der territorialen Autonomie die Form eines Rechtes zu verleihen (»*das Recht auf Autonomie*«)[18], völlig unzureichend ist, um heutzutage die territoriale Struktur des Staates adäquat wiederzugeben. Wir verfügen über keine einzige Norm, sei es in der Präambel unserer Verfassung oder anderenorts, aus der hervorginge, daß unserer Staat heute politisch dezentralisierter Natur ist. Wenn es stimmt, daß eine Verfassung zumindest in groben Zügen über die bestehende politische Machtstruktur Auskunft geben sollte, dann ist ihr derzeitiger Wortlaut in dieser Hinsicht zumindest befremdlich.

Im internationalen Bereich ist ebenfalls klar, daß eine ausschließlich prozedurale Norm, wie die in Art. 93 SpV, die es ganz generell einem Organgesetz vorbehält, die Ausübung hoheitsrechtlicher Kompetenzen auf überstaatliche Organisationen zu übertragen, als Beschreibung der Situation Spaniens im europäischen Raum von Grund aus ungenügend ist[19]. Die Tatsache, daß das Wort *Europa* in unserer Verfassung kein einziges Mal auftaucht, muß als anormal betrachtet werden[20].

---

[16] Vgl. die abweichende Meinung zu STC 70/1985, FJ 2.

[17] STC 213/1988, FJ 2. Auf einem anderen Blatt steht, daß dieser zusätzliche gesetzmäßige Inhalt einer institutionellen Garantie oder gar eines Grundrechtes ebenfalls verfassungsgerichtlich geschützt ist.

[18] Art. 2 SpV: »Die Verfassung … anerkennt und gewährleistet das Recht auf Autonomie der Nationalitäten und Regionen, die Bestandteil der Nation sind …«

[19] Art. 93 SpV: »Durch Organgesetz kann der Abschluss von Verträgen genehmigt werden, durch die einer internationalen Organisation oder Institution die Ausübung von aus der Verfassung abgeleiteten Kompetenzen übertragen wird …«

[20] Die Konsequenzen sind nicht nur symbolischer Natur: Die schon erwähnte Verfassungsreform des passiven Wahlrechts zwecks Anpassung an den Maastrichter Vertrag hat eine gesetzliche Ausgestaltung dieses Rechts ermöglicht, die es nicht nur Bürgern der europäischen Union, sondern überhaupt ausländischen Staatsbürgern zuerkennt.

10. Nicht ausgestaltete Normen

Diese Kategorie bedarf keiner weiteren Erklärung. Das in der Verfassung enthaltene, äußerst umfassende Programm normativer Ausgestaltung ist hauptsächlich während des ersten Jahrzehntes ihrer Geltung realisiert worden – mit größerer oder minderer Anstrengung, in manchen Fällen auch erst nach einer Rüge von Seiten des Verfassungsgerichts. Die einzige wirklich wichtige Institution, die während dieses zweiten Jahrzehnts eingerichtet worden ist, ist das Geschworenengericht und zwar durch das Organgesetz 5/1995[21].

Somit gibt es heute keine Institution, die in Ermangelung einer angemessenen Ausgestaltung der Verfassungsnormen noch der Regelung bedürfte. Allerdings ist zu bedauern, daß einige Grundrechte immer noch keine Ausgestaltung durch das von der Verfassung vorgeschriebene Organgesetz gefunden haben. Dies betrifft etwa das Streikrecht, das noch durch ein Gesetzesdekret aus der Übergangszeit zur Demokratie geregelt ist[22]; oder das Gesetz über die politischen Parteien, das kein Organgesetz ist, sondern von den verfassungsgebenden *Cortes* erlassen wurde[23]; sowie das Petitionsrecht, das noch durch ein Gesetz von 1960 geregelt ist. Schwerwiegender jedoch ist das Fehlen einer angemessenen postkonstitutionellen Regelung der in Art. 125 SpV anerkannten Popularklage[24].

11. Überholte Normen

Als *überholt* bezeichne ich natürlich nicht etwa jene Normen, die mir persönlich so vorkommen, sondern jene, die von der öffentlichen Meinung im allgemeinen für dermaßen antiquiert gehalten werden, daß keine der relevanten politischen Kräfte ihre Verwirklichung fordert. Ein solches Urteil ist natürlich immer riskant, und so möchte ich sogleich präzisieren, daß es hier nur um eine ganz spezifische Materie geht, nämlich um die sogenannte Wirtschaftsverfassung, und daß die folgenden Betrachtungen somit nicht auf wesentlich sensiblere Verfassungsinhalte übertragen werden können. Meines Erachtens läßt sich behaupten, daß die Wirtschaftsverfassung unseres Grundgesetzes von 1978 allein in dem Sinne veraltet ist, daß sich die politischen Kräfte, die den verfassungsgebenden Prozeß vorangetrieben haben, nicht mehr mit ihr identifizieren, wie man aus ihrem Verhalten als politische Kräfte mit Regierungsverantwortung schließen kann.

Die erste Hälfte des VII. Titels, die sich mit der *Wirtschaft* befaßt, enthält gleich mehrere Normen, die man in diesem Sinne als veraltet bezeichnen könnte. So etwa Art. 128.2, der »*die öffentliche Initiative im Wirtschaftsleben*« gewährleistet. Heutzutage hat das Fortbestehen eines öffentlichen Wirtschaftssektors nur wenige Fürsprecher. Dasselbe gilt für die anschließende Bestimmung, wonach dem öffentlichen Sektor be-

---

[21] Hinzuzufügen ist noch das Gesetz 21/1991, das die Regelung des *Wirtschafts-und Sozialrates,* gemäß Art. 131.2 SpV, zum Gegenstand hat.

[22] Real Decreto-Ley 17/1977. Vgl., grundlegend, STC 11/1981.

[23] Gesetz 54/1978, ergänzt allerdings durch Organgesetz 3/1987.

[24] Vgl. die abweichende Meinung zu STC 154/1997.

stimmte wesentliche Ressourcen oder Dienstleistungen vorbehalten bleiben können, *»insbesondere im Falle einer Monopolstellung.«* Heute ist die Alternative zu Monopolstellungen nicht ihre Übernahme durch den öffentlichen Sektor, sondern gerade die Neutralisierung der monopolistischen Marktstruktur. Dies ist nicht nur auf einen ideologischen Wandel zurückzuführen, sondern ebenso auf die mittlerweile bestehenden, weitaus wirksameren technischen Möglichkeiten zur Herstellung von Wettbewerbssituationen. Schließlich kann man auch die Anwendung des Art. 131 SpV, wonach *»der Staat durch Gesetz eine Planung der allgemeinen Wirtschaftsaktivität vornehmen kann«*, als ausgeschlossen betrachten. Insgesamt also haben die Normen der Wirtschaftsverfassung, die zum Teil in ihrer Formulierung den *Richtlinien für die Wirtschafts- und Sozialpolitik* ähneln, gegenüber den »besser situierten« Normen aus Kapitel 2 des ersten Titels der Verfassung, die auf dem Gedanken der Marktwirtschaft aufbauen[25], deutlich an Relevanz verloren.

12. Veraltete Normen

Im Gegensatz zu den *überholten Normen*, meine ich mit *veraltet* in einem weitaus objektiveren Sinne diejenigen Normen, die sich auf einen Wirklichkeitsbereich, einen Sachverhalt beziehen, der sich in den letzten zwanzig Jahren grundlegend verändert hat, woraus dem Verfassungsinterpreten, oder präziser, dem Interpreten des sogenannten *Verfassungsblocks*[26], zusätzliche Schwierigkeiten erwachsen. Damit ist implizit auch schon gesagt, daß es hier um eine Reihe von Kategorien geht, auf deren Grundlage in der Verfassung und den jeweiligen Autonomiestatuten die vertikale Gewaltenteilung zwischen Staat und Autonomen Gemeinschaften erfolgt ist. Diese Pathologie ist zu einem guten Teil auf die Entwicklung der Wirtschaftstätigkeit und insbesondere des Finanzwesens zurückzuführen, die ihren Wirkungskreis immer weiter ausdehnen und somit den Rahmen der Autonomen Gemeinschaften sprengen. Der Staat hat daher notgedrungen in typisch gemeinschaftliche Kompetenzen, wie etwa die über die Sparkassen oder die Börsen, eingreifen müssen. So wirkt sich etwa das bestehende nationale System elektronisch gesteuerten Rechnungsverkehrs naturgemäß auch auf den Kompetenzenbestand der Autonomen Gemeinschaften aus[27].

Ein gutes, weil aktuelles Beispiel sind die Rentenfonds und -pläne. Waren sie zur Zeit der Kompetenzenaufteilung bei uns so gut wie unbekannt, so ist heute ihre Regelung seitens des Staates von den Autonomen Gemeinschaften angefochten worden, und zwar auf der Grundlage von Kompetenzen wie etwa die über »*nicht in die Sozialversicherung eingegliederte (...) Kooperativen*«[28].

---

[25] Art. 38 SpV: »Die Freiheit des Unternehmens im Rahmen der Marktwirtschaft wird anerkannt. Die öffentlichen Gewalten gewährleisten und schützen die Ausübung dieser Freiheit und die Verteidigung der Produktivität gemäss den Erfordernissen der allgemeinen Wirtschaft und gegebenenfalls der Planung.«

[26] Dieser Begriff umfaßt neben der Verfassung auch sämtliche Autonomiestatute, d.h. er ist ein Sammelbegriff für diejenigen Normen, die bei Kompetenzstreitigkeiten als Maßstab verfassungsgerichtlicher Kontrolle dienen. Vgl. *F. Rubio Llorente*, »El bloque de la constitucionalidad«, jetzt in »La forma del poder«, Madrid, 1993, S. 99ff.

[27] Vgl. dazu STC 37/1997.

[28] Vgl. STC 206/1997.

13. Gegenstandslos gewordene Normen

Als *gegenstandslos geworden* bezeichne ich diejenigen Verfassungsnormen, die ihre normative Wirksamkeit verloren haben, weil die Prämisse, auf der sie gründeten, weggefallen ist. Bei dieser Kategorie habe ich kein aktuelles Problem vor Augen, wohl aber dürfte dieser Sachverhalt in unmittelbar Zukunft eintreten, weshalb es vielleicht sinnvoll ist, sich näher damit auseinanderzusetzen.

Das beste Beispiel ist sicherlich die Vorschrift in Art. 30.2 SpV, die die Regelung der Verweigerung aus Gewissensgründen durch Gesetz vorsieht und damit -materiell gesehen- ein Grundrecht gewährleistet, das in Verbindung mit den militärischen Pflichten der Spanier und insbesondere mit dem obligatorischen Wehrdienst zum Tragen kommt[29]. Sobald keine Pflicht zum Wehrdienst mehr besteht, wird auch das Recht auf Verweigerung weitgehend, d.h. außer im Fall einer allgemeinen Mobilmachung, gegenstandslos geworden sein[30].

Ein anderes, vielleicht weniger wichtiges Beispiel, ist die in Art. 42 SpV vorgesehene *Rückwanderungs-Politik* für spanische Gastarbeiter[31]. Eine solche erübrigt sich, denn nach zwanzig Jahren »exportieren« wir keine Arbeitskräfte mehr, sondern sind diesbezüglich vielmehr zu einem »Importland« geworden; und der größte Teil unserer Arbeiter im Ausland ist ohnehin bereits zurückgekehrt.

Wenn schließlich Art. 149.1.11 dem Staat die ausschließliche Kompetenz über das Währungswesen, die Devisen, den Umrechnungskurs und die Konvertierbarkeit vorbehält und insofern der möglichen Kompetenzübernahme durch die Autonomen Gemeinschaften eine Grenze setzt, so setzt dies voraus, daß der Staat, wie es schon geschehen ist, das Ausübungsrecht bezüglich dieser Kompetenz nicht seinerseits bereits auf eine überstaatliche Institution übertragen hat.

14. Normen mit zeitverschobener Wirksamkeit

Die Verfassungsbestimmungen über die abstrakte und konkrete Normenkontrolle (Art. 161.1a und 163 SpV) müssen ebenfalls unter Berücksichtigung des Zeitfaktors betrachtet werden, insofern als die Überlastung des Verfassungsgerichts dazu geführt hat, daß schon nach achtzehn Jahren Verfassungsgerichtsbarkeit einige Verfahren mit mehr als zehn Jahren Verzögerung abgeschlossen wurden; ein Umstand, der auch das Verfassungsgericht selbst mit Sorge erfüllen mußte[32]. Es ist durchaus nicht selten, daß zu dem Zeitpunkt, an dem das Gericht über die Verfassungsmäßigkeit einer bestimmten Norm entscheidet, diese Norm bereits geändert worden ist, oder daß die parlamentarische Minderheit, die den Prozeß angestrengt hat, nicht mehr existiert, weil

---

[29] Art. 30.2 SpV: »Das Gesetz wird die militärischen Pflichten der Spanier festsetzen und unter Wahrung der entsprechenden Garantien die Militärdienstverweigerung aus Gewissensgründen sowie alle anderen Ursachen der Wehrpflichtbefreiung regeln«.

[30] Die politische Entscheidung für ein Berufsheer ist bereits gefallen. Eine allgemeine Wehrpflicht wird somit nur noch während einer kurzen Übergangszeit bestehen.

[31] Art. 42 SpV: »Der Staat überwacht besonders die Wahrung der wirtschaftlichen und sozialen Rechte der spanischen Arbeitnehmer im Ausland und richtet seine Politik auf deren Rückkehr aus«.

[32] Vgl. die abweichende Meinung zu STC 206/1997.

das Parlament inwischen ein Mal oder sogar mehrere Male aufgelöst wurde. In solchen Fällen kann man zu Recht behaupten, daß das Verfahren vor dem Verfassungsgericht mehr historische als aktuelle Züge trägt.

15. Sich selbst blockierende Vorschriften

Als *sich selbst blockierend* bezeichne ich Vorschriften, die einen inneren Widerspruch enthalten, der ihre vollständige Befolgung ausschließt. Der organisatorische Teil der Verfassung enthält ein gutes Beispiel für einen solchen Sachverhalt: Gemäß Art. 159.3 SpV werden die Richer des Verfassungsgerichts *»für eine Amtszeit von neun Jahren gewählt, und sie werden alle drei Jahre je nach Dritteln abgelöst«.* Nur dann, wenn es keine vorzeitigen Rücktritts- oder gar Todesfälle gibt, was eine sichtlich schwache Prämisse darstellt, kann diese Norm in beiden Punkten erfüllt werden. In dem absehbaren Moment, in dem diese Voraussetzung fehlt, was leider schon 1983 der Fall war, blockieren sich die beiden Verfassungsgebote gegenseitig, es sei denn man gäbe einem von ihnen den Vorrang. Nach der bisherigen Interpretation wird das zweite Gebot vorgezogen, so daß manche Richter schon vom Moment ihres Amtsantritts an wissen, daß ihre Amtszeit kürzer als neun Jahre sein wird, damit weiterhin eine Ablösung nach Dritteln erfolgen kann[33].

16. Sinnwidrig angewandte Normen

Bei der zu Beginn dieses Aufsatzes behandelten Kategorie der »asymptomatischen« Normen ist darauf hingewiesen worden, daß die überwiegende Mehrheit der Verfassungsnormen eine durchaus sinngemäße Anwendung gefunden hat: die entgegengesetzte Kategorie wäre die der *sinnwidrig* angewandten Normen. Diese Pathologie ist in unserem Zusammenhang dann von Interesse, wenn eine Verfassungsnorm, sinngemäß interpretiert, die *zeitliche Einschränkung* der Geltung bestimmter Gesetze fordert, diese Einschränkung aber in der Praxis nicht berücksichtigt wird. Damit verstößt man zwar nicht unmittelbar gegen den Wortlaut der Verfassung, weicht aber doch von ihrer ursprünglichen Intention ab.

Das klarste Beispiel hierfür betrifft Art. 55.2 SpV, wonach ein Organgesetz unter Einhaltung bestimmter Garantien die sogenannte Individualaufhebung gewisser Grundrechte vorsehen kann, konkret des Rechtes auf eine Untersuchungshaft von maximal 72 Stunden, auf die Unverletzlichkeit des Hausfriedens, sowie auf die Unverletzlichkeit des Briefgeheimnisses. Nach einer Anfangszeit, in der die Geltung dieses Gesetzes zeitlich begrenzt war, hat es einen absolut normalen Eingang in die spanische Strafprozeßordnung gefunden[34].

Die bisher erwähnten Beispiele scheinen hinreichend beweiskräftig, um die anfangs aufgestellte These zu stützen, wonach der Zeitverlauf sich auf die einzelnen Verfas-

---

[33] Eine weitaus realistischere Vorschrift findet sich in Art. 23.3 der Europäischen Menschenrechtskonvention, im Zusammenhang mit der Erneuerung je nach Hälften des EMRGH gemäß Protokoll Nr. 11.

[34] Vgl. STC 71/1994 und abweichende Meinung.

sungsnormen in differenzierender Weise auswirkt. Der Umstand, daß im Verlauf der Analyse stillschweigend von einer Art »Normalitätshintergrund« ausgegangen wurde, könnte beim Leser ein überwiegend negatives Bild von der spanischen Verfassungswirklichkeit hervorgerufen haben, das selbstverständlich nicht beabsichtigt war. Vielmehr sollte nur anhand einiger einfachen Beispiele gezeigt werden, wie der Zeitverlauf die Verfassung auf vielfältige Weise prägt und wie unterschiedlich die einzelnen Verfassungsnormen je nach ihrem Inhalt altern. Das hier skizzierte Gesamtbild mit seinen Licht- und Schattenseiten sollte aber nicht den Blick auf die heutige Vitalität unserer Verfassung verstellen, die vor zwanzig Jahren in einer noch von großer Ungewißheit geprägten Atmosphäre geboren wurde.

Das neue Verfassungssystem des Souveränen Malteserordens

Eine Textedition

eingeführt von

Prof. Dr. Paolo Papanti Pelletier de Berminy

zusammengestellt von

Dr. Wolf-Dieter Barz

Vorbemerkung

Die ehemalige Verfassungsversion des Malteserordens, die bis 1997 galt, ist 1989 mit einem Aufsatz in diesem Jahrbuch bereits dargestellt worden. Nach einer umfangreichen Novellierung der beiden Hauptgesetze des Ordens, der Verfassung und des Kodexes, ist es angebracht, das erneuerte Verfassungssystem vorzustellen. Auf die noch heute zutreffenden allgemeinen Ausführungen im genannten Aufsatz zu Geschichte, Wesen und Status des Ordens sei verwiesen. Heute dagegen soll vorrangig der revidierte Verfassungstext für sich selber sprechen. Dort, wo es nötig bzw. hilfreich für das Verständnis ist, werden die Regelungen der Verfassung, die von der Materie, dem Aufbau und der Sprache her den Staatsverfassungen stärker angepaßt wurde, durch die in abweichender Drucktype gehaltenen Bestimmungen des Kodexes ergänzt. Da die weltlichen und auch-weltlichen Normen der Organisationsstruktur dieser faszinierenderweise auch quasi-staatlichen Körperschaft im Vordergrund stehen sollen, sind Ergänzungen aus dem Kodex vor allem für diesen Bereich gewählt worden. Sie sollen zudem die Strukturen des Ordens plastischer, Aufgaben und Arbeitsweisen, insbesondere diejenigen der Verfassungsorgane, deutlicher und lebendiger werden lassen. Gleichzeitig werden dadurch – vor allem durch den Abschnitt über die Ordensgliederungen – auch die melitensischen[1] Einheiten beschrieben, die heute wieder in Deutschland bestehen: das deutsche Subpriorat des Hl. Michael und die *Deutsche Assoziation des Souveränen Malteser-Ritterordens* mit ihren jeweiligen Delegationen und – stellvertretend für einige weitere Einrichtungen in Deutschland – das allseits bekannte Ordenswerk, der Malteser-Hilfsdienst.

---

[1] melitensisch: auf den Malteserorden bezogen

Ein glücklicher Zufall für dieses Publikationsvorhaben war es, daß Ende 1998 eine römische Juristendelegation des Malteserordens das Bundesverfassungsgericht besuchte. Professor Dr. Papanti Pelletier de Berminy, der nebenamtlich Präsident des melitensischen Magistral-Tribunals Erster Instanz an der Ordenszentrale in Rom ist, hielt in Karlsruhe einen Vortrag über die neue Verfassung des Ordens: *Die melitensische Rechtsordnung nach dem Generalkapitel von 1997, erste Überlegungen*. Diesen Vortrag habe ich bearbeitet und danke S. Exz., dem Herrn Präsidenten dafür, daß er zustimmte, ihn in der nunmehrigen Form der Textedition voranzustellen. In anderer Überarbeitung wird er in seiner ursprünglichen Sprache, auf Italienisch, demnächst in der Zeitschrift *Rivista di diritto ecclesiastico* erscheinen.

Karlsruhe, im Sommer 1999   W.-D. B.

Einleitung

Das außerordentliche Generalkapitel des Souveränen Malteser-Ritter-Ordens, das vom 28. bis zum 30. April 1997 tagte, hat zu zahlreichen und bedeutenden Erneuerungen der beiden grundlegenden Ordensgesetze, der Verfassung und des Kodexes, geführt. In ihren ursprünglichen Fassungen wurden sie 1961 bzw. 1966 verkündet und dann durch die Generalkapitel von 1973 und 1976 geringfügig überarbeitet. Die jetzigen Änderungen haben die Beziehungen zum Hl. Stuhl von Grund auf erneuert und zeigen die Souveränität des Ordens noch deutlicher. Er definiert sich im Verhältnis zu allen anderen Körperschaften des Völkerrechts als eine eigenständige völkerrechtsfähige Körperschaft, die sich ihrerseits allen allgemein anerkannten völkerrechtlichen Normen unterstellt. Es ist ferner zu betonen, daß der Orden seine Positionen und Rechte nicht von anderen Völkerrechtssubjekten ableitet, wie dies bei internationalen völkerrechtsfähigen Organisationen wie z.B. der UNO oder der FAO der Fall ist. Diese sind durch Verträge zwischen Staaten entstanden. Sie sind »gekorene« und nicht »geborene« Völkerrechtssubjekte wie der *ab origine* unabhängige Malteserorden.

Die melitensische Verfassungsordnung von 1961/1966

Das alte Verfassungssystem stützte sich seinerzeit ausdrücklich (Art. 4 Verf.) auf das Urteil des Kardinaltribunals vom 24. 1. 1953. Das Tribunal war vom Papst Pius XII. eingesetzt worden, um Fragen nach Natur und Eigenschaft des Malteserordens zu klären. Im Tenor wird die Autonomie des Ordens gegenüber dem Hl. Stuhl vollkommen anerkannt, was gleichermaßen für seine Souveränität gegenüber den anderen Körperschaften des Völkerrechts gilt. Es ist darüber hinaus festgehalten, daß die besondere Rechtsstellung des Ordens gegenüber dem Hl. Stuhl daraus resultiert, daß die erste Klasse, oder nach heutiger Wortwahl der erste Stand der Mitglieder, die Justiz-Ritter und Konventualkapläne, Religiose im Sinne des Codex Iuris Canonici sind. Trotz der mönchischen Prägung des Ordens hat der Hl. Stuhl mit dem oben genannten Urteil ausdrücklich anerkannt, daß die gegenseitigen Beziehungen neben dem kirchlich-re-

ligiösen Charakter auch durch das Merkmal der Souveränität des Ordens gekennzeichnet sind. Für die kirchlich-religiösen Fragen ist dann auch die Hl. Kongregation
der Religiosen zuständig, während die anderen Fragen vom Staatssekretariat Seiner
Heiligkeit bearbeitet werden, einem Organ, das sich bekanntlich nur mit den völkerrechtlichen Beziehungen beschäftigt. Darüber hinaus hebt eine bekannte Lehrmei-
nung, die incidenter davon ausgeht, daß der Orden nicht nur kirchlich-religiöser Natur ist, hervor, daß Kongregation und Staatssekretariat sich einvernehmlich der sogenannten gemischten Fragen anzunehmen habe. Diese betreffen Probleme, die nicht
ausschließlich dem kirchlich-religiösen Bereich zuzuordnen sind. Nach dem Kardinalsspruch war der Orden in seiner nun bald tausendjährigen Geschichte ununterbro-
chen souverän; dementsprechend waren auch seine Beziehungen zu anderen Subjek-
ten des Völkerrechts geprägt. Das anerkennt das Urteil selbst für die Zeiten, in denen
der Orden nach Verlust seiner Staaten Rhodos und Malta territorial nicht mehr iden-
tifizierbar war bzw. immer noch ist. Zusätzlich wird festgestellt, daß der Orden völkerrechtliche Privilegien genieße. Auf der Grundlage dieser ausdrücklichen Anerkennung lautete Art. 3 der Verfassung von 1961:

> Der innige Zusammenhang, der zwischen den beiden Eigenschaften des Ordens als religiö-
> sem und souveränem Orden besteht, widerspricht nicht der Autonomie des Ordens selbst in
> Bezug auf die Ausübung seiner Souveränität und der mit ihr verbundenen Prärogativen als Sub-
> jekt des Völkerrechts gegenüber den Staaten.

Das solchermaßen skizzierte Bild der Rechtslage zog einerseits die Souveränität des
Malteserordens nicht in Zweifel, nährte aber andererseits Zweifel an seiner Unabhängigkeit gegenüber dem Hl. Stuhl. Denn durch die Verweisung der Verfassung auf das
genannte Urteil des Kardinaltribunals regelte dieses als inkorporierter Verfassungsteil
die Beziehungen zwischen Orden und Hl. Stuhl, ohne jedoch hinreichend klar die
Wechselbeziehungen zwischen Kirchenrecht und Völkerrecht aufzuarbeiten. Ferner
beschrieb Art. 4, § 3 der vormaligen Verfassung die diplomatischen Beziehungen zum
Hl. Stuhl mit der weniger geglückten Formulierung: »Der Hl. Stuhl hat einer diplomatischen Vertretung des Ordens sein Agrément erteilt.« Diese Formulierung hätte
auch eine völkerrechtlich unbeachtliche Courtoisie als Grundlage der Beziehungen
indizieren können. Schließlich waren im Sinne einer denkbaren Abhängigkeit des
Ordens vom Hl. Stuhl diejenigen Bestimmungen noch zweideutiger, die die Wahl des
Großmeisters und die seiner Amtsübernahme betrafen. Denn er durfte seine Tätigkeit
erst aufnehmen, nachdem der Hl. Vater die Wahl bestätigt hatte. Eindeutiger ist dann
schon das *Annuario Pontificio*, das den Malteserorden nicht unter den Orden, sondern
unter den Staaten aufführt, die durch Botschaften beim Hl. Stuhl vertreten sind.

Die neuen Verfassungsinstitute

Die Verfassung ist nun vor allem in diesen Punkten, aber auch an anderen »neuralgi-
schen« Punkten, auf die weiter unten noch einzugehen sein wird, novelliert worden.

– Die Verweisung auf den Kardinalsspruch ist aufgehoben worden.
– Es ist festgelegt, daß selbst die Religiosen nach Ablegung der Gelübde und erst
  recht die Mitglieder des zweiten Standes, die, im Laienstatus verbleibend, lediglich

eine Promesse abgelegt haben, ausschließlich den Oberen des Malteserordens unterstellt sind (Art. 4, § 2 Verf.).
- Es wird festgestellt, daß der Orden gemäß dem Völkerrecht eine diplomatische Vertretung beim Hl. Stuhl unterhält (Art. 4, § 5 Verf.).
- Die Zustimmung des Hl. Vaters ist für die Amtsübernahme des Großmeisters nicht
mehr erforderlich. Vielmehr muß der zum Großmeister Gewählte vor Übernahme
der Amtsgewalt dem Papst von der Wahl lediglich Mitteilung machen (Art. 14 Verf.).

Die Änderungen im Verfassungssystem, hier lediglich kurz umrissen, sind so tiefge-
hend, daß man von einer »kopernikanischen Revolution« sprechen könnte. Jedweder
Zweifel am souveränen Status des Ordens ist nunmehr ausgeräumt; für irgendeine Abhängigkeit vom Hl. Stuhl fehlt jegliches auch nur vermeintliche Indiz. Es wird nun
ganz offensichtlich, daß ausschließlich diejenigen Ritter mit mönchischen Gelübden
dem Orden das kirchlich-religiöse Profil im Sinne des vom Hl. Stuhl getragenen kanonischen Rechts geben. Dieses Profil schlägt indessen nicht mehr auf die innere
Struktur des Ordens durch und kann somit auch nicht mehr die völkerrechtlichen Beziehungen zu den Staaten oder zum Hl. Stuhl überschatten.

In einem weiteren Punkt hat sich der Orden mit seiner neuen Verfassung vom Hl.
Stuhl emanzipiert und gleichzeitig die Stellung der Laien im Orden ausgebaut. Nach
Art. 20, § 2 b der alten Verfassung hing es von der Dispens des Papstes ab, ob Obödienzritter dem Souveränen Rat (= Ministerrat) angehören oder andere Regierungs-
funktionen an Stelle von mönchischen Ritterbrüdern übernehmen durften. Die no-
vellierte Verfassung sieht demgegenüber vor, es dem Großmeister anheimzustellen,
die Wahl eines Obödienz-Ritters in ein entsprechendes Amt zu bestätigen bzw. nicht
zu bestätigen (Art. 11 § 3 Verf.). Somit ist ein weiterer Punkt entfallen, der die Vermutung hätte aufkommen lassen können, der Orden sei abhängig vom Hl. Stuhl, indem
die Regierungsämter den Religiosen vorbehalten blieben und Ausnahmen nur von
externer Stelle, dem Hl. Stuhl, zugelassen werden durften. Es war nahezu ausschließlich das mönchische Element und nicht das weltliche, das die Ordensregierung prägte,
obwohl gerade die Zusammensetzung seiner obersten Exekutivgewalt ihm selber als
Ausdruck der inneren Souveränität hätte zukommen müssen. Es ist allerdings einzu-
räumen, daß auch heute noch die Mehrheit des Souveränen Rates dem ersten Stand,
dem mönchischen Stand, anzugehören hat (Art. 20, § 4 Verf.).

Die neuen Organisationsstrukturen

Die Novellen von Verfassung und Kodex haben zu vielfältigen und tiefgreifenden Änderungen der institutionellen Ordnung des Malteserordens geführt.

Die Exekutive

Vor allem ist die Stellung des Großmeisters und seine Beziehungen zum Souveränen
Rat besser geregelt worden. Beide Organe sind in unterschiedlichem Umfang Träger
der obersten Regierungsgewalt. Trotz dieser zentralen Bedeutung war die Kompe-

tenzverteilung nach der alten Verfassung undeutlich geblieben. Nunmehr sind alle Regierungsakte des Ordens solche seines Großmeisters. Dieser, »unterstützt vom Souveränen Rate, übt ….. die höchste Amtsgewalt aus, verleiht Ämter und Funktionen und leitet die Regierungsgeschäfte« (Art. 15, § 1 Verf.). Die vorgesehene unterstützende Mitwirkung des Souveränen Rates zugunsten des Großmeisters schreibt die revidierte Verfassung je nach Art des Regierungsaktes als notwendige Zustimmung (Mehrheitsbeschluß) oder als bloße Beratung fest. Eine beschränkte Anzahl von Maßnahmen trifft der Großmeister allerdings auch ohne Mitwirkung des Souveränen Rates. Die Regierungsakte lassen sich demnach folgendermaßen schematisieren:

— In wichtigen komplexen Angelegenheiten muß einem Dekret die Zustimmung des Souveränen Rates vorangegangen sein; Beratungsbeschluß und Dekret müssen inhaltlich deckungsgleich sein. Allerdings hängt der Erlaß des Dekretes von der Billigung des Beschlusses durch den Großmeister ab; eine Billigungspflicht, die Pflicht, einen Ratsbeschluß umzusetzen, besteht nicht.

— Im Verfahren nahezu gleich sind die etwas weniger komplexen Angelegenheiten, in denen der Souveräne Rat lediglich ein beratendes Votum abgibt. Allerdings ist der Großmeister an diese Willensäußerung des Kollegialorgans nicht gebunden. In den Fällen, in denen der Souveräne Rat vor der Dekretierung durch den Großmeister ein bindendes oder beratendes Votum gegeben hat, spricht man von einem Ratsdekret.

— Von einem Großmeisterdekret (Art. 15, § 3 Verf.) ist die Rede, wenn der Großmeister zur Dekretierung befugt ist, ohne daß sich zuvor der Souveräne Rat äußern müßte.

Dieser Überblick zeigt, daß die Stellung des Großmeisters nicht die eines *primus inter pares* im Souveränen Rat ist. Erhärtet wird dieser Eindruck dadurch, daß der Großmeister als Ratsvorsitzender gemäß Art. 20, § 2, a Verf. nicht an den Abstimmungen teilnimmt, die zur Zustimmung führen sollen (Art. 20, § 7 Verf.). Bei Stimmengleichheit aber besitzt er doch die Macht, letztlich auf Grund seiner »Entscheidung« das Dekret zu erlassen. Auffälligerweise ist in der italienischsprachigen Originalfassung nicht von *voto* sondern von *decisione* des Großmeisters die Rede (Art. 20, § 7 Verf.), was in der amtlichen deutschen Textausgabe (*Stimme*) nicht so deutlich wird. Erwähnt sei, daß der Großmeister nicht nur das Vorrecht hat, Dekrete zu promulgieren, sondern auch ein außerordentliches Generalkapitel einzuberufen, das befugt ist, den Souveränen Rat aufzulösen und einen neuen zu wählen (Art. 15, § 2, i Verf.). Der Großmeister ist also Träger einer eigenen autonomen Gewalt. Diese kommt ihm nicht in der Funktion als Vorsitzendem von Entscheidungsgremien des Ordens (Souveräner Rat; Generalkapitel, s. u.) zu, sondern ist getrennt von den Rechten dieser Organe zu sehen. Somit tritt der Großmeister nicht nur im völkerrechtlichen Verkehr des Ordens als Souverän auf, sondern die Verfassung spricht ihm auch für den internen Bereich Vorrechte zur eigenständigen Amtsausübung zu.

Zu den Ergebnissen der Verfassungsrevision zählt nicht nur die Stärkung der großmeisterlichen Position, sondern auch eine Änderung im institutionellen Bereich. Der neu geschaffene Regierungsbeirat ist ein Konsultativorgan und berät thematisch fast allzuständig bis hin zur eigenständigen »Anregung« (Art. 21, § 1 Verf.).

Die Legislative

Die gesetzgebende Gewalt steht primär dem Generalkapitel zu, das regelmäßig alle fünf Jahre einberufen wird, sofern dies der Großmeister nicht schon zu einem früheren Zeitpunkt für angebracht hält. Wäre das Generalkapitel des Ordens ein staatliches Parlament, könnte man fast formulieren, dort seien alle gesellschaftlich und politisch relevanten Gruppierungen vertreten, wobei im Orden den Vertretern der jeweiligen nationalen Ordensassoziationen, und damit vor allem den weltlichen Mitgliedern, nach der Verfassungsrevision verstärktes Gewicht zukommt. Das Generalkapitel übt seine legislative Funktion insbesondere dadurch aus, daß es Verfassung und Kodex ändert. Neu für die melitensische Verfassungsstruktur ist, daß sie von »elastico« zu »rigido« umgeschrieben wurde: Für eine Verfassungsänderung ist nun eine Zweidrittelmehrheit erforderlich, während für Änderungen des Kodexes die absolute Stimmenmehrheit genügt.

Das Rechtssystem des Malteserordens kennt kein spezifisches Verfassungsgericht mit beschränkter legislativer Gewalt. Dennoch gibt es im materiellen Sinne eine verfassungsgerichtliche Rechtsprechung: Die beiden Magistralgerichte sind – soweit es im Rahmen ihrer enumerativen Zuständigkeit anfällt – Hüter der Rechtsordnung in dem Sinne, daß es ausschließlich ihnen obliegt, die melitensischen Rechtsnormen auszulegen (Art. 2, § 2 Kod.). Damit sind sie zwar nicht befugt, der Verfassung untergeordnete verfassungswidrige Normen zu abrogieren, aber es liegt doch in ihrer Macht, die als verfassungswidrig eingestufte Norm im gerade anhängigen Verfahren nicht mehr anzuwenden. Eine solche Verfassungsrechtsprechung im materiellen Sinne hat es auch in der Republik Italien, von der Verfassungsverkündung im Jahre 1947 bis zur Konstituierung des Verfassungsgerichts im Jahre 1956, gegeben.

Zur Legislative ist noch anzumerken, daß eine solche Funktion nach der Verfassungsnovelle im beschränkten Maße auch Regierungsorganen zukommt. Art. 15, § 2, a Verf. sieht vor, daß es dem Großmeister mit vorheriger Zustimmung des Souveränen Rates obliegt, gesetzliche Regelungen für Materien zu erlassen, die weder in der Verfassung noch im Kodex geregelt sind. Es handelt sich damit um solche Normen, die in der Hierarchie sowohl der Verfassung wie auch dem Kodex untergeordnet sind. Diese Vorschrift schafft keine bedeutsame Anomalie. Bekanntlich ist das Prinzip Montesquieus der Dreiteilung der Staatsgewalt in modernen Verfassungen nicht puristisch verwirklicht. Vielfach sind im begrenzten Umfang legislative Funktionen der Regierungen vorgesehen, sei es, daß sie Verordnungen an Gesetzes Statt erlassen können oder, daß allgemein gesprochen, die normativ regelnde Gewalt der Exekutive darunterfällt. Im übrigen hat der Begriff *Exekutivgewalt* auch in der juristischen Literatur dem zeitgemäßen Begriff *Regierungsfunktion* Platz gemacht: mit rein exekutiven Aufgaben, Lenkungsaufgaben sowie im weiteren Sinne normativen Aufgaben der Regierungsorgane. Das Generalkapitel hat neben den legislativen Aufgaben allerdings noch weitere Zuständigkeiten, von denen es sicherlich die bedeutendste ist, die Mitglieder des Souveränen Rates zu wählen. Desweiteren wählt es die Mitglieder des Regierungsbeirates und der Rechnungskammer. Ganz allgemein erörtert es die wesentlichen Linien der »Politik« des Ordens, sowohl die Innen- wie auch die Außenpolitik.

Dem Generalkapitel in seiner Zusammensetzung ähnlich ist ein weiteres Verfassungsorgan, der Große Staatsrat. Beide finden ihre Parallelen im deutschen Bundestag und in der Bundesversammlung.

Im Falle des Todes, des Amtsverzichts oder der dauernden Amtsverhinderung des Großmeisters tritt der Große Staatsrat zusammen, um einen Nachfolger zu wählen.

Die Judikative

Ausschließlich den Magistraltribunalen kommt die judikative Aufgabe in Fällen der weltlichen Gerichtsbarkeit zu. Das Ordensgericht Erster Instanz und das Appellationsgericht sind zuständig für Rechtsstreitigkeiten zwischen natürlichen und juristischen Personen des Ordens und dritten außenstehenden Personen (Art. 26, § 2 Verf.). Der kirchlichen Gerichtsbarkeit, für den exemten Malteserorden die Gerichte des Hl. Stuhls, unterfallen lediglich solche Sachverhalte, die die Profeßritter (mönchische Mitglieder) in Angelegenheiten des kanonischen Rechts betreffen (Art. 26, § 1 Verf.). Diese zweigleisige Rechtswegzuweisung sah schon die alte Verfassung vor. Allerdings gibt es eine Neuerung, die viele, in der Vergangenheit aufgekommene Irrtümer ausräumt. Früher war eine Berufung gegen Urteile des melitensischen Appellationsgerichtes an das Kassationsgericht des Staates der Vatikanstadt möglich. Diese Übertragung der höchstgerichtlichen Funktionen wurde fälschlicherweise bisweilen als Souveränitätseinbuße gegenüber dem Hl. Stuhl gewertet. Es handelte sich aber lediglich um eine Art Organleihe, die weder zu einer Vermengung von weltlicher und kirchlicher Gerichtsbarkeit noch zu einem partiellen Souveränitätsdefizit im völkerrechtlichen Sinne führte. Denn zum einen ist das Kassationsgericht der Vatikanstadt nur für weltliche Rechtsfragen territorial zuständig (für kirchenrechtliche Fragen wäre das vergleichbare Gericht die *Segnatura Apostolica*) zum anderen sind im internationalen Verkehr Organleihen allgemein oder auch Übertragungen von Gerichtsfunktionen bekannt, ohne daß diese Souveränitätseinbußen mit sich gebracht hätten.

Nichtsdestoweniger wirkt die Rücknahme der Übertragung Irrtümern entgegen: Die Trennung von päpstlich-kirchlicher und melitensisch-weltlicher Gerichtsbarkeit, die jetzt mit ausschließlicher Zuständigkeit in Fragen der Rechtsordnung des Malteserordens judiziert, tritt nunmehr mit schärferen Konturen hervor. Die Aufgaben, die das vatikanische Gericht für den Orden als Höchstgericht übernommen hatte, fallen jetzt dem melitensischen Appellationsgericht zu. Geblieben ist indessen die Transformation der Zivilprozeßordnung des Staates der Vatikanstadt in die melitensische Rechtsordnung.

Der Zuständigkeitsbereich der Magistraltibunale ist in weiten Teilen der gleiche wie schon in der alten Fassung des Kodexes; die neue Fassung des Kodexes zählt heute in Art. 204 die Zuständigkeiten auf. Darunter fallen wie schon zuvor Entscheidungen über Anfechtungen der Aufnahmedekrete für neue Ordensmitglieder, Anfechtungen der Investitur mit Kommenden, Streitigkeiten über die Verwaltung von Kommenden und Stiftungen, Streitigkeiten zwischen den Ordensangehörigen als solchen, vermögensrechtliche Streitigkeiten derselben bezüglich ihrer Dispositionsrechte (auf Ansuchen beider Parteien), Streitigkeiten zwischen der Ordenszentrale und öffentlich-rechtlichen Körperschaften des Ordens sowie dieser Körperschaften untereinander. Eine schiedsgerichtliche Zuständigkeit ist für erb- und vermögensrechtliche Fälle selbst dann gegeben, wenn die Parteien nicht dem Orden angehören. Hinzukommen Entscheidungen über Berufungen gegen Disziplinarmaßnahmen (Art. 129, § 1 Kod.) und Entscheidungen über Anfechtungen von Abberufungsdekreten gegen Mitglieder des Souveränen Rates (Art. 169, § 2 Kod.). Die schon lange Zeit bestehende arbeitsgerichtliche Zuständigkeit für Ordensangestellte soll durch eine neue Gerichtsstandsvereinbarung modifiziert werden.

Nach dem 1998 geschlossenen, z.Z. noch nicht ratifizierten Vertrag mit der Republik Malta sind die Ordensgerichte und nicht etwa die maltesischen Gerichte in den arbeitsrechtlichen Fällen zuständig, die nicht-maltesische Angestellte des Ordens auf dem maltesischen Fort St. Angelo betreffen. Das Fort wird dem Orden erbpacht-ähnlich als nahezu exterritoriales Anwesen überlassen. Diese Gerichtsstandsvereinbarung gilt selbst dann, wenn die Angestellten keine hoheitlichen Aufgaben wahrnehmen.

Die Ordensgerichte dürfen nunmehr auch als Schiedsgerichte tätig werden, die in völkerrechtlichen Fällen von anderen Völkerrechtssubjekten angerufen werden können. Ebenfalls neu ist, daß das erstinstanzliche Magistraltribunal in nicht-öffentlicher Sitzung eine dauernde Amtsverhinderung des Großmeisters feststellen kann, wenn es mit Zweidrittelmehrheit der Mitglieder des Souveränen Rates angerufen wird (Art. 17, § 2 Verf.). Die Entscheidung ist ohne Appellationsmöglichkeit rechtskräftig, da es sich nicht um eine gerichtliche Tätigkeit im engeren Sinne handelt.

Die Position der Magistraltribunale im melitensischen Rechtssystem ist neben der neuen Kompetenzerweiterung auch dadurch noch gestärkt worden, daß ausschließlich die beiden Gerichte für die Gesetzesauslegung zuständig sind. Von diesem Recht, das früher auch dem Großmeister mit dem Souveränen Rat und dem Generalkapitel zukam, ist nunmehr allein dem Generalkapitel das Recht der authentischen Gesetzesinterpretation geblieben, die ja eher mit der legislativen Zuständigkeit korreliert, als daß sie den judikativen Bereich der »Staatsgewalt« schmälern würde.

Zusammenfassend läßt sich feststellen, daß die Aufgabenfelder der beiden Magistraltribunale weit gefächert sind. So tragen sie Zuständigkeitsmerkmale der ordentlichen, der arbeitsrechtlichen, der verwaltungsrechtlichen sowie verfassungsrechtlichen Gerichtsbarkeit und wirken zusätzlich als internationales Schiedsgericht und als Ehrengericht. Trotz des Zuwachses an Multifunktionalität darf aber auch eine Kompetenzeinbuße durch die Kodexrevision nicht verschwiegen werden. Der alte Zuständigkeitskanon enthielt abschließend die Generalklausel: »Die Ordensgerichte ... entscheiden ... über alle anderen Auseinandersetzungen betreffend die Beziehungen, die in der Rechtsordnung des Souveränen Ordens enthalten sind und zu ihr gehören« (Art. 225, g, alter Kod.). Dieser Passus entfällt im jetzigen Kodex.

Die Quellen des melitensischen Rechts

Die Schilderung der Verfassungs- und Kodexnovelle soll nicht schließen, ohne die Änderungen in der Aufzählung melitensischer Rechtsquellen zu skizzieren. Auch hier sind erhebliche Änderungen eingetreten, die die Trennung der melitensischen Rechtsordnung von derjenigen des Hl. Stuhls, vom Kirchenrecht, deutlicher werden lassen.

Art. 1 und Art. 2 des alten Kodexes beschäftigen sich mit den melitensischen Rechtsquellen. Art. 1 nennt Verfassung und Kodex, Art. 2 die gesetzlichen Bestimmungen der Päpste, nämlich die kanonischen Regelungen, die päpstlicherseits genehmigte ursprüngliche Ordensregel (1113) sowie die genehmigte Ordensverfassung von 1961. Dem folgen die von den Päpsten gewährten Privilegien und Gewohnheiten, Dann werden die von den Ordensorganen erlassenen gesetzlichen Bestimmungen genannt und schließlich der *Code Rohan* aufgeführt, der erstaunlicherweise nicht unter den genannten alten Ordensregeln rangiert. Der sogenannte Code Rohan wurde auf dem Generalkapitel 1776 verabschiedet und 1782 noch auf Malta mit dem Titel *Codice del Sacro Militare Ordine Gerosolimitano...* gedruckt. Art. 3, § 1 des alten Kodexes verdeutlicht neben der Normenhierarchie in Art. 2, a-d die hervorgehobene Bedeutung des kirchlichen Rechts: »Die Auslegung der Gesetze geschieht in Übereinstimmung mit den Grundsätzen des Codex Juris Canonici«.

Im novellierten Verfassungstext (Art. 5) hat sich auch im Bereich der Rechtsquellen eine »kopernikanische Revolution« vollzogen. Ein Hinweis auf die päpstlichen Quellen fehlt; die Kirchengesetze sind zwar Quellen geblieben, aber nur als subsidiäres Recht zu der vorangestellten Verfassung und zum vorangestellten Kodex. Es folgen in der Rangordnung die gesetzlichen Maßnahmen der Ordensorgane, die völkerrechtlichen Vereinbarungen des Ordens, seine Privilegien und Gewohnheiten und danach der *Code Rohan*. Mit Verfassungsrang wird festgestellt, daß die melitensische Rechtsordnung eine originäre und nicht etwa eine vom Hl. Stuhl abgeleitete Rechtsordnung ist. Es ist schließlich die Verfassung des Ordens, die das kanonische Recht lediglich als Hilfsquelle in das Recht des Souveränen Malteserordens transformiert, welches vom Primat der Verfassung, die ja nunmehr nur mit qualifizierter Mehrheit abgeändert werden kann, geprägt ist. Schon allein dieser Transformationsakt verdeutlicht, daß das Rechtssystem des Ordens nicht untergeordnet in der Hierarchie des kanonischen Rechts steht; dann wäre dieser Akt überflüssig.

Mit den aufgezeigten Neuerungen und Umstellungen in seinem normativen Fundament, eingebettet in seine altehrwürdige Tradition, hat der Souveräne Malteser-Ritter-Orden 1999 die Feiern zu seinem 900jährigen Bestehen begangen. An der Schwelle zum dritten Jahrtausend steht er damit unverbrüchlich treu zu seinen ursprünglichen und auch von der neuen Verfassung in Art. 2, §§ 1–2 wieder verbrieften Aufgaben: zur Verteidigung des christlichen Glaubens und vor allem zur medizinischen Hilfeleistung für Kranke, Bedürftige und den von Naturkatastrophen und Kriegen heimgesuchten Mitmenschen.

Textanhang

Verfassung und Codex(-Auszüge)

des Souveränen Ritter- und Hospitalordens vom Hl. Johannes zu Jerusalem, genannt von Rhodos, genannt von Malta

promulgiert am 27. Juni 1961 und revidiert durch das Außerordentliche Generalkapitel
vom 28/30. April 1997[*]

Kapitel I
Der Orden und sein Wesen

Art. 1
Ursprung und Wesen des Ordens

§1 Der Souveräne Ritter- und Hospitalorden vom Hl. Johannes zu Jerusalem, genannt von Rhodos, genannt von Malta ist aus der Gruppe der »Hospitalarii« des Hospitals des Hl. Johannes in Jerusalem entstanden und wurde durch die Zeitumstände berufen, seine ursprünglich karitativen Aufgaben um den militärischen Schutz der Pilger, des Hl. Landes und dessen christlicher Kultur zu ergänzen. Er war nacheinander Souverän der Inseln Rhodos und Malta. Er ist ein religiöser Laienorden und traditionsgemäß zugleich militärisch, ritterlich und adelig.

§2 In den Staaten, in denen der Orden kraft eigener Rechte oder internationaler Abkommen Aktivitäten entfaltet, besteht seine Struktur aus Großprioraten, Prioraten, Subprioraten und Nationalen Assoziationen.

§3 In der vorliegenden Verfassung und im Codex wird der Souveräne Malteser-Ritterorden als »Malteserorden« oder »Orden« bezeichnet.

§4 Im folgenden werden die Großpriorate und die Nationalen Assoziationen als Priorate und Assoziationen bezeichnet. Der Codex Melitensis wird als Codex bezeichnet.

---

[*] Die hiesige Edition der Verfassung sowie ausgewählter Regelungen des Kodexes wurden weder hinsichtlich der Übersetzung, der Ausdrucksweise noch sonstwie formal redigiert. Lediglich dort, wo der deutschsprachige amtliche Text offensichtlich versehentliche Abweichungen vom Duden oder formale Unstimmigkeiten aufweist, die jeweils ihrerseits kein System erkennen lassen, sind Änderungen erfolgt. Wenn möglich, diente dabei die italienischsprachige Textausgabe als Orientierung. Die Artikel des Kodexes sind denen der Verfassung thematisch zugeordnet und drucktechnisch in einer anderen Schriftart dargestellt.

Art. 2
Die Ziele des Ordens

§1 In Übereinstimmung mit seinen jahrhundertealten Traditionen hat der Orden die Aufgabe, die Ehre Gottes durch die Heiligung seiner Mitglieder, den Einsatz für den Glauben und den Hl. Vater sowie den Dienst am Nächsten zu mehren.

§2 Getreu den göttlichen Geboten und den Räten unseres Herrn Jesus Christus, sowie geleitet von den Lehren der Kirche, bekennt sich der Orden zu den christlichen Tugenden der Nächstenliebe und Brüderlichkeit, indem er Werke der Nächstenliebe ohne Unterschied des Glaubens, der Rasse, der Herkunft oder des Alters gegenüber Kranken, Bedürftigen und Heimatlosen ausübt.

Der Orden erfüllt seine institutionellen Aufgaben vornehmlich durch medizinische und soziale Hilfen für Arme und Kranke und durch den Beistand für Opfer von Katastrophen und Kriegen, indem er sich auch um ihr geistliches Wohlergehen und um Stärkung ihres Gottesglaubens bemüht.

§3 Zur Wahrnehmung dieser Aufgaben können Priorate und Assoziationen in Übereinstimmung mit dem Codex, den örtlichen Gesetzen und internationalen Konventionen Unterorganisationen gründen.

Art. 3
Die Souveränität des Ordens

§1 Der Orden ist Subjekt des Völkerrechts und übt die mit den Souveränitätsrechten verbundenen Funktionen aus.

§2 Legislative, Exekutive und Rechtsprechung sind nach Maßgabe von Verfassung und Codex den jeweils kompetenten Organen des Ordens vorbehalten.

Art. 4
Die Beziehungen zum Hl. Stuhl

§1 Der Orden ist eine vom Hl. Stuhl anerkannte juristische Person.

§2 Infolge ihrer Gelübde unterstehen die Religiosen des Ordens und infolge ihrer Promess die

Mitglieder des Zweiten Standes ausschließlich ihren zuständigen Ordensoberen.

In Übereinstimmung mit dem CIC sind alle Kirchen und Konventualhäuser von der Jurisdiktion des Ortsbischofs exemt und unterstehen direkt dem Hl. Stuhl.

§ 3 Hinsichtlich der Beziehungen zum Hl. Stuhl behalten alle wohlerworbenen Rechte, Gewohnheiten und dem Orden seitens der Päpste gewährten und nicht ausdrücklich widerrufenen Privilegien ihre Gültigkeit.

§ 4 Der Papst benennt als seinen Vertreter beim Orden einen Kardinal der Römischen Kirche, dem der Titel »Cardinalis Patronus« und besondere Befugnisse verliehen werden.

Der Kardinalpatron hat die Aufgabe, die geistlichen Belange des Ordens und seiner Mitglieder sowie die Beziehungen zwischen dem Hl. Stuhl und dem Orden zu fördern.

§ 5 Der Orden hat gemäß den Normen internationalen Rechts eine diplomatische Vertretung beim Hl. Stuhl.

§ 6 Der religiöse Charakter des Ordens schließt die Ausübung der ihm zustehenden Souveränitätsrechte nicht aus, insofern der Orden ein von den Staaten anerkanntes Völkerrechtssubjekt ist.

Art. 5
Quellen des melitensischen Rechts

Die Quellen melitensischen Rechts sind:
1. Die Ordensverfassung, der Codex und subsidiär die kirchlichen Gesetze,
2. Gesetzgebungsakte nach Art. 15, § 2 e) der Verfassung,
3. Internationale Vereinbarungen, die gemäß Art. 15, § 2 h) des Codex ratifiziert wurden,
4. Gewohnheiten und Privilegien,
5. Der »Code Rohan«, soweit er nicht geltendem Recht widerspricht.

Art. 6
Fahnen, Insignien und Wappen des Ordens

§ 1 Die Fahne des Ordens zeigt auf rotem Feld entweder ein lateinisches Kreuz oder ein weißes achtspitziges Kreuz (»Malteserkreuz«).

§ 2 Das Wappen des Ordens zeigt ein mit einem ovalen Schild belegtes weißes achtspitziges Kreuz.

Der Schild zeigt auf rotem Feld ein weißes, lateinisches Kreuz, ist von einem Rosenkranz umsäumt und unter einer Krone von einem Fürstenmantel umgeben.

§ 3 Eine besondere, vom Großmeister mit Zustimmung des Souveränen Rates erlassene Verordnung regelt die Charakteristika und die Modalitäten des Gebrauchs von Fahnen, Insignien und Wappen des Ordens.

Art. 7
Sprache

Die Amtssprache des Ordens ist Italienisch.

Kapitel II

Die Mitglieder des Ordens

Art. 8
Die Stände

§ 1 Die Ordensmitglieder sind in drei Stände gegliedert:

A) Den Ersten Stand bilden die Justizritter, auch Professen genannt, und die Profess-Konventualkapläne mit Ordensgelübden.

B) Den Zweiten Stand bilden die Mitglieder in Oboedienz, die gemäß Art. 9, § 2 dieser Verfassung die Promess ablegen. Der Zweite Stand ist in 3 Kategorien gegliedert:

a) Ehren- und Devotions-Ritter und -Damen in Oboedienz

b) Gratial- und Devotions-Ritter und -Damen in Oboedienz

c) Magistral-Ritter und -Damen in Oboedienz

C) Den Dritten Stand bilden jene Ordensmitglieder, die weder Gelübde noch Promess abgelegt haben, aber gemäß den Normen der Kirche leben und bereit sind, sich für den Orden und die Kirche einzusetzen. Der Dritte Stand ist in sechs Kategorien gegliedert:

a) Ehren- und Devotions-Ritter und -Damen

b) Ehren-Konventualkapläne

c) Gratial- und Devotionsritter und -Damen

d) Magistralkapläne

e) Magistral-Ritter und -Damen

f) Devotions-Donaten und -Donatinnen

§ 2 Die Zugangsvoraussetzungen zu den einzelnen Klassen und Kategorien sind im Codex geregelt.

Art. 9
Pflichten der Ordensmitglieder

§ 1 Ritter und Kapläne des Ersten Standes legen die Gelübde der Armut, der Keuschheit und des Gehorsams ab und streben so nach evangelischer Vollkommenheit. Sie sind Religiosen mit allen Wirkungen des Kirchenrechtes und richten sich nach den sie betreffenden besonderen Vorschriften. Zum Leben in Gemeinschaft sind sie nicht verpflichtet.

§ 2 Die Mitglieder des Zweiten Standes verpflichten sich kraft ihrer Promess, in Übereinstimmung mit den Pflichten ihres persönlichen Standes im Geiste des Ordens nach christlicher Vollkommenheit zu streben.

§ 3 Den Ordensmitgliedern obliegt es, ihr Leben auf vorbildliche Weise entsprechend den Lehren und Vorschriften der Kirche zu führen und sich entsprechend den Weisungen des Codex den karitativen Werken des Ordens zu widmen.

§ 4 Die Mitglieder des Zweiten und des Dritten Standes, ausgenommen die Priester, entrichten über ihre nationalen Organisationen einen finanziellen Beitrag an das Großmagisterium, dessen Höhe vom Generalkapitel festgelegt wird.

Art. 10
Zuordnung der Ordensmitglieder

§ 1 Wo nur ein Priorat bereits besteht, gehören diesem automatisch die Mitglieder aller drei Stände an.

§ 2 Wo ein Subpriorat errichtet ist, gehören diesem nur die Mitglieder des Ersten und Zweiten Standes an.

§ 3 Wo eine Assoziation errichtet ist, gehören dieser die Mitglieder der drei Stände an.

§ 4 Wird ein Priorat oder Subpriorat auf einem Gebiet errichtet, auf dem bereits eine Assoziation existiert, werden alle dem Ersten oder dem Zweiten Stand angehörenden Mitglieder zusätzlich Mitglieder dieses Priorats oder Subpriorats.

§ 5 Wo weder ein Priorat noch ein Subpriorat besteht, werden die Angehörigen des Ersten und des Zweiten Standes zusätzlich »in gremio religionis« zusammengefaßt.

§ 6 In Gebieten, wo weder ein Priorat noch eine Assoziation bestehen, werden die Mitglieder des Dritten Standes vom Großmeister einer anderen Ordensgliederung zugewiesen.

§ 7 Der Großmeister kann mit Zustimmung des Souveränen Rates nach Anhörung der zuständigen Prioren, Regenten und Präsidenten und unter Beachtung obiger Vorschriften ein Ordensmitglied mit dessen Einwilligung in ein anderes Priorat, Subpriorat oder eine andere Assoziation versetzen.

Art. 11
Funktionen und Ämter

§ 1 Amt und Würde eines Großmeisters und Großkomturs werden Professrittern mit Ewigen Gelübden übertragen.

§ 2 Das Amt eines Priors wird einem Professritter mit Ewigen oder Zeitlichen Gelübden übertragen.

§ 3 Die Hohen Ämter und Würden des Souveränen Rates sollen unabhängig von Art. 10 § 4 vornehmlich von Professrittern bekleidet werden. Dasselbe gilt für die Ämter der Kanzler, Schatzmeister und Hospitaliers der Priorate, sowie der Regenten, Statthalter, Vikare und Prokuratoren. Werden jedoch aufgrund ihrer besonderen Eignung Obödienzritter gewählt, so bedarf deren Wahl der Bestätigung durch den Großmeister.

§ 4 Die vier Hohen Ämter sowie die Positionen der Prioren, der Statthalter, der Prokuratoren, Regenten und Kanzler in den Prioraten und schließlich von vier der sechs Ratsmitglieder des Souveränen Rates bleiben Rittern vorbehalten, welche die Voraussetzungen zum Ehren- oder Gratial- und Devotions-Ritter erfüllen.

Art. 147
Verleihung von Ordensämtern

Ordensämter werden ausschließlich an dessen Mitglieder vergeben; Ausnahmen können für diplomatische Vertreter des Ordens gemacht werden.

Art. 148
Unvereinbarkeit von Ämtern

§ 1 Eine Person darf gleichzeitig lediglich eine der folgenden Positionen bekleiden:
– Mitglied des Souveränen Rates,
– Mitglied des Regierungsbeirates,
– Prior, Regent,
– Prioratsstatthalter,
– Prokurator,
– Vikar,
– Assoziationspräsident,
– Mitglied des Rechnungshofes, des Juridischen Beirates und der Magistraltribunale,
– Staatsanwalt.

§ 2 Es ist jedoch möglich, Richter am Magistraltribunal zu sein und zugleich dem Juridischen Beirat anzugehören.

Kapitel III
Die Regierung des Ordens

Art. 12
Der Großmeister des Ordens

Dem Großmeister stehen als Oberhaupt des Ordens die Vorrechte und Ehren eines Souveräns und der Titel »Hoheit und Eminenz« zu.

Art. 13
Erfordernisse für die Wahl zum Großmeister

§ 1 Der Großmeister wird vom Großen Staatsrat auf Lebenszeit gewählt. Wählbar sind Professritter mit mindestens zehn Jahren in Ewigen Gelübden, sofern sie unter 50 Jahre alt sind; für ältere Professritter genügen drei Jahre in Ewigen Gelübden, sofern sie seit zehn Jahren Mitglieder des Ordens sind.

§ 2 Der Großmeister und der Statthalter des Großmeisters müssen die Voraussetzungen erfüllen, wie sie zur Aufnahme in die Kategorie der Ehren- und Devotionsritter vorgeschrieben sind.

§ 3 Der zum Großmeister Gewählte hat vor Amtsantritt dem Hl. Vater brieflich Mitteilung von seiner Wahl zu machen.

Art. 14
Der Eid des Großmeisters

Nachdem er den Hl. Vater über die erfolgte Wahl informiert hat, legt der zur Würde des Großmeisters Gewählte in Anwesenheit des Kardinalpatrons in einer feierlichen Sitzung des Großen Staatsrat folgenden Eid ab:

»Ich N. N. verspreche und schwöre feierlich bei diesem hochheiligen Kreuzesholz und Gottes heiligen Evangelien, Verfassung, Codex, Regel und die lobenswerten Gewohnheiten unseres Ordens zu wahren und dessen Angelegenheiten gewissenhaft zu leiten. Dazu helfe mir Gott. Und wenn ich darin fehle, sei es auf Gefahr meines Seelenheils.«

Art. 15
Befugnisse des Großmeisters

§ 1 Unterstützt vom Souveränen Rate übt der Großmeister die höchste Amtsgewalt aus, verleiht Ämter und Funktionen und leitet die Regierungsgeschäfte.

§ 2 Insbesondere kommt es dem Großmeister zu:

a) mit Zustimmung des Souveränen Rates gesetzliche Regelungen über Angelegenheiten zu erlassen, die nicht in Verfassung und Codex geregelt sind;

b) Regierungsakte durch Dekret zu veröffentlichen;

c) nach Zustimmung des Souveränen Rates in geheimer Abstimmung Mitglieder zum Noviziat, zu den Zeitlichen und zu den Ewigen Gelübden des Ersten Standes, sowie zum Probejahr und zur Promess Mitglieder des Zweiten Standes zuzulassen;

d) nach Zustimmung des Souveränen Rates Mitglieder zur Aspirantenzeit zuzulassen;

e) nach Zustimmung des Souveränen Rates oder mit Erlaß motu proprio Damen oder Herren in den Dritten Stand des Ordens aufzunehmen;

f) in Zusammenarbeit mit dem Souveränen Rat das Ordensvermögen des gemeinsamen Schatzamtes zu verwalten und über die Besitztümer zu wachen;

g) Erlasse des Hl. Stuhles, soweit sie den Orden betreffen, umzusetzen und den Hl. Stuhl über Lage und Bedürfnisse des Ordens zu informieren;

h) nach Zustimmung des Souveränen Rates internationale Vereinbarungen zu ratifizieren;

i) ein Außerordentliches Generalkapitel einzuberufen, das in Übereinstimmung mit Verfassung und Codex die Befugnis besitzt, den Souveränen Rat aufzulösen und einen neuen zu wählen.

§ 3 Die in § 2 b) genannten Dekrete heißen entweder Großmeister- oder Ratsdekrete je nachdem, ob sie direkt vom Großmeister oder nach vorheriger Beschlußfassung oder Beratung im Souveränen Rat erlassen wurden. In Fällen, in denen der Großmeister an die mitwirkende Beschlußfassung des Souveränen Rates gebunden ist, kann er kein von dem Beschluß abweichendes Dekret erlassen, ist aber andererseits nicht verpflichtet, ein entsprechendes Dekret zu erlassen.

Art. 134
Pflichten

Der Großmeister hat sich als Ordensoberhaupt und Souverän gänzlich dem Gedeihen der Ordenswerke zu widmen und allen Ordensmitgliedern als Vorbild treuer Befolgung der religiösen Pflichten zu dienen.

Art. 135
Unvereinbarkeit der Würde mit anderen Ämtern

§ 1 Mit Annahme der Wahl zum Großmeister werden alle bisherigen Ordensämter und -würden, die der Großmeister bekleidet hat, vakant.

Art. 136
Residenz

Der Großmeister hat seine Residenz am Sitz des Ordens und darf sich von dort nur in Wahrnehmung seiner Amtspflichten, auf Grund höherer Gewalt oder aus billigen Gründen entfernen.

Art. 137
Amtsautorität

Der persönlichen Amtsautorität des Großmeisters unterstehen gemäß den Ordensgesetzen sämtliche Personen, Einrichtungen und Güter des Ordens.

Art. 138
Amtsaufsicht

Es ist die Aufgabe des Großmeisters darüber zu wachen, daß in allen Conventualhäusern und Kirchen des Ordens Disziplin eingehalten wird und ein religiöser Geist herrscht, ebenso wie in allen anderen Einrichtungen, denen das Ordensemblem zu führen gestattet wurde.

Art. 139
Visitation der Ordenseinrichtungen

Dem Großmeister obliegt es, die Priorate und Subpriorate, Assoziationen und Ordenswerke mindestens alle fünf Jahre entweder persönlich zu visitieren oder durch Mitglieder des Ersten oder Zweiten Standes visitieren zu lassen.

Art. 140
Offizielle Publikation

Der Großmeister trägt dafür Sorge, daß im *Bollettino Ufficiale* zusätzlich zu den Regierungsdokumenten auch alle den Orden betreffenden Dokumente des Hl. Stuhles veröffentlicht werden.

Art. 16
Der Amtsverzicht des Großmeisters

Der Amtsverzicht des Großmeisters muß vom Souveränen Rat angenommen und, um Rechtswirksamkeit zu erlangen, dem Hl. Vater mitgeteilt werden.

Art. 141
Amtsverzicht

Der Großmeister, der von seinem Amt zurücktritt, erhält auf Lebenszeit die Würde eines Titular-Bailli-Großpriors und untersteht allein dem Ordensoberhaupt.

Art. 17
Die Außerordentliche Ordensregierung

§ 1 Im Falle dauernder Amtsverhinderung, des Amtsverzichts oder des Todes des Großmeisters wird der Orden durch einen Interimistischen Statthalter in der Person des Großkomturs geleitet, der die laufenden Geschäfte bis zum Ende der Vakanz führen kann.

§ 2 Eine dauernde Amtsverhinderung des Großmeisters wird in nichtöffentlicher Sitzung vom erstinstanzlichen Magistraltribunal auf Antrag von zwei Dritteln der Mitglieder des Souveränen Rates festgestellt. Die Sitzung des Souveränen Rates ist vom Großkomtur oder vom Großkanzler einzuberufen und zu leiten. Der Souveräne Rat kann sich auch mit absoluter Mehrheit selber einberufen.

Der Antrag wird vom Großkanzler oder einem besonders damit betrauten Ratsmitglied gestellt. Falls er positiv beschieden wird, tritt der Großkomtur die interimistische Statthalterschaft an.

§ 3 Dauert die Amtsverhinderung des Großmeisters länger als einen Monat, so übernimmt der Großkomtur die laufende Verwaltung und hat zwecks Bestätigung umgehend den Souveränen Rat einzuberufen.

§ 4 Ist der Großkomtur amtsverhindert, so wählt der Souveräne Rat aus seinen Mitgliedern, welche Ewige Gelübde abgelegt haben, einen Interimistischen Statthalter.

§ 5 Der Statthalter des Großmeisters ist aus der Gruppe jener Ritter zu wählen, welche gemäß Art. 23 § 5 auch zum Großmeister wählbar sind. Vor Antritt seines Amtes leistet der Statthalter den in Art. 14 vorgeschriebenen Eid. Ein Amtsverzicht des Statthalters muß vom Souveränen Rat angenommen und um rechtswirksam zu werden, dem Hl. Vater mitgeteilt werden.

Art. 18
Die Hohen Ämter

§ 1 Die Hohen Ämter sind:
Der Großkomtur
Der Großkanzler
Der Großhospitalier
Der Rezeptor des Gemeinsamen Schatzamtes
§ 2 Die Nachwahl zu den Hohen Ämtern ist im Codex geregelt.

Art. 149
Der Großkomtur

§ 1 Bei Tod, Amtsverzicht oder dauernder Amtsunfähigkeit des Großmeisters übernimmt der Großkomtur die Funktion eines Interimistischen Statthalters.

§ 2 Erscheint die Amtsunfähigkeit des Großmeisters als dauernd, hat der Großkomtur unverzüglich den Souveränen Rat zu Beratungen gemäß Art. 17 § 2 der Ordensverfassung einzuberufen.

Art. 150
Aufgaben des Großkomturs

§ 1 Der Großkomtur

a) unterstützt den Großmeister bei der Verwirklichung der Ordens-Charismen, bei der Verbreitung und Verteidigung des Glaubens und bei der Beaufsichtigung der Priorate und Subpriorate sowie der Mitglieder des Ersten und des Zweiten Standes

b) verfaßt die Visitationsberichte und die Berichte über das geistliche Leben des Ordens, die dem Hl. Stuhl zu unterbreiten sind.

§ 2 Unter die Verantwortlichkeit des Großkomturs fällt die Sorge um die Kapelle des Großmeisterpalastes und die Organisation der Ordenswallfahrten.

§ 3 Gegenüber den Ordensmitgliedern *in gremio religionis* des Ersten und Zweiten Standes übt der Großkomtur die Funktion eines Oberen aus.

Art. 151
Der Großkanzler

§ 1 Der Großkanzler steht der Ordenskanzlei und den ihr nachgeordneten Behörden vor.

§ 2 Er ist für die auswärtigen Beziehungen, für die nationalen Assoziationen und für alles, was die Mitglieder des Dritten Stand betrifft, zuständig. Hierbei kann er von einem oder mehreren Generalsekretären unterstützt werden.

§ 3 Die Generalsekretäre werden vom Großmeister auf Vorschlag des Großkanzlers und mit Zustimmung des Souveränen Rates ernannt. Ihre Amtszeit endet mit der des Großkanzlers.

Art. 152
Die Pflichten des Großkanzlers

§ 1 Dem Großkanzler obliegt
a) die aktive und passive Vertretung des Ordens gegenüber Dritten,

b) die politische Leitung und die Führung der inneren Verwaltung des Ordens unter Beachtung der Kompetenzen der Inhaber der anderen der Hohen Ämter,

c) die Regierungsdokumente auszufertigen und zu versenden, sowie die verschiedenen Behörden gemäß Anordnung des Großmeisters zu organisieren,

d) die Vorbereitung, Prüfung und der Vortrag der vom Souveränen Rat zu behandelnden Angelegenheiten entsprechend der Vorabsprache mit dem Großmeister.

§ 2 Der Großkanzler überwacht die Ausfertigung der Protokolle der Sitzungen des Souveränen Rates und der Ratsbeschlüsse. Die Protokolle müssen in der jeweils folgenden Sitzung des Souveränen Rates genehmigt und unterzeichnet werden.

Art. 153
Ausführung der Dekrete

Großmeisterdekrete und Ratsdekrete besitzen ohne Gegenzeichnung durch den Großkanzler keine Rechtskraft.

Art. 154
Die diplomatischen Vertretungen des Ordens

§ 1 Die diplomatischen Vertretungen unterstehen dem Großkanzler.

§ 2 Die Missions-Chefs des Ordens vertreten den Großmeister gegenüber den Regierungen, bei denen sie akkreditiert sind. Auch wenn in den betreffenden Staaten eigene Ordensstrukturen bestehen, behandeln sie die Fragen, mit denen sie vom Großmagisterium betraut wurden, unabhängig von diesen in eigener Verantwortung.

§ 3 Jeder einzelne Missions-Chef hat mindestens zweimal jährlich oder auf Anforderung dem Großkanzler Bericht über die politische und religiöse Lage des Landes zu erstatten, bei dem er akkreditiert ist, sowie über die Ordensaktivitäten, deren Anerkennung in der öffentlichen Meinung, bei den örtlichen Bischöfen und anderen kirchlichen Strukturen.

§ 4 Der Missions-Chef pflegt gute und freundschaftliche Beziehungen zu den Ordensstrukturen des Landes, in dem er tätig ist.

§ 5 Die Ernennung und Abberufung der diplomatischen Vertreter erfolgt durch den Großmeister auf Vorschlag des Großkanzlers und nach Anhörung des Souveränen Rates.

§ 6 Die Amtsperiode der diplomatischen Vertreter beträgt vier Jahre und kann nach Ablauf für jeweils weitere vier Jahre erneuert werden.

Art. 240
Der Kommunikationsbeirat

§ 1 Der Kommunikationsbeirat überwacht die innere und äußere Kommunikation des Ordens und unterstützt den Großkanzler und den Kommunikationssekretär bei der Entwicklung und Durchführung effizienter Kommunikationsprogramme.

§ 2 Der Kommunikationsbeirat besteht aus dem Präsidenten und sechs Beiratsgliedern, die alle dem Orden angehören und über gute Kenntnisse auf den verschiedenen Gebieten des Kommunikationswesens, der Verwaltung, der Public Relations und der Massenmedien verfügen.

Die Mitglieder des Beirates werden vom Großmeister mit Zustimmung des Souveränen Rates für eine wiederholbare Amtszeit von zwei Jahren ernannt, wobei auf geographische Ausgewogenheit zu achten ist.

Art. 241
Aufgaben und Sitzungen des Kommunikationsbeirates

§ 1 Der Kommunikationsbeirat berät das Großmagisterium in Angelegenheiten des Informationsflusses, der Beziehungen zu den Massenmedien, Public Relations, Emblemen und Logos, sowie auch zur Organisation des Kommunikationssekretariats, einschließlich dessen Kosten und Haushaltsplan, Personal und Sachausstattung.

§ 2 Alljährlich erstattet er dem Großmeister und dem Souveränen Rat einen Bericht, sowie dem Vorsitzenden des Generalkapitels, wenn ein solches einberufen ist. Einen besonderen Tätigkeitsbericht hat der Präsident dem Generalkapitel vorzutragen.

§ 3 Der Kommunikationsbeirat tagt zweimal jährlich, sowie wenn sein Präsident oder der Großkanzler es für nötig befinden.

Die Mitglieder des Kommunikationsbeirates haben Anspruch auf Spesenersatz.

Art. 155
Die Aufgaben des Großhospitaliers

§ 1 Der Großhospitalier fördert, koordiniert und überwacht die Ordenswerke der Priorate, Assoziationen und anderer Ordensorganisationen nach Maßgabe des Codex, weiterer Regelungen und den jeweiligen Satzungen. Er überwacht die Arbeit aller dem Großmagisterium direkt unterstellten Ordenswerke.

§ 2 Der Großhospitalier ist dafür verantwortlich, daß die seelsorgerischen Anweisungen des Ordensprälaten in den karitativen Einrichtungen des Ordens sowohl von Betreuern wie von Betreuten umgesetzt werden.

§ 3 Sofern es der Großhospitalier für förderlich hält, kann er von einem Beirat von Ordensmitgliedern aus den verschiedenen Weltteilen, in denen der Orden aktiv ist, unterstützt werden. Die Mitglieder werden auf Vorschlag des Großhospitaliers durch Großmeisterdekret ernannt und bleiben bis zum Ablauf seiner Amtszeit im Amt.

Art. 156
Der Rezeptor des Gemeinsamen Schatzamtes

§ 1 Der Rezeptor des Gemeinsamen Schatzamtes

a) leitet die Verwaltung des Ordensbesitzes in Zusammenarbeit mit dem Großkanzler unter der Oberaufsicht des Großmeister und der Kontrolle des Rechnungshofes,

b) besorgt die Erstellung der alljährlichen Budgets und Abschlußbilanzen, welche die wirtschaftliche und finanzielle Lage des Ordens ausweisen, unterbreitet sie der Rechnungskammer zur Beurteilung, sowie dem Großmeister zur Genehmigung nach Anhörung des Souveränen Rates,

c) unterbreitet dem Großmeister zur Zustimmung nach Anhörung des Souveränen Rates die Annahme von Erbschaften, Legaten und Schenkungen, die Veräußerung von Ordensbesitz und die Reinvestition der Erlöse,

d) leitet und überwacht den Postdienst des Großmagisteriums,

e) leitet und überwacht durch einen Generalsekretär die innere Verwaltung der Häuser des Großmagisteriums, insbesondere des Personalbüros, des Technischen Büros und der Sicherheitsüberwachung des Großmagisteriums und anderer Gebäude.

§ 2 Der Generalsekretär wird auf Vorschlag des Rezeptors des Gemeinsamen Schatzamtes vom Großmeister mit Zustimmung des Souveränen Rates für die Amtszeit des Rezeptors ernannt.

Art. 157
Großmeisterliches Mandat an den Rezeptor des Gemeinsamen Schatzamtes

§ 1 Aufgrund eines Mandats des Großmeisters überwacht der Rezeptor des Gemeinsamen Schatzamtes die Verwaltung der Ordensorganisationen und der Ordenswerke.

§ 2 Veräußerungsakte und Verträge, mittels derer Besitz des Großmagisteriums oder der Priorate veräußert oder finanziell belastet wird, bedürfen der Gegenzeichnung durch den Rezeptor des Gemeinsamen Schatzamtes.

Art. 19
Der Prälat des Ordens

§ 1 Der Prälat des Ordens wird vom Hl. Vater aufgrund eines Dreiervorschlags ernannt, der ihm nach Beschluß des Souveränen Rates vom Großmeister vorgelegt wird. Findet keiner der Vorgeschlagenen die Zustimmung des Hl. Vaters so müssen diesem weitere Kandidaten namhaft gemacht werden.

Der Prälat unterstützt den Kardinalpatron bei der Wahrnehmung seiner Aufgaben für den Orden.

§ 2 Der Prälat ist kirchlicher Oberer des Ordensklerus hinsichtlich dessen priesterlicher Funktionen und wacht darüber, daß geistliches und priesterliches Leben und Apostolat der Ordenskapläne sich entsprechend Disziplin und Geist des Ordens entfalten.

§ 3 Der Prälat unterstützt den Großmeister und den Großkomtur in ihrer Sorge für das geistliche Leben und die religiöse Observanz der Ordensmitglieder und für die geistlichen Belange der Ordenswerke.

§ 4 Der Prälat hat jedem Ordentlichen Generalkapitel einen Bericht zur geistlichen Lage des Ordens vorzulegen.

Art. 20
Der Souveräne Rat

§ 1 Der Souveräne Rat unterstützt den Großmeister bei der Regierung des Ordens.

§ 2 Dem Souveränen Rat gehören an:

a) Der Großmeister oder der Statthalter, der den Vorsitz führt.

b) Die Inhaber der vier Hohen Ämter und sechs Ratsmitglieder.

§ 3 Mit Ausnahme des Großmeisters und des Statthalters werden Mitglieder des Souveränen Rates vom Generalkapitel mit der Mehrheit der Anwesenden gewählt.

§ 4 Der Großkomtur und mindestens vier weitere Mitglieder des Souveränen Rates müssen Professritter mit Ewigen oder Zeitlichen Gelübden sein.

§ 5 Für eine Zulassung zum Ersten Stand des Ordens besitzen ausschließlich jene Mitglieder des Souveränen Rates Stimmrecht, die Professritter mit Ewigen oder Zeitlichen Gelübde sind.

§ 6 Die Mitglieder des Souveränen Rates bleiben bis zum nächsten Ordentlichen Generalkapitel im Amt. Wiederwahl ist möglich, doch ist für eine dritte oder weitere Wiederwahl in dieselbe Funktion eine Zweidrittelmehrheit der Anwesenden erforderlich.

§ 7 Bei Themen, zu denen vom Souveränen Rat ein Votum oder eine Meinungsäußerung gefordert sind, nimmt der Großmeister, ungeachtet der Vorschrift des Art. 15 § 3, nicht an der Abstimmung teil. Bei Stimmengleichheit unter den Ratsmitgliedern, einschließlich der Inhaber der Hohen Ämter, gibt die Stimme des Großmeisters den Ausschlag. Enthält sich dieser der Stimme, so wird die Frage vertagt.

Art. 163
Sitz

Der Souveräne Rat tritt im Regelfall am Ordenssitz zusammen.

Art. 164
Amtsantritt

Die Mitglieder des Souveränen Rates treten ihr Amt an, indem sie den vorgeschriebenen Eid in die Hände des Großmeisters ablegen.

Art. 165
Tagesordnung und Einberufung

§ 1 Der Großmeister bereitet die Tagesordnung vor und beruft den Souveränen Rat mindestens sechsmal im Jahr, sowie wann immer es nötig erscheint, ein.

§ 2 Die Mitglieder des Souveränen Rates können die Aufnahme von Fragen und Anträgen in die Tagesordnung beantragen.

§ 3 Prioren, Regenten der Subpriorate und Assoziationspräsidenten haben die Möglichkeit, dem Großmeister Anträge aus ihren Kompetenzbereichen zwecks Behandlung im Souveränen Rat zu unterbreiten.

§ 4 Einberufung und Tagesordnung müssen den Mitgliedern des Souveränen Rates durch die Kanzlei des Großmagisteriums umgehend zugestellt werden.

Art. 166
Gültigkeitsvoraussetzung der Beschlüsse

Entscheidungen des Souveränen Rates besitzen keine Gültigkeit, wenn sie in Abwesenheit des Großmeisters oder seines eigens bestimmten Vertreters gefaßt wurden und wenn nicht die absolute Mehrheit der Ratsmitglieder anwesend ist.

Art. 167
Ersetzung von Ratsmitgliedern

Bei Tod, Amtsverzicht oder der sich über mehr als sechs Monate hinziehenden Abwesenheit eines Mitglied des Souveränen Rates, ersucht der Großmeister den Souveränen Rat, gemäß Art. 159 einen Nachfolger zu wählen.

Art. 168
Besondere Gründe für eine geheime Abstimmung

Eine geheime Abstimmung ist zusätzlich zu den ausdrücklich vorgesehenen Fällen notwendig: bei Aufnahmen in den Ersten oder Zweiten Stand, wenn über einzelne Personen betreffende Fragen verhandelt wird oder wenn es ein Mitglied des Souveränen Rates verlangt.

Art. 169
Abberufung aus dem Amt

§ 1 Die Abberufung eines Mitglieds des Souveränen Rates aus berechtigten Gründen ist dem Großmeister mit Zustimmung einer Zweidrittelmehrheit des Souveränen Rates nach Anhörung des Juridischen Beirats vorbehalten.

§ 2 Das Ratsdekret zur Abberufung kann vor den Magistralgerichten angefochten werden.

Art. 21
Der Regierungsbeirat

§ 1 Der Regierungsbeirat ist ein Konsultativorgan zur Beratung grundsätzlicher politischer, religiöser, karitativer, internationaler und anderer wichtiger Belange im Leben des Ordens. Er kann den Inhabern der vier Hohen Ämter und der Rechnungskammer Anregungen unterbreiten und tritt mindestens zweimal jährlich zusammen.

§ 2 Den Regierungsbeirat bilden sechs vom Generalkapitel aus den drei Ordensständen gewählte Mitglieder aus verschiedenen Weltteilen.

§ 3 An den Sitzungen des Regierungsbeirats nehmen zudem noch teil:

a) Der Großmeister oder sein Statthalter, der die Sitzungen des Regierungsbeirats einberuft und ihnen vorsitzt,

b) Die Mitglieder des Souveränen Rates,

c) Der Ordensprälat, sofern Fragen seines Kompetenzbereiches verhandelt werden.

§ 4 Die sechs Mitglieder des Regierungsbeirates bleiben bis zum nächsten Ordentlichen Generalkapitel im Amt und können nur einmal wiedergewählt werden.

Art. 22
Das Generalkapitel

§ 1 Das Generalkapitel ist die oberste Ordensversammlung und besteht aus Vertretern der verschiedenen Ordensstände. Es wird alle fünf Jahre einberufen, sowie wann immer es der Großmeister nach Anhörung des Souveränen Rates für opportun erachtet oder die Mehrheit der Priorate, Subpriorate und Assoziationen den Großmeister darum ersucht.

§ 2 Dem Generalkapitel gehören an:

a) Der Großmeister oder sein Statthalter, der den Vorsitz des Generalkapitels führt;

b) Die Mitglieder des Souveränen Rates,

c) Der Ordensprälat,

d) Die Prioren oder im Falle einer Vakanz deren ständige Vertreter (Prokuratoren, Vikare, Statthalter);

e) Die Professbailllis;

f) Zwei aus jedem Priorat delegierte Professritter, von denen einer im Bedarfsfall durch einen Oboedienzritter ersetzbar ist;

g) Ein Professritter und ein Oboedienzritter als Vertreter der Ritter »in gremio religionis«;

h) Fünf Regenten von Subprioraten gemäß dem Codex;

i) Fünfzehn Vertreter der verschiedenen Assoziationen gemäß dem Codex;

j) Die sechs Mitglieder des Regierungsbeirates.

§ 3 Das Generalkapitel tritt zusammen, um die Mitglieder des Souveränen Rates, des Regierungsbeirates und der Rechnungskammer zu wählen, sowie um eventuelle Änderungen von Verfassung und Codex zu behandeln und sich über die wichtigsten Probleme des Ordens insbesondere betreffend seine geistliche und materielle Lage, seine Werke und seine internationalen Beziehungen zu informieren und sie zu behandeln.

§ 4 Verfassungsänderungen erfordern eine Zweidrittelmehrheit, Änderungen des Codex eine absolute Mehrheit. Für Änderungen der Artikel 6–93 Codex, die sich ausschließlich mit Belangen des Ersten Ordensstandes befassen, ist zusätzlich zur absoluten Mehrheit auch die Mehrheit der stimmberechtigten Professritter erforderlich.

Art. 175
Einberufung

Gemäß Art. 22 der Ordensverfassung wird das Generalkapitel vom Ordensoberhaupt einberufen und geleitet.

Art. 176
Die Delegierten der verschiedenen Ordensgliederungen

§ 1 Die beiden Delegierten, die die Priorate gemäß Art. 22, § 2, f der Ordensverfassung repräsentieren, werden vom Prioratskapitel mit der Mehrheit der Anwesenden aus den Mitgliedern des Priorats gewählt. Die Wahl eines Vertreters des Delegierten ist möglich.

§ 2 Die Ritter des Ersten und Zweiten Standes *in gremio religionis* wählen gemäß Art. 22, § 2, g der Ordensverfassung schriftlich zwei Vertreter in das Generalkapitel. Die beiden Ritter mit den meisten Stimmen gelten als gewählt.

Die schriftliche Aufforderung zur Teilnahme an der Wahl wird vom Großkomtur versandt.

§ 3 Die Vertretung der Subpriorate besteht aus fünf Regenten, die auf einer Regentenkonferenz gewählt wurden. Für jeden Subprioratsvertreter wird ein Stellvertreter gewählt. Diese Konferenz zur Wahl der Subprioratsverteter wird vom Regenten des ältesten Subpriorats geleitet, der auch den Zeitpunkt, den Ort und die Tagesordnung der Konferenz festlegt.

§ 4 Die Vertretung der Assoziationen besteht aus fünfzehn Ordensmitgliedern, welche auf einer Präsidentenkonferenz gewählt werden. Für jeden Delegieren muß ein Stellvertreter gewählt werden. Es ist nicht zwingend, daß die Delegierten Assoziationspräsidenten sind. Die Konferenz, in welcher die Vertreter der Assoziationen bestimmt werden, wird vom Präsidenten der ältesten Assoziation geleitet, der auch den Zeitpunkt, den Ort und die Tagesordnung der Konferenz festlegt.

Art. 177
Zeitpunkt, Ort und Tagesordnung

§ 1 Der Großmeister oder der amtierende Statthalter, setzt mit Zustimmung des Souveränen Rates Zeitpunkt und Ort des Generalkapitels fest, wovon die verfassungsmäßig zuständigen Ordensgliederungen mindestens sechs Monate vorher benachrichtigt werden.

Binnen dreier Monate nach dem Tag der Benachrichtigung teilen Priorate und Assoziationen dem Großmeister die Namen der gemäß Art. 176 gewählten Delegierten und Stellvertreter mit.

§ 2 Mindestens sechzig Tage vor Eröffnung des Generalkapitels stellt der Großmeister nach Anhörung des Souveränen Rates die Tagesordnung auf, die zusammen mit den einschlägigen Unterlagen allen Kapitularen zugeht.

§ 3 Binnen dreißig Tagen nach Empfang der Tagesordnung können die Kapitulare, auch einzeln, dem Großmeister schriftlich Ergänzungen zur Tagesordnung unterbreiten, gegebenenfalls versehen mit erläuternden Dokumenten und Berichten.

§ 4 Mindestens sechzig Tage vor Eröffnung des Generalkapitels dürfen Justizritter dem Großkanzler Sachanträge vorlegen, die sie auf dem Generalkapitel behandelt sehen möchten.

Art. 178
Präsenzpflicht der Kapitulare

§ 1 Die Kapitulare müssen persönlich teilnehmen, es sei denn sie haben einen berechtigten Verhinderungsgrund, der vom Großmeister als gerechtfertigt anerkannt wird.

Der Stellvertreter vertritt den ursprünglichen Kapitular für die Dauer des gesamten Generalkapitels.

§ 2 In solchen Fällen können sich gewählte Kapitulare gemäß Art. 177 von ihren Stellvertretern vertreten lassen. Die Kanzlei des Großmagisteriums muß mindestens sechsunddreißig Stunden vor Eröffnung des Generalkapitels von der notwendig gewordenen Stellvertretung unterrichtet werden.

Art. 179
Die Eröffnung

§ 1 Das Generalkapitel beginnt mit der Feier einer Hl. Messe.

§ 2 In der ersten Sitzung wählt das Kapitel, nachdem die Legitimation jedes einzelnen Mitglieds geprüft ist, mit der Mehrheit der Anwesenden den Sekretär und die beiden Wahlhelfer, die vor Antritt ihres Amtes den üblichen Eid leisten.

§ 3 Der Vorsitzende berichtet über die Situation des Ordens.

§ 4 Der Prälat berichtet über die geistliche Situation des Ordens.

§ 5 Der Rezeptor des Gemeinsamen Schatzamtes

berichtet über die Verwendung der Mittel, die dem Orden von Seiten seiner verschiedenen Gliederungen und Mitglieder zugeflossen sind.

§6 Der Vorsitzende legt dem Kapitel gegebenenfalls die Anträge vor, die von Prioraten, Subprioraten, Assoziationen und einzelnen Mitgliedern eingereicht wurden.

Art. 180
Ausschüsse

Nachdem es die Berichte zur Kenntnis genommen hat, wählt das Kapitel einen oder mehrere Ausschüsse zur Prüfung der eingegangenen Fragen und zur Vorbereitung von Anmerkungen und Bearbeitungsvorschlägen.

Art. 181
Einladung von Beratern

Mit Zustimmung des Generalkapitels darf der Großmeister einzelne Ordensmitglieder auffordern, zu Punkten von besonderem Interesse zu berichten. Sie besitzen kein Stimmrecht.

Art. 23
Der Große Staatsrat

§1 Der Große Staatsrat hat den Großmeister oder seinen Statthalter zu wählen.

§2 Wahlberechtigt sind:

a) Der Statthalter des Großmeisters oder der Interimistische Statthalter;

b) Die Mitglieder des Souveränen Rates;

c) Der Ordensprälat;

d) Die Prioren oder, im Fall einer Vakanz, ihre ständigen Vertreter (Prokuratoren, Vikare, Statthalter);

e) Die Professbaillis;

f) Zwei von jedem Priorat delegierte Professritter;

g) Ein Professritter und ein Oboedienzritter als Vertreter der Ritter »in gremio religionis«;

h) Fünf Regenten von Subprioraten gemäß dem Codex;

i) Fünfzehn Vertreter von Assoziationen gemäß dem Codex.

§3 Zur Wahl eines Großmeisters ist die Mehrheit der anwesenden Stimmberechtigten plus eine Stimme erforderlich.

§4 Die dem Großen Staatsrat angehörenden Mitglieder des Ersten Standes haben das Recht, einen Dreiervorschlag einzubringen. Sollte ein solcher jedoch nicht innerhalb des ersten Sitzungstages des Großen Staatsrats vorgelegt, oder kein darin genannter Kandidat in den drei ersten Wahlgängen gewählt werden, so besteht für weitere Wahlgänge keine Bindung mehr an den Dreiervorschlag.

§5 Nach dem fünften unentschiedenen Wahlgang entscheidet der Große Staatsrat mit gleicher Mehrheit, ob nunmehr ein Großmeister-Statthalter für höchstens ein Jahr gewählt werden soll. Wird dies abgelehnt, werden die Wahlgänge für die Wahl eines Großmeisters wieder aufgenommen. Bei Zustimmung findet eine Stichwahl zwischen den beiden Kandidaten statt, die im fünften Wahlgang die meisten Stimmen auf sich vereinigen konnten, wobei der Kandidat mit den meisten Stimmen obsiegt. Gibt es nun nur einen einzigen Kandidaten, so benötigt dieser die Mehrzahl der anwesenden Stimmen.

§6 Der gewählte Großmeister-Statthalter hat den große Staatsrat noch vor Ablauf seines Mandates erneut einzuberufen.

Art. 24
Allgemeine Normen für Wahlen im Orden

§1 Die Mitglieder eines Generalkapitels, des Großen Staatsrates und die Wahlberechtigten bei der Wahl eines Priors, Regenten oder Assoziationspräsidenten müssen persönlich an dieser teilnehmen und dürfen weder Stellvertreter, Beauftragte oder Wahlmänner beauftragen, noch ihre Stimme brieflich abgeben, außer gem. Artikel 196 des Codex.

§2 Unbeschadet anderer Vorschriften orientiert sich ein »Quorum« stets an der Zahl der anwesenden und abstimmenden Wahlberechtigten. Wo immer eine Zweidrittelmehrheit vorgeschrieben ist, gilt dies lediglich für die ersten drei Wahlgänge. Für alle weiteren Wahlgänge ist, unbeschadet anderslautender Regelungen, eine einfache Mehrheit der anwesenden Wahlberechtigten ausreichend.

Art. 196
Stimmzettel und Auszählung

§1 Die Wahlen der Delegierten zum Generalkapitel und zum Großen Staatsrat oder auch von Prioren, Regenten und Assoziationspräsidenten erfolgen mittels Stimmzetteln. Die Wahlzettel sind unmittelbar nach Ende des Wahlvorganges zu vernichten.

§2 Bei allen Abstimmungs- und Wahlvorgängen errechnen sich die geforderten Mehrheiten bezogen auf die Zahl der jeweils anwesenden Wahlberechtigten.

§3 Leere oder nichtige Stimmzettel sowie Stimmenthaltungen werden mitgezählt. Ist also eine Mehrheit zu einer Wahl, zur Annahme eines Antrages oder für eine Entscheidung erforderlich, so gilt nur ein Kandidat als gewählt oder ein Antrag oder Vorschlag als angenommen, wenn die Anzahl der diese bestätigenden Stimmen die der ablehnenden, zusammen mit den leeren Stimmzetteln und den Enthaltungen übersteigt.

§ 4 Im Falle von Stimmengleichheit wird der Wahlgang wiederholt. Ergibt sich erneut Stimmengleichheit, so gelten Sachanträge oder Vorschläge als abgelehnt, während bei einer Wahl die Abstimmung bis zur Erreichung eines positiven Ergebnisses wiederholt werden kann.

§ 5 Mitglieder eines Priorates, eines Subpriorates oder einer Assoziation, die ihren Wohnsitz nicht in deren Gebiet haben, können an deren Wahlen und Abstimmungen nach Maßgabe der jeweiligen Satzungen teilnehmen.

Art. 25
Der Juridische Beirat

§ 1 Der Juridische Beirat ist ein beratendes Kollegialorgan von Fachleuten, das zu Rechtsfragen und Problemen von besonderem Belang konsultiert werden kann.

§ 2 Er besteht aus einem Präsidenten, einem Vizepräsidenten, einem Generalsekretär und vier weiteren Mitgliedern.

§ 3 Die Mitglieder werden vom Großmeister nach Anhörung des Souveränen Rates ernannt. Sie werden aus möglichst bereits dem Orden angehörenden, im Ordensrecht, öffentlichen Recht, Völker- und Kirchenrecht erfahrenen Fachjuristen ernannt. Ihre Amtsperiode beträgt drei Jahre und ist erneuerbar.

Art. 197
Sitz, Aufgaben und Sitzungen

§ 1 Der Juridische Beirat tagt am Ordenssitz.

§ 2 Zu Fragen und Problemen juristischer Natur holt der Großmeister nach Anhörung des Souveränen Rates ein Gutachten des Juridischen Beirates ein, das schriftlich zu erstellen ist.

§ 3 Für eine gültige Sitzung ist die Anwesenheit des Vorsitzenden oder stellvertretendem Vorsitzenden und von mindestens drei Mitgliedern erforderlich.

§ 4 Die Tätigkeit des Juridischen Beirates wird durch ein vom Großmeister nach Anhörung des Souveränen Rates erlassenen Reglement geregelt.

Art. 198
Verfahrensordnung

§ 1 Ein Berichterstatter, der zuvor vom Vorsitzenden bestimmt wurde, berichtet über den zu prüfenden Fall. Nach eingehender Beratung entscheidet der Beirat mit der Stimmenmehrheit der Anwesenden. Bei Stimmengleichheit gibt die Stimme des Vorsitzenden den Ausschlag. Dieser teilt dem Großmeister das Gutachten mit.

§ 2 Es steht im Ermessen des Vorsitzenden, den Staatsanwalt zu den Sitzungen einzuladen, um in beratender Funktion seine Beurteilung zu den zu prüfenden Fragen vorzutragen.

§ 3 Über jede Beiratssitzung ist ein Protokoll zu fertigen, das vom Vorsitzenden und Sekretär unterzeichnet und in das Protokollbuch übertragen wird.

Art. 26
Die Gerichtsordnung

§ 1 Rechtsfälle, die dem Kirchenrecht unterliegen, fallen in die Zuständigkeit der ordentlichen kirchlichen Gerichte gemäß kanonischem Recht.

§ 2 Für Rechtsfälle zwischen natürlichen und juristischen Personen des Ordens und mit Dritten, die in den Kompetenzbereich des »forum laicale« fallen, sind entsprechend dem Codex die Magistraltribunale zuständig.

§ 3 Mit Zustimmung des Souveränen Rates ernennt der Großmeister die Präsidenten, die Richter und den Kanzler der Magistraltribunale.

§ 4 Die Richter der Magistraltribunale werden aus den rechtsgelehrten Ordensmitgliedern ausgewählt. Ihre Amtsdauer beträgt drei Jahre und ist erneuerbar.

§ 5 Rechtsvorschriften und Verfahrensordnung der Magistraltribunale sind im Codex festgelegt.

Art. 199
Zusammensetzung und Sitz der Ordensgerichte

§ 1 Es gibt ein Erstinstanzliches Ordensgericht und eine Appellationsinstanz; beide sind jeweils mit einem Vorsitzenden und zwei Richtern besetzt.

§ 2 Die Ordensgerichte tagen am Ordenssitz.

§ 3 Die Geschäftsstelle der Ordensgerichte wird von einem Kanzleivorstand geleitet.

Art. 200
Unvereinbarkeit richterlicher Tätigkeit in beiden Instanzen

Ein Richter, der mit einem Fall in einer Instanz befaßt war, darf ihn nicht auch in einer anderen bearbeiten.

Art. 201
Vertretung der Richter

Bei Verhinderung des Präsidenten wird dieser durch den dienstältesten Richter vertreten. Sollte es wegen Verhinderung des Präsidenten oder eines oder beider Richter in einem Einzelfall nicht möglich sein, ein Richterkollegium zu bilden, hat der Vorsitzende des Apellationsgerichtes dieses für den betreffenden Fall durch andere Richter zu ergänzen.

Art. 202
Der Eid

Vor Amtsantritt leisten die Richter und der Vorsteher der Gerichtskanzlei vor dem Großmeister folgenden Eid: »Ich schwöre, meine Amtspflichten getreu und mit Eifer zu erfüllen und das Amtsgeheimnis zu wahren.«

Art. 203
Altersgrenze

Mit Vollendung des fünfundsiebzigsten Lebensjahres ist die Altersgrenze für Richter erreicht. Wer bereits eher nachweislich an der Wahrnehmung seiner Amtspflichten gehindert ist, kann davon jederzeit durch Ratsdekret befreit werden.

Art. 204
Sachliche Zuständigkeit

§ 1 Die Ordensgerichte sind zuständig für:

a) Einsprüche gegen Verfügungen betreffs der von den Anwärtern auf die verschiedenen Ordensstände zu erbringenden Nachweise;

b) Einsprüche gegen Ratsdekrete betreffend die Investierung von Inhabern der *ius-patronatus*-Kommenden;

c) Streitfälle über Verwaltung der *ius-patronatus*-Kommenden und von Stiftungen;

d) arbeitsrechtliche Streitfälle, die von Angestellten des Ordens oder öffentlich-rechtlichen Institutionen des Ordens vorgebracht werden;

e) Streitfälle zwischen Ordensmitgliedern als solchen, außerdem auf schriftliches Ersuchen der Parteien für Streitfälle, die sich auf vermögensrechtliche Ansprüche beziehen, über welche sie verfügungsberechtigt sind, und zwar ebenfalls zwischen Ordensmitgliedern;

f) Streitfälle zwischen dem Orden und seinen öffentlich-rechtlichen Institutionen oder zwischen solchen öffentlich-rechtlichen Institutionen.

§ 2 Auf schriftlichen Wunsch beider Parteien, selbst wenn diese dem Orden nicht angehören, kann das erstinstanzliche Ordensgericht in Erb- und Streitfällen über Vermögen, über das die Parteien verfügungsberechtigt sind, die Funktion eines Schiedsgerichtes übernehmen und diese nach Gesetz oder Billigkeit entscheiden. In solchen Fällen ist das Tätigwerden des Ordensgerichtes gebührenfrei; lediglich die tatsächlich angefallenen Spesen sind durch die Parteien zu ersetzen. Gegen den Schiedsspruch kann beim Appellationsgericht des Ordens aus den in Artikel 716 ff. der Zivilprozeßordnung des Staates der Vatikanstadt, insofern diese anwendbar sind, aufgeführten Gründen Berufung eingelegt werden.

§ 3 Auf übereinstimmendes schriftliches Ersuchen von Staaten oder dem Völkerrecht unterliegenden Körperschaften können Ordensgerichte Schiedsfunktionen auch in Fällen internationaler Streitfälle übernehmen.

Art. 129
Rechtsmittel

§ 1 Gegen die Disziplinarentscheidung ist innerhalb von 30 Tagen nach Zustellung eine schriftliche und begründete Berufung an die Ordensgerichte zulässig.

Art. 169
Abberufung aus dem Amt

§ 1 Die Abberufung eines Mitglieds des Souveränen Rates aus berechtigten Gründen ist dem Großmeister mit Zustimmung einer Zweidrittelmehrheit des Souveränen Rates nach Anhörung des Juridischen Beirats vorbehalten.

§ 2 Das Ratsdekret zur Abberufung kann vor den Magistralgerichten angefochten werden.

Art. 205
Zivilprozeßordnung

Soweit in den vorhergehenden Artikeln nicht ausdrücklich anders bestimmt wird, ist das Verfahren vor den Ordensgerichten durch die in der Zivilprozeßordnung des Staates der Vatikanstadt niedergelegten Normen geregelt.

Art. 206
Prozeßvertretung

§ 1 Vor allen Gerichten jedweden Staates steht die aktive wie passive Rechtsvertretung zu:

a) für den Orden dem Großkanzler,

b) für Großpriorate, Priorate und Subpriorate, sowie für *ius-patronatus*-Kommenden deren Amtsinhabern,

c) für die Assoziationen und anderen Gliederungen des Ordens den hierfür in ihren Statuten und Ordnungen Benannten.

§ 2 Unabhängig davon besitzt auch der Großkanzler in den von § 1 b) und c) genannten Fällen die Berechtigung zur Prozeßvertretung.

[Staatsanwaltschaft]

Art. 207
Rechtsbeistände des Ordens

Die Staatsanwaltschaft, die aus freiberuflich tätigen, in Traditionen und Bräuchen des Ordens erfahrenen, freiberuflich tätigen Rechtskundigen von hohem Ruf besteht, leistet dem Orden Rechtsbeistand.

Art. 208
Besetzung der Staatsanwaltschaft

Die Staatsanwaltschaft besteht aus dem Staatsanwalt und zwei Vertretern, die vom Großmeister und Souveränem Rat auf drei Jahre ernannt werden.

Art. 209
Rechtsberatung durch den Staatsanwalt

Die Ordensorganisationen sollten jedes Mal um den Rat und den Beistand der Staatsanwaltschaft nachsuchen, wenn dies nötig erscheint und insbesondere in Fällen, die schwierige juristische Fragen beinhalten.

[Rechtsbeistände]
Art. 210
Zulassung

Als Rechtsbeistände können Rechtsanwälte zugelassen werden, die den in Artikel 125, § 3 aufgestellten Voraussetzungen entsprechen.

Art. 125
Disziplinarverfahren

§ 3 Der Angeschuldigte darf einen Verteidiger seines Vertrauens beiziehen, der in die Anwaltsliste eingetragen und an den höheren Gerichten seines Landes seit mindestens zehn Jahren als Anwalt zugelassen sein muß.

Art. 211
Ausschluß und Suspendierung von Anwälten

Der Vorsitzende des Appellationsgerichtes kann Rechtsanwälte ausschließen oder suspendieren, die sich nach seiner Beurteilung schwerer juristischer oder moralischer Verfehlungen schuldig gemacht haben.

Art. 27
Die Rechnungskammer

§ 1 Die Rechnungskammer überwacht und kontrolliert die Einkünfte, die Ausgaben und das gesamte Vermögen des Ordens. Sie ist zugleich Beratungsorgan des Rezeptors des Gemeinsamen Schatzamtes.

§ 2 Die Rechnungskammer besteht aus einem Präsidenten, vier ordentlichen und zwei stellvertretenden Räten.

§ 3 Als Mitglieder der Rechnungskammer werden vom Generalkapitel Ritter gewählt, die in der Jurisprudenz, in den Wirtschafts- und den Finanzwissenschaften erfahren sind. Im ersten Wahlgang benötigen sie die einfache Mehrheit der Stimmberechtigten. In folgenden Wahlgängen genügt die einfache Mehrheit der Anwesenden. Ihre Amtsperiode dauert bis zum nächsten ordentlichen Generalkapitel. Eine Wiederwahl ist zweimal möglich. Für die Wahl zur dritten Amtsperiode ist eine Zweidrittelmehrheit notwendig.

Kapitel IV
Die Gliederungen des Ordens
Art. 28
Errichtung von Ordensgliederungen

§ 1 Die Errichtung eines Priorates, Subpriorates oder einer Assoziation und deren jeweilige Statu-

ten bedürfen der Genehmigung des Großmeisters mit der Zustimmung des Souveränen Rates.

§ 2 Einigen Prioraten steht die Bezeichnung »Großpriorat« entweder traditionsgemäß oder aufgrund eines Generalkapitelbeschlusses zu.

§ 3 Der Großmeister errichtet neue Ordensgliederungen und genehmigt deren Statuten nach Anhörung der betroffenen Priorate, Subpriorate und Assoziationen und mit Zustimmung des Souveränen Rates. Der Großmeister hat die Errichtung neuer Priorate oder Subpriorate dem Hl. Vater anzuzeigen.

§ 4 Genauso ist bei der Vereinigung, Aufteilung oder Auflösung von Prioraten, Subprioraten und Assoziationen zu verfahren.

§ 5 Auf ein und demselben Gebiet kann lediglich ein Priorat oder Subpriorat eingerichtet werden. Die Beziehungen zwischen einem Priorat und einer Assoziation in demselben Gebiet regelt der Codex.

Art. 220
Rechtsstatus der Ordensgliederungen

§ 1 Priorate, Subpriorate und Assoziationen sind juristische Personen, insofern sie Teil der Rechtsordnung des Malteserordens sind.

§ 2 Anderen Gliederungen, beispielsweise Stiftungen und Kommenden, kann vom Großmeister mit Zustimmung des Souveränen Rates der Status einer Rechtsperson verliehen werden. Liegen diese Gliederungen auf dem Territorium von Prioraten oder Assoziationen, so müssen sie entweder von diesen oder direkt vom Großmagisterium verwaltet werden.

Art. 221
Juristische Personen nach Landesrecht

Mit Genehmigung des Großmeisters können Organisationen des Ordens den Status einer Rechtsperson in jenem Land erwerben, in dem sie Tätigkeiten zu entfalten planen.

Art. 29
Die Leitung der Priorate

§ 1 Zur Errichtung eines Priorates sind mindestens fünf Professritter erforderlich.

§ 2 Die Mitglieder aller drei Stände nehmen an der Prioratsversammlung teil.

§ 3 Dem Prior steht ein engerer, entsprechend den Prioratsstatuten gewählter Rat und ein Kapitel zur Seite.

§ 4 Dem Kapitel gehören an:
a) Der Prior,
b) Die Professritter und -kapläne des Priorates,
c) Der Kanzler und der Rezeptor des Priorates, sowie, falls auf dem Territorium keine Assoziation besteht, dessen Hospitalier,
d) Zwei Vertreter des Zweiten Standes,

e) Zwei Vertreter des Dritten Standes, sofern keine Assoziation besteht.

§ 5 Kanzler und Rezeptor werden vom Prior nach Anhörung der Mitglieder des Ersten Standes aus dem Ersten oder Zweiten Stand ernannt.

Der Hospitalier und die Vertreter des Zweiten und des Dritten Standes werden von der Prioratsversammlung gewählt.

§ 6 Der Prior wird vom Kapitel aus einem von den Professrittern mehrheitlich beschlossenen Dreiervorschlag gewählt.

§ 7 Ein gewählter Prior kann sein Amt erst nach Bestätigung durch den Großmeister mit Zustimmung des Souveränen Rates sowie nach Leistung des Amtseides antreten.

§ 8 Die weiteren Kompetenzen von Prioratskapitel und Prioratsversammlung sind im Prioratsstatut festgelegt.

Art. 30
Amtsdauer der Prioren

Der Prior und die Mitglieder des kleinen Rates bleiben sechs Jahre im Amt. Eine Wiederwahl ist möglich. Eine Wiederwahl zur dritten oder weiteren Amtsperioden bedarf der Zweidrittelmehrheit.

Art. 31
Der Prioratsstatthalter

§ 1 Wann immer es opportun oder notwendig ist, kann ein Prior nach Anhörung des Kapitel für ein Jahr einen Statthalter ernennen, der ihn bei der Erfüllung seiner Aufgaben ganz oder teilweise vertritt. Die Ernennung ist nach Anhörung des Souveränen Rates vom Großmeister zu bestätigen.

§ 2 Sofern der Prior keine Maßnahmen gemäß § 1 ergriffen hat, kommt es notfalls dem Großmeister zu, nach Anhörung des Souveränen Rates den Prioratsstatthalters zu ernennen.

§ 3 Nach Anhörung des kleinen Rates kann der Prior auf Dauer von maximal drei Monaten einen Statthalter ernennen, der ihn vertritt.

§ 4 Der Statthalter muß gemäß Art. 11 § 3 Profess- oder Oboedienzritter sein.

Art. 32
Vikare und Prokuratoren von Prioraten

§ 1 Bei Vorliegen gerechtfertigter und schwerwiegender Gründe kann der Großmeister mit Zustimmung des Souveränen Rates einen Prior seines Amtes entheben und einen Vikar ernennen.

§ 2 Sollte es unmöglich sein, eine dem Kirchenrecht gemäße Wahl eines neuen Priors durchzuführen, bleibt der Vikar bis zum Ende des nächsten Generalkapitels im Amt.

§ 3 Ist der Prior an der Ausübung seines Amtes verhindert oder aus anderen gerechtfertigten und

schwerwiegenden Gründen kann der Großmeister mit Zustimmung des Souveränen Rates einen Prokurator ernennen, der bis zum Ende des nächsten Generalkapitels im Amt bleibt.

§ 4 Vikare und Prokuratoren müssen gemäß Art 11 § 3 Profess- oder Obödienzritter sein.

Art. 222
Errichtung von Großprioraten und Prioraten

§ 1 Priorate werden nach Anhörung der regionalen Ordensgliederungen mit Zustimmung des Souveränen Rates und des Hl. Stuhles vom Großmeister errichtet, wobei auch ihre geographischen Grenzen festgelegt werden.

§ 2 Mindestens fünf Professritter sind für die Errichtung eines Priorates notwendig. Sie müssen ihren kirchenrechtlichen Wohnsitz auf dem Gebiet des zu errichtenden Priorates haben.

Art. 223
Prioratsstatuten

Jedes Priorat besitzt eigene, vom Großmeister mit Zustimmung des Souveränem Rates bestätigte Statuten.

Art. 224
Der erste Prior

Der erste Prior und die ersten Mitglieder des Prioratsrates werden vom Großmeister ernannt.

Art. 225
Die Pflichten des Priors

Aufgabe des Priors ist es, durch sein Beispiel zur Verwirklichung christlicher Tugenden und zur Treue gegenüber den mit der Ordenszugehörigkeit verbundenen Pflichten anzuregen. Zudem muß er:

a) Anordnungen des Hl. Stuhles und des Großmeisters bekanntmachen und für ihre Befolgung sorgen,

b) die vom Priorat abhängigen Einrichtungen mindestens alle drei Jahre, entweder selbst oder durch einen Vertreter, visitieren,

c) Berufungen fördern, die Ordenswerke unterstützen und die effiziente Verwaltung des Priorates überwachen.

Art. 226
Kapitelsitzung und Jahresexerzitien des Priorats

§ 1 Der Prior beruft viermal jährlich, in Ländern, in denen eine Assoziation besteht, mindestens einmal jährlich, zu einer Kapitelsitzung mit geistlicher Thematik und zur Beratung wichtiger Fragen ein.

§ 2 Alljährlich sind in jedem Priorat Exerzitien von fünf ganzen Tagen für alle Mitglieder abzuhalten. Ort und Datum bestimmt der Prior.

§ 3 Wo keine lokale Assoziation besteht, ist mindestens einmal im Jahr, entsprechend der Prioratsstatuten eine Generalversammlung sämtlicher Ordensmitglieder zu veranstalten.

Art. 227
Jahresberichte

Der Prior, bzw. Statthalter, Vikar oder Prokurator, erstattet dem Großmeister und Souveränem Rat alljährlich einen Rechenschaftsbericht.

Art. 33
Die Subpriorate und die Ernennung
ihrer Regenten

§ 1 Zur Errichtung eines Subpriorates sind mindestens neun Obödienzritter erforderlich.

§ 2 Das Subpriorat wird von einem Profess- oder Obödienzritter mit dem Titel »Regent« geleitet. Er wird dabei gemäß den jeweiligen Subprioratsstatuten und dem Codex durch einen Rat und das Kapitel unterstützt.

§ 3 Regent und Räte werden vom Kapitel gewählt. Der Regent tritt sein Amt an, nachdem er vom Großmeister mit Zustimmung des Souveränen Rates bestätigt worden ist und seinen Amtseid geleistet hat.

§ 4 Die Amtsperiode von Regent und Räten beträgt sechs Jahre. Wiederwahl ist möglich. Eine Wiederwahl zur dritten oder weiteren Amtsperioden bedarf der Zweidrittelmehrheit.

Art. 228
Das Subprioratskapitel

Das Subprioratskapitel tritt entsprechend dem eigenen Statut zusammen, um wichtige Fragen zu behandeln. Zu seinen Aufgaben gehört die Wahl des Regenten und seiner Räte, entsprechend den für Priorate geltenden Vorschriften.

Art. 34
Die Assoziationen

§ 1 Assoziationen werden mittels eines Dekrets des Großmeisters mit Zustimmung des Souveränen Rates errichtet. Ihre Statuten haben den Rechtsverhältnissen der Staaten Rechnung zu tragen, in denen sie ihren Sitz haben und werden mit Zustimmung des Souveränen Rates vom Großmeister approbiert.

§ 2 Der Großmeister bestätigt nach Anhörung des Souveränen Rates den Präsidenten und die Ratsmitglieder, deren Amtsperiode entsprechend den Assoziationsstatuten zwischen drei und sechs Jahren beträgt. Sofern im Statut vorgesehen, ist Wiederwahl möglich.

Art. 229
Ziele

Aufgabe der Assoziationen ist es, unter Anleitung des Großmeisters und des Souveränen Rates, die in Art. 2 der Ordensverfassung genannten Ordensziele umzusetzen.

Art. 230
Zugehörigkeit der Ordensmitglieder

§ 1 Einer Assoziation gehören von Rechts wegen alle Ordensmitglieder an, die in deren Gebiet ihren Wohnsitz haben. Ausgenommen sind jene Mitglieder, die bereits vor ihrem Umzug in das betreffende Gebiet einem anderen Priorat bzw. Assoziation angehört haben.

§ 2 Wer aus billigen historischen oder ethnischen [Gründen] einem anderen Priorat, Subpriorat oder Assoziation beizutreten wünscht als jenem/jener, das/ die territorial für ihn zuständig wäre, muß dafür die Einwilligung des Oberen einholen.

Art. 231
Gründung einer Assoziation

§ 1 Zur Gründung einer Assoziation werden mindestens fünfzehn Ordensmitglieder benötigt.

§ 2 Der Großmeister ist berechtigt, mit Zustimmung des Souveränen Rates Assoziationen oder deren Gebiete zu teilen oder umzugruppieren, wenn es für die Führung der Ordenswerke sinnvoll ist. Die Errichtung einer weiteren Assoziation in demselben Gebiet kann auf Antrag von mindestens dreißig Ordensmitglieder und nach Zustimmung der bereits vorhandenen Assoziation erfolgen.

§ 3 Der Großmeister kann mit Zustimmung des Souveränen Rates einschließlich der Zustimmung von zwei Drittel seiner Professmitglieder eine Assoziation auf demselben Territorium errichten, in dem bereits ein Priorat existiert.

In diesem Fall verbleiben dem Priorat Gebrauch und Nießbrauch seines gesamten Vermögens, das künftig jedoch vom Großmagisterium verwaltet wird.

Art. 35
Die Delegationen

§ 1 Die Priorate, Subpriorate und Assoziationen können regionale Delegationen gemäß dem Codex bilden.

§ 2 Die Delegationen bestehen aus allen Mitgliedern der Priorate, Subpriorate und Assoziationen, die im betreffenden Gebiet wohnen. Die Delegationsstatuten müssen den jeweiligen Priorats-, Subpriorats-, oder Assoziationsstatuten sowie einem vom Großmeister mit Zustimmung des Souveränen Rats erlassenen Reglement entsprechen.

§ 3 Die Delegation wird von einem Ordensmitglied geleitet, das den Titel Delegat führt. Der erste Delegat wird vom jeweiligen Ordensoberen nach Anhörung seines Rates ernennt. In der Folge wird er von den Mitgliedern der Delegation gewählt und vom Ordensoberen bestätigt. Die Delegationen eines Priorates oder Subpriorates sollten, soweit möglich, von Profess- oder Obödienzrittern geleitet werden.

§ 4 Der Delegat wird von einem Rat aus nicht mehr als fünf Ordensmitgliedern sowie von einem Kaplan, dem die geistliche Betreuung der Delegationsmitglieder obliegt, unterstützt.

Art. 232
Errichtung

Die Errichtung einer Delegation erfordert die vorherige Genehmigung ihres Reglements durch den Großmeister mit der Zustimmung des Souveränen Rates. Im Ausnahmefall können Delegationen einer Assoziation auch in dem Gebiet einer anderen bestehen, wenn die dortige Assoziation zustimmt.

[Ordenswerke]

Art. 236
Obsequium Pauperum

§ 1 Auf der Suche nach einer konkreten Antwort auf die Liebe Christi haben die ersten Ordensmitglieder in den kranken Pilgern im Heiligen Land den Herrn erkannt und ihm gedient. Im göttlichen Erbarmen angesichts des Elends der Welt wurzelt das *Obsequium Pauperum,* das die Ordensmitglieder verpflichtet, Jesus Christus zu dienen, der in den »Herren Kranken« gegenwärtig ist.

§ 2 Im Hinblick auf das andere Ordensziel, die *Tuitio Fidei,* sind die Ordensmitglieder, indem sie in jedem Menschen das Ebenbild Gottes erkennen, in besonderer Weise gefordert, sich überall dort einzusetzen, wo menschliches Leben in seiner Gottesebenbildlichkeit und Würde bedroht ist.

§ 3 So ist der Orden für seine Mitglieder die konkrete Weise, das Hauptgebot der Gottes- und Nächstenliebe zu befolgen, dadurch Gott zu ehren und sich selbst zu heiligen in der Nachfolge Christi und in der Gemeinschaft der Kirche.

§ 4 Das Charisma des *Obsequium Pauperum* führt die Ordensmitglieder zur Begegnung mit dem Herrn im persönlichen Krankendienst. Deshalb sind alle Ordensmitglieder aufgerufen, die Werke der leiblichen und geistigen Barmherzigkeit persönlich und regelmäßig zu verrichten.

Art. 237
Die Organisation des Obsequium
Pauperum

§ 1 Ausschließliche Kompetenz und Verpflichtung der Assoziationen ist es, in ihren Zuständigkeitsberei-

chen sozial-karitative Werke zu gründen, in denen die Mitglieder der verschiedenen Ordensstände sich persönlich den Aufgaben widmen können, zu denen sie sich verpflichtet haben. In Ländern, wo zwar Priorate, aber keine Assoziationen bestehen, wird diese Verantwortung von den Prioraten übernommen. Nach Anhörung des Souveränen Rates kann der Großmeister weitere Anordnungen erlassen, um Kompetenzüberschneidungen auf ein und demselben Gebiet soweit als möglich zu vermeiden.

In Ländern, in denen bereits von Assoziationen unabhängige sozial-karitative Ordenswerke bestehen, werden sie sich im Rahmen ihrer bestehenden Verantwortlichkeiten um enge Zusammenarbeit mit dem Hospitalier der betreffenden Assoziation bemühen.

§ 2 Die Hospitaliers der Assoziationen oder, wo keine Assoziation besteht, der Priorate sind für die Hilfswerke verantwortlich. Der Hospitalier erfüllt seine Aufgaben in enger Zusammenarbeit mit dem Präsidenten oder dem Prior und den Räten.

§ 3 Hilfseinsätze, sowohl außerhalb des jeweils eigenen Gebietes als auch als Ergebnis der Zusammenarbeit verschiedener Ordensgliederungen, dürfen nur mit Einverständnis des Großhospitalier unternommen werden, der laut Art. 155 für die Koordination verantwortlich ist.

§ 4 Die Verantwortlichen der Ordenswerke haben dem Großmagisterium alljährlich einen Bericht über deren Situation zu erstatten.

§ 5 Das Großmagisterium führt nur im Ausnahmefall eigene Aktivitäten aus.

Art. 238
Internationale Zusammenarbeit

§ 1 Angesichts der internationalen Verantwortung des Ordens besitzt die internationale Zusammenarbeit der Ordensassoziationen besondere Bedeutung für den Erfolg der Ordenswerke. Alle Ordensgliederungen sind nach besten Kräften zur Zusammenarbeit verpflichtet.

§ 2 Mit Zustimmung des Souveränen Rates kann der Großmeister juristische Personen des Ordensrechtes zur Betreuung und Förderung internationaler Aufgaben gründen.

Art. 239
Tochterorganisationen von
Assoziationen und Prioraten zur
Durchführung der Ordenswerke

§ 1 Tochterorganisationen von Assoziationen und Prioraten sind Stiftungen, Hilfsdienste, rechtlich unabhängige Ordenswerke und ähnliche, zur Umsetzung des Ordenszweckes geschaffene Einrichtungen.

§ 2 Solche Tochterorganisationen können von Assoziationen oder Prioraten ins Leben gerufen werden, soweit für die Aufstellung ihrer Statuten folgende Minimalanforderungen zu beachten sind:

a) Die Statuten einer Tochterorganisation erlangen erst durch Bestätigung seitens der betreuenden Ordensgliederung Rechtskraft. Gleiches gilt für etwaige Statutenänderungen.

b) Die Tochterorganisation hat der zuständigen Ordensgliederung über ihre Tätigkeiten Rechenschaft zu legen.

c) Der Präsident (oder Leiter) der Tochterorganisation darf sein Amt nicht ohne Zustimmung der zuständigen Ordensgliederung antreten. Er sollte möglichst Ordensmitglied sein.

d) Die Tochterorganisation darf nur mit vorheriger Genehmigung der zuständigen Ordensgliederung das Ordensemblem oder den Ordensnamen nutzen oder sich auf den Orden berufen. Eine solche Genehmigung kann von dieser Ordensgliederung auch widerrufen werden.

Wo immer aufgrund nationalen Rechtes die vollständige Einarbeitung dieser Minimalanforderungen in die Statuten unmöglich ist, muß deren Befolgung auf andere Weise je nach den Umständen sichergestellt werden.

§ 3 Die Statuten oder deren Änderungen müssen vor ihrem Inkrafttreten dem Großmagisterium zur Kenntnis gebracht werden.

§ 4 Einrichtungen und Aktivitäten, die von Assoziationen, Prioraten oder Tochterorganisationen lediglich unterstützt werden, ohne daß sie von ihnen geführt werden oder ihnen gehören, dürfen weder Wappen noch Namen des Ordens führen, außer mit dem ausdrücklichen Hinweis darauf, daß diese Einrichtung sich lediglich der Unterstützung des Ordens erfreut, ohne daß dieser irgendeine Verantwortung für sie übernimmt.

Art. 242
Das Emblem der Ordenswerke

Das Emblem der karitativen Werke der Ordensgliederungen ist das achtspitzige weiße Kreuz im roten Schild gemäß der Darstellung in der einschlägigen Verordnung.

Art. 36
Originaltext und Übersetzungen

§ 1 Der Verfassungstext ist in italienischer Sprache abgefaßt. Der Großmeister verfügt nach Anhörung des Souveränen Rates die Erstellung offizieller englischer, französischer, deutscher und spanischer Übersetzungen.

§ 2 Der vom Ordensoberhaupt unterzeichnete und mit dem Staatssiegel besiegelte italienische Text wird im Archiv des Großmagisteriums aufbewahrt.

§ 3 Im Falle unterschiedlicher Interpretationen gilt der offizielle Text in italienischer Sprache.

Art. 37
Übergangsverfügung

Zur Regelung von bei Inkrafttreten der Neufassungen von Verfassung und Codex laufenden Vorgängen wird der Großmeister mit Zustimmung des Souveränen Rates Übergangsverfügungen erlassen.

Integration – Devolution – Unabhängigkeit? Schottland auf dem Weg zu einer Erneuerung seines politischen Gemeinwesens

von

Dr. Roland Sturm

o. Professor für Politische Wissenschaft an der Universität Erlangen – Nürnberg

Nach fast 200 Jahren hat Schottland wieder eine eigene politische Stimme. Im Mai 1999 wurde ein schottisches Parlament gewählt. Die Ursachen und Folgen der Wiederanerkennung einer eigenständigen verfassungspolitischen Rolle Schottlands bleiben aber umstritten. Die Befürworter des Schottland-Gesetzes von 1998, das die Rechtsgrundlage der Tätigkeit des schottischen Parlamentes bildet, hielten das Zugeständnis größerer Autonomie für Schottland eher für unvermeidlich als für unverzichtbar. So sollte »Schlimmeres«, nämlich eine weitere Stärkung der nationalistischen Kräfte in Schottland, verhindert werden. Die Gegner des Schottland-Gesetzes aus dem die Einheit des Vereinigten Königreichs verteidigenden unionistischen Lager, dessen Interessen vor allem von der Konservativen Partei wahrgenommen werden, sind sich einig, daß die Einrichtung eines schottischen Parlamentes nur der erste Schritt sein wird. Sie befürchten, daß sich der zweite Schritt, die nationale Unabhängigkeit Schottlands und damit das Ende Großbritanniens, mittel- bis langfristig nicht vermeiden lassen wird. Was den Unionisten Sorge bereitet, ist den schottischen Nationalisten Anlaß zur Hoffnung. Sie können sich sehr wohl ein EU-Mitglied Schottland vorstellen, das aufgrund seiner Bevölkerungszahl von über fünf Millionen Einwohnern mit mindestens ebenso großer Berechtigung wie beispielsweise Luxemburg auf europäischer Ebene mitspricht und dessen wirtschaftliche Potenz beispielsweise der irischen nicht nachsteht.

Mit einer gewissen Distanz zur parteipolitischen Auseinandersetzung ist die Frage nach der neuen verfassungspolitischen Rolle Schottlands grundsätzlicher zu stellen. Das 1999 Erreichte bringt nationale Identität und politisch-kulturelle »differentiae«[1] in besonderer Weise in Zusammenhang mit einem spezifischen politisch-institutionellen Arrangement. Im Grundsatz war dies nach der schottisch-englischen Union von 1707 immer wieder eingefordert worden, allerdings mit wechselnder Vehemenz

---

[1] *E. Gellner*, Thought and Change, 1964.

und wechselndem Erfolg.[2] Schottland wurde trotz des Fehlens einer politischen Vertretung nie »assimiliert«, aus Schotten wurden nie, wie dies die Londoner Regierung nach der Niederwerfung der Jakobitenaufstände im 18. Jahrhundert gehofft und gewünscht hatte, »Nordbriten«. Auch heute gilt deshalb noch, was der Historiker Christopher Harvie[3] anläßlich der Debatte der siebziger Jahre um die Einrichtung eines schottischen Parlamentes schrieb. Es sei unmöglich, den angestrebten Verfassungskompromiß adäquat zu beurteilen, der sich mit einer schottischen Vertretungskörperschaft verbinde, wenn man sich nicht in historischer Perspektive die einzigartige Balance von gesellschaftlicher Assimilierung und gesellschaftlicher Autonomie Schottlands vor Augen führte. Die (Wieder-)Einrichtung eines schottischen Parlaments ist aus dieser kulturhistorischen Perspektive kein Reformprojekt des britischen Staates, sondern Ausdruck der Neuorientierung des Verhältnisses der englischen zur schottischen Gesellschaft.

1. Vom »Act of Union« (1707) zur Politisierung nationaler Identität

Schon 1603 wurde eine staatsrechtliche Verbindung zwischen Schottland und England hergestellt. Diese »Union of the Crowns« verdankte sich dem dynastischen Zufall, daß mit dem Tode Elisabeth I. das Haus Tudor keinen Thronerben mehr stellen konnte. Die englische Krone fiel an den regierenden schottischen König Jakob VI. aus dem Hause Stuart, der als Jakob I. beide Königreiche regierte. Von einer Fusion Schottlands und Englands konnte allerdings zu diesem Zeitpunkt noch nicht die Rede sein. Parlamente, Kirchen und Gesetzgebung beider Territorien blieben getrennt.

Der entscheidende Schritt zur Eingliederung Schottlands in den dadurch neu entstehenden britischen Staatsverband war die Union of Parliaments von 1707. Diese Union war keine Selbstaufgabe Schottlands und auch kein Verzicht auf eine weitere eigenständige Gestaltung des schottischen Gemeinwesens. »Anders als im deutschen Fall des Jahres 1990, in dem die DDR der fortbestehenden Bundesrepublik Deutschland beitrat, vereinbarten seinerzeit die bis dahin selbständigen Königreiche England und Schottland, sich aufzulösen und gemeinsam den neuen Staat Großbritannien zu bilden.«[4] Der Unionsvertrag garantierte Schottland unter anderem sein eigenes Rechts- und Gerichtswesen, sein eigenes Schulsystem und seine eigene (presbyterianische) Nationalkirche.

Selbst wenn, wie Historiker eingewandt haben, Bestechung und Geheimdiplomatie ohne Rückkoppelung an »das Volk« den schottischen Parlamentarismus des frühen 18. Jahrhunderts als Farce erscheinen lassen, blieb in Schottland jedoch der Gedanke der Freiwilligkeit der Union mit England als historisches Erbe erhalten. Dieser impliziert, daß der Unionsvertrag im Prinzip neu verhandelt werden kann (sollte es wieder ein schottisches Parlament geben), ja sogar, daß letztendlich auch die Union mit England

---

[2] *R. Sturm*, Das Vereinigte Königreich von Großbritannien und Nordirland. Historische Grundlagen und zeitgeschichtlicher Problemaufriß, in: H. Kastendiek/ K. Rohe/ A. Volle (Hrsg.): Länderbericht Großbritannien, ²1998, S. 70ff.

[3] *Ch. Harvie*, Scotland and Nationalism. Scottish Society and Politics 1707–1977, 1977, S. 16.

[4] *H. Weber*, Recht und Gerichtsbarkeit, in: H. Kastendiek/ K. Rohe/ A. Volle (Hrsg.), Länderbericht Großbritannien, ²1998, S. 182f.

staatsrechtlich immer zur Disposition steht. Diese Sichtweise wurde von Londoner Regierungen nicht geteilt. Die absolute Entscheidungsgewalt des Westminster Parlaments war für sie Ausdruck der vollständigen Inkorporierung Schottlands in einen unitarischen Staat. Aber auch eine solche Sichtweise erlaubte eine große Bandbreite der Gestaltung der schottischen Verfassungsrealität im britischen Staatsverband. Je stärker Schottland als teilautonome Einheit behandelt wurde, das heißt Großbritannien also als Staat der Union (»union state«) anstatt als Einheitsstaat (»unitary state«) von Londoner Regierungen definiert wurde, desto leichter fiel es der schottischen Gesellschaft politisch-institutionelle Defizite eigenständiger Repräsentation zu akzeptieren.[5]

Der Anstoß zu einer größeren Flexibilität und Sensibilität der Zentralregierung im Umgang mit einer sich weiterhin als schottisch verstehenden Gesellschaft im Norden der Insel ging von der Home-Rule Bewegung Ende des 19. Jahrhunderts aus, die eng mit der »irischen Frage« verbunden war, aber auch in Schottland begann, das nationale Selbstverständnis zu politisieren. Die »Home Ruler« forderten nationale Selbstbestimmung durch die Einrichtung von Parlamenten, die über die meisten innenpolitischen Angelegenheiten entscheiden sollten. Der Einheitsstaat Großbritannien reagierte auf diese Forderungen nur zögerlich und strikt im Rahmen seiner verfassungspolitischen Möglichkeiten. Er machte 1885 mit der Wiedereinrichtung des Amtes eines Schottlandministers und der Einsetzung eines ihm zugeordneten Scottish Office einen ersten strategischen Gebrauch von den Möglichkeiten des »union states«. Seit 1926 ist der Schottlandminister Kabinettsmitglied. Der Einstieg in die Verwaltungsautonomie (administrative devolution) für Schottland erwies sich als effizientes Mittel, um einerseits die schottische Eigenständigkeit durch eine institutionelle Reform zu bestätigen, aber andererseits auch einer weiteren Politisierung schottischen Selbstbewußtseins vorzubeugen.

Die schottische Verwaltungsautonomie als Teil des Verwaltungsaufbaus der Londoner Zentralregierung wurde in der Folgezeit immer stärker ausgebaut. Der Schottlandminister und sein Scottish Office, das nun auch einen Sitz in Edinburgh erhielt, wurden für den größten Teil der Verwaltung der schottischen Innenpolitik zuständig. 1880 richtete das Unterhaus einen eigenen Ausschuß zur Beratung Schottland betreffender Gesetzentwürfe ein, seit 1907 gibt es im Unterhaus einen Schottlandausschuß, der sich mit schottischen Fragen befaßt (Scottish Grand Committee). Haushaltspolitisch wie auch hinsichtlich der Frage der adäquaten Repräsentation Schottlands im Westminster Parlament kamen alle Londoner Regierungen bis in die jüngste Zeit schottischen Interessen weit entgegen. Bis heute bleibt umstritten, ob im Falle der Unabhängigkeit Schottlands die ökonomischen Interessen Schottlands noch in der gewohnten Weise gewahrt werden könnten.[6] Die Pro-Kopf-Ausgaben des britischen Staates für Schottland lagen in der Zeit nach dem II. Weltkrieg ca. 20% über denjenigen für englische Regionen, und die Bürger Schottlands waren im Unterhaus mit einem Anteil von Parlamentssitzen vertreten, der über ihrem Bevölkerungsanteil lag.

Bis in die siebziger Jahre schien dies der Mehrheit der schottischen Bevölkerung durchaus als politisches Zugeständnis an die besondere historische und kulturelle Ein-

---

[5] *E. Meehan*, The Belfast Agreement – Its Distinctiveness and Points of Crossfertilization in the UK's Devolution Programme, Parliamentary Affairs 52(1), 1999, S. 24.

[6] *C.H. Lee*, Scotland and the United Kingdom, 1995.

bindung Schottlands in das Vereinigte Königreich auszureichen. Die Zahl der Befürworter einer Ausweitung der administrativen Devolution zur legislativen Devolution, also der Einrichtung eines schottischen Parlamentes, war in den fünfziger und sechziger Jahren verschwindend gering. An entsprechenden Diskussionen beteiligten sich nur wenige Akademiker und Kommunalpolitiker. Ihr Hauptinteresse galt der größeren demokratischen Verantwortlichkeit regionaler und kommunaler Institutionen und der Reduktion der Komplexität der modernen Verwaltung für die Bürger.[7] In der breiten Öffentlichkeit standen die Befürworter eines schottischen Parlamentes im Geruch, sich den »home rule«-Kämpfen »von vorgestern« verschrieben zu haben. Das Wort »Devolution«, so bemerkte einer der ersten Anhänger eines schottischen Parlaments in der Nachkriegszeit, John P. Mackintosh[8],

»beschwört Gladstones Vorstellungen von ›home rule all round‹ mit dem stickigen Geruch des 19. Jahrhunderts herauf. Für Devolution setzten sich in der Regel unzivilisierte Mitbürger aus hinterwäldlerischen Regionen ein, die keine Ahnung von den wirklichen Regierungsproblemen haben, und es genügt gewöhnlich Nordirland zu erwähnen, um zu beweisen, daß das ganze Konzept absurd ist.«

Nicht die Überzeugungskraft der Argumente der Devolution-Anhänger war es, die nach 1966 diesem ungeliebten Konzept den Weg in die tagespolitische Diskussion öffnete. Entscheidend waren vielmehr die Wahlerfolge der nationalistischen Parteien in Schottland und Wales, von Parteien also, die selbst für die viel weitergehende Forderung nach nationaler Unabhängigkeit für Schottland und Wales eintraten.[9] Den Anfang machte der Nachwahlsieg von Gwynfor Evans, dem damaligen Vorsitzenden der walisischen Nationalpartei Plaid Cymru in Wales, dem 1967 der Nachwahlerfolg von Winifred Ewing, einer Vertreterin der schottischen Nationalpartei SNP, sowie Zugewinne der Nationalisten bei den Kommunalwahlen, folgten. Die großen britischen Parteien reagierten auf die nationalistische Herausforderung zunächst relativ zögerlich. Der Parteiführer der oppositionellen Konservativen Partei, Edward Heath, schlug in seiner am 18. Mai 1968 abgegebenen »Declaration of Perth« die Einrichtung einer gewählten »Scottish Assembly« vor, die Teile des parlamentarischen Gesetzgebungsverfahrens bei nur Schottland betreffenden Gesetzesvorschlägen bzw. Rechtsanpassungen beraten sollte. Die regierende Labour Party, geführt von Premierminister Harold Wilson, fürchtete zwar Rückschläge bei Wahlen in ihren Hochburgen Schottland und Wales, war aber andererseits nicht bereit, den politischen Nationalismus als relevante politische Kraft zu akzeptieren.

Die Regierung Wilson entschied, dem nationalistischen Druck Widerstand zu leisten und sich auf keine Verfassungsexperimente einzulassen. Zur Beschwichtigung der Devolutionbefürworter in den eigenen Reihen und um öffentlich einer klaren Stellungnahme zur Frage der Einrichtung eines schottischen Parlamentes auszuweichen, ernannte die Regierung einer Idee ihres damaligen Innenministers James Callaghan folgend 1969 eine »Royal Commission on the Constitution« unter Leitung von Lord Crowther bzw. seit 1972 Lord Kilbrandon. Ihr wurde die Aufgabe gestellt,

---

[7] *J. P. Mackintosh*, Devolution, Regionalism, and the Reform of Local Government: The Scottish Case, Public Law 1964, S. 19ff.

[8] Ebda., S. 19.

[9] *R. Sturm*, Nationalismus in Schottland und Wales, 1981.

sich Gedanken zur Reorganisation der territorialen Verwaltung des Vereinigten Königreiches zu machen.

2. Die Devolution – Debatte der siebziger Jahre

1973 legte die Kilbrandon Commission ihren Bericht vor, der aber nach dem Ausbleiben nationalistischer Wahlerfolge bei den Parlamentswahlen 1970 kaum öffentliche Beachtung fand und von den großen Parteien kaum gewürdigt wurde, wie Zeitgenossen beobachteten. So war zu lesen: »Selten kann eine nationale politische Elite so einig gewesen sein, einem solchen Bericht ein schnelles öffentliches Begräbnis zu geben.«[10] Nach den Wahlen im Februar 1974, bei denen die schottischen Nationalisten sieben Sitze errangen (mit 21,9% der schottischen Stimmen) und die walisischen zwei Sitze (mit 10,7% der walisischen Stimmen) fand sich der anfangs ignorierte »Kilbrandon-Report« plötzlich im Rampenlicht der öffentlichen Debatte wieder. Er wurde, wie der damalige SNP-Abgeordnete Reid sarkastisch anmerkte[11], von der 1974 wieder ins Amt gekommenen Labour Regierung unter Harold Wilson nun zitiert als sei er die Heilige Schrift.

Tabelle 1:
Dokumente der Devolution-Debatte der siebziger Jahre

Oktober 1973	Report of the Royal Commission on the Constitution 1969–1973 Band I: Kilbrandon Report Band II: Memorandum of Dissent
Juni 1974	Consultation Document. Devolution Within the United Kingdom: Some Alternatives for Discussion
September 1974	White Paper. Democracy and Devolution: Proposals for Scotland and Wales
November 1975	White Paper. Our Changing Democracy: Devolution to Scotland and Wales
August 1976	White Paper. Devolution to Scotland and Wales: Supplementary Statement
November 1976	Scotland and Wales Bill
Dezember 1976	Consultation Document. Devolution: The English Dimension
Juli 1977	White Paper. Devolution: Financing the Devolved Services
November 1977	Scotland Bill Wales Bill

Bei den Parlamentswahlen im Oktober 1974 konnten die schottischen Nationalisten ihren Stimmenanteil in Schottland deutlich vergrößern, während es in Wales der nationalistischen Partei nicht gelang, neue Anhänger zu gewinnen. Die Unterstützung für die schottische Nationalpartei, SNP, wuchs auf 30,4% der schottischen Wäh-

---

[10] *M. Clarke*, Great Britain: The Quest for Efficiency, in: J. Cornford (Hrsg.): The Failure of the State, 1975, S. 93.

[11] *G. Reid*, SNP = LIB/LAB, New Outlook 16 (1976), S. 12.

ler. Die Partei eroberte 11 der damals 71 schottischen Mandate im Londoner Parlament. Ein wichtiger Grund[12] für die neue Plausibilität des Nationalismus in Schottland war die erfolgreiche Kampagne der Partei mit dem Tenor, das in der Nordsee ge-
förderte Öl sei Schottlands Öl, und die Ölerträge müßten zugunsten Schottlands genutzt werden. Die Wahlentscheidung für die SNP war damit auch eine Option für eine neue wirtschaftliche Perspektive, für eine Alternative zu Zechenschließungen und
Entlassungen in der Stahlindustrie und im Schiffbau. Die politische Deutung der »Politisierung« des schottischen Nationalbewußtseins war vor allem für die die schottische
Politik dominierende Labour Party Rätsel und Bedrohung zugleich. Mitte der siebziger Jahre war es der Labour-Regierung nicht klar, ob die schottische Wählerschaft in
erster Linie an der wirtschaftlichen Wohlfahrt ihres Landesteils interessiert war, oder
ob für sie die Forderung nach einer grundlegenden Verfassungsreform mit dem Ziel
der Änderung des Status von Schottland im Vereinigten Königreich im Vordergrund
stand. Umfragen ließen – aus Regierungssicht – »Schlimmstes« befürchten. Eine im
Januar 1976 veröffentlichte Umfrage des Opinion Research Centres stellte beispielsweise fest, daß die SNP nun von 37% der Wahlberechtigten in Schottland unterstützt
werde und damit in Schottland stärkste Partei geworden sei. In Sitzen ausgedrückt
hätte dies 30 Mandate bedeutet, nur sechs von der Mehrheit der 71 schottischen Mandate und der für den Fall des Erreichens der Mehrheit von der SNP angekündigten
schottischen Unabhängigkeitserklärung entfernt.[13]

Die Regierung Wilson, die bereits nach den Februarwahlen und rechtzeitig vor
den Oktoberwahlen 1974 ein erstes Weißbuch zur Weiterentwicklung der territorialen Organisation des britischen Staates vorgelegt hatte, reagierte nach der Okto-
berwahl 1974 mit verstärkten Bemühungen um die Vorbereitung eines Devolution-
gesetzes für Schottland und Wales. Im November 1976 brachte die Regierung den
Entwurf für ein Schottland und Wales-Gesetz in das britische Parlament ein. Bei der
Einzelberatung der Vorlage, geriet das Parlament jedoch durch die Obstruktion der
Devolutiongegner, auch in den eigenen Reihen, in Zeitverzug. Die Regierung versuchte, als letzten Ausweg ihren Entwurf durch einen Antrag auf Ende der Debatte
zu retten. Dieser Antrag und damit auch der Gesetzentwurf scheiterte im Februar
1977.

Nach dieser Niederlage verstärkte die Labour Party die parlamentarische Zusammenarbeit mit der Liberalen Partei, um sich eine Mehrheit für ihre Devolutionpolitik
zu sichern. Sie akzeptierte die Forderung der Liberalen, getrennte Vorlagen für
Schottland und Wales und neue Vorschläge zur Finanzierung der geplanten »parlamentarischen Versammlungen« (im Juli 1977 erschien ein entsprechendes Weißbuch)
einzubringen, sowie den Labour Abgeordneten bei der Abstimmung über das Wahlsystem für die Wahl der walisischen und schottischen »Parlamente« freie Hand zu lassen. Die Liberalen hofften, ein sie begünstigendes Verhältniswahlsystem durchsetzen
zu können. Im November 1977 brachte die von James Callaghan geführte Labour-
Regierung zwei separate, inhaltlich revidierte Devolutiongesetze in das Parlament
ein. Mit Mühe gelang es der Regierung diesmal mit ihrem Bündnispartner, den Liberalen, eine parlamentarische Mehrheit für diese Gesetzentwürfe zu sichern. Zur Beru-

---

[12] Zum Hintergrund vgl. *Sturm*, Nationalismus.
[13] The Economist, 3.1. 1976, S. 18.

higung der nordenglischen Labour Abgeordneten wurde ihnen ein mit Schottland vergleichbares Volumen öffentlicher Investitionen in ihren Regionen versprochen. Ein erneuter Antrag auf Ende der Debatte fand im November 1977 eine noch ausreichende parlamentarische Unterstützung. Die Devolutiongesetze sollten aber erst nach erfolgreichen Referenden in Schottland und Wales in Kraft treten. Mit knapper Mehrheit im Parlament gelang es den Devolutiongegnern Anfang 1978, ein Quorum von 40% der Wahlberechtigten als Mindestanforderung für erfolgreiche Referenden durchzusetzen.

Die Referenden fanden am 1. März 1979 statt. Im walisischen Falle wurde selbst die einfache Mehrheit der Abstimmenden für die Einrichtung einer parlamentarischen Versammlung nicht erreicht. Im schottischen Falle stoppte das 40% Quorum die Devolution-Gesetzgebung. Diese Mißerfolge der Regierung Callaghan trugen zum endgültigen Verlust ihrer parlamentarischen Mehrheit und der Ausrufung von Neuwahlen bei. Das 1979 gewählte Parlament mit einer von der Premierministerin Margaret Thatcher angeführten konservativen Mehrheit stimmte am 30. September 1979 für die Rücknahme der Devolutiongesetze und beendete so für fast zwanzig Jahre die Devolution – Debatte im britischen Parlament.

Tabelle 2:
Die Devolutionreferenden in Schottland und Wales (JA-Stimmen in %)

	Schottland	Wales
1979	51,6	20,3
1997	74,3	50,3

3. Selbstfindung und Autonomieforderungen in den achtziger und neunziger Jahren

Das parlamentarische »Begräbnis« der Devolutionpolitik schien in Schottland eine Bestätigung im öffentlichen Raum zu finden. Nicht nur verlor die Kampagne »Nordseeöl für Schottland« an Schwung und Überzeugungskraft, auch die schottische Nationalpartei, deren Erfolge viel zur Legitimation der Devolutionpolitik beigetragen hatten, auch wenn die Partei selbst das weitergehende Ziel der nationalen Unabhängigkeit verfolgte, erhielt bei Kommunal- und Europawahlen nur noch etwa die Hälfte der Stimmenanteile, die sie bei den Wahlen Mitte der siebziger Jahre errungen hatte. Die Wiederbelebung des Themas der eigenständigen Repräsentation Schottlands im schottischen Staatsverbund wurde seit der Mitte der achtziger Jahre, was die schottische öffentliche Meinung anging, zunächst eher durch von außen kommende Herausforderungen als durch einen innerschottischen Willensbildungsprozeß befördert.

Katalysator der Rückbesinnung auf schottische nationale Interessen war die Politik der Regierung Margaret Thatchers aus drei Gründen: 1) Sie öffnete eine Kluft zwischen dem englischen Wirtschaftsliberalismus und dem sozialdemokratischen Grundkonsens der schottischen Gesellschaft. 2) Eine Reihe der auch in England umstrittenen politischen Initiativen der Regierung, wie die Reform der Kommunalverfassung

oder die Reform der Gemeindesteuer (poll tax)[14], wurde nicht nur wegen der historischen Besonderheit des schottischen Rechtswesens in einem von der englischen Gesetzgebung getrennten Verfahren in Kraft gesetzt, sondern auch in zeitlicher Reihenfolge in Schottland zuerst. Die schottische Bevölkerung sah sich aus ihrer Sicht als
»Versuchskaninchen« für unausgegorene Politikexperimente der Londoner Regierung mißbraucht. 3) Die parteipolitischen Mehrheiten in Schottland entsprachen in
den achtziger und neunziger Jahren nie den englischen. Die Konservativen blieben
permanent und mit großem Abstand zu Labour die Minderheitspartei in Schottland.
Zur ungeliebten Politik kam also noch, daß diese durch eine permamente »Fremdherrschaft« verantwortet wurde.

Tabelle 3:
Wahlergebnisse in Schottland (S) und England (E), in % (Wahlsiege der
Konservativen Partei)

	1979		1983		1987		1992	
	E	S	E	S	E	S	E	S
Konser-vative	47,2	*31,4*	46,0	*28,4*	46,2	*24,0*	45,5	*25,7*
Labour	36,7	41,5	27,0	35,1	29,5	42,4	33,9	39,0
Liberale	14,9	8,7	26,4	24,5	23,8	19,2	19,2	13,1
SNP	–	17,3	–	11,8	–	14,0	–	21,5

Mit Liberale werden hier die Liberale Partei, ihre Wahlallianzen und ihre Nachfolgepartei,
die Liberal Democrats, bezeichnet.

Die Forderung nach Einrichtung eines schottischen Parlamentes wurde in dieser
Situation von einem Großteil der schottischen Bevölkerung vor allem als Instrument
gesehen, um nationale Interessen wahren zu können, nicht aber als Ausdruck eines ag-
gressiven Nationalismus bzw. separatistischer Bestrebungen. Klaus Stolz[15] weist zu
Recht daraufhin, daß in diesem Zusammenhang für die schottische Gesellschaft
»nicht die Konstruktion einer kulturellen oder gar ethnischen Homogenität der schottischen Nation« im Vordergrund stand, »sondern eine nahezu gesamtgesellschaftliche
Zurückweisung absoluter Souveränitätsansprüche des britischen Staates, also eine
konstitutionell-politische Haltung.« Parteipolitisch wurde dieses neue Selbstverständnis der schottischen Gesellschaft vor allem in einer Umorientierung der Politik der
schottischen Labour Party deutlich. Hatte diese in ihrer Mehrheit in den siebziger Jahren Devolution noch als notwendige aber ungeliebte Abwehrstrategie gegen die nationalistische Herausforderung unterstützt, so sah die Partei in den achtziger und
neunziger Jahren in der Devolutionpolitik eher ein parteipolitisch nicht mehr kontro-
verses Ziel für alle Gruppen und Repräsentanten der schottischen Gesellschaft. Die
Plausibilität der Forderung nach schottischer Selbstbestimmung wurde durch die
Fortschritte der europäischen Integration zusätzlich erhöht. Aus wirtschaftlichen
Gründen wurde schon von der Regierung Thatcher eine eigenständige Brüsseler Ver-

---

[14] Zu Details vgl. *D. Butler/ A. Adonis/ T. Travers*, Failure in British Government. The Politics of the
Poll Tax, 1994.
[15] *K. Stolz*, Schottland in der Europäischen Union, 1997, S. 124f.

tretung Schottlands nach dem Vorbild der deutschen Länderbüros zugelassen. Scotland Europa entwickelte sich aber rasch zu einem »paradiplomatischen Akteur«, der im Namen der noch staatslosen Nation Schottland begann, deren Interessen zu vertreten[16] und seine Tätigkeit nicht auf das Einwerben ausländischer Investoren beschränkte.

Ende der achtziger Jahre kam eine alle gesellschaftlichen Gruppen Schottlands umfassende Versammlung für eine Verfassungsreform (Scottish Constitutional Convention)[17] zustande. Vertreter der Kirchen, der Kommunalverwaltungen, der Gewerkschaften und anderer Verbände und der schottischen Parteien (mit Ausnahme der Konservativen Partei und der SNP) einigten sich auf die Forderung nach einem Parlament für Schottland und Wales. Die SNP mied zwar die Versammlung, bei der sie mit ihrer Forderung nach nationaler Unabhängigkeit in der Minderheit gewesen wäre, beteiligte sich aber weit engagierter als in den siebziger Jahren an der Devolutiondebatte. Sie hatte aus der Vergangenheit gelernt, daß ihre Maximalforderungen nicht im Handstreich zu erreichen sind und daß es auch taktische Argumente für Devolution als »ersten Schritt« zur Unabhängigkeit geben könne. Die Constitutional Convention war zu einem hohen Grade indirekt demokratisch legitimiert. Ca. 80% der schottischen Abgeordneten im Westminsterparlament und der Europaabgeordneten Schottlands beteiligten sich, sowie die gewählten Vertreter von 59 der 65 schottischen Kommunalbehörden. Inhaltliche Kompromisse für die schottische Autonomie wurden hier bereits hinsichtlich der Finanzhoheit eines zu wählenden Parlamentes und des künftigen Wahlsystems gefunden. Schottland sollte Einkommen- und Mehrwertsteueranteile erhalten und das Recht, den in Schottland erhobenen Einkommensteuersatz zu variieren. Das Wahlysystem sollte ein Verhältniswahlsystem sein, um zu vermeiden, daß das neugewählte Parlament einseitig von den (in Schottland oft schlecht beleumundeten) Vertretern der Labour Party im bevölkerungsreichen »Gürtel« Edinburgh-Glasgow dominiert wird.

Die Konservative Partei unter Margaret Thatcher und John Major stemmte sich bis zuletzt gegen verfassungsändernde Regionalreformen in Großbritannien. Premierminister Major verband, wie seine Amtsvorgängerin, mit der Devolutionpolitik die Sorge um den Erhalt der Einheit des Landes, zumindest aber kurzfristig die Erwartung eines großen Schadens für die wirtschaftlichen Interessen Schottlands. Major vermutete, von dem neuen Parlament sei weit eher eine Dauerfehde mit London zu erwarten als eine konfliktschlichtende Integrationsleistung. Anders als Margaret Thatcher kritisierte John Major aber nicht die »schottische Sonderbehandlung«, sondern sah in dieser die Grundlage dafür, die Schotten von den Vorteilen eines Weiterbestehens der Union zu überzeugen.[18] Im März 1993 nach seinem Wahlsieg vom Vorjahr verdeutlichte John Major seine Position zu Schottland in dem Weißbuch »Scotland in the Union – A Partnership for Good«. Das Weißbuch war in der Folgezeit Ausgangspunkt immer neuer Initiativen, um die Union für Schottland attraktiv erscheinen zu lassen. Mit dem Versuch, die schottische Gesellschaft durch Entgegenkommen quasi zu

---

[16] Ausführlicher ebda.
[17] Ausführlicher *J. Mitchell*, Strategies for Self-government, 1996.
[18] Ausführlicher *J. Bradbury*, Conservative Governments, Scotland and Wales, in: Ders./ J. Mawson (Hrsg.), British Regionalism and Devolution, 1997, S. 80ff.

»umarmen«, um sie von der Sinnlosigkeit eines parlamentarischen Gremiums zu überzeugen, das auch nur Forderungen stellen könnte, die der Zentralstaat erfüllen müsse, bestätigte John Major aus schottischer Sicht, aber nur, daß das Beharren der Schotten auf Eigenständigkeit berechtigt sei. Geradezu symbolisch zwiespältig waren in John Majors Regierungszeit Ereignisse wie die Teilnahme des im Kilt gewandeten Schottlandministers Forsysth bei der Premiere des anti-englischen Historienfilms »Braveheart«.

4. Die Referenden und der Scotland Act der Regierung Blair

Mit dem Wahlsieg der Labour Party 1997 war die grundsätzliche Entscheidung für ein Gesetzesvorhaben zur Einrichtung eines schottischen Parlamentes gefallen. New Labour hatte sich verpflichtet, regionalen und nationalen Identitäten auch einen institutionell abgesicherten Rang zu geben. Diese Institutionenreform sollte aber keine Institutionenreform von oben sein, sondern den Wünschen der Bevölkerung der jeweiligen Regionen und Nationen entsprechen.[19] Bereits das Wahlergebnis von 1997 hätte als eindeutige Zustimmung zu Labours Devolutionplänen gewertet werden können. Die Konservative Partei verlor alle ihre Parlamentssitze in Schottland und Wales. In Schottland lag die Labour Party mit 45,6% vor der SNP mit 22,1% der Stimmen. Die Konservative Partei war mit 17,5% der Stimmen gerade noch die dritte Kraft im Lande. Die große parlamentarische Mehrheit der Labour Party im Londoner Parlament wäre auch durch eine Reihe von Abweichlern im Stimmverhalten nicht bedroht gewesen.

Dennoch setzte die Regierung Blair ihre Wahlkampfankündigung um und ließ in Referenden[20] darüber abstimmen, ob eine Devolutiongesetzgebung für Schottland überhaupt von der dortigen Bevölkerung gewünscht werde. Im Unterschied zu 1979 lag 1997 noch kein Devolutiongesetz vor. Über die Pläne der Regierung informierte ein Ende Juli veröffentlichtes Weißbuch. Das Referendum war auch nicht durch die Anforderung eines bestimmten Stimmenquorums der Wahlberechtigten belastet. Am 11. 9. 1997 stimmten 74,3% der schottischen Wähler bei einer Wahlbeteiligung von 60,4% für die Einrichtung eines schottischen Parlamentes, und eine Mehrheit von 63,5% sprach sich dafür aus, daß dieses Parlament das Recht bekommen solle, den Eingangssatz bei der Einkommensteuer pro Pfund um drei Pence nach oben oder unten zu variieren. Die erreichte Mehrheit für ein schottisches Parlament hätte auch das Quorum von 1979 erfüllt (44,8% der Wahlberechtigten stimmten mit ja). Daß die zweite Mehrheit geringer ausfiel als die erste ist Ergebnis einer Furchtkampagne der Konservativen Partei und einiger Vertreter der schottischen Geschäftswelt, die das Gespenst einer Extra-Steuerbelastung für die Schotten (»tartan tax«) an die Wand malten.

Nach der Zustimmung zur Devolutionpolitik von New Labour wurde ein entprechender Gesetzentwurf in das britische Parlament eingebracht, der von diesem 1998 als Scotland Act verabschiedet wurde. Die Einrichtung des schottischen Parlamentes

---

[19] So *P. Mandelson/ R. Liddle*: The Blair Revolution, 1996, S. 200.
[20] Ausführlicher *J. Mitchell/ D. Denver/ Ch. Pattie/ H. Bochel*, The 1997 Devolution Referendum in Scotland, in: Parliamentary Affairs 51(2), 1998, S. 166ff.

bringt verschiedene verfassungspolitische Neuerungen mit sich. Entgegen der bisherigen Praxis der begrenzten Aufgabenübertragung an nachgeordnete territoriale Einheiten enthält, wie argumentiert wurde aus pragmatischen Gründen, das Gesetz auch eine Auflistung der nicht übertragenen Staatsaufgaben. Üblich war bisher nur die möglichst exakte Bennenung der vom Westminster-Parlament delegierten Aufgaben. Für die sonstigen nicht erwähnten Aufgaben soll das schottische Parlament zuständig sein. Hier wird eine der britischen Verfassungstradition widersprechende »Allzuständigkeitsvermutung« des schottischen Parlaments durch die Hintertür eingeführt, deren Bedeutung sich allerdings noch erweisen muß. Bei Streitfällen verweist der Scotland Act auf den Gerichtsweg mit der letztendlichen Entscheidungsgewalt des traditionell für Verfassungsfragen zuständigen Judicial Committee des Privy Council, also mit anderen Worten einer der Einflußnahme der Zentralregierung ausgesetzten Instanz.

Tabelle 4:
Die Aufgaben des schottischen Parlaments

Beispiele für Aufgaben, die sich der Zentralstaat vorbehält	Aufgaben, die folgerichtig in die Kompetenz des schottischen Parlament fallen
Binnenmarkt	Land- und Forstwirtschaft, Fischerei
Verfassungsfragen	Wirtschaftliche Entwicklung
Verteidigung und nationale Sicherheit	Erziehungswesen
Beschäftigungspolitik	Umwelt
Steuer-, Wirtschafts- und Geldpolitik	Gesundheitswesen
Außen- und Europapolitik	Wohnungspolitik
Gesundheit und medizinische Versorgung (z.T.)	Recht und Inneres
Medien und Kultur	Kommunen
Standards für freie Berufe (z.T.)	Statistik
Grenzschutz	Sozialarbeit
Verkehrssicherheit und Regulierung	Ausbildung Verkehr

Neu ist auch, anknüpfend an die Forderungen der Scottish Constitutional Convention, die Einführung einer Variante des Verhältniswahlsystems, des Additional Member Systems, für die Wahlen zum schottischen Parlament, dessen Amtsperioden übrigens auf vier Jahre festgeschrieben sind. Die fehlende Möglichkeit der Parlamentsauflösung, sowie das Verhältniswahlsystems erzwingen geradezu die Zusammenarbeit der politischen Parteien in Koalitionsregierungen. Letztere waren bisher, außer in Kriegszeiten, in Großbritannien ebenfalls nicht üblich. Das schottische Parlament umfaßt 129 Abgeordnete. 73 von ihnen wurden in den alten Parlamentswahlkreisen (aus dem Wahlkreis »Orkney und Shetlands« wurden allerdings zwei Wahlkreise) für schottische Vertreter im Londoner Parlament gewählt. Zusätzliche 56 Mitglieder des schottischen Parlaments (additional members) werden nach dem Zweitstimmenergebnis auf der

Ebene der (heute allerdings für die Wahl von Abgeordneten bei Europawahlen nicht mehr benutzten) acht Euro-Wahlkreise ermittelt.

Ob die Mittel des schottischen Parlamentes einen kreativen Umgang mit politischen Fragen erlauben, muß abgewartet werden.[21] Dem Parlament soll der Etat des Scottish Office zur Verfügung gestellt werden. Dies sind gegenwärtig 14 Milliarden Pfund. Darüberhinaus soll es, wie erwähnt, marginal Steuern senken oder erhöhen können. Einigen Anhängern der Devolutionpolitik geht dieses Zugeständnis nicht weit genug. Sie halten es nicht für adäquat, daß ein »nationales Parlament« hinsichtlich seiner Einnahmenhoheit wie eine Kommune behandelt wird (Die umstrittene Summe wären heute jährlich +/[-] 450 Millionen Pfund).

5. Verfassungspolitische Implikationen der Wahl eines schottischen Parlaments

Die beschriebenen Neuerungen mögen dazu beitragen, Verfassungsreformen, mit denen in Schottland Erfahrungen gesammelt werden, wie z.B. die Reform des Wahlsystems, auch für andere verfassungspolitischen Diskurse fruchtbar zu machen. Es sollte vor allem aber nicht übersehen werden, daß die Einführung der legislativen Devolution in Schottland bislang ungeklärte Verfassungsfragen aufwirft und das Potential für institutionelle Konflikte erhöht. Bisher werden solche Probleme von der britischen Öffentlichkeit zwar als nicht besonders drängend empfunden. Schon bevor die pro- und anti-Devolution Kampagne in Schottland und Wales wegen des Unfalltodes von Prinzessin Diana bis zu deren Begräbnis eingestellt wurde hielt gerade einmal ein Prozent der englischen Bevölkerung Devolution für ein wichtiges Thema der britischen Politik.[22] Dennoch sind sie von praktischer Relevanz, geht man nicht von einer Dauerharmonie im Zusammenspiel der Parlamente in Edinburgh und Westminster aus.

Ein »Verfassungskonflikt« ist in die Devolutiongesetzgebung eingebaut. Sie gibt auf der einen Seite Rechte an das schottische Parlament, betont aber auf der anderen Seite eine – aus britischer Sicht - verfassungspolitische Selbstverständlichkeit, nämlich das Fortgelten der Souveränität des Parlamentes in Westminister. Was bedeutet das? Der Grundsatz der Parlamentssouveränität beinhaltet nach der klassischen Formulierung des englischen Verfassungstheoretikers Albert Venn Dicey (The Law of the Constitution, 1885) das Recht des Parlamentes, jedes beliebige Gesetz – und dazu gehört auch das Gesetz zur Einrichtung eines schottischen Parlamentes von 1998 – jederzeit mit einer Mehrheit von einer Stimme abzuschaffen oder auch ein neues Gesetz zu beschließen. Außerhalb des Parlamentes (also de facto des Unterhauses) gibt es keine Instanz, auch kein Verfassungsgericht, die Parlamentsentscheidungen in Frage stellen kann oder darf.

Das Verfassungsdilemma ist offenkundig. Politisch ist das verfassungsrechtlich unproblematische Abschaffen des schottischen Parlamentes keine Option mehr. Das wird nicht nur unterstrichen durch die Ergebnisse der Referenden, sondern auch

---

[21] Ausführlicher *D. Heald/N. Geaughan/C. Robb*, Financial Arrangements for UK Devolution, in: H. Elcock/ M. Keating (Hrsg.), Remaking the Union, 1998, S. 26 ff.

[22] *G. Parker*, English Nationalism Fails to Make a Noise, Financial Times, 1.9. 1997, S. 8.

durch das Nordirlandabkommen von 1998, das ebenfalls durch Referenden bestätigt wurde. Teil dieses Abkommens ist die Einrichtung eines Britisch-Irischen Rates, in dem die Vertreter des schottischen Parlamentes ständige Mitglieder sein sollen. Hinzu kommt, in der schottischen Öffentlichkeit ist das eigenständige Parlament längst zu einem Anrecht geworden. Was bedeutet dies aber für den Grundsatz der Parlamentssouveränität? Das mindeste, was gesagt werden kann, ist, daß er mit der Schottlandgesetzgebung vielfach durchbrochen wird. Die Verklauselierung der Allzuständigkeitsvermutung ist mit der Parlamentssouveränität insofern nicht vereinbar, als über neue Staatsaufgaben nun »souverän« das schottische Parlament entscheidet (zumindest in der Innenpolitik, die aber heute eng mit der Europapolitik verknüpft ist). Wichtiger noch ist die Tatsache, daß das Instrument des Referendums, das bei fortgeltender Parlamentssouveränität nur konsultativen Charakter haben kann, durch seinen Einsatz zur politischen Legitimation von Gesetzgebung des Londoner Parlamentes in Schottland den Eindruck hinterlassen hat, die Referendumsentscheidung sei ein Akt der Volkssouveränität gewesen.

Hier entsteht eine verfassungspolitische Bruchstelle, die sich zu einer verfassungspolitischen Kluft auszuweiten anschickt. Die schottische Überzeugung, im eigenen Parlament einen Ausdruck der Volkssouveränität zu sehen, führt dazu, daß eventuelle Korrekturen von Entscheidungen des schottischen Parlamentes durch das Westminsterparlament bzw. der Streit um Kompetenzabgrenzungen ihren technischen Charakter verlieren, den sie eigentlich nach der Doktrin der Parlamentssouveränität hätten. Bei Meinungsverschiedenheiten beider Parlamente kollidieren bei realistischer Betrachtung zwei Souveränitätsvorstellungen, die der Parlaments- und die der Volkssouveränität. Die Veränderung der Kompetenzverteilung zwischen London und Edinburgh bei beiderseitigem Einverständnis ist als Möglichkeit vorgesehen. Devolution ist also ein dynamischer Prozeß. Streitfälle sollen in einem komplizierten juristischen Verfahren geklärt werden, wobei sich aber die grundsätzliche Frage nach der Rolle des Rechts bei der Lösung politischer Konflikte stellen wird. Grundsätzlich gelöst werden können solche Konflikte nur durch die (unwahrscheinliche) Rückkehr zum Status Quo ante einer Devolutionlösung alten Stils oder, was wahrscheinlicher ist, durch den Siegeszugs der Doktrin der Volkssouveränität entweder in Schottland alleine, dies hieße Unabhängigkeit, oder im gesamten Vereinigten Königreich, dies hieße eine geschriebene Verfassung und ein quasi-Föderalismus.

Bereits heute räumt die Regierung Blair ein, daß der Vorbildeffekt regionaler Selbstregierung in Schottland auch andere Landesteile Großbritanniens erfassen könnte. Regionale Selbstverwaltungsorgane sollten dort zugelassen werden, wo die betroffene Bevölkerung dies wünscht und mit unterschiedlich weitgehenden Autonomiemodellen. Wenn dies mehr als eine Geste in Richtung der neidvoll nach Schottland schauenden Labour Hochburgen in den wirtschaftlich benachteiligten Gebieten im englischen Norden war, muß die Labour Party sich auf weitergehende Verfassungsrevisionen einstellen.

In die Diskussion ist auch wieder – wie schon in den siebziger Jahren – die schottische Vertretung im Londoner Parlament gekommen.[23] Die nach dem Labour Abge-

---

[23] Ausführlicher: *I. McLean*, Are Scotland and Wales Over-Represented in the House of Commons?, Political Quarterly 66(4) 1995, S. 250ff.

ordneten für West Lothian und – heute wie damals – Devolutiongegner Tam Dalyell[24]
benannte »West Lothian« question steht für das Problem, daß nach Einführung eines
schottischen Parlaments schottische Abgeordnete in London über englische Angelegenheiten mitentscheiden, während gleichzeitig aber englische Abgeordnete von der
Mitwirkung bei den gleichen Sachfragen ausgeschlossen bleiben, wenn diese in die
Kompetenz des schottischen Parlamentes fallen. Es geht also um den unausgesprochenen Doppelcharakter des Londoner Parlaments, das nach der Devolutiongesetzgebung de facto gleichzeitig britisches und englisches Parlament ist. Ob daraus ein politisches Problem konstruiert werden muß, ist umstritten. Eher noch reformbedürftig
scheint, daß Schottland mit heute 72 Abgeordneten gemessen an der Bevölkerungszahl im Vergleich zu England im Londoner Parlament überrepräsentiert ist. Die Regierung Blair hat hier Abhilfe durch die Reduktion der Zahl der schottischen Abgeordneten (frühestens bei der übernächsten Wahl) auf 60 in Aussicht gestellt (rechne-
risch korrekt wären 57)[25], auch wenn sie sich damit zukünftig selbst schwächen mag,
weil aus den Reihen der Labour Party die große Mehrheit der schottischen Abgeordneten kommt.

6. Ist das gefundene verfassungspolitische Arrangement für das Vereinigte Königreich stabil?

Fest steht, daß mit der Einrichtung eines schottischen Parlamentes mit gesetzgeberischen Befugnissen eine »institutionalisierte« Ungleichbehandlung der Regionen und
Nationen des Vereinigten Königreiches einhergeht. Daß die ungleiche, asymmetri-
sche Zubilligung von Rechten innerhalb eines Staatsverbandes nicht von vorneherein
als Bedrohungskulisse erscheinen muß bzw. von vorneherein grundsätzlich nicht auszuschließen ist, zeigen die Erfahrungen anderer Länder, wie z.B. Spanien oder Kanada. Bedrohlich für die Einheit des Vereinigten Königreiches, so Archie Brown, sei
eher die Zwangsvorstellung einer absoluten Symmetrie von Verfassungskonstruktio-
nen. Die Suche nach Symmetrie und klaren Strukturen solle man lieber den Mathe-
matikern und Logikern überlassen, in der Politik schaden sie nur.[26] Michael Keating[27]
argumentiert deshalb auch, die entscheidende Frage der britischen Devolutionpolitik
sei nicht, ob eine hinsichtlich der territorialen Organisation des Landes asymmetri-
sche Verfassungskonstruktion möglich ist, sondern welches Ausmaß und welche Blau-
pause für Asymmetrie gesellschaftlich toleriert wird bzw. toleriert werden kann. Die
Antwort auf diese Frage bleibt Keating für den britischen Fall aber leider schuldig.
Stattdessen verweist er auf Konsensbildungsprozesse und Verhandlungslösungen im
Falle der möglichen Konflikte zwischen Regional- und Zentralparlament. Dies führt
uns aber von Vefassungsfragen weg, wenn auch nicht vom Zentrum des Problems.
Über die Stabilität der institutionellen Reform in Großbritannien werden letztendlich

---

[24] Ausführlicher *T. Dalyell*, Devolution. The End of Britain?, 1977.
[25] *J. Buxton*, The Price of Nationalism, Financial Times, 22. 4. 1996, S. 23.
[26] *A. Brown*, Asymmetrical Devolution, Political Quarterly 69(3), 1998, S. 217 f.
[27] *M. Keating*, What's Wrong with Asymmetrical Government?, Regional and Federal Studies 8(1),
1998, S. 195.

nicht die Verfassungsrechtler entscheiden. Dem politischen Willensbildungsprozeß und damit Wahlen, Parteien und Interessengruppen, kommt die entscheidende politische Vermittlungsfunktion zu. Weder die Akteure noch deren Motivationslagen ändern sich mit der Einrichtung eines schottischen Parlamentes, so daß argumentiert wurde, daß die bekannten Aushandelungsprozesse zwischen London und Schottland jetzt nur in einer anderen Arena, aber zunächst wohl ohne größere Friktionen stattfinden werden.[28] Eine neue Situation könnte allenfalls dann eintreten, wenn die schottiche Nationalpartei im schottischen Parlament über die absolute Mehrheit der Stimmen verfügen würde und dies zum Anlaß nähme, die nationale Unabhängigkeit auszurufen.

Für einige Kommentatoren ist das 1998 gefundene Verfassungsarrangement einfach deshalb heute das einzig mögliche, weil sich im Augenblick in Großbritannien niemand mit Aussicht auf politischen Erfolg für eine der Alternativen Einheitsstaat, Föderalismus oder schottische Unabhängigkeit stark machen kann.[29] Vielleicht hat die so entstandene neue Unübersichtlichkeit der britischen Verfassungsrealität einen großen Vorteil gegenüber dem häufig angemahnten großen Wurf einer ersten geschriebenen Verfassung des Vereinigten Königreichs. Sie entsprang keiner abgehobenen Debatte und bewahrt deshalb das Bewährte so weit als möglich, öffnet sich aber gleichzeitig flexibel regionalen Mehrheitswünschen nach größerer institutioneller Vielfalt.

---

[28] *L. Paterson*, Scottish Home Rule: Radical Break or Pragmatic Adjustment, in: H. Elcock/ M. Keating (Hrsg.), Remaking the Union, 1998, S.53ff.

[29] *Heald* u.a., aaO., S.23.

Der Einfluss des ungarischen Verfassungsgerichts auf das Gesetzgebungsverfahren des Parlaments der Republik Ungarn

von

Dr. Gábor Spuller

Regierungsrat in Dessau/Anhalt

Inhalt

I.	Einführung	367
II.	Anfangsphase: Vor Beginn des Gesetzgebungsprozesses (noch keine Initiative)	372
	1. Mittelbare Einflussnahme	372
	2. Unmittelbare Einflussnahme	374
III.	Hauptphase: Beginn des Gesetzgebungsprozesses bis zum Abschluss der parlamentarischen Erörterung	376
	1. Ausarbeitung des Gesetzesentwurfes	377
	a. Entwicklung der Judikatur	377
	b. Zwischenergebnis	381
	2. Einbringung des Gesetzesentwurfs in das Parlament bis zum Abschluss der parlamentarischen Erörterung	381
IV.	Endphase: Vom Abschluss der Erörterung im Parlament bis zur Verkündung	384
	1. Vor Annahme des Gesetzes	385
	2. Nach Annahme des Gesetzes	389
V.	Zusammenfassung	390
	1. Überblick	390
	2. Gemeinsamkeiten von präventiver Normenkontrolle und Verfassungsauslegung	391
	3. Unterschiede aller erörterten Verfahrensarten	392
	4. Bewertung	393
Übersicht: Der Einfluß des Verfassungsgerichts auf das Gesetzgebungsverfahren bis zum 18. 2. 1998		398

I. Einführung

Die Kompetenzen des ungarischen Verfassungsgerichts in Bezug auf das Normensystem der Republik Ungarn sind nahezu umfassend.[1] Es ist dem Wesen nach ein spezia-

---

[1] Zu dieser Problematik s. ausführlich *G. Spuller*, Das Verfassungsgericht der Republik Ungarn, 1998.

lisiertes sowie allmächtiges Kontrollorgan für nahezu alle Vorschriften der Republik Ungarn mit Ausnahme der Verfassung.[2] Das Verfassungsgericht überprüft nicht nur jede Rechtsnorm sowie Verwaltungsvorschrift im Rahmen der nachträglichen bzw. repressiven Normenkontrolle, sondern es kann darüber hinaus mittelbar oder unmittelbar fast jederzeit in den Gesetzgebungsprozess einbezogen werden. Sogar die Einleitung eines Gesetzgebungsprozesses kann angeordnet werden. Unter bestimmten Voraussetzungen konnten bislang Gesetzesentwürfe des Parlaments überprüft werden. Ferner kann das Verfassungsgericht zuletzt zu Fragen, die während des Gesetzgebungsprozesses auftauchen, Stellung nehmen. Umgekehrt kann sich zwar der Gesetzgebungsprozess auch auf die Entscheidungen des Verfassungsgerichts auswirken, wenn z.B. das Verfassungsgericht die Überprüfung von Normen im Hinblick auf den Gesetzgebungsprozess aussetzt.[3] In diesen Fällen obliegt jedoch die Entscheidung über die Aussetzung des Verfahrens dem Verfassungsgericht.

Diese im internationalen Vergleich einzigartigen Besonderheiten des ungarischen Verfassungsprozessrechts wirken sich erheblich auf die Stellung und Rechtsnatur des Verfassungsgerichts aus. Im Gegensatz zum Supreme Court der USA kann das ungarische Verfassungsgericht organisatorisch wie institutionell nicht mehr alleine dem Zweig der Gerichtsbarkeit zugeordnet werden. Als selbständige »vierte« Gewalt nimmt es nach seinen eigenen Worten die Funktion einer »einzigartigen Rechtsinstitution« wahr.[4] Zwar gibt es gewisse Parallelen zur österreichischen Verfassungsgerichtsbarkeit, sofern es als selbstständiges Gericht neben den anderen Gerichten mit eigenen Zuständigkeiten entscheidet.[5] Aber die Eigenart des Verfassungsgerichts ungarischer Prägung wird durch erhebliche Zugriffsmöglichkeiten auf das gesamte Normensystem bestimmt, die das Gericht in das Spannungsfeld der Auseinandersetzungen um die politische Macht zieht.

Der für die Staatsorganisationen westlicher Prägung und damit auch für die Rechtstellung des Verfassungsgerichts bedeutsame Grundsatz der Gewaltenteilung bzw. der Trennung der »Grundtypen« staatlicher Aufgabenerfüllung ist in der Verfassung der Republik Ungarn indirekt verankert, ohne selbst wie im Grundgesetz in Art 1 Abs. 3 und Art. 20 Abs. 2 GG im Verfassungstext begrifflich aufzutauchen oder konkret beschrieben zu sein. Der Grundsatz ist letztlich dadurch verwirklicht, dass die Verfassung die Ausübung der Staatsgewalt verschiedenen Staatsorganen anvertraut.[6] Eine textliche Anknüpfung findet sich in der negativen Formulierung des § 2 Abs. 3, S. 1 letzte

---

[2] Vgl. zuletzt auch die extensive Auslegung des Verfassungsgerichtsgesetzes in Hinblick auf die Kompetenz des Verfassungsgerichts zur Überprüfung der Verfassungsmäßigkeit völkerrechtlicher Verpflichtungen in der Entscheidung 4/1997. (I.22.) AB vom 21.01. 1997, VerfGE 1997, 41. Daher überprüfte das Verfassungsgericht auch die wortgleichen innerstaatlichen Umsetzungsakte europarechtlicher Normen in der Entscheidung 30/1998. (VI.25.) AB vom 25.06. 1998, Magyar Közlöny 1998/4565ff; siehe hierzu auch *H. Küpper*, Intergration mit Hindernissen – »Die Europa-Entscheidung« des ungarischen Verfassungsgerichts, Recht in Ost und West (ROW) 1998, S. 333–335.

[3] Vgl. VerfGE 91, 801: Das Verfahren der Überprüfung der Vorschriften über die Wahrung des Realwerts der Renten wurde in Hinblick auf die laufende Neukodifizierung des gesamten Sozialversicherungssystems ausgesetzt.

[4] S. hierzu ausführlich *G. Spuller*, Verfassungsgericht, S. 359–397.

[5] S. *E.-W. Böckenförde*, Verfassungsgerichtsbarkeit: Strukturfragen, Organisation, Legitimation, NJW 1999, S. 9–17, S. 14.

[6] Vgl. auch abweichende Meinung von *Ádám* in VerfGE Nr. 21, 475, 493 = VerfGE 93, 256, 272f.

Altern. der Verfassung der Republik Ungarns (fortan: Verf)[7], der eine Machtkonzentration ausdrücklich ausschließt.[8] Das Verfassungsgericht sieht den Gewaltenteilungsgrundsatz als ein Teilelement des Rechtsstaats, das wiederum – im Gegensatz zum Grundgesetz – in § 2 Abs. 1 Verf ausdrücklich als Prinzip zitiert ist:[9]

»Die Republik Ungarn ist ein unabhängiger, demokratischer Rechtsstaat«.

Allerdings ist in der Verfassung der Republik Ungarn eine herkömmliche Zuweisung der drei Staatsfunktionen an die drei verschiedenen typisierten Staatsorgane wie Parlament, Regierung/Verwaltung und Gerichte nicht so eindeutig wie im Grundgesetz zu erkennen. Bemerkenswert ist die besonders hervorgehobene Stellung des Parlaments gemäß § 19 Abs. 1 Verf[10] als oberstes Organ des Staates und der Volkssouveränität, letztere ist in § 2 Abs. 2 Verf[11] nochmals ausdrücklich genannt.[12]

Die Qualität des Verfassungsgerichts als Verfassungsorgan dürfte relativ unstreitig sein.[13] Insoweit liegt bezüglich des Status des ungarischen Verfassungsgerichts ein Vergleich mit der Stellung des italienischen Verfassungsgerichtshofes im Staatsaufbau Italiens nahe.[14] Anders als im Grundgesetz ist in der ungarischen Verfassung dem Verfassungsgericht ein eigenes Kapitel gewidmet, das von der Gerichtsbarkeit gesondert ist. Eine solche Struktur ist in den neuen Verfassungen der ehemals sozialistischen Staaten in (Süd-)Osteuropa nicht unüblich wie aus Peter Häberles verdienstvoller, umfangreicher Dokumentation von Verfassungsentwürfen und Verfassungen osteuropäischer Staaten zu erkennen ist:[15] Ähnlich ist in der Ukraine und in Slowenien dem Verfas-

---

[7] Zur Verfassung der Republik Ungarn existieren mehrere Übersetzungen: *A. Masing*, in: Brunner G. (Hrsg.): Verfassungs- und Verwaltungsrecht der Staaten Osteuropas, Berlin: Berlin Verlag, Nr. 1.1., S. 1–40; *G. Halmai*, Einleitung zur ungarischen Verfassungsrevision in: Jahrbuch des öffentlichen Rechts hrsg. v. Peter Häberle 39(1990), S. 253–283; *A. Masing*, Die Verfassung der Republik Ungarn, in: Georg Brunner/László Sólyom (Hrsg.): Verfassungsgerichtsbarkeit in Ungarn – Analysen und Entscheidungssammlung 1990–1993, a.a.O., 1995, S. 583–615. Sofern im Aufsatz Bestimmungen der Verfassung zitiert werden, wird die erstgenannte aktuellste Übersetzung von A. Masing verwendet.

[8] Wortlaut des § 2 Abs. 3 Verf: »Keine Organisation der Gesellschaft, kein staatliches Organ und kein Staatsbürger darf mit dem Ziel der gewaltsamen Machtübernahme, ihrer gewaltsamen Ausübung oder ihres ausschließlichen Besitzes tätig sein.«

[9] S. VerfGE Nr. 2, 475, 481 = VerfGE 93, 256, 261.

[10] Wortlaut des § 19 Abs. 1 Verf: »Das höchste Organ der Staatsgewalt und der Volksvertretung der Republik Ungarn ist das Parlament.«

[11] Wortlaut des § 2 Abs. 2 Verf: »In der Republik Ungarn gehört alle Macht dem Volke, es übt die Volkssouveränität durch seine gewählten Abgeordneten und unmittelbar aus.«

[12] Zwar erinnert die Formulierung der Suprematie des Parlaments an den in den ehemals sozialistischen Staaten vorherrschenden »demokratischen Zentralismus«, wonach zumindest theoretisch alle Staatsgewalt bei der Volksvertretung zu konzentrieren ist. *Herbert Küpper* hält daher diese Formulierung für einen »Anachronismus« (s. in: Völkerrecht, Verfassung und Außenpolitik in Ungarn, ZaöRV 1998, S. 239–289, 260). In der Tat erscheint diese Bestimmung als nicht mehr zeitgemäß, da in Ungarn eine parlamentarische Demokratie mit Gewaltenteilung existiert. Allerdings kann diese Bestimmung eine neue Bedeutung im gesamten Verfassungskontext gewinnen, wenn es um die Stellung des Staatspräsidenten oder um das Verhältnis zur Regierung geht. Denn ohne Zweifel ist bzw. war vom Verfassungsgeber bzw. von der verfassungsändernden Mehrheit ein starkes Parlament erwünscht.

[13] In Deutschland existiert eine beachtliche Mindermeinung, die die Verfassungsorganqualität des Bundesverfassungsgerichts kritisch beleuchtet, siehe zuletzt wieder *Bernhard Großfeld*, Zur Stellung des Bundesverfassungsgerichts im Grundgesetz, NJW 1998, S. 3544–3547.

[14] S. *Peter v. Hellberg*, Der italienische Verfassungsgerichtshof, Univ. Diss., 1966, S. 86ff.

[15] S. Dokumentation von Verfassungsentwürfen und Verfassungen ehemals sozialistischer Staaten in

sungsgerichtshof ein gesondertes Kapitel gewidmet. Im Unterschied zu den beiden Staaten rangiert der ungarische Verfassungsgerichtshof jedoch protokollarisch an dritter Stelle, also noch vor der Regierung! Das Verfassungsgericht als »vierte« Gewalt ist in der Tat ein entscheidendes Gegengewicht zur »Allmacht« des Parlaments und seiner gewählten Regierung. Eine zweite Kammer fehlt in der Republik Ungarn, der Staatspräsident ist in erster Linie ein repräsentatives Organ und die Bildung klarer Mehrheitsverhältnisse im Parlament wird durch das ungarische Wahlrecht begünstigt. In der vorletzten Legislaturperiode erlangte die ungarische sozialistische Partei im Parlament die absolute Mehrheit der Abgeordneten und verfügte sogar mit dem liberalen Koalitionspartner über die zur Verfassungsänderung notwendige Mehrheit von zwei Dritteln der Abgeordneten. Eine Kontrolle der ordentlichen Rechtsprechung erfolgt nur ausnahmsweise ähnlich wie beim italienischen Verfassungsgerichtshof, da eine echte Verfassungsbeschwerde derzeit fehlt. Aufgrund der den einzelnen Organen zugewiesenen Befugnisse hat jedoch die Republik Ungarn einen institutionellen Aufbau erhalten, der für das gegenseitige Verhältnis der Organe eine spezifische Machtbalance aufstellt. Diese Machtbalance erinnert an den vom EuGH entwickelten Begriff des »institutionellen Gleichgewichts«, an dem das Verfassungsgericht selbst im internationalen Vergleich jedoch eine überaus herausgehobene Rolle spielt. Nicht zuletzt hat es seine große Popularität bei der Bevölkerung dieser Funktion als institutionelles Gegengewicht zum Parteienstaat zu verdanken.

Eine umfassende Änderung des Verfassungsgerichtsgesetzes ist seit der Existenz des Verfassungsgerichts in Diskussion. Eine grundlegende Novellierung wurde zunächst in Hinblick auf die Überlegungen zu einer neuen Verfassung zurückgestellt.[16] Mit der sehr knappen Gesetzesänderung vom 18.02. 1998[17] wurde jedoch überraschend aufgrund einer episodischen Auseinandersetzung zwischen Parlament und Verfassungsgericht ein vorläufiger Schlußpunkt gesetzt.

Grundlegend für die Institution des Verfassungsgerichts ist das Gesetz über das Verfassungsgericht (fortan: VerfGG)[18] aufgrund der Ermächtigung nach § 32/A Abs. 1, 2 HS und Abs. 6 Verf. Die ungarische Verfassung enthält im Gegensatz zum Grundgesetz kaum Regelungen über die Zuständigkeiten des Verfassungsgerichts, was jedoch

---

(Süd-) Osteuropa und Asien von *Peter Häberle* zu Slowenien in JöR (45) 1997, S. 195, Kapitel sieben der Verfassung sowie zur Ukraine in JöR (46) 1998, S. 274, Kap. 12 der Verfassung. Im Vergleich zu den in der Dokumentation dargestellten ersten Entwurf der Verfassung der Ukraine ist in Art. 197 (S. 144 der Dokumentation) organisationsrechtlich der Verfassungsgerichtshof erst später gemäß Art 124ff. (S. 269 der Dokumentation) endgültig aus dem Zweig der ordentlichen Gerichtsbarkeit herausgenommen worden.

[16] Vgl. *Kinga Hiller*, Neue Verfassung für Ungarn? in: Recht in Ost und West 1998, S. 74–77.

[17] S. Gesetz Nr. I/1998 (18.02.) in: Magyar Közlöny (Ungarischer Anzeiger, fortan: MK) Nr. 10 bzw. S. 1/1998. Gesetzestexte werden in Ungarn nach dem Datum der Veröffentlichung im Erscheinungsjahr (hier: Nr. I) laufend nummeriert, daraufhin folgt das Jahr (hier: 1998) mit dem genauen Datum der Verkündung (hier: 18.02.). Die Gesetzestexte finden sich im Ungarischen Anzeiger, der mit der Nummer des Blattes (hier: Nr. 10) oder der genauen Seitenzahl (hier: S. 1) und mit dem Jahr (hier: 1998 bzw. 98) zitiert wird.

[18] S. Gesetz Nr. XXXII/1989, MK 1989, S. 1283ff. Eine Übersetzung des Verfassers befindet sich im Anhang der Dissertation zum Verfassungsgericht der Republik Ungarn. Soweit das Verfassungsgerichtsgesetz zitiert wird, wird hierauf Bezug genommen. Weitere Übersetzungen gibt es von *L. Rupp*, in: Georg Brunner/László Sólyom (Hrsg.): Verfassungsgerichtsbarkeit in Ungarn – Analysen und Entscheidungssammlung 1990–1993, Baden-Baden, Nomos, 1995, S. 616–630 sowie v. *M. Pajor-Bytomski*: Einführung in die ungarische Verfassungsgerichtsbarkeit, in: EuGRZ, 1993, S. 220–227.

aber dem tatsächlichen Gewicht des Verfassungsgerichts kaum gerecht wird. § 32/A Abs. 1 Verf lautet wie folgt:

»Das Verfassungsgericht überprüft die Verfassungsmäßigkeit der Rechtsvorschriften und nimmt die ihm durch Gesetz zugewiesenen Aufgaben wahr.«

Aus dem letzten Halbsatz ist zu entnehmen, dass der Prüfungsgegenstand nicht ausschließlich auf verfassungsrechtliche Streitigkeiten beschränkt ist.[19] Zuständigkeiten und Aufgaben sind von Verfassungs wegen zumindestens bezüglich der sonstigen gesetzlich zugewiesenen Aufgaben begrifflich nicht zu unterscheiden. Gleichzeitig lautet die ausdrückliche Ermächtigung zum Erlass eines Gesetzes über das Verfassungsgericht nach § 32/A Abs. 6 Verf wie folgt:

»Das Gesetz über Organisation und Tätigkeit des Verfassungsgerichts bedarf zur Annahme der Zustimmung von zwei Dritteln der anwesenden Abgeordneten.«

Danach müssen die Zuständigkeiten generell zwar nicht in der Verfassung aber dafür im Verfassungsgerichtsgesetz geregelt sein. Insoweit herrscht zwar auch – vergleichbar mit Deutschland – ein formeller Aufzählungsgrundsatz (Enumerativprinzip). Dieser Grundsatz wird jedoch durch den Gesetzesvorbehalt des § 32/A Abs. 1, 2 HS. Verf teilweise abgemildert, da von Verfassungs wegen weitere Aufgabenzuweisungen außerhalb des Verfassungsgerichtsgesetzes möglich sind und materiell der Aufgabengegenstand nicht beschränkt ist. Bedeutsame Zuständigkeiten des Verfassungsgerichts, die wesentlich für das Staatsorganisationsrecht sind, müssen jedoch in dem Verfassungsgerichtsgesetz geregelt werden.[20] Des weiteren ist auch bei der Regelung der Kompetenzen des Verfassungsgerichts im Verfassungsgerichtsgesetz generell der Vorrang der Normenkontrolle zu beachten. Eine Grenze der Zuweisung von sonstigen Zuständigkeiten dürfte dort zu ziehen sein, wo das Gericht seiner erstrangig nach § 32/A Abs. 1, 1 HS. Verf zugewiesene und in § 32/A Abs. 2 Verf nochmals betonte Aufgabe[21] der Normenkontrolle nicht mehr nachgehen kann bzw. von ihr bei den wesentlichen Tätigkeitsbereichen nicht mehr hauptsächlich geprägt ist. Eine weitere Grenze wäre durch den Gewaltenteilungsgrundsatz zu finden. Der Rahmen der zu erfüllenden Aufgaben darf jedoch nicht zu eng gezogen werden, da in der Aufzählung der Grundnorm des § 32/A Abs. 1 Verf der Gesetzesvorbehalt unmittelbar der Normenkontrolle folgt.

Das textliche Ungleichgewicht zwischen Verfassung und Verfassungsgerichtsgesetz kann dem Verfassungsgericht bei einer gesetzgeberischen Änderung seiner Kompetenz nach dem Verfassungsgerichtsgesetz ein wesentliches Mitspracherecht einräumen, wenn die Gesetzesänderung Gegenstand eines Verfahrens vor dem Verfassungsgericht wird. Eine solche Selbstüberprüfungskompetenz ist für die Verfassungsgerichte als authentische Interpreten der Verfassung nicht ungewöhnlich. Sie ist aber in Ungarn aufgrund der zu knappen Bestimmungen der Verfassung nicht unproblematisch.

---

[19] Vgl. z.B. im Unterschied hierzu die Kommentierungen zu Art 83 Abs. 2 GG sowie BVerfGE 31, 371, 377.

[20] Vgl. *G. Spuller*, Verfassungsgericht, 1998, S. 220f.

[21] § 32/A Abs. 2 Verf normiert die Entscheidungskompetenzen des Verfassungsgerichts bei der Normenkontrolle: »Das Verfassungsgericht hebt Gesetze und sonstige Rechtsvorschriften, deren Verfassungswidrigkeit festgestellt wird, auf.«

In konkreten Entscheidungen hat jedoch das Verfassungsgericht die Bestimmungen der Verfassung sowie des Verfassungsgerichtsgesetzes durchaus nachvollziehbar und mit guten Gründen ausgelegt.

Das Gesetz über das Verfassungsgericht sieht besondere, dem gegenwärtigen deutschen Verfassungsprozessrecht unbekannte Verfahrensarten vor: zum einen das Verfahren wegen verfassungswidrigen Unterlassen, des weiteren das Verfahren der präventiven Normenkontrolle sowie das Verfahren der Verfassungsauslegung. Schwerpunktmäßig können anhand der Abbildung in der Übersicht drei verschiedene Phasen der Gesetzgebung unterschieden werden, in denen jeweils eine der genannten Verfahrensarten besonderes Gewicht erlangt:

— Anfangsphase: Vor Beginn des Gesetzgebungsverfahrens, wenn es noch keine Initiative innerhalb des Gesetzgebungsorgans gibt, kann das Verfassungsgericht dieses wegen verfassungswidrigen Unterlassens verpflichten, seiner Gesetzgebungspflicht nachzukommen.

— Hauptphase: Zu Beginn des Gesetzgebungsverfahrens bis zum Abschluß der Erörterung des Gesetzesentwurfes in den Ausschüssen und dem Parlament, also während der Ausarbeitung des Konzeptes bzw. des Gesetzesentwurfes sowie der Einbringung des Gesetzesentwurfes in das Parlament und der Erörterung kann das Verfassungsgericht im Rahmen der Verfassungsauslegung mehrmals angerufen werden, um Fragen zu klären.

— Endphase: Nach Abschluß der Erörterung im Parlament bis zur Verkündung des Gesetzes kann durch den Staatspräsidenten eine präventive Kontrolle von Gesetzen eingeleitet werden (präsidentielle präventive Normenkontrolle). Vor der jüngsten Gesetzesänderung vom 18.02.98 konnten noch in dieser Phase das Parlament, ein Parlamentsausschuß oder fünfzig Parlamentsabgeordnete die Überprüfung eines Gesetzesentwurfes beantragen (parlamentarische präventive Normenkontrolle).

Gerade in den vorbezeichneten drei besonderen Verfahrensarten, die weitgehende Eingriffe in den Gesetzgebungsprozess zulassen, brechen häufig Konflikte mit den am Gesetzgebungsverfahren beteiligten Organen auf. In den einzelnen Etappen des Gesetzgebungsverfahrens läßt sich die Bedeutung und das Maß der Auswirkungen verfassungsgerichtlicher Entscheidungen einzeln nachvollziehen.

II. Anfangsphase: Vor Beginn des Gesetzgebungsprozesses (noch keine Initiative)

Hier hat das Verfassungsgericht verschiedene Möglichkeiten auf den Gesetzgebungsprozess Einfluss zu nehmen, sei es mittelbar über alle Verfahrensarten oder unmittelbar durch das Verfahren wegen verfassungswidrigen Unterlassen:

1. Mittelbare Einflussnahme

Eine mittelbare Einflussnahme auf das Gesetzgebungsverfahren erfolgt durch prinzipielle Stellungnahmen, Appelle an den Gesetzgeber sowie sonstige Hinweise. Das Verfassungsgericht nimmt in seinem Entscheidungsausspruch nicht selten prinzipielle

Stellungnahmen auf, die für künftige Gesetze von Bedeutung sein können und nach Auffassung des ehemaligen Präsidenten des Verfassungsgerichts Verfassungsrang haben.[22] So hat das Verfassungsgericht beispielsweise in dem Urteil vom 23.09.91 eine generelle Aussage zu der Befugnis des Parlaments getroffen, neue Kompetenzen über die Lenkung der Streitkräfte zu bestimmen.[23] Die Bedeutung und Bindungswirkung dieser prinzipiellen Stellungnahmen für den Gesetzgeber ist jedoch nicht unproblematisch, soll jedoch hier nicht Gegenstand der Untersuchung sein.[24] Unter Umständen ergehen anläßlich der Überprüfung von Normen Appelle an den Gesetzgeber, bestimmte notwendige Gesetze zu erlassen.[25] Die Entscheidungen enthalten auch Hinweise zur Vorläufigkeit der verfassungsrechtlichen Zulässigkeit von Gesetzen. Damit legt das Verfassungsgericht dem Gesetzgeber auf Dauer die Pflicht auf, gegebenenfalls erforderlich werdende Gesetzesänderungen in Erwägung zu ziehen.[26]

Während beim deutschen Bundesverfassungsgericht die beiden letzteren Mittel bekannt sind, gibt es keine prinzipiellen Stellungnahmen im Tenor. Diese sind in etwa vergleichbar mit den »tragenden Gründen« der Entscheidung beim Bundesverfassungsgericht, soweit sie Ausführungen zur Auslegung der Verfassung enthalten.[27] Doch beim Bundesverfassungsgericht ist nicht immer ohne weiteres feststellbar, welche der Gründe letztlich bindend sein sollen. Dies steht zumindestens beim ungarischen Verfassungsgericht durch die Aufnahme der prinzipiellen Stellungnahmen im Tenor fest. In eine ähnliche Richtung geht die Auffassung des Bundesverwaltungsgerichts, nach der die Leitsätze des Bundesverfassungsgerichts bindend seien.[28] Nur sind die Leitsätze im Unterschied zu den Entscheidungen des ungarischen Verfassungsgericht nicht amtlicher Teil des Entscheidungsausspruchs.

Des weiteren kann das Verfassungsgericht auch über das Verfahren der Verfassungsauslegung mittelbar Einfluss nehmen. Dieses Verfahren ist der einzige gesetzlich geregelte Fall, in dem prinzipielle Stellungnahmen zur Auslegung der Verfassung möglich

---

[22] S. *László Sólyom*, Zum Geleit zu den Entscheidungen des Verfassungsgerichts der Republik Ungarn in: ders./Georg Brunner, Verfassungsgerichtsbarkeit in Ungarn: Analysen und Entscheidungssammlung 1990–1993, Baden-Baden: Nomos, 1995, S. 64f.

[23] Vgl. VerfGE 91, 189, 190, 192 bzw. VerfGE Nr. 5, S. 208, 216. Die Entscheidungen wurden hier nach der in Ungarn üblichen Bezeichnung zitiert. Grundsätzlich wird im folgenden die amtliche Entscheidungssammlung »Az Alkotmánybíróság határozatai« (VerfGE Jahr, S.) herangezogen, die jährlich vom Präsidenten und dem Generalsekretär des Verfassungsgerichts herausgegeben wird. Zusätzlich werden die Entscheidungen, soweit sie in der bereits zitierten Entscheidungssammlung von *Georg Brunner/László Sólyom*, Verfassungsgerichtsbarkeit in Ungarn: Analysen und Entscheidungssammlung 1990–1993, Baden-Baden, 1995 enthalten sind, nach der Entscheidungsnummer und der Seitenzahl des Bandes zitiert (VerfGE Nr., S.). Neuere Entscheidungen werden entweder nach der Fundstelle im Gesetzblatt »Magyar Közlöny« (VerfGE MK Jahr, S.) oder im Amtsblatt des Verfassungsgerichts »Az Alkotmánybíróság határozatai« (VerfGE ABH Jahr, S.) zitiert.

[24] Zu dieser Problematik s. ausführlich G. *Spuller*, Das Verfassungsgericht, S. 216ff.

[25] Vgl. VerfGE 92, 284, 286, 287: Während der Untersuchung der verfassungsrechtlichen Vorschriften über den Befehlshaber und den Stabschef der Honvédarmee forderte das Verfassungsgericht in der Begründung den Gesetzgeber mit Nachdruck auf, die bestehende Regelungslücke über den Entscheidungsmechanismus des Verteidigungsrates zu schließen.

[26] Vgl. VerfGE 94, 197: Die Beschränkungen des Erwerbs und der Pacht land- und forstwirtschaftlicher Nutzungsflächen sind nur solange mit der Verfassung vereinbar, bis sich ein realer Bodenmarktpreis entwickelt hat.

[27] Vgl. BVerfGE 1, 14 (37).

[28] S. BVerwG, Urt. vom 29. 10. 1981, NJW 1982, S. 779 (780).

sind. Der Gesetzgeber hat sich an ihnen zu Beginn seiner Gesetzgebungsarbeit zu orientieren.[29]

2. Unmittelbare Einflussnahme

Das Verfassungsgericht kann im Verfahren wegen verfassungswidrigen Unterlassens nach § 1 Buch. e) VerfGG[30] den Gesetzgeber ausdrücklich zum Erlaß von Rechtsnormen verpflichten, wenn der Gesetzgeber einer normierten Gesetzgebungpflicht in der Verfassung nicht nachgekommen ist oder ein Grundrechtsverstoß nicht anderweitig behoben[31] oder vermieden[32] werden kann. Diese Verfahrensart kann auch als negative Normenkontrolle bezeichnet werden, da die Notwendigkeit der Existenz von bisher noch nicht existierenden Normen überprüft wird.

Die Möglichkeiten zur Einleitung des Verfahrens sind im Verhältnis zu den anderen Verfahrensarten am weitesten ausgestaltet, da gemäß § 21 Abs. 4 und 7 VerfGG jedermann bzw. das Verfassungsgericht von Amts wegen ein Verfahren einleiten kann. Letztere dem deutschen Verfassungsprozessrecht bislang unbekannte Befugnis hat das Verfassungsgericht insoweit eingeschränkt, als dass es nur in Zusammenhang mit anderen Verfahrensarten ein verfassungswidriges Unterlassen des Gesetzgebers von Amts wegen überprüft: Insoweit könnte das Instrument dazu dienlich sein, um die Kohärenz eines Rechtsgebiets bzw. einer Rechtsmaterie, die gerade anläßlich eines Antrags zu prüfen ist, zu wahren oder herzustellen. Unter Umständen benutzt das Gericht das Verfahren, um den Gesetzgeber vor dem größeren Übel, der Nichtigerklärung der Norm zu bewahren: z.B. wurde das Gesetz über die Aufteilung der Frequenzen für den Rundfunk nicht kassiert, obwohl eine Lücke bestand. Stattdessen wurde der Gesetzgeber im von Amts wegen eingeleiteten Verfahren zur Nachbesserung verpflichtet.[33]

Das Verfahrensrecht ist seiner Natur nach mit dem Initiativrecht bestimmter Organe und Personen, eine Gesetzesvorlage im Parlament einzubringen, nur mit Einschränkungen vergleichbar,[34] da es bloß einen äußeren Anstoß zur Einleitung des Gesetzgebungsverfahrens gibt. Rechtsdogmatisch gesehen wird die freie Befassungskompetenz bzw. das freie Zugriffsrecht des Parlaments hinsichtlich der unter Umständen regelungsbedürftigen Sachverhalte eingeschränkt. Das freie Zugriffsrecht[35] des Parlaments wird in eine Zugriffspflicht umgewandelt, da dem Parlament die Entscheidung über das »Ob« entzogen wird, während die tatsächliche Gestaltung spezifischer sozialer Sachverhalte dem Grunde nach ihm erhalten bleibt. Das Parlament bestimmt auch den Fortgang des Verfahrens und die Behandlung der eingebrachten Entwürfe.

---

[29] Zu diesem Verfahren s. insbesondere Kapitel III a. Anfang.

[30] »(Zur Zuständigkeit des Verfassungsgerichts gehören:...) die Beseitigung der sich im Unterlassen manifestierenden Verfassungswidrigkeit.«

[31] Vgl. VerfGE 94, 135 (Umweltstandard).

[32] Vgl. VerfGE 93, 314, 319 (Frequenzaufteilung).

[33] Vgl. VerfGE 93, 314, 319 (Frequenzaufteilung).

[34] Ebenso *Géza Kilényi*, Die Stellung des Verfassungsgerichts in der Organisation der Staatsorgane, in: ders (Hrsg.) Verfassungsgerichtsbarkeit, Budapest, Unió, 1993, S. 52.

[35] S. hierzu *Christoph Gusy*, Parlamentarischer Gesetzgeber und Bundesverfassungsgericht, Berlin: Duncker u. Humblot, 1985, S. 97–99.

Rechtstatsächlich wirkt sich jedoch ein Verpflichtungsurteil für den Gesetzgeber mangels Vollstreckbarkeit weitaus nicht so gravierend aus.[36] Ein Schadensersatzanspruch gegen den Staat wegen gesetzgeberischen Unterlassen ist bislang von den ordentlichen Gerichten anders als beim Europäischen Gerichtshof[37] nicht anerkannt worden.

In der Kombination mit dem Verfahren der abstrakten Normenkontrolle eröffnet sich dem Verfassungsgericht jedoch ein umfassender Gestaltungsspielraum. Beim Verfahren der abstrakten, repressiven Normenkontrolle gemäß § 21 Abs. 2 i.V.m. § 37 VerfGG handelt es sich wie beim Verfahren wegen verfassungswidrigen Unterlassen um eine echte Popularklage. Jedermann kann ohne dem Erfordernis einer gemäß § 90 BVerfGG vergleichbaren Beschwerdebefugnis einen Antrag auf Prüfung der Verfassungsmäßigkeit einer Rechtsvorschrift stellen. Aufgrund der geringfügigen verfahrensrechtlichen Anforderungen ist die abstrakte, repressive Normenkontrolle das Tagesgeschäft des Verfassungsgerichts. Nicht zuletzt deshalb wird dieses Verfahren häufig mit dem Verfahren wegen verfassungswidrigen Unterlassen verbunden, wodurch sich dem Verfassungsgericht eine Reihe von Entscheidungsvarianten eröffnen. Beispielhaft sei die Möglichkeit genannt, im Verfahren der abstrakten, repressiven Normenkontrolle Normen rückwirkend aufzuheben und im Verfahren wegen verfassungswidrigen Unterlassen den Gesetzgeber zur Wiederherstellung des verfassungsmäßigen Zustands zu verpflichten. Dies stellt die wohl schärfste Waffe gegenüber dem Gesetzgeber dar. Denn durch die rückwirkende Aufhebung der Normen und die Verpflichtung zur Wiederherstellung des status quo ante kann das Verfassungsgericht, aktuelle tiefgreifende Eingriffe des Gesetzgebers und deren Folgen wieder rückgängig machen.[38] Wenn das Verfassungsgericht im Rahmen der abstrakten, repressiven Normenkontrolle eine Vorschrift für verfassungswidrig hält, hebt es diese in der Regel gemäß § 43 Abs. 1 VerfGG ex nunc auf. Parallel kann es das beantragte Verfahren wegen verfassungswidrigen Unterlassen aussetzen. Diese Entscheidungsform kommt insbesondere in Betracht, wenn bereits ein Gesetzgebungsprozess zur Änderung derjenigen Normen im Gange bzw. unmittelbar vor dem Abschluß ist, die im Verfahren der abstrakten, repressiven Normenkontrolle aufgehoben werden. Durch die Aussetzung des Verfahrens wegen verfassungswidrigen Unterlassens kann es die neu entstehenden Regelungen hinsichtlich etwaiger Lücken unter Kontrolle halten. So hat es z.B. einen Antrag hinsichtlich der Nichterfüllung von öffentlich-rechtlichen Entschädigungsverpflichtungen des Staates, die durch den Eingriff in bürgerliche Rechtsverhältnisse entstanden sind, ausgesetzt,[39] während es gleichzeitig die kommunistischen Enteignungsvorschriften aufhob. Die nachfolgende umfangreiche Gesetzgebungsarbeit mit den einzelnen Entschädigungsregelungen hat das Verfassungsgericht in seinen späteren Entscheidungen wesentlich mitgeprägt.

---

[36] S. dazu G. *Spuller*, Das Verfassungsgericht, 1998, S. 120ff.
[37] Vgl. analog Art. 233 Abs. 2 i.V.m. Art. 288 Abs. 2 EGV.
[38] VerfGE 94, 134.
[39] VerfGE 91, 73 = VerfGE Nr. 6, 192f, 197 mit erläuternder Parallelmeinung von *Sólyom* ab S. 204.

III. Hauptphase: Beginn des Gesetzgebungsprozesses bis zum Abschluss der parlamentarischen Erörterung

Nach Beginn des Gesetzgebungsverfahrens bis zur abschließenden Erörterung im Parlament kann das Verfassungsgericht in der Regel im Verfahren der Verfassungsauslegung jedoch stets nur mittelbar auf den Gesetzgebungsprozess Einfluss nehmen. Hinzu kam nach dem bisherigen Wortlaut des Verfassungsgerichtsgesetzes auch eine präventive Kontrolle von Gesetzesentwürfen in Betracht. Das Verfahren der Verfassungsauslegung ähnelt dem Gutachtenverfahren, das in Deutschland eine kurze Zeit existierte, und ist in den Reformstaaten Osteuropas durchaus nicht unüblich. Besonders erwähnenswert ist die von Professor Peter Häberle erkannte auffällige Gutachtenkompetenz des Verfassungsgerichtshofes der Ukraine.[40]

Über die Verfassungsauslegung enthält das Verfassungsgerichtsgesetz fast ausschließlich eine einzige verfahrensrechtliche Regelung, und zwar zu dem Antragsrecht gemäß § 21 Abs. 6 VerfGG:

»Das Verfahren nach § 1 Buchstabe g) [d.h. der Verfassungsauslegung, Anm. d. Verf.] können beantragen«:
a) das Parlament oder seine ständigen Ausschüsse,
b) der Staatspräsident,
c) die Regierung oder deren Mitglied
d) der Präsident des Staatlichen Rechnungshofes,
e) der Präsident des Obersten Gerichts,
f) der Generalstaatsanwalt.«

Ferner ist der Parlamentsbeauftragte (Ombudsmann) für staatsbürgerliche Rechte nach § 21 Abs. 8 VerfGG i. V.m. § 22 Buchst. e) des gleichnamigen Gesetzes Nr. LIX/ 1993 antragsberechtigt. Nach der ständigen Rechtsprechung werden jedoch bestimmte Anforderungen an der Begründung eines Antrags gestellt. Beispielsweise nimmt das Verfassungsgericht nur zu hinreichend konkreten und unmittelbaren verfassungsrechtlichen Fragen Stellung.[41] Soweit ein solches Verfahren im Zusammenhang mit einem Gesetzgebungsverfahren eingeleitet wurde, kamen die Anträge stets von den Organen, die an der Ausarbeitung von Gesetzen beteiligt waren. Die Anträge wurden vor Einbringung eines Gesetzesentwurfes eingereicht, um bereits im Vorfeld verfassungsrechtliche Fragen abzuklären. Zu den Antragstellern zählten beispielsweise die Regierung bzw. die von den Regierungsparteien dominierten Organe. Diesbezüglich kann die Verfassungsauslegung als ein Instrument der Regierung bezeichnet werden. Dies liegt nicht zuletzt an dem Kreis der Antragsberechtigten nach § 21 Abs 6 VerfGG, zu denen überwiegend Organe zählen, die der Seite der Regierung zugerechnet werden können (Regierung, Minister, Ausschüsse und Parlament). Inhaltlich können die Entscheidungen im Rahmen der Verfassungsauslegung formelle Probleme des Gesetzgebungsverfahrens selbst betreffen[42] bzw. erstrecken sich von Fragen der

---

[40] *Peter Häberle*, Die Verfassung der Ukraine im europäischen Rechtsvergleich, DÖV 1998, S. 761–767, 765. S. ferner seine bereits zitierte Dokumentation, 5. Folge, JöR (46) 1998, S. 274ff.

[41] S. VerfGE 90, 136, 138.

[42] S. VerfGE 90, 28: Erfordernis eines qualifizierten Mehrheitsvotum bezüglich bestimmter Gesetze.

Reichweite und Regelungsdichte der Gesetze[43] bis zu deren materiellen Regelungs-gegenstand[44]. Aufgrund der rudimentären Verfahrensregelung hat der Gesetzgeber dem Verfassungsgericht die Ausgestaltung des Verfahrens weitgehend überlassen, zu-mal auch aus der Verfassung selbst keine Hinweise erkennbar sind. Dabei spielen die Wechselbeziehungen zwischen dem Gesetzgebungsprozess und der Verfassungsausle-gung eine besondere Rolle. Das Verfassungsgericht hat sich zunehmend durch strikte Anwendung des Gewaltenteilungsprinzips von den Versuchen des Parlaments bzw. der Exekutive, das Gericht in deren Rechtssetzungsinitiative einzubeziehen, distan-ziert.[45]

Von der Vorbereitungsphase der Ausarbeitung eines Gesetzesentwurfes bis zu des-sen Einbringung ins Parlament können zwei Zeitabschnitte unterschieden werden, die durchaus von Bedeutung für das verfassungsgerichtliche Verfahren sein können:

– Fragen, die unmittelbar zu Beginn oder während der Ausarbeitung eines Entwurfs entstehen, können im Verfahren der Verfassungsauslegung auftauchen (1.).
– Fragen, die während der parlamentarischen Erörterung eines bereits ausgearbeite-ten Gesetzesentwurfes auftauchen, konnten bis zur Gesetzesänderung vom 18.02. 1998 nach dem ursprünglichen Wortlaut des Verfassungsgerichtsgesetzes auch im Verfahren der parlamentarischen präventiven Normenkontrolle behandelt werden (2.).

1. Ausarbeitung des Gesetzesentwurfes

Es ist vorgekommen, dass das Verfassungsgericht bereits zu Beginn bzw. während der Ausarbeitung eines Gesetzesentwurfes angerufen wurde. Nachdem anfangs das Ver-fassungsgericht in dieser Frühphase des Gesetzgebungsverfahrens teilweise sehr weit-gehend und engagiert Stellung genommen hat, zog es sich später zunehmend zurück und setzte mit der restriktiven Auslegung des Verfahrensrechts der Verfassungsausle-gung in dem Urteil vom 09.11.93[46] einen vorläufigen Schlußpunkt. Seit diesem Ur-teil wurden in dieser Phase ersichtlich keine Anträge mehr gestellt. Die konzeptionel-len Einschränkungen des Verfahrens durch das Verfassungsgericht sind unter dem Ge-sichtspunkt der Gewaltenteilung folgerichtig und schlüssig entwickelt worden.

a) Entwicklung der Judikatur

In dem Urteil vom 02.10.90[47] kamen Fragen der Entschädigungskonzeption, die innerhalb der Regierung umstritten waren, vor das Verfassungsgericht. Anlaß waren koalitionsinterne Auseinandersetzungen um grundsätzliche Konzeptionen zur Rege-lung offener Vermögensfragen. Der stärkste Koalitionspartner, das Ungarische Demo-kratische Forum, und der kleinste Koalitionspartner, die Christdemokraten, bevor-

---

[43] S. VerfGE 92, 310: Angaben über Inhalt, Schranken und Voraussetzungen einer Volkszählung in Be-zug auf die Religionszugehörigkeit.

[44] S. VerfGE 92, 284, 287: Hinweis, daß die gesetzlichen Vorschriften über die Honvédarmee auch die Stellung des Befehlshabers und des Stabchefs nennen müssen.

[45] S. zuerst VerfGE 90, 136, 138 (Wohnungsbaudarlehen).

[46] VerfGE 93, 533.

[47] VerfGE 90, 73 = VerfGE Nr. 2, S. 126 ff.

zugten ein Privatisierungskonzept mit einer allgemeinen Entschädigungslösung. Die Kleinlandwirtepartei stimmte dem grundsätzlich zu, wollte aber bezüglich der landwirtschaftlichen Grundstücke eine Ausnahmeregelung treffen und deren Rückgabe durchsetzen.[48] Der Ministerpräsident legte seinem Antrag die Position der Kleinlandwirtepartei zugrunde und stellte erstens die Frage nach der Zulässigkeit einer zweigleisigen Regelung der Wiedergutmachung, nach der bezüglich der landwirtschaftlichen Grundstücke das Prinzip der Rückgabe und bezüglich des sonstigen Eigentums das Prinzip der Entschädigung gelten sollte. Zweitens bat er um Klärung, ob zum einen das Eigentum der landwirtschaftlichen Produktionsgenossenschaften kraft Gesetzes ohne ein förmliches Enteignungsverfahren und ohne Entschädigung entzogen werden könne, und ob zum anderen der ohne einen wirksamen zivilrechtlichen Rechtstitel erworbene Besitz der landwirtschaftlichen Produktionsgenossenschaften entschädigungslos reprivatisiert werden könne. Das Verfassungsgericht zog bei der Überprüfung des Antrags das Regierungsprogramm heran und nahm ausführlich zu den verfassungsrechtlichen und zivilrechtlichen Grundlagen der verschiedenen möglichen Lösungswege, Privatisierung, Reprivatisierung und Entschädigung Stellung, um nach seinen eigenen Angaben die konzeptionelle Unsicherheit bei der Ausarbeitung des Gesetzesentwurfes aufzuheben.[49] Das Gericht versuchte damit, der Regierung durch seine Entscheidung die verschiedenen Lösungskonzepte unter verfassungsrechtlichen Gesichtspunkten einsichtig zu machen. Die besondere Kombination in der Konzeption des kleineren Koalitionspartners aus den Prinzipien der Rückgabe und Entschädigung erklärte es für verfassungswidrig.

Mit diesem Vorgehen stieß das Verfassungsgericht an die Grenzen seiner Kompetenz. Der Gestaltungs- und Entscheidungspielraum des Parlaments wurde tangiert und zum Teil eingeengt. Dies hatte zwei Ursachen: Zum einen zählte es zu dem Selbstverständnis des Verfassungsgerichts, den Übergang von einem kommunistischen zu einem rechtsstaatlichen System aktiv zu fördern, zum anderen lag es auch an der mangelnden Erfahrung der neuen, demokratisch gewählten Funktionsträger, die das Verfassungsgericht quasi als übergeordnete Schlichtungsinstanz ansahen. Hier zeigen sich die Gefahren der Verfassungsauslegung, die beiden, dem Verfassungsgericht und dem Antragsteller bzw. den übrigen Staatsorganen drohen: Das Verfassungsgericht darf das Parlament und die Regierungsorgane nicht zu sehr durch die Vorstellung eigener Lösungskonzepte bevormunden, andererseits dürfen das Parlament bzw. die Regierungsorgane das Verfassungsgericht nicht zur Lösung politischer Konflikte mißbrauchen. Eine vorsichtige gewisse »erzieherische« Wahrnehmung von Aufgaben seitens des Verfassungsgericht lassen sich in der Übergangsphase indes rechtfertigen: Positiv anzumerken ist, dass mittelbar durch die Entscheidung der Fortbestand der Regierungskoalition gesichert und die Gefahr einer möglichen Regierungskrise und eines Stillstandes des Reformprozesses gebannt wurden.

In dem Urteil vom 11.12.90[50] (Wohnungsbaudarlehen) zog sich das Verfassungsgericht aus der in der vorhergehenden Entscheidung praktizierten Rolle zurück und

---

[48] Vgl. *Georg Brunner*, Zweieinhalb Jahre ungarische Verfassungsgerichtsbarkeit, in: Der Staat, 32 (1993), S. 287–315, 299.

[49] S. VerfGE Nr. 2, 126, 129 = VerfGE 90, 73, 76.

[50] VerfGE 90, 136.

entwickelte zum ersten Mal durch Auslegung des Gewaltenteilungsprinzips zusätzliche Antragsvoraussetzungen, die die Zulässigkeit der Verfassungsauslegung einschränken. Die Regierung beabsichtigte in ihrem Gesetzesentwurf, die Zinsen bei staatlich vergünstigten langfristig gewährten Wohnungsbau- bzw. Kaufdarlehen zu erhöhen. Dies erforderte eine Änderung der bisherigen Wohnungsbau- und Steuerpolitik. Um Sicherheit in dieser, bei einem großen Teil der Bevölkerung offensichtlich unbeliebten Maßnahme zu bekommen, bat der Finanzminister das Verfassungsgericht um eine Antwort darauf, »… ob die geplante Maßnahme mit dem Rechtsstaatsprinzip gemäß § 2 Abs 1 Verfassung, weiterhin mit dem 12. Abschnitt der Verfassung und mit den Vorschriften des Rechtsquellengesetzes übereinstimme …«.[51] Dabei stellte der Finanzminister zwei Lösungswege des Gesetzesentwurfes vor und verglich diese mit der gegenwärtigen Regelung.

Das Verfassungsgericht lehnte den Antrag unter Berufung auf das Gewaltenteilungsprinzip ab, weil u.a. das Begehren sich auf die Überprüfung eines noch nicht ausformulierten Gesetzesentwurfes richtete,[52] der nur im Rahmen der präventiven Normenkontrolle einer verfassungsgerichtlichen Überprüfung unterworfen sein könne. Hierzu ist gemäß § 21 Abs. 1 Buchst. a) i.V.m § 33 Abs. 1 VerfGG a. F. jedoch der Finanzminister nicht berechigt. Die Überprüfung von Gesetzeskonzeptionen sei im Rahmen der Verfassungsauslegung generell unzulässig.

Der Entscheidung lag folgender Gedankengang zugrunde: Grundsätzlich sind Legislative und Exekutive verpflichtet, für ihre Maßnahmen eigenverantwortlich Leitlinien aus der Verfassung abzuleiten. Sie werden bei dem Gesetzgebungsprozess und in ihrem sonstigen Handeln initiativ und sollen den Spielraum der ihnen zur Verfügung steht, voll ausschöpfen, ohne das Verfassungsgericht zu früh in diesen Prozess einzubeziehen. Der Antrag des Finanzministers enthielt zudem im Vergleich zu dem des Ministerpräsidenten in der vorhergehenden Entscheidung in wesentlichen Punkten erhebliche formelle Mängel.[53] Es war unverkennbar, dass der Finanzminister auf das Verfassungsgericht die politische Verantwortung für die Wahl, Entscheidung und Gestaltung von Gesetzen abwälzen wollte. Eine hinreichend durchgeführte Analyse der möglicherweise berührten Verfassungsbestimmungen fehlte.[54] Darin wird auch der inhaltliche Unterschied zur Entschädigungsentscheidung deutlich: Während dort der Antragssteller im Entschädigungsverfahren zumindest die verfassungsrechtlichen Fragen erkannte, fehlte es hier an der hinreichenden Durchdringung und Analyse der verfassungsrechtlichen Problematik. Der Antragsteller hatte als Beteiligter des Gesetzgebungsverfahrens die Verfassung nicht im Hinblick auf die Konzeption ausgelegt. Letztlich verlangt das Verfassungsgericht stillschweigend vom Antragsteller, dass er seine Rolle in dem Gesetzgebungsverfahren ausfüllt und zumindest einer »Vor-Auslegungspflicht« genügt.[55] Der Antrag stieß daher auf zeitliche Grenzen, weil die Ausein-

---

[51] Ausschnitt des Antrags des Finanzministers vom 25. 10. 1990. (Übersetz. d. Verf.).

[52] S. VerfGE VerfGE 90, 137, 139.

[53] S. VerfGE 90, 137, 138. Vgl. auch abweichende Begründung in der Parallelmeinung des ehemaligen Präsidenten des Verfassungsgerichts, *L. Sólyom* ab S. 140. Sofern Verfassungsrichter im Tenor mit der Mehrheitsmeinung übereinstimmen, aber in der Begründung hiervon abweichen, können diese die abweichende Begründung in einem eigenem Votum darlegen.

[54] Ähnlich abweichende Begründung von *János Zlinszky* in: VerfGE 90, 136, 144.

[55] Ähnlich abweichende Begründungen in den Parallelmeinungen von *L. Sólyom* und *J. Zlinszky* in:

andersetzung um die Gesetzeskonstruktion und um deren verfassungsrechtliche Bedeutung unausgereift war, zum anderen auf eine funktionelle Grenze, weil die Verantwortung für die Wahl, Entscheidung und Regelungsdichte von Gesetzen nicht auf das Verfassungsgericht abgewälzt werden darf.

Von diesem Urteil scheint jedoch die Entscheidung vom 05.11.91[56] abzuweichen, in der § 31/A Abs 1, S. 2 der Verfassung in Hinblick auf den strafrechtlichen Schutz des Staatspräsidenten durch ein Sondergesetz interpretiert wurde. Die Problematik dieser Vorschrift spielte in dem Urteil zwar nur eine untergeordnete Rolle, da es dort in der Hauptsache um das staatsorganisatorische Verhältnis des Staatspräsidenten zur Regierung und zum Parlament ging. Der Anlaß bzw. das Verfahren zur Auslegung der Vorschrift lassen jedoch gewisse Rückschlüsse zu. Aus dem Antrag des Justizministers geht soviel hervor, als dass die Änderung des Strafgesetzbuches im Gang war.[57] Hieraus kann angenommen werden, dass der Gesetzgebungsprozess bezüglich eines speziellen Gesetzes, das den strafrechtlichen Schutz des Präsidenten gewährleisten soll und nicht Teil des Strafgesetzbuches sein konnte, noch ziemlich am Anfang gestanden hat. Wahrscheinlich wurde diese Vorschrift nur deswegen erörtert, da sie im Zusammenhang mit den anderen »brisanten« Anträgen über die Kompetenz des Staatspräsidenten stand, die konkrete Verfassungsprobleme aufwarfen.[58] Diese ließen sich wiederum nur durch eine umfassende systematische Interpretation aller Verfassungsnormen über den Staatspräsidenten klären. Dazu zählte auch die Norm, auf die sich der Justizminister in dem hier interessierenden Sachverhalt berief. Fraglich ist aber, ob dieser Zusammenhang allein Anlaß für ein konkretes verfassungsrechtliches Problem im Sinne der Definition des Verfassungsgerichts bilden kann. Auch das Bedürfnis zur Klärung eines staatsorganisationsrechtlichen Konflikts war zumindestens in diesem Punkt nicht gegeben, da der strafrechtliche Schutz kein Streitpunkt war.[59]

Vermutlich ist das Verfassungsgericht in dem folgenden Urteil vom 09.11.93[60] einen Schritt weiter gegangen und verfestigte die restriktive Auslegung in dem Urteil vom 11.12.90[61], indem es sich wohl endgültig davon verabschiedete, dem Gesetzgeber zur Erarbeitung von Gesetzesentwürfen Hinweise zu geben. Bei diesem Urteil hatten sich die Gesetzgebungsorgane wie bei dem Entschädigungsurteil noch für keine Konzeption entschieden. Ob solche Konzepte bereits ausgereift vorlagen, ist dem Urteil nicht zu entnehmen. Der Ministerpräsident und der Umweltausschuß des Parlaments verlangten vom Verfassungsgericht eine grundlegende Auslegung der Um-

---

VerfGE 90, 136, 144ff. Während die Diktion der von der Mehrheit des Verfassungsgerichts getragenen Entscheidung knapp gehalten ist, geht die abweichende Begründung des ehemaligen Verfassungsrichters und Präsidenten *L. Sólyom* auf die einzelnen Antragsvoraussetzungen ein und nähert sich dem Problem von der formellen Seite. Dabei kommt sie zu dem Schluß, dass es zwischen dem im Antrag anklingenden eigentlichen Problemen und den angeführten Verfassungsbestimmungen an einem inhaltlichen Zusammenhang fehlt.

[56] VerfGE 91, 189 = Nr. 7, S. 208ff.

[57] S. VerfGE 91, 189, 193, 204ff = VerfGE Nr. 7, 208, 229ff.

[58] Vgl. auch Parallelmeinung der Verfassungsrichter *A. Ádám, G. Herczegh, T. Lábady* und *Ö. Tersztyánszky* in VerfGE 91, 189, 210 = Nr. 7, 208, 235ff.

[59] Der Staatspräsident wollte ausdrücklich keinen besseren Schutz als der normale Staatsbürger (VerfGE Nr. 7, 208, 213 = 91, 189, 193).

[60] VerfGE 93, 533.

[61] aaO.

weltschutzartikel in der Verfassung, um darauf die weitere gesetzgeberische Arbeit zu gründen. Obgleich der Fall nicht wesentlich anders lag als bei der Entschädigungsentscheidung, hat das Verfassungsgericht eine Überprüfung diesmal u.a. abgelehnt,[62] weil es sich gerade bei einer der Rechtsetzung vorangehenden Verfassungsauslegung der Gefahr ausgesetzt sah, der konzeptionellen Arbeit des Gesetzgebers vorzugreifen und damit selbst zum Gesetzgeber zu werden. Eine derartige verfassungsrichterliche Staatslenkung verstieße jedoch eklatant gegen das Gewaltenteilungsprinzip.

b) Zwischenergebnis

Die von dem Verfassungsgericht im Rahmen der Verfassungsauslegung aufgestellten Sachurteilsvoraussetzungen wurden durch eine ständige im Hinblick auf das Gewaltenteilungsprinzip zum Teil einzelfallbezogene Abwägung der Reichweite und Grenzen der Kompetenzen des Verfassungsgerichts entwickelt.

Das Verfassungsgericht scheint generell beim Verfahren der Verfassungsauslegung von dem antragstellenden Organ zu verlangen, selbst zunächst eine Verfassungsauslegung durchzuführen.[63] Erst dann bei Zweifelsfragen kann dieses mit hinreichender Konkretisierung der Problematik das Verfassungsgericht konsultieren. D.h., dass zumindest eine ausreichend ausgearbeitete, verfassungsrechtliche Stellungnahme verlangt wird, die in der Regel erst eine eigene umfassende Auseinandersetzung des Antragstellers bzw. des initiativberechtigten Organs voraussetzt. Inwieweit diese selbst im Laufe des Gesetzgebungsverfahrens vorangeschritten sein muß, ist nicht feststellbar. In der Regel ist dies der Fall, wenn die Gesetzgebungsarbeit in einen Gesetzesentwurf bzw. in ein Gesetz mündet. In dieser Phase ist jedoch nach der neueren Diktion des Verfassungsgerichts nur bei »der Beurteilung von Anträgen, die auf eine Normenkontrolle, Verfassungsbeschwerde bzw. auf eine Verfassungsverletzung durch Unterlassen zielen« eine verfassungsgerichtliche Kontrolle des Gesetzgebers möglich.[64] Ob es sich damit endgültig von einer Verfassungsauslegung während der Phase des Gesetzgebungsverfahrens verabschiedet hat, oder ob es noch unter Umständen wie im Urteil vom 05.11.91[65] in Einzelfragen bereit ist zu entscheiden, wenn dadurch die konzeptionelle Freiheit des Gesetzgebers unberührt bleibt, ist noch offen. Die restriktive Auslegung der Verfahrensvoraussetzungen in den jüngeren Entscheidungen scheint ersteres nahe zu legen.[66]

2. Einbringung des Gesetzesentwurfs in das Parlament bis zum Abschluss der parlamentarischen Erörterung

Nach Abschluss der Vorbereitung des Gesetzesentwurfes bzw. bei der Einbringung des Gesetzesentwurfs konnte bis Anfang 1998 das Verfassungsgericht nach dem Wort-

---

[62] S. VerfGE 93, 534.

[63] S. dazu *G. Spuller*, Das Verfassungsgericht, 1998, S. 133–144.

[64] S. VerfGE 93, S. 533, 535 (Übersetzung des Verfassers).

[65] aaO.

[66] S. VerfGE 97, 542 sowie VerfGE 97, 761 im Rahmen der Volksabstimmung zum Gesetz über die Produktivflächen sowie zum Anschluss an die NATO.

laut des Verfassungsgerichtsgesetzes auch unmittelbar im Rahmen einer »parlamentarischen« präventiven Normenkontrolle auf das Gesetzgebungsverfahren Einfluss nehmen. § 33 Abs 1 VerfGG a. F. lautete wie folgt:

> »Auf Antrag des Parlaments, eines seiner ständigen Ausschüsse oder von fünfzig Abgeordneten prüft das Verfassungsgericht die angezweifelte Bestimmung eines Gesetzesentwurfes.«

In dieser Phase ergingen eine Entscheidung im Rahmen der Verfassungsauslegung und zwei Entscheidungen im Rahmen der präventiven Normenkontrolle. Im Antrag auf Auslegung der Verfassung in der Entscheidung vom 26.02.90[67] stellte sich anläßlich einer Gesetzesänderung im Familienrecht die Frage, ob diese nur in der Form der damals noch existierenden verfassungskräftigen Gesetze erfolgen dürfe, die ihrerseits einer qualifizierten Mehrheit des Parlaments bedurften. Das Verfassungsgericht wurde vom Parlament um eine konkrete Stellungnahme zu dieser mehr formellen Frage des Gesetzgebungsverfahrens gebeten. Der Fall ist mit der präventiven Normenkontrolle in Frankreich vergleichbar, in der gemäß Art 41 der Verfassung der Verfassungsrat schon vor Abschluß der Erörterung der Gesetze in das Gesetzgebungsverfahren eingreifen kann, wenn ein Entwurf oder Änderungsvorschlag unzulässigerweise in Gesetzesform ergehen soll. Der Unterschied liegt hier wie auch sonst zur präventiven Normenkontrolle darin, dass die tragenden Erwägungen in der Begründung des Verfassungsgerichts bei der Verfassungsauslegung nicht mehr auf die konkreten Umstände bezogen werden und durch Verallgemeinerung im Tenor den Charakter einer abstrakt-generellen Norm erhalten, die verfassungsähnlichen Rang besitzt.

In der Entscheidung vom 18.04.91[68] wurde von zweiundfünfzig oppositionellen Abgeordneten ein Antrag eingereicht, der den Regierungsentwurf und den Änderungsantrag der Fraktionsvorsitzenden der Regierungskoalition zum Entschädigungsgesetz betraf. Bei der Überprüfung des Gesetzesentwurfes tauchten schwierige praktische und theoretische Probleme auf, da der Gesetzeswortlaut des § 1 Buchst. a) VerfGG a. F.[69] iVm § 33 Abs. 1 VerfGG a. F.[70] die Überprüfung sämtlicher im Parlament eingebrachter Entwürfe ermöglicht.[71] Hier bestand die Gefahr, dass das Verfassungsgericht in die politischen Auseinandersetzungen als »Ratgeber« der jeweiligen Partei hineingezogen würde. Um dem zu begegnen, neigte es hier zunächst zu einer Kompromißlösung, indem es einerseits den Antrag im Tenor zurückgewiesen hat, andererseits in der Begründung zu grundsätzlichen Fragen des Gesetzesentwurfes abstrakt Stellung nahm. Durch eine teleologische Reduktion und unter Berücksichtigung des Gewaltenteilungsprinzips hat es den Prüfungsgegenstand der parlamentarischen präventiven Normenkontrolle auf den sogenannten »endgültigen« Text des Gesetzesentwurfes, d. h. in der Fassung vor Schlußabstimmung, beschränkt.[72] Das Verfassungsgericht ließ sich aber nicht davon abhalten, inhaltlich wie in einer abstrakten

---

[67] VerfGE 90, 28.

[68] VerfGE 91, 54 = VerfGE Nr. 5, 183.

[69] Wortlaut: [»Zur Zuständigkeit des Verfassungsgerichts gehören:] die präventive Prüfung der Verfassungswidrigkeit einzelner Vorschriften von Gesetzesentwürfen, beschlossenen, aber noch nicht verkündeten Gesetzen, von der Geschäftsordnung des Parlaments und von völkerrechtlichen Verträgen.«

[70] aaO..

[71] Vgl. *G. Kilény*, (aaO.) Stellung, 1993, S. 60; VerfGE 91, 54ff.

[72] S. ausführlich hierzu *G. Spuller*, Das Verfassungsgericht, 1998, S. 38–41.

Verfassungsauslegung zu verfahren,[73] indem es die verfassungsrechtlichen Vorgaben und Voraussetzungen allgemeiner Entschädigungsprinzipien eruierte, ohne die konkreten Bestimmungen zu prüfen. Das Urteil unterschied sich von der abstrakten Verfassungsauslegung nur insoweit, als dass die Erwägungen und Hinweise nicht noch einmal explizit im Tenor in Form von prinzipiellen Stellungnahmen[74] komprimiert zusammengefaßt wurden. Die Erörterungen berühren zumindestens im ersten Teil wesentliche Gesichtspunkte der Regelungskonzeption, wie insbesondere die Differenzierung zwischen Entschädigung von Bodeneigentum und von sonstigen Vermögen, die den im Antrag angegriffenen Bestimmungen zugrundelagen.[75] Das Verfassungsgericht überprüfte hier sogar die Regelungskonzeption und hielt sie verfassungsrechtlich für unbedenklich. Zu einigen Fragen, wie z.B. dass der Staat reihenweise die käufliche Nutzung von Entschädigungsscheinen beschränken kann, nahm das Verfassungsgericht überhaupt nicht Stellung. Zu anderen Fragen, die z.B. bezüglich der Begrenzung der Entschädigung ab dem 08.06. 1949, oder bezüglich der unterschiedlichen Schätzungsmaßstäbe von Bodeneigentum und sonstigen Vermögen auftauchten, hat das Verfassungsgericht nur knappe Statements abgegeben, die weitgehend Raum für eine Konkretisierung durch den Gesetzgeber ließen. Dadurch blieb es nicht ausgeschlossen, dass das Verfassungsgericht später in einem anderen Verfahren bei der Überprüfung einer konkreten Bestimmung im Rahmen einer präsidentiellen präventiven Normenkontrolle die gleiche aufgeworfene Fragestellung aufgriff und zu dem entgegengesetzten Ergebnis kam. So verhielt es sich bei der zeitlichen Begrenzung der Entschädigung wegen Enteignungen und sonstiger Eigentumsbeeinträchtigungen auf der Grundlage von Vorschriften, die nach der Vollendung der kommunistischen Machtübernahme am 08.06.49 erlassen worden waren. Dort tauchte die Frage auf, ob eine Begrenzung der Entschädigungstatbestände in diesem Gesetz auf diesen Zeitpunkt zulässig sei, während die früheren Eigentumsbeeinträchtigungen in einem anderen Gesetz geregelt werden sollten. Die Eigentumsbeeinträchtigungen begannen schon vor dem offiziellen Datum der kommunistischen Machtergreifung und unterschieden sich von den folgenden nicht wesentlich: In der anfangs zitierten Entscheidung erhob das Verfassungsgericht keine Bedenken gegen das Prinzip einer phasenweise Regelung der Entschädigung.[76] In der folgenden Normenkontrolle auf Antrag des Staatspräsidenten verschärfte es die verfassungsrechtlichen Anforderungen, indem es eine phasenweise Regelung generell nur noch aus rein technischen Gründen und insoweit zulassen wollte, als dass eine einheitliche und kohärente Gesamtkonzeption gewährleistet bleibt.[77] Da es diese durch eine Zeitbestimmung gefährdet sah, die mehr symbolischen Charakter hatte, als auf rechtlichen Kriterien beruhte, wurde die konkrete Zeitbestimmung für verfassungswidrig erklärt.

In der zweiten Entscheidung vom 08.12.92[78] im Rahmen der präventiven Normenkontrolle auf Antrag des Parlaments u.a. entwickelte das Verfassungsgericht seine einschränkende Auslegung des zulässigen Prüfungsgegenstandes der parlamentari-

---

[73] S. ausführlich zu dieser Problematik *G. Spuller*, Das Verfassungsgericht, 1998, S. 41–43.

[74] S. oben aaO..

[75] Vgl. VerfGE 91, 54, 57–58 = Nr. 5., 183, 186ff.

[76] Vgl. VerfGE Nr. 5, 183, 190 = VerfGE 91, 54, 59.

[77] Vgl. VerfGE 91, 80, 91f.

[78] VerfGE 92, 317.

schen präventiven Normenkontrolle fort. Fünfundneunzig Abgeordnete der Opposition beanstandeten die Eingliederung der Ein- und Ausgabeposten des ungarischen Radios und Fernsehens in den Haushaltsetat des Ministerpräsidenten. Das Verfassungsgericht verwarf diesmal durch einen Beschluß den Antrag wegen Unzulässigkeit. Dabei zog es die gleichen Argumente wie in der ersten Entscheidung heran. Eine Stellungnahme zur Sache lehnte es diesmal ab, da es Fragen der Meinungs- und Pressefreiheit schon einmal ausführlich erörtert hatte. Während es in der ersten Entscheidung noch einen Kompromiß zwischen dem weiten Anwendungsrahmen der präventiven Normenkontrolle und seiner eigenen Rechtsstellung zu finden versuchte, so hat es in der zweiten Entscheidung schon allein die Gründe zur Einschränkung der präventiven Normenkontrolle genügen lassen, um ohne weitere Ausführungen den Antrag abzuweisen.

Letztlich führte die restriktive Handhabung der Regelungen des Verfassungsgerichtsgesetzes dazu, dass bis zur Gesetzesänderung vom 18.02.98 nur dann ein Antrag aus dem Parlament hervorgehen konnte, wenn der Gesetzentwurf kurz vor der Abstimmung stand. Das Verfassungsgericht hielt auch nach damaliger Gesetzeslage eine Beteiligung im Gesetzgebungsverfahren für wenig sinnvoll und wollte sich hier erst mit dem Ergebnis des Gesetzgebungsprozesses auseinandersetzen. Sofern es sich anfangs noch zur Konzeption des Gesetzes durch eine Art »verdeckte« Verfassungsauslegung in der Sache äußerte, nahm es nunmehr wohl auch aufgrund des Urteils vom 09.11.93[79] zur Verfassungsauslegung zu solchen Überprüfungen von Konzeptionen vor Abschluß der parlamentarischen Gesetzgebungsphase Abstand. Letztlich wurden seit dem Urteil vom 08.12.92[80] auch keine Gesetzesentwürfe in dieser Phase mehr kontrolliert.

IV. Endphase: Vom Abschluss der Erörterung im Parlament bis zur Verkündung

Diese Phase war nach der bisherigen Praxis des Verfassungsgerichts das eigentliche Feld der präventiven Normenkontrolle. Vor der letzten Gesetzesänderung des Verfassungsgerichtsgesetzes vom 18.02.98 konnten in dieser Phase auch Gesetzesentwürfe überprüft werden. Darüberhinaus können nach § 35 Abs 1 VerfGG[81] die vom Parlament schon angenommenen, aber noch nicht verkündeten Gesetze auf Antrag des Staatspräsidenten dem Verfassungsgericht zur Überprüfung vorgelegt werden. Die Voraussetzungen und der Prüfungsgegenstand der präventiven Normenkontrolle sind in dieser Phase der repressiven Normenkontrolle weitgehend angenähert.

---

[79] VerfGE 93, 533.
[80] VerfGE 92, 317.
[81] Wortlaut: »Auf Antrag des Staatspräsidenten prüft das Verfassungsgericht die angezweifelte Bestimmung von Gesetzen, die vom Parlament schon beschlossen, aber noch nicht verkündet sind.«

1. Vor Annahme des Gesetzes

Bis zur Gesetzesänderung kam es nur zweimal zu einer Überprüfung eines Gesetzesentwurfes, der unmittelbar vor der Schlußabstimmung durch das Parlament stand.[82] In der Regel hatte die Regierungsmehrheit kein Interesse daran, dass nach Abschluß des Gesetzgebungsverfahrens noch einmal das Verfassungsgericht eingeschaltet wurde.[83] Das gleiche galt für den Ausschuß, der in der Regel die Mehrheiten im Parlament widerspiegelte.[84] Da jedoch auch Anträge durch mindestens fünfzig Abgeordnete gestellt werden konnten, war das Verfahrensrecht typischerweise als Instrument der Opposition prädestiniert. Solche Anträge gab es in der Tat, diese wurden jedoch von der Parlamentsmehrheit durch eine Fortsetzung des Verfahrens bis zur Abstimmung unterlaufen.[85] Als z.B. oppositionelle Abgeordnete entsprechend den Vorgaben des Gerichtes einen unmittelbar vor der Schlußabstimmung stehenden Gesetzesentwurf einreichten, wurde das Verfahren aufgehoben. Der Gesetzesentwurf war nämlich zwischenzeitlich vom Parlament als Gesetz angenommen, so dass mit der Schlußabstimmung kein Prüfungsgegenstand der präventiven Kontrolle von Gesetzesentwürfen mehr existierte.[86] Daher wurde seit längerem von einigen Autoren die Abschaffung des Verfahrens gefordert,[87] während andere entsprechend der einschränkenden Auslegung des Verfassungsgerichts nur die Überprüfung eines kurz vor der Abstimmung stehenden Gesetzes zulassen und das Parlament sowie den Ausschuß vom Kreis der Antragsberechtigten ausschließen wollten.[88] Mit dem letzteren Vorschlag wollte man der Opposition die Möglichkeit zum Gang vor das Verfassungsgericht erhalten. Problematisch blieb jedoch die Durchsetzbarkeit des Antragsrechts der Gruppe von Abgeordneten, da die Parlamentsmehrheit der Entscheidung des Gerichts durch die Annahme des Gesetzes zuvorkommen konnte. Dem hätte dadurch begegnet werden können, indem das Parlament in solchen Fällen zur Aussetzung des Gesetzgebungsverfahrens verpflichtet worden wäre. Dagegen wurde jedoch der Einwand geltend gemacht, dass die Opposition durch eine mißbräuchliche Ausnutzung des Antragsrechts jedes Gesetzgebungsverfahren hätte aufhalten können. Der Verfasser schlug daher vor, das Verhältnis des Gesetzgebungsverfahrens zur präventiven Kontrolle von Gesetzesentwürfen durch eine differenzierende Regelung zu effektuieren.[89]

---

[82] VerfGE MK 96, 3124; VerfGE 97, 397.

[83] Vgl. *P. Schmidt* Das Verfassungsgericht und die zentrale Staatsorganisation, in: *G. Kilény* (Hrsg.): Verfassungsgerichtsbarkeit, Budapest: Unió, 1993, S. 175–200, 185.

[84] Vgl. *P. Schmidt*, (aaO.) Verfassungsgericht, 1993, S. 185. Dazu scheint die Entscheidung VerfGE 93, 220 eine Ausnahme zu bilden: Hierbei muß es sich um einen Konflikt zwischen Parlament und Ausschuß gehandelt haben, da das Parlament den Entwurf trotz Vorlage beim Verfassungsgericht durch den Ausschuß angenommen hat.

[85] S. VerfGE 93, 220 sowie VerfGE ABH 1997, 138.

[86] Vgl. VerfGE 93, 220 (Entschädigung und Rückwirkung).

[87] So das Justizministerium in: Regelungskonzeption der Verfassung, 1995, S. 86ff, und das Verfassungsgericht in seinen Änderungsentwürfen zum Verfassungsgerichtsgesetz 1992 u. 1994 (unveröffentlicht).

[88] Vgl. *P. Schmidt*, (aaO.) Verfassungsgericht, 1993, S. 186f.; *András Bragyova*, Eine Konzeption der neuen Verfassung, Budapest: Közgazdasági, 1995, S. 202.

[89] S. *G. Spuller*, Das Verfassungsgericht, 1998, S. 49f.

Hierzu bot sich eine Regelung in der Geschäftsordnung an. Das Verfassungsgericht wollte das Parlament zu einer Änderung der Geschäftsordnung bewegen. Diesbezüglich entspann sich eine Auseinandersetzung zwischen dem Parlament und dem Verfassungsgericht, die für das Verhältnis der beiden Staatsorgane bezeichnend ist und letztlich in die Gesetzesänderung vom 18.02.98 mündete:

Als die Parlamentsmehrheit wiederholt einen Antrag der oppositionellen Abgeordneten durch die Schlußabstimmung konterkarierte,[90] beantragten diese eine verfassungsrechtliche Überprüfung der Geschäftsordnung des Parlaments, da diese keine Regelung über das weitere Verfahren im Parlament enthielt, wenn vor der Schlußabstimmung beim Verfassungsgericht eine präventive Normenkontrolle beantragt wurde. Das Verfassungsgericht verpflichtete das Parlament im Verfahren wegen verfassungswidrigen Unterlassen, die Geschäftsordnung bis zum 15. Juni 1997 zu ergänzen, um die Durchführung der präventiven Normenkontrolle zu garantieren.[91] Gleichzeitig wurde angemerkt, dass solche Gesetze, die ungeachtet des Verfahrens der präventive Normenkontrolle zustande gekommen sind, formell verfassungswidrig seien und künftig rückwirkend aufgehoben werden. Derartige Gesetze seien nämlich nach den Grundsätzen des öffentlichen Rechts von vorneherein unwirksam.

Das Gericht leitete seine Entscheidung aus dem Rechtstaatsprinzip ab, wonach die verfahrensrechtlichen Garantien unbedingt und optimal zur Geltung gebracht werden müssen und die formalisierten Verfahrensordnungen auch im Gesetzgebungsverfahren zu beachten seien: »Aus § 33 VerfGG folgt unmißverständlich, dass das Parlament diese Form des Gesetzesentwurfes, ›dessen verfahrensrechtlichen Status‹, bis zur Bescheidung des Antrags [durch das Verfassungsgericht] nicht verändern kann, ... Die Schlußabstimmung muss kraft Gesetzes (VerfGG) ausgesetzt werden. Das präventive Normenkontrollverfahren des Verfassungsgerichts ... verändert das Gesetzgebungsverfahren vor der Schlußabstimmung, ohne dass es unmittelbar dessen Teil wird ...«[92] Das Parlament ließ die Frist zur Änderung der Geschäftsordnung verstreichen und brachte stattdessen einen Gesetzesentwurf zur Änderung des Verfassungsgerichtsgesetzes mit dem Ziel ein, die präventive Normenkontrolle von Gesetzesentwürfen abzuschaffen.[93] Die Opposition blieb jedoch nicht untätig und beantragte vor der Schlußabstimmung eine verfassungsrechtliche Überprüfung des Gesetzesentwurfs. Das Parlament setzte daher die Schlußabstimmung angesichts der Ankündigung des Verfassungsgerichts, künftig bei Mißachtung des Verfahrens die vom Parlament beschlossenen Gesetze aufzuheben, aus. In der Zwischenzeit änderte es die Geschäftsordnung entsprechend den Vorgaben des Verfassungsgerichts. Das Verfassungsgericht überprüfte darauf in der zweiten und damit letzten präventiven Normenkontrolle dieser Art die Gesetzesvorlage zur Abschaffung dieser Kompetenz und lehnte den Antrag ab. Damit konnte dieser Gesetzesentwurf vom Parlament beschlossen werden und am 18.02.98 in Kraft treten.

In dem Zusamenhang mußte das Verfassungsgericht in einem ersten Schritt seine Stellung zum Gesetzgeber klären, was auch in Zukunft für die Verfassungswirklichkeit

---

[90] VerfGE ABH 1997, 122.
[91] VerfGE ABH 1997, 122.
[92] VerfGE 97, 122, 127. Übersetz. des Verfassers.
[93] Die weitere Darstellung ist aus der Entscheidung des Verfassungsgerichts vom 22. 12. 1997 (VerfGE 97, 397) zu entnehmen.

der Republik Ungarn von eminenter Bedeutung bleiben wird. Dabei ging es um das Verhältnis der Kompetenzen des Verfassungsgerichts zum Gesetzgeber, die fast allesamt − aufgrund verfassungsrechtlicher Ermächtigung − in dem Verfassungsgerichtsgesetz geregelt sind. Der Gesetzgeber ließ durch sein Verhalten die Kompetenz des Verfassungsgerichts zur präventiven Kontrolle von Gesetzesentwürfen leerlaufen. Das Verfassungsgericht wandte sich gegen diese Praxis und berief sich auf das Rechtsstaatsprinzip in § 2 Abs. 1 Verf[94] und auf die verfassungsrechtlich garantierte Staatsfunktion des Verfassungsgerichts. Letztere sei in § 32/A Abs. 1 Verf[95] nicht nur in Hinblick auf die Kontrolle von Rechtsnormen sondern auch in Hinblick auf die sonstigen einem Gesetzesvorbehalt unterworfenen Aufgaben garantiert. Während das Rechtsstaatsprinzip in der Rechtsprechung des Verfassungsgerichts im Verhältnis zum Bürger stets eine besondere Bedeutung[96] hatte, so ist doch dessen Bezug auf das Verhältnis zwischen Parlament und Verfassungsgericht in dieser Zuspitzung neu. Demnach wirkt das Rechtsstaatsprinzip über den Schutz des Individuums hinaus auch auf das Verhältnis der Staatsorgane untereinander. Die optimale Verwirklichung von Verfahrensvorschriften und deren unbedingte Einhaltung ist nach Auffassung des Gerichts Bestandteil des Rechtstaatsprinzips, das die Träger der öffentlichen Gewalt nicht nur im Verhältnis zum Bürger sondern auch untereinander bindet.[97] Die Argumentation des Verfassungsgerichts überzeugt insoweit, als dass die Tätigkeiten der einzelnen Staatsorgane in der Verfassung der Republik generell mit klaren Konturen umschrieben sind. In der Regel enthält die Verfassung eine kurze Umschreibung der Tätigkeit sowie eine katalogartige Aufzählung der einzelnen Aufgabenbereiche des jeweiligen Staatsorgans.[98] Im Gegensatz hierzu ist allerdings kritisch anzumerken, dass die Determinierung der Stellung des Verfassungsgerichts im Text der ungarischen Verfassung ausserordentlich knapp geraten ist: Eine klare abgrenzende Tätigkeitsbeschreibung sowie eine enumerative Aufzählung, wie in der Verfassung sonst üblich, fehlt hier gerade. Durch eine systematische Auslegung der Verfassungsbestimmungen soll jedoch nach Auffassung des Gerichts − eine weitere Neuigkeit in der Rechtsprechung des Verfassungsgerichts − auch § 32/A Abs. 1, 2. HS. Verf, der beim ersten Lesen den bloßen Anschein eines Gesetzesvorbehaltes trägt, zugleich eine verfassungsrechtliche Aufgabengarantie enthalten. Durch diese Auslegung erlangen die Verfahrensvorschriften des Verfassungsprozesses aufgrund des Rechtstaatsprinzips und des garantieren Gesetzesvorbehalts verfassungsrechtliche Bedeutung. Die verfassungsrechtliche Garantie scheint sich auf den ersten Blick auf eine optimale Erfüllung sämtlicher Aufgaben zu erstrecken, die gesetzlich oder von Verfassungs wegen dem Verfassungsgericht übertragen sind.

Hierbei ist meines Erachtens jedoch das Verhältnis des Verfassungsgerichtsgesetzes zum einfachen Gesetzesvorbehalt des § 32/A Abs. 1 Verf zu betrachten. Meines Erachtens kann sich die Aufgabengarantie u.a. auch aufgrund der Historie des Verfassungstextes und des Verfassungsgerichtsgesetzes nur auf solche Kompetenzvorschriften erstrecken, die im Verfassungsgerichtsgesetz geregelt sind. Während nach § 32/A

---

[94] Wortlaut s.aaO..

[95] Wortlaut s.aaO..

[96] Vgl. *L. Sólyom*, Geleit, 95, S. 102f.

[97] S. VerfGE 1991, 454, 456.

[98] S. z.B. für das Parlament § 19 Abs. Abs. 2 und 3.

Abs. 1 Verf Kompetenzen des Verfassungsgerichts durch Gesetze grundsätzlich mit einfacher Mehrheit der Abgeordneten geregelt werden können, ist gemäß §32/A Abs. 6 Verf für ein Gesetz über die Organisation und Tätigkeit des Verfassungsgerichts die Mehrheit von zwei Dritteln der anwesenden Abgeordneten erforderlich. Im Unterschied hierzu ist gemäß §24 Abs. 3 Verf[99] zur Änderung der Verfassung die Mehrheit von zwei Dritteln der gesetzlichen Mitgliederzahl der Abgeordneten notwendig. Das Verfassungsgerichtsgesetz entspricht den Vorgaben des §32/A Abs. 6 Verf und regelt fast umfassend die Kompetenzen des Verfassungsgerichts. Auf den ersten Blick scheint es sich bei den unterschiedlichen Abstimmungsquoren für die Normen nur um jeweils unterschiedliche bloß verfahrenstechnische Regelungen des Normgebungsverfahrens zu handeln. Allerdings hat das privilegierte Verfahren nach Auffassung des Verfassungsgerichts auch Auswirkungen auf das Verhältnis des Verfassungsgerichtsgesetzes zu den sonstigen Gesetzen. Während in dem Verfassungsgerichtsgesetz selbst die wohl wesentlichen Regelungen der Institution des Verfassungsgerichts getroffen werden müssen, dürfen in den sonstigen Gesetzen nur noch Details geregelt werden.[100] Ursprünglich hatte das Verfassungsgerichtsgesetz noch gemäß §8 Abs. 2 und 3 Verf a. F. den Rang eines Gesetzes von verfassungsähnlichen Charakter. Die Annahme eines solchen Gesetzes bedurfte wie bei einer Verfassungsänderung gemäß §24 Abs. 3 Verf a. F. einer Mehrheit von zwei Dritteln der gesetzlichen Zahl der Abgeordneten. Mit dieser Konstruktion wollte der damalige Verfassungsgeber den Verfassungstext entlasten und weitergehende aber ebenso für die Verfassungswirklichkeit bedeutsame Entscheidungen in einzelne Gesetzespakete verlagern. Gemeinsam mit dem Verfassungstext sollten diese Gesetze die höchste Ebene des Rechtsnormenmaterials des ungarischen öffentlichen Rechts darstellen. Ob sich die Aufgabengarantie auch auf die sonstigen außerhalb des Verfassungsgerichtsgesetzes festgelegten Zuständigkeiten erstreckt, ist daher mehr als fraglich. Allein aus dem Gesetzesvorbehalt des §32/A Abs. 1, 2. HS. Verf kann dies meines Erachtens nicht abgeleitet werden. Auch die Funktionsfähigkeit des Verfassungsgerichts ist gerade nicht von solchen außerhalb des Verfassungsgerichtsgesetzes zugewiesenen Aufgaben abhängig. Hierfür könnte allein die strikte Auslegung des Rechtstaatsprinzips sprechen. Dagegen sind jedoch auch die Interessen der sonstigen betroffenen Träger der öffentlichen Gewalt abzuwägen, zumal aufgrund des rudimentären Wortlauts des Verfassungstextes eine eher restriktive Auslegung der Reichweite der Aufgabengarantie geboten ist.

Der konkrete Beispielsfall war in Hinblick auf die Normenhierarchie sowie der in der Verfassung vorgesehenen Garantie der Geschäftsordnungsautonomie des Parlaments nicht unproblematisch. Er war zudem besonders delikat, da für Annahme der Geschäftsordnung des Parlaments nach §25 Abs. 4 Verf ebenfalls die Mehrheit von zwei Dritteln der anwesenden Abgeordneten erforderlich war, zumal es auch Ansichten gibt, die die Geschäftsordnung über die Gesetze stellen[101]. Diese erscheinen wegen der hervorgehobenen Stellung des Parlaments als des obersten Staatsorgans in der Tat nicht abwegig. Nach anderer Auffassung handelt es sich um eine autonome

---

[99] Wortlaut: »Eine Verfassungsänderung sowie bestimmte in der Verfassung niedergelegte Beschlüsse bedürfen der Zustimmung von zwei Dritteln aller Abgeordneten.«

[100] Vgl. entsprechend für die politischen Grundrechte VerfGE Nr. 19, S. 421ff = 1993, 48ff.

[101] So z.B. *Píkler Kornel* zitiert nach *István Kukorelli*, Das Parlament, S. in: ders. (Hrsg.) Verfassungslehre, Budapest; Századvég Kiadó, 1992, S. 185–228 hier: S. 218.

Rechtsnorm aber nicht um ein Gesetz.[102] Dem ist letztlich zuzustimmen, da § 25 Abs. 4 Verf nur eine reine Verfahrensregelung enthält, während die Rechtsqualität der Geschäftsordnung durch das Gesetz Nr. XI/1987 über die Rechtsetzung ausdrücklich bestimmt ist, das wiederum auf einer verfassungsrechtlichen Ermächtigung beruht. Danach kann die Geschäftsordnung keine Außenwirkung entfalten.[103]

In der konkreten Entscheidung hat das Gericht jedenfalls richtigerweise erkannt, dass in der Verfassung keine Garantien für eine präventive Kontrolle von Gesetzesentwürfen enthalten sind und daher einer Abschaffung der präventiven Normenkontrolle nichts im Wege steht.

2. Nach Annahme des Gesetzes

Das vom Parlament angenommene Gesetz wird an den Staatspräsidenten zur Verkündung weitergeleitet. Dieser kann beim Verfassungsgericht eine Überprüfung des Gesetzes einleiten, wenn er das Gesetz für verfassungswidrig hält.[104] Das Verfahren der (präsidentiellen) präventiven Normenkontrolle gleicht sehr den Voraussetzungen der repressiven Normenkontrolle, da der Gestaltungsprozess innerhalb des Parlaments abgeschlossen ist und das Gesetz nur noch durch einen formellen Akt des Staatspräsidenten bestätigt werden muß. Die Parallelität beider Verfahren wird beispielsweise im Urteil vom 27.04.93[105] deutlich. Dort wurde das Verfahren der repressiven Normenkontrolle des bereits verkündeten Gesetzes Nr. I/1993 über die Änderung des Gesetzes Nr. XXV/1991 zur teilweisen Entschädigung der ungerechtfertigten Eigentumsschäden mit dem Verfahren der präventiven Normenkontrolle über das noch nicht verkündete Gesetz zur Änderung des Gesetzes Nr. I/1993[106] verknüpft. Beide Gesetze wurden aus den gleichen Gründen für verfassungswidrig erklärt. Ein wesentlicher Unterschied beider Verfahren besteht darin, dass das Verfassungsgericht bei der präsidentiellen präventiven Normenkontrolle durch Feststellung der Verfassungswidrigkeit bestimmter Bestimmungen den Eintritt der Geltungskraft des Gesetzes verhindern und den Gesetzgebungsprozess in Bezug auf dieselbe Materie wieder neu in Gang setzen kann.

Die präventive Normenkontrolle garantiert jedoch nicht immer, dass das vom Verfassungsgericht überprüfte und gebilligte Gesetz im Einzelfall keine verfassungswidrige Vorschriften enthält. Ein Grund hierfür ist zum einen, dass das Verfassungsgericht gemäß §§ 1 Buchst. a), 35 Abs. 1 VerfGG[107] zur Überprüfung *nur* der im Antrag bezeich-

---

[102] S. *István Kukorelli*, Das Parlament, S. in: ders. (Hrsg.) Verfassungslehre, Budapest; Századvég Kiadó, 1992, S. 185–228 hier: S. 218 sowie *József Petrétei*, Die Theorie und Praxis der Gesetzgebung in der parlamentarischen Demokratie (A Törvényhozás elmélete és gyakorlata a parlamentáris demokráciában), Osiris, Budapest, 1998, S. 168, Fn. 4.

[103] Ebenso *József Petrétei* aaO..

[104] S. § 26 Abs 4 Verf.

[105] VerfGE 93, 220, 225.

[106] Gesetz über die Änderung des Gesetzes Nr. XXV/1991 zur Regelung der Eigentumsverhältnisse und über die teilweise Entschädigung für Schäden, die dem Eigentum von Staatsbürgern durch den Staat ungerechterweise zugefügt worden sind, MK 1991, S. 1421.

[107] Wortlaut: »Auf Antrag des Staatspräsidenten prüft das Verfassungsgericht die *angezweifelte Bestimmung* von Gesetzen, die vom Parlament schon beschlossen, aber noch nicht verkündet worden sind.« (Her-

neten Bestimmungen befugt ist. So hat bei dem Komplex der Wiedergutmachung von politisch motivierten Enteignungen bzw. enteignungsgleichen Eingriffen[108]nach den zwei ersten diesbezüglichen Entscheidungen[109] das Verfassungsgericht das erste vom Parlament angenommene Entschädigungsgesetz am 29.05.1991 nur in einzelnen Teilen für verfassungswidrig erklärt.[110] Am 26.06.1991 wurde das Gesetz Nr. XXV/1991 zur Regelung der Eigentumsverhältnisse und über die teilweise Entschädigung für Schäden, die dem Eigentum von Staatsbürgern durch den Staat ungerechterweise zugefügt worden sind, nach Veränderungen entsprechend den Vorgaben des Verfassungsgerichts verkündet.[111] Im Urteil v. 09.03.93[112] hob das Verfassungsgericht im Verfahren der abstrakten repressiven Normenkontrolle jedoch eine Bestimmung auf, die im Rahmen der präventiven Normenkontrolle nicht überprüft werden durfte.

Zum anderen kann aufgrund des bisweilen nicht ungetrübten Verhältnis des Parlaments bzw. der Regierung zum Verfassungsgericht eine erneute Entscheidung im Verfahren der repressiven Normenkontrolle erfolgen: Nachdem am 03.03.92 das Verfassungsgericht das erste Gesetz in Bezug auf die Verjährung sozialistischer Gewalttaten in einer aufsehenerregenden Entscheidung[113] für verfassungswidrig erklärt hatte, wurden vom Parlament mehrere Gesetzespakete erlassen, die z.T. auch wiederum im Rahmen der präventiven Normenkontrolle vor das Verfassungsgericht kamen.[114] In dem Urteil vom 12.10.93 wurde der erste Paragraph für verfassungswidrig erklärt und der zweite Paragraph in seinem möglichen Anwendungsrahmen konkretisiert. Das Gesetz, das materiell nur aus den zwei Paragraphen bestand, wurde jedoch insgesamt dem Parlament zurückübersandt. Das Verfassungsgericht wollte den zweiten Paragraphen nicht mit seinen eigenen Änderungsvorschlägen passieren lassen, da der gesetzgeberische Wille nicht erkennbar war.[115]Das Parlament hob daraufhin jedoch nur den ersten Paragraph auf, der zweite wurde neun Tage später unverändert verkündet.[116] Im Rahmen der abstrakten, repressiven Normenkontrolle hob das Verfassungsgericht später[117] auch diese Bestimmung mangels Bestimmtheit auf.

V. Zusammenfassung

1. Überblick[118]

Beim Gesetzgebungsverfahren sind im Hinblick auf die Interdependenzen zum verfassungsgerichtlichen Verfahren zwei wichtige Schnittstellen festzustellen, die in der

---

vorhebung vom Verfasser).

[108] Vergleichbar mit dem Regelungskomplex der »offenen Vermögensfragen« in Deutschland.

[109] Vgl. VerfGE 90, 73; 91, 54.

[110] Vgl. VerfGE 91, 80.

[111] MK 1991, S.1421.

[112] Entsch. Nr.15/1993 (12.03), VerfGE 93, 112.

[113] Vgl. VerfGE 91, 80.

[114] Vgl. VerfGE 93, 300 (Änderung der Strafprozeßordnung); 93, 323 (Verbrechen gegen Menschenrechte und Kriegsverbrechen).

[115] S. VerfGE Nr.23, S.520, 538 = VerfGE 93, 323, 339.

[116] Vgl. *Pesti Hírlap* 26.10.93.

[117] Entsch. Nr.36/1996 (IX.04) AB (Akz. 1239/C/1995/3).

[118] S. Übersicht.

Übersicht im Anhang zu erkennen sind. Die erste befindet sich zu Beginn des Gesetzgebungsverfahrens, bei dem durch die Verfahren wegen verfassungswidrigen Unterlassen und der Verfassungsauslegung eine Anfangs- und Hauptphase des Gesetzgebungsverfahrens unterschieden werden kann. In der Anfangsphase kann das Verfassungsgericht durch das Verfahren wegen verfassungswidrigen Unterlassen eine Initialzündung für das Gesetzgebungsverfahren geben. In der Hauptphase, während der Ausarbeitung eines Gesetzesentwurfes, konnte das Gericht durch das Verfahren der Verfassungsauslegung wenn auch mit rückläufiger Tendenz Einfluss auf das Gesetzgebungsverfahren nehmen. Eine weitere wichtige Schnittstelle existierte bislang beim Abschluß der parlamentarischen Erörterung nach Einbringung des Gesetzentwurfes, also zwischen Haupt- und Endphase. Während in der Hauptphase sich die Entscheidungen des Verfassungsgerichts allenfalls nur mittelbar im Rahmen der abstrakten Verfassungsauslegung auf die Gesetzgebungsarbeit des Parlaments auswirken können,[119] setzte sich das Verfassungsgericht erst in der Endphase, in der die eigentliche Gesetzgebungsarbeit abgeschlossen war, mit dem Gesetzestext auseinander. Eine Verfassungsauslegung ist in der Praxis zu diesem Zeitpunkt unwahrscheinlich. Der schöpferische Gesetzgebungsakt ist abgeschlossen und bedarf nunmehr zu seiner Gültigkeit nur noch eher formeller Akte wie bislang Annahme durch das Parlament, (nunmehr nur noch) Ausfertigung und Verkündung durch den Staatspräsidenten. Mit der Gesetzesänderung vom 18.02.98 verschoben sich die unmittelbaren Eingriffsmöglichkeiten des Verfassungsgerichts weiter ans Ende der Gesetzgebungsphase.

Da das Gericht bloß »ausgereifte« Vorschriften überprüfte bzw. überprüft, übernahm bzw. übernimmt es eine dem Gesetzgeber gegenüber eigenständige Stellung und wahrt dadurch zugleich in gewissen Rahmen die Selbständigkeit des Parlaments im Gesetzgebungsverfahren. Durch die Gesetzesänderung vom 18.02.98 folgte das Parlament letztlich der Tendenz des Verfassungsgerichts zur Einschränkung der präventiven Normenkontrolle. Dabei ging es jedoch einen Schritt weiter, indem es faktisch ein Vetorecht der Opposition bezüglich der von der Parlamentsmehrheit eingebrachten Gesetze beseitigte.

2. Gemeinsamkeiten von präventiver Normenkontrolle und Verfassungsauslegung

Die präventive Normenkontrolle und die abstrakte Verfassungsauslegung haben bzw. hatten bis zur Gesetzänderung vom 18.02.98 nicht zu unterschätzende Gemeinsamkeiten. Hinsichtlich des Antragsrechts waren die Berechtigten zum Teil identisch oder standen als Staatsorgane oder öffentliche Funktionsträger auf gleicher Ebene (§§ 21 Abs 1 und 6 VerfGG): In beiden Formen waren das Parlament, deren ständiger Ausschuß, der Staatspräsident oder die Regierung zur Einleitung eines Verfahrens berechtigt. Bei der präventiven Normenkontrolle kam eine Gruppe von mindestens fünfzig Abgeordneten als typisches Instrument der Opposition, bei der abstrakten Verfassungsauslegung kommen die Minister, die Präsidenten des Staatsrechnungshofes und

---

[119] Dies galt bis zur Gesetzesänderung auch bei der präventiven Kontrolle eines Gesetzesentwurfes vor Abschluß der parlamentarischen Erörterung, da das Verfassungsgericht in der Phase den Antrag abwies oder allenfalls funktionell eine »verdeckte« abstrakte Verfassungsauslegung ausübte. S. oben aaO..

des Obersten Gerichts, der Generalstaatsanwalt und zuletzt der Ombudsmann für staatsbürgerliche Rechte hinzu.

Die auch jetzt noch geltende Beschränkung des Kreises der Antragssteller auf öffentliche Funktionsträger spiegelt die besondere Nähe dieser Verfahrensarten zur Staatsorganisation und zur Rechtstellung des Verfassungsgerichts im Konzert der Staatsgewalten wider. Politische Auseinandersetzungen innerhalb der Regierung, zwischen Regierung und Opposition und den verschiedenen Staatsgewalten werden bzw. wurden insbesondere hier vor dem Verfassungsgericht ausgetragen, sei es z.B. die Regelung offener Vermögensfragen, die Frage der Strafbarkeit sozialistischer Gewalttaten, der Kompetenzstreit zwischen Regierung und Staatspräsident, der Streit um die Unabhängigkeit bzw. Umorganisierung der Medienlandschaft und die Auseinandersetzungen bei der Umstrukturierung der Landwirtschaft.

Hinsichtlich des Prüfungsgegenstandes konnten sich insbesondere bis zur Gesetzesänderung vom 18.02.98 Überschneidungen ergeben, wenn hinter dem Antrag auf Verfassungsauslegung Gesetzeskonzeptionen oder Gesetzesentwürfe standen, die später auch im Rahmen der präventiven Normenkontrolle geprüft werden bzw. wurden. In beiden Fällen wird bzw. wurde das Verfassungsgericht in einer bestimmten Phase der Gesetzgebungstätigkeit des Parlaments oder der Regierung tätig. Zum Teil hat das Verfassungsgericht sogar die Entschädigungskonzeption im Rahmen der präventiven Normenkontrolle abstrakt ausgelegt, d.h. den Antrag auf präventive Normenkontrolle »verdeckt« wie einen Antrag auf Verfassungsauslegung behandelt.[120]

3. Unterschiede aller erörterten Verfahrensarten

Die Verfassungsauslegung ist bzw. war inbesondere in der frühen Anfangsphase der verfassungsgerichtlichen Tätigkeit ein Mittel der Regierungsseite, seien es der Ministerpräsident, die Minister, das Parlament oder die Ausschüsse, um Fragen während der Gesetzgebungsarbeit durch das Verfassungsgericht zu klären. Dabei werden auch häufig Konflikte innerhalb der Regierung gelöst. Dagegen wurde die präventive Normenkontrolle bislang überwiegend von der Opposition benutzt, um Einfluss auf das Gesetzgebungsverfahren zu nehmen. Dies lag zum einen an dem erweiterten Kreis der Antragsberechtigten in Bezug auf das Verfahren zur Überprüfung eines Gesetzentwurfes und zum anderen an der politischen Konstellation: Das Verfahren zur Überprüfung eines Gesetzentwurfes konnten bislang auch fünfzig Abgeordnete einleiten. Von der Möglichkeit der Überprüfung eines Gesetzentwurfes ist insgesamt viermal Gebrauch gemacht werden. Davon wurden drei Verfahren durch die Abgeordneten der Opposition eingeleitet. Dabei werden die Anträge nicht hinzugerechnet, die durch den ungehinderten Fortgang des Gesetzgebungsverfahrens überholt wurden.[121] Da die Regierungsseite zumindestens in der früheren Rechtsprechung des Verfas-

---

[120] S. oben S. 15ff u. VerfGE 91, 54ff = Nr. 5, S. 183. Zu dieser aufgrund des teilweise doch unterschiedlichen Antragsrechts nicht unproblematischen Parallelisierung von Verfassungsauslegung und präventiver Normenkontrolle a.F. siehe *G. Spuller*, Das Verfassungsgericht, 1998, S. 45f.

[121] S. VerfGE 93, 220; VerfGE ABH 1997, 138: Hierbei wurden jeweils Anträge oppositioneller Abgeordneter gestellt.

sungsgerichts die Möglichkeit hatte, durch die Verfassungsauslegung Fragen schon vor Abfassung eines Gesetzentwurfes zu klären, war sie auch eher bemüht, das Risiko eines gescheiterten Entwufes vorher durch die Einleitung der Verfassungsauslegung zu umgehen. Bei einer Inanspruchnahme der präventiven Normenkontrolle hätte sie sich ansonsten der Gefahr eines politischen Prestigeverlustes ausgesetzt. Der Staatspräsident machte von seinem Recht, die Überprüfung eines vom Parlament angenommenen, aber noch nicht verkündeten Gesetzes anzuregen, öfter Gebrauch. Da er in der ersten Legislaturperiode des neuen frei gewählten Parlaments aus den Reihen der damals stärksten Oppositionspartei gestellt wurde, betrafen seine Anträge stets Gesetze, die von der Opposition abgelehnt wurden. Nachdem sich in der zweiten Legislaturperiode die politische Landschaft veränderte und die damaligen stärksten Oppositionsparteien die Regierung stellten, wurden von ihm keine Anträge mehr gestellt. Nunmehr hat er in der dritten Legislaturperiode, in der sich die Verhältnisse wieder umgekehrt haben, von neuem ein Verfahren bezüglich der Änderung polizeirechtlicher Vorschriften eingeleitet.

Die präventive Normenkontrolle hat gegenüber den anderen Verfahrensarten eine höhere Durchlagskraft, da das Verfassungsgericht damit ein Gesetzgebungsverfahren bremsen kann. Bei der Verfassungsauslegung bleibt den Beteiligten hinreichend Gestaltungs- und Auslegungsspielraum. Die Effektivität der Verfassungsauslegung leidet unter gewissen Akzeptanzproblemen bei den übrigen Staatsorganen.[122] Selbst der Staatspräsident sah sich nicht an die relativ konkreten Ausführungen des Verfassungsgerichts bei der Verfassungsauslegung gebunden und leistete die Unterschriften zu der vom Ministerpräsidenten vorgeschlagenen Entlassung der beiden Präsidenten des Ungarischen Rundfunks und des Ungarischen Fernsehens erst zwei Jahre nach dem Regierungswechsel.[123] Größere Probleme bestehen beim Verfahren wegen verfassungswidrigen Unterlassen, bei dem das Parlament regelmäßig gegen die vom Verfassungsgericht gesetzten Fristen verstößt, zumal das Verfassungsgericht seine Entscheidungen gegenüber dem Gesetzgeber nicht vollziehen kann.[124] Andererseits kann das Verfahren in der Kombination mit der abstrakten Normenkontrolle ein effektives Instrument sein, den Gesetzgeber zum Handeln zu bewegen. Das Verfahren wegen verfassungswidrigen Unterlassen unterscheidet sich von den beiden anderen Verfahren nicht unerheblich, da im Vergleich zu allen anderen Verfahrensarten hier die geringsten Anforderungen an der Einleitung des Verfahrens gestellt werden. Daher wird von diesem Verfahren viel häufiger Gebrauch gemacht als von dem Verfahren der präventiven Normenkontrolle und der Verfassungsauslegung.

4. Bewertung

Die Tendenz der Rechtsprechung des Verfassungsgerichts, seine Kompetenzen im Bereich der Verfassungsauslegung und der präventiven Normenkontrolle mit Rücksicht auf das Gesetzgebungsverfahren restriktiv auszulegen, ist unter dem Gesichts-

---

[122] S. *G. Spuller*, Das Verfassungsgericht, 1998, S. 391–394.
[123] S. *L. Sólyom*, Geleit, 95, S. 108 sowie Fn. 89–91, aaO..
[124] S. *G. Spuller*, Das Verfassungsgericht, 1998, S. 120f.

punkt der Gewaltenteilung zu begrüßen. Hier kann dem Verfassungsgericht keinesfalls vorgeworfen werden, seine Kompetenzen überschritten zu haben.[125] Problematisch erscheint meines Erachtens die flexible Handhabung des Verfahrens wegen verfassungswidrigen Unterlassens im Zusammenhang mit der abstrakten Normenkontrolle, welche dem Verfassungsgericht weitreichende Gestaltungsmöglichkeiten einräumen, die auf den ersten Blick nicht erkennbar sind. Allerdings kann dem Verfassungsgericht auch hier aufgrund der dehnbaren und äußerst geringfügigen Anforderungen des Verfassungsgerichtsgesetzes kein Vorwurf gemacht werden. Die tatsächliche Einflussnahme des Verfassungsgerichts auf den Gesetzgebungsprozess ist nicht zu
unterschätzen. Teilweise gab es selbst wichtige Anstöße zur Gesetzgebung. Inwieweit
seine Entscheidungen für die Gesetzgebung und den Umgestaltungsprozess in Ungarn förderlich waren, ist schwierig festzustellen. Die Meinungen über die Entschädi-
gungs- und die Verjährungsentscheidungen sind geteilt. Bei der Entschädigungskonzeption hat eine gewisse Kooperation bzw. Interaktion mit dem Initiativorgan beim
Gesetzgebungsprozess stattgefunden, die das Gewaltenteilungsprinzip und die Funktion des Verfassungsgerichts als selbständiges Gericht gefährdeten. Diese »Zusammenarbeit« ist aber aufgrund der weiten Kompetenzen und angesichts der ungeheuren
Problematik und der Schwierigkeiten einer jungen Demokratie nicht allein dem Verfassungsgericht anzulasten.

Schwierigkeiten bereitete anfangs eine eindeutige Separierung der Aufgabenbereiche der verschiedenen Staatsgewalten gemäß dem Gewaltenteilungsgrundsatz sowohl
in der (abstrakten) Verfassungsauslegung als auch bis vor kurzem in der parlamentarischen präventiven Normenkontrolle. Bei der parlamentarischen präventiven Normenkontrolle konnte das Verfassungsgericht mehr oder weniger konsequent dem Gewaltenteilungsgrundsatz im Rahmen der Zulässigkeitsprüfung Geltung verschaffen.
Das gleiche gilt wohl letztlich auch für die Verfassungsauslegung, bei der es jedoch
aufgrund der geringfügigen Verfahrensanforderungen ungleich schwieriger war. Eine
Lösung könnte sich hier insoweit abzeichnen, als dass nur eine Verfassungsauslegung,
die die konzeptionelle Arbeit der am Gesetzgebungsverfahren beteiligten Organe unberührt läßt, zulässigerweise beantragt werden darf.

Problematisch ist, dass das Verfassungsgericht gegenüber dem Gesetzgeber nicht
immer einheitlich auftritt.[126] Je nachdem in welchem Verfahren es aktiv wurde, erschien es bei der – Verfassungsauslegung – u. U. als Ratgeber oder im übrigen als Gericht. Dieses Problem hat sich zwar durch die Abschaffung der parlamentarischen präventiven Normenkontrolle und wohl auch durch die restriktive Auslegung der Verfassungsauslegung etwas entschärft, kann aber nach wie vor noch virulent werden.

Die Tendenz des Verfassungsgerichts, sich aus dem Gesetzgebungsverfahren heraus-
zunehmen, steigt deutlich. Anfangs hat es aufgrund seiner aktivistischen Rolle zum

---

[125] Vergleiche die Kritiken v. *A. Sajó* »Die Kleinbuchstaben der unsichtbaren Verfassung«, in: Àllam és
Jogtudományi, 93, S. 37 ff; *A. Takács*, »Das Verfassungsgericht in Ungarn – zwischen Gestern und Mor-
gen«, in: *A. Ádam* (Hrsg.): Die Entwicklung der Verfassung und die rechtstaatliche Praxis«, Budapest,
Hanns-Seidel Stiftung, 94, S. 137 ff; *B. Pokol*, »Das Parlamentsleben nach der ersten Wahl«, in: Társadalmi
Szemle, 94, 93 ff;; *A. Sajó*, »Die Waisen des materiellen Naturrechts oder wie das Verfassungsgericht die
Hilfsbedürftigen schützt«, in: Magyar Jog, 96, 205 ff, die sich jedoch überwiegend auf die Auslegungsme-
thode des Verfassungsgerichts beziehen.

[126] Vgl. *Kilényi*, Stellung, 1993, S. 40, 56 aaO.

Teil die Aufgabe eines »Erziehers«, »Ratgebers« und »Schlichters« der Fraktionen im Parlament bzw. der Regierung und der Opposition übernommen. Die Entscheidung vom 11. 12. 1990[127] markierte den Wendepunkt der Judikatur des Verfassungsgerichts im Hinblick auf das Gesetzgebungsverfahren. In Bezug auf die durch den Gesetzgeber zu wählende Lösung hat das Verfassungsgericht zuletzt im Urteil vom 09.11.93 betont, dass es nur in den Verfahren der Normenkontrolle, Verfassungsbeschwerde bzw. des verfassungswidrigen Unterlassens tätig werde.[128] Das Gericht wies in seinen späteren Entscheidungen auf den gemeinsamen Aufgabenbereich der Legislative, Exekutive und des Verfassungsgerichts hin, der sich vertikal auf die Verfassung selbst bezieht. Danach ist jedes Organ zur Auslegung und Anwendung der Verfassung befugt bzw. verpflichtet. Dennoch läßt sich bei der Erledigung dieser Aufgabe horizontal eine funktionelle Trennungslinie ziehen, die wegen der verschiedenen Verantwortungsbereiche und der Stellung der Staatsgewalten dem Verfassungssystem immanent sind. Diese scheidet die Phase der Ausarbeitung und Entstehung von Gesetzen grundsätzlich von deren verfassungsgerichtlichen Kontrolle, die nicht die Gesetzgebungsarbeit des Normgebers wesentlich tangieren darf.

Das Verfassungsgericht versucht durchaus, die Kompetenzen des Parlaments zu respektieren, sei es in Bezug auf die Auslegung der Verfassung selbst oder in Bezug auf den Gestaltungsspielraum bei der Gesetzgebungsarbeit. Andererseits hat es jedoch auch in neuerer Zeit durch eine teleologische Auslegung der verfahrensrechtlichen Bestimmungen im Verfassungsgerichtsgesetz der Parlamentsmehrheit Grenzen gesetzt, sofern es um die optimale Geltendmachung des Antragsrechts (oppositioneller) Abgeordneter im Rahmen der präventiven Kontrolle von Gesetzesentwürfen ging.[129] Demnach soll die Aufgabengarantie der Institution des Verfassungsgerichts zwar Änderungen der Kompetenzen des Gerichts nicht ausschließen, aber bei Konflikten mit anderen Staatsorganen wie hier dem Parlament einen Vorrang der Geltungswirkung des Verfassungsgerichtsgesetzes beinhalten. Hierbei ist jedoch das Verhältnis der institutionellen Garantie sowie des gesetzlichen Zuständigkeitsvorbehaltes nach § 32/A Abs. 1 Verf zur allgemeinen Ermächtigungsnorm über die Organisation und Tätigkeit des Verfassungsgerichts nach § 32/A Abs. 6 zu klären.[130] Meines Erachtens bleibt daher noch zu entscheiden, ob ein Staatsorgan eine Zuständigkeit des Gerichts auch dann noch zu berücksichtigen hat, wenn diese allein auf den einfachen Gesetzesvorbehalt des § 32/A Abs. 1, 2. HS Verf beruht und damit nur aufgrund eines Gesetzes mit einfacher Mehrheit bestimmt wurde.

Die im Verhältnis zum Parlament weitreichenden Kompetenzen sind auch im Zusammenhang mit der Übergangssituation von einem ehemaligen kommunistischen Einparteienstaat zu einer freien und rechtsstaatlichen Demokratie zu sehen. Hier spielt gerade die Transformationsforschung eine bedeutende Rolle, die auch Fragen nach

---

[127] VerfGE 90, 136.

[128] S. VerfGE 93, 533, 535 (Umweltverfassung).

[129] S. oben, aaO.

[130] Vgl. auch VerfGE 92, 135, 143 bzw. Nr. 14, 353, 362. Zwar hat das Verfassungsgericht an dieser Stelle in Bezug auf ähnlich lautende Verfassungsbestimmungen über den staatlichen Rechnungshof in einem obiter dictum betont, dass ein Gesetz über die Organisation und Tätigkeit nicht identisch ist mit der gesetzlichen Regelung, die die Kompetenz eines Organs bestimmt. Doch lag dem konkreten Fall nur eine einzelfallbezogene vorübergehende Aufgabenzuweisung an den staatlichen Rechnungshof zugrunde.

den Bedingungen und der Geschwindigkeit eines Überganges von der sozialistischen Planwirtschaft zur sozialen Marktwirtschaft stellt.[131] Gerade die abstrakte Verfassungsauslegung hatte sich teilweise als ein Instrument zur Lösung von Übergangsproblemen erwiesen. Die Aufgaben zur Bewältigung des Umgestaltungsprozesses waren und sind noch heute ungeheuerlich:

— Die neue, parlamentarische Demokratie mußte bzw. muß noch viele Bewährungsproben bestehen.

— Der Aufbau einer neuen Rechtsordnung auf einer fortbestehenden kommunistischen Rechtsmaterie ergibt eine Reihe von juristischen, gesellschaftlichen und politischen Problemen.

Zwar wurden den ungarischen Bürgern schon vor der Wende im Vergleich zu den anderen kommunistischen Ländern erheblich mehr Freiheiten eingeräumt.[132] Aber die frühe Liberalisierung des kommunistischen Staates nach ungarischem Muster erstreckte sich mehr auf gesellschaftliche und wirtschaftliche Verhältnisse, während die kommunistisch geprägten Rechtsnormen sich nicht veränderten.[133] Die gesamte Normenhierarchie, wie z.B. das Verhältnis der Gesetze zu den untergesetzlichen Normen mußte geklärt werden. Das unübersichtliche Gestrüpp der Normen verschiedener Qualität mit teilweisen gleichem Inhalt und ohne Bezug zueinander war und ist zu systematisieren bzw. zu lichten. Bestehende Rechtslücken waren und sind noch zu schließen, wie z.B. die Einführung einer kommunalen Verwaltung und der Verwaltungsrechtsschutz. Viele gesellschaftliche Bereiche wie z.B. die soziale Versorgung waren bzw. sind durch Gesetze tiefgreifend umzugestalten. Bei relativ neuen Problemen wie die Privatisierung und Reprivatisierung waren bzw. sind neue Lösungskonzepte zu entwickeln. Fragen der Vergangenheitsbewältigung stehen immer wieder auf der Tagesordnung. Auch innerhalb der Regelwerke sind Friktionen vorhanden, das Recht ausländischer Staaten läßt sich nicht ohne weiteres auf die gesellschaftlichen Verhältnisse Ungarns übertragen und es fehlt an einer Systematisierung und Abstimmung zwischen den neuen und alten Rechtsnormen. Angesichts dieser großen Aufgabenlast kam es innerhalb des Parlaments häufig zu Auseinandersetzungen. Zwar wurde das Verfassungsgericht in diese Auseinandersetzungen hineingezogen, aber ohne seine Entscheidungen wären die im ehemaligen Ostblock einzigartigen stabilen acht Regierungsjahre der Republik Ungarn nicht zu denken gewesen.

Da der Übergangsprozess von längerer Dauer ist, sollte erwogen werden, ob diese Instrumente nicht teilweise beizubehalten bzw. fortzuentwickeln sind. Für die Frage, ob die Verfahrensarten der (abstrakten) Verfassungsauslegung und der präventiven Normenkontrolle fortgeführt werden sollten, scheint mir auch der politische Hintergrund bedeutsam. Bezüglich der präventiven Normenkontrolle ist jedoch durch die Gesetzesänderung vom 18.02.98 ein — wenn auch radikaler — Schlußpunkt gesetzt

---

[131] Ebenso zu Recht *Peter Häberle*, in seiner Einführung zur Dokumentation, JöR 43 (1995) S. 106ff, 114.

[132] S. *Szabó Máté*, Die politische Entwicklung in: Brunner Georg, Ungarn auf dem Weg zur Demokratie, Bonn, Bouvier, 1993, S. 14. Ungarn wurde häufig in den Westmedien als die »schönste Baracke des Ostblocks« bezeichnet.

[133] Vgl. *Sos Vilmos*, Some problems of constitutionalism in Hungarian legislation between January and July 91, S. 1–19, in: Constitutional Revolutions in Eastern Europe, 1991, Center for the Study of Constitutionalism, Chicago.

worden. Die einzelnen Entscheidungen zur weiteren Novellierung sind im Gesamt-
komplex einer neuen Verfassungskonzeption oder eines neuen Verfassungsgerichtsgesetzes zu treffen. Eine vorsichtige Reduktion der Kompetenzen des Verfassungsgerichts unter Berücksichtigung der bisherigen Praxis des Verfassungsgerichts erscheint
angebracht. Dies gilt in erster Linie bei der Zuständigkeit wegen verfassungswidrigen
Unterlassens bezüglich der Anforderungen an die Einleitung des Verfahrens. Dabei
sollte insbesondere erwogen werden, die Befugnis, ein Verfahren von Amts wegen
einzuleiten, weiter einzuschränken oder zu beseitigen. Ferner wäre zu prüfen, ob der
Kreis der Antragsberechtigten ähnlich wie bei der Verfassungsauslegung auf Funktionsträger der öffentlichen Gewalt einzuengen wäre, da es sich um ein objektives Be-
anstandungsverfahren handelt.[134]

---

[134] Zu einzelnen Novellierungsvorschlägen s. *G. Spuller*, Das Verfassungsgericht, 1998, S. 124f.

Skizze:
Der Einfluß des Verfassungsgerichts auf das Gesetzgebungsverfahren bis zum 18. 02. 1998

Antragsteller	Jedermann	Ministerium/Ausschuß			Parlament		Staatspräsident
		Beginn der Ausarbeitung	**Ausarbeitung d. Konzepte bzw. d. Gesetzentwurfes**	**parl Erörterung**	**Abschluß**	**Abstimmung**	**Verkünden**
Gesetzgebungsverfahren	**noch keine Initiative**						
1 **Unterlassen**	**Sachurteil** a) auf Antrag b) von Amts wegen in Verbindung mit anderen Verfahren						
2 **präventive Normenkontrolle**				**Abweisung:** wegen Gewaltenteilung: – E 91, 54: Entschädig. – E 92, 317 Medienhaushalt	**Sachurteil:** – E 96, 50: Entschädigung – E 97, 397: Beseitigung des parlam. Antragsrechts	**Aufhebung:** da nicht mehr Gesetzesentwurf: E 93, 220: Entschädigung	**Sachurteil:** auf Antrag d. Staatspräsidenten
3 **Verfassungsauslegung**	Sachurteil		a) Grundsatz seit der neueren Rechtsprechung: **Abweisung** wegen Gewaltenteilung – E 90, 136: Wohnungsbaudarlehen – E 93, 533: Umweltverfassung b) Anders noch in der früheren Rechtsprechung: Sachurteil – E 90, 73: Entschädigung – E 91, 189: strafrechtlicher Schutz des Staatspräsidenten	**unklar ob Sachurteil oder Abweisung:** in der früheren Rspr.: Sachurteil – E 90, 28 – E 91, 54, Entschädigung: verdeckte Verfassungsauslegung in Form der präventiven NK!			
4 **repressive Normenkontrolle**	a) Apell b) Hinweise						

Allgemeine Probleme des Verfassungsrechts und der Verfassungsgerichtsbarkeit – auf der Grundlage des deutschen »Modells« und im Blick auf die Ukraine[*]

von

Dr. Dr. h.c. Peter Häberle

o. Professor an der Universität Bayreuth, ständiger Gastprofessor an der Universität St. Gallen

Vorbemerkung

Seit dem annus mirabilis 1989 ist die Ukraine wieder ein Teil Europas, so schwierig die einzelnen Rückkehrphasen sein dürften: rechtstechnisch, rechtskulturell und psychologisch[1]. Daß ein Seminar wie das heutige möglich ist, zeigt, wie in Sachen Verfassungsstaat in Europa eine Wissenschaftlergemeinschaft entsteht, die die Verfassungsrichter einschließt. Es zeigt aber auch, daß sich haltbare Brücken zwischen der Ukraine und Deutschland bauen lassen, an denen künftige Generationen weiterarbeiten können und müssen. Der – europäische – Jurist hat heute eine besondere Verantwortung, wobei er freilich auch seine Grenzen erkennen muß. Er kann auf lange Sicht nichts erzwingen. Die Bürger, das Volk müssen eine Verfassung und ihre Gerichtsbarkeit »annehmen« (Akzeptanzproblem), wenn notwendig, auch verteidigen. Wir Bürger sind letztlich und erstlich die »Hüter der Verfassung«, nicht etwa nur die institutionalisierte Verfassungsgerichtsbarkeit, so wichtig sie gerade in den Reformstaaten Osteuropas ist (vgl. nur Art. 147 bis 153 Verf. Ukraine von 1996, Art. 83 bis 89 Verf. Tschechien von 1992)[2].

Das Forum, auf dem wir uns gedanklich bzw. als Bürger Europas treffen, ist der *Typus* »Verfassungsstaat«. Er ist eine kulturelle Leistung von Rang. In vielen Jahrhunderten durch Beiträge vieler Völker und einzelner zum Klassiker geworden, wird er sich inskünftig auf mannigfachen Reformwegen weiterentwickeln (müssen). So haben etwa die werdenden USA in Gestalt ihrer klassischen Federalist Papers (1787/88) den Föderalismus erfunden, zuvor in der Virginia Bill of Rights einen Grundrechtskatalog (1776) geschaffen. So hat Großbritannien nach und nach die parlamentarische Demo-

---

[*] Vortrag, den der Verf. am 27. Februar 1998 am Verfassungsgericht der Ukraine in Kiew gehalten hat.

[1] Allgemein zur Transformationsforschung mein Beitrag in: FS Mahrenholz, 1994, S. 133ff.; auch in: »Europäische Rechtskultur«, Taschenbuch 1997, S. 149ff.

[2] Abgedruckt in der Dokumentation in JöR 46 (1998), S. 124ff. (250ff.) bzw. in JöR 44 (1996), S. 458ff.

kratie entwickelt; so hat Frankreich die Menschenrechtserklärung von 1789, Belgien
den einflußreichen Grundrechtskatalog von 1831 beigetragen; so hat Deutschland eine mustergültige Paulskirchenverfassung 1849 auf dem Papier ausgearbeitet, die als
bloßer Text, einmal in der Welt, langfristig doch große Wirkkraft entfaltet und z.B.
das deutsche Grundgesetz von 1949 beeinflußt hat; so hat die Schweiz den Föderalismus 1848 ausgebaut und vorbildlich die sog. halbdirekte Demokratie verwirklicht; so
haben Italien (1947) und Spanien (1978) den Regionalismus entwickelt und so hat das
deutsche Grundgesetz (seit 1949) u.a. eine hohe »*Grundrechtskultur*« entstehen lassen
und eine oft beneidete Praxis der Bundesverfassungsgerichtsbarkeit eröffnet; so haben
die Totalrevisionen der Kantonsverfassungen der Schweiz seit etwa 30 Jahren immer
wieder neu auf Texte und Begriffe gebracht, was in Europa sich an Praxis und in der
Wissenschaft herausgebildet hat. So ist etwa Bern (1993) oder der jüngste Reforment-
wurf im Waadtland (1997) auf Teilfeldern des Verfassungsstaates als Typus im Vergleich
auf dem neuesten Stand. Dieses »*Textstufenparadigma*« ist m.E. ein sensibles Mittel wissenschaftlicher Erkenntnisse und heute für Entwurf und Fortbildung jeder nationalen
Verfassung unentbehrlich. Integriert man dabei die *Rechtsvergleichung zur »fünften«
Auslegungsmethode*[3], nach den vier klassischen von *F. C. von Savigny* (1840), und läßt
man sich auf die Kategorie von »*Gemeineuropäischem Verfassungsrecht*« (1991) ein, so hat
man »Werkzeuge«, die auch in der Ukraine nützlich sein können.

Eine letzte Bemerkung methodologischer Art: Nicht nur die Nationen, auch einzelne Autoren von Rang haben den Typus Verfassungsstaat mit hervorgebracht. Gemeint sind die »Klassiker«: wie *Aristoteles* in Sachen Gleichheit und Gerechtigkeit,
Montesquieu in Sachen Gewaltenteilung (1748) – vgl. auch Art. 6 Verf. Ukraine von
1996 –, die freilich heute zur Gewaltenteilung im *weiteren* Sinne fortzuentwickeln ist,
I. Kant in Sachen Menschenwürde (der Mensch darf nicht zum Objekt staatlicher
Verfahren degradiert werden, er ist sich selbst Zweck, nie Mittel). Solche Klassikertexte[4] haben in meiner Sicht den Rang von Verfassungstexten im *weiteren* Sinne: in ihrem
kulturellen Kontext sind die positiven Texte der geschriebenen Verfassungen zu »lesen«. Solche Klassikertexte sind auch in neuester Zeit entstanden: So ist das »Prinzip
Verantwortung« von *H. Jonas* zum Klassikertext geronnen: greifbar in dem überall
wachsenden Umweltverfassungsrecht (vgl. jetzt Art. 20 a GG; Art. 66 Verf. Ukraine
sagt sogar: »Everyone is obliged not to harm nature ...«); und die »offene Gesellschaft«
i.S. von *K. Popper* leitet das verfassungsjuristische Denken ebenso an, wie wir seit der
Renaissance des Gesellschaftsvertragsmodells dank *J. Rawls* dieses klassische Modell in
Fragen der Rechtspolitik »im Kopf« haben und als »Prüfstein der Vernunft« (*Kant*) in
Fragen der Rechtspolitik verwenden sollten – auch als »Generationenvertrag«, er ist
die Variante des Gesellschaftsvertrags auf der Zeit-Ebene! (aktuell etwa im Umweltschutz und bei der Staatsverschuldung, in Deutschland derzeit umstritten auf dem Gebiet der Sozialversicherung). Mit all dem ist auch der von mir vertretene kulturwissenschaftliche Ansatz im Verfassungsrecht ins Bild getreten[5].

Mir sind *drei* Fragenkreise von Ihrem Präsidenten vorgegeben, an die ich mich im
folgenden halte: Im Verlauf der Diskussion seien sie aber gerne modifiziert, vertieft

---

[3] Allgemein *P. Häberle*, Rechtsvergleichung im Kraftfeld des Verfassungsstaates, 1992, S. 27 ff. u.ö.
[4] Dazu meine Schrift: Klassikertexte im Verfassungsleben, 1981.
[5] *P. Häberle*, Verfassungslehre als Kulturwissenschaft, 1982, 2. Aufl. 1998.

oder ergänzt. *Erster Teil*: Theoretische und philosophische Grundlagen der deutschen Verfassungspraxis *Zweiter Teil*: Grenzen des Verfassungsrechts *Dritter Teil*: Das Wesen der Deutung der Verfassung durch das Verfassungsgericht

Diese Fragen sollen im folgenden versuchsweise beantwortet werden: aus der Sicht eines deutschen Autors, insoweit national, eines Autors, der sich aber stets im kulturellen Kontext anderer, insbesondere europäischer Beispiele des Typus Verfassungsstaat weiß und dann auch seinen Blick dank der und im Blick auf die Verfassung der Ukraine schärft. Insoweit werden potentiell die Konturen einer *»europäischen Verfassungslehre«* erkennbar: »Europa« hier nicht im engeren Sinne der EU, sondern im weiteren des Europarates, insonderheit der EMRK, aber auch der OSZE verstanden. Der Lichtkegel fällt damit auch auf die Ukraine, die auf Teilfeldern, die Verfassungsentwürfe eingeschlossen, bereits Neues geschaffen hat. Ich denke besonders an den Welt-Kulturgüterschutz im Verfassungsentwurf von 1992[6]: Art. 89: »Erbe der Weltkultur« (s. auch Art. 54 Abs. 4 Verf. Ukraine von 1996: »Cultural heritage is protected by law«). In Form von »*Zusätzen*« sei der Blick auf die Ukraine gelenkt.

Erster Teil
Theoretische und philosophische Grundlagen der deutschen Verfassungspraxis

Diese höchst komplexe Frage soll wie folgt aufgeschlüsselt werden:
- die theoretischen bzw. philosophischen Grundlagen des deutschen GG-Textes von 1949 (I)
- die Etappen der Verfassungsentwicklung in den Wachstumsprozessen des GG seitdem, insbesondere von 1949 bis 1968, von 1969 (Koalition SPD/FDP) bis zu 1982 bzw. von da (Regierungsübernahme durch *H. Kohl* bis zur Wiedervereinigung (1990) und danach, stets begleitet von der wachsenden Europäisierung und Internationalisierung des deutschen Verfassungsstaates bis heute) (II)
- Verfassungstheorie bzw. das von mir vertretene sog. »gemischte«, kulturwissenschaftliche Verfassungsverständnis als ein »mögliches« verfassungsphilosophisches Konzept, das sich freilich nur als Wahrheits*suche* i.S. von *W. von Humboldt* und i.S. *Poppers* als »experimentierendes Denken« versteht: im »process of trial and error« (III).

I. Die theoretischen und philosophischen Grundlagen der deutschen Verfassungstexte von 1949

Bereits der Verfassunggeber des Jahres 1949[7], der sog. Parlamentarische Rat, hatte seine ausgesprochenen oder unausgesprochenen, z.T. auch selbstverständlichen Theo-

---

[6] Dazu mein Beitrag: National-verfassungsstaatlicher und universaler Kulturgüterschutz – ein Textstufenvergleich, in: F. Fechner/T. Oppermann/L. V. Prott (Hrsg.), Prinzipien des Kulturgüterschutz, 1996, S. 91 (100).

[7] Aus der Lit.: *K. Hesse*, Die Verfassungsentwicklung seit 1945, HdBVerfR, 2. Aufl. 1994, S. 36ff.; s. auch die Beiträge von *M. Stolleis*, *R. Mussgnug* und *H. Hofmann* in: HdBStR Bd. I 1987, S. 173ff.

rie- bzw. Philosophiekonzepte. Seine Texte entstanden nicht im luftleeren Raum, auf einer fiktiven »tabula rasa« der Stunde Null – so wie alle Verfassunggebung »nicht normativ aus dem Nichts« arbeitet, sondern sehr konkret von Menschen bzw. politischen Parteien und weltanschaulichen Gruppen getragen ist. Diese *pluralistischen, kompromiß-haften* Vorgänge sind oft schwer ans Licht zu heben, so wie alle kulturellen Kontexte von Rechtsnormen nur mühsam bewußt gemacht werden können bzw. oft schwer rationalisierbar sind. Aber sie sind erkenntnisleitend vorhanden, prägen die Texte wesentlich mit und sie reichen oft in irrationale Tiefenschichten von verschiedenen Religionen und Konfessionen, auch geschichtlicher Erfahrungen, ja »Wunden«, konkret der negativen Erfahrungen mit dem Nationalsozialismus und der »wehrlosen Republik« der Weimarer Verfassung von 1919 bis 1933. Da der Mensch ein rationales *und* emotionales »Kulturwesen« ist, sind auch die miteinander ringenden verschiedenen Verfassunggeber einer Nation beides zugleich.

Im folgenden seien Stichworte zum *Pluralismus* der *Theorie-, Philosophie- bzw. Welt-anschauungskonzepte* formuliert, die sich am GG von 1949 »ablesen« lassen – ob und wie sie in der späteren deutschen Verfassungspraxis weiterwirkten, wird später erörtert. Dabei ist freilich anzumerken, daß es in Deutschland in Sachen Verfassung immer *zwei* Ebenen gibt: die des *Bundes* und die der *Länder*; da auf der »Experimentierbühne« des Bundesstaates gerade in den Länderverfassungen viel Kreatives geschieht, zuletzt etwa in den 5 neuen Bundesländern[8], müßte dieses Referat eigentlich von vornherein deren neue Verfassungen seit 1991 (z.B. Brandenburg) einschließen, wie zuvor schon die kräftig konturierten, sehr eigenständigen Verfassungen der Länder Bayern und Hessen als kontrastreiche Gegenbilder (1946), auch Bremen (1947) und Nordrhein-Westfalen (1950)[9]. Die »weltanschaulichen Grundlagen« westdeutscher Länderverfassungen wären in ihrer Wirkung auf die GG-Texte von 1949 ebenso in den Blick zu nehmen wie die späteren Verfassungsrevisionen in den Ländern und im Bund sich wechselseitig intensiv beeinflußt haben.

Eine weitere Bemerkung vorweg. Das dem Verfassungstext bzw. der Verfassungs-praxis theoretisch-politisch Vorausliegende, nach dem hier gefragt werden soll, läßt sich grob strukturieren: Unterschieden lassen sich religiöse und konfessionelle Konzepte, bis hin zur Katholischen Soziallehre, diese mit beeinflußend politische Ideen wie Liberalismus, Sozialismus, Nationalismus, »feinere« Gedankengebäude wie die Ideen eines *I. Kant* oder *K. Marx*, schließlich speziellere Rechts- und Verfassungsverständnisse, wie sie bis heute wirksam von den »Riesen« der Weimarer Zeit, d.h. einem *R. Smend*, auch *C. Schmitt*, *H. Kelsen* und vor allem *H. Heller* entwickelt worden sind[10]. Dabei gibt es mannigfache Wechselwirkungen, Überschneidungen und Varianten. Dennoch sei dieses Schema fortan verwendet. Personell bzw. institutionell sind die konkreten »Vermittler« bzw. Umsetzungsinstanzen dieses Ideengutes, hinter

---

[8] Dazu die Dokumentation und Kommentierung in JöR 39 (1990/91) bis JöR 43 (1995), S. 355ff. sowie *C. Starck*, Die Verfassungen der neuen Länder, HdBStR Bd. IX 1997, S. 353ff.; *H. v. Mangoldt*, Die Verfassungen der neuen Bundesländer, 2. Aufl. 1997.

[9] Dazu *B. Beutler*, Das Staatsbild in den Länderverfassungen nach 1945, 1973; *P. Häberle*, 50 Jahre Landesverfassung der Freien Hansestadt Bremen, JZ 1998, S. 57ff.

[10] Dazu mein Beitrag: Ein »Zwischenruf« zum Diskussionsstand in der deutschen Staatsrechtslehre, in: FS H. Maier, 1996, S. 327–327; *M. Friedrich*, Geschichte der deutschen Staatsrechtswissenschaft, 1997, S. 320ff.

dem naturgemäß meist auch konkrete Interessen stehen: die Kirchen und Religionsgemeinschaften, die politischen Parteien und Interessengruppen wie die Gewerkschaften, mitunter auch das Militär (wie 1976 in Portugal und 1978 in Spanien), die
Wissenschaftler bzw. Staatsrechtslehrer. Sie alle arbeiten im Kräfteparallelogramm der
pluralistischen Verfassung*geber*. Aus einer idealistischen Sicht kann man auch von der
offenen Gesellschaft der Verfassunggeber sprechen. Ist eine geschriebene Verfassung einmal
in Kraft getreten, dann wirken viele der hier erwähnten Theorien bzw. Philosophien
und Programme und ihre Träger sowohl formell z.B. auf dem Weg der Verfassungsänderung (im GG bis heute 43!) oder in der Weise pionierhafter Verfassungsrechtsprechung auf die Verfassungspraxis ein – informell bis hin zum Staatsrechtslehrer, der einen Theorievorschlag unterbreitet, der rezipiert wird oder bis hin zum Bürger, der via
Verfassungsbeschwerde sich bis zum Verfassungsgericht vorarbeitet. Denkschriften
z.B. der beiden Großkirchen in Deutschland oder Parteiprogramme, wissenschaftliche Schulen tun das Ihrige, um die *Verfassungsentwicklung*[11] zu beeinflussen und das
Verständnis, positive Verfassungstexte mit zu prägen. Dies ist das von mir 1975 entwickelte Konzept der »*offenen Gesellschaft der Verfassungsinterpreten*«[12].

Gehen wir mit diesem »Schlüsselbund« zunächst an die Verfassungstexte des deutschen GG von 1949, so lassen sich exemplarisch folgende grobe Zuordnungen vornehmen: *Christliches Gedankengut* steht hinter den feierlichen Eingangsworten der
bürgernahen – einem Präludium vergleichbaren – Präambel: »Im Bewußtsein seiner
Verantwortung vor Gott und den Menschen«, ein monotheistischer Gottesbezug, der
sich auch als Abkehr von den Erscheinungsformen des totalitären Regimes der NS-
Zeit versteht. In Art. 6 Abs. 2 GG (Pflege und Erziehung der Kinder als das »natürliche
Recht der Eltern« und als »ihnen obliegende Pflicht«) ist ein Stück *christliches Naturrecht*. Die christlichen Kirchen haben auch wie schon in Weimar im staatskirchenrechtlichen Kompromiß-Artikel 140 GG Besonderheiten bzw. »Privilegierungen«
durchsetzen können wie den öffentlich-rechtlichen Körperschaftsstatus, die Anstalts-
seelsorge, den besonderen Kirchengutsschutz oder die Kirchensteuer[13]. Gleiches gilt
für den Religionsunterricht als »ordentliches Lehrfach« (Art. 7 Abs. 3 S. 1). Ein Stück
katholischer Soziallehre wird in der Sozialpflichtigkeit des Eigentums Privater greifbar
(Art. 14 Abs. 2 S. 2). Auf der Ebene parteipolitischer Programmatik, hinter der auch
Staatsbilder, Gesellschaftstheorien und Philosophien stehen, lassen sich »Erfolge« der
linken Parteien nachweisen (Art. 15 GG – Sozialisierung)[14], vor allem aber solche der
bürgerlichen Parteien bzw. des Liberalismus (so in Gestalt des Katalogs von Grundrechten als Abwehrrechten des status negativus i.S. von *G. Jellinek*): von der Religionsfreiheit, diesem ältesten Grundrecht, bis hin zur Garantie von Eigentum und Erbrecht
in Art. 14 oder der weitreichenden Meinungs- und Pressefreiheit. Demokratie als
Staats-, ja »Lebensform« wird in der Petitionsfreiheit des Art. 17 ebenso greifbar wie in

---

[11] Dazu *B.-O. Bryde*, Verfassungsentwicklung, 1982.

[12] *P. Häberle*, Die offene Gesellschaft der Verfassungsinterpreten, JZ 1975, S. 291 ff., auch in: *ders.*, Die
Verfassung des Pluralismus, 1980, S. 79 ff.

[13] Aus der Lit.: *A. Hollerbach*, Grundlagen des Staatskirchenrechts, HdBStR Bd. VI, 1989, S. 471 ff.;
A. von Campenhausen, Staatskirchenrecht, 3. Aufl. 1996; G. Robbers (Hrsg.), Staat und Kirche in der
Europäischen Union, 1995.

[14] Aus der Kommentar-Literatur jetzt: *J. Wieland*, in: H. Dreier (Hrsg.), GG-Kommentar Bd. 1, 1996,
Art. 15.

der Versammlungsfreiheit gemäß Art. 8 GG, wobei sich hier schon zeigt, daß es dann von den später wirksamen Theorien bzw. Verständnissen abhängt, wie weit der Schutzbereich des demokratischen Grundrechts gedacht wird (besonders weit: BVerf-GE 69, 315 (342ff.) – Brokdorf)[15].

Der Grundrechtskatalog einer Verfassung ist naturgemäß besonders wertehaltig, und hier verdient an erster Stelle die *Menschenwürdegarantie* des Art. 1 Abs. 1 S. 1 GG Beachtung[16]. Sie fundiert alle Grundrechte und wurzelt geistesgeschichtlich im Humanismus (*Pico della Mirandola*, 1486, und *I. Kant*). Man hat wohl mit Recht kritisiert, daß der politische und wirtschaftliche Liberalismus sich zu wenig um die Menschenwürde kümmere, und so war es eine frühe Leistung sozialen bzw. christlichen Gedankenguts, daß sich in der Weimarer Verfassung von 1919 das Prinzip der menschenwürdigen Ordnung des Wirtschaftslebens findet (Art. 151), die Väter und Mütter des GG glaubten – leider – dazu kein Wort verschwenden zu sollen. Das *Sozialstaatsprinzip* in Art. 20, 28 GG gleicht dann manches von diesen Gerechtigkeitsdefiziten aus[17]. Im guten Sinne »bürgerlich« sind die starken *Rechtsschutzinstrumente* im GG ausgebaut: von Art. 19 Abs. 4, als »Krönung des Rechtsstaates« gefeiert, bis zur weit ausgebauten Zuständigkeit des BVerfG (vgl. Art. 93 GG). Die Verfassungs*praxis* hat hier zusätzlich intensiv und extensiv gearbeitet: z.B. in Form der BVerfG-Vokabel vom »effektiven Rechtsschutz«, z.B. E 49, 329 (340f.); 84, 34 (49); 93, 1 (13). Schon hier zeigt sich exemplarisch, wie »grobe« weltanschauliche Programme und »fein gestimmte« Konzepte der späteren Praxis einer Verfassungsnorm diese als »law in action« prägen und fortentwickeln. Von »*Kant* im GG« war schon die Rede. Das politische Ideenkonzept eines *Montesquieu* findet sich in Gestalt des GG-Textes zur Gewaltenteilung (Art. 1 Abs. 3, 20 Abs. 3), »im Geiste *Rousseaus*« ist Art. 20 Abs. 2 S. 1 geschrieben: »Alle Staatsgewalt geht vom Volke aus«, wobei wir uns durch einen modernen Klassiker der Dichtkunst belehren lassen sollten. Der Dichter *B. Brecht* fragte weiter: »aber wo geht sie hin?«.

Der *Rechtsstaat*, eine sehr deutsche Sache, von Staatstheoretikern wie *Mohl* und *Stahl* gefördert[18] und von *I. Kant*, wenngleich noch nicht wörtlich »vorgedacht«, findet sich im GG allenthalben, der Form und der Sache nach (z.B. Art. 28 Abs. 1 S. 1: »sozialer Rechtsstaat«). Er wurde europaweit zum »Export-Artikel« und hat sein Entsprechung in der angloamerikanischen »Rule of Law« (vgl. auch Art. 8 Abs. 1 Verf. Ukraine von 1996).

Eine Besonderheit ist das *Demokratie-Konzept* des GG von 1949[19]. Es ist betont »repräsentativ«. Die direkte Demokratie bildet – anders als in den deutschen Ländern –

---

[15] Aus der Lit.: *H. Schulze-Fielitz*, in: H. Dreier, ebd., Art. 8, bes. RdNr. 10.

[16] Dazu BVerfGE 1, 97 (104); 9, 89 (95); 27, 1 (6); 50, 166 (175). Dazu *P. Häberle*, Die Menschenwürde als Grundlage der staatlichen Gemeinschaft, in: HdBStR Bd. I (1987), S. 815–815; *H. Dreier*, in: ders. (Hrsg.), Grundgesetz-Kommentar, Bd. 1, 1996, Art. 1.

[17] Aus der Lit.: *P. Badura*, Staatsrecht, 2. Aufl. 1996, S. 256ff.

[18] Aus der unüberschaubaren Lit.: *P. Kunig*, Das Rechtsstaatsprinzip, 1986; *K. Sobota*, Das Prinzip Rechtsstaat, 1997; zuletzt *J. Isensee*, Rechtsstaat – Vorgabe und Aufgabe der Einigung Deutschlands, HdBStR Bd. IX, 1997, S. 3ff.

[19] Dazu *K. Hesse*, Grundzüge des Verfassungsrechts der Bundesrepublik Deutschland, 20. Aufl. 1997, S. 58ff.; *E. Fraenkel*, Die repräsentative und plebiszitäre Komponente im deutschen Verfassungsstaat, 1958; *J.P. Müller*, Demokratische Gerechtigkeit, 1993; *E. Denninger*, »Streitbare Demokratie« und Schutz der Verfassung, HdBVerfR, 2. Aufl. 1994, S. 675ff.

eine Ausnahmeerscheinung (vgl. Art. 29 Abs. 2 GG.). Hier zeigt sich, wie sehr das GG eine polemische Antwort auf »Weimar« ist. Man mißtraute der direkten Demokratie, das heißt auch bis heute: man mißtraut dem Volk – obwohl sich dieses in Ostdeutschland als genügend reif erwiesen hat, um das SED-Regime unblutig durch die Oktoberrevolution von 1989 zu beseitigen. Das Demokratieverständnis von der »wertgebundenen«, »streitbaren« Demokratie, die sich gegen ihre Feinde wehrt, gehört ebenfalls hierher: Art. 18 (Verwirkung der Grundrechte), Art. 21 Abs. 2 (Parteiverbot), Art. 9 Abs. 2 (Verbot verfassungswidriger Vereinigungen, vgl. BVerfGE 2, 1; 5, 85). Hinter all dem stehen Philosophien, die wie die Wertphilosophie eines *M. Scheler* oder *N. Hartmann* an vorgegebene Werte glaubt, freilich läßt sich auch in *Poppers* »Offene Gesellschaft und ihre Feinde« ein kongeniales Philosophie-Programm finden. In der späteren »Grundwerte-Diskussion« haben wir dann in der Praxis des GG eine Fortführung der Problematik.

Während der deutsche Glücksfall, die *Bundesstaatlichkeit*[20], hier nicht weiter zurückverfolgt werden kann, gelte ein eigenes Wort der erstaunlich frühen »*Europafreundlichkeit*« und »*Völkerrechtsoffenheit*« des GG von 1949. Die Einstimmung erfolgt bereits in der Präambel: »gleichberechtigtes Glied in einem Vereinten Europa, dem Frieden der Welt zu dienen«. Nimmt man die Art. 24 bis 26 GG hinzu (Übertragung von Hoheitsrechten auf zwischenstaatliche Einrichtungen, System kollektiver Sicherheit, Verbot von Angriffskriegen), so weht hier ein Geist, der vieles einem *Kant* bzw. seinem »Tractat zum Ewigen Frieden« (1795) verdankt. Wenn dann nach geglückter Wiedervereinigung 1990 an die Stelle des Beitritts-Artikels 23 alter Fassung der neue Art. 23 GG als *Europa-Artikel* tritt bzw. firmiert, so ist das ein gelungener textlicher Spiegel für die Zusammengehörigkeit von deutscher und europäischer Einigung! *Fazit*: So punktuell hier die »Wünschelrute« der Suche nach Vor-Verständnissen der GG-Texte ausgelegt werden konnte: nachgewiesen wurde, daß eine Vielzahl unterschiedlich »grober« Weltanschauungen bzw. »feiner« Philosophien, Programme, Theorien bzw. Interessenlagen dort auf die Redaktion des GG von 1949 Einfluß genommen haben. Sie haben sich *kompromißhaft* verständigt, im Wege des Geben und Nehmens geeinigt, was m. E. auch für die weitere Entwicklung einer verfassungsstaatlichen Verfassung beispielhaft sein muß: Verfassung als immer neues Sich-Vertragen und Sich-Ertragen aller. Vielleicht ist auch das mit dem ukrainischen Begriff des »social accord« der Präambel des Verfassungsentwurfs von 1992 gemeint (vgl. auch Präambel-Entwurf 1993 »social harmony«).

II. *Die Entwicklung des GG in der Praxis von 1949 bis heute*

Ebenfalls nur stichwortartig kann die Verfassungs*praxis* von 1949 bis 1998 im Lichte von philosophischen bzw. gesellschaftstheoretischen Vorverständnissen nachgezeichnet werden[21]. Das Gesamtbild wäre von einer »Verfassungsgeschichte des GG« zu

---

[20] Dazu *K. Hesse*, aaO., S. 96ff.; *H. Maier*, Der Föderalismus – Ursprünge und Wandlungen, AöR 115 (1990), S. 213ff.; *P. Badura*, Die »Kunst der föderalen Form«, FS Lerche, 1993, S. 371ff.; *P. Häberle*, Aktuelle Probleme des deutschen Föderalismus, Die Verwaltung 24 (1991), S. 169ff., zuletzt: *A. Dittmann*, Föderalismus in Gesamtdeutschland, HdBStR Bd. IX, 1997, S. 229ff.

[21] Ansätze dazu in dem Sammelband von W. Brugger (Hrsg.), Legitimation des Grundgesetzes aus

schreiben, die auf *allen* Ebenen denkt: geistesgeschichtlich und empirisch-ökonomisch. Hier sei nur an einigen Beispielen angedeutet, daß und wie Konzepte und Programme die GG-Texte mit Leben erfüllt haben. An das erwähnte Theorieraster des offenen Beteiligtenkreises sei erinnert, auch an die einzelnen Epochen, etwa der *Adenauer*-Zeit, der Periode der sozialliberalen Koalition unter *W. Brandt* und *H. Schmidt* als Bundeskanzler (1969 bis 1982), schließlich an den Machtwechsel zurück zu den Konservativen, die aber unter *H. Kohl* (1982 bis heute) die deutsche und europäische Einigung vorantreiben. Dabei ist nicht nur in den Kategorien der (bis heute 43) Verfassungs*änderungen* zu denken: sie brachten dem Bund mehr Kompetenzen, Stichwort: »unitarischer Bundesstaat« bzw. »kooperativer Föderalismus«, bauten den Sozialstaat aus bis zu seiner Überforderung heute; zu beachten sind auch die Integrationsvorgänge bis hin zum »stillen Verfassungswandel«. Vor allem ist das BVerfG und seine oft pionierhafte Judikatur in den Blick zu nehmen.

Einen Einschnitt im Zeitgeist brachte die 68er Revolution. Ihr ist gewiß die bis heute anhaltende Praxis eines expansiven Verständnisses der Meinungs- und Pressefreiheit mit zu verdanken, gipfelnd in Urteilen des BVerfG wie »Soldaten sind Mörder« (E 93, 266). Ein »demokratisches« Mißverständnis der Wissenschaftsfreiheit (Art. 5 Abs. 3 GG) wurde vom BVerfG in den 70er Jahren noch rechtzeitig gestoppt (E 35, 79 – Hochschulurteil)[22]. Freilich läßt sich das Wechselspiel von »judicial activism« und »judicial restraint« des BVerfG nicht einfach parteipolitisch einordnen. Das christliche Denken prägte gewiß noch das erste Abtreibungsurteil mit (BVerfGE 39, 1), während dann die vom zweiten Abtreibungsurteil gebilligte »Fristenlösung« mit Beratungspflicht (E 88, 203) einem anderen Geist nachgab – hier wirkte sich auch das sehr andere Denken in den nach der deutschen Einigung hinzukommenden neuen Bundesländern aus. Zu durchleuchten wäre auch die zum Teil höchst fruchtbare Praxis der Sondervoten im BVerfG, etwa in Gestalt der Richter *W. Rupp von Brünneck/H. Simon* (z.B. E 32, 129 (141ff.)). Bei allen Differenzen bestand der »Konsens der Demokraten« gegen totalitäre Tendenzen fort. Das geltende staatskirchenrechtliche System wird von beiden Großkirchen und allen Bundesregierungen und Parlamentsmehrheiten getragen und vom BVerfG immer wieder bestätigt (z.B. E 18, 385; 19, 206; 30, 415; 35, 366, 57, 220; 72, 238). Nur jüngst wird es von Brandenburgs neuem Unterrichtsfach »LER« herausgefordert. Dem BVerfG liegt eine Verfassungsbeschwerde wegen Verletzung der Garantie des Religionsunterrichts als »ordentlichem Lehrfach« vor (Art. 7 Abs. 3 S. 1 GG).

Es wäre ein abendfüllendes Programm, die Judikatur des BVerfG auf ihre staats- und gesellschaftstheoretischen Modelle »abzuklopfen«. Hier kann nur noch auf die einflußreiche Lehre von den Grundrechten als »Wertsystem« verwiesen werden (BVerfGE 7, 198 (205)), das in der Menschenwürde seine Basis hat[23]. Diese quasi-naturrechtliche Vorgegebenheit von Werten mag in manchem problematisch sein, im Ergebnis ist die Rechtsprechungslinie des BVerfG heute selbsttragend geworden, hat sie eine Tradition begründet bzw. Präjudizien geschaffen, die sich dem Grundwerte-Mo-

---

Sicht von Rechtsphilosophie und Gesellschaftstheorie, 1996; dazu meine Rezensionsabhandlung in AöR 123 (1998), S. 476ff.

[22] Aus der Lit.: *I. Pernice*, in: H. Dreier (Hrsg.), Grundgesetz-Kommentar, 1. Bd. 1996, Art. 5 III; *H. Schulze-Fielitz*, Freiheit der Wissenschaft, in: HdBVerfR, 2. Aufl. 1994, S. 1339ff.

[23] Aus der Lit.: *G. Dürig*, Gesammelte Schriften 1952 bis 1983, 1984, bes. S. 127ff.

dell einfügen. Gerade der Verfassungsstaat basiert auf unaufgebbaren Grundwerten, einem »bloc des idées incontestables« (*M. Hauriou*), wie sie in der Ewigkeitsklausel des Art. 79 Abs. 3 GG umschrieben worden sind: Menschenwürde und Menschenrechte, sozialer Rechtsstaat, Demokratie, in Deutschland Aspekte des Föderalismus. Sie halten die res publica im »Innersten« zusammen, formen den Grundkonsens, übrigens weithin in Übereinstimmung mit anderen nationalen Beispielen des Typus Verfassungsstaat und seinen kulturellen Standards.

Zusatz:

In der *Ukraine* wird man sich zu fragen haben, welches ihre Grundwerte sind. Sie kommen textlich ja an manchen Stellen deutlich zum Ausdruck. Das *Grundwerte-Denken* hat auch in der geltenden Verf. der Ukraine (1996) Ausdruck gefunden, noch mehr aber in den vorausgehenden Verfassungsentwürfen (1992- 1995). Die Präambel ist als »Verfassung in der Verfassung«, wenn vorhanden, stets besonders wertehaltig, wie sich vom deutschen Grundgesetz bis zur Verfassung Südafrikas (1996/97) und Polens (1997) nachweisen läßt. Die Ukraine (1996) verwendet hier den Gedanken der »worthy conditions of human life«; neuartig ist auch das »caring for the strengthening of civil harmony on Ukrainian soil«. Sie wagt vertikalen Gottesbezug und den eher horizontalen Bezug der Verantwortung vor »vergangenen, heutigen und künftigen Generationen«. Mit dieser Präambelstruktur und -kultur hat sich die Ukraine in einem Zug als Beispiel des *Typus* der verfassungsstaatlichen Verfassung ausgewiesen. Auch die »Allgemeinen Prinzipien« in Kapitel I stellen sich als Grundwerte-Artikel dar: Leben, Gesundheit, Ehre und Würde, Unverletzlichkeit und Sicherheit als »highest social value« (Art. 3 Abs. 1), Grundrechte als wesensprägende Orientierungswerte staatlicher Aktivität (Art. 3 Abs. 2) – in der deutschen Terminologie könnte man von »Grundrechtsaufgaben« des Verfassungsstaates Ukraine sprechen, darin ist auch die vom BVerfG erarbeitete Schutzpflichten-Dimension enthalten (BVerfGE 39, 1; 46, 160; 49, 89; 53, 54; 88, 203), sofern Figuren der deutschen *Dogmatik* einfach in der Ukraine rezipiert werden können (was ein eigenes Thema wäre). Auch hinter den betont kulturverfassungsrechtlichen Artikeln 11 und 12 Verf. Ukraine stehen Wertentscheidungen des Verfassunggebers, deren Tragweite noch zu erarbeiten ist. Der Grundwertestruktur dieser Artikel steht nicht entgegen, daß Art. 15 Verf. Ukraine einen *Pluralismus-Artikel* bzw. eine Antistaatsideologie-Klausel schafft, wie er in vielen osteuropäischen Reformstaaten typisch ist (»ideological diversity«, »no ideology shall be recognised by the State as mandatory«). Denn auch die offene Gesellschaft des Verfassungsstaates bedarf eines Fonds an *grundierenden Werten* – dasselbe Problem zeigt sich an der Ewigkeitsklausel des Art. 157 als verfassungsstaatlicher Identitätsgarantie[24]. Im übrigen ist der vorbildlich ausgebaute Grundrechtskatalog (Kapitel II) mit der vielseitigen Menschenwürdegarantie (Art. 28 Abs. 1) ein Dokument dessen, was das Verständnis der Grundrechte als Grundwerte im Verfassungsstaat leisten kann und muß.

---

[24] Dazu allgemein *P. Häberle*, Verfassungsrechtliche Ewigkeitsklauseln als verfassungsstaatliche Identitätsgarantien, FS Haug, 1986, S. 81 ff.

Eine Frage sei gerade vor diesem Forum erlaubt: Es fällt auf, daß die Verfassungs*entwürfe* der Ukraine von 1992 bis 1995[25] noch wertehaltiger waren, in manchem auch textlich-redaktionell vielfältiger – vermutlich wohl Folge meist unvermeidlicher Abschleifungs- oder Verschlankungsvorgänge im Entstehungsprozeß neuer Verfassungen (in den ostdeutschen Bundesländern läßt sich von 1990 bis 1992 Ähnliches beobachten)[26]. So heißt es schon in der Präambel des Entwurfs vom Januar 1992 »freedom and the natural rights of Man as the supreme social value«, ist schon hier von »social accord« und »civil society« die Rede, was auf die angloamerikanische Tradition des Begriffs verweisen könnte (s. auch Art. 75 ff.); Art. 88 wagt im Umweltverfassungsrecht die kühne Textformel »preserving the genetic stock of living nature« und die »cultural values« prägen die Kulturgüterschutzbestimmungen der Art. 106 und 107. Neuland betritt auch Art. 64 des Juni-Entwurfs von 1992 in den Worten: »The state shall be subordinated to and serves the civil society, and directs its activity to provide equal possibilities for every person and citizen as the fondation of social justice« – Grund genug, die deutsche Diskussion zum Verhältnis von Staat und Gesellschaft in das Blickfeld zu rücken[27]. Solche Rechtsvergleichung in Bezug auf die Umformungen von Verfassungs*entwürfen* ist ein lohnendes Forschungsprogramm weit über die Ukraine hinaus. Sie ist Verfassungs*geschichte* und Verfassungs*vergleichung in einem* und müßte auch die Entwürfe von 1993 und 1995 einbeziehen (Art. 11 Abs. 1: »primacy of universal human values and respects universally accepted principles of international law«) bzw. Präambel von 1995: »civil consent in society« – eine Neufassung der deutschen Grundkonsens-Debatte.

Zurück zu *Deutschland*: Das BVerfG muß sich heute besonders intensiv fragen lassen, welches Verständnis von Staat und Verfassung es zugrundegelegt hat, als es sein »Maastricht-Urteil« gefällt hat (E 89, 155)[28]. Ist es »europafreundlich« genug? Besonders umstritten ist auch der Antikruzifix-Beschluß (E 93, 1)[29] bzw. die weite Auslegung der »weltanschaulich-konfessionellen« Neutralität des Staates bzw. die Überbewertung der negativen Religionsfreiheit. Damit sind wir schon bei einer dritten Fragestellung:

III. Verfassungstheorien bzw. das »gemischte«, kulturwissenschaftliche Verfassungsverständnis

Verfassungstheorien befassen sich mit der Frage, mit welchem »Vor-Verständnis« wir an die Auslegung einer geschriebenen Verfassung herangehen. In Deutschland leben wir bis heute vom Grundlagen-Streit der Weimarer »Riesen«, auf deren »Schultern wir als Zwerge« stehen, indes mitunter nur deshalb ein Stück weitersehen. Eine kurze Skizze der »Positionen und Begriffe« der Weimarer Klassiker sei ergänzt um die eigene Sicht.

---

[25] Abgedruckt in JöR 46 (1998), S. 124 ff.

[26] Nachweise in JöR 39 (1990), S. 319 ff.; 40 (1991) S. ; 41 (1992), S. 69 ff.

[27] Dazu *H. H. Rupp*, Die Unterscheidung von Staat und Gesellschaft, HdBStR Bd I (1987), S. 1187 ff.

[28] Dazu aus der Lit.: *H. Steinberger*, Die europäische Union im Lichte der Entscheidung des BVerfG von 1993, FS Bernhardt, 1995, S. 1321 ff.; *J. A. Frowein*, Das Maastricht-Urteil und die Grenzen der Verfassungsgerichtsbarkeit, ZaöRV 1994, S. 1 ff.

[29] Dazu aus der Lit.: *M. Heckel*, Das Kreuz im öffentlichen Raum, DVBl. 1996, S. 453 ff.

Alle Auslegung wird von einem Vorverständnis gesteuert, dieses prägt auch die »Methodenwahl« (*J. Esser*)[30]. Das Vorverständnis muß *offengelegt*, möglichst rationalisiert werden. Der Wissenschaftler kann seine Theorien »rein«, ohne Kompromisse vertreten, ein Verfassungsgericht als im Antagonismus bzw. Pluralismus der Ideen und Interessen vermittelnde Instanz, sollte sich in »kompromißhafter pragmatischer Integration von Theorieelementen« üben. Dieses sei vorweg gesagt, um den hohen Stellenwerte von (alternativen) Verfassungstheorien anzudeuten. In Deutschland ist er im europäischen Vergleich wohl besonders hoch, was nicht unbescheiden sein will.

Für die Praxis, auch des BVerfG, höchst einflußreich geworden sind Teile der Lehre von *R. Smend*. Seine Idee der »Bundestreue« (1916) hat sich ebenso durchgesetzt (vgl. nur BVerfGE 12, 205 (255); 81, 330 (337f.); 92, 203 (230f.)) wie der Gedanke der Grundrechte als einheitlichem Wertesystem (1928). Ein Theorieangebot von *R. Smend* ist schon aus dem Jahre 1928 das Konzept der Verfassung als »Anregung und Schranke«[31]. Er hatte seinerzeit Schlagzeilen gemacht durch seine Integrationslehre. Der Staat *ist* nur in immer neuer Integration – der innerlich europäische Verfassungsstaat unserer Tage hat hier freilich neue Fragen zu stellen und neue Antworten zu suchen! – *C. Schmitt* hat in seiner Verfassungslehre von 1928 wichtige Erkenntnisse erarbeitet[32], vor allem in dogmatischer Hinsicht, etwa in Gestalt der Lehre von den Instituts- und institutionellen Garantien wie Eigentum, Erbrecht, Berufsbeamtentum und ihrem auch gegen den Gesetzgeber geschützten Wesensgehalt[33] (vgl. später Art. 19 Abs. 2 GG, auch Art. 79 Abs. 3 GG); er hat indes auch Positionen bezogen[34], die, ganz abgesehen von seiner zeitweiligen Verstrickung mit dem Nationalsozialismus, für eine »europäische Verfassungslehre« untauglich sind. So ist seine Lehre von der verfassunggebenden Gewalt, die »normativ aus dem Nichts« entscheidet (Dezisionismus) fragwürdig, sie wird schon durch einen Blick auf das pluralistische Zustandekommen von verfassungsstaatlichen Verfassungen wie in Griechenland (1975) oder Portugal (1976) widerlegt; vor allem auch durch die europarechtlichen »Vorgaben«. Jeder nationale Verfassunggeber in Europa ist heute praktisch an die Vorgaben der EMRK gebunden, z.B. auch bald in Sachen Minderheitenschutz dank des Europarates.

Ein Wort zu *H. Heller*, dem Dritten im »Dreigestirn« der Weimarer Zeit[35]. Er hat nicht nur das Wort vom »sozialen Rechtsstaat« geprägt, sondern auch ein Wort *Goethes* schöpferisch im juristischen Kontext verwendet: Verfassung als »geprägte Form, die lebend sich entwickelt«[36]. Überdies korrigierte er manche Übertreibungen der Integrationslehre von *R. Smend* und bleibt wegweisend durch sein Verständnis der Staatslehre als Kulturwissenschaft[37]. – Ein weiteres Wort zu *H. Kelsen*, von *H. Heller* als »Testamentsvollstrecker des Positivismus« kritisiert (»Jeder Staat ein Rechtsstaat«). Er ist demgegenüber nur bei der Lehre vom »Stufenbau der Rechtsordnung« in der Va-

---

[30] *J. Esser*, Vorverständnis und Methodenwahl, 1972; ders., Grundsatz und Norm, 1956.
[31] *R. Smend*, Staatsrechtliche Abhandlungen, 3. Aufl. 1994.
[32] *C. Schmitt*, Verfassungslehre, 1928, S. 105f., 177f.
[33] Dazu *P. Häberle*, Die Wesensgehaltgarantie des Art. 19 Abs. 2 GG, 1. Aufl. 1962, 3. Aufl. 1983.
[34] Aus der (kritischen) Lit.: *W. v. Simson*, Carl Schmitt und der Staat unserer Tage, AöR 114 (1989), S. 185ff.; *H. Hofmann*, Legitimität gegen Legalität, 1964 (2. Aufl. 1994).
[35] Aus der Lit.: *M. Friedrich*, aaO., S. 370ff.
[36] *H. Heller*, Staatslehre, 1993, S. 258.
[37] Staatslehre, 1934, S. 32ff.

riante des »Vorrangs der Verfassung« hilfreich; freilich verdanken wir ihm Wesentliches in Sachen Verfassungsgerichtsbarkeit[38].

Im Kontext der GG–Praxis d.h. *nach* 1949 wurden weitere Verfassungstheorien entwickelt, die hier erwähnt seien: Verfassung als »Norm und Aufgabe« (*U. Scheuner*), Verfassung als grundlegender »Strukturplan für die Rechtsgestalt eines Gemeinwesens« (*A. Hollerbach*), von der Schweiz aus Verfassung als »rechtlicher Grundordnung des Staates« (*D. Schindler*, 1945) und ein betont geschichtliches Verfassungsverständnis (*R. Bäumlin*, 1961). *H. Ehmke* verdanken wir das Verständnis der Verfassung als »Beschränkung und Rationalisierung der Macht und Gestaltung eines freien politischen Lebensprozesses« (1953)[39]. M.E. ist Verfassung *auch* Konstituierung staatlicher Macht, muß auch *gesellschaftliche* Macht beschränkt werden. Vor allem ist Verfassung auch *öffentlicher Prozeß* (1969)[40]. Zu votieren ist für ein »*gemischtes Verfassungsverständnis*«, wobei je nach Etappe der Verfassungsentwicklung und je nach Nation der eine oder andere Aspekt im Vordergrund stehen mag. So mußte in Spanien 1978 nach Franco das Gewicht auf das Element der Beschränkung gelegt werden, heute kann stärker das Element der »Anregung« in den Vordergrund rücken, auch das des öffentlichen *Prozesses*. Das Plan-Element tritt in Zeiten des Umbaus des Sozialstaates und der Privatisierung stärker zurück, wobei freilich anzumerken ist, das der Neigung zur Verabsolutierung des »Marktes« heute mehr verfassungsrechtliche »Zügel« anzulegen sind.

Überdies ergeben sich *nationale Besonderheiten*: So begegnet uns in den *USA* fast eine Art »Verfassungsglaube«, geschrieben in den Federalist Papers, wie überhaupt Parallelen zwischen den drei Buchreligionen Thora, Bibel und Koran einerseits und der Wert- bzw. Hochschätzung der geschriebenen Verfassung weltweit andererseits kaum zufällig sein dürften. In *Frankreich* steht die Idee des Republikanischen im Vordergrund, auch ein kulturelles Verhältnis zur Verfassung, in *Deutschland* haben wir in *D. Sternbergers* Dictum vom »Verfassungspatriotismus« ein einleuchtendes Theorieangebot, wobei uns freilich das Wort von *J. Habermas* »DM-Nationalismus« schmerzhaft in den Ohren brennt. Insgesamt überwuchert derzeit ein unbegreiflicher »Ökonomismus« unsere Diskussion: als ob der »Wirtschaftsstandort Deutschland« alles wäre, als ob Europa nur aus dem »EURO« bestünde. M.E. sind Verfassungen besonders ein Stück *Kultur*[41]: Verfassung ist nicht nur juristischer Text oder normatives Regelwerk, sondern Ausdruck eines kulturellen Entwicklungszustandes, Mittel der kulturellen Selbstdarstellung des Volkes, Spiegel seines kulturellen Erbes und Fundament seiner Hoffnungen.

Dieses *kulturwissenschaftliche* Verfassungsverständnis kann Elemente der Arbeit von *R. Smend* und *H. Heller, D. Schindler, R. Bäumlin,* und *U. Scheuner,* auch *H. Ehmke* sowie *K. Hesse* beweglich einbauen: je nach Zeit und Raum, diesen beiden zusammengehörenden Dimensionen, in die eine europäische Verfassungslehre ausgreifen muß: als *horizontale Rechtsvergleichung* in der *Zeit* (Verfassungsgeschichte) und als *vertikale Rechtsvergleichung im Raum* (zeitgenössische Komparatistik). Bei all dem kann die »Phi-

---

[38] *H. Kelsen,* Wesen und Entwicklung der Staatsgerichtsbarkeit, VVDStRL 5 (1929), S. 30ff. Weitere klassische Lit. ist wieder abgedruckt in: P. Häberle (Hrsg.), Verfassungsgerichtsbarkeit, 1976.

[39] *H. Ehmke,* Grenzen der Verfassungsänderung, 1953, S. 103ff.

[40] Vgl. *P. Häberle,* Verfassung als öffentlicher Prozeß, 1978, 3. Aufl. 1998.

[41] *P. Häberle,* Verfassungslehre als Kulturwissenschaft, 1982, S. 19 (2. Aufl. 1998, S. 292, 405 und passim).

losophie des offenen Geistes« (*Popper*), sein »process of trial and error« (vgl. auch BVerfGE 5, 85 (135)) erkenntnisleitend sein.

Zusatz:

Solches Denken findet in der *Verfassung der Ukraine* (1996) und in den Vorentwürfen viele Anhaltspunkte und Bewährungsfelder: nicht nur in den schon erwähnten Grund-werte-Normen, sondern auch im *Kulturverfassungsrecht*. Zum Teil arbeitet hier der Ver-fassunggeber mit den Standards der heutigen Entwicklungsstufe des Verfassungsstaates, zum Teil geht er neue, eigene Wege, erfindet er schöpferisch originäre Textstufen. Als Beispiel sei genannt: Art. 10 Abs. 4 Verf. Ukraine, der meines Wissens kaum ein Vorbild hat: »The State promotes the learning of languages of international communication« – was im Kontext des sonst üblichen nationalen Staats-Sprache-Artikel gesagt ist. Neben dem ebenfalls vorzüglich redigierten Kultur- bzw. Identitäts-Artikel 11 zeichnet sich Art. 12 aus in den Worten: »Ukraine provides for the satisfaction of national and cultu-ral, and linguistic needs of Ukranians residing beyond the borders of the State« – Kultur-bzw. Sprachförderung für die Auslandsukrainer. Schließlich darf Art. 54 Abs. 3 Auf-merksamkeit beanspruchen, da er von höchstem Originalitätswert ist und von westeu-ropäischen Staaten übernommen werden sollte: »The State promotes the development of science, and the establishment of scientific relations of Ukraine with the world com-munity.« Gewiß, Art. 59 Verfassungsentwurf Januar 1992 war noch epochemachender »free access to the treasures of the national and world culture preserved in state and pu-blic collections«, (vgl. auch Art. 49 Abs. 2 Verfassungsentwurf Juni 1992).

   Diese Vielfalt von klassischem und neuem Kulturverfassungsrecht ist kein Zufall. Die osteuropäischen Länder müssen aus der Kultur ihre – neue – Identität gewinnen, um ihr Gemeinwesen und die Bürger »im Innersten« zusammenzuhalten, nachdem der eiserne Griff der sozialistischen Staatsideologie entfallen ist, aber auch manche Verweichlichungs- und Egalisierungstendenzen drohen.

Zweiter Teil
Grenzen des Verfassungsrechts

Das mir vom Verfassungsgerichtspräsidenten *I. Timtschenko* vorgegebene zweite The-ma bedarf der Interpretation. Gemeint sind wohl die Grenzen des nationalen Verfas-sungsrechts:
– nach der Seite des Europarechts im engeren und weiteren Sinn hin sowie im Blick auf das Völkerrecht
– die Grenzen angesichts der politischen und gesellschaftlichen Macht, wobei auch Akzeptanzprobleme in der pluralistischen Öffentlichkeit zu erörtern sind
– vielleicht will das Thema auch an die Eigenständigkeit der innerverfassungsstaatli-chen Rechtsgebiete mit ihrer »Propria« erinnern (des traditionsreichen Privatrechts und seinen gemeineuropäischen, vom Römischen Recht gespeisten Strukturen, aber auch des unverzichtbaren Strafrechts bzw. vieler moderner Differenzierungen in Teilrechtsgebiete wie des Gesellschaftsrechts oder der Kriminologie).
Beginnen wir mit der letzten Frage:

I. Vorrang der Verfassung und die Grenzen des Verfassungsrechts dank der eigenständigen Strukturen der anderen Rechtsgebiete

Der »Vorrang der Verfassung«[42], die Lehre von der Verfassung als höchster Rechtsordnung (vgl. Art. 8 Abs. 2 Verf. Ukraine: »The Constitution has the highest legal force«), abgesehen vielleicht von Vorgaben des Naturrechts (in Deutschland aktuell unmittelbar nach 1945), könnten dazu verleiten, die spezifischen Grenzen des Verfassungsrechts zu vergessen. Sie ergeben sich zunächst einmal *inner*verfassungsstaatlich aus der Koexistenz mit anderen Rechtsgebieten wie dem Zivil- und Strafrecht. Gerade der Verfassungsrichter sollte daran immer wieder denken. In Deutschland wird das Problem sichtbar in der Frage der Grenzen zwischen BVerfG und den sog. »Fachgerichten«. Das BVerfG soll darum Entscheidungen nur nach der Seite der Verletzung »spezifischen Verfassungsrechts« hin überprüfen (vgl. BVerfGE 45, 63 (74); 79, 365 (367)). Auch wird gerne von »funktionellrechtlichen Grenzen der Verfassungsgerichtsbarkeit« gesprochen[43].

Das *Zivilrecht* und das *Strafrecht* haben eigenwüchsige Strukturen und Konturen. Sie sind zwar verfassungsgebunden, in den Grenzen des GG aber autonom. Diese Propria haben sich im Privatrecht seit den großen Leistungen der römischen Rechtskultur entwickelt. Das Verfassungsrecht sollte sie nicht von oben oder außen her einebnen wollen. Die Juristenkunst des Privatrechts ist alt, das Verfassungsrecht relativ jung und neu. Rechtswahrheiten und Rechtsweisheiten, wie sie in der Lehre von der »condictio« und z.B. ihrem Satz »in pari turpitudine melior est causa possidentis« (§ 817 BGB) zum Ausdruck kommen, bestehen fort, nicht im Sinne von »Verfassungsrecht vergeht, Zivilrecht besteht«, um ein von *O. Mayer* für das Verwaltungsrecht geprägtes Wort abzuwandeln. Wohl aber hat der Verfassungsjurist allen Grund, die »feinen Gewebe« zivilrechtlicher Juristenkunst zu respektieren. Gewiß, die Privatautonomie[44] ist auch ein Prinzip des Verfassungsrechts, ihre kunstvolle Balance der verschiedenen Interessen aber ist tunlichst zu bewahren – dies freilich in Grenzen. So ist etwa dem BVerfG-Judikat in Sachen Bürgschaft beizupflichten (E 89, 214). Auch greift die »Drittwirkung der Grundrechte« notwendig in Privatrechtsstrukturen ein (seit BVerfGE 7, 198, (208 f.), Lüth-Urteil; zuletzt E 62, 230 (244 f.); E 89, 1 und E 95, 28). In der Ukraine wird man sicher parallele Fragen haben, auch wenn das Zivilrecht erst wieder entwickelt werden muß.

Ein Wort zum *Strafrecht*. Es ist besonders stark vom Rechtsstaatsprinzip der Verfassung her »dirigiert«. Das deutsche BVerfG hat auch hier viel geleistet, etwa in Sachen Schuld (vgl. BVerfGE 20, 323; 91, 1 (31 f.); 95, 96 (140)) und »faires Verfahren« (E 46, 202; 52, 131; 89, 120 (129)). Wo der GG-Text explizit keine Aussagen trifft, etwa zugunsten der Unschuldsvermutung, kann mit Hilfe der EMRK (Art. 6 Abs. 2) gearbeitet werden (vgl. BVerfGE 74, 358 (370); 82, 106 (114)) oder aber man beruft sich gleich auf das Rechtsstaatsprinzip (BVerfGE, ebd. S. 114 f.). Im übrigen aber bleibt das

---

[42] Aus der Lit.: *R. Wahl*, Der Vorrang der Verfassung, Der Staat 20 (1981), S. 485 ff.

[43] Aus der Lit.: *K. Hesse*, aaO., S. 28, 31, 242; *F. Schuppert*, Funktionell-rechtliche Grenzen der Verfassungsinterpretation, 1980.

[44] Dazu *K. Hesse*, Verfassungsrecht und Privatrecht, 1988; *P. Lerche*, Grundrechtseinwirkungen im Privatrecht, Einheit der Rechtsordnung und materielle Verfassung, FS Odersky, 1996, S. 215 ff.

einfache Strafrecht der Anwendung durch die ordentlichen Strafgerichte überlassen. Einige Arbeitsfelder großer BVerfG-Entscheidungen zum Strafrecht seien noch erwähnt (etwa zur Funktionsfähigkeit der Strafrechtspflege als verfassungsrechtlichem Schutzgut: E 33, 367; 51, 324).

II. *Europarecht und Völkerrecht als Grenze des nationalen Verfassungsrechts*

Das nationale Verfassungsrecht stößt auch *im Raum* nach außen hin auf Grenzen. Staatstheoretisch ist an die »überstaatliche Bedingtheit« des modernen Staates zu erinnern (*W. von Simson*). Auf regionaler und auf Weltebene gibt es Grenzen, besser vielleicht Vorgaben. Speziell in Europa ist zu unterscheiden zwischen dem Europarecht im engeren Sinne der EU; das Europarecht im weiteren Sinne besteht aus dem Recht des Europarates und der OSZE. Es bestehen vielseitige Bindungen und Einbindungen des Verfassungsstaates, die das klassische Postulat der »Staatssouveränität« in Frage stellen; an ihre Stelle treten Bilder wie *»offene Staatlichkeit«* (*K. Vogel*) oder der *»kooperative Verfassungsstaat«* (*P. Häberle*). Die Vorgaben des deutschen GG in Sachen Europa und die Welt (vgl. Präambel) wurden schon erwähnt, allenthalben gibt es in den 15 EU-Ländern »Europa-Artikel«[45], und auch die Länder in Osteuropa tun gut daran, ihre Nationen schon verfassungstextlich nach außen hin zu öffnen, indem sie sich zu grenzüberschreitender Zusammenarbeit, zu europäischen Regionen, zu kollektiven Sicherheitssystemen, zu den Menschenrechten der UN bekennen und in kongenialer Verfassungspraxis in diese Richtung entwickeln. Vom Völkerrecht her gibt es Beispiele dafür, daß die Staatengemeinschaft direkt innerstaatlich eingreift (UN-Strafgerichtshof für Ex-Jugoslawien in Den Haag) oder auch das Dayton-Abkommen, das z.B. präföderale Strukturen, eine Verfassungsgerichtsbarkeit, demokratische Mindeststandards vor- und festschreibt.

Kein EU-Land kann sich heute mehr von den Prinzipien des *»gemeineuropäischen Verfassungsrechts«* freizeichnen[46]. In bezug auf die osteuropäischen Reformstaaten hat der *Europarat* immer wieder die Vorgaben seiner EMRK-Grundsätze oder andere Konventionen durchgesetzt, vor allem in Sachen Minderheitenschutz, z.B. gegenüber Rumänien oder Lettland. Parallelen dazu gibt es wohl in der OSZE. Gewiß, das allgemeine Völkerrecht garantiert noch nicht jedem Staat bzw. Bürger, daß innerstaatliche verfassungsstaatliche Mindeststandards gelten. Auch »Schurkenstaaten« wie Ruanda und der Sudan, auch totalitäre Staaten wie Kuba und Nordkorea, auch islamische »Gottesstaaten« wie der Iran sind Mitglieder der Völkerrechtsgemeinschaft. Doch ist auffällig, daß viele neue Verfassungen auf die Regeln des Völkerrechts bzw. der Menschenrechte verweisen (z.B. Art. 18 Verf. Ukraine von 1996; Art. 10 Verf. Tschechien; Art. 20 Verf. Rumänien (1991). Diese *Völkerrechtsoffenheit* bzw. *-freundlichkeit* (vgl. BVerfGE 31, 58 (75); 92, 26 (48f.)) beginnt ein engeres Strukturelement der Nationen zu werden. Umgekehrt ist daran zu erinnern, daß die Prinzipien des Völkerrechts

---

[45] Eine Übersicht in meinem Beitrag: Europaprogramme neuerer Verfassungen und Verfassungsentwürfe – der Ausbau von nationalem »Europaverfassungsrecht«, in: FS Everling, 1995, S. 355–379.

[46] *P. Häberle*, Gemeineuropäisches Verfassungsrecht, EuGRZ 1991, S. 291ff.; *ders.*, Gemeineuropäisches Verfassungsrecht (Basel), 1997; *M. Heintzen*, Gemeineuropäisches Verfassungsrecht in der EU, EuR 1997, S. 1ff.

von nationalem Verfassungsrecht insoweit abhängig sind, als die Staaten sie mittragen müssen und »umsetzen« müssen. Je früher es zu einer realen »Verfassung der Völkergemeinschaft« kommt, je mehr »nationales Weltverfassungsrecht« heranwächst, d.h. die Verfassungstexte ein normatives, ideales Weltbild entwerfen[47], desto mehr gewinnt die Menschheit regional und mundial Züge einer »Verfassung«: der *status mundialis hominis*[48]. Nationales Verfassungsrecht und Regional- bzw. das Völkerrecht als Menschheitsrecht greifen ineinander, gleichen sich überschneidenden Kreisen, wachsen zusammen.

Zusatz:

Auch bei diesem Thema kann sich die Verf. Ukraine (1996) im Vergleich mit den anderen Beispielsländern des heutigen Verfassungsstaates wahrlich sehen lassen. Eine gewisse Offenheit nach außen, ja Völkerrechtsfreundlichkeit ist deutlich zu erkennen: in Art. 10 Abs. 3 (Förderung der Sprachen internationaler Kommunikation), Art. 16 (Tschernobyl-Artikel, immanentes Bekenntnis zu weltweiter Umweltschutzverpflichtung: »a catastrophe of global scale«), Art. 18 (internationale Kooperations-Artikel: »mutually beneficial cooperation with members of the international community«), Art. 54 Abs. 3 (» scientific relations with the world community«) – Weltgemeinschaft und Menschheit bleiben hier kein leeres Wort mehr. Gewiß, im Verfassungsentwurf von 1993 war dieser universalistische Aspekt noch eindrucksvoller auf Texte und Begriffe gebracht (Art. 11 Abs. 1: »primacy of universal human values«). Dennoch bleibt viel von diesem Aufbruch in die Weltgemeinschaft der Völker, ihre Grundwerte, Menschenrechte und allgemeine Prinzipien. Hier hängt freilich vieles davon ab, was die Ukraine in ihrer künftigen Verfassungsentwicklung aus den Texten *praktisch* macht.

III. Die Grenzen nationalen Verfassungsrechts: politische Macht, Ohnmacht des Verfassungsrechts? das Problem der Akzeptanz einer Verfassung

Eine letzte Grenze sei erwähnt: Verfassungsrecht ist zwar »politisches Recht«, wie in der Weimarer Zeit schon *H. Triepel* formuliert hat. Freilich hat selbst das Privatrecht *politische* Implikationen und Bedingungen[49]. Dennoch stellt sich die Machtfrage für das Verfassungsrecht dramatisch. Es muß u.a. Macht begrenzen, z.B. durch effektiven Rechtsschutz, durch Gewaltenteilung, durch Regeln für das politische Leben im Parlament und sogar in den politischen Parteien. Der Kompetenzteil von Verfassungen wird hier besonders gefordert. Das Verfassungsrecht regelt, wie man unliebsame Herren (oder Damen) »ohne Blutvergießen« in geordneten Verfahren los wird, um ein Wort von *Popper*, für die Demokratie gesprochen, zu variieren. Dennoch muß daran

---

[47] Dazu mein Beitrag: Das Weltbild des Verfassungsstaates – eine Textstufenanalyse zur Menschheit als verfassungsstaatlichem Grundwert und »letztem« Geltungsgrund des Völkerrechts, in: FS Kriele, 1997, S. 1277 ff.

[48] Dazu mein Beitrag: Das Konzept der Grundrechte, in: Rechtstheorie 24 (1993), S. 397 ff.

[49] Dazu *K. Hesse*, Verfassungsrecht und Privatrecht, aaO.

erinnert werden, daß letztlich die Verfassung *keine Garanten* hat. Ein Verfassungsgericht kann keine Armeen zum Einsatz befehligen. Eine Verfassung muß die Garantien in sich selbst tragen. Letztlich sind die *Bürger* die »Hüter der Verfassung«. Die »*pluralistische Öffentlichkeit*« ist eine informelle Garantie verfassungsstaatlicher Verfassungen, wobei wir die öffentliche Meinung weder über-, noch unterschätzen sollten. *Hegels* Dictum, in der öffentlichen Meinung liege alles Wahre und Falsche zugleich, sollte warnen. Gewiß, die Verfassung kann besondere Vorkehrungen für den »Ernstfall« treffen, etwa ein Widerstandsrecht positivieren (wie Art. 20 Abs. 4 GG). Doch hat dies eher »platonische, gewissensschärfende« Bedeutung. Mehr kann es nicht leisten. Auch die »civil disobedience«, die Lehre eines *Thoreau* (1848), dient als unverzichtbares »Frühwarnsystem«. So bleibt es beim Bürger als erster und letzter »Instanz«. So wie von seiner Menschenwürde aus der Verfassungsstaat kulturanthropologisch zu denken ist und die Demokratie die organisatorische *Konsequenz* dieser Prämisse ist, so ruht, besser »lebt« die Verfassung in Herz und Verstand der Bürger. Kleine Länder wie die Schweiz oder Liechtenstein, auch Slowenien oder Estland haben es hier leichter. Das »Europa der Vaterländer« und »Muttersprachen«, zu dem auch die Ukraine gehört, kann assistieren, wie überall die europäischen Bindungen und Einbindungen eine Garantie eigener Art darstellen. Für Deutschland wurde die schöne Formulierung vom »akzeptierten Grundgesetz« geprägt[50].

Dritter Teil
Das Wesen der Deutung der Verfassung durch das Verfassungsgericht

Dieser dritte, mir vorgegebene Fragenkreis, knüpft zum Teil an das Bisherige an, zum Teil ist Neues zu beantworten.

I. *Aspekte des Verfassungsverständnisses aus dem Mund des BVerfG*

Ein Verfassungsgericht hat – anders als die Wissenschaft – keine Theorien zu entwerfen, sondern praktische Fälle, hic et nunc zu entscheiden, freilich nicht selten Pionierurteile zu fällen und haltbare Rechtsprechungstraditionen zu begründen. Umstrittene Theorien sollte es nicht *zur Gänze* rezipieren, sondern Bedacht darauf nehmen, daß sich in seinen Judikaten möglichst viele Bürger »wiederfinden« können, zumal wenn wie in Deutschland (seit 1971) und Spanien (seit 1978), zuvor in den USA, die Möglichkeit von Sondervoten eröffnet ist. Im Rückblick mögen dann aus dem Mosaik vieler Entscheidungen eine oder mehrere Theorien erkennbar werden, etwa ein bestimmtes Staatsverständnis, ein Menschenbild, eine Theorie zu den politischen Parteien oder ein bestimmtes Grundrechtsverständnis.

In Bezug auf *Menschenbild* und Grundrechte hat das BVerfG früh Farbe bekannt und eine Menschenbildjudikatur entwickelt[51]. Die Rede ist vom Menschenbild »nicht des

---

[50] Vgl. den Titel der Festschrift für *G. Dürig*: Das akzeptierte Grundgesetz, 1990.
[51] Dazu *P. Häberle*, Das Menschenbild im Verfassungsstaat, 1988; *U. Becker*, Das »Menschenbild des Grundgesetzes« in der Rechtsprechung des Bundesverfassungsgerichts, 1996.

souveränen Individuums«, sondern von dem der »Gemeinschaftsbezogenheit und Gemeinschaftsgebundenheit« (BVerfGE 4, 7 (15 f.)). Die Grundrechte werden vom BVerfG als »Wertsystem« verstanden, in Anlehnung an die Pionierarbeiten eines G. *Dürig*[52]. Das Demokratiekonzept wird in BVerfGE 5, 98 (KPD-Urteil) sichtbar. Einschlägige Stichworte sind die »wertgebundene«, »wehrhafte Demokratie« der Art. 21 Abs. 2, 18 etc. GG.

Als weiteres Teilfeld, in denen Theorien sichtbar werden, darf das *Recht der politischen Parteien* gelten. Hier besteht freilich die Besonderheit, daß eine von dem großen BVerfG-Richter G. *Leibholz* entwickelte komplette Parteienstaatstheorie vom BVerfG später revidiert wurde (vgl. BVerfGE 20, 56)[53]. Nimmt man all diese Teilgebiete des Verfassungsrechts zusammen, so wird ein Ensemble von *Teil*theorien sichtbar, aber noch keine Gesamtlehre der Verfassung bzw. des GG. Sie liegt wohl auch seitens des BVerfG noch nicht vor, und sie sollte m. E. auch nicht von diesem hohen Verfassungsorgan entwickelt werden; nicht einmal im Rahmen des von ihm zu bewältigenden Verständnisproblem im Blick auf die verfassunggebende Gewalt des Volkes (dazu BVerfGE 1, 14 (61 f.))[54].

II. *Aspekte des Verfassungsverständnisses aus dem vielstimmigen »Chor« der Wissenschaft*

Die Wissenschaft kann und soll »Theoriegebäude« mit vielen Zimmern im europäischen Haus entwickeln und »im Angebot« halten. Sie soll pragmatische Entscheidungen des BVerfG dogmatisch aufarbeiten, vorbereiten und kommentieren[55]. Zwei Aufgaben stellen sich insonderheit: die Aufgabe, nach Prinzipien der Verfassungsinterpretation zu forschen (1) und an die funktionellrechtlichen Grenzen der Verfassungsgerichtsbarkeit zu erinnern (2).

1. *»Prinzipien der Verfassungsinterpretation«*

Diese sind, erstmal in Deutschland auf einer Staatsrechtslehrertagung 1961 entwickelt[56], fast zu einem Kanon geworden[57]:

---

[52] Zusammengefaßt in *G. Dürig*, Gesammelte Schriften, 1952 bis 1983, 1984.

[53] Dazu *P. Häberle*, Die unmittelbare staatliche Parteienfinanzierung unter dem GG (1967), später auch in *ders.*, Kommentierte Verfassungsrechtsprechung, 1979, S. 173 ff.; *H.-R. Lipphardt*, Die Gleichheit der politischen Parteien vor der öffentlichen Gewalt, 1975; *P. Badura*, Staatsrecht, 2. Aufl. 1996, S. 245 f.; *D. Grimm*, Politische Parteien, HdBVerfR 2. Aufl. 1994, S. 599 (634 f.).

[54] Aus der Lit.: *H.-P. Schneider*, Die verfassunggebende Gewalt, HdBStR Bd. VII, 1992, S. 3 ff.; *P. Häberle*, Die verfassunggebende Gewalt des Volkes im Verfassungsstaat – eine vergleichende Textstufenanalyse, AöR 112 (1987), S. 54 ff.

[55] Dazu *P. Häberle* (Hrsg.), Rezensierte Verfassungsrechtswissenschaft, 1982; *ders.*, Kommentierte Verfassungsrechtsprechung, 1979.

[56] Referate von *P. Schneider* und *H. Ehmke*, VVDStRL 20 (1963), S. 1 ff. bzw. 53 ff.

[57] Dazu *K. Hesse*, Grundzüge des Verfassungsrechts der Bundesrepublik Deutschland, 20. Aufl. 1995, S. 19 ff.; *R. Dreier/F. Schwegmann* (Hrsg.), Probleme der Verfassungsinterpretation, 1976.

- Das Prinzip der *Einheit der Verfassung*; gemeint ist eine ganzheitliche Sicht der einzelnen Verfassungsprinzipien (aus der Judikatur des BVerfG, z.B. E 1, 14 (32); 49, 24 (56)): so ist im GG z.B. Rechtsstaat *und* Sozialstaat, so sind Grundrechts- und Kompetenznormen zusammenzusehen
- das Prinzip »*praktischer Konkordanz*« (*K. Hesse*) oder des nach beiden Seiten »schonendsten Ausgleichs« (*P. Lerche*); das GG muß im Konfliktfall z.B. zwischen Grundrechten und der Funktionsfähigkeit von Sonderstatusverhältnissen wie der Bundeswehr, der Strafhaft oder dem Berufsbeamtentum *beiden* Verfassungswerten optimale Geltung verschaffen, *beiden* Gütern müssen Grenzen gezogen werden
- das Prinzip der *verfassungskonformen Auslegung*; danach ist ein Gesetz nicht für nichtig zu erklären, wenn es im Einklang mit dem GG ausgelegt werden kann (BVerfGE 2, 266 (282), ständige Rechtsprechung, zuletzt E 90, 263 (274f.) sowie E 93, 37 (81)).
- meines Erachtens ist jetzt auch der Gedanke der *Europa- bzw. Völkerrechtsfreundlichkeit* als Prinzip der Verfassungsinterpretation zu »kanonisieren«; hierher gehört das Postulat der *menschenrechtsfreundlichen* Auslegung des GG[58]
- schließlich ist aus meiner Sicht die *Verfassungsvergleichung*, insonderheit auf dem Felde der Grundrechte, ein Prinzip der Verfassungsinterpretation, die »*fünfte*« Auslegungsmethode, wie schon erwähnt; zwei Verfassungen in Südafrika kommen dem schon sehr nahe[59].

2. *Prinzipien zu den Grenzen der Verfassungsinterpretation*

Sie seien zuletzt behandelt. Benannt sind sie zum einen als Maßstab »funktioneller Richtigkeit«[60]. Es geht besonders um die Grenzen im Verhältnis zum Gesetzgeber sowie im Verhältnis zu den übrigen Gerichtsbarkeiten, das BVerfG spricht leider von sog. »Fachgerichten«, (z.B. E 94, 1), was die anderen Gerichte m.E. ungebührlich abwertet, auch sie sind in einem tiefen Sinne Verfassungsgerichte, weil an die Verfassung gebunden und sogar an ihrer interpretatorischen Weiterentwicklung beteiligt.

Zum anderen gibt es Grenzen der Verfassungsgerichtsbarkeit in Gestalt der sog. *gesetzeskonformen* Auslegung der Verfassung[61]. Wenn das BVerfG ein Gesetz am Maßstab der Verfassung überprüft, dann legt es auch das Gesetz aus. Es kommt zu einer *Wechselwirkung* zwischen Verfassungs- und Gesetzesinterpretation. Sie mißt sich an der Einheit der Verfassung. Im übrigen ist daran zu erinnern, daß der einfache Gesetzgeber viel zur Konkretisierung der Verfassung »von unten her« leistet, ohne daß dieses hierarchische Bild wörtlich genommen werden darf. Alle Verfassungsorgane und Rechtsprechungskörper leisten *Teil*beiträge zur Verfassungskonkretisierung, vor allem in der Zeitachse als *Verfassungsentwicklung* zu sehen[62]. So wirkt z.B. das sich wandelnde Pri-

---

[58] Dazu aus der Lit.: *K.-P. Sommermann*, Völkerrechtlich garantierte Menschenrechte als Maßstab der Verfassungskonkretisierung, AöR 114 (1989), S. 391ff.
[59] Nachweise im einzelnen in meinem Buch: Verfassungslehre als Kulturwissenschaft, 2. Auflage, 1998, S. 166.
[60] Dazu *K. Hesse*, aaO., S. 28.
[61] Dazu *K. Hesse*, aaO., S. 30ff.
[62] Vgl. *B.-O. Bryde*, Verfassungsentwicklung, 1982.

vatrecht mittelfristig auf das Bild zurück, das sich die Verfassung vom »Privatrecht« macht – unbeschadet allen »Vorrangs der Verfassung«.

Damit sei dieses Seminarreferat abgeschlossen. Es konnte nur einen sehr kursorischen Gang durch Verfassungstheorie und Verfassungsrecht auf der heutigen Entwicklungsstufe des *Typus Verfassungsstaat* leisten. Aber vielleicht bildet es eine anregende Diskussionsgrundlage. Heute mag die Ukraine noch von älteren Verfassungsstaaten lernen wollen und müssen. Möge es morgen anders sein: die alten Verfassungsstaaten können von den jungen lernen. So käme es denn über Raum und Zeit hinweg zu einem »Runden Tisch« aller nationalen Wissenschaftlergemeinschaften und Verfassungsgerichte in Sachen Verfassungsstaat.

Ausblick und Schluß

Versucht man zu einer abschließenden *Gesamtwertung* zu kommen, so kann diese 1998 nur positiv sein: Die Ukraine hat sich ausweislich ihrer Verfassungsentwürfe und ihres endgültigen Verfassungstextes von 1996 in die »Familie der Verfassungsstaaten« eingereiht. Neben manchen Rezeptionen und Adaptionen finden sich auch erstaunliche Innovationen. Besondere Aufmerksamkeit verdienen neben den erwähnten Textensembles zum Kulturverfassungsrecht die Grundrechtsgarantien. Die Ukraine ist hier voll kompatibel mit den Prinzipien der EMRK von 1950 und den universalen Menschenrechtspakten. Sie hat die verschiedenen Dimensionen des Grundrechtsschutzes flexibel kombiniert und ist auch zu neuen Textfiguren aufgebrochen. Neben einer Neufassung der alle Grundrechte fundierenden Menschenwürdegarantie (Art. 28 Abs. 1: »Everyone has the right to respect of his or her dignity«) und klassischen Formen des status negativ i.S. von *G. Jellinek* (z.B. Art. 30 Abs. 1: Unverletzlichkeit der Wohnung) finden sich Anknüpfungen an prätorische Fortbildungen wie des Grundrechts auf »privacy« (Art. 31). Bald finden sich neue Grundrechtsthemen wie in Art. 57 Abs. 1 (»Everyone is guaranteed to know his or her rights and duties«) oder Art. 59 Abs. 1 (»Everyone has the right to legal assistance«), bald ist die Ukraine moderner als das deutsche GG von 1949, insofern die Unschuldsvermutung ausdrücklich garantiert ist (Art. 62 Abs. 1); bald werden Staatsaufgaben und Grundrechte auf ganz neue Weise miteinander verknüpft (Art. 3 Abs. 2), bald wird die Gleichberechtigung von Mann und Frau leistungsstaatlich angereichert (Art. 24 Abs. 3). Auch der kulturelle Minderheitenschutz (Art. 53 Abs. 5) ist »europakonform«.

Die Normen im staatsorganisatorischen Teil, etwa zur Demokratie, zu Parlament und Regierung, verbinden eher ukrainische Eigenarten mit den typischen Regelungsformen des Verfassungsstaates von heute. Über das Verfassungsgericht hier in Kiew etwas zu sagen, hieße »Eulen nach Athen« tragen. Wohl aber bleibt die *Schlußfrage*: Es hängt vom Verfassungs*leben* der nächsten Jahre ab, ob und wie die durchweg geglückten Verfassungs*texte* in die Wirklichkeit umgesetzt werden. Dabei werden teils Rezeptionen von *Theorien*, insbesondere alter und neuer »Klassiker«, von großen *Gerichts*-Urteilen in den anderen Verfassungsstaaten Europas, wissenschaftlicher *Dogmatik* im »Kleinen« nötig und möglich. Dabei sollte die Wissenschaftlergemeinschaft der Ukraine ihren Blick nicht nur auf einen europäischen Verfassungsstaat richten, etwa Frankreich oder Deutschland, vielmehr sei eine offene »Mischrezeption« empfohlen:

die Ukraine sollte aus möglichst vielen Ländern den Weg *kreativer Rezeption* gehen und etwas *Eigenes* schaffen, z.B. eine gemeineuropäische Grundrechtslehre. Die Wissenschaft darf sich dabei nicht überschätzen. Letztlich hängt alles vom *Bürger* ab, dem die Verfassung von 1996 so viele Freiheiten garantiert.

Die Legalität einer einseitigen Unabhängigkeitserklärung nach kanadischem Recht

von

Dr. Jeremy Webber

Professor an der Faculty of Law, Universität Sydney[1]

I. Einleitung

Im Gefolge des Zusammenbruches der Sowjetunion sowie der zunehmenden Integration der Weltwirtschaft, einem vielfach mit dem Schlagwort der Globalisierung belegten Prozeß, mehren sich ethno-kulturelle Konflikte; diese sind häufig nicht zwischenstaatlicher Natur, sondern gefährden den inneren und äußeren Bestand einzelner Staaten als Mitglieder der internationalen Gemeinschaft. Anfangs waren von diesem Phänomen vor allem die Sowjetunion sowie andere ihrem Machtbereich mehr oder weniger direkt zuzuordnende Staaten betroffen; in den letzten Jahren scheint das Streben nach kultureller oder linguistischer Autonomie auch zunehmend traditionelle Staatsgebilde Westeuropas und Nordamerikas erfaßt zu haben.[2] Es mehren sich in der Tat die Anzeichen dafür, daß die aufgrund zunehmender internationaler Verflechtung integrativ wirkenden ökonomischen Kräfte in gleichem Maße politisch fragmentierende Kräfte freisetzen.

Ein Land, in dem diese gegenläufigen Tendenzen zu einem geradezu paradigmati-

---

[1] Bei dem vorliegenden Beitrag handelt es sich um eine für den europäischen Leser überarbeitete deutschsprachige Version einer Abhandlung, die unter dem Titel *The Legality of a Unilateral Declaration of Independence under Canadian Law* im McGill Law Journal 42 (1997), S. 281 ff. erschienen ist.

Mein besonderer Dank gilt Sven Deimann für die Übersetzung und Adaption dieser Abhandlung für den europäischen Leser. Herr Deimann zeichnet zudem verantwortlich für die Diskussion eines möglichen Austrittes der Bundesrepublik Deutschland aus der Europäischen Union (dieser Diskussion stimme ich uneingeschränkt zu). Weiterhin danke ich Petra Schmidt für ihre Unterstützung bei der Endüberarbeitung der deutschen Fassung sowie Patrick Shea, Jane Glenn, Peter Hogg, Dennis Klinck, Rod Macdonald, Rene Provost, Awanish Sinha und Stephen Toope für ihre Kommentare und Anregungen zur ursprünglichen Fassung des Aufsatzes.

[2] Es sei an dieser Stelle nur an die vor kurzem in Schottland und Wales durchgeführten Referenda und, in deren Konsequenz, ›devolution‹ sowie die seit einigen Jahren stärker in das Licht der Öffentlichkeit tretenden Autonomiebewegungen in Frankreich (Korsika), Spanien (Baskenland und Katalonien) und Italien (Südtirol sowie die Ligen-Bewegung in Nord-Italien) erinnert.

schen Konflikt der bezeichneten Art geführt haben, ist Kanada. Der bereits seit mehreren Jahrzehnten schwelende Verfassungskonflikt[3] zwischen der überwiegend frankophonen Provinz Quebec und dem mehrheitlich anglophonen Rest des Landes, erreichte mit der von der Regierung von Quebec am 30. Oktober 1995 durchgeführten Volksabstimmung über die ›Souveränität‹[4] Quebecs einen neuen Höhepunkt. Anders

---

[3] Der moderne Konflikt setzte bereits 1927 mit Bemühungen von anglophoner Seite ein, die kanadische Verfassung (die Britische Nord-Amerika Akte von 1867) ›heimzuholen‹; die Residualkompetenz des britischen ›Reichsparlaments‹ hinsichtlich der Änderung einiger besonders sensibler Aspekte, wie etwa der Verteilung der Gesetzgebungskompetenzen zwischen kanadischem Bund und Provinzen, sollte beendet werden. Einen vorläufigen Höhepunkt erreichte der Konflikt 1981/82 mit der unter Premierminister *Pierre Elliott Trudeau* durchgeführten ›Patriierung‹ der Verfassung; mit dieser wurde die Letztentscheidungskompetenz des britischen Parlamentes unter Protest der Regierung und Nationalversammlung der Provinz Quebec aufgehoben; vgl. *Canada Act 1982* (U.K.), 1982, c. 11, s. 2 [Britische Parlamentsgesetze, Jg. 1982, Kapitel 11, Art. 2]. Zugleich wurde die Britische Nord-Amerika Akte in ›Verfassungsgesetz‹ umbenannt; die offizielle Bezeichnung lautet nunmehr *Constitution Act, 1867* (U.K.), 30 & 31 Vict., c. 3. Zugleich wurde in Artt. 1–34 des kanadischen ›Verfassungsgesetzes von 1982‹ die kanadische Charta der Grundrechte und -freiheiten (*Canadian Charter of Rights and Freedoms*) in Kraft gesetzt. Daneben regelt das Verfassungsgesetz von 1982, das als Anhang B zu Art. 1 der britischen ›Kanada Akte von 1982‹ ergangen ist, die Einzelheiten der Verfassungsänderung. Im Wege einer Legaldefinition regelt es weiterhin in Art. 52 Abs. 2, welche der seit 1867 in Großbritannien und Kanada ergangenen Gesetze, Verordnungen und Prärogativakte vom Begriff der ›Verfassung Kanadas‹ erfaßt werden). Siehe *Constitution Act, 1982,* being Schedule B to the *Canada Act 1982* (U.K.), 1982, c. 11. Auf eine Vorlage der Regierung der Provinz Quebec verneinte allerdings der kanadische Oberste Gerichtshof für den Zeitraum vor 1982 ausdrücklich das Bestehen eines Vetorechts der Provinz. Der OGH vermochte weder im schriftlich in den einzelnen britischen Nordamerikagesetzen niedergelegten Verfassungsrecht noch in einer schriftlich nicht fixierten Verfassungskonvention eine Grundlage zu sehen; vgl. *Re: Objection to a resolution to Amend the Constitution,* [1982] 2 S.C.R. 793; 140 D.L.R. (3d) 384; zum Institut der Verfassungskonvention siehe unten Fn. 73. Aus europäischer Sicht nicht uninteressant und für eine wertende Beurteilung des Konfliktes aufschlußreich ist die Begründung, mit der die von Premierminister *René Lévesque* angeführte sezessionistische Regierung der *Parti Québécois* 1981/82 ihre Ablehnung der Verfassungsreform zu rechtfertigen suchte. Bemängelt wurde das Fehlen eines ausdrücklichen Vetos der Provinz Quebec hinsichtlich aller die Verteilung der Gesetzgebungskompetenzen berührenden zukünftigen Verfassungsänderungen. Darüberhinaus nahm die Regierung *Lévesque* Anstoß an einer Bestimmung in der Charta der Grundfreiheiten, mit der das Recht auf eine englischsprachige Grund- und Sekundärschulausbildung entgegen den Bestimmungen der *Charta der französischen Sprache* der Provinz Quebec *(La Charte de la langue française,* L.R.Q., c. C-11 [Bereinigte Gesetze der Provinz Quebec, Kapitel C-11]) auch denjenigen Eltern bzw. Schülern gewährt wurde, die nicht der englischsprachigen Minderheit der Provinz Quebec entstammen. Grundsätzlich wurde die Erweiterung der Verfassung um einen Grundrechtskatalog, mit dem die Befugnisse der Nationalversammlung von Quebec aufgrund der zu erwartenden gerichtlichen Überprüfung legislativer Akte erheblichen Einschränkungen unterworfen sein würde, abgelehnt. Zum ganzen *J. Webber*, Reimagining Canada. Language, Culture, Community, and the Canadian Constitution, Montreal 1994, insbes. Kapitel 2–4.

[4] Die im Oktober 1995 konkret zur Abstimmung gestellte Frage lautete:
»Meinen Sie, daß Quebec im Anschluß an ein förmliches Angebot an Kanada über eine neue wirtschaftliche und politische Partnerschaft im Rahmen des Gesetzes betreffend die Zukunft von Quebec und des am 12. Juni 1995 unterzeichneten Abkommens souverän werden sollte?
Mit dem Gesetz Nr. 1 sollte im Falle eines ›Ja‹-Votums die Unabhängigkeit proklamiert werden. Die Übereinkunft der sezessionistischen Parteien auf Bundes- und Provinzebene vom 12. Juni 1995 sah vor, daß über das von der *Parti Québécois* bislang verfolgte Ziel der staatlichen Unabhängigkeit hinaus Gegenstand der Abstimmung auch ein dem restlichen Kanada zu unterbreitendes Angebot auf Abschluß eines Partnerschaftsvertrages sein sollte. Dieser sollte sich zwecks Errichung gemeinsamer supra-nationaler Einrichtungen an den europäischen Verträgen orientieren.
Es sollte darauf hingewiesen werden, daß in allen Umfragen deutlich abweichende Ergebnisse erzielt werden, je nachdem ob die Frage die ›Souveränität‹, die ›Unabhängigkeit‹ oder die ›Separation‹ bzw. ›Sezession‹ zum Gegenstand hat.

als nach dem ersten Referendum von 1980, als die konkrete Frage der Erlangung eines »assoziierten Souveränitätsstatus« mit fast 60 Prozent der abgegebenen Stimmen deutliche Ablehnung erfuhr, erscheint mit dem nur hauchdünnen Erfolg der föderalistischen Seite[5] ein ›nationalistischer‹ Sieg bei einem eventuellen dritten Referendum nicht mehr von vornherein ausgeschlossen.

Der vorliegende Beitrag befaßt sich mit der Legalität, genauer der Verfassungsmäßigkeit nach kanadischem Verfassungsrecht, einer somit nicht mehr ganz unwahrscheinlichen ›einseitigen Unabhängigkeitserklärung‹ der Provinz Quebec. Der Beitrag berührt damit eine Reihe streng juristischer Fragen, die sowohl verfassungs- als auch völkerrechtlicher[6] Natur sind und die sich in ähnlicher Form auch im Rahmen eines von der kanadischen Bundesregierung beim Obersten Gerichtshof anhängig gemachten Vorlageverfahrens[7] zur Legalität einer ›einseitigen Unabhängigkeitserklärung‹ gestellt hatten. Der Oberste Gerichtshof hat in diesem Verfahren zwischenzeitlich auf Verfassungswidrigkeit einer einseitigen Unabhängigkeitserklärung entschieden.[8] Allerdings wurde diese Entscheidung einzig auf Grundlage eines Pakets von

---

[5] Nach der offiziellen Stimmauszählung trennten die beiden Seiten weniger als 60.000 Stimmen bei etwa fünf Millionen Wahlberechtigten; siehe »Le Non de justesse« La Presse [de Montréal] v. 31.Oktober 1995, S. A 1. Allerdings kam es in vier Wahlkreisen zu nicht unerheblichen Unregelmäßigkeiten bei der Stimmenauszählung; als Konsequenz wurden bis zu 10.000 Stimmen, die in ihrer überwältigenden Mehrheit dem föderalistischen Lager zuzurechnen gewesen wären, aufgrund der Anwendung disproportional strenger Kriterien an die Eindeutigkeit des Votums (Symmetrie und gleichmäßiger Aufdruck des Kreuzes) als ungültig gewertet. (Der Anteil der ungültigen Stimmen lag in den vier Wahlkreisen jeweils bei 11,7 v.H., 5,5 und 3,6 v.H., während er in den übrigen Wahlkreisen zwischen 1–2% schwankte.) Siehe »La réponse« La Presse [de Montréal] v. 31. Oktober 1995, S. A 9.

[6] Allerdings wird sich der vorliegende Beitrag nur am Rande mit der Problematik eines völkerrechtlich begründeten Rechts auf Selbstbestimmung befassen.

[7] Die Möglichkeit eines der deutschen abstrakten Normenkontrolle nach Art. 93 Abs. 1 Nr. 2 u. Nr. 2a GG sehr ähnlichen Vorlageverfahrens ist im ›Gesetz über den Obersten Gerichtshof‹ (*Supreme Court Act*) vorgesehen. Allerdings ist das Verfahren nicht auf die Klärung der Verfassungsmäßigkeit einzelner Rechtsnormen beschränkt, sondern erstreckt sich umfassend auf die Klärung von Rechtsfragen; vgl. *P. W. Hogg*, Constitutional Law of Canada, 4. Aufl. 1996, S. 209ff. (Studienausgabe).

[8] Entscheidung des Obersten Gerichtshofes vom 20. August 1998, *Reference Re Secession of Quebec* [1998] File No. 25506, 1998 Can. Sup. Ct. LEXIS 39. Mit ihrer Vorlage vom 30 September 1996 (C.S.C.R. No. 421 (QL = Quicklaw-Datenbank) *(Order in Council P.C. 1996–1497)* begehrte die kanadische Bundesregierung vom *Supreme Court* Klärung der folgenden Fragen:
»1. Kann, gemäß der Verfassung Kanadas, die Nationalversammlung, die gesetzgebende Körperschaft insgesamt oder die Regierung von Quebec einseitig die Sezession Quebecs von Kanada bewirken?
2. Besteht nach internationalem Recht für die Nationalversammlung, die gesetzgebende Körperschaft insgesamt oder die Regierung von Quebec das Recht, einseitig die Sezession Quebecs zu bewirken? Besteht in diesem Zusammenhang nach internationalem Recht ein Recht auf Selbstbestimmung, das der Nationalversammlung, der gesetzgebenden Körperschaft insgesamt oder der Regierung von Quebec das Recht einräumt, einseitig die Sezession Quebecs von Kanada zu bewirken?
3. Welcher Rechtsordnung gebührt in Kanada der Vorrang im Falle eines Widerspruchs zwischen der innerstaatlichen und internationalen Rechtsordnung bezüglich des Rechts der Nationalversammlung, der gesetzgebenden Körperschaft insgesamt oder der Regierung von Quebec, einseitig die Sezession zu bewirken?«
(Die Unterscheidung in der Frage zwischen der ›Nationalversammlung‹ als parlamentarischem Gesetzgebungsorgan der Provinz Quebec und der ›gesetzgebenden Körperschaft insgesamt‹ beruht darauf, daß formalrechtlich, dem britischen Modell der *Queen in Parliament* als eigentlichem Inhaber der Souveränität und damit der gesetzgebenden Gewalt folgend, der Lieutenant-Gouverneur integraler Bestandteil des Ge-

Grundprinzipien getroffen, die das Gericht für implizit in der kanadischen Verfassung vorhanden befand, und ohne jegliche Bezugnahme auf die schriftlich fixierten Bestimmungen dieser Verfassung, insbesondere ohne eine Anregung, wie eine Sezession legal erfolgen könnte. Der Oberste Gerichtshof befaßte sich nicht mit Fragen der Verfassungsauslegung oder des Vorranges von Verfassungsbestimmungen, die den Kern der in der vorliegenden Abhandlung diskutierten Probleme bilden. Aus diesem Grunde ist dieser Aufsatz nach wie vor von Relevanz sowohl für eine detaillierte Diskussion der rechtlichen Fragen wie auch für Überlegungen zur Bedeutung dieser Fragen in Bezug auf generellere Prinzipien der Verfassungsautorität. Obgleich die spezifisch juristischen Aspekte einer solchen Erklärung im Vordergrund stehen, geht die Untersuchung über den rein dogmatischen Rahmen hinaus und versucht, das Problem auch unter staats-theoretischen Gesichtspunkten zu beleuchten.

Es sind insbesondere letztere Aspekte, die die auf den ersten Blick für den europäischen Beobachter vielleicht fernliegende Problematik der Legalität einer einseitigen Unabhängigkeitserklärung der Provinz Quebec interessant werden lassen dürften. Die sich im Zusammenhang mit dem möglichen Zerfall der kanadischen Konföderation ergebenden rechts- und staatsphilosophischen Fragen berühren Problemkomplexe, die auch in der Bundesrepublik und in anderen Mitgliedstaaten der Europäischen Union in den letzten Jahren die Aufmerksamkeit eines interessierten juristischen Publikums gefunden haben. In dem Maße, in dem sich die europäische Integration seit Inkrafttreten des Maastrichter Unionsvertrages geographisch weiter ausdehnt und sich trotz des in Art. 3b EG-Vertrag normierten Subsidiaritätsprinzips im Hinblick auf die von ihr erfaßten einzelnen Regelungsbereiche weiter vertieft, sind zunehmend gegenläufige politische wie rechtliche Bewegungen zu verzeichnen; diese könnten unter Umständen zu sehr ähnlich gelagerten Problemstellungen der partiellen oder vollständigen (Rück-)Übertragung von Souveränitätsrechten von den Institutionen der Europäischen Gemeinschaft auf einzelne Mitgliedstaaten führen.[9]

---

setzgebungsverfahrens ist und den von der parlamentarischen Versammlung angenommenen Gesetzesvorlagen die königliche Sanktion erteilt und sie ausfertigt).

Das Vorlageverfahren der kanadischen Bundesregierung ist an die Stelle eines früheren, vom ›abtrünigen‹ Vorstandsmitglied der P.Q., *Guy Bertrand*, gegen die Regierung von Quebec anhängig gemachten Verfahrens getreten; in diesem wurde unter anderem die Feststellung begehrt, daß eine ›einseitige Unabhängigkeitserklärung‹ mit der kanadischen Verfassung unvereinbar und daher illegal ist, *Bertrand* v. *Bégin*, [1996] A.Q. No. 2150 (QL = Quicklaw-Datenbank). Eine nicht amtliche englische Übersetzung des erstinstanzlichen, dem Klagebegehren weitestgehend stattgebenden, aber nicht rechtskräftigen Urteils ist mittlerweile abgedruckt unter *Bertrand* v. *Quebec (Attorney General)* (1996), 138 D.L.R. (4th) 481 (*Superior Court* der Provinz Quebec).

[9] Richtungweisend und insoweit symptomatisch insbes. der Beitrag von *E.U.Petersmann*, Proposals for a New Constitution for the European Union: Building Blocks for a Constitutional Theory and Constitutional Law, Common Market Law Review 32 (1995), S. 1123ff, der für eine zukünftige europäische Verfassung die Möglichkeit eines einseitigen Rückzuges aus der Union *unter Beibehaltung des vollen Marktzuganges* empfiehlt; vgl. zu den ähnlich gelagerten Vorstellungen der souveränistischen Bewegung in Quebec (politische Sezession bei Beibehaltung der Wirtschafts- und Währungsunion). *D. Turp*, L'avant projet de loi sur la souveraineté du Québec. Texte annoté, Cowansville, Qué 1995, S. 15ff. u. *J. Parizeau*, Pour un Québec souverain, Montreal 1996, S. 169, insbes. S. 220f. Eine sehr viel differenziertere Behandlung der Problematik einer Repatriierung bereits an die EU/EG übertragener Kompetenzen bietet *D. Obradovic*, Repatriation of Powers in the European Community, Common Market Law Review 34 (1997), S. 59ff. Dieser Beitrag setzt sich im übrigen auch kritisch auseinander mit der vom Bundesverfassungsgericht im Maastricht-Urteil aufgestellten und im Schrifttum insbes. von Th. Schilling (*Th. Schilling*, Treaty and

Zunächst allerdings bedarf die Notwendigkeit der Beschäftigung mit der Legalität einer ›einseitigen Unabhängigkeitserklärung‹ (›UDI‹; *unilateral declaration of independence*) einer Erläuterung. Denn in der letzten Zeit haben sich in Quebec zahlreiche politische, vorwiegend der souveränistischen Sezessionsbewegung nahestehende Akteure in der Weise geäußert, daß rechtliche Erwägungen entweder irrelevant *sind* oder es *sein sollten*.[10] Der Verfasser teilt die Besorgnis, daß hier nicht scheuklappenartig in eine simple und die Dinge verkürzende Legalitätsoptik verfallen werden sollte. Vielmehr muß das hauptsächliche Bestreben der Föderalisten weiterhin auf eine verfassungsrechtliche wie –politische Lösung des Konfliktes gerichtet sein, die die uneingeschränkte Zustimmung der Kanadier in allen Teilen des Landes finden kann. Diejenigen, die weiterhin am Föderalismus festhalten, sollten die Frage der Legalität einer einseitigen Unabhängigkeitserklärung nicht zum Anlaß nehmen, sich von diesem Ziel abbringen zu lassen.[11] Besonders fehl gehen müßte der Glaube, das Recht könne die Rolle einer magischen Kugel übernehmen und gleichsam vorauseilend der Möglichkeit der Sezession einen Riegel vorschieben. Selbst wenn eine ›UDI‹ verfassungswidrig und damit illegal ist, kann kein Zweifel daran bestehen, daß dennoch eine einseitige Unabhängigkeitserklärung erfolgen kann. Die über die strikte Legalität hinausgehenden Argumente der Rechtfertigung und Legitimität sind daher unausweichlich. Sie verdienen die konzertierte Aufmerksamkeit aller Föderalisten.

Dennoch bleibt die Frage der Legalität von zentraler Bedeutung. Ihr Gewicht offenbart sich allein schon implizit in den Verlautbarungen führender Köpfe der Souveränitätsbewegung in Quebec. Erklärungen aus jüngerer Zeit, mit denen die Relevanz juristischer Argumente gänzlich geleugnet wird, verbergen eine gewisse Unehrlichkeit. Seit geraumer Zeit bereits haben die Souveränisten für sich ein aus dem Völkerrecht abgeleitetes *Recht* auf Selbstbestimmung in Anspruch genommen.[12] Einige ha-

---

Constitution: A Comparative Analysis of an Uneasy Relationship, Maastricht Journal of European and Comparative Law 3 (1996), S. 47; *ders.*, The Autonomy of the Community's Legal Order: An Analysis of Possible Foundations, Harvard International Law Journal 37 (1996), S. 389 ff.) vertretenen *actus contrarius*-Theorie. Diese Theorie erscheint im Hinblick auf Art. 240 EG-Vertrag und den völkerrechtlichen Grundsatz des *pacta sunt servanda* sowie einschlägige, die Völker- und Europarechtsoffenheit der deutschen Verfassungsordnung betonende Vorschriften des Grundgesetzes in hohem Maße problematisch; hierzu auch *M. Zuleeg*, The European Constitution under Constitutional Constraints: The German Scenario, European Law Review 22 (1997), S. 19 ff.

[10] *E. Thompson & T. Wills*, »Quebec Scoffs at Court Test: No Judge Can Stop Secession, Ministers Say« The [Montreal] Gazette v. 26. September 1996, S. A 1–A 2; *D. Lessard*, »›Un aveu d'impuissance‹: L'appel d'Ottawa à la Cour suprême ne change rien aux projets référendaires du gouvernement Bouchard« La Presse [de Montréal] v. 27. September 1996, S. B 1.

[11] Insoweit sei im übrigen auch auf folgende Beiträge des vorliegenden Verfassers verwiesen: »Repression is not the Solution to Unity Crisis« The [Montreal] Gazette v. 4. Dezember 1991, S. B 3; »Caging Quebec is the Wrong Strategy« The [Montreal] Gazette v. 4. März 1996, S. B 3 sowie ausf. *J. Webber*, Reimagining Canada: Language, Culture, Community, and the Canadian Constitution, Montreal 1994

[12] Vgl. nur *Parti québécois* (Hg.), Un gouvernement du Parti Québécois s'engage..., Montreal 1973, S. 11–12; *J. Brossard*, L'accession à la souveraineté et le cas du Québec: conditions et modalités politico-juridiques, 2. Aufl., Montreal 1976 (Neudruck 1995), S. 159–202; *J. Brossard*, Le droit du peuple québécois à l'autodétermination et à l'indépendance, Études Internationales 8 (1977), S. 151; *J. Brossard*, Le droit du peuple québécois de disposer de lui-mêmee, Annuaire canadien de Droit international 15 (1977), S. 84; *D. Turp*, Exposé-réponse: Processus d'accession à la souveraineté, in: *Commission d'étude des questions afférentes à l'accession du Québec à la souveraineté* (Hg.), Les attributs d'un Québec souverain (Exposés et études), Bd. 1, Nationalversammlung Quebecs 1992, S. 655, 657–65; *D. Turp*, Le droit à la sécession: l'expression du

ben sogar die These aufgestellt, eine ›UDI‹ sei von der kanadischen Verfassung gestattet, zumindest nach Maßgabe der einschlägigen Verfassungskonventionen, wenn auch nicht unbedingt nach den Vorschriften der geschriebenen Verfassung *stricto sensu*.[13] Grundsätzlich werden im politischen Diskurs Argumente politischer Rechtfertigung häufig mit Behauptungen juristisch begründeter Ansprüche umhüllt. Die Sezessionsdebatte in Quebec und Kanada bildet hier keine Ausnahme.

Weiterhin bestehen auf beiden Seiten sehr gute Gründe, sich intensiv mit Fragen der Legalität auseinanderzusetzen. Auf der föderalistischen Seite wird es von großer Bedeutung sein, die Illegalität einer ›einseitigen Unabhängigkeitserklärung‹ darzulegen. Die potentiellen Auswirkungen auf das Votum sind so gut wie unvorhersehbar; indem von den Vorzügen der Konföderationszugehörigkeit abgelenkt und zugleich suggeriert wird, die Bevölkerung Quebecs könnte notfalls auch mit Gewalt am Verlassen der Konföderation gehindert werden, könnte die juristische Argumentationsweise mehr Wähler entfremden als neue hinzugewinnen. Die Bedeutung der Legalität liegt auch nicht in der Möglichkeit, Quebec angesichts eines eindeutigen Votums für die Separation notfalls mit Gewalt am Verlassen des kanadischen Staatsverbandes zu hindern; es hat allen Anschein, daß die Bereitschaft außerhalb der Provinzgrenzen Quebecs, der Provinz unter Anwendung staatlichen Zwanges den Austritt aus der Föderation unmöglich zu machen, äußerst gering ist.

Vielmehr ist die Frage der Legalität aus anderen, nüchternen, doch zwingenden Gründen bedeutsam; es geht darum, unter Umständen die Auseinandersetzung des kanadischen Staatsverbandes in geordneten Bahnen vorzubereiten, sollte die Regierung von Quebec tatsächlich eines Tages ein klares Mandat für die Sezession erhalten. Die kanadische Bundesregierung muß im Hinblick auf diese Eventualität den illegalen Charakter einer ›einseitigen Unabängigkeitserklärung‹ aus folgenden Gründen deutlich dartun: erstens muß gewährleistet sein, daß eine Sezession nur auf der Grundlage eines demokratisch zustande gekommenen, vom Willen der Bevölkerung getragenen Mandates erfolgt. Zweitens muß die kanadische Bundesregierung in der Lage sein, im Falle eines solchen Mandates die Auseinandersetzung des kanadischen Staates – d.h.

---

principe démocratique, in: *A. Gagnon & F. Rocher* (Hg.), Répliques aux détracteurs de la souveraineté du Québec, Montreal 1992, S. 49, 53–59; *D. Turp*, Quebec's Democratic Right to Self-Determination: A Critical and Legal Reflection, in: *S.H. Hartt u.a.* (Hg.), Tangled Web: Legal Aspects of Deconfederation, Toronto 1992 (*Canada Round* Nr. 15 hrsg. v. *C.D. Howe Institute*), S. 99, 107–115 sowie die unten in Fn. 56 zitierten Bemerkungen.

[13] Siehe nur *H. Brun & G. Tremblay*, Droit constitutionnel, 2. Aufl. Quebec/Cowansville 1990, S. 237; *Turp*, Le droit à la sécession (Fn. 12), 50–52; *Turp*, Quebec's Democratic Right (Fn. 12), S. 103–107; *Turp*, Exposé-réponse (Fn. 12), S. 662 & 664. Nicht alle der Souveränitätsbewegung nahestehenden Verfassungsrechtler vertreten indessen die Auffassung, eine Sezession sei rechtmäßig. José Woehrling beispielsweise hat den nach kanadischem Recht illegalen Charakter einer Sezession anerkannt; vgl. *J. Woehrling*, Les aspects juridiques de la redéfinition du statut politique et constitutionnel du Québec, in: *Commission sur l'avenir politique et constitutionnel du Québec* (Hg.), Éléments d'analyse institutionnelle, juridique et démolinguistique pertinents à la révision du statut politique et constitutionnel du Québec, Nationalversammlung Quebec 1991 (*Working paper* Nr. 2); *J. Woehrling*, L'évolution constitutionnelle du Canada et du Québec de 1867 à nos jours, in: *J.-Y. Morin & J. Woehrling*, Les constitutions du Canada et du Québec: du régime français à nos jours, Bd. 1, Montreal 1994, S. 123, 541; *J. Woehrling*, Les aspects juridiques d'une éventuelle sécession du Québec, Canadian Bar Review 74 (1995), S. 293; 309–14; *ders.*, Les aspects juridiques et politiques d'un éventuelle accession du Québec à la souveraineté, Choix (Québec-Canada) Heft 12/95, S. 25 ff.

die Verteilung von Aktiva und Passiva – auf der Grundlage bilateraler Verhandlungen – und nicht im Wege eines einseitgen *fiat* seitens der sezessionistischen Regierung von Quebec – durchzuführen. Diese Gründe bedürfen näherer Darlegung.

Die Mehrheit der Kanadier würde sich mit der Sezession Quebecs nur für den Fall abfinden, daß ein solcher Schritt auf ein unzweideutiges, demokratisches, vom Willen der Bevölkerung getragenes Mandat zurückzuführen ist. Die konkrete Form eines solchen Mandats wird Gegenstand von Kontroversen bleiben. Als Mindestelement dürfte die absolute Mehrheit der Stimmen in einem demokratischen Abstimmungsprozeß, auf der Grundlage einer eindeutigen Frage, wohl unstreitig vorauszusetzen sein. Für Kanadier innerhalb wie außerhalb Quebecs wäre die Möglichkeit, auf der Erteilung eines solchen Mandates zu bestehen, ernsthaft gefährdet, wollte man annehmen, die Regierung von Quebec könne ›einseitig‹ vorgehen. In einer solchen Konstellation könnte eine sezessionistische Regierung einen beträchtlichen Zuwachs an Initiativmacht verzeichnen. Dies hätte zur Folge, daß konkrete Schritte zur Proklamierung einer ›einseitigen Unabhängigkeitserklärung‹ sich erheblich beschleunigen werden, selbst wenn ein solches Vorgehen im konkreten Fall nicht auf ein eindeutiges oder nur auf ein mit Unregelmäßigkeiten behaftetes Abstimmungsergebnis gestützt werden könnte. Mit einem solchen *fait accompli* konfrontiert könnten die mit dem konkreten Sezessionsversuch nicht einverstandenen Regierungen des Bundes oder der übrigen Provinzen sich nur noch auf Rückzugspositionen begeben und lediglich im nachhinein darzulegen versuchen, daß ihnen, abgesehen von der ›Fehlerhaftigkeit‹ des konkret ersuchten Mandats, ein Mitspracherecht in der Angelegenheit zugestanden hätte.[14] Kurzum, es könnte für die übrigen kanadischen Regierungen die Möglichkeit, im Vorfeld einer versuchten Sezession die Erlangung eines aufrichtigen Mandats zu gewährleisten, von der juristischen Darlegung eines mangelnden Rechts auf einseitige Sezession abhängen.

Darüberhinaus würde sicherlich die kanadische Bundesregierung sowie die übrigen Provinzregierungen bestimmte Interessen von fundamentaler Bedeutung als Vorbedingung für eine Sezession zu schützen suchen, selbst für den Fall, daß ein klares Mandat für die Sezession vorliegen sollte. Die übrigen Regierungen werden zu gewährleisten suchen, daß die Belange der autochthonen Urvölker gebührend berücksichtigt werden, daß die Rechte von Minderheiten ausreichenden Schutz finden, daß diejenigen Quebecer, die in das übrigbleibende Rest-Kanada auszusiedeln wünschen, dies ungehindert und unter Wahrung ihrer Eigentumsrechte tun können, daß Einvernehmen erzielt werden kann hinsichtlich der zwischen den Atlantikprovinzen und Ontario notwendig werdenden Transport- und Kommunikationskorridore und schließlich, daß es zu einer akzeptablen Aufteilung öffentlicher Aktiva und Passiva kommt. Die Möglichkeit, sich mit diesen Aspekten einer Sezession in ernsthafter und geordneter Weise zu befassen, wird davon abhängen, daß eine Sezession auf der Grundlage von Verhandlungen und nicht einseitig erfolgt.

---

[14] In der Tat versuchen die Souveränisten mit einer gewissen Regelmäßigkeit darzutun, daß es sich um eine ausschließlich von der Bevölkerung Quebecs zu entscheidende Angelegenheit handelt. Dieses Argument wird nicht nur eingesetzt, um Beachtung für das Ergebnis einer Volksabstimmung einzufordern, sondern um bereits im Vorfeld der Abstimmung der kanadischen Bundesregierung jeglichen Einfluß auf die konkrete Form ihrer Durchführung, einschließlich des Wortlauts der konkreten Abstimmungsfrage, zu entziehen.

Im übrigen gibt es auch auf souveränistischer Seite gute Gründe, sich mit Fragen der Legalität zu befassen. So wird der Erfolg einer einseitigen Unabhängigkeitserklärung maßgeblich von der Fähigkeit Quebecs abhängen, internationale Anerkennung zu erlangen. Für die Entscheidung unbeteiligter Drittstaaten wird dabei von besonderer Bedeutung sein, in welchem Maße akzeptable Verfahren befolgt wurden. Die Beurteilung dieser Frage wird sich mit Sicherheit, wenn auch nicht ausschließlich, auf den Aspekt der Rechtmäßigkeit der befolgten Verfahren nach innerstaatlichem und internationalem Recht erstrecken.[15]

Sieht man einmal von diesen eher nach außen gerichteten Erwägungen ab, so kommt der Frage der Rechtmäßigkeit auch aus internen Gesichtspunkten eine entscheidende Bedeutung zu. Alle Quebecer, unabhängig von ihrer individuellen politischen Überzeugung, hätten großes Interesse daran, daß sich der Übergang zur Unabhängigkeit in geordneter Weise vollzieht. Die Autorität der politischen Institutionen Quebecs sowie das Maß, in dem der Übergang auf friedliche Weise erreicht werden kann, werden stark vom Maß institutioneller Kontinuität abhängen. Letzteres könnte am ehesten garantiert werden, ließe sich die Separation auf legalem Wege durchsetzen. Sollte dagegen die Sezession mittels widerrechtlicher Schritte eingeleitet werden, müßte dies in eine Periode unausweichlicher Unsicherheit münden. Eine solche Unsicherheit könnte beispielsweise die Loyalität der Richterschaft betreffen, etwa wenn eine sezessionistische Regierung versuchen sollte, diejenigen Richter ihres Amtes zu entheben und durch neue Richter zu ersetzen, die weiterhin die Geltung des kanadischen Rechtes anerkennen.[16] Die Ungewißheit bei der Besetzung der Gerichte würde unweigerlich Ungewißheit in bezug auf das anzuwendende materielle Recht nach sich ziehen. Hier würden sämtliche Diener des Staates, einschließlich der polizeilichen Vollzugsbeamten, mit sehr schwierigen Loyalitätsentscheidungen konfrontiert werden: sollten sie den Anordnungen der gemäß Art. 96 des Verfassungsgesetzes von 1867 von der kanadischen Bundesregierung ernannten Richtern Folge leisten oder den zur ihrer Ablösung, von einer sezessionistischen Provinzregierung neu bestellten Richtern? Sollten sie weiterhin die Autorität der Bundesregierung in Ottawa anerkennen oder lediglich Anordnungen der Regierung von Quebec befolgen, und zwar auch auf den Gebieten, die bislang nach Art. 91 des Verfassungsgesetzes von 1867 der Gesetzgebungszuständigkeit des kanadischen Bundesparlamentes unterlagen?

Selbst wenn die Souveränisten das Risiko rechtlicher Diskontinuität eingehen wollten, könnte es trotzdem in ihrem Interesse liegen zu berücksichtigen, ob ein bestimmtes Verfahren dem Verdikt der Illegalität anheimfällt. Eine illegale Sezession erfolgreich durchzuführen wird an jeden neuen Staat besondere Legitimationsanforderungen stellen. Es liegt mit hoher Wahrscheinlichkeit auch im eigenen Interesse der Sezessionsbefürworter, diese Anforderungen zu antizipieren und sich mit Argumentationsmustern auseinanderzusetzen, die geeignet erscheinen, insoweit befriedigende Antworten zu finden.

---

[15] Siehe unten Text bei Fn 47ff.

[16] Diese Eventualität wird in der Diskussion des Unabhängigkeitsprozesses etwa in *Conseil éxecutif national du Parti Québécois*, Le Québec dans un monde nouveau, Montreal 1993, S. 66 in Erwägung gezogen; vgl. hierzu auch *Woehrling*, Redéfinition (Fn. 13), S. 94–95.

Es ist daher alles andere als Zufall, daß die Frage der verfassungsmäßigen Legalität bzw. Rechtmäßigkeit sowohl für Föderalisten als auch Souveränisten von großer Anziehungskraft ist. Die Souveränisten werden diese Frage in einer Weise beantworten wollen, die ihnen ungeschmälert die Initiativmacht beläßt, die die Chancen auf internationale Anerkennung maximiert und die die Wahrscheinlichkeit erhöht, daß die neuen politischen Institutionen Quebecs aus der Legitimität der vorangegangenen Ordnung schöpfen können. Die Föderalisten, einschließlich derjenigen, die bereit wären, sich einem klaren Mandat für die Separation zu fügen, sind gezwungen, die Frage der Rechtmäßigkeit einer Sezession aufzuwerfen, wenn sie gewährleisten möchten, daß ein solcher Schritt nur mit demokratischen Mitteln und grundsätzlich nur in einer Weise erfolgt, die sich hinreichend mit Minderheitsrechten sowie den fortbestehenden Interessen Rest-Kanadas auseinandersetzt. Entgegen anderslautenden Vermutungen liegt in der Problematisierung der Legalität eines Sezessionsversuches daher auch keine argumentative Brechstange, die lediglich den demokratischen Willen der Bevölkerung Quebecs an seiner vollen Entfaltung hindern will. Es ist vielmehr die logische Folge einer Sichtweise, die die Möglichkeit der Souveränität Quebecs ernsthaft in Erwägung zieht.

II. Die Problematik im einzelnen

Welche Rechtsnormen könnten im Zusammenhang mit der Sezession einer kanadischen Provinz einschlägig sein? Hierauf gibt es keine eindeutige Antwort, da der Fall einer Sezession nicht ausdrücklich in der Verfassung geregelt ist. Die sich bislang zu dieser Frage äußernden Protagonisten lassen sich grob in zwei Lager einteilen, je nachdem, welche Auffassung sie zur Anwendung der für Verfassungsänderungen in Artt. 38–49 des Verfassungsgesetzes von 1982[17] vorgesehenen unterschiedlichen Verfahren vertreten.

Anhänger des ersten Lagers vertreten die Auffassung, daß sämtliche Änderungen der kanadischen Verfassung, einschließlich einer so weitreichenden Änderung wie die Sezession einer Provinz, mittels der für Verfassungsänderungen vorgesehenen ›Formel‹ auf den Weg gebracht werden müssen. Diese ›Formel‹ spezifiziert unterschiedliche Verfahren, mit unterschiedlichen Mehrheiten, für verschiedene Arten von Änderungen. Innerhalb dieses ersten Lagers bestehen allerdings erhebliche Meinungsverschiedenheiten hinsichtlich des konkret auf die Sezession einer Provinz anzuwendenden Verfahrens. Als hauptsächliche Alternativen haben sich herausgeschält einmal das sog. ›allgemeine‹ Verfahren (welches lediglich einfache Mehrheiten der Mitglieder in beiden Häusern des Parlamentes sowie in den gesetzgebenden Versammlungen von sieben Provinzen, die zusammen fünfzig Prozent der Bevölkerung Kanadas repräsentieren, voraussetzt[18]), zum anderen das ›Einstimmigkeitsverfahren‹ (welches die Zustimmung nicht nur beider Häuser des Bundesparlamentes, sondern sämtlicher gesetzgebenden Versammlungen aller Provinzen erfordert[19]).

---

[17] Siehe oben Fn. 3.
[18] Artt. 38–40, 42 des Verfassungsgesetzes von 1982.
[19] Art. 41 des Verfassungsgesetzes von 1982.

Demgegenüber vertreten die Anhänger des zweiten Lagers die Auffassung, daß eine Sezession auch mittels anderer als der in der für Verfassungsänderungen vorgesehenen Formel juristisch bewerkstelligt werden kann. Die Vertreter dieser Auffassung müssen sich jedoch mit zwei gewichtigen Einwänden auseinandersetzen. Sie müssen zum einen überzeugend darlegen, warum die für die Änderung der Verfassung einschlägigen Bestimmungen keine Anwendung finden oder zumindest keine abschließende Regelung treffen sollen. Ihr stärkstes Argument für die mangelnde Anwendbarkeit der Änderungsformel ist, daß die Sezession einer Provinz weit über eine bloße ›Änderung der Verfassung Kanadas‹[20] hinausgeht. Nach dieser Ansicht sollten sich die Bestimmungen über eine Verfassungsänderung auf solche Novellierungen beschränken, die die Verfassung als ›gängiges Unternehmen‹ betreffen. Die Auflösung des Staatsverbandes dagegen könne wohl kaum als bloße ›Änderung‹ firmieren. Doch selbst wenn die Vertreter der zweiten Auffassung diese erste Argumentationshürde nehmen, müßten sie in überzeugender Weise alternative Normen finden, die für die Sezession einer kanadischen Provinz Geltung beanspruchen können. Doch worin besteht der Inhalt dieser Normen und in welcher Weise können sie der kanadischen Rechtsordnung entnommen werden oder sich in diese einfügen?

Im weiteren Verlauf der Untersuchung sollen die jeweiligen Vorzüge dieser unterschiedlichen Auffassungen untersucht werden. Dabei soll zunächst die Problematik des im einzelnen anzuwendenden Verfahrens der ›Änderungsformel‹ behandelt werden, wobei die Anwendung der einzelnen Vorschriften über die Änderung der Verfassung auf die Sezession einer Provinz zunächst unterstellt wird. Auf diese zentrale Problematik wird in einem zweiten Schritt näher eingegangen werden, der sich auch mit den möglichen Alternativen zu Normen der kanadischen Verfassung befaßt.

III. Welcher Zweig der ›Änderungsformel‹ könnte auf einen Sezessionsversuch Anwendung finden?

Unterstellt man die grundsätzliche Anwendbarkeit der ›Änderungsformel‹, stellt sich als weitere Frage, welches der einzelnen Verfahren im Zusammenhang mit einem Sezessionsversuch zur Anwendung gelangen müßte.

Zwei der in der ›Änderungsformel‹ spezifizierten Verfahren sind offensichtlich unangebracht und scheiden von vornherein aus. Die in Artt. 44, 45 näher bezeichneten Verfahren beziehen sich lediglich auf Änderungen, die entweder bestimmte Institutionen des Bundes oder die Verfassungen einzelner Provinzen betreffen. Die mit einer Sezession verbundenen Änderungen hingegen gingen weit über den begrenzten Anwendungsbereich dieser Vorschriften hinaus. In ähnlicher Weise behandelt Art. 43 des Verfassungsgesetzes von 1982 allein Änderungen, die sich in ihren Auswirkungen auf eine begrenzte Anzahl von Provinzen beschränken. Die Sezession einer Provinz würde demgegenüber weitreichende Konsequenzen für Aufbau und Funktionsweise

---

[20] So der identische Wortlaut (»*Amendment to the Constitution of Canada*«) in der Einleitungsklausel der jeweiligen Vorschrift (Artt 38 Abs. 1, 41, 42 Abs. 1 und 43), der damit deren Anwendungsbereich näher eingrenzt.

der Institutionen des Bundes als auch der übrigen Provinzen nach sich ziehen, womit ebenfalls der begrenzte Anwendungsbereich des Art. 43 verlassen wird.[21]

Die verbleibenden in Frage kommenden Bestimmungen sind das ›allgemeine‹ Verfahren gemäß Artt. 38–40 sowie das ›Einstimmigkeitsverfahren‹ des Art. 41. Bei ersterem handelt es sich um eine Auffangbestimmung, die subsidiär nur dann greift, soweit keines der übrigen in Artt. 41 und 43–45 normierten Verfahren zur Änderung der Verfassung anzuwenden ist.[22] Entscheidend ist, ob diese Situation hier vorliegt, oder ob der Sezessionsversuch einer Provinz in den Anwendungsbereich des Einstimmigkeitsverfahrens des Art. 41 fällt und damit das ›allgemeine‹ Verfahren des Art. 38 verdrängt. Nach der hier vertretenen Auffassung fällt, wie sogleich zu zeigen ist, die Sezession einer Provinz in der Tat in den Anwendungsbereich des Art. 41, so daß das ›Einstimmigkeitsverfahren‹ anzuwenden ist.

Art. 41 stellt das hohe Erfordernis der Einstimmigkeit für Verfassungsänderungen auf, die fünf genau enumerierte Materien zum Gegenstand haben: (a) die verfassungsrechtliche Stellung der Königin sowie die Ämter des General-Gouverneurs und der Lieutenant-Gouverneure der Provinzen; (b) die Mindestanzahl an Abgeordneten im Unterhaus, die jede Provinz für sich beanspruchen kann; (c) der Status der englischen oder französischen Sprache, sofern nicht Bestimmungen betroffen sind, die nicht die Gesamtheit aller Provinzen betreffen und deren Änderung daher von Art. 43 erfaßt wird; (d) die Zusammensetzung des Obersten Gerichtshofes sowie schließlich (e) die ›Änderungsformel‹ selbst. Ein Sezessionsversuch der Provinz Quebec würde in die erste Kategorie fallen. Die Sezession der Provinz Quebec würde notwendigerweise die Befugnisse des Lieutenant-Gouverneurs der Provinz auslöschen oder zumindest zu dramatischen Änderungen im Verfahren zur Besetzung dieses Amtes führen.[23] Gemäß Art. 58 des Verfassungsgesetzes von 1867 wird der Lieutenant-Gouverneur vom *Governor General in Council*[24] ernannt.[25] Tatsächlich erfolgt die Ernennung, gemäß der

---

[21] Ebenso *Woehrling*, Redéfinition (Fn. 13), S. 9; *ders.*, La Constitution canadienne et l'évolution des rapports entre le Québec et le Canada anglais de 1867 à nos jours, Edmonton 1993 (Centre for Constitutional Studies), S. 152; *ders.*, Éventuelle accession (Fn. 13), S. 27; *ders.*, Éventuelle sécession (Fn. 13), S. 310.

[22] Darüberhinaus ordnet Art. 42 für bestimmte Verfassungsänderungen das ›allgemeine‹ Verfahren nur des Art. 38 Abs. 1 (unter Ausschluß der übrigen Bestimmungen des Art. 38 in Abs. 2) an. Keiner der in Art. 42 Abs. 1 lit. a) – f) genannten Einzelfälle betrifft die Sezession einer der Provinzen.

[23] Ebenso *N. Finkelstein & G. Vegh*, The Separation of Quebec and the Constitution of Canada, North York, Ont. 1992 (Schriftenreihe *Background Studies of the York University Constitutional Reform Project, Study No. 2*), S. 6–8; *P.J. Monahan*, Cooler Heads Shall Prevail: Assessing the Costs and Consequences of Quebec Separation, Toronto 1995 (hrsg. v. *C.D. Howe Institute*), S. 7–9; *ders.*, The Law and Politics of Quebec Secession, Osgoode Hall Law Journal 33 (1995), S. 1 ff. – Darüberhinaus könnte argumentiert werden, daß die Sezession einer Provinz direkt und in grundlegender Weise auch Änderungen für die Stellung der Königin wie auch des Amtes des General-Gouverneurs bewirkt. Gleichwohl ist bereits der veränderte Status des Lieutenant-Gouverneurs geeignet, die Anwendung der Vorschrift auszulösen.

[24] Formalrechtlich bezeichnet die Institution des *Governor General in Council* die beim Erlaß abgeleiteter Legislativakte in Abwesenheit der Königin unter Beratung durch das Kabinett handelnde exekutivische Staatsspitze. Da nach den insoweit allein maßgeblichen Verfassungskonventionen der General-Gouverneur Ausfertigungs- und Verkündungsakte nur auf Empfehlung des Premierministers vornimmt, verbirgt sich hinter der Bezeichnung *Governor General in Council* in der Praxis das vom Premierminister geleitete Bundeskabinett; siehe *Hogg* (Fn. 7), S. 295 f.; zur Funktion der monarchischen Exekutive beim Erlaß abgeleiteter Gesetzgebungsakte im britischen Verfassungsrecht siehe auch *R. Brazier & de Smith*, Constitutional and Administrative Law, 8. Aufl. Hammondsworth 1998, S. 334 ff.

[25] *Constitution Act, 1867* (U.K.), 30 & 31 Vict., c. 3.

einschlägigen Verfassungskonventionen, durch den Premierminister Kanadas nach Anhörung des Bundeskabinetts. Dabei stellt das Amt des Lieutenant-Gouverneurs das Herzstück der politischen Gewalt der Provinz dar: das Verfassungsgesetz von 1867 überträgt sämtliche exekutivischen Befugnisse der Provinz auf den *Lieutenant Governor in Council*. Allerdings sehen die insoweit allein maßgeblichen Verfassungskonventionen vor, daß diese Befugnisse weitestgehend von der jeweiligen, vom Vertrauen der gesetzgebenden Versammlung getragenen Provinzregierung ausgeübt werden.[26] Darüberhinaus ist der Lieutenant-Gouverneur wesentlicher Bestandteil der gesetzgebenden Körperschaft der Provinz, da seine Zustimmung für sämtliche legislativen Akte erforderlich ist.[27] Es ist unvorstellbar, daß ein unabhängiges Quebec sich mit der Bestellung seines höchsten Staatsamtes durch die Regierung von Kanada abfinden, oder daß Quebec dieses akzeptieren und zugleich den Status eines unabhängigen Staates für sich beanspruchen könnte. Der Abschaffung oder radikalen Umformung dieses Amtes würde daher bei jeglicher, auf Erlangung der vollen Souveränität gerichteten Entwicklung eine zentrale Rolle zukommen. Dementsprechende Überlegungen finden sich auch in den Vorschlägen des *Conseil exécutif national du Parti Québécois* zu den institutionellen Reformen, welche die Erlangung der staatlichen Unabhängigkeit erforderlich machen würde.[28]

Diese Schlußfolgerung ist bei einigen Autoren auf Widerspruch gestoßen. Nach vielfacher Ansicht wird daher die Sezession vom Wortlaut keiner das Verfahren zur Änderung der Verfassung regelnden Bestimmung erfaßt. Lediglich die subsidiär eingreifenden Bestimmungen des ›allgemeinen‹ Verfahrens sollen zur Anwendung gelangen. Dieses Ergebnis wird damit begründet, daß die Auswirkungen der Sezession auf das Amt des Lieutenant-Gouverneurs nicht die Sezession als solche in den Anwendungsbereich der Vorschrift rücken. Denn es handele sich hierbei lediglich um indirekte und, im Hinblick auf das Herzstück einer solchen Verfassungsänderung, der Loslösung Quebecs vom restlichen Kanada, um gänzlich mittelbare Auswirkungen.[29]

Diese Erwiderung irrt in der Annahme, daß der Sezession, abgesehen von ihren Auswirkungen auf die Ausübung legislativer und exekutivischer Befugnisse, ein eigenständiger juristischer Gehalt zukommt. Das Wesen der Sezession liegt gerade darin, die politische Gewalt für das Staatsgebilde Quebec einer Institution zu übertragen, die gegenüber dem restlichen Kanada vollständige Autonomie genießt. Dies erfordert

---

[26] Ebda. Artt. 58–68.

[27] Siehe Art. 71 des Verfassungsgesetzes von 1867.

[28] Siehe *Conseil exécutif national du Parti Québécois* (Fn. 16), S. 66.

[29] Hierzu insbes. die folgenden Beiträge von *Woehrling*: Redéfinition (Fn. 13), S. 56–57; *ders.*, La Constitution canadienne (Fn. 21), S. 152–153; *ders.*, L'évolution constitutionnelle (Fn. 13), S. 538–40 sowie *ders.*, L'évolution et le réaménagement du rapports entre le Québec et le Canada anglais, in: *J.-Y. Morin & ders.*, Demain, le Québec…: Choix politiques et constitutionnels d'un pays en devenir, Quebec 1994, S. 15, 104–105; *ders.*, Éventuelle sécession (Fn. 13), S. 310–313; *ders*, Éventuelle accession (Fn. 13), S. 27. Diese Auffassung scheint auch *P. W. Hogg* (Fn. 7), S. 125 zu vertreten.
Brun & Tremblay (Fn. 13) befassen sich nicht weiter mit der Frage der direkten oder lediglich mittelbaren Beeinträchtigung des Amtes des Lt.-Gouverneurs. Sie schlußfolgern, daß es sich der Sache nach lediglich um eine Änderung der Verteilung der Gesetzgebungskompetenzen handelt, so daß das Verfahren des Art. 38 des Verfassungsgesetzes von 1982 einschlägig sei. Die Übernahme der vollen legislativen Gewalt ist in der Tat Bestandteil einer Sezession, doch beinhaltet diese darüberhinaus in erster Linie ein Element institutionellen *disengagements*.

notwendigerweise die Transformation des Amtes des Lieutenant-Gouverneurs. Mit anderen Worten, wie jede andere staatliche Institution stellt die Provinz eine rechtlich-juristische und keine natürlich-physische Entität dar. Eine Sezession betrifft daher eine juristische, nicht aber eine physische Loslösung. Zum gegenwärtigen Zeitpunkt aber beinhaltet die verfassungsrechtliche ›Definition‹ der Provinz, in ihren exekutivischen und legislativen Dimensionen, das Amt des Lieutenant-Gouverneurs. Die Durchtrennung dieser Bindung stellt daher ein integrales und nicht lediglich ein mittelbares, als Nebenfolge gewissermaßen unbeabsichtigtes, Element eines jeden Schrittes dar, der auf die Erlangung der vollen (völker-)rechtlichen Unabhängigkeit abzielt.[30]

---

[30] *Woehrling* (in *ders.*, L'évolution constitutionnelle (Fn. 13), S. 540, Fn. 1363; *ders.*, Éventuelle accession (Fn. 13), S. 39–40; *ders.*, Éventuelle sécession (Fn. 13), S. 312, Fn. 39) argumentiert mit Hinweis auf die Entscheidung des Obersten Gerichtshof in der Sache *Quebec (A. G.) v. Blaikie (1978)*, [1979] 2 S.C.R. 1016, 101 D.L.R. (3d) 394, daß sich eine Sezession auf das Amt des Lieutenant-Gouverneurs nicht mehr auswirken wird als die Abschaffung der Oberhäuser auf Provinzebene (eine Entscheidung, für die mit an Sicherheit grenzender Wahrscheinlichkeit die Provinzen zuständig waren). Mit der Abschaffung der Oberhäuser entfiele die Vereidigung ihrer Mitglieder durch den Lieutenant-Gouverneur; insoweit handelt es sich tatsächlich um eine Einschränkung bzw. Minderung seiner Befugnisse. Indessen dürfte ein beträchtlicher Unterschied bestehen zwischen den relativ geringfügigen Auswirkungen auf das Amt, die sich als gänzlich mittelbare Folge einer primär gegen den Bestand der Oberhäuser gerichteten Reform ergäben, und einer direkten Beschneidung der Rolle des Lieutenant-Gouverneurs, die integraler Bestandteil der Erlangung der vollen legislativen Unabhängigkeit wäre. Eine passendere Analogie ließe sich daher eher zu der Entscheidung in *Re: The Initiative and Referendum Act*, [1919] A.C. 935, 48 D.L.R. 13 (*Privy Council*) ziehen, in der die Provinz Manitoba mit ihrem Versuch scheiterte, mittels Einführung direktdemokratischer Entscheidungsverfahren den Lieutenant-Gouverneur vom Verfahren der Gesetzgebung auszuschließen. Im übrigen erscheint die von Woehrling zu diesem Punkt vertretene Argumentation auch im Widerspruch mit seiner Aussage zu stehen, den Provinzen wäre es möglich, im Rahmen des Art. 45 des Verfassungsgesetzes von 1982 einseitig die Funktion des Lieutenant-Gouverneurs zu ändern; vgl. *ders.*, Redéfinition (Fn. 13), S. 46–49.

Darüberhinaus qualifiziert *Woehrling* (siehe Éventuelle sécession (Fn. 13), S. 312) die Auswirkungen der Sezession auf das Amt des Lieutenant-Gouverneurs als ›trivial‹, da den Funktionen des Lt.-Gouverneurs für das »*fonctionnement effectif des institutions provinciales*« (Hervorh. v. *Woehrling*) nur geringe Bedeutung zukomme. Es ist in der Tat so, daß infolge der einschlägigen Verfassungskonventionen das Amt des Lieutenant-Gouverneurs erheblichen Beschränkungen unterliegt und er so gut wie keinen Einfluß auf die politischen Entscheidungsverfahren der Provinz nehmen kann. Man wird jedoch hieraus nicht schließen können, daß die Existenz des Amtes völlig übergangen werden könnte. Abgesehen von der Tatsache, daß diese Schlußfolgerung im Lichte des Art. 41 lit. a) ohnehin als unzulässig anzusehen sein dürfte, stellt der Lieutenant-Gouverneur nach wie vor einen integralen Bestandteil sowohl der Exekutive wie auch der Legislative dar, selbst wenn seine (oder ihre) Rolle rein formaler Natur sein sollte. Tatsächlich werden gerade mit der grundsätzlich, wenn auch nicht ausschließlich, formalen Natur des Amtes wichtige verfassungsrechtliche Zwecke verfolgt, wie jede ernst zu nehmende republikanische Bewegung bislang feststellen mußte, vgl. *G. Winterton*, Monarchy to Republic: Australian Republican Government, rev. Aufl. Melbourne 1994), insbes. Kap. 3.

Überzeugender ist Woehrlings Argumentation, wenn er insistiert, daß eine das ›allgemeine‹ Verfahren begünstigende Auslegung eine gewisse Parallelität zwischen dem Grad an Zustimmung für die Schaffung neuer Provinzen gemäß Art. 42 Abs. 1 lit. f) und der Sezession bereits bestehender Provinzen schafft. Doch dürfte die Sezession einer bereits etablierten Provinz von weitaus gravierender Natur sein als die Schaffung neuer Provinzen, um so mehr als letzteres nur Gebiete betreffen dürfte, die als Territorien bereits dem kanadischen Staatsverband angehören. Im übrigen behandeln auch vergleichbare föderale Verfassungen die beiden Situationen – Neuaufnahme in die Föderation einer- und Sezession andererseits – unterschiedlich. So können nach der australischen Verfassung neue Staaten auf der Grundlage eines Parlamentsbeschlusses in die Föderation aufgenommen werden; das bei der Sezession eines Einzelstaates einzuhaltende Verfahren

In diesem Punkt unterscheiden sich die Auswirkungen einer Sezession auf das Amt des Lieutenant-Gouverneurs von Verfassungsänderungen mit lediglich mittelbaren Konsequenzen, wie z.B. Änderungen, die eine vernünftige Nachbereitung einer Sezession sein mögen, die aber streng genommen nicht notwendige Voraussetzung dafür sind, daß Quebec ein separater Staat wird. In letztere Kategorie würden beispielsweise Änderungen in der Funktionsweise des Obersten Gerichtshofes gehören (vorausgesetzt, die Zusammensetzung des Gerichtes wird von der Legaldefinition der ›Verfassung Kanadas‹ erfaßt[31]). So wäre es sicherlich anachronistisch, um nicht zu sagen schlicht unsinnig, wenn auch nach erfolgter Sezession der Provinz Quebec drei der neun Richter des Obersten Gerichtshofes der Rechtsanwaltskammer Quebecs angehören müßten. Doch wäre die ›Amtsenthebung‹ der drei der Rechtsanwaltskammer Quebecs entstammenden Richter sicherlich keine notwendige Voraussetzung dafür, daß Quebec seine Unabhängigkeit erlangen könnte. Gleiches läßt sich indessen nicht für das Amt des Lieutenant-Gouverneurs behaupten.

Das Erfordernis der Einstimmigkeit findet somit Anwendung auf jeden Versuch, mittels der bei verfassungsändernden Gesetzen zu beachtenden ›Formel‹ die Sezession einer Provinz zu bewirken. Dieses Erfordernis stellt in der Tat für die Befürworter der Sezession ein schwerwiegendes formales Hindernis auf dem Weg zur Unabhängigkeit dar. Dies, obgleich es höchst unwahrscheinlich erscheint, daß der höhere Grad an verfassungsrechtlich notwendiger Zustimmung im Vergleich zum ›allgemeinen‹ Verfahren der Verfassungsänderung nach Art. 38 des Verfassungsgesetzes von 1982 praktische Schritte auf dem Weg zu einer Sezession groß beeinflussen dürfte.[32]

In der Literatur ist ein weiterer Aspekt hervorgehoben worden, der im vorliegenden Zusammenhang des verfassungsändernden Verfahrens von Interesse ist und Erwähnung finden sollte. *Patrick Monahan* hat die Auffassung vertreten, daß jedes verfassungsändernde Gesetz, mit dem die Sezession der Provinz Quebec juristisch bewirkt werden soll, der Zustimmung der in der Provinz ansässigen autochthonen Urvölker

---

dagegen ist unklar, dürfte in jedem Falle aber wohl höhere Anforderungen stellen als ein einfacher Parlamentsbeschluß; vgl. *G. Craven*, Secession: The Ultimate States Right, Carlton, Vict. 1986. Gemäß der Verfassung der Vereinigten Staaten fällt die Aufnahme neuer Staaten in die ausschließliche Zuständigkeit des Kongresses, vgl. Verfassung der Vereinigten Staaten, Art. IV, § 3, cl. 1; die Sezession erfordert demgegenüber die Zustimmung der übrigen Staaten (»*consent of the States*«). Vgl. *Texas* v. *White*, 74 U.S. (7 Wall.) 700, S. 726 (1869). Damit dürfte letztlich auch die Parallelität der Verfahren ein zu schwaches Argument sein, um die oben aufgeführten Argumente zur Anwendbarkeit des ›Einstimmigkeitsverfahrens‹ zu entkräften.

[31] Was erheblichen Zweifeln unterliegt, zu dieser Kontroverse siehe *Hogg* (Fn. 7), S. 70–71.

[32] *Woehrling* unterstellt, daß diejenigen, die im Ergebnis die Anwendung des ›Einstimmigkeitsverfahrens‹ für erforderlich halten, schlicht vom politischen Ziel, der Separation Steine in den Weg zu legen, geleitet sein könnten – vgl. *ders.*, La Constitution canadienne (Fn. 21), S. 152; *ders.*, Éventuelle accession (Fn. 13), S. 27; *ders.*, Éventuelle sécession (Fn. 13), S. 312–313; *ders.*, Ground Rules for the Next Referendum on Quebec's Sovereignty, Canada Watch 4 (1996), S. 89, 96. Diese Mutmaßung (ebenso wie die gleichermaßen willkürliche Unterstellung, der Oberste Gerichtshof Kanadas würde sich bei seiner Entscheidungsfindung im Vorlageverfahren der kanadischen Bundesregierung zur Legalität einer möglichen Sezession der Provinz Quebec von identischen politischen Zielsetzungen leiten lassen) ist eines normalerweise ausgeglichenen und kenntnisreichen Verfassungsrechtlers unwürdig. Wie er selbst anerkennt (vgl. *ders.*, Éventuelle accession (Fn. 13)) erfordert die juristische Problematik ein hohes Maß an vorsichtiger Urteilsfähigkeit. *Woehrlings* Vermutung der Bösgläubigkeit ist eher geeignet, Zweifel an seiner eigenen Fähigkeit, einen kühlen Kopf zu bewahren, hervorzurufen als an der des Obersten Gerichtshofes.

bedarf. Seine Argumentation gründet sich auf die treuhänderischen Obliegenheiten, welche die kanadische Bundeskrone den autochthonen Urvölkern schuldet, und hier insbesondere auf das seiner Meinung nach bestehende Unvermögen der Bundeskrone, diese Obliegenheit ohne die Zustimmung der Ureinwohner zum Erlöschen zu bringen.[33]

Bestehen und Bedeutung dieser treuhänderischen Obliegenheit der Bundeskrone gegenüber den eingeborenen Bevölkerungen unterliegen keinerlei Zweifel. Allerdings sind die konkreten Ausprägungen dieser Obliegenheit in der Rechtsprechung nur schemenhaft beschrieben worden.[34] Unter diesen Umständen bereitet eine abschließende Bewertung ihres konkreten Gehaltes Schwierigkeiten. Dennoch erscheint es wenig plausibel, in der Zustimmung der autochthonen Urbevölkerung ein rechtlich zwingendes Erfordernis zu sehen. Die diesen Gruppen geschuldeten treuhänderischen Obliegenheiten mögen intensive und umfangreiche Konsultationen gebieten; eine förmliche Zustimmung zu einer die Sezession einer Provinz ratifizierenden Verfassungsänderung erfordert dies kaum.[35]

Dieses Ergebnis legt zunächst einmal die Vorschrift des Art. 35.1 des Verfassungsgesetzes von 1982 nahe. Diese regelt ausdrücklich die Beteiligung der autochthonen Urbevölkerung in Verfahren zur Änderung derjenigen Verfassungsbestimmungen, die am unmittelbarsten für die Urbevölkerungen von Relevanz sind: der 24. Absatz des Art. 91 des Verfassungsgesetzes von 1867[36] sowie die Artt. 25 und 35 des Verfassungsgesetzes von 1982. Für die Änderung dieser Vorschriften verlangt Art. 35.1 des Verfassungsgesetzes von 1982 lediglich Konsultationen: eine verfassungsändernde Konferenz muß einberufen werden, um sich mit den Entwürfen zu befassen, und Vertreter der autochthonen Urbevölkerungen müssen hierzu geladen werden, »um an den Beratungen zu diesem Punkte teilnehmen zu können«[37]. Dagegen findet sich in der Vor-

---

[33] Siehe *ders.*, Cooler Heads (Fn. 23), S. 9–10; *ders., M.J. Bryant & N.C. Coté*, Coming to Terms With Plan B: Ten Principles Governing Secession, Toronto 1996 (hrsg. v. C.D. Howe Institute), S. 37–38; anders noch *ders.*, The Law and Politics (Fn. 23), wo noch von Anhörungen oder Konsultationen statt Zustimmung die Rede ist. Die Auffassung, daß die Sezession der vollen Zustimmung bedarf, wird vom Großen Rat des Volkes der Cree in Quebec geteilt, siehe *Grand Council of the Crees* (Hg.), Sovereign Injustice: Forcible Inclusion of the James Bay Crees and Cree Territory into a Sovereign Quebec, Nemaska, Que. 1995, S. 351–61.

[34] Die *leading cases*, die diese Obliegenheit festgestellt haben, sind *Guerin* v. *R.*, [1984] 2 S.C.R. 335, 13 D.L.R. (4th) 312; *R.* v. *Sparrow*, [1990] 1 S.C.R. 1075, 70 D.L.R. (4th) 385.

[35] Ebenso *Finkelstein & Vegh* (Fn. 24), S. 18–25; *R. Dupuis & K. McNeil*, Canada's Fiduciary Obligation to Aboriginal Peoples in the Context of Accession to Sovereignty by Quebec, Bd. 2 (*Domestic Dimensions*), Ottawa 1995 (hrsg. v. der *Royal Commission on Aboriginal Peoples*), S. 62–69; *Woehrling*, Éventuelle accession (Fn. 13), S. 40, Fn. 9; *ders.*, Éventuelle sécession (Fn. 13), S. 313, Fn. 41; zu ähnlichen Ergebnissen aus völkerrechtlicher Perspektive gelangt offenbar auch *Richard Falk*, The Relevance of the Right to Self-Determination of Peoples under International Law to Canada's Fiduciary Obligations to the Aboriginal Peoples of Quebec in the Context of Quebec's Possible Accession to Sovereignty, in: *S.J. Anya, ders. & D. Pharand*, Canada's Fiduciary Obligation to Aboriginal Peoples in the Context of Accession to Sovereignty by Quebec, Bd. 1 (*International Dimensions*), Ottawa 1995 (hrsg. v. der *Royal Commission on Aboriginal Peoples*), S. 41, 62.

[36] Siehe oben Fn. 3 und 25. Die Bestimmung verleiht dem Bundesparlament die ausschließliche Gesetzgebungszuständigkeit hinsichtlich sämtlicher Rechtsbeziehungen der autochthonen Bevölkerungen sowie der für sie reservierten Ländereien (die sog. ›Indianerreservate‹).

[37] An der Verfassungsmäßigkeit des verfassungsändernden Gesetzes, mit dem die Vorschrift des Art. 35.1 in das Verfassungsgesetz von 1982 eingefügt wurde, bestehen gewisse Zweifel, siehe *B. Schwartz*,

schrift kein Erfordernis eingeborener Zustimmung für die Änderung der genannten Bestimmungen. Es wäre ungewöhnlich, wenn eine gänzlich immanente Obliegenheit, die zudem allein auf treuhänderischen Verpflichtungen beruht und auf ein viel breiteres Spektrum von Verfassungsänderungen Anwendung findet, einen nennenswert höheren Grad an eingeborener Beteiligung erfordern sollte als Änderungen der Bestimmung in Art. 35 des Verfassungsgesetzes von 1982, welche überhaupt die primäre Gewährleistung eingeborener Rechte erst begründet.[38]

Darüberhinaus bestehen prinzipiell bei der Annahme impliziter Erfordernisse im verfassungsändernden Verfahren gute Gründe, Vorsicht obwalten zu lassen. Dies ist insbesondere dann gegeben, wenn derartige Erfordernisse im nachhinein zur Aufhebung bereits in Kraft getreten geglaubter Änderungen führen können. Verfassungsänderungen ziehen weitreichende Konsequenzen nach sich; das Verfahren sollte daher ein gewisses Maß an Klarheit aufweisen, so daß sich zumindest der grundlegende textliche Teil der Verfassung ohne größere Schwierigkeiten ermitteln läßt. Es erscheint daher vernünftig, die schriftlich fixierten Verfahrenserfordernisse der verfassungsändernden ›Formel‹ als erschöpfend zu betrachten. Die sich aus Rechtsunsicherheit ergebenden Probleme erreichen eine weitere Dimension, zieht man den möglichen Gehalt einer rechtlich verbindlichen Verpflichtung, für eine sezessionsratifizierende Verfassungsänderung die Zustimmung der autochthonen Bevölkerungen einzuholen, in Betracht. Wer wäre legitimiert, diese Zustimmung zu erteilen, und auf welche Weise? In der Vergangenheit haben für die autochthonen Bevölkerungen in verfassungsändernden Verhandlungen und Beratungen Vertreter nationaler Interessenvertretungen teilgenommen: im *Charlottetown*-Prozeß[39] die Versammlung der Ersten Nationen (*Assembly of First Nations*), die Inuit Tapirisat Kanadas, der *Native Council of Canada* sowie der *Métis National Council*. Derartige landesweit operierende Interessenvertretungen wären keine geeigneten Gesprächspartner im Falle der Sezession Quebecs, oder zumindest sollten sie nicht als solche auftreten. Tatsächlich geht auch *Monahan*

First Principles. Second Thoughts: Aboriginal Peoples, Constitutional Reform and Canadian Statecraft, Montreal 1986 (hrsg. v. *Institute for Research on Public Policy*), S. 127–135; *Finkelstein & Vegh* (Fn. 23), S. 15–17. Das Ergebnis dieser Debatte ist indessen nur von marginaler Bedeutung für die im Text entwickelte Argumentationslinie. Ebenso erhebt sich die Frage, ob die Bestimmung des Art. 35.1 eine verfassungsrechtlich verbindliche Verpflichtung schafft oder lediglich einen politischen Programmsatz aufstellt. Für die hier näher behandelte Problematik kommt es indessen auf diese Streitfragen nicht weiter an.

[38] Daneben begegnet die Auffassung, ein Recht auf Zustimmung zu verfassungsändernden Gesetzen sei aus der treuhänderischen Obliegenheit der Krone abzuleiten und bilde ein von Art. 35 des Verfassungsgesetzes von 1982 geschütztes Recht, weiteren Bedenken im Hinblick auf die Entscheidung des Obersten Gerichtshofes in der Sache *Native Women's Association of Canada* v. *Canada*, [1994] 3 S.C.R. 627, 119 D.L.R. (4th) 224, S. 252.

[39] Der *Charlottetown*-Prozeß bezeichnete den Versuch, im Anschluß an die im Abkommen von *Meech Lake* von 1987 vereinbarten, aber im Juni 1990 nicht fristgerecht ratifizierten Verfassungsänderungen, den Forderungen der Regierung von Quebec sowie der Vertreter der autochthonen Völker Rechnung zu tragen. Die Ergebnisse der verfassungsändernden Beratungen in *Charlottetown*, die im *Charlottetown consensus paper* zusammengefaßt waren, fanden in getrennt durchgeführten konsultativen Volksabstimmungen in Quebec und im Rest des Landes am 26. Oktober 1992 keine Mehrheit; siehe hierzu auch *St. Hobe*, Quo vadis Kanada?, Jb. d. öff. R. (N.F.) 42 (1994), S. 595–611. Zum Abkommen von *Meech Lake* siehe bereits *J. Woehrling*, La tentative de modification constitutionnelle de 1987, la reconnaissance du Québec comme société distincte et la dualité linguistique au Canada, Jb. d. öff. R. (N.F.) 39 (1990), S. 537–568. Allg. S.J. Webber (Fn. 3) S. 125–175.

selbst nicht näher darauf ein, in welcher Weise die Zustimmung der autochthonen Urbevölkerung erteilt werden könnte.[40] Er bedient sich darüber hinaus unterschiedlicher Formulierungen zur Beschreibung derjenigen Völker, deren Zustimmung seiner Auffassung nach erforderlich wäre; es soll sich um die »autochthonen Völker handeln, die direkt von der Sezession betroffen wären«, bisweilen aber auch die »autochthonen Völker, die auf dem Territorium Quebecs ansässig sind«.[41] Diese Formulierungen sind indessen keineswegs äquivalent, berücksichtigt man, daß die eingeborene Landnutzung häufig einzelne Provinzgrenzen überschreitet.

Es erweist sich somit als äußerst schwierig, den Gehalt eines impliziten Zustimmungserfordernisses näher zu spezifizieren. Es ist diese Schwierigkeit, die bei der Formulierung derartiger Erfordernisse im Wege der Verfassungsauslegung Zurückhaltung gebietet. Die insoweit bestehenden Auslegungsschwierigkeiten erweisen sich als weniger gravierend, beschränkt man sich auf eine Verpflichtung, die autochthonen Bevölkerungen zur Frage der Sezession Quebecs zu konsultieren. So kann die Bundesregierung von Rechts wegen verpflichtet werden, verschiedene Gruppen in sinnvoller Weise anzuhören. Dies schließt diejenigen Völker ein, deren traditionelles Territorium über die aktuellen Grenzen der Provinz Quebec hinausreicht, sowie Gruppen, die geographisch sich überlappende Definitionen politischer Zugehörigkeit aufweisen. Anhörungen bereiten jedoch nicht das akute Problem der Repräsentativität sowie der ›ordentlichen Bestellung‹, welches sich in der Regel mit Erfordernissen ausdrücklicher Zustimmung durch ein Kollektiv verbindet. Schließlich stimmt ein Anhörungserfordernis auch grundsätzlich mit den Obliegenheiten eines Treuhänders überein, der auch in anderen Rechtszusammenhängen bei Entscheidungen nicht einem Vetorecht des Begünstigten unterworfen ist.[42]

Monahan stützt seine Argumentation in der Hauptsache auf ein Prinzip, welches er dem Recht der *trusts* entnehmen zu können vorgibt. Laut *Monahan* soll sich aus diesem Prinzip ergeben, daß »ein von Rechts wegen bestehendes treuhänderisches Verhältnis nur mit der ausdrücklichen Zustimmung des Begünstigten beendet werden kann … .«[43] Es bereitet einige Schwierigkeiten zu sehen, unter welchem Gesichtspunkt *Monahan* zu dieser Behauptung gelangt. Normalerweise kann ein Treuhänder ohne Zustimmung des Begünstigten von seinen Verpflichtungen entbunden werden, wiewohl die Gerichte hierbei in gewissen Grenzen die Begründung und Bedingungen für den Entzug treuhänderischer Begünstigung kontrollieren.[44] Im Falle rechtli-

---

[40] Vgl. Cooler Heads (Fn. 23), S. 33, Fn. 27.

[41] Ebd., S. 10.

[42] Tatsächlich wird auch im *leading case* zur treuhänderischen Verpflichtung, *Sparrow* (Fn. 34), S. 1119, die Anhörung autochtoner Bevölkerungen vor Einschränkungen ihrer überkommenen eingeborenen Rechte betont. Demgegenüber findet sich kein Hinweis auf ein Erfordernis ausdrücklicher Zustimmung.

[43] *Ders.*, Cooler Heads (Fn. 23), S. 10.

[44] *Monahans* Verweis – auf *D. W. M. Waters*, The Law of Trusts, 2. Aufl. Toronto 1984, S. 691, erscheint hier nicht ganz zutreffend; die zitierte Passage stützt die von ihm getroffene Aussage in keiner Weise. Zu den Voraussetzungen für die Entbindung von treuhänderischen Obliegenheiten siehe *Waters*, aaO., S. 678–82. Möglicherweise beruht *Monahans* Behauptung auf der Anwendung von Prinzipien, die die Übertragung treuhänderischer Befugnisse auf Dritte betreffen. Letztere bereiteten beispielsweise die Grundlage für ähnlich gelagerte Ausführungen in *Grand Council of the Crees (in Quebec)* (Fn. 33), S. 358 und bei *L. I. Rotman*, Parallel Paths: Fiduciary Doctrine and the Crown-Native Relationship in Canada, Toronto 1996, S. 207, 211 & 216 (obgleich *Rotmans* Ausführungen widersprüchlich erscheinen, da sie einerseits auf S. 211

cher Bindungen, die treuhänderische Verpflichtungen nach sich ziehen (wie etwa die Leitung einer rechtlich verselbständigten Gesellschaft oder die Betätigung als Rechtsanwalt), bestehen die Verpflichtungen in der Regel nur so lange, wie das ihnen zugrunde liegende Rechtsverhältnis fortbesteht (obgleich begrenzte und subsidiär greifende Obliegenheiten fortdauern mögen). Daneben ist bei dem Versuch, von den Prinzipien des gewöhnlichen Rechts der *trusts* auf das hier in Rede stehende Verhältnis zu extrapolieren, die mit dem Qualifikativ *sui generis* zu beschreibende besondere Natur der den autochthonen Bevölkerungen geschuldeten Verpflichtung zu berücksichtigen. Es steht die Übertragung von Obliegenheiten in Rede, welche in unauflöslicher Weise mit der Ausübung von Souveränitätsbefugnissen verwoben sind, d.h. Obliegenheiten, die im wesentlichen als ›Belastung‹ dieser Befugnisse ausgestaltet sind. Es erscheint daher von vornherein sinnvoll, daß in einem Kontext der vollständigen Übertragung von Souveränitätsbefugnissen die treuhänderischen Obliegenheiten diesen folgen sollten. So wie es sinnvoll erscheint, von der kanadischen Regierung die Berücksichtigung der Interessen der autochthonen Bevölkerungen zu verlangen bzw., angesichts der derzeitigen Rechtslage, in Anhörungen die betroffenen Völker intensiv zu konsultieren. Hingegen würde ein vollständiges Erfordernis ausdrücklicher Zustimmung nicht mit dem allgemeinen Charakter treuhänderischer Beziehungen übereinstimmen (in denen der Treuhänder für den Begünstigten entscheidet), sich schlecht in die ausdrücklichen Bestimmungen der ›Änderungsformel‹ einfügen und schließlich nur unzureichend die Tatsache berücksichtigen, daß treuhänderische Obliegenheiten in dem hier zu beurteilenden Kontext letztendlich an die Innehabung souveräner politischer Gewalt gebunden sind. Auch die kanadische Bundesregierung hat die treuhänderischen Obliegenheiten gegenüber den autochthonen Völkern im Rahmen eines Übertragungsvorganges von Souveränitätsrechten erhalten, eine Übertragung, die nicht an die Zustimmung der betroffenen Völker gebunden war.[45]

Diese Ausführungen sollen natürlich keinesfalls die Verantwortung der kanadischen Bundesregierung minimieren, die als Treuhänder die Belange der autochthonen Urvölker zu achten und wahrzunehmen hat, falls Quebec den Versuch einer Sezession unternehmen sollte. Doch legt die hier vertretene Auffassung nahe, daß ein rechtlich verbindliches Erfordernis autochthoner Zustimmung zu einer potentiellen Verfassungsänderung nicht besteht.[46]

& 216 davon ausgehen, daß die Anhörung der Urbevölkerungen ausreichend war, um die Verpflichtungen Großbritanniens zum Erlöschen zu bringen, andererseits auf S. 255–258 in anderem Zusammenhang ein Zustimmungserfordernis seitens der autochthonen Bevölkerung aufstellen).

[45] Siehe *R. v. Secretary of State for Foreign & Commonwealth Affairs* (1981), [1982] *Queen's Bench* 892, [1982] 2 All E.R. 118 (*Court of Appeal*) (das Revisionersuchen wurde vom House of Lords mit einer Begründung verworfen, die im wesentlichen die materielle Entscheidung des *Court of Appeal* bestätigte – [1982] 2 All E.R. 140–143); *Manuel v. A.G.*, [1982] 3 All E.R. 786 (*Chancery Division*) (im Berufungsverfahren bestätigt, allerdings mit einer Begründung, die für die hier behandelte Problematik nicht von Interesse ist: [1982] 3 All E.R. 822 (*Court of Appeal*)).

[46] Einige Autoren haben auch die These vertreten (allerdings nur vorläufig und eher vorsichtig), daß die Zustimmung der autochthonen Bevölkerung unter dem Gesichtspunkt verbindlicher Verfassungskonventionen erforderlich sein könnte (hierzu v.a. *Finkelstein & Vegh* (Fn. 24), S. 25–31; *Monahan, Bryant & Côté* (Fn. 33), S. 54, Fn. 70). Die Voraussetzungen für das Bestehen einer Verfassungskonvention werden im einzelnen im Text unten behandelt. Es sei an dieser Stelle daher lediglich angefügt, daß die Stimmigkeit und Anerkennung einer gegenwärtigen Verpflichtung, die man normalerweise im Zusammenhang mit einer Konventionalnorm erwarten dürfte, im hier zu beurteilenden Fall nicht vorzuliegen scheinen.

IV. Bestehen legale Wege der Sezession neben der ›Änderungsformel‹?

Aus den vorstehenden Ausführungen ergibt sich, daß Art. 41 des Verfassungsgesetzes von 1982 den einschlägigen Maßstab für die verfassungsrechtliche Beurteilung der Sezession einer kanadischen Provinz abgibt, sofern man die Anwendbarkeit der ›Änderungsformel‹ insgesamt annimmt. Es stellt sich indessen die Frage, ob das verfassungsändernde Gesetzgebungsverfahren der einzige Weg ist, auf dem eine Sezession juristisch möglich ist.

1. Sezession durch Revolution

In einer Hinsicht kann eine Sezession zweifelsohne auf anderem, auch auf illegalem Wege mit rechtlicher Wirkung erfolgen. Teile eines bestehenden Staates können ihre Unabhängigkeit erlangen, indem eine neue Regierung auf dem von ihr beanspruchten Territorium unter Ausschluß der politischen Gewalten des vormaligen Gesamtstaates eine neue Regierungsgewalt errichtet. Für die faktische Unabhängigkeit des neuen Staates ist dies völlig ausreichend. Zumindest für Zwecke der internen Regierung kann es so gelingen, ein autonomes staatliches Gebilde zu errichten. Darüberhinaus wird sich das internationale Recht im Laufe der Zeit dieser tatsächlichen Situation anpassen und letztendlich den neuen Staat als unabhängig anerkennen. Hierbei ist allerdings der genaue Zeitpunkt sowie das konkrete Mittel zur Erlangung voller Staatlichkeit umstritten. Die meisten Völkerrechtler gehen davon aus, daß das Attribut der Staatlichkeit unabhängig von internationaler Anerkennung erlangt werden kann (obgleich die völkerrechtliche Anerkennung sich als notwendig erweisen kann, will der neue Staat in den Genuß aller Vorzüge unabhängiger Staatlichkeit gelangen).[47] Es besteht daher kein Zweifel, daß eine versuchte Sezession, obgleich ursprünglich illegaler Natur, zur Bildung eines neuen unabhängigen Staates führen kann.

Aus diesem Grunde findet sich häufig der Hinweis, daß das Bestehen staatlicher Souveränität grundsätzlich eine Tatsachen- und keine Rechtsfrage sei. Dies ist teilweise richtig, zugleich aber auch stark in die Irre führend, da die Beanspruchung der Souveränität unweigerlich verwoben ist mit normativen Begründungsdiskursen; letztere sind nicht völlig bedeutungslos. Wie *James Crawford* dargelegt hat, wird in strittigen Fällen die konkrete Beurteilung, ob für ein bestimmtes Territorium eine ›wirksame Regierung‹ besteht, von Erwägungen rechtlicher Berechtigung beeinflußt.[48] Tatsächlich mag in der Beachtung bestimmter grundlegender völkerrechtlicher Normen eine unabhängige Voraussetzung für die Erlangung der Staatlichkeit liegen.[49] Normative Begründungsdiskurse gewinnen noch zusätzlich an Bedeutung, sollte der neue Staat versuchen, völkerrechtliche Anerkennung zu erlangen. Hier werden Drittstaaten unweigerlich eine Abwägungsentscheidung treffen, für die die Gründe der Sezession, das hierbei befolgte Vefahren, das Maß, in welchem Minderheitenrechte geschützt wer-

---

[47] Zu den Voraussetzungen für die Erlangung der Staatlichkeit siehe *J. Crawford*, The Creation of States in International Law, Oxford 1979, dort insbes. S. 31 ff.

[48] Siehe *Crawford* (Fn. 47), S. 44–47, 57–60, 102–103 sowie im besonderen mit ausdrücklichem Hinweis auf Sezession S. 255 f.

[49] *Crawford* (Fn. 47), S. 77 ff.

den, sowie allgemein das Bekenntnis des neuen Staates zu Demokratie und Menschenrechten maßgeblich sein werden.[50] Internationale Desavouierung kann einem neuen
Staat viele der sich aus der Staatlichkeit ergebenden Vorteile entziehen; internationale
Isolation kann sogar, in extremen Fällen, den Bestand eines Regimes gefährden. Eine
solche Konstellation hatte sich beispielsweise im Falle der ehemaligen *whites-only* Regierung *Ian Smiths* in Rhodesien ergeben, die schließlich den rhodesischen Bürgerkrieg zum Teil auch aufgrund der internationalen Isolierung des Regimes verlor.[51]

Bereits bei der Errichtung einer tatsächlichen Gewalt über das Heimatterritorium
des die volle Staatlichkeit beanspruchenden Gebildes spielen Argumente normativen
Begründungs- und Rechtfertigungscharakters eine entscheidende Rolle. Nur wenige
Staaten werden den Wunsch verfolgen, ihren fortwährenden Bestand allein durch Anwendung nackter Gewalt zu sichern; die meisten Staaten wären allein auf dieser
Grundlage kaum überlebensfähig. Daher erfordert die fortwährende Existenz eines
Staatswesens die Kollaboration oder Fügung sowohl des einzelnen als auch unterschiedlicher Gruppen innerhalb der Gesellschaft; deren Kooperationsbereitschaft wird
sich häufig nur vermöge moralischer Überzeugungsfähigkeit sichern lassen. Dies dürfte insbesondere in Fällen umstrittener Sezessionsvorhaben gelten, in denen zwei miteinander konkurrierende politische Gewalten um die Loyalität der Bevölkerung wer-
ben. In einer solchen Situation wird ein normativer Rechtfertigungsdiskurs von zentraler Bedeutung sein. Eine souveränistische Regierung in Quebec beispielsweise
würde sich mit weitaus höherer Wahrscheinlichkeit der Loyalität von Richtern und
Vollzugsorganen versichern können (und auf diese Weise auch die tatsächliche Kontrolle über das Territorium ausüben können), wenn sie die Unabhängigkeit nur nach
Erlangung eines klaren demokratischen Mandates proklamiert. Ein solches Unterfan-
gen dürfte mit weitaus größeren Unsicherheiten behaftet sein, würde der Schritt einer
Unabhängigkeitserklärung ohne jegliches demokratisches Mandat unternommen.

Es erweist sich, daß der Erfolg eines, auch illegalen, Sezessionsversuches fast immer
zumindest auch auf normative Argumente zur Rechtfertigung und Begründung zurückzuführen ist. Ein illegaler Sezessionsversuch unterscheidet sich allerdings von einem legalen durch Umfang und konkrete Funktion dieser Argumente. Im Rahmen
einer legalen Sezession können sich normative Begründungen zur Gültigkeit des Unabhängigkeitsprozesses auf die Übereinstimmung mit prä-existenten Rechtsnormen
stützen. Kann der neue Staat darlegen, daß diesen Normen Genüge getan worden ist,
kann die Sezession Rechtsgültigkeit für sich beanspruchen. Die staatlichen Institutionen können sich bei Aufnahme (bzw. Fortführung) ihrer Betätigungen mit der Aura
der Legitimität umgeben, so wie die Beamtenschaft ihre Arbeit in unbestrittener

---

[50] Damit erschöpft sich die völkerrechtliche Anerkennung keinesfalls in der bloßen tatsächlichen Beurteilung bezüglich der Kreation staatlicher Insitutionen. Selbst wenn die Existenz eines Staates implizit zur
Kenntnis genommen werden sollte, kann und wird die Erteilung bzw. Vorenthaltung der völkerrechtlichen Anerkennung als politisches Handlungsinstrument eingesetzt werden, vgl. *J. Verhoeven*, La reconnaissance internationale: déclin ou renouveau?, Annuaire français du droit international 39 (1993), S. 7, 21 ff.
Zu den bei der völkerrechtlichen Anerkennung der Teilstaaten des ehemaligen Jugoslawiens zur Anwendung gelangten Kriterien siehe *M. Weller*, Current Developments – The International Response to the
Dissolution of the Socialist Federal Republic of Yugoslavia, American Journal of International Law 86
(1992), S. 569, 586–96 u. 603–606.

[51] Siehe hierzu die in Teilen allerdings tendenziös abgefaßte Abhandlung von *M. Hudson*, Triumph or
Tragedy? Rhodesia to Zimbabwe, London 1981.

Loyalität gegenüber nur einer Staatlichkeit aufnehmen (bzw. fortführen) kann. Dies ist gerade der Fall, da der neue Staat den Institutionen des alten entsprungen ist. Demgegenüber verfügt das neue Regime im Rahmen einer illegalen Sezession über keinerlei rechtliche Verbindung zu der vorhergehenden Rechtsordnung. Es kann sich auch nicht auf die Autorität stützen, die sich mit den Verfahren und Institutionen des vorhergehenden Regimes verbindet, da es mit dem Akt der Sezession gerade mit diesen Verfahren und Institutionen gebrochen hat. Sein Diskurs normativer Begründung und Rechtfertigung muß daher weitaus höheren Ansprüchen genügen. Das neue Regime muß folglich den revolutionären Bruch mit der alten Rechtsordnung rechtfertigen und die Legitimität des außerhalb der vormaligen Rechtsordnung stehenden Unabhängigkeitsprozesses darlegen. Weiterhin ist erforderlich, daß sowohl die Beamtenschaft, die Loyalität und Treue gegenüber dem vorangehenden Staatswesen geschworen hat,[52] als auch die vorgeblichen Staatsbürger des neuen Staates überzeugt werden, die Autorität des neuen Regimes zu akzeptieren. Dies erfolgt jedes mal unter Umständen, in denen weder klare Beurteilungsmaßstäbe noch eindeutige Entscheidungsverfahren zur Verfügung stehen.

---

[52] Daß Treue und Loyalität der Richterschaft das Potential für eine sehr reale Auseinandersetzung aufweisen, wird vom *Conseil exécutif national du Parti Québécois* (Fn. 16), S. 66f. implizit eingestanden. *Hogg* meint, die Richter würden nur dann zu dem Ergebnis gelangen, daß Quebec sich erfolgreich und endgültig abgespalten hat, wenn die vorgebliche Sezession wirksam im Sinne realer Effektivität sei. Weiterhin würden die Gerichte diese Schlußfolgerung nur treffen, wenn die kanadische Bundesregierung ihre Gewalt in bezug auf Quebec ausdrücklich oder konkludent aufgegeben habe; siehe *Hogg* (Fn. 7), S. 128f. Hiermacht es sich *Hogg* ein wenig zu einfach. Zunächst einmal werden einige Richter sich in ihrer Entscheidungsfindung durchaus auch von eigenen persönlichen Überzeugungen und politischen Sympathien beeinflussen lassen. Andere werden vielleicht eher von institutionellen Erwägungen inspiriert, wie zum Beispiel der Natur des konkret von ihnen geleisteten Amtseides oder der Treue gegenüber der jeweiligen staatlichen Ebene – Bund oder Provinz –, die sie in ihr Amt berufen hat. Doch würden die in der Provinz Quebec judizierenden Richter darüber hinaus mit einer weiteren Beurteilung konfrontiert werden, die weitaus komplexer ist, als *Hogg* sie beschreibt. Die Richter müßten Entscheidungen darüber treffen, ob sie sich nunmehr innerhalb eines anderen Souveränitätsrahmens bewegen; hierbei würden sie unweigerlich in eine Abwägung der widerstreitenden Legitimitätsansprüche eintreten. In diese Abwägung würden Faktoren einfließen wie der Grad an demokratischer Unterstützung für die Sezession, oder die Gründe, welche die Regierung bewogen haben, den Weg der Legalität zu verlassen, sowie die Motive, welche die kanadische Bundesregierung bei einer Entscheidung leiten mögen, sich mit der Sezession nicht abzufinden. Daß dieser Abwägungsvorgang innerhalb der Richterschaft nicht ganz unwahrscheinlich sein wird, dürfte damit zusammenhängen, daß zumindest teilweise die Begründung einer neuen Rechtsordnung unvermeidlich mit Legitimitätsproblematiken verwoben sein wird, die über den positiven Rahmen einer bestehenden oder zu begründenden Rechtsordnung hinausgehen. Im übrigen handelt es sich hierbei auch um eine wichtige Erkenntnis, die sich bereits aus der Erlangung der vollen staatlichen Unabhängigkeit durch Kanada ableiten ließ; siehe *B. Slattery*, The Independence of Canada, Supreme Court Law Review 5 (1983), S. 369. Darüberhinaus, sieht man einmal vom Einsatz militärischer Gewalt ab, stellt die ›Effektivität‹ oder ›Geltung‹ einer staatlichen Ordnung keinesfalls eine einfache, außerhalb jeglicher richterlicher Beratung bestehende, *chose donnée* dar, welche Richter lediglich zu beobachten und als Tatsachenfrage zu würdigen hätten. Praktisch wird die ›Effektivität‹ oder ›Geltung‹ größtenteils davon abhängen, ob gerade diese Richter den konkreten Sezessionsversuch als ›effektiv‹ oder ›gültig‹ behandeln. Tun sie dies, so kann die sezessionierende Regierung ihre Order ausgeben und durchsetzen, und die Sezession wäre erfolgreich zu Ende gebracht. Daraus ergibt sich, daß die Frage, ob eine Sezession ›effektiv‹ ist und Geltung beanspruchen kann, aufs engste und unauflöslich mit der weiteren Frage verkoppelt ist, ob sie ›effektiv‹ sein soll, ob sie also mit anderen Worten einen Anspruch auf Geltung stellen dürfen soll. *Verhoeven* (Fn. 50), S. 24f. u. 30f. stellt eine sehr ähnliche Erwägung an, indem er darauf hinweist, daß die völkerrechtliche Anerkennung selbst für die Geltung einer staatlichen Ordnung konstitutive Wirkung besitzen kann.

Dabei mag das neue Regime im Zusammenhang mit der Darlegung seines Legitimitätsanspruches die rechtliche Diskontinuität herunterspielen, indem es die praktische Übereinstimmung von alter und neuer staatlicher Ordnung betont. Dies ändert jedoch nichts an dem Faktum, daß im Rahmen einer illegalen Sezession der neue Staat sich nicht einfach mit dem Mantel des alten bedecken kann. Er muß seine Autorität neu begründen.[53]

In diese Richtung scheint sich auch die Argumentationslinie der Regierung von Quebec im Vorfeld der Entscheidung des Obersten Gerichtshofes bewegt zuhaben. Zwar konzedierte die Regierung den illegalen Charkter der von ihr geplanten einseitigen Unabhängigkeitserklärung nicht; mit einem solchen Zugeständnis wäre wohl auch zu viel Boden im Kampf um die Legitimität verloren gegangen. Doch lenkte sie in ihren Verlautbarungen den Blickwinkel von der Legalität des Unabhängigkeitsprozesses auf die einfache Tatsache, daß im Gefolge einer ›U.D.I.‹ ein rechtlich unabhängiges Quebec entstehen könnte, sowie auf den weitergehenden, nicht notwendigerweise rechtlichen Anspruch, eine solche einseitige Unabhängigkeitserklärung sei legitim, sofern sie dem demokratisch erklärten Willen der Bevölkerung Quebecs entspreche.[54] Dieser Strategie folgend ließ die Regierung auch nicht verlautbaren, daß sie einen revolutionären Bruch, einen Akt der Illegalität, erwägt, welcher (erst) über einen gewissen Zeitraum hinweg rechtliche Konsequenzen zeitigen könnte. Vielmehr hat die Regierung versucht, so viel wie möglich im Dunkeln zu belassen und der Problematik der Legalität des Unabhängigkeitsprozesses zu entrinnen, indem sie auf das unbestrittene Faktum hingewiesen hat, daß ein neuer, nach internationalem Recht Gel-

---

[53] Ähnliche Probleme dürften sich auch im Zusammenhang mit dem vom Bundesverfassungsgericht im Maastricht-Urteil aufgeworfenen Szenario eines einseitigen Rückzuges der Bundesrepublik aus der Europäischen Union bzw. Gemeinschaft stellen; siehe BVerfGE 89, 155. Zwar mag mittels eines *actus contrarius* der Bundestag in völker- und europa*rechtswidriger* Weise das Zustimmungsgesetz zu den europäischen Verträgen beseitigen können; indessen inkorporiert Art. 25 GG oberhalb des einfachen Gesetzesrechts in die deutsche Rechtsordnung die allgemeinen Rechtsgrundsätze des Völkerrechts, wozu unstreitig der Grundsatz *pacta sunt servanda* zählt; siehe hierzu *Zuleeg* (Fn. 9), S. 29ff. Im übrigen ordnet Art. 20 Abs. 3 GG neben der Gesetzes- die *Rechts*bindung der Judikative an, so daß die Richterschaft für den Fall einer völker- und europarechtswidrigen parlamentarischen Aufhebung des Zustimmungsgesetzes zu den europäischen Integrationsverträgen vor ähnliche Loyalitäts- und Legitimitätsprobleme gestellt sein dürfte. Hierbei handelt es sich um ein Problem, das *Schilling*, Treaty and Constitution (Fn. 9) gänzlich übersieht, wenn er das Problem der Möglichkeit eines *actus contrarius* einfach auf das soziologische ›Können‹ einer prä-politischen Volksgemeinschaft reduziert, deren Vorhandensein als ›soziologisches Substrat‹ für die Ausübung der verfassunggebenden Gewalt vorauszusetzen sei (womit er im übrigen auch den reichlich monolithischen, um nicht zu sagen, anti-pluralistischen Charakter des von ihm somit gekennzeichneten ›Volkes‹ offenbart).

[54] Siehe hierzu *G. Normand*, »Jugement à la Solomon« La Presse [de Montréal] v. 9. September 1995, S. A 1 (Bericht zu den Verlautbarungen des damaligen Justizministers der Provinz Quebec, Paul Bégin); *Thompson & Wills* (Fn. 10) sowie die bei *Lessard* (u. Fn. 103) zitierten Äußerungen. Die hier dargestellte Auffassung zur Möglichkeit einer Sezession im Wege einer, zumindest aus juristischer Perspektive, revolutionären Neubegründung der staatlichen Ordnung wurde auch von der *Bélanger-Campeau* Kommission der Nationalversammlung Quebecs vertreten (wobei die oben im Text angedeutete Verschiebung der Argumentation auf das für diese Kommission erstellte Expertengutachten zurückzuführen sein dürfte): Rapport de la Commission sur l'avenir politique et constitutionnel du Québec, Nationalversammlung von Quebec 1991, S. 59f. Vgl. auch die ähnlich gelagerten Ansätze bei *Brun & Tremblay, Woehrling, Arbour u. a.* sowie *Morin* (u. Fn. 101). *Daniel Turp* hat auf die modifizierte Argumentationslinie sowohl hingewiesen als auch an ihr selbst mitgewirkt, siehe *D. Turp*, Supplément 1995, in: *Brossard* (Hg.) (Fn. 12), S. 797, 800f. u. 804.

tung beanspruchender Staat geschaffen werden könnte. Ihre Vertreter nehmen nach wie vor für Quebec ein völkerrechtlich abgeleitetes Recht auf Selbstbestimmung in Anspruch,[55] obwohl dieser Anspruch seit einiger Zeit eher leise vorgetragen wird. Ebensowenig hat die Regierung bislang den nach kanadischem Recht illegalen Charakter einer einseitigen Unabhängigkeitserklärung zugestanden.[56] Doch tendieren neuere Stellungnahmen der Regierung dahin, die Problematik der Legalität insgesamt herunterzuspielen und den Blick auf die Legitimität in ihren oben skizzierten groben Zügen zu richten. Argumente betreffend die Legalität des Unabhängigkeitsprozesses mögen aus den in der Einleitung zu diesem Beitrag genannten Gründen weiterhin von einer gewissen Bedeutung sein. Jedoch hat es den Anschein, daß die Regierung der *Parti Québécois* dabei ist, ihre Positionen ausschließlich auf dem Terrain der Legitimität *tout court* abzustecken; dies offenbar auch, falls nötig, um den Preis eines Illegalitätsverdiktes.

2. Sezession auf legalem Wege, aber außerhalb der ›Änderungsformel‹

Was waren die Argumente für ein Recht auf eine einseitige Unabhängigkeitserklärung? Damit ist der Kern der Problematik erreicht, der zwei aufs engste miteinander verbundene Untersuchungen berührt: a) findet die ›Änderungsformel‹ Anwendung, und wenn ja, regelt sie Fragen der Verfassungsänderung erschöpfend? und b) welche weiteren Normen könnten anwendbar sein, sollte die ›Änderungsformel‹ nicht zur Anwendung gelangen?

a) Die ausschließliche Anwendung der ›Änderungsformel‹ – Einleitung

In der juristischen Diskussion wurden im wesentlichen zwei Gründe genannt, die nahelegen, daß die ›Änderungsformel‹ nicht anzuwenden ist. Einer dieser Gründe kann leicht als nicht stichhaltig abgehandelt werden. Er ist zuerst von der Regierung von Quebec in der von *Guy Bertrand*[57] zwecks Verhinderung eines weiteren Referendums angestrengten gerichtlichen Auseinandersetzung vorgetragen worden. In diesem Verfahren argumentierten die Anwälte der Regierung von Quebec, das Verfassungsgesetz von 1982 sei in seiner Gesamtheit (d.h. einschließlich der in seinem V. Titel niedergelegten Bestimmungen zur Änderung der Verfassung) ungültig. Es wurde argumentiert, dies sei der Fall, da die zuständigen gesetzgebenden Körperschaften die französischen Übersetzungen bestimmter historischer, aber nach wie vor in Kraft befindlicher

---

[55] Siehe *Bertrand* v. *Bégin* (Fn. 9) (insbes. der dort wiedergegebene Vortrag der Regierung); *E. Thompson*, »Partition forbidden: Brassard« The [Montreal] Gazette v. 30 Januar 1997, S. A 1 u. A 9 (zu den Äußerungen des Ministers für kanadische Bundesangelegenheiten Jacques Brassard); *P. Wills*, »At heart of partition debate: what constitutes a people« The [Montreal] Gazette v. 8. Februar 1997, S. A 1–A 2 (wiederum zu Äußerungen des Ministers Brassard).

[56] Allerdings hat die Regierung von Quebec mittlerweile darauf verzichtet, die Auffassung, nach welcher eine ›UDI‹ nach kanadischem Recht gültig wäre, weiter zu verfolgen. Der Grund hierfür scheint, daß sich diese Auffassung nur sehr schwierig durchsetzen ließe und weil die Regierung damit implizit zugestehen müßte, daß die Übereinstimmung des Unabhängigkeitsprozesses mit den Normen der kanadischen Rechtsordnung nicht völlig bedeutungslos ist; dies wäre ein Zugeständnis, das aus der Perspektive einer sezessionistischen Regierung wohl besser nicht erfolgen sollte.

[57] Siehe *Bertrand* v. *Bégin* (Fn. 8).

Verfassungsdokumente nicht förmlich angenommen hätten, wie von Art. 55 des Gesetzes in der Form eines objektiv-rechtlichen Gesetzgebungsauftrages vorgeschrieben.[58] Es ist in der Tat bedauerlich, daß diese Übersetzungen noch immer nicht formell verabschiedet worden sind. Dennoch ist undenkbar, daß dieses Unterlassen die
Nichtigkeit des gesamten Verfassungsgesetzes zur Folge haben könnte. Die Verfassung
definiert die fundamentalen Regierungsstrukturen im gesamten Land. Es entbehrt
jeglicher Plausibilität, daß die auf sie zurückzuführende Autorität, d.h. die grundlegende Verteilung von Befugnissen und Verantwortlichkeiten, auf denen jede Regierung beruht, durch die Vernachlässigung eines einzigen Verfassungsauftrages dem
Verdikt der Nichtigkeit anheimfallen sollte. Nicht selten erfüllen Regierungen die ihnen von Verfassungs wegen auferlegten Handlungspflichten zeitweilig nicht; hierfür
bestehen vielfältige Abhilfemöglichkeiten, die sich unterhalb der Schwelle einer
Nichtigerklärung der gesamten Verfassung bewegen. So zielte das Argument der Regierung von Quebec offensichtlich auch weniger darauf ab, das Gericht von seiner
Auffassung einer legalen Sezession zu überzeugen, als vielmehr eine breitere Legitimi-
tätsdiskussion in der Öffentlichkeit beeinflussen zu können. Die fehlende förmliche
Verabschiedung der französischen Übersetzung wichtiger Verfassungsdokumente
wurde in erster Linie als Argument zur Stärkung zweier zentraler Angriffsmittel im
souveränistischen Arsenal eingesetzt: a) die Behauptung, das Verfassungsgesetz von
1982 sei illegitim (wobei die Illegitimität hier für gewöhnlich auf die Verabschiedung
dieses Dokumentes über die Einwände der Regierung von Quebec hinweg zurückgeführt wird)[59] und b) das Argument, die offizielle Zweisprachigkeit sei auf pan-kana-
discher Ebene unzureichend und genüge ihre eigenen Ansprüchen nicht.

Demgegenüber kam dem zweiten Argument, das gegen die Anwendbarkeit der
›Änderungsformel‹ ins Feld geführt werden kann, größeres Gewicht zu. Dieses Argument wurde bereits in der Einleitung kurz skizziert und ließe sich hier noch einmal
wie folgt zusammenfassen: Die einschlägigen Bestimmungen der ›Änderungsformel‹
finden nur dann Anwendung, wenn es tatsächlich um »eine Änderung der Verfassung
Kanadas« geht.[60] Eine Sezession würde weit über eine bloße Änderung der Verfassung
hinausgehen; sie würde die Auflösung des Staatswesens bedeuten, wie wir es kennen.
Eine Sezession liefe somit auf einen Bruch mit der gegenwärtigen kanadischen Verfassungsordnung hinaus, nicht auf seine Änderung. Es war bei Verabschiedung der ›Änderungsformel‹ nicht die Intention des Verfassungsgebers, daß diese jemals einen solchermaßen profunden Bruch regeln sollte. Darüberhinaus stimmt diese Auslegung
auch mit den einzelnen Voraussetzungen der ›Formel‹ überein: das komplexe Muster
aus Zustimmungserfordernissen auf Bundes- und Provinzebene, die gemäß der For-

---

[58] Siehe *Bertrand* v. *Bégin* (Fn. 8), S. 12, 56–58.

[59] Zur Kontroverse um die Patriierung der Verfassung, einschließlich der Annahme des Verfassungsgesetzes von 1982, siehe *Webber* (Fn. 3), S. 92–120.

[60] Die einschlägigen Bestimmungen der ›Änderungsformel‹ sind Artt. 38 und 41 des Verfassungsgesetzes von 1982, die beide mit den Worten »eine Änderung der Verfassung Kanadas« [*An amendment to the
Constitution of Canada*] eingeleitet werden. Daneben stellt Art. 52 Abs. 3 des Verfassungsgesetzes klar, daß
»Änderungen der Verfassung Kanadas nur im Einklang mit der hierzu durch die Verfassung von Kanada
verliehenen Kompetenz erfolgen dürfen« [*Amendments to the Constitution of Canada shall be made only in accordance with the authority contained in the Constitution of Canada*]. In jedem einzelnen Fall findet die jeweilige
Bestimmung nur auf ›Änderungen‹ [*amendments*] Anwendung.

mel erforderlich sind, erscheint am ehesten für diejenigen Verfassungsänderungen angemessen, an denen alle Teile des Landes ein fortwährendes Interesse haben. Nicht angemessen ist es für eine Änderung, die zwei geteilte Länder schafft, welche sich in einem Verhältnis von Staatswesen zu Staatswesen gegenüberstehen.

Damit dreht sich dieses zweite Argument zur Unanwendbarkeit der ›Änderungsformel‹ um den Begriff der ›Änderung‹ oder ›Verfassungsänderung‹. Eine Lösung dieses Definitionsproblems wird sich nicht einfach im Wege einer lexikalischen Übung finden lassen. Wie in vielen Fällen umstrittener Definition wird der Rechtsanwender auch hier mit zwei plausiblen Alternativen konfrontiert: zum einen eine eher weite Auslegung des Begriffes, die jede Änderung, gleich welcher Natur, umfassen würde, zum anderen eine eher engere Fassung des Begriffes, die nur solche Änderungen miteinbezieht, die eine über die Änderung hinaus fortbestehende Verfassung betreffen. Die Entscheidung für die eine oder die andere Auslegung hängt dabei nicht so sehr von der Bedeutung des Wortes ›Änderung‹ oder ›Verfassungsänderung‹ ab. Es existiert insoweit keine vorgegebene Definition des Begriffes, die in sich jede, auf alle Umstände anzuwendende, Denotation des Begriffes trägt. Vielmehr hängt die Entscheidung für die eine oder die andere Auslegung davon ab, welche Auslegung im Kontext der Verfassung als Ganzes am plausibelsten erscheint. Um dies zu bestimmen, müssen die alternativen Normen berücksichtigt werden, die zur Anwendung gelangen könnten, sollte die engere Begriffsdefinition zugrunde zu legen sein.

Potentielle Alternativnormen müssen auch bei der Beurteilung derjenigen Argumente in Erwägung gezogen werden, aus denen sich ergeben soll, daß die ›Änderungsformel‹, auch bei einer Anwendung keine abschließenden Regelungen trifft. Nach dieser Auffassung könnte die ›Änderungsformel‹ um andere, die Sezession einer Provinz regelnde Normen ergänzt werden. Allerdings müssen die Vertreter dieser Auffassung die besondere Hürde des Art. 52 Abs. 3 des Verfassungsgesetzes von 1982 überwinden; diese Bestimmung erklärt, daß Verfassungsänderungen nur in Einklang mit der durch die Verfassung Kanadas hierzu verliehenen Befugnis erfolgen dürfen. Dessen ungeachtet dürfte die Bestimmung potentielle Wege für das Einschieben alternativer Normen offen gehalten haben. Zunächst könnte argumentiert werden, daß zusätzliche Normen die einschlägigen Bestimmungen der ›Änderungsformel‹ nicht ersetzen oder verdrängen, sondern lediglich an der Oberfläche modifizierend wirken. Sämtliche Verfassungsänderungen würden nach dieser Auffassung weiterhin im Einklang mit der ›Änderungsformel‹ erfolgen. Letztere würde lediglich um einige zusätzliche Erfordernisse ergänzt werden. In diese Richtung bewegt sich vor allem die Argumentation *Daniel Turps*. Er vertritt die Auffassung, es bestehe nunmehr eine Verfassungskonvention, aus der sich für alle beteiligten Parteien die Verpflichtung ergebe, im Anschluß an einen souveränistischen Sieg in einer Volksabstimmung alles zur Ermöglichung einer Sezession Quebecs Notwendige zu tun.[61] Zweitens könnte die Vorschrift des Art. 52 Abs. 3 weitaus weniger eindeutig sein als es auf den ersten Blick den Anschein hat; dies wäre dann gegeben, wenn die Klausel »Verfassung Kanadas« so aufzufassen sein sollte, daß sie sich auf zusätzliche ungeschriebene Verfassungsnormen erstreckt. Zwar definiert Art. 52 Abs. 2 des Verfassungsgesetzes von 1982 den Begriff

---

[61] Siehe *Turp*, Le droit à la sécession (Fn. 12), S. 50–52; *ders.*, Quebec's Democratic Right (Fn. 12), S. 103–107.

der »Verfassung Kanadas« als aus einer ganzen Reihe von dort aufgelisteten Dokumenten bestehend; doch spricht der Wortlaut dieser Bestimmung insoweit lediglich
davon, daß die Verfassung die dort genannten Dokumente ›umfaßt‹. Die Möglichkeit
weiterer Verfassungsrechtsquellen wird offen gelassen.[62] Die einzige Möglichkeit,
zwischen den beiden konkurrierenden Lesarten auszuwählen, besteht allein darin, die
beiden angebotenen Alternativen näher zu beleuchten und dabei zu prüfen, welche
die überzeugendere Auslegung der einschlägigen Normen bietet. Diesen Normen
wird sich der folgende Abschnitt daher zuwenden.

b)   Welche Normen könnten neben oder anstelle der ›Änderungsformel‹ Anwendung finden?

aa) Kanada als Unteilbares Ganzes

Sollte die ›Änderungsformel‹ nicht anzuwenden sein, könnte es sein, daß die zur
Anwendung gelangenden Alternativnormen die Sezession eher erschweren denn erleichtern. In der Tat haben einige Autoren, darunter nahezu keine Verfassungsrechtler, die These aufgestellt, Kanada sei als unteilbar zu betrachten; dies habe zur Folge,
daß eine legale Sezession in radikaler Weise unmöglich werden müßte. Tatsächlich
weist diese Position eine gewisse äußere Affinität mit der bereits vorgetragenen Auffassung auf, nach der eine Sezession einen so fundamentalen Wandel bedeute, daß sie
sich der Anwendung der ›Änderungsformel‹ gänzlich entziehe. So gesehen könnte die
Unteilbarkeitsthese als Argumentationsmuster verstanden werden, mit dem diese Auffassung lediglich einen Schritt weiter getragen wird: weil eine Sezession gleichbedeutend mit dem völligen Ende des kanadischen Staatsverbandes ist, erscheint es letztlich
unvorstellbar, daß die kanadische Verfassung eine solch gravierende ›Änderung‹ gestatten würde.

Diese Argumentation kann nicht überzeugen. Sicherlich mag sie den Präferenzen
einiger Föderalisten entgegenkommen, da sie verspricht, eine unbedingte Garantie
für die Einheit des kanadischen Staatsverbandes abzugeben. Jedoch steht die juristische Argumentation auf schwachen Füßen. Es handelt sich schlicht um den Versuch,

---

[62] Der Oberste Gerichtshof Kanadas hat bereits entschieden, daß die Legaldefinition des Begriffes der
›Verfassung Kanadas‹ in Art. 52 Abs. 2 des Verfassungsgesetzes von 1982 nicht abschließend ist und daß ungeschriebene Prinzipien Teil der ›Verfassung Kanadas‹ im Sinne dieser Vorschrift sein können; siehe *New
Brunswick Broadcasting Co.* v. *Nova Scotia*, [1993] 1 S.C.R. 319; 100 D.L.R. (4th) 212. *Hogg* (Fn. 7), S. 7–9
vertritt die Auffassung, daß die in der Vorschrift enthaltene Liste zumindest für geschriebene Normenin-
strumente als abschließend betrachtet werden sollte (und man gewinnt den Eindruck, daß er sich nur zögerlich der Autorität des zitierten Urteils unterwirft). Er gründet seine Argumentation auf die Notwendigkeit, Rechtssicherheit vor allem in den Fällen zu schaffen, in denen der in Rede stehende Teil der Verfassung dem Gesetzgeber Bindungen auferlegt und gegenüber einfachgesetzlichen Änderungen verfassungsrechtlichen Schutz genießt. Für andere Zwecke könne durchaus von einer weitergehenden Definition des Begriffes ausgegangen werden. Diese Argumentation trägt indessen zu der hier behandelten Problematik wenig bei bzw. läßt sie offen, selbst wenn man grundsätzlich der von *Hogg* vertretenen Auffassung
den Vorzug geben möchte (und es spricht viel für *Hoggs* Auffassung). Doch handelt es sich hier um ein
Prinzip, das, sofern existent, dem Gesetzgeber keine kontinuierlichen Bindungen auferlegen würde. Obwohl die Existenz eines ungeschriebenen Verfassungsrechtsprinzips zur Sezession einer Provinz damit gewichtige Belange der Verfassungsökonomie berührt, dürfte es sich hierbei nicht primär um die hinter
Hoggs Auffassung stehenden Belange handeln.

in allzu direkter Manier dem Wunsch nach Einheit den Schein juristischer Form zu übertragen. Dieser Versuch findet weder in kanadischen noch in britischen Verfassungstraditionen eine Stütze.

Die angebliche Absurdität, daß die kanadische Verfassung ihren eigenen Niedergang gestatten könnte, erweist sich folglich als alles andere als absurd. Es ist nicht unlogisch, daß die Verfassung einer Organisation Vorkehrung für die juristischen Mittel ihrer Auflösung trifft. In gesellschaftsrechtlichen Zusammenhängen ist dies durchaus üblich. Auf staatsrechtlicher Ebene schreiben einige Verfassungen ausdrücklich vor, in welcher Weise eine Sezession vonstatten gehen kann.[63] Die gegenwärtige Verfassung Kanadas gestattet ohne Zweifel auch Verfassungsänderungen, die in radikaler Weise die Natur des kanadischen Staates transformieren würden. Erinnert sei in diesem Kontext beispielsweise an die Rolle der Königin, das Amt des General- oder Lieutenant-Gouverneurs, Zahl und Gebiet der Provinzen sowie Verwendung und Status der offiziellen Staatssprachen. Das erforderliche Maß an Zustimmung für derartige Änderungen mag jedoch beträchtlich sein.[64] Der Wortlaut der Verfassung jedenfalls schließt mit Sicherheit die Möglichkeit der Sezession nicht aus.

Weiterhin liefe ein Verbot jeglicher Sezession der in der britischen Verfassungstradition fest verwurzelten Vermutung entgegen, nach der die Handlungsbefugnisse der öffentlichen Gewalt allumfassend sind, insofern die formalen Voraussetzungen für deren Ausübung beachtet werden. Den kanadischen gesetzgebenden Körperschaften stand diese allumfassende Befugnis nicht immer zu. In der kanadischen Geschichte waren bestimme Verfassungsänderungen (insbesondere solche hinsichtlich fundamentaler Verfassungstrukturen) zumeist dem Reichsparlament in Westminster vorbehalten.[65] Indessen war es gerade Sinn und Zweck der Verfassungspatriierung[66], die Kompetenz betreffend all jene Angelegenheiten, die bis dato der Komptenz des Reichsparlamentes unterworfen geblieben waren, auf kanadische Institutionen zu übertragen.

---

[63] Vgl. nur die bei *Monahan, Bryant & Côté* (Fn. 33), S. 7–16 zitierten Beispiele. Zum ganzen auch *K. C. Wheare*, Federal Government, 4. Aufl. New York 1964, S. 85–87. Ein unbefangener Betrachter, der im Verfassungsrecht des jeweiligen Landes nicht geschult ist, wird es schwer haben zu unterscheiden zwischen a) Schweigen und Verbot der Sezession sowie zwischen b) Verbot der einseitigen Sezession und totalem Verbot jeglicher Sezession. In gewissem Umfang sind *Monahan, Bryant & Côté* genau dieser Schwierigkeit erlegen. Sie entnehmen der australischen Verfassung ein totales Verbot jeglicher Sezession, wogegen die einzige insoweit einschlägige Abhandlung zu dieser Frage sehr überzeugend zu dem Schluß gelangt, daß dies eher nicht anzunehmen sein dürfte; siehe *Craven* (Fn. 30).

[64] Vgl. nur Art. 41 lit. a) & c), Art. 42 lit. e) & f) sowie Art. 43 lit. a) & b) des Verfassungsgesetzes von 1982.

[65] So lag eine wesentliche Erwägung im Urteil des *Privy Council* in der Sache *Re: The Initiative and Referendum Act* (Fn. 30) darin, daß die gesetzgebende Versammlung der Provinz erst durch ein Reichsgesetz – die Britische Nord-Amerika Akte von 1867 – errichtet worden war, dessen Änderung sich der Kompetenz der Versammlung entzog. Die konkrete Änderung, die in dieser Entscheidung in Rede stand, eine Änderung, die die Funktion des Lieutenant-Gouverneurs im Gesetzgebungsverfahren zu beenden suchte, wäre nunmehr aufgrund Art. 41 lit. a) des Verfassungsgesetzes von 1982 gestattet (gleichwohl setzt sie im ›Einstimmigkeitsverfahren‹ die Zustimmung der gesetzgebenden Versammlungen aller Provinzen, des Senates sowie des Unterhauses voraus).

[66] Als Ergebnis der Patriierung ist die kanadische Verfassung numehr vollständig ›veränderungsfähig‹ und der bis dahin verbliebene Restbestand britischer Gesetzgebungssouveränität in bezug auf Kanada erloschen. Zur Patriierung der kanadischen Verfassung auf der Grundlage der britischen Kanada-Akte von 1982 und des als Anhang B zu diesem Gesetz ergangenen Verfassungsgesetzes von 1982 siehe Fn. 3 sowie die Darstellung bei *Hogg* (Fn. 7), S. 53–58.

Die Bestimmungen der Kanada-Akte von 1982 (*Canada Act 1982*[67]) und ihrer Anhänge, darunter das Verfassungsgesetz von 1982, erscheinen hinreichend allgemein gehalten, diesen Zweck zu verwirklichen. Sofern sich diesem Gesetz keine spezifischen Beschränkungen bezüglich des Umfanges der Gesetzgebungsbefugnis des kanadischen Parlamentes entnehmen lassen, ist kein vernünftiger Grund ersichtlich, an der Erlangung all jener Befugnisse durch kanadische Institutionen zu zweifeln, die bis Inkrafttreten der Patriierungsgesetzgebung das Parlament in Westminster inne hatte.

Untersucht man nun den Umfang der vor der Übertragung auf Kanada bestehenden Befugnisse, wird deutlich, daß dieser keinerlei Beschränkungen hinsichtlich solcher Änderungen unterlag, die auf die Sezession eines bestimmten Gebietes hinauslaufen. Ohne Zweifel übte Großbritannien eine umfassende Gewalt in bezug auf Kolonialverfassungen aus, etwa indem Grenzen ausgedehnt oder mit verschiedensten bundesstaatlichen und unitarischen Institutionen experimentiert wurde. Darüberhinaus war allgemein anerkannt, daß die Reichsbehörden einseitig die britische Souveränität über ein der Krone unterworfenes Territorium widerrufen und damit einen Teil des Territoriums aus der Jurisdiktionsgewalt der Krone heraustrennen konnten. In der Kolonialzeit erfolgte die Abtretung von Ländereien mittels völkerrechtlichen Vertrages, während sie in einem späteren Zeitraum – als die ehemaligen Kolonien sich im Prozeß ihrer Unabhängigkeitserlangung befanden – auf legislativem Wege bewirkt wurde.[68] Obwohl die Reichsbehörden sich sezessionistischen Bewegungen in Neu-Schottland, West-Australien und Irland entgegenstellten, kann kein Zweifel daran bestehen, daß sie von Rechts wegen den Forderungen dieser Bewegungen auch hätten nachgeben können – wie es dann tatächlich sowohl im Falle Irlands nach Ausbruch gewalttätiger Auseinandersetzungen als auch im Falle Jamaicas im Anschluß an ein entsprechendes Referendum geschah.[69]

---

[67] Ebd.

[68] Siehe *Sir K. Roberts-Wray*, Commonwealth and Colonial Law, New York 1966, dort insbes. Kapitel 4 & 6. Tatsächlich war die Frage, ob das Reichsparlament in Einklang mit der Theorie der Parlamentssouveränität auf Dauer seine Gewalt über ein der Krone unterworfenes Territorium ohne weiteres beenden konnte, Gegenstand längerer Erörterungen, siehe *G. Marshall*, Parliamentary Sovereignty and the Commonwealth, Oxford 1957. Mittlerweile scheint sich als Konsens herausgeschält zu haben, daß die Hoheit über ein Gebiet tatsächlich wirksam aufgegeben werden kann, wiewohl die hierfür zur Verfügung stehenden Mittel weiter Gegenstand kontroverser Erörterungen sind. Besonders kenntnisreich zu dieser Problematik *Slattery* (Fn. 52).

[69] Im Zusammenhang mit dem Sezessionsversuch West-Australiens waren sich alle beteiligten Parteien – die Vertreter West-Australiens, der australischen Bundesregierung sowie die Mitglieder des mit der Frage befaßten Ausschusses des Reichsparlamentes – einig, daß das Reichsparlament die Befugnis inne hatte, die begehrte Sezession juristisch umzusetzen – und dies obwohl die Präambel der australischen Verfassung die Föderation als »unauflöslich« bezeichnet, hierzu *Craven* (Fn. 30), S. 46–55. Eine ähnliche Vermutung schien im Falle Neu-Schottlands bestanden zu haben, vgl. *K. G. Pryke*, Nova Scotia and Confederation 1864–74, Toronto 1979, S. 60–79; *G. Stevenson*, Ex Uno Plures: Federal-Provincial Relations in Canada, 1867–1896, Montreal 1993, S. 108–115. Zu Irland siehe *K. C. Wheare*, The Statute of Westminster and Dominion Status, 5. Aufl. London 1953, S. 100–102. Im Falle Jamaicas wurde die unter britischer Hoheitsgewalt stehende Föderation der West-Indischen Inseln aufgelöst, nachdem sich eine Mehrheit der Wähler in einer Volksabstimmung für die Sezession ausgesprochen hatte, siehe *Roberts-Wray* (Fn. 68), S. 840f. Vor Inkrafttreten der Patriierungsgesetzgebung nahm die ganz überwiegende Mehrheit der Autoren im Schrifttum an, die Sezession Quebecs könnte im Wege eines britischen Parlamentsgesetzes vollzogen werden, siehe *J. Claydon & J. D. Whyte*, Legal Aspects of Quebec's Claim for Independence, in: *R. Simeon* (Hg.), Must Canada Fail?, Montreal 1977, S. 259, 274–79; *F. M. Greenwood*, The Legal Secession of

Dennoch ist kein vernünftiger Grund ersichtlich, in die nunmehr patriierte kanadische Verfassung ein implizites Verbot, auf einen Teil der Souveränitätsrechte zu verzichten, hineinzuinterpretieren. Die einzig verbleibende Problematik ist somit das zur Verfügung stehende verfahrensrechtliche Mittel, mit dem ein solcher Vorgang bewirkt werden könnte.[70] Unter welchen Gesichtspunkten sind Alternativnormen zur ›Änderungsformel‹ denkbar, die eine Sezession gestatten?

bb) *Alternative Begründungen für ein konkludent bestehendes Recht auf Sezession*

aaa) *Verfassungskonventionen als Alternativnormen*

Daniel Turp hat die Auffassung vertreten, es bestehe eine Verfassungskonvention, welche Quebec die Sezession gestatte, sofern die Regierung von Quebec hierzu in einer Volksabstimmung ein klares Mandat erhalte. *Turp* argumentiert, daß, auch wenn Rechtsnormen streng genommen für die Sezession höhere Verfahrenserfordernisse aufstellen, die politische Praxis eine rechtsverbindliche Verpflichtung geschaffen habe, bei Erteilung eines demokratischen Mandates die Sezession zu gestatten. Er gründet seine Argumentation auf eine Reihe von präjudizierenden ›Präzedenzfällen‹, von denen er behauptet, daß sie ein Recht auf Sezession verankert haben. *Turp* nennt im besonderen die Hinnahme aufseiten der kanadischen Bundesregierung der Volksabstimmung von 1980 zur ›Souveränitäts-Assoziierung‹ sowie eine ganze Reihe von Äußerungen, die für die Bevölkerung von Quebec ein entsprechendes Entscheidungsrecht in Anspruch genommen hätten und die vornehmlich von führenden politischen Köpfen der Provinz verbreitet worden sind. Sinn und Zweck einer solchen Konventionalregel, so *Turp*, seien ganz einfach auf das Demokratieprinzip zurückzuführen.[71]

In der Tat sind Verfassungskonventionen ein anerkannter Bestandteil aller vom britischen Modell abgeleiteten Verfassungen. Es handelt sich um Regeln, die sich aus der politischen Praxis heraus entwickelt haben und als verbindlich erachtet werden. Bisweilen können sie von überragender Bedeutung sein und zentrale Verfassungsprinzipien normieren. Dies ist der Fall z.B. im Grundsatz des *responsible government,* d.h. der Regel, daß die jeweils amtierende Regierung des Vertrauens der Mehrheit der Mitglieder des Unterhauses bedarf. Indessen werden Verfassungskonventionen nicht mittels gerichtlicher Verfahren, sondern im politischen Prozeß durchgesetzt (obgleich die Gerichte in den letzten Jahren eine größere Bereitschaft gezeigt haben, sich zu Existenz und Bruch von Verfassungskonventionen zu äußern).[72]

Quebec – A Review Note, University of British Columbia Law Review 12 (1978), S. 71; *M.A. Thibodeau,* The Legality of an Independent Quebec: Canadian Constitutional Law and Self-Determination in International Law, Boston College of International & Comparative Law 3 (1979), S. 99, 107–122.

[70] So auch *Finkelstein & Vegh* (Fn. 23), S. 8–14; *Monahan,* Cooler Heads (Fn. 23), S. 7.

[71] Siehe *Turp,* Le droit à la sécession (Fn. 12), S. 50–52; *ders.,* Quebec's Democratic Right (Fn. 12), S. 103–107; *ders.,* Exposé-réponse (Fn. 12), S. 662 u. 664f. Siehe auch *C. Beauchamp,* De l'existence d'une convention constitutionnelle [sic]reconnaissant le droit du Québec à l'autodétermination, Revue juridique des étudiants de l'université Laval 6 (1992), S. 55; *J.-M. Arbour u.a.,* »Référendum: le débat sur la légalité de la démarche est un faux débat« La Presse [de Montréal] v. 6. September 1995, S. B 3 (allerdings geht dieser Beitrag nicht näher auf die sich mit einer solchen Verfassungskonvention verbindenden weiteren Verfahrenserfordernisse ein).

[72] Die nach wie vor erhellendste Abhandlung zu Verfassungskonventionen findet sich bei *Sir W.I. Jennings,* The Law and the Constitution, 5. Aufl. London 1959; doch siehe auch *G. Marshall,* Constitutional

Bei Verfassungskonventionen kommt es auf die Erkenntnis an, daß in mancher Hinsicht eine Ähnlichkeit mit den Normen des *Common Law* besteht, erstere aber nicht vor den Gerichten durchgesetzt werden können. Ihre Eigenschaft als verbindliche Normen wird allgemein zugestanden; um diese Eigenschaft aufweisen zu können, muß ihr Normgehalt sich anhand der sie hervorbringenden Präzedenzfälle einigermaßen genau definieren lassen. Der große englische Verfassungsrechtlicher *Sir Ivor Jennings* faßte die zur Bestimmung des Bestehens einer Konvention erforderlichen Voraussetzungen mittels dreier Fragen zusammen: »erstens, welches sind die Präzedenzfälle; zweitens, gingen die an den Präzedenzfällen Beteiligten davon aus, an die Regel gebunden gewesen zu sein; und drittens, gibt es einen Grund für die Regel?«[73]

Gemessen an diesen Voraussetzungen erweist sich die von *Turp* vorgeschlagene Konvention als defizient. Bei den von ihm als Präzedenzfällen zitierten Äußerungen handelt es sich um bloße Meinungsbekundungen; nicht dagegen handelt es sich um eine Regelanerkennung begründende Handlungsabläufe, aus denen sich eine Verpflichtung zukünftiger Befolgung ableiten ließe. Selbst als Meinungsbekundungen erweisen sie sich als vage in genau dem Punkt, der für *Turp* interessant ist. So enthält beispielsweise eine der Quellen, auf die sich *Turp* bezieht, folgendes Zitat des ehemaligen Premierministers *Pierre Elliott Trudeau*:

> So zwingen uns also die Ereignisse des 15. November (ein Hinweis auf den ersten Wahlsieg der Parti Québécois 1976, nicht auf das Referendum 1980) in diesem enorm veränderten Land, eine Entscheidung zu treffen. Und ich persönlich finde das nicht nur geradezu exzellent, ich finde es fast erhebend … Ich habe auch den Eindruck, daß wir gewinnen werden. Allerdings müssen wir uns an die Spielregeln halten … Es gibt nicht viele Länder, die die demokratische Freiheit einer Partei gewähren, deren erklärtes Ziel es ist, gerade das diese Freiheit gewährende Land zu zerstören.[74]

Die Quelle fährt fort mit einem weiteren Zitat *Trudeaus*, in dem er die Anwendung militärischer Gewalt, um Quebec an einer Sezession zu hindern, ablehnt.[75] Äußerungen wie diese lassen sich indessen wohl weniger als Anerkenntnis einer rechtsverbindlichen Regel interpretieren, denn als Bekundungen einer politischen Meinung oder Absicht, sich dem Ergebnis einer Volksabstimmung zu fügen.[76] Selbst wenn man an-

---

Conventions: The Rules and Forms of Political Accountability, Oxford 1986; *A.D. Heard*, Canadian Constitutional Conventions: The Marriage of Law and Politics, Toronto 1991. Als Beispiel für Gerichte, die sich zu Verfassungskonventionen äußern, sei hier auf die Entscheidungen des kanadischen Obersten Gerichtshofes in *Re: Resolution to Amend the Constitution*, [1981] 1 S.C.R. 753, [1981] 6 W.W.R. 1 sowie *Re: Objection to a Resolution to Amend the Constitution* (Fn. 3).

[73] *Jennings* (Fn. 72), S. 136. Diese Formulierung wurde vom kanadischen Obersten Gerichtshof in der Entscheidung in *Re: Resolution to Amend the Constitution* (Fn. 72), S. 888 übernommen.

[74] *M. Adam*, »Le droit à la libre disposition du Québec a été reconnu par P. Trudeau« La Presse [de Montréal] v. 15. August 1991, S. B 2, zitiert bei *Turp*, Le droit à la sécession (Fn. 12), S. 62, Fn. 9 sowie *ders.*, Quebec's Democratic Right (Fn. 12), S. 104, Fn. 11.

[75] Ebd.

[76] Diese Interpretation legt auch *Woehrling* zugrunde, siehe *ders.*, L'évolution constitutionnelle (Fn. 13), S. 590f.; *ders.*, Éventuelle accession (Fn. 13), S. 32f. Die von *Beauchamp* zitierten Äußerungen sind ähnlich mehrdeutig. Die auf Bundes- und Provinzebene außerhalb Quebecs Beteiligten sprechen insoweit nur von ihrer Bereitschaft zu verhandeln, sollte die Bevölkerung Quebecs klar für die Separation stimmen; siehe *Beauchamp* (Fn. 71), S. 62. Demgegenüber treffen die von der Neuen Demokratischen sowie der Progressiv-Konservativen Partei verabschiedeten Resolutionen, in denen das Recht Quebecs auf Selbstbe-

nehmen wollte, daß mit diesen Äußerungen vom Bestehen einer verbindlichen Norm ausgegangen wurde, bliebe nach wie vor die Frage ihres konkreten Gehaltes: sollte dieser darin bestehen, daß Quebec allein auf der Grundlage eines Abstimmungsergebnisses die Unabhängigkeit erlangt, egal, welche der zahlreichen Übergangsprobleme ungelöst bleiben? Daß die Politiker Quebecs verpflichtet sind, die Sezession vom restlichen Kanada im Verhandlungswege zu erreichen? Oder daß die führenden politischen Persönlichkeiten ganz Kanadas einer verbindlichen Verpflichtung unterliegen, die notwendigen Verfassungsänderungen zu verabschieden, mit denen die Sezession Quebecs erreicht werden kann?

Turp zieht letztere Auslegung vor. Gleichwohl ist nur schwerlich nachzuvollziehen, wie er zu diesem Ergebnis gelangen kann, berücksichtigt man die Unbestimmtheit der von den Handelnden gemachten Äußerungen. *Turp* gesteht allerdings zu, daß das Verfahren der Sezession formal weiterhin von der ›Änderungsformel‹ geregelt wird; denn die von ihm angenommene Verfassungskonvention erlegt lediglich »eine Verpflichtung auf, solche Verfassungsänderungen zu verabschieden, die zur Umsetzung des Abstimmungsergebnisses und somit des Austrittes Quebecs aus der Konföderation notwendig sind«.[77] Doch selbst wenn dies der Inhalt der Konvention sein sollte, stellt sich die Frage, wie sich dieser aus den von *Turp* zitierten ›Präzedenzfällen‹ ergeben soll. Die einschlägigen Äußerungen stammen überwiegend von Politikern aus Quebec; die angebliche Konvention jedoch sucht ihrem äußeren Gehalt nach Politiker sämtlicher Provinzen zu binden und diktiert auf diese Weise, wie die Politiker ihre Pflichten als Mitglieder der gesetzgebenden Versammlungen im Verfahren der Verfassungsänderung wahrzunehmen haben. Dabei dürfte den Äußerungen von Politikern aus Quebec für das Bestehen konkludenter Normen, die die Politiker der übrigen Provinzen verpflichten, wohl nur, milde formuliert, ein geringer Beweiswert beizumessen sein. Sie berücksichtigen ferner nicht die Verpflichtungen, die für die Gesetzgeber der übrigen Provinzen gegenüber ihren eigenen Wahlvölkern bestehen.

Aus alledem kann sich nur ergeben, daß die von *Turp* vorgeschlagene Verfassungskonvention keine Konvention ist. Es mögen in der Tat sehr gute Gründe dafür sprechen, daß die maßgeblichen Politiker Rest-Kanadas ein Ja-Votum zu einer eindeutigen Abstimmungsfrage respektieren sollten. Indessen ergibt sich damit noch keine bestimmte und für alle verbindliche Verpflichtung, konkrete Schritte zur Umsetzung des sich in einem solchen Votum ausdrückenden Zieles zu unternehmen.

bbb) Die Theorie der Konföderation als Vertrag (Compact Theory)

In einem Beitrag im *Virginia Journal of International Law* vertreten *Gregory Marchildon* und *Edward Maxwell* die Ansicht, Quebec besitze auf der Grundlage der Theorie von der Konföderation als Vertrag (*compact theory*) ein Recht auf einseitige Sezession.[78] Diese

---

stimmung anerkannt wird, schon eher auf den Punkt (beide Resolutionen zit. bei *Beauchamp*, aaO., S. 63). Doch sind auch diese Resolutionen im Hinblick auf Voraussetzungen und Verfahren äußerst unklar.

[77] *Turp*, Quebec's Democratic Right (Fn. 12), S. 106; vgl. insoweit auch *ders.*, Le droit à la sécession (Fn. 12), S. 52; sehr viel offener dagegen die ungeklärte und mehrdeutige Natur der hier angesprochenen Problematiken betonend *ders.*, Exposé-réponse (Fn. 12), S. 664f.

[78] *G. Marchildon & E. Maxwell*, Quebec's Right of Secession Under Canadian and International Law, Virginia Journal of International Law 32 (1992), S. 583, 593–98.

Theorie besagt, daß Kanada aus einer – staatsvertraglichen – Übereinkunft zwischen den zuvor bestehenden Kolonien entstanden sei; ferner sollte diese Besonderheit hinsichtlich der Ursprünge des kanadischen Staatsverbandes Eingang in die Auslegung der resultierenden Verfassungsrechtsordnung finden. Diese Theorie besitzt zahlreiche Varianten, denen folgendes Fundament gemein ist: ihre Vertreter neigen dazu, ein Bekenntnis zur moralischen Bedeutung, zum moralischen Vorrang, der Provinzen als fundamentaler Konstituenten der Konföderation zu teilen. Die besagte Theorie wird als argumentatives Mittel eingesetzt, mit dem sich Verfassungsentwicklungen in den Weg gestellt werden kann, welche die dem äußeren Gehalt der anfänglichen Übereinkunft nach gewährleistete Autonomie der Provinzen auszuhöhlen drohen.[79]

Die Vertragstheorie kann auf eine lange Geschichte im kanadischen Verfassungsrechtsdenken zurückblicken und erfreute sich bisweilen großer Akzeptanz in der Bevölkerung und Unterstützung durch die Gerichte.[80] Indessen ist sie nicht unwidersprochen geblieben. Nach einer konkurrierenden Theorie, der ›Gesetzestheorie‹, soll Kanada nämlich nicht aus einer staatsvertraglichen Übereinkunft, sondern aus gesetzgeberischem Akt hervorgegangen sein.[81] Nach dieser Theorie sind die vorkonstitutionellen Einheiten von der Konföderation hinweggefegt und durch eine gänzlich neue staatliche Struktur ersetzt worden. Durch diese sei nicht nur eine neue Bundesregierung, sondern auch neue Provinzen geschaffen worden. Diese Struktur könne nicht auf der Zustimmung der vormaligen Kolonien beruhen; sie besitze vielmehr ihre eigene, unabhängige Legitimitätsgrundlage. Auch diese Theorie hat bisweilen die Zustimmung der Gerichte gefunden.[82]

Marchilden und *Maxwell* präsentieren eine Reihe von Indizien, die ihre Auffassung von der Konföderation als Ergebnis eines Vertrages stützen. Es spricht in der Tat sehr viel für diese Auffassung. Indessen bieten *Marchilden* und *Maxwell* keine Erklärung dafür, warum die ›Vertragstheorie‹ ein Recht auf einseitige Sezession begründen soll. Vermutlich beruht diese Behauptung auf einer vom Begriff des ›Vertrages‹ abgeleite-

---

[79] Mit weitergehenden Ausführungen zur ›Vertragstheorie‹ und der ›*provincial rights*‹-Bewegung, der sie entstammt, siehe R. *Arès*, Dossier sur le Pacte fédératif de 1867 – La Confédération: pacte ou loi?, Montreal 1967; R. *Cook*, Provincial Autonomy, Minority Rights and the Compact Theory, 1867–1921, Ottawa 1969; A. I. *Silver*, The French-Canadian Idea of Confederation 1864–1900, Toronto 1982; R. C. *Vipond*, Liberty and Community: Canadian Federalism and the Failure of the Constitution, Albany, N.Y. 1991; *Stevenson* (Fn. 69) vor allem S. 17f. Tatsächlich haben sich zwei Hauptvarianten herausgebildet, von denen die eine sich auf die Provinzen als grundlegende Einheiten des Staates konzentriert, während die andere sich mit dem Verhältnis zwischen anglo- und franko-kanadischer Nation befaßt. Die für Zwecke der Sezession allein relevante Variante ist die sich mit den Provinzen befassende. Die Untersuchung beschränkt sich im folgenden auf letztere.

[80] Siehe v.a. *Re Regulation and Control of Aeronautics in Canada*, [1932] A.C. 54, S. 70, [1932] 1 D.L.R. 58 (*Privy Council*); *Canada (Attorney General)* v. *Ontario (Attorney General)* (*Labour Conventions*-Entscheidung), [1937] A.C. 326, S. 351f., [1937] 1 D.L.R. 673 (*Privy Council*).

[81] Eine einflußreiche Untersuchung zu dieser Theorie findet sich bei N. McL. *Rogers*, The Compact Theory of Confederation, Canadian Bar Review 9 (1931), S. 395. Hierzu auch *Arès* (Fn. 78). Eine wertvolle Diskussion zum Verhältnis der beiden Theorien zueinander bietet *R. A. Macdonald*, ... Meech Lake to the Contrary Notwithstanding (Part I), Osgoode Hall Law Journal 29 (1991), S. 253, insbes. S. 278ff.

[82] Siehe z.B. *Attorney General Australia* v. *Colonial Sugar Refining Co.*, [1914] A.C. 237, S. 252f. (*Privy Council*) (Es sei allerdings darauf hingewiesen, daß die hier zitierte Passage eine Mischtheorie stützt, die von einem ›Staatsvertrag‹ ausgeht, der im weiteren Verlauf als Gesetz verabschiedet worden ist); *Bonanza Creek Gold Mining Co.* v. *R.*, [1916] 1 A.C. 566, S. 579, 26 D.L.R. 273 (*Privy Council*).

ten Schlußfolgerung, nach der jeder Teil vom Vertrag nach Belieben zurücktreten kann, oder dies zumindest bei einem schweren Verstoß gegen die ursprüngliche Übereinkunft tun können soll.[83] Berücksichtigt man die Geschichte der kanadischen Verfassung, erscheint jede dieser Alternativen unwahrscheinlich als Begründung für ein juristisches Recht auf Sezession. Selbst wenn die Konföderation aus einer Übereinkunft der Kolonien hervorgegangen sein sollte, wurde sie rechtlich erst im nachhinein in Ausübung der Reichshoheit errichtet. Die neue Verfassung wurde nicht allein durch die Zustimmung der ›vertragschließenden‹ Parteien geschaffen, sondern durch Gesetz des damaligen Reichssouveräns; die Bedingungen der Übereinkunft wurden in diesem Gesetz niedergelegt. Zu jenem Zeitpunkt wären alle Parteien davon ausgegangen, daß Änderungen im Rahmen der damaligen Rechtsordnung nur in aktiver Zusammenarbeit mit den Reichsbehörden ergehen können, unabhängig vom Grund für Unzufriedenheit. Dies war mit Sicherheit die 1868 vorherrschende Auffassung, als Neu-Schottland einen ernsthaften Sezessionsversuch unternahm.[84] Seither ist die vormals vom Reichsparlament versehene Hoheitsgewalt schrittweise auf kanadische Institutionen übergegangen. Dies erfolgte zunächst in Konsequenz der Entscheidung der Reichsbehörden, Änderungen der Verfassung Kanadas nur noch auf Wunsch Kanadas vorzunehmen, später dann vermöge der im Verfassungsgesetz von 1982 niedergelegten Verfahren zur Verfassungsänderung (einschließlich der möglicherweise konkludent bestehenden Möglichkeiten zur Verfassungsänderung, sofern solche bestehen sollten).[85] Es bereitet einigermaßen Schwierigkeiten, in diesen Entwicklungen die Begründung für ein einseitiges, ›vertraglich‹ begründetes Austrittsrecht zu sehen, wenn tatsächlich ein solches Recht bereits bei Vertragsschluß nicht bestanden hat.[86]

Das Problem der von *Marchildon* und *Maxwell* entwickelten Argumentation besteht darin, daß diese die ›Vertragstheorie‹ in einer Weise auffaßt, die sich sehr von ihrer gewöhnlichen Funktion in der kanadischen Verfassungsrechtsprechung entfernt. Im allgemeinen ist auf die ›Vertragstheorie‹ als Mittel der Auslegung rekurriert worden; ein Mittel, das eine besondere Lesart der moralischen Grundlagen der Konföderation eröffnet. Die Vertragstheorie betont insoweit, als der kanadische Föderalismus sich durch einander zugeordnete Hoheitsgewalten auszeichnet, daß die Provinzen ihre eigene sich selbst-rechtfertigende Integrität besitzen. Ferner sollten die Gerichte die Verfassung nicht in einer Weise auslegen, welche die Befugnisse Ottawas zum Nachteil der Provinzen ausdehnt. Insofern erfüllt die Theorie die Funktion einer bestimm-

---

[83] Hierin lag die Bedeutung der Berufung auf die ›Vertragstheorie‹ durch die Vertreter der Südstaaten vor Ausbruch des amerikanischen Unabhängigkeitskrieges; siehe *J. C. Calhoun*, A Discourse on the Constitution and Government of the United States, in: *R. K. Cralle* (Hg.), The Works of John C. Calhoun, Bd. 1, New York 1854, S. 111, insbes. S. 225 ff. Im amerikanischen Falle wurde der Streit letztendlich im Bürgerkrieg zum Nachteil der Südstaaten gelöst. Es sei darauf hingewiesen, daß bei Berücksichtigung des konkret zur Anwendung gekommenen Verfahrens zur Bildung der amerikanischen Union, die sich aus der Qualifizierung der Verfassung als staatsvertraglicher Übereinkunft ergebende Argumentation im Falle der Vereinigten Staaten plausibler war als im Falle Kanadas, wo die staatliche Entwicklung ihren Anfang unter Aufsicht der Reichsgewalt in Westminster nahm.

[84] Zu den Vorgängen in Neu-Schottland siehe die Ausführungen in Fn. 69; zur Problematik insgesamt *Colonial Sugar Refining* (Fn. 82), S. 252 f.

[85] Eine Darstellung des Übertragungsprozesses findet sich bei *Hogg* (Fn. 8), S. 45–58 sowie bei *Slattery* (Fn. 52), S. 63–81.

[86] Ähnlich aus australischer Sicht *Craven* (Fn. 30), S. 63–81.

ten Optik, mittels derer die materiellen Bestimmungen der Verfassung ausgelegt werden können; sie dient indessen nicht als eine sich selbst genügende Begründung für das Bestehen einer verfassungsrechtlichen Norm.

Der Einwand ließe sich auch dergestalt ausdrücken, daß die ›Vertragstheorie‹ lediglich besagt, die Konföderation sei einer ›vertraglichen‹ Übereinkunft entsprungen; sie sagt nichts über den Inhalt der Übereinkunft aus. Hier müssen die Verfassungsdokumente selbst herangezogen werden. Die Theorie kann lediglich Auskunft darüber geben, in welchem Geiste die Verfassung ausgelegt werden soll; sie kann die Verfassung hingegen nicht ersetzen. Die von *Marchildon* und *Maxwell* verfolgte Argumentation überzeugt nicht; denn, abgesehen von der simplen und letztendlich vagen Behauptung, die Konföderation sei ein ›Vertrag‹, ist sie außerstande, eine plausible Begründung für die von ihnen vorgeschlagene Norm zu liefern.

ccc) Völkerrecht

Im folgenden handelt es sich um eines der Argumente, das sich am ehesten in die Diskurse normativer Begründung und Rechtfertigung einfügt, derer sich die Souveränisten über die Jahre bedient haben. In der Vergangenheit haben die Souveränisten dazu geneigt, ein rein völkerrechtlich abgeleitetes Recht auf Selbstbestimmung in Anspruch zu nehmen. Es wurde jedoch nicht dargelegt, daß dieses Recht auch im Rahmen der innerstaatlichen Rechtsordnung zur Geltung gelangen könnte. Indessen bestehen gute Gründe, letztere Möglichkeit näher zu untersuchen. Denn sollte die ›Änderungsformel‹ auf den Fall einer Sezession nicht anwendbar sein, ließe sich vernünftigerweise die These aufstellen, daß das somit bestehende rechtliche Vakuum mittels eines Rückgriffes auf das Völkerrecht gefüllt werden könnte.

In der britischen Tradition gebührt innerstaatlichen Rechtsvorschriften der Vorrang vor Normen des Völkerrechts. Beide Rechtsordnungen können getrennt voneinander Geltung beanspruchen; daher ist es möglich, daß zwei sich widersprechende Gruppen von Vorschriften bestehen: eine, die Kanada nach internationalem Recht verpflichtet, und eine andere, die gemäß der innerstaatlichen Rechtsordnung in Kraft ist. Hiervon abgesehen sind die beiden Rechtsordnungen keinesfalls undurchlässig. Zum einen erkennt das kanadische Recht eine generelle Verpflichtung an, die innerstaatliche Rechtsordnung so auszulegen, daß sie weitestmöglich mit internationalen Rechtsnormen übereinstimmt. Zum anderen vertreten die meisten Völkerrechtler die Ansicht, daß völkergewohnheitsrechtliche Normen automatisch Bestandteil der innerstaatlichen Rechtsordnung sind, es sei denn, Normen der innerstaatlichen Rechtsordnung stünden ihnen klar entgegen. Gleiches gilt nicht für Vorschriften, die per Vertrag geschaffen werden (und die für gewöhnlich eines Umsetzungsaktes des zuständigen Gesetzgebungsorganes bedürfen, um innerstaatliche Geltung zu erlangen). Doch selbst in diesem Falle kann völkervertragsrechtlichen Vorschriften eine maßgebliche Bedeutung bei der Auslegung innerstaatlichen Rechts zukommen. Es ist daher durchaus denkbar, Völkerrecht bei der Auslegung ausdrücklicher Vorschriften der kanadischen Verfassung nutzbar zu machen oder möglicherweise bestehende Regelungslücken auf diese Weise zu füllen.[87]

---

[87] Zur Inkorporierung völkerrechtlicher Normen in innerstaatliche Rechtsordnungen siehe *I.*

Welche Vorschriften des Völkerrechts sind in Betracht zu ziehen? Nach der hierzu allgemein von den Souveränisten vorgetragenen Ansicht, kommt der Bevölkerung Quebecs nach internationalem Recht ein Recht auf Selbstbestimmung zu; dieses Recht umfasse ein Recht auf Sezession, notfalls auch auf einseitige Sezession.[88] Sollte ein Recht mit diesem Inhalt tatsächlich bestehen, so ist es sicher möglich, daß es auch innerhalb der kanadischen Rechtsordnung Geltung beanspruchen kann. Dies zumal mittlerweile als geklärt gelten kann, daß das Recht auf Selbstbestimmung völkergewohnheitsrechtlichen Status besitzt.[89] Damit aber rücken normativer Gehalt sowie konkrete Anwendung des Rechts auf Selbstbestimmung ins Zentrum der Problematik.

Mit der Beanspruchung des Rechts erheben sich eine Reihe außerordentlich diffiziler Probleme. Beispielsweise leuchtet nicht ohne weiteres ein, daß für Zwecke der Ausübung des Rechts auf Selbstbestimmung *eines Volkes* sämtliche Bewohner Quebecs *ein einziges und einheitliches › Volk‹* konstituieren sollen. Es bestehen zahlreiche sich widerstreitende Definitionen zur Bestimmung der Volkzugehörigkeit: die autochthonen Nationen verfügen unzweifelhaft über einen gut begründeten Anspruch, als ›Völker‹ betrachtet zu werden. Das Recht auf Selbstbestimmung eines Volkes könnte auch eine sehr viel stärker kulturell angelegte Volksdefinition erfordern. Dies hätte die Folge, daß das in Frage kommende Volk die Franko-Kanadier insgesamt oder die franko-kanadische Bevölkerung Quebecs ist. Andere Richtungen im völkerrechtlichen Schrifttum befürworten dagegen eine eher staatszentrierte Definition mit dem Ergebnis, daß das relevante Volk die gesamte Bevölkerung Kanadas wäre. Dieses Definitionsproblem ist keineswegs leicht zu lösen. Es hängt in hohem Maße davon ab, in welcher Weise man die normative Begründung für ein Recht auf Selbstbestimmung interpretiert.[90] Im aktuellen Zusammenhang unterfüttert diese Kontroverse zahlrei-

---

Brownlie, Principles of Public International Law, 4. Aufl. Oxford 1990, S. 43–50; *J.-M. Arbour*, Droit international public, 2. Aufl. Cowansville, Que. 1992, S. 53–59, 107–111; *H. Kindred u. a.* (Hg.), International Law: Chiefly as Interpreted and Applied in Canada, 5. Aufl. Toronto 1993, S. 147ff.

[88] Vgl. die in Fn. 12 zit. Literatur.

[89] Vgl. *Nguyen Quoc Dinh u.a.*, Droit international public, 5. Aufl. Paris 1994, S. 493; *Affaire relative au Timor oriental*, [1995] Rapp. C.I.J. 90, S. 102.

[90] *Turp* zum Beispiel verläßt sich insoweit gänzlich auf eine (subjektive) Selbst-Definition der betroffenen Gruppe; siehe *ders.*, Quebec's Democratic Right (Fn. 13), S. 110; *ders.*, Exposé-réponse (Fn. 13), S. 660. Obgleich sich dieses rein subjektive Element in den meisten Definitionen findet, dürfte es allein nicht ausreichen. Je nachdem, welches ›Selbst‹ man konsultiert, wird man sich widersprechende Antworten auf die Frage erhalten, welches das ›relevante‹ Volk ist. Befragt man in kollektiver Weise die Gesamtbevölkerung Quebecs, könnte die Antwort leicht ›alle Quebecer‹ lauten. Befragt man dagegen lediglich die Cree der James Bay, so könnte die Antwort ›die Crees‹ lauten.
Brossard, L'accession (Fn. 12), S. 160–181 beläßt es bei der eher überkommenen Mischung aus objektiven wie subjektiven Faktoren. Das Definitionsproblem taucht jedoch bei bei ihm spätestens an dem Punkt wieder auf, an dem er sich nach Kräften bemüht, das Recht von der »*nation canadienne-française*« auf das »*peuple québécois*« übergehen zu lassen; er stellt die Behauptung auf, anglophone Quebecer, die weder der »*nation canadienne-française*« noch dem »*peuple québécois*« angehörten, seien im Prinzip nicht berechtigt, sich an einer Abstimmung über die Sezession zu beteiligen; siehe *ders.*, aaO., S. 183 u. 185. Dennoch wäre *Brossard* bereit, ihnen ein Stimmrecht zuzugestehen (aaO., S. 184). Dies allerdings nur, weil sie anderenfalls protestieren würden und nicht gewillt wären, Entscheidungen der Mehrheit zu akzeptieren (was offenbar für *Brossard* bedeutet, daß nur die Mehrheit abstimmen darf!).
Die Möglichkeit, daß es über die Definition der ›Völker‹ zu Anfechtungen kommt, ist auch keinesfalls bloß akademischer Natur. Im Wahlkampf zur Volksabstimmung 1995 stellte der *Grand Council of the Crees*

che weitere, äußerst kontrovers geführte Debatten, nicht zuletzt die Frage der Teilung eines sezessionierenden Quebecs.

Indessen soll diesen Fragen hier nicht weiter nachgegangen werden. Es geht vordringlich um die einfache Möglichkeit, daß das Völkerrecht eine Grundlage für ein Recht auf einseitige Sezession abgeben könnte, wenn davon ausgegangen wird, daß das Recht auf Selbstbestimmung in die kanadische Rechtsordnung inkorporiert worden ist. Für diesen Zweck ist es ausreichend, daß sich mit dem Umfang des Rechts sowie konkret damit auseinandergesetzt wird, ob es unter den im konkreten Fall Quebecs vorliegenden Umständen ein Recht auf Sezession gewährt.[91]

Dabei ist das Recht auf Selbstbestimmung von einer erheblichen Kluft zwischen dem Verständnis in einer breiteren Öffentlichkeit (für die das Recht auf Selbstbestimmung häufig gleichbedeutend ist mit einem Recht auf Sezession) und dem völkerrechtlichen Gehalt des Rechtes gekennzeichnet. Der Grund für dieses erheblich voneinander abweichende Verständnis könnte darin liegen, daß das Recht auf Selbstbestimmung durch das Bekenntnis der internationalen Gemeinschaft zum Schutz der territorialen Integrität der Staaten eingeschränkt wird. Dies, obwohl *prima facie* allen Völkern das Recht gewährt wird, sich ihre politische Organisationsform selbst zu wählen, einschließlich der Möglichkeit eines eigenen Staates. Nur in seltenen Fällen kann sich daher auf das Selbstbestimmungsrecht berufen werden, um die Unabhängigkeit zu erklären. Tatsächlich ist bis in die jüngere Zeit hinein im völkerrechtlichen Schrifttum überwiegend die Auffassung vertreten worden, das Recht auf Sezession sei auf Situationen beschränkt, in denen das sezessionierende Territorium lediglich den Status einer Kolonie (oder eines sonstigen sich nicht selbst regierenden Territoriums) besitzt, das geographisch ohne Anbindung an das Heimatterritorium der imperialen Macht ist. Nur in diesen Fällen des klassischen Überseekolonialismus genießt das Recht auf Selbstbestimmung Vorrang vor dem Anspruch des imperialen Staates auf Beachtung seiner territorialen Integrität. Dieses Ergebnis ließe sich ebenso über die Bedeutung des Wortes ›Völker‹ begründen. In Anbetracht der sich widerstreitenden Definitionen dessen, was ein ›Volk‹ konstituiert, kann der einzig gangbare Weg nur sein, daß sich der Begriff ›Völker‹ lediglich auf die Gesamtbevölkerung separater politischer Einheiten bezieht. Anderenfalls wären Staatswesen ingesamt der Gefahr ständiger Zerrüttung aufgrund miteinander konfligierender, aus behaupteter unterschiedlicher Volkszugehörigkeit abgeleiteter Ansprüche auf Selbstbestimmung ausgesetzt. Nur im Falle einer Kolonialherrschaft ist der Grad des Getrennt-Seins zwischen zwei Völkern hinreichend, um zu dem Schluß zu gelangen, daß ein separates Volk existiert.

(of Quebec) ein äußerst umfangreiches Gutachten vor, in dem das Recht Quebecs auf Sezession in Frage gestellt und das Recht der autochthonen Völker auf Selbstbestimmung bekräftigt wurde; siehe Fn. 33.

[91] Zu neueren Untersuchungen zum Recht auf Selbstbestimmung, auf die sich die Ausführungen im Text bisweilen beziehen, siehe *B. Kingsbury*, Claims by Non-State Groups in International Law, Cornell International Law Journal 25 (1992), S. 481; *H. Hannum*, Rethinking Self-Determination, Virginia Journal of International Law 34 (1993), S. 1; *T.M. Franck*, Postmodern Tribalism and the Right to Secession, in: *C. Brölmann u.a.* (Hg.), Peoples and Minorities in International Law, Doordrecht 1993, S. 3ff.; *Nguyen u.a.* (Fn. 89), S. 490–502; *A. Cassese*, Self-Determination of Peoples: A Legal Reappraisal, Cambridge 1995; *H. Hannum*, Autonomy, Sovereignty, and Self-Determination: The Accommodation of Conflicting Rights, Philadelphia 1996.

In der Nachkriegsliteratur zum Selbstbestimmungsrecht waren beide Argumentationsstränge gängig.[92] Nach beiden Auffassungen ist das Recht auf Sezession sehr viel begrenzter, als es die Wahrnehmung in der breiteren Öffentlichkeit vermuten ließe: es beschränkt sich allein auf den Fall der Entkolonisierung. Seit Beginn der 90er Jahre wird über eine immanente Änderung dieser Situation infolge des Verhaltens der internationalen Gemeinschaft während des Zerfalls der Sowjetunion, Jugoslawiens und auch der Tschechoslowakei spekuliert.[93] Indessen scheinen diese Beispielsfälle in einem Prozess der Absorbierung sich nunmehr in den zuvor bestehenden Konsens einzuordnen. So werden etwa der Zerfall der Sowjetunion wie auch der Tschechoslowakei gewöhnlich als Beispiele für eine konsentierte, nicht einseitige Sezession genannt.[94] Der kompliziertere und juristisch sehr viel anspruchsvollere Fall Jugoslawiens wird dagegen als Auflösung analysiert; bei dieser hörte das vorangehende Staatswesen faktisch auf zu funktionieren und eröffnete seinen Bestandteilen so die Möglichkeit, getrennte Wege zu gehen.[95] Insofern mag das Verhalten der internationalen Gemeinschaft belegen, daß sich die Praxis der Anerkennung entwickelt, vielleicht in eine für sezessionierende Territorien großzügigere Richtung (zumindest unter den Umständen, die denen im Falle des jugoslawischen Konfliktes ähnlich sind). Indessen kann keiner dieser Fälle als Beleg für ein entstehendes *Recht* auf Sezession dienen.[96]

---

[92] Vgl. *Franck* (Fn. 91); *Nguyen u. a.* (Fn. 89), S. 493–501.

[93] Vgl. nur *D. Z. Cass*, Re-thinking Self-Determination: A Critical Analysis of Current International Law Theories, Syracuse Journal of International & Comparative Law 18 (1992), S. 21; *Turp*, Quebec's Democratic Right (Fn. 12), S. 113–115; ders., Exposé-réponse (Fn. 12), S. 664; *L. S. Eastwood, Jr*, Secession: State Practice and International Law after the Dissolution of the Soviet Union and Yugoslavia, Duke Journal of Comparative & International Law 3 (1993), S. 299 (obgleich dieser Autor seine Schlußfolgerungen nur sehr vorsichtig formuliert); *D. Murswiek*, The issue of a Right of Secession – Reconsidered, in: *Chr. Tomuschat* (Hg.), Modern Law of Self-Determination, Doordrecht 1993), S. 21, 28–34: *Sam Blay*, Self-Determination: A Reassessment in the Post-Communist Era, Denver Journal of International Law & Policy 22 (1994), S. 275; *Falk* (Fn. 35), S. 63–71.

[94] *Hannum*, Rethinking (Fn. 91), S. 51; *Franck* (Fn. 91), S. 15; *Hannum*, Accommodation (Fn. 91), S. 497.

[95] Siehe *Conférence pour la paix en Yougoslavie – Avis de la Commission d'arbitrage, 29 novembre 1991*, Revue du Droit International Public 96 (1992), S. 264; *Hannum*, Rethinking (Fn. 91), S. 51–53; *Woehrling*, Éventuelle accession (Fn. 13), S. 42f., Fn. 22; *Hannum*, Accommodation (Fn. 91), S. 497f. *Cassese* behandelt den Zerfall sowohl Jugoslawiens als auch der Sowjetunion (mit Ausnahme der Sezession der baltischen Staaten) als Fälle einer *de facto* Separation außerhalb des geltenden völkerrechtlichen Rahmens; siehe ders. (Fn. 91), S. 257–73; *Nguyen u. a.* behandeln beide Fälle als Auflösung; siehe dies., (Fn. 89), S. 501f.

[96] Will man die Bedeutung der Vorgänge in Ost-Europa richtig erfassen, erscheint es vorteilhaft, zwischen der Akzeptanz eines positiven Rechts auf Sezession und einer größeren Toleranz gegenüber Sezession, die sich in einer erhöhten Anerkennungsbereitschaft gegenüber neuen Staaten manifestiert, zu unterscheiden; siehe *Falk* (Fn. 35), S. 63–71; *Weller* (Fn. 50). Die Bereitschaft, Sezessionen in höherem Maße zu tolerieren und die aus ihnen hervorgehenden Staaten anzuerkennen, unterscheidet sich indessen ganz erheblich von der Anerkennung eines positiven *Rechts* auf Sezession. *Falk* bewegt sich insoweit auf sicherem Boden, wenn er meint, daß »die Möglichkeit derartiger Ansprüche auf Unabhängigkeit zum derzeitigen Zeitpunkt von Rechts wegen sicherlich nicht ausgeschlossen sei«, *Falk*, aaO., S. 68.
Darüberhinaus sind in jüngerer Zeit Anstrengungen unternommen worden, die philosophischen Grundlagen für ein erweitertes Recht auf Selbstbestimmung zu ergründen; siehe *A. Margalit & J. Raz*, National Self-Determination, Journal of Philosophy 87 (1990), S. 439ff.; *A. Buchanan*, The Morality of Political Divorce from Fort Sumter to Lithuania and Quebec, Boulder, Color. 1991 (wobei *Buchanan* dennoch Zweifel daran äußert, ob eine einseitige Sezession im Falle Quebecs gerechtfertigt wäre). Eine überzeugende Antwort hierauf gibt *B. Slattery*, The Paradoxes of National Self-Determination, Osgoode Hall Law Journal 32 (1994), S. 703ff.

In der Tat ist die Literatur in jüngster Zeit geneigt, sich von der staatlich-nationalen Unabhängigkeit als Ziel des Selbstbestimmungsrechtes der Völker zu lösen.[97] Diese neueste Entwicklung im Schrifttum legt die Vermutung nahe, daß gerade die Verengung des Blickwinkels auf die Sezession in vielen vorangegangenen Betrachtungen unangebracht gewesen sein mag. Stattdessen stehe im Zentrum des Rechts auf Selbstbestimmung, das Recht aller Staatsbürger, sich an der Ausübung staatlicher Gewalt zu beteiligen. Welche Form der Beteiligung als angemessen und ausreichend anzusehen ist, wird dabei bisweilen unterschiedlich beurteilt. Auf der einfachsten Ebene wird man hierfür ein Mindestmaß an politischer Gleichheit und Beachtung der Menschenrechte voraussetzen dürfen; dies, obwohl einige Autoren ein robustes Bekenntnis zur Demokratie noch hinzufügen würden,[98] oder gar ein Recht auf autonome staatliche Institutionen für nationale Minderheiten.[99] In jedem Falle gehen diese neueren Auffassungen im völkerrechtlichen Schrifttum davon aus, daß das Recht auf Selbstbestimmung unproblematisch in hohem Maße mit der Wahrung und Achtung der territorialen Integrität bestehender Staaten zu vereinbaren ist. Danach könnte sich ein Recht auf Sezession zwar immer noch ergeben (selbst in nicht-kolonialen Situationen); doch wäre dies nur für den Fall anzunehmen, daß die jeweilige Minderheit von politischer Partizipation ausgeschlossen oder in anderer Hinsicht schweren Verfolgungen ausgesetzt ist.

Danach aber stützt keine dieser Theorien die Auffassung, derzufolge Quebec ein Recht auf Sezession für sich beanspruchen könne.[100] Quebec ist mit Sicherheit nicht

---

[97] Siehe zum Beispiel *Kingsbury* (Fn. 91), S. 498–504; *Hannum*, Rethinking (Fn. 91), S. 57–69; *P. Thornberry*, The Democratic or Internal Aspects of Self-Determination with some Remarks on Federalism, in: *Chr. Tomuschat*(Hg.) (Fn. 93), S. 101.

[98] Siehe z.B. *T.M. Franck*, The Emerging Right to Democratic Governance, American Journal of International Law 86 (1992), S. 46.

[99] So z.B. *I. Brownlie*, The Rights of Peoples in Modern International Law, in: *J. Crawford* (Hg.), The Rights of Peoples, Oxford 1988, S. 1ff.; *S.J. Anaya*, The Capacity of International Law to Advance Ethnic or Nationality Right Claims, Iowa Law Review 75 (1990), S. 837ff; *Hannum*, Accommodation (Fn. 91), S. 468–477.

[100] Dies ist die Meinung der meisten Stimmen im rechtswissenschaftlichen Schrifttum, die sich mit dem Fall Quebecs beschäftigt haben; siehe *U.O. Umozurike*, Self-Determination in International Law, Hamden, Conn. 1972, S. 256–259; *D. Cameron*, Nationalism, Self-Determination and the Quebec question, Toronto 1974, S. 82–106 u. 143–157; *Claydon & Whyte* (Fn. 70), S. 260–270; *T.C. Carey*, Self-Determination in the Post-Colonial Era: The Case of Quebec, South African Journal of International Law 1 (1977), S. 47; *R. Chaput*, Du rapport Durham au ›rapport‹ Brossard: le droit des Québécois à disposer d'eux-mêmes, Cahiers de Droit 20 (1979), S. 289–308 (der der Ansicht ist, die Legalität würde davon abhängen, ob das restliche Kanada das Ergebnis einer Volksabstimmung rechtlich akzeptieren würde); *T.M. Franck u.a.*, L'intégrité territoriale du Québec dans l'hypothèse de l'accession à la souveraineté, in: *Commission d'étude des questions afférentes à l'accession du Québec à la souveraineté* (Hg.) (Fn. 12), S. 377 u. 419–425; *S. Williams*, International Legal Effects of Secession by Quebec, North York, Ont. 1992 (hrsg. v. *York University Centre for Public Law and Public Policy*), S. 8f. u. 13–22: *Marchildon & Maxwell* (Fn. 79); *Eastwood, Jr.* (Fn. 93), S. 342; *Cassese* (Fn. 91), S. 248–254; *N. Finkelstein u.a.*, Does Quebec Have a Right to Secede at International Law?, Canadian Bar Review 74 (1995), S. 225.

Zu der gegenteiligen Auffassung siehe v.a. *Brossard* (Fn. 12), S. 159–202; *ders.*, Le droit à l'autodétermination (Fn. 12); *ders.*, Le droit de disposer de lui-même (Fn. 12); *Turp*, Le droit à la sécession (Fn. 12), S. 53–59; *ders.*, Quebec's Democratic Right (Fn. 12), S. 107–115; *Turp*, Exposé-réponse (Fn. 12), S. 657–665 (allerdings gehen sowohl *Brossard* als auch *Turp* davon aus, daß die Ausübung des Sezessionsrechtes allein vom Willen des betroffenen Volkes abhänge). *Thibodeau* gelangt zu keiner abschließenden Bewertung, scheint aber der Auffassung zuzuneigen, daß Quebec kein Recht auf Sezession beanspruchen kann, siehe *Thibo-*

als bloße Kolonie des restlichen Kanadas zu betrachten; noch ist es von diesem geographisch getrennt. Es liegt damit gänzlich außerhalb jener Umstände, unter denen die vorherrschende völkerrechtliche Dogmatik seit Ende des Zweiten Weltkriegs ein Recht auf Sezession anerkennt. Selbst bei Anwendung der in der jüngeren Literatur vorgetragenen Maßstäbe gelangt man zu keinem anderen Ergebnis: die Bevölkerung Quebecs genießt die gleichen politischen Rechte wie andere Kanadier auch. Ihr stehen umfassende Partizipationsmöglichkeiten in allen demokratischen Institutionen des Landes offen, und schließlich genießt Quebec ein hohes Maß an politischer Autonomie. Demgegenüber vertritt *Turp* die Meinung, die Verfassungspatriierung 1982 über die Einwände der Regierung von Quebec hinweg sowie das Scheitern des *Meech Lake*-Abkommens 1990 hätten belegt, daß die Bevölkerung Quebecs nicht über ausreichende politische Rechte im Rahmen des kanadischen Staatsverbandes verfüge und daher die Voraussetzungen für ein Recht auf Sezession gegeben seien;[101] hierbei dürfte es sich um eine Hyperbel handeln. *Turps* Auffassung würde darauf hinauslaufen, daß ein Teilstaat immer ein Recht auf Sezession erhielte, es sei denn, gerade die von diesem Teilstaat ausgehenden verfassungsrechtlichen Wunschvorstellungen werden realisiert. Die völkerrechtliche Literatur hebt insoweit ganz eindeutig auf einen strengeren Maßstab ab, der reale politische Verfolgung voraussetzt.[102]

Das internationale Recht ist anfällig für voneinander abweichende Auslegungen und bisweilen rapide Entwicklungen als Ergebnis einer sich verändernden Staatenpraxis. Diese Entwicklungen müßten in der Tat von beträchtlichem Umfang sein, sollten sie zu dem Ergebnis führen, daß Quebec ein Recht auf einseitige Sezession beanspruchen kann.

---

deau (Fn. 69), S. 126–141. Eine Reihe souveränistischer Autoren in Quebec haben dahinstehen lassen, ob die Provinz ein Recht auf Sezession beanspruchen kann (tatsächlich scheinen einige hieran zu zweifeln). Stattdessen haben sie den Blickwinkel auf die Tatsache gerichtet, daß eine Sezession in jedem Fall erfolgen kann, indem in wirksamer Weise sämtliche staatliche Gewalt beansprucht wird, möglicherweise vermittelt durch die völkerrechtliche Anerkennung von außen; vgl. insoweit *Brun & Tremblay* (Fn. 13), S. 236–237; *Woehrling*, Redéfinition (Fn. 13), S. 90ff.; *ders.*, La Constitution canadienne (Fn. 21), S. 154–162; *ders.*, L'évolution constitutionnelle (Fn. 13), S. 584–91; *ders.*, L'évolution et le réaménagement (Fn. 29), S. 123–130; *ders.*, Éventuelle sécession (Fn. 13), S. 314–322 (in den vier voranstehend zitierten Beiträgen räumt *Woehrling* das Fehlen eines völkerrechtlich abgesicherten Rechtes so gut wie ein), vgl. auch *Woehrling*, Éventuelle sécessioon (Fn. 14), S. 30–32; *Arbour u. a.* (Fn. 71), S. B 3; *J.-Y. Morin*, Démembrer le Québec?, L'action nationale 86 (1996), S. 151–159, 163–164, 168; *Turp* selbst ist ebenfalls in jüngerer Zeit auf diese Linie eingeschwenkt, siehe *Turp* (Fn. 54), S. 800f.

[101] Siehe *Turp*, Le droit à la sécession (Fn. 12), S. 58; *ders.*, Quebec's Democratic Right (Fn. 12), S. 114: *ders.*, Exposé-réponse (Fn. 12), S. 664. *Brossard*, der seine Thesen 1976 zu Papier brachte, beruft sich auf vergangene Ungerechtigkeiten, die vornehmlich frankophonen Minderheiten außerhalb Quebecs zuteil wurden, sowie die seiner Auffassung nach fehlgehende Auslegung der Britischen Nordamerika-Akte; siehe *Brossard*, L'accession (Fn. 12), S. 203–230.

[102] *Woehrling* gelangt zum gleichen Ergebnis wie *Turp*, im wesentlichen unter Bezugnahme auf die Reaktionen der Regierung von Quebec auf das Scheitern des *Meech Lake*-Abkommens; siehe *Woehrling*, La Constitution canadienne (Fn. 21), S. 160f; *ders.*, L'évolution constitutionnelle (Fn. 13), S. 590; *ders.*, Éventuelle accession (Fn. 13), S. 32; *ders.*, Éventuelle sécession (Fn. 13), S. 317f.

Es liegt dem Verfasser fern, die politische Bedeutung der Umstände sowohl der Verfassungspatriierung als auch des Scheiterns des *Meech Lake*-Abkommens unterzubewerten. Der Autor hat seine Auffassung zu diesen Vorkommnissen an anderer Stelle bereits dargelegt; siehe *Webber*, Reimagining Canada (Fn. 3), insbes. S. 117–120, 125–162. Indessen ist es erforderlich, den Sinn fürs Verhältnismäßige zu wahren.

ddd) Das Demokratieprinzip

Möglicherweise ist dies auch der Grund dafür, daß souveränistische Politiker in den letzten Monaten im allgemeinen einen Bogen um den Diskurs der Selbsbestimmung gemacht und sich stattdessen allein auf demokratische Legitimität und Volkssouveränität berufen haben: gewinnen die Souveränisten das nächste Referendum, so sollte Quebec ihren Behauptungen zufolge in der Lage sein, seine Unabhängigkeit zu erlangen, da dies dem demokratisch geäußerten Willen seines Volkes entspräche.[103]

Für die Mehrheit im Schrifttum ist jedoch nicht vollständig ersichtlich, ob hiermit ebenfalls eine juristische Argumentationslinie verfolgt werden soll.[104] Sollte dies der Fall sein, wird sich damit auf das Terrain des völkerrechtlichen Selbstbestimmungsrechtes begeben, ohne die Probleme, denen sich das Völkerrecht seit geraumer Zeit in diesem Punkt gegenübersieht, zu thematisieren, geschweige denn zu lösen. Die Behauptung demokratischer Legitimität ignoriert beispielsweise die inhärente Schwierigkeit zu bestimmen, welcher aus einer Vielzahl denkbarer ›Wahlkreise‹ der angemessene ist. Warum sollte eine Mehrheit der Quebecer regieren? Warum nicht, im Gebiet ihrer angestammten Ländereien, eine Mehrheit der Cree? Oder, im hohen Norden, warum nicht eine Mehrheit der Inuit (oder, sofern man ethnische Definitionen vermeiden möchte, die Mehrheit der Bevölkerung in diesen Regionen)?[105] Völkerrechtler haben sich diesem Problem durchaus gestellt, seine Unlösbarkeit erkannt und das Recht auf Selbstbestimmung entsprechend ausgestaltet. Sollten diese Argumente der Souveränisten auf einen juristischen Anspruch hinauslaufen, versteht man dies wohl am besten als Versuch, lediglich das völkerrechtliche Selbstbestimmungsrecht auf andere Weise und mit unterschiedlichem Gehalt zu reformulieren, ohne sich indessen den geschilderten Problemen im Zusammenhang mit diesem Recht zu widmen. Sie

---

[103] Siehe *D. Lessard*, »Québec se retire du combat juridique« La Presse [de Montréal] v. 5. September 1996, S. A 1 sowie die in Fn. 10 zitierten Äußerungen.

[104] *Turp* sowie *Brun & Tremblay* entwickeln diesen Gedanken als juristische Argumentation; siehe *Brun & Tremblay* (Fn. 13), S. 237; *Turp*, Le droit à la sécession (Fn. 12), S. 52; *ders.*, Quebec's Democratic Right (Fn. 12), S. 107 (hier auf die innerstaatliche Rechtsordnung abhebend) u. S. 114 f. (hier das Argument demokratischer Selbstbestimmung in die Nähe des völkerrechtlichen Selbstbestimmungsrechtes rückend); *ders.*, Exposé-réponse (Fn. 13), S. 666 f.

[105] Im Oktober 1995 führten die Cree, Inuit und Montagnais zeitgleich mit der Volksabstimmung der Provinz Quebec eigene Abstimmungen durch. Die Ergebnisse fielen jeweils mit 96 v. H., 95 v. H. und 99 v. H. *gegen* die Sezession aus; siehe *A. Derfel*, »The Message is Clear: We Won't Go« The [Montreal] Gazette v. 26. Oktober 1995, S. A 15; *A. Derfel*, »Quebec Inuit strongly reject sovereignty in own vote« The [Montreal] Gazette v. 27. Oktober, S. A 10; *A. Derfel*, »Montagnais reject Quebec independence« The [Montreal] Gazette v. 28. Oktober 1995, S. A 9; zum Hintergrund siehe *Grand Council of the Cree (of Quebec)* (Fn. 33).

Wie insbes. *Slattery* hervorgehoben hat, berührt die Frage der Selbstbestimmung nicht einfach die ›Freiheit‹ eines Volkes, sondern vielmehr die Schaffung alternativer *Herrschafts*strukturen; siehe *Slattery* (Fn. 96). Lediglich ein Bekenntnis zur Freiheit (oder, wie in diesem Falle, ein einfaches Bekenntnis zur Mehrheitsregel) reicht für die Begründung, warum eine Herrschaftsstruktur einer anderen vorzuziehen sein soll, nicht aus. *Turp*, dem hierfür Anerkennung gebührt, war insofern auch bereit, in Erwägung zu ziehen, daß die autochthonen Völker Quebecs Träger eines eigenen demokratischen Rechts auf Sezession sein könnten; siehe *Turp*, Quebec's Democratic Right (Fn. 13), S. 116–121; indessen ist er mittlerweile von dieser Position wieder abgerückt, siehe *J. Dion*, »Bouchard et Turp accordent leurs violons« Le Devoir [de Montréal] v. 27. Mai 1994, S. A 5; *Turp* (Fn. 54), S. 811–814.

sind daher am ehesten als ›Duplikat‹ zu verstehen, welches mit dem bestehenden völkerrechtlichen Recht auf Selbstbestimmung nicht in Einklang steht.

Die völkerrechtliche Unvereinbarkeit führt aber nicht zu einer abschließenden Beurteilung des erhobenen Anspruches. Es ist durchaus vorstellbar, daß der kanadischen Verfassungsordnung in latenter Weise eine unabhängig von völkerrechtlichen Überlegungen bestehende und von völkerrechtlichen Maßstäben abweichende Norm innewohnt. *Turp* argument in diese Richtung, wenn er darauf hinweist, daß in jedem Falle die kanadische Verfassung nur mittels Volksabstimmung und ohne Rücksicht auf die ›Änderungsformel‹ geändert werden könne: denn nur dieses Verfahren stimme mit demokratischen Grundsätzen überein.[106] Diese Möglichkeit soll im folgenden näher untersucht werden. Doch sollte die Feststellung der Unvereinbarkeit der Sezession Quebecs mit dem völkerrechtlichen Selbstbestimmungsrecht zumindest Anlaß bieten, inne zu halten.

c) Die ausschließliche Anwendbarkeit der ›Änderungsformel‹ – Schluß

Jeder der oben näher untersuchten Argumentationsstränge erweist sich als einigermaßen problematisch. Indessen reicht die, wenngleich aufschlußreiche, Sezedierung der einzelnen Argumente nicht aus, um insgesamt eine überzeugende Gegenargumentation aufbauen zu können. Die alternativ zur Verfügung stehenden juristischen ›Sezessionsmittel‹ mögen problematisch sein. Ihr Gehalt mag in hohem Maße anfechtbar sein, und es könnte sich als schwierig erweisen, auch nur für eines der verschiedenen, alternativ angebotenen Verfahren ein tragendes juristisches Fundament im gegenwärtigen Verfassungsrecht zu finden. Indessen hängt die Vorzugswürdigkeit dieser Mittel letztendlich von einem entscheidenden Vergleich ab: ob sie nämlich eine überzeugende Auslegung der eine Sezession regelnden Normen bieten, vergleicht man sie mit konkurrierenden Auslegungen. In diesem Falle besteht die hauptsächliche Alternative darin, daß die ›Änderungsformel‹ das ausschließliche Verfahren für eine legale Sezession darstellt. Nur indem wir uns diesem Vorbringen zuwenden, kann beurteilt werden, welche Auslegung die überzeugendere ist.

Ohne Zweifel enthält die kanadische Verfassung ungeschriebene Normen. Das Prinzip der Parlamentssouveränität (welches eine entscheidende Rolle bei der Strukturierung des Verhältnisses zwischen Legislative und Exekutive spielt und das nach wie vor die Auslegung der einzelnen Gesetzgebungskompetenzen beeinflußt, obgleich es im Hinblick auf die föderale Struktur des kanadischen Staates und das Inkrafttreten der Grundrechtscharta erheblich modifiziert worden ist) stellt beispielsweise eine dieser ungeschriebenen Normen dar. In die gleiche Kategorie fällt die treuhänderische Verpflichtung der Krone gegenüber den eingeborenen Völkern.[107] Daneben besteht eine Vielzahl weiterer ungeschriebener Normen, von denen einige die ausdrücklich verlie-

---

[106] Siehe *Turp*, Le droit à la sécession (Fn. 12), S. 52; *ders.*, Quebec's Democratic Right (Fn. 12), S. 107; *ders.*, Exposé-réponse (Fn. 12), S. 667 f. Insofern besteht eine gewisse Ähnlichkeit zu der von *Woehrling*, Redéfinition (Fn. 13), S. 34–36 erwogenen Befugnis der kanadischen Bundesregierung (nicht einer Provinz), mittels einer Volksabstimmung die ›Änderungsformel‹ zu umgehen. Indessen nimmt *Woehrling* ganz zutreffend an, daß ein solches Vorgehen gerade nicht verfassungsmäßig wäre. *Brun & Tremblay* (Fn. 13), S. 237 argumentieren ebenfalls, nicht mit derselben Deutlichkeit, für eine unabhängige, der geltenden kanadischen Verfassungsrechtsordnung zu entnehmenden Norm.

[107] Siehe Text in Fn. 33–46.

henen Kompetenzen in beträchtlichem Umfang modifizieren (was beispielsweise der Fall ist bei den treuhänderischen Verpflichtungen der Krone). Es ist daher keineswegs einfach, die Möglichkeit konkludenter, den Vorgang der Sezession regelnder Normen auszuschließen. Bloße Anrufungen des angelsächsischen Äquivalentes für das Rechtsstaatsprinzip, die *rule of law,* vermögen dieses Ergebnis allein nicht zu begründen. Die sich stellende Frage lautet, welches die auf dieses Problem anzuwendende Rechtsvorschrift ist: die ›Änderungsformel‹ oder eine andere Vorschrift? Welche Auslegung des Rechts erscheint vorzugswürdig: die Akzeptanz der Möglichkeit ungeschriebener Normen, die sich entlang der bereits untersuchten Argumentationsstränge bewegen, zur Regelung dieses noch nie dagewesenen Vorganges? oder die Interpretation der ›Änderungsformel‹ als abschließender Regelung selbst für derartige ›Verfassungsänderungen‹? Obwohl es keine gänzlich abschließenden Argumente gibt, kann man sich einer Beantwortung dieser Frage nähern, indem man erstens die Funktion von Verfassungsnormen (bzw. des Konstitutionalismus überhaupt) näher beleuchtet und zweitens sich dem Wesen von Rechtsnormen im allgemeinen zuwendet.

Hier lassen sich Beobachtungen zu zwei der dramatischsten Beispiele gelungener Verfassungsreform in den letzten Jahren an den Anfang stellen. Die erste Beobachtung betrifft den Übergang von kommunistischen zu demokratischen Regierungsformen in Ost-Europa. Dort wurden zuletzt die kommunistischen Verfassungen als zutiefst illegitim, als widerwärtig, empfunden. Man hätte daher erwarten können, daß sich der Übergang mittels eines Umsturzes vollzieht. In einem solchen Fall wären die alten, leeren Formen, zusammen mit den Eliten, die sich ihrer zur Herrschaftsausübung bedient hatten, durch vom Volk getragene, gründlichst reformierte und gänzlich neue Verfassungen ersetzt worden. Es kam jedoch nicht zum Umsturz der alten Formen. Stattdessen wurden die in ihnen angelegten Verfahren noch im Akt der Machtenthebung der vormaligen kommunistischen Regime befolgt. Dies erfolgte trotz der Konsequenz, daß aus der kommunistischen Ära diskreditierte Gesetzgeber eine beträchtliche Kontrolle über das Ergebnis des Prozesses ausüben konnten.[108] Das zweite Beispiel entstammt dem ehemaligen Süd-Rhodesien (nunmehr Simbabwe). Dort erklärte 1965 das Regime des *Ian Smith,* das die schwarze Bevölkerungsmehrheit von der Ausübung politischer Macht ausschloß, einseitig die Unabhängigkeit von Großbritannien und löste so einen langjährigen Bürgerkrieg aus. Schließlich gelang es den gegen *Smith* angetretenen Rebellen, sich vermöge ihrer überlegenen Waffengewalt durchzusetzen. Indessen wurde die neue Verfassungsordnung nicht im Wege eines *fiat* ausgerufen. Stattdessen willigten die Parteien in die Gewährung einer neuen Verfassung durch Großbritannien ein; eine Verfassung, die die neuen Herrschaftsverhältnisse auf dem Fundament einer Legalität errichtete, die sich aus der vor 1965 bestehenden Ordnung ableitete.[109] Es ist bemerkenswert, daß in diesen beiden Fällen mit revolutionären Folgen durchgesetzter Herrschaftsübergänge, die Beteiligten sich nicht-revolutionärer juristischer Mittel zu bedienen suchten. Warum geschah dies?

---

[108] Siehe *A. Arato,* Dilemmas Arising from the Power to Create Constitutions in Eastern Europe, in: *M. Rosenfeld* (Hg.), Constitutionalism, Identity, Difference, and Legitimacy: Theoretical Perspectives, Durham, North Carolina 1994, S. 165, bes. S. 178–181.

[109] Siehe *Zimbabwe Act 1979* (U.K.), 1979, c. 60; *Zimbabwe Constitution Order 1979,* Statutory Instruments 1979/1600; siehe auch *Halsbury's Statutory Instruments,* Bd. 4 (Ausg. 1996), London 1996, S. 458ff.; *Hudson* (Fn. 51), insbes. S. 164ff.

Teilweise liegt die Antwort in dem Faktum, daß derartige Siege selten vollständig sind. Die fortwährende Präsenz der unterlegenen Partei, selbst in stark geschwächter Form, macht ein Mindestmaß an Kompromiß unvermeidbar. Abgesehen von diesen eher taktischen Überlegungen bestehen weitere solide Gründe prinzipieller Natur, für eine Beibehaltung bzw. Wiederbelebung institutioneller Kontinuität. Das ost-europäische wie auch das simbabwische Beispiel belegen den normativen Gehalt stabiler Verfahren sowie in sich stimmiger und erkennbarer Herrschaftsstrukturen; dies selbst dann, wenn die materielle Legitimität dieser Institutionen zutiefst fragwürdig ist. Dieses Bekenntnis zur institutionellen Stabilität ist, in einer sehr realen Weise, konservativ. Indessen ist die Erkenntnis von großer Bedeutung, daß Kontinuität auch unter anderen als ›konservativen‹ Gesichtspunkten wertvoll ist. Selbst wenn man sich zur Notwendigkeit eines tiefgreifenden Wandels bekennt, wie dies in Ost-Europa und im neuen Simbabwe der Fall war, ergeben sich aus der Kontinuität beträchtliche Vorteile.

Zunächst einmal kann die institutionelle Kontinuität von entscheidender Bedeutung für die Effektivität staatlichen Handelns sein, selbst noch im Laufe des Überganges. Die Wirksamkeit eines Staates hängt in hohem Maße von der Autorität ab, die seine Institutionen in den Augen seiner vorgeblichen Beamten, der Bevölkerung insgesamt sowie anderer Regierungen, zu denen der Staat Beziehungen unterhalten muß, genießt. Diese Autorität läßt sich am besten gewährleisten, wenn sie auf bestehende Institutionen gestützt wird, selbst wenn diese unzureichend sein sollten. Ein geordneter und transparenter Übergang bewahrt die äußerlich bestehenden Verantwortlichkeiten, die Eindeutigkeit des Verfahrens und die Bedeutung besonderer Entscheidungsstrukturen. Er minimiert die Wahrscheinlichkeit, daß die Ausübung staatlicher Gewalt durch mehrere, miteinander konkurrierende Ansprüche umkämpft wird, ohne daß allgemein anerkannte Regeln zur Lösung des Konfliktes bestünden. Er minimiert mit anderen Worten die lähmenden Auseinandersetzungen über die Fundamente der Autorität des Staates. Die Herausgehobenheit der bestehenden Verfahren, die bloße Tatsache ihrer Existenz und Anwendung in der Vergangenheit zur Verfolgung öffentlicher Ziele, kann sich als wichtiges Bollwerk gegen ein Abdriften in anarchisches Anfechten erweisen.

Weiterhin ist institutionelle Kontinuität insbesondere dann von Bedeutung, wenn man demokratische Partizipation und Verantwortlichkeit ernst nimmt; paradoxerweise selbst dann, wenn die vorangehenden Institutionen alles andere als demokratisch waren. Demokratische Partizipation ist in hohem Maße vom Bestehen stabiler, erkennbarer und vorhersehbarer Verfahren abhängig. Nur unter diesen Bedingungen ist ersichtlich, wann und wie öffentliche Entscheidungen für demokratischen Input zugänglich sind. Selbst Verfahrensregelungen, die der Beteiligung der Öffentlichkeit erhebliche Hürden in den Weg stellen, können ein höheres demokratisches Potential in sich bergen als ein Kontext, in dem Entscheidungen aufgrund sich fortwährend ändernder und undurchsichtiger Verfahren, von Ersatzverfahren oder von sich gegenseitig die staatliche Autorität bestreitenden und selbsternannten Volkstribunen getroffen werden. Wie *Stephen Holmes* zutreffend dargelegt hat, hängt Demokratie in hohem Maße von stabilen Mechanismen für eine breit angelegte Partizipation ab; der Mob ist keine Demokratie.[110]

---

[110] Siehe S. *Holmes*, Passions and Constraint: On the Theory of Liberal Democracy, Chicago 1995,

Dieser Notwendigkeit können selbst diejenigen nicht entgehen, die mit aller Kraft einen tiefgreifenden Wandel wünschen, sofern ihr Bekenntnis zur Demokratie ernst gemeint ist. Gerade dies muß die aus den verschiedenen Erfahrungen revolutionärer Enttäuschung, nicht zuletzt der bolschewistischen Deformation der russischen Revolution, zu ziehende Lehre sein. Dies ist eine von den Dissidenten Ost-Europas gut beherzigte Lehre, die in dem Gedanken einer sich ›selbst-begrenzenden Revolution‹ Ausdruck gefunden hat.[111] Der Wesensgehalt dieses Gedankens liegt darin, daß, sollte tatsächlich ein ›begrenztes‹ Staatswesen, d.h. ein Staat, der in sich die Werte der Demokratie und Rechtmäßigkeit verkörpert, errichtet werden, die Bereitschaft vorhanden sein muß, sich auf Institutionen zu beschränken, die häufig unbequem und umständlich erscheinen mögen. Der beste Weg, diese Ethik der Selbstbeschränkung zu entwickeln lag darin, im Rahmen der bestehenden Verfahren zu arbeiten. Eindeutige Verfahren, stabile Verfahren, auch wenn unzureichend, waren in einer solchen Situation besser als gar keine Verfahren.

Es liegt dem Verfasser fern zu unterstellen, die Legalität sei (oder sollte) die primäre Determinante für die Lösung derartiger Fälle wie der vorliegende der Sezession Quebecs sein. Im Gegenteil: sowohl in Ost-Europa als auch in Simbabwe ergab sich die Lösung als Ergebnis einer große Kräfte freisetzenden machtvollen politischen oder militärischen Auseinandersetzung. Doch unabhängig von dem Prozeß, der zum Regimewechsel führte, bestanden gute Gründe, den Übergang letztendlich in legalen Formen zu bewirken, selbst wenn die Legitimität dieser Formen fragwürdig gewesen sein sollte.

Inwieweit ist dies alles relevant für die uns primär interessierende Frage, ob die ›Änderungsformel‹ als abschließende Regelung auszulegen ist? Der vorangehende Argumentationsstrang offenbart das Bedürfnis nach Klarheit und Vorhersehbarkeit, und dies ziemlich unabhängig vom materiellen Gehalt der Vorschriften an sich. Aus der bloßen Tatsache, wissen zu können, wie Entscheidungen getroffen werden, ergeben sich erhebliche Vorteile. In der Tat liegt hierin der Grund, daß Verfahren von grundlegender Bedeutung in verfassungsrechtlichen Dokumenten niedergelegt werden. Aus dieser Überlegung heraus ergibt sich jedoch ein starkes Argument dafür, die ›Änderungsformel‹ als einzig legales Mittel der Sezession zu betrachten. Nur wenn man von der ausschließlichen Anwendbarkeit der ›Änderungsformel‹ ausgeht, ergibt sich der Vorteil eines vorhersehbaren Verfahrens. Jede der als Alternativen angebotenen Verfahren ist nicht nur in hohem Maße umstritten und anfechtbar, sondern äußerst vage, was die einzelnen Voraussetzungen betrifft. Bei ansonsten gleichbleibenden Annahmen hinsichtlich aller weiteren Umstände, erscheint es daher vorzugswürdig, klare und ausdrücklich geregelte Verfahren zur Verarbeitung tiefgreifender Veränderungen zur Verfügung zu haben als ein Durcheinander sich widerstreitender Alternativen, von denen jede von fragwürdiger Geltung und Definition ist.

Das Argument für die ausschließliche Anwendbarkeit der ›Änderungsformel‹ gewinnt weiter an Überzeugungskraft, konzediert man, daß sich die Sezession mittels

---

S. 8–10 u. 166–169; zu einer etwas anders gelagerten, aber durchaus ergänzenden Argumentation siehe *J. Derriennic*, Nationalisme et Démocratie: Réflexions sur les illusions des indépendantistes québécois, Montréal 1995, S. 83–102.

[111] Siehe *Arato* (Fn. 108), S. 178–181.

dieses juristischen Mittels umsetzen ließe (mit der Folge, daß sich die Auseinandersetzung um die abschließende Natur der ›Änderungsformel‹ und nicht mehr um deren Anwendbarkeit überhaupt drehen würde). Es steht im übrigen zu vermuten, daß dies die Auffassung der meisten Autoren ist, die sich für das Bestehen alternativer Verfahrensmechanismen zwecks juristischer Bewirkung der Sezession ausgesprochen haben.[112] Nur wenige Autoren würden die Auffassung vertreten, daß eine am Ende herbeigeführte Separation nichtig wäre, obwohl die gesetzgebenden Versammlungen den Anforderungen des Einstimmigkeitsverfahren Genüge getan haben. In diesem Falle existieren jedoch gute Gründe, das Bestehen paralleler, nur konkludent anzunehmender Verfahrensvorschriften für die Sezession abzulehnen. Anderenfalls gingen die Vorteile ausdrücklicher Verfahren größtenteils verloren. Alle ausdrücklichen Verfahrensbestimmungen würden potentiell zu einer Verfahrensweise unter vielen verkommen. Beim Versuch, sich einem besonderen Problem zuzuwenden, wäre man unweigerlich mit einem weit offenen Feld von Argumenten konfrontiert. Diese könnten zur Anwendung einer Vielzahl von Verfahren, Institutionen und Strukturen führen. Auf diese Weise würde der Gesellschaft ein Großteil der sich mit stabilen Verfahren verbindenden Vorteile verloren gehen, die in einer geschriebenen Verfassung Ausdruck finden. Sieht man sich einem ausdrücklich geregelten Verfahren gegenüber, erscheint es sinnvoll, die Befolgung dieses Verfahrens zu verlangen, oder zumindest, daß jede konkludente Verfahrensbestimmung sehr hohen Begründungsansprüchen genügt. Dies scheint in der Tat der hinter Art. 52 Abs. 3 des Verfassungsgesetzes von 1982[113] stehende Gedanke zu sein, selbst wenn seine Bestimmungen die Annahme konkludenter Verfassungsnormen nicht gänzlich ausschließen.

Das gleiche Ergebnis ist weiterhin aus Gründen vorzugswürdig, die mit der Rolle von Rechtsnormen im allgemeinen zu tun haben. Der positivistische Traum eines geschlossenen Normenuniversums, dessen einzelne Bestandteile sich schlüssig aus ihren Quellen ableiten lassen, ist eine Selbsttäuschung. Dennoch werden Argumente für die Anerkennung einer Rechtsvorschrift mittels eines ›regulativen‹ Ideals konditioniert: es muß argumentiert werden können, daß die angenommene Vorschrift gesellschaftlicher Natur, in einer bestimmten Weise bereits Bestandteil der normativen Ordnung einer Gesellschaft ist. In diesem engen Sinne muß es sich um eine positive Norm handeln, nicht um die eigene in Rechtsform gewünschte persönliche Präferenz.[114] Um überhaupt als Norm funktionieren zu können, muß eine Vorschrift zudem einen bestimmten Grad an Bestimmtheit aufweisen: sie muß regeln, daß ein bestimmtes Verhalten gestattet ist, ein anderes dagegen nicht, und muß bestimmen, welche Kriterien bei der insoweit erforderlichen Beurteilung anzuwenden sind. Diese Kriterien müssen sich ebenfalls als gesellschaftlich begründet und nicht lediglich als Ergebnis individueller Präferenz herleiten lassen.

Nimmt man nun die vorgeschlagenen alternativen juristischen Mittel der Sezession als legale Verfahren ernst und versucht man, ihre Voraussetzungen herauszuarbeiten,

---

[112] Siehe z.B. *Brun & Tremblay* (Fn. 13), S. 236; *Turp*, Quebec's Democratic Right (Fn. 12); *ders.* (Fn. 54), S. 803.

[113] Siehe Fn. 3.

[114] Zu einem vorläufigen Versuch, diesen Aspekt näher auszuführen siehe *J. Webber*, The Rule of Law Reconceived, in: *K. Kulcsar & D. Szabo* (Hg.), Dual Images: Multiculturalism on Two Sides of the Atlantic, Budapest 1996, S. 197 (Royal Society of Canada und Ungarische Akademie der Wissenschaften).

so beginnen sie sehr schnell, sich aufzulösen. Zumindest operieren die einzigen Maßstäbe, die gesellschaftliche Begründung für sich beanspruchen können, auf einem sehr
hohen Abstraktionsgrad. Sie erwecken nicht mehr den Anschein rechtlich verbindlicher Verfahrensvorschriften, sondern eher den allgemeiner und vager Kriterien zu ihrer Begründung. Als Beispiel sei nur auf die allgemeine Aussage hingewiesen (die
wahrscheinlich breite Zustimmung in Quebec findet), derzufolge Quebec die Separation gestattet sein sollte, sofern eine klare Mehrheit der Bevölkerung diese Option
wünscht, und einer Volksabstimmung eine entscheidende Rolle zur Ermittlung dieser
Mehrheit zukommt. Wie kann man indessen aus dieser sehr allgemein gehaltenen
Aussage (wie *Turp* es tut[115]) ein rechtsverbindliches Verfahren zur juristischen Bewirkung der Sezession ableiten, ein Verfahren, von dem man sagen könnte, daß es der gesellschaftlichen Ordnung innewohnt? Wäre der Sieg in einer Volksabstimmung bereits
ausreichend, um der Regierung von Quebec einen Kompetenztitel zur Erklärung der
Unabhängigkeit zu verschaffen? Einige Souveränisten scheinen der Auffassung zu
sein, daß es nicht ausreichend wäre, berücksichtigte man die unweigerlich bestehende
Unsicherheit hinsichtlich der letztendlich sich ergebenden Bedingungen für eine Separation; nach dieser Auffassung sollte daher ein zweites Referendum erforderlich
sein.[116] Dies erscheint um so überzeugender, berücksichtigt man die Wahrscheinlichkeit, daß viele Wähler mit ›Ja‹ abgestimmt haben würden, um die Verhandlungsposi-
tion Quebecs *innerhalb* Kanadas zu stärken. Selbst wenn eine Volksabstimmung als
hinreichender Beweis dafür anzusehen sein sollte, daß die Wählerschaft die Sezession
unterstützt, könnte man wirklich ohne weiteres von einem Konsens ausgehen, daß im
Falle eines ›Ja‹-Votums die Regierung unmittelbar mit einer einseitigen Unabhängigkeitserklärung voranschreiten darf? Es steht vielmehr zu vermuten, daß viele Wähler
zunächst weitere Verhandlungen und möglicherweise sogar abschließende Regelungen zu ausstehenden Fragen (sowohl im Hinblick auf das restliche Kanada als auch die
zukünftigen staatlich-institutionellen Strukturen eines unabhängigen Quebecs) erwarten würden, bevor ein solcher Schritt unternommen werden könnte. Dabei sei
hier einmal abgesehen von all den sich bereits im Vorfeld einer Volksabstimmung stel-
lenden Fragen zur erforderlichen Mehrheit, den Vorschriften zur Führung des Wahl-
kampfes, usw. Mit anderen Worten: selbst wenn man sich auf das allgemeine Prinzip
einläßt, daß die Auffassung einer Mehrheit der Bevölkerung Quebecs maßgeblich
sein sollte, läuft dies noch längst nicht auf einen juristischen Mechanismus zur Umsetzung der Sezession hinaus.

Untersucht man die vorgeschlagenen alternativen juristischen Sezessionsmittel –
die angebliche Verfassungskonvention, die der Vertragstheorie unterstellte Wirkung,
die eher vage und breite Anrufung des völkerrechtlichen Selbstbestimmungsrechtes
sowie die direkte Berufung auf das Demokratieprinzip –, so überrascht der hohe Abstraktionsgrad, auf dem sich der Gehalt dieser vorgeblichen Normen bewegt und den
man normalerweise mit Argumenten politischer denn juristischer Rechtfertigung assoziiert. Aus gutem Grunde mögen diese Argumente sehr schlagkräftig in der breite-

---

[115] Siehe *ders.*, Le droit à sécession (Fn. 12), S. 52; *ders.*, Quebec's Democratic Right (Fn. 12), S. 107;
ders., Exposé-réponse (Fn. 12), S. 666–667.

[116] Dieses war allerdings nicht die offizielle, von der *Parti Québécois* vertretene Haltung während der
letzten Volksabstimmung 1995; siehe anders z.B. *Woehrling*, Éventuelle sécession (Fn. 13), S. 308; *ders.*,
Ground Rules (Fn. 32).

ren Auseinandersetzung um die Legitimität sein. Indessen bieten sie keine alternativen rechtsverbindlichen Verfahren, mit denen die Separation juristisch bewirkt werden könnte. Dies zu behaupten wäre nicht nur eine Selbsttäuschung, sondern auch eine Täuschung anderer. Alle der hier näher untersuchten Alternativen zur Verfassungsänderung weisen nicht im geringsten ein ähnliches Maß an verfahrensrechtlicher Klarheit, Vorhersehbarkeit und Positivität auf, wie es normalerweise von rechtsverbindlichen Mechanismen erwartet wird. Stattdessen sind sie Bestandteil einer breiteren Auseinandersetzung zur Rechtfertigung und Legitimierung, die insoweit vom politischen Streit ingesamt nicht zu unterscheiden ist.

V. Schluß

Es erscheint die vorzugswürdige Auffassung, daß als rechtliches Verfahren zur Bewirkung der Sezession allein das in Art. 41 des Verfassungsgesetzes von 1982 niedergelegte Verfahren in Betracht kommt.[117] Will man nicht auf die sich aus rechtlicher Kontinuität und Transparenz ergebenden Vorteile verzichten, so ist dies der zu folgende Ansatz. Andernfalls würde man an einem juristisch als Revolution zu qualifizierenden Vorgang teilnehmen – mit all den Konsequenzen und Kosten, die sich damit verbinden.

In jedem Fall werden politische Argumente primär entscheidend bleiben. Die Beurteilung der Legalität kann die Problematik der staatlichen Einheit Kanadas nicht lösen. Es unterliegt keinerlei Zweifel, daß bei einer Niederlage der Föderalisten in der politischen Debatte und einer klaren Mehrheit der Bevölkerung Quebecs für die Souveränität, die rechtlichen Sezessionsvoraussetzungen schnellstens erfüllt wären, solange akzeptable Lösungen für die Forderungen der autochthonen Völker sowie weiterer die Übergangsphase betreffender Fragen gefunden werden können. Diese letzte Einschränkung stellt mitnichten eine zu vernachlässigende Größe dar: um die Sezession in geordneten Bahnen bewirken zu können, könnte eine sezessionistische Regierung sich durchaus vor äußerst belastende Entscheidungen gestellt sehen, allein schon wegen des möglichen Verbleibes der nördlichen Territorien der Provinz beim kanadischen Staatsverband. Indessen würde Widerstand gegen eine Sezession nicht einem eventuellen Wunsch der nicht-Quebecer entspringen, Quebec zum Verbleib im kanadischen Staatsverband zu zwingen. Vielmehr wäre die anglo-kanadische Wahrnehmung der Zugehörigkeit zu einem gemeinsamen Unternehmen namens Kanada in unwiderherstellbarer Weise zerbrochen; das Bedürfnis nach gewaltsamer Unterdrückung der Sezessionsbewegung wäre dessenungeachtet äußerst gering, und eine prompte legale Lösung würde sich für alle Beteiligten als vorteilhaft erweisen.[118] Unter

---

[117] Siehe o. unter III.

[118] Bei dieser Beurteilung folgt der Verfasser grundsätzlich der Analyse *Robert Youngs*, siehe *R. Young*, The Secession of Quebec and the Future of Canada, Montreal 1994. Wie er, vermutet auch der Autor, daß die vollständige Sezession sehr viel rapider und zu Bedingungen erfolgen wird, die bei weitem unterhalb der Erwartungen einer großen Zahl derjenigen liegen werden, die mit ›Ja‹ abgestimmt haben. Die sehr anders gelagerten Schlußfolgerungen bei *Monahan* – siehe *Monahan*, Cooler Heads (Fn. 22), S. 16–25 – leiden daran, daß sie in übermäßiger Weise auf den bisherigen verfassungsnovellierenden Erfahrungen Kanadas aufbauen; sie sind daher nicht in der Lage, den zutiefst andersgearteten Kontext zu berücksichtigen, der sich aus einem ›Ja‹-Votum ergeben würde.

diesen Umständen könnte selbst den hohen Verfahrenserfordernissen des Art. 41 sehr schnell entsprochen werden.[119] Selbst wenn eine legale Sezession durch die Opposition einer oder zweier Provinzen blockiert werden sollte, nachdem alle übrigen Beteiligten sich auf die Bedingungen geeinigt haben, kann mit *Woehrling* davon ausgegangen werden, daß sowohl das restliche Kanada als auch die internationale Staatengemeinschaft wahrscheinlich eine illegale Sezession hinnehmen würden.

Revolutionen ereignen sich. Selbst ein so nüchterner Anti-Revolutionär wie *Edmund Burke* gesteht zu, daß in Notsituationen Abweichungen von fixierten Vorschriften erforderlich sein können.[120] Indessen hat *Burke* die Aufmerksamkeit auf die Gefahren revolutionären Wandels gelenkt. Diese Gefahren legen nahe, daß selbst begrenzte Revolutionen einem sehr hohen Begründungs- und Rechtfertigungsmaßstab genügen müssen. An erster Stelle der potentiellen Gefahren steht der Verlust rechtlicher Kontinuität und der sich mit ihr verbindenden Vorteile, wie der Autorität des Staates und möglicherweise der Wirksamkeit demokratischer Kontrolle. Es sind dies die Kosten, die Völkerrechtler bewogen haben, das Recht auf einseitige Sezession zu beschränken. Selbst für den Fall, daß die revolutionäre Sache hinreichend begründet sein sollte, betont *Burke*, daß die Revolution dennoch im Rahmen eines einwandfreien Verfahrens erfolgen sollte. Dies sollte ein Verfahren sein, das die die gesellschaftliche Ordnung durchziehenden Rechtsprinzipien soweit wie möglich aufrechterhält.[121] Dies ist gegeben, gerade weil das Verfahren sich anhand von ›*first principles*‹ begründen und rechtfertigen lassen muß. Man kann seine Legitimität nicht als selbstverständlich unterstellen, ohne einen gravierenden und dislozierenden Kampf um die staatliche Gewalt zu riskieren. Wenn daher eine souveränistische Regierung im Rahmen eines illegalen Sezessionsversuches sich direkt auf das Demokratieprinzip berufen will, muß sie zunächst sicherstellen, daß ihre eigene demokratische Moralität fehlerlos ist.[122]

Demgegenüber würde die Beschränkung auf rechtmäßige Sezessionsmittel der souveränistischen Bewegung während der Übergangsphase den Vorteil einer gewissen Begründungs- und Rechtfertigungsökonomie bieten. Es würde zudem ein sezessionierendes Quebec zwingen, sich ernsthaft mit einer Reihe von anderen Belangen auseinanderzusetzen (insbesondere solcher der zahlreichen Minderheiten in der Provinz) und diesen im Verhandlungswege, statt einseitigen *fiat*, Rechnung zu tragen. Kurzum,

---

[119] Dies gilt selbst für die derzeit in Britisch-Kolumbien und Alberta bestehenden einfachgesetzlichen Erfordernisse plebiszitärer Verfahren zur Verabschiedung bundesverfassungsändernder Entschliessungen in den gesetzgebenden Versammlungen dieser beiden Provinzen; siehe *Constitutional Amendment Approval Act*, S.B.C. 1991, c. 2; *Constitutional Referendum Act*, S.A., c. C-22–25. In dem krisenhaften Klima, das sich höchstwahrscheinlich im Anschluß an ein ›Ja‹-Votum ausbreiten wird, steht zu vermuten, daß diese Bestimmungen, zumindest für Zwecke der Sezession, aufgehoben und die notwendigen bundesverfassungsändernden Entschließungen ohne weiteres verabschiedet werden können.

[120] *E. Burke*, Reflections on the Revolution in France 1790, Harmondsworth 1968, S. 99–107.

[121] Ebd.

[122] Die Ansprüche der *Parti Québécois* scheinen gegenüber der Abstimmung von 1980 gesunken zu sein, urteilt man nach der nunmehr ausdrücklich erklärten Bereitschaft, die Abstimmungsfrage allein unter dem Gesichtspunkt eines parteiischen Interesses an einem ›Ja‹-Votum zu formulieren, der Entscheidung, das langjährige Bekenntnis, eine zweite Abstimmung zu den endgültigen Bedingungen der Separation durchzuführen, fallenzulassen sowie dem Versuch einiger Organisatoren der *P.Q.* bei der Abstimmung 1995, in unzulässiger Weise auf die Auszählung der Stimmen in vier überwiegend ›föderalistischen‹ Wahlkreisen einzuwirken.

eine solche Beschränkung auf rechtmäßige Verfahren würde den Traum absoluter Freiheit bei der Gründung eines neuen Quebecs leugnen. Doch sind solche Träume ohnehin reine Illusion.

Zur neueren Entwicklung des Verfassungsrechts in der Republik Korea

Insbesondere im Blick auf die Verfassungsrechtsprechung in politischen Streitigkeiten[*]

von

Dr. Young Huh

Professor an der Law School der Yonsei University zu Seoul der Republik Korea

Einleitende Vorbemerkung – Verfassungsgerichtsbarkeit und Politik

Die Verfassung ist eine politische Norm. Dieses Wesen der Verfassung wirkt naturgemäß auf die Verfassungsrechtsprechung. Verfassungsrechtliches Denken ist richtigerweise wertorientiert und notwendigerweise auch interessengeleitet und drängt deswegen teilweise zu gegenläufigen Auslegungsbemühungen. Dazu kommt noch der Umstand, daß notwendigerweise nur das Verfassungsgericht bestimmen kann, wo das politische Ermessen aufhört und die materielle Verfassungsfrage beginnt[1]. Daher wäre es nicht ganz abwegig, wenn man die Verfassungsgerichtsbarkeit schlicht als politische Justiz charakterisieren würde. Dennoch darf man nicht außer acht lassen, daß es sich bei der Verfassungsgerichtsbarkeit in erster Linie um Recht, nicht um Politik handelt. Denn das Verfassungsgericht ist nicht für die politische Gestaltung legitimiert. »Verfassungsrechtsprechung ist Streitentscheidung mit den Mitteln und nach den Methoden des Rechts, nicht politische Dezision.«[2] Verfassungsrichter haben natürlich politische Auffassungen, Wertvorstellungen und sie fließen in Urteile ein, aber gebändigt durch Rechtsnormen und präzedente Rechtsprechung. Die Verfassung gibt ihm nur die Kompetenz, die höchsten Normen des Staates zu schützen und die verfassungsmäßige

---

[*] Eine erweiterte Fassung des Vortrages, den der Verfasser am 27. 7. 1998 im Rahmen des Seminars von Prof. Dr. Dr. h. c. Peter Häberle an der Forschungsstelle für Europäisches und Vergleichendes Verfassungsrecht der Universität Bayreuth gehalten hat.

[1] Über die Problematik der eigentlichen Legitimation für diese Kompetenz-Kompetenz siehe die tiefdringende Analyse v. *Peter Lerche*, der von einer ›inneren Legitimation‹ spricht und sie im ›Grundvertrauen‹ sieht, mit dem die Verfassungsschöpfer dem Unvorhersehbaren der Entwicklung des Grundverständnisses eines Verfassungsgerichts über eben die Verfassung entgegengesehen haben. Vgl. Die Verfassung in der Hand der Verfassungsgerichtsbarkeit?, BayVBl. 1997, Heft 17, Beiheft, S. VII.

[2] *F. Ossenbühl*, Verfassunggerichtsbarkeit und Gesetzgebung, in: Symposionsschrift für P. Lerche, 1998, S. 75ff. (85).

Rechtsordnung zu bewahren. Die Verfassung weist nämlich dem Verfassungsgericht als Garant der Verfassung die Aufgabe zu, die Beachtung dieses Verfassungsrechts in seinen miteinander verschränkten materiellen und kompetenzrechtlichen Gehalten zu gewährleisten. Die Verfassungsrechtsprechung hat deshalb zunächst die Bestimmtheit und Dichte der Verfassungsaussage[3] zu prüfen und sodann feststellen, wer die stets verbleibende Aufgabe zur Interpretation des Verfassungsrechts leisten muß[4].

Um diese schwierige Aufgabe zu erfüllen, sollte das Verfassungsgericht immer sein Augenmerk auf die Machtausübung anderer Verfassungsorgane richten und ggf. kontrollierend eingreifen. Auf die Frage, wie weit es sich dabei in die Politik einmischen darf, dürfte man keine allgemeingültige Antwort geben können. Das hängt vor allem mit der Verfassungstradition des einzelnen Landes zusammen.

Als der Supreme Court der Vereinigten Staaten von Amerika 1803 mit seiner bahnbrechenden Entscheidung ›Marbury v. Madison‹[5] die Prüfungskompetenz der Verfassungsmäßigkeit der Bundesgesetze in Anspruch nahm und als sich der Supreme Court danach mit seinen häufigen Verfassungswidrigerklärungen vieler New-Deal-Gesetze in die New-Deal Politik des Staatspräsidenten Franklin D. Roosevelt energisch einmischte, setzte man sich mit dieser Thematik gründlich auseinander. Es gab heftige Auseinandersetzungen, in denen sich nahezu alle Argumente wiederfinden, die einem im Streit um die Funktion der Verfassungsgerichtsbarkeit und ihre Grenzen bis auf den heutigen Tag begegnen. Inzwischen ist jedoch die political-question-doctrine bzw. der Grundsatz des judicial-self-restraint in der Justizpraxis der Vereinigten Staaten fest verankert[6].

Im Gegensatz dazu scheinen die Grenzen zwischen Politik und Verfassungsjustiz z.B. in der Bundesrepublik Deutschland nicht eindeutig zu verlaufen. Denkt man an das zweite Schwangerschaftsabbruchurteil[7] nach der Wende, den Vermögenssteuerbeschluß[8] und das Familienurteil[9] jüngsten Datums des Bundesverfassungsgerichts, dann taucht die Frage auf, wo die Grenzen zwischen einer politischen Gestaltung und der Verfassungsjustiz liegen sollten[10]. Das Thema ›Verfassungsgerichtsbarkeit und politi-

---

[3] Nach *P. Kirchhof* trifft die Verfassung Aussagen unterschiedlicher Dichte: Sie erteilt einen Verfassungsbefehl, begründet einen Verfassungsauftrag, setzt einen Verfassungsrahmen und anerkennt die Aufgabe unverfaßter Gesetzgebung. Dementsprechend unterschiedlich sind Prüfungsauftrag und Prüfungsmaßstab der Verfassungsgerichtsbarkeit bestimmt. Vgl. Verfassungsgerichtsbarkeit und Gesetzgebung, in: Symposionsschrift für Peter Lerche, 1998, S. 5ff. (17).

[4] So auch P. Kirchhof, der allerdings die Funktion der Gesetzgebung als die verfassungsgestaltende Gewalt betont und daher davon ausgeht, daß das Verfassungsgericht als Zweitinterpret der Verfassung vor dem Gesetzgeber als Erstinterpreten der Verfassung Respekt haben sollte. Vgl. Fn. 3.

[5] 1 Cr. 137, 1803.

[6] Hierzu vgl. etwa *Warren*, The Supreme Court in United States History, 2 Bde, 2.Aufl. 1926; *Harrel/Anderson*, Equal Justice under Law, The Supreme Court in American Life, 1982.

[7] Vgl. BVerfGE 88, 203.

[8] Vgl. BVerfGE 93, 121.

[9] Vgl. die Entscheidung v. 19. 1. 1999, AZ: 2 BvR 1057/91 u.a., 2 BvL 42/93 u.a.

[10] »Fragt man nach den ›Grenzen‹, die nicht überschritten werden dürfen, so ist das Ergebnis negativ bis unbefriedigend«. So *F. Ossenbühl* (Fn. 2), S. 86. Das Bundesverfassungsgericht legt sich auch den Grundsatz des judicial self-restraint auf, aber es versteht ihn nicht als eine Verkürzung oder Abschwächung seiner Kompetenz, sondern als den Verzicht ›Politik zu treiben‹, d.h. in den von der Verfassung geschaffenen und begrenzten Raum freier politischer Gestalt einzugreifen. Dazu vgl. etwa BVerfGE 36, 1 (14f.). Dennoch ist sehr zweifelhaft, ob es sich immer an diesen Grundsatz hält.

sche Justiz«[11] gehört in der Bundesrepublik Deutschland zu einem Verhältnis, das in den vergangenen Jahren bekanntlich schwieriger, kontroverser, zumindest aber komplexer geworden ist[12].

Ohne Anspruch auf eine Allgemeingültigkeit dürfte man wohl davon ausgehen können, in Staaten, in denen eine verfassungsrechtliche Institution eines Verfassungsgerichts vorhanden ist, wie z.B. in der Bundesrepublik Deutschland, kaum zu erwarten ist, daß sich diese bei der Verfassungsjustiz strikt an den Grundsätzen der political-question-doctrine oder des judicial-self-restraint halten wird, wie das der Supreme Court der Vereinigten Staaten zu tun pflegt.

Dennoch trifft diese Feststellung für das koreanische Verfassungsgericht nicht ganz zu, weil es in seiner bisherigen Rechtsprechung justizielle Zurückhaltung geübt hat und heiklen Fragen hoch-politischer Natur eher auszuweichen versuchte. Wenn man bedenkt, daß das Verfassungsgericht in Korea erst seit 10 Jahren besteht und es immer noch gegen viele Fronten zu kämpfen hat[13], kann seine justizielle Zurückhaltung nicht nur übel genommen werden. Aber auf der anderen Seite läßt sich nicht leugnen, daß das Verfassungsgericht mit der Zeit eher eine schwache Figur abgibt als in seiner anfänglichen Phase. Die Fortdauer des Grundvertrauens, die ihm im Zeitpunkt seiner Errichtung entgegengebracht wurde, »diese Fortdauer ist das entscheidende Legitimationsreservoire«[14]. Aber es ist sehr zweifelhaft, ob dieses Grundvertrauen noch unerschüttert fortbesteht.

Im folgenden wird ausgeführt, wie das Verfassungsgericht in Korea Politik und Rechtsprechung zu balancieren versucht. Dabei werden u.a. zwei markante Entschei-

---

[11] In vielen Schattierungen natürlich, z.B. Verfassungsgerichtsbarkeit und Gesetzgebung und Bundesverfassungsgericht und Gesetzgeber usw.

[12] Vgl. *P. Häberle*, Verfassungsgerichtsbarkeit als politische Kraft (1978), in: *ders.*, Kommentierte Verfassungsrechtsprechung, 1979, S. 425 (436ff.): »Bundesverfassungsgericht als ›gesellschaftliches Gericht«; jetzt auch *H. Schulze-Fiditz*, Das Bundesverfassungsgericht in der Krise des Zeitgeistes, AöR 122 (1997), S. 1 (15). Insbesondere erhält der Vorwurf der Juridifizierung der Politik durch das BVerfG heute und seit einigen Jahren eine erneute Aktualität. Dazu vgl. etwa einerseits *R. Smend*, Staatsrechtliche Abhandlungen, 3. Aufl.,1994, S. 589ff., andererseits *E.-W. Böckenförde*, in: E. Smith, Constitutional Justice under Old Constitutions, 1995, S. 61f.; *K. Hesse*, Funktionelle Grenzen der Verfassungsgerichtsbarkeit, in: FS f. H. Huber, 1981, S. 261ff.; *ders.*, Verfassungsrechtsprechung im Wandel, JZ 1995, S. 265; *ders.*, Stufen der Entwicklung der deutschen Verfassungsgerichtsbarkeit, JöR NF Bd. 46, 1998, S. 1ff.; *J. Isensee*, Bundesverfassungsgericht – quo vadis ?, JZ 1996, S. 1085. Es ist v.a. sehr interessant, aus dem Munde eines ehemaligen Richters des Bundesverfassungsgerichts kritische Stimme zu hören: »Das BVerfG vollzieht sich ein gleitender Übergang vom parlamentarischen Gesetzgebungsstaat zum verfassungsgerichtlichen Jurisdiktionsstaat«. *E. W. Böckenförde*, aaO. Dagegen hält E.G. Mahrenholz, der ebenfalls Richter am BVerfG war, eine derartige Kritik für nicht gerechtfertigt. Vgl. *ders.*, in: Verfassungsgerichtsbarkeit und Gesetzgebung, Symposionsschrift für Peter Lerche, 1998, S. 23ff. (40f.). Nach Ossenbühl hilft es nicht weiter, erneut die Expansion der Verfassungsrechtsprechung und die damit verbundene Tendenz zum Jurisdiktionsstaat zu beklagen. Nach ihm werden solche Visionen nicht selten gern auch von jenen beschworen, die diese Tendenz maßgeblich befördert haben. Vgl. *F. Ossenbühl* (Fn. 2), S. 76f.

[13] In erster Linie gegen den Obersten Gerichtshof, der die verfassungskonformen Gesetzesauslegungen des Verfassungsgerichts einfach ignoriert und eigenmächtige Gesetzesauslegung anwendet. Ferner gegen den Gesetzgeber, der den Anforderungen der Entscheidungen des Verfassungsgerichts nur zögernd oder gar nicht nachkommt. Insbesondere über den Kompetenzkonflikt zwischen dem Verfassungsgericht und dem OGH vgl. *Young Huh*, Sechs Jahre Verfassungsgerichtsbarkeit in der Republik Korea, JöR NF Bd. 45, 1997, S. 535ff. (550ff.).

[14] So *P. Lerche* (Fn. 1), S. VI (VIII).

dungen unter die Lupe genommen, um die wichtigste Facette des Problems anschaulich zu machen.

I. Etablierung des Verfassungsgerichts in der koreanischen Verfassungsordnung

Die Republik Korea hat seit 1987 ein Verfassungsgericht, das in der koreanischen Verfassungsgeschichte zum ersten mal nach der neunten Verfassung[15] errichtet worden ist[16]. Es begann seine Arbeit erst Anfang September 1988 nach seiner Konstituierung[17]. So hat es Anfang September 1998 sein 10jähriges Jubiläum gefeiert[18].

Das Verfassungsgericht als die vierte Gewalt in Korea hat inzwischen innerhalb der politischen Gemeinschaft des Landes eine angesehene und einflussreiche Stellung eingenommen und gewiss zur demokratischen Entwicklung des Landes viel beigetragen. Insbesondere hat die Institution der Verfassungsbeschwerde dem Volk ein lebendiges Grundrechtsbewußtsein vermittelt. Während der über 30jährigen Militärherrschaft hatte die Grundrechtsgarantie in der Verfassung keine normative Kraft und infolgedessen spielten die Grundrechte im Alltagsleben des Volkes kaum eine Rolle. Ein Rechtsstreit über etwaige Grundrechtsgeltung war kaum vorstellbar. Das ist nun seit der Einführung der Institution der Verfassungsbeschwerde anders geworden.

Die Verfassungsbeschwerde steht vor der konkreten Normenkontrolle im Mittelpunkt der Arbeit des Verfassungsgerichts. Obwohl in Korea im Gegensatz zur Bundesrepublik Deutschland keine Urteilsverfassungsbeschwerde zulässig ist[19], hat sich das Verfassungsgericht bisher am meisten mit den Fällen der Verfassungsbeschwerde beschäftigt und es hat bis Ende November 1998 allein im Verfahren der Verfassungsbeschwerde 114 Gesetze für verfassungswidrig erklärt[20]. Dazu kommen noch 82 Gesetzesnormen, die im Verfahren der konkreten Normenkontrolle ganz oder teilweise für

---

[15] Über den näheren Inhalt dieser Verfassung vgl. *Young Huh*, Die Grundzüge der neuen koreanischen Verfassung von 1987, JöR NF Bd. 38, 1989, S. 565ff. sowie *P. Häberle*, Aspekte einer kulturwissenschaftlich – rechtsvergleichende Verfassungslehre in »weltbürgerlicher Absicht«– die Mitverantwortung für Gesellschaften im Übergang, in JöR 45 (1997), S. 555–581.

[16] Die koreanische Verfassung der sog. zweiten Republik vom 15. Juni 1960 sah ebenfalls die Errichtung eines Verfassungsgerichtes vor, das jedoch infolge des Militärputsches 1961 nicht zustande gekommen war.

[17] Die Zusammensetzung des Gerichtes und die Berufungsmodalitäten seiner 9 Mitglieder ähneln denjnigen des italienischen und spanischen Verfassungssgerichtshofes, da Legislative, Exekutive und Judikative alle an dem Auswahlverfahren der Verfassungsrichter beteiligt sind. Darüber näheres vgl. *Young Huh* (Fn. 13), S. 538f.

[18] Die Präsidentin des Bundesverfassungsgerichtes, Jutta Limbach, war an der Jubiläumsfeier als eine der Ehrengäste eingeladen und hat einen Festvortrag gehalten.

[19] Darüber näheres vgl. *Young Huh* (Fn. 13), S. 538 u. 549f..

[20] Laut der offiziellen Statistik des Verfassungsgerichts hat es bis Ende November 1998 insgesamt 3991 Fälle der Verfassungsbeschwerde (3376 Verwaltungsaktverfassugsbeschwerde und 615 Rechtssatzverfassungsbeschwerde) gegeben. Darunter sind bei 114 Fällen die Verfassungswidrigkeit festgestellt worden, d.h. 63 Fälle für verfassungswidrig, 19 Fälle für verfassungsunvereinbar, 7 Fälle für teilverfassungswidrig, 16 Fälle für bedingt-verfassungswidrig und 9 Fälle für bedingt-verfassungsmäßig erklärt worden. Vgl. die offizielle Statistik im Bulletin des Verfassungsgerichts, Nr. 31, Januar/1999, S. 18.

verfassungswidrig erklärt worden sind[21]. Ferner ist auch von Bedeutung, daß 71 Fälle[22] der Verwaltungsaktverfassungsbeschwerde beim Verfassungsgericht Erfolg hatten. Das Verfassungsgericht hat außerdem in einem Verfahren zu den Kompetenzkonflikten zwischen der Mehrheit und Minderheit in der Nationalversammlung das Minderheitsrecht ausdrücklich anerkannt. Es hat nämlich die Frage, ob von einer einzelnen Fraktion im Parlament das Verfassungsgericht zur Entscheidung der Kompetenzfrage angerufen werden kann, falls die Parlamentsmehrheit im Gesetzgebungsverfahren die Verfassung oder die Geschäftsordnung des Parlaments mißachtet, nach anfänglichem Zögern schließlich doch bejaht[23]. Das Verfassungsgericht hat zunächst in dieser Frage Zurückhaltung geübt und betont, daß einzelne Abgeordnete oder Parlamentsfraktionen nicht befugt sind, in Kompetenzstreitigkeiten das Verfassungsgericht anzurufen, weil das Verfassungsgerichtsgesetz (VGG) u.a. nur dem Parlament als solchem die Parteifähigkeit zuerkennt[24]. Dann hat das Verfassungsgericht 1997 seine Affassung dahingehend korrigiert, daß das VGG nicht wortwörtlich sondern verfassungskonform ausgelegt werden muß und nach einer richtigen verfassungskonformen Auslegung der betreffenden Bestimmung dem einzelnen Abgeordneten und der einzelnen Fraktion der Nationalversammlung sehr wohl eine Parteifähigkeit zuerkannt werden muß, weil sie selbst Verfassungsorgane sind.

Dieser Gesinnungswandel des Verfassungsgerichts ist besonders anerkennungswert, weil sowohl die Verfassung als auch das VGG über die Kompetenzstreitigkeiten zwischen Verfassungsorganen untereinander nur undeutliche Formulierungen haben, indem sie regeln, daß es sich um Konflikte zwischen Parlament, Regierung, Gerichten und Zentralwahlausschuß handeln muß[25]. Vor das Verfassungsgericht sind bis Ende November 1998 neun Fälle von Kompetenzstreitigkeiten verschiedener Art gelangt, die zudem bis auf einen oben erwähnten Fall von Ankläger selbst zurückgenommen oder vom Verfassungsgericht verworfen sind[26].

Das Verfassungsgericht hat in seiner 10jährigen Arbeit seine unabhängige und gleichberechtigte Position gegenüber den anderen Verfassungsorganen des Landes, insbesondere gegenüber dem OGH, einigermaßen sichern können.

---

[21] Bis Ende November 1998 waren beim Verfassungsgericht insgesamt 358 Fälle der konkreten Normenkontrolle anhängig. Bei 143 Fällen konnte keine Verfassungswidrigkeit festgestellt werden und 82 Fälle waren verfassungswidrig. Darunter sind 47 Fälle für verfassungswidrig, 20 Fälle für verfassungsunvereinbar, 5 Fälle für teil-verfassungswidrig, 3 Fälle für bedingt-verfassungswidrig und 7 Fälle für bedingt-verfassungsmäßig erklärt worden. Vgl. die offizielle Statistik im Bulletin des Verfassungsgerichts (Fn. 20).

[22] Die sind meistens Fälle, die gegen die negativen Anklagebeschlüsse der Staatsanwaltschaft gerichtet sind.

[23] Vgl. die Entscheidung v. 16.7. 1997, Entscheidung des Verfassungsgerichts (VGE) 9/2 (1997), S. 154ff.

[24] Vgl. die Entscheidung v. 23.2. 1995, VGE 7/1 (1995), S. 140ff.

[25] Vgl. Art. 111 Abs. 1 Nr. 4 der Verfassung der Republik Korea (VRK) in: JöR NF Bd. 38, 1989, S. 587ff. u. 62 Abs. 1 Nr. 1 VGG.

[26] Von 9 Fällen sind 5 Fälle verworfen, 1 Fall zurückgenommen, 1 Fall zurückgewiesen und bei einem Fall die Verletzung der gesetzgeberischen Mitwirkungsrechte der Parlamentsminderheit durch die Parlamentsmehrheit festgestellt. Vgl. die offizielle Statistik im Bulletin des Verfassungsgerichts (Fn. 20) und die Entscheidung v. 16.7. 1997, VGE 9/2 (1997), S. 154ff.

II. Prestigekampf zwischen dem OGH und Verfassungsgericht

Das Verhältnis zwischen dem Verfassungsgericht und dem OGH ist jedoch nach wie vor nicht ohne Probleme. Denn ein schwerwiegender Kompetenzkonflikt zwischen diesen beiden Organen ist noch in vollem Gang.

Der unmittelbare Anlaß des Konfliktes war eine Entscheidung des Verfassungsge-richts, die eine steuerrechtliche Norm für bedingt-verfassungswidrig erklärt hat[27]. Mit dieser Entscheidung hat das Verfassungsgericht, wie es dies früher auch immer ge-tan hat, die strittige Norm verfassungskonform ausgelegt und eine bestimmte Ausle-gung der Norm ausgeschlossen, um diese verfassungsrechtlich unangreifbar zu ma-chen. Das Verfassungsgericht hat ihr einen verfassungsrechtlich einwandfreien Inhalt gegeben; damit bleibt der Text dieser Norm unverändert. Diese verfassungskonforme Auslegung, auch wenn sie im VGG nicht ausdrücklich verankert ist, müßte alle Ver-fassungsorgane einschließlich der Fachgerichte binden, weil nach dem VGG die Ent-scheidungen des Verfassungsgerichts alle Staatsorgane und kommunale Selbstverwal-tungskörperschaften binden[28]. Das hat bis 1996 niemand in Zweifel gezogen, und die Fachgerichte einschließlich des OGH haben die verfassungskonforme Inhaltsgebung des Verfassungsgerichts weitgehend beachtet.

Aber 1996 hat der OGH in einem Urteil[29] seine vorherige Haltung geändert und die sog. bedingt-verfassungswidrig-Erklärung des Verfassungsgerichts ignoriert und diejenige steuerrechtliche Norm, die vom Verfassungsgericht vorher für bedingt-ver-fassungswidrig erklärt worden ist, entgegen der verfassungsgerichtlichen Auslegung angewendet. Dieser außerordentliche Vorfall hat zu einem offenen Kompetenzkon-flikt zwischen den beiden Verfassungsorganen geführt.

In der betreffenden Entscheidung und in einer danach entzündeten Auseinander-setzung über die Praxis der verfassungskonformen Gesetzesauslegung des Verfassungs-gerichts hat der OGH v.a. argumentiert, daß Gesetzesauslegungen und Gesetzesan-wendungen ausschließlich Sache der Fachgerichte und damit letztlich des OGH sei-en. Das Verfassungsgericht dürfe dem OGH Gesetzesauslegungen nicht nach eigenem Gutdünken diktieren. Daher könne der OGH nur diejenigen Entscheidungen des Verfassungsgerichts, die klar und eindeutig eine Verfassungswidrig-Erklärung enthal-ten, achten und ihre Bindungskraft anerkennen.

Das Verfassungsgericht hat sich die Haltung des OGH nicht gefallen lassen und ist in dieser Streitigkeit nicht untätig geblieben. Es hat die gerade ihm anhängigen Rechtssatzverfassungsbeschwerden, die gegen die Gesetzesbestimmung des VGG[30] über den Ausschluß der Urteilsverfassungsbeschwerde richten, zu Anlaß genommen, seine Kompetenz auf die Urteilsverfassungsbeschwerde auszuweiten. Im Dezember 1997 hat das Verfassungsgericht entschieden, daß die Gesetzesnorm des VGG, die eine Urteilsverfassungsbeschwerde ausschließt, zwar verfassungsrechtlich nicht gerügt wer-den könne, daß aber eine Urteilsverfassungsbeschwerde dann zulässig sein müsse, wenn ein Fachgericht einschließlich des OGH eine Gesetzesnorm, die vom Verfas-

---

[27] Die Entscheidung v. 30. 11. 1995, VGE 7/2 (1995), S. 616 ff.
[28] So 47 Abs. 1 VGG.
[29] Vgl. OGH-Urteil v. 9. 4. 1996, 95 Nu 11405.
[30] Vgl. 68 Abs. 1 VGG.

sungsgericht bedingt-verfassungswidrig oder bedingt-verfassungsmäßig erklärt worden ist, anders ausgelegt angewandt und dadurch Grundrechte verletzt habe[31]. So hat das Verfassungsgericht das oben erwähnte Urteil des OGH samt seinem Ausgangssteuerbescheid einer Finanzbehörde für unwirksam erklärt. Die zuständige Finanzbehörde befindet sich nach dieser Entscheidung des Verfassungsgerichts in einer sehr zwiespältigen Lage, sie kann nämlich weder dem OGH noch dem Verfassungsgericht folgen. Sie hat deshalb abwartend vorerst ihren Zwangsvollstreckungsbescheid gegen den Steuerpflichtigen, der gegen den Steuerbescheid und gegen das Urteil des OGH den Prozeß vor das Verfassungsgericht gebracht hat, vorläufig ausgesetzt.

Der OGH beharrt jedoch nach wie vor auf seiner trotzigen Haltung, der auch alle Fachgerichte unterer Instanzen beipflichten. Das ist im Grunde genommen ein offen zutage getretener Prestigekampf zwischen dem OGH und Verfassungsgericht gegeneinander, der seit der Erichtung des Verfassungsgerichts entbrannte, für die Rechtsstaatlichkeit des Landes schwerwiegende negative Nachwirkungen hat und deshalb schnellstmöglich beendet werden muß.

Der OGH darf jedoch nicht die Achtung aus dem Auge verlieren, die Verfassungsorgane sich gegenseitig schulden. Es gibt minimalia des gegenseitigen Respekts, und mit jeder Respektlosigkeit gegenüber dem Verfassungsgericht gibt der OGH ein Stück seiner Würde preis. Es gibt kein Organ, welches autorisiert wäre, einer Entscheidung des Verfassungsgerichts ihre bindende Kraft abzuerkennen, solange es sich des Risikos seines Letztentscheidungsrechts bewußt und in seinem Entscheidungsverhalten im Horizont der verfassungsgestützten ›Gerechtigkeitserwartungen und Wertvorstellungen der Gesellschaft‹[32] bleibt. Dies bleibt der Sache nach ein schwerwiegender Befund. Die Vorgaben des Verfassungsgerichts sind, wenn sie sich als Ableitungen aus Verfassungsvorschriften, namentlich Grundrechtsnormen darstellen, keine bloßen Empfehlungen oder Lösungsvorschläge, sondern Aussagen mit Verfassungsqualität[33].

Der Gesetzgeber sollte unverzüglich eine gesetzliche Maßnahme ergreifen und den Konflikt zwischen dem OGH und Verfassungsgericht aus der Welt schaffen, bevor eine schwere Verfassungskrise herbeigeführt wird. Dabei sollte der Gesetzgeber vor der notorischen Tatsache nicht die Augen schließen, daß eine verfassungskonforme Auslegung in der Verfassungsjustiz gerade ein verfassungsrechtliches Gebot ist und in anderen westlichen Ländern, die eine Verfassungsgerichtsbarkeit haben, auch ploblemlos praktiziert wird. Denn die Regeln des Verfassungsrechts können nur elementar und fragmentarisch sein, eröffnen dem Interpreten damit einen beachtlichen Deutungsspielraum. In Anwendung dieser Verfassung gewinnt die Verfassungsgerichtsbarkeit Kontrollverantwortlichkeit auch gegenüber dem Gesetzgeber und kommt mit ihren Entscheidungen gelegentlich einer Gesetzesinitiative, Gesetzeskorrektur oder punktuellen Teilgesetzgebung in Form einer verfassungskonformen Gesetzesauslegung nahe[34]. Zu beachten ist somit, daß dem Verfassungsgericht bei der Verfassungsauslegung wohl das letzte Wort, aber kein Monopol zusteht[35]. Die verfassungskonfor-

---

[31] Vgl. die Entscheidung v. 24. 12. 1997, VGE 9/2 (1997), S. 842ff.

[32] *J. Limbach*, Die Akzeptanz verfassungsgerichtlicher Entscheidungen, 1997, S. 10.

[33] So vgl. *F. Ossenbühl* (Fn. 2), S. 81.

[34] So ähnlich auch *P. Kirchhof* (Fn. 3), S. 7.

[35] So auch etwa BVerfGE 62, 1 (LS 4, 38f.); vgl. auch *P. Häberle*, Die offene Gesellschaft der Verfas-

me Auslegung ist eben die dem Verfassungsgericht eingeräumte Befugnisse der Einengung des Auslegungsspielraums auf den von der Verfassung vorgezeichneten. Die verfassungskonforme Auslegung ermöglicht es dem Verfassungsgericht, den Inhalt eines einfachen Gesetzes auf einen bestimmten Bedeutungsgehalt festzulegen. Im Schrifttum wird dieser Vorgang überwiegend als eine gesetzgeberfreundliche Methode dargestellt,[36]weil er es ermöglicht, ein als verfassungswidrig angegriffenes Gesetz aufrechtzuerhalten.

Auf der anderen Seite sollte man sich auch nicht scheuen zu überprüfen, ob die derzeitige Praxis der verfassungskonformen Auslegung des Verfassungsgerichts unbedingt einem Idealtypus der koreanischen Verfassungsgerichtsbarkeit entspricht. Diesbezügliche Praxis und Erfahrungen in der Bundesrepublik Deutschland dürften jedenfalls einen nützlichen Anhaltpunkt geben,[37] wenn man auch die Verschiedenheit der Rechtsordnung beider Staaten nicht außer acht lassen darf.

III. Das Verfassungsgericht und die Vergangenheitsbewältigung

Als 1993 nach 32jähriger Militärherrschaft eine vom Volk legitimierte Zivilregierung an die Macht kam und mit einer rigorosen Vergangenheitsbewältigung anfing, wurde das Verfassungsgericht auch mit heiklen politischen Fragen überrumpelt.

Das Verfassungsgericht mußte zunächst verfassungsrechtlich klären, ob eine strafrechtliche Verfolgung gegen die zwei ehemaligen Staatspräsidenten *Chun* und *Noh*, die 1979/80 durch einen blutigen Militärputsch auf Raten an die Macht kamen und hintereinander 13 Jahre lang das Land diktatorisch regierten, statthaft ist, weil u.a. über die Verjährungsfrist unter Juristen keine einheitliche Meinung bilden konnte. Die relevante Verfassungsbestimmung hat folgenden Wortlaut: »Der Staatspräsident wird, abgesehen von den Fällen, in denen er ein Verbrechen im Zusammenhang mit einem Aufruhr oder einem Staaatsverrat begangen hat, während seiner Amtszeit nicht strafrechtlich verfolgt.« (Art. 84).

Das Verfassungsgericht hat zuerst am 20.1. 1995 in der Frage der Verjährung eine Entscheidung getroffen,[38] die besagt, daß Verbrechen nach 6 und nach 14 Nr. 8 des Soldatenstrafgesetzbuches, die *Chun* und *Noh* im Laufe des Militärputsches 1979/80 begangen hatten, während ihrer Amtszeit als Staatspräsident nicht verjähren dürfen. Die Verjährung ruhe, solange aufgrund von Art. 84 der Verfassung die strafrechtliche Verfolgung gegen sie nicht begonnen werden könne.

Als aber die Staatsanwaltschaft mit sehr umstrittenen Argumenten gegen die beiden Angezeigten keine Anklage erhoben hatte, mußte das Verfassungsgericht sich erneut mit dieser Sache befassen, weil eine Organisation der Bürgerinitiative gegen den

---

sungsinterpreten, JZ 1975, S. 297ff., in koreanischer Übersetzung in: Hee-Yol Kay (Hrsg.), Verfassungsinterpretation, Ausgewählte Schriften, 1992, S. 217ff.

[36] Vgl. etwa *K. Schlaich*, Das Bundesverfassungsgericht, 4. Aufl. 1997, Rn. 405ff.

[37] Vgl. auch kritische Stimmen wie etwa *K.A. Bettermann*, Die verfassungskonforme Auslegung, 1986, S. 46; *H.H. Klein*, Gedanken zur Verfassungsgerichtsbarkeit, in: Festschrift für Stern, 1997, S. 1135 (1137f.); *R. Scholz*, Karlsruhe im Zwielicht, in: Festschrift für Stern, 1997, S. 1201 (1211); *Chr. Hillgruber*, Richterliche Rechtsfortbildung als Verfassungsproblem, JZ 1996, 118ff.

[38] Vgl. VGE 7/1 (1995), S. 15ff.

Nichtanklagebeschluß der Staatsanwaltschaft eine Verfassungsbeschwerde beim Verfassungsgericht erhoben hatte. Die Staatsanwaltschaft begründete ihren Beschluß der Nichtanklage v.a. damit, ein gelungener Militärputsch dürfe nicht nachträglich geahndet werden, weil ansonsten die Rechtssicherheit gefährdet werde.

Infolgedessen wurde dem Verfassungsgericht die äußerst wichtige Aufgabe zuteil, verfassungsrechtlich zu klären, ob und ab wann der Militärputsch von *Chun* und *Noh* als gelungen betrachtet werden kann, und ob ggf. gegen einen gelungenen Militärputsch, der auch Hunderte von Menschenleben geopfert hatte, aus Gründen der Rechtssicherheit nachträglich kein Rechtsmittel zugelassen werden sollte.

Das Verfassungsgericht war offenbar mit diesen brisanten verfassungspolitischen Aufgaben überfordert und zögerte die Entscheidung in dieser Sache unverhältnismäßig lange hinaus, obgleich der Beschwerdeführer und die Öffentlichkeit von ihm eine rasche Entscheidung erwarteten. Als aber unerwartet Gerüchte kursierten, die Verfassungsbeschwerde hätte keine Aussicht auf Erfolg, nahm der Beschwerdeführer sie aus Protest zurück. Danach schloß das Verfassungsgericht sichtlich erleichtert am 15. 12. 1995 den Fall durch Feststellung seiner Erledigung ab[39], obwohl an der Klärung derartiger Fragen nicht nur ein individuelles Interesse des betroffenen Beschwerdeführers sondern auch ein objektives Allgemeininteresse besteht. Die zurückgenommene Verfassungsbeschwerde hätte wichtige verfassungsrechtliche Fragen geklärt, an denen ein Allgemeininteresse bestand, und die Motive, die aus der Sicht des Beschwerdeführers einer Sachentscheidung entgegenstanden, waren zumindest sehr emotional und nicht sachgerecht. Angesichts der wiederholten Betonung einer objektiven Funktion der Verfassungsbeschwerde[40] war es daher nicht konsequent, daß das Verfassungsgericht der Rücknahme folgend durch Feststellung ihrer Erledigung abschloß, zumal ohne die Entscheidung die Klärung einer verfassungsrechtlichen Frage von grundsätzlicher Bedeutung unterbleiben mußte[41]. Die Empörung der öffentlichen Meinung war sehr groß und kritische Stimmen sind nicht verstummt.

Deshalb fühlte sich der Gesetzgeber gezwungen, in die Sache einzugreifen. Er hat am 21. 12. 1995 das sog. 5·18-Sondergesetz[42] und ein Verjährungsfristsonderregelungsgesetz erlassen, die ausdrücklich zum Gesetzesziel gemacht haben, den Militärputsch 1979/80 und damit zusammenhängende Menschenrechtsverletzungen nachträglich zu bestrafen. Es waren ohne Zweifel rückwirkende Maßnahmegesetze, die nur zum Ziel gesetzt haben, trotz der Verjährungsfrage und trotz des Nichtanklagebeschlusses der Staatsanwaltschaft *Chun* und *Noh* mit ihren Gefolgsleuten nachträglich vors Gericht zu stellen. Kraft dieser beiden Sondergesetzte wurde der Strafprozeß gegen *Chun* und *Noh* noch einmal aufgerollt.

---

[39] Vgl. Die Entscheidung v. 15. 12. 1995, VGE 7/2 (1995), S. 697 ff.

[40] Dies betont das Verfassungsgericht in der Tat bei jeder gebotenen Gelegenheit immer wieder.

[41] Es dürfte immerhin ein Trost sein, daß 4 Verfassungsrichter wenigstens durch ihre dissenting opinion gegen den Abschluß votiert und sich für eine Sachentscheidung eingesetzt haben. Insbesondere haben 3 Verfassungsrichter deutlich gemacht, daß auch ein gelungener Militärputsch prinzipiell hinterher strafrechtlich verfolgt werden kann.

[42] 5·18 bedeutet der 18. Mai und ist genau das Datum im Jahr 1980, an dem eine Militäreinheit auf Kommando von *Chun* in der Provinz Kwang-Ju den Aufstand der Bevölkerung gegen den militärischen Belagerungszustand blutig niedergeschlagen hatte. Danach gilt dieses Datum in Korea als ein Symbol des Volksaufstandes gegen das Unrechtsregime.

Das Verfassungsgericht wurde zum dritten mal zur Klärung dieser Sache eingezogen, weil die zuständigen Strafgerichte insbesondere wegen einer Rückwirkung der anzuwendenden Sondergesetze verfassungsrechtliche Bedenken hegten und sich gemäß Art. 107 Abs. 1 der Verfassung[43] mit einer Vorlage an das Verfassungsgericht richteten und außerdem die Betroffenen die Sondergesetze für nicht Rechtens hielten und gegen sie Rechtssatzverfassungsbeschwerden erhoben.

Das Verfassungsgericht hat sich auch diesmal sehr schwer getan und sich dem unüberhörbaren Druck der öffentlichen Meinung beugend die beiden Sondergesetze mit vielen Bedenken letztenendes doch für verfassungsgemäß erklärt[44] und damit den rechtlichen Weg der Bestrafung von *Chun* und *Noh* mit ihren Gefolgsleuten freigemacht. In dieser ohne Zweifel historischen Entscheidung hat das Verfassungsgericht die Auffassung vertreten, daß der rechtsstaatliche Grundsatz des Rückwirkungsverbots insbesondere im Strafverfahren unbedingt beachtet werden müsse. Aber dieser Grundsatz gelte nicht für die Regelung einer Verjährungsfrist. Diese Auffassung erinnert an eine Rechtsprechung des Bundesverfassungsgerichts über die Frage der Verjährungsfrist[45]. Das Verfassungsgericht hat ferner ausgeführt, daß es die Frage der Verfolgungsverjährung als eine Frage der einfachen Gesetzesauslegung betrachte und daher die Beurteilung der Frage, ob die 15jährige Verjährungsfrist bereits abgelaufen sei, dem zuständigen Fachgericht überlassen werden müsse.

Das Fachgericht hat im nachhinein die Verjährungsfrage zuungunsten der Angeklagten ausgelegt und *Chun* und *Noh* mit ihren Mitangeklagten zum Tode bzw. zu langjähriger Freiheitsstrafe verurteilt. Außerdem wurden *Chun* und *Noh* dazu verurteilt, jeweils über 220 Milliarden Won (entspricht etwa 300 Millionen DM) an die Staatskasse zurückzuzahlen, da sie sich während ihrer Amtszeit gesetzeswidrig ungeheuer bereichert hatten.

Die Verurteilten saßen jahrelang im Gefängnis, sind aber inzwischen alle vom neuen Staatspräsidenten begnadigt und rehabilitiert, sie sind alle auf freiem Fuß und einige von Ihnen betätigen sich wieder politisch.

Damit dürfte das Kapitel der ›klangvollen‹ Vergangenheitsbewältigung im koreanischen Verfassungsleben ohne Bewältigung der Unrechtstaten abgeschlossen sein, wozu das Verfassungsgericht durch seine zwiespältige und manchmal widersprüchliche Haltung nicht minder beigetragen haben dürfte. Das Verfassungsgericht hat damit die erste brisante verfassungspolitische Probe nicht bestanden, schwere Vorwürfe hervorgerufen und seiner Unabhängigkeit und seinem Ansehen geschadet.

IV. Machtwechsel und das Verfassungsgericht

Korea hat seit Februar 1998 einen neuen Staatspräsidenten, der im Dezember 1997 direkt vom Volk zum Staatspräsidenten gewählt worden ist. Durch diese Wahl ist in Korea seit seiner Gründung im Jahr 1948 zum ersten mal ein friedlicher Machtwechsel

---

[43] Art. 107 Abs. 1 der Verfassung lautet wie folgt: »Ist die Frage, ob ein Gesetz gegen die Verfassung verstößt, eine relevante Voraussetzung eines gerichtlichen Verfahrens, so ist das Gericht das Verfahren auszusetzen und die Entscheidung des Verfassungsgerichts einzuholen.«

[44] Vgl. die Entscheidung v. 16. 2. 1996, VGE 8/1 (1996), S. 51 ff.

[45] Vgl. z.B. BVerfGE 25, 269 (Ls. 2 u. 3).

vollzogen worden, weil ein Oppositionsführer die Präsidentschaftswahl, wenn auch äußerst knapp[46], gewonnen hat.

Es ist zweifellos ein Schwachpunkt der koreanischen Verfassung, daß sie einerseits ein Präsidialsystem statuiert und andererseits ein relatives Mehrheitswahlsystem bei der Präsidentschaftswahl vorsieht. Dies kann unter Umständen zu einer schweren Legitimationskrise führen, falls, wie es bei der letzten Präsidentschaftswahl der Fall gewesen ist, die Stimmenverhältnisse zwischen dem Gewinner und Verlierer sehr knapp ausfallen sollten. In einem Verfassungsrechtsvergleich kann man feststellen, daß ein absolutes Mehrheitswahlsystem Gang und Gäbe ist, wenn der Staatspräsident vom Volk direkt gewählt werden sollte, wie es etwa in Frankreich, Österreich, Rußland und Polen der Fall ist, um nur einige Länder zu nennen.

In der koreanischen Verfassungsentwicklung dürfte dieses einzigartige Präsidentschaftswahlsystem eher eine negative Wirkung gehabt haben. Nur dank dieses relativen Mehrheitswahlsystems konnte *Noh*, einer der Hauptputschisten 1979/80, 1987 die Präsidentschaftswahl gewinnen, mit nur 36% der Stimmen, und die Militärherrschaft noch 5 Jahre verlängern. Außerdem dürfte die immerwährende politische Ära von drei *Kims,* die bis heute auf die Politik des Landes nachteiligen Einfluß haben, nur diesem Wahlsystem zu verdanken sein. Sowohl der zurückgetretene Staatspräsident *Y. S. Kim*[47] als auch der jetzt seit einem Jahr amtierende Staatspräsident *D. J. Kim*[48] haben von diesem tückischen relativen Mehrheitswahlsystem profitiert. Eine Studie könnte interessant und zugleich richtungweisend sein, die sozialwissenschaftlich genau untersucht, ob die bisher direkt gewählten Staatspräsidenten in Korea auch bei einem absoluten Mehrheitswahlsystem hätten gewinnen können. Das Ergebnis dürfte nicht positiv ausfallen, was wiederum bedeuten würde, daß die koreanische Verfassung mit ihrem Präsidialsystem in einen schwerwiegenden Strukturfehler verfallen ist.

Dies kann aber nur durch eine Verfassungsänderung beseitigt werden, weil die Modalitäten der Präsidentschaftswahl in der Verfassung[49] selbst geregelt werden. Im Moment scheinen jedoch führende politische Kräfte im Lande daran kein aktuelles Interesse zu haben, obwohl anerkannte Lehrmeinungen immer wieder für eine Einführung des absoluten Mehrheitswahlsystem plädieren.

Der Staatspäsident hat aber seine Wahlversprechen einzulösen und eine Verfassungsänderung noch bis Ende 1999 durchzuführen, mit der statt des jetzigen Präsidialsystems ein parlamentarisches Regierungssystem eingeführt werden sollte. Er hatte nämlich im Wahlkampf mit einem anderen Oppositionsführer, der jetzt als Ministerpräsident an der Regierung beteiligt ist, eine sog. *DJP*[50]-Vereinbarung getroffen und sie dem Volk feierlich verkündet. Nach dieser Vereinbarung verpflichten sich die bei-

---

[46] Da die koreanische Verfassung im Gegensatz zu vielen Verfassungen eines Präsidialsystems eine relative Mehrheitswahlsystem vorschreibt, konnte der jetzt amtierende Staatspräsident D.J. Kim nur mit Stimmen von knapp 40% gewählt werden. Sein Gegner, der Kandidat der damaligen Regierungspartei, hat 39% von Stimmen auf sich vereinigen können.

[47] Er hatte bei der Präsidentschaftwahl im Dezember 1992 42% der Stimmen erhalten, immerhin die meisten Stimmen von allen bisher gewählten Staatspräsidenten.

[48] Wie schon erwähnt hat er nur 40% der abgegebenen Stimmen erhalten, 1% mehr als sein Gegenkandidat, was etwa 390.000 Stimmen unter insgesamt etwa 32.000.000 Stimmen ausmachen.

[49] Vgl. Art. 67 Abs. 2 der Verfassung.

[50] DJP ist eine Abkürzung der Vornamen beider Kims, von denen der eine DJ und der andere JP heißt.

den gegenseitig, daß der eine *Kim* (jetziger Staatspräsident) nach der Wahl, sollte er überhaupt die Wahl gewinnen, bis Ende 1999 eine ein parlamentarisches Regierungs-system einführende Verfassungsänderung zustande zu bringen hat und dafür der ande-re *Kim* (jetziger Ministerpräsident) auf eine Präsidentschaftkandidatur zu verzichten und sich nach der Wahl als Ministerpräsident an der Macht zu beteiligen hat. Nach ei-ner vollzogenen Verfassungsänderung wird dann *Kim JP* (jetziger Ministerpräsident) das primäre Recht eingeräumt bekommen, zwischen dem Amt des Staatspräsidenten, der dann nur eine Symbolfigur ohne politische Macht sein wird, und des Premiermi-nisters, der die politische Macht in die Hand nehmen wird, nach seinem Gutdünken eins zu wählen. Diese wahltaktische *DJP*-Vereinbarung hatte politische Schlagkraft und bescherte den beiden den Erfolg bei der letzten Präsidentschaftswahl.

In einer parteipolitischen Landschaft wie in Korea, wo die Heimatverbundenheit von den Bürgern sehr groß geschrieben wird und wo führende Politiker in erster Linie ihre Heimatregion repräsentieren und daher besonders in ihrer Heimatregion bzw. unter Heimatleuten ihre feste Anhängerschaft haben, spielt ein wahltaktischer Pakt zwischen zwei politischen Führern verschiedener Regionen eine wahlentscheidende Rolle, wie es sich in Korea in der letzten Präsidentschaftswahl erwiesen hat. Der am-tierende Staatspräsident, *Kim DJ*, der erst nach einem vierten Anlauf sein politisches Ziel erreicht hat, hat seinen Wahlerfolg dem bereits erwähnten Wahlpakt zu verdan-ken, denn er hat abgesehen von seiner Heimatregion v.a. aus der Region seines Wahl-verbündeten überwältigende Stimmen erhalten, die er ohne den Pakt nie zugewinnen vermochte. Das dürfte für seinen knappen Wahlsieg ausschlaggebend gewesen sein.

Ob der Staatspräsident nun die *DJP*-Vereinbarung einhalten und die Macht früh-zeitig abgeben wird, ist noch nicht genau abzusehen. Dennoch deuten schon viele Anzeichen darauf, daß er an einer vereinbarungsgemäßen Erfüllung kein allzugroßes Interesse hat und seine 5jährige Amtszeit bis zum Jahr 2002 voll in Anspruch nehmen wird. Die Ende 1997 unerwartet eingetretene IWF-Finanzkrise[51] im Lande dürfte er als Vorwand benutzen können, um die Erfüllung der Vereinbarung auf einen späteren Zeitpunkt zu verschieben.

Bei einer solchen unaufrichtigen Haltung des Staatspräsidenten dürfte unter Um-ständen die politische Labilität des Landes wesentlich größer werden und noch einmal eine umfangreiche parteipolitische Umstrukturierung in Bewegung kommen. Die Schwere einer politischen Krise dürfte jedoch v.a. darauf ankommen, wie sich der an-dere Partner der *DJP*-Vereinbarung in einer solchen Situation verhalten und wie die Parlamentswahl im April 2000 ausgehen wird.

Nach der letzten Präsidentschaftswahl hat die *DJP*-Vereinbarung auch das Verfas-sungsgericht in Mitleidenschaft gezogen, weil der frisch neugewählte Staatspräsident vereinbarungsgemäß seinen politischen Verbündeten *Kim JP* um jeden Preis zum Mi-nisterpräsidenten ernennen wollte, was die Nationalversammlung, in der die Opposi-tionspartei über die absolute Mehrheit verfügt, nicht gewillt war, mitzumachen. Nach dem Machtwechsel hatte nach wie vor die Han-Na-Ra[52]-Partei (The Grand National

---

[51] Das Land stand im November 1997 beinahe vor einem Bankrott, der nur durch kräftige Finanzhilfe des Internationalen Währungsfonds (IWF) vermieden werden konnte.

[52] ›Han-Na-Ra‹ bedeutet sowohl ein großes Land als auch eine und dieselbe Nation.

Party: GNP), die vor dem Machtwechsel die Regierungspartei war[53], in der Nationalversammlung die Oberhand, denn sie allein verfügte über die absolute Mehrheit, die sie, würde sie geschlossen auftreten, in die Lage versetzen könnte, die Regierungspolitik zu blockieren. Das hat sich in der Tat nach der Amtseinführung des Staatspräsidenten im Februar 1998 zuerst bei der Regierungsbildung gezeigt, denn sie hat sich im Parlament den organisatorischen Vorhaben der Regierung erst einmal widersetzt.

Als der Staatspräsident die Nationalversammlung um die Zustimmung ersuchte, die nach der Verfassung zwingend erforderlich ist[54], um *Kim JP* zum Ministerpräsidenten zu ernennen, machte die GNP ihre negative Haltung öffentlich kund u.a. mit dem Argument, *Kim JP* sei zu diesem Staatsamt nicht geeignet, denn er habe 1961 mit General *Park* zusammen den Militärputsch führend mitorganisiert und habe dadurch lange der demokratischen Entwicklung des Landes entgegengewirkt.

Als nach einer ziemlichen Zögerung doch im Parlament eine Abstimmung über die Zustimmungsangelegenheit angesetzt wurde, verhinderten viele Funktionäre der Regierungsparteien die Stimmabgabe einiger Mitglieder der GNP, unter dem Vorwand, sie hielten sich nicht an die Regel der Geheimabstimmung. In Wahrheit ging es jedoch vornehmlich um eine beabsichtigte Verzögerung der Abstimmung. Die Regierungsparteien setzten von Beginn an auf Verzögerung. Ziel war es, das in der *DJP*-Vereinbarung geschlossene Machtbündnis zu retten. Sie wollten aus der Angst vor einer offenkundigen Abstimmungsniederlage die Abstimmung so lange verhindern, bis sie genügend Abgeordnete aus dem Oppositionslager in ihr Lager gezogen haben. Eine Abstimmungsniederlage, die an jenem Tag wohl zu erwarten war, hätte es dem Staatspräsidenten unmöglich gemacht, den nominierten *Kim JP* zum Ministerpräsidenten zu ernennen, und infolgedessen eine schwere Krise innerhalb des Regierungslagers hervorgerufen, das aus der Partei der NCNP (The National Congress for New Politics) und der ULD (The United Liberal Democrats) besteht. Aus diesem Grund konnte die Abstimmung nicht zu Ende geführt werden und die Parlamentssitzung mußte ohne Stimmabgabe von etwa 90 der 299 Abgeordneten, die auffälligerweise fast alle dem Regierungslager gehören, unterbrochen werden.

Der Staatspräsident wollte unter diesen Umständen ohnehin vollendete Tatsache schaffen. Er hat *Kim JP* ohne die erforderliche Zustimmung der Nationalversammlung am 3. 3. 1998 zum ›acting‹ Ministerpräsidenten ernannt und sich damit gerechtfertigt, daß eine weitere Zögerung der Regierungsbildung nicht mehr hingenommen werden könne, weil sie für die Bürger schädliche Folgen habe, und eine Ernennung zum ›acting‹ Ministerpräsidenten ohne Zustimmung der Nationalversammlung in der Vergangenheit der koreanischen Verfassungsgeschichte sowieso öfters vorgekommen gewesen sei. Dies läßt sich genau unter das berüchtigte Zitat subsumieren: »Aufs Recht kommt es nicht an, sondern auf die Macht.«[55]

Dieses verfassungswidrige eigenmächtige Verhalten des Staatspräsidenten hat natürlich vehemente Kritik der GNP und vieler Staatsrechtler herbeigerufen, was die Fraktion der GNP zu einem Kompetenzstreitverfahren gegen den Staatspräsidenten beim

---

[53] Dies ist nur deshalb möglich, weil nach der Verfassung die Amtszeit des Staatspräsidenten (5 Jahre) und die Wahlperiode der Nationalversammlung (4 Jahre) nicht identisch sind.

[54] Art. 86 Abs. 1 der Verfassung bestimmt: »Der Ministerpräsident wird vom Staatspräsidenten mit Zustimmung der Nationalversammlung ernannt.«

[55] Zitiert nach *Graf v. Krockow*, Bismarck, 1997, S. 52.

Verfassungsgericht veranlaßt hat. Der Ankläger hat auch zugleich eine einstweilige Anordnung beantragt, um die verfassungswidrige Machtausübung des ›acting‹ Ministerpräsidenten zu verhindern.

So befand sich das Verfassungsgericht erneut in einer schwierigen Lage, weil ihm brisante Kompetenzkonflikte zwischen dem Staatspräsidenten und der Parlamentsmehrheit angetragen wurden[56]. Das Verfassungsgericht hat sich nach langem Zaudern im Juli 1998 entschlossen, alle diesbezüglichen Klagen zu verwerfen[57]. Es hat als Grund der Verwerfung u. a. unschlüssig ausgeführt, die Klagebefugnis der Mehrheitfraktion im Parlament sei im Gegensatz zu der der Minderheitfraktion nicht anzuerkennen, denn die Mehrheitfraktion sei zahlenmäßig ohnehin in der Lage, selbst in der Nationalversammlung ihren politischen Willen durchzusetzen, ohne das Verfassungsgericht anzurufen. Mit diesem Argument hat das Verfassungsgericht wissentlich die Umstände, die zu diesen Kompetenzstreitigkeiten geführt haben, völlig außer acht gelassen. Wenn gilt, daß die verfassungsgerichtliche Rechtsprechung das in sie gesetzte Vertrauen auf die Überzeugungskraft der Urteile gründet und diese Überzeugungskraft vor allem durch deren Begründung vermittelt wird, ist die Begründung des Verfassungsgerichts von der Plausibilität weit entfernt. Verneinte man wie das Verfassungsgericht die Klagebefugnis der Opposition, würde nicht nur die Opposition des wirkungsvollsten Instrumentes[58] zur Erfüllung ihrer Aufgabe beraubt, die Regierungsfraktionen auch auf die Verfassungsmäßigkeit ihres Handelns hin zu kontrollieren. Auch wegen des Mangels der Institution einer abstrakten Normenkontrolle in Korea kommt dem Kompetenzstreitverfahren eine bedeutsame Ersatzfunktion zu.

Denkt man an den Umstand zurück, daß eine fühlbare Zersetzung des Politischen während der langjährigen Militärherrschaft der eigentliche Grund für die Errichtung des Verfassungsgerichts war, hätte man vom Verfassungsgericht erwarten können, einen politischen Mißstand zu beseitigen, wenn sich in einem Verfahren dazu gerade eine Gelegenheit bietet. Wenn das Verfassungsgericht gewollt hätte, hätte es auch einen Weg gefunden, zu einer offenkundigen Fehlentwicklung das ihm notwendig Erscheinende zu sagen und Korrekturen anzubringen. Es wäre ihm gewiß auch möglich gewesen, diese Kompetenzstreitverfahren materiell zu entscheiden, indem es die Entscheidung von der Entscheidung einer unentrinnbaren zentralen verfassungsrechtlichen Frage abhängig gemacht hätte. Die opportunistische Verwerfungsentscheidung ist in ihrer ganzen Anlage ein Beweis für die These, daß das Verfassungsgericht, ohne dies – politisch – zu wollen, keinen Weg findet, den Kampf um die politische Macht auf die verfassungsrechtlichen Bahnen zu lenken. Angesichts jüngster verfassungs-

---

[56] In diesem Zusammenhang waren insgesamt 5 Kompetenzstreitverfahren beim Verfassungsgericht anhängig: Der Staatspräsident hat auch den Präsidenten des Rechnungshofs, dessen Ernennung ebenfalls der Zustimmung der Nationalversammlung bedarf, ohne Zustimmung zum ›acting‹ Präsidenten ernannt, was auch zu einem Kompetenzstreitverfahren geführt hat. Außerdem klagte die Fraktion der GNP gegen den Präsidenten der Nationalversammlung, der bei der bösartigen Behinderung der Stimmabgabe seitens der Regierungsparteien durch grobe Vernachlässigung der Sitzungs- und Hausordnung der Nationalversammlung das Abstimmungsrecht ihrer Mitglieder mißachtet bzw. verletzt haben soll. Deshalb sind insgesamt 3 Hauptverfahren und 2 einstweilige Anordnungsverfahren beim Verfassungsgericht anhängig geworden.

[57] Vgl. die Entscheidung v. 14. 7. 1998, Bulletin des Verfassungsgerichts, Nr. 29, Oktober/1998, S. 583 ff.

[58] In der koreanischen Verfassung ist die Institution der abstrakten Normenkontrolle nicht vorgesehen.

rechtlicher Entwicklungen kann man dies dem Verfassungsgericht vorhalten, denn die verfassungsgerichtliche Kontrolle der politischen Gewalt ist in dem sich weltweit entwickelnden gestuften System politischer Ordnungen als ein immer bedeutsamer werdender Faktor der Legitimität dieser Ordnungen erkennbar.

Die fatale Entscheidung des Verfassungsgerichts führt uns noch einmal dessen Funktions- und Kraftgrenze deutlich vor die Augen[59]. Hätte es den Kompetenzklagen stattgegeben und die Ernennung des ›acting‹ Ministerpräsidenten für verfassungswidrig erklärt, so wäre eine verheerende politische Nachwirkung unvermeidlich gewesen.

Bei dieser Überlegung fragt man sich, wozu dann in solchen Fällen eine Kompetenzklage zugelassen werden soll und was für einen Sinn sie haben könnte. Wäre es nicht besser, bei einer dermaßen normentfernten Verfassungswirklichkeit die Institution der Kompetenzklage, die insbesondere gegen den mächtigen Staatspräsidenten richten, ganz abzuschaffen?

Die Problematik dürfte jedoch nicht in der Institution der Kompetenzklage sondern eher in der normativen Geltung der Verfassung liegen. Ohne die erforderliche normative Geltung der Verfassung kann man in der Tat mit einer Verfassungsgerichtsbarkeit wenig erreichen. Und deshalb sollte gerade das Verfassunggericht in der Lage sein, mit seiner Verfassungsrechtsprechung die normative Geltung der Verfassung zu verstärken. So gesehen, ist die Handhabung der Verfassungsjustiz des koreanischen Verfassungsgerichts sehr zu bedauern.

Nach einem verfassungsgerichtlichen Intermezzo hat der Staatspräsident erfolgreich versucht, dutzende oppositionelle Abgeordneten, die insbesondere eines strafrechtlichen Deliktes verdächtig sind, unter Druck zu setzen und zu den Regierungsparteien übertreten zu lassen und dadurch den Regierungsfraktionen eine absolute Mehrheit zu verschaffen. Die ausgebliebene Zustimmung der Nationalversammlung zur Ernennung des Ministerpräsidenten wurde auf diese Weise nachträglich zustande gebracht.

Aus diesen unerfreulichen Erfahrungen kann festgestellt werden, daß ein Parteiwechsel eines Abgeordneten nicht immer mit dem Argument seines freien Mandats gerechtfertigt werden kann. Ein freies Mandat dürfte in solchen Fällen eingeschränkt werden können, indem man einen Partei- bzw. Fraktionswechsel mit einem Verlust des Mandats eines Abgeordneten verbindet, was in Korea ohnehin für Abgeordneten gilt, die ohne einen Wahlbezirk auf einer Parteiliste gewählt worden sind. Diese dualistische Stellung von Abgeordneten in Korea, einerseits priviligierte Stellung für Direktmandate und andererseits nachteilige Stellung für Listenmandate, scheint einer verfassungsrechtlichen Prüfung nicht standzuhalten, weil ein Fraktions- bzw. Parteizwang nicht nur für Listenmandate sondern auch für die Direktmandate gelten muß, die ohnehin ein Parteibuch haben. Es steht außer Zweifel, daß die dualistische Stellung von Abgeordneten in Korea der parlamentarischen Demokratie nicht dienlich ist und eher schadet.

Könnte es dem Staatspräsidenten wider Willen der Wähler immer gelingen, mit welchen Mitteln auch immer, unabhängig vom Wahlergebnis nachträglich eine

---

[59] Natürlich hat es leisen und lauten Ärger über die Entscheidungen des Verfassungsgerichts in der Zeit seines nunmehr über mehr als 10 Jahre reichenden Wirkens immer gegeben.

Mehrheit in der Nationalversammlung zu erlangen, die nach dem Prinzip der Gewaltentrennung ihn kontrollieren sollte, so hätte der Wahlakt des souveränen Volkes keinen Sinn mehr.

Das ist im Blick auf die Legitimität der Nationalversammlung nicht hinnehmbar und gereicht ihr zum Nachteil, wenn die grundsätzlich nicht legitime parteipolitische Instrumentalisierung der Nationalversammlung, insbesondere im Dienste der Regierung allzu penetrant in Erscheinung tritt, wenn also die Nationalversammlung aus dem Erwartungshorizont der Wähler ausbricht und dadurch den sensus civium enttäuscht.

Für eine weitere demokratische Entwicklung Koreas sollte man daher die dualistische Stellung von Abgeordneten abschaffen und einen Parteiwechsel während der Legislaturperiode grundsätzlich verbieten. Ein freies Mandat des Abgeordneten darf nur beansprucht werden, wo, wie etwa in den USA und EU-Ländern, das Ideal der Repräsentation im Edmund Burke'schen Sinne noch nicht ganz zerronnen ist.

Abschließende Bemerkungen – Ausblick

Nach alledem bleibt festzuhalten, daß die Verläßlichkeit in einem gemeinsamen, wertungssicheren Grundverständnis von Recht und Verfassung in Korea derzeit bedroht zu sein scheint. Verfassungsrechtlicher Ausdruck eines freiheitlich-demokratischen Fundaments, auf dem Korea sein Rechts- und Verfassungsgebäude errichtet sehen will: das einschränkungslose Verbot, politische Ziele dem Recht überzuordnen, muß inhaltlich noch besser zur Geltung kommen. Während alle Staaten mit den Erfahrungen totalitärer oder autoritärer Herrschaft die verfassungsgerichtliche Kontrolle der Politik etabliert haben, läßt das in Korea zu wünschen übrig.

Die weitere Entwicklung der Demokratie in Korea wird v.a. damit zusammen hängen, wie schnell man die noch vorhandene Diskrepanz zwischen der Verfassung und der Verfassungswirklichkeit überwindet, damit Begriffe wie Demokratie und Bindung aller Staatsgewalt an die Verfassung und Grundrechte ihre ordnende Kraft zurückgewinnen können, und wie schnell sich das Verfassungsgericht in die Lage versetzen wird, als eine dämpfende Gewalt die übrigen Gewalten in den von der Verfassung aufgezeigten Grenzen zu halten.

Außerdem sollte man, sei es durch eine Verfassungsänderung oder sei es durch eine Gesetzesänderung, die in anerkannten Lehrmeinungen im Lande immer wieder festgestellten Ungereimtheiten der Verfassungsrechtsordnung aus dem Weg schaffen, damit etwaige systemimmanente Fehlentwicklung vorgebeugt werden kann.

Es muß noch daran erinnert werden, daß der repräsentative demokratische Verfassungsstaat von allen seinen Amtsträgern ›ein gewisses Maß an moralischer Anstrengung und Selbstüberwindung verlangt‹.[60] »Es bedarf des lebendigen Amtsethos, damit der Übergang aus grundrechtlich legitimierter Privatheit und Parteiloyalität zum Dienst für den Staat gelingt«[61].

---

[60] Vgl. *J. Isensee,* Grundrechte und Demokratie – Die polare Demokratie im grundgesetzlichen Gemeinwesens, 1981, S. 26.

[61] *J. Isensee* (Fn. 60).

Die weitere Entwicklung der Demokratie in Korea dürfte auch von einem Konsens abhängig sein, der bei einer Verfassungsänderung, sollte sie in einigen Jahren überhaupt zustande kommen, eine entscheidende Rolle spielen wird. Eine Verfassungsänderung, die in der *DJP*-Vereinbarung vorgesehen ist und nur dazu dienen soll, Politiker, die allein nie in der Lage sein würden, an die Macht zu gelangen, in der politischen Machtwelt salonfähig zu machen, wäre ein großer Rückschlag für die freiheitlich-demokratische Entwicklung des Landes.

Ein parlamentarisches Regierungssystem, das auch Vor- und Nachteile hat wie das Präsidialsystem, dürfte für Korea eine verhängnisvolle negative Nachwirkung haben, wenn es auch in England und in der Bundesrepublik Deutschland hervorragend zu funktionieren vermag. Korea hat weder ein solides demokratisches Parteiensystem noch ein standfestes Berufsbeamtentum, das im allgemeinen als eine unerläßliche Voraussetzung eines parlamentarischen Regierungssystems gilt. Wie schon erwähnt, sind die politischen Parteien in Korea sehr rückständig, weil sie statt politischer Programme von ihren jeweiligen politischen Führern abhängig sind und ferner noch nur in einer bestimmten Region jeweils ihre Basis haben. Programmatisches bringen nicht vor, sie pflegen ihr Image statt Inhalte zu vertreten. Solange die drei *Kims* ihren politischen Einfluß ausüben, dürfte sich die parteipolitische Struktur Koreas kaum ändern. Inwieweit die bisherige Politik der drei *Kims* die negative politische Landschaft des Landes bewirkt hat, darüber kann man sich streiten. Doch kann man nicht von der Hand weisen, daß sie keinen Frieden der politischen Landschaft Koreas gestiftet haben, weil sie immer eine Politik betrieben haben, die ihre Heimatregion bevorzugt und andere Regionen vernachläßigt. Man kann sogar im allgemeinen feststellen, daß das Vertrauen, das dem Verfassungsgericht noch entgegengebracht wird, sich von dem Mißtrauen abhebt, das die Politiker begleitet.

Dazu kommen noch die Umstände, daß Politik und Industrie in Korea sehr eng verbunden sind, was seit jeher dauernd Korruptionsskandale verursacht. Bei einem parlamentarischen Regierungssystem dürfte eine solche Verzahnung noch beschleunigt werden und folglich dürfte sich politische Korruption unvermeidlich noch ausbreiten, was zeitweise v.a. in Italien[62] und Japan[63] zu beobachten war.

Aus diesem Grund kann eine Verfassungsänderung zugunsten eines parlamentarischen Regierungssystems nicht befürwortet werden. Vielmehr wäre es sehr wünschenswert, wenn die drei *Kims* ins zweite Glied der Politik zurücktreten würden und sich eine neue Führungskraft herausbilden würde, die sich v.a. den Tugenden der Rationalität, Sachlichkeit und Aufrichtigkeit verpflichtet. Ohne eine derartige dramatische Wende in der politischen Führungsposition kann die demokratische Entwicklung in Korea eine gewisse Grenze nicht überspringen.

In einem Land mit langjähriger konfuzianistischer Tradition, wo die sog. ›Beziehung‹ in vieler Hinsicht (angefangen von Blut- bzw. Verwandtschaftbeziehung bis zur Heimatbeziehung, zur Kommilitonenbeziehung und schließlich zur Berufsbeziehung) immer noch eine nicht zu übersehende Rolle spielt, kann eine gesunde sachliche Politik nicht so leicht Fuß fassen. Es wird noch Generationen dauern, bis eine

---

[62] Statt vieler ist etwa an die Affäre von Silvio Berlusconi und die Bewegung ›sauberer Hände‹ von Di Pietro zu erinnern.

[63] U.a. ist etwa an die Locked-Affäre von Gakuei Tanaka zu erinnern.

freiheitlich-demokratische Ordnung westlicher Prägung in Korea ohne Hindernis in Gang gesetzt werden kann.

Diese Ausführungen besagen jedoch nicht, daß die verfassungsrechtliche Normalität Koreas auf die Vorstufe einer Verfassungskrise zugeht. Sie machen lediglich bewußt, daß die stets aufgegebene und niemals verläßlich vorgegebene Realität des demokratischen Rechtsstaates im gegenwärtigen Umbruch neu befestigt, vielleicht auch teilweise neu errichtet werden muß.

In dieser Phase der Verfassungserneuerung stellt sich die Frage, welchen Beitrag insbesondere die Verfassungsrechtsprechung zur Sicherung und Wiedergewinnung dieser Grundwerte von Recht und Verfassung zu leisten hat. Die Antwort ist in der Struktur der Verfassung als formaler und materialer Ordnung angelegt, die von Anfang an das Verfassungsgericht mit der Verwirklichung der materiellen Verfassungsordnung beauftragt.

Das Verfassungsgericht muß sich deswegen zu diesen verfassungsrechtlichen Aufgaben bekennen und sollte sich als ein mutiger Garant der Verfassung nicht scheuen, politische Paradigmen verfassungskonform neu zu gestalten. Ob es in der Lage sein wird, das zu meistern, ist offen.

Der allgemeine Gleichheitssatz der japanischen Verfassung im Spiegel der Rechtsprechung und der Verfassungslehre

von

Dr. Noriyuki Inoue

Professor für Öffentliches Recht an der Universität Kobe (Japan)[*]

I. Einleitung

Es gehört zu den Stärken der Japaner, Errungenschaften fremder Kulturen nach Japan zu importieren und ihnen bei der Rezeption japanische Akzente zu verleihen. Man denke nur an die Auto- und Computerproduktionstechnik. Die Rezeptionsvorgänge beschränken sich jedoch nicht auf die Technologie, sondern betreffen Grundelemente der japanischen Gesellschaft. Sogar das traditionelle und heute noch zu offiziellen Anlässen getragene Kleidungsstück, der Kimono, kommt ursprünglich aus Altchina und wurde von den Japanern ihrem eigenen Klima angepaßt. Die Rezeptionen reichen bis in das Alltagsleben. Auch die japanische Sprache als solche wurde schöpferisch aus Rezeptionsprozessen entwickelt. Alle japanischen Wörter haben ihren Ursprung in der chinesischen Sprache. Im Altertum verwendeten Japaner chinesische Wörter, vereinfachten sie und veränderten ihre Gestalt und Aussprache. Man könnte ohne Übertreibung behaupten, daß es keine orginale japanische Kultur gibt, sondern nur eine in Rezeptionsvorgängen herausgebildete.

Dies gilt auch für die japanische Rechtskultur. Vor ca. 120 Jahren eigneten sich Mitglieder der japanischen Führungsschichten – nicht der Kaiser, sondern seine Lehnsmänner, die im Namen des Kaisers die tatsächliche Herrschaft in Japan ausübten – die europäische Rechtskultur an, um den japanischen feudalen Lehnsstaat der damaligen Zeit, zugunsten einer absoluten Monarchie des Kaisers abzulösen und Japan auch in rechtlicher Hinsicht zu modernisieren. Vor allem die preußische Verfassung von 1850 diente als Vorbild, weil sie im Vergleich zu anderen Verfassungen der europäischen Länder am stärksten die Staatsgewalt beim König zentralisierte und dem Volk Rechte nur unter Vorbehalt einräumte. Die japanische Reichsverfassung, die erste ja-

[*] Dieser Beitrag ist während meines Forschungsaufenthaltes in Deutschland 1997/1998 an der Universität Bayreuth entstanden. Ich danke Herrn Professor Dr. Dr. h.c. Peter Häberle für die freundliche Aufnahme als Gast an seinem Lehrstuhl und Dr. Lothar Michael, wissenschaftlicher Assistent an diesem Lehrstuhl, für seine Hilfestellung bei der sprachlichen Verbesserung meines Manuskriptes.

panische Verfassung im modernen Sinn, wurde so nach dem Vorbild der preußischen Verfassung entworfen und 1889 erlassen. So wurden Grundgedanken des europäischen Konstitutionalismus des 19. Jahrhunderts in Japan rezipiert und Japan wurde in Form einer konstitutionellen Monarchie zu einem modernen Verfassungsstaat[1]. Die japanische Reichsverfassung weist jedoch gegenüber der preußischen Verfassung einige Besonderheiten auf, vor allem die Idee vom japanischen Familienstaat. Hiernach wurde der Kaiser als verfassungsrechtlicher Souverän und zugleich als oberster »Hausherr« der japanischen Familie angesehen. Dieser Gedanke wurzelt in dem japanischen Familienverständnis, das auf dem traditionellen Familienmodell des »früheren Samurai«-Standes gründet. Danach bestand die Familie aus einer Kette von Generationen, und der Hausherr besaß die Familienautorität und repräsentierte seine Familie. Die Familienmitglieder waren dem Hausherrn stets unterworfen. Dieses Modell wurde durch den Gedanken des Familienstaates auf die staatliche Ebene ausgedehnt. Zu den wichtigsten moralischen Verpflichtungen der damaligen japanischen Gesellschaft gehörte die liebende Verehrung der Eltern und die Kaisertreue[2]. Dementsprechend wurde die Reichsverfassung als oberster Befehl des Kaisers angesehen und als heilige und unverletzbare Schrift behandelt. Daher wurde die Reichsverfassung, obwohl Art. 73 ein Verfahren der Verfassungsänderung regelte, mehr als 50 Jahre textlich nicht verändert. Dem Kaiser stand eine verfassungsrechtlich unbeschränkte Macht zu. Japan war zwar der Erscheinung nach ein moderner Verfassungsstaat, tatsächlich wurde der Feudalismus jedoch durch die Reichsverfassung nicht gebrochen.

Nach dem 2. Weltkrieg hat sich die verfassungsrechtliche Lage in Japan vollständig verändert. Am 15. Aug. 1945 erklärte Japan seine bedingungslose Kapitulation und akzeptierte die Potsdamer Deklaration vom 26. Juni 1945. Diese Deklaration enthielt viele Vorgaben[3], die von den Alliierten festgesetzt wurden und die die verfassungsrechtliche Entwicklung in Japan nachhaltig geprägt haben. Danach sollte eine verantwortungsbewußte japanische Regierung nach dem freigeäußerten Willen des japanischen Volkes eingesetzt und somit das ganze Staatswesen von Grund auf geändert werden. Japan sollte zur Durchführung der Potsdamer Deklaration ein demokratisches System errichten und staatsbürgerliche Grundrechte gewährleisten. Die damalige japanische Regierung begann mit der Vorbereitung zur Verfassungsänderung unter der Anleitung General McArthurs, des obersten Befehlshabers der Alliierten. Die neue, vor diesem Hintergrund[4] andere japanische Verfassung, die am 3. Nov. 1946 verkündet wurde und gemäß ihrem Art. 100 sechs Monate später am 3. Mai 1947 in Kraft trat, gilt bis heute[5], und basiert auf drei fundamentalen Prinzipien: Der Volkssouverä-

---

[1] Zu dieser Entwicklung und den Einzelheiten der japanischen Reichsverfassung von 1889 vgl. *Osamu Ishimura,* Religionsfreiheit und Tradition in Japan, JöR 44 (1996), S. 597, insbes. S. 600ff.

[2] Dieses japanische Familiensystem wurde auch durch die Abschnitte des Familienrechts im bürgerlichen Gesetzbuch unterstützt. Dazu vgl. *Toyowo Ohgushi,* Die japanische Verfassung vom 3. Nov. 1946, JöR 5 (1956), S. 301, 312f.

[3] Zu diesen Bedingungen der Potsdamer Deklaration vgl. *Teruya Abe,* Die Entwicklung des japanischen Verfassungsrechts seit 1952, JöR 15 (1966), S. 513ff.

[4] Zu dem Hintergrund und dem Prozeß der Entstehung der japanischen Verfassung näher *Ohgushi,* aaO., S. 303ff. und *Abe,* aaO., S. 513ff.

[5] Im Gegensatz zum Grundgesetz wurde die japanische Verfassung bislang nicht geändert. Dies hat jedoch andere Gründe als bei der Reichsverfassung. Der Hauptgrund liegt in dem außerordentlich erschwerten Verfahren der Verfassungsänderung. Der maßgebliche Art. 96 der japanischen Verfassung lautet:

nität, dem Gedanken der fundamentalen Menschenrechte und dem Pazifismus[6]. Damit wurde Japan erst Mitte des 20. Jahrhunderts zu einem freiheitlichen, auf dem demokratischen Prinzip beruhenden Verfassungsstaat.

Von den oben erwähnten tragenden Verfassungsprinzipien ist der Gedanke der fundamentalen Menschenrechte besonders wichtig sowohl für die japanische Verfassung selbst als auch für das japanische Volk. Art. 97 der japanischen Verfassung, explizit als »die oberste Rechtsnorm« bezeichnet, lautet: »Die fundamentalen Menschenrechte, die durch diese Verfassung garantiert werden, sind die Früchte eines langwierigen Kampfes der Menschheit um die Freiheit, und diese Rechte, die in der Vergangenheit viele Proben bestanden haben, sind dem Volk der Gegenwart und dem der Zukunft als unantastbare ewige Rechte anvertraut.«[7] Nach herrschender Meinung in der japanischen Verfassungslehre drückt diese Vorschrift einen der wichtigsten Zwecke der Neufassung der japanischen Verfassung aus und ist der Grund dafür, warum die japanische Verfassung als die oberste Rechtsnorm in Japan gelten kann. Entgegen des Textes des Art. 97 waren für die Japaner die in der Verfassung garantierten Grundrechte keine Frucht eines Kampfes. Die fundamentalen Menschenrechte hatten in Japan keine Tradition, weil unter der Reichsverfassung dem japanischen Volk als Untertan des Kaisers Rechte nur unter Gesetzesvorbehalt garantiert wurden. Der Gedanke und die Vorstellung der Grundrechte und Menschenrechte wurde und wird in der japanischen Verfassungslehre bis heute von westlichen Verfassungsstaaten rezipiert. Die japanische Lehre bemüht sich, diese Gedanken und Vorstellungen im japanischen Volk und dem japanischen Staatswesen zu verwurzeln. Dabei wird vor allem die Theorie und Praxis der USA zum Vorbild genommen, weil die japanische Verfassung besonders vom amerikanischen Verfassungsrecht beeinflußt wurde[8]. Der vorliegende Beitrag behandelt die dogmatischen und praktischen Entwicklungen des allgemeinen Gleichheitssatzes der japanischen Verfassung als ein Beispiel für die Schwierigkeiten, in die die japanische Verfassungslehre mit der Einführung fremder Theorien in Japan kommt. Es

---

»(1) Die Initiative der Verfassungsänderung steht dem Parlament zu: Die Änderungsvorlage soll von den beiden Häusern des Parlaments mit mindestens 2/3 Mehrheit angenommen werden, sodann soll sie dem Volk zur Zustimmung vorgelegt werden. Für die Zustimmung ist entweder eine besondere Volksabstimmung zu veranstalten, oder sie kann mit solcher Parlamentswahl, die das Parlament bestimmen soll, verbunden werden. Die Annahme der Abänderungsvorlage des Parlaments unterliegt der Zustimmung von mehr als der Hälfte der sich daran beteiligenden Wählerstimmen. (2) Der Kaiser soll die Änderung, die zum Bestandteil dieser Verfassung wird, im Namen des Volks verkünden, wenn die im Abs. 1 vorgeschriebenen Voraussetzungen schließlich erfüllt sind.«

[6] Der Pazifismus, der in der japanischen Verfassung vorgeschrieben wird, ist idealistischer Natur und immer wieder Gegenstand von Disputen bzgl. des Selbstverteidigungsrechts. Art. 9 der japanischen Verfassung lautet: (1) Beseelt von dem heißen Wunsch nach dem auf Gerechtigkeit und Ordnung beruhenden internationalen Frieden verwirft das japanische Volk für immer den Krieg als eine Ausübung des Staatshoheitsrechtes und die Drohung mit oder die Ausübung von Waffengewalt als ein Mittel, um internationale Streitigkeiten beizulegen. (2) Um das Ziel der vorstehenden Absatzes zu erreichen, werden Land-, See-, Luftstreitkräfte und anders Kriegspotential nicht unterhalten. Auf das Recht zur Kriegsführung wird verzichtet.« Zu den Problemen vgl. *Abe*, aaO., S. 546ff.; *Teruya Abe* und *Masanori Shiyake*, Die Entwicklung des japanischen Verfassungsrechts von 1965–1976 unter besonderer Berücksichtigung der Rechtsprechung, JöR 26 (1976), S. 595, 598ff.

[7] Der Begriff der »fundamentalen Menschenrechte« bezieht sich auf die so in der japanischen Verfassung bezeichneten Grund- und Menschenrechte.

[8] Zu dem amerikanischen Einfluß auf den Entwurf der japanischen Verfassung vgl. *Oghushi*, aaO., S. 301ff.

gab keinen Gleichheitsgedanken in der von dem bereits erwähnten Familiensystem geprägten Gesellschaft der Vorkriegszeit, die noch auf Feudalstrukturen beruhte. Ebensowenig gab es eine Gleichheitsgarantie in der Reichsverfassung[9], nicht einmal in Ansätzen, wie etwa hinsichtlich der punktuellen Freiheitsrechte. Die Gleichheitsgarantie im rechtlichen Sinn ist somit ein Novum in der japanischen Verfassung. Erst nach dem zweiten Weltkrieg begann die japanische Verfassungslehre daher damit, sich mit dem Begriff und der verfassungsrechtlichen Bedeutung des Gleichheitsgedankens auseinanderzusetzen. Dieser Prozeß dauert bis heute fort.

II. Rezeption und Entwicklung der Lehre vom allgemeinen Gleichheitssatz

Art. 14 Abs. 1 der japanischen Verfassung lautet: »Alle Staatsbürger sind unter dem Recht gleich. Niemand darf in politischer, wirtschaftlicher oder sozialer Beziehung wegen seiner Rasse, seines Glaubens, seines Geschlechtes, seiner sozialen Stellung oder seiner Abstammung diskriminiert werden.« Neben diesem allgemeinen Gleichheitssatz beinhaltet die japanische Verfassung folgende spezielle Gleichheitsgarantien: Die Abschaffung des aristokratischen Systems (Art. 14 Abs. 2), das Verbot der privilegierenden Ehrenerteilung (Art. 14 Abs. 3), die Gewährleistung der allgemeinen Wahl (Art. 15 Abs. 3) und der Wahlgleichheit (Art. 44 S. 2), die Gleichberechtigung von Männern und Frauen im Familiensystem (Art. 24) und die Chancengleichheit im Bildungssystem (Art. 26 Abs. 1). Diese speziellen Geichheitsgarantien werden als Konkretisierungen des allgemeinen Gleichheitssatzes angesehen und geben somit auch wichtigen Aufschluß über die Bedeutung des Art. 14 Abs. 1 als verfassungsrechtlichen allgemeinen Gleichheitssatz.

1. *Begriffsbestimmung des Art. 14 Abs. 1 in Anlehnung an die deutsche Dogmatik*

Neben der Freiheitsgarantie sei die Gleichheitsgarantie unerläßlich für die moderne Menschenrechtsvorstellung und stelle eine verfassungsrechtliche Fundamentalnorm dar. Mit dieser überkommenen Formel beginnen die meisten japanischen Verfassungsrechtslehrbücher die Erläuterung des Gleichheitsgedankens. Der Gleichheitsgrundsatz entspringe dem Gedankengut des antiken Griechenland, werde durch den christlichen Gedanken der Gleichheit vor Gott im mittelalterlichen Europa fortgeführt und in der amerikanischen Unabhängigkeitserklärung von 1776 und der französischen Erklärung der Menschen- und Bürgerrechte von 1789 als geschriebener Grundsatz festgehalten. Der allgemeine Geichheitssatz des Art. 14 Abs. 1 der japanischen Verfassung nehme dieses Gedankengut als verfassungsrechtliche Norm auf.

   Bezüglich der normativen Begriffsbestimmung des Gleichheitssatzes des Art. 14 Abs. 1 beruht die japanische Verfassungslehre folgerichtig auf der deutschen Theorie. Zunächst wurde die deutsche Lehre zum allgemeinen Gleichheitssatz aus der Weima-

---

[9] Umgekehrt gesagt konnte die feudale Gesellschaft in Japan deshalb bis zum Ende des zweiten Weltkrieges fortbestehen, weil es keine verfassungsrechtliche Gleichheitsgarantie in der Reichsverfassung gab.

rer Zeit rezipiert. Infolgedessen etablierte sich in Japan die zur Weimarer Zeit herrschende Auffassung, der allgemeine Gleichheitssatz gebiete nur Rechtsanwendungs-, nicht aber Rechtssetzungsgleichheit. Diese Einschränkung wurde nur dadurch abgemildert, daß die von Art. 14 Abs. 1 Satz 2 aufgezählten Merkmale auch den Gesetzgeber im Sinne absoluter Gleichheit binden. Es gibt Anhaltspunkte dafür, daß der oberste Gerichtshof (OGH) in der zweiten Hälfte der 40er Jahre in mehreren Entscheidungen dieser Meinung zuneigte: Jedenfalls erklärte er mehrere Ungleichbehandlungen deswegen nicht für gleichheitswidrig und also für verfassungsgemäß, weil das dort maßgebliche Differenzierungskriterium nicht zu den von Art. 14 Abs. 1 Satz 2 aufgezählten Merkmalen gehörte[10]. Hieran wurde jedoch vielfach Kritik geübt; es sei nicht zutreffend, daß die Frage der Verfassungsmäßigkeit dann nicht gestellt werden könne, wenn das Differenzierungskriterium nicht unter die von Art. 14 Abs. 1 Satz 2 aufgezählten Merkmale falle; das Wort »Recht« bedeute nicht dasselbe wie »Gesetz« und umfasse auch das Verfassungsrecht. Deshalb sei auch der Gesetzgeber an Art. 14 Abs. 1 gebunden. Alle Gesetze seien von Natur aus Konkretisierungen des Verfassungsrechts und es widerspräche der heutigen Auffassung der Grundrechte, die ein Mißtrauen gegenüber dem Gesetzgeber zum Ausdruck bringen, Gesetze nicht auch einer Kontrolle anhand des Gleichheitssatzes zu unterwerfen. Unter den Kriterien überwog die Meinung, die Gleichheit vor dem Recht bewirke auch Rechtsetzungsgleichheit und binde somit auch den Gesetzgeber. Dies wurde zu der Zeit, in der das Bundesverfassungsgericht das sogenannte »Südweststaat-urteil«[11] fällte, in Japan herrschende Auffassung zu Art. 14 Abs. 1 Satz 1. Seit Anfang der 50er Jahre verbietet die herrschende Meinung dem Gesetzgeber wegen Art. 14 Abs. 1 Satz 1, Angelegenheiten, die gleichbehandelt werden müssen, verschieden zu behandeln. Hiernach verlangt der allgemeine Gleichheitssatz des Art. 14 Abs. 1 Satz 1 keine absolute, sonder eine relative Gleichheit. Dies bedeutet, daß Gleiches gleich und Ungleiches seiner Eigenart gemäß verschieden zu behandeln ist. Diese Auffassung geht auf die deutsche Dogmatik zu Art. 3 Abs. 1 GG zurück.

Es ist nicht sicher, warum gerade die deutsche Dogmatik der Weimarer Zeit bis zu den Anfängen des Grundgesetzes bei der Begriffsbestimmung des japanischen allgemeinen Gleichheitssatzes zum Vorbild genommen wurde. Eine mögliche Erklärung liegt darin, daß der Art. 14 Abs. 1 der japanischen Verfassung dem Art. 109 Abs. 1 der Weimarer Reichsverfassung und dem Art. 3 Abs. 1 GG textlich ähnelt. Außerdem gab es in Japan seit der Zeit der alten Reichsverfassung eine starke Tendenz, sich bei der Gesetzesauslegung an deutschen Begrifflichkeiten zu orientieren. Jedenfalls sieht die herrschende Meinung bis heute den allgemeinen Gleichheitssatz in Art. 14 Abs. 1 Satz 1 als Rechtssetzungsgleichheit an und faßt seinen normativen Inhalt in der Formel »Gleiches gleich, Ungleiches seiner Eigenart gemäß verschieden zu behandeln«. Auch nach der ständigen Rechtsprechung des OGH verbietet der Gleichheitssatz des Art. 14 Abs. 1 Ungleichbehandlung, nicht jede, sondern ist nur dann verletzt, wenn sich ein vernünftiger, aus der Natur der Sache ergebender Grund für die gesetzliche

---

[10] Z.B. Urteil des OGH (Großsenat) v. 26. 05. 1948, Entscheidungen des OGH in Strafsachen, Band 2 Nr. 5 S. 517; Urteil vom OGH (Großsenat) v. 08. 07. 1948, Entscheidungen des OGH in Strafsachen Bd. 2 Nr. 8 S. 801; Urteil vom OGH (Großsenat) v. 23. 03. 1949, Entscheidungen des OGH in Strafsachen Bd. 3 Nr. 3 S. 368.

[11] BVerfGE 1, 14.

Differenzierung nicht finden läßt[12]. Immer wieder wird darauf hingewiesen, daß der japanischen Dogmatik zu Art. 14 Abs. 1 Satz 1 die deutsche Begrifflichkeit zugrunde liegt.

2. Gerichtliche Prüfungsmaßstäbe in Anlehnung an die amerikanische Theorie

Für die herrschende Meinung, die den normativen Begriff des Gleichheitssatzes als relative Gleichheit auffaßt, stellt sich folgende schwierige Frage: Wie ist zwischen verfassungsmäßiger und verfassungswidriger Differenzierung zu unterscheiden? Auch in diesem Punkt hat sich die herrschende Meinung zunächst an die deutsche Theorie angelehnt und nur solche Differenzierungen für verfassungswidrig erklärt, die als willkürlich zu bezeichnen sind. Jedoch ist der Begriff der Willkür unbestimmt. Deshalb wurde die Frage der Willkür der gesetzlichen Differenzierung durch die Frage nach deren Vernünftigkeit ersetzt. Man kann jedoch ebenso schwer objektiv feststellen, welche Differenzierungen vernünftig und welche unvernünftig sind. Ob eine Differenzierung vernünftig ist, hängt vom Sachverhalt sowie davon ab, welches Differenzierungskriterium, das in Frage stehende Gesetz vorschreibt, auf welches Recht bzw. welches Interesse sich die Differenzierung bezieht und welchen Grad die gesetzlich vorgenommene Ungleichbehandlung erreicht. Sowohl der OGH als auch das Bundesverfassungsgericht sind über die Formel lange nicht hinausgekommen, daß der Gleichheitssatz dann verletzt ist, wenn sich ein vernünftiger, sich aus der Natur der Sache ergebender Grund für die Differenzierung nicht finden läßt.

Die Diskussion hat sich darauf konzentriert, mit welchem Prüfungsmaßstab Gerichte die Verfassungsmäßigkeit der Differenzierung beurteilen müssen. Mit anderen Worten hat die japanische Verfassungslehre versucht, eine Objektivierung des Gleichheitssatzes dadurch zu erreichen, daß sie die Prüfungsmaßstäbe der Verfassungsgerichtsbarkeit objektiviert. Diese Tendenz verstärkte sich in der zweiten Hälfte der 70er sowie in den 80er Jahren. Hierbei lehnte sich die japanische Verfassungslehre nicht an die deutsche, sondern an die amerikanische Theorie an, die aufgrund der Rechtsprechung des US-Supreme Court zur equal protection clause entwickelt worden ist[13].

Bis heute unterscheidet die japanische Verfassungslehre drei abgestufte Prüfungsmaßstäbe. Erstens soll das Gericht nach dem sog. »strict scrutiny-Test« solche Regelungen überprüfen, die die im demokratischen System fundamentalen verfassungsrechtlichen Freiheitsrechte[14]betreffen (fundamental rights-doctrine), oder die eine verdächtige Gruppenbildung vornehmen (suspect classification-doctrine). In diesen Fällen sollte das Gericht verlangen, daß der Regelungszweck in der Verfolgung eines

---

[12] Urteil des OGH (Großsenat) vom 27. 05. 1964, Entscheidungen des OGH in Zivilsachen, Band 18 Nr. 4 S. 676. Dort stellte sich die Frage, ob eine Benachteiligung alter Regionalbeamter aufgrund des Gesetzes über Regionalbeamte eine gleichheitswidrige Behandlung darstellte. Diese Frage wurde vom OGH deshalb verneint, da sich ein gewisser und vernünftiger Grund für die Verfügung finden ließ.

[13] Zur Rechtsprechung des US-Supreme Court zur equal protection clause vgl. *P. Häberle,* Der Gleichheitssatz im modernen Verfassungsstaat, AöR 107 (1982), S. 1 ff. (6); *R. Maaß,* Die neuere Rechtsprechung des BVerfG zum allgemeinen Gleichheitssatz – ein Neuansatz?, NVwZ 1988, S. 14 (17 f.).

[14] Die japanische herrschende Meinung unterscheidet grundsätzlich zwischen zwei Freiheitsrechten, nämlich den geistigen Freiheeitsrechten, die eine wichtige Beziehung zur Demokratie haben, und den wirtschaftlichen Freiheitsrechten, die sich im demokratischen Prozeß besser verwirklichen lassen.

überragenden öffentlichen Interesses liegt, das so groß ist, daß Einschränkungen auch grundlegender Rechte hingenommen werden müssen und daß das Regelungsmittel zur Erreichung dieses Zweckes unbedingt notwendig ist, Zweitens solle das Gericht nach dem intermediate scrutiny- oder substantial rationality-Test solche Regelungen überprüfen, die zwar keine verdächtige Gruppenbildung vornehmen, aber verfassungsrechtlich bedenkliche Differenzierungskriterien verwenden oder die die verfassungsrechtlich garantierten Grundrechte berühren. Dort müsse das Gericht prüfen, ob die Regelung einem wichtigen Ziel diene und ob es eine substantielle Beziehung zwischen dem Ziel und der dort vorgenommenen Differenzierung gebe. Bei diesen beiden Prüfungsmaßstäben trage die Beweislast für die Verfassungsmäßigkeit der Träger der öffentlichen Gewalt. Die Beweislast für die Verfassungswidrigkeit, d.h. für die Gleichheitswidrigkeit kehre sich auf der dritten Stufe zu Lasten der Antragsteller um. Auf dieser Stufe sind Regelungen, die ausschließlich wirtschafts-, sozial- oder steuerpolitischen Gehalt haben, nur dann gleichheitswidrig, wenn sich ein prima facie legitimer Regelungszweck und eine sachliche Beziehung zwischen diesem Zweck und der Differenzierung nicht feststellen lassen.

Der Grund dafür, warum die deutsche Theorie bzgl. der verfassungsgerichtlichen Prüfungsmaßstäbe nur von geringem Einfluß auf die japanische Verfassungslehre war, liegt darin, daß das Bundesverfassungsgericht jedenfalls bis in die zweite Hälfte der 70er Jahre den allgemeinen Gleichheitssatz nur als sog. Willkürverbot verstanden hat. Neben diesem materiell-rechtlichen Grund bestand aber auch ein prozessualer Anlaß für die japanische Verfassungslehre, sich der amerikanischen Theorie anzulehnen. Dieser liegt in der Eigenschaft des richterlichen Prüfungsrechts nach der japanischen Verfassung. Die japanische Verfassung bekennt sich in Art. 81 ausdrücklich zur richterlichen Normverwerfungskompetenz. Art. 81 lautet: »Der Oberste Gerichtshof ist das Gericht der letzten Instanz mit der Befugnis, über die Verfassungsmäßigkeit aller Gesetze, Verordnungen, Bestimmungen und Hoheitsakte zu entscheiden.« Nach dieser Vorschrift ist das Prüfungsrecht über die Verfassungsmäßigkeit bestimmter Hoheitsakte nicht einem besonderen Verfassungsorgan, wie z.B. dem Bundesverfassungsgericht in Deutschland, vorbehalten, sondern dem höchsten ordentlichen Gericht anvertraut. Bereits in einer seiner ersten Entscheidungen erklärte der OGH, daß Art. 81 der japanischen Verfassung das durch die Interpretation der US-Bundesverfassung etablierte richterliche Prüfungsrecht, d.h. »the power of judicial review«, zum Ausdruck bringe[15]; eine Zuständigkeit der Gerichte für die abstrakte Normenkontrolle sei nicht anerkannt[16]. Bis heute herrscht die Auffassung, das richterliche Prüfungsrecht des Art. 81 folge dem amerikanischen Modell der inzidenten Prüfungsbefugnis, d.h. sei nur dann gegeben, wenn sie zur Lösung einer konkreten Streitsache erforderlich sei. Infolgedessen hat der Bürger nur die Möglichkeit, die Frage der Verfassungsmäßigkeit eines Hoheitsaktes im Laufe eines Verfahrens, dessen straf-, zivil- bzw. verwaltungsprozessualen Zulässigkeitsvoraussetzungen erfüllt sein müssen, d.h. in einem konkret und gegenwärtig anhängigen Prozeß vor einem ordentlichen Gericht aufzuwerfen.

---

[15] Urteil des OGH (Großsenat) vom 08.07. 1948, Entscheidungen des OGH in Strafsachen, Bd. 2 Nr. 8 S. 801.

[16] Urteil vom OGH (Großsenat) vom 08. 10. 1952, Entscheidungen des OGH in Zivilsachen, Bd. 6 Nr. 9 S. 783.

Mit anderen Worten kann das Gericht nur solche rechtsprechende Gewalt ausüben, die der amerikanischen Vorstellung des »judical power« entspricht und nicht die deutsche Vorstellung einer besonderen Verfassungsgerichtsbarkeit impliziert[17].

Um eine Rechtstheorie aus dem Ausland zu rezipieren, sind gewisse institutionelle Gemeinsamkeiten der Rechtsordnungen erforderlich. Weil der Begriff der rechtsprechenden Gewalt und das System des richterlichen Prüfungsrechts in Japan und den USA einander ähneln, knüpfte die japanische Theorie bei den Fragen des gerichtlichen Grundrechtsschutzes vor allen Dingen an Theorie und Praxis der USA an. Soweit es sich um den Gleichheitssatz handelt, rezipierte die japanische Verfassungslehre das amerikanische 3-Stufen-Modell der differenzierten gerichtlichen Prüfungsmaßstäbe unmittelbar und kritiklos, während bei der Frage der Begriffsbestimmung des Gleichheitssatzes auf die deutsche Theorie zurückgegriffen wurde. Die Rechtsprechung des OGH orientiert sich vor allen Dingen an der deutschen Begriffsbestimmung des Gleichheitssatzes und übt starke Selbstzurückhaltung. Die formelhafte Selbstzurückhaltung des OGH steht in zunehmendem Kontrast zu der oben skizzierten Dreiteilung der Prüfungsmaßstäbe. Um dies näher zu erläutern und zu problematisieren, sollen im folgenden zunächst einige wichtige Entscheidungen des OGH zu Art. 14 Abs. 1 der japanischen Verfassung skizziert werden, um sodann einige Problemfelder dieser Entscheidungen sowie der Verfassungslehre vorzustellen.

III. Einige Beispiele aus der Rechtsprechung des OGH zum Gleichheitssatz

Die Entscheidungen des OGH zum Gleichheitssatz sind ungezählt. Dies liegt an der allgemeinen Geltung des Gleichheitssatzes[18]. In einem gewissen Sinne führt jedes Gesetz zu Ungleichbehandlungen der gesetzlich erfaßten gegenüber den nichtgesetzlich erfaßten Fällen. - Im folgenden seien nur einige wichtige Entscheidungen, die zum Nachdenken über die Probleme des allgemeinen Gleichheitssatzes Anlaß geben, angeführt.

1. Aszendentenmord-Urteil vom 4. 4. 1973

Dieses Urteil[19] ist von wichtiger Bedeutung in der japanischen Verfassungsgeschichte, weil der OGH hier zum ersten Mal eine gesetzliche Bestimmung für verfassungswidrig erklärte. Gegen die Begründung der Mehrheitsmeinung des OGH wurden Einwände vorgebracht.

Nach Art. 200 des japanischen Strafgesetzbuches von 1908, das zum größten Teil

---

[17] Das ist die herrschende Meinung und die ständige Rechtsprechung des OGH zur rechtsprechenden Gewalt, die Art. 76 Abs. 1 der japanischen Verfassung vorschreibt. Dieser lautet: »Alle rechtsprechende Gewalt gehört dem Obersten Gerichtshof und den unteren Gerichten, die durch Gesetz eingerichtet werden.«

[18] Neben Art. 14 Abs. 1 verwendet man sehr oft Art. 31 der japanischen Verfassung wegen des großen Einflusses der amerikanischen Rechtsprechung zur »due process-clause«. Art. 31 lautet: »Niemand darf des Lebens oder der Freiheit beraubt werden, noch darf irgend eine andere gesetzliche Strafe auferlegt werden, außer in Übereinstimmung mit einem gesetzlich festgelegten Verfahren.«

[19] Urteil vom OGH (Großsenat) vom 04. 04. 1973, Entscheidungen des OGH in Strafsachen, Bd. 27 Nr. 3, S. 265.

noch heute gültig ist, wird der Mord an Aszendenten zwingend mit lebenslänglichem Gefängnis oder mit dem Tod bestraft, während allgemeiner Mord nach Art. 199 StGB mit mindestens dreijähriger oder lebenslänglicher Freiheitsstrafe oder mit dem Tod bestraft wird. Der OGH hat zunächst festgestellt, daß der Gleichheitssatz nur dann verletzt ist, wenn sich ein vernünftiger, aus der Natur der Sache ergebender Grund für die Ungleichbehandlung nicht finden läßt. Danach hat er Art. 200 StGB im Vergleich zu Art. 199 StGB als besonders schweren Fall des Mordes aufgefaßt und die Frage aufgeworfen, ob es einen vernünftigen Grund für diese unterschiedliche Behandlung gebe. Nach der Mehrheitsmeinung des OGH ist es nicht unvernünftig, Aszendentenmord vom allgemeinen Mord zu unterscheiden und dem Aszendentenmörder die schwerere Strafe aufzuerlegen, weil Art. 200 StGB den Schutz der elementaren gesellschaftlichen Konvention der Hochachtung und Dankbarkeit für Azendenten bezwecke und dieser Zweck selbst als vernünftig angesehen werden könne. Allerdings müsse das zur Erreichung dieses Zwecks benutzte Regelungsmittel innerhalb der vernünftigerweise zu rechtfertigenden Grenzen bleiben. Art. 200 StGB sehe als gesetzlichen Strafraum lediglich die lebenslängliche Freiheitsstrafe oder den Tod vor. Bezüglich dieses gesetzlich bestimmten Strafmaßes als Regelungsmittel verletzte Art. 200 StGB evident den Grundsatz der Verhältnismäßigkeit und die durch ihn dem Gesetzgeber auferlegten Schranken. Art. 200 StGB enthalte deshalb eine evident unsachliche Differenzierung und sei insofern verfassungswidrig.

Im Gegensatz zu dieser Begründung der Mehrheitsmeinung betrachteten die Sondervoten von fünf Richtern bereits das vom allgemeinen Mord qualifizierend unterscheidende Tatbestandsmerkmal »Aszendenten-Mord« als gleichheitswidrig, weil die Bestimmung des Art. 200 StGB selbst auf den Gedanken des früheren Familiensystems zurückgeführt werde und insofern ein Überrest aus der Zeit der feudalen Gesellschaft sei. Nach der Meinung der Sondervoten sei das Verhältnis zwischen dem Verbrechen und der Strafe im übrigen keine Sache des Art. 14 Abs. 1, sondern des Art. 31 der japanischen Verfassung. In Rezensionen fand die Begründung der Sondervoten überwiegende Zustimmung. So problematisch die Mehrheitsmeinung in diesem Fall sein mag, enthält sie doch einen wichtigen Ansatz, nämlich die Unterscheidung der Vernünftigkeit des Regelungszweckes einerseits und des Regelungsmittels andererseits. Damit wird die betreffende Regelung in zwei geteilten Prüfungsstufen beurteilt. Diese Unterscheidung ist zur ständigen Rechtsprechung des OGH zu Art. 14 Abs. 1 der japanischen Verfassung geworden. Insofern hat sich auch die herrschende Meinung diesem Ansatz angeschlossen. Dabei ist darauf hinzuweisen, daß der angewandte Prüfungsmaßstab von richterlicher Zurückhaltung geprägt ist; in der Überprüfung des Zweckes kam es auf dessen außerordentliche Unvernünftigkeit, in der Überprüfung des Mittels auf dessen evidente Unsachlichkeit an. Deshalb hat der OGH auch seither nur in Ausnahmefällen eine Verfassungswidrigkeit von Gesetzen festgestellt.

Es ist noch darauf hinzuweisen, daß in Japan die Erklärung einer Norm für verfassungswidrig durch ein Gericht, auch wenn sie vom OGH gefällt wird, keine Gesetzeskraft besitzt und nicht allgemein wirkt. Obwohl der OGH 1973 Art. 200 StGB für verfassungswidrig erklärte, scheiterte die parlamentarische Initiative, die in den 70er Jahren Art. 200 StGB abschaffen wollte, am Widerstand der Konservativen[20]. Erst

---

[20] Dazu vgl. *O. Ishimura,* aaO., Anm. 2, S. 604.

1995, also nach über 20 Jahren seit der Entscheidung des OGH, ist Art. 200 StGB gestrichen worden.

2. Urteil zum Mißverhältnis der Verteilung der Abgeordnetenmandate vom 14. 4. 1976

Bis 1994 wurde nach dem Wahlsystem für das Unterhaus des japanischen Parlaments das ganze Land in 130 Wahlkreise aufgeteilt und jedem Wahlkreis ein bis sechs Mandate zugeteilt. Die Verteilung der Mandate auf die einzelnen Wahlkreise im Verhältnis zur Einwohnerzahl entstammt dem Gesetz über Wahlen für öffentliche Ämter. Trotz allmählicher Bevölkerungsbewegungen und merklicher Verschiebungen der Bevölkerungsdichte, die allmählich zu einem Mißverhältnis der festgesetzten Mandatenzahl zur Zahl der Einwohner führte, hat das Parlament dieses Wahlsystem lange nicht geändert. Deshalb kam es gehäuft zu Wahlanfechtungsklagen, insbesondere durch Einwohner in Großstädten, die die Verfassungswidrigkeit des Mißverhältnisses rügten. Der OGH hat zweimal, nämlich in seinen Urteilen vom 14. 4. 1976[21] und vom 17. 7. 1985[22] die jeweiligen Wahlen zum Unterhaus vom 10. 12. 1972 bzw. vom 18. 12. 1983 wegen dieses Mißverhältnisses für verfassungswidrig erklärt. Da die Entscheidung vom 17. 7. 1985 die Begründung des OGH vom 14. 4. 1976 nur mechanisch wiederholt, wird hier nur das erste Urteil besprochen. Danach sei es ein Ergebnis der geschichtlichen Entwicklung der Wahlgleichheit, daß jeder Staatsbürger in seinem politischen Wert als gleich angesehen werden müsse. Die Gleichheit vor dem Recht i.S. des Art. 14 der japanischen Verfassung fordere in Bezug auf das Wahlrecht nicht nur die Erweiterung und Verallgemeinerung des Wahlrechts durch die Abschaffung von Qualifizierungen der Wahlberechtigung, sondern auch die Gleichheit des Gehalts des Wahlrechts, nämlich die Gleichheit des Wertes jeder Stimme. Nach Art. 47 der japanischen Verfassung[23] stehe die Ausgestaltung des Wahlsystems dem Gesetzgeber zu und das im Gesetz über Wahlen für öffentliche Ämter festgesetzte Wahlsystem selbst könne als vernünftig anerkannt werden. Das Verhältnis der jedem Wahlkreis zuzuteilenden Anzahl der Mandate zur Einwohnerzahl werde jedoch zu einem wichtigen, wenn auch nicht zum einzigen oder absoluten Maßstab für die Aufteilung der Wahlkreise durch den Gesetzgeber. Wenn der Wert des Stimmrechts zwischen den Wahlkreisen außerordentlich verschieden sei und die Ungleichheit des Stimmwerts zwischen den Wahlkreisen evident unvernünftig, verletze dies den Grundsatz der gleichen Wahl und damit Art. 14 Abs. 1 der japanischen Verfassung. Für eine Ungleichheit des Stimmwertes von etwa 1:5 bei der Wahl vom 10. 12. 1972 lasse sich ein vernünftiger Grund nicht mehr finden. Diese Wahl verstoße daher gegen die von Art. 14 Abs. 1 der japanischen Verfassung geforderte Gleichheit des Wahlrechts. Die betreffende Wahl selbst wurde jedoch nicht annulliert, weil der verfassungswidrige Zustand

---

[21] Urteil des OGH (Großsenat), Entscheidungen des OGH in Zivilsachen, Bd. 30 Nr. 3, S. 223.
[22] Urteil des OGH (Großsenat), Entscheidungen des OGH in Zivilsachen, Bd. 39 Nr. 5, S. 1100.
[23] Art. 47 lautet: »Wahlkreise, Methode der Abstimmung und andere Sachen in Bezug auf Wahlweise beider hoher Häuser des Parlaments sollen durch Gesetz festgesetzt werden.« Der OGH weist wegen dieser Vorschrift oft darauf hin, daß der Gesetzgeber im Hinblick auf die Ausgestaltung des Wahlsystems eine weitgehende Gestaltungsfreiheit hat.

nicht sofort zu beseitigen sei. Die schwerwiegenden Folgen einer Nichtigerklärung der Wahl seien von Verfassungs wegen nicht tragbar.

Da der Kläger vor allem eine Klärung der Verfassungswidrigkeit des Mißverhältnisses im Wahlsystem bezweckte und eine Nichtigkeitsklage bezüglich der Wahl nur wegen der Möglichkeit der Inzidentkontrolle erhoben habe, stellte der OGH lediglich die Unvereinbarkeit der betreffenden Wahl mit Art. 14 Abs. 1 der japanischen Verfassung fest. Bei Fällen des Mißverhältnisses der Verteilung von Abgeordnetenmandaten wenden die unteren Gerichte nicht selten diese vom OGH benutzte Entscheidungsformel an. Der OGH hat keine genaue Grenze der noch zu rechtfertigenden Abweichung des Stimmrechtswertes festgesetzt und es ist bis heute keine Toleranzgrenze gefunden worden[24]; außerdem hängt auch hier die Verfassungswidrigerklärung davon ab, ob die Ungleichbehandlung evident unvernünftig ist. Diese zurückhaltende und passive Stellungnahme des OGH hat ihre Ursache darin, daß nach seiner Auffassung die Entscheidung über das Wahlsystem dem Gesetzgeber zustehe und der Gesetzgeber hierbei eine weitgehende Gestaltungsfreiheit habe.

3. Urteil über das Verbot des doppelten Empfangs einer öffentlichen Hilfe vom 7. 7. 1982[25]

Die japanische Verfassung schreibt eine Reihe sozialer Grundrechte vor. So garantiert Art. 25 der japanischen Verfassung allen Staatsbürgern das Recht auf menschenwürdiges Dasein (Abs. 1[26]) und verpflichtet den Staat dazu, solche wirtschaftlichen und sozialen Bedingungen zu fördern, die dieses Recht praktisch wirksam machen können (Abs. 2). Dies wird durch zahlreiche Sozialversicherungsgesetze umgesetzt. Hierbei ergeben sich vielerlei Probleme, z.B. die Fragen, ob ein Betrag für eine öffentliche Hilfe zu niedrig ist, ob der Leistungsempfang an verschieden strenge Voraussetzungen geknüpft werden darf und wie eng der Kreis der Leistungsempfänger begrenzt werden darf, um hier nur wenige zu nennen. Hier soll ein Fall vorgestellt werden, in dem sich die Frage stellte, ob es verfassungsmäßig ist, wenn eine blinde Mutter öffentliche Hilfe für Kindesunterhalt dann nicht empfangen kann, wenn sie öffentliche Hilfe für Behinderte empfängt. Das Landgericht Kobe hat in seiner Entscheidung vom 20.9. 1972[27] ein Verbot des doppelten Empfanges öffentlicher Hilfe deswegen für verfassungswidrig gehalten, weil dies zur Ungleichbehandlung zwischen der blinden Mutter und der gesunden führe und deshalb gegen Art. 14 Abs. 1 der japanischen Verfassung verstoße. Das Oberlandesgericht Osaka hat das Verbot hingegen für verfassungsmäßig erklärt[28], wogegen die Klägerin Revision zum OGH eingelegt hat. Der OGH hat diese Revision klar abgewiesen.

---

[24] Im Urteil vom 17.07. 1985 hat der OGH eine über dem Faktor 4 liegende Abweichung des Stimmwertes für verfassungswidrig erklärt.

[25] Urteil des OGH (Großsenat), vom 7.7. 1982, Entscheidungen des OGH in Zivilsachen, Bd. 36, Nr. 7, S. 1235.

[26] Der Art. 25 Abs. 1 der japanischen Verfassung lautet: »Alle Staatsbürger haben das Recht auf ein Mindestmaß gesunden und kultivierten Lebens.«

[27] Urteil vom Landgericht Kobe vom 20.09. 1972, Hanrei-Jiho Nr. 678, S. 19.

[28] Urteil des OLG Osaka vom 10.11. 1975, Hanrei-Jiho Nr. 795, S. 3.

Zu der Frage der Ungleichbehandlung hat der OGH wie folgt Stellung genommen: Das Recht auf ein Mindestmaß gesunden und kultivierten Lebens im Sinne des Art. 25 Abs. 1 der japanischen Verfassung beinhalte keinen Anspruch des Einzelnen auf konkrete Leistungen des Staates und lege nur Richtlinien fest, die nicht unmittelbar vollziehbar seien, sondern einer gesetzlichen Ausformung bedürften. Hierbei habe der Gesetzgeber eine weitgehende Gestaltungsfreiheit, da die Ausgestaltung von der Wirtschaftsfähigkeit des Staates, der Haushaltsverantwortung des Parlaments, dem Rechtsgefühl und dem Lebensniveau der Bürger abhänge. Die Entscheidung über die persönlichen und sachlichen Voraussetzungen sowie den Betrag der Versorgungsleistung stehe grundsätzlich dem Gesetzgeber zu. Es sei nicht zu leugnen, daß dies zu evident unvernünftigen Ungleichbehandlungen führen könne und die Frage aufzuwerfen sei, ob die Entscheidung i.S. von Art. 14 Abs. 1 der japanischen Verfassung gegen den Gleichheitssatz verstoße. Im vorliegenden Fall diene jedoch das Verbot des doppelten Empfanges der öffentlichen Hilfe dem Zweck, unterschiedliche Versorgungen auszugleichen und könne für vernünftig gehalten werden, auch wenn eine blinde Mutter im Vergleich zur gesunden Mutter unterschiedlich behandelt werde. In diesem Urteil hat der OGH einerseits einen Weg aufgezeigt, der Gestaltungsfreiheit des Gesetzgebers bei der Konkretisierung der sozialen Grundrechte, d.h. bei der Verwirklichung der faktischen Gleichheit[29] unter dem Gesichtspunkt des allgemeinen Gleichheitssatzes Grenzen zu setzen. Andererseits hat der OGH jedoch die Gestaltungsfreiheit des Gesetzgebers im Gebiet der Sozialversicherung bekräftigt und eine gerichtliche Kontrolle darauf beschränkt, ob die vom Gesetzgeber getroffene Regelung irgend einem Zweck dient und also vernünftig ist. Auch wenn der OGH hiermit die Möglichkeit eines Gleichheitsverstoßes anerkennt, bleibt doch zweifelhaft, ob es je einen Fall geben wird, in dem der OGH einer gesetzlichen Regelung jeglichen Zweck abspricht.

4. *Urteil über die steuerliche Ungleichbehandlung vom 27. 3. 1985*

Die japanische Steuergesetzgebung ist nicht frei von Ungereimtheiten. Der OGH[30] mußte sich mit der steuerrechtlichen Ungleichbehandlung zwischen Angestellten einerseits und Einzelunternehmern andererseits auseinandersetzen. Beim Angestellten werden Steuern unmittelbar vom Einkommen abgezogen, während der Einzelunternehmer die Steuern mit der Steuererklärung zahlt. Im Gegensatz zum Angestellten[31] erlaubten es die japanischen Steuergesetze dem Einzelunternehmer, erwerbsbedingte Kosten steuerlich geltend zu machen. Diese ungleiche Steuerbelastung der Angestellten warf die Frage nach der Verfassungsmäßigkeit der betreffenden Bestimmung des Einkommensteuergesetzes auf.

---

[29] Die herrschende Meinung begreift die sozialen Grundrechte, die in Art. 25–28 der japanischen Verfassung geregelt sind, als verfassungsrechtliches Gebot der Verwirklichung faktischer Gleichheit und den allgemeinen Gleichheitssatz des Art. 14 Abs. 1 ausschließlich als die Garantie rechtlicher Gleichheit.

[30] Urteil des OGH (Großsenat) vom 27. 3. 1985, Entscheidungen des OGH in Zivilsachen, Bd. 39 Nr. 2, S. 247.

[31] Die betreffende Bestimmung des Einkommensteuergesetzes wurde schon vor dem Urteil des OGH abgeändert, indem der Angestellte dem Individualunternehmer insoweit gleichgestellt wurde.

Der OGH hat in seiner Stellungnahme zu diesem Problem große richterliche Zurückhaltung geübt. Das moderne Steuerwesen diene nicht nur der Beschaffung des staatlichen Finanzbedarfs, sondern habe zahlreiche weitere Funktionen, insbesondere regele es die Wiederverteilung des Einkommens, die rechtmäßige Aufteilung der Mittel sowie die Regulierung der gesamtwirtschaftlichen Konjunktur. Die Festsetzung der Steuerbelastungen der Staatsbürger bedürfe deshalb einer politisch umfassenden Beurteilung. Die Entscheidung über die Steuerverteilung obliege deswegen dem Gesetzgeber, zumal sie von genauen Informationen über die wahre Finanzlage, die staatliche Wirtschaft, das Volkseinkommen sowie die Lebenssituation abhänge. Gerichtlich sei lediglich eine verfassungsrechtliche Evidenzkontrolle durchzuführen, ob der Gesetzeszweck der unterschiedlichen Besteuerung illegitim ist und zugleich der Zusammenhang des Differenzierungskriteriums mit dem Gesetzeszweck außerordentlich unvernünftig erscheine. Im vorliegenden Fall diene die gesetzliche Bestimmung der Ordnung von Massenerscheinungen und der Sicherstellung der Gerechtigkeit der Einkommensteuerverteilung. Beim Angestellten sei es sehr schwer, die erwerbsbedingten Kosten von denjenigen Kosten der alltäglichen Lebensführung zu unterscheiden. Deswegen könne die betreffende Bestimmung nicht als evident unvernünftig angesehen werden.

Letztlich hat der OGH trotz der von ihm selbst aufgestellten verfassungsrechtlichen Anforderungen lediglich die Vernünftigkeit der Art und Weise der Steuererhebung im Wege des Vorabzugs, nicht jedoch die inhaltliche Ungleichbehandlung zwischen Angestellten und Einzelunternehmen überprüft. Mit anderen Worten wurde unter dem Aspekt der Gleichheitprüfung lediglich die steuerliche Erhebungsart überprüft. Dies läßt sich als Zeichen der richterlichen Zurückhaltung des OGH deuten, die sich somit auch auf den steuerrechtlichen Bereich erstreckt. Der OGH hat auch hier den weiten Spielraum des Gesetzgebers übermäßig betont.

5. Beschluß über den ungleichen Erbteil nichtehelicher Kinder vom 5. 7. 1995

Art. 24 der japanischen Verfassung proklamiert die Würde des Individuums und die Gleichheit beider Geschlechter im Familienleben[32]. Damit wurde das individualistische Prinzip durch die japanischen Verfassung auch im Familienleben eingeführt. Die frühere Auffassung von der Familie, die noch unter der Reichsverfassung verbreitet war, wurde aufgegeben und das alte Familiensystem wesentlich abgeändert. Obwohl das Familienrecht nach dem zweiten Weltkrieg einer Totalrevision unterzogen wurde, gibt es noch tatsächliche und rechtliche Folgeerscheinungen aus den Zeiten des alten Familiensystems. Diese überkommenen Erscheinungen stehen im Widerspruch zur Vielfalt des Lebensstils, der durch die Verfassung mit ihrem individualistischen Prinzip geprägt wurde. Diese Widersprüche wurden vor allem seit den Achtziger Jahren im-

---

[32] Art. 24 der japanischen Verfassung lautet: »(Abs. 1): Die Ehe beruht auf dem wechselseitigen Einverständnis von Mann und Frau und soll mit Hilfe der Mitwirkung beider Ehepartner auf der Grundlage des gleichen Rechts von Mann und Frau erhalten werden. (Abs. 2): In Bezug auf die Auswahl der Partner, Vermögensrecht, Erbschaft, Wahl der Wohung, Entscheidung und andere Angelegenheiten, die sich auf Ehe und Familie beziehen, sollen die Gesetze auf der Würde des Individuums und der wesentlichen Gleichheit beider Geschlechter beruhen.«

mer häufiger in Frage gestellt. In den Neunziger Jahren mußte auch der OGH erst-mals zu diesen Fragen grundlegend Stellung nehmen[33]. Dabei ging es um die Verfas-sungsmäßigkeit des Art. 900 Nr. 4 Satz 2 des japanischen BGB, der den Erbteil nicht-ehelicher Kinder auf die Hälfte des Erbteils ehelicher Kinder beschränkt. Das OLG Tokyo hat in seinem Beschluß vom 23.6. 1993[34] Art. 900 Nr. 4 Satz 2 japanisches BGB wegen Verletzung des Art. 14 Abs. 1 der japanischen Verfassung für verfassungs-widrig gehalten. Es hat die Nichtehelichkeit des Kindes als eine von Geburt an be-stimmte soziale Stellung begriffen, die zu den in Art. 14 Abs. 1 Satz 2 der japanischen Verfassung genannten Differenzierungsverboten zähle und den von der Verfassungs-lehre vorgeschlagenen intermediate scrutiny oder substantial rationality-Test ange-wandt.

Im Gegensatz zum Beschluß des OLG Tokyo hat der OGH den Art. 900 Nr. 4 Satz 2 des japanischen BGB für verfassungsmäßig gehalten. Er hat dies damit begründet, daß bei der Festsetzung der Erbschaft auch Traditionen, dem gesellschaftlichen Hin-tergrund und dem Volksgefühl jedes Staates Rechnung zu tragen sei. Überdies stehe die Erbschaft im engeren Zusammenhang mit dem Bild der Familie, wie sie sein solle. Die Entscheidung über den konkreten Inhalt der Erbschaft müsse daher dem Gesetz-geber überlassen bleiben. Das geltende japanische BGB beschränke die Gestaltungs-möglichkeit der Ehe auf die bürgerlich-rechtliche Heirat. Diese Festsetzung verstoße nicht gegen Art. 24 der japanischen Verfassung. Aus dem Grund, daß das japanische BGB nur die bürgerlich-rechtliche Heirat anerkenne, sei es unvermeidlich, nichtehe-liche Kinder von ehelichen zu unterscheiden und jene im Vergleich zu diesen anders zu behandeln. Es sei sicher, daß Art. 900 Nr. 4 Satz 2 des japanischen BGB eheliche Kinder bevorzuge und nichteheliche benachteilige. Vor dem Hintergrund der Be-schränkung der ehelichen Gestaltungsmöglichkeiten auf die bürgerlich-rechtliche Heirat wolle die erbrechtliche Vorschrift den Erbteil zwischen ehelichem und nicht-ehelichem Kind zum Ausgleich bringen. Der Gesetzgeber habe durch die Zubilligung des hälftigen Erbteils nichteheliche Kinder in Schutz nehmen wollen. Diese Entschei-dung des Gesetzgebers sei nicht unvernünftig und bleibe innerhalb der zu rechtferti-genden Grenzen.

Auf die Ansicht des OLG Tokyo geht das Urteil des OGH nicht ein. Stattdessen be-stätigt der OGH mit Zitaten seine Entscheidungen vom 27.5. 1964[35]. Danach verbie-te Art. 14 Abs. 1 der japanischen Verfassung nur solche Ungleichbehandlungen, für die kein vernünftiger Grund erkennbar sei. Indem er die gesetzliche Regelung, die nichteheliche Kinder benachteiligt, als vernünftigen Schutz für dieselben auffaßt, hat er auch in diesem Bereich dem Gesetzgeber einen weitgehenden Gestaltungsspiel-raum zugebilligt. Seit Februar 1996 liegt der Öffentlichkeit ein Teilabänderungsent-wurf zum Familienrecht vor, in dem der Rat für Gesetzgebungsvorhaben die Un-gleichbehandlung nichtehelicher Kinder in der Erbschaft abschaffen will.

---

[33] Beschluß des OGH (Großsenat) vom 5.7. 1995, Entscheidungen des OGH in Zivilsachen, Bd. 49 Nr. 7, S. 1789.

[34] Beschluß des OLG Tokyo vom 23.6. 1993, Hanrei-Jiho, Nr. 1465, S. 55.

[35] Vgl. oben Anmerkung 12 und vom 4.4. 1973 als ständige Rechtsprechung.

IV. Gemeinsame Probleme der Rechtsprechung des OGH und der Verfassungslehre.

Der OGH hat bis zum Jahre 1997 nur sechsmal gesetzliche Bestimmungen oder andere Hoheitsakte für verfassungswidrig erklärt. Seine richterliche Zurückhaltung ist somit nicht nur auf die Frage des Gleichheitssatzes beschränkt. Vielmehr war es mit drei von sechs Fällen im Vergleich zu anderen Grundrechten sogar relativ häufig der Gleichheitssatz, mit dem eine Verfassungswidrigerklärung begründet wurde[36]. Diese quantitative Beobachtung kann jedoch nicht darüber hinwegtäuschen, daß der OGH seit dreißig Jahren unverändert an seiner überkommenen Auffassung über Art. 14 Abs. 1 der japanischen Verfassung festhält, während es der Verfassungslehre in anderen grundrechtlichen Bereichen allmählich gelungen ist, seine Rechtsprechung zu beeinflussen.

1. Die Betonung der Gestaltungsfreiheit des Gesetzgebers

Ausschlaggebend in der Rechtsprechung des OGH zum allgemeinen Gleichheitssatz ist immer wieder, daß er die Gestaltungsfreiheit, bzw. den Spielraum des Gesetzgebers ohne Rücksicht auf das jeweils betroffene Rechtsgebiet hervorhebt. Dadurch beschränkt er den Prüfungsmaßstab bei der Beurteilung der Verfassungsmäßigkeit von Hoheitsakten erheblich, d.h. er prüft nur, ob die betreffende Ungleichbehandlung evident unvernünftig ist. An diesem Maßstab hat der OGH auch in den Fällen, in denen er zu einer Verfassungswidrigerklärung kam, festgehalten. Es handelte sich dabei tatsächlich um besonders krasse Fälle. Der japanische OGH ist kein reines Verfassungsgericht, sondern entscheidet über konkrete Streitsachen im ordentliches Zivil- bzw. Straf- und Verwaltungsrechtsweg. Es gibt kein Verfahren, in dem man unmittelbar eine Grundrechtsverletzung geltend machen kann, wie die Verfassungsbeschwerde in Deutschland. Streitgegenstand ist somit die konkret anhängige Streitsache, nicht die Beurteilung der Verfassungsmäßigkeit als solche. Es besteht aber die (ungeklärte) Vermutung, daß der OGH der Ansicht ist, eine gesetzliche Bestimmung nur dann für verfassungswidrig erklären zu können, wenn es sich für eine der Streitparteien um einen Härtefall handelt. Deshalb wird die Entscheidungskompetenz darüber, was Gleich oder Ungleich ist bzw. wie Ungleiches zu behandeln ist, dem Gesetzgeber zugewiesen und die Rolle des OGH auf die Kontrolle evidenter Unvernünftigkeit beschränkt. Dabei hat der OGH nie deutlich gemacht, wo die verfassungsrechtlichen Grenzen der Gestaltungsfreiheit bzw. des Spielraums des Gesetzgebers liegen.

Eine solche Rollenverteilung zwischen dem Gesetzgeber und dem OGH bedarf einer Begründung vor dem Hintergrund des Gewaltenteilungs- und Demokratieprin-

---

[36] Außer den drei Fällen über den Gleichheitssatz gibt es folgende Fälle: Urteil vom OGH (Großsenat) vom 30. 4. 1975, Entscheidungen des OGH in Zivilsachen, Bd. 29 Nr. 4, S. 572 (Verletzung der Berufsfreiheit); Urteil vom OGH (Großsenat) vom 22. 4. 1987, Entscheidungen des OGH in Zivilsachen Bd. 41 Nr. 3, S. 408 (Verletzung des Eigentums); Urteil vom OGH (Großsenat) vom 2. 4. 1997 Entscheidungen des OGH in Zivilsachen, Bd. 51 Nr. 4 S. 1673 (Verstoß gegen den Grundsatz der Trennung zwischen Staat und Relgion).

zips. Warum kann der Gesetzgeber darüber entscheiden, was Gleich oder Ungleich bzw. wie Ungleiches zu behandeln ist, d.h. über den normativen Gehalt des Gleichheitssatzes selbst, obwohl er verfassungsrechtlich an diesen gebunden ist? Warum respektiert der OGH die Entscheidungen des Gesetzgebers allzu unkritisch und räumt auch Art. 14 Abs. 1 Satz 2 keine besondere Bedeutung ein? Er faßt Art. 14 Abs. 1 Satz 2 lediglich als beispielhafte Aufzählung von Konkretisierungen des allgemeinen Gleichheitssatzes auf und sieht in ihm keinen besonderen Gleichheitssatz. Die Antwort auf diese Fragen läßt sich mit dem Begriff der relativen Gleichheit, den die Rechtsprechung des OGH voraussetzt, finden.

2. Der Begriff der relativen Gleichheit

Wenn Art. 14 Abs. 1 Satz 1 vorschreibt, »Alle Staatsbürger sind unter dem Recht gleich«, so bedeutet »gleich« nach der Auffassung des OGH nicht absolute, sondern nur relative Gleichheit. Der Grund dafür sei, daß jeder Mensch seine eigene Individualität als ein Dasein mit personeller Würde entwickele und unter eigenen Bedingungen lebe. Daher solle man den allgemeinen Gleichheitssatz in Art. 14 Abs. 1 als die Formel, daß »Gleiches gleich, Ungleiches seiner Eigenart gemäß verschieden zu behandeln ist«, auffassen. Wenn dies so sei, verbiete Art. 14 Abs. 1 nur ungerechte Ungleichbehandlungen. Differenzierungsverbote, die zu ungerechten Ungleichbehandlungen führten, seien nicht allein in Satz 2 aufgezählt. Umgekehrt sei auch denkbar, daß eine Ungleichbehandlung gerecht sei, obwohl sie auf einem der in Satz 2 genannten Merkmale beruhe, z.B. bei einem Gesetz, das Frauen am Arbeitsplatz schütze. Deshalb habe Art. 14 Abs. 1 Satz 2 keine besondere Bedeutung. So läßt sich die Auffassung der Rechtsprechung zum Gleichheitssatz zusammenfassen. Wenn man den allgemeinen Gleichheitssatz in die oben genannte Formel faßt, ergibt sich folgendes Problem: Wie läßt sich Gleiches von Ungleichen unterscheiden? Die Formel, daß »Gleiches gleich, Ungleiches seiner Eigenart gemäß verschieden zu behandeln ist« enthält kein Bewertungskriterium, obwohl die Anwendung der Formel eines solchen Kriteriums bedarf. Außerdem stellt sich die Frage, wem unter der japanischen Verfassung die Kompetenz zur Bewertung hierfür zustehen soll. Der OGH beantwortet dies allein zugunsten einer Kompetenz des Gesetzgebers.

Ob Gleichbehandlungen bzw. Ungleichbehandlungen verschiedener Menschen geboten, erlaubt oder verboten sind, hängt von Vernünftigkeitserwägungen ab. Der Grund für die Ungleichbehandlung kann sich aus den gegebenen Umständen und Unterschieden im betreffenden Sachbereich ergeben. Der konkrete normative Gehalt des Gleichheitssatzes wird durch den jeweiligen Kontext bestimmt. Die im Rahmen des Gleichheitssatzes notwendigen Entscheidungen können nur mit Hilfe von Bewertungsmaßstäben getroffen werden, die außerhalb des allgemeinen Gleichheitssatzes liegen. Es bedarf also vieler Abwägungsmaterialien und eines dazu passenden Verfahrens. Die Kompetenz zu dieser Entscheidung steht nach der japanischen Verfassung grundsätzlich dem Gesetzgeber zu, d.h. dem Parlament, dem die für die Entscheidung notwendigen Materialien zur Verfügung stehen und das diese durch das demokratische Verfahren in Erwägung ziehen kann. Überdies proklamiert die japanische Verfassung in Art. 41 das Parlament als das höchste Organ der Staatsgewalt. Nach dieser Vorschrift sollen andere Staatsorgane seine Entscheidungen beachten[37]. Durch den Begriff der relativen Gleichheit betont der OGH die Wertungsoffenheit des Gleichheitssatzes und füllt diese mit der Gestaltungsfreiheit bzw. dem Spielraum des Gesetzgebers aus.

3. *Vorschlag einer funktionellrechtlichen Verstärkung durch die Verfassungslehre*

Die Offenheit des allgemeinen Gleichheitssatzes verlangt nach einem Wertungsmaßstab zur Beurteilung der Verfassungsmäßigkeit eines Hoheitsaktes. Dieser muß in den Gleichheitssatz hineingelesen werden, will man eine Kontrolle anhand des Gleichheitssatzes durchführen. Der OGH hat dem Parlament die Entscheidung über diesen Wertungsmaßstab überlassen. Es erklärte nur in besonderen Ausnahmefällen einen angegriffenen Hoheitsakt für verfassungswidrig, wenn dies zum Schutz eines Prozeßbeteiligten vor einer unbilligen Härte erforderlich war. Danach reduziert sich die Bedeutung des allgemeinen Gleichheitssatzes auf den Schutz vor Härtefällen in der Rechtsordnung. Die Verfassungslehre hat an dieser Meinung des OGH Kritik geübt. Eine derartige Beschränkung der Funktion des allgemeinen Gleichheitssatzes werde nicht der Tatsache gerecht, daß dieser als Grundrecht verfassungsrechtlich gewährleistet werde. Grundrechte würden den Gesetzgeber binden und erlaubten die richterliche Überprüfung auch demokratischer Entscheidungsprozesse. Sofern der allgemeine Gleichheitssatz ein Grundrecht sei, solle er diese Kontrollfunktion erfüllen. Deshalb befürwortet die Verfassungslehre eine funktionell-rechtliche Verstärkung des Gleichheitssatzes.

Der Gegenvorschlag zur Rechtsprechung besteht in der Einführung eines dreifach abgestuften Prüfungsmaßstabes. Dabei wurde die japanische Verfassungslehre von der amerikanischen Theorie, wie bereits gezeigt, beeinflußt. Die Kontrolle demokratischer Entscheidungsprozesse soll sich danach an folgenden Maßstäben orientieren: Nicht alle demokratischen Entscheidungen seien gerecht und vernünftig. Es gebe Fälle, in denen man keineswegs auf die demokratisch-legitimierte Entscheidung vertrauen könne. Dies seien die Fälle, in denen verfassungsrechtlich garantierte Freiheitsrechte betroffen sind, die sich unmittelbar auf das demokratische System beziehen und dieses erst wirksam machen, z.B. die Freiheit der Meinungsäußerung und des Glaubens oder auch das Wahlrecht. Hierzu gehören aber auch solche gruppenspezifische Ungleichbehandlungen, die im Verdacht stehen, das Interesse einer Minderheit, die nicht angemessen im demokratischen Verfahren repräsentiert ist oder hiervon ganz ausgeschlossen ist, etwa aus rassistischen oder religiösen Gründen zu diskriminieren. Dabei soll das Gericht mit dem strict scrutiny-Test Fehlsteuerungen des demokratischen Verfahrens kontrollieren. Weiterhin gibt es Fälle, in denen das Gericht zwar kein Mißtrauen, wohl aber eine kritische Haltung gegenüber demokratischen Entscheidungen einnehmen sollte. Das seien die Fälle, in denen Grundrechte berührt sind, die sich

---

[37] Art. 41 der japanischen Verfassung lautet: »Das Parlament ist das höchste Organ der Staatsgewalt und das einzige gesetzgebende Organ.« Nach der herrschenden Meinung bedeutet der Satz »Das höchste Organ der Staatsgewalt«, daß das Parlament die größte Nähe zum Staatsbürger als Souverän hat und deshalb das am meisten demokratisch legitimierte Organ ist.

nicht unmittelbar auf das demokratische System beziehen und die nicht in dem oben genannten Verdacht einer Diskriminierung stehen, wohl aber ein verfassungsrechtlich bedenkliches Differenzierungskriterium verwenden, d.h. ein in Art. 14 Abs. 1 Satz 2 genanntes Merkmal (außer dem der Rasse und des Glaubens, s. o.). Dabei solle das Gericht mit dem intermediate scrutiny oder substantial rationality-Test die demokratische Entscheidung kritisch darauf überprüfen, ob Grundrechte einschließlich der in Art. 14 Abs. 1 Satz 2 genannten Merkmale verletzt seien. Nur in den Fällen, in denen es ausschließlich um politische Beurteilungen geht, solle man, wie der OGH meint, die Entscheidungen des Parlaments respektieren und einer richterlichen Kontrolle entziehen.

4. Die Behauptung der Überflüssigkeit des Gleichheitssatzes

Der Versuch der japanischen Verfassungslehre, den Gleichheitssatz durch die Präzisierung der verfassungsgerichtlichen Prüfungsmaßstäbe zu objektivieren, mit anderen Worten, die funktionell-rechtliche Seite des Gleichheitssatzes zu verstärken, läßt die Begriffsbestimmung des Gleichheitssatzes als eine relative Gleichheit auf sich beruhen. An der Offenheit des Gleichheitssatzes ändert sich durch das Verständnis der Verfassungslehre, insbesondere der herrschenden Meinung, nichts. Der Unterschied zwischen der Verfassungslehre und der Rechtsprechung besteht vielmehr darin, daß die Verfassungslehre diese Offenheit des Gleichheitssatzes durch die Idee, daß die Freiheitsrechte nicht zuletzt ein Mißtrauen gegenüber dem demokratischen Prozeß zum Ausdruck bringen, auffüllt, während der OGH hierbei das demokratische Prinzip selbst betont. Trotz dieses Unterschiedes sind sich beide Auffassungen darin einig, daß Art. 14 Abs. 1 nur ungerechte Ungleichbehandlungen verbietet. Jedenfalls hat die Verfassungslehre am Gleichheitsverständnis des OGH selbst weniger Kritik geübt, als vielmehr die Berücksichtigung anderer verfassungsrechtlicher Wertentscheidungen bei der gerichtlichen Kontrolle angemahnt.

Gegen diese Bestrebungen der japanischen Verfassungslehre wurde in den letzten Jahren folgender Einwand erhoben: Verliert der Gleichheitssatz im Vergleich zu den anderen Grundrechten nicht seine eigenständige Bedeutung, d.h. braucht man den Gleichheitssatz noch? Dieses Problem resultiert daraus, daß die Verfassungslehre den Prüfungsmaßstab der Gleichheitprüfung von anderen materiellen Grundrechten[38] abhängig gemacht hat. Kritiker der herrschenden Verfassungslehre haben folgende Einwände: Die von der herrschenden Verfassungslehre vorgeschlagenen dreifach abgestuften Prüfungsmaßstäbe ließen sich nicht ohne jene anderen materiellen Grundrechte bestimmen. Der jeweilige Prüfungsmaßstab dafür, ob eine gesetzliche Differenzierung verfassungsmäßig ist, sei derselbe wie der für die Kontrolle anhand des betreffenden materiellen Grundrechts. Auch das Verbot, daß niemand im Hinblick auf den Genuß seiner grundrechtlichen Interessen diskriminiert werden dürfe, enthalte der Grundrechtsbegriff selbst. Eine Ungleichbehandlung, die ein anderes Grundrecht berührt, führe zu einer Einschränkung gegen dieses betreffende Grundrecht selbst und

---

[38] Dieser Begriff steht im japanischen Verfassungsrecht als Oberbegriff für die Freiheitsrechte und die sozialen (Art. 25 ff. der japanischen Verfassung) Grundrechte.

stelle einen Eingriff in dieses dar. Folge man dieser Auffassung, wäre das Problem, ob eine solche Ungleichbehandlung verfassungswidrig sei, allein durch Geltendmachung der Verletzung eines materiellen Grundrechts zu lösen, ohne dabei auf den Gleichheitssatz einzugehen. Dies mache den Gleichheitssatz letztlich für die Problemlösung überflüssig[39].

Nach dieser Ansicht kann jede Diskriminierung letztlich auf den Nichtgenuß eines grundrechtlichen Interesses zurückgeführt werden. Ausschlaggebend für den Gleichheitssatz sei danach eine substantielle Maßgabe dafür, welcher Sachverhalt und welche Folge gleich anzusehen sind. Der Gleichheitsbegriff beinhalte diese Vorgabe jedoch nicht, wenn man die Gleichheit mit der Formel, daß »Gleiches gleich, Ungleiches ungleich« zu behandeln ist, begreift. Diese Maßgabe werde vielmehr durch solche Normen bestimmt, die konkrete und materielle Freiheiten und Rechte garantieren. Nimmt man diese Normen als vorgegeben an, löse sich der Gleichheitsbegriff in das Gebot der gleichen Anwendung dieser Normen auf. Dabei habe der Gleichheitssatz keine eigene Überzeugungskraft, sondern bringe in die für die Problemlösung notwendige Argumentation nur Verwirrung. Die oben gezeigte Formel bringe zwar die formale Gerechtigkeit zutreffend auf den Begriff, sei jedoch letztlich eine Tautologie. Daher habe der von dieser Formel bestimmte Gleichheitsbegriff keinen normativen Gehalt und sei deshalb unnötig und überflüssig.

V. Schlußbemerkung aus spezifisch japanischer Sicht

Bisher hat dieser Beitrag die Entwicklung und den gegenwärtigen Stand der Meinungen zum allgemeinen Gleichheitssatz sowohl in der japanischen Verfassungslehre, als auch in der Rechtsprechung des japanischen OGH umrissen. Jüngst wurde in Japan Kritik an der Behauptung der Überflüssigkeit des Gleichheitssatzes geübt. So wird von rechtphilosophischer Seite her behauptet, daß der Kern der Formel, daß »Gleiches gleich, Ungleich zu behandeln ist«, im Gebot der materialen Universalisierung liege und sie somit keine leere Tautologie sei. Aus verfassungsrechtlicher Sicht wird vorgetragen, daß man das Problem der Ausfüllungsbedürftigkeit der Formel nicht mit den materiellen Grundrechten, sondern mit einem sprachanalytischen Ansatz lösen könne. Danach sind empirisch nach dem allgemeinen Rechtsgefühl solche Fälle aufzuzählen, die als Diskriminierung angesehen werden sowie die Gründe hierfür. Auch wenn man die Formel nicht als leere Tautologie deutet, sondern durch notwendige Ergänzungen ausfüllt, weist die Behauptung von der Unnötigkeit des Gleichheitssatzes auf einen wichtigen Punkt hin, wenn man über das Problem des allgemeinen Gleichheitssatzes nachdenkt. Es bleibt nämlich die Frage, ob der auf die Formel, daß »Gleiches gleich, Ungleiches seiner Eigenart gemäß verschieden zu behandeln ist«, gebrachte Gleichheitssatz als verfassungsrechtliche Norm eine eigenständige Bedeutung hat. Bringt diese Formel den Gehalt des Art. 14 Abs. 1 tatsächlich auf den Punkt? Alle Menschen sind in ihrer Individualität und ihren Lebensumständen verschieden. Die Formel stellt eine Ungleichbehandlung zwar unter den Vorbehalt »seiner Eigenart

---

[39] Auch dieser Ansatz ist nicht originär japanisch, sondern beruht auf *Peter Westin,* The Empty Idea of Equality, Harvard Law Review, Bd. 95 (1982), S. 537 ff.

gemäß«, eröffnet aber grundsätzlich die Möglichkeit, daß auch Differenzierungen nicht gleichheitswidrig sind. Die Differenzierung gehört zum Inhalt des Gleichheitssatzes. Bis zum Ende des zweiten Weltkrieges war der Gedanke der Gleichheit im rechtlichen Sinne in Japan unbekannt. Viele Japaner haben eine starke Neigung dazu, ihre Unterschiede zu anderen zu betonen und für sich selbst Vorteile hieraus zu ziehen. Außerdem haben die Japaner auch ein sehr starkes Massenbewußtsein. Dies führt zu einer Tendenz, zwischen »uns« und »euch« zu unterscheiden und von der Masse solche Menschen auszuschließen, die in ihren Eigenschaften von dieser abweichen. Für Japaner ist es leichter, den rechtlichen Gehalt des Freiheitsbegriffes zu verstehen, wonach jeder tun und lassen kann, was er will, sofern er dabei andere nicht belästigt[40]. Demgegenüber ist es sehr schwer, die Gleichheit im rechtlichen Sinne zu erfassen. Deshalb hat der Aspekt, daß »Ungleiches verschieden zu behandeln ist«, in Japan ein stärkeres Gewicht als das Gebot, »Gleiches gleich zu behandeln«.

Wie die Rechtsprechung des OGH gezeigt hat, kann man die Fälle, in denen der Gleichheitssatz in der japanischen Verfassung eine Rolle spielt, in zwei Bereiche einteilen. Zum einen ist dies der Bereich des Abbaus überkommener feudaler Strukturen; zum anderen ist dies ein sozialstaatlicher Bereich, in dem es um Teilhaberechte und deren gleiche Verteilung geht. In letzterem Bereich ist die staatliche Tätigkeit zur Verwirklichung der faktischen Gleichheit unerläßlich, aber auch der gesetzgeberische Spielraum ist hier weiter. Die japanische Verfassung verpflichtet den Staat zur Verwirklichung der faktischen Gleichheit in Gestalt der Gewährleistung sozialer Grundrechte. Wenn der Gesetzgeber den konkreten Inhalt der Verwirklichung faktischer Gleichheit bestimmt hat, dann gilt der allgemeine Gleichheitssatz als Gebot der Rechtsgleichheit und gebietet, alle Menschen bei gleichem Sachverhalt gleich zu behandeln. Mit anderen Worten ist der allgemeine Gleichheitssatz des Art. 14 Abs. 1 der japanischen Verfassung vor allem als Verbot der Differenzierung zwischen Menschen und der auf dieser Differenzierung basierenden Behandlung gegenüber dem Staat zu begreifen. Insofern braucht man nicht mehr immer auf das Gebot, Ungleiches verschieden zu behandeln, als Inhalt des Gleichheitssatzes zurückzugreifen. Dabei könnte die sogenannte neue Formel, die der erste Senat des deutschen Bundesverfassungsgerichts entwickelt hat[41], auch für das japanische Gleichheitsverständnis fruchtbar gemacht werden. Sie legt das entscheidende Gewicht auf den Grundsatz, daß alle Menschen vor dem Gesetz gleich sind und aus diesem Grund in erster Linie eine ungerechte Verschiedenbehandlung von Personen verhindert werden muß[42].

---

[40] Infolgedessen wird in Japan auch die Meinung vertreten, der allgemeine Gleichheitssatz sei eine Art der Freiheit, nämlich die Freiheit der auf Differenzierung basierenden Behandlung, zu verstehen. Auch diese Meinung knüpft an eine amerikanische Theorie an, nämlich von *Michael Walzer,* Spheres of Justice: A Defense of Pluralism and Equality, 1983.

[41] Vgl. BVerfGE 55, 72. Sie lautet: Art. 3 Abs. 1 GG »gebietet, alle Menschen vor dem Gesetz gleich zu behandeln. Demgemäß ist dieses Grundrecht vor allem dann verletzt, wenn eine Gruppe von Normadressaten im Vergleich zu anderen Normadressaten anders behandelt wird, obwohl zwischen beiden Gruppen keine Unterschiede von solcher Art und solchem Gewicht bestehen, daß sie die ungleiche Behandlung rechtfertigen können.« (aaO., S. 88).

[42] Vgl. BVerfGE 88, 87 (96). Hierzu vgl. meine in Japanisch geschriebene Monographie, *Noriyuki Inoue,* Byohdo-Hoshoh no Saiban-Teki-Jitsuen (im deutschen Titel: Der allgemeine Gleichheitssatz und sein verfassungsgerichtlicher Schutz), Kobe Law Journal, Bd. 45 Nr. 3 (1995), Bd. 46 Nr. 1 (1996), Bd. 46 Nr. 4 (1997), Bd. 48 Nr. 2 (1998).

Der Gleichheitssatz stellt neben den Freiheitsrechten eine verfassungsrechtliche Fundamentalnorm dar. Bei der in Japan existierenden Diskussion muß auf diesen an sich selbstverständlichen Gedanken hingewiesen werden. Die in Verfassungsstaaten gewährleisteten Grundrechte enthalten auch gewisse universale Inhalte. Schon deshalb war es für Japaner wichtig, auf Fremde, besonders europäische und amerikanische Theorien zu rekurieren, zumal es in Japan keine dogmatische Tradition zum Gleichheitssatz gab. Aber Japan reift jetzt zu einem modernen Verfassungsstaat heran, der die als universal angesehenen Werte verwirklichen muß und so eine für den Verfassungsstaat charakteristische Rechtsordnung entwickeln kann. Diese Rechtsordnung enthält auch einige spezifisch japanische Denkansätze. Sofern sich die japanische Verfassungslehre nur damit begnügt, auf fremde Theorien hinzuweisen, ohne dabei den japanischen Besonderheiten Rechnung zu tragen, wird der OGH, der die in der realen japanischen Gesellschaft auftretenden Probleme zu lösen hat, solche Ansätze nicht aufgreifen. Gerade im Bereich des allgemeinen Gleichheitssatzes, wo die Lücke zwischen der Verfassungslehre und der Rechtsprechung des OGH besonders weit auseinanderklafft, reicht es nicht, auf fremde Theorien bloß hinzuweisen. Vielmehr sind auch die Besonderheiten in den Verfassungstexten aber auch in der Mentalität der Japaner in Betracht zu ziehen.

Die Japaner ahmen den europäischen Lebensstil eifrig nach. So benutzen viele Japaner statt des traditionell japanischen Sitzkissens (Zabuton) europäische Sitzmöbel, tragen statt des Kimonos europäische Kleidung und statt der traditionell japanischen Fußbekleidung (Geta und Zohri) europäische Schuhe. Das ändert jedoch nichts daran, daß die Japaner beim Betreten ihrer Wohnungen ihre Schuhe ausziehen. Die japanische Verfassungslehre hat sich europäische Theorien wie Sitzmöbel, Kleidung und Schuhe zu eigen gemacht; es ist auch für sie an der Zeit, ohne Schuhe in die Wohnung einzutreten.

Das Parlament in der japanischen Verfassung[*]

von

Dr. Kenji Hirota

Professor an der Nihon Universität, Tokyo

I. Der Charakter des Parlaments

1. Allgemein

Unter Volksvertretung oder Parlament im Sinne des modernen konstitutionellen Systems versteht man allgemein ein Organ zu gemeinsamen Beratungen, dessen Mitglieder aus allgemeinen Wahlen hervorgegangene Abgeordnete sind und dem im Bereich der Gesetzgebung, der Finanzen und anderer wichtiger Staatsfunktionen entscheidende Mitwirkungskompetenzen übertragen sind. Der Parlamentarismus, dessen Ursprung im europäischen Mittelalter lag und der im England der Neuzeit wesentliche Weiterentwicklungen erfuhr, wurde im späten 18. und 19. Jahrhundert gemeinsam mit dem Vordringen demokratischen und liberalen Gedankentums in Deutschland, Frankreich und dann weltweit angenommen.

Auch in Japan wurde in Übereinstimmung mit dem Grundsatz des neuen Regimes nach der Meiji-Restauration, alle Dinge aufgrund öffentlicher Beratungen zu entscheiden (*kôgi-seron*), in der Meiji-Verfassung die Errichtung eines Parlaments bestimmt und die sog. Gewaltenteilung eingeführt. Wie allerdings die Bestimmung »Der Tennô übt die gesetzgebende Gewalt unter Mitwirkung des Reichstags aus« (Art. 5, 37 MV) zeigt, war der Reichstag (*teikoku gikai*) unter der Meiji-Verfassung kein Organ, das selbst die gesetzgebende Gewalt ausgeübt hätte, sondern er unterstützte lediglich den Tennô als Inhaber aller Herrschaftsgewalt bei der Ausübung seiner Herrschaftsbefugnisse. Beim Reichstag hatte man sich für das Zweikammersystem entschieden; er bestand aus dem Herrenhaus und dem Abgeordnetenhaus (Art. 33 MV). Nur die Mitglieder des Abgeordnetenhauses wurden durch allgemeine Wahlen bestimmt (Art. 35 MV); das Herrenhaus setzte sich aus Angehörigen des Kaiserhauses, Vertretern des Adels und vom Tennô ernannten Abgeordneten zusammen (Art. 34 MV). Demgegen-

---

[*] Abkürzungen: JV = Japanische Verfassung (vom 3. November 1946); MV = Meiji-Verfassung (vom 11. Februar 1889).

über hat die geltende Verfassung dem Prinzip der Volkssouveränität entsprechend die
drei Gewalten, mit deren Wahrnehmung das Volk den Staat betraut hat, jeweils exklu-
siv dem Parlament, dem Kabinett und den Gerichten zugewiesen, das System der Gewaltenteilung gestärkt und die Kompetenzen der genannten Organe ausgeweitet. Das
heutige Parlament ist das höchste Organ der Staatsgewalt und das einzige gesetzgebende Organ des Staates (Art. 41 JV). Die beiden Häuser, aus denen es zusammengesetzt
ist, das Haus der Abgeordneten und das Haus der Räte, bestehen beide aus gewählten
Abgeordneten, die das ganze Volk vertreten (Art. 42, 43 Abs. 1 JV).

2. *Repräsentativorgan des Volkes*

Auf dem Prinzip der Volkssouveränität fußend erklärt die Japanische Verfassung, daß
die staatliche Willensbildung sich nach dem Willen des Volkes zu richten habe. Wenn
das Volk aber auch souverän ist, so hat die Verfassung doch keine direkte Demokratie
eingeführt, bei der das Volk selbst an den Regierungsgeschäften mitwirkt, sondern sie
hat sich für die indirekte (repräsentative) Demokratie entschieden, bei der das Volk
»durch unsere rechtmäßig gewählten Vertreter im Parlament« (Präambel, Satz 1 JV)
handelt.

Das Wesen des neuzeitlichen Parlamentarismus liegt darin, daß die Abgeordneten
vom Volk gewählt und als Vertreter des gesamten Volkes betrachtet werden. Hieraus
folgt, daß anders als in den Ständeversammlungen die Abgeordneten keine privilegierte Klasse wie Adel, Klerus oder Bürgertum vertreten, und daß sie durch kein im-
peratives Mandat ihres Wahlkörpers gebunden sind. Art. 29 der Deutschen Reichsverfassung von 1871 bestimmte: »Die Mitglieder des Reichstages sind Vertreter des gesamten Volkes und an Aufträge und Instruktionen nicht gebunden.« (Art. 21 Weimarer Reichsverfassung und auch Art. 38 Abs. 1 Grundgesetz enthalten ähnliche Bestimmungen.)

Für Japan gilt ähnliches: »Beide Häuser bestehen aus gewählten Abgeordneten, die
das ganze Volk vertreten« (Art. 43 Abs. 1 JV); das Volk ist Souverän, abgesehen von einigen in der Verfassung ausdrücklich bestimmten Fällen (u. a. Art. 79 Abs. 2 und Art. 96
Abs. 1) handelt es aber grundsätzlich durch sein Repräsentativorgan, das Parlament.

3. *Höchstes Organ der Staatsgewalt*

»Das Parlament ist das höchste Organ der Staatsgewalt« (Art. 41 Satz 1 JV). »Staatsgewalt« in diesem Zusammenhang hat dieselbe Bedeutung wie Regierungs- oder Herrschaftsgewalt (sie ist als gleichbedeutend mit der »Staatsgewalt« in Art. 9 Abs. 1 JV aufzufassen). Unter der Meiji-Verfassung wurde der Tennô als »höchstes direktes Organ«
erklärt; er war der Inhaber aller Herrschaftsgewalt und wurde in diesem Sinne als
»höchstes Organ« bezeichnet. In der geltenden Verfassung jedoch hat das Parlament
nach dem Prinzip der Gewaltenteilung keinen Vorrang gegenüber den anderen
Staatsorganen, also dem Kabinett und den Gerichten. Deswegen hat auch das Kabinett das Recht, das Haus der Abgeordneten aufzulösen (Art. 69 JV), und der Oberste
Gerichtshof das Recht, in Fragen der Verfassungsmäßigkeit zu entscheiden (Art. 81

JV). Die Kennzeichnung des Parlaments als höchstes Organ der Staatsgewalt bezweckt, die unter der Meiji-Verfassung gegebene höchste Organschaft des Tennô zu negieren, und gleichzeitig dürfte sie auch darauf zurückzuführen sein, daß man dem Parlament als dem direkten Repräsentanten des souveränen Volkes eine dementsprechende Stellung im Zentrum der Staatspolitik zuweisen wollte. Folglich hat diese Charakterisierung des Parlaments grundsätzlich keine rechtliche Bedeutung; es ist eine formale Rangzuweisung, mit der die relativ größte Nähe zum Volk ausgedrückt werden soll.

Die höchste Organschaft des Parlaments äußert sich verfassungsrechtlich darin, daß ihm die Stellung des das Volk direkt repräsentierenden Legislativorgangs zugewiesen ist (Art. 43 JV), daß die Befugnis der Gesetzgebung allein dem Parlament vorbehalten ist (Art. 41 Satz 2 JV) und daß exekutive wie rechtsprechende Gewalt dem Willen des Parlaments entsprechend organisiert sein und ausgeübt werden müssen (Vorrang des Willens des Parlaments). Zusätzlich wird man die höchste Organschaft des Parlaments auch darin sehen können, daß das Kabinett vom Parlament abhängt (parlamentarisches Regierungssystem) und daß dem Parlament nicht nur das Recht der Beschlußfassung über Gesetzesanträge (Art. 59 JV) zuerkannt ist, sondern auch das Initiativrecht für Verfassungsänderungen (Art. 96 Abs. 1 JV), das Recht der Zustimmung zu internationalen Verträgen (Art. 73 Nr. 3), das Recht der Beschlußfassung über die Staatsfinanzen (Art. 83 ff. JV) usw., und daß ferner dadurch, daß beide Häuser Untersuchungen über die Staatsführung anstellen können (Art. 62 JV), dem Parlament wie seinen beiden Häusern weitreichende Befugnisse über die gesamte Staatsführung zugewiesen sind.

Im übrigen gilt für die Befugnisse des Parlaments die Vermutung, daß zusätzlich zu dem in der Verfassung Bestimmten alle Kompetenzen, bei denen unklar ist, welchem Organ sie zustehen, als Befugnisse des Parlaments behandelt werden sollen.

4. *Einziges gesetzgebendes Organ des Staates*

Das Parlament »ist das einzige gesetzgebende Organ des Staates« (Art. 41 Satz 2 JV). »Gesetzgebung« als eine der Funktionen des Staates hat zwei Bedeutungen. Das eine ist die Gesetzgebung im formalen Sinn, also der Erlaß von Gesetzen in einer bestimmten, den Staatsgesetzen vorgeschriebenen Form, das andere ist die Gesetzgebung im materiellen Sinn, also der schriftliche Erlaß von allgemeinen und abstrakten Rechtsnormen, die sich direkt auf die Rechte und Pflichten des Volkes beziehen oder die doch zumindest das Verhältnis von Staat und Volk regeln. Die »Gesetzgebung« in Art. 41 Satz 2 JV meint Gesetzgebung im materiellen Sinne. Von daher besagt der Satz, daß das Parlament »das einzige gesetzgebende Organ des Staates« sei, erstens, daß das Parlament die Gesetzgebung des Staates monopolisiert, daß also grundsätzlich kein Staatsorgan außer dem Parlament gesetzgeberisch tätig werden darf (Parlamentsmonopol in der Gesetzgebung), und zweitens, daß Gesetze allein durch Beschluß des Parlaments zustandekommen (unitäre Gesetzgebung des Parlaments).

Durch den Grundsatz des Parlamentsmonopols in der Gesetzgebung wurde die unter der Meiji-Verfassung zulässige Nebengesetzgebung der Exekutive ohne Mitwirkung des Parlaments, wie sie etwa im Kaiserlichen Hausgesetz (Art. 74 Abs. 1 MV), den Kaiserlichen Erlassen über das Kaiserhaus (Art. 5 Kôshiki-rei), den Staatsverträgen (Art. 13 MV) oder den Kaiserlichen Notverordnungen und Verordnungen (Art. 8 und 9 MV) vorlag, samt und sonders ausgeschlossen. Gesetzgebung durch die Exekutive war hinfort allein auf Erlasse zur Durchführung von Gesetzen und vor allem auf Erlasse aufgrund gesetzlicher Ermächtigung beschränkt (Art. 73 Nr. 6 MV). Entgegen diesem Grundsatz hat allerdings die Verfassung selbst einige Ausnahmen anerkannt: Hier sind vor allem das Recht beider Häuser des Parlaments und des Obersten Gerichtshofs auf Erlaß von Geschäftsordnungen (Art. 58 Abs. 2 und Art. 77 Abs. 1 JV), sowie das Recht der Gebietskörperschaften auf Erlaß von Satzungen (Art. 94 JV) zu nennen.

Sodann kommen infolge des Grundsatzes der unitären Gesetzgebung des Parlaments Gesetze zustande, sobald beide Häuser des Parlaments dem Gesetzentwurf zugestimmt haben (Art. 59 Abs. 1 JV). Während unter der Meiji-Verfassung die Gesetzgebung von Tennô und Reichstag gemeinsam ausgeübt (Art. 5 MV) und die vom Parlament beschlossenen Gesetze vom Tennô sanktioniert wurden (Art. 6 MV), werden nach der geltenden Verfassung die fertigen Gesetze vom Tennô nur noch verkündet (Art. 7 Nr. 1). Auch zu diesem Grundsatz sind Ausnahmen vorgesehen: Zusätzlich zu den Abgeordneten besitzt auch das Kabinett das Recht, Gesetzentwürfe im Parlament einzubringen (Art. 72 JV, § 5 Kabinettsgesetz); mit Zustimmung des Parlaments schließt das Kabinett internationale Verträge ab (Art. 73 Nr. 3 JV); für ein Sondergesetz, das nur auf eine öffentliche Gebietskörperschaft Anwendung findet, ist außer dem Parlamentsbeschluß die Zustimmung der betroffenen Bevölkerung in einer Abstimmung erforderlich (Art. 95 JV) und für eine Verfassungsänderung ist außer der Initiative des Parlaments die Zustimmung des Volkes in einer Volksabstimmung erforderlich (Art. 96 JV). Derartige Gesetzgebungen gelten also als Akte, die außerhalb des Anwendungsbereiches der in Art. 41 JV niedergelegten Gesetzgebungsgrundsätze liegen.

II. Die Organisation des Parlaments

1. Das Zweikammersystem des Parlaments

Wenn sich ein Parlament aus zwei Beratungskörpern zusammensetzt, spricht man von »Zweikammersystem« (bicameral system, two chamber system). Daß im Parlamentarismus der Neuzeit das Zweikammersystem weite Verbreitung fand, liegt daran, daß für die Organisation der Parlamente das englische System als Modell diente. Und daß dieses das Zweikammersystem angenommen hat, soll auf den historischen Zufall zurückzuführen sein, daß 1377, zur Regierungszeit Edwards III, die Gruppe der Bürger, die der Tradition der mittelalterlichen Ständeversammlungen entsprechend bis dahin mit Adel und Klerus ein einhäusiges Parlament gebildet hatte, sich absonderte und seine Tagungen an einem anderen Ort abhielt. Für die Verbreitung des Zweikammersystems gibt es allerdings gute Gründe. Erstens berät man sorgfältiger, wenn man weiß, daß die Beratungen später in einer zweiten Kammer wiederholt werden. Hierdurch wird der Gefahr leichtfertiger und unausgewogener Beschlüsse vorgebeugt, die bei einem Einkammersystem gegeben wäre. Zweitens kommen im Verhältnis zwischen den beiden Kammern, aus deren Willensübereinstimmung sich ja der Wille des Parlaments ergibt, die Prinzipien der gegenseitigen Hemmung und der Balance zum Tragen, wodurch die

Tyrannei der Mehrheit und Machtmißbrauch vermieden werden können. Und drittens ist im Falle eines Bundesstaates zusätzlich zu der Kammer, die sich aus Abgeordneten zusammensetzt, die das ganze Volk direkt repräsentieren, eine weitere Kammer unverzichtbar, die die Interessen der Länder (Teilstaaten = Gliedstaaten) repräsentiert. Oder in Fällen, wo man wie in England den Adel anerkennt, ist es nötig, zusätzlich zur Adelskammer eine weitere Kammer zu errichten, die die Klasse der allgemeinen Bürger repräsentiert. Weitere Gründe ließen sich nennen. Bei den historischen Formen des Zweikammersystems nun ist allen Ländern gemeinsam, daß die eine Kammer (Unterhaus oder auch 1. Kammer genannt) aus vom Volk gewählten Abgeordneten gebildet wird, während es bei der anderen Kammer (Oberhaus oder auch 2. Kammer genannt) je nach Wahlmodus die folgenden drei Kammer-Typen gibt: Adelskammer, Länderkammer und demokratische zweite Kammer (z.B. japanisches Haus der Räte).

1889 hatten 8 Länder (20%) das Einkammersystem und 31 Länder (80%) das Zweikammersystem. Dies hat sich in der Statistik von 1995 auf 122 Staaten (69%) mit Einkammersystem und 56 Staaten (31%) mit Zweikammersystem verschoben.

Unter der Meiji-Verfassung bestand der japanische Reichstag aus dem Herrenhaus und dem Abgeordnetenhaus (Art. 33 MV). Im Sinne einer konsequenten Demokratisierung hat die geltende Verfassung aber bestimmt, daß Adelsstände nicht anerkannt werden (Art. 14 Abs. 2 JV) und dementsprechend das Herrenhaus aufgelöst. Sie hat sich dann aber doch wieder für das Zweikammersystem entschieden, als Ersatz für das Herrenhaus das Haus der Räte errichtet und bestimmt: »Das Parlament besteht aus zwei Häusern, dem Haus der Abgeordneten und dem Haus der Räte« (Art. 42 JV). Im Haus der Räte soll mit einer »Politik der Vernunft« die Sorgfalt der parlamentarischen Beratungen sichergestellt werden, und dann ist ihm die Aufgabe zugewiesen, das Haus der Abgeordneten zu beschränken und zu ergänzen.

2. Das Verhältnis der beiden Kammern zueinander

Das Parlament besteht zwar aus dem Haus der Abgeordneten und dem der Räte (Art. 42 JV), bezüglich ihrer Zusammensetzung stellen die beiden Häuser aber identische Anforderungen. So gilt für die Mitglieder beider Häuser, daß sie »das ganze Volk vertreten« (Art. 43 Abs. 1 JV) und daß sie »vor dem Gesetz gleich« sind (Art. 14 und 44 Satz 2 JV). Um im Zweikammersystem ihre Eigenheiten aber genügend zum Ausdruck zu bringen, gibt es Unterschiede in der Organisation, sind die Grundsätze ihrer Arbeit geregelt und besteht Ungleichheit bei ihren Kompetenzen.

(1) Organisatorische Unterschiede

Die geltende Verfassung bestimmt, daß »[b]eide Häuser [. . .] sich aus gewählten Mitgliedern zusammen[setzen], die das ganze Volk vertreten« (Art. 43 Abs. 1 JV), und für die Wahlen gewährleistet sie »die allgemeine Wahl durch die Volljährigen« (Art. 15 Abs. 3 und 44 JV). Bezüglich der Organisation der beiden Häuser bestehen folgende Unterschiede.

a) Eine gleichzeitige Mitgliedschaft in beiden Häusern ist ausgeschlossen (Art. 48 JV). Angesichts der Entscheidung für das Zweikammersystem ist das selbstverständlich.

b) Zur Mandatszeit der Abgeordneten bestimmt die Verfassung einerseits »Die Mandatszeit der Mitglieder des Hauses der Abgeordneten beträgt vier Jahre. Im Falle der Auflösung des Hauses der Abgeordneten endet die Mandatszeit vor ihrem Ablauf« (Art. 45 JV), andererseits aber »Die Mandatszeit der Mitglieder des Hauses des Räte beträgt sechs Jahre; alle drei Jahre wird die Hälfte der Mitglieder neu gewählt« (Art. 46, 102 JV). Die Mandatszeit der Mitglieder des Hauses der Abgeordneten endet im Falle der Auflösung vor ihrem Ablauf, während die Mandatszeit der Mitglieder des Hauses der Räte sechs Jahre beträgt, es keine Auflösung gibt und die Hälfte der Mitglieder alle drei Jahre neu gewählt wird. Hierdurch, wird man wohl sagen können, wird den Mitgliedern des Hauses der Räte Stabilität ihrer Stellung und Kontinuität ihrer Amtsausübung gewährleistet. Dies soll es dem Haus der Räte ermöglichen, seine beschränkende und ergänzende Funktion als 2. Kammer zu erfüllen.

c) Die Zahl der Mitglieder des Hauses der Abgeordneten wird durch Gesetz bestimmt (Art. 43 Abs. 2 JV). 1925 waren es 466 Abgeordnete, heute sind es laut § 4 Abs. 1 des Gesetzes über die Wahlen zu öffentlichen Ämtern (_Kôshoku-senkyohô_) 500 Abgeordnete. Das Haus der Räte hat 252 Abgeordnete (ebd. § 4 Abs. 2).

d) Die Qualifikation der Abgeordneten beider Häuser wie auch ihrer Wähler wird durch Gesetz bestimmt (Art. 44 JV). Als Mindestalter für das passive Wahlrecht schreibt das Gesetz beim Haus der Abgeordneten das abgeschlossene 25., beim Haus der Räte das abgeschlossene 30. Lebensjahr vor (Gesetz über die Wahlen zu öffentlichen Ämtern § 10).

e) Die Wahlbezirke, die Methode der Abstimmung und die übrigen Einzelheiten, die die Wahl der Abgeordneten für beide Häuser betreffen, werden durch Gesetz bestimmt (Art. 47 JV). Die Abgeordneten des Hauses der Abgeordneten werden durch Mehrheitswahl und Verhältniswahl gewählt, während die Abgeordneten des Hauses der Räte durch Verhältniswahl und modifizierte Mehrheitswahl gewählt werden (§§ 12, 13, 14).

(2) Grundsätze der Arbeit der beiden Kammern

Die beiden Kammern haben gleichzeitig, aber unabhängig voneinander zu arbeiten.

a) Grundsatz der gleichzeitigen Arbeit. Nach allgemeiner Ansicht müssen beide Kammern gleichzeitig einberufen, eröffnet und geschlossen werden. Dies ist ein Prinzip des Zweikammersystems: »Wird das Haus der Abgeordneten aufgelöst, wird das Haus der Räte zur gleichen Zeit geschlossen« (Art. 54 Abs. 2 JV). Einzige Ausnahme von der Regel der Gleichzeitigkeit ist die Notstandssession des Hauses der Räte zu Zeiten, wenn das Haus der Abgeordneten aufgelöst ist.

b) Grundsatz der unabhängigen Arbeit. Beide Häuser eröffnen ihre Verhandlungen und fassen ihre Beschlüsse unabhängig voneinander. Auch dieser Grundsatz ist eine selbstverständliche Folge des Zweikammersystems. Damit ein »Beschluß des Parlaments« vorliegt, müssen grundsätzlich die Beschlüsse der beiden Kammern übereinstimmen. Um einen übereinstimmenden Beschluß der beiden Häuser herbeizuführen, ist als Ausnahme von dem Grundsatz der beidseitig unabhängigen Arbeit in Fällen, wo die Meinungen der beiden Kammern voneinander abweichen, die Möglichkeit vorgesehen, einen »gemeinsamen Ausschuß der beiden Kammern« einzuberufen (Art. 59, 60, 61 JV). Ferner ist im Parlamentsgesetz die Möglichkeit von gemeinsamen

Untersuchungsausschüssen vorgesehen, zu denen sich Ständige Ausschüsse beider Häuser in gemeinsamer Sitzung konstituieren können (§ 44 Parlamentsgesetz), und es ist auch zulässig, daß der Abgeordnete, der in einer Kammer einen Antrag eingebracht hat, oder der Ausschußvorsitzende an einer Sitzung der anderen Kammer teilnehmen und die Gründe des Antrags erläutern (§ 60 Parlamentsgesetz).

(3) Ungleichheit der Kompetenzen

Bezüglich ihrer Kompetenzen sind die beiden Kammern teils gleichberechtigt, teils bestehen Unterschiede. In der Meiji-Verfassung war dem Abgeordnetenhaus das Recht zuerkannt, den Haushalt zuerst zu beraten (Art. 65 MV), und dem Herrenhaus war das Recht zuerkannt, allein über Änderungen und Ergänzungen des Kaiserlichen Erlaß über das Herrenhaus zu beraten (Art. 13 Kaiserlicher Erlaß über das Herrenhaus). Im übrigen waren die beiden Kammern gleichberechtigt. Demgegenüber erkennt die geltende Verfassung in wichtigen Punkten dem Haus der Abgeordneten Vorrang zu und gibt dem Haus der Räte deutlich den Charakter einer 2. Kammer. Deswegen spricht man in bezug auf Japan von einem sogenannten »hinkenden Zweikammersystem«.

Im Vergleich der Kompetenzen der beiden Kammern nimmt erstens beim Umfang der Kompetenzen das Haus der Abgeordneten in zwei Punkten eine Vorrangstellung ein: über Vertrauens- und Mißtrauensanträge gegenüber dem Kabinett entscheidet das Haus der Abgeordneten allein (Art. 69 JV), und es berät zuerst über den Haushalt (Art. 60 Abs. 1 JV). Demgegenüber sind Notstandssessionen des Hauses der Räte zu Zeiten, wenn das Haus der Abgeordneten aufgelöst ist, auch wenn dabei nur Maßnahmen mit vorläufiger Wirkung beschlossen werden (Art. 54 JV), die einzige Ausnahme, die allein dem Haus der Räte zuerkannt ist. Zweitens genießt auch beim Gewicht der Beschlüsse das Haus der Abgeordneten in vier Punkten Vorrang: bei der Entscheidung über Gesetzesvorlagen (Art. 59 JV), bei der Verabschiedung des Haushalts (Art. 60 JV), bei der Zustimmung zu Verträgen (Art. 61 JV) und bei der Benennung des Ministerpräsidenten (Art. 67 JV). Demgegenüber sind im Falle einer Initiative zur Änderung der Verfassung angesichts der Bedeutung der Angelegenheit die Beschlüsse der beiden Kammern vollkommen gleichwertig (Art. 96 JV), was eine beachtenswerte Ausnahme ist. In Fällen, in denen ausnahmsweise ein Gesetz dem Haus der Abgeordneten eine Vorrangstellung zuweist, erklärt das Parlamentsgesetz (§ 13) bei Meinungsunterschieden über die Sitzungsdauer und über die Verlängerung von außerordentlichen Sessionen und Sondersessionen des Parlaments die Entscheidung des Hauses der Abgeordneten für maßgeblich, das Gesetz über den Rechnungshof (§ 4 Abs. 2) bestimmt gleiches für die Ernennung der Direktoren des Rechnungshofs.

III. Die Stellung der Parlamentsabgeordneten

1. *Erwerb und Verlust des Amtes eines Abgeordneten*

Abgesehen von den Abgeordneten des Hauses der Abgeordneten und des Hauses der Räte, die mittels Verhältniswahl bestimmt wurden, erwirbt derjenige das Amt eines Abgeordneten, der als Ergebnis der Wahl die Majorität der gültigen abgegebenen Stimmen erhalten hat (§ 95 Gesetz über die Wahlen zu öffentlichen Ämtern). Für die

Abgeordneten des Hauses der Abgeordneten und des Hauses der Räte, die durch Verhältniswahl bestimmt wurden, gelten die Regelungen des § 95b des Gesetzes über die
Wahlen zu öffentlichen Ämtern. Ernannte Abgeordnete, wie sie etwa die Meiji-Verfassung vorsah, gibt es also nicht mehr.

Abgeordnete verlieren aus den folgenden Gründen ihre Stellung und scheiden aus
ihrem Amt aus.

(1) Fälle automatischen Verlustes.

a) Ablauf der Mandatzeit. Bei Abgeordneten des Hauses der Abgeordneten beträgt
die Mandatzeit vier Jahre (Art. 45 JV), bei Abgeordneten, die bei einer Nachwahl gewählt worden sind, beträgt sie jedoch die restliche Mandatzeit ihres Vorgängers (§ 260
Abs. 1 Gesetz über die Wahlen zu öffentlichen Ämtern). Die Mandatzeit läuft also bei
allen Abgeordneten gleichzeitig ab, und gleichzeitig verlieren sie ihre Stellung. Bei
Abgeordneten des Hauses der Räte beträgt die Mandatzeit sechs Jahre, weil aber alle
drei Jahre die Hälfte der Abgeordneten neu gewählt wird (Art. 46, 102 JV), läuft die
Mandatzeit für jeweils die Hälfte der Abgeordneten gleichzeitig ab.

b) Verlust des passiven Wahlrechts. Bei Abgeordneten beider Häuser tritt dies ein,
wenn ein Abgeordneter eine der gesetzlich vorgeschriebenen Bedingungen für die
passive Wahl nicht mehr erfüllt (§ 109 Parlamentsgesetz, § 11 Gesetz über die Wahlen
zu öffentlichen Ämtern).

c) Erwerb der Mitgliedschaft eines anderen Hauses. Dies tritt ein, wenn ein Abgeordneter eines der beiden Häuser Abgeordeneter des anderen Hauses geworden ist
(§ 108 Parlamentsgesetz).

(2) Verlust des Abgeordnetenamtes infolge einer Handlung.

a) Rücktritt. Ein Abgeordneter kann mit Zustimmung des Hauses, dem er angehört, sein Amt niederlegen (§ 107 Parlamentsgesetz).

b) Ausschluß. Beide Häuser können ein Mitglied, das gegen die Ordnung seines
Hauses verstoßen hat, per Disziplinarstrafe ausschließen. Jedoch ist in diesem Fall die
Zustimmung der Mehrheit von zwei Dritteln der anwesenden Mitglieder erforderlich
(Art. 58 Abs. 2 JV, § 122 Nr. 4 Parlamentsgesetz). Keines der beiden Häuser kann die
Wiederwahl eines ausgeschlossenen Mitglieds verhindern (§ 123 Parlamentsgesetz).

c) Entscheidung von Streitigkeiten über die Qualifikation. Jedes Haus entscheidet
in Streitigkeiten über die Qualifikation der ihm angehörenden Abgeordneten. Für die
Entscheidung auf Verlust des Abgeordnetensitzes ist jedoch auch in diesem Fall eine
Mehrheit von zwei Dritteln der anwesenden Mitglieder des jeweiligen Hauses erforderlich (Art. 55 JV, §§ 111 ff. Parlamentsgesetz).

d) Urteil in Prozessen bezüglich Wahlen. Infolge von Streitigkeiten über die Wählerliste, Wahlstreitigkeiten, Streitigkeiten über den Wahlsieg und von Klagen auf Ungültigkeit der Wahl wegen Verstoßes gegen die Wahlkampfbestimmungen (§§ 204 ff.
Gesetz über die Wahlen zu öffentlichen Ämtern), besonders wenn ein Urteil rechtskräftig geworden ist, das darauf hinausläuft, einem Abgeordneten seine Qualifikation
zu entziehen, scheidet ein Abgeordneter aus seinem Amt aus (§ 109 Parlamentsgesetz,
§§ 220, 252 Gesetz über die Wahlen zu öffentlichen Ämtern).

e) Auflösung. Durch eine Parlamentsauflösung verlieren die Abgeordneten des
Hauses der Abgeordneten ihr Amt (Art. 7, 45 JV).

2. Inkompatibilitäten

Den Abgeordneten des Parlaments ist die Übernahme von Ämtern untersagt, deren Ausübung mit ihren Pflichten als gewählten Volksvertretern nur schwer zu vereinbaren wäre.

a) Abgeordnete des Hauses der Abgeordneten und des Hauses der Räte. »Niemand kann zur gleichen Zeit Mitglied beider Häuser sein« (Art. 48 JV). Unter der Meiji-Verfassung mußten Abgeordnete des Abgeordnetenhauses, die zu Mitgliedern des Herrenhauses ernannt worden waren, aus dem Abgeordnetenhaus ausscheiden (§ 76 Gesetz über den Reichstag), und Abgeordnete des Herrenhauses, die in das Abgeordnetenhaus gewählt worden waren, mußten entweder auf ihren Sitz im Herrenhaus verzichten oder ihre Wahl zum Abgeordnetenhaus ablehnen. Dies war eine selbstverständliche Folge der Entscheidung für das Zweikammersystem.

b) Abgeordneter in einer allgemeinen öffentlichen Gebietskörperschaft und Abgeordneter in einem der beiden Häuser des Parlaments (§ 92 Abs. 1 Gesetz über die regionale Selbstverwaltung)

c) Hauptverwaltungsbeamter einer allgemeinen öffentlichen Gebietskörperschaft und Abgeordneter in einem der beiden Häuser des Parlaments (§ 141 Abs. 1 Gesetz über die regionale Selbstverwaltung)

d) Mitglied des Zentralen Wahlausschusses und Abgeordneter in einem der beiden Häuser des Parlaments (§ 5a Abs. 2 Gesetz über die Wahlen zu öffentlichen Ämtern)

e) Beamter des Staates oder einer öffentlichen Gebietskörperschaft oder Vorstandsmitglied oder Angestellter eines öffentlichen Unternehmens und Abgeordneter in einem der beiden Häuser des Parlaments, mit Ausnahme des Ministerpräsidenten und der anderen Minister, des Deputy Chief Cabinet Secretary, des Stellvertretenden Leiters der Management and Coordination Agency im Amt des Ministerpräsidenten, der parlamentarischen Staatssekretäre sowie der sonst gesetzlich bestimmten Fälle (§ 39 Parlamentsgesetz). Zusätzlich sind aufgrund übereinstimmender Beschlüsse beider Häuser des Parlaments auch die Mitglieder der in den verschiedenen Bereichen der Verwaltung gebildeten Ausschüsse, die Berater, Beiräte usw. für die Dauer ihrer Mandatszeit von dieser Regelung ausgenommen (§ 39 Satz 2 Parlamentsgesetz).

3. Dauer des Abgeordnetenmandats.

Unter Mandatszeit der Parlamentsabgeordneten versteht man eine bestimmte, begrenzte Zeitspanne, während der die Abgeordneten ihr Mandat wahrnehmen können. Wie oben ausgeführt, beträgt die Mandatszeit bei Abgeordneten des Hauses der Abgeordneten vier Jahre (Art. 45 JV), bei Abgeordneten, die bei einer Nachwahl gewählt worden sind, entspricht sie der restlichen Mandatszeit ihres Vorgängers (§ 260 Abs. 1 Gesetz über die Wahlen zu öffentlichen Ämtern), und im Falle einer Parlamentsauflösung endet die Mandatszeit vor ihrem Ablauf (Art. 45 Satz 2 JV). Bei Abgeordneten des Hauses der Räte beträgt die Mandatszeit sechs Jahre, alle drei Jahre wird die Hälfte der Abgeordneten neu gewählt (Art. 46, 102 JV). Dementsprechend beginnt bei Abgeordneten des Hauses der Abgeordneten die Mandatszeit im Prinzip mit dem Tag der allgemeinen Wahlen (§ 256 Gesetz über die Wahlen zu öffentlichen Ämtern), während bei den Abgeordneten des Hauses der Räte die Mandatszeit am Tag nach Ablauf der Mandatszeit aufgrund der zuletzt vorangegangenen regulären Wahlen beginnt (§ 257 Gesetz über die Wahlen zu öffentlichen Ämtern). Es ist also Wille der Verfassung, daß die Mandatsdauer der Abgeordneten nicht bei jedem Abgeordneten unterschiedlich beginnt und endet, sondern daß sie beim Haus der Abgeordneten für alle Abgeordneten und beim Haus der Räte für je die Hälfte der Abgeordneten gleichzeitig beginnt und gleichzeitig endet. Deswegen beträgt die Mandatsdauer eines per Nachwahl gewählten Abgeordneten die restliche Mandatszeit seines Vorgängers.

4. Privilegien der Abgeordneten

Damit die Abgeordneten als »Vertreter des ganzen Volkes« (Art. 43 Abs. 1 JV) frei und unabhängig von jedem äußeren Einfluß ihren bedeutenden Amtspflichten voll nachkommen, und damit sie sich gegenüber der Regierung und den anderen außerparlamentarischen Kräften behaupten können, hat die Verfassung den Abgeordneten die folgenden Privilegien zuerkannt.

(1) Schutz vor Verhaftungen

»Die Abgeordneten beider Häuser dürfen, abgesehen von den durch das Gesetz bestimmten Fällen, während der Session des Parlaments nicht verhaftet werden. Abgeordnete, die vor der Session verhaftet worden sind, sind während der Session freizulassen, falls ein Antrag ihres Hauses vorliegt« (Art. 50 JV). Dieser Artikel garantiert die persönliche Freiheit der Abgeordneten. Um zu verhindern, daß der Abgeordnete durch die Regierungsgewalt an der Wahrnehmung seiner Amtsaufgaben gehindert wird, gewährleistet er den »Schutz vor Verhaftung«. Ein Schutz vor Anklageerhebung ist hier folglich nicht eingeschlossen (Urteil des Landgerichts Tokyo vom 22. 1. 1962). »Verhaftungen« im hier gebrauchten Sinne bedeutet anders als die »Verhaftung« des Art. 33 JV allgemein jede Art von Beschränkung der persönlichen Freiheit und schließt nicht nur Verhaftung, Festnahme und Vorführung im Sinne der Strafprozeßordnung ein, sondern auch im Bereich der Verwaltung den Gewahrsam aufgrund des Gesetzes über geistige Hygiene (§ 43) oder auch die Schutzmaßnahmen, die Polizisten aufgrund des Gesetzes über die Amtsausübung der Polizei (§ 3) treffen. Da Art. 50 JV aber das Verbot von Verhaftungen zum Gegenstand hat und nicht die Anklageerhebung, steht nichts der Erhebung einer Anklage gegen einen auf freiem Fuß befindlichen Abgeordneten entgegen.

Der in Art. 50 JV verfügte Schutz vor Verhaftungen ist mit dem Vorbehalt »abgesehen von den durch das Gesetz bestimmten Fällen« versehen. Diese Fälle sind erstens Verhaftung »auf frischer Tat bei einem außerhalb des Parlaments begangenen Verbrechen« und zweitens »bei Einwilligung des Hauses, dem der Abgeordnete angehört« (§ 33 Parlamentsgesetz). Das Verfahren zur Erlangung der Einwilligung des betreffenden Hauses zu der Verhaftung eines Abgeordneten sieht vor, daß das zuständige Gericht bzw. Richter, bevor es bzw. bevor er einen Haftbefehl ausstellt, dem Kabinett ein entsprechendes Verlangen zuleiten muß. Sobald das Kabinett das Verlangen erhalten hat, beantragt es unter Beifügung einer Kopie bei dem entsprechenden Haus dessen Einwilligung (§ 34 Parlamentsgesetz). Das Haus prüft, ob für die beantragte Verhaftung legitime Gründe vorliegen und entscheidet entsprechend über seine Einwilligung. Falls es zu dem Ergebnis kommt, daß legitime Gründe vorliegen, so muß es seine Einwilligung zur Verhaftung erteilen (zu den Regionalparlamenten und deren Abgeordneten Urteil des Landgerichts Ôtsu vom 12. 2. 1963). Diese Einwilligung kann nicht mit Bedingungen oder Fristen versehen werden. Auch im Falle einer Notstandssession des Hauses der Räte gilt für dessen Abgeordnete, daß diese außer bei Verhaftung auf frischer Tat bei einem außerhalb des Parlaments begangenen Verbrechen ohne Einwilligung des Hauses der Räte nicht verhaftet werden können (§ 100 Abs. 1 Parlamentsgesetz).

Abgeordnete, die vor der Session verhaftet worden sind, sind, falls ein Antrag ihres Hauses vorliegt, während der Session freizulassen. Auch für Abgeordnete des Hauses der Räte gilt, wenn dieses sich in einer Notstandssession befindet, ähnliches (§ 100 Abs. 4 Parlamentsgesetz). Der Schutz der Abgeordneten vor Verhaftungen hatte in der Zeit der konstitutionellen Monarchie, als die Regierung das Parlament mit Gewalt unterdrückte, seine Bedeutung; heute dagegen wird eher der mißbräuchliche Schutz vor Verhaftungen mit Skepsis betrachtet, wenn der Justizminister von seinem Weisungsrecht entsprechenden Gebrauch macht.

(2) Indemnität

»Mitglieder beider Häuser dürfen für Reden, Debatten und auch Abstimmungen im Parlament außerhalb des Hauses nicht zur Verantwortung gezogen werden« (Art. 51 JV). Auch dieser Artikel zielt darauf ab, dem Abgeordneten bei der Erledigung seiner Aufgaben im Parlament die Redefreiheit und die Freiheit der Abstimmung weitestgehend zu gewährleisten; für das parlamentarische System ist dies eine unverzichtbare Bedingung. Die »Indemnität« ist restriktiv dahingehend auszulegen, daß sie zwar auch auf die Kabinettsminister Anwendung findet, die Mitglied im Parlament sind, daß sie aber nicht für Kabinettsminister ohne Sitz im Parlament (Art. 63 JV) gilt, für Beauftragte der Regierung, Zeugen oder Sachverständige.

Gegenstand der Indemnität sind Handlungen »im Parlament«, sie sind also etwas, was der Abgeordnete im Rahmen der Parlamentsarbeit, als Teil seiner beruflichen Aufgaben getan hat. Reden, Debatten und Abstimmungen, die in einer Plenarsitzung oder in Ausschußsitzungen außerhalb des Parlamentsgebäudes stattgefunden haben, gelten also ebenfalls als Dienstgeschäfte des Abgeordneten. Die Entscheidung der Frage allerdings, ob eine bestimmte Handlung eines Abgeordneten noch unter das Privileg der Indemnität fällt, ist den Gerichten vorbehalten (Urteil des Landgerichts Tokyo vom 22. 1. 1962). »Abstimmungen« im Kontext des Art. 51 JV meint eine positive oder negative Willenserklärung zu einem bestimmten Thema, »Debatten« meint Meinungsäußerungen zu Fragen, die zur Abstimmung anstehen. Und »Reden« meint Meinungsäußerungen und die Darlegung von Tatsachen zu einem bestimmten Thema, soweit dies nicht bereits unter »Debatten« fällt. Die »Verantwortung«, zu der ein Abgeordneter außerhalb des Hauses nicht gezogen werden darf, umfaßt sowohl zivil- und strafrechtliche Verantwortung als auch die disziplinarrechtliche Verantwortung von Beamten. Beleidigungen oder Geheimnisverrat etwa, wird hier straf- oder disziplinarrechtlich nicht geahndet. Aus all dem folgt, daß Handlungen eines Abgeordneten, die außerhalb des Rahmens seiner Dienstgeschäfte stattgefunden haben, nicht hierunter fallen, und daß selbstverständlich ein Abgeordneter innerhalb seines Hauses für Ordnungsverstöße disziplinarisch bestraft werden kann (§§ 116, 119, 120 Parlamentsgesetz). Eine andere Frage ist, ob ein Abgeordneter von seiner Partei, Gewerkschaft, Firma usw. für Handlungen im Parlament Sanktionen erfährt, er ausgeschlossen wird usw. oder ob er vom Volk politisch zur Verantwortung gezogen wird.

(3) Das Recht auf Empfang von Diäten

»Die Mitglieder beider Häuser erhalten nach Maßgabe des Gesetzes aus der Staatskasse angemessene jährliche Diäten« (Art. 49 JV). Die Diäten sollen »angemessen« sein; hierzu bestimmt § 35 Parlamentsgesetz »Abgeordnete erhalten Diäten in einer Höhe, die nicht niedriger ist als die höchste Gehaltsstufe von Berufsbeamten.« Daneben erhalten sie eine Abfindung beim Ausscheiden, Reisekosten, eine Kommunikationszulage usw., und bei innerjapanischen Dienstreisen werden ihnen die Kosten für Eisenbahn, Schiff oder Flugzeug erstattet (§§ 35, 36, 38 Parlamentsgesetz, Vorschriften über die Diäten, Reisekosten und Zulagen von Parlamentsabgeordneten).

5. *Befugnisse und Pflichten der Abgeordneten*

Parlamentsabgeordnete sind befugt, an der Arbeit des Hauses teilzunehmen, dem sie angehören, und gleichzeitig haben sie die Pflicht, bei der Einberufung Folge zu leisten, an den Plenar- und Ausschußsitzungen teilzunehmen und sich in Übereinstimmung mit der Ordnung des Hauses zu verhalten.

(1) Die Befugnisse der Abgeordneten

a) Antragsrecht. Abgeordnete können Anträge auf Verfassungsänderung stellen, Gesetzentwürfe einbringen und sonstige Vorlagen einreichen und Gesetzesänderungen initiieren (§§ 56 Abs. 1, 57 Parlamentsgesetz). Für die Vorlage des Haushalts (Art. 73 Nr. 5 JV), die Zustimmung zu Verträgen (Art. 73 Nr. 3 JV) und die Übereignung von Vermögenswerten an das Kaiserhaus (Art. 8 JV) hat jedoch das Kabinett und haben nicht die Abgeordneten das Initiativrecht. Für das Einreichen von Vorlagen und für Änderungsanträge ist im Haus der Abgeordneten die Zustimmung von mindestens 20 Abgeordneten, im Haus der Räte von mindestens 10 Abgeordneten erforderlich, für Gesetzentwürfe, die mit Ausgaben verbunden sind, gelten erschwerte Verfahrensbedingungen, in diesen Fällen ist im Haus der Abgeordneten die Zustimmung von mindestens 50 Abgeordneten, im Haus der Räte von mindestens 20 Abgeordneten erforderlich (§§ 56 Abs. 1, 57 Parlamentsgesetz).

b) Fragerecht. Unabhängig von dem zur Beratung anstehenden Gegenstand können Abgeordnete Fragen an das Kabinett richten. Es gibt zwei Arten von Fragen, allgemeine und Dringlichkeitsfragen. Allgemeine Fragen bedürfen einer bestimmten Form, sie müssen mit einer einfachen Erläuterung versehen dem Parlamentspräsidenten eingereicht und von diesem (bei Nichtgenehmigung durch den Präsidenten Widerspruch und Genehmigung durch das Haus) genehmigt werden (§ 74 Parlamentsgesetz). Das Kabinett hat binnen sieben Tagen ab Empfang der Frage zu antworten oder, wenn eine Antwort innerhalb dieser Frist nicht möglich ist, die Gründe hierfür darzulegen und mitzuteilen, bis wann eine Antwort möglich ist (§ 75 Abs. 2 Parlamentsgesetz). Im Unterschied hierzu werden Dringlichkeitsfragen in den Fällen gestellt, in denen eine Frage dringlich ist; auf Beschluß des Hauses können sie mündlich gestellt werden (§ 76 Parlamentsgesetz).

c) Anfragerecht. Zu einem gegenwärtig zur Beratung anstehenden Gegenstand können Abgeordnete an den Ausschußvorsitzenden, den Berichterstatter der Minderheitsmeinung oder an den Antragsteller mündliche Anfragen richten (§ 108 Geschäftsordnung des Hauses der Räte). Im Unterschied zu den »Fragen« bezeichnet man dies als »Anfragen«. Weil Anfragen sich auf gegenwärtig zur Beratung anstehende Gegenstände richten, dürfen sie diesen Rahmen nicht überschreiten und nicht berühren, was außerhalb des anstehenden Gegenstandes liegt (§ 134 Geschäftsordnung des Hauses der Abgeordneten). Folglich behandeln Anfragen wesentlichere Angelegenheiten als allgemeine Fragen, und sie haben auch ein größeres politisches Gewicht.

d) Debattierrecht. Abgeordnete können zu den zur Beratung anstehenden Gegenständen zustimmend oder ablehnend debattieren (§§ 135 ff. Geschäftsordnung des Hauses der Abgeordneten, §§ 113 ff. Geschäftsordnung des Hauses der Räte).

e) Abstimmungsrecht. Abgeordnete können im Plenum und in Ausschüssen an Abstimmungen teilnehmen. Eine Abstimmung ist eine zustimmende oder ablehnende Willensäußerung zu einem Antrag. Zur Klarstellung der Verantwortung muß auf Antrag von einem Fünftel der anwesenden Abgeordneten das Votum jedes Abgeordneten im Sitzungsprotokoll festgehalten werden. Zum Abstimmungsverfahren: Die Abstimmungen erfolgen grundsätzlich durch Aufstehen, doch gibt es daneben auch das Verfahren der namentlichen Abstimmung. Um die Stimmabgabe jedes Abgeordneten festzuhalten, muß auf namentliche Abstimmung zurückgegriffen werden. Die Geschäftsordnungen beider Häuser bestimmen, daß auf Antrag von einem Fünftel der anwesenden Abgeordneten eine namentliche Abstimmung durchzuführen ist (§§ 151, 152 Geschäftsordnung des Hauses der Abgeordneten, §§ 137, 138 Geschäftsordnung des Hauses der Räte).

(2) Die Pflichten der Abgeordneten

Wie oben gesagt, sind Parlamentsabgeordnete befugt, an der Arbeit des Hauses teilzunehmen, dem sie angehören. Dem entspricht eine Teilnahmepflicht der Abgeordneten an der Arbeit ihres Hauses; für die Abgeordneten sind dies ihre ursprünglichen und grundlegenden Pflichten. Erstens müssen Abgeordnete der Einberufung Folge leisten, und sie müssen an Plenar- und Ausschußsitzungen teilnehmen. Wenn Abgeordnete ohne ausreichenden Grund vom Tag der Einberufung an innerhalb von sieben Tagen der Einberufung nicht folgen, den Plenar- und Ausschußsitzungen fernbleiben und wenn sie darüber hinaus, nachdem der Präsident wegen Ablaufs der Antragsfrist auf Beurlaubung eine besondere schriftliche Aufforderung zu erscheinen verschickt hat, nach Erhalt dieser Aufforderung immer noch sieben Tage und länger ohne Grund fernbleiben, so machen sie sich disziplinarisch strafbar (§ 124 Parlamentsgesetz). Zweitens besteht die Pflicht, die Ordnung innerhalb des Parlaments zu wahren; Abgeordnete müssen sich in Übereinstimmung mit der Ordnung ihres Hauses verhalten. Ein Abgeordneter darf während der Sitzungen nicht gegen das Parlamentsgesetz oder gegen Sitzungsvorschriften verstoßen, in sonstiger Weise am Ort der Sitzungen die Ordnung stören oder die Würde des Hauses verletzen (§ 116 Parlamentsgesetz), im jeweiligen Haus unhöfliche Ausdrücke verwenden oder sich über das Privatleben anderer Personen äußern (§ 119 Parlamentsgesetz). Ein Abgeordneter, der während einer Plenar- oder Ausschußsitzung im Parlament beleidigt worden ist, kann sich an das Haus wenden und eine Maßregel verlangen (§ 120 Parlamentsgesetz).

IV. Die Arbeit des Parlaments

1. Sessionen

Nach dem in Japan geltenden System existiert kein ständiges Parlament; es tagt nur in bestimmten begrenzten Zeitspannen. Die Zeitspanne, innerhalb der das Parlament zur Arbeit befähigt ist, nennt man Session (oder Sitzungsperiode). Die Dauer einer Session des Parlaments rechnet man ab dem Tag seiner Einberufung (§ 14 Parlamentsgesetz). Die Sessionen des Parlaments werden durchnumeriert, und sie bilden in sich geschlossene selbständige Arbeitsperioden; mit Ablauf der Sitzungsperiode wird das Parlament selbstverständlich geschlossen. Folglich werden Angelegenheiten, die während einer Session nicht zur Beschlußfassung gekommen sind, in der nächsten Session nicht fortgeführt (§ 68 Parlamentsgesetz). Dies wird als Diskontinuitätsprinzip der Sessionen (bzw. Diskontinuitätsprinzip der Beratungen) bezeichnet. Ständige Ausschüsse und Sonderausschüsse können jedoch über Angelegenheiten, die ihnen von ihrem jeweiligen Hause durch Beschluß eigens zugewiesen worden sind (einschließlich Disziplinar- und Strafangelegenheiten), auch zu Zeiten weiterberaten, in denen das Parlament geschlossen ist (§ 47 Abs. 2 Parlamentsgesetz). Die Beratung dieser Angelegenheiten wird in der nächsten Session dann fortgeführt (§ 68 Satz 2 Parlamentsgesetz). Zum Diskontinuitätsprinzip der Sessionen gibt es keine Bestimmung der Verfassung. Das Parlamentsgesetz hat die unter der Meiji-Verfassung übliche Praxis übernommen und fortgeführt. Dieses Prinzip geht ursprünglich auf das englische Parlament zurück. Heute jedoch haben nicht alle parlamentarischen Systeme, die sich für separate Sessionen entschieden haben, auch das Diskontinuitätsprinzip der Sessionen übernommen. Es gibt auch recht viele Länder, die bei der Arbeit ihres Parlaments die Zeit von einer Wahl bis zur nächsten allgemeinen Wahl, also die Mandatsdauer der Abgeordneten zugrundelegen, denn schließlich wird das Parlament in dieser Zeit ja von denselben Abgeordneten konstituiert und organisiert, und es sind dieselben Abgeordneten, die in ihm arbeiten. Dieses System, Legislaturperiode oder Wahlperiode genannt, haben u.a. Deutschland, Frankreich und Amerika angenommen.

2. Ordentliche, außerordentliche und Sondersessionen

An Formen, in denen das Parlament tagt, gibt es, je nach Grund für die Einberufung, ordentliche, außerordentliche und Sondersessionen.

a) Ordentliche Sessionen. Die Session des Parlaments, die jedes Jahr einmal zu einem bestimmten Termin für eine bestimmte Zeit einberufen wird, nennt man ordentliche Session (Art. 52 JV). Allgemein spricht man hier auch von regulärer Session oder von regulärer Sitzung des Parlaments. Ordentliche Sessionen werden gewöhnlich jedes Jahr im Januar einberufen (§ 2 Parlamentsgesetz). Zur Dauer der ordentlichen Session hatte die Meiji-Verfassung bestimmt: »Die Session des Reichstags dauert drei Monate« (Art. 42); die geltende Verfassung enthält hierzu keine Bestimmung. Das Parlamentsgesetz legt die Dauer der ordentlichen Sessionen auf 150 Tage fest; falls die Mandatszeit der Abgeordneten während der Sitzungsdauer abläuft, so endet die Session mit diesem Tag (§ 10 Parlamentsgesetz). Die Dauer der ordentlichen Session kann durch übereinstimmenden Beschluß beider Häuser verlängert werden (§ 12 Parlamentsgesetz). Falls die Beschlüsse der beiden Häuser nicht übereinstimmen oder falls das Haus der Räte keinen Beschluß gefaßt hat, so gilt der Beschluß des Hauses der Abgeordneten (§ 13 Parlamentsgesetz).

b) Außerordentliche Sessionen. Sessionen des Parlaments, die zusätzlich zu den ordentlichen Sessionen aus außerordentlichen Gründen einberufen werden, werden außerordentliche Sessionen genannt (Art. 53 JV). Allgemein spricht man hier auch von außerordentlichen Sitzungen des Parlaments. Über die Einberufung einer außerordentliche Session entscheidet zwar das Kabinett, falls aber ein Viertel der Mitglieder eines der beiden Häuser dies fordert, muß das Kabinett die Einberufung beschließen (Art. 53 JV). Die Sitzungsdauer der außerordentlichen Session und eventuelle Verlängerungen werden durch übereinstimmenden Beschluß beider Häuser bestimmt. Falls die Beschlüsse der beiden Häuser nicht übereinstimmen oder falls das Haus der Räte keinen Beschluß faßt, so gilt der Beschluß des Hauses der Abgeordneten (§§ 11, 12, 13 Parlamentsgesetz).

c) Sondersessionen. Die Session des Parlaments, die nach einer Auflösung des Hauses der Abgeordneten aufgrund des Art. 54 JV einberufen wird, wird Sondersession genannt (Art. 1 Abs. 3 Parlamentsgesetz). Wenn das Haus der Abgeordneten aufgelöst worden ist, so müssen binnen 40 Tagen ab dem Tag der Auflösung Neuwahlen stattfinden, und binnen 30 Tagen ab diesem Wahltag wird die Sondersession einberufen (Art. 54 Abs. 1 JV). Wenn der Termin der Einberufung einer Sondersession in die Zeit fällt, zu der eine ordentliche Session einberufen werden sollte, dann können beide Sessionen gemeinsam einberufen werden (§ 2a Parlamentsgesetz). Für Sitzungsdauer und Verlängerung der Sondersession gelten die gleichen Bestimmungen wie für außerordentliche Sessionen (§§ 11, 12, 13 Parlamentsgesetz).

3. Einberufung

Zur Regelung des Beginns der Parlamentssitzungen gibt es das System, daß die Verfassung den Termin bestimmt (Art. 24 Weimarer Reichsverfassung, 20. Zusatzartikel Verfassung der Vereinigten Staaten von Amerika) (periodische Versammlung), daß der Termin durch Parlamentsbeschluß oder Entscheidung des Parlamentspräsidenten bestimmt wird (autonome Versammlung), und es gibt das System, daß die Exekutive unter Angabe von Zeit und Ort für jede Session die Abgeordneten zusammenruft (fremdbestimmte Versammlung). In Japan hat man sich für das System fremdbestimmter Versammlungen entschieden. Die Handlung des Zusammenrufens der Abgeordneten nennt man »Einberufung«. Abgeordnete, die, ohne einberufen worden zu sein, sich von sich aus versammeln würden, wären nicht in der Lage, als Parlament zu arbeiten.

Die Einberufung des Parlaments wird vom Kabinett beschlossen. Bezüglich der ordentlichen und der Sondersessionen stecken allerdings Art. 52 JV und § 2 Parlamentsgesetz sowie Art. 54 Abs. 1 JV den Rahmen ab, innerhalb dessen das Kabinett lediglich den konkreten Akt der Einberufung vollzieht. Im Unterschied hierzu hat das Kabinett das Recht, über die Einberufung einer außerordentlichen Session zu entscheiden (Art. 53 Satz 1 JV). Falls ein Antrag von mindestens einem Viertel aller Mitglieder von einem der beiden Häuser vorliegt, dann kann das Kabinett das nicht ablehnen, dann muß es die Einberufung einer außerordentlichen Session beschließen (Art. 53 Satz 2 JV).

Die Einberufung des Parlaments richtet sich zwar an jeden einzelnen Abgeordneten, sie erfolgt jedoch in der Form eines Kaiserlichen Erlasses, der das Datum des Zusammentritts festlegt und der öffentlich verkündet wird (§ 1 Abs. 1 Parlamentsgesetz). Der Kaiserliche Erlaß zur Einberufung einer ordentlichen Session muß mindestens zehn Tage vor dem Datum des Zusammentritts öffentlich verkündet werden (§ 1 Abs. 2 Parlamentsgesetz), eine Frist, die für die Einberufungserlasse für außerordentliche und Sondersessionen nicht gilt (§ 1 Abs. 3 Parlamentsgesetz). Zu Beginn der Session findet eine Eröffnungszeremonie statt (§ 8 Parlamentsgesetz). Die Eröffnungszeremonie findet im Plenarsaal des Hauses der Räte statt und wird vom Präsidenten des Hauses der Abgeordneten geleitet (§ 9 Parlamentsgesetz). Die Eröffnungszeremonie findet in Gegenwart des Tennô statt, der regelmäßig ein Grußwort an die Versammlung richtet.

4. Sitzungspause

Eine vorübergehende Unterbrechung seiner Arbeit, die das Parlament oder eines seiner Häuser aus eigenem Willen während einer Session verfügt, wird »Sitzungspause« genannt. Demgegenüber wird eine Unterbrechung der Arbeit des Parlaments, die einseitig auf den Willen der Regierung hin, also fremdbestimmt für eine bestimmte Zeit erfolgt, »Vertagung« genannt. Unter der Meiji-Verfassung konnten aufgrund der Herrscherrechte des Tennô »Vertagungen« von jeweils bis zu 15 Tagen angeordnet werden (Art. 7 MV, § 33 Reichstagsgesetz); in der geltenden Verfassung sind keine Vertagungen mehr vorgesehen.

Eine Sitzungspause des Parlaments erfordert zwar übereinstimmende Beschlüsse beider Häuser (§ 15 Abs. 1 Parlamentsgesetz), zu seiner Dauer ist aber nichts ausgesagt. Wenn die beiden Häuser unterschiedlicher Meinung sind, dann bleibt nichts, als daß das eine Haus allein eine Sitzungspause einlegt. Beide Häuser können auf jeweils eigenen Beschluß hin eine Sitzungspause einlegen. In diesen Fällen ist die Dauer allerdings auf maximal zehn Tage begrenzt (§ 15 Abs. 4 Parlamentsgesetz).

Während einer Sitzungspause des Parlaments können beide Häuser, wenn nach dem Urteil ihrer Präsidenten ein Dringlichkeitsfall vorliegt oder wenn mindestens ein Viertel aller Mitglieder des Hauses dies fordert, nach Beratung mit dem Präsidenten des anderen Hauses Sitzungen eröffnen. In diesen Fällen wird die Zahl der Sitzungstage der durch Verfassung oder Gesetz bestimmten Dauer der Sitzungspause zugezählt (§ 15 Abs. 2 u. 3 Parlamentsgesetz).

5. *Auflösung des Hauses der Abgeordneten*

Eine Auflösung des Hauses der Abgeordneten liegt vor, wenn allen Abgeordneten des Hauses der Abgeordneten vor Ablauf ihrer Mandatsfrist ihre Stellung als Abgeordnete genommen wird. Auflösungen gibt es nur für das Haus der Abgeordneten, das Haus der Räte kennt keine Auflösung. Wenn das Haus der Abgeordneten während einer Session aufgelöst wird, so endet die Parlamentssession, und gleichzeitig wird das Haus der Räte geschlossen (Art. 54 Abs. 2, 69 JV).

Wenn es notwendig ist, sich in allgemeinen Wahlen des Volkswillens zu vergewissern, werden Auflösungen vorgenommen, um an das Volk zu appellieren und dessen Urteil zu erfragen und um im Haus der Abgeordneten einen neuen Volkswillen sich widerspiegeln zu lassen. Dieses Verfahren geht erstens auf das Prinzip der Gewaltenteilung zurück, wenn es die Willkür und Maßlosigkeit der Legislative durch die Exekutive unter Kontrolle halten läßt. Hierin liegt der liberale Charakter der Auflösung. Und in der parlamentarischen Demokratie ist die Auflösung die Entsprechung zum Mißtrauensvotum des Hauses der Abgeordneten gegen das Kabinett. Sie verhindert, daß das Parlament zu mächtig wird und trägt dazu bei, das Kräftegleichgewicht mit dem Kabinett aufrechtzuerhalten. Zweitens wird in Fällen politischer Konfrontation zwischen Exekutive und Legislative oder angesichts staatspolitisch wichtiger Fragen (beispielsweise Verfassungsänderung oder der Abschluß eines wichtigen Vertrags) unter dem Gesichtspunkt der Volkssouveränität zum Instrument der Auflösung gegriffen, um die Entscheidung des Volkes zu erlangen. Hierin liegt der demokratische Charakter der Auflösung.

Die Auflösung des Hauses der Abgeordneten gehört zwar zu den Handlungen des Tennô in Staatsangelegenheiten (Art. 7 Abs. 3 JV), die tatsächliche Entscheidung über die Auflösung liegt aber beim Kabinett. Da der Tennô keinerlei Befugnisse in Bezug auf die Regierung besitzt (Art. 4 JV), ist seine Rolle darauf beschränkt, mit Rat und Zustimmung des Kabinetts formal den Kaiserlichen Auflösungserlaß auszufertigen. Mit anderen Worten, das tatsächliche Auflösungsrecht bzw. Entscheidungsrecht über die Auflösung liegt beim Kabinett, der Tennô hat nur das formale Auflösungsrecht bzw. Verkündungsrecht der Auflösung. Die Verfassung kennt nur die fremdbestimmte Auflösung durch das Kabinett; eine autonome Auflösung durch Beschluß des Hauses der Abgeordneten selbst, oder eine Auflösung durch Volksentscheid ist verfassungsrechtlich nicht zulässig.

Die Verfassung äußert sich nicht dazu, unter welchen Bedingungen eine Auflösung zulässig ist. Folglich gibt es die Meinung, daß Auflösungen nur in Fällen des Art. 69 JV zulässig sind, »wenn das Haus der Abgeordneten einen Mißtrauensantrag billigt oder aber auch einen Vertrauensantrag ablehnt«. Angesichts des Zwecks der Auflösungen jedoch ist zu folgern, daß vom Standpunkt der Volkssouveränität her Auflösungen nicht nur im Fall des Art. 69 JV, sondern auch in Fällen, in denen das Urteil des Volkes notwendig ist, möglich sein müssen (Urteil des Oberlandesgerichts Tokyo vom 22. 9. 1954).

Zum Zeitpunkt der Auflösung ist in der Verfassung ebenfalls nichts bestimmt. Normalerweise finden Auflösungen während der Parlamentssessionen statt, eine Gewohnheit, die in die Zeit der Meiji-Verfassung zurückreicht. Es gibt aber keine Grundlage für die Auffassung, daß Auflösungen nur während der Sessionen stattfinden dürften; theoretisch sind sie auch in den Ruhezeiten zwischen den Sessionen möglich.

Wenn eine Auflösung erfolgt ist, muß das Kabinett, das die Auflösung beschlossen hat, bei der Einberufung der Sondersession des (neuen) Parlaments zurücktreten (Art. 70 JV). Wenn das Volk einmal seine Entscheidung getroffen hat, ist es selbstverständlich nicht zulässig, das Volk ein zweites Mal zur Entscheidung aufzurufen; eine zweimalige Auflösung aus demselben Grund ist nicht zulässig.

Wenn das Haus der Abgeordneten während einer Session aufgelöst wird, so endet die Parlamentssession, und gleichzeitig wird das Haus der Räte geschlossen (Art. 54 Abs. 2 JV). Folglich ist die Auflösung ein Akt, der die Mandatszeit der Abgeordneten des Hauses der Abgeordneten verkürzt, ihnen ihre Stellung als Abgeordnete nimmt, und der zugleich die Beendigung der Parlamentssession bewirkt. Auch muß bei Auflösung des Hauses der Abgeordneten innerhalb von 40 Tagen, vom Tag der Auflösung an gerechnet, eine allgemeine Wahl der Abgeordneten des Hauses der Abgeordneten stattfinden, und innerhalb von 30 Tagen, vom Tag der Wahl an gerechnet, muß das Parlament einberufen werden (Art. 54 Abs. 1 JV). Zu diesem Zeitpunkt muß das Kabinett zurücktreten (Art. 70 JV). Folglich hat die Auflösung auch die Wirkung, innerhalb einer bestimmten Frist den Rücktritt des Kabinetts herbeizuführen. Als Folge dieses Rücktritts des Kabinetts wird vorrangig vor allen übrigen Geschäften der Ministerpräsident benannt und das neue Kabinett gebildet (Art. 67 Abs. 1 JV), das das neugebildete Haus der Abgeordneten zu seiner Grundlage hat.

6. *Die Notstandssession des Hauses der Räte*

Wenn das Haus der Abgeordneten aufgelöst wird, dann folgt aus den Grundsätzen des Zweikammersystems, daß das Haus der Räte gleichzeitig geschlossen wird. Wenn aber, solange das neue Parlament nicht gebildet ist, eine dringende Angelegenheit einen Beschluß des Parlaments erfordert, kann das Kabinett eine »Notstandssession des Hauses der Räte« fordern (Art. 54 Abs. 2 JV). Mit dieser Einrichtung der Notstandssession, die an die Stelle der unter der Meiji-Verfassung vorgesehenen Notverordnungen (Art. 8 MV) und finanziellen Notmaßnahmen (Art. 70 MV) getreten ist, soll Notlagen des Staates begegnet werden; sie nehmen grundsätzlich alle Rechte des Parlaments wahr. Und dies stellt die einzige Ausnahme dar, bei der nur eine Kammer des Parlaments sich versammelt und Sonderaufgaben erfüllt. Alle dabei getroffenen Maßnahmen sind provisorischer Natur.

Die Befugnis, eine Notstandssession des Hauses der Räte zu verlangen, hat allein das Kabinett. Um eine Notstandssession zu verlangen, muß der Ministerpräsident aufgrund einer Entscheidung des Kabinetts unter Festlegung des Termins des Zusammentritts und unter Angabe der Beratungsgegenstände ein entsprechendes Verlangen an den Präsidenten des Hauses der Räte richten (§ 99 Abs. 1 Parlamentsgesetz). Der Präsident des Hauses der Räte benachrichtigt die Abgeordneten, und die Abgeordneten versammeln sich zu dem festgesetzten Termin im Haus der Räte (§ 99 Abs. 2 Parlamentsgesetz). Das Verlangen nach einer Notstandssession ist zwar allein der Entscheidung des Kabinetts vorbehalten, doch ist es nur zulässig, wenn nach Auflösung des Hauses der Abgeordneten eine dringende Notlage es nicht erlaubt, bis zur Einberufung des neuen Parlaments zu warten, also »in Fällen eines nationalen Notstandes«, und besonders dann, wenn stellvertretend eine Maßnahme des Hauses der Räte erforderlich ist.

Begrenzt auf »Fälle eines nationalen Notstandes« nehmen Notstandssessionen die Befugnisse des Parlaments wahr. Das Haus der Räte kann deshalb in Notstandssessionen alle rechtlichen Kompetenzen des Parlaments ausüben. Über Angelegenheiten wie die Initiierung einer Verfassungsänderung jedoch, für die laut Verfassung Beschlüsse beider Häuser notwendig sind, kann das Haus der Räte nicht im Alleingang provisorische Beschlüsse treffen. Das Antragsrecht hat prinzipiell nur das Kabinett; Abgeordnete können nur solche Anträge einbringen, die mit der anstehenden Angelegenheit in einem Zusammenhang stehen (§ 101 Parlamentsgesetz). Bei Notstandssessionen gibt es keine Bestimmungen über die Sitzungsdauer; wenn über alle Anträge Beschluß gefaßt worden ist, verkündet der Präsident das Ende der Versammlung (§ 102a Parlamentsgesetz).

Die Maßnahmen, die auf einer Notstandssession ergriffen worden sind, sind alle »provisorischer Natur«. Wenn das nächste Parlament zusammengetreten ist, in der Sondersession, muß um die Zustimmung des Hauses der Abgeordneten nachgesucht werden. Falls die Maßnahmen nicht innerhalb von zehn Tagen nach Eröffnung der Sondersession die Billigung des Hauses der Abgeordneten finden, verlieren sie für die Zukunft ihre Gültigkeit (Art. 54 Abs. 3 JV).

7. *Sitzungsgrundsätze*

Nach den Grundsätzen des Zweikammersystems halten die beiden Häuser des Parlaments ihre Sessionen zur gleichen Zeit ab, dem Prinzip der eigenständigen Arbeit folgend, tagen und beschließen die beiden Häuser jedoch unabhängig voneinander. Wenn in einem der beiden Häuser aus seine Mitte oder von der Regierung ein Antrag eingebracht wird, dann wird er, grundsätzlich vom Präsidenten, zunächst an den zuständigen Ausschuß überwiesen und dann, nach Vorliegen von dessen Bericht, dem Plenum vorgelegt (§ 56 Parlamentsgesetz). Die nachgeordneten Kollegialorgane, die in beiden Häusern zum Zwecke der Vorberatung von Anträgen für die Plenarsitzung aus einem Teil der Abgeordneten des jeweiligen Hauses gebildet sind, und auch deren Sitzungen, werden »Ausschuß« genannt. Die Ausschüsse stehen im Mittelpunkt der Parlamentsarbeit; sie werden grob in ständige Ausschüsse und Sonderausschüsse unterteilt. Die Abgeordneten sollen grundsätzlich jeder mindestens einem ständigen Ausschuß angehören (§ 42 Abs. 2 Parlamentsgesetz). Die Versammlung in beiden Häusern, der je alle Abgeordneten angehören, wird »Plenum« genannt (Art. 57, 58 Abs. 2 JV, §§ 55 ff. Parlamentsgesetz).

(1) Beschlußfähigkeit

Beschlußfähigkeit meint die Mindestzahl der Anwesenden, die nötig ist, damit ein Kollegialorgan die Beratungen eröffnen oder Beschlüsse fassen kann. Bei Plenarsitzungen in beiden Häusern ist die Mindestzahl für die Eröffnung der Beratungen und die Beschlußfassung seit der Meiji-Verfassung »mindestens ein Drittel aller Mitglieder« (Art. 46 MV, Art. 56 Abs. 1 JV), für Initiativen auf Verfassungsänderung gilt jedoch ausnahmsweise die Mindestzahl von zwei Dritteln aller Mitglieder (Art. 96 JV). Mit »alle Mitglieder« ist die gesetzliche Zahl der Abgeordneten gemeint, es gibt aber auch die Auffassung, daß damit die tatsächliche Zahl der Abgeordneten gemeint sei. Die Praxis und die herrschende Meinung in Japan faßt »alle Mitglieder« als die gesetz-

liche Zahl der Abgeordneten auf. In Verfassungen des Auslands gibt es ebenfalls entsprechende Bestimmungen (bspw. Art 121 Bonner Grundgesetz).

Die Mindestzahl für die Eröffnung der Beratungen und die Beschlußfassung bei
Ausschüssen ist die Hälfte der Ausschußmitglieder (§ 49 Parlamentsgesetz), beim ge-
meinsamen Ausschuß der beiden Häuser ist sie jeweils zwei Drittel der von den beiden
Häusern entsandten Ausschußmitglieder (§ 91 Parlamentsgesetz).

Beratungen und Beschlüsse, die bei Beschlußunfähigkeit erfolgen, sind ungültig,
doch ist die Feststellung, ob die Beschlußfähigkeit faktisch erreicht war, dem jeweiligen Gremium selbst überlassen. Da aber die Verfassung die Beschlußfähigkeit als Bedingung für die Gültigkeit eines Beschlusses bestimmt, können gegen einen Beschluß,
der bei fehlender Beschlußfähigkeit getroffen worden ist, die Gerichte angerufen werden, unterliegt der Beschluß der gerichtlichen Prüfung auf Verfassungswidrigkeit.

(2) Mehrheiten

»Bei allen Beratungen in jedem der beiden Häuser wird durch Beschluß der Mehrheit der anwesenden Mitglieder eine Entscheidung getroffen, abgesehen von den Fällen, für die in der Verfassung eine besondere Regelung festgelegt ist. Im Falle einer
gleichen Anzahl von Ja- und Nein-Stimmen gibt der Entscheid des Vorsitzenden den
Ausschlag« (Art. 56 Abs. 2). Diese Norm hat Mehrheit also gemäß dem Prinzip des
Mehrheitsentscheids festgelegt. »Mehrheit« bezeichnet die in einem Kollegialorgan
für einen gültigen Willensentscheid nötige Zahl an Ja-Stimmen. In diesem Falle war
»Mehrheit« nicht die Mehrheit der abgegebenen Stimmen, sondern die der anwesenden Mitglieder; Abgeordnete, die sich der Stimme enthalten oder leere oder ungültige
Stimmzettel abgeben, sind also mitzuzählen. Zusätzlich zu diesem Mehrheitsprinzip
gibt es die Ausnahmen, »für die in der Verfassung eine besondere Regelung festgelegt
ist«, also Verfassungsänderungen, für deren Initiierung eine Mehrheit von mindestens
zwei Dritteln der Mitglieder jedes der beiden Häuser des Parlaments erforderlich ist
(Art. 96 Abs. 1 JV), oder die Fälle, wenn als Ergebnis einer Streitigkeit über die Qualifikation eines Abgeordneten diesem sein Mandat entzogen (Art. 55 JV), wenn in einem der beiden Häuser eine Sitzung unter Ausschluß der Öffentlichkeit abgehalten
(Art. 57 Abs. 1 JV), wenn in einem der beiden Häuser ein Abgeordneter ausgeschlossen (Art. 58 Abs. 2 JV) oder wenn im Haus der Abgeordneten ein zweites Mal über eine Gesetzesvorlage abgestimmt werden soll (Art. 59 Abs. 2 JV); in all diesen Fällen ist
eine Mehrheit von zwei Dritteln der anwesenden Abgeordneten erforderlich.

Bei Stimmengleichheit ist die Entscheidung durch Art. 56 Abs. 2 JV dem Vorsitzenden übertragen. Dies stellt eine Ausnahme vom Prinzip der Mehrheitsentscheidung
dar. Folglich besitzt der Präsident sowohl das Stimmrecht eines Abgeordneten als auch
das des Präsidenten, in der Verfassungspraxis ist jedoch festverankert, daß der Präsident, während er seinen Amtsgeschäften nachgeht, nicht als Abgeordneter an Abstimmungen teilnimmt. In den Regionalparlamenten besitzt der Präsident übrigens nicht
das Recht, als Abgeordneter an Abstimmungen teilzunehmen (§ 116 Abs. 2 Gesetz
über die regionale Selbstverwaltung).

(3) Öffentlichkeit der Sitzungen

»Die Debatten in beiden Häusern sind öffentlich« (Art. 57 Abs. 1 Satz 1 JV). Die
Öffentlichkeit der Sitzungen bezweckt, die Beratungen im Parlament, in der Vertre-

tung des Volkes, der allgemeinen Bevölkerung offenzulegen und unter den Augen des Volkes und von dessen Kritik begleitet eine dem Volkswillen entsprechende Politik zu realisieren. »Öffentlichkeit der Sitzungen« besagt, daß der Inhalt der Sitzungen dem Volk allgemein bekanntgemacht wird, was außer der Veröffentlichung der Sitzungsprotokolle durch das Parlament selbst das Recht des Volkes, als Zuhörer an den Sitzungen teilzunehmen sowie die Freiheit der Berichterstattung einschließt. Dementsprechend soll jedes der beiden Häuser »ein Protokoll über die Beratungen erstellen. Abgesehen von den Punkten in dem Protokoll einer nicht-öffentlichen Sitzung, denen die Notwendigkeit einer Geheimhaltung besonders zuerkannt wurde, muß dieses veröffentlicht und allgemein verbreitet werden« (Art. 57 Abs. 2 JV). Einer möglichst konsequenten Realisierung des Grundsatzes der Öffentlichkeit dient auch die Bestimmung, daß im Sitzungsprotokoll die Stimmen der einzelnen Mitglieder aufgezeichnet werden müssen, falls mindestens ein Fünftel der anwesenden Abgeordneten dies fordert (Art. 57 Abs. 3 JV). Damit soll in beiden Häusern der Inhalt der Sitzungen offengelegt werden. Eine Konsequenz des Grundsatzes der Öffentlichkeit, nämlich die wahrheitsgetreue Berichterstattung über öffentliche Sitzungen, darf jedermann vornehmen, ohne daß er deswegen straf- oder zivilrechtlich zur Verantwortung gezogen werden könnte.

Als Ausnahme vom Grundsatz der Öffentlichkeit kann auf Antrag des Präsidenten oder von mindestens zehn Abgeordneten und auf Beschluß von zwei Dritteln der anwesenden Mitglieder eine Sitzung unter Ausschluß der Öffentlichkeit abgehalten werden (Art. 57 Abs. 1 Satz 2 JV, § 62 Parlamentsgesetz).

Ausschüsse tagen grundsätzlich nicht-öffentlich, eine Teilnahme als Zuhörer ist bei ihnen nicht erlaubt. Medienberichterstatter und andere Personen, denen der Ausschußvorsitzende eine Genehmigung erteilt hat, dürfen jedoch zuhören (§ 52 Abs. 1 Parlamentsgesetz). Die Verfassung enthält keinerlei Bestimmungen zu den Ausschüssen; der Grundsatz der Öffentlichkeit findet deshalb keine direkte Anwendung. Nachdem im heutigen Japan das Schwergewicht der Parlamentsberatungen aber in den Ausschüssen liegt, wäre es wünschenswert, den Grundsatz der Öffentlichkeit auch hier zu verwirklichen. Bei den Sitzungen des gemeinsamen Ausschusses der beiden Häuser allerdings ist das Zuhören untersagt (§ 97 Parlamentsgesetz).

(4) Keine Neuberatung desselben Gegenstandes

Das Neuberatungsverbot desselben Gegenstandes besagt, daß ein Gegenstand, über den bereits ein Beschluß gefaßt ist, auch als neuer Antrag mit verändertem Inhalt innerhalb derselben Session nicht ein zweites Mal beraten wird. Die Befolgung dieses Grundsatzes ist notwendig, um eine Minderung der Effektivität der Sitzungen und eine Infragestellung der Beschlüsse zu verhindern, die auftreten würden, wenn über eine Frage, über die in einem Haus bereits ein Beschluß gefaßt ist, erneut beraten würde.

Im Zusammenhang mit dem Neuberatungsverbot bestimmte die Meiji-Verfassung: »Eine Gesetzesvorlage, die in einem Haus abgelehnt worden ist, darf in derselben Sitzungsperiode nicht nochmals eingebracht werden« (Art. 39 MV), und auch in den Geschäftsordnungen beider Häuser und in der Praxis ist dieser Grundsatz allgemein befolgt worden. Die geltende Verfassung enthält keine ausdrückliche Bestimmung zu diesem Thema, und auch im Parlamentsgesetz und in den Geschäftsordnungen der beiden Häuser findet sich keine spezielle Bestimmung. Nachdem das Parlament sich aber für separate Sessionen entschieden hat, ist vernünftigerweise nur der Schluß zulässig, daß es auch das Neubauberatungsverbot anerkennt (der Fall des Art. 59 Abs. 2 JV = Vorrang des Hauses der Abgeordneten bei Gesetzesvorlagen ist allerdings eine Ausnahme).

(5) Der gemeinsame Ausschuß der beiden Häuser

Die Japanische Verfassung hat sich zwar für ein abgewandeltes Zweikammersystem entschieden, da die beiden Kammern aber ein einheitliches Parlament bilden, hat sie, um möglichst übereinstimmende Beschlüsse der beiden Kammern herbeizuführen, die Möglichkeit eröffnet, daß die beiden Häuser einen »gemeinsamen Ausschuß« einberufen. Der gemeinsame Ausschuß der beiden Häuser ist ein besonderer Ausschuß, der aus zwanzig Abgeordneten gebildet wird, die je zur Hälfte in ihrem jeweiligen Haus gewählt werden. Als Organ beider Häuser bildet er eine Ausnahme vom Prinzip der beidseitig unabhängigen Arbeit der beiden Häuser.

Wenn die Beschlüsse der beiden Häuser nicht übereinstimmen, muß der gemeinsame Ausschuß nach der Verfassung in den folgenden Fällen zusammentreten: Beschluß des Haushalts (Art. 60 Abs. 2 JV, § 85 Parlamentsgesetz), Zustimmung zum Abschluß von Verträgen (Art. 61 JV, § 85 Parlamentsgesetz) und Benennung des Ministerpräsidenten (Art. 67 Abs. 2 JV, § 86 Abs. 2 Parlamentsgesetz). Bei Beschlüssen über Gesetzentwürfe (Art. 59 Abs. 3 JV, § 84 Parlamentsgesetz) ist es der Entscheidung des Hauses der Abgeordneten überlassen, ob der gemeinsame Ausschuß einberufen werden soll. Auch in anderen Fällen wird der gemeinsame Ausschuß einberufen, wenn in einer Angelegenheit, in der ein Parlamentsbeschluß notwendig ist, das Haus, das als zweites über die Angelegenheit berät, dem Beschluß des anderen Hauses nicht zustimmt, und deswegen das Haus, das zuerst beraten hat, die Einberufung fordert (§ 87 Parlamentsgesetz).

In dem gemeinsamen Ausschuß der beiden Häuser kommt ein Vorschlag zustande, wenn mindestens zwei Drittel der anwesenden Ausschußmitglieder dem entsprechenden Antrag zugestimmt haben (§ 92 Abs. 1 Parlamentsgesetz). Wenn ein Vorschlag vorliegt, berät zuerst das Haus darüber, das die Einberufung des gemeinsamen Ausschusses gefordert hat, und übersendet dann die Angelegenheit dem anderen Haus. Über den Vorschlag kann in beiden Häusern nur im ganzen abgestimmt werden, die Vornahme von weiteren Änderungen ist nicht zulässig (§ 93 Parlamentsgesetz).

(6) Erscheinen der Minister im Parlament

»Der Ministerpräsident und die Minister können, gleichgültig ob sie einen Sitz in einem der beiden Häuser haben oder nicht, jederzeit in den Häusern erscheinen, um zu einer Vorlage das Wort zu ergreifen. Ferner müssen sie erscheinen, wenn ihr Erscheinen gefordert wird, um Rede zu stehen und Erklärungen abzugeben« (Art. 63 JV). Damit das Parlament als höchstes Organ der Staatsgewalt seine Aufsichtsfunktion über das Kabinett ausreichend wahrnehmen kann, wird hier einerseits das Recht der Minister anerkannt, in den Häusern zu erscheinen (Art. 63 Satz 1 JV), und gleichzeitig wird andererseits im Zusammenhang mit der Forderung an die Minister, in den Häusern zu erscheinen, für die Abgeordneten das Fragerecht an die Minister anerkannt, und werden die Minister dementsprechend zum Erscheinen in den Häusern verpflichtet, um Rede zu stehen und Erklärungen abzugeben (Art. 63 Satz 2 JV). Das Erscheinen der Minister in den Häusern ist eine selbstverständliche Folge der Entscheidung für die parlamentarische Demokratie.

Das »Erscheinen der Minister in den Häusern« ist so aufzufassen, daß hier auch die Beauftragten der Regierung eingeschlossen sind, und bei den »Häusern« sind selbstverständlich auch die Ausschüsse eingeschlossen (§§ 69, 70, 71 Parlamentsgesetz). Darüber hinaus verpflichtet das Parlamentsgesetz den Vorsitzenden und die Mitglieder des Rechnungshofs zum Erscheinen vor den Ausschüssen und gibt dem Präsidenten des Obersten Gerichtshofs und seinem Stellvertreter das Recht, vor den Ausschüssen zu erscheinen (§ 72 Parlamentsgesetz).

V. Die Befugnisse des Parlaments

1. *Gesetzgebung*

(1) Der Begriff des Gesetzes

Unter »Gesetz« versteht man eine bestimmte Form staatlichen Handelns, die durch Beschluß des Parlaments zustandekommt und die eigens als Gesetz bezeichnet wird, mit anderen Worten, das »Gesetz im formalen Sinne«. Demgegenüber versteht man unter »Gesetz im materiellen Sinne« neben den durch Beschluß des Parlaments zustandegekommenen Gesetzen auch jede Art von rechtlichen Normen, die ohne Parlamentsbeschluß gesetzt worden sind.

Das Parlament »ist das einzige gesetzgebende Organ des Staates«, und die Gesetzgebung des Staates erfolgt, abgesehen von den in der Verfassung besonders vorgesehenen Fällen, durch Annahme einer Gesetzesvorlage durch beide Häuser (Art. 59 Abs. 1 JV). Gesetze entstehen also grundsätzlich durch alleinigen Beschluß des Parlaments. Das vom Parlament verabschiedete Gesetz nimmt in der Hierarchie der Rechtsnormen mit seiner Förmlichkeit und erschwerten Abänderbarkeit einen hohen Rang nach der Verfassung ein. Um ein Gesetz aufzuheben oder abzuändern, bedarf es ebenfalls eines Gesetzes.

(2) Das Gesetzgebungsverfahren

a) Gesetzesinitiative. Die Verfassung äußert sich zwar nicht dazu, wem die Gesetzesinitiative zusteht, da das Parlament aber das einzige gesetzgebende Organ des Staates ist, kommen Initiativen von Abgeordneten (§ 56 Parlamentsgesetz), Vorlagen aus dem anderen Haus (§ 60 Parlamentsgesetz) und Initiativen des Kabinetts (§ 5 Kabinettsgesetz) in Frage. Eine Gesetzesvorlage kann auch von einem Ausschuß eingebracht werden (§ 50a Parlamentsgesetz).

Zu der Frage, ob das Kabinett berechtigt ist, Gesetzentwürfe einzubringen, sind Zweifel zwar möglich, da das Initiativrecht des Kabinetts aber den Grundsatz nicht tangiert, daß Gesetze durch Beschluß des Parlaments zustandekommen, widerspricht es nicht der Verfassung. Insbesondere wäre es schwer zu begründen, wenn man aus den in Art. 72 JV genannten »Vorlagen«, die der Ministerpräsident als Vertreter des Kabinetts beim Parlament einbringt, die Gesetzesvorlagen ausnehmen wollte, und auch, daß man sich für das System der parlamentarischen Demokratie entschieden hat (in dem der Ministerpräsident und die Mehrzahl der Minister Abgeordnete sind und als solche das Initiativrecht haben), sprict dafür, daß eine Anerkennung des Initiativrechts des Kabinetts theoretisch gesehen nicht unvernünftig ist.

Das Kabinettsgesetz hat sich ebenfalls diese positive Sicht zueigen gemacht und läßt es zu (§ 5 Kabinettsgesetz), daß das Kabinett Gesetzentwürfe vorlegt. Heute wird die Mehrzahl der im Parlament eingebrachten und verabschiedeten Gesetzentwürfe vom Kabinett vorgelegt.

b) Die Beratung der Gesetzentwürfe. Wenn in einem der Häuser ein Gesetzentwurf vorgelegt wird, überweist der Präsident ihn an den zuständigen Ausschuß und legt ihn nach den Beratungen im Ausschuß dem Plenum vor (§ 56 Abs. 2 Parlamentsgesetz). In dringenden Fällen kann jedoch auf Forderung des Antragstellers und Beschluß des Hauses auf die Beratung im Ausschuß verzichtet werden (§ 56 Abs. 2 Satz 2 Parlamentsgesetz).

c) Annahme des Gesetzentwurfs. Eine Gesetzesvorlage wird grundsätzlich bei Annahme durch beide Häuser zum Gesetz (Art. 59 Abs. 1 JV). Damit ist das Gesetzgebungsverfahren abgeschlossen. Gesetze kommen also durch Annahme durch beide Häuser zustande, die Mitwirkung eines weiteren Organs ist nicht erforderlich. An »in dieser Verfassung besonders vorgesehenen Fällen« gibt es zwei; die eine Ausnahme ist die Annahme eines Gesetzes allein durch das Haus der Abgeordneten (Art. 59 Abs. 2 JV), die andere Ausnahme betrifft die Sondergesetze, die nur für eine öffentliche Gebietskörperschaft Anwendung finden (Art. 95 JV).

d) Unterzeichnung und Mitunterzeichnung von Gesetzen. Die durch Annahme durch das Parlament zustandegekommenen Gesetze werden alle von dem bzw. den zuständigen Minister(n) unterzeichnet und vom Ministerpräsidenten mitunterzeichnet (Art. 74 JV). Von der Gesetzgebungslehre her gesehen wäre es theoretisch richtig, wenn das Gesetz, um sein Zustandekommen evident zu machen, die Unterschrift der Präsidenten beider Häuser oder, in Fällen, in denen das Gesetz nur durch Beschuß des Hauses der Abgeordneten zustandegekommen ist, die Unterschrift von dessen Präsidenten trüge. Die Unterzeichnung und Mitunterzeichnung dienen aber dazu, die Verantwortung im Kabinett für die Durchführung des Gesetzes zu bekunden (Art. 73 Nr. 1 JV), sie sind kein materielles Erfordernis für seine Gültigkeit. Zu Unterzeichnung und Mitunterzeichnung sind die Minister übrigens verpflichtet, sie dürfen das nicht verweigern.

e) Die Verkündung des Gesetzes. Das zustandegekommene Gesetz wird von dem Präsidenten des Hauses, das es zuletzt angenommen hat, über das Kabinett dem Tennô eingereicht (§ 65 Abs. 1 Parlamentsgesetz), der es binnen 30 Tagen ab dem Datum seines Empfangs (§ 66 Parlamentsgesetz) »nach Rat und Zustimmung des Kabinetts für das Volk« verkündet (Art. 7 Nr. 1 JV).

f) Das Inkrafttreten des Gesetzes

Damit ein Gesetz in Kraft tritt, muß nach seinem Zustandekommen und seiner Verkündung der Tag seines Inkrafttretens erreicht sein. Der Tag des Inkrafttretens wird normalerweise in einer Zusatzbestimmung oder in einem Einführungsgesetz bestimmt. Falls aber ein Gesetz keine entsprechende Bestimmung enthält, tritt das Gesetz »nach Ablauf von 20 Tagen ab dem Tag der Verkündigung gerechnet« in Kraft (§ 1 Gesetz über Rechtsnormen).

(3) Die Annahme eines Gesetzes allein durch das Haus der Abgeordneten

Grundsätzlich wird eine Gesetzesvorlage zwar bei Annahme durch beide Häuser zum Gesetz, die erste Ausnahme hiervon ist aber der Fall, daß ein Gesetz allein durch Annahme durch das Haus der Abgeordneten zustandekommt. Dies tritt ein, wenn, nachdem das Haus der Abgeordneten einen Gesetzentwurf angenommen hatte, das Haus der Räte einen abweichenden Beschluß (Ablehnung oder Annahme in geänderter Fassung) gefaßt hat, und das Haus der Abgeordneten mit mindestens zwei Dritteln seiner anwesenden Mitglieder den Entwurf erneut annimmt. Dann wird der Gesetzentwurf trotz der abweichenden Meinung des Hauses der Räte bestätigt, und das Gesetz kommt zustande (Art. 59 Abs. 2 JV). In diesem Fall kann das Haus der Abgeordneten auch vor seiner erneuten Beschlußfassung die Einberufung des gemeinsamen Ausschusses der beiden Häuser verlangen und versuchen, zu einer Einigung der beiden Häuser zu gelangen. Ob der gemeinsame Ausschuß zusammentritt, hängt vom Willen des Hauses der Abgeordneten ab (Art. 59 Abs. 3 JV, § 84 Abs. 1 Parlamentsgesetz). Falls das Haus der Räte innerhalb von 60 Tagen, nachdem es vom Hause der Abgeordneten die gebilligte Gesetzesvorlage erhalten hat, keinen Entschluß faßt – abgesehen von Sitzungspausen – so kann es vom Haus der Abgeordneten dahin ausgelegt werden, daß das Haus der Räte diese Gesetzesvorlage abgelehnt hat (Art. 59 Abs. 4 JV). Wenn übrigens ein Gesetzentwurf, nachdem er zuerst im Haus der Räte beraten und dort abgelehnt wurde, im Haus der Abgeordneten eingebracht und dort mit mindestens Zweidrittelmehrheit angenommen wird, so kommt das Gesetz aufgrund des Vorrangs des Hauses der Abgeordneten in der Gesetzgebung zustande.

(4) Die Ausnahme bei Sondergesetzen für einzelne öffentliche Gebietskörperschaften

Als zweite Ausnahme von dem Grundsatz, daß Gesetze bei Annahme durch beide Häuser zustandekommen, existiert der Fall der Sondergesetze für einzelne öffentliche Gebietskörperschaften: »Sondergesetze, die nur für eine öffentliche Gebietskörperschaft Anwendung finden, können nicht durch das Parlament festgesetzt werden, wenn nicht nach Maßgabe des Gesetzes bei einer Abstimmung durch die Einwohner, die zu dieser öffentlichen Gebietskörperschaft gehören, die Zustimmung der Mehrheit erbracht wird« (Art. 95 JV). Dieser Artikel hat das Ziel, zur Respektierung der Eigenart einzelner öffentlicher Gebietskörperschaften und zur Gewährleistung der Interessen derer Einwohner, die exklusive Gesetzgebungskompetenz des Parlaments einzuschränken.

Nach dem Parlamentsgesetz werden Volksabstimmungen zu Sondergesetzen nach der Abstimmung im Parlament durchgeführt; wenn die Mehrheit zustimmt, wird der vorangegangene Parlamentsbeschluß festgestellt, und das Gesetz kommt zustande (§ 67 Parlamentsgesetz). Sobald das Gesetz beschlossen worden ist, muß der Ministerpräsident sofort die nötigen Schritte für die Verkündung des Gesetzes einleiten und gleichzeitig die Präsidenten der Häuser der Abgeordneten und der Räte darüber benachrichtigen (§ 261 Abs. 5 Gesetz über die regionale Selbstverwaltung).

2. *Initiative zur Verfassungsänderung*

»Änderungen dieser Verfassung müssen unter Zustimmung von mindestens zwei
Dritteln aller Mitglieder der beiden Häuser vom Parlament ausgehen« (Art. 96 Abs. 1
1. Halbsatz JV). Das Recht der Verfassungsänderung kommt eigentlich dem Verfassunggeber, also dem souveränen Volk zu. Von diesem Gedanken ausgehend hat die
Verfassung mit ihrer Formulierung »gehen vom Parlament aus« dem Parlament das Initiativrecht für ein demokratisches Änderungsverfahren einer vom Volk gesetzten Verfassung übertragen. Damit die Initiative des Parlaments zustandekommen kann, muß
zuvor in einem der beiden Häuser ein entsprechender Antrag eingebracht werden.
Anstelle des souveränen Volkes ergreift das Parlament die Initiative für eine Verfassungsänderung nicht einfach als Gesetzgebungsorgan, sondern in seiner Stellung als
direkter Repräsentant des Volkes. Daraus folgt, daß das Kabinett nicht berechtigt ist,
einen entsprechenden Antrag im Parlament einzubringen.

Bei den Abstimmungen in den beiden Häusern ist jeweils eine Mehrheit von mindestens zwei Dritteln aller Mitglieder des entsprechenden Hauses erforderlich. »Alle Mitglieder« meint zwar die gesetzliche Zahl der Mitglieder, doch gibt es auch die Auffassung,
daß damit die tatsächliche Zahl gemeint sei. Wenn die Beschlüsse der beiden Häuser
nicht übereinstimmen, kommt die Initiative des Parlaments nicht zustande. Bei einem
Beschluß in dieser Angelegenheit sind das Haus der Abgeordneten und das der Räte
gleichberechtigt, und ein Vorrang des Hauses der Abgeordneten, wie er etwa bei der Annahme von Gesetzentwürfen, der Feststellung des Haushalts, der Zustimmung zu Verträgen oder der Benennung des Ministerpräsidenten gegeben ist, wird hier nicht anerkannt.

3. *Die Zustimmung zu Verträgen*

Die Befugnis, Verträge abzuschließen, liegt zwar beim Kabinett, dabei »ist jedoch vorher oder nach den Umständen nachher die Zustimmung des Parlaments einzuholen«
(Art. 73 Nr. 3 JV). Verträge kommen zustande, wenn das Kabinett sie abschließt und
das Parlament ihnen zustimmt. Die Zustimmung des Parlaments bedeutet dabei jedoch nicht negativ, daß es am Handeln des Kabinetts nichts auszusetzen hat, sie bedeutet vielmehr positiv, daß das Parlament in gemeinsamer Verantwortung mit dem
Kabinett den Vertrag zustandebringt. Von daher bezieht sich das »vorher« und »nachher« auf den Zeitpunkt, zu dem der Vertrag in seiner endgültigen Gestalt zustandegekommen ist. Im Falle eines Vertrags also, der keinen Ratifikationsvorbehalt enthält
und mit Unterzeichnung durch die bevollmächtigten Vertreter zustandekommt, ist
das Bezugsdatum der Zeitpunkt der Unterzeichnung, für den Normalfall eines Vertrags, der mit der Ratifikation durch die Regierung zustandekommt, ist es der Zeitpunkt der Ratifizierung. Folglich hat die Zustimmung des Parlaments grundsätzlich
»vorher« zu erfolgen. Im Normalfall wird zwischen Unterzeichnung und Ratifizierung um die Zustimmung des Parlaments nachgesucht werden; wenn diese nicht erfolgt, kommt der Vertrag nicht zustande. Die Zustimmung »nachher« muß auf dringende Fälle, in denen keine andere Möglichkeit besteht, begrenzt werden. Im Falle
der nachträglichen Zustimmung muß das Kabinett bei der Unterzeichnung klarstel-
len, daß der Vertrag ungültig wird, falls das Parlament nicht zustimmt.

Die Zustimmung des Parlaments ist Voraussetzung für das Zustandekommen von Verträgen. Folglich kann das Kabinett keinen Vertrag ratifizieren, für den es nicht vorher die Zustimmung des Parlaments erhalten hat, und bei Verträgen, für die eine nachträgliche Zustimmung nicht zu erhalten war, werden Unterschrift und Ratifikation unwirksam.

Auch bei der Zustimmung des Parlaments zum Abschluß von Verträgen hat das Haus der Abgeordneten Vorrang. In Fällen also, wo im Haus der Räte anders als im Haus der Abgeordneten über die Zustimmung zu einem Vertrag befunden worden ist, und es auch in einer Sitzung des gemeinsamen Ausschusses der beiden Häuser zu keiner Übereinstimmung kommt, oder auch in Fällen, in denen das Haus der Räte innerhalb von 30 Tagen – abgesehen von Sitzungspausen des Parlaments – nachdem es vom Haus der Abgeordneten den angenommenen Vertrag erhalten hat, keinen Entschluß faßt, wird der vorangegangene Beschluß des Hauses der Abgeordneten als Beschluß des Parlaments erachtet (Art. 61 JV, § 85 Parlamentsgesetz). Verglichen mit der Regelung im Falle von Gesetzesvorlagen ist der Vorrang des Hauses der Abgeordneten bei der Zustimmung zu Verträgen also sehr viel ausgeprägter.

4. Aufsicht über die Staatsfinanzen

Fragen der Staatsfinanzen, deren Last letztlich das Volk tragen muß, sind zentrale Aufgaben der staatlichen Politik und haben einen großen direkten Einfluß auf das Wohlergehen des Volkes. Eine wichtige Aufgabe, vor die die Verfassungen der Staaten der Neuzeit gemeinsam gestellt waren, war, die Verwaltung der Staatsfinanzen unter die Aufsicht des Parlaments zu stellen, um sie zweckmäßig zu gestalten und zugleich eine Demokratisierung des Finanzwesens anzustreben. Hier liegt der Grund für die Entwicklung des Parlamentarismus und insbesondere des Unterhauses. Mit »Staatsfinanzen« sind übrigens die Tätigkeiten gemeint, mittels derer der Staat die zur Erfüllung seiner Aufgaben erforderlichen Finanzmittel erlangt, verwaltet und gebraucht. Ursprünglich gehörte die Verwaltung der Staatsfinanzen zu den Zuständigkeiten des Kabinetts. Die Verfassung hat aber eigens als 7. Abschnitt »Das Finanzwesen« aufgenommen, vom Standpunkt der Volkssouveränität her das Finanzwesen der Aufsicht des Parlaments, das ja den Willen des Volkes repräsentiert, unterstellt und sich zum Grundsatz des Finanzkonstitutionalismus (der Demokratisierung der Staatsfinanzen) bekannt.

(1) Allgemeine Prinzipien der Verwaltung der Finanzen

»Die Befugnis, die Staatsfinanzen zu verwalten, wird nach Maßgabe der Entscheidung des Parlaments ausgeübt« (Art. 83 JV). Die Verwaltung der Staatsfinanzen muß also, auch wenn sie eine Befugnis des Kabinetts ist, entsprechend den Beschlüssen des Parlaments ausgeübt werden. Dieser Artikel der Verfassung hat allgemein und umfassend die Grundsätze formuliert, die für das gesamte Finanzwesen die Grundlage bilden. Hieraus ergeben sich alle anderen Grundsätze des Finanzwesens wie die Bindung der Steuer an die Gesetzesform (Art. 84 JV) oder der parlamentarischen Zustimmungsbedürftigkeit der Ausgabe von Staatsmitteln und des Eingehens von Verpflichtungen (Art. 85 JV).

(2) Die Gesetzmäßigkeit der Steuer

Im Finanzkonstitutionalismus liegt die Kompetenz der Finanzgesetzgebung allein beim Parlament. Insbesondere »[d]as Auflegen von neuen Steuern oder auch die Veränderung der bestehenden Steuern kann nur auf Grund eines Gesetzes oder nach gesetzlich bestimmten Bedingungen erfolgen« (Art. 84 JV). Dieser Artikel konkretisiert die in Art. 83 JV niedergelegten allgemeinen Grundsätze der Finanzverwaltung und verkündet insbesondere für die Einnahmenseite der Finanzen den Grundsatz der Gesetzmäßigkeit der Steuern, also die Regel, daß für die Schaffung einer neuen Steuer oder eine Änderung des Steuersystems ein Parlamentsbeschluß in Gesetzesform notwendig ist. Gleichzeitig hierzu verfügt Art. 30 JV (Steuerpflicht) von den »Pflichten des Volkes« her eine Ausnahme zum Recht der Vermögensfreiheit (Art. 29 JV). »Steuern« sind also Werte, die der Staat oder öffentliche Gebietskörperschaften zwangsweise und ohne Entschädigung vom Volk einziehen kann, um damit ihre Ausgaben zu bestreiten, und die »gesetzlich bestimmten Bedingungen« sind Regierungserlasse und Satzungen, die auf gesetzlicher Ermächtigung oder Vertrag beruhen.

Der in Art. 83 JV niedergelegte Grundsatz gilt außer bei Steuern auch für alle anderen Leistungen, die von der öffentlichen Gewalt einseitig bestimmt und vom Volk gegen dessen Willen aufgebracht werden müssen. Auch die Bestimmung des § 3 des Gesetzes über das Finanzwesen, »Alle Abgaben, die der Staat, abgesehen von den Steuern, aufgrund seiner Staatsgewalt einzieht, sowie die Preise und Gebühren von Unternehmen, die gesetzlich oder tatsächlich im Alleineigentum des Staates stehen, müssen allesamt aufgrund von Gesetzen oder Parlamentsbeschlüssen festgesetzt werden«, ist also eine Konkretisierung des oben genannten Grundsatzes. Für Steuern gilt zwar auch das »Jahressteuerprinzip«, bei dem jedes Jahr erneut ein Beschluß des Parlaments erforderlich ist, in Japan haben wir jedoch, weil auf Gesetz beruhend, seit der Meiji-Verfassung das »Dauersteuerprinzip«, bei dem es möglich ist, die Steuerpflichten und -einnahmen von Jahr zu Jahr weiterlaufen zu lassen.

Die Regionalsteuern werden aufgrund gesetzlicher Ermächtigung durch Satzung (§ 3 Gesetz über die Regionalsteuern), Zölle aufgrund gesetzlicher Ermächtigung durch Regierungserlaß (§ 12 [ehemaliges] Lebensmittelbewirtschaftungsgesetz) oder auf vertraglicher Grundlage durch Vereinbarung (§ 3 Satz 2 Zollgesetz) festgelegt. Dies sind Beispiele für Regelungen aufgrund »gesetzlich bestimmter Bedingungen«. Sie sind zwar Ausnahmen von dem »Prinzip der Gesetzmäßigkeit der Steuer«, widersprechen aber nicht dem Willen der Verfassung.

(3) Beschluß über die Ausgabe von Staatsmitteln und das Eingehen von
Verpflichtungen durch den Staat

»Die Ausgabe von Staatsmitteln oder das Eingehen von Verpflichtungen durch den Staat darf nur auf Grund eines Beschlusses des Parlaments erfolgen« (Art. 85 JV). Diese Bestimmung ist eine Konkretisierung der in Art. 83 JV niedergelegten »allgemeinen Grundsätze der Finanzverwaltung«, sie verwirklicht auch auf der Ausgabenseite des Staates den Finanzkonstitutionalismus und schreibt für Staatsausgaben Beschlußfassung durch das Parlament vor, und zugleich bildet sie die materielle Voraussetzung für die formalen Haushaltsbestimmungen des Art. 86 JV.

a) Ausgabe von Staatsmitteln. Für die Ausgabe von Staatsmitteln, also die Auszahlung von Geld zur Befriedigung der vielfältigen Bedürfnisse des Staates (§2 Gesetz über das Finanzwesen), ist die Zustimmung in Form eines Parlamentsbeschlusses erforderlich; dieser Parlamentsbeschluß erfolgt in der Form des Haushaltsplans.

Zur Ausgabe von Staatsmitteln hat die Verfassung, zur Demokratisierung der Verwaltung der Staatsfinanzen, zusätzlich besondere Grenzen gezogen: »Keine öffentlichen Gelder oder sonstiges öffentliches Vermögen dürfen zur Verfügung, Nutzung oder Aufrechterhaltung von religiösen Organisationen oder Körperschaften oder aber auch für Zwecke der Wohltätigkeit, Erziehung oder Mildtätigkeit, die nicht der öffentlichen Kontrolle unterstehen, ausgegeben oder zur Verfügung gestellt werden« (Art. 89 JV). Im Zusammenhang mit Art. 83 JV ist eindeutig, daß sich dies nicht nur auf die Ausgabe öffentlicher Gelder, sondern allgemein auf die Verwaltung und Nutzung öffentlichen Vermögens bezieht. Die erste Hälfte des Artikels zielt vor allem darauf, in Verbindung mit Art. 20 JV zur Gewährleistung der Glaubensfreiheit Staat und Religion zu trennen, die zweite Hälfte darauf, der Vermengung von öffentlichem und Privatbereich vorzubeugen, die sich bei finanzieller Unterstützung für Zwecke der Wohltätigkeit, Erziehung und Mildtätigkeit leicht einstellen kann. Unter Zwecken, »die nicht der öffentlichen Kontrolle unterstehen«, versteht man private Unternehmungen, die nicht durch Aufsicht und Anleitung durch den Staat oder durch öffentliche Körperschaften ihre Selbständigkeit in Bezug auf Organisation und Betrieb verloren haben. In diesem Zusammenhang kann nicht bestritten werden, daß §59 Privatschulgesetz und §56 Gesetz zur Pflege der sozialen Wohlfahrt, die beide Einzelheiten sowohl zur Unterstützung wie zur Aufsicht durch den Staat und öffentliche Gebietskörperschaften bestimmen, in Bezug auf die Interpretation der Verfassung Probleme aufwerfen. Die Verwaltung und Verwendung staatlichen Vermögens richtet sich nach dem Gesetz über Staatsvermögen und dem Gesetz über das Finanzwesen, die Verwaltung und Verwendung des Vermögens öffentlicher Gebietskörperschaften richtet sich nach dem Gesetz über die regionale Selbstverwaltung und nach Satzungen.

b) Das Eingehen von Verpflichtungen durch den Staat. Auch für das Eingehen von Verpflichtungen durch den Staat sind Beschlüsse des Parlaments erforderlich. Die Parlamentsbeschlüsse können in zweierlei Form erfolgen, als Gesetz und im Rahmen des Haushalts (§§15, 22 Gesetz über das Finanzwesen).

(4) Verabschiedung des Haushalts

Finanzkonstitutionalismus verlangt, daß die Einnahmen und Ausgaben des Staates jährlich als »Haushalt« vom Parlament beraten und beschlossen werden. Das Haushaltssystem ging etwa in England auf das Bestreben des mittelalterlichen Parlaments zurück, die Macht des Königs einzuschränken. Ursprünglich stand dabei die Begrenzung des Besteuerungsrechts im Mittelpunkt, später wurde dies aber auch auf die Ausgaben ausgeweitet, und es entwickelte sich das neuzeitliche System. Die Meiji-Verfassung hatte zwar das moderne Haushaltssystem übernommen, das sich in England und Frankreich entwickelt hatte, es war aber stark bürokratisch eingefärbt, ließ zahlreiche Ausnahmen zu und war äußerst inkonsequent (Art. 62, 66, 67, 68 MV). Demgegenüber bemüht sich die geltende Verfassung um Demokratisierung des Haushaltssystems und bestimmt: »Das Kabinett hat für jedes Rechnungsjahr einen Haushaltsplan auszuarbeiten und dem Parlament, das darüber zu beraten und zu beschließen hat, vorzulegen« (Art. 86 JV).

a) Der Begriff des Haushalts. »Haushalt« bezeichnet die Regeln für das Finanzgebaren eines Staates innerhalb eines Rechnungsjahres und umfaßt insbesondere die voraussichtlichen Einnahmen und Ausgaben (Haushalt im materiellen Sinn), die vom Parlament in Gesetzesform beschlossen werden (Haushalt im formalen Sinn). Der Haushalt ist nicht einfach eine Auflistung der voraussichtlichen Einnahmen und Ausgaben der öffentlichen Hand. Indem er Zeitpunkt, Zweck und Höhe der Ausgaben bestimmt, ist er eine Rechtsnorm, die die Handlungen der Regierung bindet. Und der Haushalt kommt zwar wie ein Gesetz durch Parlamentsbeschluß zustande, er beschränkt sich aber darauf, das Finanzgebaren der Staatsorgane für jeweils ein Rechnungsjahr zu regeln, entfaltet gegenüber dem Volk keine direkte normative Kraft und unterscheidet sich deshalb in seiner Zielrichtung von den Gesetzen. Von daher ist ihm als »Haushalt« eine eigentümliche Gesetzesform zugewiesen, die sich von den anderen Gesetzen unterscheidet.

b) Die Beratung des Haushalts. »Das Kabinett hat für jedes Rechnungsjahr einen Haushaltsplan auszuarbeiten und dem Parlament, das darüber zu beraten und zu beschließen hat, vorzulegen« (Art. 86 JV). Für Erstellung und Vorlage des Haushalts ist das Kabinett zuständig. Bezüglich der Vorlage muß das Kabinett den Haushaltsplan zuerst dem Haus der Abgeordneten vorlegen (Art. 60 Abs. 1 JV). Das Haus der Abgeordneten hat das Recht, den Haushalt zuerst zu beraten. Zum Recht der beiden Häuser, über den Haushalt zu beschließen, gilt genau dasselbe wie für die Zustimmung zu Verträgen; auch hier genießt das Haus der Abgeordneten Vorrang (Art. 60 Abs. 2 JV).

Das Parlament hat das Recht, an der Haushaltsvorlage des Kabinetts Korrekturen vorzunehmen, zu diesem Zweck kann es streichen und kürzen. Wenn aber ausnahmsweise ein Gesetz selbst Ausgaben vorsieht (z.B. Pensionen aufgrund des Pensionsgesetzes, also sog. gesetzliche Ausgaben), oder wenn die Regierung auf gesetzlicher Grundlage Leistungen erbringen muß (z.B. Zinsen für öffentliche Anleihen, also sog. Pflichtausgaben), dann kann das Parlament, das ja das Gesetz beschlossen hat, diese Ausgaben nicht streichen oder kürzen. Bei der Erhöhung von Ausgaben in der Vorlage des Kabinetts liegen die Dinge hingegen anders. Vom Willen der Verfasser her, die das Parlament ja zum höchsten Beschlußorgan für die Verwaltung der Staatsfinanzen bestimmt hat, ist eine Ausgabenerhöhung durch das Parlament soweit als zulässig anzusehen, als dadurch das Haushaltsvorlagerecht des Kabinetts nicht verletzt wird (§ 19 Gesetz über das Finanzwesen oder § 13 Abs. 5 Gesetz über die Staatsbeamten setzen die Möglichkeit von Ausgabenerhöhungen voraus).

Der Haushalt kann grundsätzlich nicht für einen längeren Zeitraum als ein Jahr erstellt werden, als Ausnahme erkennt das Gesetz über das Finanzwesen für bestimmte Unternehmungen jedoch Kosten an, die unter der Bezeichnung Dauerausgaben über mehrere Jahre ausgezahlt werden können (§ 14a Gesetz über das Finanzwesen). Um Mißbrauch zu verhindern, wird die Dauer auf maximal fünf Jahre begrenzt und ist dem Parlament die Möglichkeit vorbehalten, im Rechnungsjahr nach dem Zustandekommen die Angelegenheit erneut zu beraten (§ 14a Abs. 2 u. 4 Gesetz über das Finanzwesen).

c) Zuteilung des Haushalts und seine Veröffentlichung. Wenn der Haushalt zustandegekommen ist, teilt das Kabinett entsprechend den Beschlüssen des Parlaments den Ministern und anderen Leitern oberster Behörden die Einnahmen und Ausgaben, Dauerausgaben und Ermächtigungen für Staatsobligationen zu, für deren Abwicklung sie verantwortlich sind (§ 31 Gesetz über das Finanzwesen). Und für die allgemeine Bevölkerung wird er zusammen mit anderen Angelegenheiten des Finanzwesens veröffentlicht (Art. 91 JV, § 46 Abs. 1 Gesetz über das Finanzwesen).

(5) Verabschiedung eines provisorischen Haushalts

Ausnahmsweise ist der Fall denkbar, daß bei Beginn des Rechnungsjahres der Haushalt noch nicht zustandegekommen ist. In der Meiji-Verfassung war für diesen Fall vorgesehen, daß der Haushalt des Vorjahres ausgeführt werden soll (Art. 71 MV). Die geltende Verfassung hat dieses System nicht übernommen, weil es das Recht des Parlaments mißachte, den Haushalt zu beschließen. Während das Bonner Grundgesetz hierzu detaillierte Bestimmungen enthält (Art. 111 GG), trifft die japanische Verfassung selbst keine Regelungen für den Fall eines Nicht-Zustandekommens des Haushalts; lediglich das Gesetz über das Finanzwesen sieht hierfür einen provisorischen Haushalt vor: »Falls es notwendig ist, kann das Kabinett für einen bestimmten Teil eines Rechnungsjahres einen provisorischen Haushalt erstellen und diesen im Parlament einbringen« (§ 30 Abs. 1 Gesetz über das Finanzwesen). Der provisorische Haushalt wird für die Zeit bis zum Zustandekommen des regulären Haushalts des betreffenden Jahres, falls notwendig in mehrere Abschnitte untergliedert, erstellt und nach Beschluß im Parlament ausgeführt. Seine Geltung ist also auch provisorisch, sobald der reguläre Haushalt zustandegekommen ist, verliert der provisorische seine Wirksamkeit. Aufgrund des provisorischen Haushalts getätigte Ausgaben oder eingegangene Verbindlichkeiten gelten als unter dem später in Kraft getretenen regulären Haushalt getätigt (§ 30 Abs. 2 Gesetz über das Finanzwesen).

(6) Beschluß über den Reservefonds

Der Haushalt stellt eine Prognose über die Einnahmen und Ausgaben eines Rechnungsjahres dar. Es ist deshalb gelegentlich unvermeidlich, daß, weil wegen besonderer Umstände die Ausgaben nicht richtig abzuschätzen waren, nicht vorhergesehene Mehrausgaben (überplanmäßige Ausgaben), oder Ausgaben für einen neuen Zweck (außerplanmäßige Ausgaben) anfallen. In solchen Fällen ist es der reguläre Weg, dem Parlament Haushaltsergänzungen oder -korrekturen (derlei wird Nachtragshaushalt genannt) einzureichen (§ 29 Gesetz über das Finanzwesen). Um so zu verfahren, muß jedoch eine Session des Parlaments stattfinden, es kostet recht viel Zeit und erfordert ein aufwendiges Verfahren, weshalb man als Ausweg das System des Reservefonds geschaffen hat. Die Verfassung bestimmt hierzu: »Um nicht voraussehbare Fehlbeträge im Etat zu decken, kann nach Maßgabe eines Parlamentsbeschlusses ein Reservefonds gebildet und unter der Verantwortung des Kabinetts verausgabt werden« (Art. 87 Abs. 1 JV).

Der Reservefonds dient dazu, nicht voraussehbare Fehlbeträge im Etat zu decken, er wird also nicht in der Form eines bestimmten »Ausgabenpostens«, sondern als Reservefonds in einer Höhe, die als angemessen erscheint, vom Parlament genehmigt. Folglich hat »[f]ür alle Ausgaben aus dem Reservefonds [. . .] das Kabinett nachträglich die Zustimmung des Parlaments einzuholen« (Art. 87 Abs. 2 JV). Falls die Zustimmung des Parlaments nicht zu erlangen ist, muß das Kabinett die politische Verantwortung tragen; auf die Rechtswirksamkeit der bereits geleisteten Zahlungen hat das keinerlei Einfluß.

(7) Beschlüsse über Schenkungen an das und vom Kaiserhaus sowie über die Ausgaben des Kaiserhauses

(8) Beratung der Abrechnung

Die voraussichtlichen Einnahmen und Ausgaben des Staates werden in der Form des Haushalts vom Parlament beraten und beschlossen; um aber zu prüfen, ob die tatsächlichen Einnahmen und Ausgaben richtig vorgenommen wurden, und um die Verantwortlichkeit des für die Durchführung des Haushalts Zuständigen (des Kabinetts) klarzustellen, bestimmt die Verfassung: »Die Abrechnung über alle Einkünfte und Ausgaben des Staates ist ohne Ausnahme jedes Jahr vom Rechnungshof zu prüfen und ist zusammen mit einem Prüfungsbericht vom Kabinett im Laufe des folgenden Jahres dem Parlament vorzulegen« (Art. 90 Abs. 1 JV). »Abrechnung« bezeichnet die endgültige Berechnung und Auflistung der tatsächlichen Einnahmen und Ausgaben des Staates in einem Rechnungsjahr. Im Unterschied zum Haushalt hat die Abrechnung zwar keinen normativen Charakter, das Parlament berät aber darüber und benutzt die Abrechnung nicht nur als Material für politische Kritik am Kabinett, sondern nutzt sie auch für die zukünftige Finanzplanung und die Aufstellung künftiger Haushalte.

Die Abrechnung wird vom Finanzminister erstellt (§ 38 Abs. 1 Gesetz über das Finanzwesen) und vom Kabinett festgestellt. Das Kabinett muß die durch Kabinettsbeschluß festgestellte Abrechnung bis zum 30. November des folgenden Rechnungsjahres dem Rechnungshof vorlegen (§ 39 Gesetz über das Finanzwesen). Darüber hinaus ist es ständige Übung, daß das Kabinett die Abrechnung nach Prüfung durch den Rechnungshof in der ordentlichen Parlamentssession des folgenden Jahres dem Parlament vorlegt (§ 40 Abs. 1 Gesetz über das Finanzwesen).

(9) Entgegennahme des Berichts über die Finanzlage

Parlament wie auch die allgemeine Bevölkerung haben starkes Interesse an der Finanzlage des Staates, weil diese einen direkten und starken Einfluß auf das Leben des Volkes ausübt. Die Verfassung hat deswegen die grundsätzliche Offenlegung der Finanzlage verfügt: »Das Kabinett hat dem Parlament und dem Volk in regelmäßigen Abständen, wenigstens jedoch einmal im Jahr, Bericht über die Finanzlage des Staates zu erstatten« (Art. 91 JV). Diese Bestimmung will zur Demokratisierung des Finanzwesens dem Parlament und der allgemeinen Bevölkerung Material zur Kritik an der Staatspolitik zur Verfügung stellen und verpflichtet deswegen das Kabinett zur Berichterstattung über die Finanzlage.

5. Benennung des Ministerpräsidenten

»Der Ministerpräsident wird aus den Mitgliedern des Parlaments durch Beschluß des Parlaments benannt« (Art. 67 Abs. 1 Satz 1 JV). Auf der Grundlage dieser Benennung durch das Parlament ernennt der Tennô den Ministerpräsidenten (Art. 6 Abs. 1 JV). Der Ministerpräsident wird also formal vom Tennô ernannt, faktisch jedoch ist der Beschluß des Parlaments entscheidend, mit dem er benannt wird. Der Benennungsbeschluß erfolgt grundsätzlich in namentlicher Abstimmung; benannt ist, wer mehr als die Hälfte der abgegebenen Stimmen erhalten hat (§ 18 Geschäftsordnung des Hauses der Abgeordneten, § 20 Geschäftsordnung des Hauses der Räte). Dies stellt eine wichtige Grundlage der parlamentarischen Demokratie dar und setzt voraus, daß der Ministerpräsident Abgeordneter ist.

Die Benennung des Ministerpräsidenten erfordert zwar einen übereinstimmenden Beschluß beider Häuser, falls die Beschlüsse aber nicht übereinstimmen, hat der des Hauses der Abgeordneten Vorrang: »Im Falle, daß das Haus der Abgeordneten und das Haus der Räte einen unterschiedlichen Beschluß hinsichtlich der Benennung gefaßt haben und auch bei einer nach den Bestimmungen des Gesetzes abgehaltenen Sitzung des gemeinsamen Ausschusses der beiden Häuser keine Übereinstimmung erzielt wird, oder wenn, nachdem das Haus der Abgeordneten den Benennungsbeschluß gefaßt hat, das Haus der Räte, abgesehen von Sitzungspausen, nicht innerhalb von zehn Tagen einen Beschluß bezüglich der Benennung faßt, so gilt der Beschluß des Hauses der Abgeordneten als Beschluß des Parlaments« (Art. 67 Abs. 2 JV, § 86 Parlamentsgesetz).

Der Beschluß über die Benennung des Ministerpräsidenten muß vorrangig vor allen übrigen Geschäften durchgeführt werden (Art. 67 Abs. 1 Satz 2 JV). Auch dann, wenn Beschlüsse über Gesetzentwürfe, den Haushalt usw. bereits auf der Tagesordnung stehen, ist es also nicht zulässig, diese vor der Benennung des Ministerpräsidenten durchzuführen. Notwendige Geschäfte jedoch, die Voraussetzung dafür sind, daß das Haus seine Arbeit aufnehmen und den Beschluß über die Benennung durchführen kann, wie z.B. die Wahl des Präsidenten und anderer Funktionsträger, die Genehmigung des Rücktrittsgesuchs eines Abgeordneten, die Festlegung der Sitzordnung usw., können angesichts der Natur der Dinge selbstverständlich vor der Benennung des Ministerpräsidenten erledigt werden.

6. Einrichtung des Anklagegerichts für Richter

»Das Parlament setzt ein Gericht, das aus Mitgliedern beider Häuser besteht, ein, um ein Urteil über solche Richter zu fällen, gegen die ein Verfahren auf Entlassung aus dem Amt vorliegt« (Art. 64 Abs. 1 JV). Der Grund für die Einrichtung eines derartigen Systems zur Richteranklage und -verurteilung liegt darin, daß es für die Amtsentlassung von Richtern, die in ihrer persönlichen Stellung ja einen besonderen Schutz genießen, als wünschenswert angesehen wird, weder auf die Justizorgane zurückzugreifen, was ja »Kollegenjustiz« bedeuten würde, noch auf die Entscheidung von Verwaltungsorganen, sondern darüber von einem besonderen Gericht unabhängig und gerecht entscheiden zu lassen, das vom Parlament eingerichtet wird, aus Abgeordneten beider Häuser des Parlaments, also aus Vertretern des Volkes, besteht, und das dabei dennoch eine vom Parlament geschiedene Stellung einnimmt. Speziell geht dieses System auf den Geist des Art. 15 Abs. 1 JV zurück, der Wahl und Entlassung der im öffentlichen Dienst Tätigen zum ureigensten Recht des Volkes erklärt. Damit gegen Richter öffentliche Anklage erhoben werden kann (Art. 78 JV), setzt das Parlament zwar das Anklagegericht für Richter ein, die Durchführung des Verfahrens ist aber eine Befugnis des Anklagegerichts selbst. Folglich haben die Justizgerichte nichts mit den Entlassungsprozessen zu tun, die das Anklagegericht durchführt. Das Anklagegericht für Richter ist kein untergeordnetes Organ des Parlaments, sondern ein eigenständiges Verfassungsorgan, das seine Amtspflichten unabhängig ausübt (§ 19 Gesetz über die Richteranklage).

»Einzelheiten mit Bezug auf die Anklage werden durch das Gesetz bestimmt« (Art. 64 Abs. 2). Die hier genannten Gesetze sind konkret das Parlamentsgesetz und das Gesetz über die Richteranklage; zusätzlich ist aufgrund der Ermächtigung des § 42 des letztgenannten Gesetzes die Geschäftsordnung des Gerichts für die Richteranklage erlassen worden. Das Entlassungsverfahren gegen Richter wird von einem Anklageausschuß betrieben, dessen Mitglieder in jedem der beiden Häuser in gleicher Zahl (je zehn) aus der Mitte der Mitglieder des jeweiligen Hauses gewählt werden (§ 126 Parlamentsgesetz, § 5 Abs. 1 Gesetz über die Richteranklage), und der Prozeß gegen Richter wird von dem Anklagegericht durchgeführt, dessen Mitglieder in jedem der beiden Häuser in gleicher Zahl (je sieben) aus der Mitte der Mitglieder des jeweiligen Hauses gewählt werden (§ 125 Abs. 1 Parlamentsgesetz, § 16 Abs. 1 Gesetz über die Richteranklage). Die Mitglieder des Anklagegerichts können nicht gleichzeitig Mitglieder des Anklageausschusses sein (§ 127 Parlamentsgesetz). Anklagegericht und Anklageausschuß sind unabhängige ständige Organe, die ihren Aufgaben auch dann nachgehen können, wenn das Parlament nicht tagt.

VI. Die Befugnisse der Häuser

Die Befugnisse des Parlaments werden grundsätzlich durch übereinstimmende Willensäußerungen der beiden Häuser ausgeübt, aus denen es besteht, daneben besitzen die Häuser als eigenständige Staatsorgane aber jeweils noch ihre eigenen Befugnisse, die sie selbständig ausüben können. Diese sind teils in der Verfassung niedergelegt, teils ergeben sie sich aus dem Wesen der Häuser.

1. Befugnisse, die beiden Häusern zustehen

(1) Das Einbringen von Gesetzesvorlagen

Da das Parlament ein Gesetzgebungsorgan ist, versteht es sich von selbst, daß beide Häuser das Recht haben, Gesetzesvorlagen einzubringen. Dieser Punkt wurde unter den Befugnissen des Parlaments bereits behandelt.

(2) Erlaß von Geschäftsordnungen

Beide Häuser sind autonom und haben deshalb jeweils die Befugnis, sich Geschäftsordnungen zu geben. In anderen Worten, »Jedes der beiden Häuser bestimmt für sich die Vorschriften, die sich auf die Sitzungen und die übrigen Formalitäten und die innere Ordnung beziehen« (Art. 58 Abs. 2 Satz 1 JV). Die Geschäftsordnungen sind also Rechtsnormen, die sich jedes Haus selbst im Rahmen der Verfassung und der Gesetze autonom setzt, und die inhaltlich die Beratungsverfahren und die innere Ordnung regeln. Es gibt ihrer mehrere, insbesondere die Geschäftsordnungen des Hauses der Abgeordneten und des Hauses der Räte, die jedes Haus sich selbst setzt, die Geschäftsordnung für Notstandssessionen des Hauses der Räte, sowie die von beiden Häusern beschlossenen »Bestimmungen« (Bestimmungen des gemeinsamen Ausschusses der beiden Häuser, Bestimmungen über gemeinsame Sitzungen von ständigen Ausschüssen). Die »Bestimmungen« sind nach allgemeiner Ansicht als ein Teil der in Art. 58 JV genannten »Vorschriften« zu verstehen. Die hier genannten »Bestimmungen« und »Vorschriften« sind interne Normen der Häuser; sie unterscheiden sich von Gesetzen, und da sie keine Rechtsnormen sind, die das Volk direkt in seinen Rechten und Pflichten berühren, werden sie auch nicht verkündet. Sie entsprechen eher den allgemeinen Regeln oder den Verwaltungsvorschriften der Behörden.

(3) Untersuchungen der Staatsführung

Das Recht jedes Hauses, Untersuchungen zur Staatsführung durchzuführen, ist eine Befugnis, die dem Parlament zuerkannt wurde, weil dieses als höchstes Organ der Staatsgewalt die Gesetzgebung und andere wichtige Funktionen wahrnimmt und es dazu zutreffende Kenntnisse und ein sicheres Urteilsvermögen zur Staatsführung braucht, die beide auf zuverlässigem Material beruhen müssen. Folglich ist dies eine unverzichtbare Hilfsbefugnis, die dem Parlament zuerkannt wurde, damit es seine Funktionen effektiv erfüllen kann; diese wichtige Befugnis ist auch im Wesen des Parlaments bereits immanent angelegt. Die Meiji-Verfassung enthielt keine besonderen Bestimmungen zu diesem Thema, wohl aber enthielt das Gesetz über den Reichstag eine Reihe von Einschränkungen: Es war den Häusern untersagt, zu Untersuchungen der Staatsführung in direkten Kontakt mit Behörden oder dem Volk zu treten (§§ 73, 75 Gesetz über den Reichstag). Im Gegensatz hierzu kann nach der geltenden Verfassung »[j]edes der beiden Häuser [. . .] mit Bezug auf die Staatsführung Untersuchungen anstellen und dafür das Erscheinen und die Aussage von Zeugen und Vorlage von Akten fordern« (Art. 62 JV). Die Verfassung erkennt also das Recht der Häuser an, Untersuchungen zur Staatsführung anzustellen und bestimmt, daß diese wie Gerichte Zeugen vorladen und diese zu Aussagen veranlassen, sowie Akten anfordern können. Die Untersuchungen sind allerdings auf solche zur Staatsführung beschränkt, das Eindringen in Wohnungen, Durchsuchungen, Beschlagnahmen und ähnliches sind nicht zulässig. Und wer einer Aufforderung eines Hauses nicht nachkommt, wird gesetzlich bestraft (Gesetz über Zeugenaussagen u.a. im Parlament).

Der Rahmen der Untersuchungen zur Staatsführung ist sehr weit, fast alle Bereiche der Staatsführung fallen darunter, zu fast allen können also Untersuchungen durchgeführt werden. Die japanische Verfassung hat das System der Gewaltenteilung angenommen, die drei Gewalten Legislative, Exekutive und Judikative sind grundsätzlich getrennt und unabhängig voneinander. Es wäre deshalb eine Überschreitung des Rahmens der Untersuchungen, wenn eine der anderen beiden Gewalten im Namen des Rechts auf Untersuchungen in einem ihrer Rechte verletzt würde. So ist es zwar möglich, im Bereich der Justiz Untersuchungen zum Justizhaushalt oder zu Gesetzesvorhaben, beispielsweise zur Gerichtsverfassung, zur Prozeßordnung oder allgemein zur Justizverfassung durchzuführen, Untersuchungen aber im Zusammenhang mit einem aktuellen Gerichtsverfahren, Einmischung in den Eigenbereich der Judikative, Verletzungen der Unabhängigkeit der Judikative sind nicht zulässig (Urteil des Landgerichts Tokyo vom 24. Juli 1980). Und genausowenig sind Untersuchungen zulässig, die geeignet wären, direkten Einfluß auf die Ergebnisse konkreten Verwaltungshandelns auszuüben.

(4) Entgegennahme von Petitionen

Art. 16 JV erklärt das Einreichen von Petitionen zu einem Recht des Volkes. Petitionen an das Parlament richten sich nicht nach dem Petitionsgesetz, sondern nach dem Parlamentsgesetz (9. Kapitel Parlamentsgesetz). Beide Häuser haben das Recht, Petitionen entgegenzunehmen.

Petitionen werden von jedem Haus für sich entgegengenommen, ein gegenseitiger Informationsaustausch darüber findet nicht statt (§ 82 Parlamentsgesetz). Wer eine Petition an eines der Häuser richten will, muß unter Einschaltung eines Abgeordneten die Petition schriftlich einreichen (§ 79 Parlamentsgesetz, §§ 171 ff. Geschäftsordnung des Hauses der Abgeordneten, §§ 162 ff. Geschäftsordnung des Hauses der Räte).

(5) Entscheidung von Streitigkeiten über die Qualifikation eines Mitgliedes

»Jedes der beiden Häuser entscheidet für sich Streitigkeiten, die sich auf die Qualifikation eines Mitgliedes beziehen« (Art. 55 JV). Die Entscheidung von Streitigkeiten über die Wahl eines Abgeordneten sind allgemein den Gerichten vorbehalten, in diesen Fällen darf sich das Parlament nicht einmischen. Im Gegensatz hierzu hat für Streitigkeiten, die sich auf die Qualifikation eines Abgeordneten beziehen, die Verfassung bestimmt, daß dies nicht in die Zuständigkeit der Gerichte fällt, sondern daß das Haus, dem der Abgeordnete angehört, selbst darüber entscheiden darf. Dies hat einen prinzipiellen Grund, nämlich Respekt vor der Unabhängigkeit und Selbständigkeit des Parlaments, und dazu den praktischen Grund, daß man die Erfahrungen der Abgeordneten nutzen wollte. »Qualifikation« meint die in der Verfassung und in Gesetzen niedergelegten Qualifikationen, die nötig sind, damit ein Abgeordneter seine Stellung beibehalten kann. Diese Qualifikationen werden durch Gesetz bestimmt (Art. 44 JV). Die Bedingungen für die in Art. 55 JV genannte »Qualifikation eines Mitgliedes« sind dementsprechend, daß es das passive Wahlrecht besitzt, und daß es nicht gegen die Verbote von Parallelämtern verstößt (§§ 39, 108, 109 Parlamentsgesetz); weitere Bedingungen bestehen nicht.

Das Verfahren bei Streitigkeiten über die Qualifikation von Mitgliedern sieht vor, daß ein Abgeordneter seine diesbezüglichen Bedenken schriftlich dem Präsidenten des jeweiligen Hauses einreicht, dieser die Angelegenheit zur Beratung an den zuständigen Ausschuß überweist, und anschließend das Plenum durch Beschluß entscheidet. Hierbei wird ein gerichtsmäßiges Verfahren angewandt (§§ 111, 113 Parlamentsgesetz). Entschieden wird mit der Mehrheit der anwesenden Mitglieder (Art. 56 Abs. 2 JV), für die Entziehung eines Mandates ist jedoch der Beschluß von mindestens zwei Dritteln der anwesenden Abgeordneten nötig (Art. 55 Satz 2 JV).

(6) Einwilligung in die Verhaftung eines Abgeordneten und Forderung nach Freilassung eines verhafteten Abgeordneten

(7) Disziplinarische Bestrafung eines Abgeordneten

Beide Häuser können Abgeordnete, die gegen die Ordnung des Hauses verstoßen haben, disziplinarisch bestrafen (Art. 58 Abs. 2 JV). Wie das Recht auf Setzung von Geschäftsordnungen (Art. 58 Abs. 2 Satz 1 JV) oder die Entscheidung von Streitigkeiten über die Qualifikation (Art. 55 JV), soll auch die disziplinarische Bestrafung von Abgeordneten die Autonomie des Parlaments gewährleisten. Disziplinarstrafen werden gegen Abgeordnete nur bei Fehlverhalten in der Ausübung ihrer Amtsgeschäfte verhängt; das Disziplinarrecht der Häuser ist nicht so weit auszulegen, als ob es sich auch auf Fehlverhalten im reinen Privatleben erstreckte.

Ein Disziplinarverfahren wird auf Antrag des Präsidenten oder, im Falle des Hauses der Abgeordneten, von mindestens 40 Abgeordneten, im Falle des Hauses der Räte, von mindestens 20 Abgeordneten dem Disziplinarausschuß vorgelegt. Nach anschließendem Beschluß im Plenum verkündet der Präsident die Strafe (§ 121 Parlamentsgesetz). Es gibt vier Stufen von Disziplinarstrafen, die Verwarnung in öffentlicher Sitzung, die Entschuldigung in öffentlicher Sitzung, den befristeten Ausschluß und den Ausschluß (§ 122 Parlamentsgesetz). Im Falle des Ausschlusses ist aber, da dem Betroffenen dadurch seine Stellung als Abgeordneter aberkannt wird, der Mehrheitsbeschluß von mindestens zwei Dritteln der anwesenden Mitglieder erforderlich (Art. 58 Abs. 2 JV). Keines der beiden Häuser kann die Wiederwahl eines ausgeschlossenen Abgeordneten verhindern (§ 123 Parlamentsgesetz). Grund für die Disziplinarstrafe ist ein »Verstoß gegen die Ordnung des Hauses«; die Einzelheiten sind im Parlamentsgesetz geregelt (§§ 124, 116, 119).

(8) Beendung der Öffentlichkeit einer Sitzung

Die Debatten in beiden Häusern sind grundsätzlich öffentlich, als Ausnahme kann aber auf Antrag des Präsidenten oder von mindestens zehn Abgeordneten und auf Beschluß von zwei Dritteln der anwesenden Mitglieder eine Sitzung unter Ausschluß der Öffentlichkeit abgehalten werden (Art. 57 Abs. 1 Satz 2 JV, § 62 Parlamentsgesetz).

(9) Wahl der Amtsträger

»Jedes der beiden Häuser bestimmt durch Wahl seinen Präsidenten und seine übrigen Amtsträger« (Art. 58 Abs. 1 JV). Laut Parlamentsgesetz sind Amtsträger der Häuser jeweils der Präsident, Vizepräsident, provisorische Präsident, die Vorsitzenden der ständigen Ausschüsse und der Verwaltungsdirektor (§ 16 Parlamentsgesetz). Unter den Genannten wird allein der Verwaltungsdirektor nicht aus dem Kreis der Abgeordneten gewählt (§ 27 Abs. 1 Parlamentsgesetz). Der Präsident wahrt die Ordnung, regelt den Geschäftsgang, überwacht die Geschäfte und repräsentiert sein Haus (§ 19 Parlamentsgesetz). Unter der Meiji-Verfassung wurden Präsident und Vizepräsident vom Tennô ernannt (§ 11 Erlaß über die Adelskammer, § 3 Gesetz über den Reichstag), und die Angehörigen der Verwaltung waren Beamte. In jedem der beiden Häuser gibt es einen Verwaltungsdirektor, Räte und andere nötige Angestellte (§ 26 Parlamentsgesetz). Für diese Parlamentsangestellten gilt das Parlamentsangestelltengesetz (Gesetz Nr. 85 vom 30. April 1947).

(10) Verlangen der Anwesenheit eines Ministers

(11) Beschlüsse

»Beschlüsse« sind rechtlich nicht verbindliche Willensäußerungen des Hauses, u.a. Dankesbekundungen, Glückwunschadressen, Trauerbezeugungen. Abgesehen von Sonderfällen wie dem Mißtrauensantrag (Art. 69 JV), beruht das Recht der Häuser, Beschlüsse zu fassen, auf ihrem Wesen.

2. Befugnisse, die allein dem Haus der Abgeordneten zustehen

(1) Alleinige Beschlußfassung über ein Gesetz (Art. 59 Abs. 2 JV)

(2) Erstberatungsrecht des Haushalts (Art. 60 Abs. 1 JV)

(3) Billigung von Notmaßnahmen des Hauses der Räte (Art. 54 Abs. 3 JV)

(4) Beschlüsse über Vertrauens- und Mißtrauensanträge des Kabinetts (Art. 69 JV)

3. Befugnisse, die allein dem Haus der Räte zustehen

Diese Befugnisse stehen dem Haus der Räte im Falle einer Notstandssession zu. Damit soll einer Notsituation des Staates begegnet werden, und das Haus der Räte nimmt stellvertretend alle Befugnisse des Parlaments wahr. Die dabei getroffenen Maßnahmen sind allerdings provisorischer Natur (Art. 54 JV).

Ausgewählte Literatur über die japanische Verfassung

Abe, Teruya: Betrachtungen zum Zusammenbruch der japanischen Meiji-Verfassung, in: Epirrhosis, F.S. für Carl Schmitt I (hrsg. v. E. Barion, E.-W. Böckenförde, E. Forsthoff, W. Weber), Berlin 1968.

– und *Masanori Shiyake:* Die Entwicklung des japanischen Verfassungsrechts von 1965–1976 unter besonderer Berücksichtigung der Rechtsprechung, in: Jb. d. öffentl. Rechts d. Gegenw. N.F. Bd. 26 (1977).

Akita, George: Foundations of Constitutional Government in Modern Japan, 1865–1900, Cambridge/Mass. 1967.

Briggs, Richard O.: The Self Defense Force and the Japanese Courts: The Naganuma Nike District Court Decision, in: Current Studies in Japanese Law (Whitmore Gray edt.), Ann Arbor 1979.

Fujita, Tokiyasu und *Ichiro Ogawa:* Der gerichtliche Rechtsschutz des Einzelnen gegenüber der vollziehenden Gewalt in Japan, in: Gerichtsschutz gegen die Exekutive I (hrsg. v. H. Mosler), Köln 1969.

Gellhorn, Walter: Settling Disputes with Officials in Japan, in: Harvard Law Review vol. 79 (1966).

Hayashida, Kazuhiro: Developments of Election Law in Japan, in: Jb. d. öffentl. Rechts der Gegenw. N.F. Bd. 15 (1966).

Hellenthal, Walter: Der Tenno, in: Polit. Studien, Heft 75, 7. Jg., Juli 1956.

Herrfarth, Heinrich: Die staatsrechtliche Entwicklung Japans seit 1945, in: DVBl. Bd. 66 (1951).

Heuser, Robert: Der Grundsatz der Trennung von Staat und Religion in Japan. Zur Entscheidung des LG Osaka vom 24. 3. 1982, in: Verfassung und Recht in Übersee, 16. Jg. (1983).

Higuchi, Yoichi: Difficultés actuelles et avenir des institutions politiques japonais (Quelques remarques sur la vie constitutionnelle au Japon), in: Revue Internat. de Droit Comparé, 28. Jg. (1976).

Hillach, Elmar: Die Verfassungsgerichtsbarkeit Japans, Hamburg 1974.

– Die Erforschung des Verfassungsbewußtseins in Japan, in: Internat. Asienforum Bd. 2 (1971).

Hirota, Kenji: Die Rechtspflege in Japan, in: Jahrb. d. öffentl. Rechts der Gegenw. N.F. Bd. 29 (1980).

– Die Stellung des Kaisers nach der japanischen Verfassung, in: DÖV (Die Öffentliche Verwaltung) Heft 4, 1989 (Kohlhammer).

Ito, Masami: The Rule of Law: Constitutional Development, in: Law in Japan (A.T. von Mehren edtd.), Cambridge/Mass., Tokyo 1963.

Kaempf, Christoph: Die Entwicklung der Verfassungswissenschaft Japans, in: Jb. des öffentl. Rechts N.F. Bd. 32 (1941).

Kamiguchi, Yutaka: Zulässigkeit der polizeilichen Vernehmung des inhaftierten Beschuldigten in Japan, in: Zeitschr. f. die ges. Strafrechtswiss. Bd. 96 (1984).

Kiyomiya, Shiro: Verfassungsgerichtsbarkeit in Japan, in: Verfassungsgerichtsbarkeit in der Gegenwart, Länderberichte und Rechtsvergleichung (Max-Planck-Institut für ausländisches öffentliches Recht und Völkerrecht, Beiträge Bd. 36), Köln/Berlin 1962.

Mikazuki, Akira: Wesen und Kompetenz des japanischen Obersten Gerichtshofes, in: Annales Universitatis Saraviensis, Jur. Fac., Bd. 5 (1956/57).

- Die Japanische Justiz, in: Zeitschr. f. Zivilprozeß Bd. 69 (1956).
- Das japanische Familiengericht, in: FamRZ 1958.

Miyazawa, Toshiyoshi: Verfassungsrecht (Japanisches Recht, Bd. 21), übersetzt, bearbeitet und herausgegeben von Robert Heuser und Yamasaki Kazuaki, 1985 (Carl Heymanns).

Neumann, Reinhard: Änderung und Wandlung der Japanischen Verfassung (Japanisches Recht, Bd. 12), Köln, Berlin etc. 1982.

Okudera, Yasuhiro: The Japanese Supreme Court and Judicial Review, in: Lawasia, vol. 3 (1972).

Röhl, Wilhelm: Die Japanische Verfassung (Die Staatsverfassungen der Welt in Einzelausgaben, Bd. 4), Frankfurt a.M., Berlin 1963.

Sato, Isao: Treaties and the Constitution, in: Washington Law Rev., vol. 43 (1968).

Scheer, Matthias: Verfassungsrecht, in: Paul Eubel u.a., Das Jap. Rechtssystem, Frankfurt a.M. 1979.

- Verwaltungsrecht, in: Paul Eubel u.a., Das Jap. Rechtssystem, Frankfurt a.M. 1979.

Shimizu, Nozomu: Die Entwicklung der japanischen Verfassung seit 1946, in: DÖV 15. Jg. (1962).

Siemens, Johannes: Über Japans Verfassung, in: Der Staat, Bd. 3 (1964).

Tagami, Georg: Einige Probleme der Japanischen Verfassung, in: DVBl. 74. Jg. (1959).

- Das Zustandekommen der japanischen Verfassung und die Grenzen der Verfassungsänderung, in: FS für Hermann Jahrreiß zum 80. Geburtstag, Köln 1974.

Takada, Bin (und Mitarbeiter): Hauptprobleme des japanischen Verwaltungsrechts, in: VerwArch 1978.

Takayanagi, Kenzo: Opinions on some Constitutional Problems: The Rule of Law, in: Washington Law Rev., vol. 43 (1967).

- The Conceptual Background of the Constitutional Debate in the Constitution Investigation Commission, in: Law in Japan vol. 1 (1967).
- Some Reminiscences of Japan's Commission on the Constitution, in: Washington Law Rev., vol. 43 (1968).

Teshima, Takeshi: Theorie und Praxis der Abberufung von Bürgermeistern und Gouverneuren in Japan, in: Arch. f. Kommunalwiss., 2. Jg. (1963).

Ukai, Nobushige: Constitutional Trends and Developments, in: The Annals of the Americ. Academy of Political and Social Science, vol. 308 (Nov. 1956).

Urata, Kenji: The Judicial Review System in Japan. Legal Ideology of the Supreme Court Judges, in: Waseda Bulletin of Com. Law. vol. 3 (1983).

Wada, Hideo: Decisions under Art. 9 of the Constitution: The Sunakawa, Eniwa, Naganuma Decisions, in: Law in Japan, vol. 9 (1976).

- The Administrative Court Under the Meiji Constitution, in: Law in Japan vol. 10 (1977).

Die Verfassung und die Meinungsfreiheit in Indonesien

von

Syafrinaldi, M.C.L.[*]

I. Grundlagen

Unter der Verfassung eines Staates versteht man grundlegende Normen über die Struktur, die Organisation, die Ausübung der Staatsgewalt, die Staatsaufgaben und die Grundrechte in einem Staat. Die Verfassung ist Grundordnung und Gestaltungsakt, die dem Gemeinwesen in einer geschichtlichen Lage eine rechtliche Grundlage geben will. Wenn auch unter der Verfassung gewöhnlich ein geschriebenes Regelwerk verstanden wird, gibt es nach indonesischem Verfassungsrecht doch auch eine ungeschriebene Grundordnung, die als »Convention« bezeichnet wird und herausragende staatliche Öffentlichkeitsakte wie die Rede des Präsidenten zum Unabhängigkeitstag in Verfassungsrang erhebt.

Die Verfassung der Republik Indonesien aus dem Jahr 1945 ist am 18. August des genannten Jahres in Kraft getreten. Sie wurde nicht von einer Verfassunggebenden Versammlung verabschiedet, sondern von einem Vorbereitenden Ausschuß für die indonesische Unabhängigkeit erlassen. Die Verfassung besteht aus einer Präambel, 16 Abschnitten, 37 Artikeln, vier Artikeln Übergangsbestimmungen und zwei Artikeln Ergänzende Bestimmungen.

Seit der Erlangung der indonesischen Unabhängigkeit am 17. 8. 1945 waren bereits vier verschiedene Verfassungen in Kraft:

a) die Verfassung von 1945 (18. 8. 1945–26. 12. 1949);

b) die Verfassung der Bundesrepublik Indonesien von 1949 (27. 12. 1949–16. 8. 1950);

c) die vorläufige Verfassung von 1950 (17. 8. 1950–4. 7. 1959);

d) die wieder in Kraft gesetzte Verfassung von 1945 (5. 7. 1959 bis heute).

Die Praktizierung der indonesischen Verfassungen in der Soekarno-Ära (1945–1966) sowie in der Soeharto-Ära (1966–21. 5. 1998) konnte dem indonesischen Volk keine Rechtsstaatlichkeit vermitteln. In diesen Zeiten fand ein willkürlicher Umgang mit den verfassungsrechtlichen Regelungen durch die Regierung statt. Demgegen-

---

[*] Der Verfasser ist Dozent an der Juristischen Fakultät der Islamischen Universität von Riau, Indonesien und zur Zeit Doktorand an der Universität der Bundeswehr München.

über nennt die Verfassung von 1945 deutlich die Prinzipien, auf denen die Legitimität staatlicher Herrschaft gründet: Volkssouveränität (Art. 1 Abs. 2 der Verfassung von 1945), staatliche Werte und Ziele (Präambel), Grenzen und Aufgaben des Staates (Art. 3).

II. Grundrechte unter der Verfassung von 1945

Die Entwicklung der Grundrechte hat in den verschiedenen Staaten einen unterschiedlichen Verlauf genommen. England, Nordamerika und Frankreich sind die drei Länder, in denen der später als klassisch empfundene Bestand von Grundrechten in den großen bürgerlichen Revolutionen erkämpft und formuliert worden ist. Die Religionsfreiheit, die Gedanken- und Meinungsäußerungsfreiheit, die Pressefreiheit, die Rechtsgleichheit, die Vereinigungs- und Versammlungsfreiheit sind Hauptstücke des Katalogs der Grundrechte, die Eingang in alle modernen demokratischen Verfassungen gefunden haben.

Die indonesische Verfassung von 1945 enthält zumindest einige dieser Grundrechte, wie etwa: Menschenwürde (Präambel), Gleichheit vor dem Gesetz (Art. 27 Abs. 2), Recht auf Arbeit (Art. 27 Abs. 2), Versammlungsfreiheit und Meinungsfreiheit (Art. 28), Religionsfreiheit (Art. 29 Abs. 2), Recht auf Ausbildung (Art. 31 Abs. 1). In der Verfassung von 1945 fehlen aber andere wichtige Grundrechte wie Eigentumsgarantie, Kunstfreiheit, Wissenschafts- und Forschungsfreiheit, Brief-, Post- und Fernmeldegeheimnis etc. Demnach ist die Verfassung von 1945 noch unfertig; sie müßte geändert und ergänzt werden. Dies ist nach Art. 3 der Verfassung von 1945 an sich Aufgabe der Beratenden Versammlung, die die Verfassung weiterzuentwickeln hat. Das seinerzeitige Inkrafttreten der Verfassung fand nur statt, weil am Tag der Erklärung der indonesischen Unabhängigkeit durch Soekarno und den späteren Vizepräsident Hatta Indonesien sonst keine Verfassung gehabt hätte. Die Verfassung von 1945 zu ändern war aber seit 1983 kaum möglich, weil die dafür an sich zuständige Beratende Volksversammlung einen Beschluß erlassen hatte (Tap MPR Nr. IV/ 1983), wonach sie diese Befugnis nur unter Bestätigung durch ein Referendum ausüben konnte. Dieser Zwang zum Referendum ist aber am 13. 11. 1998 durch einen neuen Beschluß der Beratenden Volksversammlung wieder aufgehoben worden (Tap MPR Nr. VIII/ 1998).

III. Die Meinungsfreiheit

Die Meinungsfreiheit ist ein Kernstück der politischen und geistigen Freiheit. Ohne die Freiheit der Meinungsäußerung und der Information und ohne die Freiheit der modernen Massenkommunikationsmittel wie Presse und Funk kann öffentliche Meinung nicht entstehen. Meinungsfreiheit ist das Mittel für die Entwicklung der pluralistischen Initiativen und Alternativen. Die Meinungsfreiheit ist darum für eine demokratische Ordnung von zentraler Bedeutung.

Lange Zeit war die Meinungsäußerungsfreiheit in Indonesien nicht gewährleistet, obwohl diese Freiheit in Art. 28 der Verfassung von 1945 verbürgt wird. Während der

»*Neue-Ordnung-Ära*« von Soeharto existierte die Möglichkeit zu freier Meinungsäußerung praktisch nicht. In dieser Zeit unterlagen Magazine, Zeitungen sowie Politiker staatlichen Sanktionen, wenn ihre Äußerungen in Wort, Schrift oder Bild gegen die Regierung gerichtet waren. Magazine und Zeitungen wurden vom Minister für Information eingestellt; kritische Politiker wurden wegen Subversivität angeklagt. Nach 32 Jahren der Diktaturregierung von Soeharto ist nun die Zeit für Reformen im Bereich des Rechts, der Politik und der Wirtschaft gekommen. Die Demonstrationen von Studenten als Aufforderung zur Entwicklung von mehr Demokratie in Indonesien sind fast schon Alltag geworden. Nachdem das Parlament einen sehr restriktiven Regierungserlaß (Perpu Nr. 2 aus dem Jahre 1998) über die Meinungsfreiheit Ende September 1998 abgelehnt hatte, verabschiedete es am 22. 10. 1998 das Gesetz über Meinungsäußerungsfreiheit in der Öffentlichkeit, das am 26. 10. 1998 in Kraft trat (Gesetzestext anbei).

Die Grundrechteentwicklung in Indonesien geht weiter. Die Sondersitzung der Beratenden Volksversammlung (MPR), die vom 10. 11. 1998 bis 13. 11. 1998 stattfand, fällte wichtige Entscheidungen. Zum ersten Mal wurde ein Beschluß verabschiedet, in dem die Menschenrechte ausdrücklich anerkannt wurden (Tap MPR Nr. XVII/1998). Nach indonesischem Verfassungsrecht steht ein solcher Beschluß der Beratenden Volksversammlung höher als ein Gesetz. Ein Beschluß der Beratenden Volksversammlung wird nämlich entweder durch ein Gesetz oder durch einen Regierungserlaß bzw. einen Präsidentenerlaß durchgesetzt und vollzogen. Somit sind der Präsident, der die Gesetze mit Zustimmung des Parlaments erläßt (Art. 5 der Verfassung), und andere Staatsorgane verfassungsrechtlich verpflichtet, die Menschenrechte in der Ausübung ihrer Aufgaben zu achten und zu verwirklichen.

Textanhang

Indonesisches Gesetz Nr. 9 aus dem Jahre 1998 über die Meinungsfreiheit in der Öffentlichkeit*

Abschnitt I
Allgemeines

Art. 1
Definitionen der Begriffe
(1) Jeder hat das Recht, seine Meinung in Wort, Schrift und Bild frei und verantwortlich gemäß dem geltenden Gesetz zu äußern;

(2) Öffentlichkeit im Sinne dieses Gesetzes liegt vor an Orten, an denen mehrere Personen anwesend oder an Orten, die für jeden offen und zugänglich sind;

(3) Demonstration im Sinne dieses Gesetzes ist jede Tätigkeit, die in Wort, Schrift oder Bild in der Öffentlichkeit ausgeübt wird;

(4) Umzug im Sinne dieses Gesetzes ist die Ortsveränderung einer Personenmehrheit auf der Straße;

(5) Öffentliche Konferenz im Sinne dieses Gesetzes ist jede Tätigkeit, zu der sich mehrere Personen versammelt haben, um ihre Meinung in der Öffentlichkeit zu äußern;

(6) Freie Meinungsäußerung (im Wort) im Sinne dieses Gesetzes ist jede Tätigkeit, mit der Mei-

* Übersetzung von Syafrinaldi (M. C. L., University of Delhi – India), Dozent an der Juristischen Fakultät der Islamischen Universität von Riau, Indonesien und zur Zeit Doktorand an der Universität der Bundeswehr München. (Quelle: Suara Pembaruan vom 2. November 1998).

nung und Gedanken frei und offen in der Öffentlichkeit geäußert werden;

(7) Staatsbürgerschaft im Sinne dieses Gesetzes ist die indonesische Staatsbürgerschaft;

(8) Polizeibeamte im Sinne dieses Gesetzes sind solche der Polizei der Republik Indonesien.

Art. 2

(1) Jeder Indonesier, als einzelner oder als Gruppe, hat das Recht, seine Meinung als Verwirklichung des Demokratieprinzips im Gemeinwesen zu äußern.

(2) Diese Freiheit wird gemäß diesem Gesetz ausgeübt.

Abschnitt II
Prinzipien und Zwecke

Art. 3

Die Meinungsfreiheit in der Öffentlichkeit wird ausgeübt nach folgenden Prinzipien:

a) Prinzip des Ausgleichs zwischen Rechten und Pflichten;

b) Einigkeitsprinzip;

c) Rechtssicherheits- und Gerechtigkeitsprinzip;

d) Verhältnismäßigkeitsprinzip;

e) Nützlichkeitsprinzip.

Art. 4

Zwecke dieser Regelungen sind:

a) Verwirklichung der Meinungsfreiheit als Menschenrecht entsprechend der Staatsphilosophie »Pancasila« und der Verfassung von 1945;

b) Sicherung der Meinungsfreiheit;

c) Ausübung des Demokratieprinzips;

d) Ausübung der sozialen Verantwortung, soweit die Rechte anderer nicht verletzt werden.

Abschnitt III
Rechte und Pflichte

Art. 5

Jeder, der seine Meinung in der Öffentlichkeit äußern will, hat das Recht:

a) seine Meinung frei zu äußern;

b) Rechtssicherheit zu genießen.

Art. 6

Jeder, der seine Meinung in der Öffentlichkeit äußert, ist verantwortlich:

a) die Rechte und Freiheit der anderen zu respektieren;

b) die Sitten zu achten;

c) die geltenden Gesetze einzuhalten;

d) die Sozialordnung zu beachten;

e) die indonesische Einheit zu erhalten.

Art. 7

Während der Ausübung der Meinungsäußerung sind die Behörden verpflichtet:

a) die Menschenrechte zu sichern;

b) das Legalitätsprinzip zu respektieren;

c) die Schuldlosigkeit zu achten;

d) die soziale Sicherheit zu gewährleisten.

Art. 8

Jeder hat das Recht, an einer Demonstration teilzunehmen; er ist dabei für die Gewährleistung des Friedens und der Sozialordnung verantwortlich.

Abschnitt IV
Formen und Verfahren der Meinungsäußerung in der Öffentlichkeit

Art. 9

(1) Die Meinungsäußerung kann ausgeübt werden in folgenden Formen:

a) Demonstration;

b) Umzug;

c) Öffentliche Konferenz;

d) Freie Meinungsäußerung (im Wort);

(2) Die Meinungsäußerung (Art. 9 Absatz 1) darf nicht ausgeübt werden:

a) in oder am Präsidentenpalast, an heiligsten Plätzen, in Militärbereichen, in Krankenhäusern, auf Flug- und an Schiffhäfen, in Bahnhöfen, an Busterminals und anderen wichtigen Plätzen;

b) während der nationalen Feiertage.

(3) Den Teilnehmern ist verboten, das menschliche Leben gefährdende Waffen oder Mittel während der Ausübung der Meinungsäußerung mitzubringen.

Art. 10

(1) Die geplante Ausübung der Meinungsäußerung (Art. 9) muß der Polizei schriftlich mitgeteilt werden.

(2) Die Mitteilung (Abs. 1) muß durch den Leiter der Versammlung oder den mittelbar Verantwortlichen schriftlich erfolgen.

(3) Die Mitteilung (Absatz 1) muß drei Tage vor der Ausübung der Meinungsäußerung geschehen.

(4) Die Pflicht zur Mitteilung (Abs. 1) gilt nicht für wissenschaftliche Tätigkeiten an Universitäten und für die Ausübung des religiösen Bekenntnisses.

Art. 11

Die Mitteilung muß enthalten:

a) Zweck;

b) Ort und Route;

c) Zeit und Dauer;

d) Form;

e) Namen des Leiters der Versammlung;

f) Name und Anschrift der Organisation, der Gruppe oder des einzelnen;

g) Mittel, die zur Ausübung der Meinungsäußerung benutzt werden;

h) Anzahl der Teilnehmer.

Art. 12

(1) Der Leiter (der Verantwortliche) (Art. 6, 9 und 11) ist verpflichtet, dafür zu sorgen, daß die Ausübung der Meinungsäußerung friedlich verläuft.

(2) Wenn die Teilnehmerzahl 100 Personen überschreitet, muß es fünf Leiter der Versammlung geben.

Art. 13

(1) Nachdem die Polizei die Mitteilung erhalten hat, ist sie verpflichtet:

a) eine Bestätigung an den Absender zu schicken;

b) mit dem (den) Leiter(n) der Versammlung zusammenzuarbeiten;

c) mit der Behörde oder dem Betroffenen zu kooperieren, die Ziel der Demonstration sind;

d) Ort und Route zu sichern.

(2) Während der Ausübung der Meinungsfreiheit ist die Polizei verpflichtet, den Teilnehmern die Sicherheit zu gewährleisten.

(3) Die Polizei ist verpflichtet, die Sicherheit während der Ausübung der Meinungsäußerung mit angemessenen Mitteln aufrechtzuerhalten.

Art. 14

Der Widerruf der geplanten Ausübung der Meinungsäußerung in der Öffentlichkeit soll der Polizei vom Leiter 24 Stunden vor dem Tage der geplanten Meinungsäußerung mitgeteilt werden.

Abschnitt V
Sanktion

Art. 15

Die Ausübung der Meinungsäußerung kann unterbrochen werden, wenn die Voraussetzungen

nach Art. 6, 9 Absatz 2 und 3, 10 und 11 dieses Gesetzes nicht erfüllt werden.

Art. 16

Der Teilnehmer kann gemäß dem geltenden Gesetz bestraft werden, wenn er während der Ausübung der Meinungsäußerung eine strafbare Tat begangen hat.

Art. 17

Der Leiter der Versammlung (der Verantwortliche) kann gemäß Art. 16 dieses Gesetzes bestraft werden, wenn er während der Ausübung der Meinungsäußerung eine strafbare Tat begangen hat. Die Strafe ist nach Art. 16 dieses Gesetzes festzusetzen und um ein Drittel der Strafe aus dem begangenen Delikt zu erhöhen.

Art. 18

(1) Derjenige, der eine in der Öffentlichkeit geplante Ausübung der Meinungsäußerung behindert, kann mit bis zu einem Jahr Gefängnis bestraft werden.

(2) Die Tat nach Absatz 1 ist strafbares Vergehen.

Abschnitt VI
Übergangsvorschrift

Art. 19

Andere Gesetze bleiben in Kraft, soweit in diesem Gesetz nichts Abweichendes geregelt ist.

Abschnitt VII
Schlußbestimmung

Art. 20

Dieses Gesetz tritt ab dem Tag der Eintragung im Staatsblatt in Kraft.

Eingetragen am 26. Oktober 1998 im Staatsblatt Nr. 181/ 1998

Der Staatssekretär

Akbar Tanjung

Der Präsident der Republik Indonesien

Baharuddin Jusuf Habibie

Die Verfassung der Republik Indonesien von 1945*

Präambel

Da jede Nation das Recht hat, unabhängig zu sein, steht der Kolonialismus im Gegensatz zu Menschlichkeit und zu Gerechtigkeit und muß deshalb beseitigt werden.

Unser Kampf um die indonesische Unabhängigkeit ist erfolgreich beendet und das indonesische Volk bekennt sich zu einem unabhängigen, einigen, gerechten und blühenden indonesischen Staat.

Dank der Hilfe des Allmächtigen Gottes und im hohen Wunsch höherer nationaler Freiheit erklärt Indonesien hiermit seine Unabhängigkeit.

Die Schaffung einer indonesischen Regierung hat das Ziel, das Volk und sein Gebiet zu schützen, das Allgemeinwohl zu fördern, den Lebensstandard zu erhöhen, das Ausbildungsniveau für alle Indonesier zu verbessern und die internationale Ordnung auf der Basis der Unabhängigkeit, des ewigen Friedens und der sozialen Gerechtigkeit zu verwirklichen: somit wird die indonesische Unabhängigkeit in der Verfassung der Republik Indonesien durch einen republikanischen souveränen Staat nach den Prinzipien: Glauben an einen Allmächtigen Gott, Humanität, indonesische Einheit, Demokratie in Einigkeit und soziale Gerechtigkeit für alle Indonesier verkörpert.

Abschnitt I
Staatsform und Souveränität

Artikel 1

(1) Die Republik Indonesien ist ein republikanischer Einheitsstaat.

(2) Das Volk ist Träger der Souveränität; sie wird von der Beratenden Volksversammlung ausgeübt.

Abschnitt II
Die Beratende Volksversammlung

Artikel 2

(1) Die Beratende Volksversammlung besteht aus den Mitgliedern des Parlaments, den Vertretern der Regionen sowie den Vertretern von Interessengruppen.

---

* Übersetzung von Syafrinaldi (M.C.L., Delhi University India), Dozent an der Islamischen Universität von Riau, Indonesien und zur Zeit Doktorand an der Universität der Bundeswehr München.

(Quelle: Bahan Penataran P4 di Perguruan Tinggi bagi Mahasiswa baru 1994/1995.).

(2) Die Beratende Volksversammlung tagt mindestens einmal in ihrer fünfjährigen Amtszeit in der Hauptstadt.

(3) Die Beratende Volksversammlung entscheidet mit Mehrheit.

Artikel 3

Die Beratende Volksversammlung beschließt über die Verfassung und legt die staatlichen Grundlinien fest.

Abschnitt III
Exekutive Gewalt

Artikel 4

(1) Der Präsident der Republik Indonesien hat die staatliche Gewalt gemäß diesen Verfassungsvorschriften.

(2) Der Präsident wird in Ausübung seiner Befugnisse vom Vizepräsidenten unterstützt.

Artikel 5

(1) Der Präsident erläßt die Gesetze mit Zustimmung des Parlaments.

(2) Der Präsident erläßt Ausführungsregelungen, um die Gesetze durchzusetzen.

Artikel 6

(1) Der Präsident ist eingeborener Indonesier.

(2) Der Präsident und der Vizepräsident werden von der Beratenden Volksversammlung gewählt.

Artikel 7

Die Amtszeit von Präsidenten und Vizepräsidenten dauert fünf Jahre; Wiederwahl ist zulässig.

Artikel 8

Wenn der Präsident stirbt, zurücktritt oder wenn er während seiner Amtszeit seine Aufgabe nicht ausüben kann, wird er vom Vizepräsidenten vertreten.

Artikel 9

Bevor Präsident und Vizepräsident ihr Amt antreten, müssen sie nach ihrer Religion vor der Beratenden Volksversammlung oder vor dem Parlament schwören.

Der Schwur lautet:

»Ich gelobe ernstlich, daß ich nachdrücklich die Aufgaben des Präsidenten (des Vizepräsidenten) der Republik Indonesien ausüben und die Verfassung von 1945 und die Gesetze durchsetzen will und daß ich mich mit allen Kräften dem Staat und dem Volk widme«

Artikel 10

Der Präsident ist der Oberbefehlshaber des indonesischen Militärs.

Artikel 11

Mit Zustimmung des Parlaments erklärt der Präsident den Krieg und schließt internationale Abkommen.

Artikel 12

Der Präsident erklärt den Staatsnotstand. Die Voraussetzungen dazu werden durch ein Gesetz bestimmt.

Artikel 13

(1) Der Präsident ernennt die diplomatischen Vertreter Indonesiens.

(2) Der Präsident empfängt die ausländischen diplomatischen Vertreter.

Artikel 14

Der Präsident hat das Begnadigungsrecht und das Recht, Amnestien zu erlassen; er stellt Strafverfahren ein und leistet Wiedergutmachung.

Artikel 15

Der Präsident verleiht Titel, Orden und andere Ehrensymbole.

Abschnitt IV
Der höchste Beratende Rat

Artikel 16

(1) Die Organisation des höchsten Beratenden Rats wird durch ein Gesetz bestimmt.

(2) Der höchste Beratende Rat ist verpflichtet, auf Fragen des Präsidenten gutachtliche Stellungnahmen abzugeben.

Abschnitt V
Die Minister

Artikel 17

(1) Die Minister unterstützen den Präsidenten.

(2) Die Minister werden vom Präsidenten ernannt und entlassen.

(3) Die Minister leiten ihre Abteilungen.

Abschnitt VI
Die lokale Regierung

Artikel 18

Das indonesische Gebiet wird in Provinzen und Kommunen gegliedert; die Formen der lokalen Regierung werden durch ein Gesetz unter Berücksichtigung des Einigkeitsprinzips, des Regierungssystems und gegebenenfalls des Status als besonderes Gebiet bestimmt.

Abschnitt VII
Das Parlament

Artikel 19

(1) Die Organisation des Parlaments wird durch ein Gesetz bestimmt.

(2) Das Parlament tagt mindestens einmal im Jahr.

Artikel 20

(1) Das Parlament stimmt dem Gesetz zu.

(2) Wenn ein Gesetzentwurf vom Parlament abgelehnt wird, kann er in der nächsten Sitzung des Parlaments nicht wieder vorgelegt werden.

Artikel 21

(1) Jedes Mitglied des Parlaments hat das Recht, dem Parlament einen Gesetzentwurf vorzulegen.

(2) Wenn der Präsident einen Gesetzentwurf nicht bestätigt, darf letzterer in der nächsten Sitzung nicht wieder vorgelegt werden.

Artikel 22

(1) Im Notstand ist der Präsident ermächtigt, statt eines Gesetzes einen Regierungserlaß zu erlassen.

(2) Solchen Vorschriften muß das Parlament in seiner nächsten Sitzung zustimmen.

(3) Wenn solche Vorschriften vom Parlament abgelehnt werden, müssen sie aufgehoben werden.

Abschnitt VIII
Finanzwesen

Artikel 23

(1) Der Haushalt wird jedes Jahr durch ein Gesetz bestimmt. Wenn das Parlament den von der Regierung vorgelegten Haushaltsentwurf ablehnt, wendet die Regierung das Haushaltsgesetz des vorhergehenden Jahres weiter an.

(2) Alle Steuern werden durch Gesetze bestimmt.

(3) Die Währung wird durch ein Gesetz festgelegt.

(4) Näheres regelt ein Gesetz.

(5) Eine höchste Finanzaufsichtsbehörde kontrolliert die Ausgaben des Staates gemäß dem Gesetz. Ihre Ergebnisse werden dem Parlament mitgeteilt.

Abschnitt IX
Rechtsprechende Gewalt

Artikel 24

(1) Die rechtsprechende Gewalt wird vom Obersten Gerichtshof und von untergeordneten Gerichten ausgeübt.

(2) Die Organisation der Gerichte wird durch ein Gesetz bestimmt.

Artikel 25

Um Richter zu werden, müssen die Voraussetzungen nach dem Gesetz erfüllt werden.

Abschnitt X
Die Staatsbürgerschaft

Artikel 26

(1) Indonesische Staatsbürger sind die eingeborenen Indonesier und solche Personen, die die Voraussetzungen für die Staatsbürgerschaft nach dem Gesetz erfüllen.

(2) Das Nähere regelt ein Gesetz.

Artikel 27

(1) Jeder ist vor dem Gesetz und vor der Regierung gleich und muß das Gesetz und die Regierung respektieren.

(2) Alle Indonesier haben das Recht auf Arbeit und das Recht auf ein zumutbares Leben.

Artikel 28

Die Versammlungsfreiheit und die Meinungsäusserungsfreiheit in Wort, Schrift und Bild werden durch ein Gesetz gewährleistet.

Abschnitt XI
Religion

Artikel 29

(1) Der Staat beruht auf dem Glauben an Gott.

(2) Die Religionsfreiheit und die religiösen Bekenntnisse werden vom Staat gewährleistet.

Abschnitt XII
Die Staatsverteidigung

Artikel 30

(1) Alle Indonesier haben das Recht, ihren Staat zu verteidigen.

(2) Das Nähere regelt ein Gesetz.

Abschnitt XIII
Die Ausbildung

Artikel 31

(1) Alle Indonesier haben das Recht, eine Ausbildung zu erhalten.

(2) Das nationale Ausbildungssystem wird durch ein Gesetz bestimmt.

Artikel 32

Die indonesische Regierung entwickelt die nationale Kultur weiter.

Abschnitt XIV
Soziale Wohlfahrt

Artikel 33

(1) Die Wirtschaft wird nach dem Kooperationsprinzip organisiert.

(2) Die wichtigen Industrien werden vom Staat beherrscht.

(3) Erde, Wasser und Bodenschätze werden vom Staat beherrscht und nach dem Allgemeinwohl verteilt.

Artikel 34

Der Staat kümmert sich um die Armen und die elternlosen Kinder.

Abschnitt XV
Flagge und Sprache

Artikel 35

Die indonesische Flagge ist rot und weiß.

Artikel 36

Die Staatssprache ist indonesisch.

Abschnitt XVI
Regeln über die Verfassungsänderung

Artikel 37

(1) Für Verfassungsänderungen bedarf es der Anwesenheit von zwei Dritteln der Parlamentsmitglieder.

(2) Die Entscheidung wird mit Zweidrittelmehrheit der Anwesenden getroffen.

Übergangsvorschriften

Artikel I

Der Vorbereitende Ausschuß für die indonesische Unabhängigkeit regelt den Regierungsübergang an die neue indonesische Regierung.

Artikel II

Die bestehenden Gesetze behalten ihre Gültigkeit; Staatsorgane bleiben in Funktion, bis diese Verfassung umgesetzt ist.

Artikel III

Für die erste Amtsperiode werden der Präsident und der Vizepräsident vom Vorbereitenden Ausschuß für die indonesische Unabhängigkeit gewählt.

Artikel IV

Bevor die Beratende Volksversammlung, das Parlament und der höchste Beratende Rat nach dieser Verfassung gebildet werden, wird alle Staatsgewalt vom Präsidenten mit Hilfe eines nationalen Komitees ausgeübt.

Ergänzende Vorschriften

(1) Innerhalb von sechs Monaten nach dem Ende des Kriegs in Asien setzt der Präsident der Republik Indonesien seine Aufgaben gemäß dieser Verfassung um.

(2) Nachdem die Beratende Volksversammlung gebildet worden ist, muß sie innerhalb von sechs Monaten eine Sitzung einberufen, um die Verfassung zu beschließen.

Sachregister

Bearbeitet von Roland Schanbacher, Richter am Verwaltungsgericht Stuttgart

Die Zahlen verweisen auf die Seiten des Jahrbuchs

Abgeordnete
- Disziplinarmaßnahmen (japan. Verfassung) 546f.
- im japanischen Parlament (Stellung) 517ff.
- – Amtserwerb 517f.
- – Amtsverlust 517ff.
- – Befugnisse 522ff.
- – Indemnität 521f.
- – Inkompatibilitäten 519
- – Mandat (Dauer) 519f.
- – Pflichten 522ff.
- – Privilegien 520f.

Abgeordnetenmandat
- Dauer (Japan) 519f.
- Verteilung (Japan) 498f.

Abwägungslehre
- Ausblick, Rückblick 202f.
- »bewegliche Systeme« (Wilburg) 172f.
- Bundesverfassungsgericht (BVerfG)
- – Abwägungsmodell 186ff.
- Erkenntnisfunktion 181
- Ermessenslehre
- – verwaltungsrechtliche ~ 188f.
- Europarecht
- – Grundsatz der Verhältnismäßigkeit 189
- Hermeneutik 173
- komparative Elemente 171
- komparative Normen 172
- komparative Systeme (Chancen u. Gefahren) 193ff.
- methodenrechtliche Grenzen 182
- Methodikvergleich (Erkenntnisse) 190ff.
- methodische Grundpositionen
- – Öffentliches Recht 185ff.
- – Strafrecht 184f.
- – verschiedene Teildisziplinen (Vergleich) 181ff.
- – Zivilrecht 181ff.
- Normstrukturen
- – Öffentliches Recht 178ff.
- – Strafrecht 178
- – Vergleich (Bestandsaufnahme 177ff.
- – Zivilrecht 177f.
- Rechtsanwendungsfunktion 182
- Rechtsdogmatik 169ff.
- Rechtsfortbildungsfunktion 181f.
- Rechtsphilosophie 169ff.
- – Positionen 173f.
- rechtspolitische Tendenzen
- – Öffentliches Recht 195
- – Stellungnahme 195ff.
- – Strafrecht 194f.
- – Zivilrecht 193f.
- Rechtsprinzipien 170f.
- – Lehre von ~ 170f.
- Rechtstheorie
- – Positionen 173f.

Abwägungsmodell
- des BVerfG 186ff.

akademische Lehrtätigkeit
- von Hans Kutscher 261

Alexy, R. 169f., 174ff.

Amtsträger
- Wahl (japan. Verfassung) 547

Anklagegericht
- für Richter (japan. Verfassung) 543f.

Assemblée de révision 5, 7f.

Assembly of First Nations (Canada) 436

Asymptotische Normen
- in der Spanischen Verfassung 313

Auflösung
- des japan. Parlaments 527f.

Auslegung
- gesetzeskonforme ~ (Verfassung) 417
- menschenrechtsfreundliche ~ 417
- verfassungskonforme ~ 417
- Verfassungsvergleichung 417

autochthone Urbevölkerung (Kanada) 434ff.
- Zustimmung zur Sezession (Quebec) 434ff.

Autonomieforderung
- Schottland 357ff.

Barz, W.-D. 325ff.

Berlin
- plebiszitäre Entwicklung 60ff.

Berlin
– – direkte Demokratie 60ff.
– – Würdigung 64ff.
Bertrand, G. 443
Beschlußfähigkeit
– des japan. Parlaments 529f.
Bestrafung
– disziplinarische ~ (japan. Abgeordnete)
546f.
Bonn Basic Law
– 50th Anniversary 25ff.
– challenges of constitutional legitimacy 29ff.
– Constitutional Tribunal (Spain) 33f.
– democratic neoconstitutionalism 34f.
– development of democratic states
– – Contribution of Basic Law 31ff.
– evaluation 35ff.
– judicialization of constitutional values
28f.
– jurisprudential neoconstitutionalism 32ff.
– Perspectives 35ff.
– Significance 26ff.
– Spanish Constitution (1978) 34f.
Brandenburg
– plebiszitäre Entwicklung 43ff.
Brandt, W. 406
Bremen
– Verfassungsrevision 66ff.
– Volksbegehren 66f.
– Volksentscheid 66f.
– weitere Reformen 69f.
Bürger
– Hüter der Verfassung 415
Bürgerantrag
– in Thüringen 56
Bürgerintegration
– in der Europäischen Union 249f.
Bundesländer
– plebiszitäre Entwicklung 39ff.
Bundesstaatlichkeit 405
Bundesstaatsverfassung
– in der Schweizer Bundesverfassung 274
Bundesverfassung
– der Schweiz (v. 18. 4. 1999) 263ff.
Bundesverfassungsgericht (BVerfG)
– Abwägungsmodell 186ff.
– Europäische Union 213
– Grundrechte als »Wertsystem« 406
– Hans Kutscher 253ff.
– Kruzifix-Beschluß 87ff.
– – Analyse 93ff.
– – Argumentation 89f.
– – Bedeutung des Kreuzes 89f.

– – Vorgeschichte 87ff.
– Maastricht-Urteil 239f.
– Symbolschutz (Rechtsprechung) 117ff.
– Verfassungsverständnis (Aspekte) 415f.
– völkerrechtlicher Charakter der EWG-Ver-
träge 239f.
Bundesversammlung
– der Schweiz 263f.
– deutscher Bund 11ff.
Bundesverwaltungsgericht (BVerwG)
– Kreuz-Urteil 87ff.
Bundeszentralgewalt
– Paulskirchenparlament 20

Canada 421ff.
s.a. Kanada
Commonwealth of Oceana
– Freiheitsrechte 140
– Grundrechte u. Grundpflichten (Balance)
140
– Republikmodell 139
– Verfassungstheorie 139
– von James Harrington 139ff.
Condorcet, J.A. 6
Constitution
– Bonn Basic Law
– –50th Anniversary 25ff.
– of Germany 25ff.
Constitutional Convention
– von J.A. Jameson 2f.
Constitutional legitimacy
– challenges 29ff.
Constitutional Tribunal
– in Spain 33f.
Constitutional values
– judicialization (Bonn Basic Law) 28f.
Contrat Social
– europäischer Verfassungsverbund 208f.
Convention nationale 7
Crawford, J. 439
Cruz Villalón, P. 311ff.

Democratic Neoconstitutionalism 34f.
Democratic States
– Development
– – Contribution of the Bonn Basic Law
31ff.
Demokratie
– direkte ~ (Berlin) 60ff.
– – Formen und Verfahren (systematische Betrachtung) 77ff.
– – materielle Voraussetzungen 82ff.
– und Kommunikation 159ff.

Demokratie-Konzept
– des Grundgesetzes 404 f.
Demokratieprinzip
– als Rechtsgrundlage (Szession v. Quebec)
460 ff.
Deutsche Assoziation
– des Malteserordens 325 f.
Deutsche Gesellschaft für Völkerrecht
– Hans Kutscher 261
Deutscher Bund
– Bundesversammlung 11 ff.
Deutschland
s. a. Meinungsfreiheit u. Strafschutz der Staats-
symbole 117 ff.
s. a. plebiszitäre Entwicklung
– Grundgesetz
– – 50. Jahrestag (s. a. Bonn Basic Law) 25 ff.
– Verfassungstheorien 408 ff.
Devolution
– Schottland 351 ff., 355 ff.
Devolutionspolitik
– in England 355 f.
Dippel, H. 1 ff.
Disziplinarmaßnahmen
– gegen Abgeordnete (Japan) 546 f.
Droit
– medium de communication et de régulation
sociale 151 f.
Dürig, G. 416
Dworkin, R. 169., 174

Ehmke, H. 410
Entwicklung
– Ausschuß (EU) 229
– plebiszitäre ~ (Deutschland) 39 ff.
Erkenntnisfunktion (Abwägungslehre) 181
Ermessenslehre
– verwaltungsrechtliche ~ (Abwägungslehre)
188 ff.
Esser, J. 108, 169 f., 174
Europäer
– Hans Kutscher 260 f.
Europäische Integration
– supranationales Konzept 246
– Wirken von Hans Kutscher 261
Europäische Kommission 226 f.
europäische Rechtsordnung 235
Europäische Union 205 ff.
s. a. europäischer Verfassungsverbund
– Ausblick 230
– Ausschuß der Regionen 229 f.
– Ausschuß für nachhaltige Entwicklung 229
– Bürgerintegration 249 f.

– Finalität 217 f.
– Finanzverfassung 222 f.
– Gerichtshof 228 f.
– Grundrechte 203 f.
– institutionelle Reform (Vorschläge)
219 ff.
– Institutionen 224 ff.
– Integration 217 f.
– Integration der Mitgliedstaaten
– – rechtliche Sicherung und Kontrolle
248
– Kommission 226 f.
– Kompetenzordnung 221 ff., 250 f.
– Ministerrat 225 f.
– Parlament 224 f.
– pouvoir constituant 210 ff.
– Reformvorschläge 219 ff.
– Staatenintegration 249 f.
– Struktur 221 ff.
– Supranationalität 248 f.
– Thesen 231 f.
– Verfassung (Ausblick) 251
– verfassungsrechtliche Ausgangslage 205 ff.
Europäische Verfassung
– Gesellschaftsvertrag (Idee) 243
– Grundproblem
– – verschiedene Staatsverfassungsmodelle
240 ff.
– Kontroverse 236 f.
– Normativität der Staatsverfassung 242 f.
– politische Forderung 236 f.
– Rechtsprechung des EuGH 240
– Verfassungskonzepte (Kontroverse) 236 ff.
Europäischer Gerichtshof (EuGH) 213,
218 f.
– Gemeinschaftsrecht (Konzept) 238 ff.
– Hans Kutscher (Präsident) 253 ff.
Europäisches Parlament 224 f.
**Europäisches Verfassungsrecht (Entwick-
lung)** 233 ff.
– Ausblick 251
– Einführung 233 ff.
– europäische Rechtsordnung 235
– Gemeinschaftsrecht
– – Konzept des EuGH 238 ff.
– Integration der Mitgliedstaaten 247 f.
– Rechtsprechung des BVerfG 239 f.
– Staatsverfassung (Normativität) 233 ff.
– Staatsverfassungsbegriff 240 f.
– Strukturprinzipien
– – Zuordnung und Verschränkung 247 ff.
– Supranationales Konzept 246 f.
– Supranationalität 244 ff.

Europäisches Verfassungsrecht (Entwicklung)
– Verfassung (Grundproblem)
– – verschiedene Staatsverfassungsmodelle 240ff.
– Verfassungsqualität
– – der europäischen Verträge 237ff.
– Verfassungstraditionen (Unterschiede) 241f.
– Verfassungsverständnis 244f.
– Vertragstheorien 243f.
europäischer Verfassungsverbund 205ff.
s.a. europäische Union
– Ausblick und Thesen 230ff.
– Beitritt von Österreich 214
– BVerfG 213
– Einleitung 206ff.
– Entwicklung 214ff.
– EuGH 213
– Finalität (Wozu und welches Europa?) 217f.
– Institution 224ff.
– pouvoir constituant 210ff.
– Reformvorschläge 219ff.
– Unionsbürgerschaft 215
– Vertragsänderungsverfahren (Revision) 219ff.
– Vertragsschluß als Verfassungsgebung 208ff.
– vom völkerrechtichen Vertrag zum Contrat Social 208f.
Europäische Verträge
– Rechtsprechung des BVerfG 239f.
– Verfassungsqualität (These) 237ff.
Europa
s.a. europäischer Verfassungsverbund 205ff.
s.a. Europäisches Verfassungsrecht 233ff.
Europarecht
– Grenze des nationalen Verfassungsrechts 413f.
– Normstrukturen (Vergleich) 178ff.
Evaluation
– Bonn Basic Law 35ff.
EWG-Vertrag
– Konzept des EuGH 238f.
Exekutive
– im Malteserorden 328ff.

Finanzgesetzgebung
– japan. Verfassung 538
Finanzverfassung
– der Europäischen Union 222f.
Finanzverwaltung
– japan. Verfassung 537
Flagge
– als Staatssymbol 128ff.

– – Schutz (Supreme Court) 128ff.
Föderalisten
– in Kanada 429f.
Freiheitsrechte
– im Verfassungsentwurf Harrington 140ff.

Gadamer, H.-G. 173
Geltungsbereich
– der schweizerischen Bundesverfassung 268ff.
Gemeinschaftsrecht
– Konzept des EuGH 238ff.
Generalkapital
– im Malteserorden 330ff.
Gerichtsbarkeit
– des Malteserordens 331f.
Gerichtshof
– der EU 228f.
Germany
– Bonn Basic Law
– – 50th Anniversary 25ff.
Geschäftsordnungsautonomie
– des Parlaments (Ungarn) 388f.
Gesellschaftsvertrag
– Verfassung als ~ 243
Gesetz
– über die Meinungsfreiheit (Indonesien) 553ff.
Gesetzesentwürfe
– präventive Kontrolle (Ungarn)
gesetzeskonforme Auslegung
– der Verfassung 417
Gersetzesvorbehalt
– und Verfassungsgerichtsgesetz (Ungarn) 387
Gesetzgeber
– Gestaltungsfreiheit (Japan) 503f.
– und Verfassungsgericht
– – Verhältnis der Kompetenzen (Ungarn) 387f.
Gesetzgebung
– in Ungarn 367ff.
– – Einflußnahme des Verfassungsgerichts 372ff.
– japan. Parlament 533ff.
Gesetzgebungsorgan
– Parlament (Japan) 513f.
Gesetzgebungsverfahren
– Einfluß des Verfassungsgerichts (Ungarn) 398
– – Skizze 398
Gesetzmäßigkeit
– der Steuern (japan. Verfassung) 538

Gewaltenteilung
– in der amerikanischen Verfassung 4
– in Ungarn 369f.
Gewaltenteilungsprinzip
– Auslegung (ungar. Verfassungsgericht) 379
Glaubensfreiheit
– Nichtidentifikationsverpflichtung 109ff.
Glaubenssymbol
– Kruzifix-Beschluß (BVerfG) 91
Gleichheit
– relative ~ (japan. Verfassung) 504f.
Gleichheitssatz
– der japanischen Verfassung 489ff.
– – Begriffsbestimmung 492ff.
– deutsche Theorie 492f.
– – Entwicklung 492ff.
– – funktionellrechtliche Verstärkung 505f.
– – gerichtliche Prüfungsmaßstäbe 494f.
– – Rechtsprechung des OGH (Beispiele) 496ff.
– – Schlußbemerkung 507f.
– – Überflüssigkeit (Behauptung) 506f.
– verfassungsrechtliche Fundamentalnorm 509
Großbritannien
– Devolutionspolitik 355f.
– nationale Selbstbestimmung
– – von Schottland 351ff.
– verfassungspolitisches Arrangement 364f.
Großmeister
– des Malteserordens 328ff.
Grundgesetz
– 50. Jahrestag 25ff.
– Bedeutung 26ff.
– Entwicklung (ab 1949) 405ff.
– Entwurf 1848 15
Grundpflichten
– im Verfassungsentwurf Harrington 140ff.
Grundrechte
– im Verfassungsentwurf Harrington 140ff.
– in der Europäischen Union 223f.
– in Indonesien (Verfassung von 1945) 552
– soziale ~ (Japan) 499f.
Grundrechtsbewußtsein
– in Korea 474
Grundrechtskatalog
– in der Schweizer Bundesverfassung 270f.

Habermas, J. 410
– l'ordre politico-juridique 149ff.
Häberle, P. 35, 136, 253, 369, 376, 399ff.
Hallstein, W. 210f.
Hamburg
– plebiszitäre Entwicklung 70ff.

– Volksbegehren 71f.
– Volksentscheid 72f.
– Volksgesetzgebung (Einführung) 70ff.
– Volksinitiative 71
Harrington, J.
– Prophet der geschriebenen Verfassung 139ff.
Haus der Räte
– Notstandssession (Japan) 528f.
Haushaltssystem
– in Japan 539f.
Heckel, M. 92
Heckmann, D. 103, 114
Heller, H. 213, 402, 409f.
Hempel, C. 173
Herrschaftsmodell
– Supranationalität 244ff.
– – Integrationsprozeß 246f.
Hertel, W. 233ff.
Hesse, K. 110, 216, 417
Heyde, W. 253ff.
Hirota, K. 511ff.
Hobbes, T. 243
Hollerbach, A. 110f.
Huh, Y. 471ff.

Indemnität
– der Abgeordneten (Japan) 521f.
Indonesien
s.a. Verfassung von Indonesien 551ff.
– Gesetz über die Meinungsfreiheit in der Öffentlichkeit (1998) 553ff.
– Verfassung von Indonesien (1945) 556ff.
Industrie
– und Politik (Korea) 487
Inkompatibilitäten
– Abgeordnete (Japan) 519
Inoue, N. 489ff.
Institutionen
– der Europäischen Union 224ff.
Integration
– der Mitgliedstaaten (EU)
– – rechtliche Kontrolle und Sicherung 248f.
– europäische ~
– – Wirken von Hans Kutscher 261
– Schottland 351ff.
Integrationsprozeß
– doppelter ~ 247f.
Isensee, J. 98

Jameson, J.A. 2
Japan
– s.a. japanische Verfassung 489ff.

Japan
- s. a. Parlament (japanische Verfassung) 511 ff.
- Abgeordnetenmandate (Verteilung) 498 f.
- Gestaltungsfreiheit des Gesetzgebers 503 f.
- Pazifismus 491

japanische Verfassung
- Amtsträger (Wahl) 547
- Literatur über ~ 548 ff.
- Menschenrechte 491
- Ministerpräsident (Benennung) 542 f.
- relative Gleichheit 504 f.
- soziale Grundrechte 499 f.
- Staatsführung (Untersuchung) 545 f.
- Steuergesetzgebung 500 f.
- verfassungsrechtliche Lage 490

Jennings, I. 450
Jonas, H. 400
Judikative
- im Malteserorden 331 f.

Jüngel, E. 92
Jung, O. 39 ff.
jurisprudential neoconstitutionalism 32 ff.

Kanada
s. a. Unabhängigkeitserklärung
- Assembly of First Nations 436
- Conseil exécutif national du Parti Québécois 432
- Föderalisten 429 f.
- »Gesetzestheorie« 452
- Governor General in Council 431 f.
- Konföderation 424
- Native Council of Canada 436
- Oberster Gerichtshof 423, 442
- Parlamentssouveränität 461 f.
- Recht auf Selbstbestimmung (Quebec) 425 f.
- rechtliche Diskontinuität (Risiko) 428
- Richterschaft (Loyalität) 428
- Selbstbestimmungsrecht (Quebec) 443
- - nach Völkerrecht 454 ff.
- Sezession (Quebec) 427 f.
- - »Änderungsformel« 439 ff.
- - Demokratieprinzip 460 ff.
- - durch Revolution 439
- - legale Wege 439 ff.
- - Theorie der Konföderation als Vertrag (Compact Theory) 451 ff.
- - Verfassungskonventionen als Alternativnormen 449 ff.
- - Völkerrecht 454 ff.

- »Souveränität« Quebecs 522 f.
- - Problematik 429 ff.
- Souveränisten 429 f.
- unilateral declaration of independence (UDI) 425 ff.
- unteilbares Ganzes 446 f.
- Urbevölkerung (authochtone)
- - Zustimmung zur Sezession (Quebec) 434 ff.
- Verfassungsänderung (Sezessionsversuch) 430 ff.
- Vertragstheorie 451 ff.
- Volksabstimmung 422, 466

Kant, I. 154, 164 f., 402 f.
Kantone
- in der Schweizer Bundesverfassung 274 f.

Kelsen, H. 151, 402, 409
Kim, J.P. 482 f.
Kohl, H. 406
Kommission
- Europäische ~ 226 f.

Kommunikation
- als Grundlage von Recht und Demokratie 159 ff.

Komparative Elemente 171
Komparative Normen 172
Komparative Systeme
- Abwägungslehre 193 ff.

Kompetenzordnung
- in der Europäischen Union 221 ff., 249 f.

Konföderation
- kanadische ~ 424

Konstituierende Nationalversammlung
- in Frankreich 9 f.
- Paulskirchenparlament 1 ff.

Konstitutionalismus
- amerikanischer und europäischer ~ (Unterschiede) 1
- französischer ~ 8 ff.

Korea
s. a. Verfassungsrecht der Republik ~
s. a. Verfassungsgerichtsbarkeit in ~
- Machtwechsel 480 ff.
- Politik und Industrie (Verbindung) 487
- Präsidialsystem 481
- Staatspräsident
- - Wahlsystem 481 f.

Kreuz-Urteil (BVerwG)
s. a. Kruzifix-Beschluß (BVerfG) 87 ff.
- Bedeutung des Kreuzes 89 ff.
- Hintergründe und Kritik 87 ff.
- Kreuzwandlungstheorie 101 ff.

– – Analyse 92ff.
– – Argumentation 89f.
– – Bedeutung des Kreuezes 89f.
– – Vorgeschichte 87ff.
– Nichtidentifikation (Staatsprinzip) 112ff.
– Staatliche Neutralität 105ff.
– Staatsprinzipien
– – Entstehung 106ff.
– – Ewigkeitscharakter 108
– – Funktion 106ff.
– – Wesen 106ff.
– Zwangsargument 96ff.
Kreuzwandlungstheorie 101ff.
Kruzifix-Beschluß (BVerfG)
s.a. Kreuz-Urteil (BVerwG)
– Analyse 92ff.
– Argumentation 89f.
– Bedeutung des Kreuzes 89ff., 94
– – Diskriminierungsgefahr 97f.
– – missionarischer Charakter
– – theologische ~ 94
– – Zwangsargument 96ff.
– Glaubenssymbol 91
– Toleranzgebot 91
– Vorgeschichte 87ff.
– Zwangsargument 96ff.
Kulturverfassung
– der Schweiz 276
– der Ukraine 411
Kunstfreiheit 117ff.
Kunstwerke
– Aussagekern 126f.
– Einkleidung 126f.
– und Symbolschutz 120f.
Kutscher, H.
– akademische Lehrtätigkeit 261
– Berufsausbildung 254
– geistiges- und wissenschaftliches Profil 255ff.
– Geschäftsführer des Vermittlungsausschusses von B-Tag und B-Rat 254
– Mitglied der Deutschen Gesellschaft für Völkerrecht 261
– Richter am BVerfG 254f.
– Richter am EuGH 255
– Richterbild 253ff.
– Sekretär des Rechtsausschusses 254
– überzeugter Europäer 253ff.
– verfassungsrichterliches Wirken (Spannbreite) 256ff.
– Wirken für die europäische Integration 260f.

Labour Party 355f.
Landa, C. 25ff.
Landesverfassungen
– plebiszitäre Entwicklung 39ff.
Larenz, K. 108
Legalität
– einseitige Unabhängigkeitserklärung (Kanada) 421ff.
Legislative
– im Malteserorden 330ff.
Legitimation
– des Rechts 153f.
Lehrtätigkeit
– akademische ~
– – Hans Kutscher 261
Leibholz, G. 416
Literatur
– über die japanische Verfassung 548ff.
Locke, J. 243

Maastricht-Urteil 239
Magistraltribunale
– im Malteserorden 331
Malteserorden
– Deutsche Assoziation 325f.
– Einleitung 326
– Exekutive 328ff.
– Generalkapital 330f.
– Gerichtsbarkeit 331f.
– großer Staatsrat 331
– Großmeister 328ff.
– Judikative 331f.
– Legislative 330ff.
– Magistraltribunale 331
– melitensische Verfassungsordnung 326f.
– Ordensgericht 331f.
– Organisationsstrukturen (neue) 328ff.
– Rechtsquellen 332f.
– Rechtssystem 330f.
– Verfassung (Textanhang) 334ff.
– Verfassungsinstitute (neue) 327f.
– Verfassungssystem 325ff.
– völkerrechtsfähige Körperschaft 326
– Vorbemerkung 325f.
Marchildon, G. 451ff.
Marx, K. 402
Maxwell, E. 451ff.
Mecklenburg-Vorpommern
– plebiszitäre Entwicklung 45ff.
– – Würdigung 50f.
– Verfassung 49f.
– Volksbegehren 45ff.
– Volksentscheid 45ff.

Mecklenburg-Vorpommern
- Volksgesetzgebung 45 ff.
- Volksinitiative 45 ff.
Meinungsfreiheit
in Indonesien 551 ff.
- - Gesetz über ~ (Textanhang)
  553 f.
**Meinungsfreiheit und Strafschutz der
Staatssymbole** 117 ff.
- Bundesverfassungsgericht
- - Symbolschutz 118 ff.
- Kunstwerke
- - Aussagekern und Einkleidung (Trennung)
  126 ff.
- Symbolismus
- - und Integration der Bürger 135 ff.
- Symbolschutz
- - als Verfassungsgut 122 ff.
- Theoretische Untersuchungen 120 ff.
- - Kunstwerke (Auslegung) 120 f.
- - Prüfungsintensität 120 f.
melitensische Rechtsquellen 332 f.
melitensische Verfassungsordnung (1961/
  66) 326 f.
Menschenrechte
- in Japan 491
Menschenwürdegarantie
- im Grundgesetz 404
Methodenfragen
- der Abwägungslehre 169 ff.
Methodikvergleich
- in der Abwägungslehre 190 ff.
methodische Grundpositionen
- verschiedene Teildisziplinen (Vergleich)
  181 ff.
Métis National Council 436
Michael, L. 169 ff.
Ministerpräsident
- von Japan
- - Benennung durch das Parlament
  542 f.
- von Korea
- - Wahlsystem 481 f.
Ministerrat 225 f.
- der Europäischen Union 225 f.
Mitgliedstaaten
- der EU
- - Integration 247 ff.
Monahan, P.J. 436 ff.
Mori, T. 117 ff.

nationales Verfassungsrecht
- Grenzen 414 f.

Nationalflagge
- »flag burning« (Supreme Court/USA)
  128 ff.
- Schutz (Supreme Court) 128 ff.
Nationalversammlung
- Paulskirchenparlament 1 ff.
Native Council of Canada 436
Neoconstitutionalism
- democratic ~ 34 f.
- jurisprudential ~ 32 ff.
Neutralität
- Definition 105 f.
- Staatliche ~
- - in religiösen Belangen 105 ff.
- - Nichtidentifikationsverpflichtung 109 f.
Nichtidentifikationsverpflichtung
- Staatliche ~ (Kreuz-Urteil) 109 f.
Niedersachsen
- Verfassungsgebung 39 ff.
- Volksbegehren 40
- Volksentscheid 40
- Volksinitiative 40
Nolte, A. 87 ff.
Normativität
- einer supranationalen Verfassung (Begründung) 242 ff.
Normen
- asymptomatische ~ (Spanien) 313
- »ausgeschöpfte« ~ 315
- bedingt wirksame ~ (Spanien) 316
- bedrohte ~ (Spanien) 316
- gegenstandslos gewordene ~ (Spanien) 321
- hinter der Wirklichkeit zurückgebliebene
  (Spanien) 318
- mit zeitverschobener Wirklichkeit (Spanien)
  321 f.
- modifizierte (Spanien) 313 f.
- nicht ausgestaltete ~ (Spanien) 319
- sich selbst blockierende ~ (Spanien) 322
- sinnwidrig angewandte ~ (Spanien) 322
- überbeanspruchte ~ (Spanien) 316 f.
- Übergangsnormen (Spanien) 314)
- überholte ~ (Spanien) 319 f.
- übertroffene ~ (Spanien) 317 f.
- veraltete ~ (Spanien) 320
Normenkontrolle
- des Verfassungsgerichts von Ungarn 375
- in Korea 474
- »parlamentarische« präventive ~ (Ungarn)
  382
- »präsidentielle« präventive ~ (Ungarn) 389 f.
- »präventive ~ und Verfassungsauslegung
  391 f.

– präventive ~ (Ungarn) 379

Normstrukturen
– Vergleich (Bestandsaufnahme) 177ff.
– – Europarecht 178ff.
– – Öffentliches Recht 178ff.
– – Strafrecht 178
– – Zivilrecht 177f.

Oberster Gerichtshof (OGH)
– von Japan
– – Rechtsprechung zum Gleichheitssatz 496ff.
– von Kanada 423, 442
– von Korea
– – und Verfassungsgericht (Prestigekampf) 475ff.

Oceana
– des James Harrington 139ff.

Öffentliches Recht
– methodische Grundpositionen (Abwägungslehre) 185ff.
– Normstrukturen (Vergleich) 178f.
– rechtspolitische Tendenzen (Abwägungslehre) 195

Österreich
– Beitritt zur EU 214

Ombudsman
– in Ungarn 376

Oppenheim, P. 173

Orden
s.a. Malteserorden 325ff.

Ordensgericht
– Malteserorden 331f.

ordre politico-juridique (par Habermas) 149ff.
– co-originarité de l'autonomie privée et l'autonomie publique 163ff.
– critique 158f.
– droit medium de communication et de régulation sociale 151ff.
– la théorie de la communication en tant que fondement du droit et la démocratie 159ff.
– l'autonomie privée et publique 153f.
– légitimité du droit 153f.
– remarques terminologiques 158f.
– tentative de reconstruction 149ff.

Organisationsstrukturen
– des Malteserordens 328f.

Papanti Pelletier de Berminy, P. 325ff.

Parlament
– europäisches ~ 224f.
– von Japan 511ff.

– – Abgeordnete (Stellung) 517ff.
– – Arbeit 524ff.
– – Auflösung 527f.
– – Beschlußfähigkeit 529ff.
– – Befugnisse 533f., 544ff.
– – Charakter 511ff.
– – Gesetzgebungsorgan 513f.
– – Haushaltssystem 539
– – Höchstes Organ der Staatsgewalt 512f.
– – Mehrheiten 530
– – Organisation 514ff.
– – Petitionen 546
– – Repräsentaturorgan des Volkes 512
– – Reservefonds (Beschluß) 541
– – Richteranklage 543f.
– – Sessionen 524f.
– – Sitzungsgrundsätze 529f.
– – Staatsfinanzen (Aufsicht) 537
– – Verfassungsänderung (Initiative) 536
– – Zweikammersystem 514ff.
– von Schottland 351f., 359ff.
– von Ungarn 367ff.
– – Geschäftsordnungsautonomie 388f.
– – Gesetzgebung 367ff.

Parlamentssouveränität
– Sezession von Quebec 461f.

Paulskirche
– Assemblée de révision 5, 7f.
– Bundesversammlung (Deutscher Bund) 11ff.
– Bundeszentralgewalt (Idee) 20
– Constitutional Convention 2f.
– Convention nationale 7
– französische Convention 22
– Gewaltenteilung 4
– Grundgesetz (Entwurf 1848) 15
– Konventsidee (Frankreich) 6f.
– nicht-revolutionärer Charakter 19f.
– provisorische Zentralgewalt 22
– Reichsverweser
– – Erzherzog Johann 22
– Verfassungskonvent (Amerika) 5f.
– Verfassungskonvent (Deutschland) 18f.
– Zusammenfassung 22f.

Paulskirchenparlament 1ff.
– Konstituierende Nationalversammlung 1ff.
– Konstitutionalismus
– – amerikanischer und europäischer ~ (Unterschiede) 1f.
– – französischer ~ 9f.
– Verfassungskonvent 1ff.

Pazifismus
– in Japan 491

Pernice, I. 205 ff.
Perspectives
– of the Bonn Basic Law 35 ff.
Petitionen
– Entgegennahme (japanische Verfassung) 546
plebiszitäre Entwicklung (Deutschland) 39 ff.
– Berlin 60 ff.
– – direkte Demokratie 60 ff.
– – Würdigung 64 ff.
– Brandenburg
– – Volksabstimmung (1992) 43 ff.
– Bremen
– – plebiszitäre Sanktion 68 f.
– – Verfassungsrevision 66 ff.
– – Volksbegehren 66 f.
– – Volksentscheid 66 f.
– – weitere Reform 69 f.
– direkte Demokratie
– – Formen und Verfahren 77 ff.
– – materielle Voraussetzungen 82 ff.
– Hamburg
– – Volksbegehren 71 f., 73
– – Volksgesetzgebung (Einführung) 70 ff.
– – Volksentscheid 72 f.
– – Volksinitiative 71, 73
– – Würdigung 74 f.
– Mecklenburg-Vorpommern
– – Verfassung 49
– – Volksbegehren 45 ff.
– – Volksentscheid 45 ff.
– – Volksgesetzgebung 45 ff.
– – Volksinitiative 45 ff.
– Niedersachsen
– – Volksbegehren 40
– – Volksentscheid 40
– – Volksinitiative 40
– Sachsen-Anhalt 51 ff.
– – Volksentscheid 52 f.
– Thüringen
– – Bürgerantrag 56
– – Verfassungsreferendum 55
– – Volksbegehren 56
– – Volksentscheid 57 f.
– – Volksgesetzgebung 54 ff.
– Verfassungsgebung
– – Niedersachsen 39 ff.
– Volksgesetzgebung
– – Systeme 79
– Volksinitiative
– – Hürden 79 ff.
Pirson, D. 92

Pluralismus
– der Theorie-, Philosophie- bzw. Weltanschauungskonzepte 402 f.
Politik
– und Industrie (Korea) 487
– und Verfassungsgerichtsbarkeit (Korea) 471 ff.
politisches Gemeinwesen
– Erneuerung (Schottland) 351 ff.
Popularklage
– in Ungarn 375 f.
pouvoir constituant
– Europäische Union 210 ff.
Präsidialsystem
– in Korea 481 f.
präventive Normenkontrolle
– und Verfassungsauslegung (Ungarn) 391 f.
Privatautonomie 153 f.
Provinz Quebec 421 ff.

Quebec
– Recht auf Selbstbestimmung 425 f.
– Sezession
– – Demokratieprinzip 460 ff.
– – durch Revolution 439
– – legale Wege 439 ff.
– – Theorie der Konföderation als Vertrag (Compact Theory) 451 ff.
– – Verfassungskonventionen als Alternativnormen 449 ff.
– – nach Völkerrecht 454 ff.
– Souveränität
– – Problematik 429 ff.
– Unabhängigkeit 421 ff.
– Volksabstimmung 466
Quorenproblematik
– Volksentscheid 80 f.

Radbruch, G. 173
Recht
– und Kommunikation 151 ff., 159 ff.
Rechtsdogmatik
– Abwägungslehre (Methodenfragen) 169 ff.
Rechtsfortbildungsfunktion
– in der Abwägungslehre 181 f.
Rechtsordnung
– europäische ~ 235
Rechtsphilosophie
– Abwägungslehre (Methodenfragen) 169 ff.
– – Positionen 173 ff.
Rechtspolitik
– J. Habermas 149 ff.

Rechtsprechung
- allg. Gleichheitssatz (Japan) 489ff.
- des BVerfG
- – zum Symbolschutz 118ff.
- des EuGH
- – Beitrag von H. Kutscher 259ff.
- des ungar. Verfassungsgerichts (Bewertung) 393ff.

Rechtsprinzipien
- Lehre von ~ 174
- und Abwägung 170f.

Rechtsquellen
- melitensische ~ 332f.

Rechtsschutzinstrumente
- im Grundgesetz 404

Rechtssystem
- des Malteserordens 330f.

Rechtsstaat
- deutscher ~ 404

Rechtsstaatsprinzip
- Auslegung (Ungarn) 388
- im Strafrecht 412f.

Rechtstheorie
- Abwägungslehre
- – Positionen 173ff.

Rechtsvergleichung
- Deutschland – USA
- – Meinungs- und Kunstfreiheit 117ff.
- – Strafschutz der Staatssymbole 117ff.

Reform
- der Europäischen Union (Vorschläge) 219ff.

Regionen
- Ausschuß (EU) 229f.

Reichsverweser
- Paulskirchenparlament 22

Religionsfreiheit
- Kruzifix-Beschluß (BVerfG) 92ff.

Republikmodell
- des James Harrington 139ff.

Richteranklage
- in der japanischen Verfassung 543f.

Richterbilder
- Hans Kutscher 253ff.

Riklin, A. 139ff.

Ritterorden
s.a. Malteserorden 325ff.

Rousseau, J.J. 155, 164f.

Sachsen-Anhalt
- plebiszitäre Entwicklung 51ff.
- Volksentscheid 52f.

Savigny von, F.C. 400

Schmidt, H. 406

Schmitt, C. 105f., 402, 409

Schottisches Parlament 351f., 359ff.
- Aufgaben 361f.

Schottland 351ff.
(Integration – Devolution – Unabhängigkeit?)
- »Act of Union« (1707) 352f.
- Autonomieforderungen 357ff.
- Devolutionsdebatte (70er Jahre) 355ff.
- nationale Identität 352f.
- Parlament 351f., 359ff.
- – Aufgaben 361
- – Wahl (verfassungspolitische Implikationen) 362f.
- politisches Gemeinwesen (Erneuerung) 351ff.
- Referenden 360f.
- Scotland Act (Regierung Blair) 360f.
- Staatsrechtliche Verbindung (Schottland – England) 352
- verfassungspolitisches Arrangement (Stabilität?) 364f.
- verfassungspolitische Implikationen
- – der Wahl des Parlaments 362ff.
- Verwaltungsautonomie (Ausbau) 353f.

Schweiz
s.a. Schweizer Bundesverfassung 263ff.

Schweizer Bundesverfassung 263ff.
- Außenpolitik (Ziele) 273
- Bundesrecht (Umsetzung) 275
- Bundesversammlung 277
- Charakteristika 267ff.
- Entstehung 263ff.
- Geltungsbereich 268ff.
- Grundrechtskatalog 270f.
- Kantone (Selbständigkeit) 274f.
- »Kulturverfassung« (Änderungen) 276
- neue Elemente 270ff.
- »ökologischer Verfassungsstaat« (Fortentwicklung) 276
- parlamentarische Handlungsinstrumente 277f.
- Sozialziele 272f.
- Staatsziele 270f.
- Systematik 270
- Textanhang 281ff.
- Verfassungsreform
- – Bedeutung 278ff.
- Wirkungsbereich 268ff.

Schweizer, R.J. 263ff.

Schweizerische Außenpolitik (Ziele) 273

Scotland Act (Regierung Blair) 360f.

Selbstbestimmung
- Recht auf ~ (Quebec) 443

Selbstbestimmung
– – nach Völkerrecht 454ff.
Sessionen
– des japanischen Parlaments 524f.
Sezession
– von Quebec (Kanada) 427f.
– – durch Revolution 439
– – legale Wege 439ff.
Sitzungen
– des japanischen Parlaments 524ff.
Sitzungsgrundsätze
– des japanischen Parlaments 529f.
Sitzungsöffentlichkeit
– im japanischen Parlament 530f.
Smend, R. 135f., 402, 409ff.
Souveräner Malteserorden 325ff.
s.a. Malteserorden
Souveränisten 429f.
– in Kanada
Souveränität
– von Quebec 422f.
– – Problematik 429ff.
soziale Grundrechte
– in der japanischen Verfassung 499f.
Sozialziele
– in der Schweizer Bundesverfassung 272f.
Spain
– Constitution (1978) 34f.
– Constitutional Tribunal 33f.
Spanien 311ff.
s.a. spanische Verfassung
s.a. Spain
Spanische Verfassung 311ff.
– Normen
– – asymptomatische ~ 313
– – »ausgeschöpfte« ~ 315
– – bedingt wirksame ~ 316
– – bedrohte ~ 316
– – »ewige« Übergangsnormen 314f.
– – gegenstandslos gewordene ~ 321
– – modifizierte Normen 313f.
– – nicht ausgestaltete ~ 319
– – Normen mit zeitverschobener Wirklichkeit 321f.
– – sich selbst blockierende ~ 322
– – sinnwidrig angewandte ~ 322
– – überbeanspruchte ~ 316f.
– – überholte ~ 319f.
– – übertroffene ~ 317f.
– – veraltete ~ 320
– – zurückgebliebene ~ 318f.
– Verfassung der Restauration (1876–1922)
311f.

– Wirkungsintensität 311f.
Spanish Constitution (1978) 34f.
Spuller, G. 367ff.
Staatenintegration
– in der Europäischen Union 249f.
Staatliche Neutralität
– in religiösen Belangen 105ff.
Staatsfinanzen
– Aufsicht (japanisches Parlament) 537
Staatsführung
– Untersuchung (japanische Verfassung) 545f.
Staatsgewalt
– Parlament als höchstes Organ (Japan) 512f.
Staatspräsident
– von Korea
– – Wahlsystem 481f.
Staatsprinzipien
– Entstehung 106ff.
– Ewigkeitscharakter 108
– Funktion 106ff.
– Nichtidentifikation (Kreuz-Urteil) 112
– Wesen 106ff.
Staatsrat
– im Malteserorden 331
Staatsrechtliche Verbindung
– Schottland – England 352f.
Staatssymbole
– Strafschutz 117ff.
Staatsverfassung
– und europäisches Verfassungsrecht 233ff.
Staatsverfassungsbegriff
– Europäische Verfassung (Problem) 240
Staatsziele
– in der Schweizer Bundesverfassung 270f.
Steuergesetzgebung
– in Japan 500f.
Strafrecht
– methodische Grundpositionen (Abwä-
gungslehre) 184ff.
– Normstrukturen (Vergleich) 178
– rechtspolitische Tendenzen (Abwägungsleh-
re) 194f.
– Rechtsstaatprinzip 412f.
Struktur
– der EU 221ff.
Strukturprinzipien
– im europäischen Verfassungsrecht
– – Zuordnung und Verschränkung 247f.
Sturm, R. 351ff.
Supranationale Verfassung
– Normativität (Begründung) 242ff.
**Supranationales normatives Verfassungs-
verständnis** 244f.

Supranationalität
– als Herrschaftsmodell 244f.
– – Mischcharakter 245ff.
– tragendes Prinzip 248f.
Supreme Court (USA)
– Schutz der Staatssymbole 117ff.
– – »flag burning« 128ff.
Syafrinaldi, M.C.L. 551ff.
Symbolfunktion
– des Kreuzes (Kruzifix-Beschluß der BVerfG)
92f.
Symbolismus
– und Integration der Bürger 135ff.
Symbolschutz
– Rechtsprechung des BVerfG 118ff.
– Verfassungsgut 122ff.

territoriale Organisation
– von Großbritannien (Weiterentwicklung)
355f.
Textanhang
– Gesetz über die Meinungsfreiheit in der Öf-
fentlichkeit (Indonesien) 553ff.
– Schweizer Bundesverfassung (v. 18.12.
1998) 281ff.
– Verfassung von Indonesien (1945) 556ff.
– Verfassung des Malteserordens 334ff.
– Verfassung der Republik (J. Harrington)
141ff.
Textedition
– Verfassungssystem des Souveränen Malteser-
ordens 325ff.
theologischer Bedeutungsgehalt
– des Kreuzes 93f.
Thüringen
– plebiszitäre Entwicklung 54ff.
– – Bürgerantrag 56
– – Verfassungsreferendum 55
– – Volksentscheid 57f.
– – Volksgesetzgebung 54ff.
Toleranzgebot
– Kruzifix-Beschluß (BVerfG) 91
Trudeau, P.E. 450
Turps, D. 445, 449ff.

Ukraine
s.a. Verfassungsgerichtsbarkeit der ~ 399ff.
– Grundwerte-Denken 407f.
– Kulturverfassungsrecht 411
– Pluralismus-Artikel 407
– Verfassungsentwicklung
– – Ausblick 418f.
– – Gesamtwertung 418f.

Unabhängigkeitserklärung
– nach kanadischem Recht (Legalität) 421ff.
ungarisches Verfassungsgericht
s.a. Verfassungsgericht in Ungarn 367ff.
Ungarn
s.a. Verfassungsgericht in ~ 367ff.
Ungleichbehandlung
– steuerliche ~ (Japan) 500f.
**unilateral declaration of independence
(UDI)** 425ff.
Unionsbürgerschaft (EU) 215
Urbevölkerung
– von Kanada
– – Zustimmung zur Sezession (Quebec)
434ff.
USA 117ff.
s.a. Meinungsfreiheit und Strafschutz der
Staatssymbole 117ff.

Vereinigte Staaten
– Strafschutz der Staatssymbole 117ff., 128ff.
– Supreme Court 472
Verfassung
– Akzeptanz (Problem) 414f.
– als öffentlicher Prozeß 410
– Deutung durch das BVerfG (Wesen) 415f.
– europäische ~
– – Verfassungskonzepte (Kontroverse) 236ff.
– supranationale ~ 242f.
– Vertragstheorien 243f.
– Vorrang der ~ 412f.
Verfassung von Deutschland
– Grundgesetz (50. Jahrestag) 25ff.
Verfassung für Europa
– Ausblick 251
Verfassung von Indonesien
– Grundlagen 551f.
– Meinungsfreiheit 552f.
– Textanhang 556ff.
Verfasssung von Japan
– allg. Gleichheitssatz 489ff.
– Parlament 511ff.
– – Abgeordnete (Stellung) 517ff.
– – Arbeit 524ff.
– – Auflösung 527f.
– – Befugnisse 533ff., 544ff.
– – Charakter 511ff.
– – Gesetzgebungsorgan 513f.
– – Haushaltssystem 539
– – höchstes Organ der Staatsgewalt 512f.
– – Mehrheiten 530
– – Organisation 514ff.
– – Petitionen 546

Verfasssung von Japan
– – Repräsentaturorgan des Volkes 512
– – Reservefonds (Beschluß) 541
– – Richteranklage 543f.
– – Sessionen 524f.
– – Sitzungsgrundsätze 529f.
– – Staatsfinanzen (Aufsicht) 537
– – Verfassungsänderung (Initiative) 536
– – Zweikammersystem 514ff.
Verfassung des Malteserordens 325ff.
– Textanhang 334ff.
Verfassung von Mecklenburg-Vorpommern
– Abstimmung (Ergebnis) 49
– plebiszitäre Sanktion 49f.
Verfassung der Republik (J. Harrington)
– Textanhang 141ff.
Verfassung der Schweiz (18. 4. 1999) 263ff.
– Textanhang 281ff.
Verfassung der Ukraine
– Kulturverfassungsrecht 411
– Völkerrechtsfreundlichkeit 414
Verfassungsänderung
– japanisches Parlament 536
– Sezession Quebec 429f.
Verfassungsarrangement
– schottisches Parlament 364f.
Verfassungsauslegung
– durch das ungarische Verfassungsgericht 379ff.
– und präventive Normenkontrolle (Gemeinsamkeiten) 391f.
Verfassungsbeschwerde
– in Korea 474
Verfassungscharakter
– der europäischen Verträge 213
Verfassungsentwicklung 417f.
Verfassungsgebung
– in Niedersachsen
– – plebiszitäre Entwicklung 39ff.
– – Volksbegehren 40
– – Volksentscheid 40
– – Volksinitiative 40
Verfassungsgericht
– Deutung der Verfassung 415f.
Verfassungsgericht in Ungarn
– abstrakte, repressive Normenkontrolle 375
– Einfluß auf das Gesetzgebungsverfahren 367ff.
– Einflußnahme *vor* Beginn des Gesetzgebungsprozesses 372ff.
– Einflußnahme *während* des Gesetzgebungsprozesses 376ff.
– Einflußnahme während der Einbringung des Gesetzesentwurfs 381ff.
– Einflußnahme *nach* Abschluß der Erörterung im Parlament 284ff.
– Einflußnahme nach Verabschiedung 389f.
– Gesetzgebungsverfahren
– – Skizze (Einfluss) 394
– – wichtige Schnittstellen 390f.
– Gewaltenteilungsprinzip (Auslegung) 379ff.
– und Gesetzgeber
– – Verhältnis der Kompetenzen 387f.
– Judikatur (Entwicklung) 377ff.
– Kompetenzen 367f.
– Kontrollorgan 368
– Popularklage 375
– präventive Kontrolle von Gesetzesentwürfen 376ff.
– präventive Normenkontrolle
– – und Verfassungsauslegung (Gemeinsamkeiten) 391f.
– Rechtsstaatsprinzip (Auslegung) 388
– Verfahrensarten (Unterschiede) 392f.
– Verfassungsauslegung 373f., 391f.
– Verfassungsbestimmungen
– – Systematische Auslegung 387
– Verfassungsgerichtsgesetz und einfacher Gesetzesvorbehalt (Verhältnis) 387f.
– Verfassungsprozeßrecht (Besonderheiten) 368f.
– Verfassungsrechtsprechung (Bewertung) 393ff.
– »vierte« Gewalt 368
– Zugriffsmöglichkeiten (gesamtes Normensystem) 368
– Zuständigkeiten 371
Verfassungsgerichtsbarkeit 399ff.
– Ausblick 418f.
– »deutsches Modell« 399ff.
– Gesamtwertung 418f.
– gesetzeskonforme Auslegung 417
– Pluralismus der Theorie-, Philosophie- bzw. Weltanschauungskonzepte 402f.
– Textstufenparadigma 400
– Verfassungsgerichtspräsident I. Timtschenko 411
– Vorbemerkung 399ff.
Verfassungsgerichtsbarkeit in Korea
s.a. Verfassungsrecht der Republik Korea 471ff.
– Ausblick 486ff.

– Etablierung in der Verfassungsordnung 473ff.
– Funktion 472
– Funktions- und Kraftgrenze 485
– Grundwerte (Sicherung und Wiedergewinnung) 488
– judical-self-restraint 473
– justizielle Zurückhaltung 473
– Kompetenzkonflikte (Staatspräsident – Parlament) 484
– Machtwechsel 480ff.
– Normenkontrolle (konkrete) 474
– political-question-doctrine 473
– Prüfungskompetenzen 472f.
– und Oberster Gerichtshof (Prestigekampf) 475ff.
– und Politik 471f.
– und Vergangenheitsbewältigung 478ff.
– Urteilsverfassungsbeschwerde (Ausweitung) 476f.
– Verfassungsbeschwerde 474
– Verwaltungsaktverfassungsbeschwerde 475
– Vorbemerkung 471ff.

Verfassungsgut
– Symbolschutz 122ff.

Verfassungsinstitute
– des Malteserordens 327f.

Verfassungsinterpretation
– Grenzen 417f.
– Prinzipien 416f.

Verfassungskonvent
– amerikanischer ~ 5f.
– in Frankreich 6f.
– Paulskirchenparlament 1ff., 18f.

Verfassungskonventionen
– Recht auf Sezession (Quebec) 449f.

Verfassungskonzepte
– Europäische Verfassung 236ff.

Verfassungslehre
– allg. Gleichheitssatz (Japan) 489ff.
– und Verfassungsrechtsprechung (Japan) 503f.

Verfassungsprozeßrecht
– in Ungarn (Besonderheiten) 368f.

Verfassungsqualität
– der europäischen Verträge 237ff.

Verfassungsrecht
– der Ukraine
– – allgemeine Probleme 399ff.
– – »deutsches Modell« 399ff.
– Grenzen 411ff.
– – Europarecht 413f.
– – Völkerrecht 413f.
– Normstrukturen (Vergleich) 178ff.

Verfassungsrecht der Republik Korea
s.a. Verfassungsgerichtsbarkeit in Korea (neuere Entwicklung) 471ff.

Verfassungsrechtsprechung
– in Ungarn (Bewertung) 393ff.

Verfassungsrechtsprechung Japan
– allg. Gleichheitssatz 489ff.
– – Aszendentenmord-Urteil (1973) 496f.
– – Begriffsbestimmung 492ff.
– – deutsche Theorie 492f.
– – Entwicklung 492ff.
– – gerichtliche Prüfungsmaßstäbe 494f.
– – Rechtsprechung des OGH (Beispiele) 496ff.
– – Verteilung der Abgeordnetenmandate (Mißverhätnis) 498f.
– Gleichheitssatz
– – funktionellrechtliche Verstärkung 505f.
– – Schlußbemerkung 507f.
– – Überflüssigkeit (Behauptung) 506f.
– – verfassungsrechtliche Fundamentalnorm 509
– relative Gleichheit 504f.
– soziale Grundrechte 499f.
– Steuergesetzgebung 500f.
– und Verfassungslehre (gemeinsame Probleme) 503
– ungleicher Erbteil nichtehelicher Kinder 501f.

Verfassungsreform
– in der Schweiz 263ff., 278ff.

Verfassungsrevision
– in Bremen 66ff.
– – plebiszitäre Sanktion 68f.
– Hamburg 70ff.

Verfassungsrichter
– Hans Kutscher 253ff.

Verfassungsstaat (Typus) 418

Verfassungstheorien
– in Deutschland 408ff.
– James Harrington 139ff.

Verfassungtraditionen
– in Europa (Unterschiede) 241f.

Verfassungsverbund
– europäischer ~ 205ff.

Verfassungsvergleichung 417

Verfassungsverständnis
– des BVerfG (Aspekte) 415f.
– der Wissenschaft (Aspekte) 416f.
– »gemischt« kulturwissenschaftliches ~ (Deutschland) 408ff.
– supranationales ~ (Grundelemente) 244f.

Vergangenheitsbewältigung
– in Korea 478 ff.
Vertragsänderungsverfahren (Revision)
– Europäische Union 219 ff.
Vertragstheorien
– Verfassung 243 f.
Verwaltungsautonomie
– in Schottland (Ausbau) 353 f.
Verwaltungsrecht
– Normstrukturen (Vergleich) 178 ff.
Vlachos, G. 149 ff.
Völkerrecht
– Deutsche Gesellschaft für ~
– – Hans Kutscher 261
– Grenze des nationalen Verfassungsrechts 413 f.
– Sezession von Quebec (Rechtsgrundlage) 454 ff.
völkerrechtlicher Charakter
– der EWG-Verträge 239 f.
völkerrechtlicher Vertrag
– europäischer Verfassungsverbund 208 f.
völkerrechtsfähige Körperschaft
– Malteserorden 326
Volksabstimmung
– in Kanada 422 ff.
– in Quebec 466
Volksbegehren
– Bremen 66 f.
– Hamburg 71, 73
– Mecklenburg-Vorpommern 454 ff.
– Thüringen 56
Volksentscheid
– Bremen 66 ff.
– Hamburg 72 f.
– Mecklenburg-Vorpommern 45 ff.
– Sachsen-Anhalt 52 f.
– Thüringen 57 f.
Volksgesetzgebung
– Hamburg (Einführung) 70 ff.

– Mecklenburg-Vorpommern 45 ff.
– Systeme 79
– Thüringen 54 ff.
Volksinitiative
– Hamburg 71, 73
– Hürden 79 ff.
– Mecklenburg-Vorpommern 45 ff.

Wahl
– der Amtsträger (japanische Verfassung) 547
Wahlkreis
– in Japan (Aufteilung) 498
Wahlsystem
– des Präsidenten (Korea) 481 f.
Webber, J. 421 ff.
Wilburg, W. 169 f., 181 f., 191 f.
Wirkungsbereich
– der schweizerischen Bundesverfassung 268 ff.
Wissenschaft
– Verfassungsverständnis (Aspekte) 416 f.
Zentralgewalt
– Paulskirchenparlament 20
Zirkelschluß
– argumentativer ~
– – Verfassungsqualität der EWG-Verträge (These) 237 ff.
Zivilrecht
– methodische Grundpositionen (Abwägungslehre) 181 ff.
– Normstrukturen (Vergleich) 177 f.
– rechtspolitische Tendenzen (Abwägungslehre) 193 f.
Zukunftsaufgabe
– Bürger- und Staatenintegration (EU) 249 f.
Zustimmung
– zu Verträgen (japanisches Parlament) 536 f.
Zweikammersystem
– des japanischen Parlaments 514 ff.

Jus Publicum

Beiträge zum Öffentlichen Recht

Alphabetisches Verzeichnis

Axer, Peter: Normsetzung der Exekutive in der Sozialversicherung. 2000. *Band 49.*

Bauer, Hartmut: Die Bundestreue. 1992. *Band 3.*

Böhm, Monika: Der Normmensch. 1996. *Band 16.*

Bogdandy, Armin von: Gubernative Rechtsetzung. 1999. *Band 48.*

Brenner, Michael: Der Gestaltungsauftrag der Verwaltung in der Europäischen Union. 1996. *Band 14*

Burgi, Martin: Funktionale Privatisierung und Verwaltungshilfe. 1999. *Band 37.*

Claasen, Claus Dieter: Die Europäisierung der Verwaltungsgerichtsbarkeit. 1996. *Band 13.*

Danwitz, Thomas von: Verwaltungsrechtliches System und Europäische Integration. 1996. *Band 17.*

Detterbeck, Steffen: Streitgegenstand und Entscheidungswirkungen im Öffentlichen Recht. 1995. *Band 11.*

Di Fabio, Udo: Risikoentscheidungen im Rechtsstaat. 1994. *Band 8.*

Enders, Christoph: Die Menschenwürde in der Verfassungsordnung. 1997. *Band 27.*

Epping, Volker: Die Außenwirtschaftsfreiheit. 1998. *Band 32.*

Felix, Dagmar: Einheit der Rechtsordnung. 1998. *Band 34.*

Gröschner, Rolf: Das Überwachungsrechtsverhältnis. 1992. *Band 4.*

Gross, Thomas: Das Kollegialprinzip in der Verwaltungsorganisation. 1999. *Band 45.*

Häde, Ulrich: Finanzausgleich. 1996. *Band 19.*

Heckmann, Dirk: Geltungskraft und Geltungsverlust von Rechtsnormen. 1997. *Band 28.*

Hermes, Georg: Staatliche Infrastrukturverantwortung. 1998. *Band 29.*

Holznagel, Bernd: Rundfunkrecht in Europa. 1996. *Band 18.*

Horn, Hans-Detlef: Die grundrechtsunmittelbare Verwaltung. 1999. *Band 42.*

Huber, Peter-Michael: Konkurrenzschutz im Verwaltungsrecht. 1991. *Band 1.*

Ibler, Martin: Rechtspflegender Rechtsschutz im Verwaltungsrecht. 1999. *Band 43.*

Jestaedt, Matthias: Grundrechtsentfaltung im Gesetz. 1999. *Band 50.*

Kadelbach, Stefan: Allgemeines Verwaltungsrecht unter europäischem Einfluß. 1999. *Band 36.*

Korioth, Stefan: Der Finanzausgleich zwischen Bund und Ländern. 1997. *Band 23.*

Kluth, Winfried: Funktionale Selbstverwaltung. 1997. *Band 26.*

Lehner, Moris: Einkommensteuerrecht und Sozialhilferecht. 1993. *Band 5.*

Lücke, Jörg: Vorläufige Staatsakte. 1991. *Band 2.*

Manssen, Gerrit: Privatrechtsgestaltung durch Hoheitsakt. 1994. *Band 9.*

Masing, Johannes: Parlamentarische Untersuchungen privater Sachverhalte. 1998. *Band 30.*

Morgenthaler, Gerd: Freiheit durch Gesetz. 1999. *Band 40.*

Morlok, Martin: Selbstverständnis als Rechtskriterium. 1993. *Band 6.*

Oeter, Stefan: Integration und Subsidiarität im deutschen Bundesstaatsrecht. 1998. *Band 33.*

Pauly, Walter: Der Methodenwandel im deutschen Spätkonstitutionalismus. 1993. *Band 7.*

Puhl, Thomas: Budgetflucht und Haushaltsverfassung. 1996. *Band 15.*

Reinhardt, Michael: Konsistente Jurisdiktion. 1997. *Band 24.*

Rossen, Helge: Vollzug und Verhandlung. 1999. *Band 39.*

Rozek, Jochen: Die Unterscheidung von Eigentumsbindung und Enteignung. 1998. *Band 31.*

Sackowsky, Ute: Umweltschutz durch nicht-steuerliche Abgaben. 2000. *Band 53.*

Schlette, Volker: Die Verwaltung als Vertragspartner. 2000. *Band 51.*

Schmidt-De Caluwe, Reimund: Der Verwaltungsakt in der Lehre Otto Mayers. 1999. *Band 38.*

Schulte, Martin: Schlichtes Verwaltungshandeln. 1995. *Band 12.*

Sobota, Katharina: Das Prinzip Rechtsstaat. 1997. *Band 22.*

Sodan, Helge: Freie Berufe als Leistungserbringer im Recht der gesetzlichen Krankenversicherung. 1997. *Band 20*

Sommermann, Karl-Peter: Staatsziele und Staatszielbestimmungen. 1997. *Band 25.*

Trute, Hans-Heinrich: Die Forschung zwischen grundrechtlicher Freiheit und staatlicher Institutionalisierung. 1994. *Band 10.*

Uerpmann, Robert: Das öffentliche Interesse. 1999. *Band 47.*

Wall, Heinrich de: Die Anwendbarkeit privatrechtlicher Vorschriften im Verwaltungsrecht. 1999. *Band 46.*

Wolff, Henrich Amadeus: Ungeschriebenes Verfassungsrecht unter dem Grundgesetz. 2000. *Band 44.*

Volkmann, Uwe: Solidarität – Programm und Prinzip der Verfassung. 1998. *Band 35.*

Voßkuhle, Andreas: Das Kompensationsprinzip. 1999. *Band 41.*

Ziekow, Jan: Über Freizügigkeit und Aufenthalt. 1997. *Band 21.*

Einen Gesamtkatalog erhalten Sie gerne von
Mohr Siebeck, Postfach 2040, D–72010 Tübingen.
Aktuelle Informationen im Internet unter http://www.mohr.de

Mohr Siebeck